Georg Traut

Lexikon über die Formen der griechischen Verba

Georg Traut

Lexikon über die Formen der griechischen Verba

Mit zwei Beilagen:

I. Verzeichnis der Declinations- und Conjugations-Endungen

II. Grammatischer Schlüssel

5. Auflage

5., unveränderte Auflage 2007
(Reprografischer Nachdruck der 1. Auflage, Gießen 1867)

Die Deutsche Nationalbibliothek verzeichnet diese Publikation
in der Deutschen Nationalbibliografie;
detaillierte bibliografische Daten sind im Internet über
http://dnb.d-nb.de abrufbar.

Printed in Germany

Besuchen Sie uns im Internet: www.wbg-darmstadt.de

ISBN 978-3-534-20868-5

Vorrede.

Bei der grossen Mannigfaltigkeit der Formen, welche die griechische Sprache darbietet, muss ein Lexikon, das die Verbalformen in alphabetischer Ordnung aufführt, von Wichtigkeit und Bedeutung erscheinen, und zwar nicht nur für den Gelehrten, dem es geeignete Belegstellen nachweist, sondern auch für den Schüler, der es als Hilfsmittel bei der Praeparation und der Ausführung von Exercitien benutzen kann.

In der Wahl der aufzunehmenden Formen bestimmte mich einmal das grammatische Interesse, welches eine Form darbietet, sodann die grössere oder geringere Schwierigkeit, welche sie für den Schüler hat, ferner das seltnere Vorkommen und endlich wiederum der allgemeinere und häufigere Gebrauch und zwar liess ich mich in letzterem Falle von der Absicht leiten, den Bedürfnissen der Anfänger Rechnung zu tragen, für die gerade eine ausführlichere Behandlung der häufiger vorkommenden Bildungen als nothwendig erscheinen muss.

Die Verba in ihren sämmtlichen Tempus-, Modus- und Personalformen aufzuführen, war wegen des zugemessenen Raumes weder möglich, noch überhaupt nothwendig, ja nicht einmal zweckmässig, da eine solche Häufung das Nachschlagen erschwert und den Rathsuchenden eher verwirrt als erleichtert haben würde. Ich führe daher öfters nur die Tempora auf, aber gewöhnlich mit Ausschluss des Präsens, behandle jedoch auch die Modus- und Personalformen stets in einem selbständigen Artikel, wenn sie von grammatischem Interesse sind oder ihre anomale Bildung und die Art ihres Vorkommens irgendwie besondere Aufmerksamkeit erfordert. Auch ist auf die Modus- und Personalformen innerhalb der Artikel, welche die Tempusform darstellen, Bedacht genommen worden. Die Verba auf *μι* habe ich vollständig in allen ihren Tempus-, Modus- und Personalformen aufgestellt, weil sie einmal als eine alterthümliche und seltenere Bildungsweise grössere Aufmerksamkeit erheischen und dann auch weil sie später erlernt und, wie die Erfahrung lehrt, dem Schüler überhaupt weniger geläufig werden. Da aber die Personal- und Modusformen weniger Berücksichtigung finden konnten und dennoch, namentlich bei den Verb. contract. mannigfache Schwierigkeiten darbieten, so entschloss ich mich, dem Lexikon einen Anhang der Conjugationsendungen beizugeben, der als Ergänzung des Hauptwerkes zu betrachten ist. Es sind in demselben die Endungen der Verba auf *μι* gar nicht berücksichtigt, da, wie oben gesagt, diese Verba vollständig aufgeführt sind, die Verba contracta dagegen ausführlich behandelt, und mit Bedachtnahme auf die Bedürfnisse des Anfängers ist auch von der gewöhnlichen Conjugation auf *ω* die dritte Person der Einheit und Mehrheit aufgeführt. Im übrigen enthält der Anhang vorzugsweise anomale Formen. Die Declinationsendungen sind aus praktischen Rücksichten zur Erleichterung der Schülerpräparation mit in den Anhang aufgenommen worden, und dürften namentlich von dem Anfänger als eine nicht unerwünschte Beigabe betrachtet werden.

Hinsichtlich der Anordnung der Aoristformen ist zu bemerken, dass sowohl die augmentirten Indicative als die nicht augmentirten Modusformen in besondern Artikeln behandelt worden und zwar ist für die letzteren ein gemeinsamer Artikel eingetreten, unter dem Imper. Conj., Opt. u. s. w. speciell aufgeführt sind.

Um dem Missstande abzuhelfen, dass durch die alphabetische Anordnung die zusammengehörenden Formen getrennt und oft an den verschiedensten Stellen des Werks behandelt werden, habe ich jedem Artikel, für welchen eine Beziehung auf die verwandten Bildungen nöthig schien, die betreffenden Formationen in Parenthese ( ) mit dem Zeichen < beigesetzt. Durch das Zeichen > sind die abweichenden Lesarten eingeführt, und durch die Buchstaben *Α**, *Β**, *Γ**, *Δ** ist auf das häufigere Vorkommen in aufsteigender Linie hingedeutet. Die Bestimmung und grammatische Erklärung, welche den einzelnen Artikeln beigefügt ist, sowie die Zurückführung auf die Präsensform und die Angabe der als Noten beigefügten deutschen Bedeutungen soll den Bedürfnissen der Schüler Rechnung tragen und es ist dies Alles, um auch den Wünschen der ersten Anfänger zu genügen, sammt und sonders durchgeführt worden. Da einerseits eine Verweisung auf die gangbarsten Grammatiken zum Zwecke einer genaueren Erläuterung der Formen als wichtig und nothwendig erschien und eine für jeden einzelnen Fall eintretende und daher sich öfters wiederholende Citation, vollständig ausgeschrieben, zu viel Raum erfordert hätte, so habe ich eine Aushilfe in dem am Ende angefügten „grammatischen Schlüssel“ gefunden. Die Ziffern in fetter Schrift verweisen zunächst auf die §§. in Krüger's Sprachlehre und zwar die der ersten Tabelle (p. 37 des Anhangs), welche im Lexikon selbst in runden Klammern stehen, auf den ersten und die der zweiten, in eckige Klammern eingeschlossenen, auf den zweiten Theil. Die im Anhang sich findenden eingeklammerten Zahlen in gewöhnlicher Schrift gehen unmittelbar auf die §§. in Krüger's Sprachlehren. Nach Krüger ist durch die Bezeichnung *Kh.* u. *C.* auch auf die Grammatiken von Kühner und Curtius verwiesen. Es konnte indessen die Citation dieser Grammatiken nur in bestimmten Fällen eintreten. Sie ist nicht nur weggefallen, wenn die betreffenden Regeln in den Sprachlehren von Kh. u. C. fehlen, sondern auch wenn die ausführlichere Darstellung von Krüger allein genügen kann, theils auch wenn die Auffassungs- und Darstellungsweise zu sehr von einander abweicht und die entsprechenden Regeln von zu verschiedenen Beziehungspunkten ausgehen, oder auch wenn ein Fall, von Krüger in einer selbständigen Regel gefasst, in den andern Grammatiken nur als Nebenpunkt innerhalb einer andern Regel behandelt wird.

Giessen, am 14. Mai 1867.

Georg Traut.

A.

Ἄασα Aor. -σας Il. ϑ, 237; ἄασ', Od. φ, 296; -σεν φ, 297; -σαν Od. κ, 68: ἀάω 1.

ἀασάμην Aor. Med. Il. ι, 116; τ, 137 ich fehlte: ἀάω 1.

ἀάσατο 3 P. Aor. M. Il. ι, 537; λ, 340 hatte sich verblendet: ἀάω 1.

ἀάσϑην Aor. Pass. Il. τ, 136; -ϑη 113; π, 685; Od. δ, 503; -ϑείς φ, 301: ἀάω 1.

ἀᾶται 3 P. Sing. Ind. Praes dynam. M. Il. τ, 91. 129: ἀάω 1.

ἄᾰται Praes. M. Hes. Sc. 101: ἄω 2.

ἀβάκησαν Aor. Od. δ, 249: [ἀβακέω] 3.

ἀβροτάξομεν Conj. Aor. st. -ωμεν mit verkürztem ω Il. κ, 65: ἀβροτάζω, verfehlen.

ἀγάασϑαι Inf. Praes. Od. π, 203: ἀγάομαι ep. [*200*]: ἄγαμαι 4.

ἀγάασϑε* 2 P. Plur. Praes. (<ἠγ-) Od. ε, 119: ἀγάομαι ep.: ἄγαμαι 4.

ἀγαγ-εῖν Aor. 2 Il. λ, 112: ἄγω 5.

ἀγάγωμι 1 P. Conj. Aor. 2 mit erhaltenem -μι: Il. ω, 717 [*69*]: ἄγω 5.

ἀγαζομαι Nbf. -ενοι Pind. N. 11, 7: ἄγαμαι 4.

ἀγαλϑῆναι Aor. Pass. spät. Dio Cass. 51, 20: ἀγάλλω 6.

ἀγαλῶ Fut. bei. d. Kom.: ἀγάλλω 6.

ἀγασάμην (< ἠγ-) Aor. -αντο Od. σ, 71; -αιτο Opt. Dem. Cor. 204: ἄγαμαι 4.

ἀγάσασϑαι Inf. Aor. Od. ϑ, 565: ἀγάομαι 4.

ἀγάσησϑε Conj. Aor. Il. ξ, 111: ἀγάομαι ep.: ἄγαμαι 4.

ἄγασϑαι Inf. Her. 6, 76: ἄγαμαι 4.

ἀγασϑείς Part. Aor. Pass. Plat. Rep. 1, 329, d; -ϑέντες Plat. Symp. 179, c: ἄγαμαι 4.

ἀγάσομαι Fut. ἄγαμαι 4.

ἀγασσάμεϑα Aor. Il. γ, 224: ἀγάομαι ep 4

ἀγασσάμενοι Part. Aor. Il. ψ, 639: ἀγάομαι ep. 4.

ἀγάσσατο Aor.: ἀγάομαι ep.: ἄγαμαι 4.

ἀγάσσεσϑαι Inf. Fut. Od. δ, 181: ἀγάομαι ep. 4

ἀγγεῖλαι Inf. Aor. Pl. Phaed. 57, e: ἀγγέλλω melden.

ἄγγηλα Aor. dor. Inschr. 2556, 43: ἀγγέλλω melden.

ἄγειρα Aor. Od. ξ, 285; -εν Il. λ, 716; ἀγείρας Part. Il. ι, 338; Soph. O. C. 1306: ἀγείρω 7.

ἀγείρατο Aor. M. I. für sich sammeln ξυν- Od. ξ, 323: ἀγείρω 7.

ἄγεν Il. δ, 214. für ἐάγησαν 3 P. Pl. Aor. Pass. [*114*]: ἄγνυμι 8.

ἀγεόμενος Nbf. für ἀγόμενος.

ἀγερέσϑαι, gew. ἀγέρεσϑαι Inf. Aor. 2 M. Od β, 385: ἀγείρω 7.

ἄγερϑεν 3 P. Pl. Aor. 1 Pass. [*114*]: ἀγείρω 7.

ἀγέρϑην Ep. Aor. 1. Pass -η Il. δ, 152 f. (vgl. ἄγερϑεν): ἀγείρω 7.

ἀγέροντο Ep. Aor. 2 Med. Il. σ, 245; auch in ἀμφαγέροντο Il. σ, 37; Ap. Rh. 4, 1527: ἀγείρω 7.

ἄγεσκον Impf. iter. Her. 1, 148 [*139. 147*]: ἄγω 5.

ἄγη 3 P. Sing. Aor. Pass. ohne Augm. st. ἐάγη Il. π, 801: ἄγνυμι 8.

---

1 beschädigen, bethören, verblenden. 2 sättigen. 3 nicht wissen, nicht kennen. 4 bewundern, schätzen, zürnen. 5 führen. 6 ehren, verherrlichen; *Praes. u. Impf. Pass.* sich zieren, freuen. 7 sammeln. 8 zerbrechen.

ἀγηγέραθ' 3 Pl. Pprf. Pass.: Il. δ, 211; Od. λ, 388 [103]: ἀγείρω 1.

ἀγηγέρατ' 3 Pl. Plprf. Pass. Il. ν, 13 [103]: ἀγείρω 1.

ἀγήγερκα Perf.: ἀγείρω 1.

ἀγηγέρκειν Plsqumprf.: ἀγείρω 1.

ἀγήγερμαι Prf. Pass.: ἀγείρω 1.

ἀγηγέρμην Plsp. Pass.: ἀγείρω 1.

ἀγήγοχα Inschr Prf. ἄγω 2.

ἀγῆλαι Inf. Aor. 1 Eur. Med. 1026: ἀγάλλω 3.

ἀγήοχα Prf. εἰσ- Dem. 18, 39 weniger gut als ἦχα: ἄγω 2.

ἀγινέμεναι Inf. Od. υ, 213 [84]: ἀγινέω 2.

ἀγινεόμενος Part. M.: ἀγινέω 2.

ἀγίνεον (< ἠγίνεον) Imprf. Il. ω, 784; Her. 3, 89. 93. 97: ἀγινέω 2.

ἀγίνεσκον Iter. Imprf. Od. ρ, 294 [141. 147]: ἀγινέω 2.

ἀγινήσω Fut. H. Apoll. ἀγινέω 2.

ἀγκρεμάσασα Part. Aor. 1 Od. α, 440: ἀνακρεμάννυμι 4.

ἀγνοήσομαι Fut. (pass. Dem. 18, 249): ἀγνοέω 5.

ἀγνοήσω Fut. Isocr. 12, 251: ἀγνοέω 5.

ἀγνοιῇσι 3 P. Conj. Praes. Od. ω, 218 [73]: ἀγνοιέω 5.

(τὰ) ἀγνοούμενα Pass.: ἀγνοέω 5.

ἀγνυμενάων Part. Pass. Il. π, 769; Od. κ, 123: ἄγνυμι 6.

ἄγνυται in περιάγνυται Il. π, 78: ἄγνυμι 6.

ἄγνυτον 3 P. Dual. Praes. Act. Il. μ, 148: ἄγνυμι 6.

ἀγνώσασκε Iter. Aor. Od. ψ, 95: ἀγνοέω 5.

ἀγοράασθε Praes. Il. β, 337 [200]: ἀγοράομαι 7.

ἀγορήσατο Aor. Il. α, 73. 253: ἀγοράομαι 7.

ἄγρει Imper. = wohlan: ἀγρέω 8.

ἀγρεῖτε (Vgl. ἄγρει) Imper. = wohlan Od. υ, 149: ἀγρέω 8.

ἀγρόμεναι, -ησιν Il. β, 481 -οι, -οισι, -ων Sync. Part. Aor. 2. Med.: ἀγείρω 9.

ἀγωνίδαται 3 P. Plur. Perf. Pass. Her. 9, 26 [111]: ἀγωνίζομαι 10.

ἀγωνιοῦμαι att. Fut. Thuc. 6, 78· -ται Dem. Mid. 7: ἀγωνίζομαι 10.

ἀγωνίσασθαι Aor. Med. ἀγωνίζομαι 10.

ἀγωνισθῆ-ναι Aor. pass.: ἀγωνίζομαι 10.

ἀγωνίσομαι Fut.: ἀγωνίζομαι 10.

ἀγωνιστέος Verb.: ἀγωνίζομαι 10.

ἀδ[δ]ηκότες Part. Pf. Il. κ, 98. 312. 399. 471. Od. μ, 281: ΑΔ- (ἀδέω) 11.

ἀδ[δ]ήσειεν 3 P. Sing. Opt. Aor.: Od. α, 134: ΑΔ- (ἀδέω) 11.

ἅδε Aor. 2 Il. ν, 748: ἁνδάνω 12.

ἁδεῖν Inf. (ἀδεῖν Pind. Ol. 3. 1) Aor. Il. γ, 173: ἁνδάνω 12.

ἅδοι Opt. Aor.: ἁνδάνω 12.

ἁδών Part. Aor. Pind.: ἁνδάνω 12.

ἄε Imprf. Ap. Rh. 1, 603: ἄω, ἄημι 13.

-ἄει (< ἄη) Imprf. δι- Od. ε, 478; τ, 440: διάω: διάημι durchwehen.

ἄειδε Imper. Il. α, 1: ἀείδω 14.

ἀειδέμεναι Inf. Od. ϑ, 73 [80]: ἀείδω 14.

ἀεικισθήμεναι Inf. Aor. Pass. Od. σ, 222: ἀεικίζω 15.

ἀεικισσαίμεθα Opt. Aor. dyn. M. Il. π, 559: ἀεικίζω 15.

ἀεικίσσασθαι Inf. Aor. dyn. M. Il. χ, 404: ἀεικίζω 15.

ἀεικίσσωσι 3 P. Pl. Conj. Aor. Il. π, 545; τ, 26: ἀεικίζω 15.

ἀεικιῶ Fut. Il. χ, 256: ἀεικίζω 15.

ἄειρα Aor.; ἀείρας Il. κ, 505: ἀείρω 16.

ἀειράμενος Part. Aor. Med. Il. ψ, 856; Her. 7, 132: ἀείρω 16.

ἀείρασθαι Inf. Aor. Her.: ἀείρω 16.

ἀειρέσθην Aor. Pass. Il. ψ, 501: ἀείρω 16.

ἀεῖσαι Aor. Od. ξ, 464; Her. 1, 24: ἀείδω 14.

ἀείσεο Imper. Aor. Med. nach Buttm. Hom. H. 17, 1: ἀείδω 14.

ἄεισι Praes. Hes. Th. 875: ἄημι 13.

ἀείσομαι Fut. Od. χ, 352; Pind. I. 5, 39: ἀείδω 14.

ἀείσω Fut. Theogn. 4; Eur. Herc. Fur. 681: ἀείδω 14.

ἀενάοντα: ἀενάων = ἀέναος Od. ν, 109 stets fliessend.

ἀέντες Pl. Part. Praes. Il. ε, 526; ἀέντων Od. ε, 478 [ἀείς]: ἄημι 13.

ἀέντι Part. Praes. Theocr. 13, 29: ἄημι 13.

---

1 sammeln. 2 führen. 3 ehren, verherrlichen. 4 aufhängen. 5 nicht kennen, nicht wissen. 6 zerbrechen. 7 reden, versammelt sein. 8 fangen, nehmen. 9 sammeln. 10 wettkämpfen. 11 Unlust empfinden.

ἀέξει Praes. Od. ι, 111; Soph. Ai. 226: ἀέξω 17.
ἀέξειν Inf. Il. μ, 214: Her. 3, 80: ἀέξω 17.
ἀέξεται Praes. Med. Il. σ, 110: ἀέξω 17.
ἀέξετο Imperf. Med. Il. λ, 84; Od. χ, 426: ἀέξω 17.
ἀέξῃ Conj. Praes. Od. ν, 360: ἀέξω 17.
ἀεξήσω Fut. -ομαι M. Spät.: ἀέξω 17.
ἀέξουσιν Praes. Od. ο, 372: ἀέξω 17.
ἀερθείς Part. Aor. Pass. Hom., Pind., Her., Aesch., Eur.: ἀείρω 16.
ἄερθεν 3 P. Pl. Aor. Pass. Il. θ, 74 [*114*]: ἀείρω 16.
ἀέρθη[ν] Aor. Pass. Od. τ, 540: ἀείρω 16.
ἀερθῇς s. ἀερθῶ.
ἀερθῶ Conj. Aor. Pass. Eur. Andr. 848; ἐπαερθῇς Her. 1, 212: ἀείρω 16.
ἀέρσῃ Conj. Aor. Panyas. bei Athen. 2, 36 e: ἀείρω 16.
ἀερῶ Fut.: ἀείρω 16.
ἄεσα [schlief] def. Aor. Od. τ, 342.
ἀέσαι [schlafen] Inf. eines def. Aor.
ἀέσαμεν wir schliefen defekt Aor. Od. γ, 151.
ἄεσαν schliefen def. Aor. Od. γ, 490; ο, 188.
ἄζετο Imprf. Med. Il. ε, 434: ἅζω 18.
ἅζευ 1) 2 P. Imprf. 2) Impr. Praes. Med.: ἅζω 18.
ἄη 3 P. Imperf. Od. μ, 325; ξ, 458: ἄημι 13.
ἀήμεναι Inf. Od. γ, 176; Il. ψ, 214 [*80*]: ἄημι 13.
ἀήμενος Part. Od. ζ, 131: ἄημι 13.
ἀῆναι Inf. Od. γ, 183: ἄημι 13.
ἄησι Praes. Hes. Op, 514: ἄημι 13.
ἄηται Praes. in Bedeut. des Act. Ap. Rh. 2, 81; Arat. 313 u. spät. D.; dagegen Praes. Pass. Pind. I. 3, 27: ἄημι 13.
ἄητο Imprf. Med. Il. φ, 386: ἄημι 13.
ἄητον 3 Du. Praes. Il. ι, 5: ἄημι 13.
ἀήτω Imper. Ap. Rh. 4, 768: ἄημι 13.
ἄθροισ-α, Aor. ἄθροισον: Imper.: ἀθροίζω versammeln.
αἰακτός Verb. Aesch. Pers. 931: αἰάζω 18*a*.

αἰάξω Fut. Eur. Herc. F. 1054: αἰάζω 18*a*.
αἰδεῖο Imperat. Praes. Il. ω, 503; Od. ι, 269: αἰδέομαι 18.
αἴδεο 2 P. Imper. Il. φ, 74: αἴδομαι ältere Form für αἰδέομαι 18.
αἴδεσαι 2 P. Imper. Aor. 1 Soph. Ai. 506: αἰδέομαι 18.
αἰδέσεται 3 P. Fut. Il. ι, 508: αἰδέομαι 18.
αἰδεσθείς Part. Aor. Il. δ, 402; ἐπ- Pl. Leg. XI., 921, a: αἰδέομαι 18.
αἴδεσθεν Aor. für ᾐδέσθησαν Il. η, 93 [*114*]: αἰδέομαι 18.
αἰδεσθήσομαι Fut. selten. ἐπ-, Eur. I. A. 900: αἰδέομαι 18.
αἰδέσθητε Imper. Aor. Od. β, 65: αἰδέομαι 18.
αἰδέσομαι Fut. Il. χ, 124: αἰδέομαι 18.
αἴδεσσαι Imper. Aor. Il. ι, 640: αἰδέομαι 18.
αἰδέσσεται Conj. Aor. Il. χ, 419: αἰδέομαι 18.
αἰδέσσομαι Fut. Od. ξ, 388: αἰδέομαι 18.
αἰδεστός Vb. Plut. αἰδέομαι 18.
αἴδετο Imprf. Ap. Rh. 21, 468: αἴδομαι ältere Form für αἰδέομαι 18.
αἴθεσθαι Inf. Pass. Xen. Cyr. 5, 1, 15; αἴθετο Ap. Rh. 3, 296: αἴθω 18*b*.
αἰκίσομαι Fut. Anth. 12, 80; -ιοῦμαι att. κατ- Eur. Andr. 829: αἰκίζω 15.
αἰνεθήσομαι Fut. Pass.: αἰνέω 19.
αἴνεσα Aor. Her. 5, 113: αἰνέω 19.
αἰνέσομαι in ἐπαινέσομαι Fut.: αἰνέω 19.
αἰνέσω Fut. Pind. Ol. 7, 16; N. 7, 63: αἰνέω 19.
αἰνετέον V. sp.: αἰνέω 19.
αἴνησα Aor. Pind.: αἰνέω 19.
αἰνήσ-ω Fut. Hom. u. Pind. N. 1, 72; P. 10, 69; -σει Theocr. 27, 39: αἰνέω 19.
αἰνίξομαι Fut. Eur. El. 946: αἰνίσσομαι 20.
αἴνυτο Imprf. Il. δ, 531: αἴνυμαι 21.
ἀΐξαι Inf. Aor. Vgl. ἐπαΐξαι: ἀΐσσω 22.
ἀΐξασθαι Inf. Aor. Med. (< ἀϊχθῆναι) Il. χ, 195; ἐπ- ψ, 773: ἀΐσσω 22.

12 gefallen. 13 wehen. 14 singen. 15 misshandeln. 16 erheben. 17 vermehren, *augere*. 18 scheuen, Ehrfurcht haben vor .... 18*a* klagen. 18*b* anzünden. 19 loben. 20 in Räthseln sprechen. 21 nehmen. 22 eilen, losfahren.

ἀΐξασκε Iter. Aor. Il. ψ, 369; in ἐπαΐξασκε ρ, 462; σ, 159: ἀΐσσω 1.
ἀΐξει Fut. ὑπ- Il. φ, 126: ἀΐσσω 1.
ἄϊον Imprf., -εν Il. λ, 463; -ον σ, 222; ἄϊε Il. κ, 532; φ, 388: ἀΐω 2.
αἱρεθήσομαι Fut. Pass. Pl. Men. 234: αἱρέω 3.
αἱρήσομαι Fut. M. Od. β, 357; Pl. Phil. 22: αἱρέω 3.
αἱρήσω Fut. Il. ι, 28; Eur. Sppl. 845: αἱρέω 3.
ἄϊσθε Imprf. Il. υ, 403: ἀΐσθω 4.
αἰσθήσομαι Fut. Ar. Ran. 634: αἰσθάνομαι 5.
αἰσχυνθήσομαι Fut.: αἰσχύνω 6.
αἰσχυνοῦμαι Aesch. Ag. 856; Pl. Tim. 49; öfter als αἰσχυνθήσομαι: αἰσχύνω 6.
αἰσχυνῶ Fut. Eur. Hipp. 719: αἰσχύνω 6.
αἰτιάασθαι Ep. Inf. Il. ν, 775 [200]: αἰτιάομαι 7.
αἰτιάσομαι Fut. Pl. Phaed. 85: αἰτιάομαι 7.
αἰτιόῳτο Opt. Il. λ, 654 [200]: αἰτιάομαι 7.
ἀΐχθην Aor. Pass. -ήτην Il. ω, 97: ἀΐσσω 1.
ἀκαχείατο 3 P. Pl. Plprf. Med. Il. μ, 179 [101]: ἀκαχίζω 8.
ἀκάχημαι Perf. M. Od. τ, 95: ἀκαχίζω 8.
ἀκαχήμενος Part. Perf. Il. ω, 550; Od. ο, 481; -οι Od. ι, 62; -ον Il. λ, 702 [120]: ἀκαχίζω 8.
ἀκάχησε Aor. Il. ψ, 223: ἀκαχίζω 8.
ἀκαχήσει Fut. Hom. Hy. Merc. 286: ἀκαχίζω 8.
ἀκάχησθαι Inf. Perf. Il. τ, 335; Od. δ, 806: ἀκαχίζω 8.
ἀκαχίζεο Imper. Pass. Il ζ, 486: ἀκαχίζω 8.
ἀκαχμένος Ep. defect. Part. Perf. gespitzt.
ἀκάχοντο Aor. M. Od. π, 342; -οίμεθα Opt. Il. π, 16: ἀκαχίζω 8.
ἀκαχών Part. Aor. Hes. Th., 868: ἀκαχίζω 8.
ἀκειόμενος Part. Il. π, 29; Od. ξ, 383: ἀκέομαι 9.
ἀκέοντο Imprf. Il. ε, 448; χ, 2: ἀκέομαι 9.
ἀκέσασθαι Inf. Aor. Her. 1, 167; 4, 90 (26): ἀκέομαι 9.
ἀκέσασθε* Impr. Aor. Od. κ, 69: ἀκέομαι 9.
ἀκεσθέντων* Part. Aor. Pass. nur Paus. 2, 27, 3; 3, 19, 7: ἀκέομαι 9.
ἀκέσομαι* Fut. sp. Musae. 199: ἀκέομαι 9.
ἄκεσσαι* Imper. Aor. Il. π, 523: ἀκέομαι 9.
ἀκήδεσεν Aor. Il. ξ, 427: ἀκηδέω 10.
ἀκηδήσαντες Part. Aor. Qu. Sm. 12, 376: ἀκηδέω 10.
ἀκήκοα Perf. Pl. Phaed. 61, d: ἀκούω 11.
ἀκηκόεε Plsqpf. Her.: ἀκούω 11.
ἀκηκόειν Plpf. Her. 2, 52; Pl. Crat. 384 seltner als ἠκηκόειν: ἀκούω 11.
ἀκηχέδατ'[αι] 3 P. Plur. Perf. Pass. Il. ρ, 637 [103]: ἀκαχίζω 8.
ἀκηχέμενος Part. Perf. -αι Il. σ, 29; -μένη, Il. ε, 364: ἀκαχίζω 8.
ἀκοστήσας Wohlgenährt. Defekt. Part. Aor. Il. ζ, 506; ο, 263: ἀκοστέω wohlgenährt sein.
ἀκούετο D. M. Il. δ, 331: ἀκούω 11.
ἄκουκα Perf. Plut. Ages. 21: ἀκούω 11.
ἀκουσθήσομαι Fut. Pass. Pl. Rep. 507, d: ἀκούω 11.
ἀκούσομαι Fut. Il. ο, 199; Pl. Apol. 17: ἀκούω 11.
ἀκουστέος, -τος V.: ἀκούω 11.
ἀκούσω Fut. Lyc. 378. 686. 1373; LXX.; N. T. Matth. 13, 14: ἀκούω 11.
ἀκροάσομαι Fut. Pl. Apol. 37: ἀκροάομαι 12.
ἀκροατέος Vb.: ἀκροάομαι 12.
ἀκτέος -τός Vb.: ἄγω 13.
ἀλαλάξαι Inf. Aor. Soph. Ant. 133 [17]: ἀλαλάζω 14.
ἀλαλάξομαι* Fut. Eur. Bacch. 593; -ξω sp. V. T. Jer. 47, 3: ἀλαλάζω 14.

---

1 eilen, losfahren. 2 hören, vernehmen. 3 nehmen, fassen. 4 aushauchen. 5 wahrnehmen, bemerken. 6 beschimpfen, beschämen, *M.* sich schämen, scheuen; ἐπ- dabei ∾. 7 beschuldigen, anklagen. 8 betrüben, *Pass.* betrübt, traurig sein. 9 heilen, beschwichtigen; *ohne Cas.* helfen. 10 vernachlässigen 11 hören. 12 anhören. 13 führen. 14 das Kampfgeschrei erheben. 15 umherschweifen. 16 helfen, abwehren, *M. von sich*

ἀλάλημαι Prf. mit Prnsbed. Il. ψ, 74; ἀλαλήμενος Part. Perf. m. auf die 3 letzte Silbe gerücktem Acc.: ἀλάομαι 15.
ἀλάλησαι 2 P. Prf. m. Praesbed. Od. ο, 10: ἀλάομαι 15.
ἀλάλησθαι Inf. Perf. m. Praesbedeut. Od. β, 370: ἀλάομαι 15.
ἀλάλησθε 2 P. Pl. Perf. m. Praes.-bed. Od. γ, 72; ι, 253: ἀλάομαι15.
ἀλάλησο Plsqprf. Od. γ, 313: ἀλάομαι 15.
ἀλάληται 3 P. S. Perf. Od. υ, 340: ἀλάομαι 15.
ἀλαλκεῖν Inf. Aor. Ep.: ἀλέξω 16.
ἀλαλκέμεν Inf. Aor. Ep.: ἀλέξω 16.
ἀλαλκέμεναι Inf. Aor. Ep. [*81*]: ἀλέξω 16.
ἀλαλκήσω Fut. Ap. Rh. 2, 235: ἀλέξω 16.
ἄλαλκ[ον]-ε Il. ψ, 185, οι, οις, οιεν Ep. Aor.: ἀλέξω 16.
ἀλαλύκτημαι Perf. Il. κ, 94: wie von ἀλυκτέω: ἀλαλύκτημαι 17.
ἁλάμενος Part. Aor. Ar. Av. 1395: ἅλλομαι 18.
ἀλάπαζε Il. λ, 503; -οντα ε, 166: ἀλαπάζω, verdünnen, vertilgen.
ἀλάπαξα Aor. 1 -ε Od. ρ, 424: erschöpfen; Her.: ἀλαπάζω 19.
ἀλαπάξω Fut. -εις Il. β, 367; ἐξ- Xen. An. 7, 1, 29: ἀλαπάζω 19.
ἀλᾶτο Imprf. Il. ζ, 201: ἀλάομαι15.
ἅλατο Aor. Thcr. 23, 60: ἅλλομαι18.
ἀλγυνθῆ-ναι Aor. Pass.: ἀλγύνω 20.
ἀλγυνόμενος Part. Xen. Apol. 8: ἀλγύνω 20.
ἀλγυνοῦμαι Fut. M. -εῖ Soph. Ant. 230 pass.: ἀλγύνω 20.
ἀλδήσκω Iter. aus ἀλδαίνω; -οντος Il. ψ, 599: ἀλδήσκω wachsen; vgl. ἀλδαίνω 21.
ἀλέασθαι Inf. Aor. Il. ψ, 340 [*57*]: ἀλέομαι: ἀλεύω 22.
ἀλέασθε Imper. Aor. Od. δ, 774 [57]: ἀλέομαι: ἀλεύω 22.
ἀλεείνω = ἀλέομαι.
ἀλέηται Conj. Aor. (Praes.) Od. δ, 396 [57]: ἀλέομαι: ἀλεύω 22.

ἀλείς Part. Aor. Pass.: εἴλω 23.
ἀλειφθήσομαι Fut. ἐξ- Dem. 25, 73: ἀλείφω 24.
ἄλειψα Aor. -εν Od. ζ, 227: ἀλείφω 24.
ἀλειψά-μην Aor. Med. -το Il. ξ, 171: ἀλείφω 24.
ἀλείψω Fut. ἐξ- Eur. I. A. 1486; Pl. Rep. 386, c: ἀλείφω 24.
ἄλεν 3 P. Pl. Aor. Pass. Il. χ, 12 [*114*]: εἴλω 23.
ἀλέν Il. ψ, 420. ἀλέντες, ἀλέντων Il. φ, 607 s. ἀλείς 23.
ἀλέξασθαι Inf. Aor. Med. Od. σ, 62; Il. ν, 475; ο, 565; Xen. An. 1, 3, 6: ἀλέξω 16..
ἀλεξέμεναι, -μεν Inf. Praes. Il. α, 590; γ, 9: ἀλέξω 16.
ἀλεξῆσαι Aor. 1 Op. H. 5, 626: ἀλέξω 16.
ἀλεξήσαιμι 1 P. Opt. Aor. ἀπ- Il. ω, 371: ἀλέξω 16.
ἀλεξήσειε 3 P. Opt. Aor. Od. γ, 346; Theocr. 5, 346: ἀλέξω 16.
ἀλεξήσομαι Fut. M. -μένους Her. 5, 87; -μενοι 8, 108: ἀλέξω 16.
ἀλεξήσ[ω]: ειν, εις Il. ι, 251, οντα Fut.: ἀλέξω 16.
ἀλέξομαι Praes. Med. -μενοι Her. 9, 119; -ους 7, 225 Part.: ἀλέξω16.
ἀλεξώμεσθα 1 Pers. Pl. Conj. Praes. M.: ἀλέξω 16.
ἀλέοντο Impf. ἐκ- (in tmesi) Il. σ, 586: ἀλέομαι, ἀλεύω 22.
ἀλέσαιτο n. Bekk. -έαιτο Opt. Aor. Od. υ, 368: ἀλέομαι: ἀλεύω 22.
ἀλέσθαι Inf. Aor. 2: ἅλλομαι 18.
ἄλεσσα Aor. Od. υ, 109: ἀλέω 25.
ἀλέσω Fut.: ἀλέω 25.
ἅληται (auch ἀλ-) Conj. Aor. Il. λ, 192. 207: ἅλλομαι 18.
ἄλευαι Imperat. Aor. Il. χ, 285 [57]: ἀλεύομαι: ἀλεύω 22.
ἀλευά-μενος* Part. Aor. Il. ε, 444; ἀλεύασθαι Inf.: ἀλεύομαι: ἀλεύω22.
ἀλεύαντο*Aor.: ἀλεύομαι: ἀλεύω22.
ἀλεύατο* Aor. M. Il. λ, 360: ἀλεύω 22.
ἀλεῦμαι Fut. Theocr. 3, 25; 5, 144 [*131*]: ἅλλομαι 18.

abwehren, sich rächen, vergelten. 17 in Angst sein. 18 springen, laufen; *a* ἐξ-, hervorspringen; *b* ἐφ-, anspringen; κατεφ- herab- und darauf losspringen. 19 ausleeren; *gew.* zerstören und plündern. 20 kränken, Schmerz erregen, *Pass.* gekränkt werden, Schmerz leiden. 21 wachsen lassen, stärken. 22 abhalten; *M.* meiden. 23 drängen, ausschliessen. 24 salben. 25 mahlen.

ἄλευσον Imper. Aor. Aesch. Sept. 128: ἀλεύω 1.

ἀλεύσω Fut. Soph. Fr. 825: ἀλεύω 1.

ἀλεύσωμαι Conj. Aor. Med. in ἐξαλεύσωμαι Soph. Ai. 656: ἀλεύω 1.

ἀλεώμεθα Conj. Aor. [Praes.] [57]: ἀλέομαι: ἀλεύω 1.

ἀλήθην Aor. Od. ξ, 120; -ης ξ, 3;2; -θείς in ἐπαληθείς Od. δ, 81; ο, 176: ἀλάομαι 2.

ἀλήλεκα Prf. Anth. 11, 251: ἀλέω 3.

ἀλήλεμαι Perf. Pass. Thuc. 4, 26: ἀλέω 3.

ἀλήλεσμαι Prf. Pass. ἀληλεσμένος Her. 7, 23; Vgl. Arr. An. 6, 23, 6: ἀλέω 3.

ἀλήλιμμαι Perf. Pass. Thuc. 4, 68: ἀλείφω 4.

ἀλήλιφα Perf. ἀπ- Dem. 52, 29: ἀλείφω 4.

ἀλήμεναι Inf. Aor. 2 Pass. Il. ε, 823; σ, 76. 286 [86]: εἴλω 5.

ἀλῆναι Inf. Aor. Pass Il. π, 714: εἴλω 5.

ἀλήσεται in ἀπαλήσεται Conj. Aor. mit in ε verkürztem η Hes. Sc., 409: ἀλάομαι 2.

ἀλησθῆναι Aor sp.: ἀλέω 3.

ἄληται Conj. Aor. Il. φ, 536: ἄλλομαι 6.

ἀλθεσθῆναι Inf. Aor. συν- Hippocr. 3, 163: ἄλθω 7.

ἄλθετο Imprf. Il. ε, 417: ἄλθομαι: ἄλθω 7.

-αλθήσεσθον 3 P. Dual. Fut. in ἀπ- Il. θ, 405. 419: ἄλθομαι: ἄλθω 7.

ἀλθήσω Fut. sp.: ἄλθω 7.

-αλῖσ-αι Aor. in ἐξαλῖσας Ar. Nubb. 32: ἐξαλίω sich auswälzen lassen.

ἁλίσας Part. Aor. Her. 1, 119 fin.: ἁλίζω 8.

ἁλίσθαι, ἁλισμένος s. ἡλ-.

ἁλισθῆναι Aor. Pass. -ῇ Conj. Aor. Xen. An. 2, 4, 3; -θεῖεν Opt. Her. 1, 63; ἁλισθέντες Part. Her. 5, 15: ἁλίζω 8.

ἀλιτέσθαι Inf. Aor. Od. δ, 378: ἀλιταίνω 9.

ἀλιτήμενος Part. Perf. Od. δ, 807; Hes. Sc., 91 [120]: ἀλιταίνω 9.

ἀλίτησα Aor. 1 Orph. Arg. 647: ἀλιταίνω 9.

ἀλίτηται Conj. Aor. Il. τ, 265; ω, 586: ἀλιταίνω 9.

ἀλίτοιμι Opt. Aor. Aesch. Prom. 531: ἀλιταίνω 9.

ἀλίτοντο Aor. 2 Med. Od. ε, 108: ἀλιταίνω 9.

ἀλίτωμαι Conj. Aor. 2 Med. Il. ω, 570: ἀλιταίνω 9.

ἀλλαγήσεσθαι in ἀπ-, συν-, δι- Fut. neben ἀπαλλάξεσθαι: ἀλλάσσω 10.

ἀλλαγμένος (> ἠλ-) Part. Perf. Pass. ἀπ- Her. 2, 144: ἀλλάσσω 10.

ἀλλάξασθαι Aor. 1 Med. Pl. Symp. 218, e: ἀλλάσσω 10.

ἀλλασσόμην Imprf. Pass.: ἀλλάσσω 10.

ἄλμενος Part. eines sync. Aor. in ἐξάλμενος Il. ο, 571; ρ, 342; ψ, 399; ἐπάλμενος Il. η, 260; -οι Od. χ, 305; ἐπιάλμενον Il. η, 15 und κατεπάλμενος von κατεφάλλομαι Il. λ, 94: ἄλλομαι 6.

ἀλοάσω Fut.: ἀλοάω dresche 11.

ἀλοηθείς Part Aor. Pass. Theophr.: ἀλοάω 11.

ἀλοήσω Fut.: ἀλοάω schlage 11.

ἀλόϊα Imprf. Il. ι, 568: ἀλοάω 11.

ἁλοίην Opt. Aor. Il. χ, 253; ρ, 506; Od. ξ, 183; ο, 300: ἁλίσκομαι 12.

ἀλοίμην Opt. Aor. sp.: ἄλλομαι 6.

ἁλόμενος Part. Aor. 2 καθ- Xen. Hell. 4, 5, 7: ἅλλομαι 6.

ἁλόντε Part. Aor. 2 Il. ε, 487: ἁλίσκομαι 12.

ἁλοῦμαι Fut. ὑπερ- Xen. Equ. 8, 4: ἅλλομαι 6.

ἁλούς Part. Aor.: ἁλίσκομαι 12.

ἄλσο Sync. Aor. Il. π, 754: ἄλλομαι 6.

ἆλτο Sync. Aor. Il ε, 111; π, 755; Od. φ, 388; ἐπᾶλτο Il. φ, 140; Pind. O. 13, 72; N. 6, 52: ἅλλομαι 6.

ἀλύεις 2 P. Praes. Od. σ, 333: ἀλύω 14.

---

1 abhalten; *M.* meiden; ἐξ- *aus*weichen, *ent*kommen. 2 umherschweifen. 3 mahlen. 4 salben. 5 drängen, ausschliessen. 6 springen, laufen; *a* ἐξ-, hervorspringen; *b* ἐφ-, anspringen; κατεφ- herab- und darauf lospringen. 7 heilen, heil machen, *P.* heilen, heil werden. 8 versammeln, *Pass.* sich sammeln. 9 irren, sündigen. 10 ändern, wechseln, *Med.* für sich ein- (aus-) tauschen. 11 dreschen, schlagen. 12 gefangen, eingenommen, er-

ἄλυξα Aor. 1 Od. ψ, 328; -ξαι Il. ϑ, 243: ἀλύσκω 13.

ἀλύξω Fut. Hippocr. 2, 612: ἀλύσσω verwirrt sein.

ἀλύξ-ω Fut.; -ξειν Il κ, 371; -ξετον Soph. Ant. 488: ἀλύσκω 13.

ἀλύουσ᾽ ἀπεβήσετο Part. Praes. Il. ε, 352: ἀλύω 14.

ἀλύσκανε Imprf. Od. χ, 330: ἀλισκάνω = ἀλύσκω 13.

ἀλύσκων Part. Praes. Od. χ, 363. 382: ἀλύσκω 13.

ἀλύσσοντες Part. Praes. Il. χ, 70: ἀλύσσω Nbf. v. ἀλύω 14.

ἀλύων Part. Praes. Il. ω, 12; -ουσ᾽ ε, 352: ἀλύω 14.

ἄλφοι Opt. Aor. Od. ο, 453; ρ, 250: ἀλφάνω 15.

ἁλῷ Conj. Aor. Her. 1, 84: ἁλίσκομαι 12.

ἀλῶ att. Fut.: ἀλέω 3.

ἁλώῃ Conj. Aor. Il. ξ, 81; ι, 592: ἁλίσκομαι 12.

ἁλῴη Opt. Aor. Var. v. ἁλοίη Od. ξ, 183; ο, 300: ἁλίσκομαι 12.

ἁλωκώς Part. Perf. Pind. P. 3, 57: ἁλίσκομαι 12.

ἁλώμεναι Inf. Aor. 2 für ἁλῶναι Il. φ, 495: ἁλίσκομαι 12.

ἁλῶναι Inf. Aor. 2 Il. φ, 281; Od. ε, 312; ω, 34: ἁλίσκομαι 12.

ἁλῶσι Conj. Aor. Her. 2, 93: ἁλίσκομαι 12.

ἁλώσομαι Fut. Soph. O. T. 576; Ar. Vesp. 893: ἁλίσκομαι 12.

ἁλωτός Verbal.: ἁλίσκομαι 12.

ἁλώω Conj. Aor. Il. λ, 405; Od. σ, 265: ἁλίσκομαι 12.

ἁμαρτήσ-εσθαι Fut. Od. ι, 512: ἁμαρτάνω 16.

ἁμαρτήσω Fut. bei Spät.: ἁμαρτάνω 16.

ἅμαρτον Hom. Aor.: wie -ϑ᾽ (=τε) Il. δ, 491; -τών ψ, 857: ἁμαρτάνω 16.

ἄμβαινον Imprf. ion u. ep. für ἀναβ.: ἀναβαίνω hinaufgehen.

ἀμβαλλώμεθα Conj. Praes. Med. für ἀναβ. Il. β, 436: ἀναβάλλω.

ἀμβλώσω Fut. ἀμβλίσκω 17.

ἄμειβεν Imprf. Hom.: ἀμείβω 18.

ἀμείβεσθαι Inf. Praes. M.: ἀμείβω 18.

ἀμείβετο Imprf. Med. Hom.: ἀμείβω 18.

ἀμειβόμενος Part. Hom. Od. α, 375: ἀμείβω 18.

ἀμειφθῆν Aor. Pass. Pind. 4, 102; Theocr. 7, 27: ἀμείβω 18.

ἀμεῖψ-αι Aor. Her. 4, 72: ἀμείψας Soph. Tr. 659: ἀμείβω 18.

ἀμείψασθαι Inf. Aor. Med. Soph. Tr 737: ἀμείβω 18.

ἀμείψεται Fut. Med. Il. ι, 409; Eur. El. 1093: ἀμείβω 18.

ἄμεναι Inf. Praes. Il. φ, 70 [83]: ἄω 19.

ἄμερδε Hom. Imprf.: ἀμέρδω 20.

ἀμέρδεαι 2 P. Sing. Praes. Ind. Pass. Od. φ, 290 [89]: ἀμέρδω 20.

ἀμερθῇς Conj. Aor. Pass. Il. χ, 58: ἀμέρδω 20.

ἀμέρσαι Inf. Aor. Il. π, 53: ἀμέρδω 20.

ἄμερσε Aor. Od. ϑ, 64; Pind. O. 12, 16: ἀμέρδω 20.

ἁμιλλήσομαι Fut. Ar. Pax. 950: ἁμιλλάομαι 21.

ἁμμένος Part. Perf. Pass. Her. 1, 86: ἅπτω, fügen, heften.

ἀμμίξας Aor.. st. ἀναμίξας Il. ω, 529: ἀναμίγνυμι vermischen.

ἀμπεῖχον Imprf. ἀμπέχω 22.

ἄμπεχεν Imprf. ep. Od ζ, 225: ἀμπέχω 22.

ἀμπισχεῖν Inf. Aor.: ἀμπέχω 22.

ἀμπισχνοῦμαι Med. aus ἀμπισχνέομαι: ἀμπέχω 22.

ἀμπλακεῖν Inf. Aor. 2 Conj.: ἀμπλάκω Soph. Ant. 554: ἀμπλακίσκω 23.

ἀμπλακήσω Fut. ἀμπλακίσκω 23.

ἀμπλακών Part. Aor. 2 Eur. Iph. A. 124: ἀμπλακίσκω 23.

ἄμπνυε Imper. Aor. 2 ep. Il. χ, 222: ἀναπνέω 24.

ἀμπνύνθη Aor. Pass. als Act. Il. ε, 697; ξ, 436: ἀναπνέω 24.

ἄμπνυτο Sync. Aor. 2 Med. Il. λ, 359; χ, 475: ἀναπνέω 24.

---

obert werden. 13 vermeiden, ausweichen. 14 ausser sich sein. 15 einrragen, bringen. 16 fehlen, verfehlen; abirren, sündigen. 17 missgebäten. 18 wechseln, austauschen; *M.* für sich ∾; *bes.* vergelten, antworten. 19 sättigen. 20 berauben. 21 wettkämpfen. 22 umhüllen, *M.* umhaben. 23 irren, fehlen, verfehlen, entbehren. 24 aufathmen, sich erholen.

ἀμῦναι Inf. Aor. 1 Il. π, 75; Od. ρ, 538: ἀμύνω 1.
ἄμυνε Imprf. Il. ο, 731: ἀμύνω 1.
ἀμυνέμεναι Inf. Il. ρ, 182 [81]: ἀμύνω 1.
-αμύξατο in καταμύξατο Aor. 1 Med. Il. ε, 425: ἀμύσσω 2.
ἀμύξ[ω], -εις Fut. Il. α, 243: ἀμύσσω 2.
ἄμυσσεν Imprf. Il. τ, 284: ἀμύσσω 2.
ἀμφέξησα Aor. 1 Od. ψ, 196: ἀμφιξέω ringsum abschaben.
ἀμφέξομαι Fut. Med. Com. Fr. 3, 300: ἀμπέχω 3.
ἀμφέξω Fut. Eur. Cycl. 343: ἀμπέχω 3.
ἄμφεπε Aor. Il. π, 124; σ, 348: ἀμφέπω; ἀμφιέπω umgeben.
ἀμφεποτᾶτο Imperf. Il. β, 315: ἀμφιποτάομαι, umflattern.
ἀμφέχανε Aor. Il. ψ, 79: ἀμφιχαίνω, umgähnen, verschlingen.
ἀμφιδεδίνηται windet sich rings umher. Perf. Pass. Il. ψ, 562: ἀμφιδινέω rund herumdrehen.
ἀμφιέσαιμι Opt. Aor. Od. σ, 361: ἀμφιέννυμι 4.
ἀμφιέσαντο Aor. Med.: ἀμφιέννυμι 4.
ἀμφιέσω Fut. Od. ε, 167: ἀμφιέννυμι 4.
ἀναβῇ 3 P. Conj. Aor. Od. β, 358: ἀναβαίνω hinaufgehen.
ἀναίνεαι 2 Pers. Sing. Praes. Ind. [89]: ἀναίνομαι 5.
ἀναίνετο Imprf. Il. σ, 500: ἀναίνομαι 5.
ἀναλοῖ Praes. Aesch. Sept. 975: ἀναλόω: ἀναλίσκω 6.
ἀνάλουν Imperf. Thuc. 8, 45: ἀναλόω: ἀναλίσκω 6.
ἀναλώθην Aor. Pass.: ἀναλίσκω 6.
ἀναλωθήσομαι Fut. Pass. Eur. Hipp. 506: ἀναλίσκω 6.
ἀνάλωκα (ἀνήλ-) Perf. Thuc. 2, 64: ἀναλίσκω 6.
ἀνάλωμαι (< ἀνήλωμαι) Perf. Pass. Eur. Andr. 1154: ἀναλίσκω 6.
ἀνάλωσα (< ἀνήλωσα, ἠνάλ-) Aor. 1 Thuc. 7, 83: ἀναλίσκω 6.
ἀναλώσω Fut. Eur. Cycl. 308: ἀναλίσκω 6.
ἀνάξομαι Fut.: ἀνάγομαι: ἀνάγω 6a
ἀναστῇ 3 P. Conj. Aor. 2 Od. σ, 334: ἀνίστημι aufstehen 11.
ἀνέηκα ion Aor 1: ἀνίημι 8.
ἀνεμορμύρεσκε (> ἀνα-) Iter. Imprf. Od. μ, 238: ἀναμορμύρω aufschäumen.
ἀνεῤῥίπτουν Imperf. Od. ν, 78: ἀναῤῥιπτέω, -τω in die Höhe werfen.
ἀνέσαιμι Opt. Aor. 1 Il. ξ, 209 [272]: ἀνίημι 8.
ἄνεσαν* Aor. 1 Il. φ, 537: ἀνίημι 8.
ἀνέσαντες* Part. Aor. 1 Il. ν, 637: ἀνίημι 8.
ἀνέσει Fut. Od. σ, 265 [272]: ἀνίημι 8.
ἀνέσχεθε hielt empor Il. κ, 461: ἀνέσχεθον Aor. 2 in erweiterter Form gebildet durch -θω: ἀνέχω 7.
ἀνέσχοντο Aor. Her. 5, 89; 6, 112; 7, 139: ἀνέχω 7.
ἄνεται Praes. Pass. Il. κ, 251: ἄνω Nbf. von ἀνύω vollenden.
ἀνέχῃσι 3 P. Sing. Conj. Praes. mit der alten End. -ῃσι Od. τ, 111 [72. 73]: ἀνέχω 7.
ἀνέῳγα Prf. 2: ἀνοίγνυμι, -γω 9.
ἀνέῳγμαι bei den Att. für ἀνέῳγα wie Thuc. 2, 4: ἀνοίγνυμι, -γω 9.
ἀνέῳγον Imprf. Il. ω, 228: ἀνοίγνυμι, -γω 9.
ἀνέῳξα Aor. Pl. Prot. 314: ἀνοίγνυμι, -γω 9.
ἀνεῴξομαι Fut. 3 Xen. Hell. 5, 1, 14: ἀνοίγνυμι, -γω 9.
ἀνέῳχα Prf.: ἀνοίγνυμι, -γω 9.
ἀνεῴχθην Aor. Pass.: ἀνοίγνυμι, -γω 9.
ἀνηγαγόμην Aor. Thuc. 3, 79: ἀνάγομαι: ἀνάγω 6a.
ἀνῄη Conj. Aor. 2 Il. β, 34: ἀνίημι 8.
ἀνῆκα Aor. 1 Vgl. ion ἀνέηκα: ἀνίημι 8.
ἀνήλισκεν Imprf. Pl. Rp. VIII., 552 b.: ἀναλίσκω 6.
ἀνηλοῦντο Imperf Med. (< ἀνάλουν) Thuc. 3, 81: ἀναλίσκω 6.
ἀνηλώθην (< ἀναλώθην) Aor. Pass. Dem. 50, 30: ἀναλίσκω 6.

---

1 abwehren *M.* von sich ∾, sich vertheidigen, vergelten. 2 kratzen. 3 umhüllen, *M.* umhaben. 4 anziehen, *M.* sich ∼. 5 verweigern. 6 verwenden, verschwenden, verzehren. 6a hinaufführen; *Med.* absegeln. 7 emporstrecken, -halten. 8 hinaufsenden; loslassen, ver∾. 9 öffnen. 10 krän-

ἀνήλωκα (< ἀνάλωκα) Prf. Xen. Cyr. 2, 4, 9: ἀναλίσκω 6.
ἀνηλωκέναι Inf. Perf. Dem. 18, 279: ἀναλίσκω 6.
ἀνήλωμαι (< ἀνάλ-) Perf. Pass. Pl. Polit. 289, d: ἀναλίσκω 6.
ἀνήλωσα (< ἀνάλωσα) Aor. Is. 5, 35; Dem. 40, 36: ἀναλίσκω 6.
ἀνήλωτο Pl. Polit. 272, d.: ἀναλίσκω 6.
ἀνηνάμην, -νατο, (< ἠνην-) Aor. 1 Il. ψ, 204: ἀναίνομαι 5.
ἀνήνασθαι Inf. Aor. Il. η, 93; Eur. Med. 237: ἀναίνομαι 5.
ἀνήνηται Conj. Aor. Il. ι, 510: ἀναίνομαι 5.
ἀνήνοθε(ν) dringt hervor, Ep. Prf. 2 mit Praesensbedeut. Od. ρ, 270; mit Aoristbed. Il. λ, 266.
ἀνηνόμην Imprf. bei Sp.: ἀναίνομαι 5.
ἀνήφθω 3 P. Sing. Imper. Perf. Pass. Od. μ, 51: ἀνάπτω anheften.
ἀνιάσομαι Fut. Pass. med. C. Fr. 1148; Xen. Mem. 1, 1, 8: ἀνιάω 10.
ἀνίει, [ἀνίειν], ἀνίεις Imprf.: ἀνίημι 8.
ἀνιείης Opt. Praes. Od. β, 185: ἀνίημι 8.
ἀνίεμεν Imprf.: ἀνίημι 8.
ἀνιηθείς Part. Aor. Pass. Od. α, 133: ἀνιάω 10.
ἀνιήσ-εις Fut. Od. τ, 66: ἀνιάω 10.
ἀννεῖται für ἀνανεῖται Od. κ, 192: ἀνανέομαι aufgehen.
ἀνοιγήσομαι Fut. 2 Pass. N. T.: ἀνοίγνυμι, -γω 9.
ἄνοιξα Aor. Her. 1, 68; -ε 4, 143; -αν 9, 118: ἀνοίγνυμι, -γω 9.
ἀνοῖξαι Inf. Aor. ἀνοίγνυμι, ἀνοίγω 9.
ἄνοιτο Opt. Il. σ, 473: ἄνω Nbf. v. ἀνύω 15.
ἀνοιχθ-ῆναι Inf. Aor. Pass. -θείη Opt. Pl. Phaed. 59, d: ἀνοίγνυμι, -γω 9.
ἀνόμενος Part. Pass. Her. 7, 20: ἄνω 15.
ἀνστάς aus ἀναστάς: ἀνίστημι 11. 12.
ἀνστήσεις aus ἀναστ.: ἀνίστημι 11. 12.
ἀνστρέψειαν aus ἀναστρέψειαν: ἀναστρέφω umkehren.

ἀνσχεθέειν aus ἀνασχεθέειν Inf. Aor. Od. ε, 320: ἀνέχω, hochhalten.
ἀντάσω Dor. Fut. Eur. Tro. 212: ἀντάω begegnen 13.
ἄντεσθ' Praes. Il. ο, 698: ἄντομαι 13.
-αντήσομαι s. ἀπαντήσομαι.
ἀντιάασθε 2 P. Pl. Praes. Med. zusammengezog. mit Vorschlag. Il. ω, 62: ἀντιάω 13.
ἀντίαζον (ή-?) Imprf. Her. 1, 166 [41] ἀντιάζω 13.
ἀντιάσας Part. Aor. Il. α, 67; -σαντα Od. ζ, 193: ἀντιάω 13.
ἀντιάσειε 3 P. Opt. Aor. Il. ν, 290. -ν Od. φ, 402: ἀντιάω 13.
ἀντιάσεις Fut. Od. χ, 28: ἀντιάω 13.
ἀντιάσητον Dual. Conj. Aor. Il. μ, 356: ἀντιάω 13.
ἀντιεύμεθα 1 P. Pl. Praes. Dep. Her. 9, 26: ἀντιόομαι: ἀντιόω: ἀντιάω 14.
ἀντιόων Part. Praes. Od. α, 25; ἀντιόωντες, Il. ν, 125: ἀντιάω 13.
ἀντιοώντων 3 P. Pl. Imperat. Il. ψ, 643: ἀντιάω 13.
ἀντιόωσα Part. Praes. Od. ω, 56; γ, 436, -ωσαν Acc. (bereitend) Il. α, 31: ἀντιάω 13.
ἀντιώθη (v. ήντ-) Aor. Pass. Her. 7, 9, 10: ἀντιόομαι, ἀντιάω 14.
ἀντιώσεσθαι Fut. M. Her. 7, 9; 9, 7: ἀντιόω, ἀντιάω 14.
ἀντιώσονται Fut. Med. Her. 7, 102: ἀντιόω 14.
ἀντόμεναι Part. Praes. Il. β, 595: ἄντομαι 13.
ἄνυμες 1 P. Pl. der Praesensform ἄνυμι zu ἀνύω Theocr. 7, 10: ἀνύω 15.
ἀνυσ- Fut.: ἀνύσω, -σεις Ar. Ran. 649; -σει Soph. Phil. 711; ἀνύσειε Opt. Aor. Od. ο, 294; Imper. ἄνυσον Ar. Vesp. 1168; -σατε Av. 241; Part. ἀνύσας Ar. Ach. 545: ἀνύω 15.
ἀνύσσεσθαι Fut. Pass. Od. π, 373: ἀνύω 15.
ἀνύσωμαι Conj. Aor. Med.: ἀνύω 15.
ἄνυτο Imprf. Theocr. 2, 92: ἄνυμι: ἀνύω 15.

---

ken, belästigen. 11 aufstehen. 12 aufstehen heissen, lassen. 13 begegnen, *a* entgegen gehen, *b* entgegen kommen. 14 begegnen, bes. feindlich. 15 vollenden.

ἄνωγ[α] alt poet. Perf. mit Praesbed. 1
ἄνωγε Imper. Eur. Or. 119: ἄνωγα 1.
1) ἀνώγει 3 Praes. Il. ζ, 439; Od. ε, 139. 357; Her. 7, 104: ἀνώγω Prs. zu ἄνωγ[α] 1.
2) ἀνώγει (< ἠν-) Plp. als Imperf. Il. σ, 176: ἄνωγα 1.
ἀνωγέμεν Inf. Prf. m. Prsbed. Il. ν, 56; Od. π, 278. 433: ἄνωγα 1.
ἄνῳγεν Imprf. Il. ξ, 168: οἴγνυμι, οἴγω, ἀν- 2.
ἀνώγετε 2 Plur. Imper. Perf. m. Prsbed. Od. ψ, 132: ἄνωγα 1.
ἀνώγετον 2 Plur. P. Dual. Praes. Il. δ, 287: ἀνώγω Praes. zu ἄνωγα 1.
ἀνωγέτω 3 P. Imper. Perf. m. Prsbd. Od. β, 195: ἄνωγα 1.
ἀνώγῃ Conj. Perf. m. Prsbed. Il. ο, 148; Her. 7, 104: ἄνωγ[α] 1.
ἄνωγμεν Hom. H. 2, 350 1 Pl. des Perf. ἄνωγα m. Praesbed. [64] 1.
ἀνώγοι, -οιμι, -οιτ' Opt. Perf. m. Prsbd.: ἄνωγα 1.
ἄνωγον (< ἠν-) Imprf. Il. ε, 805; Od. ι, 331; 3 P. Plur. Od. γ, 35; ξ, 471: ἀνώγω Praes. zu ἄνωγ[α] 1.
ἀνῷκται Prf. Pass. Theocr. 14, 47: ἀνοίγνυμι, ἀνοίγω 2.
ἀνῶξαι Inf. Aor. Od. κ, 531: ἀνώγω Praes. zu ἄνωγα 1.
ἀνώξ[ω] Fut. -ομεν Il. ο, 295: ἀνώγω Praes. zu ἄνωγα 1.
ἄνωχθε 2 P. Plur. Imper. des Perf. m. Prsbd. Od. χ, 437: ἄνωγ[α] 1.
ἄνωχθι 2 P. Sing. Imper. Perf. m. Prsbd.; Il. ψ, 158; Eur. Alc. 1044: ἄνωγ[α] 1.
ἀνώχθω 3 P. Sing. Imper. Perf. m. Prsbd. Il. λ, 189: ἄνωγ[α] 1.
ἄξαι Inf. Aor.: ἄγω 3.
ἄξαντ[ε] Dual. Part. Aor. 1 Il. ζ, 40: ἄγνυμι 4.
ἄξαντο Aor. Med. ἐσάξαντο Her. 5, 34; προσες- 1, 190; 8, 20: ἄγω 3.
ἄξασθαι Inf. Aor. M. in ἀν- Od. γ, 245: ἄγω 3.
ἀξέμεν, -μεναι Inf. Aor. Il. ω, 663; ψ, 111; κατ- ζ, 53 [81]: ἄγω 3.
ἄξεσθε 2 P. Pl. Imper. Aor. Med. Il. ϑ, 505: ἄγω 3.

ἄξομαι Fut. M. Soph. O.C 1460; pass. Aesch. 1632; Pl. Rep. 458: ἄγω 3.
ἄξοντο Aor. Med. Il. ϑ, 545: ἄγω 3.
ἄξω Fut. κατά- Il. ϑ, 403: ἄγνυμι 4.
ἄξω Fut. Pl. Rep. 359, c; ἀπ- Phaed. 58, b: ἄγω 3.
ἀοιδιάει Od. κ, 227: ἀοιδιάω poet. = ἀείδω 5.
ἀοιδιάουσ' Od. ε, 61: ἀοιδιάω poet. = ἀείδω 5.
ἀολλισθήμεναι Inf. med. Pass. Il. ο, 588: ἀολλίζω 6.
ἀολλίσθησαν Aor. med. Pass. Il. τ, 54: ἀολλίζω 6.
ἀόλλισσαν 3 P. Pl. Aor. Il. ζ, 287: ἀολλίζω 6.
ἀολλίσσασα Fem. Part. Aor. Il. ζ, 270: ἀολλίζω 6.
ἀπαντήσομαι Fut. Med. Xen. Hell. 1, 6, 3: ἀπαντάω 7.
ἀπάτησεν Aor. Il. τ, 97: ἀπατάω 8.
ἀπατήσω Fut. Od ρ, 139: ἀπατάω 8.
ἀπάφοιτο Opt. Aor. 2 Od. ψ, 216; in ἐξ- Il. ι, 376; ξ, 160: ἀπαφίσκω 8.
ἀπάφω in ἐξ- Conj. Aor. 2 Od. ψ, 79: ἀπαφίσκω 8.
ἀπαφών Part. Aor. 2 Hom. Hym. 3, 38; Eur. Ion. 705: ἀπαφίσκω 8.
ἀπέθηκ' Aor. 1 Il. π, 254: ἀποτίθημι ablegen.
ἀπειλεῖς 2 P. Praes. Ind. Il. α, 161; -ειλεῖτε 2 P. Pl. Il. π, 201: ἀπειλέω 9.
ἀπείλησα Aor. -ας Od. ϑ, 383 grossprahlen: ἀπειλέω 9.
ἀπειλήσ-ω Fut. -σει Il. ϑ, 150 drohend prahlen, trotzen: ἀπειλέω 9.
ἀπειλήτην 3 P. Dual. Imprf. Od. λ, 313: ἀπειλέω 9.
ἀπέκτα Sync. Aor. ep.: ἀποκτείνω 10.
ἀπέκτατο Sync. Aor. Med. Il. ο, 437; ρ, 472: ἀποκτείνω 10.
ἀπέλα Imper. bei Xen. Cyr. 8, 3, 32: ἀπελαύνω 11.
ἀπέλαυσα Aor. 1: ἀπολαύω 12.
ἀπελογήθην Aor. Pass. st. ἀπελογησάμην Polyb., Antiph. II., γ, 1; δ, 3; III., γ, 2; Eur. Bacch.
ἀπελογησάμην Aor. Lys. 22, 3: ἀπολογέομαι 13.

---

1 befehlen, antreiben. 2 öffnen. 3 führen. 4 zerbrechen. 5 singen. 6 versammeln. 7 begegnen, freundlich und feindlich. 8 betrügen, täuschen. 9 drohen; *Pass.* durch Drohungenn erschreckt werden. 10 tödten, erschlagen. 11 wegtreiben. 12 geniessen. 13 sich vertheidigen. 14 wohnen lassen *Med.* ziehen, wandern *nach*. 15 sterben. 16 *Trans.*

41; aber passiv. Bedeut. Xen. Hell. 1, 4, 13: ἀπολογέομαι. 13
ἀπενάσσατο Aor. Med. Il. β, 629, Od. ο, 254: ἀπονάω 14.
ἀπετέθνασαν Plsprf. Od. μ, 393: ἀποθνήσκω 15.
ἀπέφθιθεν 3 P. Pl. Aor. Pass. st. -θησαν Od. ε, 110. 133; η, 251: ἀποφθίνω 16.
ἀπέχθεσθαι Inf. Pl. Rep. I. 343, e: ἀπεχθάνομαι 17.
ἀπεχθήσομαι Fut. Is. 1, 22; Plat. Phil. 28, d; 58, c: ἀπεχθάνομαι 17.
ἀπέχθηται Conj. Aor. Hom.: ἀπεχθάνομαι 17.
ἀπεχθόμενος Part. Aor. ἀπεχθάνομαι 17.
ἀπηλοημένος Part. Perf. [Dem.] 42, 5: ἀπαλοάω 18.
ἀπηλοίησεν Aor. Il. δ, 522 zerschmetterte: ἀπαλοάω 18.
ἀπημείφθην Aor. Xen. An. 2, 5, 15: ἀπαμείβομαι erwiedern.
ἀπηνήναντο verschmähte, verläugnete Aor. Il. η, 185: ἀπαναίνομαι gänzlich verweigern.
ἀπηντήθη Aor. Pass. Polyb. 2, 7: ἀπαντάω 19.
ἀπήντηκα Prf. Ar. Lys. 420; Dem. 18, 15: ἀπαντάω 19.
ἀπήντημαι Perf. Pass. Polyb. 2, 37: ἀπαντάω 19.
ἀπήντησα Aor. 1 Thuc. 2, 20: ἀπαντάω 19.
ἀπήντων Imperf.: ἀπαντάω 19.
ἀπηύρα Imprf. aus -αε Il. ζ, 17; ρ, 236; Od. γ, 192; δ, 646: ἀπαυράω 20.
ἀπηύρας Imprf. Il. ϑ, 237; ἀπαυράω 20.
ἀπηύρατο Aor. Med. Od. δ, 646 ist falsche Lesart: dafür ἀπηύρα: ἀπαυράω 20.
ἀπηύρων aus -αον 1 P. Imprf. Il. τ, 89: ἀπαυράω 20.
ἀπήχθετο Aor. Pass. Il. γ, 354: ἀπεχθάνομαι 17.
ἀπήχθημαι Prf. Pl. Alc. II., 149, e: ἀπεχθάνομαι 17.
ἀπηχθόμην Aor. Il. ω, 27; Thuc. 2, 63: ἀπεχθάνομαι 17.

ἀποδάσσασθαι Inf. Aor. Pind. N. 10, 86: ἀποδαίω 21.
ἀποδάσσεσθαι Inf. Fut. Il. χ, 118: ἀποδαίω 21.
ἀποδάσσομαι Fut. Il. ρ, 231: ἀποδαίω 21.
ἀποδίωμαι Conj. Praes. Il. ε, 763: ἀποδίομαι verfolgen, verscheuchen.
ἀπόδοιντο Att. Opt. Aor. 2 mit zurückgezogenem Accent: ἀποδίδωμι ab-, zurückgeben.
ἀπόερσε verschlang, raffte weg Aor. Il. ζ, 348; theils abgeleitet von ἔρδω, ion für ἄρδω, theils erklärt als transitive Nbf. von: ἀποέρρω.
ἀποέρσειε Opt. Aor. Il. φ, 329: s. ἀπόερσε.
ἀποέρσῃ Conj. Aor. Il. φ, 283: s. ἀπόερσε.
ἀποθείομαι Conj. Aor. st. -θέωμαι, -θῶμαι Il. σ, 409 wegräumen: ἀποτίθημι.
ἀπολαύσομαι Fut. Pl. Phaedr. 234: ἀπολαύω 12.
ἀπολελόγημαι Prf., act. Isocr. 12, 218; auch passiver Bedeutung And. 1, 70: ἀπολογέομαι 13.
ἀπόναιο 2 P. Opt. Aor. M. Il. ω, 556: ἀπονίνημι 22.
ἀπόνασθαι Inf. Aor. M.: ἀπονίνημι 22.
ἀπονέεσθαι Il. ξ, 46; β, 113: ἀπονέομαι heimkehren.
ἀπονήμενος Part. Aor. M. Od. ω, 30: ἀπονίνημι 22.
ἀπονήσεται Fut. M. ἀπονίνημι 22.
ἀπόνητο Aor. M. ohne Aug. Od. π, 120; λ, 324; ρ, 293: ἀπονίνημι 22.
ἀποξῦσαι Inf. Aor. Od. ι, 326: ἀποξύω 23.
ἀποπέσῃσιν 3 P. Conj. Aor. Od. ω, 7: ἀποπίπτω herabfallen.
ἀποπταμένη Part. Aor. Od. λ, 24: ἀποπέτομαι 24.
ἀποπτάμενος Part. Aor. Il. β, 71: ἀποπέτομαι 24.
ἀποπτανέουσι Fut. f. L. für ἀποπαπτ- Il. ξ, 101: (ἀπο(πα)πταίνω).
ἀπόστα Imper. Aor. 2 st. ἀπόστηθι: ἀφίστημι 25.

---

vernichten; *intr.* untergehen. 17 verhasst, verfeindet werden. 18 aus-, zerdreschen. 19 entgegen kommen, begegnen. 20 *a.* wegnehmen, *b.* theilnehmen, geniessen. 21 vertheilen. 22 nützen, *M.* Vortheil, Genuss haben. 23 abschaben. 24 wegfliegen. 25 abseitstellen, entfernen.

ἀποτμήγουσι 3 P. Praes. poet. Nbf. Il. π, 390: ἀποτέμνω 1.
ἀποτμήξας Part. Aor. Il. χ, 456; -αντε Dual. Il. κ, 364 poet. Nbf. von: ἀποτέμνω 1.
ἀπουράμενος beraubt Hes. Sc. 173 vgl. ἀπούρας: ἀπαυράω 2.
ἀπούρας beraubt habend Part. Aor. 1 Il. α, 356. 507; π, 831; Pind. P. 4, 149: ἀπαυράω 2.
ἀποφθίμην Opt. Aor. Od. κ, 51: ἀποφθίνω 3.
ἄπτετ' Imprf. Pass. -τ' Il. β, 171, -το in καθ- ο, 127: ἅπτω 4.
ἆραι Inf. Aor. 1 (227): αἴρω 5.
ἀραίμην* Opt. Aor. M. Eur. Or. 3: αἴρω 7.
ἀραίρηκα Perf. -κότες Her. 4, 66: αἱρέω 6.
ἀραίρημαι Perf. Pass. -μένοι Her. 4, 66: αἱρέω 6.
ἄραξα Aor. Hom. ἄραξε Od. μ, 422; -ας Soph. Ant. 52: ἀράσσω 8.
ἀράξω Fut. ἐξ- Ar. Th. 704: ἀράσσω 8.
ἄρᾱρα Perf. 2 intr. προς- Xen. Hell. 4, 7, 6: ἄρω [ἀραρίσκω] 9.
ἀραρεῖν Inf. Aor. 2: ἄρω 9.
ἀράρισκε Imperf. Od. ξ, 23; Theocr. 25, 103: ἄρω [ἀραρίσκω] 9.
ἀραρίσκω Stammform zu dem ungebräuchlichen: ἄρω 9.
ἄραρον Aor. 2 Il. μ, 105; intr. π, 214; -ρεν Soph. El. 147; tr. -ρῃ Il. π, 212: ἄρω 9.
ἀραρυῖα Fem. Part. Perf. intr. -αν Il. ε, 744; Od. ζ, 70: ἄρω 9.
ἄρασθαι Aor. 1 Med.: αἴρω 5.
ἀράχθ-ην Aor. Pass. -θεν Part. Soph. Ant. 973: ἀράσσω 8.
ἀρεῖ s. ἀρῶ.
ἀρεῖσθε s. ἀροῦμαι.
ἀρέσαι Inf. Aor. Il. ι, 120; τ, 138: versöhnen, ausgleichen: ἀρέσκω 10.
ἀρεσάσθω 3 P. Sing. Imper. Aor. Med. Il. τ, 179: ἀρέσκω 10.
ἀρέσθαι Aor. 2 Med. Hom., Soph. Ai. 247(5); Theocr. 17, 117: ἀείρω 7.
ἀρεσθείη[ν] Opt. Aor. Pass. Soph. Ant. 500: ἀρέσκω 10.
ἀρεσσάμενοι Part. Aor. Med. Il. ι, 112; Theogn. 740: ἀρέσκω 10.
ἀρέσσομαι Fut. Med. Od. θ, 402: ἀρέσκω 10.
ἀρεσσόμεθ' Fut. Med. Il. δ, 362; ζ, 526 begütigen: ἀρέσκω 10.
ἄρετο Aor. 2 Med. Il. ι, 188; λ, 625: ἀείρω 7.
ἀρήμεναι ep. Inf. als Praet. Od. χ, 322: ἀράομαι 11.
ἀρημένος Def. Part. Perf. Pass.: gedrückt, gequält Il. σ, 435; Od. ζ, 2; ι, 403; λ, 136; σ, 53. 81; ψ, 283.
ἄρηρα Perf. 2 intr.; ep. ion. Anth. 6, 163: ἄρω 9.
ἀρήρειν (< ἠρ-) Plsprf. Il. κ, 265: ἄρω 9.
ἀρήρεκα Perf. angeführt v. Sext. Emp. adv. Gr.: ἀρέσκω 10.
ἀρήρεμαι Prf. Pass., simpl. sp. Ap. Rh. 4, 677: ἄρω 9.
ἀρήρεται in προσαρήρεται Conj. Perf. Pass. Hes. Op. 431: ἄρω 9.
ἀρήρῃ Conj. Perf. intr. Od. ε, 361: ἄρω 9.
ἀρήρομαι, -μένος Perf. Pass. Il. σ, 548; Her. 4, 97: ἀρόω 10a.
ἀρηρυῖα Fem. Part. Hes. Th. 608: ἄρω 9.
ἀρήσαιατο Opt. Aor. Od. α, 164: ἀράομαι 11.
ἀρήσομαι Fut. Il. ι, 172: ἀράομαι 11.
ἀρθείς Part. Pass. Hom. Her. ἀείρω 7.
ἄρθεν 3 P. Pl. Aor. Pass. Il. π, 211: ἄρω 9.
ἀρθήσομαι Fut. Pass. Ar. Ach., 565: ἀείρω 7.
ἀρκεσθείς Aor. Pass. Polyb. 13, 2, 4 (26): ἀρκέω 12.
ἀρκεσθήσομαι Fut. Pass. Stob. 5, 93 (26): ἀρκέω 12.
ἀρκέσω Fut. Soph. Ant. 547; -σει Plat. Rep. 466, b (26): ἀρκέω 12.
ἀρκῶ Att. Fut.: ἀρκέω 12.
ἀρκῶν hinreichend τὰ ἀρκοῦντα Xen. Mem. 1, 2, 1: ἀρκέω 12.
ἄρμενος angefügt, anpassend Il.

1 abschneiden. 2 *a.* wegnehmen, *b.* theilnehmen, geniessen. 3 *Trans.* vernichten; *intr.* untergehen. 4 zusammenfügen. 5 erheben. 6 nehmen. 7 erheben. 8 schlagen. 9 zusammenfügen, verbinden. 10 wieder erstatten, *att.* gefallen; *Med.* sich geneigt, gewogen machen. 10a ackern, säen. 11 beten, flehen, fluchen; wünsehen, *dass* ... 12 abwehren, beistehen, aus-

σ, 600; Od. ε, 234; Pind. Ol. 8, 73; N. 3, 58; Theocr. 29, 9: ἄρμενος: ἄρω 9.
ἁρμοσμένος Perf. Pass. Her. 2, 124. 148; συν- 1, 163: ἁρμόζω 13.
ἅρμοσται 3 P. Perf. Pass. Her. 3, 137: ἁρμόζω 13.
ἁρμόχθην st. ἁρμόσθην dor. Aor. Pass.: ἁρμόζω 13.
ἀρνηθήσομαι Fut. pass. Bedeut. in ἀπαρνηθήσεται Soph. Phil. 527: ἀρνέομαι 14.
ἀρνησαμένου in ἐξαρνησαμένου Part. Aor. Med. Her. 3, 75: ἀρνέομαι 14.
ἀρνήσασθαι Aor. Med. Od. ϑ, 358; Her. 3, 1: ἀρνέομαι 14.
ἀρνήσομαι Fut. Aesch. Eum. 463: ἀρνέομαι 14.
ἀρνύμενος Part. Praes. Od. α, 5; -οι, Il. α, 159; ζ, 446: ἄρνυμαι 15.
ἀρνύσθην 3 P. Dual. Imprf. wie ἐδεικνύσθην Il. χ, 160: ἄρνυμαι 15.
ἀροίμην Opt. Aor. 2 Med. Il. σ, 121; Soph. El. 34: ἀείρω 7.
ἄροισθε 2 P. Plur. Opt. Aor. 2 Med. Aesch. Sept. 298: ἀείρω 7.
ἀρόμην Aor. 2 Med. Il. ψ, 592: ἀείρω 7.
ἄροντο Aor. 2 Med. Il. ι, 124. 266. 269: ἀείρω 7.
ἀρόσαι Aor. Pind. N. 10, 26: ἀρόω.
ἀρόσω Fut. (26): ἀρόω 10a.
ἀροῦμαι Fut. Med. ἀρεῖσθε Soph. O. C. 460: αἴρω 5.
ἀρόωσιν st. ἀρόουσιν Od. ι, 108: ἀρόω 10a.
ἁρπάξων Fut. Il. χ, 310: ἁρπάζω 16.
ἁρπάσομαι Fut. -όμεναι, in ἀν- Part Her. 8, 28; 9, 59: ἁρπάζω 16.
1) ἄρσα Aor. -ἄρσας Part. Her. 2, 14; -σασα getränkt habend 5, 12; ἄρσῃ Conj. 2, 14: ἄρδω 17.
2) ἄρσα Aor. Od. φ, 45 (55): ἄρω 9.
ἀρσάμενος Part. Aor. Hes. Sc. 320 [55]: ἄρω 9.
ἄρσον* Imperat. Aor.: ἄρω 9.
ἀρῶ, -εῖ Fut. Soph. Aj. 75: αἴρω 7.
ἄσα (aus < ἄασα) Aor. Od. λ, 61: ἀάω 18.
ἆσαι schwelgen Inf. Aor. Il. ο, 317: ἄω 19.
ἄσαιμι Opt. Aor. Il. ι, 489: ἄω 19.
ἄσαμεν (< ἀέσαμεν) def. Aor. wir schliefen Od. π, 367. 19.
ἄσασθαι Aor. Pass. Med. Il. τ, 307: ἄω 19.
ἄσατο, bethörte, Aor. Il. τ, 95, Vgl. ἀάσατο: ἀάω 18.
ἄσειν Inf. Fut. Il. λ, 818: ἄω 19.
ἄσεσθε Fut. Il. ω, 717: ἄω 19.
ἄσῃ Conj. Aor. Il. σ, 281: ἄω 19.
ἀσηθείη Opt. Aor. Her. 3, 41: ἀσάομαι: ἀσάω 20.
ᾄσομαι Fut Pl. Leg. 664: ᾄδω 21.
ᾄσω Fut. Theocr. 1, 145: ᾄδω 21.
ἀσῶ Dor. Fut.: ἵημι 22.
ἀτέοντα Def. Part. Il. υ, 332 ἀτέων: ἀτέω 23.
ἀτύξαι Aor. Thcr. 1, 56: ἀτύζω 24.
ἀτυχθείς Part. Aor. Pass. Il. ζ, 468: ἀτύζω 24.
αὐδήσαντος Part. Aor. Od. δ, 505: αὐδάω 25.
αὐδήσασκε Iter. Aor. Il. ε, 786; ρ, 420: αὐδάω 25.
αὖε Imprf. Il. λ, 461; υ, 48. 51; Her. 7, 223: αὔω 26.
αὔῃ Conj. Praes. Od. ε, 490: αὔω ausdörren, Feuer anzünden 27.
αὐρ- s.: ἐπαυρ-.
αὐρα- s. ἀπαυρα- etc.
αὖσα Aor. ἐν- Pl. Ax. 371, e: αὔω 27.
ἄϋσα, ἄϋσαν, ἀΰσαντες, ἀϋσάντων, ἄϋσε Aor. Il. ξ, 147: αὔω 26.
ἄϋτει Imprf. Il. λ, 258; υ, 50: ἀϋτέω = αὔω 26.
ἀΰτεον Imprf. ἐπ- Theocr. 22, 91: ἀϋτέω = αὔω 26.
ἀΰτευν Imprf. Il. μ, 160; Eur. Hipp. 167: ἀϋτέω = αὔω 26.
ἄφασον Imper. Aor. Her. 3, 69: ἀφάσσω betasten.
ἀφέστασαν Plusqprf. Il. ο, 672; φ, 391: ἀφίστημι.
ἀφέτην 3 P. Dual. Aor. 2 Il. λ, 642: ἀφίημι 28.
ἄφθη Aor. Pass. Her.: ἅπτω 29.
ἀφίει 3 P. Imperf. Il. α, 25: ἀφίημι 28.
ἀφίειν neb. ἠφίειν Imprf.: ἀφίημι 28.

reichen. 13 (zusammen-) fügen *Med.* für sich ∾, bauen. 14 abschlagen. 15 erwerben. 16 rauben. 17 benetzen, bewässern. 18 beschädigen, bethören. 19 sättigen. 20 Ekel erregen *Dep. pass.* Ekel haben. 21 singen. 22 senden. 23 tollkühn, verblendet. 24 in Schrecken setzen, betäuben. 25 sprechen. 26 schreien, rufen. 27 (an) zünden. 28 wegschicken, entsenden. 29 anfügen.

ἀφοῦ Imper. Aor. 1 Med.: *ἀφίημι* 1.
ἀφόωντα (ἀφ-) Part. Praes. Il. ζ, 322: *ἀφάω* (ἁφ-) befühlen.
ἄφρεον Imprf. Il. λ, 282: *ἀφρέω* 2.
ἀφύξειν Inf. Fut. Il. α, 171: *ἀφύσσω* 3.
ἀφύοντες in ἐξ- Od. ξ, 95: *ἀφύω* 3.
ἄφυσσα (< ἤφυσα) Od. β, 379; Eur. I. A. 1051: *ἀφύω*: *ἀφύσσω* 3.
ἀφυσσάμην (< ἠφ-) Aor. M. -ατο Il. π, 230: *ἀφύσσω* 3.
ἀφῶμεν Conj. Aor. 2: *ἀφίημι* 1.
ἄχει lass ertönen Theocr. 2, 36: *ἠχέω* schallen, ertönen.
ἀχεύων Part. Od. β, 23; π, 139; φ, 318: *ἀχέω* 5.
ἀχέων Part. Il. σ, 446; υ, 298; Od. λ, 195: *ἀχέω* 5.
ἀχθεσθήσομαι Fut. Pass als M. Pl. Gorg. 506, c: *ἄχθομαι* 4.
ἀχθέσομαι Fut. -ει Ar. N. 1441: *ἄχθομαι* 4.
ἀχθῆναι Inf. Aor. Pass. ἐξ- Her. 2, 54; -θῶ Conj. ἐξ- Aesch. 1, 37: *ἄγω* führen.
ἄχνυτο Imprf. Il. ξ, 38: *ἄχνυμαι* sich betrüben: *ἀκαχίζω* 6.
ἄχομαι betrübt sein Nbf. Od. σ, 256: *ἀκαχίζω* 6.
ἄψομαι Fut. Med. Eur. And. 758; Pl. Symp. 221, b: *ἅπτω* 7.
ἅψω Fut. Aesch. Ch. 868: *ἅπτω* 7.
ἄωρτο Plsprf. Pass. mit versetztem Augm. st. ἤερτο, ἤορτο Il. γ, 272; τ, 253: *ἀείρω* 8.

B.

βᾶ poet. Imper. in Kompos.: *κατάβα* Aor. Vesp. 979 *βάω* [Lobeck]: *βαίνω* 9.
βαδιοῦμαι Fut. Pl. Symp. 190, d *(160)*: *βαδίζω* 9.
βᾶθι, *βᾶθ'* Imper. Aor. 2 Soph. O. C. 1491: *βαίνω* 9.
βαῖεν 3 P. Pl.
βαίη 3 P. S. Soph. Ai. 921; O. T. 81
βαίημεν 1 P. Pl. ἐμ- Xen. An. 5, 6, 13
βαίην 1 P. Sing. Soph. O. T. 832
βαίης 2 P. S.
βαίητε 2 P. Pl.
βαιήτην 3 P. Dual.
βαίητον 2 P. Dual.
βαῖμεν 1 P. Pl.
βαῖτε 2 P. Pl.
βαίτην 3 P. Dual.
βαῖτον 2 Pl. Dual.
} Opt. Aor. 2 *βαίνω* 9.
βάλε Aor. 2 Il. λ, 108: *βάλλω* 10.
βαλέει 3 P. S. Fut. Od. κ, 290 [*130*]: *βάλλω* 10.
βαλέειν Inf. Aor. Il. β, 414; π, 383. 866 [*124*]: *βάλλω* 10.
βαλέεις 2 P. Fut. in *ἀποβ.* Her. 1, 71 [*130*]: *βάλλω* 10.
βαλεῖν Inf. Aor. 2 Il. ν, 387: *βάλλω* 10.
βαλέοντι Part. Fut. Od. λ, 608 [*130*]: *βάλλω* 10.
βαλέω* Fut. Il. ϑ, 403: *βάλλω* 10.
βάλῃσθα Conj. Aor. 2 Od. μ, 221 [*70*]: *βάλλω* 10.
βάλοισθα Conj. Aor. 2 Il. ο, 571 [*71*]: *βάλλω* 10.
βαλῶ Fut. Il. ρ, 451: *βάλλω* 10.
βᾶμεν für *βῆναι* Inf. Aor. Pind. P. 4, 39: *βαίνω* 9.
βᾶμες dor. f. *βῶμεν* Theocr. 15, 22: *βαίνω* 9.
βάν 3 P. Plur. Aor. 2: *βαίνω* 9.
βάντα, ος in *ἀπο-*, *δια-*, Part. Aor. 2: *βαίνω* 9.
βάξω Fut. ἐκ- Aesch. Ag. 498: *βάζω* 11.
βαρυνθείς Part. Aor. Pass. Il. υ, 498: *βαρύνω* 12.
βαρυνθήσομαι Fut. Pass. Soph. Fr. 627: *βαρύνω* 12.
βάς Part. Aor. Od. ϑ, 456: *βαίνω* 9.

---

1 wegschicken, entsenden. 2 schäumen. 3 schöpfen. 4 belästigt, betrübt sein, sich härmen, ärgern. 5 ächzen, sich härmen. 6 betrüben, *P.* betrübt sein. 7 anfügen. 8 erheben. 9 gehen, schreiten, wandeln; *ὑπερβ-* überschreiten; *δια-* aus-, überschr.; *ἐπιβ-* betreten. 10 werfen,

-βάσαν in ὑπέρβασαν Aor. 1 Il. μ, 469: ὑπερβαίνω 9.

βασεῦμαι Fut. Theocr. 2, 8; 4, 26: βαίνω 9.

βάσκ' in der Formel: βάσκ'ἴθι Imperat. Il. β, 8: βάσκω; βαίνω 9.

βασκέμεν Inf. in ἐπι- Il. β, 234: ἐπιβάσκω bringen *in* . . .

βαστάσαι Inf. Aor. N. T. Mth. 3, 11; -σας Part. Luc. 11, 27; -σω Fut. -ει Soph. Ai. 920: βαστάζω 13.

βάσω Fut. dor. προ- Pind. O. 8, 63; -ομεν Conj. 6, 24: βαίνω 9.

βᾶτε Imper. Aor. 2 Aesch. Hic. 191; Soph. El. 1433: βαίνω 9.

βάτην 3 P. Dual. Aor. 2 Il. α, 327 neb. βήτην Il. ϑ, 115 und ἐβήτην Il. ζ, 40: βαίνω 9.

βαΰξω Fut.; βαΰσδει Theocr. 6, 10: βαΰζω 14.

βεβάασι Perf. Il. β, 134 [62]: βαίνω 9.

βεβάδικα Perf. Aristot: βαδίζω 9.

βέβακα Dor. Perf. ἐμ- Pind. P. 10, 12: βαίνω 9.

βέβακται Perf Pass. in ἔπος βέβακται: ein Wort ist gesprochen; Od. ϑ, 408: βάζω 11.

βέβαμαι Perf. Pass. ἀνα- Xen. Hipparch. 1, 4: βαίνω 9.

βεβάμεν Inf. Perf. Il. ρ, 359. 510: βαίνω 9.

βεβάναι Inf. Perf. Eur. Heracl. 610; in συμ- Her. 3, 146; in ἀπο- 5, 86: βαίνω 9.

βεβαρημένος Part. Perf. Pass. Theocr. 17, 61: βαρύνω 12.

βεβαρηώς Part. Perf. Od. γ, 139; τ, 122: βαρύνω 12.

βέβασαν 3 P. Plur. syn. Plsqmprf. in ἐμ-, Il. β, 720: βαίνω 9.

βεβᾶσιν Perf. Trag., wie Aesch. Pers. 1002 Vgl. βεβάασιν: βαίνω 9.

βεβάστακται Perf. Pass. Luc. Ocy. 14: βαστάζω 13.

βεβαώς Part. Perf. Il. ξ, 477; in ἐπεμ- Il. ι, 582; παρ- λ, 522: βαίνω 9.

βεβαῶτα Part. Perf. Od. ε, 130; βεβαῶτε in παρ- Dual. Il. ν, 708: βαίνω 9.

βέβηκα Perf. Il. ο, 90; Soph. El. 1151; Pl. Tim. 55: βαίνω 9.

βεβήκει Plsmprf. Il. α, 221: βαίνω 9.

βεβηκυῖα F. Part. Perf. Pl. Criti. 121, c nb. βεβῶσα: βαίνω 9.

βεβηκώς Part. Perf. -κός Pl. Tim. 62, c nb. βεβώς, βεβῶσα: βαίνω 9.

βεβίασμαι Perf. Pass., activ bei Dem. 19, 206: βιάζω 15.

βεβίηκε(ν) Perf. Il. κ, 145. 172; π, 22: βιάω 15.

βεβιημένος Part. Perf. Pass. Ap. Rh. 4, 1388; Antiphil. 44: βιάω 15.

βεβίωκα Perf Is. 15, 27: βιόω 16.

βεβιωμένος Part. Perf. Pass. Is. 15, 7: βιόω 16.

βεβίωται Perf. Pass. Dem. 22, 77; 24, 185: βιόω 16.

βέβλαμμαι Prf. Pass. Il. π, 660: βλάπτω 17.

βεβλάστηκα Prf. Hippocr. 1, 513: βλαστάνω 18.

βέβλαφα Prf. Dem. 19, 180: βλάπτω 17.

βέβλεμμαι Prf. Pass. Athen. 9, 409: βλέπω 19.

βέβλεφα Prf. Stob. 70, 13: βλέπω 19.

βέβληαι 2 S. Perf. Pass. st. βέβλησαι Il. ε, 284; λ, 380: βάλλω 10.

βεβλήαται 3 P. Pl. Perf. Pass. Il. λ, 657; Od. λ, 194: βάλλω 10.

βεβλήατο Plsqmprf. Pass. Od. η, 97; Il. ξ, 28: βάλλω 10.

βέβληκα Prf.: βάλλω 10.

βεβλήκειν 3 P. Sing. Plsqumprf. Il. ε, 661; ξ, 412; Od. χ, 275: βάλλω 10.

βεβλήκοι 3 P. S. Opt. Prf.: βάλλω 10.

βέβλημαι Prf. Pass. -ται Il. ε, 103: βάλλω 10.

βεβλῆσθαι Inf. Prf. Pass. Pl. Phaedr. 264, b: βάλλω 10.

βεβοήϑηκα Prf. -κότες Xen. An. 6, 3, 24: βοηϑέω 20.

βεβοήϑηται Perf. Pass. Antiph. 1, 31: βοηϑέω 20.

βεβόημαι Perf. Pass. Anth. 7, 138: βοάω 21.

βεβολήατο (< βεβλήαται) Plpf. Il. ι, 3: βάλλω 10.

---

schleudern, ἀπο- -; ξυν- -, . . . 11 sprechen, gew. schwätzen. 12 beschweren. 13 aufheben, loben, preissen, tragen. 14 bellen, schreien. 15 zwingen. 16 leben. 17 schaden, hindern, schwächen. 18 sprossen. 19 blicken. 20 herbei eilen, helfen. 21 schreien.

βεβολημένος Part. Perf. Il. ι, 9; Od. κ, 247: βάλλω 1.
βέβουλα Prf. 2 in προβέβουλα Il. α, 113: βούλομαι 2.
βεβούλημαι Prf. Dem. 18, 2: βούλομαι 2.
βεβράδυκα Prf. s. Luc. Symp. 20: βραδύνω 3.
βέβρασται Perf. Pass. Ant. Th. 61 (VII, 288): βράζω 4.
βεβρεγμένος Part. Prf. Pind. Ol. 6 56 Am.: βρέχω 5.
βέβριθα Prf. 2 -θε Il. π, 384: -θασι Od. ο, 324; Eur. El. 305: βρίθω 6.
βεβρίθει Plsprf. Od. π, 474: βρίθω 6.
βεβριθυῖα Part. Prf. Il. φ, 385: βρίθω 6.
βέβρυχεν (anbrausen) Prf. Il. ρ, 264: βρύχω zu βρυχάομαι 7.
-βέβρυχεν in ἀναβέβρυχεν sprudelt auf, hervor Il. ρ, 54: ἀναβέβρυχεν.
βεβρυχώς Part. Perf. Il. ν, 393: βρύχω zu βρυχάομαι 7.
βεβρώθοις Opt. Il. δ, 35: βεβρώθω = βιβρώσκω 8.
βέβρωκα Perf.: βιβρώσκω 8.
βεβρώκοι Opt. Prf. Her. 1, 119: βιβρώσκω 8.
βεβρωκώς Part. Perf. Il. χ, 94; Od. χ, 403: βιβρώσκω 8.
βέβρωμαι Perf. Pass. Aesch. Ag. 1097: βιβρώσκω 8.
βεβρώσεται Fut. 3 [Fut. Pass. βρωθήσομαι Lycophr. 1421]: Od. β, 203: βιβρώσκω 8.
βεβρῶτες Part. Perf. Soph. Ant. 1022: βιβρώσκω 8.
βέβυσμαι Perf. Pass. Part.: βεβυσμένος, -ν Od. δ, 134: βυνέω 9.
βεβῶ Conj. Perf. Pl. Phaedr. 252: βαίνω 10.
βέβωμαι Prf. ep. ion Her. 3, 39: βοάω 11.
βεβωμένος Part. Pass. Her. 3, 39: βοάω 11.
βεβώς Part. Perf. Soph. El. 311. 1095; O. C. 313 (294): βαίνω 10.
βεβῶσα Part. Prf. Od. υ, 14: βαίνω 10.
βέῃ in ἐπι- 2 P. Praes. mit Futurbedeut. aus βέεαι nur Il. π, 852; ω, 131: βέομαι 12.
βείομαι Il. χ, 431 = βέομαι.
βείομεν Conj. Aor. 2 κατα- Il. κ, 97; ἐπι-, Od. ζ, 262; κ, 334: βαίνω 10.
βείω Conj. Aor. 2: βείω = βῶ; Il. ζ, 113: βαίνω 10.
βέωμεν in ἐπιβ- Conj. Aor. 2 Her. 7, 50, 2: βαίνω 10.
βῆ Aor. 2 Il. π, 536; Il. λ, 617; Od. β, 5 nb. ἔβη: βαίνω 10.
βήῃ 3 P. Conj. Aor. 2 in ὑπέρ- Il. ι, 501; in ἐμβ- π, 94: βαίνω 10.
βῆθι Imper. Aor. 2 μετα- Od. θ, 492; ψ, 20 (275): βαίνω 10.
βήμεναι Inf. Aor. 2 Hom: βαίνω.
βῆν (< ἔβην) Aor. 2, auch in περίβην: βαίνω; περιβαίνω 10.
βῆναι Inf. Aor. 2 Hom.: βαίνω 10.
βησάμενοι in ἀνα- Part. Aor. Med. Od. ο, 475: ἀναβαίνω 10.
βήσατο Aor. Med.: βαίνω 10.
βήσεο Imper. Aor. ep. κατα- Il. ε, 109: βαίνω 10.
βήσεται Fut. Il. β, 339: βαίνω 10.
βήσετο Aor. 1 Med. [56]: βαίνω.
βήσομαι Fut. H. Hym. M. 166 (381): βαίνω 10.
βήσομεν Conj. Aor. für -ωμεν Il. α, 144: βαίνω 10.
βήσω Fut. factit. Bedeut. -έμεν in ἐπι- Il. θ, 197 [81]: βαίνω 10.
βήτην Dual. Aor. 2 Il. θ, 115 (neb. βάτην u. ἐβήτην Il. ζ, 40): βαίνω 10.
βῆτον Dual. Conj. Aor. 2 in ἐπι- mit factit. Bed. Od. ψ, 52: βαίνω 10.
βιασάμενοι Part. Aor. Med. Xen. An. 7, 8, 11: βιάζω 13.
βιασθέντες Part. Aor. Pass. Pind. N. 4, 9. Xen. Cyr. 4, 5, 56: βιάζω 13.
βιάσομαι Fut. Act. βιάζω 13.
βιβᾷ Hom. H. Merc. 225: βιβάω 14.
βιβάντα Part. Praes. Il. γ, 22; ν, 371: βιβάω 14.
βιβάς Part. Il. η, 213 βιβάς: βιβάω 14.
βιβᾶσα Part. Od. λ, 538 -ας: βιβάω 14.

1 werfen, schleudern, ἀπο- -; ξυν- -, ... 2 wollen. 3 verzögern, aufhalten. 4 sieden, aufbrausen. 5 benetzen. 6 schwer sein. 7 brüllen. 8 essen, verzehren. 9 vollstopfen, verstopfen. 10 gehen, schreiten, wandeln; ὑπερβ- überschreiten; δια- aus-, überschreiten; ἐπιβ- betreten. 11 schreien. 12 leben (n. A.), wandeln werden. 13 bewältigen, zwingen.

βιβάσθων def. Part. = βιβάς, schreitend: Il. ν, 809; ο, 676; π, 534. 14.
βιβάσομαι Fut. Med. ἀνα- Andoc. 1, 148: βιβάζω 15.
βιβάσω (< βιβῶ) Fut. δια- Xen. An. 4, 8, 8: βιβάζω 15.
βιβῶ (<βιβάσω) Fut. gewöhnl. Soph. O. C. 381: βιβάζω 15.
βιηθείς Part. Pass. pass. Bedeut. Her. 7, 83: βιάω 13.
βιησάμενος Part. Aor. act. Il. ψ, 576, bewältigt habend: βιάομαι poet. u. ion. med. Dep. (**382**): βιάω 13.
βιήσατο (< ἐβ- Her. 4, 43) Aor. Med. Il. φ, 451 act. entzog gewaltsam: βιάομαι med. Dep. (**382**): βιάω 13.
βιήσομαι, -εται Fut. Med. Od. φ, 348 act.; Hippocr. 2, 794 pass.: βιάομαι med. Dep. (**382**): βιάω 13.
βιοῦν Neutr. des Part. βιοῦς in ἐπιin Pollux: βιόω 16.
βιοῦντα Acc. des Part. Aor. 2 βιούς: Pl. De virt. 378, a: βιόω 16.
βιοῦντες Pl. Part. Aor. 2 βιούς: διαβιοῦντας Pl. Leg. 662, d, βιούντων Pl. Rep. 615, c: βιόω 16.
βιούς Part. Aor. 2 Pl. Prot. 351, b: βιόω 16.
βιοῦσα Fem. Part. Aor. 2 (?) in δια- Pl. Leg. 679, d: διαβιόω 16.
βιόωνται Praes. ep. Od. λ, 503 [**200**]: βιάω 13.
βιόωντο Imperf. ep. Od. ψ, 9; Ap. Rh. 1, 751 [**200**]: βιάω 13.
βιῷ Conj. Aor. Pl. Rep. 576, b: βιόω 16.
βιῴατο 3 Plur. Opt. st. βιῷντο, βιάοιντο Il. λ, 467 [**106**]: βιάω 13.
βιῴην Opt. Aor. 2 -η Pl. Gorg. 512, e: βιόω 16.
βιωθήσομαι Fut. Pass. sp. -όμενος Ant. 9, 30: βιόω 16.
βιώμενος Part. Her. 1, 19 pass.; vgl. βιᾶται act. Her. 3, 80: βιάω 13.
βιῶναι Inf. Aor. 2 (auch mit Praesensbed.) Il. κ, 174; Soph. O. T. 1488; Pl. Phaed. 114, b: βιόω 16.
βιωσ- Aor. 1; βιῶσαι Inf. N. T. 1 Petr. 4, 2, βιώσας Part. -αντες Pl. Phaed. 113, d; βιωσοίμην; -οιντο Opt. Med. Pl. Euthyph. 16; Tim. 42, b: βιόω 16.
βιώσασθαι Aor. intr. in ἀνα- wieder beleben Pl. Phaed. 89, b: ἀναβιώσκομαι 17.
βιώσομαι (< βιώσω) Fut. Pl. Gorg. 481, b; -εσθαι Inf. Symp. 178, c: βιωσόμενος Part. Pl. Apol. 42: βιόω 16.
βιώσω (< βιώσομαι) Fut. sp. Gnom. 104; Polyb. 32, 10, 9; Aristot. de Animal. Z., 6: βιόω 16.
βιώτω 3 P. Imperat. Aor. 2 Il. θ, 429 (Steph. †) βιόω 16.
[ἐ]βλαβ[ην] Aor. 2 Pass. βλαβείς Part. -έν Pl. Leg. 862, b; -έντα Aesch. Ag. 120; -έντος Leg. 936, d; vgl. βλαβῆναι: βλάπτω 18.
βλάβεν (ἐβλάβην, ἐβλάφθην) 3 P. Plur. Aor. 2 Pass. für ἐβλάβησαν Il. ψ, 545 [**114**]: βλάπτω 18.
βλάβεται Praes. bei Hom. wird beschädigt Il. τ, 82. 166; Od. ν, 34: βλάβομαι, βλάπτω 18.
βλαβῆναι (< βλαφθῆναι, ἐβλάβην, ἐβλάφθην) Inf. Aor. 2 Pass. Pl. Leg. 936, d: βλάπτω 18.
βλαβήσομαι (< βλάψομαι) Fut. Pass. Pl. Men. 77, d; Isocr. 1, 25; -εσθαι Pl. Alc. I, 114, e: βλάπτω 18.
βλάστε (< ἔβλαστον) Aor. 2 Pind. Ol. 7, 69: βλάστῃ Conj. Soph. Ant. 563; -ωσιν El. 1060; βλάστοι Opt. Ant. 912: βλαστάνω 19.
βλαστήσω Fut. ἀνα- Her. 3, 62 (**44**): βλαστάνω 19.
βλαστών Part. Aor. 2 Soph. Ai. 761. 1305; -ον Neutr. O. C. 695: βλαστάνω 19.
βλαφθ- Aor. Pass. βλαφθείς (< βλαβείς) Part. -θέντα Acc. Sing. Il. ο, 489; -θέντε Dual. Il. ζ, 39; -θέντι Pl. Leg. 767, e; 843, d; 844, d; 846, b: βλάπτω 18.
βλαφθῆναι (< βλαβῆναι) Inf. Aor. 1 Pass. Thuc. 4, 87: βλάπτω 18.
-βλαψ- Aor. -ῃ Conj. Pl. Leg. 936, c; -ειεν Opt. Apol. 30, c; βλάψας Part., -αντος, -τα Part. Pl. Leg. 875, d; 936 d: βλάπτω 18.
βλάψαι Inf. Aor. Xen. An. 3, 3, 14; Pl. Rep. 434, a: βλάπτω 18.

---

14 schreiten. 15 gehen lassen (machen), bringen; bes. bespringen lassen. 16 leben, δια- durchleben, verleben. 17 wieder aufleben. 18 untauglich machen, schwächen, hindern, *beschädigen,* verletzen. 19 hervorsprossen.

βλάψειν Inf. Fut. Thuc. 4, 98; s. βλάψω: βλάπτω 1.

βλάψομαι (< βλαβήσομαι) Fut. Med. passiver Bedeutung Thuc. 6, 64: βλάπτω 1.

βλάψω, -ει, -ετε Fut. Pl. Phil. 13, a; Apol. 30, c; s. βλάψειν: βλάπτω 1.

βλείης 2 Sing. Opt. Aor. 2 Pass. Epicharm. 154: ἔβλην: βάλλω 2.

βλεῖο Opt. Aor. 2 passiv. Bedeut. Il. ν, 288 (bei Bekker jetzt βλῇο): ἔβλην: βάλλω 2.

-βλεψ- Aor. 1 -αιμι Opt. in προς- Soph. O. T. 1183; -ειας Ar. Equ. 855; -ας, -αντος, -αντες Part. Pl. Phaed. 60, a; Symp. 194, b; Thuc. 5, 98; -ασα in ἐμ- Soph. El. 995; βλέψον Imper. Xen. An. 4, 1, 20; ἐπιβλέψατε 2 P. Plur. Din. 1, 72: βλέπω 3.

βλέψαι Inf. Aor. Pl. Symp. 208, c: βλέπω 3.

βλέψομαι (< βλέψω) Fut. Dem. 25, 98; ἀνα-Eur. Herc. F. 563; προσ- Iph. A. 1192; ὑπο- Pl. Crit. 53, b (***379***): βλέπω 3.

βλέψω (< βλέψομαι) Fut. Eur. Hec. 585; ἀνα- Her. 2, 111 (***379***): βλέπω 3.

βλήεται Conj. sync. Aor. pass. Bedeut. Od. ϱ, 472 [***374***]: βάλλω 2.

-βληθ- (< ἐβλήθην) Aor. Pass. βληθήτω 3 Imper. ἐκ- Pl. Leg. 854, d; βληθείς Part. Her. 6, 117; Ar. Nub. 997; ὑπερ- Pl. Alc. I. 103, b: βάλλω 2.

βληθήσομαι (< βεβλήσομαι) Fut. 1 Pass. -όμενος in ἐκ- Pl. Leg. 874, b: βάλλω 2.

βλήμεναι Inf. sync. Aor. [ἔβλην] in ξυμ- Il. φ, 578 [***86***]: βάλλω 2.

βλήμενος Part. sync. Aor. passiv. Bedeut. [ἔβλην] Il. ϑ, 514; λ, 191; μ, 391; ο, 495; in ξυμβλήμενος Od. λ, 127; ο, 441 [***149***]: βάλλω 2.

βλήντο* Sync. Aor. passiv. Bedeut. ξυμ- Il. ξ, 27: [ἔβλην]: βάλλω 2.

βλήσομαι Fut. in ξυμβλήσεαι Il. υ, 335 [***89***]: βάλλω 2.

βλῆσθαι Inf. sync. Aor. pass. Bedeut. Il. δ, 115: [ἔβλην]: βάλλω 2.

-βλῆται in ξυμβλῆται Conj. sync. Aor. Pass. [ἔβλην]; nach And. ξύμβληται Perf. Pass. ohne Augm. Od. η, 204: ξυμβάλλω 2.

-βλήτην Sync. Aor. in ξυμβλήτην Od. φ, 15: [ἔβλην]: βάλλω 2.

βλῆτο sync. Aor. pass. Bedeut. Il. δ, 518; Aor. Med. in ξύμβλητο Il. ξ, 39: [ἔβλην]: βάλλω 2.

βληχᾶται Praes. in ἀμ- Ar. Vesp. 570: βληχάομαι 4.

βληχοῖντο Opt. Praes. Theocr. 16, 92: βληχάομαι 4.

βληχῶμαι Perf. -ώμενοι Ar. Plut. 293; -ωμένων Pax 535: βληχάομαι 4.

-βλισ- Aor. βλίσειε Opt. Pl. Rep. 564, e (var. βλύσειε) (***16***): βλίττω 5.

-βλυσ- s. ἔβλυσα.

-βλωξ- Aor. βλώξας Lycophr. 448. 1327: βλώσκω 6.

βλώξω Fut. -ουσι in κατα- Lycophr. 1061: βλώσκω 6.

βοᾷ Praes. Soph. O. T. 1287; Pl. Leg. 672, c: βοάω 7.

βοάασκεν Imperf. iter. Ap. Rh. 4, 921 [***142***]: βοάω 7.

βοᾶν Inf. Pl. Rep. 573, e: βοάω 7.

βόασε Aor. dor. Pind. P. 6, 36; βοάσατε. Eur. Tr. 335, [βοᾶτε Fix]: βοάω 7.

βοάσομαι (< βοάσω, βοήσομαι, βοήσω) Fut. Med. dor. Ar. Nub. 1154: βοάω 7.

βοάσω (< βοάσομαι, βοήσω, βοήσομαι) Fut. dor. Eur. Ion. 1447: βοάω 7.

-βοηθησ- Aor. -ω Conj. Pl. Rep. 368, b; -ειε Opt. Riv. 134, a; -ον Imper. Lach. 194, c; -ας, -αντ- Part. Rep. 492, a: βοηθέω 8.

βοηθήσω Fut. Pl. Leg. 636, e; -ειν Inf. Rep. 578, e; -ων Part. Euthyd. 303, a: βοηθέω 8.

-βοησ- Aor. βοήσας, -αντ- Part. Il. ϱ, 89; ἀνα- Pl. Ep. 348, b: βοάω 7.

βοήσομαι Fut. Thuc. 7, 48; Pl. Apol. 30, c (***375. 378***): βοάω 7.

βοήσω (< βοήσομαι) Fut. sp. Anth. 9, 100 (***375. 378***): βοάω 7.

βόλεσθε Praes. Od. π, 387: βόλομαι st. βούλομαι 9.

---

1 untauglich machen, schwächen, hindern, *beschädigen,* verletzen. 2 werfen, schleudern, ἀπο-; ξυν--, ... 3 blicken. 4 blöken, von Schafen, auch von kleinen Kindern. 5 Honig ausschneiden, zeideln. 6 gehen, kommen. 7 schreien (*brausen, laut ertönen*). 8 helfen, beistehen. 9 wollen.

βόλεται Praes. Il. λ, 319: βόλομαι st. βούλομαι 9.
βολῆσαι Inf. Aor. ἀντι- Il. δ, 342: ἀντιβολέω = ἀντιβάλλω 10.
βολήσω Fut. ἀντι- Od. φ, 306; Lys. 14, 16; -ων Part. Ap. Rh. 1, 12: ἀντιβολέω = ἀντιβάλλω 10.
βοόωσιν Praes. Il. ρ, 265 [*200. 201*]: βοάω 7.
βουληθ- Aor. Pass. -ῶ, -ῇ Conj. Pl. Leg. 710, d; -είης, -είη Opt. Euthyd. 296, d; -είημεν Alc. I. 111, e; -εῖμεν Phil. 44, d; -είς, -έντ- Soph. 226, b: βούλομαι 9.
βουληθῆναι Inf. Aor. Pl. Leg. 925, e: βούλομαι 9.
βουλήσομαι Fut. Soph. O. T. 1077; Pl. Gorg. 460, c: βούλομαι 9.
βοῷεν 3 P. Plur. Opt. ἐπι- Aesch. Suppl. 675: βοάω 7.
βοῴην, -ης, -η Opt. att. Pl. Phaed. 101, c [*201*]: βοάω 7.
βρασ- Aor. ἀποβράσαι Inf. Alciphr. 1, 23 (*16*): βράζω 11.
βρασθ- Aor. Pass. ἀναβρασθεῖσα Ap. Rh. 2, 568 (*16*): βράζω 11.
βραχ- (< βρεχθ-) Aor. 2 Pass. βραχεῖσα Part. Anacr. 34, 26: βρέχω 12.
βράχε (< ἔβραχε) Aor. 2 ep. Il. φ, 387: (βράχω) 13.
βρεξ- (< ἔβρεξα) Aor. ἐπιβρέξῃ Conj. Simpl. ad Epict.; βρέξαι Inf. N. T. Jac. 5, 17: βρέχω 12.
βρέξομαι Fut. Med. κατα- Hippocr. 2, 798: βρέχω 12.
βρεχθ- (< βραχ-) Aor. 1 Pass. -είς Eur. El. 326; -ῶ Conj. in κατα- Ar. Nub. 267: βρέχω 12.
βρίθησι (-ησι) 3 P. Sing. Conj. (Ind.) Od. τ, 112 [*73*]: βρίθω 14.
βρῖθον Imperf. Od. ι, 219: βρίθω 14.
βριμήσαιο Opt. Aor. Ar. Equ. 855: βριμάομαι, βριμάω 15.
βριξ- (< ἔβριξα) Aor. βρίξαντες Part. in ἀπο- Od. ι, 151; μ, 7: ἀποβρίζω 16.
βρισ- (< ἔβρισα) Aor. βρίσας Part. Aesch. Pers. 346; Od. ζ, 159; ἐπιβρίσῃ Conj. Il. η, 343; -ειαν Opt. Od. ω, 344: βρίθω 14.
βρόξασα Part. Aor. 1 in ἀναβρόξασα Ap. Rh. 4, 824: ἀναβρόχω 17.
βρόξειε(ν) Opt. Aor. 1 in ἀνα- Od. μ, 240; in κατα- δ, 222: ἀνα-, καταβρόχω 17.
βροχέν Part. Aor. 2 Pass. in ἀνα- Od. λ, 586: ἀναβρόχω 17.
βροχθείς (< ἀναβροχέν) Part. Aor. 1 sp. in κατα- Lycophr. 55: καταβρόχω 17.
βροχθισ- Aor. καταβροχθίσας Part. Athen. VIII, 344, b: καταβροχθίζω, niederschlucken, verschlingen.
βρυάσομαι Fut. M. Hesych. vgl. ἐβρύαξα in ἀν- Ar. Equ. 602 (*11. 19*): βρυάζω, strotzen, übersprudeln.
βρυξ- Aor. βρύξας Part. Anth. 7, 624 (Diod. 16): βρύκω 18.
βρύξω Fut. Hippocr. 2, 611; Lycophr. 545: βρύκω 18.
βρυχᾶτο Imperf. Soph. Tr. 904: βρυχάομαι 19.
βρυχηθ- Aor. -είς Part. Soph. O. T. 1265: βρυχάομαι 19.
βρυχήσατο Aor. Ap. Rh. 4, 19; ἀναβρυχησάμενος Part. Pl. Phaed. 117, d: βρυχάομαι 19.
βρυχθείς Part. Aor. Pass. Anth. 9, 267; βρύκω 18.
βρωθ- Aor. καταβρωθῇ Conj. Her. 3, 16: βιβρώσκω 20.
βρωθήσομαι (< βεβρώσομαι) Fut. Pass. sp. Lycophr. 1421: βιβρώσκω 20.
βρωμησάμενος Aor. Ar. Vesp. 618: βρωμάομαι.
βρώξω Fut. sp. Lycophr. 678 (>): βιβρώσκω 20.
βρώσομαι Fut. Med. sp. Philostr. p. 129: βιβρώσκω 20.
βρωτός Vb. Eur. Suppl. 1110; -τέος Luc. Paras. 9: βιβρώσκω 20.
βυρσωσ- Aor. (< ἐβύρσωσα) καταβυρσώσαντες Plut. Cleom. 38: καταβυρσόω ganz mit Leder überziehen.
βυνέονται Praes. Med. in δια- Her.

---

10 *a*. in den Wurf kommen, begegnen; *b*. erlangen *mit Gen.* 11 sieden, brausen (*Getreide worfeln*). 12 benetzen. 13 rasseln, krachen, dröhnen. 14 *a*. belastet, schwer sein; ein Uebergewicht haben, überlegen sein; *b*. ἐπι- schwer lasten auf .... 15 ergrimmen. 16 ausschlafen. 17 ἀνα- hinunterschlingen, *vgl. Buttm. Lexil. II. III;* κατα- hinunterschlucken, verschlucken. 18 beissen, zerreissen, verschlingen. 19 brüllen, ἀνα- Klagegeschrei erheben. 20 essen, verzehren.

4, 71 (>); vgl. διαβύνεται pass. Bed. 2, 96: βυνέω, βύω 1.

βῦσ- Aor. ἐπιβῦσας Part. Ar. Pl. 379; προβύσαι Inf. Anecd. Gr. Bekk. 59; -ον in προ- Ar. Vesp. 249; vgl. Fut. βύσειν: βυνέω, att. = βύω 1.

βύσειν Fut. προ- Ar. Vesp. 250: βυνέω, att. βύω 1.

βυσθ- Aor. Pass. s. ἐβ-: βυνέω att.: βύω 1.

βυστός Vb. παρα- Luc. Necyom. 17: βυνέω att., βύω 1.

βῶ Conj. Aor. 2 Eur. Alc. 863: βαίνω, gehen 2.

βωθῆσαι Inf. Aor. προ- Her. 8, 144: βωθέω ion. = βωηθέω 3.

βῶμεν 1 P. Plur. Conj. Aor. 2: βαίνω, gehen 2.

βωσ- Aor. s. βῶσαι, βώσας, βωσάτω, βώσομαι: βοάω 4.

βῶσαι Inf. Aor. Her. 1, 146: βοάω 4.

βώσας Part. Aor. βώσαντι Il. μ, 337; -τες Her. 5, 1; ἀμβώσαντες für ἀνα- Her. 3, 38: βοάω 4.

βώσασθαι Inf. Aor. Med. ἐπι- Her. 1, 87: βοάω 4.

βωσάτω Imper. Aor. Ar. Pax 1155: βοάω 4.

βῶσι 3 P. Plur. Conj. Aor. 2 ἐμ- Pl. Ion. 534, a; ξυμ- Leg. 766, b: βαίνω 2.

βώσομαι Fut. ἐπι- Od. α, 378; β, 143; κατα- Her. 6, 85: βοάω 4.

Γ.

γαθέω dor. für γηθέω Theocr. 1, 54: 5.

γάθησεν Aor. dor. für γήθησεν Pind. P. 4, 122: γηθέω 5.

γαίων def. Part. Il. α, 405; ε, 906; θ, 51: γαίω 5.

γᾶμαι dor. = γῆμαι.

γαμεῖ s. γαμῶ 6.

γαμεθεῖσα Part. Aor. Pass. Theocr. 8, 91: γαμέω 6.

γαμέσσεται Fut. Med. ep. Il. ι, 394 (wird mir *wählen, freien*): γαμέω 6.

γαμέω (< γαμῶ, γαμήσω) Fut. Il. ι, 388. 391; -έων Her. 5, 16 [58]: γαμέω 6.

γαμηθ- Aor. Pass. γαμηθῇ Conj. N. T. Marc. 10, 12 (> γαμήσῃ): γαμέω 6.

γαμησ- Aor. sp. Menand, Luc., N. T. γαμήσῃ Conj. Matth. 5, 32; γαμῆσαι Inf. 1 Cor. 7, 9; -ήσας Part. Matth. 19, 9; γαμησάτωσαν 3 Plur. Imper. 1 Cor. 7, 9: γαμέω 6.

γαμήσω (< γαμῶ, γαμέω) Fut. sp. Luc. Tim. 52; D. Mer. 7: γαμέω 6.

γαμητέον Vb. Plut. Demetr. 14: γαμέω 6.

γαμοῦμαι (< γαμέσσεται) Fut. Med. Eur. Phoen. 1673 (**157. 158**): γαμέω 6.

γαμῶ, -εῖ (< γαμέω, γαμήσω) Fut. att. Aesch. Prom. 764; Xen. Cyr. 5, 2, 12 (**157. 158**): γαμέω 6.

γανοῦν Inf. Plut. M. 683: γανόω 7.

γανοῦντες Part. Plut. M. 74: γανόω 7.

γανόωντα (vgl. -όωντες, -όωσαι) Part. Praes. Hom. Hym. 5, 10 [**200. 201**]: γανάω.

γανόωντες Part. Praes. Il. ν, 265 [**200. 201**]: γανάω 8.

γανόωσαι Part. Praes. Il. τ, 359; Od. η, 128 [**200. 201**]: γανάω 8.

γάννυσθαι Inf. Pl. Phaedr. 234, d. (> γάννυσθαι): γάννυμαι 9.

γαννύσσεται Fut. sp. Il. ξ, 504: γάννυμαι 9.

γάννυται Praes. Il. υ, 405; Ap. Rh. 1, 778; -μαι Aesch. Eum. 970: γάννυμαι 9.

γανώσας Part. Aor. Anacreont. 51, 11 (erheitern): γανόω 7.

---

1 vollstopfen, anfüllen. 2 gehen, ξυμ-, zusammentreten, hingehen (*sich ereignen*). 3 helfen, beistehen. 4 schreien [*brausen, laut ertönen*]. 5 sich freuen. 6 heirathen. *Med. a.* gewöhnlich vom Weibe, sich verheirathen. *b.* von Aeltern, Kinder verheirathen; *Pass.* verheirathet werden. 7 glänzend machen, glätten. *Pass.* ergötzt werden, 8 glänzen, schimmern; sich erfreuen. 9 sich ergötzen, sich freuen. 10 besingen, sagen, erzählen.

γαρυσ- Aor. dor. γαρύσαιντο Opt. Med. Theocr. 1, 136: γηρύω 10.
γᾱρύω (ῡ u. ῠ) dor. für γηρύω Pind. N. 6, 66: γηρύω 10.
γαυριόωντο Imperf. Med. Theocr. 25, 133: [**200. 201**]: γαυριάω, übermüthig, stolz sein.
γαυρωθ- Aor. Pass. -θείς in ἐπι- Xen. Cyr. 2, 4, 30: γαυρόω, übermüthig machen.
γεγάασθε in ἐκ- Hom. Epigr. 16, 3, wie von γεγάομαι: γίγνομαι 11.
γεγάᾱσιν (vgl. γεγάᾱτε) Perf. bei Hom. öfter, wie Il. δ, 325 [**61. 62**]: γίγνομαι 11.
γεγάᾱτε (vgl. γεγάᾱσιν) Perf. Batr. 143 (> γεγάασθε): γίγνομαι 11.
γέγᾱθα (< γέγηθα) -ε Perf. dor. Pind. N. 3, 33: γηθέω 5.
γεγάκειν Inf. wie von γέγαμα Pind. O. 6, 49 (vgl. Thiersch §. 217, 55): γίγνομαι 11.
γεγάμεν Inf. Perf. Pind. O. 9, 110; ἐκ- Il. ε, 248; υ, 106. 209: γιγνομαι 11.
γεγάμηκα Perf. -εν Ar. Lys. 595; -κότα Pl. Leg. 877, e; -ες Xen. Symp. 9, 7: γαμέω 6.
γεγάμημαι Perf. Pass. Xen. An. 4, 5, 24: γαμέω 6.
γεγάνυμαι Perf. -μένος Part. Anacr. 38, 3: γάνυμαι 9.
γεγάνωμαι Perf. Pass. Anacr. 43, 12; -μένος Pl. Rep. 411, a: γανόω 7.
γεγάονται Fut. in ἐκγεγάονται Hom. Hym. 4, 197 [**58**]: γίγνομαι 11.
γεγάτην 3 P. Dual. Plsperf. in ἐκγεγάτην Od. κ, 138: γίγνομαι 11.
γεγαυῖα Fem. Part. Perf. ep. ἐκ- Il. γ, 199; Ap. Rh. 1, 233 [**62**]: γίγνομαι 11.
γεγαώς (< γεγώς) Ep. Part. Perf. -ῶτα Ap. Rh. 3, 421; -ας Il. β, 866 ἐκγεγαῶτι [**62**]: γίγνομαι 11.
γεγέλασται Perf. Pass. κατα- Luc. D. Mort. 1, 1; Icar. 19: γελάω 12.
γεγέμισμαι Perf. Pass. Dem. 34, 10: γεμίζω 13.
γεγένημαι (< γέγονα) Perf. -ήμεθα Eur. Cycl. 637 -ησθε, -ηνται Pl. Tim. 24, c; Rep. 411: γίγνομαι 11.
γεγενημένος Part. Perf. Pl. Sympos. 174, a: γίγνομαι 11.
γεγενῆσθαι Inf. Perf. Pl. Theaet. 210, b: γίγνομαι 11.
γέγευμαι Perf. Pass. med. -μένος Eur. Hip. 663; Pl. Leg. 762, e: γεύω 14.
γεγεῦσθαι Inf. Perf. Pass. Pl. Rep. 582, c: γεύω 14.
γέγηθα (< γέγαθα) Perf. Od. ζ, 106; als Praes. auch in Prosa Pl. Phaedr. 251, d; Leg. 671, b; 931, d: γηθέω 5.
γεγήθει (er freute sich) Plsprf. Il. λ, 683; ν, 494; Ap. Rh. 1, 858: γηθέω 5.
γεγηθώς Part. des Perf. γέγηθα Pl. Phaed. 84, e: γηθέω 5.
γεγήρᾱκα Perf. (ich bin alt) Soph. O. C. 727: γηράσκω, γηράω 15.
γεγλύκασμαι Perf. Pass. Athen. 9, 384: γλυκαίνω 16.
γέγλυμμαι Perf. Pass. ἐκ- Her. 2, 148: γλύφω 17.
γέγονα (< γεγένημαι) Perf. Il. τ, 122; -ε(ν) Pl. Phil. 26, b; -ατον Du. Euthyd. 272, b; -ατε Ep. 356, a; -ασιν Gorg. 526, α: γίγνομαι 11.
γεγονέναι Inf. Perf. Pl. Phaed. 64, c: γίγνομαι 11.
γεγονώς Part. Perf. Pl. Theaet. 208, e; -υῖα Rep. 548, c; -ός; Prot. 309, b; -οτ- Gorg. 470, d: γίγνομαι 11.
γεγραμμένος Part. Perf. Pass. Pl. Phaedr. 276, a: γράφω 18.
γέγραπται Perf. Pass. Pl. Theaet. 143, a: γράφω 18.
γέγρᾰφα (< γεγράφηκα) Perf. Thuc. 5, 26; Pl. Theaet. 166, d: γράφω 18.
γεγράφηκα (< γέγραφα) Perf. (Vgl. Lobeck zu Phryn. p. 764): γράφω 18.
γεγράφθαι Inf. Perf. Pass. Pl. Leg. 785, a; -θω Imper. Leg. 745, a: γράφω 18.
γεγράψομαι (< γραφήσομαι) Fut. 3 Pass. Soph. O. T. 411: γράφω 18.
γέγωνα Perf. -ασι Aristot. Probl.

---

11 geboren werden, werden, vgl. Pl. Parm. 156, a (ἐκ- gezeugt, geboren werden *aus*, abstammen ....). 12 lachen, κατα- verlachen. 13 anfüllen, befrachten; *Pass.* voll-, befrachtet sein. 14 kosten lassen; *Med.* kosten. 15 *a.* altern; *b.* alt werden lassen. 16 süss machen, versüssen. 17 aushöhlen, in Stein, Erz, Holz graben, schnitzen. 18 ritzen, eingraben, schreiben.

11, 25; vgl. γέγωνε als Praes.: γέγωνα 1.
1) γέγωνε Perf. als Praes. Od. ε, 400; ζ, 294; neben Aorist. Il. ω, 703; Od. ϑ, 305: γέγωνα 1.
2) γέγωνε Imper. des Perf. γέγωνα Aesch. Prom. 193. 784; Soph. Phil. 238; Eur. Or. 1220: γέγωνα 1.
γεγωνεῖν Inf. Il. μ, 337; Pind. Ol. 3, 9; Aesch. Prom. 657; Pl. Hipp. mai. 292, d: γεγωνέω; γέγωνα 1.
γεγωνείτω Imper. Xen. Cyn. 6, 24: γεγωνέω, γέγωνα 1.
γεγωνέμεν Inf. Perf. mit Präsensbedeut. Il. ϑ, 223; λ, 6: γέγωνα 1.
γεγώνευν (< ἐγεγώνεον, ἐγεγώνει) Imperf. Od. μ, 370 1 Sing.; ι, 47 3 Plur. [*178*]: γεγωνέω: γέγωνα 1.
γεγωνῆσαι Aor. Aesch. Prom. 990: γεγωνέω: γέγωνα 1.
γεγωνήσω Fut. Eur. Ion. 696: γεγωνέω: γέγωνα 1.
γεγωνητέον Vb. Pind. Ol. 2, 6: γεγωνέω: γέγωνα 1.
γεγώνω Conj. Perf. mit Präsensbedeut. Soph. O. C. 213: γέγωνα 1.
γεγωνώς Part. Perf. mit Präsensbedeut. Il. λ, 586; ϱ, 247: γέγωνα 1.
γεγώς, -ῶσα (< γεγαώς, γεγαυῖα) Part. Perf. die Trag. wie Soph. Ai. 1013; El. 24. 775. Eur. Med. 216; auch Aristoph. Lys. 641; Philem. 83, 4; 125, 1: γίγνομαι 2.
(οἱ) γεινάμενοι (Subst.) Part. Aor. Her. 1, 122; τούς -ους 1, 120; τῆς γειναμένης 4, 10; τὴν -ην 6, 52; ταῖς -αῖς Xen. Mem. 1, 4, 7: γείνομαι 3.
γείνεαι 2 P. Conj. Aor. für γείνηαι Od. υ, 202: γείνομαι 3.
γεινόμεθα Imperf. Hes. Sc. 88: γείνομαι 3.
γείνοντο (> γίνοντο) Imperf. Theocr. 25, 124: γίγνομαι 2.
γεισῶσαι (> -σσῶσαι) Inf. Aor. in ἀπο- Xen. Mem. 1, 4, 6: ἀπογεισόω, -εισσόω, mit vorspringendem Sims oder Wetterdach versehen.
γελᾶντι 3 Plur. Praes. dor. = γελάοντι: γελάω 4.
γελαξ- (< γέλασσα) Aor. dor.: γελάω 4.
γελᾶσα Part. dor. = γελάουσα γελάω 4.
γέλᾰσα (< ἐγέλᾰσα, -σσα) Aor. Il. ψ, 840; γελάσειεν Opt. Leg. 857, d; γελάσας Part. Prot. 310, d: γελάω 4.
γελασϑ- Aor. Pass. γελασϑῆναι Inf. Dem. 2, 19: γελάω 4.
γελασϑήσομαι Fut. Pass. κατα- Luc. Jup. Trag. 18: γελάω 4.
γελάσομαι Fut. Pl. Ion. 535, e (*375. 378*): γελάω 4.
γελαστός Vb. Od. ϑ, 307; κατα- Pl. Rep. 518, b: γελάω 4.
γέλασσ- (ἐγέλασσα, -σσα, γέλασσα) Aor. poet. -σσαις Pind. P. 9, 38: γελάω 4.
γελᾰ́σω Fut. sp. Anth. 5, 179 (*375. 378*): γελάω 4.
γελοιήσασα Fem. Part. Aor. Hom. Hym. Ven. 49: γελοιάω: γελάω 4.
γελοίων Imperf. Od. υ, 347: γελοιάω, γελάω: 4.
γελοίωντες Part. Praes. Od. υ, 390: γελοιάω, γελάω 4.
γελόωντες (< γελώοντες, γελῶν, -ῶντ-) Part. Od. υ, 374: γελόω, γελάω 4.
γελῶν, ῶντ- (< γελώοντες) Part. Pl. Rep. 457, b; Phaed. 59, a: γελάω 4.
γελώοντες (< γελόωντες, γελῶν, -ῶντ- Part. Od. σ, 111: γελόω: γελάω 4.
γενέσκετο Iter. Imperf. Od. λ, 208: (*371. 139*] γίγνομαι 2.
γενήϑησομαι (< γενήσομαι) Fut. Pass. Parm. 141, e (*371*): γίγνομαι 2.
γενήσομαι (< γενηϑήσομαι, γενησοῦμαι) Fut. Thuc. 6, 6; Pl. Parm. 141, e (*371*): γίγνομαι 2.
γενησοῦμαι (< γενήσομαι) Fut. dor. Lysis Epist. ad Hipparch. 53 (*371. 161*): γίγνομαι 2.
γενοίατο 3 P. Plur. Opt. Aor. Il. β, 340 (*371. 106*]: γίγνομαι 2.
1) γέντο (< ἔγεντο) sync. Aor. 2 Med. für ἐγένετο Hes. Th. 199 u. sp. Ep.: γίγνομαι 2.
2) γέντο erfasste ep. Aor. Il. ϑ, 43; ν, 241; σ, 476 gebildet aus ἕλετο, ἕλτο, γ aus dem Digamma und ν aus λ entstanden (wie in ἦνϑον für ἦλϑον) (*434*): αἱρέω, nehmen.

---

1 laut rufen, verkündigen. 2 geboren werden, werden, vgl. Pl. Parm. 156, a (ἐκ- gezeugt, geboren werden *aus,* abstammen ....). 3 geboren, erzeugt werden, *im Aor.* gebären, erzeugen. 4 lachen, κατα- verlachen. 5 kosten lassen, *Med.* kosten. 6 sich freuen. 7 heirathen. *Med. a.* gewöhnlich vom

γεύμεθα (ἐγ-) Perf. ohne Augm. Theocr. 14, 51: γεύω 5.
γευσ- Aor. γεύσας Part. Her. 7, 46; *Med.*: γεύσηται Conj. Pl. Rep. 559, d; γεύσαιο Opt. Alc. I. 114, a; γευσάμενος Part. Phil. 15, d; γεύσασθαι Inf. Xen. An. 1, 9, 26; 7, 3, 22: γεύω 5.
γεύσομαι (< γεύσω) Fut. Il. φ, 61; Pl. Rep. 592, a: γεύω 5.
γεύσω (< γεύσομαι) Fut. Anthipp. Athen. 9, 404: γεύω 5.
γηθεῖ freut sich. Praes. Il. ξ, 140: γηθέω 6.
γῆθει Imperf. Ap. Rh. 1, 436: γηθέω 6.
γήθησα (< ἐγήθησα) -εν Il. κ, 190; Od. θ, 385; -ησαν Ap. Rh. 1, 449: γηθέω 6.
γηθήσω Fut. Il. ν, 416: γηθέω 6.
γήθω sp. Orph. 15, 10: γηθέω 6.
γημ- (< ἔγημα) Aor. γῆμαι Inf. Pl. Leg. 925, c; γήμας, -αντ-; -ασι 774, c: γαμέω 7.
γήμασθαι Inf. Med. Pl. Leg. 926, c: γαμέω 7.
γηρᾶναι (> γηράναι Dind.) Inf. alt att. Soph. O. C. 870: γηράσκω 8.
1) γηράς Def. Part. Aor. 2 Il. ρ, 197; Hes. Op. 186: γηράω, γηράσκω 8.
2) γηρασ- (< ἐγήρασα) Aor. 1 γηρᾶσαι Xen. Mem. 3, 12, 8 (γηρᾶναι Dind.); γηράσας, -αντ- Part. Her. 7, 114; Pl. Leg. 958, d: γηράσκω 8.
γηράσειν (< γηράσομαι) Fut. Pl. Rep. 393, e: γηράσκω 8.
γηράσομαι Fut. Critias. Athen. 13, 600: γηράω, γηράσκω 8.
γηράσω s. γηράσειν.
γηρύετο Imperf. Hes. Op. 260; Hom. Hym. 3, 426: γηρύω 9.
γηρυθ- Aor. Pass. γηρυθεῖς' Part. Aesch. Suppl. 460: γηρύω 9.
γηρυσ- Aor. -ας, -αντος Ar. Pax. 805; -σαιντο Opt. Med. Theocr. 1, 136: γηρύω 9.
γηρύσομαι Fut. Med. -ει Eur. Hipp. 213: γηρύω 9.
γλαψ- Aor. διαγλάψασ' Od. δ, 438: γλάφω 10.
γλιξ- Aor. s. ἐγλιξάμην: γλίχομαι 11.
γλίχεαι 2 Pers. Sing. Praes. Her. 7, 161 [*89*]: γλίχομαι 11.
γλυπτός Vb. Anth. 6, 24: γλύφω 10.
γλύφ- (ην) Aor. Pass. s. ἐγλύφην 10.
γλυψ- Aor. ἐγγλύψαι Inf. Her. 2, 4; *Med.*: γλύψατ' Theocr. Epigr. 7, 4; γλύφω 10.
γναμψ- Aor. γνάμψεν Il. ψ, 731; γνάμψαι Inf. Ap. Rh. 3, 1249; γνάμψας, -αντες Ap. Rh. 2, 350: γνάμπτω 12.
γνοῖεν (< γνοίησαν) 3 P. Plur. Opt. st. -ησαν Aor. 2 Il. σ, 125; Dem. 41, 14: γιγνώσκω 13.
γνοίη Opt. Aor. 2 Xen. An. 1, 9, 20; Pl. Symp. 181, c; -ην Ion. 540, d; -ης Gorg. 470, d; Soph. O. T. 1068: γιγνώσκω 13.
γνοίημεν (< γνοῖμεν) Opt. Aor. 2 Pl. Leg. 918, e; Alc. I, 132, c: γιγνώσκω 13.
γνοίησαν (γνοῖεν) 3 Plur. Opt. Aor. Dem. 897 (*288*): γιγνώσκω 13.
γνοίητε (< γνοῖτε) Opt. Aor. 2 γιγνώσκω 13.
γνοιήτην (< γνοίτην) 3 P. Dual. Opt. Aor. 2: γιγνώσκω 13.
γνοίητον (< γνοῖτον) 2 Dual. Opt. Aor. 2: γιγνώσκω 13.
γνοῖμεν (< γνοίημεν) Opt. Aor. 2 Pl. Alc. I., 128, e: γιγνώσκω 13.
γνοῖτε (< γνοίητε) Opt. Aor. 2 γιγνώσκω 13.
γνοῖτο Opt. Aor. 2 Med. in συγγνοῖτο Aesch. Suppl. 216: γιγνώσκω 13.
γνοῖτον (< γνοίητον) 2 P. Dual. Opt. Aor. 2: γιγνώσκω 13.
γνοντ- Objectsf. d. Part. Aor. 2 γνούς: -α Pl. Symp. 222, b; -ι Leg. 669, a; -ες Rep. 555, b; -ας Leg. 801, a: γιγνώσκω 13.
γνούς (vgl. γνοντ-) Part. Aor. 2 Pl. Prot. 310, b: γιγνώσκω 13.

Weibe, sich verheirathen; *b.* von Aeltern, Kinder verheirathen; *Pass.* verheirathet werden. 8 *a.* altern; *b.* alt werden lassen. 9 besingen, sagen, erzählen. 10 aushöhlen, in Stein, Erz, Holz graben, schnitzen. 11 verlangen, streben *nach* .... 12 krümmen, biegen. 13 *a.* kennen lernen, erkennen, wahrnehmen; *b.* wissen, einsehen; *c.* glauben, meinen, urtheilen.

γνοῦσα (vgl. γνούς, γνοῦτ-) Fem. Part. Aor. 2 Pl. Leg. 875, a: γιγνώσκω 1.
γνῶ (< ἔγνω) 3 P. Sing. Aor. 2 Hes. Th. 551: γιγνώσκω 1.
γνῷ (< γνώῃ) 3 P. Sing. Conj. Aor. 2 Il. α, 411; π, 273; Pl. Symp. 211, c: γιγνώσκω 1.
γνώῃ (< γνῷ) 3 P. Sing. Conj. Aor. 2 Il. ω, 688; Od. ω, 217: γιγνώσκω 1.
γνῶθι Imper. Aor. 2 Pl. Prot. 343, b: γιγνώσκω 1.
γνῶμεν (< γνώομεν) 1 P. Plur. Conj. Aor. 2 Il. χ, 382; Pl. Rep. 402, b: γιγνώσκω 1.
γνώμεναι (< γνῶναι) Inf. Aor. 2 ep. Il. β, 349 (bei Hom. öfter als γνῶναι): γιγνώσκω 1.
γνώομεν (< γνῶμεν) 1 P. Plur. Conj. Aor. 2 Od. π, 304: γίγνώσκω 1.
γνῷς 2 P. Sing. Conj. Aor. 2 Od. χ, 373: γιγνώσκω 1.
γνώσεαι 2 P. Sing. Fut. Il. β, 367: γιγνώσκω 1.
γνωσθ-(ην) Aor. Pass. γνωσθῇ Conj. Pl. Leg. 874, b; -είη Opt. Rep. 477, a; -εῖεν Prot. 342, b; γνωσθείς Part. Leg. 730, c; s. γνωσθῆναι: γιγνώσκω 1.
γνωσθῆναι Inf. Aor. Pass. Pl. Ep. 320, d: γιγνώσκω 1.
γνωσθήσομαι Fut. Pass. Thuc. 1, 124; Pl. Crat. 440, b: γιγνώσκω 1.
γνῶσιν (< γνώωσιν) 3 P. Plur. Conj. Aor. 2 Il. ζ, 231; Xen. Cyr. 7, 2, 17: γιγνώσκω 1.
γνώσομαι Fut. Thuc. 3, 37; Pl. Apol. 19, d (**381**): γιγνώσκω 1.
γνῶτε 2 Plur. Imper. Aor. 2 Il. τ, 84: γιγνώσκω 1.
γνώτην 3 P. Dual. Indic. Aor. 2 Od. φ, 36: γιγνώσκω 1.
γνῶτον 2 P. Dual. Conj. Aor. 2 Il. φ, 218: γιγνώσκω 1.
γνώω (< γνῶ) 1 Sing. Conj. Aor. 2 ep. Od. ξ, 118; ρ, 549; Theocr. 25, 177: γιγνώσκω 1.
γνώωσιν (< γνῶσιν) 3 P. Plur. Conj. Aor. 2 Il. α, 302; ψ, 610. 661; ω, 688; Ap. Rh. 1, 661: γιγνώσκω 1.
γοάασκον, εν (< γόασκεν) Iter. Imperf. Od. ϑ, 92; Ap. Rh. 1, 293 [**142**]: γοάω 2.
γοάοιεν 3 P. Plur. Opt. Aor. Od. ω, 190: γοάω 2.
γοάοιμεν 1 P. Plur. Opt. Il. ω, 664: γοάω 2.
γόασκεν (< γοάασκον) Iter. Imperf. Hom. H. 4, 216: γοάω 2.
γοᾶτο Imperf. Med. Soph. O. T. 1249: γοάω 2.
γοηθείς Part. Aor. 1 Anth. 7, 371: γοάω 2.
γοήμεναι Inf. Il. ξ, 502 [**84**]: γοάω 2.
γοήσεται Fut. Il. φ, 124: γοάω 2.
γοήσω Fut. sp. Anth. 7, 631: γοάω 2.
γόον Aor. 2 ep. Il. ζ, 500: γοάω 2.
γοόωντα, -τας, -τες Part. Od. τ, 119; κ, 209; μ, 234: γοάω 2.
γοόωσα Part. Il. π, 875: γοάω 2.
γοόωσαν Part. Od. τ, 210: γοάω 2.
γόων Imperf. Od. κ, 567: γοάω 2.
γραπτός Vb. Eur. Fr. Hypsip. 11; -έος Xen. Equ. 2, 1: γράφω 3.
-γραφ-(ην) Aor. 2 Pass. γραφῇ Conj. Pl. Phaedr. 275, e; -είς-, έν Part. Leg. 854, d; -ῆναι Inf. Phaedr. 277, e: γράφω 3.
γραφήσομαι Fut. Pass. Hippocr. 2, 278 (Littré): γράφω 3.
γραψ- Aor. γράψε Il. ρ, 599; -ῃ Conj. Pl. Phil. 39, a; -αι Inf. Phaedr. 243, d; ας-, -αντ- Part. Il. ζ, 169; Pl. Leg. 948, d; *Med.* γράψηται Conj. Thuc. 8, 67; -άμενος Part. Pl. Critia. 113, a; Xen. Oec. 9, 10; -ασθαι Leg. 943, b: γράφω 3.
γράψομαι Fut. Med. Ar. Pax 167: γράφω 3.
γράψω, Fut. Xen. Hipp. 5. 4; -ει Pl. Phaedr. 276, c: γράφω 3.
γρυκτός Vb. Ar. Lys. 656: γρύζω 4.
γρυξ- (< ἔγρυξα) Aor. γρῦξαι Inf. Isae. 8, 27; -ῃ Conj. in ἀνα- Ar. Nub. 945: γρύζω 4.
γρύξομαι (< γρύξω) Fut. Alcae. C. Fr. 2, 831: γρύζω 4.
γρύξω (< γρύξομαι) Fut. -εις Ar. Equ. 294: γρύζω 4.
γυιώσῃς Conj. Aor. in ἀπο- Il. ζ, 265: ἀπογυιόω, ganz lähmen, entkräften.

---

1 *a.* kennen lernen, erkennen, wahrnehmen; *b.* wissen, einsehen; *c.* glauben, meinen; urtheilen. 2 wehklagen, jammern; *be*klagen, *be*jammern. 3 ritzen, eingraben, schreiben. 4 grunzen, murmeln, muchsen.

γυμνασ- Aor. Med. -σαι 2 P. Imper. Pl. Parm. 135, d; -ωνται Conj. Rep. 526 b; -ασθι Gorg. 514, e; -άμενος Prt. Parm. 136, c; Xen. Symp. 1, 7: γυμνάζω 5.
γυμνασθ-(ην) Aor. Pass. γυμνασθῆναι Inf. Pl. Parm. 135, c; γυμνάζω 5.
γυμνάσομαι Fut. Med. Xen. Symp. 2, 18: γυμνάζω 5.
γυμνοῦσθαι sich entkleiden. Inf. Praes. Od. ζ, 222: γυμνόω 6.
γυμνωθ-(ην) Aor. Pass. -θῇ Conj. Pl. Gorg. 524, d; -θείς, -θέντα Il. μ, 389; Od. κ, 34, 1; Pl. Rep. 601, b; -θέν Her. 3, 64: γυμνόω 6.

Δ.

δάε (< ἔδαον, redupl. δέδαε) Aor. 2 Ap. Rh. 1, 724; 3, 529: ΔΑΩ 7.
δαεῖεν 3 Plur. Aor. Pass. Ap. Rh. 1, 663: ΔΑΩ 7.
δαείω Conj. Aor. Pass. Il. κ, 425; Od. ι, 280 [*126*]: ΔΑΩ 7.
δαέντες Part. Ap. Rh. 1, 916: ΔΑΩ 7.
δαήμεναι (häufiger als (< δαῆναι) Inf. Il. φ, 487 [*86*]: ΔΑΩ 7.
δαήσεαι 2 P. Fut. Med. wirst lernen, erfahren Od. γ, 187; τ, 325: ΔΑΩ 7.
δαήσομαι Fut. Med. s. δαήσεαι.
δάηται Conj. Aor. 2 M. Il. υ, 316; φ, 375: δαίω, anzünden.
δαῖε Imperf. Il. σ, 206: δαίω, anzünden.
1) δαίεται Praes. pass. Bed. Od. α, 48 (*das Herz* wird *mir* zerrissen); -όμενος ϱ, 332: δαίομαι, theilen, ver∼.
2) δαίεται Praes. Pass. ἐν- in tmes. Od. ζ, 132: δαίω, anzünden.
δαίετο (< ἐδαίετο) Imperf. Od. ο, 140; -οντο Pind. P. 3, 81: δαίομαι theilen, ver∼.
δαϊκτός Vb. Orph. Arg 979 (> δαητόν): δαΐζω 8.
1) δαίνῡ 3 P. Sing. Imperf. = ἐδ- Il. ψ, 29; Od. γ, 309: δαίνυμι 9.
2) δαίνῡ 2 P. Sing. Imper. st. δαίνυθι Il. ι, 70: δαίνυμι 9.
δαίνῡ' 2 P. Sing. Imperf. Med. = ἐδαίνυο, ἐδαίνυσο Il. ω, 63 [*91*]: δαίνυμι 9.
δαινῦατο 3 P. Plur. Imperf. Med. = δαίνυντο Od. σ, 248 [*105*]: δαίνυμι 9.
δαίνυεν Imperf. Callim. Cer. 84 δαίνυμι 9.
δαινῦῃ Conj. Od. θ, 243; τ, 328: δαίνυμι 9.
δαίνυντο (< δαινύατο, ἐδαίνυντο) 3 Pl. Imperf. Med. -θ' Il. ι, 535; -τ' Od. γ, 66: δαίνυμι 9.
δαίνυο st. δαίνυσο 2 Sing. Imperf. vgl. δαίνῡ' [*105*]: δαίνυμι 9.
δαίνυσθαι Inf. Her. 3, 18: δαίνυμι 9.
δαινῦτο 3 P. Praes. Opt. Med. Il. ω, 665: δαίνυμι 9.
δαΐξαι Inf. Aor. Il. β, 416; π, 841; -ας Aesch, Ch. 396: δαΐζω 8.
δαΐξω Fut. Aesch. Ag. 207: δαΐζω 8.
1) δαισ- (< ἔδαισα) Aor. -ας Part. -αντα Pind. N. 1, 72: δαίνυμι 9.
2) δαισ-(άμην) Aor. Med. -αντο Pind. P. 3, 93; δαισάμενος geschmaust habend Part. Od. σ, 408: δαίνυμι 9.
δαίσειν Inf. Fut. Il. τ, 299; vgl. δαίσω: δαΐζω 8.
δαϊσθείς Part. Aor. Pass. Eur. Heracl. 914, Ch.: δαΐζω 8.
δαίσομαι Fut. Lycophr. 668; in μετα- Il. ψ, 207; μεταδαίσεται. Od. σ, 48; vgl. Arr. An. 5, 3, 2: δαίνυμι 9.
δαίσω Fut. (vgl. δαίσειν) -εις Aesch. Eum. 305; Eur. Iph. Aul. 720: δαίνυμι 9.
δαϊχθείς Part. Aor. Pass. Pind. P. 6, 33; Eur. Iph. T. 872: δαΐζω 8.
δακ- (< ἔδακον) Aor. 2 δάκε Il. ε, 493; Theog. 567; δακών P. Aesch. Pr. 1009 -οῦσα F. Xen. Mem. 2, 2, 7: δάκνω 10.

---

5 üben, tüchtig machen *zu* ....; *Med.* sich üben. 6 entblössen, *Med.* sich entkleiden. 7 lehren, lernen. *Med.* lernen. 8 zertheilen, zerschneiden, zerreissen. 9 zum Essen austheilen, geben, *wie einen Schmaus, δαῖτα*; ∼ τινά einen bewirthen. 10 beissen, von Hunden; stechen, von Mücken; (*verletzen*).

δακέειν (< δακεῖν) Inf. Aor. Il. ρ, 572; σ, 585 [**130**]: δάκνω 1.
δακεῖν (< δακέειν) Inf. Aor. Xen.
δάκνω, beissen 1.
δακρῡσ- (ἐδάκρυσα) Aor. δάκρυσα Od. λ, 55. -ῦσαι Inf. Pl. Rep. 606, a, -ύσας Phaed. 116, d: δακρύω 2.
δακρύσατο Aor. Med. sp. Tryph. 431: δακρύω 2.
δακρύσομαι (< δακρύσω) Fut. Med. Tryph. 404: δακρύω 2.
δακρύσω (< δακρύσομαι) -ει Fut. Eur. El. 658: δακρύω 2.
δαμ-(ην) Aor. Pass. s. δαμείω, δαμείης, δαμήῃ, δαμήῃς, δαμείομεν, δαμείετε, δάμεν, δαμῆναι, δαμήμεναι: δαμάω 3.
δαμᾳ (< δαμάᾳ) Fut. Il. α, 61 [**134**]: δαμάω 3.
δαμάᾳ (< δαμᾷ) Fut. gelängt Il. χ, 271 [**201. 134**]: δαμάω 3.
δαμασ- Aor. δάμασ' Il. π, 543 vgl. -άμενος, -σσάσθαι, -θῃ, -θεῖεν, -θείς: δαμάω 3.
δαμασ-[αμην] Aor. Med. δαμασαίμην Opt. Od. δ, 637: δαμάω 3.
δαμασάμενος (< δαμασσ-) Part. Aor. Med. κατα- Thuc. 7, 81: δαμάω 3.
δαμάσασθαι Inf. Aor. Med. Il. ψ, 655: δαμάω 3.
δαμασθ-(ην) s. -εῖεν, -είς, -η.
δαμασθεῖεν Opt. Aor. Pass. Xen. Mem. 4, 1, 3: δαμάω 3.
δαμασθείς Part. Aor. Pass. Il. π, 816; Pind. P. 1, 73; Eur. Suppl. 1011; Herc. F. 21: δαμάω 3.
δαμάσθη (ἐδαμάσθην) Aor. Pass. Il. τ, 9: δαμάω 3.
δαμασθῆναι Inf. Aor. Pass. κατα- Dio. Cass. 50, 10: καταδαμάζω 3.
δαμασσ- s. -α, -άμενος, -ατο, -ομαι, -ω: δαμάω 3.
δάμασσα Aor. -ε Il. ε, 106: δαμάω 3.
δαμασσάμενος (< δαμασάμ-) Part. Aor. Med. Od. ι, 454: δαμάω 3.
δαμάσσατο (< ἐδάμασσατο) Aor. Med. Il. ε, 278: δαμάω 3.
δαμάσσομαι -εται Fut. Med. Il. λ, 478: δαμάω 3.
δαμάσσω Fut. Il. π, 438; -ομεν χ, 176: δαμάω 3.
δαμάσω Fut. s. δαμάσσω.
δαμάω Fut. in δαμόωσιν Il. ζ, 368; -άᾳ χ, 271; (-ᾷ, α, 61): δαμάω 3.
δαμεῖεν Opt. Aor. Il. γ, 301: δαμάω 3.
δαμείετε Conj. Aor. Pass. mit verkürztem Modusvokale Il. η, 72 [**126**]: δαμάω.
δαμείῃς (< δαμήῃς Bekker) Conj. Aor. Pass. Il. γ, 436 [**126**]: δαμάω 3.
δαμείομεν Conj. Aor. Pass. δαμάω 3.
δαμείω Conj. Aor. Pass. Od. σ, 54 [**126**]: δαμάω 3.
δάμεν 3 P. Plur. Aor. Pass. für ἐδάμησαν Il. ϑ, 344: δαμάω 3.
δαμήῃ 2 Sing. Conj. Aor. Pass. Il. χ, 246: δαμάω 3.
δαμήῃς (< δαμείῃς) Conj. Aor. Pass. Il. γ, 436 [**126**]: δαμάω 3.
δαμήμεναι (< δαμῆναι) Inf. Pass. Il. κ, 403 [**86**]: δαμάω 3.
δαμῆναι (< δαμήμεναι) Inf. Aor. 2 Pass. Il. ν, 98: δαμάω 3.
δαμνᾷ 2 P. Praes. Med. Il. ξ, 199: δαμάω 3.
δάμνασκε (< ἐδάμναον) Iter. Imperf. Hom. H. 4, 251: δαμνάω = δαμάω 3.
δάμναται 3 Sing. Praes. Med. Od. ξ, 488; Pind. Frg. 11, 140: δαμάω 3.
δαμόωσιν (vgl. δαμάω) Il. ζ, 368 [**200**]: δαμάω 3.
δανεισ- Aor. -ῃς Conj. Xen. Cyr. 3, 1, 34, -ον Imper. 3, 1, 34; Med. δανείσασθαι Inf. Xen. Mem. 2, 7, 11; -άμενος Part. Symp. 4, 45; Pl. Leg. 742, c: δανείζω 4.
δανεισθ-(ην) Aor. Pass. -ῆναι Inf. Xen. Hell. 2, 4, 28; -είς P. Pl. Leg. 717, c: δανείζω 4.
δαρ-(ην) (< 1) δαρθ-(ην), ἐδάρθην) Aor. 2 Pass. -είς, -έντα in ἐκ- Her. 7, 26; ἀπο- Xen. An. 3, 5, 9: δέρω.
δαρήσομαι Fut. Pass. sp. N. T. Luc. 12, 47: δέρω 5.
δαρθ- (< ἔδραθον) Aor. 2 καταδάρθοι Opt. Xen. Ag. 9, 3; vgl. -δαρθεῖν: δαρθάνω 6.
1) δαρθ-(ην) s. ἐδάρθην: δέρω 5.

---

1 beissen, von Hunden; stechen, von Mücken; (*verletzen*). 2 weinen. 3 δαμάω, δαμνάω, δάμνημι, δαμνάζω; überwältigen, bändigen: a) *zähmen;* b) *verheirathen, pass. verheirathet sein;* c) *überwinden, unterjochen, pass. unterjocht sein, gehorchen;* d) *überwältigen, tödten.* 4 leihen, Med. ent-

2) **δαρθ-(ην)** (< κατεδράθην, -δραθῶ) Aor. καταδαρθέντα Ar. Pl. 300 (Bekker. MSS.); -δαρθόντα (Pors. Dind.) -θέντες Luc. Philop. 21; -θεῖσα Dio. Cass. 45,1[a]): δαρθάνω 6.

δαρθεῖν (< ἔδαρθε, δραθέειν) Inf. Aor. 2 in κατα- Pl. Symp. 223, b. d.: δαρθάνω 6.

δαρθήσομαι Fut. (?): δαρθάνω 6.

δαρτός (< δρατός) Vb. sp.: δέρω 5.

δασ- Aor. -ωνται C. Xen. Cyr. 4, 2, 40; δάσασθαι Inf. Il. ψ, 21; ἀνα- Thuc. 5, 4: δαίομαι 7.

δασαίμεθα Opt. Aor. Od. β, 335 δαίομαι 7.

δασάσκετο Iter. Aor. Il. ι, 333: δαίομαι 7.

δασθ-(ην); δασθῆναι Aor. κατ- Luc. Dem. 35: δαίομαι [δατέομαι] 7.

δάσομαι Fut. -ονται Il. χ, 354: δαίομαι 7.

δασσάμενος Part. Aor. -οι Od. γ, 66: δαίομαι 7.

δάσσαντο Aor. Il. ο, 189: δαίομαι 7.

δάσσομαι Fut. ἀπο- Il. ϱ, 231: δαίομαι 7.

δατέασθαι Inf. Aor. Hes. Op. 767: δατέομαι 7.

δατέοντο Imperf. Il. υ, 394; ϑ, 550 [*177*]: δατέομαι 7.

δατεῦντο (< δατέοντο) Imperf. Il. ψ, 121; Od. α, 112 [*177*]: δατέομαι 7.

δατεώμεθα Conj. Praes. Il. ι, 280: δατέομαι 7.

δαῶμεν Conj. Aor. Il. β, 299: ΔΑΩ 8.

δέατ[ο] auch δόατ᾽ geschrieben: schien Od. ζ, 242.

δέγμενος Part. Perf. Il. σ, 524; Pind. [*50*]: δέχομαι 9.

δεδάασθαι kennen lernen Inf. Perf. wie von δέδαα gebildet Od. π, 316 (δεδάομαι) ΔΑΩ 8.

δέδἄεν (ἔδαον, δάε) lehrte Redupl. Aor. Od. ζ, 233; ϑ, 448; ψ, 160: ΔΑΩ 8.

δεδάηκα Perf. -κας Od. ϑ, 146; -κε, 134; Her. 2, 165; -κότες P. Od. β, 61: ΔΑΩ 8.

δεδαημένος Part. Perf. Pass. act. Hom. Hym. 3, 483; Theocr. 8, 4: ΔΑΩ 8.

δεδαῆσθαι wissen Apoll. Rh. 2, 1157: ΔΑΩ 8.

δεδαίαται (< δέδασται) 3 P. Plur. Perf. passiv. Bed.: sie sind getheilt Od. α, 23: δαίομαι 7.

δεδαϊγμένος Part. Perf. Pass. Od. ν, 320 f.: δαΐζω 10.

δεδαιγμένος Part. Perf. Pass. Pind. P. 8, 87: δαΐζω 10.

δέδἄκε (< δακ-, ἔδακε) Redupl. Aor. Anth. 12, 15: δάκνω 1.

δεδάκρυμαι Perf. Pass. -μένος Pl. Ax. 364, b: δακρύω 2.

δεδάκρῡκα Perf. sp. Alciphr. 2, 3: δακρύω 2.

δεδάκρυνται 3 Plur. Perf. Pass. Od. υ, 204. 353; Il. χ, 491: δακρύω 2.

δεδάκρῡσαι 2 Sing. Perf. Pass. Il. π, 7: δακρύω 2.

δεδάμασμαι Perf. Pass. sp. Nic. Al. 29: δαμάω 3.

δέδαον s. δέδαε.

δεδάρθηκα Perf. -κώς in κατα- Pl. Symp. 219, b: δαρθάνω 6.

[**δέδαρκα** Perf. Act. (?): δέρω 5.]

δέδαρμαι Perf. Pass. Ar. Lys. 158; ἐκ- Her. 7, 70: δέρω 5.

δέδασται ist vertheilt Perf. Pass. Il. α, 125; Her. 2, 84: δαίομαι 7.

δέδαυμαι Perf. Pass. Simonid. 28 (Bergk): δαίω, anzünden.

δεδαυμένος Part. Perf. Pass. Callim. Epigr. 50 (52) Conjectur.: δαίω, anzünden.

δεδαώς (< δεδάηκα, -κώς) Part. Perf. 2 Od. ϱ, 519; Ap. Rh. 1, 445: ΔΑΩ 8.

δέδεγμαι Perf. auch mit Praesensbedeut.: empfange, erwarte Il. λ, 124; Aesch. Eum. 894; Pl. Tim. 27, a: δέχομαι 9.

δεδέηκα Perf. Pl. Pol. 277, d: δέω, fehlen 11.

δεδέημαι Perf. Pass. -ται X. An. 7, 7, 14: δέω, fehlen 11.

[a]) Dindorf beseitigt den Aor. 1 Pass., ausser bei sehr späten Schriftstellern, wie den Scholiasten.

---

lehnen, borgen. 5 abziehen, schinden. 6 κατα- schlafen. 7 theilen, vertheilen. *Med.* lernen. 8 lehren, lernen. 9 nehmen, annehmen. 10 zertheilen, zerschneiden, zerreissen. 11 fehlen, mangeln. Med. für sich nöthig haben, bedürfen, begehren; wünschen, bitten.

δέδειγμαι Perf. Pass. δέδεικται X. Cyr. 2, 3, 9; Pl. Phaed. 66, d; δεδεῖχθαι Inf. Pl. Leg. 896, a; ἀποδεδειγμένος Xen. An. 7, 1, 26: δείκνυμι 1.

δέδεικται s. δέδειγμαι.

δεδείπναμεν 1 Plur. Perf. sync. für δεδειπνήκαμεν C. Fr. 3, 248: δείκνεμι 1.

δεδειπνάναι Inf. Perf. sync. für δεδειπνηκέναι C. Fr. 2, 663; Ar. Fr. 78 (D.): δειπνέω 2.

δεδείπνηκα Perf. Ar. Eccl. 1133; -κότι X. Cyr. 8, 4, 21: δειπνέω 2.

δεδειπνήκειν Plsperf. : δειπνέω 2.

δέδειχα Perf. C. Fr. 3, 517: δείκνυμι 1.

δέδεῖχθαι s. δέδειγμαι.

δεδεκα (< δέδηκα) Perf. Dem. 24, 207: δέω, binden 3.

δέδεμαι Perf. Pass. (vgl. δέδεται) -μένος Thuc. 1, 93; δια- Pl. Phaed. 82, e: δέω, binden 3.

δέδεντο Plsprf. Passiv. Od. κ, 92: δέω, binden 3.

δέδεξο Imper. Perf. Il. ε, 228: δέχομαι 7.

δεδέξομαι Fut. 3 act. Il. ε, 238: δέχομαι 7.

δεδέσθαι Inf. Perf. Pass. Pl. Phaed. 83, a; Dem. 24, 105: δέω, binden 3.

δεδέσθω Imp. Perf. Pass. Pl. Leg. 880, b: δέω, binden 3.

δέδεται 3 Sing. Perf. (vgl. δέδεμαι) Pind. N. 11, 45; Pl. Gorg. 508, e: δέω, binden 3.

δέδετο Plsprf. Il. ε, 387 δέω 3.

δέδευμαι Perf. -μένος Pl. Leg. 782, c; X. Cyr. 6, 2, 28: δεύω 4.

δέδηα, -εν Perf. Il. ρ, 253; υ, 18: δαίω anzünden.

δέδηγμαι Perf. Pass. Ar. Ach. 1; -μένος Pl. Symp. 218, a; X. Symp. 4, 28: δάκνω 8.

δεδήει (vgl. Perf. δέδηα) Plsprf. Il. β, 93: δαίω, anzünden.

δέδηκα (< δέδεκα) Perf. Aesch. 2, 46: δέω, binden 3.

δεδήλημαι Perf. pass. Eur. Hipp. 174; Her. 4, 198; 8, 100: δηλέομαι 5.

δεδήλωκα Perf. Thuc. 1, 9; Pl. Phaedr. 277, d; -κέναι Symp. 185, b: δηλόω 5.

δεδηλωκέναι s. δεδήλωκα.

δεδήλωμαι Perf. Pass. Pl. Soph. 221, c: δηλόω 6.

δεδηλῶσθαι Inf. Perf. Pass. Pl. Phaedr. 277, b: δηλόω 6.

δεδηλώσομαι (< δηλώσομαι M.) Fut. 3 Pass. Hippocr. 4, 190 (Littré): δηλόω 6.

δεδήσομαι Fut. 3 pass. Xen. Cyr. 4, 3, 18: δέω, binden 3.

δέδηχα Perf. -ώς Part. Babr. F. 77 (Lachm.): δάκνω 8.

δέδια (< δείδια, δέδοικα) Perf. als Praes. Aesch. Pr. 902; -εν Dem. 4, 8: δείδω 9.

δεδιακόνηκα (< δεδιήκονηκα) Perf.: διακονέω 10.

δεδίαμεν (< δέδιμεν) 1 Plur. Perf. Isae. 5, 22 (δέδιμεν Cobet; Scheibe): δείδω 9.

δεδίασιν 3 Pl. des Perf. δέδια Il. ω, 663; Pl. Ap. 29, a: δείδω 9.

δεδίδαγμαι Perf. Pass. -μένος X. Symp. 9, 6: διδάσκω 11.

δεδίδαχα Perf. Pl. Men. 85, d: διδάσκω 11.

δεδιδάχθαι Inf. Perf. Pass. Il. λ. 831; Pl. Phaedr. 269, c: διδάσκω 11.

δεδιδάχθω Imper. Perf. Xen. Equ. 6, 9: διδάσκω 11.

δεδίει s. δεδιείη.

δεδιείη Opt. des Perf. δέδια Pl. Phaedr. 251, a (> δεδίει, MS. Ast. -οίην Buttmann)]: δείδω 9.

δεδιέναι Inf. des Perf. δέδια Pl, Phaed. 68, d; Xen. Ath. 1. 11: δείδω 9.

δεδιέτω Imper. des Perf. δέδια Stob. 79, 52 (?): δείδω 9.

δεδιηκόνηκα (< δεδιακόνηκα) Perf. [nach Molus schlechter als δεδιακόνηκα] C. Fr. 4, 437 (Valkenaer's Emendat. f. δεδιηκ-): διακονέω 10.

---

1 *a.* zeigen, anzeigen, lehren. *b.* bewillkommnen, grüssen *besonders in den Formen d. Perf.* 2 frühstücken, und speisen überhaupt. 3 *a.* binden. *b.* festhalten, hindern. 4 benetzen, befeuchten. 5 zu Grunde richten, tödten. 6 offenbaren. 7 nehmen, annehmen. 8 beissen, von Hunden; stechen, von Mücken, (verletzen). 9 *a.* sich fürchten. *b. mit Accus.* befürchten, scheuen. 10 dienen, bedienen, aufwarten. 11 lehren, unterrichten; auseinandersetzen, beweisen; *Med. mit Accus.* einen unterrichten lassen.

δεδιηκόνημαι Perf. Pass. Dem. 51, 7: διακονέω 10.
δεδιῄτηκα Perf. Dem. 33, 31 (88): διαιτάω.
δεδιῄτημαι Perf. Pass. ἀπο- Dem. 21, 85. 96 (88): διαιτάω.
δέδιθι (< δείδιθι) Imper. des Perf. δέδια Ar. Equ. 230: δείδω 9.
δέδιμεν (< δεδίαμεν, δείδιμεν) 1 P. Plur. des Perf. δέδια Thuc. 3, 56: δείδω 9.
δεδίνηται Perf. Pass. ἀμφι- Il. ψ, 562: ἀμφιδινέω ringsumlegen.
δεδιξ- Aor. δεδιξάμενος Dem. 19, 291: δεδίσσομαι 13.
δεδίξομαι Fut. Luc. Philops. 31: δεδίσσομαι 13.
δεδιοίην s. δεδιείη.
δεδιότ-, -ος, -ι etc. s. δεδιώς.
δεδίσκεαι 2 Sing. Praes. Hom. Hym. 3, 163 (Emend. Piersoni; codd. τιτύσκεαι): δεδίσκομαι 13.
δεδισκόμενος Part. Praes. Od. ο, 150: δεδίσκομαι = δειδίσκομαι 12.
δέδιτε (< δείδιτε) 2 Plur. des Perf. δέδια Thuc. 4, 126: δείδω 9.
δεδιυῖα s. δεδιώς.
δεδίψηκα Perf. Hippocr. 1, 485: δίψαω, dürsten.
δεδίω, -ίῃ Conj. des Perf. δέδια Xen. Ath. 1, 11: δείδω 9.
δεδιώς (< δειδιώς) Part. des Perf. δέδια Pl. Prot. 320, a; -ότι Rep. 608, b; -ότα 331, b; Phaedr. -ότες 233, a; -ότων Phaed. 77, e; δεδιυῖαν Phaedr. 254, e: δείδω 9.
δέδμανθ' 3 P. Plur. des Part. Pass. δέδμημαι Theocr. 15, 120: δέμω 14.
δεδμήατο 3 Plur. Plsperf. Pass. Il. γ, 183: δαμάω 15.
δέδμηκα Perf. (?): δαμάω 15.
1) **δέδμημαι** Perf. Pass. -μένος Il. ζ, 249; -ται Her. 7, 200: δέμω 14.
2) **δέδμημαι** Perf. Pass. -ήμεσθα Il. ε, 878: δαμάω 15.
δεδμήσομαι Fut. Pass. Hom. Hym. 2, 365: δαμάω 15.
δέδμητο Plsprf. Ap. Rh. 1, 610: δαμάω 15.
δέδογμαι (s. δέδοκται), -μένος Pl. Apol. 34, e; X. Cyr. 6, 2, 9: δοκέω 16.
δέδοικα (< δέδια) Perf. mit Praesensbed. Aesch. Pers. 751; Pl. Phaedr. 231, e; -εν Euth. 12, c; X. Ath. 1, 11: δείδω 9.
δεδοίκαμες 1 Pl. des Perf. δέδοικα Theocr. 1, 16: δείδω 9.
δεδόκηκα Perf. -εν Aesch. Eum. 309: δοκέω 16.
δεδόκημαι, -ηται (< δέδογμαι) Perf. Pass.; -σαι Eur. Med. 763; Ar. Vesp. 726; vgl. -ημένος, -ηται: δοκέω 16.
δεδοκημένος st. δεδογμένος Il. ο, 730; Hes. Sc. 214: δοκέω 16.
δεδόκηται (vgl. -ημαι) Perf. Pass. impers. Pind. N. 5, 19; Her. einm. 7, 16, 3: δοκέω 16.
δέδοκται (vgl. δέδογμαι). Perf. Pass. Her. 3, 85; Pl. Phaed. 98, e; X. An.: δοκέω 16.
δέδοκτο Plsprf. Her. 9, 74: δοκέω 16.
δέδομαι Perf. Pass. -ται Il. ε, 428; Pl. Symp. 183, b; X. Lac. 11, 6: δίδωμι 17.
δέδορκα Perf. mit Praesensbedeut. Il. χ, 95; Soph. Ai. 1. 360: δέρκομαι 18.
δεδόσθαι Inf. Perf. Pass. Pl. Leg. 672, d; ἀπο- X. An. 7, 7, 48: δίδωμι 17.
δεδόσθω Imper. Perf. Pass. Pl. Tim. 52, d: δίδωμι 17.
δέδοται s. δέδομαι.
δέδουπα Perf. -εν Archi. 26 (Anth. Plan. 94); δεδουπώς, -ότος Il. ψ, 679 (gefallen): δουπέω 19.
δεδουπότος s. δέδουπα 19.
δεδόχθαι Inf. Perf. Pass. Pl. Leg. 808, a; Dem. 4, 19: δοκέω 16.
δεδόχθω Imper. Perf. Pass. Pl. Leg. 799, e: δοκέω 16.
δέδραγμαι Perf. Pass. -ξαι Eur. Tro. 750; -αγμένος Il. ν, 393. δράσσω, zusammenfassen, ergreifen:

12 δειδίσκομαι *a.* mit dargebotener Rechte grüssen; *b.* = δείκνυμι zeigen. 13 δεδίσσομαι (-σκομαι) erschrecken, in Schrecken, Furcht setzen. 14 bauen. 15 δαμάω, δαμνάω, δάμνημι, δαμνάζω; überwältigen, bändigen: *a. zähmen, b. verheirathen, pass. verheirathet sein; c. überwinden, untergehen, pass. unterjocht sein, gehorchen; d. überwältigen, tödten.* 16 scheinen, glauben, meinen. 17 geben *a.* = *dar*geben, *verleihen; b. zu*geben, *verstatten; c. über*geben = lehren; *d. über*geben = *preisgeben; e. los*geben = begnadigen. 18 sehen, blicken. 19 tosen.

1) δέδρᾱκα (< δέδρηκα) Perf. -ασι(ν) in ἀπο- X. An. 1, 4, 8; Cyr. 4, 1, 10; -κώς Pl. Theaet. 203, d: διδράσκω 1.
2) δέδρᾱκα Perf. Thuc. 8, 50: δράω 2.
δεδράκειν Plsperf. -ει in ἀπο- Xen. An. 4, 13. -εσαν in ἀπο-Hell. 1, 6, 38 [70]: διδράσκω 1.
δέδρᾱμαι (< δέδρασμαι) Perf. Pass. -ται Ar. Pax. 1039; -μένος Eur. El. 1106: δράω 2.
δεδράμηκα Perf. περιδεδράμηκεν [Pl.] Clit. 410, a; -κότα in ἀνα- Her. 8, 55; -κοτες in κατα- Xen. Hell. 4, 7, 6; 5, 1, 12: τρέχω 3.
δεδραμήκειν (> ἐδ-) Plsperf. -εσαν Xen. Cyr. 7, 2, 5 [70]: τρέχω 3.
δέδραξαι s. δέδραγμαι.
δέδρασμαι (< δέδραμαι) Perf. Pass. selt. -μένων Thuc. 3, 54: δράω 2.
δέδρηκα (< δέδρᾱκα) Perf. Hippocr. 2, 795: διδράσκω 1.
δεδρόμᾱκα Perf. ὑπο- Sappho. Fr. 2, 10: [δρομάω, laufen].
δεδῡκα Perf. -ε Il. ε, 811; vgl. -έναι; causativ ἀποδέδῡκε Xen. An. 5, 8, 23: δύω.
δεδύκειν Inf. Perf. für δεδυκέναι Theocr. 1, 102: δύω 4.
δέδῡκεν Perf., ἀπο- Xen. An. 5, 8, 23; κατα- Pl. Soph. 239, c; -κός, Pl. Leg. 781, c (> δεδοικός); κατα- Rep. 579, b: δύω 4.
δέδυκεν Perf. Il. ι, 239; ε, 811: δύνω = δύομαι, δύω 4.
δεδυκέναι Inf. Perf. Pl. Phaed. 116, e: δύω 4.
δέδυμαι Perf. Pass. ἐκδεδύσθαι Dem. 54, 35: δύω 4.
δεδύνημαι Perf. -εθα Dem. 4, 30: δύναμι 5.
δεδύσθαι s. δεδύμαι.
δέδωκα Perf. Pind. N. 2, 8. Aesch. Pr. 446; Pl. Leg. 665, a; X. Symp. 1, 5; -έναι Inf. Pl. Rep. 411, e; -κώς 654, a: δίδωμι 6.
δεδωκέναι, -κώς s. δέδωκα.
δεδώρημαι Perf. act. -ησαι Xen. Cyr. 5, 2, 8; -ηται Pl. Leg. 672, b; Tim. 46, e; pass. 47, e; Rep. 274, c: δωρέομαι, δωρέω 7.
δέει (vgl. < δέῃ) du bedarfst, bittest 2 P. Praes. Med. Pl. Lys. 210, d; Charm. 176, a; Parm. 126, a (216): δέω, fehlen, mangeln 8.
δέεις 2 Sing. Praes. uncontr. Isocr. 11, 4: δέω, fehlen, mangeln 8.
δέεσθαι Inf. M. offene Form für δεῖσθαι Xen. An. 7, 7, 32 (216): δέω, mangeln, fehlen 8.
δέεται Praes. M. offene Form für δεῖται Xen. An. 7, 4, 8; Mem. 3, 6, 14 (> δεῖται) (216): δέω, mangeln, fehlen 8.
δέῃ (vgl. δέει) 3 Sing. Conj. Praes. Pl. Theag. 127, c; impers. Prot. 319, b; Phil. 23, d; X. Cyr. 1, 4, 12 (216): δέω, fehlen, mangeln 8.
δεηθ-(ην) Aor. Pass. -θῇ Pl. Gorg. 507, d; -θῶσι(ν) Xen. Lac. 6, 4 (zwm.); -θῆναι Pl. Leg. 628, c; X. Symp. 4, 41; -θείς, -έντ- Pl. Leg. 628, d: δέω fehlen, mangeln 8.
δεηθήσομαι Fut. Pass. Aesop. F. 123: δέω 8.
1) δεησ-|Aor. -ειε Opt. Pl. Leg. 814, a: δεῖ, es ist nöthig.
2) δεησ- (< ἐδέησα) Aor. -οιτο Pl. Tim. 76, e: δέομαι, δέω, fehlen, mangeln, 8.
δεήσει Fut. Eur. Hipp. 941; Pl. Rep. 373, c; -ειν ib.: δεῖ, es ist nöthig.
δεήσομαι Fut. Med. -εσθαι Her. 3, 133; -εται, -όμεθα etc. Pl. Rep. 567, d; Phil. 53, b; X. Hier. 10, 1: δέομαι, δέω, fehlen, mangeln 8.
δεήσω, Fut. -ομεν Pl. Rep. 395, e: δέω, fehlen, mangeln 8.
δεθ-(ην) Aor. Pass. -ῶσι Pl. Men. 98, a; -ῆναι Leg. 954, e; -είς 864, e; δέω, binden 9.
δεθήσομαι Fut. Pass. als unatt. bezeichnet; jedoch Dem. 24, 126. 131. 190: δέω, binden 9.
1) δεῖ, δεῖς 3.2 Sing. Praes. Pl. Crat. 403, c: δέω, binden 9.

---

1 *in den Compos. mit* ἀπο-, δια-, ἐκ-. 2 thun, *intr.* thätigs, bes. dienen; b. *trans.* ausführen. 3 laufen. 4 *a.* hineingehen, sich hineinbegeben; *b. von Kleidern*, anthun, anziehen. 5 können, vermögen. 6 geben, *a.* = *dar*geben, *verleihen*; *b. zu*geben, *verstatten*; *c. über*geben = lehren; *d. über*geben = *preisgeben*; *e. los*geben = begnadigen. 7 schenken, beschenken. 8 fehlen, mangeln, Med. für sich nöthig haben, bedürfen, begehren; wün-

2) δεῖ, δεῖς 3.2 Sing. Praes. Pl. Lys. 204, e: δέω, fehlen, mangeln 8.
3) δεῖ 3 Sing. Praes. impers. Pl. Prot. 334, d: δεῖ, es ist nöthig.
δείδεγμαι (< δεδ-) Perf. als Praes. vgl. Od. η, 72: δείκνυμι 10.
δείδεκτο Plsperf. mit Bedeut. des Imperf. Il. ι, 224: δείκνυμι 10.
δειδέχαται 3 Plur. Od. η, 72 [103]: δείκνυμι 10.
δειδέχατο 3 Plur. Plsperf. -τ' Il. δ, 4; ι, 671 [103]: δείκνυμι 10.
δείδια (< δέδια, δέδοικα, δείδοικα) Perf. Il. φ, 536; in περι- κ, 93; ρ, 240. 242: δείδω 11.
δείδιας 2 Sing. des Perf. δείδια Od. σ, 80: δείδω 11.
1) δείδιε 3 Sing. des Perf. δείδια oder vielleicht Imperf. (vgl. ἐδείδιε Quint. Smyrn. 10, 450) Il. σ, 34; ω, 358; Od. π, 306: δείδω 11.
2) δείδιε Imper. Qu. Sm. 7, 298; 305, wie von δειδίω: δείδω 11.
δείδιθι (< δέδιθι) Imper. des Perf. δείδια Il. ε, 827; δείδιθ' elidirt Od. σ, 63: δείδω 11.
δείδιμεν (δέδιμεν δεδίαμεν) 1 Plur. des Perf. δείδια Il. ι, 230: δείδω 11.
δειδίμεν Inf. Perf. Od. ι, 274; κ, 381: δείδω 11.
δειδίξασθαι Aor. Il. σ, 164: δειδίσσομαι = δεδίσσομαι 13.
δειδίξεσθαι Fut. Il. υ, 201. 432: δειδίσσομαι = δεδίσομαι 13.
δειδιότ- s. δειδιώς.
δειδίσκετο Imperf. Od. σ, 121 (begrüssen); Ap. Rh. 1, 558 (zeigen): δειδίσκομαι ep. Nbf. von δείκνυμι 12.
δειδισκόμενος: δειδίσκομαι Ep. Nbf. von δείκνυμι 12.
δειδίσσεαι 2 Sing. Praes.; δειδίσσεο 2 Sing. Imper. [92]; δειδισσέσθω 3 Sing. Imper.; δειδίσσεσθαι Inf. (intrans. zagen) Il. β, 190: δειδίσσομαι = δεδίσσομαι 13.
δειδίσσετο Imperf. trans. fürchtete Orph. Arg. 56: δειδίσκομαι 13.
δείδιτε 2 Plur. Imper. des Perf. δείδια (< δέδια) Il. υ, 366: δείδω. 11.
δειδιώς (< δεδιώς) -ότα, Il. ζ, 137; -ότες μ, 39; -ότων, Od. ξ, 60; -ότας Il. υ, 45: Part. Prf. δείδια δείδω 11.
δείδοικα (< δέδοικα, δείδια, δέδια) -ας, -ε Perf. mit Praesensbed. Il. α, 555: δείδω 11.
δειδυῖα (< δεδυῖα) Fem. Part. Perf. Ap. Rh. 3, 752: δείδω 11.
δεικανάασκεν Praes. Theocr. 24. 56 [16] Act. zu δεικανάομαι = δειδίσκομαι 12.
δεικανόωντο 3 Plur. Praes. Il. ο, 86; Od. σ, 111; ω, 410 [200. 201]: δεικανάομαι = δειδίσκομαι 12.
δεικτέον Vb. Xen. Mem. 3, 5, 8: δείκνυμι 10.
δειμ- (< ἔδειμα) Aor. -ας Her. 9, 10; vgl. δείμομεν, Med.: δείμαθ' Od. ξ, 8; -ασθαι [Pl.] Ax. 370, b; -άμενος 367, c: δέμω 14.
δείμομεν Conj. Aor. mit verkürztem Modusvokale Il. η, 337: δέμω 14.
δειξ- (< ἔδειξα) δεῖξε Od. γ, 174; δείξω, -η Conj. Pl. Rep. 337, c; Leg. 893, a; X. Hell. 1, 6, 11; -αιμι, -ειας, -ειεν Opt. Pl. Gorg. 469, e; X. Oec. 2, 15; Pl. Crat. 391, a; Leg. 676, c; -ον Imper. Men. 84, a; Dem. 42, 22; -αι Inf. Crat. 430, e; X. Mem. 3, 5, 21; -ας Pl. Phaedr. 228, d; Med. ἐνδείξαιτο Opt. Eur. Alc.: δείκνυμι 10.
δεῖξαι Inf. s. δειξ-.
δεῖξε s. δειξ-.
δείξομαι Fut. Med. ἐν- Il. τ, 83; Eur. Bacch.: ἐνδείκνυμι 10.
δείξω Fut. Od. μ, 25; Soph Ant. 37; Pl. Leg. 819, e: δείκνυμι 10.
δειπνησ- Aor. δείπνησε Od. ξ, 111; -ωμεν Conj. X. An. 4, 6, 17; -ῆσαι Inf. 6, 5, 21; -ησας Thuc. 3, 112; Pl. Symp. 217, d: δειπνέω 15.
δειπνήσομαι (< δειπνήσω) Fut. sp. D. Sic. 11, 9: δειπνέω 15.
δειπνήσω (< δειπνήσομαι) Fut. X. Cyr. 5, 3, 27: δειπνέω 15.
δειρ- Aor. ἐκδεῖραι Xen. An. 1, 2, 8; ἐκδείραντες Pl. Rep. 616, a: δείρω 16.

---

schen, bitten. 9 *a.* binden, *b.* festhalten, hindern. 10 *a.* zeigen, anzeigen, lehren; *b.* bewillkommnen, grüssen, *besonders in den Formen des Perf.* 11 *a.* sich fürchten, *b. mit Accus.* befürchten, scheuen. 12 δειδίσκομαι *a.* mit dargebotener Rechte begrüssen; *b.* = δείκνυμι zeigen. 13 δεδίσσομαι (-σκομαι) schrecken, in Schrecken, Furcht setzen. 14 bauen. 15 frühstücken, und speisen überhaupt. 16 abziehen, schinden.

δεῖρε (> δαῖρε) Ar. Av. 365: δείρω ion. für δέρω 9.

δεισ- Aor. δεῖσε Il. θ, 138; δεῖσαν η, 93; ὑποδείσατε Od. β, 66; δείσῃ Pl. Theaet. 266, b; δείσας Her. 3, 30; Pl. Prot. 322, b; περιδδείσασα Il. ο, 123; φ, 328; -αντες ψ, 822; ὑποδδείσας Il. χ, 282; π, 425; -αντες μ, 413; σ, 199; ω, 265; ὑποδείσαντες Soph. Ai. 169: δείδω 1.

δείσομαι (< δείσω) Fut. -ετ' Il. ν, 130: δείδω 1.

δείσω (< δείσομαι) Fut. sp. Aristid. 2, 168: δείδω 1.

δειχθ-(ην) Aor. Pass. -ῇ Pl. 278, b; δειχθείς, -έντ- Pol. 286, a; -θεῖσα Eur. Sup. 1209: δείκνυμι 2.

δειχθήσομαι Fut. Pass. Polyb. 1, 15, 12: δείκνυμι 2.

δεκέατο in ὑποδεκέατο sie nahmen es auf sich: Her. 4, 167: ὑποδέκομαι für -δέχομαι 3.

δέκετο Imperf. Pind. I. 7, 68: δέκομαι für δέχομαι 3.

δέκτο (δέγμην) Plsprf. ohne Redupl. als Imperf. od. nach Buttm. sync. Aor. Il. β, 420; ο, 88; Od. ι, 352; δέχομαι 3.

δέμον Imperf. Od. ψ, 192 f.: δέμω 4.

δεξ-(αμην) Aor. -ωμαι, -ηται, -ώμεθα, -ησθε Conj. Pl. Leg. 723, a; 916, d; -αίμεν, -αιτο Opt Clit. 406; Leg. 832, d; δέξαι Imper. Il. ε, 227; -ασθαι Inf. Pl. Phaed. 95, b; -άμενος Part. 102, e: δέχομαι 3.

δεξ- Aor. (< δειξ-) ion. ἀποδέξας. Her. 5, 64: δείκνυμι 2.

δεξιόωντο (> ἐδ-) Imperf. Hom. Hym. 6, 16: δεξιάομαι = δεξιόομαι 5.

δεξιωσ- Aor. -άμενος Part. Xen. Cyr. 3, 2, 14: δεξιόομαι 5.

δεξιώσομαι Fut. Soph. El. 976 δεξιόομαι 5 *c*.

δέξο Imper. Perf. Il. τ, 10: δέχομαι 3.

δέξομαι Fut. Il. ε, 238; Pl. Rep. 429, d; X. Vect. 4, 25; ὑπο- Od. π, 70: δέχομαι 3.

δέξω (< δείξω) Fut. ion. ἀπο- Her. 3, 122: δείκνυμι 2.

δέοι Opt. Pl. Rep. 402, b; X. Cyr. 5, 5, 30: δεῖ es ist nöthig.

δέοιμι Opt. Od. θ, 352 wie soll ich *dich* binden, beim Worte halten: δέω, binden 6.

δέοιο, -οιτο, -οίμεθα, -οιντο Opt. Pl. Symp. 218, c; Rep. 516, a; Lys. 220, c; X. Hell. 2, 4, 23: δέομαι 7.

1) **δέον** Imperf. Od. μ, 196: δέω, binden 6.

2) **δέον** (< δοῦν) Part. att. erst bei Spät. öfters, vgl. jed. Pl. Phaed. 99, c (Lobeck zu Phryn. 221): δέω, binden 6.

3) **δέον** Part. Thuc. 8, 6: δέω, fehlen, ermangeln 5.

δέοντο Imperf. Il. σ, 553: δέω, binden 6.

δεόντων (διδέντων Aristarch.) Imper. Od. μ, 54: δέω, binden 6.

1) **δέουσι** Praes. Her. 4, 74 att. erst bei Sp. oft, jedoch auch Dem. 51, 11: δέω, binden 6.

2) **δέουσι(ν)** Praes. Is. 4, 168: δέω, fehlen, ermangeln 7.

δερκέσκετο Iter Imperf. Od. ε, 158: δέρκομαι 8.

δέρξ- s. ἐδερξάμην 8.

δέρξομαι Fut. Androm. in Gal. de Antid. 6, 37: δέρκομαι 8.

δερχθ-(ην) Aor. Pass. act. -ῇ Conj. Soph. Ai. 425; -ῆναι Inf. in κατα- Tr. 1000: δέρκομαι 8.

δερῶ Fut. Ar. Equ. 370: δέρω 9.

δεσπόσ- Aor. -ειεν Opt. Pl. Parm. 134, d: δεσπόζω 10.

δετός Vb. σύνδετα, -έτων, Pl. Pol. 279, c; -τέος Ar. Eccl. 785: συνδέω, zusammenbinden.

δεῦε Imperf. Il. ν, 655: δεύω, benetzen 11.

δεύεαι 2 P. Praes. Il. ψ, 434: δεύομαι = δέομαι, δέω 7.

δεύει 3 P. Praes. Il. β, 471: δεύω, benetzen 11.

δευεσ- Aor. δεύεσαν Qu. Sm. 4, 511: δεύω, benetzen 11.

---

1 *a.* sich fürchten, *b. mit Accus.* befürchten, scheuen. 2 *a.* zeigen, anzeigen, lehren; *b.* bewillkommnen, grüssen, *besonders in den Formen des Perf.* 3 nehmen, annehmen. 4 bauen. 5 *a.* die Rechte flehend zu den Göttern erheben; *b.* bei der Rechten fassen; *c.* mit gebotener Rechten begrüssen. 6 *a.* binden; *b.* festhalten, hindern. 7 fehlen, mangeln. Med. für sich nöthig haben, bedürfen; begehren, wünschen, bitten. 8 sehen,

δεύεσθαι Inf. Praes. Il. ν, 310: δεύομαι, δέομαι, δέω 7.
δευέσθην Dual. Praes. Il. θ, 127: δεύομαι, δέομαι, δέω 7.
δεύεσκον Iter. Imperf. Od. η, 260: δεύω, benetzen 11.
1) δεύεται 3 Praes. Pass. Od. ε, 53: δεύω, benetzen 11.
2) δεύεται 3 Praes. Med. Od. η, 73: δεύομαι, δέομαι, δέω 7.
δεύετο Imperf.: δεύω, benetzen 8.
δευήσεαι 2 Sing. Fut. Od. ζ, 192: δεύομαι, δέομαι, δέω 7.
δευήσεσθαι Inf. Fut. Il. ν, 786; Od. ψ, 127: δεύομαι, δέομαι, δέω 7.
δευοίατο 3 Plur. Opt. Il. β, 128: δεύομαι, δεύω = δέω 7.
δεύοντο 3 Plur. Imperf. Il. ψ, 15: δεύω, benetzen 11.
δευσ- Aor. δεῦσαι (> γεῦσαι) Inf. Xen. Oec. 10, 11: δεύω 11.
δέχαται Perf. ohne Redupl. Il. μ, 147: δέχομαι 3.
δέχεσθαι Inf. Praes. Il. α, 20; Soph. O. C. 818: δέχομαι 3.
δεχθ-(ην) ὑποδεχθείς act. Eur. Heracl. 757; εἰσδεχθέντες pass. Dem. 40, 14: δέχομαι 3.
δέχθαι Inf. Perf. Il. α, 377; ὑποδέχθαι Il. η, 93: δέχομαι 3.
δέχθε (vgl. δέξο) Imper. Perf Ap. Rh. 4, 1552: δέχομαι 3.
δέων (< δῶν) Part. für das gewöhnl. δῶν erst bei Spät., doch auch Dem. 22, 68: δέω, binden 6.
δῇ (< δέῃ) Conj. Praes. st. des richtigeren δέῃ Dind. Ar. Vesp. 221 u. Athen. X. p. 416; ξυνδῇ (> ξυνδέῃ) Pl. Rep. 462, b (217): δέω, binden 6.
δήεις 2 Sing. Praes. Il. ν, 260 f.: δήω, finden werden.
δήετε 2 Pl. Praes. Il. ι, 418. 685: δήω, finden werden.
δηϊόῳεν Opt. Od. δ, 226: δηϊόω 12.
δηϊόων Part. Praes. Il. ψ, 176: δηϊόω 12.
δηϊόωντα Acc. Part. Il ε, 534; -τες Il. λ, 153: δηϊόω 12.
δηϊόωντο Imperf. Il. ν, 675: δηϊόω 12.
δηϊωθέντες (vgl. Thiersch 170, 5 > δῃωθέντες) Part. Pass. Od. ι, 66: δηϊόω 12.
δηϊωσ- (vgl. Thiersch 170, 5 > δῃωσ-) Aor. δηϊώσας Part.: δηϊόω. 12.
δηϊώσαντε (vgl. Thiersch. 170, 5; > δῃώσαντε) Dual. Part. Aor. Il. χ, 218: δηϊόω 12.
δηϊώσειν (vgl. Thiersch. 170, 5 > δῃώσειν) Inf. Fut.: δηϊόω 12.
δηλησ- Aor. s. die folg. Art.
δηλήσαιτο Opt. Aor. Od. ν, 124: δηλέομαι 13.
δηλησάμενος Part. Aor. Her. 4, 115: δηλέομαι 13.
δηλήσαντο (< ἐδ-)Aor. Il. δ, 236; -ατο Od. χ, 278: δηλέομαι 13.
1) δηλήσασθαι Inf. Aor. Il. δ, 67: δηλέομαι 13.
2) δηλήσασθαι Inf. Aor. Stob Flor. vol. 1, p. 39: δήλομαι, dor. (= βούλομαι), wollen, wünschen.
δηλήσεται Fut. Il. ξ, 102: δηλέομαι 13.
δηλήσηται Conj. Aor. Il. γ, 107; Od. θ, 444: δηλέομαι 13.
δηλήσομαι Fut. Hom. Hym. 3, 541: δηλέομαι 13.
δηλωθ-(ην) Aor. Pass. -είη Opt. Pl. Tim. 62, c; -θείς Part. Pol. 266, e: δηλόω 14.
δηλωθήσομαι Fut. Pass. Thuc. 1, 144: δηλόω 14.
δηλωσ- Aor. -ω, ῃ Conj. Pl. Critia. 107, b; -ειε Opt. Soph. 237, b; -ον Imper.: δηλόω 14.
δηλώσομαι Fut. Med. pass. Soph. O. C. 581: δηλόω 14.
δηλώσω Fut. Soph. Ai. 462; Pl. Symp. 216, d; X. Symp. 3, 14: δηλόω 14.
δηλωτέον Vb. Pl. Tim. 48, e: δηλόω 14.
δημευθ-(ην) Aor. Pass. -ῆναι Inf. Xen. Hell. 1, 7, 20: δημεύω 15.
δημευθήσεσθαι Inf. Fut. Pass. Herodian. 2, 14: δημεύω 15.
δημιουργηθ-(ην) Aor. Pass. -είς, -έν Pl. Tim. 76, d. vgl. ἐδαμιουργήθη: δημιουργέω 16.

---

blicken. 9 abziehen, schinden. 10 unumschränkt gebieten, herrschen. 11 benetzen, befeuchten. 12 feindlich handeln, tödten; bes. Länder verwüsten. 13 zu Grunde richten, tödten. 14 offenbaren. 15 Privatvermögen einziehen und als Staatseigenthum erklären. 16 verfertigen, arbeiten.

δημιουργησ- Aor. -ασαν Part. Pl. Epin. 984, c: δημιουργέω 1.

δημώσομαι Fut. δαμωσσόμεθα Pind. I. 7, 8: δημόομαι [δημόω] scherzen, spassen.

δηξ- s. ἐδηξάμην.

δήξομαι (< δήξω) Fut. Xen. Oec. 12, 16: δάκνω 2.

δήξω (< δήξομαι) Fut. sp. Schol. Lycophr. 1006: δάκνω 2.

δηριάασθαι[1]) Inf. Il. ρ, 734; π, 96: δηριάω 3.

δηριάασθον[1]) Dual. Praes. Med. Il. μ, 421 (sich zanken): δηριάω 3.

δηριαάσθων[1]) 3 Plur. Imper. Praes. M. Il. φ, 467 (sie sollen, mögen kämpfen): δηριάω 3.

δηριάασκεν[1]) Iter. Imperf. sp. Opp. Cyn. 230.: δηριάω 3.

δηρινθῆναι Inf. Aor. Pass. Ap. Rh. 2, 16: δηρίομαι [δηρίω] 3.

δηρινθήτην Dual. Aor. Pass. als Med. Il. π, 756 [> δηριθήτην]: δηρίομαι [δηρίω] 3.

δηριόωντο für ἐδηριῶντο Imperf. Od. θ, 78: δηρίομαι 3.

δηρῑσ- Aor. -αν Orph. Arg. 420; -ω 410; vgl. ἐδήρῑσα: δηρίω streiten.

δηρῑσαντο Aor. Od. θ, 76: δηρίομαι 3.

δηρίσομαι (<δηρίσω) Fut. Theocr. 22 (19), 70: δηρίομαι 3.

δηρῑσω (< δηρῑσομαι) Fut. Lycoph. 1306: δηρίω streiten, vgl. δηρίομαι 3.

δηριῶν Part. -ώντων Pind. N. 11, 26; -όωντες Ap. Rh. 1, 752: δηριάω 3.

1) **δησ**- (< ἔδησα) Aor. δῆσα Od. ι, 99; δῆσεν Il. ψ, 854; δῆσαν Od. τ, 457; δήσῃ Conj. Pl. Men. 98, α; -αίμην Il. θ, 26; δήσας Part. Tim. 74, d; s. δῆσαι, -άμενος, -άσκετο, -ατ᾽: δέω binden 4.

2) **δησ**-(< ἐδέησα) Aor. einmal Il. σ, 100: δέω, entbehren, ermangeln 5.

δῆσαι Inf. Aor. Aesch. Prom. 15; Pl. Euth. 6, a; Xen. Cyn. 9, 2: δέω binden 4.

---

1) S. Curt. Erl. § 243 D. 3: Zerdehnung.

δησάμενος Part. Il. ρ, 290; -οι Od. β, 430; δέω, binden 4.

δησάντων 3 Plur. Imper. Aor. Od. μ, 50: δέω, binden 4.

δησάσκετο Iter. Aor. Med. Il. ω, 15 band an [*139*]: δέω, binden 4.

δήσατ᾽ 2 Pl. Imper. Aor. Od. μ, 161, δέω, binden 4.

δήσειν Inf. Fut. Il. φ, 454: δέω binden 4.

δῆσεν s. δης- 1) u. 2).

δήσω Fut. -ετε Xen. An. 5, 8, 24; vgl. -ειν: δέω, binden 4.

δησ-ωμαι Conj. Aor. Med. καταδήσωνται Her. 3, 110; καταδέω, an-, festbinden 4.

δηχθ-(ην) Aor. Pass. -ῇ Aesch. Eum. 638; -είη Eur. Med. 817; -είς Pl. Symp. 218, a; Xen. Oec. 8, 1: δάκνω 6.

δῃωθ- Aor. Pass. δῃωθέντες Od. ι, 66; δῃωθέντων Il. δ, 417 (> δηϊωθ-[1]): δηϊόω, δῃόω 7.

δῃῶν (< δηϊόων) Part. Il. ρ, 65; Thuc. 4, 87: δῃόω, δηϊόω 7.

***δῃωσ** (< δηϊώσ-[1]) Aor. -ῃ Conj. Thuc. 2, 13: -ωσιν 2, 13; -ας Part. Il. θ, 534; Xen. Hell. 2, 2, 9.: δῃόω, δηϊόω 7.

***δῃώσαντε** (<δηϊώ-[1]) Dual. Part. Aor. Il. χ, 218: δῃόω, δηϊόω 7.

δῃώσειν (>δηϊώ-[1]) Inf. Fut. Il. ι, 243: δῃόω, δηϊόω 7.

διάει (>διάῃ Tiersch, Bekker) Imperf.[2]) Od. ε, 478; τ, 440: διάημι 8.

διαίτᾱσα (<διῄτησα) Aor. Pind. P. 9, 68: διαιτάω 9.

διαιτᾶτο s. διαιτώμην.

διαιτήθην (<διῃτήθην) Aor. Pass. ion. als Med. Her. 2, 112. (*388. 88* [*37*]: διαιτάω 9.

διαιτήσομαι Fut. Med. Pl. Rep. 372, α: διαιτάω 9.

διαιτήσω Fut. Dem. 29, 58: διαιτάω 9.

διαιτώμην; -τᾶτο Imperf. Med. Her. 3,65 [*37*]: διαιτάω 9.

---

1) s. Thiersch. §. 170, 5 u. Ahrens.
2) Wurde auch als Praes. v. διάω gefasst.

---

1 verfertigen, arbeiten. 2 beissen, von Hunden; stechen, von Mücken; (*verletzen.*) 3 wetteifern. 4. *a* binden; *b.* festhalten, hindern. 5 fehlen, mangeln; Med. für sich nöthig haben, bedürfen, begehren; wünschen, bitten. 6 ·beissen, von Hunden; stechen, von Mücken (*verletzen.*) 7 feindlich handeln, tödten; bes. Länder verwüsten. 8 durchwehen. 9 ernähren; Med. mit Aor. Pass. eine gewisse Lebensart führen; wohnen.

διακονηθ- s. ἐδιακονήθην.
διακονήσομαι Fut. Med. Char. 1: διακονέω 10.
διακονήσω (<διηκονήσω) Fut. Pl. Gorg. 521, a: διακονέω 10.
διακρινέει Fut. Il. β, 387 (trennet): διακρίνω 11.
διακρινέεσθαι Inf. Fut. Pass. Od. σ, 149; υ, 180: διακρίνω 11.
διαλεκτέος Vb. Pl. Lys. 211, c: διαλέγω 12.
διαλέξομαι Fut. Med. Pl. Rep. 328, a *A**; Isocr. 12, 253: -εσθαι, Pl. Symp. 217, b; -όμενος Charm. 155, c: διαλέγω 12.
διαλεχθ-(ην) Aor. Pass. -ῇς Pl. Prot. 310, e; -είην Apol. 39, e; -θητι, -θητον Imper. Prot. 333, c; Euthyd. 275, b; -θῆναι Theaet. 143, b; -θείς 142, c: διαλέγω 12.
διαλεχθήσομαι Fut. Pass. Dem. 18, 252: διαλέγω 12.
διδακτός Vb. Xen. Mem. 3, 9, 1; -τέος Pl. Rep. 451, e: διδάσκω 13.
διδαξ- Aor. δίδαξε (< ἐδ- *B**) Il. ε, 51; Pind. N. 3, 55; -αμεν Od. χ, 422; -ω, -ῃ Conj. Pl. Euthyd. 293, b; -αιμι Opt. Hipp. maj. 287, b; -ον Imper. Aesch. Eum. 431; Pl. Euth. 6, e; -αι Inf. Pind. P. 3, 45; Pl. Phaedr. 276, c; -ας Part. Symp. 215, c; Xen. Cyr. 1, 6, 40; *Med.* -αίμην Opt. Ar. Nub. 783; -άμενος Part. Pl. Rep. 467, e; act. Menex. 238, e; -ασθαι Pind. O. 8, 59; Xen. Mem. 4, 4, 5: διδάσκω 13.
διδάξαι s. διδάξ-.
διδάξεαι Fut. Med. Theogn. bei Xen. Symp. 4, 4 u. bei Pl. Men. 95, d: διδάσκω 13.
διδάξομαι Fut. Med. Soph. Ant. 726; Ar. Nub. 127; Pl. Rep. 421, e; vgl. -εαι: διδάσκω 13.
διδάξω Fut. Soph. O. T. 839; Pl. Rep. 489, b: διδάσκω 13.
διδασκέμεναι Inf. Il. ι, 442 [*80. 81.*]: διδάσκω 13.
διδάσκησα (<διδαξ-) Aor. -εν in ἐκ- Pind. P. 4, 217; διδασκήσαιμι Opt. Hom. Hym. 5, 144: διδάσκω 13.
διδάχθ-(ην) Aor. Pass. -ῇ Conj. Aesch. Prom. 10; -ήτω Imper. 634; -ῆναι Pl. Eryx. 398, d; -είς Xen. Hell. 5, 4, 31: διδάσκω 13.
διδέᾱσι 3 Plur. Ind. Praes. (nach τιθέᾱσι) Xen. An. 5, 8, 24: δίδημι (wie τίθημι) Nbf. von δέω binden 4.
διδέντων 3 Plur. Imper. Praes. Od. μ, 54: δίδημι Nbf. von δέω binden 4.
δίδη 3 Sing. Imperf. Il. λ, 105 [*233*]: δίδημι Nbf. von δέω binden 4.
διδόαμεν 1 Plur. Praes. nach der Analogie von διδόᾱσιν für δίδομεν ἀπο- Niceph. Schol. in Synes. p. 420, A; ἐκ- Lex. Rhet. Bekk. p. 288; ἀντι- Theodoret. vol. 4, p. 509: δίδωμι 14.
διδόᾱσιν (< διδοῦσι) 3 Plur. Ind. Praes. Pl. Rep. 363, c; Xen. Cyr. 1, 3, 8; ἐκ- Her. 1, 93: δίδωμι 14.
διδόαται (<δίδονται) 3 Plur. Praes. Med. ἐκ-Her. 2, 47 (>-ονται) [*107*]: δίδωμι 14.
διδόατε 2 Plur. Praes. nach der Analogie von διδόᾱσιν für δίδοτε Geminus de Prasin. ad Caes. p. 429: δίδωμι 14.
[δίδρθι 2 P. Sing. Imper. Praes.: δίδωμι 14.]
δίδοι (<δίδου) Imper. Praes. dor. u. ion. Pind. Ol. 1, 85; 6, 104; 7, 89; 13, 115; N. 5, 50 [*258*]: δίδωμι 14.
διδοῖ (<δίδωσι Il. υ, 299; ω, 528; Od. ρ, 287. 474; Pind. N. 7, 59; Aesch. Eum. 7.) 3 P. Sing. Praes. Od. δ, 237; ρ, 350; Pind. P. 4, 265; I. 3, 51; Aesch. Suppl. 1010; Her. 1, 107 und bei weitem öfter als δίδωσι, das sich 2, 154 zweim. u. 8, 24 findet [*231*]: δίδωμι 14.
διδοῖεν 3 Plur. Opt. Praes. Aesch. Suppl. 703; Xen. Cyr. 3, 1, 4; Hell. 1, 6, 31: δίδωμι 14.
διδοίη 3 Sing. Opt. Praes. Xen. Vect. 2, 6; Cyr. 3, 2, 28: δίδωμι 14.
διδοίημεν (< διδοῖμεν) 1 Plur. Opt. Praes. δίδωμι 14.
διδοίην 1 Sing. Opt. Praes. Her. 9, 111; ἐπι- Pl. Leg. 913, b: δίδωμι 14.

---

10 dienen, bedienen, aufwarten. 11 absondern, trennen. 12 auseinanderlesen, auslesen; *Med.* erwägen; sich unterreden, unterhalten. 13 lehren, unterrichten; auseinandersetzen; beweisen; *Med. mit Accus.* einen unterrichten lassen. 14. geben. *a.* = *dar*geben, *verleihen*; *b. zu*geben, *verstatten*; *c. über*geben = lehren; *d. über*geben = *preis*geben; *e. los*geben = begnadigen.

διδοίης 2 Sing. Opt. Praes. Xen. Mem. 2, 3, 16 (> δοίης): δίδωμι 1.
διδοίησαν (< διδοῖεν) 3 Plur. Opt. Praes.: δίδωμι 1.
διδοίητε (< διδοῖτε) 2 Plur. Opt. Praes.: δίδωμι 1.
διδοιήτην (< διδοίτην) 3 Dual. Opt. Praes.: δίδωμι 1.
διδοίητον (< διδοῖτον) 2 Dual. Opt. Praes.: δίδωμι 1.
διδοίμεθα 1 Plur. Opt. Praes. Pass.: δίδωμι 1.
διδοίμεθον 1 Dual. Opt. Praes. Pass.: δίδωμι 1.
διδοῖμεν (< διδοίημεν) 1 Plur. Opt. Praes. ἀπο- Pl. Rep. 387, e: δίδωμι 1.
διδοίμην 1 Sing. Opt. Praes. Pass.: δίδωμι 1.
διδοῖντο 3 Plur. Opt. Praes. Pass.: δίδωμι 1.
διδοῖο 2 Sing. Opt. Praes. Pass.: δίδωμι 1.
διδοῖς (< διδοῖσθα, δίδως) 2 Sing. Praes. Ind. Act. Il. ι. 164; Her. 5, 18; 8, 137: δίδωμι 1.
διδοῖσθα (< διδοῖς, δίδως) 2 Sing. Indic. Praes. Il. τ, 270 (> δίδωσθα Bekker) [**231**]: δίδωμι 1.
διδοῖσθε 2 Plur. Opt. Praes. Pass.: δίδωμι 1.
διδοίσθην 3 Dual. Opt. Praes. Pass.: δίδωμι 1.
διδοῖσθον 2 Dual. Opt. Praes. Pass.: δίδωμι 1.
1) **διδοῖτε** (< διδοίητε) 2 Plur. Opt. Praes. Od. λ, 357: δίδωμι 1.
2) **διδοῖτε** Imper. Pind. P. 5, 119? vgl. δίδοι [**258**]: δίδωμι 1.
διδοίτην (< διδοιήτην) 3 Dual. Opt. Praes.: δίδωμι 1.
διδοῖτο u. att. auch δίδοιτο 3 Sing. Opt. Praes. Pass. ἀποδιδοῖτο Xen. Oec. 1, 10 (**301**): δίδωμι 1.
διδοῖτον (< διδοίητον) 3 Dual. Opt. Praes.: δίδωμι 1.
δίδομαι 1 Sing. Ind. Praes. Pass.: δίδωμι 1.
διδόμεθα 1 Plur. Praes. Pass.: δίδωμι 1.
διδόμεθον 1 Dual. Praes. Pass.: δίδωμι 1.
δίδομεν 1 Plur. Praes. Act. Il. β, 228; φ, 297; Od. θ, 545: δίδωμι 1.
διδόμεν Inf. Praes. Pind. I. 7, 60 [**241**]: δίδωμι 1.
διδόμενος Part. Praes. Pass. Her. 3, 148; Pl. Phil. 11, c: δίδωμι 1,
διδόν (< διδοῦν) Neutr. Part. Praes. Pl. Tim. 75, e: δίδωμι 2.
δίδον (< ἐδίδον Hom. Hym. 5, 437) 3 Plur. Imperf. Hom. Hym. 5, 327 [**234**]: δίδωμι 1.
διδόναι (< διδοῦναι) Inf. Praes. Pl. Gorg. 474, b 3m.; Xen. Oec. 4, 5: δίδωμι 1.
διδοντ- Stammform des Part. Praes.: -ος Od. α, 390; -ι Pind. P. 4, 21; -ες Od. λ, 117; Pl. Prot. 348, a *A**; -ων Aesch. Pers. 294; Pind. O. 3, 39: δίδωμι 1.
δίδονται 3 Plur. Praes. Pass.: δίδωμι 1.
1) **διδόντι** (< δίδουσι) 3 Plur. Ind. Praes. dor. Archyt. ap. Gal. 702 [**256**]: δίδωμι 1.
2) **διδόντι** s. unt. διδοντ-.
1) **διδόντων** s. unt. διδοντ-.
2) **διδόντων** [< διδότωσαν] 3 Plur. Imper. Praes. ἀπο- Pl. Leg. 829, d: δίδωμι 1.
δίδοσαι 2 Sing. Ind. Praes. Pass. (**281**): δίδωμι (1.)
δίδοσαν (< ἐδίδοσαν) 3 Pl. Imperf. Od. ξ, 286; ρ, 367. 411 [**234**]: δίδωμι 1.
1) **δίδοσθε** 2 Plur. Ind. Praes. Pass.: δίδωμι 1.
2) **δίδοσθε** 2 Plur. Imper. Praes. Pass.: δίδωμι 1.
1) **δίδοσθον** 2. 3. Dual. Ind. Praes. Pass.: δίδωμι 1.
2) **δίδοσθον** 2 Dual. Imper. Praes. Pass.: δίδωμι 1.
1) **διδόσθων** 3 Dual. Imper. Praes. Pass.: δίδωμι 1.
2) **διδόσθων** (< διδόσθωσαν) 3 Plur. Imper. Praes, Pass.: δίδωμι 1.
διδόσθωσαν (< διδόσθων) 3 Plur. Imper. Praes. Pass.: δίδωμι 1
δίδοσο (< δίδου) 2 Imper. Praes. Pass.: (**283**): δίδωμι 1.
δίδοται 3 Sing. Praes. Pass. Pl. Rep. 566, c: δίδωμι 1.

---

1 geben. *a*; = *dar*geben; *verleihen*. *b*. zugeben, *verstatten* *c*. *über*geben=lehren, *d*. *über*geben;=*preis*geben; e. *los*geben=begnadigen. 2 laufen *in den Compos. mit* ἀπο-, δια-, ἐκ-. 3 auseinander lesen, auslesen; *Med.*

1) δίδοτε 2 Plur. Ind. Praes: δίδωμι 1.

2) δίδοτε 2 Plur. Imper. Praes. Pl. Critia. 108, a; Xen. Cyr. 4, 5, 47: δίδωμι 1.

1) δίδοτον 2. 3 Dual. Ind. Praes. μετα- Pl. Lys. 211, c,: δίδωμι 1.

2) δίδοτον 2 Dual. Imper. Praes: δίδωμι 1.

διδότω 3 Sing. Imper. Praes. Pl. Leg. 916, d: δίδομι 1.

διδότων 3 Dual. Imper. Praes.: δίδωμι 1.

[διδότωσαν (< διδόντων) 3 Plur. Imper. Praes,: δίδωμι 1.]

1) δίδου (< δίδοι, δίδωθι) 2 Sing. Imper. Praes. Od. γ, 58; Aesch. Sept. 134; Her. 3, 140; Pl. Phaedr. 257, a: δίδωμι 1.

2) δίδου (ἐδίδου) Imperf. Il. ε, 165 *Γ** (*299*): δίδωμι 1.

3) δίδου (< δίδοσο) 2 Sing. Imper. Praes. Pass.: δίδωμι 1.]

διδοῦν (διδόν) Neutr. Part. Praes. bei Spät.: δίδωμι 1.

διδοῦναι (< διδόναι) Inf. Praes. ep. nur Il. ω, 425 [*340*] δίδωμι 1.

διδούς Part. Praes. Pind. P. 1, 57; Pl. Phaedr. 240, d: δίδωμι 1.

διδοῦσα Fem. Part. Praes. Pl. Crat. 404, b: δίδωμι 1.

διδοῦσιν (< διδόᾱσιν) 3 Plur. Indic. Praes. stets bei Homer, wie Il, β, 255 *B**; und meist bei Her., wie in ἀνα- 7, 26; ἀπο- 4, 119; bei Spät., wie Dio. Cass. 65, 13; Manetho 2, 143; 3, 305 (*273*); δίδωμι 1.

διδρήσκειν ion. für. διδράσκειν, -όντων in ἀπο- Her. 9, 59; -ει in ἐκ- 3, 4; 9, 88: διδράσκω 2.

διδῶ 1 Sing. Conj. Praes. ἐπι- Xen. Cyr, 1, 4, 12: δίδωμι 1.

1) διδῷ 3 Sing. Conj. Praes. Act. Pl. Rep. 425, e; Xen. Cyr. 3, 2, 29: δίδωμι 1.

2) διδῷ 2 Sing. Conj. Praes. Pass.: δίδωμι 1.

1) δίδωμι 1 Sing. Ind. Praes. Il. ψ, 620 *A**; Xen. Cyr. 8, 5, 19: δίδωμι 1.

2) δίδωμι (< διδῶ) 1 Sing. Conj. Praes, Od. ν, 342 (vgl. Thiersch. p. 327) [*69*]: δίδωμι 1,

δίδων oder διδῶν (< διδοῦναι, διδόναι) Inf. Praes. dor. vgl. Ahrens. Aeol. p. 93: δίδωμι 1.

διδῶνται 3 Plur. Conj. Praes. Pass.: δίδωμι 1.

δίδως (< διδοῖς, διδοῖσθα) 2 Sing. Ind. Praes. Pl. Phaed. 100, b: δίδωμι 1.

διδῷς 2 Sing. Conj. Praes. Pl. Prot. 310, d; X. Cyr. 5, 5, 22: δίδωμι 1.

διδώσειν Inf. Fut. Od. ω, 314 [*250*]: δίδωμι 1.

δίδωσθα 2 Sing. Opt. Praes. bei Bekker für διδοῖσθα Il. τ, 270 [*231*]: δίδωμι 1.

διδῶσθε 2 Plur. Conj. Praes. Pass.: δίδωμι 1.

διδῶσθον 2. 3 Dual. Conj. Praes. Pass.: δίδωμι 1.

δίδωσι (s. unt. διδοῖ) 3 Sing. Ind. Praes. Xen. Hell. 3, 4, 26: δίδωμι 1.

διδῶσι(ν) 3 Plur. Conj. Praes. Xen. An. 3, 1, 23; ἀπο- Pl. Leg. 809, d: δίδωμι 1.

διδώσομεν (< δώσομεν) Fut. Od. ν, 358 [*250*]: δίδωμι 1.

διδώσω s. διδώσειν u. διδώσομεν.

διδῶται (< δίδωται) 3 Sing. Conj. Praes. Pass.: δίδωμι 1.

δίδωται (< διδῶται) 3 Sing. Conj. Praes. Pass. att. (*301*): δίδωμι 1.

δίδωτι (< δίδωσι) 3 Sing. Praes. dor. vgl. Ahrens; [*256*]: δίδωμι 1.

δίε Imperf. in περι- Il. ε, 566; ι, 433; λ, 557: περιδίω, sehr fürchten.

διείλεγμαι Perf. Med. Pl. Soph. 218, a: διαλέγω 3.

διείλεξαι 2 Sing. Perf. Med. Pl. Prot. 313, b: διαλέγω 3.

διειλέχθαι Inf. Perf. Med. Pl. Soph. 242, c: διαλέγω 3.

διείλεχθον Dual. Perf. Med. Pl. Eryx. 399, d: διαλέγω 3.

διείς Part. Com. Fr. 3, 586; Hippocr. 4, 162: δίημι zusammengez. aus διίημι 4.

διελεξάμην, -ατο Aor. Med. ep. Il. λ, 407 u. in spät. Prosa, wie Dio. Cass. 38, 18; 56, 1: διαλέγω 3.

διελέχθην (vgl. διαλεχθ-) Aor. Pass. Pl. Theaet. 142, c: διαλέγω 3.

δίεμαι Praes. Aesch. Pers. 701 (> δείομαι): δίεμαι 5.

---

erwägen; sich unterreden, unterhalten. 4 durchschicken, durchlassen, entlassen. 5 gescheucht werden, sich scheuen.

διέμενος Part. Med. Ar. Plut. 720: δίημι zsamgzg. aus διίημι 1.

δίενται (sie laufen, eilen, stürmen) 3 Plur. Praes. Med. Il. ψ, 475: δίω, δίημι 2.

δίεσαν 3 Plur. Imperf. ἐν- Il. σ, 584, sie hetzten: δίω, δίημι 2.

1) **δίεσθαι** Inf. Med. act. Hippocr. 1, 478: δίημι zusammengezogen aus διίημι 1.

2) **δίεσθαι** (weggescheucht werden, enteilen, sich entfernen) Inf. Praes. Med. Il. μ, 304; vgl. ψ; 475: δίω [δίημι] 2.

3) **δίεσθαι** scheuchen Inf. Il. μ, 276; σ, 162; Od. ϱ, 398; υ, 343: δίομαι, δίω 2.

δίζε (δίζη suchte auf, sann) Imperf. Il. π, 713; Her. 1, 65 (Orac.): δίζω 3.

δίζεαι (< δίζηαι) 2 Sing. Theocr. 25, 37: δίζημαι 4.

δίζετο (< ἐδίζετο) Imperf. Med. Bion. 11, 2 (Meineke); Nonn. 12, 140: δίζω 3.

δίζηαι (< δίζεαι) 2 Sing. Od. λ, 100: δίζημαι 4.

διζήμενος zu erforschend strebend, suchend, forschend Il. ε, 168; διζημένη δ, 88: δίζημαι 4.

δίζησθαι (> δίζεσθαι) Inf. Hes. Op. 601; Her. 1, 94; 2, 147: δίζημαι 4.

ιζησόμεθ'[α] Fut. Od. π, 239: δίζημαι 4.

ιηκονήθην[1]) (< ἐδιακονήθην) Aor. Pass. N. T.: διακονέω 5.

διηκόνησα[1]) (< ἐδιακόνησα) N. T. Matth. 25, 44; 2 Tim. 1, 18: διακονέω 5.

διηκονήσω (< διακονήσω) Fut. ion. -ειν Her. 4, 154: διακονέω 5.

διηκόνουν[1]) Imperf. N. T. Matth. 4, 11; -ει 8, 15: διακονέω 5.

δίηται Conj. Il. ο, 681; π, 246; χ, 189: δίεσθαι (scheuchen, verfolgen): δίω 2.

1) Vgl. Buttmann, Ausf. Gr. Gr. §. 86, Anm. 4.

διῃτᾶτο (< διαιτώμην ion.) Aor. Med. Pl. Phaed. 61, e: διαιτάω 6.

διῃτήθην (< διαιτήθην) ion. Aor. Pass. Thuc. 7, 87; Isocr. 6, 15 (**388. 88**): διαιτάω 6.

διῄτησα (< ἐδιαίτησα, ἐδιῄτησα, διαίτησα) Aor. 1 Plut. 1, 625: διαιτάω 6.

διῃτώμην s. διῃτᾶτο.

δικ- (<ἔδικον) def. Aor. δίκετε Eur. Bach. 600; δικών Aesch. Ch. 99; Eur. Herc. F. 498; Or. 991; δίκω 7.

δικαιωθ-(ην) Aor. Pass. -θείς Aesch. Ag. 393: δικαιόω 8.

δικαιώσομαι Fut. Thuc. 3, 40: δικαιόω 8.

δικᾶν s. δικῶ 9.

δικασ- Aor. δίκασαν Od. λ, 547: δικάσσατε Il. ψ, 574; -ω, -η, -ης Pl. Demod. 383, b; -σον Leg. 696, b; -σαι Inf. 700, c; -ας Part. 958, b; *Med.* -ασασθαι Pl. Leg. 937, e; -άμενος Part. 767 e: δικάζω 9.

δικάσθ-(ην) Aor. Pass. -είη Pl. Rep. 614, d: δικάζω 10.

δικῶ (< δικάσω) Fut. ion. δικᾶν Inf. Her. 1, 97 (***158. 159. 222***): δικάζω 9.

δινεῖσθαι Inf. Aor. Pass. Pl. Euthyd. 294, e: δινέω 9.

δινείσθην 3 Dual. Imperf. Pass. Il. ϱ, 680: δινέω 10,

δινέμεν Inf. Praes. Hes. Op. 598: δίνω = δινέω 10.

δίνεον (< ἐδ-) Imperf. Od. ι, 384; -εόμεθα 388: δινέω 10.

δινεύεσκ' Iter. Imperf. Il. ω, 12: δινεύω = δινέω 10.

δινεύοι Opt. Praes. Il. δ, 541: δινεύω = δινέω 10.

δινηθ-(ην) Aor. Pass -είς Od. χ, 85: δινέω 10.

δινησ- Aor. -ήσας Part. Il. ψ, 840: δινέω 10.

δίνωντι ἀπο- Heracl. inscrpt. 1, 54: δίνω = δινέω 10.

---

1 durchschicken, durchlassen, entlassen. 2 *Act.:* sich jagen lassen, fliehen; *Med.* scheuchen, in die Flucht jagen, verfolgen. 3 δίζω, ungewiss sein, zweifeln. 4 aufsuchen, sich zu verschaffen suchen. 5 dienen, bedienen, aufwarten. 6 ernähren, eine gewisse Lebensart führen. 7 werfen. 8 für recht und billig erachten; fordern wollen; strafen, verurtheilen. 9 rechten, Recht sprechen; *Med.* sich Recht sprechen lassen *Kr. Gr.* §. 52, 11, processiren; *Pass.* verklagt werden. 10 im Kreise herum drehen

δίξε Aor. 1 sonst Anthol. 15, 27; jetzt geändert in ἔκιξε: δίκω 7.

δίοιτο Opt. Od. ρ, 317: δίεσθαι (scheuchen): δίω 2.

δίον Imperf. *lief um* Il. χ, 251: δίω 2.

δισκηθήσομαι Fut. Pass. Eur. Ion. 1268: δισκέω 11.

δισκησ- Aor. -αις Pind. I. 2, 35: δισκέω 11.

διφῶν Part. Il. π, 747: διφάω, aufsuchen, aufspüren.

διψᾷ (< διψῇ) [Pl.] Ax. 366, a; -ᾷς Anth. Pl. 4, 137 (die Zusammenziehung in nur bei Spät.): διψάω 12.

διψάων (< διψῶν) Part. Od. λ, 584: διψάω 12.

διψῇ Praes. Pind. N. 3, 6; Pl. Phil. 35, b: διψάω 12.

διψησ- Aor. -ήσασα R. Rep. 562, c: διψάω 12.

διψήσω Fut. Pl. Xen. Mem 2, 1, 17: διψάω 12.

διψῷ (< διψῴη) 3 Sing. Opt. Pl. Eryx. 401, d: διψάω 12.

διψῴη (< διψῷ) 2 Sing. Opt. Xen. An. 4, 5, 27: διψάω 12.

διψῶν (< διψάων) Part. Pl. Gorg. 565, a.: διψάω 12.

διψῶσι 3 Plur. Conj. Pl. Phil. 45, b: διψάω 12.

διωκάθειν Inf. Praes. nach And. **διωκαθεῖν** Aor. 2 Pl. Rep. 375, a; Euth. 15, d: διωκάθω=διώκω 13.

διωκάθοντας Part. Praes., nach And. Aor. 2 sp. Clem. Al.: διωκάθω, διώκω 13.

διωκάθω Conj. Aor. 2 Ar. Nub. 1482: διωκάθω = διώκω 13.

διωκέμεν Inf. Il. ε, 223: διώκω 13.

διώκετον 3 Dual. Imperf. für -έτην Il. κ, 364, wie auch λαφύσσετον σ, 583; ἐτεύχετον ν, 346 [*75*]: διώκω 13.

διωκτός Vb. Chrysipp. Athen. 1, 8; -έος Her. 9, 58: διώκω 13.

δίωμαι Conj. in ἀποδίωμαι Il. ε, 763: ἀποδίομαι, verfolgen.

δίωνται Conj. Il. ρ, 110: δίεσθαι, scheuchen: δίω (?) 2.

διωξ- s. ἐδίωξα.

διωξοίμην Opt. Fut. Med. Pl. Prot. 310, c: διώκω 13.

διώξομαι Fut. gew., wie Ar. Equ. 368; Pl. Clit. 407, a; Theaet. 168, a; Xen. Cyr. 4, 1, 19; 3, 18 (*379*): διώκω 13.

διώξω (nicht selten neben διώξομαι) Fut. Pind. Ol. 3, 81; Xen. Cyr. 6, 3, 13; An. 1, 4, 8; Dem. 38, 16 u. Sp. (*379*): διώκω 13.

διωχθ-(ην) Aor. Pass. *-είς, -έντες, -εῖσα Thuc. 3, 4; 8, 20: διώκω 13.

δμαθ- (< δμηθ-, δαμ-, δαμασθ-) Aor. Pass. δμᾶθεν Pind. P. 8, 17; -θείς Part. -έντα Eur. I. T. 230; -έντες Aesch. Pers. 906, Ch.; Eur. Alc. 127, Ch.; Tro. 175, Ch.; -έντων Iph. T. 199, Ch.: δαμάω 14.

δμᾶθεν s. δμάθ-.

δμηθ- (< δμαθ-, δαμ-, δαμασθ-) δμηθήτω 3 Sing Imper. Il. ι, 158; -είς Part. -έντα Il. δ, 99; ε, 646: δαμάω 14.

δμηθήτω s. δμηθ-.

δνοπαλίξω Fut. -εις Od. ξ, 512: δνοπαλίζω, hin und her schwingen, schütteln.

δοάσσαι' 3 Opt. Aor. (wenn sie wähnte) Ap. Rh. 3, 954: δοιάζω [δοάζω] 15.

1) **δοάσσατο** Aor. schien, erschien, Il. ν, 458; ξ, 23; π, 652; Od. ε, 474 ζ, 145; κ, 153; ο, 204; σ, 93; χ, 338; ω, 239: δοάσσατο 16.

2) **δοάσσατο** Aor. Med. (war unschlüssig) Ap. Rh. 3, 769: δοιάζω, δοάζω 15.

δοάσσεται scheine Conj. Aor. st. δοάσσηται Il. ψ, 339 [*371. 372*]: δοάσσατο 16.

δόατ' s. δέατο.

Pass. sich herum drehen, herum schweifen. 11 mit der Wurfscheibe werfen. 12 dursten, heftig verlangen *nach . . . Gen.* 13 *a.* in schnelle Bewegung setzen; *b. Med.* vor sich herjagen, verfolgen, nachsetzen. 14 δαμάω, δαμνάω, δαμνάζω; überwältigen, bändigen: *a. zähmen*; *b. verheirathen, pass. verheirathet sein*; *c. überwinden, unterjochen; pass. unterjocht sein, gehorchen*; *d. überwältigen, tödten.* 15 verdoppeln, zweifelhaft, unschlüssig sein. 16 es schien, deuchte *Buttm. Lexil. II. p.*100 *ff.*

δοθ-(ην) Aor. Pass, -ῶ, -ῇ Conj. [Dem.] 12, 14; -είη Od. β, 78; Pl. Sis. 390, c; -είς Soph. Phil. 1317; -έντων Pl. Phil. 19, e; Dem. 18, 114; -ῆναι Inf. Xen. An. 2, 3, 25 (**296**): δίδωμι 1.

δοθήσομαι Fut. Pass. Eur. Phoen. 1650; ἀπο- Pl. Tim. 42, e; παρα- Xen. An. 7, 2, 14: δίδωμι 1.

δοιάζεσκον Iter. Imperf. ep. Ap. Rh. 3, 818: δοιάζω 2.

δοιάζοντο Imperf. Med. Ap. Rh. 4, 574: δοιάζω 2.

δοῖεν (< δοίησαν) 3 Plur. Opt. Aor. 2 Il. α, 18 *Γ**; Aesch. Sept. 418 *Α**; Xen. An. 4, 8, 7: δίδωμι 1.

δοίη 3 Sing. Opt. Aor. 2 Il. ι, 379; Aesch. Ch. 889; Pl. Symp. 196, e: δίδωμι 1.

δοίημεν (< seltener als δοῖμεν) 1 Plur. Opt. Aor. 2 Pl. Men. 96, e; [Dem.] 10, 71: (**288**); δίδωμι 1.

δοίην 1 Sing. Opt. Aor. 2. Od. ο, 449; Her. 9, 111; Lys. 24, 1: δίδωμι 1.

δοίης 2 Sing. Opt. Aor. 2 Od. δ, 600; Aesch. Sept. 260; Xen. Cyr. 3, 1, 35 (> δῴης): δίδωμι 1,

δοίησαν (< δοῖεν) 3 Plur. Opt. Aor. 2 Xen. An. 2, 1, 10; vgl. Damox. bei Athen. 3 p. 103, b; Stob. 4, p. 419. 430: δίδωμι 1.

δοίητε (< δοῖτε) 2 Plur. Opt. Aor. 2 Phaedr. 279, b; Xen.Cyr. 4, 5, 47: δίδωμι 1.

δοιήτην (< δοίτην) 3 Dual. Opt. Aor. 2: δίδωμι 1.

δοίητον (< δοῖτον) 2 Dual.Aor. 2: δίδωμι 1.

δοίμεθα 1 Plur. Opt. Aor. 2 Med.: δίδωμι 1.

δοίμεθον 1 Plur. Opt. Aor. 2 Med.: δίδωμι 1.

δοῖμεν (< häufiger als δοίημεν) 1 Plur. Opt. Aor. 2 Il. ν, 378; Od: β, 336; π, 386; Pl. Rep. 607, d; ἀπο- 353, d; μετα- Men. 89, e (**288**): δίδωμι 1.

δοίμην 1 Opt. Aor. 2 Med.: δίδωμι 1.

δοῖντο 3 Plur. Opt. Aor. 2: δίδωμι 1.

δοῖο 2 Sing. Opt. Aor. 2 Med.: δίδωμι 1,

δοῖσθε 2 Plur. Opt. Aor. 2 Med.: δίδωμι 1.

δοίσθην 3 Dual. Opt. Aor. 2 Med.: δίδωμι 1.

δοῖσθον 2 Dual. Opt. Aor. 2 Med.: δίδωμι 1.

δοῖτε (< δοίητε) 2 Plur. Opt. Aor. 2 ἀπο- Od. χ, 61; Pl. Tim. 20, b: δίδωμι 1.

δοῖτην (< δοιήτην) 3 Dual. Opt. Aor. 2: δίδωμι 1.

δοῖτο 3 Sing. Opt. Aor. 2 Med.: δίδωμι 1.

δοῖτον (< δοίητον) 2 Dual. Opt. Aor. 2: δίδωμι 1.

δοκάσω (< δοκήσω) Fut. dor. Theocr. 1, 148: δοκέω 3.

δοκηθ-(ην) Aor. Pass. -είς, -έντα Eur. Alc. 1061; Bacch. 1390 etc.: δοκέω 3.

δοκησ- (< δοξ-) Aor. δόκησε Od. υ, 93; δοκήσας Ar. Ran. 1485: δοκέω 3.

δοκήσω (< δοκάσω, δόξω) Fut. poet. Form. Aesch. Prom. 386; Ar. Nub. 562; Ran. 737; Her. nur einmal 4, 74: δοκέω 3.

δοκιμᾷ Fut. ἀπο- Her. 1, 199 [**135**]: δοκιμάζω 4.

δοκιμασ- Aor. -ῃ Conj. Pl. Leg. 765, c; -αιμεν Opt. X. Mem. 2, 6, 6; -αι Inf. Pl. Leg. 756, e; *Med.* δοκιμασώμεθα Xen. Oec. 8, 10: δοκιμάζω 4.

δοκιμασθ- Aor. Pass. -ῇ Conj. Pl. Crit. 51, d (> -σῃ); -ῶσι Leg. 754, d; -είην Opt. Dem. 27, 5; -είς Pl. Leg. 765, b: δοκιμάζω 4.

δοκοίησαν 3 Plur. Opt. Praes. Aesch. 2, 102 (**221**): δοκέω 3.

δολωθ-(ην) Aor. Pass. -ῇς Pind. P. 1, 92: δολόω 5.

δολωσ- Aor. -ας Eur. Alc. 12: δολόω 5.

1) **δόμεν** 1 Plur. Aor. 2 Il. ρ, 443; Thuc. 5, 77: δίδωμι 1.

2) **δόμεν** (δόμεναι) Inf. Aor. 2 Od. ρ, 40; Pind. O. 6, 33; 8, 85; P. 5, 124; N. 8, 20 *Γ** [**24**]: δίδωμι 1.

δόμεναι (< δόμεν) Inf. Aor. 2 Il. α, 116 *Β** [**241**]: δίδωμι 1.

δόν (< δοῦν) Neutr. Part. Aor. 2 (**24**): δίδωμι 1.

δοναθεῖσα s. unt. δονηθ-.

δονεύμενος Part. dor. Bion. 4, 5: δονέω 6.

---

1 geben. *a* = *dar*geben, *verleihen*; b. *zu*geben, *verstatten*; c. *über*geben = *preisgeben*; c. *los*geben = begnadigen. 2 verdoppeln, zweifelhaft, unschlüssig sein. 3 scheinen, glauben, meinen. 4 prüfen, billigen,

δονηθ-(ην) Aor. Pass. -είς, -εῖσα Pind. P. 6, 36 (> δοναθεῖσα): δονέω 6.

δονήσω Fut. Anth. 11, 352: δονέω 6.

δοντ- Stammform des Part δούς: -ος; -α Pl. Leg. 915, d; -ες Tim. 17, c; Il. α, 299: δίδωμι 1.

1) δόντων Gen. Plur. Part. Aor. 2 · Xen. Cyr. 3, 2, 4: δίδωμι 1.

2) δόντων 3 Plur. Imper. Aor. 2 Pl. Leg. 753, a: δίδωμι 1.

δοξ-(< δοκησ-) Aor. δόξω Conj. Pl. Rep. 509, d; δόξαιμι Opt. Pl. Apol. 34, c; -αις (*136*) Phaedr. 275, d; -ειε (**136**) Rep. 337, c; -άτω Imper. Rep. 493, a; -αι Inf. 502, b: δοκέω 3.

δόξω Fut. Pl. Rep. 414, c; -ειν Leg. 792, e: δοκέω 3.

δορπείτην Dual. Imperf. Od. ο, 302: δορπέω zu Abend essen.

δορπήσομεν Fut. Il. ψ, 11: δορπέω zu Abend essen.

δός Imperat. Aor. 2 Aesch. Ch. 140; Pl. Ax. 366, c; Dem. 19, 402 ἀπόδος Leg. 964,a (**274**): δίδωμι 1.

δόσαν (<ἔδοσαν) 3 Plur. Aor. 2 Od. η, 242 *Γ** [**234**]: δίδωμι 1.

δόσθαι Inf. Aor. 2 Med. ἀπο- Pl. Rep. 333, b: δίδωμι 1.

δόσθον 2 Dual. Imper. Aor. 2 Med.: δίδωμι 1.

δόσθω 3 Sing. Imp. Aor. 2 M.: δίδωμι 1.

1) δόσθων 3 Dual. Imper. Aor. 2 Med.: δίδωμι 1.

2) δόσθων (<δόσθωσαν) 3 Plur. Imp. Aor. 2 Med.: δίδωμι 1.

δόσθωσαν (<δόσθων) 3 Plur. Imp. Aor. 2 Med.: δίδωμι 1.

δόσκεν 3 Sing. Aor. 2 iterat. Il. ξ, 382; σ, 546 [**143**]: δίδωμι 1.

δόσκον 1 Sing. Aor. 2 iter. Il. ι, 331 [**143**]: δίδωμι 1.

δότε 2 Plur. Imper. Aor. 2 Od. β, 212; δ, 669 *B**; Aesch. Eum. 960; Pl. Leg. 709, e; Xen. Cyr. 4, 5, 47: δίδωμι 1.

δοτέος Vb. Her. 8, 111; ἀπο- Pl. Rep. 452, a: δίδωμι 1.

δότον 2 Dual. Imp. Aor. 2: δίδωμι 1.

δότω 3 Sing. Imp. Aor. 2 Pl. Leg. 929, b; Dem. 19, 77; *παρα- 871, e; ἐν- Eur. I. A. 517: δίδωμι 1.

δότων 3 Dual. Imper. Aor. 2: δίδωμι 1.

δότωσαν (< δόντων) 3 Plur. Imper. Aor. 2 Xen. Hier. 8, 4: δίδωμι 1.

δοῦ 2 Sing. Aor. 2 Med. (**282**): δίδωμι 1.

δουλευσ- Aor. -ας Part. Pl. Leg. 762, e; δουλεῦσαι Inf. Leg. 698, c: δουλεύω 7.

δουλεύσω Fut. Pl. Leg. 635, d; -ειν Inf. c.: δουλεύω 7.

δοῦμαι 1 Sing. Praes. Pass. (**217**): δέω binden 8.

δούμεθα* 1 Plur. Praes. Pass. περι- Pl. Leg. 830, b (**217**): δέω binden 8.

δούμενος Part. Praes. Pass. ἀνα- Thuc. 7, 25; δια- Pl. Tim. 73, b; ξυν- 31, c; ὑπο- Theaet. 193, c (**217**): δέω binden 8.

1) δοῦν (<δέον) Neutr. Part., δοῦντος Gen. Part. Dat. u. s. w. -οῦν Pl. Crat. 419, a. -τι b. (**217**): δέω binden 8.

2) δοῦν (> δοῦν') verkürzte Infinitivform (nach Buttmann Ausf. Spr. 1, p. 127, Anm.) Theogn. 104: δίδωμι 1.

δοῦναι Inf. Aor. 2 Thuc. 1, 85; Pl. Gorg. 512, c; Xen An. 7, 3,16 (**290**): δίδωμι 1.

δοῦνται 3 Plur. Praes. Pass. ἐν- Pl. Phaed. 81, e; ἀνα- Pl. Rep. 465, c. d; Pol. ξυν- 310, b; ὑπο- X. Mem. 1, 6, 6: δέω binden 8.

δούπεον Imperf. Ap. Rh. 2, 1058: δουπέω 9.

δουπήθησαν Aor. 1 Pass. Anth. 9, 283: δουπέω 9.

δούπησεν (vgl. ἐγδούπησα) Aor. δούπησεν Il. ε, 42; ρ, 50: δουπέω 9.

δουπήσω Fut. Anth. 9, 427: δουπέω 9.

δούς Masc. Part. Aor. 2 Pl. Rep. 571, e: δίδωμι 1.

δοῦσα Fem. Part. Aor. 2 Od. ο, 369; Pl. Rep. 406, a; Eur. I. A. 679: δίδωμι 1.

δοχθ- Aor. Pass. δοχθείς Polyb. 21, 8; in καταδοχθείς Antiph. 2, β, 2, 3: (κατα)δοκέω 3.

---

annehmen. 5 überlisten, betrügen. 6 bewegen, schütteln, schwingen. 7 ein Knecht sein, unterworfen sein. 8 *a.* binden, *b.* festhalten, hindern. 9 tosen.

δοχμωθείς Aor. Pass. Hes. Sc. 388; Hom. Hym. 3, 146: δοχμόω 1.

δόχμωσε Aor. Nonn. D. 42, 182: δοχμόω 1.

δρᾶ Imper. Praes. Pl. Legg. 900, c: δράω 2.

1) **δρᾷ** (vgl. 1, δρῶ) 3 Sing des Aor. ἔδραν; ἀποδρᾷ Pl. Hipp. maj. 295, b; Xen. Cyr. 1, 4, 13; Mem. 2, 10, 1: ἀποδιδράσκω 3.

2) **δρᾷ** 3 Praes. *Ind.* Pl. Rep. 495, b: δράω 2.

3) **δρᾷ** Praes. *Conj.* Pl. Rep. 426, c: δράω 2.

δρᾶθι Imperat. Aor.: διδράσκω 3.

δραθέειν Inf. Aor. παρα- Il. ξ, 163: παραδαρθάνω 4.

δραίην Opt. des Aor. ἔδραν; ἀποδραίημεν Xen. An. 6, 3 (6, 1), 16: διδράσκω 3.

δραίνεις 2 Sing. Praes. Il. κ, 96: δραίνω = δράω 2.

δρακ-(-ον) Aor. 2 δρακεῖν Aesch. Eum. 34; προς- 266; δρακών Eur. Bacch. 1018.: δέρκομαι 5.

δρακ-(ην) Aor. 2 Pass. -είς, έντες Pind. N. 7, 6: δέρκομαι 5.

δραμ- Aor. s. δραμέτην; δράμοι Opt. Xen. 1, 5, 8; δραμεῖν Inf. Eur. I. A. 1456; δραμών, -όντ- Part. Pl. Rep. 327, b: τρέχω 6.

δραμέομαι (< δραμοῦμαι) Fut. Her. 8, 102: τρέχω 6.

δραμέτην 3 Dual. Aor. 2 Il. ψ, 393: τρέχω 6.

δραμητέον Vb. ἀνα- Procl. in Tim. 1, 32: τρέχω 6.

δρᾱμομαι (< δραμῶ, θραμοῦμαι) Fut. ἀνα- Anth. 9, 575: τρέχω 6.

δρᾰμοῦμαι (< θρέξω, θρέξομαι) Fut. gew. Eur. I. T. 1424; Xen. An. 7, 3, 45; -εῖται Equ. 8, 6: τρέχω 6.

δρᾰμῶ (< δράμομαι, δραμοῦμαι) Fut. ὑπερ- Philetaer. C. Fr. 3, 292: τρέχω 6.

δράν Neutr. des Part. δράς.

δρᾶν (< δρῆν) Inf. Praes. Pl. Phaedr. 270, d; Xen. Cyr. 3, 3, 53: δράω 2.

δρᾶναι Inf. Aor. ἀποδρᾶναι (< δρῆναι) Thuc. 4, 46; Pl. Prot. 317 a; Isocr. Paneg. 272, a: διδράσκω 3.

δράντ-: -ος. -ι u. s. w. Gen. Dat. u. s. w. des Part. δράς; διαδράντας Her. 8, 75: διδράσκω 3.

δραξ- Aor. δραξάμενος Part. Med. Plut. Alex. 74; -οι Pl. Lys. 209, e: δράσσω 7.

δραπ- Aor. 2 (< δρεψ-) δραπών Part. Aor. 2 Pind. P. 4, 130: δρέπω 8.

1) **δράς, δραντ-** Part. Aor. ἀποδράς Od. π, 65; ρ, 516; Pl. Symp. 198, c; Xen. Hell. 1, 3, 22; auch ion. (neb. Inf. δρῆναι) Her. 3, 148; vgl. διαδράντας unt. δραντ- und ἐκδράντες 4, 148: διδράσκω 3.

2) **δρας-** Aor. 1 ἀποδράσῃ frühere Lesart für ἀποδρᾷ Xen. Cyr. 1, 4, 13; vgl. Theophr. Char. 18: διδράσκω 3.

3) **δρασ-** Aor. -ῃ Conj. Pl. Leg. 873, e; -ωμεν Aesch. Ag. 1654; -ειεν (**136**) Opt. Pl. Leg. 641, a; 709, d; δρᾶσαι Inf. Aesch. Suppl. 380; Pl. Rep. 377, e; -ας Theaet. 163, e; Aesch. Frgm. 268: δράω 2.

δρᾶσα Fem. des Part. δράς.

δρασθ- Aor. Pass. -είς, -έντων Thuc. 6, 53 (**209. 219**): δράω 2.

δράσομαι (< δρήσομαι) Fut. ἀποδράσεσθαι Pl. Rep. 457, e; Dem. 9, 74: διδράσκω 3.

δραστέος Vb. Soph. El. 1019; Pl. Rep. 268, d (**209. 212**): δράω 2.

δράσω Fut. Aesch. Prom. 744; Ar. Eccl. 704; Pl. Phil. 18, a; -ειν Pol. 494 e: δράω 2.

δρᾶται 3 Sing. Praes. Pass. Pl. Pol. 288, c: δράω 2.

δρᾶτε 2 Plur. Conj. des Aor. ἔδραν: διδράσκω 3.

1) **δρᾶτον** Dual. Conj. des Aor. ἔδραν: διδράσκω 3.

2) **δρᾶτον** Dual. Praes. Pl. Pol. 308, b: δράω 2.

δρατός (< δαρτός) Vb. -τά Il. ψ, 169: δέρω 9.

1) **δράτω** 3 Sing. Imper. des Aor. ἔδραν: διδράσκω 3.

2) **δράτω** 3 Sing. Imper. Praes. Aesch. Sept. 1066; Pl. Leg. 914, a: δράω 2.

δρέπτον Imperf. Mosch. 2, 69 von dem spätern δρέπτω st.: δρέπω 8.

---

1 seitwärts neigen, krümmen. 2 thun: *intr.* thätig sein, *bes.* dienen; *tr.* ausführen. 3 entlaufen *in den Compos. mit* ἀπο-, δια-, ἐκ-. 4 schlafen *neben,* Jem. 5 sehen, blicken. 6 laufen. 7 zusammenfassen', ergreifen. 8 brechen,

δρεψ- (< δραπ-) -ωσι Conj. Her. 2, 92; -άντες Pl. Tim. 91, c; *Med* δρέψασθαι Aesch. Sept. 718; δρεψάμενος Od. μ, 357: δρέπω 8.
δρεψεῦμαι (< δρέψομαι) Fut. dor. Theocr. 18, 40: δρέπω 8.
δρέψομαι (< δρεψεῦμαι) Fut. ἀπο- Anth. 6, 303: δρέπω 8.
δρῆν (< δρᾶν) Inf. Praes. bei Xen. Hell. 1, 1, 23: δράω 2.
δρῆναι (< δρᾶναι) Inf. ion. ἀπο- Her. 3, 45: διδράσκω 3.
δρήσομαι (< δρᾶσομαι) Fut. ion. -εσθαι in ἀπο- Her. 7, 210; -εται u. -ονται in δια- 3, 135; 8, 60. 80: διδράσκω 3.
δρομάασκε Iter. Imperf. (er lief) Hes. Fr. 221, 2 (Goettl.): δρομάω.
δρυφϑ- s. ἐδρύφϑην.
δρύφοι Opt. in ἀποδρύφοι Il. ψ, 187; ω, 21: (ἀπο)- δρύφω für (ἀπο)-δρύπτω 10.
δρυψ- Aor. Il. π, 324; ἀποδρύψωσι Conj. Od. ρ, 480; *Med.* δρυψαμένω Part. Od. β, 153: δρύπτω 10.
1) δρῶ 1 Sing. Conj. des Aor. ἔδραν; ἀποδρῶ Xen. Cyr. 1, 4, 13: διδράσκω 3.
2) δρῶ 1 Sing. Praes. Aesch. Sept. 1057; Pl. Theaet. 151, d: δράω 2.
δρῷ (< δρῴη) 3 Sing. Opt. Praes. Pl. Epin. 989, d: δράω 2.
δρῴη (< δρῷ) 3 Sing. Opt. Praes. Pl. Rep. 378, b: δράω 2.
δρῴημεν 1 Plur. Opt. Praes. Eur. Cycl. 132: δράω 2.
1) δρῶμεν 1 Plur. Conj. des Aor. ἔδραν: διδράσκω 3.
2) δρῶμεν 1 Plur. Praes. Thuc. 3, 43; Pl. Leg. 713, d: δράω 2.
δρῶν Part. Praes. Pl. Tim. 33, d *B** vgl. δρῶντ-: δράω 2.
δρῶντ- Stammform des Part. δρῶν, -τος Aesch. Ag. 1359; -τι Pl. Tim. 64, e; -τα Aesch. Eum. 799; -τες Pl. Phil. 19, d; δρώντων Tim. 65, b; δρῶσι ib.; δρῶντας Rep. 469, d: δράω 2.
δρώοιμι (st. δρῴμι, δράοιμι) ich würde aufwarten Opt. Praes. Od. ο, 317: δράω 2.
1) δρῶσι 3 Plur. Conj. des Aor. ἔδραν: διδράσκω 3.
2) δρῶσι (< δρώωσι) 3 Plur. *Ind.* Praes. Aesch. Eum. 162; Pl. Rep 358, c: δράω 2.
3) δρῶσι 3 Plur *Conj.* Praes. Pl. Rep. 470, c: δράω 2.
4) δρῶσι Dat. Plur. Part. Praes. s. unt. δρῶντ-.
δρώωσι (st. δρῶσι) 3 Plur. Praes. ep. παρα- Od. ο, 324; ὑπο - 333: (παρα-, ὑπο-)δράω 2.
δῦ (< ἔδυ) Aor. 2 Il. ϑ, 85; ρ, 210; σ, 416: δύω 11.
δύεν Imperf. Bion. 16, 6: δύω 11.
δυέσϑην 3 Dual. Imperf. Od. χ, 114: δύω 11.
δύεται Praes. Med. er verhüllt, birgt sich Il. ε, 140; geht unter Her. 4, 181; ἀνδύεται entzieht sich Il. ν, 225: δύω 11.
δυέτω 3 Sing. Imper. ἐπι- N. T. Eph. 4, 26: δύω 11.
δύῃ (> δυίῃ Thiersch. §. 231, 101) 3 Opt. Aor. 2 Od. σ, 348; υ, 286: δύω 11.
δύῃ 3 Sing. Conj. des Aor. 2 ἔδυν Il. λ, 194. 209; ρ, 455; Pl. Crat. 413, b; δύῃ Hes. Op. 728: δύω 11.
δύημεν (< δῦμεν) 1 Plur. Opt. Aor. 2: δύω 11.
δύην (< δυίην) 1 Sing. Opt. Aor. 2 δύω 11.
δυῆναι Aor. 2. Pass. διεκ- Hippocr. 1, 601 (> διεκδῦναι): διεκδύω herausgehen durch ...., durchschlüpfen.
δύῃς 2 Sing. Conj. des Aor. 2 ἔδυν Il. ι, 604: δύω 11.
δύῃς 2 Sing. Opt. Aor. 2 ἔδυν vgl. δύῃ: δύω 11.
δύητε 2 Plur. Conj. des Aor. 2 ἔδυν vgl. δύῃ: δύω 11.
δύητε (< δῦτε) 2 Plur. Opt. Aor. 2: δύω 11.
δυήτην (< δύτην) 3 Dual. des Opt. Aor. 2 ἔδυν: δύω 11.
δύητον Dual. Conj. des Aor. 2 ἔδυν: δύω 11.
δύητον (< δῦτον) Dual. Opt. des Aor. 2 ἔδυν: δύω 11.
δυϑ- Aor. Pass. ἐκδυϑῇ Alex. Athen. 6, p. 227, e; ἐκδυϑῆναι Inf. Antiph. 117, 3: δύω 11.

---

pflücken, geniessen. ernten. 9 abziehen, schinden. 10 kratzen, zerkratzen. 11 *a.* hineingehen, sich hineinbegeben; *b. von Kleidern*, anthun, anziehen.

δυθήσομαι Fut. Pass. ἀπο- Ar. Vesp. 1122: δύω 1.

δῦθι (vgl. δῦτε) 2 Sing. Imper. Aor. 2 Il. π, 64: δύω 1.

δυίη s. δύη.

δῦμεν (< δύημεν) Opt. Aor. 2 in ἐκδῦμεν Il. π, 99 (> ἐκδυῖμεν vgl. Thiersch. 231, 101): δύω 1.

δύμεναι (< δῦναι) Inf. Aor. Il. ζ, 185. 411; ξ, 63; τ, 313: δύω 1.

δύν Neutr. Part. s. δύς.

δῦν' (< δῦνε(ν)) Imperf. Il. τ, 367: δύνω 1.

δύνᾳ (< δύνῃ, δύνασαι) 3 Sing. Imper. Praes. dorisch. Theocr. 10, 2 (Soph. Phil. 849 Ch.): δύναμαι 2.

δῦναι (< δύμεναι) Inf. Aor. 2 Il. γ, 322; η, 131; κ, 221; λ, 537; υ, 76; ἀποδῦναι Pl. Charm. 154, d; ἐνδῦναι Tim. 62, b; καταδῦναι Xen. Cyr. 5, 5, 9: δύω 1.

δυναίατο 3 Plur. Opt. Praes. Her. 7, 103; 8, 130 [**112**]: δύναμαι 2.

δυναίμην Opt. Praes. Pl. Symp. 199. 201, c; δύναιο Xen. Cyr. 3, 1, 29; δύναιτο Pl. Symp. 214, c; -τ' Aesch. Prom. 914; δυναίμεθα Xen. Hell. 4, 6, 2; δύναισθ' Pl. Rep. 327, c; δύναιντο Gorg. 467, a: δύναμαι 2.

δυνάμενος Part. Praes. Pl. Rep. 476, c: δύναμαι 2.

δυνάμεσθα (für δυνάμεθα . . .) 1 Plur. Praes. Il. β, 343: δύναμαι 2.

δυνάμην (< ἐδυνάμην, ἠδ-) Imperf. Il. τ, 136: δύναμαι 2.

δύνανται 3 Plur. Praes. Ind. Il. ν, 634; Od. γ, 237; Pl. Prot. 326, c: δύναμαι 2.

δύνασαι (< δύνῃ) 2 Sing. Ind. Praes. Il. α, 393; Pl. Sym. 201, c; Xen. Mem. 2, 8, 6 (**281. 243**]: δύναμαι 2.

δυνασεῖται (< δυνήσομαι) Fut. Hippod. Stob. 43, 93 [**166**]: δύναμαι 2.

δυνασθ-(ην) (< δυνηθ-) Aor. Pass. mehr ion. Il. ψ, 465; aber bei Xenophon neben δυνηθ-: δυνασθῶ Conj. Cyr. 4, 3, 16; -ῇ, Hell. 2, 3, 33; -ῶσιν 6, 5, 40; -είην Opt. 4, 5, 29; -είη (> -ηθείη.) An. 7, 6, 20; δυνασθείς Hell. 1, 4, 16 vgl. δυνασθῆναι (**384**): δύναμαι 2.

δύνασθαι Inf. Praes. Pl. Phaed. 101, e: δύναμαι 2.

δυνασθῆναι (< δυνηθ-) Inf. Aor. Pass. mehr ion. (vgl. δυνασθ-(ην)) Her. 2, 110; jedoch auch Xen. Cyr. 4,2, 11: δύναμαι 2.

δυνάσθω 3 Sing. Imper. Pl. Rep. 345, a: δύναμαι 2.

δύνασο 2 Sing. Imper. Praes. Xen.: δύναμαι 2.

δύναται 3 Ind. Praes. Il. ι, 351; Pl. Phaedr. 263, b: δύναμαι 2.

δύνατο (< ἐδύνατο) 3 Sing. Imperf. Il. γ, 451: δύναμαι 2.

δῦνε(ν) (ἔδυνε) Il. ξ, 382*A** Imperf. Il. ο, 219 (tauchte hinab in ...); Od. η, 81*B** vgl. δῦν': δύνω 1.

δυνέαται 3 Plur. Ind. Praes. Her. 2, 142; 4, 30 [**107**]: δύναμαι 2.

δυνεώμεθα (< δυνώμεθα) 1 Plur. Conj. Praes. ion. Her. 4, 97 (> δυνώμεθα) [**245**]: δύναμαι 2.

δυνέωνται (= δύνωνται) 3 Plur. Conj. Praes. Her. 7, 163 (> δύνωνται) [**245**]: δύναμαι 2.

1) δύνῃ (aus δύνεαι st. δύνασαι) 2 Sing. *Ind.* Praes. bei Dichtern, wie Soph. Phil. 798; Eur. And. 239; auch bei Her. 2, 53 und Spätern, wie Polyb. 7, 11; Gnom. Stob. 1, 10 (**281. 243**]: δύναμαι 2.

2) δύνῃ 2 Sing. *Conj.* Praes. Xen. Cyr. 1, 6, 10; Mem. 3, 6, 14; (vgl. Ind. δύνῃ und δύνασαι (**281. 243**]: δύναμαι 2.

δύνηαι 2 Sing. Conj. Praes. ep. Il. ζ, 229: δύναμαι 2.

δυνηθ-(ην) (< δυνασθ-) Aor. Pass. att. -ῶ, -ῶμεν Conj. Pl. Leg. 968, b; -ῆτε Xen. An. 5, 6, 9; -είην Opt. Mem. 3, 6, 14; -εῖεν 4, 4, 19; -είς, -έντα 1, 2, 23; -εῖσι Pl. Leg. 922, a (**384**): δύναμαι 2.

δυνηθῆναι (< δυνασθῆναι) Inf. Aor. Pass. Pl. Alc. II. 150, e: δύναμαι 2.

δυνήσατο (< ἐδ-) Aor. Il. ε, 621; ν, 510. 607: δύναμαι 2.

δυνήσεαι 2 Sing. Fut. Il. α, 241. 562 [**89**]: δύναμαι 2.

δύνησθον Dual. Conj. Praes. Pl. Leg. 768, a: δύναμαι 2.

---

1 *a.* hineingehen, sich hineinbegeben. *b. von Kleidern*, anthun, anziehen. 2 können, vermögen. 3 geben. *a.* = *dargeben*, *verleihen*; *b. zu-*

δυνήσομαι Fut. Il. α, 588; *-εται* τ, 163; Pl. Leg. 691, c; *δυνησόμεσθα* Dem. 6, 5; *δυνησόμεσθα* Soph. Phil. 1394 *-εσθαι* Inf. Pl. Alc. I. 105, b: *δύναμαι* 2.

δύνηται 3 Sing. Conj. Praes. Xen. An. 1, 6, 3; Pl. Rep. 477, c: *δύναμαι* 2.

δύντε Part. Dual. Od. χ, 201; *ὑποδύντε* Il. ϑ, 332; ν, 421; ρ, 717: *δύω* 1.

δύντων (< *δύτωσαν*) 3 Plur. Imper. Aor. 2 vgl. *σβέντων*: *δύω* 1.

δύνωμαι Conj. Aor. Pl. Symp. 201, d: *δύναμαι* 2.

δυνώμεθα 1 Plur. Conj. Praes. Pl. Rep. 348, a: *δύναμαι* 2.

δύοντο (< *ἐδύοντο*) Imperf. mit act. Bed. Il. ο, 345 [*245*]: *δύω* 1.

δύου Imper. Praes. Med. *ἀνα-* Pl. Theaet. 145, c nimm nicht zurück: *ἀναδύομαι* hervortauchen, sich zurückziehen.

δυόωσι 3 Plur Praes. Od. υ, 195 [*200. 201*]: *δυόω*, unglücklich machen.

δύρομαι st. *ὀδύρομαι* die Trag. wie Aesch. Prom. 271; Pers. 582; Soph. O. T. 1218: *ὀδύρομαι*, wehklagen, jammern, trauern.

δυσ- Aor. *καταδύσῃ* Conj. Xen. An. 1, 3, 17; *καταδύσας* Part. Her. 6, 17; *-άσῃς* Her. 8, 90; *Med. ἐδύσατο* (Wolf.) Il. γ, 328; *δύσαντο* ψ, 739: *δύω* 1.

δύς Part. Aor. Pl. Phaed. 113, c; *δῦσα* Tim. 25, d; *δύντος* Her. 7, 149; *καταδύντι* Il. σ, 210; *-τα* α, 601; *-τες* κ, 545; *ἐκδύς* Od. ξ, 460; Ar. Pax. 336; *ἐνδύς* Soph. Tr. 759; *ἐνδῦσα* Il. ε, 736: *δύω* (*ἐκδ-*, *ἐνδ-*) 1.

δῦσαι Inf. Aor. in *ἀποδῦσαι* Il. ε, 435; ν, 182: *ἀποδύω* ausziehen, entkleiden.

δύσε (< *ἔδυσε*) Aor. *περίδυσε*, Il. λ, 100: *περιδύω*, ringsum ausziehen 1.

δύσεαι Fut. Med. Il. ι, 231; in *ἐσδύσεαι* ψ, 622 Aristarch (< *ἐνδύσεαι*) wirst dich begeben, erheben, herzutreten zu ....): *εἰσδύω* 1.

δύσεο st. *δῦσαι* 2 Sing. Ind. u. Imper. Aor. Med. Il. π, 129; τ, 36; Od. ρ, 276 [*56*]: *δύω* 1.

δύσεσθαι Inf. Fut. Od. η, 18: *δύω* 1.

δύσετο st. *δύσατο* Aor. 1 Med. Il. η, 465 *Γ** [*56*]: *δύω* 1.

δύσκεν Iterat. Imperf. Il. ϑ, 271 [*143*]: *δύω* 1.

δύσομαι Fut. Od. μ, 383; *-σει* Pl. Leg. 905, a; vgl. *δύσεαι*; *-σονται* Il. η, 298; *ἐνδύσεται* Eur. Bacch. 853; *καταδυσόμεϑ'* Od. κ, 174: *δύω* 1.

δυσόμενος Part. Aor. Med. mit Praesensbedeut. Od. α, 24: *δύω* 1.

δύσω Fut. (Conj. Aor. 1) *ἀπο-* Il. β, 261: *δύω* 1.

1) **δῦτε** (< *δύητε*) 2 Plur. Opt. Aor. 2: *δύω* 1.

2) **δῦτε** (vgl. *δῦϑι*) 2 Plur. Imperat. Aor. 2 Il. σ, 140: *δύω* 1.

δυτέον Vb. Pl. Rep. 457, a: *δύω* 1.

δύτην (< *δυήτην*) 3 Dual. Opt. Aor. 2: *δύω* 1.

1) **δῦτον** (< *δύητον*) 2 Dual. Opt. Aor. 2: *δύω* 1.

2) **δῦτον** (< *δύητον*) 2 Dual. Imper. Aor. 2: *δύω* 1.

δύτω 3 Sing. Imper. Aor. 2 *ἐν-* Il. ξ, 377: *δύω* 1.

δύτων Imper. Dual. Aor. 2: *δύω* 1.

δύτωσαν (< *δύντων*) 3 Plur. Imper. Aor 2: *δύω* 1.

δυψ- Aor. *δύψας* Part. Ap. Rh. 1326: *δύπτω*, untertauchen.

δύω Conj. des Aor. 2 *ἔδυν* Il. ρ, 186. 455; χ, 99: *δύω* 1.

δύωμεν 1 Plur. Conj. des Aor. 2 *ἔδυν* vgl. *δύω*: *δύω* 1.

δύωσι 3 Plur. Conj. des Aor. 2 *ἔδυν* vgl. *δύω*: *δύω* 1.

δῶ 1 Conj. Aor. 2 Od. ι, 356; ν, 296 [*237*]: *δίδωμι* 3.

1) **δῷ** (< *δῷσι*, *δώῃ*, *δώῃσι*) 3 Conj. Aor. 2 Act. Ar. Vesp. 583; Xen. Oec. 9, 16; Dem. 18, 58; *ἐνδῷ* Pl. Gorg. 499, b: *δίδωμι* 3.

2) **δῷ** 2 Conj. Aor. 2 Pass.: *δίδωμι* 3.

δώῃ (< *δώῃσι*, *δῷ*, *δῷσι*) 3 Sing. Conj. Aor. 2 Il. ζ, 527 *Γ** [*237*]: *δίδωμι* 3.

δώη, *δώης* Opt. Aor. 2 ist in guten Ausgaben in die gewöhnliche Optativform *δοίην*, *-ης*, *-η* oder in die

---

geben, *verstatten*; *c. über*geben = lehren; *d. über*geben = *preis*geben; *e. los*geben = begnadigen.

Conjunctivform geändert; vgl. jedoch δώῃ Lys. 16, 19: δίδωμι 1.
δώησιν (δῷ, δώῃ, δῷσι) 3 Sing. Conj. Aor. 2 Il. α, 324; μ, 275 (**237**): δίδωμι 1.
δῶκ' (< δῶκε, ἔδωκε) 3 Sing. Aor 2 Od. η, 35: δίδωμι 1.
δῶκα (< ἔδωκα) 1 Sing. Aor. 1 Il. δ, 43; Od. δ, 649: δίδωμι 1.
δῶκαν (< ἔδωκαν) 3 Pl. Aor. 1 Od. ζ, 215: δίδωμι 1.
δῶκας (< ἔδωκας) 2 Sing. Aor. 1 Od. δ, 647 : δίδωμι 1.
δῶκε[ν] (< ἔδωκε[ν]) 3 Sing. Aor. 1 Il. β, 102 *Γ**: δίδωμι 1.
δῶμαι 1 Sing. Conj. Aor. Pass.: δίδωμι 1.
δώμεθα 1 Plur. Conj. Aor. 2 Pass. in ἐπιδώμεθα Il. χ, 254: δίδωμι 1.
δώμεθον 1 Dual. Conj. Aor. 2 in περιδώμεθον Il. ψ, 485: δίδωμι 1.
δῶμεν (< δώομεν) 1 Plur. Conj. Aor. 2 Il. ψ, 537; Od. ϑ, 389; Pl. Tim. 55, d; Leg. 702, d (**237**): δίδωμι 1.
δῶν (< δέων) Part. Praes. (**217**): δέω, binden 2.
δῶνται 3 Plur. Conj. Aor. 2 Pass. ἀπο- Xen. Mem. 3, 6, 6: δίδωμι 1.
δώομεν (< δῶμεν) 1 Plur. Conj. Aor. 2 mit verkürztem Bindevokale [**372**] Il. η, 299. 351: δίδωμι 1.
δωρέεται 3 Sing. Praes. Her. 1, 54 *Γ**: δωρέω 3.
δωρέοιτο Opt. dep. Med. Her. 2, 126: δωρέω 3.
δωρηϑ- Aor. Pass. -είς, -έντα Is. 4, 26: δωρέω 3.
δωρησ- Aor. Med. -ῃ Xen. An. 7, 3, 20; -αιτο Opt. Pl. Rep. 394, a; -ασϑαι Xen. Hell. 6, 3, 6: δωρέω 3.
δωρήσομαι (< δωρήσω) Fut. Eur. Heracl. 1028; Pl. Phaedr. 256, e: δωρέομαι, δωρέω 3.
δωρήσω (< δωρήσομαι) Fut. Hom. Fr. 7, 7: δωρέω 3.
δῷς 2 Sing. Conj. Aor. 2 Il. η, 27; ἐκ- Aesch. Suppl.: 340 [**237**]: δίδωμι 1.
δώσει 3 Sing. Fut. Il. ϑ, 143; Pl. Rep. 461 e: δίδωμι 1.
δώσειν Inf. Fut. Il. ε, 654; Pl. Theaet. 166, b: δίδωμι 1.
δώσεις 2 Sing. Fut. Pl. Soph. 253, e: δίδωμι 1.
δωσέμεν (< δωσέμεναι) Inf. Fut. Il. κ, 323; χ, 117 : δίδωμι 1.
δωσέμεναι (< δωσέμεν) Inf. Fut. Il. ν, 369; Od. δ, 7: δίδωμι 1.
δώσετε 2 Plur. Fut. Xen. An. 7, 3, 17: δίδωμι 1.
δῶσϑε 2 Plur. Conj. Aor. 2 Pass. vgl. δῷ: δίδωμι 1.
δῶσι(ν) (< δώωσιν) 3 Plur. Conj. Aor. 2 Il. γ, 66 [**237**]: δίδωμι 1.
δῷσι (δῷ, δώησι, δώῃ) 3 Sing. Conj. Aor. 2 Il. α, 129; Od. α, 379; β, 144 (**137**): δίδωμι 1.
δώσομαι Fut. Med. περι- Od. ψ, 78: δίδωμι 1.
δώσομεν 1 Plur. Fut. Pl. Rep. 535, a: δίδωμι 1.
δώσουσι 3 Plur. Fut. Il. α, 123 *B**; Pl. Leg. 778, c: δίδωμι 1.
δώσω 1 Sing. Fut. Il. ϑ, 166 *Γ**; Pl. Phaed. 236, b: δίδωμι 1.
δῶται 3 Sing. Conj. Aor. 2 Pass. Xen. Mem. 2, 2, 5: δίδωμι 1.
δῶτε 2 Plur. Conj. Aor. 2 Xen. An. 7, 3, 17; παρα- Her. 9, 87: δίδωμι 1.
δῶτον 2. 3 Dual. Conj. Aor. 2 vgl. δῶτε: δίδωμι 1.
δῶχ' (δῶκ', δῶκε, ἔδωκε) 3 Sing. Aor. 1 Il. ε, 266 : δίδωμι 1.
δώωσι (< δῶσι) 3 Plur. Conj. Aor. 2 Il. α, 137; δώωσ' ι, 136. 278 [**237**]: δίδωμι 1.

E.

ἔ' (ἔα) 1 Sing. Imperf. Od. ξ, 222. 352 (> ἔα): εἰμί 4.
1) **ἔα** (< ἦα, ἔον, ἔσκον) 1 Sing. Imperf. Il. δ, 321; ε, 887; Od. ξ, 352; Her. 2, 19: εἰμί 4.
1) **ἔα** (< εἴα) 3 Sing. Imperf. Il. ε, 517 (III. I.): ἐάω 5.
ἔα Imper. Il. β, 165; ι, 260; ρ, 13 (IX. III.); Pl. Crit. 54, e: ἐάω 5.

---

1 geben *a.* = *dar*geben, *verleihen*; *b.* *zu*geben, *verstatten*; *c.* *über*geben = lehren; *d.* *über*geben = *preisgeben*; *e.* *los*geben = begnadigen. 2 *a.* binden, *b.* festhalten, hindern. 3 (be)schenken auch das *Med.*

ἐᾷ (< ἐάᾳ) 3 Sing. Praes. Il. ε, 256; Pl. Rep. 361, a: ἐάω 5.
ἐάᾳ[1]) (< ἔᾳ) 3 Sing. Praes. Il. ϑ, 414: ἐάω 5.
ἐάαν[1]) (< ἐᾶν) Inf. Od. ϑ, 509 (-ᾱ-, nicht -ᾳ- *222*): ἐάω 5.
ἐάᾳς (< ἔᾳς) 2 Sing. Praes. Od. μ, 137: ἐάω 5.
ἔᾱγα Perf. 2 pass. in Compos. ἐπ- Hes. Op. 534 (daran zerbrochen sein); κατεαγέναι Pl. Gorg. 469, d (> -ῆναι); κατεαγώς ib. (ἔα- *48*): (κατ- *zer-*) ἄγνυμι 6.
ἐαγείς (< ἀγείς) Part. Aor. Pass. und ἐαγῇ Conj. bei Späteren, wie Hippocr. T. III., 158. 165. 177. 182. 185. 186 (-εα- *48*) (κατ- zer-) ἄγνυμι 6.
ἐαγεῖσα[1]) (vgl. ἐαγείς) Part. Aor. Pass. ἐξ- Ap. Rh. 4, 1684; Epict. 3, 25; Aelian. H. A. 10, 10; N. T. (ἐα- *48*): (ἐξ- heraus-)ἄγνυμι 6.
ἐάγην[2]) ward zerbrochen Aor. 2 Pass. Il. γ, 367 (>ἄγη); λ, 559; ν, 162; ρ, 607; Od. κ, 560; λ, 65; κατ- (zer-) Andoc. 1, 61; Lys. 1, 3, 14 [ἐά- *48*]: ἄγνυμι 6.
ἔαγμαι Perf. Pass. Luc. Tim. 10; Paus. 8, 46, 5 (ἔα- *48*): ἄγνυμι 6.
ἕαδα (dor. ἕαδα) Perf. 2: ἑαδότα Acc. Part. Il. ι, 173; ἑα- Od. σ, 422; ἕαδε Her. 1, 151 und bei Andern (ἕα- *48*): ἁνδάνω 7.
ἔᾱδον (< ἕᾱδον) Aor. 2 dor.: ἁνδάνω 7.
ἕαδον (< ἕαδον, ἅδον, εὔαδον) Aor. 2 Her. 4, 145; 153; 201; 6. 106 (ἕα- *48*): ἁνδάνω 7.
ἑᾱδότα s, ἕᾱδα.
ἐάλην (< ἀλην Il. χ, 12) Aor. 2 sammelte sich, schmiegte sich) Il. ν, 408, duckte sich nieder; υ, 168. 278: εἴλω drängen, zusammendrängen.
ἑάλω (< ἥλω) 3 Sing. Aor. 2 Thuc. 2, 31; 3, 34 (ἑά- *48*): ἁλίσκομαι 8.
ἑάλωκα (< ἥλωκα, dor. ἑάλωκα) Perf. Thuc. 3, 29; 8, 23; Pl. Ap. 38, d (ἑά- *48*): ἁλίσκομαι 8.
ἑαλωκέναι (< ἡλωκέναι) Inf. Perf. Thuc. 5, 63; Pl. Ap. 38, d: ἁλίσκομαι 8.
ἑαλωκώς* (< ἡλωκώς) Part. Perf. Pl. Leg. 437, c: ἁλίσκομαι 8.
ἑάλωμεν (ἥλωμεν) 1 Plur. Aor. 2 Xen. Cyr. 3, 2, 15; Isae 6, 1 (ἑά- *48*): ἁλίσκομαι 8.
ἑάλων (< ἥλων) 1 Sing. Aor. 2 Thuc. 2, 31; 3, 34 (ἑά- *48*): ἁλίσκομαι 8.
ἑάλωσαν (<ἥλωσαν) 3 Plur. Aor. 2 Thuc. 1, 128; Dem. 7, 38 (ἑά- *48*): ἁλίσκομαι 8.
ἐᾶν (< ἐάαν) Inf. Praes. Il. α, 124; Pl. Crat. 397, b (ᾱ, nicht ᾳ): ἐάω 5.
ἐάνασσε Aor. Etym. Gud. aus Alcae. vgl. Buttmann Ausf. Gr. Spr. §. 54, Anm. 10: ἀνάσσω, Gebieter sein.
ἑάνδανον (ἥνδανον, ἑήνδανον), -ε Imperf. Her. 9, 5. 19 (> ἥνδανε): ἁνδάνω 7.
ἔαξα (< ἦξα) Aor. 1 -ξε Il. η, 270; Od. ε, 316; ἔαξαν γ, 298; ἐξ... ἔαξε Il. ρ, 63; κατέαξε Od. ι, 283; Thuc. 3, 89; Pl. Crat. 389, b; κατέαξ' Ar. Vesp. 1436; κατεάξαμεν Il. ν, 237; κατεάξαντες Lys. 3, 42; ξυνέαξε Il. ν, 166; ξυνέαξαν Od. ξ, 383; προ .... ἔαξεν Od. ε, 585 (ἔα- *48*): (κατ- zer-; ξυν- zusammen-; zer-; προ- vor sich od. J.) -ἄγνυμι brechen 6.
ἐάξεις Fut. bei Spätern in κατεάξεις V. T. Ps. 47, 8: κατάγνυμι 6.
1) ἐασ- (< εἴασα) Aor. 1 ἔασεν Il. δ, 226; -ω Conj. φ, 556; -ῃς ε, 684; Xen. Cyr. 6, 1, 45; ἐάσωμεν Pl. Prot. 332, a *A**; -ειε (*136*) Od. δ, 118; Xen. Cyr. 6, 4, 8; -αιμεν Il. ε, 32; Pl. Leg. 642, a; -ον Imper. Il. ϑ, 243 *A**; Pl. Euth. 297, b; -ατε χ, 416; Pl. Charm. 166, a: ἐάω 5.
2) ἔας (<ἦσθα, ἔησθα, ἦς) 2 Sing. Imperf. ion. Her. 1, 187: εἰμί 4.
ἔᾱσα (< εἴασα) Aor. poet. -ας Il. ω, 557; -σεν λ, 437 (-ας- *24* [*11. 12*]: ἐάω 5.
ἐᾶσα (<vgl. ἐών, ὤν; οὖσα, ἐοῦσα, ἐοῖσα, εὖσα Fem. Part. dor. Tim. Locr. 96: εἰμί 4.

1) Durch α zerdehnte Form; vgl. jedoch Curtius Erl. zu §. 243, D. 3. p. 94.

2) Bei Homer mit kurzem ᾰ: ἐάγην; ausser einmal Il. λ, 559: ἐᾱγην, und wohl stets so im Att.

4 sein. 5 lassen; *zu*lassen, *sein* lassen, *unter*lassen. 6 (zer-)brechen; κατ- zer ~. 7 gefallen. 8 gefangen, eingenommen, erobert werden.

ἐᾶσαι Inf. Aor. Pl. Leg. 746, c; Dem. 8, 18 (**24**): ἐάω 1.

ἐάσας Part. Aor. Pl. Gorg. 484, c: ἐάω 1.

ἐάσειν Inf. Fut. Pl. Theaet; 195, d (-ας- **24**): ἐάω 1.

ἐᾶσθαι Inf. Praes. Pass. Eur. I. A. 1344; Dem. 8, 59; (-ας- **24** [**11. 12**]: ἐάω 1.

ἐάσθω Imper. Praes. Pass. Soph. Tr. 329 (-ας- **24** [**11. 12**]: ἐάω 1.

ἔασιν (< εἰσίν) 3 Plur. Praes. Il. γ, 168; η, 73: εἰμί 2.

ἔασκον (< εἴασκον) Iterat. Imperf. -εν Il. β, 832; λ, 330; ω, 17; -ες τ, 295 (-ασ- **24** [**11. 12**]: ἐάω 1.

ἐάσοι* 3 Sing. Opt. Fut. Pl. Rep. 450, a; -οῖτε (> αἶτε) Xen. Hell. 6, 5, 46; (< ἐάσει) ἐάω 1.

ἐάσοιεν[1])* 3 Plur. Opt. Fut. Xen. 4, 8, 1: ἐάω 1.

ἐάσομαι* Fut. Med. pass. Eur. I. A. 331: ἐάω 1.

ἔασον (vgl. ἔα) Imper. Aor. Lass ab Il. φ, 221; Pl. Euthyd. 297, b; ἐάω 1.

ἔασσα, Fem. Part. Theocr. 2, 76; 5, 26 (> ἐοῦσα) [**281**]: εἰμί 2.

1) ἐάσω (< ἀνεήσω) Fut. Il. ο, 73; Dem. 16, 18; -ει Soph. Ant. 538; -ομεν Il. τ, 8 *A**; Pl. Rep. 530, c; -ετε Il. ε, 465; -ουσι Od. φ, 233; -σων Eur. I. A. 1428: ἐάω 1.

2) ἐάσω* Conj. Aor. Il. ω, 569; -σωμεν Pl. Prot. 347, c: ἐάω 1.

ἕαται ion. (neben dem epischen εἵαται) 3 Plur. Perf. Il. γ, 134; ι, 628; κατ- Her. 2, 86: ἧμαι, ἧσθαι [ἕω, ἕειν] 3.

ἔατε 2 Plur. Imperf. ion. Her. 4, 119; 5, 92: εἰμί 2.

ἐατέον Vb. Pl. Theaet. 190, c: ἐάω 1.

ἕατο ion. (neben dem ep. εἵατο) Plsperf. Il. η, 414: ἧμαι, ἧσθαι [ἕω, ἕειν] 3.

ἑάφθη oder ἐάφθη (< ἥφθην) folgte nach ep. Aor. Pass. ἐπὶ.... Il. ν, 543; ἐπ- ξ, 419: ἅπτω heften, anknüpfen.

ἐάχθην Aor. Pass. κατ- V. T. Jer. 48, 25 und K S.: κατάγνυμι 4.

ἔβα (< ἔβη) 3 Sing. Aor. 2 dor. Pind. O. 2, 173; P. 6, 45; Soph. Ant. 120; Eur. I. T, 449: βαίνω 5.

ἐβάδιζον Imperf. Hom. Hym. 3, 210: βαδίζω 6.

ἐβάδισα Aor. Pl. Eryx. 192 (-σ- **11**): βαδίζω 6.

ἔβαζον Imperf. -ε, -ομεν -ετε Il. π, 207 *A**: βάζω 7.

ἐβάθην (< ἐβάσθην) Aor. 2 Pass. Thuc. 4, 30 (**209**): βαίνω 5.

ἔβαινον (< βαῖνον) Imperf. -ε Il. ε, 364; ἀνέβαιν' Od, σ, 302; διέβαινε Her. 8, 62; κατέβαινε Her. 1, 90. 116. 118; κατέβαιν' Od. σ, 206; -ον Plur. Her. 9, 94; προέβαινε Her. 5, 51; προύβαινε Soph. Phil. 285; συνέβαιν' Ar. Ran. 807; -νε Her. 9, 601: βαίνω 5.

ἐβάλλησα Aor. 1 sp.: βάλλω 8.

ἐβαλλόμην Imperf. Med. ἀνεβάλλετο Aeschin. 7, 63; ἀνεβάλλοντο Her. 5, 49; ἐξεβάλλοντο Her. 6, 101; ξυνεβάλλοντο Xen. An. 1, 1, 9; προεβάλλοντο Pl. Legg. VI, 756, a; προὐβαλλόμην Dem. 21, 1; προὐβάλλοντο Xen. An. 5, 9, 25: βάλλω 8.

ἔβαλλον Imperf. Il. γ, 80; ἀπέβαλλον Xen. Oec. 20, 28; ἐπέβαλλον Il. ψ, 35; κατέβαλλον Xen. Hell. 3, 2, 3; κατέβαλλε Her. 1, 7; -ες 9, 79; προσέβαλλεν Il. η, 421; Od. τ, 433; ὑπέβαλλεν Od. κ, 353: βάλλω 8.

ἐβαλόμην (< ἐβλήμην ep.; βαλ- Il. ο, 566) Aor. 2 Med. Od. α, 234; ἐνεβάλετο Dem. 27, 51; κατεβάλετο

1) Krüger Gr. Spr. §. 53, 7, A. 10.

1 lassen; *zu*lassen, *sein* lassen. *unter*lassen. 2 sein. 3 sitzen, liegen, stehen. 4 (zer) brechen; κατ- zer∼. 5 *a. intr.* gehen; wandeln, steigen, treten; b. *trans.* im Aor. gehen machen, hinführen, bringen *) 6 schreiten,

*) ἀνα- hinauf*g.*; Aor. 1 ep. ion. hinaufführen; ἀπο- weg*g*; Aor. 1 ans Land setzen; δια- intr. ausschreiten; *tr.* über∼. εἰσ- *intr.* hineing. *st.*; trans. Aor. 1 *ein*führen, einweihen. ἐκ- intr. heraus*g. ausst.*; *tr.* Aor. 1. aussetzen; ἐμ- intr. = εἰς-; tr. Aor. 1 hineinbringen; ἐπι- *intr.* auftreten, hinan-, hinauf-, be-, er*st*; *tr.* hinaufführen, bringen; κατα- *intr. u. tr.* hinab*st*; μετα- *intr. überg.*; übersiedeln; *tr.* versetzen wohin; παρα- daneben-, vorbei*g*; περι- herum*g.*; um∼; -προ- (vor)wärts*g*, (vor)wärts schreiten; συν- zusammen*g.* übereinkommen; ὑπερ- über*st.*, übertreten.

Str. 17, 837; *περιεβάλετο* Her. 8, 8; *-οντο* 1, 141; *σὺν δ' ἐβάλοντο* (in tmesi) Il. *μ*, 377; *ὑπερεβάλοντο* Her. 1, 61; 9, 71: (*-λ-* ***21***. *-**243***. ***244***): *βάλλω* 8.

ἔβαλον (< *ἔβλην* ep.) Aor. 2 Il. *ε*, 17 (*-λ'*); *ν*, 411 ***B****; Pind. ***A****; Pl. Rep. 479; *ἀμφέβαλε* Pind. P. 5. 31; *ἀπέβαλε* Her. 1, 60; *διέβαλον* Her. 5, 34; 8, 90; *εἰσέβαλεν* Aesch. Prom. 1077; *ἐσέβαλε* Her. 1, 14; *ἐπέβαλε* Her. 7, 107; *μετέβαλον* Her. 1, 65; *παρέβαλε* 7, 179; Pl. Phaedr. 247, e; *περιέβαλον* Her. 6, 44; *προσέβαλε'* Ar. Pax. 180; *ὑπέβαλε* Is. 12, 231; *ὑπερέβαλον* Her. 1, 59; *ὑπειρέβαλον* 3 Pl. Il. *ψ*, 637 (*-λ-* ***243***. ***244***): *βάλλω* 8.

1) *ἔβαν* (< *βᾶν* > *ἔβαν* Pind. N. 6, 65) 1 Sing. Aor. 2 dor. für *ἔβην* Pind. O. 13, 97; Aesch. Ch. 22; Soph. Ai. 868: *βαίνω* 5.

2) *ἔβαν* (< *βάν*) 3 Plur. Aor. 2 für *ἔβησαν*, wie *ἔσταν* für *ἔστησαν* Pind. O. 2, 34 ***B****; Il. *α*, 391 ***Γ****: *βαίνω* 5.

ἐβαρήθην Aor. Pass. sp. *-ημεν* N. T. 2 Cor. 1, 8.: *βαρέω* 9.

ἐβάρῡνα Aor. [Anth. 9 270]: *βαρύνω* 10.

ἐβαρύνθην Aor. Pass. *-ῆ*, u. *εῖσα* Pl. Phaedr. 248, c; *-είς* Il. *υ*, 408; Aesch. Ag. 1463; *-έν* Il. *ϑ*, 308; *βάρυνϑεν* (= *ησαν*) 3 Pl. Pind. N. 7, 43; Soph. Phil. 890 (*βαρυνϑῶσιν*): *βαρύνω* 10.

ἐβαρυνόμην Imp. Pass. *-οντο* Thuc. 2, 16 (wurden missmuthig): *βαρύνω* 10.

ἐβάρῡνον (< *βάρῡνον*) Imperf. *-ε* Il. *λ*, 584; Od. *ε*, 321: *βαρύνω* 10.

ἐβᾱσα (< *ἔβησα*) Aor. dor. Eur. I. T. 402; Med. 209; *ἐπ-* Pind. I. 1, 39: *βαίνω* 5.

ἐβάσϑην (< *ἐβάϑην*) sp. Aor. Pass. *παρ-* Phil. adv. Flacc. 986 (*-σϑ-* ***209***): *βαίνω* 5.

ἔβασκον Imperf. in Compos. *παρ-* Il. *λ*, 104 er stand neben *ihm* [*-σκ-* ***139***]: *βάσκω* = *βαίνω* 5.

ἐβάσταξα (< *ἐβάστασα*) Aor. sp. Anth. App. Epigr. 324 [*-ξ-* ***6***. ***7***] (***97***): *βαστάζω* 11.

*ἐβάστασα** (< *ἐβάσταξα*) Aor. Od. *φ*, 405; Batr. 78; Aesch. Pr. 889: *βαστάζω* 11.

ἐβαστάχϑην Aor. Pass. sp. Diog. L. 4, 59; Athen. 2, 46; [*-χ-* ***6***. ***7***. ***57***): *βαστάζω* 11.

ἐβάφην Λ (< *ἐβάφϑην*) Aor. 2 Pass. *βαφῇ* Pl. Rep. 429, e; *-εῖσα* Tim. 83, b; Rep. *-έν* 429, e (***11***. ***13***. ***14***): *βάπτω* 12.

ἐβάφϑην V (< *ἐβάφην*) Aor. 1 selten *ἀπ-* Ar. Frgm. 366 (*-φϑ-* ***106***): *βάπτω* 12.

ἔβαψα Aor. 1 Aesch. Ch. 1011; Soph. Ai. 95; Eur. Or. 707; *βάψαι* Pl. Rep. 429, d: *βάπτω* 12.

ἐβαψάμην Aor. 1 Med. *βαψάμενος* Anthol. 9, 326; Aratus. 951: *βάπτω* 12.

ἔβδεσα Aor. 1 Anth. 11, 242: *βδέω* fiesten.

ἐβεβήκειν [1]) (< *βεβήκει*) [1]) Plsperf. *-ει* Il. *λ*, 296; *ξυν-* Thuc. 2, 15; 4, 132; 5, 37; *δι-* 8, 85 vgl. *ἀναβεβήκεσαν* 7, 4; *-ει* 44 (***70***): *βαίνω* 5.

ἐβεβλαστήκει Plsperf. Thuc. 3, 26 (*ἐβε-* ***67***): *βλαστάνω* 13.

ἐβεβλήκειν (< *βεβλήκειν*) Plsperf. *-ει* in *ἐσ-* Thuc. 3, 96; *-εσαν* 4, 1. 24: *βάλλω* 8.

ἐβεβοηϑήκειν Plsperf. *-εσαν* Thuc. 3, 5; *-ει* in *προσ-* (herzu-) 2, 25: *βοηϑέω* 14.

ἐβεβραδύκει Plsperf. Luc. Symp. 20: *βραδύνω* 15.

ἐβεβρύχει Plsperf. Od. *μ*, 242: *βρυχάομαι*, brüllen.

ἐβέβρωτο Plsperf. Hipp. T. III. p. 520. 528: *βιβρώσκω* 16.

1) Bei Hom. *sehr* häufig, auch in den Compos. (wie *δια-* (V); *κατα-* (II); *μετα-* Od. *μ*, 312; *περι-* *ρ*, 137), aber gewöhnlich in der Bedeut. eines Imperf. vgl. Buttm. Ausf. Gr. Gr. §. 114 p. 126.

---

gehen, wandern; 7 reden, sprechen, bes. schwatzen. 8 werfen, schleudern. 9 beschweren. 10 beschweren; gew. belästigen, plagen. 11 *a.* aufheben; preissen; *b.* in den Händen halten, *tragen*; im Sinne haben, *erwägen*; *c.* anfassen berühren. 12 eintauchen, färben, baden: füllen. 13 keimen, hervorsprossen. 14 helfen, beistehen, *ἐπι-* anrufen; *προς-* zu~ *Med.* zu sich herbei~. 15 *trans.* verzögern, aufhalten; *intrans.* zögern, sich aufhalten. 16 essen, verzehren.

ἐβέβυστο Plusperf. Her. 6, 125: (-στ- **211**): βυνέω 1.
ἔβη (< βῆ Il. α, 34 u. sehr oft ἔβα) 3 Sing. Aor. 2 Il. α, 424*A**; ἀπ- Pl. Phil. 39, a; συν- Phaed. 58, a: βαίνω 2.
ἔβημεν (< βῆμεν Od. γ, 131; κ, 67; ν, 317) 1 Plur. Aor. 2 Od. ξ, 241; Soph. O. T. 148; ἐπ- Od. ι, 83; ἐξ- Pl. Leg. 864, c; μετ- Crat. 438, a: βαίνω 2.
ἔβην (< βῆν Od. ι, 196; μ, 367) 1 Sing. Aor. 2 Il. ω, 766; Hym. 3, 380; ἀνα . . . Od. ι, 177; ἐπ- κ, 347; λ, 167. 482; κατ- ψ, 252; Pl. Rep. 1, 1: βαίνω 2.
ἔβης (< βῆς Hom.Hym. 2, 45) 2 Sing. Aor. 2 Hom. Hy. 2, 37: βαίνω 2.
*ἔβησα (< βῆσα, -ε Il. ε, 164; ἔβασα) Aor. 1 -ε in ἐπ- Il. ϑ, 129; ι, 546; ἀν- Her. 1, 80; ἀπ- 6, 107; 8, 95; ἐν- 1, 46; εἰσ- Eur. Bacch. 466: βαίνω 2.
ἐβησάμην s. ἐβήσατο.
1) ἔβησαν 3 Plur. Aor. 1 ἐπ- Od. ψ, 13; Hes. O. 657: βαίνω 2.
2) ἔβησαν (< ἔβαν) 3 Plur. Aor. 2 Il. λ, 460 *B**; Xen. Hell. 7, 4, 61: βαίνω 2.
ἐβήσαο 2 Sing. Aor. Med. Hom. Hy. 1, 141: βαίνω 2.
ἐβήσατο (< ἐβήσετο) Aor. Med. Od. η, 135 (> ετο-) Hym. 1, 49: βαίνω 2.
ἔβησε s. ἔβησα.
ἐβήσετο (< ἐβήσατο) Aor. Med. Od. η, 135 (> -ατο); ἀπεβήσετο Il. α, 428; β, 35; ἐπ- ϑ, 44, κατ- ν, 17; Od. β, 335; προσ- Il. β, 4;8 Od. φ, 5. 43. βαίνω 2.
ἐβήτην (< βάτην, βήντην) 3 Dual. Aor. 2 Il. ζ, 40; ἀπ-φ, 298: βαίνω 2.
ἐβιαζόμην Imperf. act. -ετο Xen. An. 1,3, 1; Dem. 17, 3*; βιάζετο Pass. Il. ο, 727; π, 102: βιάζομαι, βιάζω 3.
ἐβίασα Aor. 1 -ε Alcae. Com. Fr. 2, 833 (Bekker Anecd. p. 86): βιάζω 3.
ἐβιασάμην Aor. 1 Med. -αντο Thuc. 3, 55: βιάζω 3.
ἐβιάσθην stets pass. Bedeut. Soph. El. 575; Thuc. 4, 44; Dem. 6, 14: βιάζομαι, βιάζω 3.
ἐβίβασα Aor. δι- Thuc. 1, 105: διαβιβάζω, hinüberführen.
ἐβιβάσθην Aor. Pass. Aristot. H. A. 6, 23: βιβάζω, gehen lassen, bespringen lassen.
ἐβίβασκε iter. Imperf. Hom. Hym. 1, 133: βιβάω, schreiten, Schritte machen.
ἐβιήθην Aor. Pass. βιηθείς Her. 7, 83: βιάομαι, βιάω 3.
ἐβιησάμην, -ατο Aor. pass. Il. λ, 558; π, 823; Her. 4, 43: βιάομαι βιάω 3.
1) ἐβίων Aor. 2 act. ἀν- Pl. Rep, 614, b: ἀναβιώσκομαι 4.
2) ἐβίων Aor. 2 -ω Pl. Ep. 327, b; -ωσαν Phaedr. 249, b; ἐπεβίων Thuc. 5, 26 (**277. 280**): [ἐπι-] βιόω 5.
ἐβίωσα Aor. 1 selten: -ε Her. 1, 163; Com. Fr. 4, 669; Xen. Oec. 4, 18; vgl. βωσ-; βιόω 5.
1) ἐβιωσάμην Aor. 1 ἀνα- Hipp. 1, 449 intrans.; vgl. ἀναβιώσασθαι trans. Pl. Phaed. 89, b: ἀναβιώσκομαι 4.
2) ἐβιωσάμην Aor. 1 gelebt haben Anth. App. Epigr. 381; trans. ἐβιώσαο 2 Sing. Od. ϑ, 468, beleben, das Leben retten: βιόω 5.
ἐβιώσαο s. ἐβιωσάμην.
ἔβλαβεν für ἐβλάβησαν (βλάβεν) 2 Plur. Aor. Pass. Il. ψ, 461: βλάβομαι, βλάπτω 6.
ἐβλάβην (< ἐβλάφθην) Aor. 2 Pass. (vgl. ἔβλαβεν) Pl. Ap. 38, b; -ητε Xen. Hell. 6, 5 48: βλάβομαι: βλάπτω 6.
ἐβλάστηκα Perf. Eur. I. A. 594; Com. Fr. 2, 561 (ἐ- **67**): βλαστάνω 7.
ἐβλάστησα Aor. 1 Aristot. Mir. C. 153; Ap. Rh. 1, 1131; ἐξ- Hippocr. 2, 17: βλαστάνω 7.
ἔβλαστον Aor. 2 Soph. Ant. 296; ἀν- Her. 7, 156: βλαστάνω 7.
ἔβλαφα (< βέβλαφα) Perf. C. Inscrpt. 1570 (Curt. Erl. p. 107): βλάπτω 6.

---

1 vollstopfen, anfüllen. 2 gehen: siehe Note 5 pag. 95. u. 96. 3 zwingen, überwältigen. 4 wieder aufleben. 5 leben. 6 untauglich machen, schwächen, hindern, *beschädigen,* verletzen. 7 keimen, hervorsprossen. 8 blicken. 9 werfen, schleudern. 10 Honig ausschneiden, zeideln, 11 schreien, brausen, laut ertönen, schreiend fordern, befehlen, ἀνα- aufschreien. 12 helfen, bei-

ἐβλάφθην Aor. 1 Pass. Il. ψ, 387 (vgl. -θείς ι, 512; -θέντες, 39; -εῖσαν in ἀπο- Soph. Ai. 941; -θῆναι Thuc. 4, 73. 87): βλάπτω 6.
ἔβλαψα (< βλ-) Aor 1 Lys. 4, 19; -ας Il. χ, 15; ε- ψ, 782 *A**; -αμεν Pl. Men. 84, b *A**; -αν Soph. O. T. 375; Thuc. 2, 42; 3, 40: βλάπτω 6.
ἔβλεπον Imperf. Pl. Prot. 328, d, -ε Tim. 29, a; Hom. Batr. 67: βλέπω 8.
ἐβλέφθην Aor. Pass. προσ- Plut. Symp. 5, 7, 1: βλέπω 8.
ἔβλεψα Aor. 1 Eur. Med. 293; Pl. Rep. 536, c: βλέπω 8.
ἐβλήθην Aor. Pass. Thuc. 8, 84; Ar. Nub. 997; ἐπ- Her. 6, 92: βάλλω 9.
ἔβλην (< ἔβαλον) Aor. 2 (βλήτην in ξυμ- Od. φ, 15; ξυμβλήμεναι Il. φ, 578) [**152**): βάλλω 9.
ἔβλητο (< βλῆτο, βλῆντο) Aor. sync. Med. pass. Bedeut. Il. π, 753; -τ' λ, 675; μ, 306: βάλλω 9.
ἐβληχησάμην Anth. 7, 657: βληχάομαι s. p. 35, 4.
ἔβλισα Aor. βλίσειε (< βλύσειε) Pl. Rep. 564, e (-σ- ***16. 97***): βλίττω 10.
ἔβλυσα Aor. -εν Ap. Rh. 1444; Qu. Sm. 1, 242 (-σ- ***16. 97***: βλύζω, hervorquellen, überströmen, vollsein.
ἔβλωξα Aor. Lycophr. 1327: βλώσκω, gehen, kommen.
ἐβόα (vgl. ἐβόων) 3 Sing, Imperf. Lys. 1, 11: βοάω 11.
ἐβόᾱσα (< ἐβόησα) Aor. 1 βόασε Pind. P. 6, 36; βοάσατε, τ' (< βοᾶτε Fix.) Eur. Tr. 335: βοάω 11
ἐβοήθεον (< ἐβοήθουν) Imperf. ion. Her. 6, 103: βοηθέω 12.
ἐβοήθησα Aor. Pl. Phaed. 88, e; Dem. 5, 5: βοηθέω 12.
ἐβοήθουν (< ἐβοήθεον) Imperf. Pl. Ap. 32; -ει Thuc. 1, 74: βοηθέω 12.
ἐβόησα (< ἔβωσα) Aor. 1 Od. κ, 311; -αν Il. ψ, 847 *B**; ἀν- Thuc. 1, 53: βοάω 11.
ἐβόλησα Aor. -ε in ἀντ- Il. λ, 809: ν, 210 *B**; -ας Od. λ, 416; -αν Il. π, 790; ε(ν) Pind. O. 13, 30: ἀντιβολέω, begegnen, erlangen *mit Gen.*
ἐβόλοντο Aor. 2 Med. Od. α, 234 beschlossen *es anders* (vgl. Buttmann. Lexil. I. p. 31. 32): βόλομαι, βούλομαι 14.
ἐβοσκήθην Aor. Pass. sp. Nic. Th. 34: βόσκω 13.
ἐβόσκησα Aor. 1 Geop. 18, 7: βόσκω 13.
ἐβοσκόμην Imperf. -ετο Eur. Bacch. 617: βόσκω 13.
ἐβουλέατο 3 Plur. Aor. 2 Her. 1, 4; 3, 144 (> ἐβούλοντο) [***108***]: βούλομαι 14.
ἐβούλετο (< βούλετο, ἠβούλετο (***59***) Imperf. Il. λ, 78 *B**; Xen. An. 2, 1, 5; 6, 21: βούλομαι 14.
ἐβούλευσα Aor. 1 Od. ε, 23; Aesch. Ag. 1627; Pl. Ap. 32, b: βουλεύω 15.
ἐβουλευσάμην Aor. Med. -σω Soph. O. T. 537; -ατο Pl. Rep. 390, b: βουλεύω 15.
ἐβουλήθην (< ἠβουλήθην (***59***) Aor. Pass. Thuc. 1, 34; 2, 42. 94; 3, 113; Pl. Tim. 35, e; X. Cyr. 4, 4, 8; Dem. 14, 15; 19, 29. 43: βούλομαι 14.
ἐβουλόμην (< ἠβουλόμην (***59***) Imperf. Lys. 12, 22: βούλομαι 14.
ἐβόων Imperf. Dem. 19, 23; κατ- Thuc. 1, 67: βοάω 11.
ἔβρᾰσα Aor. 1 Anthol. 6, 222 (-σ- ***16. 97***): βράζω 16.
ἔβρᾰχε (< βράχε) Aor. 2 Il. δ, 420; ε, 338. 859; π, 468. 566; Od. φ, 49; Hym. 7, 45; Qu. Sm. 3, 178; 4, 512: βράχω 17.
ἐβράχην (< ἐβρέχθην) Aor. 2 Pass. Anacreont. 35, 26; Aristot. Probl. 12, 3; κατα- Theophr. C. Pl. 6, 17: βρέχω 18.
ἔβρεμον Imperf. Ap. Rh. 2, 765; Nonn. 1, 231: βρέμω rauschen.
ἔβρεξα Aor. Pl. Phaedr. 254, c; Com. Athen. 342, b: βρέχω 18.
ἐβρέχθην (< ἐβράχην) Aor. Pass. -η Xen. An. 1, 4, 17; -θεις Eur. El. 326; -θέντα Dem. 55, 25; -θῆναι 55, 24: βρέχω 18.
ἐβριμησάμην Aor. βριμήσαιο Opt. Ar. Equ. 855: βριμάομαι 19.

---

stehen, ἐπι- anrufen; προς- zu∼; *Med.* zu sich herbei∼ 13 ernähren. 14 wollen. 15 überlegen, berathen; *Med.* sich berathen. 16 sieden, aufbrausen (*Getreide worfeln*). 17 rasseln, krachen, dröhnen. 18 benetzen. 19 ergrimmen, brausen, rauschen.

ἐβριμήσατο Aor. ἐν- Luc. Necyom. 20: βριμάομαι 1.
ἔβριξα Aor. 1 -ξ' Eur. Rhes. 826; vgl. ἀποβρίξαντες Od. ι, 151 [*6*]: βρίζω, schlafen, schläferig, unthätig sein.
ἔβρισα Aor. 1 -αν Il. μ, 346; 359; ρ, 512 [be]drängen, drohen; ἔβρισ' Hom. Hy. 5, 473; -ε Pind. N. 8, 18; vgl. Anthol. 11, 91; trans. βρίσας Aesch. Pers. 346: βρίθω, schwer, belastet sein,
ἐβρόντησα (<βρόντησα Il. υ, 56 *A**) Aor. 1. -ας Od. υ, 113; -ε ib. 103; βροντήσῃ Conj. Aristot. H. A. 5, 2: βροντάω, donnern.
ἔβροξα Aor. Anth. 9, 1; vgl. die Composita ἀναβρόξειε Od. μ, 240; καταβρόξειε Od. δ, 222 (vgl. Buttmann Lexil. II. p. 121); ἀναβρόξασα Ap. Rh. 4, 826: (βρόχω), schlürfen.
ἐβρύαξα Aor. ἀνεβρύαξαν Ar. Equ. 602: βρυάζω, strotzen, Ueberfluss haben.
ἔβρυξα Aor. Hippocr. 5, 252 (Littré); Anthol. 7, 624: βρύκω,[1]) βρύχω[2]) 2.
ἔβρυον Imperf. Epigr. Athen. 2, 39: βρύω hervorsprossen.
ἔβρυχε Imperf. Anthol. 9, 252 *einer biss den andern* (> ἔβρυκε Aor. 2 herzustellen ?): βρύκω[1]) βρύχω[2]) 2.
ἐβρυχήθην Aor. Pass. βρυχηθείς Soph. O. T. 1265; βρυχάομαι: βρυχάομαι 3.
ἐβρύχην (< ἐβρύχθην) Aor. Pass.: βρύκω[1]), βρύχω[2]) 2.
ἐβρυχησάμην Aor. βρυχήσατ' Ap. Rh. 4, 19; ἀναβρυχησάμενος Pl. Phaed. 117, d: βρυχάομαι 3.
ἐβρύχθην (< ἐβρύχην) Aor. Pass. βρυχθείς Part. Anth. 9, 267: βρύκω[1]), βρύχω[2]) 2.
ἐβρώθην Aor. Pass. Lycophr. 414; καταβρωθῇ Her. 3, 16: βιβρώσκω 4.
ἐβρωμησάμην Aor. βρωμησάμενος Ar. Vesp. 618: βρωμάομαι, *rugire*, wie ein Esel brüllen.
ἔβρων Aor. 2 ep. Callim. 1, 49; κατέβρως Hom. Hym. 1, 127: καταβιβρώσκω 4.
ἔβρωξα (< ἔβρωσα, ἔβρων) Aor. 1 sp. Anth. 11, 271: βιβρώσκω 4.
ἔβρως 2 Sing. Aor. 2 s. unt. ἔβρων: καταβιβρώσκω 4.
ἔβρωσα (< ἔβρωξα, ἔβρων) Aor. 1 ἀν- Nic. Ther. 134: βιβρώσκω 4.
ἐβύνουν Imperf. Ar. Pax. 645: βυνέω 5.
ἔβυσα Aor. ἔβυσαν Luc. Char. 21; ἐπιβύσας Ar. Plut. 379: βυνέω 5.
ἐβυσάμην Aor. Med. παρεβύσατο Luc. D. Meretr. 12, 1 extr. βυνέω 5.
ἐβύσθην Aor. Pass. παραβυσθέντα Luc. Deor. Conc. 10 (-σ- **211**): βυνέω 5.
ἔβωσα (< ἐβόησα) Aor. ἐβῶσε Hom. Batr. 76; βώσας Her. 8, 92; βώσαντι Il. μ, 337; βώσαντα Her. 6, 105; 8, 118; βώσαντες 5, 1; βῶσαι 1, 146; ἀνέβωσε 1, 10; 3, 155; 9, 28; -ας 3, 14; ἄμβωσας 1, 8; 7, 18 -αντες 3, 38 [-ω- **551. 553**] βοάω, ἀναβοάω 6.
ἐβωσάμην Aor. Med. ἐβώσατο Theocr. 17, 60; ἐπεβώσαντο Her. 9, 23; προσεβώσατο 6, 35; ἐπιβώσασθαι 1, 87 [-ω- **551. 553**]: βοάω, (ἐπι-, προς-) 6.
ἐβώσθην Aor. Pass. -θῃ Her. 8, 124; -θησαν 6, 131 [-ω- **551. 553**; -σθ- **209**): βοάω 6.
ἔγαμα (< γᾶμεν Pind. P. 3, 91; ἔγημα, ἐγάμησα) Aor. dor. -εν Pind. N. 4, 65; vgl. γᾶμαι Theocr. 3, 40: γαμέω 7.
ἐγάμεε Imperf. ion. Her. 3, 88: γαμέω 7.
[ἐγαμέθην] (< ἐγαμήθην) Aor. Pass. ward zur Frau genommen; γαμεθεῖσα Fem. Part. Theocr. 8, 91: γαμέω 7.
ἐγαμήθην (< ἐγαμέθην) Aor. Pass. γαμηθῇ Lesart neben γαμήσῃ N. T. Marc. 10, 12: γαμέω 7.
ἐγάμησα (ἔγημα) Aor. 1 bei Sp. von Menand an und zwar bei diesem in der Bedeut. *zum Weibe*

1) Soph. Tr. 987.
2) Anth. 15, 51; Hippocr. 2, 623.

---

1 ergrimmen, braussen, rauschen. 2 βρύκω mit den Zähnen knirschen. zerbeissen; βρύχω mit den Zähnen klappern. 3 brüllen. 4 essen, verzehren, 5 vollstöpfen, anfüllen. 6 schreien, brausen, laut ertönen; schreiend fordern, befehlen; ἀνα- aufschreien. 7 heirathen; *Med. a.* gewöhnlich vom Weibe: sich verheirathen. *b.* von Aeltern: Kinder verheirathen. 8 glänzend machen, glätten. *Pass.* ergötzt werden. 9 verpfänden; verloben; Pass. *vom Manne*

geben: Men. Fr. 303; γαμήσας Luc. Luct. 13; N. T. Math. 22, 25 γαμέω 7.

ἐγάμουν Imperf. Ar. Nub.: γαμέω 7.

ἐγανώθην Aor. Pass. Ar. Ach. 7: γανόω 8.

ἐγγεγύηκα (ἠγγύηκα) Perf. -κέναι Dem. 59, 53 (> ἠγγυηκέναι Dind.) -κώς Isae. 3, 40 (> ἠγγυηκώς) (ἐγγεγ- 85): ἐγγυάω 9.

ἐγγεγύημαι (< ἠγγύημαι) Perf. Pass. -μένος Pl. Leg. 923, d: Is. 3, 73 (> ἠγγυημένος): ἐγγυάω 9.

ἐγγεγυήμην (< ἐνεγεγύητο) Plsperf. Pass. Dem. 23, 29 Bekker (ἐνεγεγυήμην, ἠγγυήμην): ἐγγυάω 9.

ἐγγλυψαι s. ἔγλυψα.

ἐγγυάασθαι (< ἐγγυᾶσθαι) Inf. Praes. Med. = ἐγγυᾶσθαι Od. ϑ, 351: ἐγγυάω 9.

*ἐγγυάλιξα Aor. Od. ϑ, 319; Il -εν λ, 753; ο, 644; ρ, 613, ψ, 278; -ξη ο, 491; Od. ψ, 140: ἐγγυαλίζω 10.

*ἐγγυαλίξαι Inf. Aor. Il. α, 353: ἐγγυαλίζω 10.

ἐγγυαλίξω Fut. Il. λ, 192; Od. π, 66: ἐγγυαλίζω 10.

ἐγγυᾶσθαι (< ἐγγυάασθαι) Inf. Praes. Med. Her. 6, 130; Pl. Ap. 38, b; Dem. 18, 191: ἐγγυάω 9.

ἐγγυᾱ́σομαι (< ἐγγυήσομαι) Fut. Med. dor. Pind. O. 10, 16 (ich will dafür gut sein): ἐγγυάω 9.

ἐγγύηκα (?) (< ἐγγεγύηκα, ἠγγύηκα) Perf. Dio. Cass. 38, 9: ἐγγυάω 9.

ἐγγυησ- (vgl. ἐγγύησα und ἐνεγύησα) Aor. -ασθε Imper. Pl. Phaed. 115, d; -ασθαι Inf. Alc. 134, e: ἐγγυάω 9.

ἐγγυήσομαι (< ἐγγυᾱ́σομαι) Fut. Med. Dem. 24, 46: ἐγγυάω 9.

ἐγγυῶ Praes. = ἐγγυάω Her. 6, 130: ἐγγυάω 9.

ἐγγυῶμαι Praes. Med. aus ἐγγυάομαι Pl. Prot. 336, d: ἐγγυάω 9.

ἐγγυῷτο Opt. Praes. Med. Xen. Hell. 7, 4, 38: ἐγγυάω 9.

ἐγδούπησα (< ἐδούπησα, δούπησα Il. ε, 42; π, 822; ρ, 50) ἐπι . . . Il. λ, 45 (lärmten, donnerten dabei): ἐπιδουπέω, ep. auch ἐπιγδουπέω dabei, dazu Geräusch machen.

ἐγεγαμήκει Plsperf. Thuc. 1, 126: γαμέω 7.

ἐγεγενήμην (< ἐγεγόνει, -ησαν) Plsperf. -ητο Thuc. 5, 5. 16. 43. 76; 7, 18. 42. 50; 8, 52; Pl. Tim. 36, d; Xen. An. 6, 4 (3), 25; -ηντο in προ- Thuc. 1, 66: γίγνομαι 11.

ἐγέγευντο Plsperf. Thuc. 2, 70: γεύω 12.

ἐγεγόνεε (< ἐγεγενήμην) Plsprf. ion. u. ep. Her. 1, 91. 186. 207; 3, 52 u. s. w.: γίγνομαι 11.

*ἐγεγόνει (< -εε, ἐγεγενήμην) Plsprf. Dem. 19, 97: γίγνομαι 11.

*ἐγεγόνεσαν 3 Plur. Plsperf. Her. 1, 67: γίγνομαι 11.

ἐγέγραπτο Plsperf. Pass. Xen. Mem. 1, 2, 64; ἀντ- Thuc. 1, 129: γράφω 13.

ἐγεγράφει Plsperf. Dem. 18, 79: γράφω 13.

ἐγεγώνει, -εον (< ἐγεγώνεον, ἐγέγωνον) Imperf. Od. φ, 368; Il. χ, 34; ψ, 425: γεγωνέω, γέγωνα 14.

ἐγεγώνευν (< γεγώνεον öfter vorkommend; ἐγεγώνει, -εον; ἐγέγωνον) Imperf. ep. Od. ρ, 161: γεγωνέω, γέγωνα 14.

ἐγεγώνησα Aor. Aesch. Prom. 990: γεγωνέω, γέγωνα 14.

ἐγέγωνον (< ἐγεγώνει, -εον, γεγώνευν, ἐγεγώνευν) Imperf. als Aor. Il. ξ, 469: γεγωνέω, γέγωνα 14.

ἐγεινάμην Aor. poet. Eur. Iph. Aul. 399; -ατο (> γείνατο) Il. ο, 526; Od. α, 223; δ, 13; φ, 172; Hym. 16, 2; Soph. O. T.: γείνομαι 15.

ἐγείναο 2 Sing. Aor. poet. Il. ε, 880: γείνομαι 15.

ἐγεινόμην Imperf. (dafür Bekker γιγν.); γεινόμεϑ᾽ Il. χ, 477; γείνομαι 15.

ἐγεῖραι Inf. Aor. Pind. P. 9, 104 (aufrichten); Pl. Crit. 44, a: ἐγείρω 16.

ἔγειρε (vgl. ἤγειρα) Imperf. od.

---

verlobt sein. 10 einhändigen. 11 geboren werden, werden vgl. Pl. Parm. 156, a (εκ- gezeugt, geboren werden *aus* . . . .) 12 kosten lassen; *Med.* kosten. 13 ritzen, eingraben, schreiben. 14 laut rufen, verkündigen. 15 geboren, erzeugt werden; *im Aor.* gebären, erzeugen. 16 wecken; *Med.* aufwachen; Perf. ἐγρήγορα ich bin aufgewacht, bin wach.

Aor. 1 Il. ε, 496 sehr häufig: ἐγείρω 1.
ἐγείρειαν 3 Plur. Opt. Aor. 1 Il. κ, 166: ἐγείρω 1.
ἐγείρομεν 1 Plur. Conj. mit gekürztem ω Il. β, 440 [-ο- 372]: ἐγείρω 1.
ἐγειτόνουν Imperf. Pl. Polit. 271, a: γειτονέω, benachbart sein.
ἐγέλαξα (< ἐγέλασα, -σσα) Aor. dor. [Theocr.] 20, 15, (> -ασσα) [-ξ- *9*]: γελάω 2.
ἐγέλᾰσα (< γέλασα) Il. ψ, 840, ἐγέλασσα, ἐγέλαξα) Aor. Pl. Phaedr. 267, b (-ᾰ- *23. 24. 26*): γελάω 2.
ἐγελασάτην 3 Dual. Aor. Pl. Lys. 207, c: γελάω 2.
ἐγελάσθην Aor. Pass. Dem. 2, 19: γελάω 2.
ἐγέλασσα (< γελασσ- Il. β, 270; Pind. P. 9, 38, -σα, -ξα) Aor. poet. Il. ο, 101 *A** [-σσ- *489*]: γελάω 2.
ἐγέλων Imperf. Lys. 1, 12: γελάω 2.
ἔγεμε: -ον Imperf. Pl. Critia. 117, e: γέμω 3.
ἐγεμίσθην Aor. Pass. -θείς Eur. Cycl. 503: γεμίζω 4.
ἐγενέατο Aor. Her. 1, 214; 2, 166 (> ἐγένοντο) [*109*]: γίγνομαι 5.
ἐγένεσθε 2 Plur. Aor. 2 Il. β, 323: γίγνομαι 5.
ἐγενέσθην 3 Dual. Aor. 2 Xen. Hell. 4, 4, 8: γίγνομαι 5.
ἐγένετο (< γένετο, ἔγεντο, γέντο) 3 Sing. Aor. Her. 1, 92 und überall: γίγνομαι 5.
ἐγενήθην (< ἐγενόμην Aor. bei Dor. u. spät. Att. wie Epicharm. Archyt., Polyb.: γίγνομαι 5.
ἐγεννήθην Aor. Pass. Pl. Tim. 32, c: γεννάω 4a.
ἐγέννησα Aor. γεννήσῃ Conj. Soph. Ai. 1077: γεννάω 4a.
ἐγεννώμην Imperf. -ῶντο Pl. Pd. 271, a: γεννάω 4a.
ἐγενόμαν (< -όμην) 1 Sing. Aor. 2 dor. Aesch. Pers. 934: γίγνομαι 5.
ἐγενόμεθα 1 Plur. Aor. 2 Thuc. 2, 73: γίγνομαι 5.
ἐγενόμην (< γενόμην Hom. Hym. 3, 273) Aor. 2 Lys. 9, 13; Pl. Euthyd. 301, a: γίγνομαι 5.
ἐγένοντο (öfter al γεν- bei Hom.) 3 Plur. Aor. 2 Il. γ, 84 *B**: γίγνομαι 5.
ἔγεντο (< ἐγένετο, γέντο) Aor. 2 Med. sync. für. ἐγένετο Hes. Th. 199; Theogn. 246, 1; Pind. P. 3 87; 6, 28; Theocr. 11, 14: γίγνομαι 5.
ἐγερθ- Aor. Pass. -είη Opt. Xen. Vect. 4, 41; -είς Part. Pl. Tim. 52, c: ἐγείρω 1.
ἔγερθεν [ἄγερθεν] (< ἠγέρθην) Aor. Pass. Il. ψ, 287: ἐγείρω 1.
ἐγερθήσομαι Fut. Pass. Rabr. Fab. 49, 3: ἐγείρω 1.
ἐγερτέος Vb. Eur. Rhes. 690: ἐγείρω 1.
ἐγερῶ Fut. Pl. Eleg. 25 (Bergk): ἐγείρω 1.
ἔγευσα Aor. -σε Plut. Lyc. et Num. 1 (vgl. γεύσας Her. 7, 46): γεύω 6.
ἐγευσάμην, -σατο Aor. Med. Soph. Tr. 1101; Xen. An. 3, 1, 3; Pind. N. 6, 27; -ντο Pl. Rep. 586, a: γεύω 6.
ἐγεώργησα Aor.: γεωργέω, bebauen.
ἐγηγέρκειν Plsperf. Dio. Cass. 42, 48 (ἐγηγ- *51. 53. 56*): ἐγείρω 1.
ἐγήγερμαι Perf. Pass. -μένοι Thuc. 7, 51 (ἐγηγ- *51. 53. 56*): ἐγείρω 1.
ἐγήθεεν Imperf. ep. Il. η, 127; Qu. Sm. 3, 187; ἐπεγήθει (> ἐπέγηθεν) Aesch. Prom. 157: γηθέω 7.
ἐγήθεον Imp. ep. Il. η, 214; Qu. Sm. 2, 630: γηθέω 7.
ἐγήθησε (< γηθ- Il. α, 255): γηθέω 7.
ἔγημα (< γῆμεν, ἔγαμα, ἐγάμησα) Aor. 1 -ε Od. ο, 241; π, 34; Eur. I. T. 338; Her. 3, 31; Thuc. 6, 55; Xen. Cyr. 5, 2, 8: γαμέω 8.
ἐγημάμην, -ήματο Od. π, 392; Eur. Med. 262; -ασθαι Pl. Leg. 926, c: γαμέω 8.
ἐγήρᾱ Imperf. nach Buttmann Ind. Aor. Il. η, 148; ρ, 197; κατεγήρᾱ Her. 6, 72: γηράσκω 9.

---

1 wecken; *Med.* aufwachen; Perf. ἐγρήγορα ich bin aufgewacht, bin wach. 2 lachen, κατα- verlachen. 3 voll, angefüllt sein. 4 anfüllen, vollpacken, befrachten; *Pass.* voll, befrachtet sein. 4a. zeugen. 5 geboren werden, werden vgl. Pl. Parm. 156, a (εκ- gezeugt, geboren werden *aus*'...) 6 kosten lassen; *Med.* kosten. 7 sich freuen, froh sein. 8 heirathen; *Med.* *a.* gewöhnlich vom Weibe: sich verheirathen. *b.* von Aeltern: Kinder ver-

ἐγήρασα Aor. liess alt werden Aesch. Suppl. 894; vgl. γηρᾶσαι Inf. Xen. Mem. 3, 12, 8; κατεγήρᾶσαν Pl. Theaet. 202, d: γηράσκω 9.
ἐγηρῡθην Aor. Pass. activ. Aesch. Suppl. 460: γηρύω 10.
ἐγήρῡσα Aor. Ar. Pax. 805: γηρύω 10.
ἐγηρῡσάμην Aor. Med. dep. Eur. El. 1327; γαρύσαιντο Theocr. 1, 136: γηρύω 10.
ἐγίγνωσκον Imperf. Xen. An. 3, 1, 45; 5, 8, 8: γιγνώσκω 11.
ἐγινέατο 3 Plur. Lesart für ἐγίνοντο Her. 1, 67 [*108*]: γίγνομαι 5.
ἐγκεκωμίακα Perf. Pl. Leg. 629, c; Isocr. 7, 71: ἐγκωμιάζω 12.
ἐγκεκωμίασμαι Perf. Pass. (-μένος Pl. Charm. 157, e: ἐγκωμιάζω 12.
ἐγκεχειρήκη Plsperf. Pl. Symp. 217, c: ἐγχειρέω Hand legen *an* . . ., zu Werke gehen.
ἐγκεχείρικα Perf. Dem. 19, 60: ἐγχειράζω einhändigen, überliefern.
ἐγκωμιάσαι Inf. Aor. Pl. Prot. 246, b: ἐγκωμιάζω 12.
ἐγκωμιασθείς Part. Aor. Pass. Her. 5, 5: ἐγκωμιάζω 12.
ἐγκωμιάσομαι (< häufiger als ἐγκωμιάσω) Fut. Pl. Symp. 198, c; Isocr. 5, 17: ἐγκωμιάζω 12.
ἐγκωμιάσω (< seltener als ἐγκωμιάσομαι) Fut. Pl. Gorg. 518; Aeschin. 3, 241: ἐγκωμιάζω 12.
ἔγλαψα Aor. in Compos. διαγλάψας Od. δ, 438: γλάφω aushöhlen.
ἐγλαψάμην. Aor. Med. Com. in Eusth.: γλάφω, aushöhlen.
ἐγλιξάμην Aor. Com. Fr. 2, 695: γλίχομαι 13.
ἐγλίχοντο Imperf. Thuc. 8, 15: γλίχομαι 13.
ἐγλῠκάνθην Aor. Pass. Mosch. 3, 111: γλυκαίνω 14.
ἔγλυμμαι Perf. Pass. -μένος Pl. Symp. 216, d: γλύφω 15.
ἔγλυπται Perf. Pass. s. ἔγγλυμμαι.
ἐγλύφην Aor 2 Pass. Anth. App Epigr. 66: γλύφω 15.
ἔγλυψα Aor. Strabo 9, 411; ἐν- in ἔγγλυψαι Her. 2, 4: γλύφω 15.
ἐγλυψάμην Aor. Med. Theocr. Epigr. 7: γλύφω 15.
ἐγνάμφθην Aor. Pass. ἀν- Il, γ, 348; η, 259; ρ, 44; Qu. Sm. 2, 529: γνάμπτω 16.
ἔγναμψα Aor. Il. ω, 274 (> Wolf (ἔκαμψαν)γνάμψεψ, 731: γνάμπτω 16.
ἔγνον 3 Plur. Aor. 2 für ἔγνωσαν Pind. P. 4, 120; 9, 79; ἀν- I. 2, 23; Hym. Cer. 111: γιγνώσκω 11.
ἔγνω (< γνῶ Il. δ, 357 *A** vgl. Conj. γνῷ) 3 Sing. Aor. 2 Il. α, 199 *B**; Thuc. 2, 12; Pl. Rep 508, d; ἀνέγνω Il. ν, 734; Dem. 19, 35: γιγνώσκω 11.
ἔγνωκα Perf. Aesch. Prom. 51; Soph. O. C. 553; -εν Pind. P. 4, 287; Pl. Apol. 23, b; -αμεν Eur. Bacch. 1346; -ᾱσι Xen. An. 3, 1, 43; Dem. 4, 29; -κώς 9, 29: γιγνώσκω 11.
ἐγνώκειν Plsperf. Dem. 19, 154: γιγνώσκω 11.
ἐγνωκέναι Inf. Perf. Lys. 1, 19; Pl. Crat. 439, b; Dem. 15, 30: γιγνώσκω 11.
ἐγνωκότ-: -ος Gen. u. s. w. Part. Perf. Pl. Rep. 484, d: γιγνώσκω 11.
ἐγνωκώς Part. Perf. Pl. Rep. 336, c: γιγνώσκω 11.
ἔγνωμεν 1 Plur. Aor. 2 Xen. An. 2, 4; Pl. Rep. 428, a: γιγνώσκω 11.
1) ἔγνων (< γνών) 1 Sing. Aor. 2 Il. λ. 526; ν, 72; Od. ο. 532; τ, 475; Soph. Ai. 36; Thuc. 3, 37; Pl. Prot. 335, a: γιγνώσκω 11.
2) ἔγνων (für ἔγνωσαν) 3 Plur. Aor. 2 (Lesart für das hergestellte ἔγνον Pind. P. 9, 79; I. 2. 23): γιγνώσκω 11.
ἐγνώρικα Perf. -κώς Part. Pl. Phaedr. 262, b: γνωρίζω 17.
ἐγνώρισα Aor. Pl. Rep. 428, a: γνωρίζω 17.
ἐγνωρίσθην (< ἐγνώρισα) Aor. Pass. N. T. 1 Chorinth. 15, 1: γνωρίζω 17.
ἐγνώριστο Plsperf. Pass. Pl. Rep. 428, a: γνωρίζω 17.

---

heirathen. 9 *a.* altern, in derselben Bed. auch κατα-; *b.* alt werden lassen. 10 besingen, sagen, erzählen. 11 *a.* kennen lernen, erkennen, wahrnehmen, *b.* wissen, einsehen; *c.* glauben, meinen, urtheilen. 12 lobpreisen. 13 verlangen, streben nach . . . 14 süss machen, versüssen. 15 aushöhlen, bes. in Stein, Erz, Holz eingraben, schnitzen. 16 krümmen, biegen. 17 *a.* kenntlich, bekannt machen; Pass. bekannt werden; *b. gew.* erkennen, kennen lernen.

ἔγνως 2 Sing. Aor. Il. υ, 20; χ, 10; Od. ν, 299; ρ, 273; Xen. An. 1, 6, 7; Pl. Rep. 497, c: γιγνώσκω 1.

ἔγνωσα Aor. 1 in Composit.; ἀνέγνωσαν Her. 1, 68. 87 (*er überredete*); ἀνέγνωσαν Her. 1, 128 (*hatten überredet*) (vgl. ἀνάγνωσας Her. 5, 106; 8, 100): γιγνώσκω 1.

ἔγνωσαν 3 Plur. Aor. 2 Od. κ, 397; Thuc. 2, 4; Xen. An. 1, 9, 17; Pl. Apol. 33, d: γιγνώσκω 1.

ἐγνῶσθαι Inf. Perf. Pass. κατ- Xen. Hell. 7, 3, 8: γιγνώσκω 1.

ἐγνώσθην Aor. Pass. Thuc. 2, 65; Xen. Hell. 6, 5, 17; μεταν- Soph. Ai. 716 (vgl. ἀναγνωσθείς Her. 4, 154): (ἀνα)-γιγνώσκω 1.

ἔγνωσμαι Perf. Pass. -ται Thuc. 3, 38; Xen. Cyr. 8, 8, 3; -μένα Lys. 1, 2; ἀνεγνωσμέναι Her. 8, 110: γιγνώσκω 1.

ἔγνωτε 2 P. Plur. Aor. 2 Lys. 4, 4; δι- 3, 43: γιγνώσκω 1.

ἐγνώτην (< γνώτην Od. φ, 36) 3 Dual. Aor. 2: γιγνώσκω 1.

ἔγνωτον 2 Dual. Aor. 2: γιγνώσκω 1.

ἐγόησα Aor. 1 Anthol. 7, 611: γοάω 2.

ἐγοητεύθην Aor. Pass. -θείς Part. Dem. 19, 102: γοητεύω 3.

ἐγοήτευσα Aor.: γοητεύω 3.

ἐγραφέατο 3 P. Plur. Imperf. (Lesart für ἐγράφοντο) -οντο Her. 5, 29 [*108*]: γράφω 4.

ἐγράφην Aor. 2 Pass. Pl. Tim. 24; Dem. 7, 19: γράφω 4.

ἐγράφθην Aor. 1 Pass. sp. Archim.: γράφω 4.

ἔγραψα (γράψε Il. ρ, 599) Aor. 1 Pind. O. 3, 30: γράφω 4.

ἐγραψάμην Aor. Med. Thuc. 8, 67: γράφω 4.

ἔγρεο Imperf. Aor. 2 Med. ep. Il. κ, 159; Od. ο, 46; ψ, 5: ἐγείρω 5.

ἔγρεσθαι Inf. Aor. 2 Med. Od. ν, 124 (> ἐγρέσθαι Bekker 1858): ἐγείρω 5.

1) ἔγρετο (< ἠγρ-) 3 Aor. 2 Med. Il. β, 41*A**: ἐγείρω 5.

2) **ἔγρετο** Imperf. von ἔγρω einer Nebenform. von ἐγείρω Opp. Cyn. 3, 421: ἔγρω, ἐγείρω 5.

ἐγρέτω Imper. von ἔγρω einer Nebenform von ἐγείρω Sopat. Athen. 4, 77: ἔγρω; ἐγείρω 5.

ἔγρη 2 Conj. Aor. 2 Med. Ar. Vesp. 774: ἐγείρω 5.

ἐγρήγορα Perf. 2 bin aufgewacht, bin wach. Ar. Lys. 306; Xen. An. 4, 6, 22; 5, 7, 10; Pl. Theaet. 158, b: ἐγείρω 5.

ἐγρηγορέναι Inf. Perf. Pl. Phaed. 71, c: ἐγείρω 5.

ἐγρήγορθαι[1]) jetzt ἐγρηγόρθαι ep. Inf. Perf. von ἐγρήγορα Il. κ, 67: ἐγείρω 5.

ἐγρηγόρθᾱσι[1]) 3 Plur. Perf. 2 ep. ἐγρηγόρᾱσι Il. κ, 419: ἐγείρω 5.

ἐγρήγορθε[1]) aus ἐγρηγόρεσθε seid wach ep. Imperf. Aor. 2 st. ἐγρηγόρατε Il. η, 371; σ, 299: ἐγείρω 5.

ἐγρηγορός Neutr. des Part. Perf. ἐγρηγορώς Aesch. Eum. 685; Ag. 346: ἐγρήγορα; ἐγείρω 5.

ἐγρηγόροσιν Dat. Plur. des Part. Perf. ἐγρηγορώς Pl. Soph. 246, c.: ἐγείρω 5.

ἐγρηγορότ-: -ος Gen. u. s. w. des Part. Perf. ἐγρηγορώς Pl. Leg. 808, c: ἐγείρω 5.

ἐγρηγορόων wachend von ἐγρήγορα gebildet. Od. υ, 6: ἐγρηγορόων: [ἐγείρω] 5.

ἐγρηγορυῖα Fem. Part. Perf. ἐγρηγορώς Pl. Leg. 809, d: ἐγείρω 5.

ἐγρηγορώς, -ότος Part. Perf. Pl. Phil. 20, b: ἐγείρω 5.

ἐγρήσσεις 2 Praes. Od. υ, 33: ἐγρήσσω 6.

ἐγρήσσοντες wachend Part. Il. λ, 551: ἐγρήσσω 6.

ἐγροίμην s. ἔγροιτο.

ἔγροιτο 3 Opt. Aor. 2 Med. Od. ζ, 113: ἐγείρω 5.

ἐγρόμενος Part. Aor. 2 Med. Od. κ, 50; Pl. Lys. 204, d: ἐγείρω 5.

ἐγρόμην s. ἔγρετο.

---

1 *a.* kennen lernen, erkennen, wahrnehmen, *b.* wissen, einsehen; *c.* glauben, meinen, urtheilen. 2 wehklagen, jammern; beklagen, bejammern. 3 bezaubern, betrügen. 4 ritzen, eingraben, schreiben. 5 wecken; *Med.* aufwachen; Perf. ἐγρήγορα ich bin aufgewacht, bin wach. 6 wach, munter sein. 7 grunzen, murmeln, muchsen. 8 üben, tüchtig machen zu ....; *Med.* sich üben. 9 entblössen; *Med.* sich entkleiden. 10 lehren, lernen; *Med.* lernen. 11 zertheilen, zerschneiden, zerreissen. 12 zum Essen aus-

ἔγρονται 3 Plur. Praes. von ἔγρω einer Nebenform von ἐγείρω Eur. Fr. Phaeth. 29 und sp. Ep. Opp. Hall. 5, 243: ἔγρω. ἐγείρω 5.

ἔγρυξα Aor. Is. 8, 27 (-ξ- *17. 97*): γρύζω 7.

ἐγύμνασα Aor γυμνάσαι Inf. Xen. An. 1, 2, 7: γυμνάζω 8.

ἐγυμνασάμην Aor. Med. γυμνάσασθαι Inf. Pl. Gorg. 514, e: γυμνάζω 8.

ἐγυμνώθην (< γυμν- Od. χ, 1) Aor. Pass. Il. μ, 399; Thuc. 1, 6: γυμνόω 9.

ἔδαεν (< δάε) Theocr. 24, 128 (▷ δέδαε): ΔΑΩ 10.

ἐδάην Aor. 2 Pass. (ward gelehrt, lernte) Il. γ, 208; Od. δ, 267; -η Aesch. Ag. 123; Soph. El. 169; Eur. Hec. 77: ΔΑΩ 10.

ἐδάϊζε Imperf. Il. φ, 147: δαΐζω 11.

ἐδαίετο Imperf. Soph. Tr. 765: δαίω anzünden.

ἐδαΐζετο (war getheilt) Imperf. Il. ι, 8: δαΐζω 11.

ἐδαίνυντο (< δαινύατο Od. σ, 248) 3 Plur. Imperf. Her. 1, 2, 11; vgl. δαίνυ᾽: δαίνυμι 12.

ἐδαίνυτο 3 Sing. Imperf. Soph. Tr. 771: δαίνυμι 12.

ἐδάϊξα, -ξε Aor. δαΐξαι Il. β, 416; -ας Aesch. Ch. 396 [-ξ- *6*] δαΐζω 11.

ἔδαισα Aor. Her. 1, 162; Eur. Or. 15: δαίνυμι 12.

ἐδαισάμην Aor. Med. Od. σ, 408. Soph. Fr. 153 (D); Pind. P. 3, 93: δαίνυμι 12.

ἐδαίτρευσα Aor. δαιτρεῦσαι Inf. Od. ο, 323: δαιτεύω, theilen.

ἔδακον, -ε (< δάκε Il. ε, 493) Aor. 2 Hom. Batr. 181; Ar. Pl. 822; Dem. 25, 96: δάκνω 13.

ἐδάκρυσα (< δάκρυσα Od. λ, 55) Aor. Her. 7, 47; [Lys] 2, 40; Dem. 18, 291: δακρύω 14.

ἐδάμασα (< δάμασσα) Aor. Pind. O. 11, 30; Eur. H. F. 301: δαμνάω, δάμνημι 15.

ἐδαμάσθην (< ἐδμήθην, δμάθην) Aor. Pass. Od. θ, 231; Eur. Herc. F. 21; Xen. Mem. 4, 1, 3: δαμάω, δαμνάω, δάμνημι 15.

ἐδάμασσα 2 (< δά-; -ασα) Aor. Il. ε, 191; -ε(ν) ζ, 159 *Γ**; σ, 119: δαμάω, δαμνάω, δάμνημι 15.

ἐδαμασσάμην s. ἐδαμάσσατο.

ἐδαμάσσατο Aor. Med. Od. ι, 516; Pind. P. 3, 35 vgl. καταδαμασσάμενος Thuc. 7, 81: δαμάζω, δαμάω 15.

ἐδάμην (< δάμη Il. φ, 383 *Β**; ᾽δάμη Aesch. Sept. 608) Aor. 2 Pass. Il. υ, 94; -η β, 860; ι, 545; -ημεν ν, 812; -ησαν (< δάμεν Il. θ, 344 *Α** [*114*]); Qu. Sm. 1, 812; -η Soph. El. 845; -ην Ar. Pax. 584: δαμάω 15.

ἐδαμιουργήθη Aor. Pass. dor. Pl. Locr. 97, d: δημιουργέω, verfertigen, arbeiten.

ἐδάμνα (< δάμνα Il. π, 103) Imperf. Il. ε, 391; ξ, 439; φ. 52: δαμνάω 15.

1) **ἐδάμνατο** Imperf. *Med.* Qu. Sm. 1, 243: δάμνημι, δαμνάω 15.

2) **ἐδάμνατο** Imperf. *Pass.* δάμνατο Il. λ, 309: δάμνημι, δαμνάω 15.

ἐδάνεισα Aor. -ον Imper. Xen. Cyr. 3, 1, 39: δανείζω 16.

ἐδανεισάμην Aor. Med. ἐδανείσασθε Pl. Rep. 619, c: δανείζω 16.

ἐδανείσθην Aor. Pass. δανεισθείς Pl. Leg. 717, c: δανείζω 16.

ἐδαπανήθην Aor. Pass. δαπανηθέν Xen. Cyr. 2, 4, 12: δαπανάω 17.

ἐδαπάνησα Aor. προσδαπανῆσαι Inf. Xen. Vect. 3, 6: δαπανάω 17.

ἐδαπάνων Imperf. Xen. An. 1, 3, 3; -ᾶτε 7, 6, 31: δαπανάω 17.

ἐδάρην Aor. Pass. δαρείς Menand. Gn. 422; ἐκδάρεντο Her. 7, 26; ἀποδαρέντα Xen. An. 3, 5, 9: δέρω 18.

ἔδαρθεν s. ἐδάρθην unt. 2.

1) **ἐδάρθην** (< ἐδάρην) Aor. 1 Pass. Com. Fr. 2, 844: δέρω 18.

2) **ἐδάρθην** Aor. 2 Pass. κατέδαρθεν 3 Plur. [*114*.] Ap. Rh. 2, 1230; vgl. καταδαρθέντα Ar. Plut. 300 (MSS. Bekker. -δαρθόντα Pers. Dind.): δαρθάνω 19.

ἔδαρθον neben der poet. Form·

---

theilen, *wie einen Schmaus* δαῖτα; τινά, einen bewirthen. 13 beissen, von Hunden; stechen, von Mücken; (verletzen). 14 weinen. 15 δαμάω, δαμνάω, δάμνημι, δαμνάζω, überwältigen, bändigen, *a.* zähmen; *b.* verheirathen; *Pass.* verheirathet werden; *c.* überwinden, unterjochen; *Pass.* unterjocht sein, gehorchen; *d.* überwältigen, tödten. 16 leihen, *Med.* entlehnen, borgen. 17 aufwenden, verschwenden. 18 abziehen, schinden. 19 καταschlafen.

ἔδραθον; κατ-Thuc. 6, 61; Pl. Ap. 40, d.: δαρθάνω 1.

ἐδασάμην (< ἐδασσ-, δασσ-) Aor. poet. ἐδάσαντο Od. ξ, 208; Hym. 22, 4; auch in Prosa, wie Xen. Cyr. 4, 2, 43; Oec. 7, 24. 25; vgl. ἀναδάσασθαι Thuc. 5, 4: δάζομαι, δαίομαι 2.

ἐδάσθην Aor. Pass. καταδασθῆναι Luc. Demon. 35: δαίομαι, δάζομαι 2.

ἐδάσσατ'[ο] (< ἐδασ-; δασσ-) Aor. poet. Od. ζ, 10: δαίομαι, δάζομαι 2.

ἔδαψα (< δάψε Pind. N. 8, 23) Aor. κατ- Od. γ, 259; Qu. Sm. 1, 2. 400. 793: καταδάπτω, zerreissen.

ἔδδεισα (< ἔδεισα, δεῖσα) Aor. -ας Il. χ, 19; ω, 364; ψ, 425; -εν α, 33 *B**; -ατε ν, 624 [-δδ- ***496***]: δείδω 3.

ἔδεαι 2 Sing. Med. Il. ω, 129: ἔδομαι, ἔδω 4.

ἐδέγμην *erwartete* Plusperf. als Imperf. Od. ι, 513; μ, 230 (Buttm. Ausf. Gr. Gr. §. 110, 9 §. 114 p. 148); δέχομαι 5.

ἐδεδέατο (< ἐδεδέμην, -εντο) Plsprf. Her. 1, 66; 5, 77 [***110***]: δέω, binden 6.

ἐδεδέγμην (< ἐδεδείγμην, -κτο) -κτο Plsprf. Pass. ion. ἀπεδέδεκτο Her. 2, 146 (< δέδεκται); 3, 88; 4, 132: δείκνυμι 7.

ἐδεδείγμην (< ἐδεδέγμην) -κτο Plsperf. ἀπεδέδεικτο Xen. Hell. 3, 2, 13: δείκνυμι 7.

ἐδεδέμην (< ἐδεδέατο) Plsperf. Pass. -ετο Lys. 10, 16; κατ- Her. 3, 86 -εντο 3 Plur. Xen. Cyr. 5, 1, 12; vgl. δέδεντο Od. κ, 92: δέω, binden 6.

ἐδέδετο s. ἐδεδέμην.

ἐδεδήειν (< δεδήειν Il. β, 93; μ, 35. 466) Plsprf.: δαίω 8.

ἐδεδίειν (< ἐδεδοίκειν) Plsprf. Dem. 34, 26: δείδω 3.

ἐδεδίεσαν[1]) (< ἐδέδισαν; ἐδεδοίκεσαν) 3 Plur. Plsprf. bei Spät., aber auch Lys. 13, 27; Thuc. 4, 55; 5, 14; Xen. An. 5, 6, 36; vgl. ἐδεδοίκειν: δείδω 3.

ἐδεδιῃτήκει Plsprf. κατ- Dem. 21, 85: καταδιαιτάω, als Schiedsrichter gegen Jem. erkennen.

ἐδεδιῄτητο Plsprf. ἐξ- Thuc. 1, 132: ἐκδιαιτάω, von der bestehenden Sitte abweichen.

ἐδεδίκαστο Plsprf. Dem. 23, 27: δικάζω 9.

ἐδίδιξα (< δέδισσ-) Aor. 1 Polyaen. 1, 12: δεδίσκομαι, δίσκομαι, δεδίττομαι 10.

ἐδέδισαν[1]) (< ἐδεδίεσαν, ἐδεδοίκεσαν 3 Plur. Plsprf. (als die alleinig richtige Form gebilligt von Phryn., obwohl die Handschriften daneben ἐδεδίεσαν haben) Pl. Leg. 685. c: δείδω 3.

ἐδεδίσκετο Imperf. Ar. Lys. 564: δεδίσκομαι, δίσκομαι, δεδίττομαι 10.

ἐδέδμητο (< δέδμητο Od. α, 426; ξ, 6) Plsprf. Pass. Il. ν, 683: δέμω, bauen.

ἐδεδοίκειν[2]) (< ἐδεδίειν) 3 Plur. Plsprf. 1 att. Pl. Rep. 472, a (> ἐδεδοίκη ***128***); Charm. 175, a: δείδω 3.

ἐδέδοικεισαν (< ἐδεδοίκεσαν) 3Plur. Plsprf. (***128***): δείδω 3.

ἐδεδοίκεσαν[1]) (< ἐδέδισαν, ἐδεδίεσαν) 3 Plur. Plsprf. Thuc. 4, 27; Xen. An. 3, 5, 18 (< -εισαν (***128***): δείδω 3.

ἐδεδόκειν Plsprf. s. ἐδέδοκεσαν: δοκέω 11.

ἐδεδόκεσαν 3 Plur. Plsprf. Her. 3, 19: δοκέω 11.

ἐδέδοκτο Plsprf. Pass. Her. 9, 79 (> δέδοκτο); Pl. Men. 244, e; προ- Thuc. 7, 18: δοκέω 11.

ἐδεδόμην Plsprf. Pass. s. ἐδέδοτο.

ἐδέδοτο Plsprf. Pass. Thuc. 3, 109: δίδωμι 12.

ἐδεδούλωτο Plsprf. Her. 7, 108: δουλόω, unterjochen.

1) Lobeck zu Phryn. p. 180; Poppo zu Xen. An. 5, 6, 63.

2) Thuc. hat von Perf. 1 nur δέδοικα und ἐδεδοίκεσαν. Kr.

1 κατα- schlafen. 2 δαίομαι, δάζομαι theilen, vertheilen. 3 *a.* sich fürchten, *b. mit Acc.* befürchten, scheuen. 4 essen, fressen, aufzehren. 5 nehmen, annehmen. 6 *a.* binden, *b.* festhalten, hindern. 7 *a.* zeigen, anzeigen, lehren; *b.* bewillkommnen, grüssen, bes. in den *Formen des Perf.* 8 anzünden; Pass. brennen, mit δέδηα, ἐδεδήειν der Bed. nach. 9 richten, *Med.*

ἐδεδύκειν Plsprf. -εσαν in ἐν- Xen. An. 5, 4, 13: (ἐν)δύνω, anziehen.

ἐδεδώκειν Plsprf. Act. -ει Xen. Cyr. 1, 4, 26; Dem. 6, 20; vgl. -εσαν: δίδωμι 12.

ἐδεδώκεσαν 3 Plur. Plsprf. Act. Her. 6, 108; vgl. -ειν: δίδωμι 12.

ἔδεε (< ἔδει) Imperf. ion. Her. 3, 45: δεῖ 13.

ἐδέετο Imperf. Med. ion. Her. 2, 30 (bat): δέομαι, bitten; δέω, fehlen, ermangeln 13.

ἐδεήθην Aor. 1 Pass. dep. Pl. Ap. 30, c; -η Aesch. 2, 43; -ησαν Thuc. 1, 27 (2 mal): δέομαι, δέω, fehlen, ermangeln 13.

ἐδέησα (< δῆσα, ἐδύησα) Aor. 1 Lys. 30, 8; Dem. 19, 68; impers. Xen. Cyr. 3, 1, 27; Thuc. 6, 41; δέομαι, δέω, fehlen, ermangeln 13.

ἐδέθην Aor. Pass. Lys. 13, 34; Xen. Hell. 1,7,35: Dem. 18, 107: δέω 6.

1) **ἔδει** 3 Sing. Praes. Il. ο, 636: ἔδω 4.

2) **ἔδει** 3 Sing. Imperf. Pl. Crat. 403, c: δέω 6.

3) **ἔδει** (< ἔδει) 3 Sing. Imperf. Pl. Prot. 313, a; Xen. Cyr. 7, 2, 1; Dem. 18, 189: δεῖ 13.

ἐδεῖ, ἐδεῖσθαι, ἐδεῖται in καθ- s. ἐδοῦμαι.

ἐδείδιμεν für ἐδειδίειμεν 1 Plur. Plsprf. Il. ζ, 99: δείδω 3.

ἐδείδισαν (< δείδισαν) Il. ο, 652) Plsprf. Il. ε, 790; η, 151: δείδω 3.

ἐδείκνῡ (< ἐδείκνυε 3 Sing. Imperf. Xen. Cyr. 8, 4, 35; ἐπ- 8, 1, 23; Mem. 1, 1, 11; 5, 6; -ῡε 1 Sing.; -ῡς 2 Sing.; -ι σαν 3 Plur.; -υτε 2 Plur. -ύτην 3 Dual.; -ύτον 2 Dual. (vgl. Buttm. Ausf. Gr. §. 107, Anm. 13): δείκνυμι 7.

ἐδεικνύατο 3 Plur. Imperf. Pass. ἐναπ- Her. 9, 58 (-ατ- ***108***): δείκνυμι 7.

ἐδείκνυε (ἐδείκνυ) 3 Sing, Imperf. Dem. 18, 233; 19, 114; ἀπ- Xen. Hell. 7, 1, 23; 5, 4, 13; ἐπ- An. 6, 6 (4), 4; Oec. 10, 1; vgl. Buttmann Ausf. Gr. Spr. §. 107 Anm. 13 (-υε ***300***): δείκνυμι 7.

ἐδεικνύμην 1 Sing. Imperf. Pass. vgl. -υτο, -ύτην, -ύατο: δείκνυμι 7.

ἐδείκνυον (< ἐδείκνον) 1 Sing. Imperf, ἐπ- Xen. Oec. 9, 4 (-υε- ***300***) δείκνυμι 7.

ἐδείκνυσαν 3 Plur. Imperf. Dem. 18, 213; ἐπ- Xen. An. 4, 5, 33; Cyr. 2, 3, 20: δείκνυμι 7.

ἐδεικνύτην 3 Dual. Imperf. Xen. Mem. 1, 2, 33: δείκνυμι 7.

ἐδείκνυτο 3 Sing. Imperf. Pass. -αν Xen. Hell. 3, 5, 16; ἐν- Pl. Charm. 162, d: δείκνυμι 7.

ἔδειμα Aor. 1 Il. φ, 446; -ε ι, 349; -αν ξ, 32; Her. 2, 124 (-ει- ***225***): δέμω, bauen.

ἐδειμάμην (vgl. δειμ-) Aor. 1 Med. -ατο Od. ζ, 9; Eur. Fr. Dan. 22 (-ει- ***225***): δέμω, bauen.

ἐδείμαινον Imperf. Eur. Rhes. 933: δειμαίνω sich fürchten, in Angst sein.

ἔδειξα (ἔδεξα, δεῖξε) Od. κ, 303; ξ, 323; τ, 293; ω, 147; Pind. P. 6, 46; N. 4, 83; Pl. Tim. 41, e; ἐπ- Xen. An. 1, 9, 7; δείκνυμι 7.

ἐδειξάμην (< ἐδεξάμην) Aor. 1 Med. -αντο in ἀπ- Xen. An. 5, 5, 3: δείκνυμι 7.

ἐδειξάτην 3 Dual. Aor. ἀπ- Xen. Hell. 4, 4, 8: δείκνυμι 7.

ἔδειρα Aor. 1 -αν Il. α, 459; β, 422; vgl. ἐκδεῖραι Xen. An. 1, 2, 8: δείρω abziehen, abhäuten.

ἔδεισα Aor. Her. 4, 97; -ας Pl. Euth. 15, d; -ε Phaedr. 254 (***9***): δείδω 3.

ἐδεῖτο 3 Sing. Imperf. Thuc. 7, 28; Xen. An. 4, 5, 16: δέομαι, δέω fehlen, ermangeln. 13.

ἐδείχθην Aor. Pass. δειχθῇ Conj. Pl. Polit. 278, b; -θείς, -θέντος Part. 278, b (***106***): δείκνυμι 7.

ἔδεκτο (< δέκτο) Plsprf. (vgl. Buttm. Ausf. Gr. Spr. §. 110, 9 mit Anm. 6) als Imperf. Pind. Ol. 2, 49; P. 8, 19: δέχομαι 5.

ἔδεξα (< ἔδειξα) Aor. ion. ἀπ- Her. 5, 22: δέχομαι 5.

1) **ἐδεξάμην** Aor. Med. ion. ἀπο-

---

rechten. 10 erschrecken, *intr.* sich fürchten. 11 scheinen, glauben, meinen. 12 geben, dargeben, verleihen; *b. zu*geben. *gestatten*; *c. über*geben, *lehren*; *d. über*geben, *preissgeben*; *e. los*geben, *begnadigen*. 13 fehlen, mangeln; *Med.* für sich nöthig haben, bedürfen, begehren, wünschen, bitten; *δεῖ impers.* es fehlt, es ist nöthig.

δέξασθαι Her. 1, 170; ἀποδείκνυμι 1.

2) ἐδεξάμην Aor. Med. Soph. Ai. 661; El. 668; O. C. 539; -ατο Il. σ, 238; ω, 305; -αντο Thuc. 1, 24; Dem. 19, 139 (391): δέχομαι 2.

ἐδέξαντο, ἐδέξατο s. ἐδεξάμην.

1) ἐδεόμην Imperf. Pl. Theag. 121, a; -μεθα; Symp. 173, e, ἐδέοντο Legg. 680, a; Xen. An. 6, 4, 10; vgl. ἐδέον a. ἐδεῖτο; δέομαι: δέω fehlen, ermangeln 3.

2) ἐδεόμην Imperf. Med. δέοντο als Act. Il. σ, 553: δέω, binden 4.

ἐδέον 2 S. Imperf. Pl. Gorg. 465, e: δέομαι, δέω, fehlen, ermangeln 3.

ἐδερκόμην Imperf. Soph. El. 899: δέρκομαι sehen.

ἐδερξάμην, -ατο Aor. sp. Anth. Pl. 166: δέρκομαι, sehen.

ἔδερον Imp. (< δέρον Il. η, 316) Il. ψ, 167; ω, 622: δέρω, abziehen, abhäuten.

ἐδέρχθην (< ἐδράκην) Aor. Pass. activ. Bedeut. -θης Aesch. Prom. 546; δέρχθη Soph. Ai. 425; δέρχθηθ' Aesch. Prom. 93; δέρχθητ' Prom. 141; προσδερχθῇ 53; καταδερχθῆναι Soph. Tr. 1000: δέρκομαι, sehen.

ἔδεσκε Imperf. iter. Il. χ, 501 [139. 147]: ἔδω 5.

ἔδεσθαι s. ἔδομαι.

ἐδεστέον Vb. Pl. Prot. 314, a; Crit. 47, b: ἔδω 5.

ἔδεται s. ἔδομαι.

ἔδευε (< δεῦε Il. ν, 655) Imperf. Od. ϑ, 522: δεύω benetzen.

ἐδεύεο 2 Sing. Imperf. Pass. Il. ρ, 142 [-εο- 92]: δεύομαι, δεύω, δέω fehlen, ermangeln 3.

ἐδεύετο Imperf. Pass. Il. α, 498 B*: δεύομαι, δεύω, δέω fehlen, ermangeln 3.

ἐδεύησεν (< δῆσεν [ἔδησεν Bekker] Il. σ, 100) ermangelte Od. ι, [483]; 540: δεύω, δέω fehlen, ermangeln 3.

ἔδευσα Aor. 1 Soph. Ai. 376; -ε Eur. Phoen. 674; Pl. Tim. 73, e; κατέδευσας Il. ι, 490: δεύω benetzen 6.

ἐδέχθην (< ἐδεξάμην) Aor. Pass. pass. Bedeut. (391), εἰσδεχθέντες Dem. 40, 14; activ. ὑποδεχθείς Eur. Heracl. 757: δέχομαι 2.

ἐδεχόμην Imperf. -ετο Pl. Rep. 615, e: δέχομαι 2.

ἐδήδεσμαι Perf. Pass. κατεδηδεσμένοι Pl. Phaed. 110, e: κατέδω, -εσθίω 5.

ἐδήδοκα Perf. ἐδηδοκώς (< ἐδηδώς) Ar. Equ. 362; ἐδηδοκότες Xen. An. 4, 8, 20; κατεδηδοκώς Ar. Pax. 388: ἔδω, ἐσθίω 5.

ἐδηδόκει Plsprf. Luc. V. Gall. 4: ἔδω, ἐσθίω,

ἐδηδοκέναι Inf. Perf. κατ- Aesch. 1, 94: κατέδω, -εσθίω 5.

ἐδήδοται 3 Sing. Perf. Pass. Od. χ, 56; κατ- Dio. Hall. Ant. 1, 55: ἔδω, ἐσθίω 5.

ἐδηδώς (< ἐδηδοκώς) gesättigt, syncop. Part. Perf. Il. ρ, 542: ἔδω, ἐσθίω 5.

ἐδηλησάμην Aor. -σαντω Il. α, 156; Od. κ, 459; λ, 401; δηλήσατο Od. χ, 278; δηλήσασθαι Il. δ, 67; Her. 7, 51: δηλέομαι 7.

ἐδήλουν Imprf. -ου Xen. An. 7, 7, 35: δηλόω 8.

ἐδηλώθην Aor. Pass. Pl. Tim. 62, c: δηλόω, 8.

ἐδήλωσα Aor. Soph. Ai. 221; Xen. An. 2, 2, 18: δηλόω 8.

ἐδηξάμην (< ἐδήχθην) Aor. Med. Hippocr. 2, 542: δάκνω 9.

ἐδῄουν (< δῄουν Il. ο, 708) Imprf. -ου 3 Sing. Thuc. 1, 65; -ουν Plur. Xen. Hell. 7, 2, 4: δῃόω, δηϊόω 10.

ἐδήρισα Aor. Theocr. 20 (25), 82; Orph. Arg. 410. 420: δηρίω, δηριάω 11.

ἔδησα Aor. -ε Il. ξ, 72 A*; Xen. An. 4, 6, 2; -αν Il. α, 406 (-ησ-[1]) 23. 24. 27): δέω, binden. 4.

ἐδησάμην Aor. Med. -σατο Il. κ, 22 (-η[1]) vgl. ἐδέθην 23. 24. 27): binden. 4.

1) Vgl. δέδεκα, δέδεμαι, ἐδέθην, δετός, welche im Gegensatz zu δησ- ε zum Charackter haben.

1 *a.* zeigen, anzeigen, lehren, *b.* bewillkommen, grüssen, bes. in den *formen des Perf.* 2 nehmen, annehmen. 3 fehlen, mangeln; *Med.* für sich nöthig haben, bedürfen, begehren, wünschen, bitten; δεῖ *impers.* es fehlt, es ist nöthig. 4 *a.* binden, *b.* festhalten, hindern. 5 essen, fressen, aufzehren. 6 benetzen, befeuchten, bestreichen. 7 verderben, zu Grunde richten, tödten, (be)schädigen; plündern, berauben. 8 offenbaren, zu erkennen geben, zeigen. 9 beissen, von Hunden; stechen, von Mücken; (verletzen). 10 feindlich handeln, niederhauen, tödten; *bes. Länder* verwüsten, verheeren. 11 wetteifern, streiten, kämpfen. 12 dienen, bedienen,

ἐδήχθην Aor. Pass. -η Soph. Tr. 254; Ar. Ach. 18; Xen. Cyr. 1, 4, 13: vgl. δηχθῇ Aesch. Eum. 638: δάκνω 9.

ἐδήωσα Aor. Thuc. 1, 114: δηόω, δηϊόω 10.

ἐδιακονήθην Aor. Pass. Dem. 50, 2: διακονέω 12.

ἐδιακονησάμην Aor. Med. Luc. Icar. 20: διακονέω 12.

ἐδιακόνουν Imperf. (vgl. διηκόνουν vgl. N. T. Matth. 4, 11 u. Buttm. §. 86, Anm. 4) Eur. Cycl. 406 (-ἐδια- 88) διακονέω 12.

ἐδίδαξα (< δίδαξα) Aor. Il. λ, 832; ψ, 307; Soph. Ai. 244; Pl. Prot. 327, d: διδάσκω 13.

ἐδιδαξάμην Aor. Med. Soph. Ant. 355; Pl. Theag. 122, e; Men. 93, d: διδάσκω 13.

ἐδιδάχθην Aor. Pass. Xen. Hell. 5, 4, 44: διδάσκω 13.

ἐδιδόμεθα 1 Plur. Imperf. Pass. δίδωμι 14.

ἐδιδόμεθον 1 Dual. Imperf. Pass.: δίδωμι 14.

ἐδίδομεν 1 Plur. Imperf. Act. ἀπ- Pl. Rep. 374, b; παρ- 501, c: δίδωμι 14.

ἐδίδοντο 3 Plur. Imp. Pass: δίδωμι 14.

ἐδιδόμην 1 Sing. Imperf. Pass.: δίδωμι 14.

ἐδίδοσαν (< δίδοσαν, ἐδίδουν) 3 Plur. Imperf. Her. 1, 97; 5, 92; Pl. Critia. 119, d; Xen. An. 6, 1, 9: δίδωμι 14.

ἐδίδοσθε 2 Plur. Imperf. Pass.: δίδωμι 14.

ἐδιδόσθην 3 Dual. Imperf. Pass.: δίδωμι 14.

ἐδίδοσθον 2 Dual. Imperf. Pass.: δίδωμι 14.

ἐδίδοσο (< ἐδίδου, ἐδίδως) 2 Sing. Imperf. Pass.: δίδωμι 14.

ἐδίδοτε 2 Plur. Imperf. Act.: δίδωμι 14.

ἐδιδότην 3 Dual. Imperf. Act.: δίδωμι 14.

ἐδίδοτο 3 Sing. Imperf. Pass. Dem. 19, 167: δίδωμι 14.

ἐδίδοτον 2 Dual. Imprf. Act. δίδωμι 14.

1) ἐδίδον (< ἐδίδω) 3 Sing. Imprf. Act. Her. 5, 94; 9, 109; Xen. Cyr. 8, 3, 33; Dem. 19, 166; ἀν- Pl. Menex. 237, d; ἀπ- Pol. 273, e; Xen. Cyr. 8, 3, 38; (-ον, -ω 299): δίδωμι 14.

2) ἐδίδου (ἐδίδοσο) 2 Sing. Imperf. Pass. (299): δίδωμι 14.

1) ἐδίδουν (< ἐδίδων) 1 Sing. Imprf. Act. Ar. Equ. 678; ἐπ- Pl. Theag. 130, d (-ουν, -ων 299): δίδωμι 14.

2) ἐδίδουν (< ἐδίδοσαν) 3 Plur. Imprf. Act. nicht gut für ἐδίδοσαν Dion. Arch. 5, 6, 59; N. T. Jo. 19, 3 (< ἐδίδοσαν) (-ουν 299): δίδωμι 14.

ἐδίδους (< ἐδίδως) 2 Sing. Imprf. Act. Xen. Cyr. 8, 3, 32 (-ως, -ους 299): δίδωμι 14.

ἐδίδρασκον Imprf. Pl. Crit. 53, d: διδράσκω 15.

ἐδίδω (< ἐδίδου) 3 Sing. Imprf. Act. Od. λ, 289 (299): δίδωμι 14.

ἐδίδως (< ἐδίδους) 3 Sing. Od. τ, 367; Dion. Arch. 4, 31. 33; Xen. An. 5, 8, 4 (< ἐδίδους) (-ως, -ους 299): δίδωμι 14.

ἐδίζετο; ἐδίζητο Dind. (< δίζετο) Imprf. Luc. Dea. Syr. 22: δίζω 16.

ἐδιζησάμην Aor. sp. Plut. M. 1118: δίζημαι 17.

ἐδίζητο Imperf. Her. 1, 214; 3, 41: δίζημαι 17.

ἐδιῄτησα Aor. κατ- Dem. 27, 829, 51 (ἐδιῄ- 88): διαιτάω

ἐδίκαξα (< -σα) dor. Aor. st. ἐδίκασα [7]: δικάζω 18.

ἐδίκασα (< -ξα) Aor. Pl. Theaet. 201, c: δικάζω 18.

ἔδικε def. Aor. 2 Pind. Ol. 11, 72; δίκετε Eur. Bacch. 600; δικών Aesch. Ch. 99; Eur. Or. 992: ΔΙΚΩ 19.

---

aufwarten. 13 lehren, unterrichten; auseinandersetzen; beweisen; *Med. mit Accus.* einen unterrichten lassen. 14 geben, dargeben, verleihen; *b.* zugeben, *gestatten*; *c.* *über*geben, *lehren*; *d.* *über*geben, *preissgeben*; *e.* losgeben, *begnadigen.* 15 in den Compos ἀπο-, δια-, ἐκ- entlaufen, entweichen, entfliehen, davonlaufen. 16 ungewiss sein, zweifeln. 17 aufsuchen, sich zu verschaffen suchen. 18 richten, *Med.* rechten. 19 mit der Wurfscheibe werfen. 20 im Wirbel (Kreise) herumdrehen; *intr. oder Pass.* sich im Kreise herumdrehen, herumschweifen, laufen.

ἐδινάθην Aor. Pass. Pind. P. 11, 38: δινέω 1.
ἐδινεόμεσθα 1 Plur. Imperf. Pass. Od. ι, 153 (drehten uns, irrten): δινέω 1.
ἐδίνεον (< δίνεον, ἐδίνευον) Imperf. Il. σ, 494; Ap. Rh. 2, 697: δινέω
ἐδίνευον (< ἐδίνεον) Imperf. Il. σ, 606: δινεύω, δινέω 1.
ἐδίνησα Aor. Theocr. 26, 10 δινέω 1.
ἐδίφρευε Imperf. Eur. Suppl. 991: διφρεύω, befahren.
ἐδίψη Imperf. Hippocr. 3, 36. 42 (Littré): διψάω 2.
ἐδίψησα Aor. N. T. Matth. 25, 35; Part. διψήσασα Pl. Rep. 562, c: διψάω 2.
ἐδιώκαθον Imperf., n. And. Aor. 2 -ες Pl. Gorg. 483, a: διωκάθω, διώκω 3.
ἐδίωκον (< δίωκε Il. χ, 158) Imp. -ε, -εν Il. ψ, 424; Od. σ, 8; Xen. An. 7, 2, 20: διώκω 3.
ἐδίωξα Aor. -τε Xen. Hell. 2, 4, 13; ἐξ- Thuc. 1, 24: διώκω 3.
ἐδιώχθην Aor. Pass. διωχθεῖσα Part. κατα- Thuc. 8, 20; ἐπι- 3, 69: διώκω 3.
ἐδμάθην (< ἐδμήθην, ἐδαμάσθην, ἐδάμην) Aor. Pass. δμᾶθεν Pind. P. 8, 17; δμαθείς Part. -θέντα Eur. (Chor.) Iph. T. 230; -θέντας Aesch. (Chor.) Pers. 906; Eur. (Chor.) Tro. 175; -θέντων Iph. T. 199: δαμάω, δαμνάω, δάμνημι 4.
ἔδμεναι Inf. Praes. für ἐδέμεναι, ἔδειν Il. δ, 345; ε, 203; ν, 36; χ, 347; Od. κ, 243; υ, 214 (83): ἔδω 5.
ἐδμήθην (< ἐδμάθην, ἐδαμάσθην, ἐδάμην) Aor. Pass. δμηθείς Il. δ, 99; ε, 446; δμηθήτω Il. ι, 158: δαμάω, δαμνάω, δάμνημι 4.
ἐδνοπάλιζεν Imperf. Il. δ, 472: δνοπαλίζω, hin und herschütteln, = schleudern.
ἔδνωσα (< ἐεδνώσαιτο) Aor. -ε Theocr. 22 (19), 147: ἐδνόω 6.
ἐδνώσαιτο (< ἐεδνώσαιτο Od. β, 53 *stattete aus* dynam. Med.) Aor. Med. sp. Leon. Tar. Anth. 7, 648 *heirathete* (= *liess sich ausstatten*): ἐδνόω 6.
ἐδόθην Aor. Pass. Thuc. 3, 60; Pl. Tim. 47, e; Xen. Hell. 3, 1, 6; Dem. 18, 241: δίδωμι 7.
ἔδοι Opt. Praes. Il. ν, 322: ἔδω, ἐσθίω 5.
ἐδόκεε (< ἐδόκει) 3 Sing. Imperf. Her. 5, 56; 7, 18: δοκέω 8.
ἐδόκει (< ἐδόκεε) 3 Sing. Imperf. Thuc. 4, 14; Pl. Prot. 307, d: δοκέω 8.
ἐδόκεις 2 Sing. Imperf. Pl. Crat. 434, d: δοκέω
ἐδόκεον (< ἐδόκουν) 3 Sing. Imperf. Her. 2, 5 [**177. 183**]: δοκέω 8.
ἐδοκήθην Aor. Pass. δοκηθείς Part. -θέντ' Eur. Alc. 1161; Med. 1417; Bacch. 3090: δοκέω 8.
ἐδόκησα (< δόκησα Od. υ, 93, ἔδοξα) Aor. προσ- Is. 6, 104: δοκέω 8.
ἐδόκουν (< ἐδόκεον) Imperf. 1 Sing. u. 3 Plur. Imp. Thuc. 1, 22; Pl. Theaet. 201, d; Prot. 307, d: δοκέω 8.
ἔδομαι (< ἐδοῦμαι) Fut. Od. ι, 369; ἔδονται Il. δ, 237; σ, 271; ἔδεται Pl. Rep. 373, c; ἔδεσθαι Prot. 334, c (**162**): ἔδω 5.
ἐδόμεθα 1 Plur. Aor. 2 Med.: δίδωμι 7.
ἔδομεν 1 Plur. Aor. 2 Act. Od. ω, 65; ἀπ- Pl. Rep. 478, c: δίδωμι 7.
ἐδόμην 1 Sing. Aor. 2 Med.: δίδωμι 7.
ἔδονται s. ἔδομαι
ἔδοντο 3 Plur. Aor. 2 Med. Her. 2, 39: δίδωμι 7.
ἔδοξα (< ἐδόκησα) Aor. Her. 3, 19; Thuc. 3, 82; Pl. Ap. 21, c; Xen. An. 4, 8, 14: δοκέω 8.
ἔδοσαν (< δόσαν Il. α, 162 *Γ**) 3 Plur. Aor. 2 Il. τ, 291; Od. ν, 135; Her. 6, 108; Pl. Symp. 179, c: δίδωμι 7.
ἔδοσθε 2 Plur. Aor. 2 Med: δίδωμι 7.
ἐδόσθην 3 Dual. Aor. 2 Med.: δίδωμι 7.
ἔδοσθον 2 Dual. Aor. 2 Med.: δίδωμι 7.
ἔδοτε 2 Plur. Aor. 2 Xen. Hell. 1,

---

1 im Wirbel (Kreise) herumdrehen, herumschweifen, laufen. 2 dursten; heftig verlangen *nach . . Gen.* 3 *a.* in schnelle Bewegung setzen. *b. Med vor sich* herjagen. *c.* verfolgen, nachsetzen. 4 δαμάω, δαμνάω, δάμνημι, δαμνάζω überwältigen, bändigen: *a.* zähmen; *b. verheirathen, pass. verheirathet sein; c. überwinden, unterjochen; pass. unterjocht sein, gehorchen; d. überwältigen, tödten.* 5 essen, fressen, aufzehren. 6 ἐδνόω u. ep. ἐεδνόομαι, Mitgift geben, ausstatten. 7 geben, dargeben, verleihen; *b.* zugeben, *gestatten*; *c.* übergehen, *lehren*; *d.* übergeben, *preissgeben*; *e. los-*

7, 28; Lys. 13, 57, ἀνταπ- Thuc. 3, 63: δίδωμι 7.
ἐδότην 3 Dual. Aor. 2 Act.: δίδωμι 7.
ἔδοτο 3 Sing. Aor. 2 Med. ἀπ- Xen. An. 7, 8, 6; Hell. 1. 6, 75: 4, 8, 27; Dem. 19, 229: δίδωμι 7.
ἔδοτον 2 Dual. Aor. 2 Act.: δίδωμι 7.
ἔδου 2 Sing. Aor. 2 Med. ἀπ- Ar. Ach. 830: δίδωμι 7.
ἐδοῦμαι Fut. καϑεδεῖ Ar. Ran. 200; -εῖται Pl. Theaet. 146, a; καϑεδοῦμεϑ' Ar. Av. 729; -οῦνται Eccl. 617; -εῖσϑαι Ran. 792 (**159**): καϑέζομαι, sich niedersetzen, dasitzen, abwarten, weilen.
ἔδρα 3 Sing. Aor. 2 ἀπ- Pl. Prot. 310, c; Xen. An. 7, 8, 12 (**280**): διδράσκω 9.
ἔδρᾰϑον Aor. 2 poet. für ἔδαρϑον Od. υ, 143; κατ- Od. υ, 18; Theocr. 18, 9: δαρϑάνω 10.
ἔδρᾰκα (< ἔδραμον) Aor. 1 sp. in Comp. εἰσ- Orph. Arg. 133: δέρκομαι 11.
ἐδράκην (< ἐδέρχϑην) Aor. Pass. δρακείς Part. Pind. Fr. 9, 2, 2; δρακεῖσ- Pyth. 2, 20; -έντες 7, 3: δέρκομαι 11.
ἔδρακον (< ἔδρακα) Aor, 2 Od. κ, 197; Eur. Or. 1456; vgl. δρακεῖν Aesch. Eum. 34. δέρκομαι 11.
ἔδραμεν 1 Plur. Aor. 2 (**280**): διδράσκω 9.
ἔδραμον Aor. 2 Il. Her. 1, 66; Aesch. Ag. 1121; vgl. δραμέτην Il. ψ, 393; δραμόντα Part. Pl. Rep. 327, b: τρέχω 12.
1) ἔδρᾱν (att. nicht ἔδρασα) 1 Sing. Aor. 2 (**280**): διδράσκω 9.
2) ἔδρᾰν (< neben ἔδρασαν[1]) 3 Plur. Aor. 2, ἀπέδραν[1]) Soph. Ai. 167 (= meiden): διδράσκω 9.
ἐδραξάμην Callim. H. Dian. 76: δραξάμενοι Pl. Lys. 209 (**11**); δράσσω, -ττω, Gen. *Med.* -ομαι zusammenfassen, ergreifen.

1) Thucyd u. Xen. haben nur ἔδρασαν vgl. Lobeck ad Phryn.

ἔδραπον Aor. 2; δραπών Pind. P. 4, 130 (**194**): δρέπω, (ab)brechen, abpflücken.
ἔδρᾱς 2 Sing. Aor. 2 (**188**): διδράσκω 9.
1) ἔδρασα (< ἔδραν) Aor. 1 unattisch: διδράσκω 9.
2) ἔδρασα Aor. 1 Soph. Ant. 239: δράω 13.
ἐδράσαμεν 1 Plur. Aor. 1 Thuc. 3, 13: δράω 13.
1) ἔδρασαν[1] (< ἔδρᾰν) 3 Plur. Aor. 2; ἀπ- Xen. Hell. 1, 1, 11: διδράσκω 9.
2) ἔδρασαν 3 Plur. Aor. 1 Thuc. 2, 64: δράω 13.
ἔδρασας 2 Sing. Aor. 1 Aesch. Eum. 723: δράω 13.
ἔδρασε 3 Sing. Aor. 1 Aesch. Ch. 1010: δράω 13.
ἔδρᾱτε 2 Plur. Aor. 2 (**188**): διδράσκω 9.
ἐδρεψάμην (< δρεψ-) Aor. Med. -ατο Nonn. 1, 351: δρέπω (δρέπτω) abbrechen, pflücken; *geniessen.*
ἔδρην (< ἔδραν) Aor. 2 ion. ἀπέδρη Her. 4, 43; 6, 2: διδράσκω 9.
ἔδρυψα Aor. δρύψε Ap. Rh. 2, 109; 3, 672; -αμένω Od. β, 153: δρύπτω 14.
ἔδυ (< δῦ 3 Sing. Aor. 2 Il. ι, 553 (fuhr in . . .); λ, 63 (taucht(e) sich): τ, 16 (ergriff); Aesch. Ag. 217; Pl. Phaedr. 248, ω δύνω 15.
ἔδυε Imperf. ἐν- Xen. Cyr. 6, 4, 3: ἐνδύω 15.
ἐνδῠϑην Aor. Pass. ἐκ- Com. Fr. 3, 413; Antiph. 2, 5: δύω 15.
ἔδυμεν 1 Pl. Aor. 2: δῦω 15.
1) ἐδῠν (< ἔδῡσαν) 3 Pl. Aor. 2 Il. δ, 222; λ, 263: δύω 15.
2) ἔδῡν 1 Sing. Aor. 2: δύω 15.
ἐδύνα (Part. δυνάς) Aor. Polyb. 9, 15 u. sonst bei Späteren: δύνω 15.
ἐδυνάϑην (> ἐδυνάσϑην) Aor. Pass. Soph. O. T. 1212; Eur. El. 866 (**213**): δύναμαι.

---

geben *begnadigen.* 8 scheinen, glauben, meinen. 9 in den Compos ἀπο-, δια-, ἐκ- entlaufen, entweichen, entfliehen, davonlaufen. 10 κατα- schlafen. 11 sehen, blicken. 12 laufen. 13 thun: *a. intrans.* thätig sein, dienen, aufwarten; *trans.* vollbringen, ausführen. 14 kratzen, zerkratzen, reissen. 15 δύω verhüllen, versenken; δύομαι *Med. nebst Aor.* 2, *Perf. u. Plsperf. u. der intr.* Nbfrm. δῦνω eindringen, eingehen; untergehen (*v. d. Sonne* u. s. w.)

ἐδυνάμεθα (ἠδ- *59*) 1 Plur. Imperf. Pl. Rep. 434, e: δύναμαι 1.
ἐδυνάμην (< ἠδ- *59*) 1 Sing. Imperf. Thuc. 5, 68; Xen. An. 7, 2, 33; Pl. Prot. 315, e: δύναμαι 1.
ἐδύναντο (< ἠδ- *59*) 3 Plur. Imperf. Il. σ, 163 *Γ**; Thuc. 1, 103; Xen. Cyr. 3, 3, 66; An. 7, 8, 13; Hell. 4, 4, 9; 7, 2, 34 u. s. w.: δύναμαι 1.
ἐδύνασθε (< ἠδ- *59*) 2 Plur. Imperf. Od. φ, 71; Dem. 19, 149: δύναμαι 1.
1) ἐδυνάσθην (< -άθην, ἐδυνήθην, ἠδυνήθην) Aor. Pass. mehr ion. Il. ψ, 465; Od. ε, 319; Pind. O. 88; Her. 2, 19, 140; 7, 106, Eur. Ion. 867; att. Pros. Xen. -ην Hell. 7, 3; -η 7, 3, 9; -ητε Hell. 7, 3, 7; -ησαν 7, 5, 25; vgl. die Formen unt. δυνασθ- (*59*): δύναμαι 1.
2) ἐδυνάσθην 3 Dual. Imperf. Xen. Mem. 1, 2, 24: δύναμαι 1.
ἐδύνασο (< ἐδύνω) 2 Sing. Imperf. sp. Hippocr. Epist 3, 791 (-ασο *283*): δύναμαι 1.
ἐδύνατο (< δύνατο, ἠδύνατο *59*) 3 Sing. Imperf. Thuc. 2, 17; Xen. Cyr. 1, 5, 4; 7, 2, 1; Pl. Men. 94. d: δύναμαι 1.
ἔδῡνε (< δῦνε) Il. γ, 339; ἐς- Her. 6, 138: δύνω 2.
ἐδυνέατο (< ἠδυνέατο) 3 Plur. Imperf. Her. 4, 114; 7, 211; 9, 70. 103 [-έα- *108*]: δύναμαι 1.
ἐδυνήθην (ἠδυνήθην, ἐδυνάσθην) [Lys.] 14, 46; Dem. 18, 237. (*59*): δύναμαι 1.
ἐδυνησάμην Aor. bei Hom. Il. ξ, 33. 423 und öfter b. sp. D., wie Arat. Phaen. 375; Ep. ad. c. 18 (Anth. 7, 148) und in ganz sp. Prosa: δύναμαι 1.
ἐδύνω (< ἠδ-, ἐδύνασο) 3 Sing. Imperf. Hom. Hym. 3, 405; Xen. An. 7, 5, 5; (-ω *283*): δύναμαι 1.
ἔδυσα (< ἔδυν) Aor. 1 -ν Il. σ, 145; ἐν- Ar. Thesm 1044; ἀπ- Pl. Charm. 154, e: δύω 2.
ἐδυόμην Imperf. Med. -ετο Pl. Pol. 269, a; ἐδύοντο (< δύοντο) ἐξ- Il. γ, 114 (zogen aus); εἰς- Xen. An. 4, 5, 14: δύω 2.
ἐδυσάμην, -ατο Aor. Med. Il. γ, 328; Nonn. 4, 21; -αμεθα in ἀπο- Pl. Rep. 612, a vgl. ὑποδύσασθαι Ar. Vesp. 1159: δύω 2.
ἐδύσετο (< δύσετο) Aor. 1 ep. Il. ο, 120; Od. ε, 352 *B**: δύω 2.
ἐδυσώπεον Imperf. (Vgl. Thiersch. Gr. Spr. §. 92, 3, 2): δυσωπέω einen unangenehmen Eindruck auf das Auge machen; *Pass.* fürchten.
ἔδωκα (δῶκα Il. δ, 43; Od. δ, 649; -ας δ, 647; -ε *Γ**; ἄνδωκ Pind. I. 5, 39; δῶκ' φ 296; δῶχ' ε, 266; δῶκαν) Aor. 1 nur. Indic. Od. ο, 373; *Pl.* Rep. 612, c; -ας Il, φ, 473; *Phaedr.* 257, a; -ε Il. α, 96 *Γ**; *Prot.* 321, b; -αν Il. χ, 379; Pind. N. 11, 39 (*99*): δίδωμι 3.
ἐδωρήθην Aor. Pass. Her. 8, 85: δωρέω 4.
ἐδώρησα Aor. Pind. Ol. 6, 131; -ησατο *Med.* Pl. Symp. 194; e; *X*; -σω (2 P.) Aesch. Prom. 251: δωρέω 4.
ἐεδνώσαιτο (< ἐδνώσαιτο Anth. 7, 648) Opt. Aor. Med., Od. β, 53 (*der* mag *sie* ausstatten): ἐεδνόομαι ep. für ἑδνόομαι: ἑδνόω 5.
ἐείδετο Aor. 2 Qu. Sm. 1, 153: εἴδομαι, εἴδω 6.
ἐειδόμενος (< εἰδόμενος) Part. Pind. N. 10, 15: εἴδομαι, εἴδω 6.
ἐείλεον (< εἴλεον) ep. Imperf. Il σ, 447: εἰλέω: εἴλω bedrängen.
ἔειπα (< εἶπα) Aor. 1 -π' Pind. N. 9, 33; -ας Ap. Rh. 3, 1106; Theocr. 19(22), 152 (< εἶπα) [*58*]: εἴπω 7.
ἔειπον* (< εἶπον) Aor. 2 Il. κ, 445; -ες α, 552 *Δ**; -ε *Γ** ν, 666; -εν κ, 318 *Δ**; Pind. O. 4, 35(3) -ον τ, 85; Od. τ, 334: εἶπον 7.

---

1 δύναμαι *a.* können, vermögen; *b.* über sich gewinnen, fertig sein; *c.* gelten, bedeuten. 2 δύω verhüllen, versenken; δύομαι *Med. nebst Aor.* 2, *Perf. u. Plusperf. u. der intr.* Nbfrm. δῦνω eindringen, eingehen; untergehen (*v. d. Sonne* u. s. w.). 3 geben, dargeben, verleihen; *b. zu*geben, *gestatten*; *c*, *über*geben, *lehren*; *d. über*geben, *preissgeben*; *e. los*geben, *begnadigen*. 4 (be)schenken, ehren; *Pass.* geschenkt werden; *Dep. Med.* (be)schenken, darbringen. 5 ἑδνόω u. ep. ἐεδνόομαι, Mitgift geben, ausstatten. 6 (ein)sehen, bemerken; *Pass.* gesehen werden, scheinen. . . 7 ich sagte, redete, nannte. 8 gehen, kommen, wandern, reisen. 9 ver

*ἐεισαμένη (< εἰσ-) Fem. Part.. Aor. Il. ζ, 24 (III): εἴδομαι, εἴδω 6.
*ἐεισάμενος (< εἰσ-) Part. Aor. Il. λ, 241 (V) [568]: εἴδομαι: εἴδω 6.
ἐεισάμην s. ἐείσατο 1. u. 2.
ἐείσαο 2 Sing. Aor. Il. ι, 645 [568]: εἴδομαι, εἴδω 6.
ἐεισάσθην 3 Dual. Aor. 1 Med. Il. ο, 544 [289]: εἶμι 8.
1) ἐείσατο 3 Sing. Aor. Od. β, 320 (VI: Od.): εἴδομαι: εἴδω 6.
2) ἐείσατο (< εἴσατο) Aor. 1 Med. Il. ο, 415; χ, 89 vgl. ἐεισάσθην [289]: εἶμι 8.
ἐέλδεαι (< ἔλδεαι) du sehnst dich 2 Sing. Praes. ep. Od. ε, 210 [568]: ἔλδομαι 9.
ἐελδέσθω* 3 Dual. Imper. Praes. pass. ep. Il. π, 494: ἔλδομαι 9.
ἐέλδεται (< ἔλδεται) 3 Sing. Praes. ep. Il. ν, 638 (IV): ἔλδομαι 9.
ἐέλδετο* Imperf. Od. δ, 162: ἔλδομαι 9.
ἐέλδομαι* Praes. ep. Il. ξ, 276; Od. ε, 219: ἔλδομαι 9.
ἐελδόμενος* Part. ep. Od. α, 409; ξ, 42; -μένῳ μ, 438; Qu. Sm. 2, 240; -μένοι 639; -οισι Il. η, 7; Od. ω, 400; -σιν Il. η, 4; Od. φ, 209; -μένη Qu. Sm. 609: ἔλδομαι 9.
ἐέλμεθα 1. Plur. Perf. Pass. Il. ω, 662 [568]: εἴλω 10.
ἐελμένος* Part. Perf. Pass. Il. ν, 524; Nonn. 2, 484 -οι Il. μ, 38; σ, 287; -ον Hym. 3, 106 [568]: εἴλω 10.
ἐέλπεται (< ἐλπ-) Praes. M. ep. Il. κ, 105; ν, 813 [568]: ἔλπω 11.
ἐέλπετο* (ἐλπ-) Imperf. M. Il. μ, 407; ν, 8. 609; Od. ψ, 345: ἔλπω 11.
ἐελποίμην* Opt. Praes. M. ep. Il. θ, 196; ρ, 488: ἔλπω 11.
ἐέλσαι (< ἔλσαι) Inf. Aor. 1 Il. φ, 295 (224. 568]: εἴλω 10.
1) ἔεργε Imper. Praes. Od. μ, 219 [568]: ἐέργω, ἔργω 12.
1) ἔεργε Imperf. ep. Il. π, 395; -εν Il. δ, 130; θ, 213; -ον Od. η, 88 [568]: ἐέργω, ἔργω 12.
ἐέργει* Praes. Il. β, 845 B*; Hym. 2, 254; Qu. Sm. 2, 488; -ουσιν Od. λ, 503: ἐέργω, ἔργω 12.
ἐεργμένος Part. Perf. Pass. -αι Il. ε, 89 (vgl. Matthiä. Ausf. Spr. p. 578); ἀπεεργμένη Hom. Hym. 4, 47 (> ἀποεργ-): ἔργω 12.
ἐέργνυ Imperf. Od. κ, 238 ἔργω 12.
ἐεργόμενος Part. -οι Il. ν, 525: ἔργω 12.
ἔεργον 3 Plur. Imperf. Od. η, 88: ἔργω 12.
ἐέργων Part. Il. μ, 201. 219: ἔργω 12.
ἐερμένος Part. Perf. Pass. -ον Od. σ, 296; Hym. 1, 104: εἴρω [εἴργω] 13.
ἔερξε Aor. κατ- Hom. Hym. 3, 356: κατείργω, -έργω 12.
ἔερτο Plsperf. Od. ο, 460: εἴρω 13.
ἐέρχατο 3 Plur. Plsperf. Od. κ, 241: εἴργω 12.
1) ἐέσσατο Aor. Med. Il. κ, 23. 177; -τ' Od. ξ, 529: ἕννυμι 14.
2) ἐέσσατο Aor.Med. Od. ξ, 295: εἷσα 15.
ἔεστο (ἕστο) (Plsperf.) Il. μ, 464; Hym. 4, 86: ἕννυμι 14.
ἔζεε (< ζέε Il. φ, 365) Imperf. Hes. Th. 295. 847; Qu. Sm. 2, 256; 3, 140: ζέω 16.
ἔζεσα (< ζέσσα, ἔζεσσα) Aor. Anth. 7, 385; ζέσασα Pl. Tim. 85, e; vgl. ζεσ-: ζέω 16.
ἕζεσθε Imper. Her. 8, 22: ἕζομαι in Prosa selten.
ἐζέσθην Aor. Pass. sp. Dioscor. (210): ζέω 16.
ἔζεσμαι s. ζέζεσμαι.
ἔζευγμαι Perf. Pass. Il. σ, 276; -μένην Xen. An. 1, 2, 5; 2, 4, 13. 24: ζεύγνυμι 17.
ἐζεύγνυον (< ζεύγνυον) Imperf. ἐπ- Her. 7, 36; ἀν- Xen. Cyr. 8, 5, 1. 28: ζεύγνυμι 17.
ἔζευκται 3 Sing. Perf. Pass. Luc. Navig. 33: ζεύγνυμι 17.
ἔζευκτο Plsperf. Her. 4, 85: ζεύγνυμι 17.
ἔζευξα (< ζευξ- Hom. Γ*) Aor. 1

---

langen, wünschen, sich sehnen. 10 *a* (be)drängen; *Pass.* bedrängt werden, sich zusammendrängen; *b.* einschliessen. 11 hoffen lassen; *Med.* m. Perf. ἔολπα m. Praesensbed. hoffen, fürchten, meinen. 12 thun, machen, vollbringen, *bes.* darbringen, opfern. 13 verknüpfen, aneinanderreihen, einfassen. 14 bekleiden, anziehen; *Med.* sich etwas anlegen, anziehen. 15 ich setzte, legte, gründete *Med.* setzte *mich*, gründete *für mich.* 16 sieden, kochen, wallen, sprudeln *auch übertr.* 17 (an-, zusammen-) jochen; (ver)binden; fesseln; verheirathen.

-ν Od. γ, 478; Aesch. Pers. 722: ζεύγνυμι 1.
ἐζευξάμην Aor. Med. -ω Eur. Tr. 676; συνεζεύξατο Xen. Cyr. 6, 1, 51: (συ-) ζεύγνυμι 1.
*ἐζεῦχθαι Inf. Aor. Pass. Eur. Hel. 1654: ζεύγνυμι 1.
*ἐζεύχθην (vgl. ζευχθ-) Aor. Pass. Eur. Ion. 949; κατ- Soph. Ant. 946; selten in att. Prosa: ζευχθεῖσα Pl. Polit. 302, e: ζεύγνυμι 1.
ἔζη (vgl. ἔζων) 3 Sing. Imperf. Aesch. Ch. 361 (> ἔζης); Xen. Cyr. 4, 6, 6; Oec. 7, 5; Pl. Theaet. 164, e; Rep. 406, b: ζάω 2.
ἔζηκα Perf. Aristot. Vol. 2, 1048 (Bekker); Dion. Hal. Ant. 5, 68: ζάω 2.
ἐζήλουν Imperf. Xen. Hier. 1, 9: ζηλόω 3.
ἐζήλωκα Perf. -ε Pl. Theag. 121, d: ζηλόω 3.
ἐζηλωκέναι Inf. Perf. Xen. Cyr. 4, 3, 17: ζηλόω 3.
ἐζήλωσα Aor. Pl. Ion. 530, b: ζηλόω 3.
ἐζημιώθην Aor. Pass. Her. 9, 77 (> ζημιῶσαι?): ζημιόω 4.
ἐζημίωκα Perf. Dem. 21, 50: ζημιόω 4.
ἐζημίωσα Aor. Thuc. 2, 65: ζημιόω 4.
ἔζην (< ἔζων) 1 Sing. Imperf. Dem. 24, 7 vgl. Buttm. Ausf. Spr. §. 114. p. 191. 192; in ἔζων geändert ist ἔζην jetzt Eur. Alc. 295. 651: ζάω 2.
ἔζης 2 Sing. Imperf. Soph. Fr. 603: ζάω 2.
ἔζησα Aor. Anth. 7, 470: ζάω 2.
ἐζῆτε 2 Plur. Imperf. Xen. Cyr. 7, 2, 26: ζάω 2.
ἐζήτημαι Perf. Pass. -ται Xen. Cyn. 13, 3: ζητέω 5.
ἐζήτησα Aor. Pl. Men. 99, e *A**. (-αμεν, -ατε): ζητέω 5.
ἐζήτουν (< ζήτει Hom.) Imperf. Pl.: -ει, -οῦμεν, -εῖτε, -ουν Prot. 322, b; Xen. Cyr. 8, 5, 13: ζητέω 5.
ἐζόμην Imperf. Il. α, 48: ἕζομαι, sitzen.
ἐζύγην (vgl. ζυγ-) Aor. 2 Pass. Pl Rep. 508, a: ζεύγνυμι 1.
ἐζωγρήθην Aor. 1 Pass. -η Her. 1, 128; Xen. Hell. 1, 5, 14: ζωγρέω 6.
ἐζώγρησα Aor. 1 Thuc. 2, 92; Xen. An. 1, 7, 22: ζωγρέω 6.
1) ἔζωκα[1]) Perf. Paus. 8, 40; Dion. Arch. 2, 5: ζώννυμι 7.
2) ἔζωκα Perf. C. Inscr. 3684: ζάω 2.
ἔζωμαι (< ἔζωσμαι) Perf. Pass. περι- Athen. 14, 622: ζώννυμι 7.
ἔζωμεν 1 Pl. Imperf. [Pl.] Epist. 347: ζάω 2.
ἔζων (< ἔζην) Imperf. Soph. El. 323; Pl. Leg. 679, c; [Pl.] Ep. 354, d: ζάω 2.
ἔζωον (< ζώεσκον) Imperf. Od. χ, 245; Hes. Op. 112; Her. 4, 112: ζάω 2.
1) ἔζωσα[1]) Aor. ἐπι- Her. 1, 120: ζάω 2.
2) ἔζωσα (< ζώσαντες Od. σ, 76); σύζωσον Ar. Thesm. 255: ζώννυμι 7.
ἐζωσάμην (< ζώσατο) Il. ξ, 181; Od. σ, 67; περιεζώσατο Ar. Pax. 687: ζώννυμι 7.
ἐζώσθην Aor. Pass. Nonn. Par. 5, 3; Herodi. 2, 14; δι- Theophr. Fr. 6, 1, 22: ζώννυμι 7.
ἔζωσμαι (< ἔζωμαι) Perf. Pass. -μένοι in ἐπ- Her. 2, 28; in δι- Thuc. 1, 6: ζώννυμι 7.
ἔζωστο Plut. Ant. 4: ζώννυμι 7.
ἔῃ (< ἔῃσιν, ᾖσιν, εἴῃ, ᾖ) 3 Sing. Conj. Praes. offene Form st. ᾖ: Il. ι, 142; κ, 225; μ, 300; ξ, 484; Od. τ, 329. 332 [*277*]: εἰμί 8.
ἕῃ (< ἧσιν, ἀνήῃ, ἐφείῃ, μεθήῃ [ἀφήῃ ?]) 3 Sing. Conj. Aor. 2 ἀφέῃ Il. π, 590 [*270*]: ἀφίημι 9.
ἔηγα (< ἔαγα, ἦγα) Perf. ion. κατεηγότα Her. 7, 224: (κατ-) ἄγνυμι 10.
ἐηγείς (< ἐαγείς, ἀγείς) Part. Aor. κατ- Hipp. 4, 324: (κατ-)άγνυμι 10.
ἕηκα (< ἧκα) Aor. 1 ἐφέηκα Il. υ, 346; καθέηκα ω, 642; μεθέηκα ρ, 539; προέηκα θ, 297; κ, 125; ἐπιπροέηκα ρ, 708: ἵημι 11.

1) Für Aor. 1 und Perf. gebrauchen die Att. gew. ἐβίων, βεβίωκα.

---

1 (an-, zusammen-) jochen; (ver)binden; fesseln; verheirathen. 2 leben, vorhanden sein; ein Leben führen, sich nähren; in Kraft sein, bestehen. 3 nacheifern; bewundern; beneiden. 4 Schaden zufügen; strafen. 5 suchen, streben, wünschen. 6 lebendig gefangen nehmen, dem Gefangenen das Leben schenken. 7 (um)gürten, anlegen; *Pass. u. Med.* sich umg., sich rüsten. 8 sein. 9 *a.* entsenden, entlassen, wegschicken. *b.* los-, freilassen. *c.* sein lassen, aufgeben, nicht achten. *Pass.* entlassen, frei ge-

ἕηκε 3 Sing. Aor. 1 Il. α, 48; ferner in ἀφέηκε μ, 221; φ, 115; ψ, 841; ἐνέηκε κ, 89; Od. δ, 233; ἐφέηκεν ι, 38; ξ, 464; Qu. Sm. 2, 94; μεθέηκεν Il. ψ, 434; ω, 48; Od. σ, 402; ξυνέηκε Il. α, 8; β, 182; η, 210; κ, 512; ο, 442; Od. σ, 34; προέηκε(ν) Il. ε, 290 *Γ**; ἀποπροέηκε Od. ξ, 26; χ, 327; ἐπιπροέηκε Il. ι, 520; Od. ο, 299: ἵημι 11.

ἕην (< ἦν, ἦεν, ἤην, ἔσκε) 3 Sing. Imperf. Il. γ, 180; β, 687. 642; δ, 399; ι, 546; λ, 762; μ, 337; σ, 39. 47. 521; ψ, 420; ω, 426; Od. β, 272; ο, 361; ω, 208; Hym. 5, 58; Her. 7, 143; ἐπέην 7, 170; [*283*]: εἰμί 8.

ἑήνδανε (ἑάνδανε, ἥνδανε *B**) Imperf. Il. ω, 25: ἁνδάνω 12.

ἕησθα (< ἦσθα, ἕας) 2 Sing. Imperf. ep. Il. χ, 435; Od. π, 420; ψ, 175 [*282*]: εἰμί 8.

ἔησι(ν) (< ἦσιν, ἔῃ, ᾖ, εἴῃ) 3 Sing. Conj. Praes. Il. β, 366; γ, 109; Od. θ, 147; λ, 434; ο, 422; ω, 202 [*277*]: εἰμί 8.

ἐθάκει (vgl. θακ-) Imperf. Com. Fr. 2, 146: θακέω 13.

ἔθαλλεν (< θήλεον) Imperf. Pind. Ol. 3, 23 liess wachsen, brachte hervor: θάλλω 14.

ἔθαλπε Imperf. Soph. Ant. 417: θάλπω 15.

ἐθάλπετο Imperf. Pass. Pind. N. 4, 14 wurde noch von der Sonne erwärmt, lebte noch: θάλπω 15.

ἐθάλφθην Aor. Pass. θαλφθείς Hes. Th. 863; θαλφθῇ Ar. Equ. 210 (*105. 106*): θάλπω 15.

ἔθαλψα Aor. -ε Soph. Tr. 1082 (*96. 97*): θάλπω 15.

ἐθάμβεον Imperf. -εεν Qu. Sm. 2, 146; -εον 3 Plur. Od. δ, 638; κ, 63; ρ, 367; Pind. N. 3, 50 (> -εεν); Her. 1, 111: θαμβέω staunen.

ἔθανον (< θάνον, -ε) Aor. 2 als Simpl. poet., ion. und in sp. Prosa: Od. θ, 226; ἔθαν' Il. φ, 610; ἔθανες (> θάνες) Aesch. Sept. 961. 962; Hippocr. oft; ἀπέθανε(ν) in att. Prosa Xen. Hell. 2, 1, 4 *Γ**; ἀπέθανον Pl. Alc. I. 115, b: (ἀπο-) θνήσκω 16.

ἐθάρσησα Aor. Her. 9, 25 (> ἐθάρρησαν): θαρσέω.

ἐθαύμασα Aor. Aesch. Sept. 771; Pl. Phaed. 89, a *Γ**: θαυμάζω 17.

ἐθαυμάσθην Aor. Pass. Xen. Cyn. 1, 5; θαυμασθῇ Thuc. 6, 12: θαυμάζω 17.

ἐθάφθην (< ἐτάφην) Aor. Pass. Simon. C. 170 (Bergk); θαφθῆναι Her. 2, 81; θαφθεῖσι 7, 228 (*105. 106*): θάπτω 18.

ἔθαψα Aor. -ε Her. 1, 113; Eur. Suppl. 760; -αν Thuc. 5, 11 vgl. ἔταφον (*96. 97*): θάπτω 18.

ἐθεάθην Aor. Pass. pass. Bedeut. sp. N. T. Marc. 16, 11; θεαθέν einmal Thuc. 3, 38 ist jetzt nach den besten MSS. in δρασθέν geändert: θεάομαι 19.

ἐθεᾱσάμην (< ἐθεησάμην) Aor Eur.; Pl. Symp. 221, a; -σάμεθα Rep. 615, d; -σασθε Lach. 179, e; Dem. 5, 7: θεάομαι 19.

ἐθεᾶτο (< ἐθηεῖτο) Imperf. Thuc. 5, 7; Xen. Cyr. 1, 4, 15: θεάομαι 19.

ἔθεεν (< θέεν, ἔθει) Imperf. Il. α, 483; Od. β, 429; ξ, 299: θέω 20.

ἐθεησάμην[1]) (< ἐθηησάμην, θηησ-) Aor. -ατο Her. 3, 23. 24; 4, 87; 7, 128 (> ἐθηήσατο[1]): θεάομαι 19.

ἔθει (< ἔθεεν, θέεν) Imperf. Pl. Charm. 153, b: θέω 20.

ἐθείην, -ης, -η Opt. des Aor. Pass. εἵθην (ἔθην): ἵημι 11.

ἔθεινα Aor. 1 -ε Il. φ, 491: θείνω 21.

ἔθεινον Imperf. Aesch. Pers. 418: θείνω 21.

ἐθείνοντο Imperf. Pass. Aesch. Sept. 959: θείνω 21.

ἐθείς Part. Aor. Pass. ἀφεθείς Xen. Mem. 4, 4, 4; Equ. 3, 5; Pl. Rep. 451, b; ἀφεθέντα Tim. 80, a *A**;

1) Bekker, Lhardy haben nach den meisten MSS. in Her. θεήσομαι, ἐθεησάμην gegeben, wo Schweigh., Baer. θηήσομαι, ἐθηησάμην hatten.

---

sprochen werden, loskommen; *Med.* sich losmachen, ablassen. 10 (zer)-brechen 11 ἵημι *gehen machen*, in Bewegung setzen, senden, schicken. *Med.* sich in Beweg. setzen, begehren: verlangen. 12 gefallen. 13 sitzen. 14 blühen, grünen, gedeihen. 15 (er)wärmen. 16 sterben. 17 sich (ver)wundern. 18 bestatten, begraben. 19 (be)schauen, betrachten, wahrnehmen. 20 laufen, dahineilen. 21 schlagen, hauen, stechen; *Pass.* geschlagen, getödtet werden.

ἀνεθέντος Pl. Rep. 410, e; ἀν- Xen. Cyr. 3, 1, 26: (ἀφ)ίημι, (ἀν)ίημι 1.
ἔθελγε (< θέλγε) Imperf. Od. ϱ, 521: θέλγω 3.
ἐθέλει (< θέλει) Il. β, 357 *B**; Xen. Cyr. 3, 1, 18: ἐθέλω 2.
ἐθέλειν (< θέλειν Pl. Rep. 391, a) Inf. Praes. Xen. Hipp. 9, 9; Pl. Rep. 437, b *B**: ἐθέλω 2.
ἐθέλεις (< θέλεις) 2 Sing. Praes. Il. δ, 26 *Γ**; Pl. Alc. I. 122, b. d; Xen. Cyr. 1, 4, 10: ἐθέλω 2.
ἐθέλεσκον Imperf. iter. -ε Il. ι, 353; -ες 486; -ον Plur. Il. ν, 106: ἐθέλω 2.
ἐθέλετε (< θέλετε Pl. Phaed. 77, c) 2 Plur. Ind. Praes. ἐθέλω, θέλω 2.
ἐθέλῃ (< θέλῃ; ἐθέλῃσι) 3 Sing. Conj. Praes. Il. χ, 366; σ, 116 *A**; Pind. P. 5, 65; Xen. Equ. 8, 4; Isae. 2, 13: ἐθέλω 2.
ἐθέλῃς (< ἐθέλῃσθα) 2 Sing. Conj. Praes. Il. α, 554; Od. λ, 105; ψ, 258: ἐθέλω 2.
ἐθέλησα] (< ἠθέλησα) Aor. Il. σ, 396 (Wolf): ἐθέλω 2.
ἐθέλησαι (< -ειεν) 3 Sing. Opt. Aor. (-αι, -ειεν **136**): ἐθέλω 2.
ἐθελῆσαι (< θελῆσαι) Inf. Aor. Thuc. 1, 39; Xen. Cyr. 4, 5, 10: ἐθέλω 2.
ἐθελήσαιεν (< ειαν) 3 Plur. Opt. Aor. (-αιεν, -ειαν **136**): ἐθέλω 2.
ἐθελήσαιμεν 1 Plur. Opt. Aor. Xen. Mem. 1, 5, 2: ἐθέλω 2.
ἐθελήσαις (< -ειας) 2 Sing. Opt. Aor. Pind. P. 1, 40; Pl. Gorg. 449, b; Lys. 206, c (-αις, -ειας **136**): ἐθέλω 2.
ἐθελήσειαν (< -αιεν) 3 Plur. Opt. Aor. Xen. An. 4, 1, 8 (-ειαν, -αιεν **136**): ἐθέλω 2.
ἐθελήσειας (< -αις) 2 Sing. Opt. Aor. Pl. Pol. 272, b (-ειας, -αις **136**): ἐθέλω 2.
ἐθελήσειεν (< -αι) 3 Sing. Opt. Aor. Pl. Pol. 276, b (-ειεν, -αι **136**): ἐθέλω 2.
ἐθελήσειν (< θελήσειν) Inf. Fut. Pl. Rep. 347, a: ἐθέλω 2.
ἐθελήσετον 3 Dual. Fut. Od. ϑ, 316: ἐθέλω 2.

ἐθελήσῃ Conj. 3 Sing. Aor. 1 Aesch. Prom. 178; Pl. Phaedr. 257, c; Leg. 863, b.: ἐθέλω 2.
ἐθελήσῃς 2 Sing. Aor. 1 Pl. Euthyd. 295, a: ἐθέλω 2.
ἐθελήσητε 2 Plur. Aor. 1 vgl. ἐθελήσῃς: ἐθέλω 2.
ἐθέλῃσθα (< ἐθέλῃς) 2 Sing. Conj. Praes. Il. α, 554; δ, 353; ϑ, 471; σ, 457; τ, 147; φ, 484; ω, 335; Od. γ, 92; δ, 322. 391; σ, 270; ω, 511; Hym. 3, 181: ἐθέλω 2.
ἐθέλῃσι (< ἐθέλῃ; θέλῃσι) 3 Sing Conj. Praes. Il. α, 580; ϑ, 142; ι, 146 *Γ**; Theocr. 16, 28 (> ἐθέλῃτι, ἐθέλωντι): ἐθέλω 2.
*ἐθελήσοι 3 Sing. Opt. Fut. Pl. Prot. 335, a: ἐθέλω 2.
*ἐθελήσοις 2 Sing. Opt. Fut. Pl. Rep. 337, a: ἐθέλω 2.
ἐθέλησον Imper. Aor. Pl. Gorg. 449, b: ἐθέλω 2.
ἐθελήσω (< θελ-) Fut. Od. ϑ, 223; Batr. 187; Xen. Cyr. 2, 4, 17; -εις Od. σ, 362; -ει Il. ο, 215; vgl. -ετον -ουσι *Pl.* Rep. 471, b vgl. Opt. -σοι, -σοις: ἐθέλω 2.
ἐθελήσωμεν 1 Plur. Conj. Aor. 1 vgl. ἐθελήσωσιν: ἐθέλω 2.
ἐθελήσωσιν 3 Plur. Conj. Aor. 1 Pl. Theaet. 177, b: ἐθέλω 2.
ἐθέλητε (< θέλητε Pl. Phaed. 115, a) 2 Plur. Conj. Praes.: ἐθέλω 2.
ἐθέλητον 2 Dual. Conj. Praes. Il. δ, 346; ε, 233: ἐθέλω 2.
ἔθελξα Aor. Od. κ, 318; vgl. θέλξειεν Soph. Tr. 355; θέλξας Aesch. Suppl. 571: θέλγω 3.
ἐθέλοι (< θέλοι) 3 Sing. Opt. Praes. Il. σ, 473 *A**; Xen. Equ. 3, 12; Pl. Parm. 133, b: ἐθέλω 2.
ἐθέλοιεν 3 Plur. Opt. Praes. Od. γ, 228; Thuc. 7, 6: ἐθέλω 2.
ἐθέλοιμεν 1 Plur. Opt. Praes. Il. β, 123 *A**; Xen. An. 7, 7, 6: ἐθέλω 2.
ἐθέλοιμι (< θελ-) 1 Sing. Opt. Praes. Il. δ, 318 *Γ**; Xen. Cyr. 5, 2, 10: ἐθέλω 2.
ἐθέλοις (< θέλοις) 2 Sing. Opt. Praes. Il. ψ, 894; Pl. Prot. 334, b: ἐθέλω 2.

---

1 ἵημι *gehen machen*, in Bewegung setzen, senden, schicken. *Med.* sich in Beweg. setzen, begehren, verlangen. 2 wollen, entschlossen sein; be-

ἐθελοίσας Fem. Part. Praes. dor. für *ἐθελούσας* Pind. N. 3, 83 [***417***|: *ἐθέλω* 2.

ἐθέλοιτε (*θέλοιτε*) 2 Plur. Opt. Praes. Od. *ο*, 435: *ἐθέλω* 2.

ἔθελον Imperf. Il. ζ, 336; Pind. P. 9, 111: *ἐθέλω* 2.

1) *ἐθέλοντι* (< *ἐθέλουσι*, *θέλοντι*) 3 Plur. Praes. dor. Pind. O. 13, 9; N. 7 10 [***161***]: *ἐθέλω* 2.

2) *ἐθέλοντι* Dat. Part. Praes. Pl. Leg. 907, c: *ἐθέλω* 2.

ἐθέλουσα (< *θέλουσα* Xen. Oec. 5, 12) Il. *σ*, 434 ***A***; Xen. Cyr. 8, 1, 4: *ἐθέλω* 2.

ἐθέλουσι (< *θελ-*) 3 Plur. Ind. Praes. Il. *β*, 284 ***B****; Pl. Symp. 179, b: *ἐθέλω* 2.

ἐθέλχθην Aor. Pass. *-ης* Od. *κ*, 326; *ἔθελχθεν* [3 Plur.] *σ*, 212; *θελχθῇς* Eur. I. A. 142: *θέλγω* 3.

1) *ἐθέλω* 1 Sing. *Indic.* Praes.: *ἐθέλω* 2.

2) *ἐθέλω* 1 Sing. *Conj.* Praes. vgl. *ἐθέλωμι*, *ἐθέλῃς*, *-ῃσθα*, *-ῃ*, *-ωμεν*, *-ητε*, *-ωσιν*: *ἐθέλω* 2.

ἐθέλωμεν 1 Plur. Conj. Praes. Xen. An. 3, 2, 19 (> *βουλώμεθα*): *ἐθέλω* 2.

ἐθέλωμι 1 Sing. Conj. Praes. Il. *α*, 549 (nach Herm.); *ι*, 397 (nach Aristarch); Od. *φ*, 348 [***69***]: *ἐθέλω* 2.

ἐθέλων (< *θέλων*) Part. Praes. Il. *δ*, 300; Pl. Symp. 220, a: *ἐθέλω* 2.

ἐθέλωσι(ν) (< *θέλωσιν*) 3 Plur. Conj. Praes. Il. *η*, 375; Od. *ε*, 169; *σ*, 277; Xen. Cyr. 4, 5, 31; Pl. Symp. 190, d (> *θέλωσιν*); Phaedr. 266, c; Isae. 2, 33: *ἐθέλω* 2.

ἐθέμεθα 1 Plur. Aor. 2 Med. Pl. Rep. 369, c; *συν-* Lys. 13, 88; *ὑπ-* Pl. Parm. 142, d: *τίθημι* 4.

ἐθέμεθον 1 Dual. Aor. 2 Med.: *τίθημι* 4.

ἔθεμεν (< *θέμεν*) 1 Plur. Aor. 2 Act. Pl. Soph. 248, c; Rep. 491, e; *κατ-* Xen. Oec. 9, 8; *δι-* Isocr. 4, 118: *τίθημι* 4.

ἐθέμην 1 Sing. Aor. 2 Med. Hom. Hym. 4, 255; Isae. 2, 36; Pl. Crat. 385, d; *ξυν-* Eur. Bacch. 175; *συν-* Xen. Oec. 7, 2; *ὑπ-* Pl. Theaet. 165, d: *τίθημι* 4.

ἐθέντα, *ἐθέντος* s. *ἐθείς*.

ἔθεντο (< *θέντο*) 3 Plur. Aor. 2 Med. Il. *β*, 750; *ι*, 232; *ϱ*, 158; Aesch. Ag. 816 ***B****; Her. 9, 52; Xen. Mem. 4, 4, 19; Pl. Phaed. 91, a; *κατ-* Od. *ν*, 72; Pl. Leg. 858, d; *συν-* Xen. Ath. 2, 17: *τίθημι* 4.

**ἐθεραπεύθην* (< *ἐθεραπεύσθην*) Aor. Pass. *θεραπευθῆναι* Pl. Charm. 157, b; *-θέντες* Lach. 179, b; *-θεῖσιν* Prot. 325, c: *θεραπεύω* 5.

ἐθεράπευον Imperf. Xen. Cyr. 7, 5, 51: *θεραπεύω* 5.

ἐθεράπευσα Aor. 1 Thuc. 1, 137; Pl. Clit. 407, b: *θεραπεύω* 5.

ἐθεραπευσάμην* Aor. Med. V. T. 2 Reg. 19, **24: *θεραπεύω* 5.

**ἐθεραπεύσθην* (< *ἐθεραπεύθην*) Aor. Pass. Hippocr.: *θεραπεύω* 5.

ἔθεσαν (< *θέσαν* ***Δ****) 3 Plur. Aor. 2 Il. *α*, 290; Od. *μ*, 448 [> *πέλασαν* Wolf]; Aesch. Pers. 283; Eur. Bacch. 755; Xen. Mem. 2, 4, 4; Pl. Tim. 21, b; *παϱ* . . . Od. ζ, 248; *θ*, 420; *ἀν-* Pl. Prot. 343, b; *πϱος-* Her. 5, 30; Xen. Mem. 1, 4, 11: *τίθημι* 4.

ἔθεσθε (< *θέσθε*) 2 Plur. Aor. 2 Med. Il. *θ*, 449; Od. *χ*, 40 [> *ἔσεσθαι* Wolf]; *-σθ'* Aesch. Pers. 1005; Isae. 4, 17; *ξυν-* Eur. Bacch. 807: *τίθημι* 4.

ἐθέσθην (< *θέσθην*) 3 Dual. Aor. 2 Med. vgl. *κατθέσθην* Od. *χ*, 141: *τίθημι* 4.

ἔθεσθον 2 Dual. Aor. 2 Med.: *τίθημι* 4.

ἔθετε 2 Plur. Aor. 2 Act.: *τίθημι* 4.

ἐθέτην 3 Dual. Aor. 2 Act.: *τίθημι* 4.

ἔθετο (< *θέτο*) 3 Sing. Aor. 2 Med. Eur. Hec. 711; Pl. Crat. 417, b ***A****; *ἐν* . . . Od. *θ*, 274; *ἐπ-* Xen. An. 2, 4, 23: *τίθημι* 4.

ἔθετον 2 Dual. Aor. 2 Act.: *τίθημι* 4.

ἔθευ (< *ἔθου*) 2 Sing. Aor. 2 M. Her. 7, 209; *συν-* Pind. P. 11, 41 (> Böckh: *συνετίθευ*; Herm. *γε συνέθευ*) [***92***]: *τίθημι* 4.

---

fähigt sein, pflegen, sollen. 3 streichen, bezaubern, täuschen. 4 setzen, stellen, legen. 5 dienen, warten, pflegen.

ἐθεῶντο (< ἐθηεῦντο) Imperf. Xen. An. 3, 5, 13: θεάομαι 1.
ἐθηεῖτο (< ἐθεᾶτο) Imperf. Her. 1, 10; 4, 85: θηέομαι 1.
ἐθηεύμεθα (< ἐθεώμεθα) 1 Plur. Praes.: θηέομαι 1.
ἐθηεῦντο (< ἐθεῶντο) Imperf. Her. 7, 56: θηέομαι 1.
ἐθηησάμην (< ἐθεησάμην, θηησ-, θησ-) Aor. Her. 3, 23. 24 vgl. ἐθεησάμην mit Anm.: θηέομαι 1.
ἔθηκα (< θῆκα) 1 Sing. Aor. 1 Il. ι, 485; Aesch. Prom. 444: τίθημι 2.
ἔθηκαν (< θῆκαν) 3 Plur. Aor. 1 Il. ζ, 300 *A*: τίθημι 2.
ἐθήκαντο 3 Plur. Aor. 1 Med. ἐπ- Her. 6, 108; 7, 125: τίθημι 2.
ἔθηκας 2 Sing. Aor. 1 Il. ρ, 37; Aesch. Eum. 458; ἐπ- Pl. Ep. 315, b: τίθημι 2.
ἐθήκατο (< θήκατο) Aor. 1 Med. ἀπεθήκατο Pind. Ol. 8, 68; ἐπ- Her. 1, 26; 8, 27: τίθημι 2.
ἔθηκε(ν) (< θῆκε, ἐθῆχ', θῆχ') 3 Sing. Aor. 1 Il. α, 2 *A**; Pind. Ol. 2, 99; Aesch. Suppl. 299; Xen. Lac. 1, 5; 8, 7; ἀν- Pl. Charm. 164, e; κατ- Prot. 328, c; συν- Phaedr. 228, a: τίθημι 2.
ἐθήλυνα Aor. Eur. Fr. Er. 17, 29 (D.): θηλύνω 3.
ἐθηλύνθην Aor. Pass. Soph. Ai. 651; Nonn. D. 12, 214: θηλύνω 3.
ἔθην (< εἴθην) Aor. Pass. ἀφέθη Hom. Batr. 87: ἀφίημι 4.
ἐθῆναι Inf. Aor. Pass. ἀφεθῆναι Thuc. 7, 86; Xen. Ag. 1, 10; Vect. 2, 4: ἀφίημι 4.
ἔθηξα s. θηξ-.
ἐθηξάμην s. θηξ-.
ἐθηρασάμην Aor. Med. ἐθηράσω Soph. Phil. 1007; -ασθε Eur. Hipp. 919: θηράω 5.
ἐθήρευσα Aor. Pl. Euthyd. 290, d: θηρεύω 6.
ἐθηρευσάμην Aor. Med. s. θηρευσ-.
ἐθήσομαι Fut. 1 Pass. ἀφεθήσει Pl. Rep. 472, a: ἀφίημι 4.
ἔθητι Imper. Aor. Pass.: ἵημι 7.
ἔθηχ' (< ἔθηκα, θῆκα, θῆχ') 3 Sing. Aor. 1: τίθημι 2.
ἐθιγόμην s. θίγοιτο.
ἔθιγον Aor. 2 -ες Eur. Alc. 108; vgl. θίγω, θίγοιμι, θιγεῖν, θιγών: θιγγάνω 8.
ἐθίχθην Aor. Pass. Sext. Emp. 435: θιγγάνω 8.
ἔθλασα (< θλάσσα) Aor. -ε(ν) Od. σ, 97; Hes. Sc. 140: θλάω 9.
ἐθλάσθην Aor. Pass. Aesop. 76; συν- Aristot. Probl. *A*. 38: θλάω 9.
ἐθλίβην (< ἐθλίφθην) Aor. 2 Pass. ἐκ- Hippocr. 2, 113 (> ἐκφλιβῇ Kühn.): θλίβω 10.
ἐθλίφθην (< ἐθλίβην) Aor. Pass. θλιφθὲν Pl. Tim. 91, a: θλίβω 10.
ἔθλιψα Aor. Pl. Tim. 60, c: θλίβω 10.
ἐθόαζον Imperf. Eur. Herc. F. 383: θοάζω 11.
ἐθοίναζε Imperf. Xen. Ages. 8, 7: θοινάζω.
ἐθοινήθην s. θοινηθῆναι.
ἐθοίνησα Aor. Her. 1, 129 (< ἐθοίνισα): θοινάω (> θοινίζω) 12.
ἐθοίνων Imperf. Hes. Sc. 212: θοινάω 12.
ἔθορον (< θόρον, -ε) Aor. 2 ἐξ- Il. φ, 539; ἐκ . . . Od. κ, 207: θρώσκω.
ἔθου 2 Sing. Aor. 2 M. Aesch. Sept. 107; Pl. Leg. 626, b; ἐπ- Aesch. Ag. 1409; συν- Pl. Crat. 435, a: τίθημι 2.
ἔθραξα Aor. Pl. Phaedr. 242, c; Parm. 130, d; vgl. θρᾶξαι Aesch. Prom. 628: θράσσω 13.
ἔθραυσα Aor. -ε Soph. El. 745; θραύσαντες Eur. Hel. 1544: θραύω 14.
ἐθραύσθην Aor. Pass. θραυσθέντα Soph. Ant. 476; -εντων Eur. Suppl. 691: θραύω 14.
ἐθράχθην Aor. Pass. Soph. Fr. 812 (D.): θράσσω 13.

---

1 (be)schauen, betrachten, wahrnehmen. 2 setzen, stellen, legen. 3 weibisch machen, verweichlichen, verzärteln. 4 *a.* entsenden, entlassen, wegschicken. *b.* los-, freilassen. *c.* sein lassen, aufgeben, nicht achten. *Pass.* entlassen, freigesprochen werden, loskommen; *Med.* sich losmachen, ablassen. 5 erjagen, fangen, treffen; *Med.* für sich erj. u. s. w. 6 jagen, auf die Jagd gehen. 7 ἵημι *gehen machen,* in Bewegung setzen, senden, schicken. *Med.* sich in Beweg. setzen, begehren, verlangen. 8 berühren, anrühren, betasten. 9 (zer)quetschen, (zer)drücken, (zer)schlagen. 10 drücken, pressen. 11 beeilen, beschleunigen. 12 bewirthen, speisen,

ἔθρεξα Aor. selten *-ε* Eur. I. A. 1569; *ἐπιθρέξαντος* Il. *ν*, 409; *περιθρέξαι* Ar. Thesm. 657; *θρέξασκον* Iterat. Il. *σ*, 599; *θρέξας* Epigr. Plut. V. Aristid. 20*: *θρέχω* 15.

ἐθρέφθην (< *ἐτράφην*) Aor. Pass. Hes. Th. 192; Eur. Hec. 351; vgl. *θρεφθῆναι* 600: *τρέφω* 16.

ἔθρεψα (< *θρεψα*, *-ε(ν)* *Γ**) Aor. *-ε* Il. *λ*, 223 *B**); *-α* Aesch. Ch. 908; *-ατ'* Sept. 19; *-ε* Ch. 548 *A*; Pl. Tim. 23, d; *-αν* Leg. 694, d: *τρέφω* 16.

ἐθρεψάμην Aor. Med. (vgl. das reflex. Fut. *θρέψομαι*) Aesch. Ch. 928; Eur. Herc. F. 458; *ἐθρέψω* Pl. Leg. 695, e; *-ατο* Critia. 113, e; *-αντο* Pind. O. 6, 46 vgl. *θρέψαντο*, *-αιο*, *-ωνται* u. s. w.: *τρέφω* 16.

ἐθρύλιξα s. *θρῡλίξας*.

ἐθρυλίχθην s. *θρυλίχθη*.

ἐθρύφθην Aor. Pass. Aristotel. De anim. 2, 8, 4; Probl. 11, 6: *θρύπτω* 17.

ἔθρυψα Aor. *ἐν-* Hipp. 2, 713: *θρύπτω* 17.

ἔθῡνα (< *ἔθυσα*) Aor. Anth. 6, 217: *θύνω* 18.

ἐθῦνεον (< *ἔθυνον*, *θῖνον*) Imperf. Hes. Sc. 210: *θύνω* 18.

ἔθῡνον (< *θῦνον*, *ἐθῦνεον*) Imperf. Simonid. 191 (Bergk.): *θύνω*, *θύω* 19.

ἐθυόμην Imperf. Med. Xen. An. 6, 1, 31; *-ετο* Xen. *Γ*: *θύω* 19.

ἔθῡον (ῠ) (< *θῦον*) Imperf. *ἔθῡε* Pind. Ol. 11, 57; Xen. 8, 7, 3: *θύω* 19.

1) *ἔθῡσα* (< *ἔθυνα*) Aor. selten Anth. Pal. 13, 18, Callim. Fr. 82: *θύνω* 18.

2) *ἐθῡσα* (< *θῦσα*, *-ε*) Aor. Od. *ι*, 231; Soph. El. 576; Her. 1, 50; Xen. Cyr. 8, 7, 1: *θύω* 19.

ἐθυσάμην Aor. Med. Xen. An. 3, 5, 18; Leg. 642, d: *θύω* 19.

ἑθῶ Conj. Aor. Pass.: *ἵημι* 7.

1) *εἶ* (< *εἶς*, *ἐσσί[ν]*) 2 Sing. Praes. Ind. att., auch bei Herod. 3, 140, 142 nben dem sonst gewöhnl. *εἶς*; Aesch. Prom. 696 *Γ**; Xen. An. 7, 3, 19; Pl. Symp. 173, d 2 m.: *εἰμί* 20.

2) *εἶ* (< *εἶς*) 2 Sing. Praes. Ind. *ἄπει* Pl. Crit. 54, b: *εἶμι* 21.

3) *εἶ* (< *ἴθι*) Imper. nur in Compos., wohl als imperativ. Fut. zu fassen (*321*) *ἔξει* Ar. Nub. 633: *εἶμι* 21.

εἴα (*ἔα*) 3 Sing. Imperf. Od. *η*, 141; Pl. Parm. 135, e; Xen. Symp. 8, 29: *ἐάω* 22.

εἴακα Perf. Dem. 8, 37; 43, 78; Aristotel. Metaph. *A*. 9: *ἐάω* 22.

εἴαμαι Perf. Pass. Dem. 45, 22: *ἐάω* 22.

εἴαν st. *εἴησαν* 3 Plur. Opt. aeol. *συνειαν* Corp. inscr. Nr. 11 p. 29: *εἰμί* 20.

εἴας (< *ἔας*) 2 Sing. Imperf. Od. *τ*, 25; Pl. Alc. 1, 124, c; *ἐάω* 22.

εἴασα (< *ἔασα*) Aor. 1 *-ε* Il. *θ*, 125 *B**; Soph. Ant. 698*; Thuc. 6, 41; *-αμεν* Pl. Soph. 221, e; *εἴασαν* Thuc. 8, 84: Pl. Rep. 344, c; Xen. Hell. 6, 5: *ἐάω* 22.

εἴασκε (< *ἐα-*) Iter. Imperf. Il. *ε*, 802: *ἐάω* 22.

εἵατ' s. *εἵαται* und *εἵατο*.

εἵαται (< *ἕαται* Il. *γ*, 134; *ι*, 628 u. stets Her.) 3 Plur. Perf. (Praes.) für *ἧνται* Il. *κ*, 100. 161. 422; Od. ζ, 307 [**300**]: *ἧμαι* 23.

εἴατο (< *ἔσαν*, *ἦσαν*) 3 Plur. Imprf. Od. *υ*, 106 (> nach Buttm. *εἵατο* [*282*]: *εἰμί* 20.

1) *εἵατο* (< *ἕατο* Il. *η*, 414, u. stets Her. *ἧντο* *γ*, 153) 3 Plur. Plsperf. für *ἧντο* Il. *γ*, 149 *Γ**; *εἵαθ'* *ω*, 84. 99 [**300**]: *ἧμαι* 23.

2) *εἵατο* 3 Plur. Plsprf. Il. *σ*, 596 [*100. 101*]: *ἕννυμι* 24.

---

schmausen, verzehren. 13 in Unordnung bringen, beunruhigen. 14 (zer)-brechen, (zer)malmen, zerstören. 15 laufen, rennen, eilen. 16 fest, dick, fett machen; *gew.* füttern, erziehen. 17 (zer)reiben, (zer)malmen, *Pass.* (zer)fallen. Uebertr. schwächen *Pass.* verweichlicht werden, schwelgen. 18 einherstürmen 19 opfern. 20 sein, vorhanden sein, da sein, existiren, leben 21 gehen. 22 lassen; *zu*lassen, *sein*lassen, *unter*lassen. 23 ich bin gelegt, gesetzt, gestellt worden; ich liege, sitze, stehe. 24 bekleiden, anziehen; *Med.* sich etw. anlegen, anziehen, anthun; Pass. Perf. *εἷμαί τι* ich bin mit etw. angezogen, habe etw. an.

εἴβεται Praes. Pass. Ap. Rh. 2, 666: εἴβω 1.

εἴβετο Imperf. Hes. Th. 910: εἴβω 1.

εἰβόμενος Part. Med. Soph. Ant. 527: εἴβω 1.

εἶβον Imperf. Od. δ, 153: εἴβω 1.

εἶδα (vgl. εἶδον) Aor. 1 spätere Form. Orph. Arg. 119: *ΕΙΔΩ* 2.

εἰδεῖεν (< εἰδείησαν) 3 Plur. Opt. Praes. Her. 9, 42 (> † εἰδοῖεν); Xen. Cyr. 2, 2, 21; Pl. Leg. 719, ib; Dem. 14, 30: *ΕΙΔΩ* 2.

δείη 3 Sing. Opt. Praes. Il. π, 73; μ, 229; Xen. Cyr. 3, 2, 8; Pl. Tim. 68, b *A**: *ΕΙΔΩ* 2.

εἰδείην 1 Sing. Opt. Aesch. Suppl. 289; Lys. 7, 16; Xen. Cyr. 4, 1, 21; Pl. Symp. 207, c *B**: *ΕΙΔΩ* 2.

εἰδείης 2 Sing. Opt. Praes. Od. ε, 206: *ΕΙΔΩ* 2.

εἰδείησαν (< εἰδεῖεν) 3 Plur. Opt. Praes. Her. 3, 61: *ΕΙΔΩ* 2.

εἰδείητε (< εἰδεῖτε) 2 Plur. Opt. Praes. Pl. Leg. 886, b: *ΕΙΔΩ* 2.

ἰδεῖμεν (< εἰδείημεν) 1 Plur. Opt. Pl. Rep. 582, a; Lach. 190, b: *ΕΙΔΩ* 2.

εἶδεν (< ἴδεν) 3 Sing. Aor. 2 Il. δ, 275 *Γ**; Pind. N. 4, 66; εἶδε Il. ψ, 874 *B**; Pind. N. 1, 56; εἶδ' Il. τ, 16 *A**; Pind. I. 2, 18; Xen. Cyr. 1, 4, 8; Pl. Phil. 65, e: *ΕΙΔΩ* 2.

εἰδέναι (< ἰδέναι) Inf. Perf. Aesch. Ch. 690; Pl. Phaed. 75, d *Γ**: *ΕΙΔΩ* 2.

εἶδες (< ἴδες) 2 Sing. Aor. 2 Od. λ, 162; Pl. Rep. 558, a: *ΕΙΔΩ* 2.

εἴδετ' 2 Plur. Ind. Aor. 2 Xen. Symp. 2, 15: *ΕΙΔΩ* 2.

εἴδεται 3 Sing. Praes. Med. Il. α, 228 *B**: εἴδομαι, *ΕΙΔΩ* 2.

1) **εἴδετε** 2 Plur. Ind. Aor. 2 Her. 8, 140. 144; 9, 58: *ΕΙΔΩ* 2.

2) **εἴδετε** (< εἰδῆτε) 2 Plur. Conj. Praes. Il. θ, 18; σ, 53; Od. ι, 17: *ΕΙΔΩ* 2.

εἴδετο Imperf. Pass. Ap. Rh. 2, 579, wurde gesehen, erschien: *ΕΙΔΩ* 2.

εἰδέω 1 Sing. Conj. Perf. Il. ξ, 235 (> ἰδέω); Od. π, 236: *ΕΙΔΩ* 2.

εἰδῇ 3 Sing. Conj. Prf. Il. θ, 406; Aesch. Prom. 824; Xen. Cyr. 4, 1, 12; Pl. Crat. 435, e *A**; *ΕΙΔΩ* 2.

εἴδηκα Perf. Aristot. Top. 1, 24, 484: εἰδέω, *ΕΙΔΩ* 2.

εἰδῇς 2 Sing. Conj. Prf. Il. α, 185 *B*; Xen. Cyr. 8, 2, 23: *ΕΙΔΩ* 2.

εἴδησα' (vgl. εἶδον) Aor. 1 selten Theophr. Char.; εἰδῆσαι Hippocr. 2, 436 (Littré): εἰδέω, *ΕΙΔΩ* 2.

εἰδήσειν (< εἰδησέμεν, εἴσομαι) Fut. Il. a, 546: *ΕΙΔΩ* 2.

εἰδήσεις (< εἴσει, εἴσῃ) 2 Sing. Fut. Od. η, 327: *ΕΙΔΩ* 2.

εἰδησέμεν (< εἰδήσειν, εἴσομαι) Inf. Fut. Od. ζ, 257: *ΕΙΔΩ* 2.

εἰδῆτε 2 Plur. Conj. Perf. Lys. 13, 4; Xen. An. 1, 3, 15; Hell. 2, 3, 30; Pl. Ap. 32, a: *ΕΙΔΩ* 2.

εἰδόθ' st. εἰδότα Acc. Sing. Il. ι, 440: *ΕΙΔΩ* 2.

1) **εἴδομεν** 1 Plur. *Indic.* Aor. 2 Her. 9, 46; Soph. El. 853; Xen. An. 3, 2, 23; Pl. Leg. 969, c: *ΕΙΔΩ* 2.

2) **εἴδομεν** (< εἰδῶμεν) 1 Plur. Conj. Perf. Il. α, 363; ν, 327; π, 19; χ, 130. 244: *ΕΙΔΩ* 2

εἰδομένη Fem. Part. Praes. Il. β, 280; εἰδομέναν Aesch. Ag. 771; εἰδόμεναι Ap. Rh. 4, 976: εἴδομαι, *ΕΙΔΩ* 2.

εἰδόμενος (< ἐειδόμενος) Part. Praes. Il. ε, 462; Her. 7, 56; vgl. ἐειδομένους Ap. Rh. 4, 221 und in Prosa προειδόμενοι *act.* Thuc. 4, 64: εἴδομαι, *ΕΙΔΩ* 2.

εἰδόμην (< ἰδ-) Aor. 2. Med. act. Bed. (= εἶδον) Aesch. Pers. 179; Eur. Hel. 122; κατειδόμην Soph. El. 892; vgl. εἰσίδοιτο Soph. Tr. 150; ὑπίδοισθε Dem. 23, 3; vgl. auch εἴδοντο u. (προ)εἰδόμενος: *ΕΙΔΩ* 2.

1) **εἶδον** (< ἴδον) 1 Sing. Aor. 2 Il. τ, 292; Od. κ, 194; λ, 281; ω, 445; Pind. P. 2, 54; Pl. Rep. 350, d: *ΕΙΔΩ* 2.

2) **εἶδον** (< ἴδον) 3 Plur. Aor. 2 Xen. Cyr. 1, 4, 18; Pl. Phaedr. 250, b: *ΕΙΔΩ* 2.

εἴδοντο (< ἴδοντο) Aor. 2. Med.

---

1 träufeln, vergiessen: *Pass.* niederrinnen. 2 εἶδον, sehen, betrachten, bemerken, wahrnehmen. zusehen, an-, einsehen. *Pass.* εἴδομοι gesehen werden, (er)scheinen, ähnlich sein: Perf. οἶδα mit *Conj.* εἰδῶ wissen,

act. Bed. (= εἶδον od. ἴδον) Il. π, 278 B*; Ap. Rh. 2, 206; vgl. εἰδόμην): εἴδομαι, *ΕΙΔΩ* 2.

εἰδόσι(ν) Dat. Plur. Part. Praes. Il. κ, 250; Xen. Cyn. 1, 7; An. 4, 1, 22; Pl. Symp. 199, a: *ΕΙΔΩ* 2.

εἰδότα Acc. Sing. Part. Praes. Il. ο, 527; Od. ι, 215 B*; Aesch. Suppl. 742; Pl. Rep. 450, e A*: *ΕΙΔΩ* 2.

εἰδότ' Acc. Part. Praes. st. εἰδότα Od. δ, 534: *ΕΙΔΩ* 2.

εἰδότας Acc. Plur. Part. Praes. Aesch. Ag. 1368 (III.); Xen. Cyr. 1, 1, 3; Hell. 2, 3, 33: *ΕΙΔΩ* 2.

εἰδότε Dual. Part. Praes. Il. β, 823; ε, 549. 608; κ, 360; λ, 710: *ΕΙΔΩ* 2.

εἰδότες N. Plur. Part. Praes. Il. β, 720; Od. γ, 277 B*: *ΕΙΔΩ* 2.

εἰδότι Dat. Sing. Part. Praes. Pind. P. 4, 142; Aesch. Prom. 1040; Pl. Rep. 337, d B*: *ΕΙΔΩ* 2.

εἰδότος Gen. Sing. Part. Perf. Il. ι, 345; Pl. Pol. 357, c B*: *ΕΙΔΩ* 2.

εἰδότων Gen. Plur. Part. Perf. Xen. Mem. 3, 6, 17; Pl. Rep. 300, c: *ΕΙΔΩ* 2.

εἰδυῖα Fem. Part. Praes. Il. ρ, 5 B*; Pl. Lach. 198, e; Il. -αν ψ, 263; Pl. Phaedr. 259, e; -ίῃ Il. α, 365; -ῖαι Aesch. Prom. 1076; -ας Il. ι, 128 B*; -ησι Il. α, 608; -ίαισιν Aesch. Prom. 441: *ΕΙΔΩ* 2.

εἰδυίαισιν Dat. Fem. Plur. Part. s. u. εἰδυῖα.

εἰδῶ Conj. Praes. Her. 2, 114; Xen. Oec. 11, 1; Pl. Alc. I. 106, c: *ΕΙΔΩ* 2.

εἰδῶμεν 1 Plur. Conj. Praes. Aesch. Ch. 890; Pl. Pol. 289, d A*; Xen. Mem. 3, 6, 11: *ΕΙΔΩ* 2.

εἰδώς Part. Praes. Il. α, 385 Γ*; Aesch. Sept. 68 Γ*; Pl. Phil. 17, c B*: *ΕΙΔΩ* 2.

εἰδῶσιν 3 Plur. Conj. Perf. Pl. Prot. 323, b: *ΕΙΔΩ* 2.

εἶεν (< εἴησαν) 3 Plur. Opt. Praes. Il. β, 372 Γ*; Hym. 1, 152; Aesch. Suppl. 185; Xen. Cyr. 1, 2, 5; An. 4, 6, 2; Hell. 5, 1, 11; Pl. Rep. 515, b (288): εἰμί 3.

εἷεν 3 Plur. *Opt.* Aor. 2: ἵημι 4.

εἴη (< ἔοι) 3 Sing. Opt. Praes. Il. γ, 410 Δ*; Pind. O. 1, 115; Aesch. Prom. 494; Xen. Cyr. 3, 2, 25 B*; Pl. Phaedr. 231, d; ἀπ' . . . Il. χ, 454; Pl. Epin. 277, c; ἐν- Il β, 490; ἐπ- β, 259; μετ- ε, 85 A*; παρ- Od. σ, 370; Pl. Rep. 362, d B*; ὑπ- Xen. Cyr. 1, 4, 23 [129]: εἰμί 3.

εἴῃ (< ἔῃ, ᾖ, ἔῃσιν, ᾖσιν) 3 Sing. Conj. Il. η, 340. 439; ι, 245; Od. ο, 448*; ρ, 586 [277]: εἰμί 3.

εἵη 3 Sing. *Opt.* Aor. 2 ἀφείη Il. γ, 317; ρ, 631; Pl. Ep. 349, a; ἐφείη Od. α, 254; μεθείη Il. ν, 118; ἐπείη [424] Her. 3, 113; συνείη Pl. Ion. 503, c: ἵημι 4.

εἵῃ (< ᾗσιν, ἕῃ, ἀνῇῃ, μεθῇῃ) 3 Sing. Conj. Aor. 2 ἐφείῃ Od. α, 254 Herm. (> ἐφείη), μεθείῃ (> μεθῇῃ) Od. ε, 471: ἵημι 4.

εἴημεν (< εἶμεν) 1 Plur. Opt. Praes. Pl. Hipp. maj. 301, d; Dem. 16, 5: εἰμί 3.

εἴην (vgl. εἴης, εἴη, ἔοις, ἔοι [278];) 1 Sing. Opt. Il. θ, 539; Pind. O. 3, 45; 9, 80; Aesch. Sept. 188; Ag. 472; Lys. 8, 9; Pl. Prot. 317, c; μετ- Od. κ, 52; ω, 436 [129]: εἰμί 3.

εἵην 1 Sing. *Opt.* Aor. 2 ἐξ . . . εἵην Il. ω, 227; ἐφείην σ, 124; μεθείην Soph. Phil. 1302 [124]: ἵημι 4.

εἴης (< ἔοις [278]) 2 Sing. Opt. Praes. Il. ι, 57; Od. ε, 209; ν, 415; σ, 79; Aesch. Prom. 979; Xen. Cyr. 1, 6, 2; Pl. Symp. 210, a; [129]: εἰμί 3.

εἵης 2 Sing. *Opt.* Aor. 2 ἀνείης Aesch. Pers. 650; Xen. Cyr. 1, 6, 2: ἵημι 4.

εἵῃς 2 Sing. Conj. Aor. 2 Od. ν, 376 Thiersch. (> ἐφήσεις): ἐφίημι 4.

εἴησαν (> εἶεν) 3 Plur. Opt. Praes. bei Her. gewöhnlicher als εἶεν [278] Her. 3, 119; 4, 46; auch öfters bei den alten Attikern, wie Thuc. 1, 9; 2, 72; 3, 22; 6, 96; Pl. Gorg. 292, b; Xen. Cyr. 1, 2, 13; Symp. 5, 5; Mem. 1, 4, 19 (> εἶεν); παρ- An. 2, 6, 13; Hell. 1, 4, 18 (288. 278): εἰμί 3.

εἵησαν (< εἷεν) 3 Plur. Opt. Aor. 2 παρ- Xen. Hell. 5, 2, 9: ἵημι 4.

---

inne haben, verstehen, kennen, erfahren. 3 sein, vorhanden sein, existiren, leben. 4 ἵημι, *gehen machen*, in Bewegung setzen, senden, schicken. *Med.* sich in Beweg. setzen, begehren, verlangen. 5 lassen; *zu*lassen, *sein*lassen, *unter*lassen.

εἴησθα 2 Sing. Opt. Praes. Theogn. 715: *εἰμί* 1.

εἴητε (< *εἶτε*) 2 Plur. Opt. Praes. Lys. 1, 1; Dem. 19, 71: *εἰμί* 1.

εἰήτην(<*εἴτην*) 3 Dual. Opt. Pr.: *εἰμί* 1.

[**εἴητον** (< *εἶτον*) 1 Dual. Opt. Praes.: *εἰμί* 1.

εἴθην Aor. 1 Pass. *παρείθη* Il. *ψ*, 868; *ἀπείθη* Her. 7, 122; *ἀπείθησαν* 6, 112; *ἀφείθη* Pl. Leg. 781, a; Lys.; Dem. *μετείθη* Her. 1, 114; *παρείθησαν* Euthyd. 303, b (> *παρετάθησαν*): *ἵημι* 2.

εἴθικα Perf. Pl. Men. 70, b: *ἐθίζω* 3.

εἴθισα Aor. 1 Dem. 20, 68: *ἐθίζω* 3.

εἰθίσθαι Inf. Perf. Pl. Leg. 653, b: *ἐθίζω* 3.

εἰθίσθην Aor. Pass. Pl. Leg. 681, b: *ἐθίζω* 3.

εἴθισμαι Perf. Eur. I. A. 726; Pl. Apol. 38, a; *-σαι* Alc. I., 106, b; *-σται* Euthyd. 275, c; *-σμεθα* Tim. 63, a; *-σμένον* Isocr. 6, 2: *ἐθίζω* 3.

εἶκα (< *ἔοικα*) Perf. vgl. *εἴξασι*, die 3 Pers. Plur. bei den Att.: *εἴκω*, gleichen 4.

εἷκα (< *ἕωκα, ἀφέωκα*) *καθυφεῖκε* Dem. 29, 35; *καθείκασιν* Plut. Symp. 1, 2, 3; Dem. *ἀνεικέναι* 56, 25; *καθεικέναι* Com. bei Athen. 3, p. 124, d; *καθεικώς*, Dion. Hal 6, 26; *ἀφεικώς, -κότα* Dem. 37, 1; *συνεικέναι* Pol. 5, 101, 2: *ἵημι* 2.

εἴκαζον (< *ἤκ-*) Imperf. Xen. An. 1, 6, 11: *εἰκάζω* 5.

εἰκάθειν Inf. Praes. ((nach And. *εἰκαθεῖν* Inf. Aor.) Soph. El. 396: *εἰκάθω* 6.

εἰκάθοιμι Opt. Praes. nach And. Aor. 2) Ap. Rh. 3, 849: *εἰκάθω* 6.

εἴκαθον Imperf. Ap. Rh. 1, 505: *εἰκάθω* 6.

εἰκάθω Conj. Praes. (nach And. Aor. 2) Soph. O. T. 650: *εἰκάθω* 6.

εἰκάθων Part. Praes. (nach And. *εἰκαθών* Aor.) Soph. Trach. 1177: *εἰκάθω* 6.

εἴκακα Perf. sp. Suid.: *εἰκάζω* 5.

εἰκασ- Aor. *-άσαι* Inf. Aesch. Ch. 518; Xen. Cyr. 7, 2, 25; *-ας* Oec. 10, 1: *εἰκάζω* 5.

εἴκασα (< *ἤκασα*) Aor. Xen. Apol. 15; Pl. Symp. 216, c: *εἰκάζω* 5.

εἰκάσθην Aor. Pass. Xen. Hell. 7, 5, 22; *-θέντες* Cyr. 2, 3, 19; *-θέντι* Pl. Parm. 132, d; *-θῆναι* ib.: *εἰκάζω* 5.

εἰκασθήσομαι Fut. Pass. Ar. Ach. 783: *εἰκάζω* 5.

(**εἴκασιν** (< *ἐοίκασιν, εἴξασι*) 3 Plur. Aor. Cratin. ?: *εἴκω*, gleichen 4.

εἴκασμαι (*ἤκ-*) Perf. Pass. *-μένη* Pl. Phaedr. 248, a; *-μένα* Xen. An. 5, 4, 12; vgl. *-ασται*: *εἰκάζω* 5.

εἰκάσομαι Fut. Med. in Comp. *ἀντ-*, *ἀπ-* Pl. Men. 80, c; Xen. Mem. 3, 11, 1; *εἰκάζω* 5.

εἴκασται (*ἤκ-*) 3 Sing. Perf. Pass. Xen. An. 5, 3, 12; Pl. Crat. 439, a: *εἰκάζω* 5.

εἰκαστός Vb. Soph. Tr. 699; *-έος* *ἀπ-* Pl. Phaedr. 270: *εἰκάζω* 5.

εἰκάσω Fut. Aesch. Eum. 49: *εἰκάζω* 5.

εἶκε Imperf. Il. *σ*, 520: *εἴκω* 4.

εἶκε Imper. Il. *ε*, 348; Od. *σ*, 10: *εἴκω* 7.

εἷκειν Plsperf. vgl. Perf.: *ἵημι* 2.

εἰκέναι (< *ἐοικέναι*) Inf. Perf. Eur. Fr. Antig. 10; Ar. Nub. 185; *προσ-* Eccl. 1161: *εἴκω* gleichen 4.

εἴκετε 2 Plur. Imper. Praes. Il. *ε*, 606: *εἴκω* 7.

εἰκός (< *ἐοικός*) Neutr. Part. Perf. Pl. Phil. 63, c *Δ**: *εἴκω*, gleichen.

εἰκοτ- (< *ἐοικοτ-*) Stammform des Part. Perf. *εἰκώς*: *-ος* Pl. Phaed. 92, d *B**; *-ι* Theaet. 162, e; Rep. 603, b; *-α* Theaet. 177, *α* *B**: *-ότων* Phaed. 92, d; *-ότας* Tim. 29, c: *εἴκω*, gleichen 4.

εἴκουσι 3 Plur. Praes. Il. *μ*, 48; *-σ'* Aesch. Ag. 1071: *εἴκω* 4.

ἐΐκτην 3 Dual. Plsperf. ep. = *ἐῳκάτην* Il. *α*, 104; *φ*, 285; *ψ*, 379; Od. *δ*, 662P*εἴκω*, gleichen. 4.

ἔϊκτο (< *ἤϊκτο*) Plsperf. Il. *ψ*, 107: *εἴκω*, gleichen 4.

ἔϊκτον 3 Dual. Perf. ep. = *ἐοίκατον* Od. *δ*, 27: *εἴκω*, gleichen 4.

---

1 sein, vorhanden sein, existiren, leben. 2 *ἵημι gehen machen,* in Bewegung setzen, senden, schicken. *Med.* sich in Beweg. setzten, begehren, verlangen. 3 gewöhnen, sich gewöhnen, gewohnt werden, gewohnt sein. 4 ähnlich sein, gleichen; (er)scheinen; geziemen, sich schicken, nur impers. 5 gleich, ähnlich machen; vergleichen; vermuthen, schliessen. 6 weichen, nachgeben. 7 weichen, zurücktreten; nachstehen, nachgeben, nachlassen, gestatten. 8 nehmen, fassen; sich bemächtigen, erorbern,

εἰκυῖα Fem. Part. Perf. Il. γ, 386 *Γ**; -αν ι, 399; -ας Gen. Pl. Leg. 944, c; εἰκυῖ' 788, a: εἴκω gleichen 4.
εἰκώς (ἐοικώς) Part. Perf. Hom. nur einmal. Il. φ, 254; Pind. I. 3, 63; für Pl. s. εἰκός, εἰκοτ-: εἴκω, gleichen 4.
εἷλ' s. εἷλον 8.
εἴλαφα (< εἴληφα) Perf. dor. Inscr. Phoc. 73: λαμβάνω 13.
εἴλαχα (< εἴληχα) Perf. dor. -ας) Theocr. 16, 84 (> jetzt geändert in εἴληχα: λαγχάνω 11.
εἷλε s. εἷλον 8.
-εἴλεγμαι (< λέλεγμαι) Perf. ἐπ- Is. 4, 146; εἰλεγμένος προ- Il. ν, 689; συν- Xen. Hell. 6, 1, 30: λέγω 9.
εἴλει 3 Sing. Imperf. Il. ϑ, 215; Od. μ, 210; τ, 200: εἰλέω, εἱλέω 10.
εἱλεῖται s. εἱλοῦμαι.
εἱλεῖτο Imprf. Mosch. 4, 104: εἱλέω 10.
εἴλεον (< ἐείλεον) 3 Plur. Imperf. Od. χ, 460: εἰλέω, εἴλω 10.
εἱλέοντο (< εἰλοῦντο, εἰλεῦντο) Imperf. Pass. Her. 8, 12: εἰλέω 10.
εἵλευ (< εἵλου) 2 Sing. Aor. 2 Med. Il. ρ, 206: αἱρέω 8.
εἱλεῦμαι Pass. εἰλευμένων Part. Her. 2, 76: εἰλέω 10
εἰλεῦντα Acc. Part. Praes. Od. λ, 573 [*180*]: εἰλέω, εἴλω 10.
εἰλεῦντο (< εἰλοῦντο, εἱλέοντο) Imperf. Pass. Il. φ, 8: εἰλέω, εἴλω 10.
-εἴλεχα (< εἴλοχα) Perf. sp. ἐξ- Aristid. 49, 381; Dio. Cass. 46, 26: λέγω 9.
εἰλέωσιν 3 Plur. Conj. Praes. Il. β, 294: εἰλέω, εἴλω 10.
εἴλημαι Perf. Pass. -μένας Eur. Tro. 296; -μένης Dem. 30, 34: λαγχάνω 11.
εἰληθείς Part. Aor. Pass. sp. Arr. An. 6, 9: εἰλέω 10.
εἰλήλουθα (< att. ἐλήλυθα) 1 Sing. Perf. Il. ε, 204 *A**; Od. ν, 257 *A**; -ας Il. α, 202; ψ, 94; Od. *B**; -εν Il. ο, 131 *A**: ἔρχομαι 12.
εἰληλούθει (att. ἐληλύθει) 3 Sing. Plsperf. Il. δ, 520; ε, 44; λ, 230; ν, 364; ρ, 350; υ, 485: ἔρχομαι 12.
εἰλήλουθμεν (< ἐληλύθαμεν) 1 Plur. Perf. aus εἰληλούθαμεν Il. ι, 49; Od. γ, 81: ἔρχομαι 12.
εἰληλουθώς (< ἐληλουθώς Il. ο, 81; att. ἐληλυθώς) Part. Perf. Od. τ, 28; υ, 360: ἔρχομαι 12.
εἴλημαι Perf. Pass. Lycophr. 1202: εἰλέω 10.
εἴλημμαι (< λέλημμαι, λάλημμαι) Perf. Pass. Xen. Symp. 3, 13; vgl. εἰλημμένος: λαμβάνω 13.
εἰλημμένος, -ον, -οι, -ους Part. Perf. Pass. Pl. Euthyd. 302, b; Leg. 876, b; Xen. Cyr. 2, 3, 15; 3, 2, 13; -ος Dem. 18, 284: λαμβάνω 13.
εἵλησα Aor. sp. V. T. 2 Reg. 2, 8: εἱλέω 10.
εἰλήσω Fut. sp. Anth. 12, 208: εἰλέω 10.
εἴληφα (εἴλᾱφα dor., λελάβηκα ion. u. dor) Perf. Eur. Bacch. 226; Pl. Tim. 19, d; -ας Men. 77, b; -ε(ν) Phaedr. 238, c *A**; -αμεν Soph. 221, b; -ατε Thuc. 1, 77; Lysias 30, 6; -ασι(ν) Thuc. 8, 27; Lys. 12, 83; Pl. Crat. 409, c; vgl. εἰλήφω, -έναι, -ώς, -οτ-: λαμβάνω 13.
εἰλήφειν Plsperf. -ει Thuc. 3, 32; -εσαν 2, 88; Dem. 18, 151: λαμβάνω 13.
εἰληφέναι Inf. Perf. Pl. Phaedr. 263, b; Dem. 5, 22: λαμβάνω 13.
εἰληφότ- Stammform des Part. Perf. -τος Plat. Soph 245, c; -τες 243, c; -των Pol. 295, b; -τας Phaed 75, b; Xen. Cyr. 3, 3, 32: λαμβάνω 13.
εἰλήφω Conj. Perf. -ωσιν Pl. Pol. 269, c: λαμβάνω 13.
εἰληφώς Par. Perf Pl. Men. 90, a; Isae. 5, 24: λαμβάνω 13.
εἴληχα (< λέλογχα poet. u. ion, λελάχασι Empedocl. 5) Perf. ε(ν) Aesch. Sept. 376. 422; Theaet. 149, b *B**; Isae. 7, 21. 23; -ατον Dual.

---

fangen; gerichtlich überführen; fassen, begreifen; *Med.* *a*. nehmen, ergreifen, wegnehmen, *b*. an sich nehmen, erlangen, *c*. wählen, wünschen, wollen; *Pass.* gewählt werden. 9 zusammenbringen, sammeln, legen. 10 εἴλω später auch εἴλλω, εἵλλω, häufiger εἰλέω od. εἱλέω drängen, bedrängen, zusammenziehen. 11. *a*. *trans.* bekommen, erhalten, erlangen, empfangen; *b*. *intrans.* zu Theil werden, zufallen. 12 gehen, kommen, vorschreiten, fortgehen, aufbrechen. 13 I. *a*. fassen, ergreifen; *b*. fassen, wahrnehmen, begreifen. II. nehmen; *Med.* sich bemächtigen.

Pl. Critia 109, b; -ασι Soph. 227, b; εἴληχας Theocr. 16, 84 (> εἴλαχα): λαγχάνω 1.

εἰλήχειν Plsprf. -ει Pl. Phaed. 107, d; Xen. An. 4, 5, 24: λαγχάνω 1.

εἰληχοτ- Stammform des Part. Perf. s. εἰληχώς: 1.

εἰληχώς Part. Perf. -ότι Pl. Critia. 114, b; -ότα Aesch. Sept. 451; -ότων Pl. Tim. 92; -οτας 38, d: λαγχάνω 1.

εἴλιγμαι Perf. Pass. Hes. Th. 791; Eur. Fr. Thes. 7, 7: εἱλίσσω, ἑλίσσω 2.

εἵλικτο Plsperf. Eur. Herc. F. 927: ἑλίσσω 3.

1) εἵλιξα Aor. εἱλίξαι Inf. Eur. Tro. 116; εἱλίξασαι Her. 4, 34; εἱλίξαντες ib.: εἱλίσσω 2.

2) εἵλιξα Aor. -αν Pl. Tim. 73, a: ἑλίσσω 3.

εἱλιξάμην Aor. Med. s. ἑλιξάμενος.

εἱλίξασαι Part. Aor. Her. 4, 34: εἱλίσσω 2.

εἱλίξω Fut. Eur. Or. 171: εἱλίσσω 2.

εἱλίσας (?) Part. Aor. συνειλίσαντα Hippocr. 3, 148 (> συνειλίσσοντα): εἱλίσσω 2.

εἱλίσθην (< εἱλίχθην) Aor. Pass. συνειλισθέντα (?) Hippocr. 2, 438: εἱλίσσω 2.

εἱλίχατο Plsperf. Pass. Her. 7, 90 [*107*]: εἱλίσσω 2.

εἱλίχθην (< εἱλίσθην) Aor. Pass. sp. εἱλιχθείς Ap. Rh. 3, 655: εἱλίσσω 2.

εἱλίχθην Aor. Pass. Eur. I. T. 444: ἑλίσσω 3.

εἷλκον Imperf. -ε Xen. An. 4, 5, 32; -έτην Dual. Pl. Rep. 547, b; -ον Xen. An. 4, 2, 28: ἕλκω 4.

εἵλκυκα Perf. Dem. 22, 59; καθ- Dem. 5, 12: ἕλκω 4.

εἵλκυσα (< εἵλξα) Eur. Andr. 108; Phoen. 987; Pl. Phaedr. 270, a; Rep. 560, b: ἕλκω 4.

εἱλκυσάμην Aor. Med. Anth. 7, 287: ἕλκω 4.

εἱλκύσθην (< εἵλχθην) Aor. Pass. Hippocr. 5, 152. vgl. ἑλκύσθ(-ην): ἕλκω 4.

εἵλκυσμαι Perf. Pass. εἵλκυσται Eur. Rhes. 576; ἀνειλκυσμένων Thuc. 3, 89; καθειλκυσμένον 6, 50: ἕλκω 4.

εἷλξα (< εἵλκυσα) -αν Hom. Batr. 115; περίειλξε Philostr. Her. p. 735: ἕλκω 4.

εἵλομεν s. εἷλον.

εἰλόμενος Part. Praes. Pass. Il. ε, 203. 782; θ, 215: εἴλω 5.

εἱλόμην Aor. 2 Med. εἵλετο (< ἕλετο) Il. ι, 344 *Γ**; εἱλόμεθ' (< ἑλόμεθα) Od. ι, 157; εἵλοντο Il. η, 380; -ετο Pl. Rep. 620, e; εἱλόμεθα Pl. Leg. 784, a; εἵλεσθε Lys. 13, 10; Thuc. 3, 63; Pl. Ap. 28, e; -οντο Thuc. 7, 16; Menex. 234, b; Isae. 1, 22 vgl. εἷλεν: αἱρέω 6.

εἷλον Aor. 2 εἷλε (< ἕλε) Il. ε, 47 *Γ**; εἷλ' τ, 126; εἵλομεν κ, 561; εἷλον (< ἕλον) 3 Plur. Od. τ, 155; εἷλε Pl. Leg. 698, d; -ον Eur. Andr. 11; Thuc. 1, 89; 5, 35; Xen. Hell. 1, 5, 21: αἱρέω 6.

εἵλου (< εἵλεο) 2 Sing. Aor. 2 Med. Lys. 1, 26: αἱρέω 6.

εἰλοῦμαι Praes. Pass. εἰλεῖται Theocr. 1, 39: εἰλέω 5.

-εἴλοχα (< εἴλεχα) Perf. συν- Dem. 21, 23: λέγω 7.

-εἴλοχε Perf. κατείλοχε Il. ξ, 221: λέγω, sagen. εἰλεγμένος Part. Perf. spät. Themist. Or. 1, 22: λέγω sagen.

εἰλύαται st. εἴλυνται 3 Plur. Perf. Pass. Il. μ, 286; Od. υ, 352: εἰλύω 8.

εἰλυμένος Part. Perf. Il. ε, 186; -α Od. ξ, 136; -οι 479; Il. σ, 522; -ω ρ, 492: εἰλύω 8.

εἰλύσω Fut. Il. φ, 319: εἰλύω 8.

εἴλυτο 3 Sing. Plsperf. Pass. Il. π, 640; Od. ε, 403: εἰλύω 8.

---

1 *a. trans.* bekommen, erhalten, erlangen, empfangen; *b. intrans.* zu Theil werden, zufallen. 2 herumdrehen, herumlenken, schwingen; rollen, wirbeln; schlingen, umschlingen, *Med.* sich winden; hin und herdenken. 3 = 2. 4 ziehen, schleppen. 5 εἴλω später auch εἴλλω, häufiger εἰλέω od. εἱλέω drängen, bedrängen, zusammenziehen. 6 nehmen, fassen; sich bemächtigen, erobern, fangen; gerichtlich überführen; fassen, begreifen; *Med. a.* nehmen, ergreifen, wegnehmen, *b.* an sich nehmen, erlangen, *c.* wählen, wünschen, wollen; *Pass.* gewählt werden. 7 zusammenbringen,

εἰλυφόων Part. Il. λ, 156: εἰλυφάζω 9.

εἵλχθην (< εἱλκύσθην) Aor. Pass. Galen. de Semin. 1, 6, 192: ἕλκω 4.

1) **εἷμαι** 1 Sing. Perf. Pass. vgl. die Formen der übrigen Personen: ἵημι 10.

2) **εἶμαι** Ind. Perf. bin angezogen (vgl. ἕσσαι 2 P. u. εἶται 3 P.) Od. τ, 72: ἕννυμι 11.

εἱμάρθαι (< μέμορθαι) Inf. Perf. καθ. Luc. Philop. 14: μείρομαι 12.

εἱμαρμένος (<μεμορημένος, μεμορμένος) Aesch. Ag. 913; Pl. Prot. 320, d; Tim. 89, b *Γ**: μείρομαι 12.

εἵμαρται (<μεμόρηται) Perf. impers. Pl. Phaedr. 255, b; Rep. 566, a: μείρομαι 12.

εἵμαρτο (< μεμόρητο) Plsperf. Il. φ, 281; Od. ω, 34; Dem. 18, 195: μείρομαι 12.

εἵμεθα (< ἕμεθα) 1 Plur. Ind. Aor. 2 Med. προείμεθα Dem. 5, 13; καθυφείμεθα 3, 8: ἵημι 10.

εἷμεθα 1 Plur. Perf. Pass. ἀφ- Pl. Leg. 635, a; 657, e: ἵημι 10.

εἰμέν (< ἐσμέν) 1 Plur. Praes. Il. ε, 873 *Γ**; Ap. Rh. 2, 1153; auch enclit. Il. ν, 382; so Her. 1, 97; 7, 172; 9, 26; u. Pind. P. 3, 60; ἔνειμεν Il. ε, 477 [**276**]: εἰμί 13.

1) **εἶμεν** (< εἴημεν) 1 Plur. Opt. Praes. Eur. Alc. 921; Hipp. 349; Pl. Theaet. 147, a (< ὦμεν); Rep. 558, d; Men. 86, b: εἰμί 13.

2) **εἶμεν** (< εἴμεναι, ἦμεν, ἤμεναι) Inf. Praes. dor. Theogn. 960; bei Thuc. 5, 77 (2 mal) u. 79; Ar. Ach. 741. 771 (> > ἦμεν); Decret. der Byzantiner bei Dem. De. Cor.; Theocr. 2, 41 (> ἦμεν); 4, 9; 7, 86; Hippod. Stob. 43, 92: εἰμί 13.

1) **εἷμεν** (< ἕμεν) 1 Plur. *Ind.* Aor. 2 ἀνεῖμεν Ar. Vesp. 574; καθεῖμεν Eur. I. A. 423; μεθ- Eur. Or. 1133; Pl. Phil. 62, e; **παρεῖμεν** Rep. 503, e (>παρῆμεν): ἵημι 10.

2) **εἷμεν** 1 Plur. *Opt.* Aor. 2 παρεῖμεν Pl. Rep. 503, e: ἵημι 10.

εἴμεναι (< ἤμεναι, εἶμεν) Inf. Praes. dor. Ar. Ach. 775 [**84**]: εἰμί 13.

1) **εἱμένος** Part. Perf. Pass. ἀνειμένον Eur. Heracl. 3; ἀνειμένην Soph. El. 516; ἀνειμένοι Her. 7, 103; 2, 167; -ος Pl. Rep. 549, d; ἀφειμένης Dem. 24, 26; καθειμένοις Pl. Critia. 118, a; μεθειμένου Leg. 781, a; παρειμένον Aesch. Prom. 819; -ων Pl. Leg. 931, d; ὑφειμένη Soph. Ant. 531: ἵημι 10.

2) **εἱμένος** Part. Perf. Il. ο, 308; υ, 381; Soph. O. C. 1701; εἱμένοι δ, 432; Od. ο, 330; ἐπιειμένε Il. α, 149 (in Unverschämtheit Gehülleter); ἐπιειμένος Il. ι, 372; καταειμένον Od. ν, 351: ἕννυμι 11.

εἰμές (< εἰμέν, ἐσμέν) 1 Plur. Ind. Praes. dor. [**276**]: εἰμί 13.

1) **εἵμην** Plsperf. Pass.: ἵημι 10.

2) **εἵμην** (**308**) Ind. Aor. 2 Med.: ἵημι 10.

3) **εἵμην** Opt. Aor. 2 Med. παρείμην Soph. O. C. 1666: ἵημι 10.

εἰμί 1 Sing. Praes. Il. β, 26 *Δ**; Pind. P. 8, 29: εἰμί 14.

εἶμι 1 Sing. Indic. Praes. Il. α, 169 *Γ**; εἶμ' λ, 652; Aesch. Prom. 325; εἶμ' Ag. 957; Pl. Phaed. 100, b: εἶμι 15.

εἶναι (< ἔμεν, ἔμεναι, ἔμμεν, ἔμμεναι) Inf. Praes. Il. α, 91 *B**; Pind. I. 5, 20 (>ἔμμεν); Aesch. Sept.: εἰμί 14.

εἷναι Inf. Aor. 2 ἀνεῖναι Her. 2, 129; Xen. An. 7, 6, 30; Pl. Symp. 179, c; ἀπεῖναι Her. 9, 106; ἀφεῖναι Pl. Rep. 599, a; ἐφεῖναι Prot. 338, a; μετεῖναι Her. 1, 128; μεθεῖναι Soph. Ai. 250; συνεῖναι Pl. Crat. 414, d; καθεῖναι Thuc. 5, 52: ἵημι 10.

εἶνται 3 Plur. Perf. Pass. ἀνεῖνται Pl. Leg. 637, b; μεθεῖνται 636, d; Phil. 62, d: ἵημι 10.

εἶντο 3 Plur. Plsperf. Pass. Plut. 1, 58, 9: παρίημι 10.

---

sammeln, legen. 8 *a.* wälzen, winden, *Pass.* sich wälzen, sich fortwinden; *b.* umhüllen, bedecken; *Pass.* umhüllt, bedeckt werden. 9 daherwälzen, wirbeln. 10 ἵημι *gehen machen*, in Bewegung setzen, senden, schicken. *Med.* sich in Beweg. setzen, begehren, verlangen. 11 bekleiden, anziehen; *Med.* sich etw. anlegen, anziehen, anthun; Pass. Perf. εἷμαί τι ich bin mit etw. angezogen, habe etw. an. 12 *Perf. Pass.* εἵμαρται es ist durchs Loos zugetheilt, vom Verhängniss bestimmt. 13 sein. 14 sein, vorhanden sein, dasein, existiren, leben. 15 gehen.

1) εἶντο 3 Plur. Plsperf. Pass. ἀφ- Pl. Critia. 118, d: ἵημι 1.
2) εἶντο 3 Plur. Aor. 2 Med. προεῖντ' Dem. 5, 15: (προ-) ἵημι 1.
εἴνυον Imperf. καταείνυον Il. ψ, 135 (> καταείνυσαν Bekker): καταέννυμι ep. st. καθέννυμι 2.
εἴνυσα Aor. καταείνυσαν Il. ψ, 135 Bekker (> καταείνυον): καταέννυμι ep. st. καθέννυμι 2.
εἴνυσθαι Inf. Praes. ἐπιείνυσθαι Her. 4, 64 ion. für ἐφέννυσθαι ἐπιείνυμι = ἐφέννυμι 2.
εἰξ- Aor. s. εἴξω, -ῃ, εἴξειε.
εἶξα (ἔειξα Alcm. 40 Bergk) Aor. 1 s. εἶξε, εἶξαν, εἴξας: εἴκω 3.
εἶξαι Inf. Aor. Il. ψ, 337; mit imperat. Bedeut. Xen. Cyr. 3, 3, 8: εἴκω gleichen 3.
εἶξαν 3 Plur. Ind. Aor. Il. ω, 718; Od. β, 14: εἴκω, gleichen 3.
εἰξαντ- Stammform des Part. Aor. εἴξας. -ος Il. ϑ, 164; εἴξαντε Dual. Pl. Phaedr. 254, b; -τας Thuc. 2, 61: εἴκω, weichen 4.
εἴξας Part. Aor. Il. ω, 43 *B**: εἴκω 4.
εἴξασα Fem. Part. Aor. Od. ε, 126: εἴκω 4.
εἴξασι (< ἐοίκασι, εἴκασι) 3 Plur. zum Aor. εἶκα Eur. Hel. 497; Ar. Nub. 341; Com. Fr. 2, 620; Pl. Soph. 230, a; Pol. 305, e: εἴκω, gleichen 3.
εἴξασκε Iter. Imperf. Od. ε, 332: εἴκω, weichen 4.
εἴξατε 2 Plur. Imper. Aor. Il. ω, 716: εἴκω weichen 4.
εἶξε 3 Sing. Ind. Aor. Il. ω, 100: εἴκω weichen 4.
εἴξειαν 3 Plur. Opt. Aor. Il. ν, 807: εἴκω weichen 4.
εἴξειε 3 Sing. Opt. Aor. Il. ν, 321 *Γ**: εἴκω weichen 4.
εἴξειν Inf. Fut. ὑπ- Xen. Hell. 5, 4, 45; vgl. εἴξω: εἴκω, weichen 4.
εἴξῃ 3 Sing. Conj. Aor. Il. ϱ, 230: εἴκω weichen 4.
εἴξομαι (< εἴξω) Fut. ὑπείξομαι Il. α, 294; ὑποείξομαι Il. ψ, 602; ὑπείξεαι Od. μ, 117: ὑπείκω, weichen 4.
1) εἴξομεν 1 Plur. Fut. ὑπείξομεν Her. 7, 160; Aesch. Ag. 1362; Dem. 15, 24: εἴκω, weichen. 4.
2) εἴξομεν 1 Plur. Conj. Aor. st. -ωμεν [*372*] ὑπείξομεν Il. δ, 62: ὑπείκω, weichen 4.
εἶξον Imper. Pind. I. 1, 6: εἴκω gleichen 3.
1) εἴξω Fut. selten -εις Ar. Nub. 1001: εἴκω, gleichen 3.
2) εἴξω (εἴξομαι) Fut. s. unt. εἴξειν, εἴξομεν u. εἴξων: εἴκω, weichen 4.
*εἴξων Part. Fut. -οντες Thuc. 1, 141: εἴκω weichen 4.
εἴξωσι 3 Plur. Conj. Aor. Il. μ, 224: εἴκω 4.
εἰοικυῖαι s. ἐοικυῖα.
εἶπα (< ἔειπα)[1] 1 Sing. Aor. 1 sehr selten Xen. Mem. 2, 2, 8; προσ- Eur. Cycl. 101; vgl. auch Alex. Athen. 6, p. 230, b; 11, p. 502, f: εἶπον 5.
εἶπαι Inf. Aor. 1 oft: Her. 1, 49. 57; 3, 116; 4, 187; 7, 60. 152: εἶπον 5.
εἴπαιμεν (< εἴποιμεν) 1 Plur. Opt. Aor. 1 Pl. Soph. 240, d (> εἴποιμεν): εἶπον 5.
(εἴπαιμι (< εἴποιμι) Opt. Aor. 1: εἶπον 5.
εἴπαις Part. Pind. Ol. 8, 46: εἴπω 5.
εἴπαμεν 1 Plur. Aor. 1 sehr selten Ar. Eccl. 75: εἶπον 5.
εἰπάμην Aor. 1 Med. ἀπείπατο Her. 1, 205; -αντο 6, 100; -άμεθα 9, 7, 1; -άμενος 5, 56; -μένων 4, 120; συνείπασθαι (sich verabreden) Dion. Hal. Ant. 5, 48. 51; διείπασθαι Aristot. Oec. 2, 29; Jambl. v. Pyth. p. 266: εἶπον 5.
εἶπαν (< εἶπον) 3 Plur. Aor. 1 Her. 1, 120 (3 mal); 4, 158; 5, 1. 39: εἶπον 5.
εἴπαντα Acc. des Part. εἴπας Her. 4, 15: εἶπον 5.
εἴπαντο s. εἰπάμην.

---

1) Die Imperativformen des Aor. 1 sind bei den Att. gebräuchlicher als die entsprechenden des Aor. 2.

---

1 ἵημι *gehen machen*, in Bewegung setzen, senden, schicken. *Med.* sich in Beweg. setzen, begehren, verlangen. 2 bekleiden, anziehen; *Med.* sich etw. anlegen, anziehen, anthun; Pass. Perf. εἷμαί τι ich bin mit etw. angezogen, habe etw. an. 3 ähnlich sein, gleichen; (er)scheinen; geziemen,

εἰπάντων Gen. Plur. des Part. εἴπας Her. 3, 22 (2 mal): εἶπον 5.

1) εἶπας 2 Sing. Aor. 1 Il. α, 106. 108 (> εἶπες); bes. bei Trag. die gew. Form der 2 Pers. Aesch. Ag. 915 (VII); Soph. O. T. 1017; O. C. 1513; El. 1220; Ar. Eccl. 191. 514; Ach. 580; Xen. Mem. 3, 10, 3; Oec. 15, 6; 19, 14; An. 2, 5, 23; 5, 8, 10 (> εἶπες); Symp. 4, 56; προ- Cyr. 2, 2, 19; Pl. Soph. 250, b; Alc. I. 115, e: εἶπον 5.
2) εἴπας Part. Aor. ion. Her. 1, 31. 41. 86. 122 u. s. w. vgl. εἰπάντα Acc. u. εἰπάντων Gen. Plur.: εἶπον 5.

εἴπατε, -αθ', -τ' (< εἴπετε) 2 Plur. Imper. Od. γ, 427; εἴπαθ' φ, 198; -τε, -τ' Soph. O. T. 926; Ant. 1190; Eur. Cycl. 428; Ar. Ach. 540; Pl. Lach. 187, d; Xen. Cyr. 3, 2, 28; προς- Eur. Med. 895: εἶπον 5.

εἴπατο s. εἰπάμην.

εἴπατον 2 Dual. Aor. 1 Ar. Av. 107; Pl. Lach. 186, e; Prot. 353, a; Euthyd. 294, c: εἶπον 5.

εἰπάτω (< εἰπέτω) 3 Sing. Imper. Aor. 1 Ar. Pax. 660; Ran. 1243; Lys.; Pl. Phil. 60, d; Xen. Ath. 3, 6; κατ- Ar. Pax. 20; προσ- Xen. Hier. 8, 3: εἶπον 5.

εἰπέ Imper. Aor. 2 (vgl. Aor. 1 εἶπον, εἰπόν) Il. α, 85; εἰπ' γ, 192; εἴφ' Od. ι, 279 Δ*; Aesch. Ch. 918; εἰπέ Pind. P. 4, 100; Aesch. Ag. 617; Pl. Prot. 311, b: εἶπον 5.

εἰπεῖν (< εἰπέμεναι, εἰπέμεν) Inf. Aor. 2 Il. α, 543 Γ* Pind.; Ol. 1, 52 B*; Xen. Cyr. 1, 4, 27; Pl. Phaed. 66, a Δ*: εἶπον 5.

εἰπέμεν (< εἰπέμεναι, εἰπεῖν) Inf. Aor. 2 Il. η, 373; Od. γ, 89; τ, 222; ψ, 76. 265: εἶπον 5.

εἰπέμεναι (< εἰπέμεν, εἰπεῖν) Inf. Aor. 2 Il. η, 375; ξ, 501; Od. δ, 682: εἶπον 5.

εἶπε(ν) (ἔειπε(ν)) 3 Sing. Aor. 2 Il. δ, 22 Γ*; Pind. Ol. 1, 75 Γ*: εἶπον 5.

εἶπες (< ἔειπες) 2 Sing. Aor. 2 Il. ω, 744: εἶπον 5.

εἴπεσκεν Iter. Imperf. Il. β, 271 (XXVI): εἶπον 5.

εἵπετ' s. εἵπετο.

εἵπετο (< ἕπετο) 3 Sing. Imperf. Med. Il. β, 675 (V); Od. τ, 245; εἵπετ' Il. γ, 447; εἵπετο Pl. Leg. 853, a: ἕπομαι 6.

εἴπετον Dual. Imper. Aor. 2 (vgl. Aor. 1 εἰπάτω) Pl. Euthyd. 296, d: εἶπον 5.

εἰπέτω 3 Sing. Aor. 2 (vgl. Aor. 2 εἰπάτω) Pl. Phaedr. 273, a; Pl. Leg. 662, e; Lach. 194, e: εἶπον 5.

εἴπῃ (< εἴπῃσι) 3 Sing. Conj. Aor. 2 Il. ϑ, 373; Pind. I. 3, 59; Eur. Hel. 1458; Pl. Soph. 225, a: εἶπον 5.

εἴπηθ' s. εἴπητε.

εἰπῆν (< εἰπεῖν.) Inf. Aor. 2 Alcae.: εἶπον 5.

εἴπῃς (< εἴπῃσθα) 2 Sing. Conj. Aor. 2 Il. α, 90; Pind. Ol. 14, 22; Pl. Ion. 538, b: εἶπον 5.

εἴπῃσθα (< εἴπῃς) 2 Sing. Conj. Aor. 2 Il. υ, 250 [73]: εἶπον 5.

εἴπῃσι (< εἴπῃ) 3 Sing. Conj. Aor. 2 Il. ζ, 479 B: εἶπον 5.

εἴπητε 2 Plur. Conj. εἴπηθ' Aesch. Prom. 1073: εἶπον 5.

εἴποι 3 Sing. Opt. Aor. 2 Il. ϱ, 260 Δ*; Od. β, 31 B*; Aesch. Sept. 913; Xen. Cyr. 1, 4, 13 Δ*; Pl. Soph. 220, d Δ*: εἶπον 5.

εἴποιεν 3 Plur. Opt. Aor. 2 Mem. 1, 2, 19; Pl. Leg. 709, d: εἶπον 5.

εἴποιμεν (< εἴπαιμεν) 1 Plur. Opt. Aor. 1 Pl. Rep. 398, a: εἶπον 5.

εἴποιμι Opt. Aor. 2 Od. ο, 158. 314; σ, 166; χ, 262; Pind. N. 6, 74; Pl. Rep. 400, a: εἶπον 5.

εἴποις 2 Sing. Opt. Aesch. Ch. 847. 1000; Pl. Phil. 23, e: εἶπον 5.

εἴπομεν (< εἴπαμεν) 1 Plur. Aor. 2 Xen. Oec. 9, 10: εἶπον 5.

εἰπόμην (< ἑπόμην) 1 Sing. Imperf. Med. Eur. Bacch. 1046; Pl. Phaedr. 234, d: ἕπω 6.

εἶπον,[1]) auch εἰπόν Imper. Aor. 2 seltener bei den Att. als εἰπέ Pind. Ol. 6, 92; Eur.; Ar. Eccl. 256; Euphron. Com. bei Athen.

1) εἶπον ist nach Boekh. Pind. Ol. 6, 92; Jacobs Anth. Pal. p. 79 εἰπόν zu schreiben.

---

sich schicken nur impers. 4 weichen, zurücktreten; nachstehen, nachgeben, nachlassen, gestatten. 5 reden, sagen, nennen. 6 *a.* mit etw. beschäftigt sein, etw. besorgen; *b. Dep. Med.* folgen *α*) mitgehen, begleiten; *β*) nachgehen, verfolgen; geistig folgen, verstehen, *γ*) gehorchen.

Athen. 11, p. 503, a; Pl. Men. 71, a; Xen. Mem. 3, 6, 3; Theocr. 14, 11: εἶπον 1.

1) εἶπον (< ἔειπον) Aor. 2: εἶπον 1.

2) εἶπον (< ἔειπον) 3 Plur. Aor. 2 Od. ζ, 223: εἶπον 1.

εἰποντ- Stammform des Part. εἰπών: -όντος Il. ζ, 281; Pl. Phaedr. 243, d; -τι Il. ν, 821; -τα ο, 405; -τ' Pind. I. 1, 46; Pl. Pol. 287, d; -τε Dual. Il. φ, 298; -τες Pl. Parm. 147, e: εἶπον 1.

εἵποντο 3 Plur. Imperf. Med. Il. ε, 591; Pl. Charm. 164, c; Xen. An. 2, 3, 10: ἕπω 2.

εἵπου 2 Sing. Imperf. Med. Pl. Alc. I. 106, a: ἕπω 2.

εἰποῦσα Fem. Part. Aor. 2 Il. γ, 139; -οῦσ' ε, 792 B*; Aesch. Ch. 858: εἶπον 1.

εἴπω (< εἴπωμι) Conj. Aor. 2 Il. ε, 421 B*; Aesch. Ag. 1491. 1515; Ch. 88; Pl. Parm. 143, c A*; Xen. Vect.; 4, 13: εἶπον 1.

εἴπωμεν 1 Plur. Conj. Aor. 1 Pl. Phil. 58, d A*: εἶπον 1.

εἴπωμι (<εἴπω) Conj. Aor. 2: εἶπον 1.

εἰπών Part. Aor. 2 Il. ε, 470 B*; Pind.; Aesch. Ag. 919 A*; Xen. Cyr. 6, 1, 46: εἶπον 1.

εἶρα Aor. in Compos. ἐξείρας Ar. Vesp. 423; -αντες Equ. 378; -αντα Her. 3, 87: ἐξείρω 3.

εἰργαζόμην (< ἐργαζόμην, εἰργαζόμην) Imperf. Od. γ, 435; εἰργάζετο Her. 1, 185 (> ἐργ.-?) [40]: ἐργάζομαι 4.

εἰργάθειν Inf. Praes.; nach Andern εἰργαθεῖν Inf. Aor. 2 Soph. El. 1271; Eur. Phoen. 1175: εἰργάθω 5.

εἰργάθου 2 Sing. Praes. Med., nach Andern κατειργαθοῦ Aor. 2 Aesch. Eum. 566: εἰργάθω 5.

*εἰργασάμαν 1 Sing. Aor. 1 dor. Pind. I. 2, 67 (42): εἰργάζομαι 4.

εἰργασάμην Aor. Med. Pl. Hipp. maj. 282, e; -σω Hipp. min. 368, c; -ατο Rep. 377, e; Lysias 7, 10; -ασθ' Aesch. Sept. 845; -σθε Pl. Rep. 450, a; -αντο Lysias 2, 20; Pl. Phaedr. 244, b; vgl. ἐξειργάσαντο Her. 1, 93 [> ἐξεργ- 40]: εἰργάζομαι (42): ἐργάζομαι 4.

εἰργάσθην Aor. Pass. stets Pass. Bed. -εν Xen. Mem. 1, 4, 5; διειργάσθαι Pl. Leg. 865, c; vgl. ἐργασθ- [42]: ἐργάζομαι 4.

εἰργάσθω 3 Sing. Perf. pass. Bed. er soll gemacht werden Xen. Cyr. 12, 3 vgl. εἴργασμαι [42]: ἐργάζομαι 4.

εἴργασμαι Perf. 1) *act.* Thuc. 1, 137; Pl. Hipp. maj. 282, d; -ασται Aesch. Fr. 321; Soph. Ai. 22; Pl. ebenso; -άσμεθα Eur. Rhes. 481; -ασθ' Ar. Plut. 1113; -ασθε Pl. Ap. 39, c; -ασμένος Arist. Plut. 355; Pl. B*; 2) *pass.* -ασται Aesch. Ag. 354. 1346; Lys. 12, 89; -ασμένος Prom. 342; Fr. 271; -ασται Eur. Or. 284; Pl. ebns. B*; vgl. εἰργάσθω [42]: ἐργάζομαι 4.

εἴργαστο Plsperf. Thuc. 6, 29; vgl. κατέργ.- Her. 1, 123 [> κατειργ.- 40] (42): ἐργάζομαι 4.

εἶργμαι Perf. Pass. ἀπειργμένοι Eur. Heracl. 877: εἴργω 6.

εἷργμαι Perf. Pass. -μένους Ar. Av. 1085; καθειργμένοι Xen. Hell. 3, 2, 3; συγκαθειργμένη Aesch. 1, 182: εἵργω 7.

εἵργνυμι 1 Praes. καθ- Pl.: εἵργνυμι = εἵργω 7.

εἴργνυσι 3 Sing. Praes. Lesart für ἐργ- in κατέργνυσι Her. 4, 69: εἴργω, ἔργω 6.

εἱργνύω 1 Praes. Andoc. 4, 27: εἱργνύω = εἵργω 7.

εἴργουσα Lesart für ἔργουσα ἀπ- Her. 9, 68: εἴργω, ἔργω 6.

εἴργουσι 3 Plur. Praes. Lesart für ἐέργουσι Il. ψ, 72 (sie halten ab): ἔργω.

εἴρεαι (< ἔρεαι) 2 Sing. Praes. Il. κ, 416 A* [89]: εἴρομαι fragen 8.

εἰρέαται 3 Plur. Perf. Pass. für εἴρηνται Her. 2, 24: εἴρω*, εἰπεῖν 9.

εἰρέθην (< ἐρρήθην, ἐρρέθην) Aor. Pass. ion. Her. 4, 77. 156; 7, 184; 8, 119; bei Her. an einigen Stellen auch die Lesart ἐρρήθη; Bekker jedoch hat überall εἰρέθη: εἴρω, εἰπεῖν 9.

---

1 reden, sagen, nennen. 2 *a.* mit etw. beschäftigt sein, etw. besorgen; *b. Dep. Med.* folgen α) mitgehen, begleiten; β) nachgehen, verfolgen; geistig folgen, verstehen, γ) gehorchen. 3 verknüpfen, aneinanderreihen, einfassen. 4 *a.* arbeiten, *b.* bearbeiten, bebauen, betreiben; verrichten, *c.*

εἴρεο 2 Sing. Imper. *interroga*, frage, Od. α, 284: εἴρομαι 8.
εἴρεο 2 Sing. ion. Her. 1, 32: εἴρομαι, sich sagen lassen, fragen 8.
εἰρεόμενος Part. ἐπειρεόμενος Her. 3, 64 Schweigh. (> ἐπειρόμενος Bekker 1845): εἴρομαι 8.
εἴρεσθαι (< ἔρεσθαι) Inf. Od. δ, 423; ι, 13: εἴρομαι 8.
εἰρέσθω (< ἐρέσθω) 3 Sing. Imper. *interrogato* Od. ρ, 571: εἴρομαι 8.
εἴρεται 3 Sing. Praes. Pass. sp. Arat. 172. 261: ΕΙΡΩ: εἰπεῖν 9.
εἴρετο (< ἤρετο) 3 Sing. Imperf. Od. ι, 251; ρ, 120; υ, 137; Her. 1, 30 [*40*], Pind. Ol. 6, 49; ἐπείρετο Her. 3, 130 [*40*]: εἴρομαι fragen 8.
εἰρεῦσαι (< εἰρέουσαι) Fem. Part. Praes. Hes. Th. 28: εἰρέω 10.
εἴρῃαι 2 Sing. Conj. Praes. Od. α, 188: εἴρομαι 8.
εἴρηθ' s. εἴρητο.
εἴρηκα Perf. Pl. Prot. 328, c *A**; Xen. An. 1, 2, 5; -ας Pl. Phil. 14, d; Symp. 222, c; -ε(ν) Soph. Tr. 63; Thuc. 1, 9; Pl. Leg. 861, b; 879, a; -αμεν Rep. 352, d; 492, d; 608, b; -ασι(ν) Thuc. 1, 10; Lys. 25, 2: ΕΙΡΩ: εἰπεῖν 9.
εἰρηκότ- s. εἰρηκώς.
εἰρηκώς Part. Perf. Pl. Symp. 222, c *A**, -κότος 198, a; -τες 194, e; -τος Xen. Hell. 6, 5, 37: ΕΙΡΩ: εἰπεῖν 9.
εἴρημαι Perf. Pass. s. εἴρηται, εἴρηνται, εἰρέατο und εἰρημένος: ΕΙΡΩ, εἰπεῖν 9.
εἰρημένος Part. Perf. Pass. Od. μ, 453; Pl. Crat. 406, b *Γ**; Xen. Hell. 7, 1, 28: ΕΙΡΩ, εἰπεῖν 9.
εἴρηνται 3 Plur. Perf. Pass. Pl. Leg. 804, c: ΕΙΡΩ, εἰπεῖν 9.
1) **εἰρήσεται** (ἐρήσεται) 3 Sing. Fut. Od. τ, 46; vgl. -ήσομαι: εἴρομαι, fragen 8.
2) **εἰρήσεται** Fut. 3 Pass. dicetur, wird gesagt werden Il. ψ, 795; Her. 4, 16; Pind. I. 5, 59; Eur. Bacch. 776; Hec. 825; Pl. Theaet. 179 *B**; Xen. Cyr. 7, 1, 9 (*187 a. E.*): ΕΙΡΩ, εἰπεῖν 9.
εἰρῆσθαι Inf. Perf. Pass. Pl. Prot. 309, a *Γ**; Xen. Mem. 3, 14, 4: ΕΙΡΩ: εἰπεῖν 9.
εἴρησθον 2 Dual. Perf. Pass. Pl. Phaedr. 243, b: ΕΙΡΩ: εἰπεῖν 9.
εἰρήσθω 3 Sing. Imper. Perf. Pass. Lys. 24, 3; Isae. 5, 12; Pl. Soph. 223, c; 243, c: ΕΙΡΩ: εἰπεῖν 9.
1) **εἰρήσομαι** (< ἐρήσομαι) Fut. Od. η, 237; τ, 104. 509; -ομεθα δ, 61; vgl. -εται; ἐπειρησομένους Her. 4, 161: εἴρομαι, sich sagen lassen, fragen 8.
2) **εἰρήσομαι** Fut. 3 s. εἰρήσεται; vgl. ῥηθήσομαι (*187 a. E.*): ΕΙΡΩ, εἰπεῖν 9.
1) **εἴρηται** (< ἔρεται) 3 Sing. Conj. Praes. Od. ι, 503; Her. 4, 76: εἴρομαι, fragen 8.
2) **εἴρηται** 3 Sing. Perf. Pass. Il. δ, 363; Her. 2, 24; Eur. Or. 1203; Thuc. 1, 22; Pl. Symp. 219, a *B**; Xen. Hell. 7, 4, 1 *B**: ΕΙΡΩ: εἰπεῖν 9.
εἴρητο 3 Sing. Plsprf. *dictus erat* Il. κ, 540; Od. π, 11; εἴρηθ' 351; -το Thuc. 1, 126; 5, 25; Pl. Symp. 219, a; Xen. An. 3, 4, 3: ΕΙΡΩ: εἰπεῖν 9.
εἶρκα Perf. in Compos. διειρκότες Xen. Cyr. 8, 3, 10: διείρω, durchreihen, durchstecken.
εἶρκται s. εἶργμαι.
εἶρμαι (< ἔερμαι ep., ἕρμαι ion.) Perf. Pass. Callim. Fr. 140: εἴρω, aneinanderreihen.
εἶρξα Aor. -ας Eur. Bacch. 443; -ατε Dem. 12, 2; εἴρξῃ [Dem.] 59, 66; εἴρξας Ar. Ach. 330; -αντα [Dem.] ib.; αἷρξαι Plut. Fab. Max. 9: εἴργω 6.
εἶρξα Aor. Luc. D. Meretr. 10, 1; ἀπ- Thuc. 4, 37 (Bekker): εἴργω 7.
εἴρξομαι Fut. Med. als Pass. Xen. An. 6, 6, 16; Aesch. 3, 122 (*373. 374*): εἴργω 7.
εἴρξω Fut. εἴρξεις Soph. Phil. 1406; -ουσι Thuc. 1, 35; -ειν 8, 74 (> εἶρξ- Bekker): εἴργω 7.
εἴρξω Fut. -ει Aesch. Sept. 503; εἴρξειν Thuc. 8, 74 Bekker (> εἴρξειν): εἴργω 6.

---

bewirken, hervorbringen, *d.* erarbeiten, erwerben. 5 = 6. 6 einschliessen, einsperren. 7 ausschliessen, aussperren; trennen, abhalten, verhindern, *Med.* sich enthalten. 8 fragen, sagen. 9 sagen, reden, verkünden. 10 sagen.

εἴρομαι (< ἔρομαι) 1 Sing. Praes. Il. α, 553: εἴρομαι fragen 1.

εἰρόμενος (< ἐρόμενος) Part. Praes. Il. η, 127: εἴρομαι 1.

εἰρόμην (< ἠρόμην) Imperf. i n. -ετο Her. 1, 30; Pind. Ol. 6, 49; ἐπείρετο Her. 3, 130: εἴρομαι, fragen 1.

εἴροντο (< ἤροντο) 3 Sing. Imperf. Od. ι, 402 *A*: εἴρομαι 1.

εἵρπομες 1 Plur. Imperf. Act. [*160*] (*42*): ἕρπω 2.

εἷρπον Imperf. Od. μ, 395; O. C. 147; καθεῖρπεν Soph. Frgm. 110 (*42*): ἕρπω 2.

εἵρπυζον Imperf. Qu. Sm. 13, 93 (*42*): ἑρπύζω 3.

εἵρπῡσα Aor. Ar. Vesp. 272; καθ- Ar. Ran. 485; παρ- Eccl. 398; ἐξ- V. T. Ps. 44, 2 (*42*): ἑρπύζω 3.

1) εἰρύαται (< εἴρυνται) 3 Plur. *Perf.* Pass. pass. Bed. -τ' Il. δ, 248; -ται Od. ζ, 265; mit langem ῡ Il. ξ, 75 [*101. 102*]: εἰρύω 4.

2) εἰρῦαται 3 Plur. Perf. med. Bedeut. Il. α, 239 wahren, schirmen; εἰρῦαται Od. π, 463 aufpassen, auflauern: εἰρύω [εἴρυμι] 4.

1) εἰρῦατο (< εἴρυντο) 3 Plur. Plsperf. Pass. pass. Bed. Il. ξ, 30; ο, 654 waren heraufgezogen worden [*101. 102*]: εἰρύω 4.

2) εἰρῦατο 3 Plur. Plsperf. med. Bed., nach And. sync. Aor. Od. χ, 303, hatten geschirmt: εἰρύω [εἴρυμι] 4.

εἰρῦμεναι Inf. Hes. O. 818 ziehen.

εἰρῡμένος Part. Perf. Pass. pass. Bed. Il. ν, 682: εἰρύω 4.

1) εἴρυντο (< εἰρύατο) 3 Plur. Plsperf. Pass. Il. 6. 69 [*102*]: εἰρύω 4.

2) εἴρυντο Imperf.[1]) nach Andern sync. Aor.[1]) Med, Il. μ, 434 retteten [*102*]: εἰρύω [εἴρυμι] 4.

εἰρυόμεσθα 1 Plur. Praes. für Fut. Il. φ, 588: εἰρύω 4.

εἴρυσα (< εἴρυσσα, ἔρυσα *B** ἔρυσσα *B**) Aor. 1 ε Il. π, 863; Od. β, 389; -αν Il. ϑ, 226 *A**: εἰρύω 4.

εἰρύσαι Inf. ἀν- Her. 9, 96; ἐξ- 1, 141: εἰρύω 4.

εἰρυσάμην 1 Sing. Aor. Med. Od. κ, 165 zog *den Spiess wieder an mich*: εἰρύω 4.

εἰρυσάμενος (< ἐρυσάμενος Hom. Pind.) Her. 4, 8: εἰρύω 4.

εἰρύσαο 2 Sing. Aor. 1 Med. Il. φ, 230: εἰρύω 4.

εἰρύσας (< ἐρύσας Hom. u. Her.) Part. Aor. Her. 2, 38; 4, 10; 8, 92: εἰρύω 4.

εἰρύσατο (< εἰρύσσατο, ἐρύσσατο) 3 Sing. Aor. 1 Med. Il. δ, 186; ο, 274; υ, 93: εἰρύω 4.

εἰρύσῃ Conj. Aor. Hippocr. 2, 183; ἀν- Mosch. 4, 116: εἰρύω 4.

εἴρυσθαι (< ἔρυσθαι) Inf. Od. γ, 268 schirmen; ψ, 82, 151 erspähen: εἰρύω 4.

εἰρύσθαι Inf. Perf. gezogen sein Od. ξ, 332; τ, 289: εἰρύω 4.

εἰρύσθην Aor. Pass. -θείς Hippocr. 2, 657; συνειρυσθῇ 204: εἰρύω 4.

εἴρυσμαι s. εἴρυσται.

εἴρυσσα (< εἴρῡσα *Γ**, ἔρῡσα *B**, ἔρυσσα *B**) Aor. Od. ϑ, 85: εἰρύω 4.

εἰρύσσαισθε 2 Plur. Aor. 1 Med. Il. ρ, 327: εἰρύω 4.

εἰρύσσαιτο (< ἐρύσαίατο) 3 Sing. Opt. Aor. 1 Il. ϑ, 143; Od. π, 459: εἰρύω 4.

εἰρύσσασθαι (< ἐρύσσασθαι, ἐρύσασθαι) Inf. Aor. 1 Med. Il. α, 216: εἰρύω 4.

εἰρύσσατο (< εἰρύσατο, ἐρύσσατο) 3 Sing. Aor. 1 Med. Il. χ, 306; Od. χ, 79: εἰρύω 4.

εἰρύσσομαι s. -ονται.

εἴρυσσον Imper. Aor. Soph. Tr. 1032: εἰρύω 4.

εἰρύσσονται Fut. Med. Il. σ, 276: εἰρύω 4.

εἰρύσσω Fut. δι- Ap. Rh. 1, 687: εἰρύω 4.

εἴρυσται (< εἰρύαται, εἴρυται) Perf. Pass. Od. ϑ, 151 pass. Bed.: εἰρύω 4.

εἴρῡτο (< ἔρυτο) Imprf. Med. contrah.

---

1 fragen, sagen. 2 kriechen, schleichen, wandeln, gehen; sich verbreiten, um sich greifen. 3 kriechen, schleichen. 4 ziehen, zerren, schleppen; herum-, abreissen; *Med. a.* nach sich hin, für sich ziehen; *b.* an sich ziehen: *a*) retten, erhalten; beschützen; bewachen. 5 ausschliessen, aussperren; trennen, abhalten, verhindern, *Med.* sich enthalten. 6 einschliessen, einsperren. 7 sagen, reden, verkünden. 8 εἰρωτάω ion. für

aus εἰρύετο mit zurückgezogenem Accent. Il. π, 542; ω, 499; Od. ψ, 229 schirmte; χ, 90 zog: εἰρύω 4.
εἴρχθην Aor. Pass. -ησαν Thuc. 5, 49 Poppo (> εἵρχθην Bekker); s. εἰρχθῆναι: εἴργω 5.
εἵρχθην Aor. Pass. εἰρχθῆναι Dem. 59, 66; εἰρχθήτω Aesch. 1, 16 νόμος: εἵργω 6.
εἰρχθῆναι s. εἵρχθην.
εἰρχθῆναι Inf. Aor. Pass. Thuc. 4, 63: εἴργω 5.
εἱρχθήτω s. εἵρχθην.
εἶρψα Aor. sp. Chrysost. Ep. p. 622; ἐξ- V. T. Ps. 104, 29: ἕρπω 2.
εἴρω 1 Sing. Praes. nur in der Od. wie β, 162; λ, 137; ν, 7: εἴρω, εἰπεῖν 7.
εἴρωμαι (< ἔρωμαι) Conj. Praes. Od. θ, 549; -ώμεθα (< ἐρώμεθα) π, 402: εἴρομαι 1.
εἰρωτᾷ 3 Sing. Praes. Her. 3, 119: εἰρωτάω 8.
εἰρώτα (< ἠρ-) Imperf. Her. 3, 22: εἰρωτάω 8.
εἰρωτᾷς (< ἐρωτᾷς) 2 Sing. Praes. ep. Od. δ, 347: εἰρωτάω 8.
εἰρωτεόμενος (< ἐρωτώμενος) Part. Praes. Pass. ion. Her. 6, 3; 2, 32: εἰρωτέω [*196. 197*] 8.
εἰρώτεον (< öfter als -ευν, vgl. ἠρώτων) Imperf. Her. 4, 147 ion. [*εἰ- 38. -εον 198*]: εἰρωτέω [*196. 197*] 8.
εἰρωτέοντι (< ἐρωτῶντι) Part. Praes. ion. Her. 4, 147 ion. [*εἰ- 38*]: εἰρωτέω [*196. 197*] 8.
εἰρώτευν (< minder oft als εἰρώτεον, ἠρώτων) Imperf. Her. 1, 158; 3, 140; 9, 89. 93 [*εἰ- 38*; *-ευν 198*]: εἰρωτέω [*196. 197*] 8.
εἰρωτεύντας (< ἐρωτώντας) Part. Praes. Her. 3, 62 ion. [*εἰ- 38*]: ἐρωτέω [*196. 197*] 8.
εἰρωτέωντος (< ἐρωτῶντος) Part. Praes. ion. Her. 5, 13: εἰρωτέω [*196. 197*] 8.
εἰρωτῶσιν 3 Plur. Praes. Her. 1, 69: εἰρωτάω 8.
εἵς M. Part. Aor. 2 ἀπείς [*424*] Her. 1, 77 (> ἀφείς); ἀφείς Soph. O. C. 914; Symp. 219, b; καθεῖσαι Thuc. 2, 91; ξυνείς Aesch. Pers. 361; παρείς Ch. 925; Xen. Cyr. 5, 4, 13; Pl. Symp. 180, c; ὑπείς Her. 1, 156; 3, 52: ἵημι 9.
εἶς oder εἷς (< ἐσσί[ν], εἶ) 2 Sing. Praes. Il. π, 515 [*275*]: εἰμί 10.
1) εἶσα F. Part. Aor. 2 ἐνεῖσα Od. ν, 387: ἐνίημι 9.
2) εἶσα Aor. 1 s. εἶσε, εἶσαν.
εἰσαμένη (< ἐεισαμένη *Δ**) Fem. Part. Aor. 1 Med. pass. Bed. Il. ρ, 555: *ΕΙΔΩ* 11.
εἰσάμενος (< ἐεισάμενος) Part. Aor. 1 Med. pass. Bed. Il. ν, 45 *B**: *ΕΙΔΩ* 11.
εἰσάμενος Part. Aor. Med. Her. 1, 66; -μένων Thuc. 3, 58; (> ἑσσαμένων); Plut. Them.: εἶσα 12.
1) εἰσάμην (< ἐεισάμην) s. εἴσατο [*289*]: εἰμι 10.
2) εἰσάμην s. εἴσατο [*289*]: εἴδομαι, *ΕΙΔΩ* 11.
εἰσάμην (< ἑσσάμην, ἐεσσάμην) Aor. Callim. Jov. 67: εἶσα 12.
1) εἶσαν (< ἔσαν; ἄνεσαν Il. φ, 537; κάθεσαν Hym. 2, 325 (liessen herab); πρόεσαν Od. δ, 681 *B**) 3 Plur. *Indic.* Aor. 2 παρα . . . Il. ω, 720 [*269*]; ἀνεῖσαν Thuc. 5, 32; Pl. Symp. 179, c; ἀφεῖσαν Thuc. 5, 81; 7, 53; Xen. Hell. 1, 5, 19; Dem. 217, 20; διεῖσαν Pl. Tim. 77, e; καθεῖσαν Eur. I. T. 333. 1181; παρεῖσαν Eur. Troad. 693: ἵημι 9.
2) εἶσαν 3 Plur. Aor. 1 Il. δ, 392; ε, 693; Od. γ, 416: εἶσα 12.
εἴσαντο Aor. 1 Med. pass. Bed. Il. μ, 103 *schien*; Ap. Rh. 1024 *meinte*: εἴδομαι, *ΕΙΔΩ* 11.
εἵσας (< ἕσας) Part. Aor. ὑπ- Her. 3, 126[1]); ὑπείσαντες 6, 103[1]): εἶσα 12.
1) εἴσατο (< ἐείσατο) 3 Sing. Aor. 1

1) ὑπίσας, -αντες nach Cobet.

ἐρωτάω (be)fragen, forschen, sich erkundigen. 9 ἵημι *gehen machen*, in Bewegung setzen, senden, schicken, *Med.* sich in Beweg. setzen, begehren, verlangen. 10 sein, vorhanden, sein, da sein, existiren, leben. 11 (zu-, an-, ein-) sehen, bemerken, wahrnehmen, *Pass.* gesehen werden, (er) scheinen, ähnlich sein; οἶδα *Perf.* mit *Conj.* εἰδῶ u. s. w. *Fut.* εἴσομαι u. εἰδήσω: wissen, inne haben, verstehen, können, kennen; erfahren. 12 ich setzte, legte, gründete, *Med.* ich setzte mich, gründete für mich.

M. Il. δ, 138; ε, 538; μ, 118; ν, 191; ϱ, 518; Od. ω, 524 [**289**]: εἶμι 1.

2) **εἴσατο** (< ἐείσατο*Δ*) Aor. 1 Med. pass. Bed. Il. β, 215; Ap. Rh. 3, 502, *schien*; Ap. Rh. 4, 1476 *meinte*, in derselben Bed. εἴσαντο Ap. Rh. 1, 1024 ἐείσατο wurde gesehn, erschien 4, 853: εἴδομαι, *ΕΙΔΩ* 2.

εἵσατο (< ἕσσατο, ἐέσσατο) Aor. 1 εἵσατ' Eur. I. T. 946; -το Theocr. 17, 123; ἐγκαθείσατο Eur. Hipp. 31: εἷσα 3.

εἷσε(ν) 3 Sing. Aor. 1 Il. α, 311 *Δ**; Hym. 1, 9; Her. 3, 61: εἷσα 3.

εἴσεαι (< εἴσῃ, εἴσει, εἰδήσεις, -ειν, -έμεν) 2 Sing. Fut. Med. act. Bed. Il. η, 226; κ, 88; φ, 292; Od. β, 40; π, 246; ω, 506: *ΕΙΔΩ* 2.

εἴσει (< εἴσεαι, εἴσῃ) 2 Sing. Fut. Med. act. Bed. Xen. Cyr. 7, 4, 12; Pl. Theaet. 154, c (II.); -σῃ Od. π, 313: *ΕΙΔΩ* 2.

εἴσεσθαι Inf. Fut. Med. act. Bed. Xen. Cyr. 3, 1, 29; Pl. Phaed. 64, d (IV.): *ΕΙΔΩ* 2.

εἴσεσθε 2 Plur. Fut. Med. act. Bed. Xen. An.: *ΕΙΔΩ* 2.

1) **εἴσεται** 3 Sing. Fut. Od. ο, 213 s. εἴσομαι: εἶμι 1.

2) **εἴσεται** (< εἰδήσεις, -ειν, -έμεν) 3 Sing. Fut. Med. act. Bed. Il. α, 548; π, 243 (?); Xen. An. 1, 4, 15; Pl. Crat. 435, d, (IV). εἴσεται Aesch. Ch. 305 passiv. Bed.: *ΕΙΔΩ* 2.

3) **εἴσεται** 3 Sing. Conj. Aor. Med. (?) Il. π, 243: *ΕΙΔΩ* 2.

εἴσῃ s. u. εἴσει.

εἶσθα (< εἶς) 2 Sing. Ind. Praes. Il. κ, 450; Od. τ, 69; υ, 179 [**286**] εἶμι 1.

εἷσθαι Inf. Perf. Pass. ἀφ- Pl. Leg. 756, d; 945, a: ἵημι 4.

εἷσθε 2 Plur. Aor. 2 Med. προεῖσθε Dem. 5, 10: (προ)ίημι 4.

εἷσθον 1 Dual. Imper. Perf. Pass. μεθεῖσθον Ar. Ran. 1427*: ἵημι 4.

εἵσθω 3 Sing. Imper. Perf. Pass. ἀφείσθω Pl. Leg. 764, α; μεθείσθω Her. 4, 98; Pl. Soph. 267, b: ἵημι 4.

εἰσί[ν] (< ἐντί dor., ἔασι ion.) 3 Plur. Il. α, 566 *Γ**; Pind. [ἐντί **276**] Pl. Gorg. 451, d; ἐξ- Od. ν, 130; πάρ- Aesch. Suppl. 1039: εἰμί 5.

εἶσι(ν) 3 Sing. Indic. Praes. Il. β, 87; εἶσ' σ, 280; Aesch. Sept. 1065 *B*; Pl. Ep. 351, c; ἄπεισι Prot. 318, d *A**: εἶμι 1.

ἐΐσκομεν s. ἔϊσκον.

ἔϊσκον (< ἤϊσκον) Imperf. ἐΐσκομεν Od. ι, 321; λ, 363; ἔϊσκον Theocr. 25, 140: ἐΐσκω

1) **εἷσο** (< ἕσο) 2 Sing. Ind. Aor. 2 Med.: ἵημι 4.

2) **εἷσο** Imper. Aor. 2 Pass.: ἵημι 4.

1) **εἴσομαι** Fut. Il. φ, 335; ω, 462 vgl. εἴσεται: εἶμι 1.

2) **εἴσομαι** (< εἰδήσειν, -εις) Fut. Med. act. Bed. Il. ϑ, 532; ξ, 8; Od. χ, 7; εἴσομ' τ, 501; εἴσομαι Xen. Cyr. 1, 3, 14; Pl. Prot. 310, a (IV.): *ΕΙΔΩ* 2.

***εἰσόμεθα** 1 Pl. Fut. Med. act. Bed. Pl. Phaed. 69, d (IV.): *ΕΙΔΩ* 2.

***εἰσόμεσθα** 1 Plur. Fut. Aesch. Ag. 489: *ΕΙΔΩ* 2.

εἷσον Imper. Aor. 1 lass sitzen Od. η, 163: εἷσα 3.

εἴσονται 3 Plur. Fut. Med. act. Bed. Pl. Phaedr. 233, d: *ΕΙΔΩ* 2.

εἱστήκειν (< ἑστήκειν, ἑστάκει) Plsperf. Hes. Sc. 264. 269; vorzugsweise *att.* Thuc. 1, 89; Pl. Symp. 220, c. d.; Lys. 206, e; Xen. Cyr. 1, 4, 8; -εσαν Cyr. 8, 3, 9 (**293**): ἵστημι 6.

εἱστία s. εἱστίων.

εἱστίᾱκα Perf. Dem. 21, 156; -ασιν Pl. Gorg. 518, e (**42**): ἑστιάω 7.

εἱστίαμαι (< ἱστίαμαι ion.) Perf. Pass. εἱστιάσθω Pl. Rep. 354, a (**42**): ἑστιάω 7.

εἱστίᾱσα Aor. Xen. Cyr. 1, 3, 10 (**42**): ἑστιάω 7.

εἱστιάσθω 3 Sing. Imper. Perf. Pass. Pl. Rep. 354, a (**42**): ἑστιάω 7.

εἱστιώμην Imperf. Med.* -ώμεθ' Ar. Nub. 1354; -ῶντο Pl. Symp. 203, b: ἑστιάω 7.

εἱστίων (< ἱστ- ion.) Imperf. -ία

---

1 gehen. 2 (zu-, an-, ein-) sehen, bemerken, wahrnehmen, *Pass.* gesehen werden, (er)scheinen, ähnlich sein; οἶδα *Perf.* mit *Conj.* εἰδῶ u. s. w. *Fut.* εἴσομαι u. εἰδήσω: wissen, inne haben, verstehen, können, kennen; erfahren. 3 ich setzte, legte, gründete, *Med.* ich setzte mich, gründete für mich. 4 ἵημι *gehen machen*, in Bewegung setzen, senden, schicken. *Med.* sich in Beweg. setzen, begehren, verlangen. 5 sein,

Lys. 19, 27; Pl. Phaedr. 227, b: εἰστίας Xen. Cyr. 1, 3, 10: ἑστιάω 7.

εἰστιῶντο s. εἰστιώμην.

εἶται 3 Sing. Perf. Pass. ἀνεῖται Her. 2, 65; Aesch. Sept. 413; Soph. Ai. 1214; μεθεῖται Pl. Leg. 781, a; παρεῖται Eur. Bacch. 635: ἵημι 4.

εἶτε (< εἴητε) 2 Plur. Opt. Praes. Od. φ, 195: εἰμί 5.

1) εἶτε (< ἕτε) 2 Plur. *Ind.* Aor. 2 ἀνεῖτε Soph. O. T. 1405; μεθεῖτε Eur. Andr. 1017: ἵημι 4.

2) εἶτε 2 Plur. *Opt.* Aor. 2 μεθεῖτε Ar. Ran. 1384. 1393: μεθ- ίημι 4.

εἴτην (< εἰήτην) 3 Dual. Opt. Praes. Pl. Parm. 149, e; 155, a; Tim. 31, a (< < <ἤτην): εἰμί 5.

1) εἶτο (< ἕτο, ξύνετο Od. δ, 76) 3 Sing. Ind. Aor. 2 Med. ἐφεῖτο Aesch. Prom. 4; Soph. Phil. 619; Ar. Vesp. 242; Xen. An. 6, 6, 31; ἐφεῖτ' Soph. El. 1111; Tr. 286; ἐφεῖτο Eur. Suppl. 1200; ἐφεῖτ' Ar. Vesp. 242; ὑφεῖτο Eur. Phoen. 31; προεῖτο Dem. 18, 114: ἵημι 4.

2) εἶτο 3 Sing. Plusperf. Pass. ἀφεῖτο Her. 8, 49 (war aufgegeben); Pl. Critia 116, c; 117, c; καθεῖτο Thuc. 4, 103 (waren nicht aufgeführt): ἵημι 4.

εἰχόμην Imperf. Med. εἴχετο Pind. P. 4, 244; ἠνειχόμην (*86*); ἠμπείχετο (*86*); Pl. Phaed. 87, b (*42*): ἔχω 8.

εἶχον Imperf. -ε(ν) Pl. Prot. 321, d *B**; -ον Symp. 190, a (*42*); προεῖχον (*79*); ἀνεῖχον Xen. Hell. 1, 6, 20 (*86*): ἔχω 8.

εἴω (< ἕω) 1 Sing. Conj. μετ- Il. ψ, 47 [*277*]: μέτειμι 5.

εἰῶ Praes. st. ἐάω Il. δ, 55: ἐάω 9.

εἵω 1 Sing. Conj. Aor. 1 ἐφείω Il. α, 567; μεθείω γ, 414 [*270*]: ἵημι 4.

εἴωθα (< ion. ἔωθα) Perf. Il. ε, 766; Pl. Ap. 17, c *A**; -ας Soph. 217, c; *A**; -ε Phaed. 73, d *B**; -αμεν Rep. 596, a; -ασι Phil. 45, b (-ω- *203*): ἔθω 10.

εἰώθειν (< ion. ἐώθεα) Plsperf. -εις (*128*) Symp. 213, c; -ει 175, c; 217, b; Rep. 516, d; Phaed. 59, e: -ειμεν 59, a (-ω- *203*): ἔθω 10.

εἰωθός Neutr. des Part. Perf. εἰωθώς Pl. Phaed. 59, e (-ω- *203*): ἔθω 10.

εἰωθοτ- Stammform des Part. Perf. εἰωθώς: -τος, τα, -θότων Pl. *A** (-ω- *203*): ἔθω 10.

εἰωθυῖα Fem. Part. Perf. εἰωθώς Pl. Ap. 40, a (-ω- *203*): ἔθω 10.

εἰωθώς Part. Perf. gewöhnt Pl. Symp. 217, a (-ω- *203*): ἔθω 10.

εἰῶμεν 1 Plur. Conj. Praes. für ἐάωμεν Od. φ, 260: ἐάω 9.

1) εἴων (< ἔων[1]) ion.) 1 Sing. Imperf. [Pl.] Ep. 319, c: ἐάω 9.

2) εἴων (<ἔων[1]) ion.) 3 Plur. Imprf. Il. σ, 448; Thuc. 1, 28; Pl. Phaed. 58, c *A**: ἐάω 9.

1) εἰῶσι (< ἐῶσιν) 3 Plur. *Indic.* Praes. für ἐάουσι Il. β, 132: ἐάω.

2) εἰῶσι 3 Plur. *Conj.* Praes. für ἐάωσι Il. υ, 139: ἐάω 9.

ἔκαε (< ἔκαιε gew.) Imperf. alt att. Xen. Hell. 6, 2, 29; 4, 1, 1; 5, 4, 41: καίω 11.

ἐκάετο s. ἐκαόμην.

ἐκάζοντο Imperf. Nicet. Annal. p. 120: *ΚΑΖΩ*, καίνυμαι 12.

ἐκάην (< ἐκαύθην) Aor. 2 Pass. ep., ion. (bei Her. neb. ἐκαύθην und bei Spätern -η). Od. μ, 13; κατα... Il. α, 464; β, 427; ι, 212; Od. γ, 461; μ, 364; κατεκάη Her. 2, 180; 4, 79; vgl. καῆναι: καίω 11.

ἐκάθαρα (< ἐκάθηρα) s. καθαρ- u. καθηρ- (*230*): καθαίρω 13.

ἐκαθάρην (< ἐκαθάρθην) Aor. 2 Pass. s. καθαρ-(ην): καθαίρω 13.

ἐκαθάρθην (< ἐκαθάρην) Aor. 1 Pass. Thuc. 3, 104; vgl. καθαρθ-(ην); καθαίρω 13.

ἐκαθεζόμην (< poet., bei Hom. u. den Trag. καθεζόμην) Imperf. gew. als *Aor.* -οντο Thuc. 2, 18;

---

1) ἔων statt εἴων stets bei Her.

---

vorhanden sein, da sein, existiren, leben. 6 stellen, setzen. 7 bewirthen, speisen, tractiren; ergötzen, erfreuen. 8 halten, haben. 9 lassen; *zu*lassen, *sein* lassen, *unter*lassen. 10 gewöhnt sein, *Praes.* nur im Part. ἐθών, nach Gewohnh.; gew. εἴωθα, ion. ἔωθα die Gewohnheit haben, pflegen. 11 (ver)brennen, anzünden. 12 überwältigen, überwinden; übertreffen, sich auszeichnen. 13 reinigen; ***Med.*** sich∖.

-όμην Pl. Euthyd. 272, e; -ετο Prot. 310, c; -όμεθα Rep. 328, c; mit *Imperfekt*-Bed.; -ετο Xen. An. 1, 5, 9; Cyr. 5, 3, 25: καθέζομαι, καθίζω 1.

ἐκαθέσθην Aor. Pass. sp. Long. Pastor. 2, 38 (Seiler); Anth. 11, 392; καθέσθητι Luc. Soloec. 11 (der es verwirft): καθέζομαι 1.

ἐκαθεύδησα s. unt. καθευδησ-.

ἐκάθευδον (< καθηῦδον Pl. u. Trag., καθεῦδον ep. [-ηῦδον] Imprf. gew. in Pros., att. Xen. Oec. 7, 11 (**87**): καθεύδω 2.

ἐκαθήμην (< καθήμην) Imperf. Ar. Eccl. 152; Aeschin. 2, 89 (**339**): κάθημαι 3.

ἐκάθηντο (< καθῆντο) 3 Plur. Imperf. Pl. Prot. 315, c; Xen. An. 4, 2, 6 (**339**): κάθημαι 3.

ἐκάθηρα (< ἐκάθᾱρα) Aor. Il. π, 228 (vgl. καθῆραι, κάθηραν, -ε, -ον); Thuc. 3, 104; vgl. καθαρ- u. καθηρ- (**230**): καθαίρω 4.

ἐκαθηράμην s. καθηρ-(άμην): καθαίρω 4.

ἐκάθησθε (< καθῆσθε) 2 Plur. Imperf. Ar. Ach. 638 (**339**): κάθημαι 3.

ἐκάθητο (< καθῆτο, -ῆστο) 3 Sing. Imperf. Xen. Cyr. 7, 3, 14 (**339**): κάθημαι 3.

ἐκαθιζόμην (< κὰδ δὲ. . . ἰζόμην) Imperf. Med. -ου Ar. Vesp. 824: καθίζω 1.

ἐκάθιζον (< κάθιζον Hom.) Imperf. Xen. Hell. 5, 4, 6; Cyr. 8, 4, 3: καθίζω 1.

ἐκάθισα (< att. καθῖσα, ion. κατῖσα [> κάτισα]) Aor. gew. Xen. An. 3, 5, 17; Cyr. 6, 1, 23: καθίζω 1.

ἐκαθισάμην (< -σσάμην) Aor. Med. -αντο in ἐπ- Thuc. 4, 130; -ατο in παρ- Dem. 33, 14; vgl. καθισ-(αμην): καθίζω 1.

ἔκαιε (< ἔκαε alt att.) Imperf. gew. Xen. Ag. 1, 33; Hell. 4, 6, 12: καίω 5.

ἐκαίετο (< ἐκάετο alt att.) Imperf. Pass. gew. Xen. An. 4, 5, 6: καίω 5.

ἐκαίνυτο Imperf. Od. γ, 282, er übertraf: καίνυμαι 6.

ἔκαιον (< ἔκαον alt att.) Imperf. gew. Od. ι, 553; Xen. An. 1, 6, 1; 4, 1, 11; 4, 12; Cyr. 6, 3(1), 19; Hell. 3, 2, 5; 6, 5: καίω 5.

ἐκαλέοντο (καλεῦντο) Imperf. ion. Her. 1, 173 [-εο-, -ευ- **177**]: καλέω 7.

ἐκαλέσθην[1]) (< ἐκλήθην) Aor. Pass. προσ- Hipp. 3, 614: καλέω 7.

ἐκαλεσάμην (< ἐκαλεσσ-, καλεσσ-) Aor. Med (**450**) καλεσαμένῳ Pl. Leg. 937, a; προσκαλεσαίμην Dem. 34, 23 (**23. 27**): καλέω 7.

ἐκάλεσα (< ἐκάλεσσα, κάλεσσα ep.; ἔκλησα sp.) Aor. Eur. Hel. 348; Pl. Rep. 477, d *B**; Xen. Cyr. 2, 2, 30 [**23. 27**): καλέω 7.

ἐκάλεσσα (< κάλεσσα, ἐκάλεσα gew., ἔκλησα sp.) Aor. Od. ρ, 379 (**23. 27**): καλέω 7.

ἐκαλεσσάμην (< ἐκαλεσ-, καλεσσ-) Aor. Med. (**450**) Il. γ, 161 (**23. 27**): καλέω 7.

ἐκαλινδοῦντο Imperf. Thuc. 2, 52 (-έετο Her.): καλινδέομαι 8.

ἐκαλύφθην Aor. Pass. καλυφθῆνα Eur. Suppl. 531: καλύπτω 9.

ἐκάλυψα (< καλ-) Aor. Il. α, 460; π, 735 umfasste; λ, 249 umhüllte, umdüsterte *Γ**; Aesch. Pers. 646; περι- Pl. Tim. 34, b; καλύπτω 9.

ἔκαμνον Imperf. Her. 1, 118; ἐξ- Thuc. 2, 51: κάμνω 10.

ἐκαμόμην (< καμ-) Aor. 2 Med. -οντο Od. ι, 130; Philet. 7; Ap. Rh. 2, 720 (**243. 244**): κάμνω 10.

ἔκᾰμον (< κάμον, -ε *Γ**) Aor. Il. δ, 244; Od. μ, 232; Ar. Ach.

1) Mit κεκάλεσμαι Suid. übereinstimmend.

1 καθέζομαι sich niedersetzen, sitzen; καθίζω *a. trans.* niedersetzen, sich setzen lassen; *b. intr.* u. *Med.* sich niedersetzen, sitzen. 2 (ein-)schlafen. 3 (da)sitzen, *stehen.* 4 reinigen; *Med.* sich~. 5 (ver)brennen, anzünden; *Pass.* angezündet werden, (an)brennen; *Med. nur im Aor.* sich etw. anzünden. 6 überwältigen, überwinden; übertreffen, sich auszeichnen. 7 (an)rufen, nennen; *Med.* zu sich rufen. 8 sich in etw. drehen und wenden, sich stets mit etw. beschäftigen. 9 bedecken, ver-, umhüllen; *Med.* sich~. 10 *a.* sich müde arbeiten, ermüden; *gew.* leiden. *b. trans.* mit Mühe verfertigen. 11 beugen, krümmen; ein-, umlenken; *trop.* er-

860; Xen. Hell. 5, 3, 19; vgl. καμ-: κάμνω 10.

ἐκάμφθην Aor Pass Pl. Men. 244, e; vgl. καμφθ-(ην): κάμπτω 11.

ἔκαμψα (< κάμψα) Aor. -ε Od. ε, 453; Pind. P. 2, 51; ἔκαμψ' Eur. Hec. 1150, vgl. καμψ-: κάμπτω 11.

ἔκανον Aor. 2 Soph. Ant. 1319; vgl. καν- (*243. 244*): καίνω 12.

ἐκαόμην Imperf. Pass. Thuc. 2, 49; Xen. Hell. 6, 4, 36; κάομαι Ar. Lys. [*215. 9*] κάω: alt att. = καίω 5.

ἔκαον (< ἔκαιον gew.) Imperf. alt att. Xen. Cyr. 4, 2, 33; Hell. 6, 5, 27: καίω 5.

ἐκάπυσσεν (< κάπυσσεν) Aor. Il. χ, 467: καπύω 13.

ἐκάρην (< ἐκέρθην) Aor. Pass. καρῇ -ῆναι Luc. Soel. 6; Her. 4, 127: κείρω 14.

ἐκαττύετο Imperf. παρ- Ar. Plut. 663: παρα- καττύω 15.

ἐκαύθην Aor. Pass. κατ- Thuc. 3, 74; 4, 133; 6, 88; 7, 43: καίω 5.

ἔκαυσα (< [ἔκεα] κέας att. Dichter, ἔκηα, -εια ep.) Aor. Ar. Pax. 1088; Is. 4, 19; κατ- Thuc. 4, 57; 7, 25; 8, 107 vgl. καυσ-: καίω 5.

ἐκαυσάμην Aor. Med. ἀνακαύσωνται Her. 1, 202: καίω 5.

ἐκαυχησάμην Aor. sp. Athen. 14, 627; Aeschin. Epist. 4, 5: καυχάομαι 16.

ἐκδῦμεν s. δῦμεν.

ἐκέατο (< κέατο, ἐκείατο, κείατο = ἔκειντο) 3 Sing. Imperf. ion. Her. 1, 167 (*296*): κεῖμαι 17.

ἐκέδασθεν für ἐκεδάσθησαν [*114*] Aor. Pass. Il. ο, 657, vgl. κεδασθ-: κεδάννυμι, κεδάζω 18.

ἐκεδάσθην s. ἐκέδασθεν.

ἐκέδασσε[ν] (< ἐσκέδασα) Aor. Il. ε, 88 *B**: κεδάννυμι, κεδάζω 18.

ἐκέετο (< ἔκειτο) 3 Sing. Imperf. Her. 1, 196 [*296*]: κεῖμαι 17.

ἐκείατο (< κείατο, ἐκέατο, κέατο = κεῖνται) 3 Sing. Imperf. ion. Ap. Rh. 4, 1295: κεῖμαι 17.

ἐκείμεθα (< κείμεθα Od. ι, 75) 1 Plur. Imperf. Od. ν, 281: κεῖμαι 17.

ἐκείμην (< κείμην Od. ι, 434) Imperf. Il. ν, 284; Pl. Euthyd. 303, a: κεῖμαι 17.

ἔκειντο (< ἐκείατο, κεῖντο, κείατο, ἐκέατο, κέατο) 3 Plur. Imperf. Thuc. 2, 52; Pl. Rep. 328, c; Xen. An. 1. 8, 27: κεῖμαι 17.

ἔκειρα (< ἔκερσα) Aor. κατ- Od. ψ, 356; vgl. κεῖραι Pind.: κείρω 14.

ἐκειράμην (< ἐκερσάμην) Aor. 1 Med. -ατο Aesch. Ch. 189: Aeschin. 3, 211: κείρω 14.

ἔκεισθε 2 Plur. Imperf. -σθ' Aesch. Choeph. 964 ihr liegt verachtet: κεῖμαι 17.

ἔκειτο (< κεῖτο *Γ**; κέσκετο) 3 Sing. Imperf. Il. η, 156 *B**; Hym. 4, 159; Her. 8, 93; Thuc. 7, 4; Pl. Rep. 425, a; Xen. An. 7, 1, 24: κεῖμαι 17.

ἐκέκαστο (< κέκαστο) Plsperf. Il. β, 530; π, 808; ψ, 289; ω, 535; Od. β, 158; ι, 509; τ, 395; Ap. Rh. 2, 869: *ΚΑΖΩ*, καίνυμαι 6.

ἐκεκεύθει Plspf. Od. ι, 348: κεύθω 19.

ἐκέκλειντο 3 Plur. Plsperf. κατ- Xen. An. 3, 3, 7: κλείω 20.

ἐκέκλετο (< κέκλετο *B**) Aor. 2 redupl. ermuntere Il. ζ, 66; Hym. 5, 88; 7, 16; Hes. Sc. 341 [*44. 46*): κέλομαι 21.

ἐκέκλητο Plsperf. Pass. Her. 1, 119: καλέω 7.

ἐκέκλιτο (< κέκλιτο Il. κ, 472) Plsperf. Il. ε, 356: κλίνω 22.

ἐκεκοινολόγηντο Plsperf. Thuc. 7, 86: κοινολογέομαι 23.

ἐκεκόλαπτο Plsperf. ἐν- Her. 1, 92: κολάπτω 24.

---

niedrigen; *intr.* umlenken, umkehren. 12 tödten, umbringen. 13 (aus-) hauchen. 14 (ab)scheeren; abschneiden; *abweiden*. 15 zusammenflicken, -schustern; anzetteln. 16 prahlen, sich (be)rühmen. 17 (da)liegen und zwar auch schlafend, müssig, schwach, krank, todt, im Unglück. 18 zerstreuen, zersprengen, zertrümmern. 19 bergen, in sich fassen; verbergen, verhehlen, verschweigen; *Pass. und bei Trag. Anth.* verborgen sein. 20 (ver-, zu-, ein-)schliessen; binden. 21 antreiben, heissen, befehlen; (zu- herbei-) rufen. 22 biegen, beugen, senken; anlehnen; *Pass.* gelehnt sein, liegen; sich neigen, wenden. 23 sich besprechen, berathen, verabreden. 24 (aus-) meisseln, eingraben; *picken*.

ἐκεκόλαστο Plsperf. Med. Plut. Lycurg. 11: κολάζω 1.
ἐκεκοσμέατο 3 Plur. Plsperf. Pass. Her. 1, 100 [*100. 110*]: κοσμέω 2.
ἐκεκόσμητο 3 Sing. Plsperf. Pass Her. 1, 178: κοσμέω 2.
ἐκεκράγειν Plsperf. Xen. Cyr. 1, 3, 10: κράζω 3.
ἐκέκραξα (< κέκραξα) Aor. 1 selten u. spät. V. T. Ps. 21, 5: κράζω 3.
ἐκέκρατο Plsperf. Pass. Pl. Pol. 272, a: κεράννυμι 4.
ἐκεκτήμην Plsperf. -ητο Lys. 19, 27; Pl. Theaet. 198, d; Critia. 111, c; -ήμεθα Phaedr. 333, d; -ηντο Leg. 699, c; Thuc. 1, 14: κτάομαι, sich erwerben, verschaffen, erlangen.
ἐκελεύθην (< ἐκελεύσθην) Aor. Pass. sp. Dio. Hal. Ant. 1, 84 (*213*): κελεύω 5.
ἐκέλευσα (< κελ-) Aor. Il. ε, 823 *B**; Pl. Rep. 327, b; Xen. An. 1, 5, 8: κελεύω 5.
ἐκελευσάμην Aor. Med. selten Hippocr. 1, 386, διεκελεύσατο Pl. Theaet. 168, d (*438*): κελεύω 5.
ἐκελεύσθην (< ἐκελεύθην) Aor. Pass. κελευσθείς Soph. O. C. 738; -θέντες Xen. Cyr. 4, 5, 21 (*213*): κελεύω 5.
ἐκελησάμην (< κελησ- Pind. O. 13, 80; I. 5, 37 Aor. selten Epich. Fr. 48; bei Athen. 7, 282: κέλομαι 5.
ἔκελσα Aor. 1 bei Hom., den Trag. u. in späterer Prosa -αμεν Od. ι, 546; λ, 20; μ, 5; Soph Tr. 804; -ας Eur. Rhes. 898; -αν Ap. Rh. 1, 586; 2, vgl. κελσ- [*55*]: κέλλω 6.
ἐκεντήθην Aor. Pass. Theophr. 9, 15, 3: κεντέω 7.
ἐκέντησα Aor. Hippocr. 5, 234: κεντέω 7.
ἐκεραΐζετο Imperf. Pass. Her. 8, 86: κεραΐζω 8.
ἐκεράϊσα Aor. κεραΐσας Her. 2, 115: κεραΐζω 8.
ἐκέρασα (< κέρασσα, ἔκρησα) Aor. 1 ἐν- Pl. Crat. 427, c; Pl. Soph. 262, c; -σαντες Phaedr. 265, b; Critia. 120, a; -σας Xen. An. 1, 2, 13: κεράννυμι 4.
ἐκερασάμην (< κερασσ- ep.) Aor. 1 Med. [Pl.] Locr. 95; συν- Her. 7, 151 (*450*): κεράννυμι 4.
ἐκεράσθην (< ἐκράθην) ἐκρήθην) Aor. Pass. κερασθείς Xen. An. 5, 4, 29; -θέν Pl. Tim. 85, a; -θέντων Phil. 47, c: κεράννυμι 4.
ἐκέρδᾱνα (< ἐκέρδηνα, ἐκέρδησα) Aor. Pind. I. 4, 27; κερδᾶναι Inf. Xen. Cyr. 5, 2, 12; Mem. 2, 1, 25; Ap. 9; κερδάνῃς Soph. Ai. 107; -ῃ O. C. 72; -αιμι Tr. 191 (*225. 229*): κερδαίνω 9.
ἐκέρδηνα (< ἐκέρδανα, ἐκέρδησα) Aor. κερδῆναι Hom. Epigr. 14, 6: κερδαίνω 9.
ἐκέρδησα (< ἐκέρδᾱνα, ἐκέρδηνα) Aor. 1 ion. Her. 4, 152: κερδαίνω 9.
ἐκέρθην (< ἐκάρην) Aor. Pass. κερθέντες Pind. P. 4, 82: κείρω 9.
ἔκερσα (< ἔκειρα) Aor. ep. Il. ν, 546; κέρσε κ, 456; κέρσειεν Opt. Aesch. Sup. 665 (Ch.) [*54. 55*]: κείρω 10.
ἐκερσάμην (< ἐκειράμην) Aor. 1 Med. κερσάμενος Aesch. Pers. 952 [*54. 55*]: κείρω 9.
ἐκεύθανον (< ἔκευθεν, κεῦθε) Imperf. Il. γ, 453: κεύθω 11.
ἔκευθεν (< κεῦθε(ν) *A**) Imperf. Od. ψ, 30: κεύθω 10.
ἔκευσα Aor. ἐπικεύσῃς Od. ο, 263: κεύθω 10.
ἐκεχάρητο (< κεχάρητο Hes. Sc. 65) Plsperf.; χαίρω 12.
ἐκεχάριστο (< κεχάριστο Od. η, 23) Plsperf. Her. 8, 5 impers. und passiv: Her. 8, 5: χαρίζομαι 13.

---

1 stutzen, beschneiden, bändigen, mässigen; tadeln, züchtigen. 2 *a.* (an)ordnen; *Pass.* dazu gerechnet werden; *b.* zieren, schmücken. 3 krächzen, schreien, laut rufen. 4 (ver)mischen; ausgleichen, mässigen. 5 antreiben, heissen, befehlen; (zu-, herbei-) rufen. 6 treiben, bewegen; *mit* u. *ohne* ναῦν, anfahren, landen. 7 κεντάω, κεντέω stechen, stacheln, (an)spornen; durchstechen. 8 von Grund aus zerstören, verwüsten; umbringen, morden. 9 gewinnen; Vortheil haben. 10 (ab)scheeren; abschneiden; *abweiden.* 11 bergen, in sich fassen; verbergen, verhehlen, verschweigen; *Pass. und bei Trag. Anth.* verborgen sein. 12 sich freuen. 13 sich gefällig beweisen, zu Willen sein, willfahren; *Pass. bes. Perf.* angenehm, lieb, erwünscht sein. 14 zornig machen, aufbringen;

ἐκεχελώμην Plsperf. s. κεχελῶτο, κεχελώατο: χολόω 14.
ἐκεχήνειν (< [ἐ]κεχήνη dor.) Plsprf. Arist. Equ. 651: χάσκω 15.
ἐκεχήνη (< ἐκεχήνειν) Plsperf. dor. Ar. Ach. 10: χάσκω 15.
ἐκεχρήσμην Plsperf. Antisth. Fr. 2, 147. 151; 7, 220; 3, 64 (Bekk. Dind.); ἐκεχρήμ- (Schäf.): χράω 16.
ἐκέχριστο Plsperf. Xen. Cyr. 7, 1, 2 (< -ιτο): χρίω 17.
ἐκέχυτο Plsperf. Pass. s. κέχυτο: χέω 18.
ἔκη' s. ἔκηε.
ἔκηδε (< κῆδε, κήδεσκον) Imperf.
ἐκηδεσάμην Imp. Aor. Med. κήδεσαι Aesch. Sept. 136: κήδω 19. Il. ε, 404: κήδω 18.
ἐκήδησα Aor. ἀποκηδήσαντε Dual. Part. Il. ψ, 413; vgl. ἀκήδεσεν Il. ξ, 427: κήδω 19.
ἐκηδόμην (< κήδετο Hom.) Her. 9, 45: κήδω 19.
ἔκηε (< ἔκαυσα) Aor. ep. Il. λ, 773 (> ἔκαιε Wolf.); ω, 34; Od. γ, 273; ἔκη' τ, 366: κάω = καίω 20.
ἐκήκιε s. κήκιον, -ιε.
ἐκήρυξα Aor. Thuc. 4, 37; Xen. Hell. 6, 4, 29; Cyr. 4, 2, 32; An. 3, 4, 36; 7, 1, 36; vgl. κηρυξ-: κηρύσσω 21.
ἐκηρύχθην Aor. Pass. Hell. 4, 5, 2; 7, 2, 21; κἀξεκηρύχθην Soph. O. C. 430; ἐξ- Lys. 3, 45; vgl. κηρυχθ-: κηρύσσω 21.
ἐκίδνατο Imperf. Il. θ, 1; ω, 695: κίδνημι 22.
ἐκικλήσκετο Imperf. Aesch. Pers. 655: κικλήσκω 23.
ἐκίνεε (< ἐκίνει) Imperf. ion. Her. 5, 96: κινέω 24.
ἔκιξα Aor. Anth. 15, 27; ἀπέκιξαν Aor. Ach. 869 sie schmissen weg: ἀποκίζω Dam. Lex. Hom., -κίχω gew., -κίκω Buttm. Schol. Hom. Od. λ, 579: κίκω 25.
ἔκιον (< vgl. κίε Γ*; κίεν Γ*; κίομεν; κίον Β*; κί'; κίῃς, κίοιτε, κιών) -ον 3 Plur. Il. μ, 138 schritten zu ..; -ε Od. ο, 147 gingen *ihnen* nach; -ες Hym. 2, 61: κίω 26.
ἐκίρνα (< κίρνη) Imperf. Od. η, 182; κ, 356; ν, 53: κίρνυμι, κεράννυμι 4.
ἐκίχανε(ν) (< vgl. -ημεν, ἐκίχεις, κιχάνετε) 3 Sing. Imp. Il. β, 18 (VI.): κιχάνω 27.
ἐκίχανον 3 Plur. Imperf. Il. κ, 150; Od. κ, 60: κιχάνω 27.
ἐκίχεις (vgl. ἐκίχανον, ἐκίχημεν, κιχήτην) 2 Sing. Imperf. = ἐτίθεις (vgl. *299*) Od. ω, 284: κιχάνω 27.
ἐκίχημεν (vgl. ἐκίχεις, κιχήτην) 1 Plur. Imperf. Od. π, 379: κιχάνω 27.
ἐκίχησα Aor. 1 sp. Op. Hal. 5, 116; Nonn.: κιχάνω 27.
ἐκιχησάμην s. κιχήσατο.
ἔκιχον (< ep. auch κίχον) Aor. 2 -εν Od. γ, 169; Eur. Bacch. 903: κιχάνω 27.
ἔκλαγξα (vgl. ἔκλαγον Aor. 2) Aor. 1 Il. α, 46; Aesch. Ag. 201; Sept. 205; vgl. κλαγξ- (*18*): κλάζω 28.
ἐκλᾰγον (vgl. ἔκλαγξα) Aor. 1 Hom. Hym. 19, 14; Theocr. 17, 71; ἀν- Eur. I. A. 1062: κλάζω 28.
ἔκλᾰεν Aor. 2 Theocr. 14, 32: von Herm. die Richtigkeit der Stelle bezweifelt: Op. 5, p. 96 ff.; vgl. Hermes.* Athen. 597*: κλαίω 29.
ἐκλαξάμην (< ἐκλῃσάμην) Aor. Med. (*450*) κατεκλάξατο Theocr. 18, 5 (Ed. Junt. (> κάσιν ἄγετο Conj. Am. u. Ahr.) vgl. ἀποκλάξας 15, 77: κλῄω 30.
ἐκλάπην Aor. Med. ἐξ- Xen. Hell. 5, 4, 12; vgl. κλαπ-(ην): κλέπτω 31.
ἔκλασα (< κλάσε Od. ζ, 128; κλασσα) Aor. 1 Pind. P. 5, 34; κατ- Pl.

Med. zornig werden, zürnen. 15 gähnen. 16 darreichen, einen Götterspruch ertheilen; *Med.* gebrauchen. 17 salben. 18 (er)giessen. 19 betrüben, *Med.* betrübt sein. 20 (ver)brennen, anzünden; *Pass.* angezündet werden, (an)brennen; *Med. nur im Aor.* sich etwas anzünden. 21 Herold sein, verkündigen; rühmen, preisen. 22 κίδνημι *poët.* = σκεδάννυμι zerstreuen, auseinandersprengen; κίδναμαι *Pass.* zerstreut werden, sich verbreiten. 23 κικλήσκω *poët.* = καλέω (an-, herbei-)rufen. 24 bewegen. 25 gehen machen. 26 (weg)gehen. 27 einholen, erlangen, erreichen; treffen; finden. 28 κλάζω sausen, rauschen; krächzen, schreien. 29 weinen, klagen, jammern. 30 ver-, zu-, ein-, umschliessen. 31 stehlen.

Phaed. 117, d; ἐπ- Plut. Pericl. 37 (**29**): κλάω 1.

ἐκλάσατο Aor. Med. (**450**) ἀπ- Anth. 7, 506: κλάω 1.

1) ἐκλάσθην Aor. Pass. Il. λ, 584; Batr. 241; κατ- Od. δ, 481. 538; κ, 198. 496. 566; ι, 256; μ, 277; Callim. Del. 107; Eur. Hipp. 766; ἐπικλασθῆτε Thuc. 3, 67; -θεῖεν 4, 37; -θῆναι 3, 59 (**212**): κλάω 1.

2) ἐκλάσθην (< ἐκλῄσθην, ἐκλείσθην) Aor. Pass. dor. κατ- Theocr. 7, 84: κλῄω 4.

ἔκλαυσα Aor. Eur. Tro. 482; vgl. κλαυσ- (**29**): κλαίω 3.

ἐκλαυσάμην Aor. Med. Soph. Tr. 152: (**29**): κλαίω 3.

ἐκλαύσθην Aor. Pass. sp. Lycophr. 831; Joseph. Ant. 8, 11, 457; Anth. App. Epigr. 341; vgl. κλαυσθε (**29**): κλαίω 3.

ἔκλεισα Aor. Xen. An. 7, 1, 36; vgl. κλεισ-: κλείω 4.

ἐκλεισάμην Aor. Med. s. κλεισαμ(ην): κλείω 4.

ἐκλείσθην (< ἐκλῄσθην) Aor. Pass. ἀπ- Lys. 1, 17 s. κλεισθ(ην): κλείω 4.

ἔκλεο 2 Sing. Imperf. für ἐκλέεο [**93**.] Il. ω, 202; Callim. in Del. 40: κλέω 5.

ἔκλεον (< κλεῖον) Imperf. Ap. Rh. 3, 246; κλέω 5.

ἐκλέφθην Aor. Pass. s. κλεφθ(ην): κλέπτω 6.

ἔκλεψα Il. ε, 268, ξ, 217; Pl. Parm. 128, d: κλέπτω 6.

ἐκλήθην (< ἐκαλέσθην) Aor. Pass. Ar. Thesm. 862; -η Pl. Phaedr. 238, c (III.); Xen. Ap. 1; -ησαν Her. 1, 173; Thuc. 6, 2; Pl. Crat. 397, c: καλέω 7.

ἐκαλινδέετο Imperf. Her. 3, 52 vgl. -οῦντο: καλινδέομαι 8.

ἐκλήϊσεν (< κλήϊσεν -σαι) Aor. Od. ω, 166; Hym. 1, 6: κληΐω [-ΐζω] 9.

ἐκληΐσθην Aor. Pass. ἀπεκληΐσθησαν Her. 3, 58; ἀποκληϊσθῇ 1, 165; -σθέντες 3, 55 > > Bekk. Dind.; κατακληϊσθέντα 2, 128 Dind.; θέντα Bekk. (**209**. **213**): κληΐω [-ΐζω] 9.

ἐκλήισται (< κλήισται) Perf. Pass. Ap. Rh. 4, 616: κληΐζω 9.

ἐκλήιστο Plsperf. Ap. Rh. 4, 267: κληΐζω 9.

ἔκλησα (< s. ἐκάλεσα) Aor. sp. Nicand. Fr. 22; Musae. 10; s. ἔκλησε: καλέω 7.

ἔκλησα (< κλῆξα Orph. Arg. 1007) Aor. κλῆσον Ar. Av. 950; vgl. κλησ-: κλῄζω 10.

ἔκλῃσα Aor. Eur. Or. 1449; Thuc. 1, 109; 2, 24; vgl. κλῃσ-: κλῄω 4.

ἐκλῃσάμην (< ἐκλαξάμην) Aor. Med. (**450**) s. κλῄσασθαι: κλῄω 4.

ἔκλησε Aor. Nicand. Athen. 35: κλέω 5.

ἐκλῄσθην[1]) (< ἐκλείσθην[1]), ἐκλάσθην) Aor. Pass. κατ- Thuc. 1, 117 Popp.; κατεκλείσθ-[1]) Bekk.: κλῄω, κλείω 4.

ἐκλησίαζον (< ἠκκλησίαζον): ἐξ- Xen. Hell. 5, 3, 16: ἐκκλησιάζω 11.

ἐκλησίασα Aor. ἐξ- Dem. 21, 193 (< ἠκκλ-): ἐκκλησιάζω 11.

ἐκλίθην[2]) (< ἐκλίνθην[2]), κλίθην, ἐκλίνην) Od. τ, 470; Qu. Sm. 3, 66; κλιθείς Pind. Ol. 1, 92; -εῖσ' Eur. Hipp. 211; κλιθῆναι Pl. Phaed. 109, a: κατεκλίθη Xen. Hell. 4, 1, 30; Symp. 1, 8 (**233**): κλίνω 12.

ἔκλῖνα (< κλῖνε) Aor. 1 Il. θ, 435 B*; Xen. Ap. 3, 5, 13; vgl. κλιν(α) (**225**): κλίνω 12.

ἐκλινάμην Aor. Med. κλινάμενος Il. χ, 4; ρ, 340: κλίνω 12.

ἐκλίνην (< ἐκλίνθην, ἐκλίθην) κατ- Ar. Lys. 906; Xen. Cyr. 8, 7, 4;

1) „Die Lesarten schwanken vielfach zwischen κλει- u. κλῃ-." Kr.

2) ἐκλίνθην ist bei Homer viel häufiger als ἐκλίθην.

---

1 (ab-, zer-) brechen. 2 rühmen, preisen, besingen, verherrlichen. 3 weinen, klagen, jammern. 4 (ver-, zu-, ein) schliessen; binden. 5 κλέω, κλείω, κλέομαι besingen, preisen. *Pass.* bekannt, berühmt werden. 6 stehlen. 7 (an)rufen, nennen; *Med.* zu sich rufen. 8 sich in etw. drehen und wenden, sich stets mit etwas beschäftigen. 9 rühmen, preisen. 10 = 9. 11 in der Volksversammlung sein, sprechen, berathen. 12 biegen, beugen, senken, anlehnen; *Pass.* gelehnt sein, liegen; sich neigen, wenden. 13 hören, vernehmen; anhören; gehorchen, folgen. 14 (be-, an-)spülen. 15 spinnen. 16 nagen, schaben, kratzen. 17 = 16.

Pl. Symp. 213, c. e; *κατακλινῇ* 222, e; *-ῶ* Ar. Vesp. 1210; *-είς* Nub. 694; *-έντος* Pl. Symp. 176, a; *-έντι* Phaedr. 230, c; *-έντες* Rep. 372, b; *-ῆναι* Ar. Av. 122; Vesp. 1211: *κλίνω* 12.

ἐκλίνθην 1) (< *ἐκλίθην, ἐκλίνην, κλίθην*) Aor. Pass. Il. *γ*, 360 *Γ**; Hes. Th. 711; Archil. Fr. 33; Theocr. 3 44 vgl. *ἀποκλινθείς* 3, 38 (**233**): *κλίνω* 12.

ἔκλυον Imperf. steht auch für den Aor. Il. *κ*, 47; *-ες ω*, 335 *A**; *-ε(ν) α*, 43; *-ον* 357: *κλύω* 13.

ἔκλυσα Aor. *κατ-* Thuc. 3, 89: *κλύζω* 14.

ἐκλύσθην Aor. Pass. Il. *ξ*, 392; Od. *ι*, 484; vgl. *κλυσθ-*: *κλύζω* 14.

ἔκλωσα Aor. *ἐπ-* Od. *γ*, 208; Eur. Or. 12; vgl. *κλωσ-*: *ἐπικλώθω* 15.

ἐκλωσάμην, -αντο Aor. Med. *ἐπ-* Il. *ω*, 525: *κλώθω* 15.

ἐκλώσθην Aor. Pass. *κλωσθέντων* Pl. Leg. 960, c; *ἐπικλωσθέντα* (> *-ωθέντα*) Rep. 620, e: *κλώθω* 15.

ἔκναισε (< *ἔκνησα*) Aor. *ἀπ-* Pl. Rep. 406, b: *κναίω* 16.

ἐκναίσθην (< *ἐκνήσθην*,) Aor. Pass. *δι-* Hippocr. 2, 781: *κναίω* 16.

ἐκνησάμην Aor. Med. Luc. Bis Accus. 1: *κνάω* 17.

ἐκνήσθην (< *ἐκναίσθην*) Aor. Pass.: *κατ-* Ar. Equ. 771: *κνάω* 17.

ἔκνιξα (< *ἔκνισα*) Aor. dor. Pind. I. 5, 50 [-ξ- *5. 7.*]: *κνίζω* 18.

ἔκνισα (< *ἔκνιξα*) Aor. Pind. P. 11, 23; I. 4, 58: *κνίζω* 18.

ἐκοιμάθην (< *ἐκοιμήθην*) Aor. Pass. Soph. El. 509: *κοιμάω* 19.

ἐκοίμασα (< *ἐκοίμησα*) Aor. Eur. Hipp. 1387 (> jetzt *ἐκοίμισα*): *κοιμάω* 19.

ἐκοιμήθην (< *ἐκοιμάθην*) Aor. Pass. Od. *δ*, 430; Xen. An. 2, 1, 1: *κοιμάω* 19.

1) *ἐκλίνθην* ist bei Homer viel häufiger als *ἐκλίθην*.

ἐκοίμησα (< *ἐκοίμασα*) Aor. Od. *γ*, 397; Aesch. Ag. 1247: *κοιμάω* 19.

ἐκοίνασα (< *ἐκοίνωσα*) Aor. dor. wie von *κοινάω* gebildet Pind. P. 4, 115: *κοινόω* 20.

ἐκοινᾶτο Imperf. Med. (wie von *κοινάω* gebildet; vgl. *ἐκοίνασα*) *παρ-* Pind. P. 4, 133: *κοινόω* 20.

ἐκοινολογήθην Aor. Pass. Polyb. 10, 42: *κοινολογέομαι* 21.

ἐκοινολογησάμην Aor. Med. Her. 6, 23: *κοινολογέομαι* 21.

ἐκοίνωσα (< *ἐκοίνᾱσα*) Aor. Pl. Leg. 889, d: *κοινόω* 20.

ἐκόλασα Aor. Isocr. 1, 50: *κολάζω* 22.

ἐκολασάμην Aor. Med. (***450***) vgl. s. *κολασ- (αμην)*: *κολάζω* 22.

ἐκολάσθην Aor. Pass. Xen. Symp. 4, 48; vgl. s. *κολασθ-*: *κολάζω* 22.

ἐκολούθην 1) (< *ἐκολούσθην* 1)) Aor. Pass. Plut. Cat. m. 26; Aesch. Pers. 1035; *-ουθῶσι* Thuc. 7, 66 (< *-ουσθη*†, *-ουσθῶσι*††); *-ουθεῖσα, -θῇ* s. u. *ἐκολούσθην* (*-σθ-* **213**): *κολούω* 23.

ἐκόλουσα Aor. Callim. Jov. 90; Aristot. Polit. 2, 12: *κολούω* 23.

ἐκολούσθην 1) (< *ἐκολούθην* 1)) Aor. Pass. Aesch. Pers. 1035 † (> *-ούθη*); Thuc. 7, 66†† (> *-ουθῶσι*); Dion. Cass. 37, 17; 46, 19; 50, 34 (*-σθ-* **213**); *κολουσθεῖσα, -σθῇ* Theophr. C. Pl. 2, 20 (15) (> *-ουθεῖσα, -θῇ*) (*-σθ-* **213**): *κολούω* 23.

ἐκόμιξα (< *-ισα, -ισσα*) Aor. dor. Pind. N. 2, 19; vgl. *κομιξ-* [*7*]: *κομίζω* 24.

ἐκόμισα (< *-ισσα, -ιξα* dor.) Aor. Her. 5, 98 *B**; Pl. Phaedr. 242, d: *κομίζω* 24.

ἐκομισάμην (< *ἐκομίσσατο, κομισσ-*) Aor. Med. (***454***) Xen. Cyr. 4, 6, 5; *-αντο* Her. 6, 118; Thuc. 6, 103; vgl. *κομισ-(αμην)*: *κομίζω* 24.

1) Lob. Soph. Ai. p. 324.

18 ritzen, kratzen, schaben; reizen, erzürnen; necken, kränken, betrüben. 19 einschläfern, beruhigen; *Pass. mit Fut. Med.* sich schlafen legen, einschlafen. 20 mittheilen, *Med. mit Aor. Pass.* Theil nehmen. 21 sich besprechen, berathen, verabreden. 22 stutzen, beschneiden; bändigen, mässigen; tadeln, züchtigen. 23 verstümmeln, abschneiden; stutzen; verkleinern; unterdrücken. 24 besorgen, warten, pflegen; den Todten besorgen, aufheben und wegtragen; überhaupt, bes. aber als Beute wegtragen; tragen.

ἐκομίσθην Aor. Pass. Thuc. 2, 33; Xen. Hell. 5, 3, 19; vgl. κομισθ-(ην) Her. Pl. Dem. (**432. 433**): κομίζω 1.

ἐκόμισσα (< -ισα, -ιξα, κόμισσα) Aor. Il. β, 183 *B**: κομίζω 1.

ἐκομισσάμην (< -σάμην) Aor. Med. (**454**); κομισσ- Il. ϑ, 284: κομίζω 1.

ἐκόνῑσα Aor. Il. φ, 407; κονίσας Aesch. Pers. 163: κονίω 2.

ἐκονισάμην Aor. Med. (**448**) κόνισαι Ar. Eccl. 1176; κονισάμενοι Luc. Anach. 31: κονίω 2.

ἐκόπην Aor. 2 Pass. κατ- Ar. Av. 1688; Thuc. 4, 12. 96; περι- 6, 27; vgl. κοπ- (ην) (**11. 191**): κόπτω 3.

ἐκόρεσα Aor. s. κορεσ-: κορέννυμι 4.

ἐκορέσθην (sättigte mich) Aor. Pass. (neben ἐκορέσσατο) Od. δ, 541; κ, 499; κορεσθείς Eur. Hipp. 112: κορέννυμι 4.

ἐκορέσσατο (< κορ-) Aor. Med. (vgl. ἐκορέσθην) Il. λ, 87. 562: κορέννυμι 4.

ἐκόρυξα, -άμην s. κορυξ-: κορύσσω 5.

ἐκόρυσε, -υσσε s. κόρυσσε.

ἐκοτεσ- s. κοτεσ-

ἔκοψα (< κοψε Il. ν, 203) Aesch. Ch. 423; Thuc. 2, 75; vgl. κοψ-: κόπτω 3.

ἐκοψάμην Aor. Med. s. κόψατο (**448**): κόπτω 3.

ἐκρᾱάνθην Aor. Pass. ἐκράανθεν Theocr. 20, 196: κραιαίνω 6.

ἐκραγ- (ην) Aor. Pass. -είη Her. 2, 173; -ῆναι 6, 129; -έντες Thuc. 8, 84: ἐκρήγνῡμι 7.

ἐκραγήσομαι Fut. -ονται Aesch. Prom. 367: ἐκρήγνυμι 7.

ἔκραγον (s. ἔκραξα) Aor. 2 ἐνέκραγες Ar. Plut. 428; ἀνέκραγον Od. ξ, 467; Pind. N. 7, 76; Xen. Cyr. 3, 3, 67; An. 5, 1, 14; 5, 8, 12 *B**: κράζω 8.

ἐκράδανα Aor. κραδᾶναι Plut. Alc. 15; Anton. 37; κραδάνας Mor. 210, e: κραδαίνω, κραδάω 9.

ἐκραδάνθην Aor. Pass. κραδανθῆναι Pl. Alex. 74: κραδαίνω, κραδάω 9.

ἐκραίαινεν Imperf. Il. ε, 508: κραιαίνω 6.

ἔκρᾱνα (< ἔκρηνα ep.) -ε Aesch. Ag. 369; -ν' Suppl. 622; Eur. Andr. 1204 (**228**): κραίνω 6.

ἐκράνθην Aor. Pass. Pind. P. 4, 175; Eur. Suppl. 814; Hipp. 1345 *B** (**243**): κραίνω 6.

ἔκραξα (vgl. ἔκραγον) Aor. 1 sp. Theophr. Sign. 4, 3 (κράξῃ); Anth. 11, 211 (Lucill. 115); N. T. Matth. 8, 29; 20, 30 *B*; Dio. Chrys. 27, p. 527; κέκραξον V. T. Ps. 21, 5: κράζω 8.

ἐκρεμάμην, -ατο Imperf. Med. Xen. An. 4, 1, 2; Luc. Char. 17; vgl. ἐκρέμω: κρέμαμαι, κρεμάννυμι 10.

ἐκρέμᾰσα Aor. -ε Ar. Thesm. 1028; κρεμάσαντες Il. ϑ, 19; -άσαι Xen. An. 1, 2, 8: κρεμάννυμι 10.

ἐκρεμασάμην Aor. Med. selten s. κρεμάσασθαι: κρεμάννυμι 10.

ἐκρεμάσθην Aor. Pass. s. κρεμασθ-(ην): κρεμάννυμι 10.

ἐκρέμω 2 Sing. Imperf. Il. ο, 18; vgl. ἐκρεμαμην (**282**): κρέμαμαι, κρεμάννυμι 10.

ἐκρήηνα (< κρήηνα) Aor. Hom. Hym. 4, 223: κραιαίνω 6.

ἐκρήμνατο (< κρημνάμεσθα; ἐκρημνῶντο) Imperf. Med. -ϑ' Eur. El. 1217; ἐκρημνῶντο, -αντο App. Civ. 1, 71: κρήμνημι 11.

ἐκρήμνην Imperf. sp. App. Mithr. 97: κρήμνημι 11.

ἐκρημνῶντο (< ἐκρήμναντο) Imprf. Med. κατ- Hom. Hym. 7, 39: κρημνάω, κρήμνυμι 11.

ἔκρηνα (< ἔκρανα) Aor. ep. κρῆναι Od. ε, 170: κραίνω 6.

ἐκρήξας Part. Aor. Arist. Meteorl. 2, 8: ἐκρήγνυμι 7.

ἐκρήξω Fut. -ει Soph. Ai. 775; Plut. Fab. Max. 12: ἐκρήγνῡπι 7.

ἐκρῖθην (< ἐκρίνθην ep.) Aor.

---

1 besorgen, warten, pflegen; den Todten besorgen, aufheben und wegtragen; überhaupt, aber bes. als Beute wegtragen; tragen. 2 mit Staub erfüllen. 3 schlagen, hauen, klopfen, bedrängen, quälen. 4 sättigen, satt machen; *Med.* sich sättigen, satt werden. 5 mit dem Helm versehen; wappnen, rüsten; *Med.* sich∼. 6 vollenden, vollführen, erfüllen. 7 herausbrechen, -reisen; hervor-, losbrechen. 8 krächzen, schreien, laut rufen. 9 schütteln,

Pass. gew. Eur. Hec. 644; Lys 13, 50; Pl. Leg. 821, e *A**; vgl. κρίθῃ) (*233*): κρίνω 12.

ἔκρῖνα Aor. -αν Od. σ, 264; -ατε Aesch. Pers. 520; Her. 1, 120; 7, 19; Pl. Theaet. 201, b (*225*): κρίνω 12.

ἐκρῖνάμην Aor. Med. -ατο Il. ε, 150; Od. δ, 778; ἀπεκρίνατο Xen. Cyr. 1, 3, 13; An. 2, 1, 22 (*225*): κρίνω 12.

ἐκρίνθην (< ἐκρῖθην) Aor. Pass. ep. in κρινθέντες Il. ν, 129; vgl. κλινθέντε; u. διέκριθεν Il. β, 815 (*233*): κρίνω 12.

ἔκρουσα Aor. Xen. An. 4, 5, 18: κρούω 13.

ἐκρουσάμην Aor. Med. Thuc. 7, 40: κρούω 13.

ἐκρούσθην Aor. Pass. ἀπ- Thuc. 4, 107; ἐξ- 4, 102; als Simpl. sp. Eratosth. Catast. 32, 127 (*212*): κρούω 13.

ἐκρύβην (< bei Spät. üblicher als ἐκρύφθην; vgl. ἐκρύφην) Aor. Pass. Apollodor. 3, 2, 5; Aesop. 65; V. T. Gen. 3, 8; Tob. 1, 21; N. T. Ioan. 8, 59; κρυβείς Soph. Ai. 1145 jetzt ersetzt durch κρυφείς[1]) (*243*): κρύπτω 14.

ἐκρυβόμην (< ἐκρυψάμην) Aor. 2 Med. (*454*) Aesop. 65; ἀπεκρύβετο Apollod. 3, 2, 1, 3: κρύπτω 14.

ἔκρυβον Aor. 2 sp. περι- N. T. Luc. 1, 24 (*221*): κρύπτω 14.

ἐκρύφην[1]) (< ἐκρύφθην, ἐκρύβην) Aor. κρυφείς Soph. Ai. 1145 (< κρυβείς): κρύπτω 14.

ἔκρυφθεν 3 Plur. Aor. Pass. Eur. Hipp. 1247; eine vereinzelte Form bei *att.* Dichtern, wie auch κατένασθεν Ar. Nub. 662; ἔταφεν Aesch. Pers. 962 [*115*]: κρύπτω 14.

ἐκρύφθην (< κρύφθη, ἐκρύβην, ἐκρύφην) Aor. Pass. Aesch. Ag. 387; Thuc. 8, 50; vgl. ἔκρυφθεν und κρυφθ-(ην) (*106*): κρύπτω 14.

ἔκρυψα Aor. Aesch. Ag. 455; Soph. Ant. 25; Thuc. 1, 133: κρύπτω 14.

ἐκρυψάμην (< ἐκρυβόμην) Aor. Med. (*454*) s. κρυψαμ-(ην): κρύπτω 14.

ἔκτα (< ἔκτανον) 3 Sing. Aor. 2 poet. Il. ζ, 205 *B*; Eur. Herc. Fur. 424; κατ- Aesch. Semel. 205 *A** (*152*): κτείνω 15.

ἔκταγκα[1]) (< ἔκτακα[1]), ἐκτόνηκα, ἔκτονα) Perf. 1 ἀπ- Aristot. V, 2, 1324; Menand. Misum. 8 (> ἔκτακα[1]): κτείνω 15.

ἔκταθεν s. u. ἐκτάθην.

ἐκτάθην (< ἐκτάνθην) Aor. Pass. ep. ἔκταθεν 3 Plur. [*114*] Od. δ, 537: κτείνω 15.

ἔκτακα[1]) (< ἔκταγκα[1]), ἐκτόνηκα, ἔκτονα) Perf. 1 ἀπ- Polyb. 3, 76 MSS. B. C. Vulg. (> -αγκα Bekker): κτείνω 15.

ἔκτἄμεν (< κτἄμεν Hom. [III], vgl. ἔκτανον) 1 Plur. Aor. 2 poet. Od. μ, 375 [*152*]: κτείνω 15.

1) ἔκταν (< ἔκτανον) 1 Sing. Aor. 2 poet. Il. δ, 319 [*152*]: κτείνω 15.

2) ἔκτἄν (< ἔκτανον) 3 Plur. Aor. 2 Il. κ, 526; Od. τ, 276 [*152*]: κτείνω 15.

ἐκτάνθαι Inf. Perf. Pass. sp. ἀπ- Polyb. 7, 7: κτείνω 15.

ἐκτάνθην (< ἐκτάθην) Aor. Pass. sp. Anth. 14, 32; V. T. Mac. 2, 9; Apoc. 2, 13; 9, 18; 11, 13; 19, 21; ἀποκτανθείς Marc. 9, 31; Luc. 9, 22; ἀποκτανθῆναι Matth. 16, 21; Marc. 8, 31; Apoc. 13, 10: κτείνω 15.

ἔκτανον (< κτάνον, ἔκταν) Aor. 2, poet. (*244*) Od. ψ, 363; -ες Il. β, 701; -ε(ν) ω, 151 *Γ**; Aesch. Sept. 970; -ν' Suppl. 499; -ον Soph. O. T. 277; ἀπεκτανε nur Eur. Rhes. 978; aber oft ἔκτανον die ob. Stell. und κατ- wie Aesch. Sept. 980 *B**; *in Prosa* Luc. Pisc. 3; aber angezweifelt (*244*) und von Krüger und Dind. in ἔκανον geändert ist ἔκτανον in den Stellen Xen. An. 1, 10, 7; 4, 8,

1) Lob. zu Soph. Ai. 1145 und zu Phryn. 317.

1) Vgl. Buttm. Ausf. Spr. §. 114, p. 226 Anm.*)

---

schwenken. 10 aufhängen; *Med.* hangen, schweben. 11 hinabstürzen, werfen; hangen, schweben lassen; *Med.* herabhangen, schweben. 12 trennen, (ent-)scheiden, schlichten; (be)urtheilen; *Pass. und Med.* mit einander rechten. 13 (aus)schlagen, klopfen, stossen; drängen. 14 verbergen, verstecken, verhüllen; verheimlichen. 15 tödten, erschlagen, morden.

25; Ages. 2, 22; Hier. 7, 12: **κτείνω** 1.

ἔκτας (< **ἔκτανες**) 2 Sing. Aor. 2 poet. Eur. Med. 1398; **κατ-** Aesch. Palam. 167 [***152***]: **κτείνω** 1.

ἔκτατο 3 Sing. Aor. 2 Pass. poet. **ἀπ-** Il. **ο**, 437; **ϱ**, 472: **κτείνω** 1.

ἐκτέαται (für **ἔκτηνται, κέκτηνται**) 3 Plur. Perf. Her. 4, 23 [**-έαται** ***100***]: **κτάομαι** 2.

ἔκτεινα (< **κτεῖνε, ἔκτανον** poet.) Aor. 1 Il. **τ**, 296; Od. **δ**, 188 *B**; **-αν** **μ**, 379; Aesch. Pers. 776; Thuc. 1, 20; Pl. Euth. 4, b: **κτείνω** 1.

ἔκτεινον (< **κτεῖνον**) Imperf. Od. **ξ**, 265 *A**; Xen. An. 2, 7, 32: **κτείνω** 1.

ἐκτενίζομεν Imperf. Eur. Hipp. 1174: **κτενίζω** 3.

ἐκτενισάμην Aor. Med. Ar. Fr. 501: **κτενίζω** 3.

ἐκτενίσθην Aor. Pass. Hippiatr. p. 226: **κτενίζω** 3.

ἐκτένισμαι (< **κεκτενισμένος**) Perf. Pass. Archil. 156 (Bergk); Sim. Amorg. 65: **κτενίζω** 3.

ἔκτημαι[1]) (< **κέκτημαι**[1]) Perf.[1]) mehr ion. **-ται** Her. 2, 95; **ἐκτημέναι** (< **κεκτημένη, -μένων**) Aesch. Prom. 795; **-μένος** (< **κεκτημένος** *Γ**) Pl. Leg. 954, d (***68***): **κτάομαι** 2.

ἐκτήθην Aor. Pass. stets pass. Thuc. 1, 123; 2, 36; **κτηθεῖσ᾽** Eur. Hec. 449; Dion. Hal. Ant. 10, 27; 11, 40; **τὰ κτηθέντα** Euseb. Philos. ap. Stob. Serm. p. 130 Gesn.; Memnon. ap. Phot. p. 231 Bekk. (***391***): **κτάομαι** 2.

ἐκτησάμην 1 Sing. Aor. Lys. 7, 5; Xen. Symp. 4, 43; **ἐκτήσω** Od. **ω**, 193; Aesch. Pers. 755; Pl.; **-σαο** [***89***] Her. 7, 29; **-σατο** Il. **ι**, 400; Od. **υ**, 265; Aesch. Pers. 770; Thuc. 1, 4; Pl. Xen. u. s. w.; **-σαμεθα** Thuc. 6, 18; Xen. An. 5, 5, 7; **-σαντο** Thuc. 2, 43; Pl. Gorg. 519, a: **κτάομαι** 2.

ἐκτήσαο (< **ἐκτήσω**) 2 Sing. Aor. s. unter **ἐκτησάμην**.

ἐκτῆσθαι (< **κεκτῆσθαι**) Inf. Perf. mehr ion. Il. **ι**, 402; Her. 1, 155. 170 (> > **κεκτῆσθαι**); 3, 100; 4, 191; 6, 20; Pl. Prot. 340, e codd. nonn. **κεκτῆσθαι**); Phil. 58, d (> **κεκτ.-**), sonst bei Pl. **κεκτ-** *B** (***68***): **κτάομαι** 2.

ἐκτήσθω (< **κεκτήσθω**) Imper. Perf. mehr ion. Pl. Leg. 914, a (***68***): **κτάομαι** 2.

ἐκτήσομαι (< **κτήσομαι, κεκτήσομαι**) Fut. 3 selten Pl. Lach. 192, b: **κτάομαι** 2.

ἐκτήσω (< **ἐκτήσαο**) 2 Sing. Aor. s. u. **ἐκτησάμην**.

ἔκτηται s. **ἔκτημαι**.

ἔκτιννυν (< **ἐκτίννυον**) Imperf. Lys. 20, 9 (**-υν, -υον** ***300***): **κτίννυμι** 1.

ἐκτίννυον (< **ἔκτιννυν**) Imperf. **ἀπ᾽** Xen. Hell. 7, 3, 8 (**-υν, -υον** ***300***): **κτίννυμι** 1.

ἔκτŏνα (< **ἐκτόνηκα, ἔκτακα, ἔκταγκα**) Perf. einmal in Trag. **κατ-** Aesch. Eum. 587 (?); **-έναι** in **ἀπ-** Lys. 10, 2; **-ασι** 7; Xen. **-ε** An. 2, 1, 11; Hell. 2, 4, 21; **-ότες** 7, 4, 24; **-έναι** Hier. 2, 16; **-ατε** Pl. Ap. 38, c u. zweim. 39, c; Isocr. Paneg. 246, b (***200. 201. 202***): **κτείνω** 1.

ἐκτόνηκα (< **ἔκτονα, ἔκτακα, ἔκταγκα**) Perf. **ἀπ-** Xen. Hier. 3, 8 (> **ἀπεκτονότας** Bekk., Dind.) Pl. Ap. 38, c (> **ἀπεκτόνατε** Bekk., Stallb., Herm.); Aristot. Soph. 1, 33: **κτείνω** 1.

---

1) Ueber die passive Bed. vgl. die Bemerk. zu **κέκτημαι**.

2) Lob. Phryn. p. 762.

---

1 tödten, erschlagen, morden. 2 sich erwerben, sich verschaffen; *Perf.* besitzen. 3 kämmen; *Med.* sich∼. 4 **κῖνυμαι** = **κῑνέομαι** *ep.* nur *Praes.* u. Imprf. sich bewegen. 5 krachen, prasseln, dröhnen, erschallen. 6 ehren, loben, rühmen, preisen; durch Ehrenbezeugungen erfreuen. 7 schwanger sein, trächtig sein; auch empfangen; *Pass.* im Mutterleibe getragen werden; *Med. poet.* gebären. 8 *wälzen,* rollen, wälzend oder rollend fortbewegen; *Pass.* sich wälzen, fortrollen; sich herumtreiben, herumlaufen. 9 küssen. 10 (an)treffen, begegnen; stossen auf...; erlangen, erreichen; *in*trans. zufallen, sich befinden, sein. 11 in sich fassen, enthalten, schwanger, trächtig sein, vgl. oben Note 7. 12 sich bücken, sich

ἐκτονήκει Plsprf. ἀπ- Plut. Timol. 16 Vulg. (> -ήκοι Sint.): κτείνω 1.
ἐκτύπησα Aor. Soph. O. C. 1606; Eur. Phoen. 1187: κτυπέω 5.
ἔκτῠπον Aor. 2 Il. ρ, 595; Soph. O. C. 1456: κτυπέω 5.
ἐκύδαινον (< κύδᾰνον) Imperf. Plut. Coriol. 1: κυδάνω, ep., κυδαίνω poet. u. in sp. Prosa: 6.
ἐκύδᾱνα (< κύδηνα) Aor. dor. Pind. P. 1, 31: κυδάνω, ep., κυδαίνω poet. u. in sp. Prosa: 6.
ἐκύει Imperf. Il τ, 117; -εις Ar. Lys. 745: κυέω 7.
ἐκυήθην Aor. Pass. ἐπ- Aristot. Gen. An. 4, 5: κυέω 7.
ἐκύησα Aor. Ar. Thesm. 641; Pl. Symp. 203, c; κυῆσαι 209, a: κυέω 7.
ἐκυησάμην Aor. Med. Himer. Or. 7, 4; Opp. Cyn. 3, 22: κυέω 7.
ἐκύλῑσα Aor. Theocr. 23, 52; ἐξ- Pind. Fr. 2; εἰσ- Ar. Thesm. 651: κυλίνδω 8.
ἐκυλίσθην Aor. Pass. s. κυλίσθη: κυλίνδω 8.
ἐκῡνησα[1]) (<ἔκυσα) Aor. 1 Athen. 9, 394: κυνέω 9.
ἐκύρησα (< ἔκυρσα) Aor. Her. 1, 31; Eur. Hec. 215; κυρήσας Aesch. Sept. 589 *A**; Soph. Ant. 870; κυρῆσαι O. T. 1514; Her. 1, 35. 59 *B**: κυρέω 10.
ἐκυρον (< κῦρον) Imperf. Soph. O. C. 1159: κύρω 10.
ἔκυρσα (< ἐκύρησα) Aor. 1 Il. ψ, 428; Aesch. Pers. 779; Prom. 739; Eur. Ion. 1105; ἐν- Her. 3, 77; 4, 125 u. in sp. Prosa; ἐν- Arr. An. 2, 11 [*224. 55*]: κύρω 10.
ἔκῠσα[1]) (< ἔκυσσα, κύσσε, κύσε, ἐκύνησα) Aor. 1 -σ' Od. ψ, 208; Eur. Cycl. 553; Ar. Av. 141; προσ- Equ. 640 *B*: κυνέω 9.
ἔκῡσα Aor. befruchtete Aesch. Fr. 38: κύω 11.
ἐκυσάμην Aor. Med. κῡσαμένη empfangen habend (über die Schreibart -κυσσ- bei Hom. vgl. Buttm. Ausf. Spr. § 114; p. 230) Hes. Th. 125. 308. 405; Il. θ, 26; Od. λ, 254; -σάμεναι Il. υ, 225; in der Bed. brachte hervor Euphor. Fr. p. 150: κύω 11.
ἔκυσσε[1]) (< ἔκυσ', κύσσε, κύσε, ἐκύνησα) Aor. 1 Il. θ, 371; Od. φ, 225: κυνέω 9.
ἔκυψα Aor. Her. 3, 14; ὑπ- 1, 130; δι- Ar. Thesm. 644 (> ἔκυψε); ἀν- Xen. Oec. 11, 5; vgl. κυψ-: κύπτω 12.
ἐκώκυον Imperf. Il. τ, 284; Od. δ, 259; τ, 541: κωκύω 13.
ἐκώκῡσα Aor. s. κωκυσ-: κωκύω 13.
ἐκωλύθη Aor. Pass. s. κωλυθ-: κωλύω 14.
ἐκώλυσα Pl. Menex. 244, c; [Pl.] Ep. 357, a: κωλύω 14.
ἐκώμαξα (< -σα) Aor. dor. s. κωμαξ-: κωμάζω 15.
ἐκώμασα (< -ξα) Aor. ὗς ἐκώμασεν Sprchw. Diog. 8, 60; vgl. κωμασ-: κωμάζω 15.
ἔλ' (vgl. εἷλ') st. ἕλε 3 Sing. Aor 2 Il. ε, 50: αἱρέω 16.
ἔλα Imper. Pind. I. 4, 39; Eur. Herc. Fur. 819; Fr. Phaeth. 5; ἀπέλα in att. Prosa nur Xen. Cyr. 8, 3, 32: ἐλάω, ἐλαύνω 17.

1) ἐλᾷ 3 Sing. *Praes.* selten u. poet. Pind. N. 3, 74: ἐλάω, ἐλαύνω 17.
2) ἐλᾷ 3 Sing. *Fut.* Soph. O. T. 418; Xen. Equ. 3, 9; Dem. 21, 131 (*159*): ἐλάω, ἐλαύνω 17.

ἐλάαν (< ἐλᾶν) Inf. Praes. für ἐλαύνειν Il. ε, 366 *Γ**; Pind.: ἐλάω, ἐλαύνω 17.

1) προσεκύνησα ist regelmässig Xen. Cyr. 2, 4, 19; 8, 3, 14; Ag. 1, 34; jedoch poet. auch προσέκυσα wie προςκύσαι Soph. Phil. 657; προςκύσανθ' El. 1374; πρόςκυσον Ar. Equ. 156; προέκυσα 640.

---

ducken. 13 heulen, schreien, weinen, wehklagen. 14 hemmen, (ver)hindern, ab-, zurück-, in Schranken halten. 15 (einher)schwärmen. 16 nehmen, fassen; sich bemächtigen, erobern, fangen; gerichtlich überführen; fassen, begreifen; *Med. a.* nehmen, ergreifen, wegnehmen, *b.* an sich nehmen, erlangen, *c.* wählen, wünschen, wollen; *Pass.* gewählt werden. 17 *a.* in Bewegung setzen, treiben; fahren, reiten, rudern, marschiren; *b.* wegtreiben, wegführen; *c.* schlagen, (ab)hauen; *d.* in Erz treiben; *e.* hervorbringen, erzeugen; *f.* es treiben, fortschreiten.

ἐλάασκεν (< ἔλαεν, vgl. ἔλων) Ap. Rh. 1, 733: ἐλάω, ἐλαύνω 1.

ἐλάβεσκον (< ἔλαβον) Aor. iter. Her. 4, 78. 130 (> λάβεσκον, -σκε Bekker) [**139. 140**]: λαμβάνω 2.

ἐλαβέτην (< λαβέτην Il. ζ, 233) 3 Dual. Aor. 2 Pl. Phaedr. 265, e: λαμβάνω 2.

ἐλαβόμην Aor. Med. -οντο Xen. An. 1, 6, 10 (> ἔλαβον); vgl. λαβ-(-ομην): λαμβάνω 2.

ἔλαβον (< ἔλλαβε, ἔλαβ', λάβε, λαβ') Aor. 2 -ε(ν) Il. ρ, 620; ἔλαβ' ε, 328; Her. 6, 137; Pl.: -ες, -ε(ν), -ομεν, -ετε, -ον; s. auch ἐλαβέτην: λαμβάνω 2.

ἐλάγχανον (< λαχ-) Imperf. Od. ι, 160; υ, 282: λαγχάνω 3.

ἔλαεν (< ἐλάασκεν, vgl. ἔλων) 3 Sing. Imperf. Ap. Rh. 3, 871: ἐλάω, ἐλαύνω 1.

ἐλάζετο (< λάζετο, ἐλάζυτο) Imperf. Il. ε, 371; ἀν- Mosch. 2, 163: λάζομαι [1]) 4.

ἐλάζυτ' Imperf. Eur. Med. 1216 (< ἐλάζετ'): λάζυμαι [1]) 4.

ἐλάζυτο (< ἐλάζετο) Imperf. Hym. 3, 316: λάζυμαι [1]) 4.

ἐλαθ-(ην) Aor. Pass. ἐξελαθείς Bekker (< -σθείς) Her. 5, 42; -θέντες 4, 142 (zweim.); 5, 95; Xen. Cyr. 2, 1, 15; ἐξελαθῆναι 6, 1, 15; vgl. ἠλάθην: ἐλάω, ἐλαύνω 1.

ἐλαθόμην 1 Sing. Aor. 2 Med. s. ἐλάθοντο (**193**): λανθάνω 5.

ἔλᾰθον, -ε(ν) (< λέλαθον, -ε(ν), ἔλαθ', λάθον, -ε, λάθ') Aor. 2 -εν Il. ξ, 1 Α; -θ' Il. ρ, 1. — Thuc. 3, 106; Pl. Soph. 253, c; Xen. An. 6, 3, 22. — *Pers.*: -ον, -ες, -ε(ν), -ομεν, -ον (**193**): λανθάνω 5.

1) λάζομαι erweist sich als die *epische* und λάζυμαι als die *attische* Form.

ἐλάθοντο (< λάθοντο, λελάθοντο) 3 Plur. Aor. 2 Med. Il. ν, 835; Pind. P. 4, 41; vgl. λαθ-(ομην) (**193**): λανθάνω 5.

ἐλάκησα Aor. λακήσῃς Ar. Pax. 382; διαλᾱκήσασα Nub. 410: λάσκω 6.

ἔλᾰκον (< λάκον ep.) Aor. 2. Aesch. Sept. 153; Eur. Tr. 269: λάσκω 6.

ἔλαμπον Imprf. -εν Pl. Phaedr. 250, d: λάμπω 7.

ἐλάμφθην (< ἐλήφθην att., ἐλάφθην dor.) Aor. Pass. Her. 9, 119, vgl. λαμφθ-, -είη, -εῖσαι, -ῆναι: λαμβάνω 2.

1) ἔλαμψα Aor. 1. ἐξ- Bias. in Diog. Laert. 1, 85: λαμβάνω 2.

2) ἔλαμψα Anacr. 44, 6; Ar. Vesp. 62: λάμπω 8.

1) ἐλᾶν Inf. Fut. Eur. Med. 70; Pl. Theag. 129, d (**159**): ἐλαύνω 1.

2) ἐλᾶν (< ἐλάαν) Inf. Praes. für ἐλαύνειν Xen. Hell. 2, 4, 32 (MSS. Dind.): ἐλάω, ἐλαύνω 1.

ἐλάνθανον (< λανθανόμην) Imperf. -ε Od. θ, 93. 532; -ον Il. ν, 721. — Her. 7, 218; 8, 25; Pl. Rep. 432, e: λανθάνω 5.

ἐλάουσα Fem. Part. Praes. Nonn. Dionys. 7, 139: ἐλάω, ἐλαύνω 1.

ἐλάπαξα Aor. Hippocr. 5, 176; Ael. H. A. 5, 39: λαπάζω, λαπάσσω 9.

ἐλαπάχθην Aor. Pass. Hippocr. 5, 176: λαπάζω, λαπάσσω 9.

ἐλάπην Aor. 2 Pass. ἐκλαπῆναι Ar. Fr. 211: λέπω 10.

ἐλᾷς 2 Sing. Fut. Eur. Bacch. 1334 (**159**): ἐλάω, ἐλαύνω 1.

1) ἔλασα (< ἔλασσεν, ἤλασα, ἤλασσα) Aor. Il. φ, 217 (-σσας); -σε Il. ψ,

---

1 *a.* in Bewegung setzen, treiben; fahren, reiten, rudern, marschiren; *b.* wegtreiben, wegführen; *c.* schlagen, (ab)hauen; *d.* in Erz treiben; *e.* hervorbringen, erzeugen; *f.* es treiben, fortschreiten. 2 I. *a.* fassen, ergreifen; *b.* fassen, wahrnehmen, begreifen; II. nehmen; *Med.* sich bemächtigen. 3 *a. trans.* bekommen, erhalten, erlangen, empfangen; *b. intrans.* zu Theil werden, zufallen. 4 λάζομαι, dor. λάσδομαι, λάζυμαι [1]) nehmen, fassen, ergreifen. 5 verborgen sein, *latere; das Part. Aor. mit Verb. finit. wird übersetzt:* unver(be)merkt; heimlich, geheim; versteckt, unversehends. 6 tönen, krachen, schreien; laut sprechen, verkünden, weissagen. 7 = 8. 8 leuchten, glänzen. 9 (aus)leeren; (aus)plündern; *bes.* den

1) Nach Elmsl. ist λάζυμαι mit Ausnahme des Imper. λάζου (Eur. Or. 452) die attische Form bei Dichtern.

615; -σ' ε, 80; -αν Od. γ, 493; ἐλάσῃ Od. γ, 422 *A**; Aesch. Choeph. 967; ἐλάσειε Od. λ, 290; ρ, 237; -σας Od. ν, 164; -σαντες μ, 353; ἐλάσαιο, Opt. Aor. 1 Med. Od. υ, 51; ἐλάσαι Xen. Cyr. 8, 3, 1; -σας, -σαντας 6, 3, 13: ἐλάω, ἐλαύνω 1.

2) ἔλᾱσα (< ἔλησα) Aor. dor. ἐκ... Alcae. 92 (Bergk): λανθάνω 5.

ἐλᾱσαίατο 3 Plur. Opt. Aor. 1 Med. st. ἐλάσαιντο Il. κ, 537: ἐλαύνω 1.

ἐλᾱσάμην (< ἐλησάμην) Aor. 1 Med. dor. Mosch. 3, 63; Qu. Sm. Nonn.; vgl. Lob. Phryn. 719: λανθάνω 5.

ἐλάσασκε Aor. iter. st. ἤλασε Il. β, 199 [**140**]: ἐλαύνω 1.

ἐλάσω (< ἐλάσσω, ἐλῶ) Fut. Xen. An. 7, 7, 55 und bei Sp. ἀπ- V. T. Ez. 34, 12 (***159***): ἐλάω, ἐλαύνω 1.

ἐλᾶτε 2 Plur. Fut. Ar. Equ. 243 (***159***): ἐλάω, ἐλαύνω 1.

ἐλατέος Vb. Xen. Hipp. 2, 7 (***209. 210***): ἐλάω, ἐλαύνω 1.

ἐλάφθην (< ἐλήφθην att.; ἐλάμφθην dor.) Aor. Pass. dor. Archim. Aren. p. 516 *B**: λαμβάνω 2.

ἐλάφυξα Aor. Orph. Lith. 120; Aelian. H. A. 4, 45: λαφύσσω 11.

ἐλαφυξάμην Aor. 1 Med. Lycophr. 321: λαφύσσω 11.

ἔλαχον (< ἔλλαχον) Aor. 2 Il. ι, 365; ο, 190; -ε 191; ἔλαχ' 192; Aesch. Eum. 931; ἔλαχον 1 Pers. Xen. Cyr. 7, 1, 16; -ε(ν) 6, 3, 36; Pl. *A**; -ομεν Theaet. 210, c; -ον Rep. 620, d; Her. 1, 167: λαγχάνω 3.

ἔλαψα Aor. 1 ἐξ- Ar. Ach. 1229: λάπτω 12.

ἐλαψάμην Aor. Med. Pherecr. 93: λάπτω 12.

ἐλάω (< ἐλάσω, ἐλῶ) Fut. ep. Ap. Rh. 3, 411: ἐλάω, ἐλαύνω 1.

ἐλάων (< ἐλῶν) Part. Praes. Ap. Rh. 2, 80; εἰσ- Od. κ, 83: ἐλάω, ἐλαύνω 1.

ἔλδεαι [1] 2 Sing. Praes. Od. ψ, 6; Pind. Ol. 1, 4: ἔλδομαι 13.

ἔλδεται [1] (> ἐέλδεται) 3 Sing. Praes. Il. ε, 480: ἔλδομαι 13.

ἐλδόμενος [1] (< ἐελδόμενος) Part. Praes. -αι Il. ψ, 122: ἔλδομαι 13.

ἔλε(ν) (< εἷλε) 3 Sing. Aor. 2 Il. κ, 335 *Γ**: αἱρέω 14.

ἐλέᾱνα (< ἐλέηνα ion.; ἐλείηνα ep.) Aor. att. Athen. 3, 79 (***225. 230***): λεαίνω 15.

ἐλεγέτην 3 Dual. Imprf. Pl. Phaedr. 265, a; Xen. Hell. 4, 4, 8: λέγω, sagen 16.

ἐλέγην (< ἐλέχθην [1]) Aor. 2 Pass. κατ- Lys. 30, 8; ξυνελέγημεν Pl. Phaed. 59, d (***194. 195***): λέγω, legen 17.

ἐλεγκτέος Vb. Pl. Leg. 905, d: ἐλέγχω 18.

ἐλέγμην Aor. 2 Med. sync. Od. ι, 335, rechnete mich, gesellte mich zu; vgl. ἔλεκτο: λέγω legen.

ἔλεγον, -ε (< λέγε, λέγ') Imprf. Od. ψ, 308; Pl. Rep. 524, e (V.); s. ἐλεγέτην: λέγω, sagen 16.

ἐλεγξ- Aor. -ῃς Il. ι, 522; -ωσι Pl. Rep. 539, b; -ειεν (***288***) Gorg. 470, c; -ον Euthyd. 286, e; -ας, -αντι, -άντων Leg. 917, d *B**; -αι Gorg. 470, c; Aesch. Ch. 851: ἐλέγχω 18.

1) ἐλέγξω Fut. Ar. Nub. 1043; Pl. Ap. 29, e; Is. 6, 71: ἐλέγχω 18.

2) ἐλέγξω Conj. Aor. s. unt. ἐλεγξ-: ἐλέγχω 18.

---

1) Die Formen von ἐελδ- sind bei weitem häufiger.

Magen leeren, abführen. 10 (ab)schälen. 11 verzehren, auffressen, verschlucken, verschlingen. 12 *lambere,* schlappen, lecken, saufen; gierig trinken. 13 verlangen, wünschen, sich sehnen. 14 nehmen, fassen; sich bemächtigen, erobern, fangen; gerichtlich überführen; fassen, begreifen; *Med. a.* nehmen, ergreifen, wegnehmen; *b.* an sich nehmen, erlangen; *c.* wählen, wünschen, wollen; *Pass* gewählt werden. 15 glätten, ebenen; zerreiben, zermalmen; aufreiben, vernichten. 16 sagen, sprechen, reden. 17 *a.* legen, lagern; *Med.* sich~; liegen; *b.* zusammenlegen, lesen, sammeln; *Med.* (für) sich~; *c.* auslesen, auswählen; *Med.* (für) sich~; *d. dazu*rechnen, -zählen; *Med.* sich überzählen; *e. er*zählen, schildern; *Med.* sich worüber besprechen. 18 *a.* verschmähen, verachten; *b.* widerlegen, überführen und damit beschämen; *c.* darthun, zeigen; *d.* ausforschen, ausfragen, untersuchen.

ἐλεγχθ- Aor. Pass. -θῶ Pl. Hipp. maj. 287, e; -θῶσι Rep. 539, b; -θείης Hipp. maj. 288, a; -θέντα, -ι Xen. Cyr. 3, 1, 12; Ap. 24; -θέντων Pl. Leg. 905, d: ἐλέγχω 1.

ἐλεγχθήσομαι Fut. Pass. -εται Xen. Mem. 1, 7, 2; ἐξ- Pl. Euthyd. 275, e; -ονται Ap. 17, b: ἐλέγχω 1.

ἑλέειν (< ἑλεῖν) Inf. Aor. 2 Il. ο, 558; χ, 142: αἱρέω 2.

ἐλεηθ- s. u. ἠλεήθην.

ἐλέηνα (< ἐλέανα att., ἐλείηνα ep.) Aor. λεήνας Her. 8, 142; λεήναντες 1, 20 (**225. 230**): λεαίνω 3.

ἐλεησ-, -ήσειε, -ας, -ῆσαι s. u. ἠλέησα.

ἐλείβετο Imperf. Xen. Cyr. 6, 4, 3: λείβω 4.

ἐλείηνα (< ἐλέηνα ion.; ἐλέᾱνα att.) Aor. 1 ep. s. λείηνα (**225. 230**): λεαίνω 3.

ἑλεῖν (ἑλέειν) Inf. Aor. 2 Il. ο, 720; Pind.; Aesch. (Il.); Soph. O. T. 996; Pl. Soph. 241, c; Xen. Cyn. 7, 9: αἱρέω 2.

ἔλειξα Aor. Aesch. Ag. 828; Eum. 106; λείξας Ar. Equ. 103; λεῖξαι Achae. Ath. 10, p. 427: λείχω 5.

ἐλειπόμην Imprf. Pass. -οντο Her. 7, 196; 4, 84 Bekker, Dind. (> ἐλίποντο Vulg. MSS): λείπω 6.

ἔλειπον Imp. Il. τ, 288; -ε (< λεῖπε) χ, 226; -ες Od. ν, 403; -ομεν μ, 201: λείπω 6.

ἔλειπτο (< ἐλέλειπτο) Plsprf. Ap. Rh. 1, 45: λείπω 6.

ἐλείφθην (< ἐλίπην) Aor. Pass. -η Eur. Hel. 411; -ημεν Thuc. 3, 11; -ης Pl. Ep. 316, d; vgl. λειφθ-(ην): λείπω 6.

1) ἔλειψα Aor. 1 s. λεῖψαι, λείψαντε: λείβω 4.

2) ἔλειψα Aor 1 bei den Aelteren sehr unsicher und überhaupt sehr selten Ar. bei Antiatt. Bekker p. 106?; Pythag. Aur. Carm. 70; Opp. Cyn. 33; Maneth. 1, 153; Luc. Paras. 42; Julian. Epist. XL, 416, c; Procop. Arc. 29, 216: λείπω 6.

ἐλειψάμην Aor. Med. (**450**) Eur. Alc. 1015: λείβω 4.

ἔλεκτο (< λέκτο *B**) Aor. 2 Med. sync. Od. τ, 50: λέγω, legen 7.

ἐλέλειπτο (< λέλειπτο *B**, ἔλειπτο, λελείμμην) Plsprf. Pass. Il. β, 700: λείπω 6.

ἐλελήθειν Plsprf. Her. 9, 22 (-εε); Ar. Nub. 380; Hippocr. 5, 208: λανθάνω 8.

(ἐ)λελίητο s. λελίητο.

ἐλέλικτο Sync. Aor. 2 ep. Il. λ, 39; ν, 558: ἐλελίζω 10 A.

1) ἐλέλιξα Aor. -ε Il. θ, 199; ρ, 278; Batr. 286: ἐλελίζω 10 A.

2) ἐλέλιξα Aor. Callim. Del. 137: ἐλελίζω 10 B.

ἐλελιξάμην Aor. Med. -άμενος Il. β, 316: ἐλελίζω 10 A.

ἐλελίχθην Aor. Pass. -η Il. χ, 448; -ησαν ε, 497 *A**; -θέντες λ, 588: ἐλελίζω 10 A.

ἐλελόγχει Plsprf. Luc. Amor. 18: λαγχάνω 11.

ἐλελοίπει Plsprf. Xen. Cyr. 2, 1, 21: λείπω 6.

1) ἔλεξα Aor. Aesch. Eum. 114; Thuc. 1, 31; Xen. An. 3, 1, 27: λέγω, sagen 12.

2) ἔλεξα Aor. Il. ξ, 252 (brachte, wiegte in Schlummer); gew. in Comp. ἐξ- Thuc. 8, 44; Pl. Rep. 535, a; κατ- Xen. Hell. 3, 4, 15; συν- Cyr. 1, 5, 6; 8, 4, 32: λέγω, legen 7.

ἐλεξάμην, -ατο (< λέξατο) Aor.

---

1 *a.* verschmähen, verachten; *b.* widerlegen, überführen und damit beschämen; *c.* darthun, zeigen; *d.* ausforschen, ausfragen, untersuchen. 2 nehmen, fassen; sich bemächtigen, erobern, fangen; gerichtlich überführen; fassen, begreifen; *Med. a.* nehmen, ergreifen, wegnehmen; *b.* an sich nehmen, erlangen; *c.* wählen, wünschen, wollen; *Pass.* gewählt werden. 3 glätten, ebenen; zerreiben, zermalmen; aufreiben, vernichten. 4 (aus-, ver-)giessen, träufeln lassen; *Pass.* vergossen werden, fliessen. 5 lecken. 6 *linquo,* (zurück-, übrig-, ver-)*lassen*; *intr.* ausgehn, schwinden; *Pass.* zurückgelassen werden; zurück-, übrigbleiben. 7 *a.* legen, lagern; *Med.* sich~; liegen; *b.* zusammenlegen, lesen, sammeln; *Med.* (für) sich~; *c.* auslesen, auswählen; *Med.* (für) sich~; *d. dazu*rechnen, -zählen;

Med. -ατο Il. ι, 666 legte sich schlafen; gew. in Comp. ἐξελεξάμην Xen. Oec. 7, 11; -αντο Ath. 2, 8; -ατο Pl. Menex. 237, d: λέγω, legen 7.

ἐλεπτύνθην Aor. Pass. Hippocr. 4, 548; ἀπολεπτυνθέντος Pl. Tim. 83, b: λεπτύνω 13.

ἑλέσθαι Inf. Aor. 2 Med. Il. κ, 501; ν, 268; Od. Γ*; Pind.; Aesch. (II); Soph. O. T. 585; Pl. Prot. 338, a: αἱρέω 2.

ἕλεσθε 2 Plur. Imper. Aor. 2 Med. Il. ε, 529; η, 370; σ, 298; Hym. 2, 311; Xen. Cyr. 5, 4, 22: αἱρέω 2.

ἑλέσθω 3 Sing. Imper. Aor. 2 Med. Il. ι, 391; Od. σ, 47: αἱρέω 2.

ἕλεσκε Aor. 2 iterat. Il. ω, 752; Od. θ, 88; μεθ- 376; vgl. -σκον: αἱρέω 2.

ἕλεσκον 1 Sing. Aor. 2 iterat. Od. ξ, 220; vgl. -σκε: αἱρέω 2.

ἑλέτην 3 Dual. Aor. 2 Il. ε, 576; η, 8; λ, 328; Od. χ, 187: αἱρέω 2.

ἕλετο (= εἵλετο) 3 Sing. Aor. 2 Med. Il. ι, 368 B*; ἕλετ' ρ, 593: αἱρέω 2.

ἑλέτω 3 Sing. Imper. Aor. 2 Od. υ, 52: αἱρέω 2.

ἑλεῦ (< ἕλου) 2 Sing. Imper. Aor. 2 Med. Il. ν, 294: αἱρέω 2.

1) ἔλευσα Aor. sp. λεύσῃ Maneth. 4, 59: λεύσσω 14.

2) ἔλευσα Aor. κατὰ... Her. 9, 5; κατ- 5, 38; 9, 5; Lycurg. 71: λεύω 15.

ἐλεύσθη Aor. Pass. κατ- Xen. An. 5, 7, 1; vgl. λευσθ-(ην): λεύω 15.

ἐλεύσομαι Fut. Il. μ, 369; ν, 753; -εται α, 425 Γ*; -όμεθα μ, 225; -ονται ψ, 497; -εσθαι ο, 180 A*; Od. α, 168 B*. — Ap. Rh. 3, 177; Her. 6, 9; Hippocr. 2, 626; vereinzelt bei att. Dichtern und selten in attischer Prosa: Aesch. Prom. 854; Suppl. 522; Soph. O. C. 1206; Tr. 595 u. „fast beispiellos in früherer att. Prosa“ 2) (Krüger) Lys. 22, 11; in späterer Prosa Plut. Lucull. 16; ἐξ- Polyb. 4, 9; ἐπεξ- Luc. Iup. Tr. 17; μετ- Nav. 38: ἔρχομαι 16.

ἔλευσσον (< ἔλευσκον) Imprf. Aesch. Pers. 696: λεύσσω 14.

ἐλευστέος (< ἐλθετέον) Vb. μετ- Luc. Fugit. 22: ἔρχομαι 16.

1) ἐλέχθην Aor. Pass. Soph. O. T. 292; Thuc. 2. 48; 3, 53; 6, 32; Pl. Phil. 24, c A*; Xen. An. 1, 9, 18; διελέχθην Pl. Theaet. 142, c; Theag. 130, b; Parm. 126, c: λέγω, sagen 12.

2) ἐλέχθην 1) (< ἐλέγην 1)) Aor. Pass. Il. γ, 188 wurde beigezählt; gew. in Compos. συν- Her. 7, 8. 173; 9, 50 1); vgl. λεχθ-(ην): λέγω, legen 7.

ἔλεψα Aor. Il. α, 236; ἀπολέψαντα Ar. Av. 673: λέπω 17.

ἕλῃ (< ἕλῃσι) 3 Sing. Conj. Aor. 2 Il. η, 77; ξ, 365; Od. φ, 294; Pind. P. 1, 100; 10, 24; Aesch. (II); Pl. Leg. 784, d A*; Xen. Cyn. 9, 20: αἱρέω 2.

ἕληαι (ἕλῃ) 2 Sing. Conj. Aor. 2 Med. ion. st. ἕλῃ: αἱρέω 2.

ἐληζόμην (< ἐληϊζόμην) Imprf. Med. (*450*) Xen. Cyr. 3, 2, 25: ληΐζομαι 18.

ἔληθε s. unter ἔληθον.

---

1) συνελέχθην, λεχθ- bei Her. häufiger als συνελέγην; letzteres nicht bei Homer.

2) Die Attiker gebrauchten dafür εἶμι (*320. 324*).

Med. sich überzählen; *e.* erzählen, schildern; *Med.* sich worüber besprechen. 8 verborgen sein, *latere;* das *Part. Aor.* mit *Verb. finit. wird übersetzt:* unver(be)merkt; heimlich, geheim; versteckt, unversehends. 9 begehren, verlangen, wünschen, sich sehnen. 10 *A. a.* erschüttern, erzittern machen; *Pass.* erzittern, erbeben; *Med.* sich schlängeln, winden, Il. λ, 39; *b.* in die Flucht schlagen. *B.* das Schlachtgeschrei erheben. 11 *a. trans.* bekommen, erhalten, erlangen, empfangen; *b. intrans.* zu Theil werden, zufallen. 12 sagen, sprechen, reden. 13 dünn, fein, mager *machen; Pass.* dünn, fein; mager *werden.* 14 sehen, erblicken, wahrnehmen. 15 steinigen. 16 gehen, kommen, vorschreiten, fortgehen, aufbrechen. 17 (ab)schälen. 18 *a.* erbeuten, für sich als Beute wegführen; *b.* verheeren, verwüsten, ausplündern; verderben, schaden.

ἐλήθετο (< λήθετο *A**; λήθετ' *A**; λήθοντο) Imprf. Il. ε, 319: λήθω ep. λανθάνω 1.

ἐλήθην (?) Aor. Pass. διελήθησαν Hippocr. 1, 417 (> διελελήθεσαν): λανθάνω 2.

ἐλήθομεν s. unter ἔληθον.

ἔληθον (< λῆθεν, λῆθ') Imperf. Od. τ, 151; -ε(ν) β, 106; ω, 141; ἐλήθομεν μ, 17: λήθω, λανθάνω 2.

ἐλήιζον Imprf. Thuc. 3, 85; 4, 41: ληίζω 3.

ἐληϊσάμην (< ἐλησάμην) Aor. Med. (***450***) Her. 3, 47; Andoc. 1, 101; ληισ-(αμην); vgl. ληίσσατο: ληΐζομαι 3.

ἐληίσθην Aor. Pass.; ληισθεῖσαν Ap. Rh. 4, 400: ληίζω 3.

ἐληλάδατο (< ἠλήλαντο) 3 Plur. Plsprf. Od. η, 86 (> ἐληλέδατο Bekker, ἐρηρέδατο Wolf.) [***100. 104***]: ἐλάω, ἐλαύνω 4.

ἐλήλακα Perf. Plut. M. 1131; ἀπεληλακέναι Xen. Cyr. 4, 2, 10; ἐξεληλακώς Ar. Nub. 828 (***51***): ἐλάω, ἐλαύνω 4.

ἐληλάκειν Plsprf. -εσαν in ἐξ- Her. 5, 90 (***51***): ἐλάω, ἐλαύνω 4.

ἐληλακέναι s. ἐλήλακα.

ἐληλακώς s. ἐλήλακα.

ἐλήλαμαι (< ἐλήλασμαι (***210. 213***)) Perf. Pass. -ται Od. η, 113; Her. 1, 180; ἐληλαμένος, -ου 6, 137; 9, 9; -ας 1, 191; -μένα Aesch. Pers. 871; ἐξελήλαμαι Eur. Hel. 90; ἀπελήλαται Pl. Menex. 238, d; s. ἐληλάσθαι (ἐλ- ***51***; -αμαι ***210. 213***): ἐλάω, ἐλαύνω 4.

ἐληλάμην s. ἐλήλατο.

ἐληλάσθαι Perf. Pass. Pl. Rep. 616, e (***51***): ἐλάω, ἐλαύνω 4.

ἐλήλασμαι (< ἐλήλαμαι) Perf. sp. Hippocr. 3, 15; Pausan. 4, 26, 8: ἐλάω, ἐλαύνω 4.

ἐλήλατο (< ἠλήλατο Il. ε, 400) Plsprf. Il. δ, 135; κ, 153; Ap. Rh. 1, 526; ἀπ- Her. 7, 205 (***51. 55. 56***): ἐλάω, ἐλαύνω 4.

ἐλήλεγκται 3 Sing. Perf. Pass. (***114***): ἐλέγχω 5.

ἐλήλεγκτο Plsprf. ἐξ- Dem. 32, 27: ἐλέγχω 5.

ἐλήλεγμαι (< ἤλεγμαι) Perf. Pass. -μέναι Pl. Leg. 805; -ων Luc. Nigr. 4; ἐξεληλεγμέναι Lys. 6, 44 Reis, Bait. Saup. ἠλ- MS. B. (ἐλη-, ἠλ- ***56. 57***; -γμ- st. -γχμ-, -γγμ- ***114***): ἐλέγχω 5.

ἐλήλεγξαι 2 Sing. Perf. Pass. (***114***): ἐλέγχω 5.

ἐληλέγχθαι Inf. Perf. Pass. ἐξ- Pl. Gorg. 473, e: ἐλέγχω 5.

ἐλήλιγμαι (< besser ist εἴλιγμαι ***57***) Perf. Pass. in sp. Prosa Paus. 10, 17: ἑλίσσω 6.

ἐληλουθώς (< εἰλήλουθα, -θώς, ἐλήλυθα) Part. Perf. ep. Il. ο, 81: ἔρχομαι 7.

ἐλήλυθα (< ἐλήλουθα, εἰλήλουθα) Perf. ep. Aesch. Prom. 943; Soph. O. C. 366; Phil. 141; Eur. Bacch. 1201; Phoen. 286; Ar. Nub. 238; Dem. 38, 3; Plat. -α, -ας, -ε, -ατον; -αμεν, -ασιν; s. -ατον; -θέναι, -θώς (***51. 56***): ἔρχομαι 7.

ἐληλύθατον Dual. Perf. Pl. Gorg. 487, b; s. ἐλήλυθα (***51. 56***): ἔρχομαι 7.

ἐληλύθειν Plsprf. Ar. Equ. 1306; παρ- Thuc. 7, 6 (***51. 55. 56***): ἔρχομαι 7.

ἐληλυθέναι Inf. Perf. Pl. Crat. 433, a; ἐσ- Thuc. 2, 3 (***51. 56***): ἔρχομαι 7.

ἐληλυθοίην Opt. Prf. selten προ- Xen. Cyr. 2, 4, 17 (***51. 56***): ἔρχομαι 7.

ἐληλυθυία F. Part. Perf. Pl. Tim. 80, a (***51. 56***): ἔρχομαι 7.

ἐληλυθώς Part. Perf. -θότες Pl. Rep. 361, d (***51. 56***): ἔρχομαι 7.

ἐλήλυμεν (vgl. εἰλήλουθμεν) 1 Plur. Perf. Cratin. 236: ἔρχομαι 7.

---

1 λήθω poet. Nbfrm. zu λανθάνω; nur selten in Prosa, verborgen sein, unbemerkt bleiben; *Med.* vergessen. 2 verborgen sein, *latere;* das *Part. Aor.* mit *Verb. finit. wird übersetzt:* unver(be)merkt; heimlich, geheim; versteckt, unversehends. 3 *a.* erbeuten, für sich als Beute wegführen; *b.* verheeren, verwüsten, ausplündern; verderben, schaden. 4 *a.* in Bewegung setzen, treiben; fahren, reiten, rudern, marschiren; *b.* wegtreiben, wegführen; *c.* schlagen, (ab)hauen; *d.* in Erz treiben; *e.* hervorbringen, erzeugen; *f.* es treiben, fortschreiten. 5 *a.* verschmähen, verachten; *b.* widerlegen, überführen und damit beschämen; *c.* darthun, zeigen; *d.* ausfor-

ἐληλύσθαι Inf. Perf. Pass. δι- Xen. Cyr. 1, 4, 28 ist jetzt in διηνύσθαι geändert: ἔρχομαι 7.
ἔλῃς 2 Sing. Conj. Aor. 2 Pl. Phil. 17, e: αἱρέω 8.
ἔλησα (< ἔλασα) Aor. ἐπέλησεν Od. ν, 85; als Simpl. λήσειεν Nic. Alex. 280: λανθάνω 2.
ἐλησάμην (< ἐληϊσάμην) Aor. Med. (450) -ατο Eur. Tr. 866: ληΐζομαι 3.
ἐλήσθην Aor. Pass. s. λησθῆναι: λανθάνω 2.
ἔλῃσι (< ἔλῃ) 3 Sing. Conj. Aor. 2 Il. ψ, 345; Od. μ, 96; τ, 515: αἱρέω 8.
ἕληται 3 Sing. Conj. Aor. 2 Med. Callim. in L. P. 101; ἀπό... ἕληται Il. π, 650: αἱρέω 8.
ἕλητε 2 Plur. Conj. Aor. 2 Il. η, 71: αἱρέω 8.
ἐλήφθην (< ἐλάφθην dor., ἐλάμφθην ion.) Aor. Pass. -ης Soph. Tr. 808; Ar. Nub. 1076; Thuc. 4, 56; 7, 45; 8, 55; 4, 100; 7, 87; -ημεν Isocr. 19, 22; vgl. ληφθ-(ην) (106): λαμβάνω 9.
ἐλήχθην Aor. Pass. Lys. 17, 8; vgl. ληχθείς, -θῆναι: λαγχάνω 10.
ἐλθέ Imper. Aor. 2 Il. δ, 70 *A*: ἔρχομαι 7.
ἐλθεῖν Inf. Aor. Il. γ, 393 *Γ**; Pl. Prot. 335, c: ἔρχομαι 7.
ἐλθέμεν (< ἐλθέμεναι, ἐλθεῖν) Inf. Aor. 2 Il. δ, 247 *Γ** [*81*]: ἔρχομαι 7.
ἐλθέμεναι (< ἐλθέμεν, ἐλθεῖν) Inf. Aor. 2 Il. ρ, 67 *Γ** [*81*]: ἔρχομαι 7.
ἔλθετε 2 Plur. Imper. Aor. 2 -τ' Od. ω, 214: ἔρχομαι 7.
ἐλθετέον (< ἐλευστέος) Vb. Strabo 13, p. 622: ἔρχομαι 7.
ἐλθέτω 3 Sing. Imper. Aor. 2 Aesch. Suppl. 805; Eur. Bacch. 1211; Pl. Charm. 155, b: ἔρχομαι 7.
ἔλθῃ (ἔλθῃσι) 3 Sing. Conj. Aor. 2 Il. ξ, 77 *Γ**; Pl. Leg. 894, a: ἔρχομαι 7.
ἔλθῃς 2 Sing. Conj. Aor. 2 Il. κ, 510; Pl. Rep. 344, a: ἔρχομαι 7.
ἔλθῃσιν (< ἔλθῃ) 3 Sing. Conj. Aor. 2 [*73*] -σ' Il. ε, 132; -σιν Od. γ, 422; ξ, 398; -σι α, 77; λ, 192; Il. τ, 191: ἔρχομαι 7.
ἔλθητε 2 Plur. Conj. Aor. 2 Il. ο, 147: ἔρχομαι 7.
ἔλθητον 2 Dual. Conj. Aor. 2 Il. κ, 444: ἔρχομαι 7.
ἔλθοι 3 Sing. Opt. Aor. 2 Il. ε, 301 *Γ**; Pl. Rep. 393, e: ἔρχομαι 7.
ἔλθοιεν 3 Plur. Opt. Aor. 2 Thuc. 6, 52; Pl. Leg. 679, b: ἔρχομαι 7.
ἐλθοίμην Opt. Aor. Med. selten u. spät. Hom. Batr. 179 (MSS); (> ἐρχοίην Wolf., ἐλθοίην Franke): ἔρχομαι 7.
ἔλθοιμι 1 Sing. Opt. Aor. 2 Od. λ, 501; Pl. Leg. 683, c: ἔρχομαι 7.
ἔλθοις 2 Sing. Opt. Aor. 2 Il. ω, 556; Pl. Phaed. 101, d: ἔρχομαι 7.
ἐλθόντεσσιν (< ἐλθοῦσιν) Dat. Plur. Part. Aor. 2 Pind. P. 4, 30: ἔρχομαι 7.
ἐλθοῦσα Fem. Part. Aor. 2 Il. γ, 162; Pl. Leg. 894, a: ἔρχομαι 7.
ἐλθοῦσιν (< ἐλθόντεσσιν) Dat. Plur. Part. Aor. Od. γ, 390: ἔρχομαι 7.
ἔλθω 1 Sing. Conj. Aor. 2 Il. χ, 113; Pl. Rep. 266, e: ἔρχομαι 7.
ἔλθωμεν 1 Plur. Conj. Aor. 2 Od. ζ, 296; χ, 77; Pl. Rep. 603, c: ἔρχομαι 7.
ἐλθών Part. Aor. 2 Il. α, 325 *Γ**; -όντος; -όντι Il. ξ, 504; Pl. Theaet. 142, c; -όντα Od. τ, 394; Xen. Hell. 7, 2, 23; Pl. Symp. 174, c; -όντες Il. λ, 623; Pl. Phaedr. 250, d; -όντας Xen. An. 7, 7, 30; vgl. ἐλθόντε, ἐλθόντεσσιν, ἐλθοῦσιν, ἐλθοῦσα: ἔρχομαι 7.
ἔλθωντι 3 Plur. Conj. dor. st. ἔλθωσι [*161*]: ἔρχομαι 7.

---

schen, ausfragen, untersuchen. 6 (um-, hin- und her)drehen, wenden; winden, schlingen; *Pass. u. Med. a.* sich umdrehen; *b.* hin- und herlaufen. 7 gehen, kommen, vorschreiten, fortgehen, aufbrechen. 8 nehmen, fassen; sich bemächtigen, erobern, fangen; gerichtlich überführen; fassen, begreifen; *Med. a.* nehmen, ergreifen, wegnehmen; *b.* an sich nehmen, erlangen; *c.* wählen, wünschen, wollen; *Pass.* gewählt werden. 9 I. *a.* fassen, ergreifen; *b.* fassen, wahrnehmen, begreifen; II. nehmen; *Med.* sich bemächtigen. 10 *a. trans.* bekommen, erhalten, erlangen, empfangen; *b. intrans.* zu Theil werden, zufallen.

ἔλθωσι(ν) 3 Plur. Conj. Aor. 2 Il. φ, 532; Thuc. 2, 80; Pl. Gorg. 484, d; Xen. Cyn. 7, 9: ἔρχομαι 1.

ἐλίασθεν für -ησαν [114] Ap. Rh. 4, 1303; vrgl. ἐλιάσθην: λιάζομαι 2.

ἐλιάσθην (< λιάσθη, ἐλίασθεν, λίασθεν, λιασθείς) Aor. Pass. Il. ο, 543: λιάζω 2.

ἐλιγήσομαι Fut. 2 sp. V. T. Jes. 34, 4: ἑλίσσω 3.

ἑλικτός Vb. Soph. Tr. 12: ἑλίσσω 3.

ἐλιλαιόμην, -ετο (λιλαι-) Imperf. Hes. Th. 665; Orph. Arg. 413: λιλαίομαι, begehren.

ἐλῑνύεσκον (<-νον) Ap. Rh. 1, 589: ἐλινύω 4.

ἐλίνῠον (< -ῡεσκον) Imprf. Ap. Rh. 1, 862; Her. 8, 71: ἐλινύω 4.

ἐλίνῡσα Aor. Prom. 530; Theocr. 10, 51; Her. 7, 56: ἐλινύω 4.

ἐλινῡ́σω Fut. -οντα Pind. N. 5, 1; -ας I. 2, 46; -εις Luc. Lex. 4: ἐλινύω 4.

ἑλιξ- Aor. ἑλίξας Part. Il. ψ, 466: ἑλίσσω 3.

ἑλιξ-(άμην) Aor. Med. ἑλιξάμενος Il. μ, 408; ν, 204; ρ, 283: ἑλίσσω 3.

ἑλιξάμενος Aor. Med. Il. μ, 467; act. ν, 204: ἑλίσσω 3.

ἑλίξομαι Fut. M. -εται Il. ρ, 728: ἑλίσσω 3.

ἑλίξω Fut. Eur. Phoen. 711: ἑλίσσω 3.

ἐλίπᾱνα (< ἐλίπηνα) Aor. 1 Axion. Athen. 8, 342: λιπαίνω 5.

ἐλίπην (< ἐλείφθην) Aor. 2 Pass. sp. ἀπ- Dio. Cass. 37, 42: λείπω 6.

ἐλίπηνα (< ἐλίπᾱνα) Aor. 1 Op. Hall. 4, 357: λιπαίνω 5.

ἐλιπόμην Aor. 2 Med. Il. μ, 14; Od. δ, 495; υ, 67; -ετο Her. 1, 185. 186 hinterliess; -οντο Ap. Rh. 452; κατελίπετο Pl. Symp. 209, d; Rep. 599, c; Tim. 73, e: λείπω 6.

ἔλιπον (< λίπον, -ε) Aor. 2 Il. ε, 480; ἔλιπε ε, 496; ἔλιπ' α, 428; Aesch. Pers. 985; Pl. Tim. 23, a: λείπω 6.

ἑλισσέμεν Inf. ep. Il. ψ, 309 [80. 81]: ἑλίσσω 3.

ἐλίσσετο (< ἐλλίσσετο, λίσσετο) Imprf. Il. α, 15 A: λίσσομαι 7.

ἑλίσσετο (< εἱλ-) Imprf. Il. υ, 24. 28; Theocr. 24, 30: ἑλίσσω 3.

ἑλίσσομαι Praes. Med. -όμενος Il. χ, 95; -ον θ, 340; σ, 372; -οι φ, 11; -μένη θ, 340; -μέναν Pind. Ol. 11, 9: ἑλίσσω 3.

ἔλιφθεν, -ην 3 Plur. Aor. Pass. Callim. Cer. 93; Ap. Rh. 1325 u. Arist. H. A. 5, 22 war früher unrichtige Lesart für ἐλείφθην: λείπω 6.

ἑλιχθ(ην) (s. εἱλίχθην) Aor. Pass. -θέντων Il. μ, 74: ἑλίσσω 3.

ἐλιχμήσατο Aor. Med. Nic. Al. 582; Diog. Laert. 8, 91: λιχμάω 8.

ἐλιχμῶντο Imprf. Med. Ar. Vesp. 1033: λιχμάω 8.

ἕλκ' für ἕλκε Imperf. Il. π, 409: ἕλκω 9.

ἕλκε(ν) 3 Sing. Imprf. Il. δ, 213 Γ*: ἕλκω 9.

ἑλκέμεναι Inf. ep. für ἕλκειν Il. κ, 353: ἕλκω 9.

ἕλκεο 2 Sing. Imprf. Med. Il. κ, 15: ἕλκω 9.

ἕλκεον Imprf. Il. ρ, 325: ἑλκέω 9.

ἕλκεσθαι Inf. Med. Il. ω, 15: ἕλκω 9.

ἕλκετο 3 Sing. Imperf. Med. Il. α, 194 A: ἕλκω 9.

ἑλκηθείς Aor. Pass. Il. χ, 62: ἑλκέω 9.

ἑλκήσω Fut. Il. χ, 336: ἑλκέω 9.

ἕλκητον 3 Dual. Conj. Od. ν, 32: ἕλκω 9.

1) ἕλκον (εἷλκον) Imprf. s ἕλκον 2); ἕλκε, ἕλκ', ἕλχ', ἕλκητον: ἕλκω 9.

2) ἕλκον 3 Plur Imprf. Il. χ, 465; ω, 324: ἕλκω 9.

3) ἕλκον Neutr. Part. Il. θ, 486: ἕλκω 9.

ἑλκτέον (< ἑλκυστέος) Vb. Pl. Rep. 365, c: ἕλκω 9.

---

1 gehen, kommen, vorschreiten, fortgehen, aufbrechen. 2 *a.* seitwärts ausbeugen, aus-, entweichen, sich entfernen; *b.* ausgleiten, fallen, sinken. 3 (um-, hin- und her)drehen, wenden; winden, schlingen; *Pass. u. Med. a.* sich umdrehen; *b.* hin- und herlaufen. 4 ruhen, rasten, feiern; zögern, zaudern. 5 *a.* fett machen, einsalben; *Med.* sich oder etwas von sich~; *b.* düngen. 6 *linquo,* (zurück-, übrig-, ver-)*lassen*; *intr.* ausgehn, schwinden; *Pass.* zurückgelassen werden; zurück-, übrigbleiben. 7 bitten, (an-, er)flehen. 8 λιχμάω lecken, *bes. von Schlangen,* züngeln; *Med.* sich be-

ἕλκυσ- Aor. -σῃ Her. 2, 65; Pl. Theaet. 175, b; -σον Parm. 135, d; ἑλκύσαι *intr.* Her. 7, 167; ἑλκύσαντες, -τα Xen. Hell. 7, 1, 19; Equ. 8, 11: ἕλκω 9.

ἑλκυσθ-(ην) Aor. Pass. -σθῆναι Her. 1, 140; 'ξελκυσθῇ Ar. Eccl. 688: ἕλκω 9.

ἑλκυσθήσομαι Fut. Pass. Lycophr. 358: ἕλκω 9.

ἑλκυστέος (< ἑλκτέον) Vb. συν- Xen. Ag. 9, 4: ἕλκω 9.

ἑλκύσω (< ἕλξω) Fut. Hippocr. 3, 67; ἀν- Aesop. 4: ἕλκω 9.

ἐλλάβετο (< ἐλάβετο) Aor. Med. Od. ε, 325 (ἐλλ- **17. 18. 484**): λαμβάνω 10.

ἔλλαβον (< ἔλαβον) Aor. 2 -ε(ν) Il. λ, 402 *Γ** (ἐλλ- **17. 18. 484**): λαμβάνω 10.

ἔλλαχον (< ἔλαχον) Hom. Hym. 5, 86 (ἐλλ- **17. 18. 484**): λαγχάνω 11.

ἔλλιπον (< ἔλιπον) Imprf. Ap. Rh. 2, 1034 (ἐλλ- **17. 18. 484**): λείπω 6.

ἐλλισάμην Aor. Med. Od. λ, 35; ν, 273 (**17. 18. 484**): λίσσομαι 7.

ἐλλίσσετο (< ἐλίσσετο) Il. ζ, 45; s. -οντο (**17. 18. 484**): λίσσομαι 7.

ἐλλίσσοντο (< λίσσοντο) 3 Plur. Imprf. Il. ι, 585 (**17. 18. 484**): λίσσομαι 7.

ἕλξαν (< εἵλκῠσα) Anth. 9, 370; Orph. Arg. 260: ἕλκω 9.

ἕλξω (< ἑλκύσω) Fut. Ar. Equ. 710. 711; Plut. 955: ἕλκω 9.

ἐλογισάμην Aor. Med. Eur. Or. 555; vgl. λογισ- (-αμην): λογίζομαι 12.

ἐλογίσθην Aor. Pass. Xen. Hell. 6, 1, 19: λογίζομαι 12.

ἐλόεσσα s. λοέσσας.

ἐλοεσσάμην (< λοεσσάμην) Aor. Med. Callim. Cer. 17; vgl. λοέσσατο: λοέω 13.

ἐλόευν Imperf. früher Od. δ, 252; Wolf: λόεον: λοέω 13.

ἕλοι 3 Sing. Opt. Aor. 2 Il. β, 12; π, 805; δ, 596; Pl. Soph. 261, b; Xen. Cyr. 7, 5, 7: αἱρέω 14.

ἑλοίατο (für ἕλοιντο) 3 Plur. Opt. Aor. 2 Med. Od. υ, 117 [-οιατο **100**]: αἱρέω 14.

ἐλοιδορήθην s. λοιδορηθ-(ην): λοιδορέω 15.

ἐλοιδόρησα Aor. Pl. Phaedr. 254, c: λοιδορέω 15.

ἐλοιδορησάμην Aor. Med. sp. Synes. Ep. 79: λοιδορέω 15.

ἕλοιεν 3 Plur. Opt. Aor. 2 Il. λ, 509; ο, 71; Pl. Critia 119, e: αἱρέω 14.

ἑλοίμεθα 1 Plur. Aor. 2 Med. Il. β, 127; Od. π, 297: αἱρέω 14.

ἕλοιμεν 1 Plur. Opt. Aor. 2 Il. κ, 345: αἱρέω 14.

ἑλοίμην 1 Sing. Opt. Aor. 2 Med. Od. ω, 333; Xen. An. 1, 7, 3: αἱρέω 14.

ἕλοιμι 1 Sing. Opt. Aor. 2: αἱρέω 14.

ἕλοιντο (< ἑλοίατο **100**) 3 Plur. Opt. Aor. 2 Med. Pl. Rep. 505, d; Xen. An. 6, 1, 18: αἱρέω 14.

ἕλοις 2 Sing. Opt. Aor. 2 Il. ι, 304; Od. δ, 463: αἱρέω 14.

ἕλοιτο 3 Sing. Opt. Aor. 2 Il. γ, 66; Soph. O. T. 886; Pl. Menex. 235, e: αἱρέω 14.

ἑλόμενος Part. Aor. 2 Med. Aesch. Suppl. 396; Pl. Phaedr. 230, e *B**: αἱρέω 14.

ἑλόμεσθα (< εἱλόμεθα) 1 Plur. Aor. 2 Med. Il. λ, 730: αἱρέω 14.

ἑλόμην (< εἱλόμην) 1 Sing. Aor. 2 Med. Il. ε, 210; τ, 60: αἱρέω 14.

1) ἕλον (εἷλον) 1 Sing. Aor. 2 Il. φ, 102: αἱρέω 14.

2) ἕλον (< εἷλον) 3 Plur. Aor. 2 Il. λ, 749; ρ, 321 *B**: αἱρέω 14.

ἑλόντ- Stammform des Part. ἑλών: τ' st. -τα Il. ω, 227; -τα Pl. Leg. 728, d; -τι Symp. 182, e; -των Xen. Cyr. 7, 5, 73: αἱρέω 14.

---

lecken, sich den Mund lecken. 9 (fort)schleppen, fortziehen. 10 I. *a.* fassen, ergreifen; *b.* fassen, wahrnehmen, begreifen; II. nehmen; *Med.* sich bemächtigen. 11 *a. trans.* bekommen, erhalten, erlangen, empfangen; *b. intrans.* zu Theil werden, zufallen. 12 *a.* (be-, über)rechnen; *b.* erwägen, überlegen, bedenken. 13 **λοέω**, ältere Form von **λούω** baden, waschen; *Med.* sich \~. 14 nehmen, **fassen**; sich bemächtigen, erobern, fangen; gerichtlich überführen; fassen, begreifen; *Med. a.* nehmen, ergreifen, wegnehmen; *b.* an sich nehmen, erlangen; *c.* wählen, wünschen, wollen; *Pass.* gewählt werden. 15 schelten, schmähen, schimpfen.

ἑλόντες Plur. Part. Aor. 2 Il. γ, 316; Pl. Menex. 243, b: αἱρέω 1.

ἕλοντο (< εἵλοντο) 3 Plur. Aor. 2 Med. β, 399; η, 466. 482; ι, 713 B*: αἱρέω 1.

ἕλου 3 Sing. Imperf. Act. für ἔλουε ἀπ- Ar. Vesp. 618: λούω 2.

ἑλοῦ (< ἑλεῦ) Imper. Aor. 2 Med. Aesch. Prom. 782; Soph. El. 345; Ar. N. 1336; Pl. Ion. 542, a: αἱρέω 1.

ἐλούθην (< ἐλούσθην) Aor. Pass. Hippocr. 2, 633; ἀπο- Theophr. C. Pl. 6, 10, 5: λούω 2.

ἐλοῦμεν 1 Plur. Imperf. Act. für ἐλούομεν Ar. Plut. 657: λούω 2.

ἐλούμην 1 Sing. Imprf. Med. Menand. C. Fr. 4, 178: λούω 2.

ἐλοῦντο (< λῶντο, λώοντο) 3 Plur. Imprf. Xen. Cyr. 4, 5, 4: λούω 2.

ἔλουσα Aor. Il. ω, 587; Soph. 901: λούω 2.

ἑλοῦσα Fem. Part. Aor. 2 Il. ζ, 302: αἱρέω 1.

ἐλουσάμην Aor. Med. Il. κ, 576; Eur. Alc. 160; Pl. Phaed. 116, a: λούω 2.

ἐλούσθην (< ἐλούθην) Aor. Pass. Lycophr. 446: λούω 2.

ἐλοῦτο 3 Sing. Imprf. Med. Il. γ, 125: λούω 2.

ἐλόωσι für ἐλάουσι (< ἐλαύνουσι) 3 Plur. Praes. ep.; Od. η, 319; vgl. ἐλάω, ἐλάσω, ἐλῶ: ἐλάω, ἐλαύνω 3.

ἔλπεαι 2 Sing. Praes. Il. ι, 40; Od. φ, 314: ἔλπομαι 4.

ἔλπεο Imper. ion. für ἔλπεσο Il. υ, 201: ἔλπομαι 4.

ἔλπεσθ' Inf. Il. ο, 504: ἔλπομαι 4.

ἔλπεται (< ἐέλπεται) Praes. Pind. Ol. 1, 64; Her. 7, 237: ἔλπω 4.

ἔλπετο (< ἐέλπετο, ἤλπετ' Od. ι, 419) Imprf. Il. 539 Γ*; -τ' Od. φ, 157: ἔλπομαι 4.

ἔλπῃ Conj. Praes. Od. ζ, 297: ἔλπομαι 4.

ἔλποιο (< ἐελποίμην) 2 Sing. Opt. Od. η, 293: ἔλπομαι 4.

ἔλποιτο (< ἐελποίμην) 3 Sing. Opt. Od. γ, 319: ἔλπομαι 4.

ἔλπομ' aus ἔλπομαι Praes. Il. ο, 110: ἔλπομαι 4.

ἔλπομαι Praes. Il. ν, 309; Her. 1, 65 B*; Pind. Ol. 1, 109 Γ*: ἔλπομαι 4.

ἐλπόμενος Part. Praes. Il. σ, 260; Her. 9, 113; ἐπελπομένα Aesch. Ag. 1031: ἔλπω 4.

ἔλσα Aor. -αν Il. λ, 413: εἴλω 5.

ἔλσαι (< ἔελσαι) Inf. Aor. Il. α, 409; σ, 294; φ, 225: εἴλω 5.

ἔλσας Part. Aor. Od. ε, 132; η, 250; Pind. O. 11, 43: εἴλω 5.

ἔλσῃ Conj. des lacon. Aor. ἦλσον Ar. Lys. 105: ἔρχομαι 6.

ἔλσοιμι Opt. des lacon. Aor. ἦλσον Ar. Lys. 118: ἔρχομαι 6.

ἐλσών Part. des lacon. Aor. ἦλσον Ar. Lys. 1081: ἔρχομαι 6.

ἐλύθην Aor. Pass. Od. θ, 360; Eur. Hel. 860; Pl. Lach. 191, e: λύω 7.

ἐλυμάνθην Aor. Pass. λυμανθὲν Aesch. Ch. 290; διελυμάνθη Eur. Hipp. 1349: λυμαίνω 8.

ἐλυπήθην Aor. Pass. Soph. O. C. 826; λυπηθῇ Pl. Phil. 52, b: λυπέω 9.

ἔλυσα Aor. Il. σ, 244; Aesch. Ag. 876: λύω 7.

ἐλυσάμην Aor. Med. Il. ω, 685; Lys. 19, 59; Dem. 18, 268: λύω 7.

ἐλύσθη (< εἰλυσθείς) Aor. Pass. Il. ψ, 393; ἐλυσθεὶς ω, 510; Od. ι, 433; Arch. Fr. 91 (Bergk): ἐλύω 10.

ἕλχ' für ἕλκε Imperf. Il. μ, 398; ρ, 126 (35): ἕλκω 11.

ἐλῶ (< ἐλάσω, ἐλάω, ἐλόουσι) 1 Sing. Fut. Xen. Cyr. 1, 4, 20 Dind. Poppo

---

1 nehmen, fassen; sich bemächtigen, erobern, fangen; gerichtlich überführen; fassen, begreifen; *Med. a.* nehmen, ergreifen, wegnehmen; *b.* an sich nehmen, erlangen; *c.* wählen, wünschen, wollen; *Pass.* gewählt werden. 2 baden, waschen; *Med.* sich ~. 3 *a.* in Bewegung setzen, treiben; fahren, reiten, rudern, marschiren; *b.* wegtreiben, wegführen; *c.* schlagen, (ab)hauen; *d.* in Erz treiben; *e.* hervorbringen, erzeugen; *f.* es treiben, fortschreiten. 4 ἔλπω hoffen lassen; viel häufiger im *Med.* hoffen; vermuthen, erwarten, ahnden, meinen, glauben. 5 drängen, *a.* (be)drängen, in die Enge treiben; *b.* einschliessen, einsperren; *Pass.* ge-, be-, zusammengedrängt werden, eingeschlossen werden. 6 gehen, kommen, vorschreiten, fortgehen, aufbrechen. 7 lösen, *a.* losmachen, -binden; *Med.* sich, von sich loslösen;

(> ἐλάσω) ἐξ- Eur. Hel. 1279; Ar. Equ. 365 (*159*): ἐλάω, ἐλαύνω 3.

ἐλωβήθην Aor. Pass. λωβηθείς Pl. Gorg. 473, c; λωβηθῆναι Men. 91, c; ἀπ- Soph. Ai. 217; ἐξ- Phil. 330: λωβάομαι 12.

ἐλωβησάμην Il. ν, 623; Lys. 26, 9: λωβάομαι 12.

ἕλωμαι 1 Sing. Conj. Aor. 2 Med. Il. χ, 119; Pl. Ap. 37, b: αἱρέω 1.

ἑλώμεθα 1 Plur. Conj. Aor. 2 Med. Pl. Hipp. maj. 294, e: αἱρέω 1.

ἕλωμεν 1 Plur. Conj. Aor. 2 Il. β, 228: αἱρέω 1.

1) ἐλῶν (< ἐλάων) Part. Praes. ἐλῶντα Hym. Merc. 355: ἐλάω, ἐλαύνω 3.

2) ἐλῶν Part. Fut. Her. 2, 162; 7, 32; 9, 89; ἐλῶντες Xen. Cyr. 6, 2, 7; -των An. 1, 8, 10: ἐλαύνω 3.

ἔλων (< ἤλαυνον) Imprf. Il. ω, 696; Od. δ, 2: ἐλάω, ἐλαύνω 3.

ἑλών Part. Aor. 2 Il. γ, 72 *Γ**: Pind.; Aesch. Sept. 479; Pl. Leg. 874, b; Xen. Cyn. 1, 9: αἱρέω 1.

ἕλωνται 3 Plur. Conj. Aor. 2 Med. Pl. Leg. 916, b *A*: αἱρέω 1.

ἐλῶντες, -των s. u. ἐλῶν 2).

1) ἐλῶσι 3 Plur. Praes. Aesch. Eum. 75: ἐλάω, ἐλαύνω 3.

2) ἐλῶσι (< ἐλόωσι) 3 Plur. Fut. Il. ν, 315; Aesch. Eum. 75; Eur. Alc. 951; Her. 1, 207; Xen. Mem. Equ. 3, 9; ἐξ- Pl. Ap. 37, d (*159*): ἐλάω, ἐλαύνω 3.

ἕλωσι 3 Plur. Conj. Aor. 2 Il. π, 128: αἱρέω 1.

ἐλώφησα Aor. Soph. Ai. 61: λωφέω, -άω 13.

ἐμάγην (< ἐμάχθην) Aor. 2 Pass. ἐκμαγῇ und ἐκμαγῆναι Pl. Theaet. 191, d (*11*): μάσσω 14.

ἐμάθετην 3 Dual. Aor. 2 Pl. Euthyd. 285, b: μανθάνω 15.

ἔμαθον (< ἐμμάθον, μάθ-) Aor. 2 Pind. N. 7, 18; Her. 1, 160; Aesch. Prom. 1068; Pl. Rep. 510, b *B**; Xen. Cyr. 2, 2, 6; vgl. -έτην: μανθάνω 15.

ἐμαίετο Imprf. τ' Soph. Ai. 287; ἐπ- Il. ε, 748; -το κ, 401 *B**: μαίομαι 16.

ἐμαιόμην s. ἐμαίετο.

ἐμάλακισα Aor. Act. sp. u. selten Greg. in Enc. Macc. (als Act. *382*): μαλακίζω 17.

ἐμαλακισάμην (seltener als < ἐμαλακίσθην) Aor. Med. -ατο Xen. Ap. 33 (*388*): μαλακίζομαι 17.

ἐμαλακίσθην (öfter als < ἐμαλακισάμην) Aor. Pass. Thuc. 2, 42; μαλακισθέντες 3, 40; Pl. Soph. 267, a (*388*): μαλακίζομαι 17.

ἐμάνην Aor. Pass. Her. 3, 30. 38; Eur. Bacch. 1295; ἐπ- Ar. Vesp. 1469; vgl. μαν-(ην) Pl. *B** (*245*): μαίνομαι 18.

ἔμαξα Aor. προσ- Ar. Equ. 815; Simpl. μάξαντες Pl. Rep. 372, b (*11*): μάσσω 14.

ἐμαξάμην Aor. Med. -ατο Anth. 5, 296 (Agath. 9); ἐξ- Alciphr. 3, 64; μαξάμενος Her. 1, 200; ποτιμαξάμενον Theocr. 3, 29 (> ποτεμάξατο Ahrens) [*11*]: μάσσω 14.

ἔμαπον Aor. 2 s. μαπέειν, μεμάποιεν: μάρπτω 19.

ἐμάρᾱνα Aor. 1 Hom. Hym. 3, 140; Isocr. 1, 6; μαρᾶναι Soph. O. T. 1328 (*225. 226. 228*): μαραίνω 20.

ἐμαράνθην Aor. Pass. Il. ι, 212; ἐξ- Theocr. 3, 30: μαραίνω 20.

ἐμαρηνάμην Aor. Med. Epigr. Anth. 3, 967 (*225*; vgl. auch *228*): μαραίνω 20.

---

b. vom Zugvieh: losspannen; *von Menschen:* befreien. 8 *a.* schimpfen, beschimpfen; *b.* schaden, beschädigen; verderben, verletzen. 9 kränken, betrüben, beleidigen; *Pass.* mit *Fut. Med.* gekränkt u. s. w. werden; sich betrüben, trauern. 10 wälzen, rollen; wickeln, einhüllen, bedecken. 11 (fort)schleppen, fortziehen. 12 beschimpfen, verhöhnen, misshandeln; schaden, verletzen. 13 sich erholen, ausruhen, rasten; nach-, ablassen, aufhören. 14 kneten. 15 lernen; kennen lernen, erfahren; erkennen, einsehen. 16 trachten, streben, suchen. 17 *Gew. im Med.* weich(lich), schlaff, unthätig werden; schwächlich, krank werden oder sein. 18 rasen, wüthen; toben, brausen. 19 ergreifen, erfassen, halten, packen. 20 *a.* auslöschen; *Pass.* allmälig verlöschen; *b.* allmälig vernichten, vertilgen, entkräften, verzehren.

ἐμαρνάμην (< μάρνατο, -αντο) Imperf. -ατο Il. μ, 40; -άμεσθα Eur. I. T. 1376; vgl. ἐμαρνάσθην: μάρναμαι 1.

ἐμαρνάσθην 3 Dual. Imprf. -η Il. η, 301; ρ, 382; vgl. ἐμαρνάμην: μάρναμαι 1.

ἐμαρτῡράμην Aor. Med. Pl. Phil. 47, d: μαρτυρέω 2.

ἐμαρτυρήθην Aor. Pass. s. μαρτυρηθ-(ην).

ἐμαρτῡ́ρησα Aor. s. μαρτυρησ-.

ἔμαρψα Aor. Od. ω, 390; Pind. N. 6, 12; Soph. O. C. 1682; Eur. Bacch. 1173: μάρπτω 3.

ἐμάσσατο Aor. ἐπ- Od. ν, 429; π, 172; vgl. μάσ-ασθαι, μασσάμενος: μαίομαι 4.

ἐμάστιζον Imprf. Plut. Alex. 42: μαστίζω 5.

ἐμᾱχανᾱ́σατο (< ἐμηχανήσατο) Aor. dor. (Pl.) Tim. Locr. 99, d: μηχανάω 6.

ἐμαχεσάμην (< -ησάμην, ἐμαχέσθην) Aor. -ατο Xen. An. 1, 7, 17; vgl. μαχεσ- (**27**): μάχομαι 7.

ἐμαχέσθην (< ἐμαχησάμην, -εσάμην) Aor. Paus. 5, 4; Joseph.; Apollod. vgl. Lob. zu Phryn. 732: μάχομαι 7.

ἐμαχησάμην (< -εσάμην, ἐμαχέσθην) Aor. ep. s. μαχησ-: μάχομαι 7.

ἐμάχθην (< ἐμάγην) Aor. 1 Pass. προσμαχθέν Soph. Tr. 1053 (**11**): μάσσω 8.

ἐμβάντες Part. Aor. 2 Il. κ, 573; vgl. βάντα: ἐμβαίνω 9.

ἐμβέβᾱκα s. βέβᾱκα.

ἐμβέβασαν 3 Plur. Plsprf. für ἐμβεβήκεσαν Il. β, 720 (**294**): ἐμβαίνω 9.

ἐμβεβαυῖα Fem. Part. Perf. für ἐμβεβηκυῖα Il. ω, 81; Hes. Th. 12 (**294**): ἐμβαίνω 9.

ἐμβεβαῶτα Part. Perf. für ἐμβεβηκότα Il. ε, 199; vgl. βεβαώς, βεβαῶτα, -τι (**294**): ἐμβαίνω 9.

ἐμβήῃ s. βήῃ.

ἐμβήσω Fut. Eur. Heracl. 168; vgl. βήσω: ἐμβαίνω 9.

ἔμβητον 2 Dual. Imper. Aor. 2 Il. ψ, 403, geht brav dran: ἐμβαίνω 9.

ἐμέθυον (vgl. ἐμέθυσκον) Imprf. V. H. 1, 8 (-υ- **26**): μεθύω 10.

1) **ἐμέθῠσα** (-υσσα) Aor. Alex. Com. Fr. 3, 481; Luc. D. Syr. 22 (-ῠ- **26**. -σκω factit. Bed. **362**): μεθύσκω 11.

2) **ἐμέθυσα** Aor. Nonn. 28, 211 (-υ- **26**): μεθύω 10.

ἐμεθύσθην Aor. Pass. -ησαν Xen. Hel. 5, 4, 5; μεθυσθῇ Pl. Symp. 214, a; Rep. 562, d; -θῶμεν Ar. Vesp. 1252; -θείς Eur. Cycl. 538; Pl. Symp. 203, b (μεθύω **362**): μεθύσκω 11.

ἐμεθύσκον (vgl. ἐμέθῠον) Imprf. Xen. Cyr. 5, 4, 8: μεθύσκω 11.

ἐμέθυσσα (-υσα) Aor. Anth. Pal. 5, 261: μεθύσκω 11.

ἐμεῖ s. ἐμοῦμαι.

ἔμεινα Aor. -ν' Pind. P. 3, 28; Her. 3, 59; Thuc. 3, 75; περιεμείνατε Pl. Ap. 38, c (**225**); vgl. μειν-: μένω 12.

ἔμελε Imprf. Dem. 35, 31: μέλει 13.

ἐμελήθην Aor. Pass. μεληθείς act. Bedeut. Soph. Ai. 1184; passiv. μεληθέν Anth. 5, 201 (Ep. ad. 112); μετ- Pol. 8, 25; 11, 16; 31, 20 (**382**. **384**): μέλω 14.

1) **ἐμέλησε** Aor. Luc. Salt. 27: μέλω 14.

2) **ἐμέλησε** Aor. impers. Lys. 14, 9; Pl. Gorg. 471, b: μέλει 13.

ἐμέλλησα (< ἠμέλλησα selten) Aor. Thuc. 1, 134; 3, 55; 8, 23; Xen. Hell. 5, 4, 65; Cyr. 1, 3, 15; 3, 1, 34 (**59**): μέλλω 15.

---

1 kämpfen, fechten, streiten; hadern, zanken. 2 Zeuge sein, zeugen. 3 ergreifen, erfassen, halten, packen. 4 trachten, streben, suchen. 5 peitschen, geisseln. 6 künstlich (listig) bereiten, ersinnen; *gew.* im *Med.* machen, bauen; heimlich ersinnen, vorhaben. 7 streiten, fechten, kämpfen. 8 kneten. 9 darauf schreiten, treten, gehen; *Aor. 1 Act. trans.* hineinbringen. 10 trunken sein, sich betrinken. 11 betrunken machen, berauschen; *Pass.* sich betrinken. 12 *intrans.* (ver)bleiben, (ver)weilen, warten; *trans.* etwas abwarten; Jemand erwarten. 13 *hoc mihi curae est*; es kümmert mich, mir liegt daran. 14 am Herzen liegen. 15 im Begriff

ἔμελλον (< ἤμελλον, μέλλον, μέλλεσκον) Imprf. Il. χ, 356 (ich gedachte); Od. η, 270 (ich sollte); -ες ι, 475 *A**; -ε(ν) Il. β, 39 *Γ**; -ετε λ, 817. — Soph. Ai. 443; Thuc. 2, 71; Pl. Rep. 544, b; Xen. An. 4, 7, 16: μέλλω 15.

ἐμελόμην (< -ούμην) Imprf. Med. Med. μετεμέλοντο Thuc. 7, 50: μεταμέλομαι 16.

ἐμέλπετο (< μέλπεο, μέλποντο, ἐμελπόμαν) Imprf. Od. δ, 17: μέλπω 17.

ἐμελπόμαν (> ἐμελπόμην, -ετο) Imperf. Med. dor. Eur. Tro. 554: μέλπω 17.

ἔμελψα Aor. Aesch. Ag. 244; μέλψασα 1445; μέλψωμεν Ar. Thesm. 974: μέλπω 17.

ἐμεμαθήκειν Plsprf. -η 1 Pers. Pl. Euth. 14, c (> -ειν **128**); -ει Men. 86, a; -εσαν Xen. Cyr. 3, 3, 57: μανθάνω 18.

ἐμέμαρπεν 3 Sing. Imprf. Hes. Sc. 245 nach Herm. Op. 6, 1. p. 200, nach Andern > μέμαρπον Aor. 2: μάρπτω 3.

ἐμεμελήκει Plsprf. impers. Xen. Hell. 3, 3, 9; Cyr. 8, 3, 25: μέλει 13.

ἐμέμηκον Od. ι, 439, sonst als ein von dem *Perf.* μέμηκα neu gebild. *Imperf.* erklärt (s. Buttm. Ausf. Spr. 2, p. 244 u. §. 111, mit Anm. 1, p. 34. 35); jetzt aber in μέμηκον geändert und als *Aor.* 2 [**45**] gefasst: μηκάομαι 19.

ἐμέμικτο Plsprf. Il. δ, 438: μίγνυμι 20.

ἐμέμναντο (< ἐμεμνήμην) Plsprf. dor. Pind. I. 8, 26: μιμνήσκω 21.

ἐμεμνέατο (< ἐμεμνήμην) Plsprf. ion. für ἐμέμνηντο Her. 2, 104 [-έατο **100** *ff.*]: μνάομαι, μιμνήσκω 21.

ἐμεμνήμην (< ἐμέμναντο, ἐμεμνέατο ion.) Plsprf. Med. Pl. Theaet. 143, a *A**; -ῇτο Her. 3, 51; Pl. Symp. 178, a *A**; Xen. Cyr. 2, 1, 10; An. 7, 5, 8; -ηντο Thuc. 2, 21: μιμνήσκω 21.

ἐμεμύκει Plsprf. 2 Od. μ, 395: μυκάομαι 22.

ἐμέμυκτο Plsprf. ἀπ- Menand. C. Fr. 4, 215 Buttmanns Emend. für ἀμέμικτ᾽: μύσσω 23.

ἐμέμφθην (< seltener als ἐμεμψάμην) Aor. Pass. *act.* Pind. I. 2, 20; Eur. Hipp. 1402; μεμφθῇ Thuc. 4, 85; μεμφθείς Her. 2, 13; 7, 146; -θεῖσα 4, 180; -θεῖσ᾽ Eur. Hel. 31; *pass.* Stob. 9, 45 (**382. 386**): μέμφομαι 24.

ἐμεμψάμην (häufiger als ἐμέμφθην) Aor. Lys. 2, 1; Thuc. 1, 143; -ατο Pl. Phaedr. 234, b; -αντο Rep. 406, a; vgl. -αιτο Pl.; -ασθαι Her., Xen.; -άμενος Her. (**382. 386**): μέμφομαι 24.

1) ἔμεν (< ἔμεναι, ἔμμεναι, εἶναι Hom.; ἔμμεναι, ἔμμεν Pind.; ἦμεν, ἦμες, εἶμεν, ἤμεναι, εἴμεναι) Inf. ep. st. εἶναι Il. δ, 299. 319; ε, 316; τ, 22; ε, 257; κ, 416; λ, 364; σ, 127; τ, 64 [**280**]: εἰμί 25.

2) ἐμέν 1 Plur. Praes. für ἐσμέν „sehr zweifelhaft" Soph. El. 21 [**276**]: εἰμί 25.

ἕμεν (< ἑξέμεναι, εἶναι) Inf. Aor. 2 ἐξέμεν Il. λ, 141; μεθέμεν α, 283; προέμεν Od. κ, 155; ἐπιπροέμεν Il. δ, 94; συνέμεν Pind. P. 3, 80 [**270**]: ἵημι 26.

ἔμεναι (< s. u. ἔμεν) Inf. st. εἶναι Il. γ, 40. 42; ε, 602; θ, 193; ι, 306. 642; ν, 819; π, 493; χ, 269; ψ, 479; Od. ξ, 489 (> ἴμεναι Wolf); π, 242; ρ, 224; τ, 257 (< εἶναι); φ, 173; ω, 75; Hym. 22, 5 [**280**]: εἰμί 25.

ἕμεναι (< ἕμεν, εἶναι) Inf. Aor. 2 ἐξέμεναι Od. λ, 531 [**270**]: ἵημι 26.

ἐμέομαι (< ἐμοῦμαι, ἐμέσω, ἐμέω) Fut. M. Hippocr. 2, 547: ἐμέω 27.

---

sein; werden, wollen, mögen, sollen, müssen. 16 bereuen. 17 (be)singen; *Med.* besingen. 18 lernen; kennen lernen, erfahren; erkennen, einsehen. 19 bläken, blöken, quäken. 20 *miscere,* (ver)mischen, (ver)mengen. 21 erinnern, mahnen; *Med.* sich erinnern, eingedenk sein, gedenken. 22 muhen, brüllen. 23 schneuzen, *mungere, emungere.* 24 tadeln, schelten, schmähen. 25 sein, vorhanden sein, da sein, existiren, leben. 26 ἵημι *gehen machen,* in Bewegung setzen, senden, schicken; *Med.* sich in Bew. setzen, begehren, verlangen. 27 (aus-, weg)brechen; heraussprudeln; vgl. *eructare.*

ἐμέριξα (< -σ-) Aor. μερίξας (Pl.) Tim. Locr. 99, d: μερίζω 1.

ἐμέρισα (< -ξ-) Aor. Polyb. 10, 16: μερίζω 1.

ἐμερισάμην, -ατο Aor. Med. Is. 9, 24; μερισώμεθα Pl. Pol. 261, c; -άμενος Dem. 34, 18: μερίζω 1.

ἐμερίσθην Aor. Pass. s. μερισθ-(ην): μερίζω 1.

ἐμερμήριξα (< -ισα) Aor. s. μερμήριξα.

ἐμερμήρισα (< -ιξα) Aor. s. μερμηρισ-: μερμηρίζω 2.

ἐμεσ- Aor. (vgl. ἤμεσα) ἐμέσαι Inf. Her. 1, 133; ἐξεμέσειε Od. μ, 237; -εν 437 (-εσ- *26*): ἐμέω 3.

ἔμεσσεν (< ἐμεσ-) Aor. ἀπ- Il. ξ, 437 (-εσ- *26*): ἐμέω 3.

ἐμέσω (< ἐμῶ, ἐμέομαι, ἐμοῦμαι) Fut. ion. Hippocr. 1, 356 (-εσ- *26*): ἐμέω 3.

ἐμήμεκα Perf. sp. Luc. Lexiph. 21 (Redupl. *56*; -εκ- *26*): ἐμέω 3.

ἐμημέκεε (< ἐμημέκει) Plsprf. Hippocr. 5, 232 (Red. *56*. -εκ- *26*): ἐμέω 3.

ἐμημέκει (< ἐμημέκεε) Plsprf. sp. Diog. Laert. 6, 4, 7 (Red. *56*. -εκ- *26*): ἐμέω 3.

ἐμήμεσμαι Perf. Pass. sp. Aelian. V. H. 13, 21 (Red. 56): ἐμέω 3.

ἔμηνα Aor. Eur. Ion. 520; Ar. Thesm. 561; Xen. Hell. 3, 4, 8; ἐξ- Eur. Bacch. 36; ἐκμῆναι Soph. Tr. 1142 (*225*): μαίνω 4.

ἐμηνάμην Aor. Med. selten ἐμήνατο Theocr. 20, 34; μηνάμενος Anth. 9, 35; ἐπεμήνατο Il. ζ, 160; Mus. 85; Luc. Syr. 21: μαίνω 4.

ἐμήνῑσα s. μηνισ-.

ἐμηνύθην Aor. Pass. Pl. Critia 108, e; μηνυθέντος Rep. 452, d: μηνύω 5.

ἐμήνυσα Aor. Pl. Phil. 19, b; 61, b; vgl. μηνῡσ-, μανῡσ-: μηνύω 5.

ἐμηρῡσάμην (< μηρῡ́σαντο Hom.) Aor. Med. -αντο Soph. Frgm. 699 D., sie lichteten (*die Anker*); vgl. μηρῡσ(αμην): μηρύομαι 6.

ἐμησάμην (< μήσατο, μήσαο) Aor. Aesch. Prom. 477; ἐμήσατο Od. γ, 194 *Γ**; Il. ξ, 157; Aesch. Ch. 991; Pind. Ol. 1, 31; -αντ' N. 10, 64: μήδομαι 7.

ἐμητῑ́σαντο Aor. Med. Od. μ, 373; vgl. μητῑ́σασθαι, -αίμην: μητίομαι, μητῐάω 8.

ἐμηχανησάμην (< ἐμαχανᾱ́σατο) Aor. Her. 1, 187; Antiph. 5, 25; Pl. Tim. 34, c; 40, c; 45, b: μηχανάω 9.

ἐμίᾱνα (< ἐμίηνα) Aor. att. (Lob. Phryn. p. 24) Pind. 3, 16; Soph. Fr. 91; μιάνῃ Eur. I. A. 1595; μιάναιμ' Hel. 1000 (*225. 226. 228. 230*): μιαίνω 10.

ἐμιάνθην (< μιάνθην) s. μιάνθην.

ἐμίγην (< μίγην, μίγεν, ἐμίχθην *Kr.*) Aor. 2 Pass. Il. γ, 445; -ης ο, 33; -η Od. η, 61; Hym. 32, 14; Qu. Sm. 1, 253; vgl. μιγ-(ην) Hom. Aesch. Pind. Pl.: μίγνυμι 11.

ἐμίγνυν (< μίγνυον, ἔμισγον, μίσγον) Imprf. συνεμίγνῡ Xen. Cyr. 7, 1, 26; -ῠσαν 8, 1, 46 (*300*): μίγνυμι 11.

ἐμίγνυτο Imprf. Med. -τ' Pind. P. 2, 45; ἐπεμίγνυντο Thuc. 1, 146 (*300*): μίγνυμι 11.

ἐμίηνα (< ἐμίᾱνα) Aor. μιήνῃ Il: δ, 141 (*225. 226. 228. 230*) μιαίνω 10.

ἔμικτο (< μίκτο) Aor. 2 sync. [nach And. Plsprf.] Od. α, 433: μίγνυμι 11.

ἐμῑμεῖτο[1]) Imprf. Xen. Symp. 2, 22: μῑμέομαι 12.

ἐμῑμήθην[1]) Aor. Pass. stets pass. Bedeut. (*391*); s. μιμηθ-(ην): μιμέομαι 12.

ἐμῑμησάμην[1]) Aor. -σω Dem. 22, 7; vgl. μιμήσασθαι u. s. w.: μιμέομαι 12.

ἔμιμνον (< μίμνον, -ε) Imprf. Il. θ, 80; ι, 662: μίμνω 13.

ἐμῑνύθει (< μίνυθον, μινύθεσκον) Imprf. Hippocr. 3, 63. 219 (> > ἐμινύθη); 3, 330: μῑνῠ́θω 14.

1) Das ι erst bei Greg. Naz. kurz. Pors. Eur. Phoen. 1396.

---

1 (ver-, ein)theilen; *Med.* sich (ver)theilen. 2 (be)sorgen, (er)sinnen, erwägen; unschlüssig sein, zögern. 3 (aus-, weg)brechen; heraussprudeln; vgl. *eructare.* 4 rasend machen; *Med.* rasen, wüthen; toben, brausen. 5 anzeigen, entdecken, verrathen; verkünden. 6 zusammenziehen, -wickeln. 7 im Sinne haben, ersinnen. 8 im Sinne haben, einen Beschluss fassen, berathschlagen. 9 künstlich (listig) bereiten, ersinnen; *gew.* im *Med.* machen, bauen; heimlich ersinnen, vorhaben. 10 μιαίνω, färben, verunreinigen, besudeln; *violare, vitiare.* 11 *miscere,* (ver)mischen, (ver)mengen. 12 nach-

ἐμῐνύθησα Aor. Hippocr. 3, 322: *μῐνύθω* 14.

ἔμιξα Aor. Pind. I. 6, 25; Aesch. Ch. 546; Pl. Phaedr. 240, a: [Pl.] Tim. Locr. 99, e: *μίγνυμι* 11.

ἐμισγέσθην 3 Dual. Imprf. Med. Il. ξ, 295: *μίσγω*, *μίγνυμι* 11.

ἐμισγέσκοντο Imprf. iter. Med. Od. υ, 7; vgl. *μισγέσκετο*: *μίσγω*, *μίγνυμι* 11.

ἐμισγόμην (< *ἐμίγνῦτο*) Imprf. Med. *-ετο* Od. ο, 430; Her. 1, 5; 2, 46; *-όμεθ'* Od. α, 209; δ, 178; vgl. *ἐμισγέσθην*: *μίσγω*, *μίγνυμι* 11.

ἔμισγον (< *μίσγον*, *ἐμίγνυν*, *μίγνυον*) Imprf. Od. α, 110; Pl. Tim. 41, d: *μίσγω*, *μίγνυμι* 11.

ἐμισήθην Aor. Pass. *μισηθείς* Her. 2, 119; *μισηθεῖσα* Aesch. Prom. 45: *μισέω* 15.

ἐμίσησα (< *μίσησεν*) Aor. s. *μισησ-*: *μισέω* 15.

ἐμίσουν Imprf. Xen. Cyr. 8, 8, 12: *μισέω* 15.

ἔμιχθεν 3 Plur. Aor. 1 Pass. Il. γ, 209; Pind. N. 2, 22 (*-εν* st. *-ησαν* [*114*]): *μίγνυμι* 11.

ἐμίχθην (< *ἔμιχθεν*, *μίχθη*, < *ἐμίγην* *Kr.*) Aor. 1 Pass. Il. ε, 134; ϑ, 99; ν, 642; ο, 457; Od. χ, 329; vgl. *μιχθ-(ην)* Hom. Pind. Aesch. Her. Pl. u. s. w.: *μίγνυμι* 11.

ἔμμᾰθον (*ἔμᾰθον*, *μάθ-*) Aor. 2 *-ες* Od. σ, 362; *-εν* ρ, 226 (*-μμ-* [*18*]): *μανθάνω* 16.

ἐμμεμαυῖα Fem. Part. Perf. Il. ε, 838; vgl. *-ώς* u. s. w.: *ἐμμάω* 17.

ἐμμεμαώς Part. Perf. für *ἐμμεμακώς* Il. ε, 142. 330 *B**; vgl. *-ῶτε*, *-ῶτες*, *-υῖα*: *ἐμμάω* 17.

ἐμμεμαῶτε Dual. Perf. Il. ε, 240; vgl. *-ώς* u. s. w.: *ἐμμάω* 17.

ἐμμεμαῶτες Plur. Part. Perf. Il. ν, 785; vgl. *-ώς* u. s. w.: *ἐμμάω* 17.

ἔμμεν (< s. u. *ἔμμεναι*) Inf. dor. für *εἶναι* Pind. I. 5, 20; O. 5, 16; 7, 56; 9, 64; P. 4, 98. 287; 9, 100. 118; N. 5, 49; 10, 51 vereinzelt Soph. Ant. 623 (280): *εἰμί* 18.

ἔμμεναι (< *ἔμεναι*, *ἔμεν*, *εἶναι* Hom. *ἔμμεναι*, *ἔμμεν* Pind.; *εἶμεν*, *ἦμεν*, *ἦμες*, *ἤμεναι* [od. *εἴμεναι*]) Inf. st. *εἶναι* Il. α, 117; β, 216. 249; δ, 142; ζ, 444. 488; ϑ, 246; π, 144; ρ, 131; τ, 391; φ, 186. 405. 463; ψ, 459. 470. 619; Od. α, 33. 172; ϑ, 181; π, 419; Pind. Ol. 1, 32; P. 12, 18 [*280*]: *εἰμί* 18.

ἐμμί 1 Sing. Praes. dor. u. aeol. für *εἰμί* Theocr. 21, 32; Sapph. 2, 15: *εἰμί* 18.

1) **ἔμμορε** Perf. st. *μέμορα* Il. α, 278[1]); ο, 189; Od. ε, 335; λ, 338; Hes. Op. 349; Th. 414. 426: *μείρομαι* 19.

2) **ἔμμορε** 3 Sing. Aor. 2[1]) Dion. Per. 239: *μείρομαι* 19.

ἔμμορες 2 Sing. Aor. 2 Ap. Rh. 3, 4; 4, 42: *μείρομαι* 19.

1) **ἔμμορον** 1 Sing. Aor. 2 sp. *ἐξ-* Nic. Ther. 791: *μείρομαι* 19.

2) **ἔμμορον** 3 Plur. Aor. 2 sp. in einem Citat des Et. M.: *μείρομαι* 19.

ἐμνάασθε Imperf. gelängte Form vgl. Curt. Erl. §. 243, D. 3, p. 94; *ὑπο-* Od. χ, 38: *μνάομαι*, *μιμνήσκω* 20.

ἔμνᾱσα (< *ἔμνησα*) Aor. dor. Pind. P. 11, 13: *μιμνήσκω* 20.

ἐμνᾱ́σθην Aor. Pass. dor. s. *μνασθ-(ην)*: *μιμνήσκω* 20.

ἐμνᾶτο (< *μνάσκετο*) Imprf. Her. 1, 205: *μνάομαι* 20.

ἐμνημονεύθην Aor. Pass. s. *μνημονευθῆναι*: *μνημονεύω* 21.

ἐμνημόνευκα Perf. Paus. 3, 20, b; *ἀπ-* Pl. Phaed. 103, a: *μνημονεύω* 21.

ἐμνημόνευσα Pl. Soph. 231, c: *μνημονεύω* 21.

ἔμνησα (< *ἔμνασα* dor.) Aor. Od. γ, 103; Eur. Alc. 878; *ἀν-* El. 504: *μιμνήσκω* 20.

---

1) Nach Buttm. ist *ἔμμορε* auch Il. α, 278 Aor., dagegen Perf. nach Freitag, Lobeck; vgl. Buttm. Ausf. Spr. 2 p. 241.

---

ahmen. 13 poet. st. *μένω* bleiben. 14 *minuere*, vermindern, verringern; *intrans.* sich ~, abnehmen. 15 hassen, verschmähen, verabscheuen. 16 lernen; kennen lernen, erfahren; erkennen, einsehen. 17 nur *ἐμμεμαώς*, anstrebend, andringend, heftig. 18 sein, vorhanden sein, da sein, existiren, leben. 19 theilhaft sein; *Perf. A. u. Aor. Prf. Pass.* *εἵμαρμαι* es ist durchs Loos zugetheilt, vom Verhängniss bestimmt. 20 erinnern, mahnen; *Med.* sich erinnern, eingedenk sein, gedenken. 21 sich erinnern, gedenken, eingedenk sein; erwähnen.

ἐμνησάμην, -ατο (< μνήσατο, -αντο u. s. w.) Aor. poet. Med. -τ' O. T. 564; παρεμνήσω Tr. 1124; vgl. μνησ-(αμην): μιμνήσκω 1.

ἐμνήσθην (< ἐμνάσθην) Aor. Pass. Lys. 21, 24; Thuc. 1, 10; 6, 15; Pl. Phil. 59, e B*; vgl. μνησθ-(ην): μιμνήσκω 1.

ἐμνώοντο (< μνώοντο A*) Imperf. Med. für ἐμνῶντο, ἐμνάοντο Il. β, 686; Ap. Rh. 1, 518: μιμνήσκω 1.

ἐμόλησε Aor. 1 sp. μολήσας Tzetz. Anteh. 3, 66. — Nicet.: βλώσκω 2.

ἔμολον (< μόλον) Aor. 2 poet. Pind. O. 14, 18; I. 4, 21; -(ε)ν B*; Aesch. Ch. 935 A*; -ες Soph. El. 506; -εν Eur. H. F. 745; Ar. Lys. 984; bei den Trag. sehr häufig, bes. in den Form. unt. μολ-: μολεῖν, βλώσκω 2.

ἐμοῦμαι (< ἐμέομαι, ἐμέσω, ἐμῶ) Fut. Med. att. (157) -εῖ Aesch. Eum. 730 (> ἐμῇ): ἐμέω 3.

ἐμπάζεο 2 Sing. Imprf. Od. α, 271. 305: ἐμπάζομαι 4.

ἐμπαζόμην Imprf. Od. ι, 553; ρ, 488; -ομεθα β, 201; vgl. -εο: ἐμπάζομαι 4.

ἐμπεπόληκα (< ἠμπόληκα) Perf. sp. Luc. Catapl. 1: ἐμπολάω 5.

ἐμπεπολόωντο Imprf. Od. ο, 456: ἐμπολάω 5.

ἐμπόλημαι (< ἠμπόλημαι) Perf. ἐξεμπολημένον Her. 1, 1: ἐμπολάω 5.

ἐμύζησα [1]) Aor. ἐκμυζήσας Il. δ, 218; ἐκμυζήσαντες Luc. Tim. 8: ἐκμυζέω (-μύζω [1]) 6.

ἐμύθησα u. ἐμυθησάμην s. u. μυθήσας u. μυθ-.

ἐμυκᾱσάμην (< ἐμυκησάμην) Aor. dor. μυκάσατο Theocr. 22, 75; 26, 20: μυκάομαι 7.

ἐμυκησάμην (< ἐμυκᾱσάμην) μυκησαμένης Aor. Ar. Nub. 292: μυκάομαι 7.

ἔμῠκον s. μῦκον.

1) Die Formen μυζέω, -άω sind erst aus dem Futur. μυζήσω entstanden. Vgl. Buttm. Ausf. Spr. 2 p. 245 u. μύζω, mit Anm.

ἔμυξα (< ἔμῠσα) Aor. Il. θ, 457: μύζω 8.

ἐμυράμην Aor. Med. Mosch. 3, 91: μύρω 9.

1) ἔμῠσα [1]) Aor. μῦσαν Il. ω, 637; μύσαντες Soph. Ant. 421; -αντος Eur. Med. 1183: μύω 10.

2) ἔμῠσα (< ἔμυξα) Aor. Hippocr. 3, 546: μύζω 8.

ἐμῶ (< ἐμέσω, ἐμέομαι, ἐμοῦμαι) Fut. att. (157) selten ἐνεξ- C. Fr. 2, 868: ἐμέω 3.

ἐμωμήθην Aor. Pass. sp. μωμηθῇ N. T. 2 Cor. 6, 3: μωμάομαι 11.

ἐμωμησάμην Aor. -σω Aesch. Ag. 277; μωμήσασθαι Luc. Histor. conscr. 33: μωμάομαι 11.

ἐμώσατο Aor. Med. Hes.: μάω 11a.

1) ἐν (< ἔνι) 3 Sing. Praes. für ἔνεστι Il. φ, 569: ἔνειμι 12.

2) ἐν (< ἔνι) 3 Plur. Praes. für ἔνεισι Od. ι, 132. 134: ἔνειμι 12.

ἐναγκυλῶντες Nom. Pl. Part. Praes. Xen. An. 4, 2, 29; ἐναγκυλάω, den Riemen des Wurfspiesses befestigen.

ἔναιον (< ναῖον, -εν, ναίεσκε) Imprf. Od. γ, 292 A*; -εν Il. ε, 543 B*. — Aesch. Prom. 452: ναίω 13.

ἐναιρέμεν Inf. Praes. Act. ep. ἐναίρειν Il. ζ, 229; = ἐναίρεσθαι ω, 244: ἐναίρω 14.

ἐναντιωθ(ην) (< ἠν-) Aor. Pass. -θεῖμεν Pl. Theaet. 200, d; -θῆναι Her. 7, 10, 4; Pl. Phaed. 93, a: ἐναντιόομαι 15.

ἐναντιωθήσομαι (< ἐναντιώσομαι) Fut. Pass. act. Bed. -σόμενος Luc. Nav. 32: ἐναντιόομαι 15.

ἐναντιώσομαι (-ωθήσομαι) Fut. Aesch. Prom. 786; -εται Eur. Alc. 152; Ar. Pax. 1049; Pl. Symp. 197, a; Xen. An. 7, 6, 5; -εσθε Thuc. 4, 85: ἐναντιόομαι 15.

ἐναντιωτέον Vb. Aristot. Top. 8, 9 ἐναντιόομαι 15.

1) Lang ist das υ des Aor. nur bei Sp. wie Anth. 7, 630; 9, 558.

1 erinnern, mahnen; *Med.* sich erinnern, eingedenk sein, gedenken. 2 gehen, kommen. 3 (aus-, weg)brechen; heraussprudeln; vgl. *eructare.* 4 sich bekümmern um ..., achten auf ... 5 handeln, (ein-, ver)kaufen. 6 aussaugen. 7 muhen, brüllen. 8 stöhnen, seufzen; saugen. 9 rauschen, brausen, murmeln; *trans.* beweinen. 10 sich (ver-, zu)schliessen; *trans.* (ver-, zu)schliessen. 11 tadeln. 11a streben, trachten, begehren. 12 darin, da sein. 13 wohnen, liegen, gelegen sein. 14 erlegen, tödten; *Med.* = Act. 15 sich entgegenstellen, sich widersetzen. 16 schwimmen. 17 fest-

ἐναξάμην, -ατο Aor. Med. Anth. 9, 36; ἀπ- Luc. Pisc. 50; Polyb. 16, 3; προσ- Call. Del. 47: νήχω = νέω schwimmen 16.

ἔναξε Aor. Od. φ, 122; καταναξάντες Her. 7, 36; συννάξαντες 7, 60 (> † συνάξαντες): νάσσω 17.

ἔναρον (< ἤναρον) Aor. 2 -εν Pind. N. 10, 15; -ον Eur. Suppl. 821 (im Hexam.): ἐναίρω 14.

ἐνάρηρα Perf. Od. ε, 236; Arat. 453: ἐνάρω 18.

ἐνάριξα (< ἠνάριξα, ἠνάρισα) Aor. Il. ρ, 187; χ, 323; ἐξ- *B**; Ap. Rh. 1, 92. 1041. — Pind. N. 6, 59 (*6. 11*): ἐναρίζω 19.

ἐναρίξω Fut. ἐξεναρίξει Il. 20, 339; -ξων λ, 101 (*6. 11*): ἐναρίζω 19.

ἐνάσθην (< νάσθη Il. ξ, 114) Aor. Pass. ἀπ- Eur. Med. 166; I. T. 175; κατ- Phoen. 207; κατένασθεν für -ησαν [*115*] Ar. Vesp. 662: ναίω 13.

ἔνασσα (< νάσσα) Hor. -αν Hom. Hym. 2, 120 bauten; -εν Pind. P. 5, 94? (> ἔναιε) liess wohnen, siedelte an: ναίω 13.

ἐνάσσατο (< ναιήσαντο sp.) Aor. Med. liess mich nieder ἀπ- Il. β, 629; Od. ο, 254; in act. Bed. liess wohnen, siedelte Jem. an: Ap. Rh. 4, 275; κατανασσαμένη Aesch. Eum. 429; ἀπενάσσατο Eur. I. T. 1260; als Simpl. νάσσατο Hes. Op. 639: ναίω 13.

ἐναυλισθῆναι Inf. Aor. Pass. Xen. An. 7, 7, 8: ἐναυλίζομαι sich aufhalten.

ἔναυον Imprf. Her. 7, 231: ἐναύω 20.

ἔναυσα Aor. Athen. (Dephil.): ἐναύω 20.

ἐναυσάμενος Part. Aor. Med. Luc. Tim. 6; Ael. bei Suid.; vgl. ἐναύσασθαι: ἐναύω 20.

ἐναύσασθαι Inf. Aor. Med. Pl. Ax. 371, e; vgl. -άμενος: ἐναύω 20.

ἐναυστόλουν Imperf. Soph. Phil. 279; Eur. Fr. Aeol. 19 D: ναυστολέω 21.

ἔνᾱχε (< νῆχον) Imprf. Theocr. προς- [Theocr.] 21, 18: νήχω 22.

ἐνδέον Neutr. Part. Praes. Xen. An. 5, 9, 31 (dass es bedürfe): ἐνδέω.

ἐνδιάασκον Imprf. iter. Theocr. 16, 38: ἐνδιάω 23.

ἐνδιάει Praes. Anth. 5, 270: ἐνδιάω 23.

ἐνδιάονται Praes. Med. Hom. Hym. 32, 6: ἐνδιάω 23.

ἐνδίεσαν Aor. 1 für ἐνεδίεσαν Il. σ, 584, sie hetzten: ἐνδίημι 24.

ἐνδοιάσας s. ἐνεδοίασα.

ἐνδοιασθ-(ην) Aor. Pass. -θῆναι pass. Bed. Thuc. 1, 122; -θεῖεν act. sp. Parthen. 9, 4: ἐνδοιάζω 25.

ἐνεανιευσάμην, -ατο Aor. Med. Dem. 21, 69: νεανιεύομαι 26.

ἐνεγεγύητο Pls rf. Dem. 3, 55: ἐγγυάω 27.

ἐνέγκαι (< ἐνέγκοι, ἐνείκοι) 3 Sing. Opt. Aor. 1 Soph. Tr. 774 (> ἐνέγκοι Herm. nach MS.); Xen. Symp. 2, 3: φέρω 28.

ἐνέγκαιμι 1 Sing. Opt. Aor. 1 Eur. Hipp. 392; Pl. Crit. 43, c: φέρω 28.

ἐνεγκάμενος (< ἐνεικάμενος) Part. Aor. 1 Aesch. 1, 131: φέρω 28.

ἐνέγκας (< ἐνείκας, ἐνεγκών) Part. Aor. 1 Xen. Mem. 4, 8, 1 (> -ών) ἐνέγκαντες Dem. 49, 51 Bekker (> vulg. ἐνεγκόντες); als *Simpl.* sonst erst bei Spät., wie Plut. Mor. 233, e; V. T. Esdr. 4, 2; N. T. Luc. 12, 23; Act. Ap. 5, 2; 14, 13; in *Compos.* συνενέγκαντες Xen. An. 6, 5, 6 Poppo, Bornem. (> -όντες Krüg., Vulg.); διενεγκᾶσα Mem. 2, 2, 5 (> οὖσα); ἐξενεγκάντες 1, 2, 53 (> όντες): φέρω 28.

ἐνέγκασθαι (< ἐνείκασθαι) Inf. Aor. Med. εἰσ- Isocr. 15, 188: φέρω 28.

ἐνέγκατε (< ἐνείκατε) 2 Plur. Imper. Aor. 1 Eur. Heracl. 751; ἐξ- Ar. Ran. 847: φέρω 28.

ἐνεγκάτω 3 Sing. Imper. Aor. 1 Ar. Nub. 1490; Vesp. 529; Ran. 1304; Thesm. 238; Pl. Phaed. 116, d; προσ- Xen. Symp. 5, 2: φέρω 28.

---

drücken, feststampfen. 18 einfügen. 19 den getödteten Feind ausziehen, der Waffen berauben; *spoliare*. 20 anzünden. 21 ein Schiff od. zu Schiff schicken; (zu Schiff) reisen. 22 schwimmen. 23 unter freiem Himmel sein; an einem Orte wohnen; *trans.* unter freiem Himmel wohnen lassen. 24 (ver)jagen, verscheuchen. 25 in Zweifel sein, bezweifelt werden. 26 jugendlich, übermüthig, leichtsinnig handeln. 27 verloben; *Pass.* verlobt werden, zur Braut bekommen. 28 tragen.

ἔνεγκε (< ἔνεγκον) 2 Sing. Imper. Aor. 2 Eur. Heracl. 699 (ἔνεγχ'); Ar. Equ. 110; Xen. Mem. 3, 6, 9: φέρω 1.

ἐνεγκεῖν Inf. Aor. 2 Tragg.; Xen. Cyr. 2, 2, 9; Pl. Ap. 37, c; Rep. 503, e; ἐπ- Thuc. 6, 82; προσ- Pind. P. 9, 62: φέρω 1.

ἐνέγκοιμι (< ἐνέγκαιμι, ἐνείκοι) Opt. Aor. 2 Soph. Fr. 105, 4 D; -οι Pl. Rep. 330, a; μετενέγκοις Xen. Cyr. 1, 6, 38; 5, 3, 26; ξυνενέγκοι Thuc. 6, 20; ἐπενέγκοιμεν Isocr. 12, 138: φέρω 1.

ἔνεγκον (< ἔνεγκε) 2 Sing. Imper. Aor. 1 Anaxipp. Fr. Com. 4, 466 (bei Athen. 11, 486) Conjectur Porsons: φέρω 1.

ἐνέγκω (ἐνείκω, ἐνείκῃ) Conj. Aor. Eur. H. F. 939; -ῃ Soph. Tr. 573; -ωσι Pl. Rep. 946, a: φέρω 1.

ἐνεγκών (< ἐνέγκας) Part. Aor. 2 Pind. I. 7, 21; Soph.; Eur.; Xen. Cyr. 2, 2, 8; [Pl.] Ep. 353, e; κατενεγκόντες Thuc. 6, 66: φέρω 1.

ἐνεγύαον (> ἠγγύαον) Imperf. ἐνεγύα Isae. 3, 45 (> ἠγγύα [85]): ἐγγυάω 2.

ἐνεγυᾶτο Imperf. Med. Isae. 3, 70 (> ἠγγυᾶτο [85]): ἐγγυάω 2.

ἐνεγυήμην Plsperf. Dem. 33, 29 (> ἐγγεγυήμην Bekker; ἠγγυήμην), vgl. ἐνεγεγύητο [85]: ἐγγυάω 2.

ἐνεγύησα (< ἠγγύησα) Aor. Isae. 3, 79. 52 (> ἠγγύησα, vor Bekker ἐνεγγύησα [85]): ἐγγυάω 2.

ἐνεγύητο 3 Sing. Plsprf. Med. Isae. 3, 55 (> ἠγγύατο); vgl. ἐνεγεγυήμην [85]: ἐγγυάω 2.

ἐνεδεδύκεσαν 3 Plur. Plsprf. sie hatten angezogen Xen. An. 5, 4, 13: ἐνδύω anziehen.

ἐνέδει 3 Sing. Imprf. es fehlte Xen. An. 7, 1, 41: ἐνδεῖ, ἐνδέω, bedürfen.

ἐνεδοίασα Aor. ἐνδοιάσας Plut. Mor. 11, c; Luc. Hermot. 25; Gall. 11: ἐνδοιάζω 3a.

ἐνεεισάμην Aor. trans. -ατο Ap. Rh. 4, 188: ἐνέζομαι 4.

ἐνεείσατο s. ἐνεεισάμην.

ἐνέηκε 3 Sing. Aor. 1 ep. st. ἐνῆκε s. ἔηκε: ἐνίημι 5.

ἐνέην (< ἐνῆεν) 3 Sing. Imprf. ep. st. ἐνῆν Od. ι, 164; τ, 443: ἔνειμι 6.

ἐνεθυμήθην Aor. Pass. Ar. Ran. 40; Xen. Mem. 1, 1, 17; 4, 5, 9; Pl. Crat. 411, c (**384**): ἐνθυμέομαι 7.

ἐνείη 3 Sing. Opt. Aor. Il. β, 490: εἰμί 8.

ἔνεικα (< ἤνεικα, ἤνεγκα) 1 Sing. Aor. 1 ion. Orph. Arg. 312; ἀν- Od. λ, 625; ἐπ- Il. τ, 261: φέρω 3

ἐνείκαι (< ἐνείκοι, ἐνέγκαι, ἐνέγκοι) 3 Sing. Opt. Aor. 2 Od. φ, 196 Bekker (> ἐνείκοι); Theocr. 1, 134; 5, 125: φέρω 3.

ἐνεῖκαι (< ἐνεικέμεν, ἐνεγκεῖν) Inf. Aor. 1 Il. σ, 334; Od. σ, 286; Hes. Th. 784; Pind. P. 9, 53; Her. 1, 32; ἐξ- 1, 24; 7, 117: φέρω 3.

ἐνείκαιεν 3 Plur. Opt. Aor. 1 συν- Her. 7, 152 (-αιεν **136**): φέρω 3.

ἐνείκαμεν (< ἠνείκαμεν, ἠνέγκαμεν) 1 Plur. Aor. 1 Od. ω, 43: φέρω 3.

ἐνεικάμενος (< ἐνεγκάμενος) Part. Aor. 1 Alc. Fr. 35 (29), 4 Bergk; ἀνενεικάμενος Her. 3, 148: φέρω 3.

ἐνεικάμην (< ἠνεικάμην) Aor. 1 Med. **ἐνείκαντο** Her. 1, 57; 2, 180; ἐσ- 5, 34; 7, 152 (> > > ἠνείκαντο); vgl. **ἐνείκατο**: φέρω 3.

ἔνεικαν (< ἤνεικαν, ἤνεγκαν) 3 Plur. Aor. 1 Il. ι, 306 **A***; συνδιένεικαν Her. 5, 99 (> συνδιή- [**41**]): φέρω 3.

ἐνείκαντο s. u. ἐνεικάμην.

1) **ἔνεικας** (< ἤν-, ἤνεγκας) 2 Sing. Aor. 1 ἀπ- Il. ψ, 255: φέρω 3.

2) **ἐνείκας** (< ἐνέγκας) Part. Aor. 1 Il. ρ, 39; δι- Her. 1, 25; ἐξενείκαντας 5, 79; -ος 8, 132; ἐπ- 4, 166; -αντες 1, 68; 8, 10; -ασα 4, 154: φέρω 3.

ἐνείκασθαι (< ἐνέγκασθαι) Inf. Aor. Med. Suid. ἐξ- Her. 6, 103: φέρω 3.

ἐνείκατε (< ἐνέγκατε) 2 Plur. Imper. Aor. 1 Od. θ, 393: φέρω 3.

ἐνείκατο (< ἠν-) 3 Sing. Aor. Med. ἀν- Il. τ, 314; vgl. ἐνείκαντο u. -άμην: φέρω 3.

ἔνεικε (< ἤνεικε, ἤνεγκε) 3 Sing. Aor. Il. ο, 705; Pind. O. 3, 14; 9, 59; ἐξ- Her. 2, 151 (> ἐξήνεικε [**41**]); συν- 3, 129 Cod. F. (> συνή- [**41**]): φέρω 3.

---

1 tragen. 2 verloben; *Passiv.* verlobt werden, zur Braut bekommen. 3 tragen. 3a in Zweifel sein, bezweifelt werden. 4 darin oder darauf sitzen. 5 hinein senden. 6 darin, da sein. 7 bedenken, beherzigen. 8 sein,

ἐνείκεε (< νεικείεσκον) Imprf. Her. 8, 125: νεικέω, -είω 9.

ἐνεικέμεν (< ἐνεῖκαι) Inf. Aor. Il. τ, 194 für Imper.: φέρω 1.

ἐνείκεσα (< νείκεσε(ν); νείκεσ'; νείκεσσε(ν)) Aor. -ας Il. γ, 59: νεικέω, νεικείω 9.

ἐνείκεται, συν- Hes. Sc. 440 nach Buttm., Göttl. und Lob. eine Praesensform von ἐνείκω, welches das Etym. Mag. p. 691, 24 als böotisch bezeichnet; von Herm. in συνενήνεκτο 3 Sing. Plsprf. geändert Op. 6, 1, p. 218: φέρω 1.

ἐνείκῃ (< ἐνέγκῃ) 3 Sing. Conj. Aor. Od. β, 329: φέρω 1.

ἐνείκοι (< ἐνεῖκαι, ἐνέγκοι, ἐνέγκαι) 3 Sing. Opt. Aor. 2 Il. σ, 147; Od. φ, 196 (> ἐνεῖκαι Bekker): φέρω 1.

ἔνεικον Imper. Aor. Anacr. Fr. 62 (61), 3 Bergk: φέρω 1.

ἐνείκω (< ἐνέγκω) 1 Sing. Conj. Aor. Il. ζ, 258 *A**: φέρω 1.

ἐνείκωμαι Conj. Aor. 2 Med. -ωνται Her. 4, 67: φέρω 1.

ἐνείκωνται s. ἐνείκωμαι.

ἔνειμα Aor. 1 Her. 3, 39; Aesch. Eum. 401; Pl. Rep. 364, b; vgl. νειμ-, νεῖμαι (225): νέμω 10.

ἐνειμάμην (< ἐνεμησάμην) Aor. Med. -ασθε Pl. Leg. 741, b; -αντο 771, b (225): νέμω 10.

ἔνειμεν 1 Plur. Praes. ep. st. ἔνεσμεν Il. ε, 477: ἔνειμι 6.

ἐνείνεκτο 3 Sing. Plsprf. Hes. Sc. 440 nach Herm.; vrgl. ἐνείκεται: φέρω 1.

ἔνεισι 3 Plur. Praes. Xen. An. 2, 4, 21: ἔνειμι 6.

ἐνείχθην (< ἠνείχθην, ἐνέχθ-(ην), ἠνέχθην) Aor. Pass. προσενέχθησαν Her. 9, 71 (> προσην- 41]; συνενείχθη 1, 19 (< συνην- 41]; συνενειχθῆναι 2, 111; sehr häufig im Part., wie ἀνενειχθείς 1, 116; 214; ἀπενειχθέντα 1, 158; διενειχθέντων 1, 173; περιενειχθέντος 1, 84 u. s. w.: φέρω 1.

ἐνεκρίνῃ s. ἐκρίνῃ.

ἐνεκτέος (< οἰστός, οἰστέος, συμφερτός) Vb. συμπερι- Stob. Flor. 79, 42 (Socrat.); Schol. Thuc. 3, 2: φέρω 1.

ἐνεμέθην[1]) (< ἐνεμήθην) Aor. Pass. meist zweifelhaft[1]) vgl. ἐνεμήθην: νέμω 10.

ἐνεμέσησα (< νεμεσᾶσαι Pind. I. 1, 3) Aor. Luc. Am. 25: νεμεσάω 11.

ἐνεμήθην (< ἐνεμέθην[1]) Aor. Pass. νεμηθήτω Pl. Leg. 737, e: -ηθῶσι Dem. 59, 104; -ηθείσης 36, 38 (> -εθείσης[1]). — *Act. Bed.* κατ- Ath. 15, 677: νέμω 10.

ἐνεμησάμην (< ἐνειμάμην) Aor. Med. Ath. 12, 58; ὑπο- Hippocr. 1, 520: νέμω 10.

ἐνένιπε (< ἠνίπαπον) redupl. Aor. nach Buttmann für ἐνένισπεν u. ἐνένιπτεν, welche zu vergl.: ἐνίπτω 12.

ἐνένιπτεν (< ἠνίπαπον) Aor. Il. π, 626; Od. σ, 78. 321. 326; τ, 65. 90; φ, 84. 167. 287; χ, 212; ψ, 96 (> für alle Stellen jetzt ἐνένιπε hergestellt): ἐνίπτω 12.

ἐνένισπεν (< ἠνίπαπον) redupl. Aor. als Var. von ἐνένιπτε u. ἐνένιπε(ν) Il. ο, 546. 552; ψ, 473 (> für alle Stellen jetzt ἐνένιπε[2]) hergestellt, sowie auch Qu. Sm. 2, 430; 4, 302; 5, 237 u. s. w.): ἐνίσπω, in der Bed. von ἐνίπτω 12.

ἐνενοήμην (< ἐνένωτο) Plsprf. δι- Pl. Euthyd. 295, d (> διενοούμην): διανοέω 13.

ἐνενόμιστο s. νενόμιστο.

ἐνένωτο (< ἐνενοήμην) Plsprf. Med. als Act. Her. 1, 77 (> ἐννένωτο Bekker) ἐνένωντο 7, 206 (> ἐννένωντο Bekker); διενένωντο 7, 207; vgl. Anacr. Fr. 10 Bergk; Soph. Fr. 191, d [-ω- *553*]: νοέω 14.

ἔνεπεν (< ἔννεπεν, ἤννεπε) Imperf. Pind. N. 1, 69; ἐξ- O. 8, 20; N. 4, 33 (> ἐξενέπειν): ἐνέπω 15.

ἐνέποιμι Opt. Praes. Od. ρ, 561; ἐνέποι Pind. Ol. 8, 82: ἐννέπω, ἐνέπω 15.

ἐνέποντα Acc. Part. Praes. Od. ρ, 549. 556: ἐνέπω 15.

1) S. Kr. Stud. 2 S. 37.
2) Vgl. Buttm. Lexil. 1, p. 282; Wern. Tryph. p. 355.

vorhanden sein, da sein, existiren, leben. 9 zanken. 10 (aus-, ver)theilen; weiden. 11 zürnen, übelnehmen; *Med.* sich schämen. 12 anreden, verkünden. 13 nachdenken, überlegen, beabsichtigen. 14 *a.* wahrnehmen; *b.* erdenken; *c.* bedeuten. 15 *a.* (an)sagen, erzählen; *b.* heissen.

ἐνέποντε Dual. Part. Praes. Od. ψ, 301: ἐνέπω 1.
ἐνέποντες Plur. Part. Praes. Il. λ, 643: ἐνέπω 1.
ἐνέποισιν Dat. Plur. Part. dor. für -ουσιν Pind. N. 6, 67: ἐνέπω 1.
ἐνέπουσα Fem. Part. Praes. Od. ω, 414: ἐνέπω 1.
ἐνέπρησεν Aor. 1 Il. χ, 374: ἐμπρήθω 2.
ἐνέπω Conj. Praes. Axionic. 3, 7: ἐνέπω 1.
ἐνέπων (< ἐνέπω) Part. Praes. s. ἐνέποντα, -τε, -τες, -ουσα, -οισιν: ἐνέπω 1.
ἔνεσαν 3 Plur. Imprf. ep. st. ἐνῆσαν Od. φ, 60: ἔνειμι 3.
ἐνέστακται Perf. Pass. Od. β, 271: ἐνστάζω 4.
ἐνετειλάμην Aor. Med. -ατο Her. 1, 156; Luc. Philopatr. 13; ἐντειλάμενος Her. 1, 118. 123; ἐντείλασθαι Xen. An. 5, 1, 13: ἐντέλλω 5.
ἐνέτεινον Imprf. Xen. An.: ἐντείνω.
ἐνετέλλεο 2 Sing. Imprf. Her. 1, 118; ἐνετέλλετο 3 P. 1, 90; 3, 16. 25: ἐντέλλω 5.
1) ἔνευσα (< νεῦσε Il. ϑ, 246) Aor. Eur. Hec.; Pl. Phaed. 117, a: νεύω, nicken, winken.
2) ἔνευσα Aor. ἐξ- Thuc. 2, 90; ἐκνεῦσαι Eur. Hipp. 470: νέω 6.
ἐνεχϑ-(ην) (< ἐνείχϑην) Aor. Pass. -ϑείη Pl. Tim. 63, a; -ϑῆναι Parm. 138, d; -ϑέντα Tim. 87, a; ἀπενεχϑῇ Leg. 910, c; εἰσ- Xen. Oec. 7, 21; ἀνενεχϑῆναι Xen. Symp. 8, 30; κατ- Thuc. 4, 120; ξυν- 1, 9; ὑπερ- Xen. Oec. 18, 7; διενεχϑέντες Pl. Euth. 7, c; παρενεχϑείς Phil. 38, d; vgl. ἠνέχϑην: φέρω 7.
ἐνεχϑήσομαι (< οἰσϑήσομαι) Fut. Pass. ἐπ- Thuc. 7, 56; κατ- Isocr. 13, 19: φέρω 7.
ἐνέωσα Aor. 1 -ε Ap. Rh. 4, 1241: ἐνωϑέω 8.
ἐνήεε (< νήεον) Imprf. ion. παρ- Qu. Sm. 9, 114: παρανηέω, daneben aufhäufen.
ἐνῆεν (< ἐνέην) 3 Sing. Imprf. ep. st. ἐνῆν Il. α, 593: ἔνειμι 3.
ἐνήησα (? ἔνησα) Aor. νήησαν Od. τ, 64; νηήσας Her. 1, 50 (> νήσας); περινηήσαντα 2, 107 (> περινήσαντα): νηέω 9.
1) ἐνήϑην (< ἐνήσϑην) Aor. Pass. sp. Herodi. 4, 2, 21: νέω 9.
2) ἐνήϑην Aor. Pass. νηϑέντα Pl. Pol. 282, e: νέω 10.
ἐνῆκας 2 Sing. Aor. 1 Il. ι, 700; -αμεν Od. μ, 401: ἐνίημι 11.
ἐνῆκε (< ἐνέηκε) Aor. 1 Il. ϱ, 570: ἐνίημι 11.
ἐνῆν (< ἐνέην) 3 Sing. Impr. Xen. An. 1, 5, 1: ἔνειμι 3.
ἐνήνεγκται (< ἐνήνεκται) 3 Sing. Perf. ἀν- Corp. Inscrpt. 1, 76, 4 Böckh: φέρω 7.
ἐνήνεγμαι (< ἐνήνειγμαι) Perf. Pass. s. -μένος, -εκται: φέρω 7.
ἐνηνεγμένος Part. Perf. Pass. -μένον in μετ- Pl. Prot. 339, a; -μένων in δι- Symp. 187, c; -μένην in εἰσ- Dem. 27, 4: φέρω 7.
ἐνήνειγμαι (< ἐνήνεγμαι, οἴσμαι) Perf. Pass. ion. ἐξενηνειγμένα Her. 8, 37: φέρω 7.
ἐνήνεκται (< ἐνήνεγκται) 3 Sing. Perf. Pass. Rep. 584, d: εἰσ- Eur. Ion. 1340; vgl. -εκτο: φέρω 7.
ἐνήνεκτο Plsprf. Xen. Hell. 4, 3, 20; vgl. -εκται: φέρω 7.
ἐνήνεον (< νήεον [> νήνεον]) Imperf. ἐπ- Il. η, 428. 431; παρα- Od. α, 147; -εεν π, 51; -εον Ap. Rh. 1, 1123; Qu. Sm. 4, 135: (ἐπι-, παρα-)νηνέω 9.
ἐνήνοϑε att. redupl. Perf. mit Praesensbed. in den Compos.: ἐπενήνοϑε Il. β, 219; κ, 134; Od. ϑ, 365; κατενήνοϑε Hes. Sc. 269; Hom. Hym. 5, 279; παρενήνοϑε Ap. Rh. 1, 664; Orph. Lith. 628: nach Buttm. Lexil. 1, p. 266 f. von *ΕΝΕΘΩ*, *ΕΝΘΩ*: ἐνήνοϑε 12.
ἐνήνοχα Perf. -εν Dem. 22, 62; -ώς 21, 108. — Pl. Mor. 990, d; 1044, c; συνενηνοχέναι Xen. Mem. 3, 5, 22; μετενηνοχότας Pl. Critia. 113, a: φέρω 7.
ἐνηντίωμαι (< ἠναντίωμαι) Perf. nur Ar. Av. 385 durch das Metr. gewahrt (**84**): ἐναντιόομαι 13.
ἔνηρα Aor. 1 selten u. sp. κατ- Orph. Arg. 669: ἐναίρω 14.

---

1 *a.* (an)sagen, erzählen; *b.* heissen. 2 *a.* anzünden; *b.* hineinblasen. 3 darin, da sein. 4 einträufeln. 5 heissen, befehlen. 6 schwimmen. 7 tragen. 8 hineinstossen. 9 (auf)häufen. 10 spinnen. 11 hinein sen-

ἐνήρατο 3 Sing. Aor. 1 Med. Il. ε, 43. 59; ξ, 515; Od. ω, 424; Hes. Th. 316; Ap. Rh. 1, 1040; ἐναίρω 14.
1) ἔνησα (< ἐνήησα ion.) Aor. συνένησα Her. 1, 34; νήσας Ar. Lys. 373; -σαντες 269; Eur. H. F. 243; Thuc. 2, 52; auch Her. συννήσας 1, 86: νέω 9.
2) ἔνησα Aor. Soph. Fr. 391; ἐπένησε Il. ν, 128; ω, 210; νῆσαι Eupol. Fr. Inc. 19 Meineke (> νῶσαι[1]): νέω, νήθω 10.
ἐνησάμην s. νήσαντο.
ἐνῆσαν 3 Plur. Imprf. Xen. An. 1, 5, 2: ἔνειμι 3.
ἐνήσει, -εις s. ἐνήσω.
ἐνήσθην (< ἐνήθην) Aor. Pass. sp. Arr. An. 7, 3, 2; Euseb. Praep. 4, 155, c: νέω 9.
ἐνήσομεν s. ἐνήσω.
ἐνήσω Fut. -ει Od. ο, 198; -εις Il. π, 449; -ομεν ξ, 131: ἐνίημι 11.
ἔνθ' st. ἔλθ' Theocr. [436]: ἔρχομαι 15.
ἐνθέμενοι Plur. Part. Aor. 2 Med. Xen. An. 1, 4, 7: ἐντίθημι, einschiffen.
ἔνθης 2 Sing. Conj. Aor. 2 für ἔλθης Theocrit. [436]: ἔρχομαι 15.
ἔνθορ' s. ἔνθορε.
ἔνθορε 3 Sing. Aor. 2 Il. ω, 79; ἔνθορ' ο, 623. — Ap. Rh.: ἐνθρώσκω 16.
ἐνθυμηθ(ην) Aor. Pass. -θῶμεν Pl. Crat. 421, d; ἐνθυμήθητι Prot. 327, a; -θείς Symp. 208, c; Xen. Hell. 4, 4, 19 (384): ἐνθυμέομαι 17.
ἐνθυμηθήσομαι (< ἐνθυμήσομαι) Fut. sp. Epict.; Arr.: ἐνθυμέομαι 17.
ἐνθυμήσομαι (< ἐνθυμηθήσομαι) Fut. Lys. 12, 45: ἐνθυμέομαι 17.
ἐνθυμοίμην 1 Sing. Opt. Xen. An. 3, 1, 20: ἐνθυμέομαι 17.
ἐνθυμοῦμαι 1 Sing. Praes. Xen. 2, 4, 5: ἐνθυμέομαι 17.
ἐνθυμούμενος Part. Praes. Pl. Gorg. 499, b u. s. w.; passiv. Bed. sp. Appian. Civ. 5, 133: ἐνθυμέομαι 17.
ἐνθών Part. Aor. 2 für ἐλθών in ἐπ- Theocr. [436]: ἔρχομαι 15.

1) Vgl. Buttm. Ausf. Spr. 2, p. 248.

1) ἔνι (< ἐν) 3 Plur. Praes. für ἔνεισι Il. υ, 248; Od. ι, 126: ἔνειμι 3.
2) ἔνι (< ἐν) 3 Sing. Praes. für ἔνεστι Od. φ, 288; Xen. An. 5, 3, 11; Pl. Parm. 158, c: ἔνειμι 3.
ἐνιπρῆσαι Inf. Aor. Il. ν, 319 Γ*: ἐμπρήθω 2.
1) ἐνιπρήσω Fut. Il. θ, 182 B*: ἐμπρήθω 2.
2) ἐνιπρήσω Conj. Aor. 1 -ωσι Il. π, 82: ἐμπρήθω 2.
1) ἔνισπε(ν) 3 Sing. Aor. 2 Il. β, 80; ζ, 438: ἐνέπω 1.
2) ἔνισπε (< ἐνίσπες) 2 Sing. Imper. Aor. Od. δ, 642; Aesch. Suppl. 603; Theocr. 25, 34: ἐνέπω 1.
ἐνισπεῖν[1]) Inf. Aor. 2 Od. γ, 93; δ, 323; Hes. Th. 369; Ap. Rh.; [Eur. Suppl. 435]: ἐνίσπω, ἐνέπω 1.
1) ἔνισπες 2 Sing. Aor. 2 Il. ω, 388: ἐνέπω 1.
2) ἐνίσπες[2]) (< ἔνισπε) 2 Sing. Imper. Il. λ, 186; ξ, 470; Od. γ, 101; δ, 314. 331; λ, 492; μ, 112; ξ, 185; χ, 166; ψ, 35; Ap. Rh.: ἐνίσπω, ἐνέπω 1.
ἐνίσπῃ 3 Sing. Conj. Od. γ, 327; θ, 101. 251: ἐνέπω 1.
ἐνισπήσω Fut. Od. ε, 98: ἐνίσπω, ἐνέπω 1.
ἐνίσποι 3 Sing. Opt. Aor. Il. ξ, 107: ἐνέπω 1.
ἐνίσποις 2 Sing. Opt. Aor. Od. δ, 317: ἐνέπω 1.
1) ἐνίσπω Indic. Praes. sp. Nic. Ther. 522; Orph. Arg. 850; Lith. 4; Dion. Per. 391: ἐνίσπω, Nebenform von ἐνέπω 1.
2) ἐνίσπω Conj. Aor. 2 Il. λ, 838; Od. ι, 37; Ap. Rh.: ἐνίσπω, ἐνέπω 1.
ἐνισσάμην Aor. sp. νίσηται (< νίσσηται) Maneth. 3, 412; κατ- Herm. Fr. 2, 65 (bei Athen. 13, 598, d [> κατενίσσατο Herm. Opusc. 249] vgl. Lob. zu Buttm.): νίσσομαι 18.
ἐνισχομένων Gen. Plur. Part. Praes. Xen. An. 7, 4, 17: ἐνίσχω = ἐνέχω darin fest gehalten werden.

1) Nicht ἐνίσπειν vgl. Buttm. Ausf. Spr. 2, p. 167; u. Göttl. Accentlehre, p. 57.
2) Vgl. Spitzner Il. 11, 186 u. Göttl. Accentlehre, p. 86.

den. 12 ἐπ- darauf liegen; κατ-, παρ- daran haften. 13 sich entgegenstellen, sich widersetzen. 14 erlegen, tödten; *Med.* = Act. 15 kommen, gehen. 16 hineinspringen. 17 bedenken, beherzigen. 18 (weg-, zurück)gehen.

ἐνίφθην Aor. Pass. κατανιφθεῖσαι Hippocr. 1, 218: κατανίζω 1.

1) **ἔνιψα** (< νίψε Od. τ, 505) Aor. Eur. Suppl. 765: νίζω 2.

2) **ἔνιψα** Aor. κατ- Ar. Ach. 138: νίφω 3.

ἐνίψαι Inf. Aor. 1 sp. Nonn.: ἐνίσπω, ἐνέπω 4.

ἐνιψάμην Aor. Med. Hes. Op. 739; νίψαντο Eur. Bacch. 767; -ασθαι Od. α, 138 *B**; -άμενος Il. ω, 305: νίζω 2.

1) **ἐνίψω**[1] (< ἐνισπήσω) Fut. Od. β, 137; -ει Il. η, 447; Od. λ, 148. — Ap. Rh.; Theocr.: ἐνίσπω[1], ἐνέπω 4.

2) **ἐνίψω** Conj. Aor. Theocr. 27, 10: ἐνίσπω, ἐνέπω 4.

ἐννενώκασι 3 Plur. Perf. Her. 3, 6 ion. [-ω- 553]: ἐννοέω 5.

ἐννένωντο s. ἐνένωτο.

ἐννένωτο s. ἐνένωτο.

ἔννεον Imprf. st. ἔνεον Il. φ, 11: νέω, schwimmen.

ἔννεπε Imper. ep. Od. α, 1; Il. β, 761: ἐννέπω, ἐνέπω 4.

ἐννέποισα (< ἐνέπουσα) Fem. Part. dor. Pind. I. 7, 46: ἐννέπω 4.

ἔννεπον, -εν (< ἔνεπεν, ἤννεπε) Imperf. Il. θ, 412; Pind. O. 1, 47. 86; 8, 41; 4, 242; 9, 96: ἐννέπω, ἐνέπω 4.

ἐννέπων (< ἐνέπων) Part. Praes. Pind. N. 7, 69: ἐννέπω, ἐνέπω 4.

ἐννοεῖτε 2 Plur. Xen. An. 5, 9, 29: ἐννοέω 5.

ἐννοούμενοι Part. Praes. Pass. Xen. An. 3, 1, 3: ἐννοέω 5.

ἐννοχλεῖς = **ἐνοχλεῖς** Theocr. 29, 39: ἐνοχλέω 10.

ἐννοῶνται 3 Plur. Conj. Praes. Xen. An. 3, 1, 41: ἐννοέω 5.

ἕννυσθαι (< εἵνυσθαι) Inf. Praes. Od. ζ, 28; ξ, 514. 522: ἕννυμι 6.

ἕννυτο Imperf. Od. ε, 230; Od. κ, 543; ἕννυτ' ε, 229: ἕννυμι 6.

ἐννώσας, -σαντα s. u ἔνωσα.

ἐνοεῖτο s. u. ἐνοούμην.

ἐνοήθην[2] Aor. Pass. νοηθέντα Pl. Leg. 692, c; Luc. Alex. 4; in den Compos. ἀπο-, δια-, ἐν-, προ- gewöhnl. Dep. pass. (*382. 387*); διενοήθησαν Thuc. 4, 13; διενοήθην Pl. Phaed. 99, e *A**; -ης, -η *A**; -ημεν, -ησαν Pl.; ἐπενοήθη Her.[2] 3, 122; ἐπινοηθῆναι 6, 115; ἐπενοήθησαν Luc. Am. 31; προνοηθῆναι Lys. 3, 37; Pl. Crat. 395, c; προνοηθείς Lys. 3, 29 (mit Vorbedacht); Isae. 2, 46 (*382*); pass. διανοηθέν Pl. Leg. 654, c: νοέω 7.

ἐνόησα (< νόησε, ἔνωσα) Aor. Il. κ, 550; Od. λ, 62; -ε(ν) Il. γ, 21 *Γ**; Pl. Rep. 508, d; Xen. An. 3, 4, 44: νοέω 7.

ἐνοησάμην (< νοήσατο, ἐνωσάμην) Aor. Med.; med. Dep. (*387*) in dem Compos. προυνοησάμην Eur. Hipp. 398. 685; προὐνοήσω Ar. Equ. 421. — Antiph. 5, 43 (προὐ- *79*); διενοήσατο Diod. Sic. 20, 30: (προ-, δια)νοέω 7.

ἐνοικοῦντας, -τες Part. Praes. Xen. An. ἐνοικέω, darin wohnen.

ἐνόμισα Aor. Her. 1, 131; Pl. Charm. 155, d; Prot. 322, a: νομίζω 8.

ἐνομίσθην Aor. Pass. Her. 1, 140: νομίζω 8.

ἐνόν Neutr. Part. Praes. Pl. Rep. 431, e: ἔνειμι 9.

ἐνόντων Gen. Plur. Part. Praes. Xen. An. 2, 4, 22: ἔνειμι 9.

ἐνοοῦ s. u. ἐνοούμην.

ἐνοούμην Imprf. Med. προ- Xen. An. 7, 7, 37; -οῦ 2 Pers. Pl. Tim. 26, d; -εῖτο Rep. 332, b; -ούμεθα Leg. 822, b; -οῦντο 967, a: (προ-, δια)νοέω 7.

ἐνοχλήσω Fut. Anth. 11, 126: ἐνοχλέω 10.

ἐντεθύμημαι Perf. -ται Thuc. 1, 120; -σαι Xen. Mem. 3, 3, 12; -ῆσθαι Pl. Phaed. 86, b: ἐνθυμέομαι 11.

ἐντειλάμενος, -ασθαι s. u. ἐνετειλάμην.

ἐντείλασθαι Inf. Aor. Xen. An. 5, 1, 13: ἐντέλλομαι, auftragen.

ἔντειλεν Aor. st. ἐνέτειλεν Pind. Ol. 7, 40: ἐντέλλω 12.

1) Vgl. Buttm. Lexil. 1 p. 279 ff.
2) Vgl. ἔνωσα, ἐνένωτο.

---

1 begiessen, besprengen. 2 netzen, waschen. 3 schneien. 4 *a.* (an)-sagen, erzählen; *b.* heissen. 5 bedenken, erwägen; glauben; bedeuten. 6 bekleiden; anziehen; *Med.* sich anziehen, anlegen. 7 *a.* wahrnehmen; *b.* erdenken; *c.* bedeuten. 8 *a.* gewohnt sein, pflegen; *b.* dafür halten, glauben, meinen. 9 darin, da sein. 10 belästigen. 11 bedenken, be-

ἐντελοῦμαι Fut. sp. N. T. Schol. Il. ω, 117: ἐντέλλω 12.

ἐντεταγμένῳ Part. Perf. Pass. Xen. An. 3, 3, 18: ἐντάττω, einordnen.

ἐντέταλμαι Perf. Pass. gew. pass. Eur. Phoen. 1648; ἐντεταλμένα Her. 1, 60. 63; 6, 106; act. Polyb. 17, 2: ἐντέλλω 12.

ἐν-τέταται s. τέταται.

ἐν-τετοκώς s. τετοκώς.

ἐντί st. ἐστί u. εἰσί 3 Sing. u. Plur. Praes. Theocr.; Bion.; Mosch. [*276*]: εἰμί 13.

ἔντῦνα Aor. Il. ξ, 162; Eur. Hipp. 1183: ἐντύνω 14.

ἐντῡνάμην Aor. Med. Od. μ, 18; Hes. Op. 630: ἐντύνω 14.

ἐντύνεαι 2 Sing. Praes. Med. Od. ζ, 33: ἐντύνω 14.

ἐντύνεσκε (< ἔντυνον, ἔντυνον) Imperf. Ap. Rh. 3, 40: ἐντύνω 14.

1) ἐντύνομαι Praes. Med. -όμενοι Od. γ, 33: ἐντύνω 14.

2) ἐντύνομαι Praes. Pass. -ονται Ap. Rh. 2, 135: ἐντύνω 14.

ἔντῡνον (< ἔντυνον, ἐντύνεσκε) Imperf. Il. ι, 203; Od. μ, 183: ἐντύνω 14.

ἐντύνοντο Imprf. Med. Il. ω, 124 *B**: ἐντύνω 14.

ἐντυνῶ Fut. Lycophr. 7134: ἐντύνω 14.

ἔντυον (ἔντῡνον, ἐντύνεσκε) Imprf. -ε(ν) Il. ε, 720; Pind. N. 9, 36; -ον 3 Plur. Il. ψ, 289; ἔντυ' Pind. Ol. 3, 28. — Ap. Rh.; Mosch.: ἐντύω 14.

ἐνύσταξα (< ἐνύστασα) Aor. Theophr. Char. 23; ἐπι- Plut. Brut. 36: νυστάζω 15.

ἐνύστασα (< ἐνύσταξα) Aor. Com. Fr. 3, 549; Anth. 12, 135: νυστάζω 15.

ἔνωσα (< ἐνόησα) Aor. ion. ἐννώσας Her. 1, 68; ἐννώσαντα 86 [-ω- *553*]; vgl. ἐνοήθην: νοέω 7.

ἐνωσάμην, νώσατο, -άμενος (< ἐνοησάμην) Aor. Med. Teogn. 1298; Ap. Rh. 4, 1407; Theocr. 25, 265; Call. Jov. 87 [-ω- *553*]: νοέω 7.

ἐνώχλουν (< ἠνώχλουν, ἠνόχλουν) Imprf. Var. für ἠνώχλουν: ἐνοχλέω 10.

ἐξαγαγεῖν Inf. Aor. 2 Xen. An. 6, 2, 19: ἐξάγω 16.

ἐξαγαγών Part. Aor. 2 Xen. An. 7, 5, 1: ἐξάγω 16.

ἐξαιρεθείη Opt. Aor. Pass. Xen. An. 2, 3, 16: ἐξαιρέω, ausnehmen.

ἐξαιτησαμένη Fem. Part. Med. Aor. 1 losbittend: ἐξαιτέω, ausbitten.

ἐξακέσαιο 2 Sing. Opt. Aor. Il. δ, 36; -αιτο 3 Sing. Od. γ, 145: ἐξακέομαι 17.

ἐξαλαπάξομεν Fut. Xen. An. 7, 1, 29: ἐξαλαπάζω ausplündern.

ἐξᾰλέασθαι Inf. Aor. ep. st. ἐξαλέσασθαι Hes. Op. 105. 756. 800; Ap. Rh.: ἐξαλέομαι 18.

ἐξαμβρῦσαι Inf. Aor. 1 Aesch. Eum. 925 (> ἐξαμβρόξαι): ἐξαναβρύω, hervorquellen lassen.

ἐξαναστάς, -άντος, -τες Part. Aor. 2 Xen. An.: ἐξανίστημι 19.

ἐξανίσταντο Imprf. Med. Xen. An.: ἐξανίστημι 19.

ἐξανίστατο Imprf. Med. X. A. 5, 9, 10: ἐξανίστημι 19.

ἐξαπατηθέντες Part. Aor. Pass. X. A.: ἐξαπατάω 20.

ἐξαπατηθῆναι Inf. Aor. Pass. X. An. 3, 2, 22: ἐξαπατάω 20.

ἐξαπατῆσαι Inf. Aor. X. An.: ἐξαπατάω 20.

ἐξαπατήσεσθαι Inf. Fut. X. A.: ἐξαπατάω 20.

ἐξαρκῇ 3 Sing. Conj. X. A.: ἐξαρκέω 21.

ἐξέβαλεν 3 Sing. Aor. 2 X. An. 1, 1, 7: ἐκβάλλω, auswerfen, verbannen.

ἐξέβαν 3 Plur. Aor. 2 äol. u. ep. st. ἐξέβησαν vgl. ἔβαν: ἐκβαίνω 22.

ἕξει, -εις s. ἕξω.

ἐξείη Opt. Praes. X. A.: ἔξεστι, es ist erlaubt.

ἐξειλόμην s. εἰλόμην.

ἐξεῖλον Aor. 2 X. An. 5, 3, 4: ἐξαιρέω, ausheben.

ἕξειν Inf. Fut. Thuc. 3, 13; X. An. 2, 3, 18: ἔχω 23.

---

herzigen. 12 heissen, befehlen. 13 sein, vorhanden sein, da sein, existiren, leben. 14 (an-, zu)rüsten, schmücken. 15 nicken, schlafen. 16 herausführen. 17 ausheilen, (aus)sühnen, besänftigen. 18 gänzlich vermeiden, ausweichen, entrinnen. 19 *Aor.* 2 *Act. u.* das *Med.* aufstehen. 20 betrügen, täuschen. 21 ausreichen, genügen. 22 herausgehen, (aus-, empor-) steigen. 23 haben, halten.

ἐξεῖναι Inf. Praes. X. A.: ἔξεστι.
ἔξεισθα 2 Sing. Praes. st. ἔξει Od. υ, 179 [73]: ἔξειμι 1.
ἐξέκοψε Aor. 1 X. An. 1, 4, 10 liess umhauen: ἐκκόπτω.
ἐξεκυβίστα Imprf. X. An. 5, 9, 9: ἐκκυβιστάω, sich kopfüber hinausstürzen.
ἐξελεῖν s. ἑλεῖν: ἐξαιρέω 2.
ἐξελέσθαι s. ἑλέσθαι: ἐξαιρέω 2.
ἐξελεγχθῶσι Conj. Aor. Pass. X. An.: ἐξελέγχω 3.
ἐξελοίμεθα 1 Plur. Opt. Aor. 2 Med. X. An. 2, 5, 20: ἐξαιρέω, auswählen.
ἐξέλοιμεν 1 Plur. Opt. Aor. 2 Xen. An. 2, 5, 4: ἐξαιρέω, benehmen.
1) ἐξέμεν Inf. Aor. 2 st. ἐξεῖναι Il. λ, 141: ἐξίημι 4.
2) ἐξέμεν (< ἕξειν) Inf. Fut. ep. Il. ε, 473: ἔχω 5.
ἐξέμμορε 3 Sing. Perf. 2 Od. ε, 335: ἐκμείρομαι 6.
ἐξενεγκεῖν Inf. Aor. Xen. An. 3, 2, 29: ἐκφέρειν πόλεμον, den Krieg offen anfangen.
ἔξεον Imprf. Od. ψ, 199: ξέω 7.
ἐξεπλάγη Aor. 2 Pass. Xen. An. 7, 6, 42: ἐκπλήττεσθαι, bestürzt werden.
ἐξέπλει Imprf. Xen. An. 2, 6, 2: ἐκπλέω, ausschiffen, fortschaffen.
ἐξέπτη 3 Sing. Aor. 2 Hes. Op. 98: ἐκπέτομαι 8.
ἔξεσα (< ἔξεσσε(ν)) Aor. Il. ε, 81; περι- Theocr. 22, 50 (**23. 26**): ξέω 7.
ἔξεσμαι Perf. Pass. -μένος Ar. Fr. 684 (Dind.) (**23. 26. 210**): ξέω 7.
ἐξετάθη s. u. ἐτάθη.
ἐξετάξαντο 3 Plur. Aor. Med. Xen. An. 5, 4, 12: ἐκτάσσομαι, sich aufstellen.
ἐξετασ- (< ἐξήταξα dor.) Aor. Thesm. 438; ἐξετάσαιμεν, -ωμεν, -αι Pl.: ἐξετάζω 9.
ἐξετασθ-(ην) s. ἐξητάσθην.
ἐξεταστέον Vb. Pl. Rep. 599, a: ἐξετάζω 9.
ἐξετάσω (< ἐξετῶ) Fut. Pl. Apol. 29, e; Xen. Oec. 8, 10: ἐξετάζω 9.
ἔξετε s. ἔξω.
ἐξετράφην Aor. Pass. Xen. An. 7, 2, 32: ἐκτρέφω, erziehen.
ἐξετῶ (< ἐξετάσω) Fut. Isocr. 9, 34 (**159**): ἐξετάζω 9.
ἐξέφηναν 3 Plur. Aor. Xen. An. 3, 1, 16: ἐκφαίνω, offenen Krieg erklären.
ἐξέφυγε Aor. Xen. An. 1, 3, 2; -ον 7, 4, 6: ἐκφεύγω, entfliehen.
ἐξήγγειλε Aor. 1 X. An. 1, 6, 5: ἐξαγγέλλω, melden.
ἐξήγγελλον Imprf. X. An. 2, 4, 24: ἐξαγγέλλω, melden.
ἐξηγέρθη Aor. Pass. Xen. Cyr. 8, 7, 1: ἐξεγείρω 10.
ἐξηγήσομαι Fut. Xen. An. 6, 4, 34: ἐξηγέομαι 11.
ἐξῆγον Inf. Xen. An. 1, 6, 10: ἐξάγω 12.
ἐξῄεσαν Imprf. Xen. An.: ἔξειμι, fortgehen.
ἔξηκα Perf. sp. Cram. An. vol. 4, 196: ξέω 7.
ἐξῆκεν Imprf. Xen. An.: ἐξήκειν, verflossen sein.
ἐξήλατο Aor. Xen. An. 7, 3, 33: ἐξάλλομαι, herausspringen.
ἐξῆν Imprf. Xen. An. 6, 4, 2: ἔξειμι 13.
ἐξήνεγκε Aor. Xen. An. 1, 6, 29: ἐκφέρω, verbreiten.
ἐξηπατήθην Aor. Pass. Xen. An.: ἐξαπατάω 14.
ἐξήραμαι[1]) (< -αμμαι, -ασμαι) Perf. Pass. scheint fehlerhaft [2]) προαπεξ- Hippocr. 2, 188: ξηραίνω 15.
ἐξήραμμαι[2]) (< ἐξήρασμαι [-αμαι] [2]) Perf. Pass. Theophr. C. Pl. 5, 14, 6; ἀπ- Alex. Com. Fr. 3, 410; vgl. Apd. 1, 9, 1; Schol. Ar. Plut. 1082 (**237**): ξηραίνω 15.
ἐξήρᾱνα (< ἐξήρηνα) Aor. ξηράνας Thuc. 1, 109; ἀποξηρᾶναι 7, 12 (**225. 226. 228**): ξηραίνω 15.

---

1) Vgl. Bekker An. p. 251, 32.
2) Schaef. Schol. Ap. Rh. 3, 276; Lob. Phryn. p. 34, 35 u. Paralipp. p. 421.

---

1 aus-, herausgehen. 2 (aus-), benehmen. 3 ans Licht bringen. 4 herausschicken, entlassen. 5 haben, halten. 6 vorzugsweise theilhaft werden. 7 schaben, kratzen. 8 heraus-, aus-, fortfliegen. 9 aus-, erforschen, untersuchen. 10 aufwecken. 11 anführen. 12 herausführen. 13 erlaubt, vergönnt sein. 14 betrügen, täuschen. 15 trocknen. 16 anfangen, vorangehen. 17 hinaustragen, erzählen, verbreiten. 18 zusammen-

ἐξηράνθαι Inf. Perf. Hippocr. 2, 640: ξηραίνω 15.
ἐξηράνθην Aor. Pass. ξηρανθέν Pl. Phil. 31, e. — Aristot. περὶ ζῴων ἱ. 10, 3, 6: ξηραίνω 15.
ἐξήρασμαι [1]) (< ἐξήραμμαι [1]) [ἐξήραμαι]) Perf. Pass. Hippocr. 1, 706; ἀπεξηρασμένον Her. 1, 186; -ον 7, 109; vgl. Antiphanes 217, 13 (237): ξηραίνω 15.
ἐξηρημένα Part. Perf. Pass. Xen. An. 2, 1, 9: ἐξαιρέω, ausweiden.
ἐξήρηνα (< ἐξήρᾱνα) Aor. ion. Hippocr. 2, 568; ἀνεξήρηνε Her. 7, 109: ξηραίνω 15.
ἐξῆρχε Imprf. Xen. An.: ἐξάρχω 16.
ἐξήτακα Perf. Xen. Mem. 3, 6, 10. 11; -κότες Pl. Theaet. 154, d. — Philem. bei Athen. 7, 290, b: ἐξετάζω 9.
ἐξήταξα (< ἐξέτᾰσ-) Aor. Theocr. 14, 28: ἐξετάζω 9.
ἐξητάσθην Aor. Pass. Dem. 21, 202; 22, 66; ἐξετασθείσης Pl. Crat. 436, d: ἐξετάζω 9.
ἐξήτασμαι Perf. Pass. -σαι Dem. 18, 197; -σται in προ- 21, 227; -σμένη 14, 7: ἐξετάζω 9.
ἐξήτει Imprf. Xen. An. 6, 4, 11: ἐξαιτέω, herausverlangen.
ἐξήχθη Aor. Pass. Xen. An. 1, 8, 21 wurde verleitet zu . . . : ἐξάγω 12.
ἐξιέναι (< ἐξίμεναι) Inf. Praes. Od. σ, 448; Xen. An.: ἔξειμι, ausgehen, fortgehen.
ἐξίμεναι (< ἐξιέναι, ἐξίναι) Inf. Praes. Od. λ, 531 [286]: ἔξειμι, ausgehen.
ἐξίναι Inf. Praes. verkürzt aus ἐξίμεναι Macho b. Athen. 13, p. 580, C: ἔξειμι, ausgehen.
ἐξίοι 3 Sing. Opt. Praes. Xen. An. 6, 4, 2: ἔξειμι, ausgehen.
ἔξιτε 2 Plur. Imper. Od. β, 139: ἔξειμι, ausgehen.
ἐξοίσω Fut. s. οἴσω: ἐκφέρω 17.
ἐξολεσ- s. ὀλεσ-.
ἕξομαι [2]) (< σχήσομαι [2]) Fut. Med. Eur. Hec. 398; -όμεθα Pl. Rep. 621, c. — ἀμφέξομαι Com. Fr. 3, 300: ἔχω 5.
ἐξορμῆσαι Inf. Aor. Xen. An.: ἐξορμάω, antreiben.
ἐξυνῆκα (ἐσυνῆκα) Aor. mit dopp. Augm. st. ξυνῆκα, συνῆκα Anacr. Alcae bei Et. M. p. 385, 9: ξυνίημι 18.
ἐξυόμην Imprf. Med. Luc. Lex. 5: ξύω 19.
ἔξῡρα (< ἐξύρησα) Aor. 1 spät. ξύρας Tzetz. Hist. 9, 231: ξύρω sp. u. selten = ξυρέω 20.
ἐξῡράμην (< ἐξυρησάμην) Aor. Med. Plut. M. 336: ξύρω sp. u. selten = ξυρέω 20.
ἐξύρημαι Perf. -μένος Her. 2, 36; Ar. Thesm. 191; Pol. 30, 16, 3; Luc. Merc. Cond. 1: ξυρέω 20.
ἐξύρησα (< ἔξῡρα sp.) Aor. ξυρήσαντα Her. 5, 35: ξυρέω 20.
ἐξῡρησάμην (< ἐξυράμην) Aor. Med. sp. ξυρήσωνται sp. N. T. Act. 21, 24: ξυρέω 20.
ἔξῡσα [1]) Aor. -σ' Il. ξ, 179; ἐγξῡσῃ [1]) Eur. Fr. Beller. 11 (> ἐγξέσῃ); διέξῡσεν [1]) Nonn. Dion. 39, 321 (> διέξεσεν Gräfe): ξύω 19.
ἐξυσάμην Aor. Med. ξύσασθαι Xen. Cyr. 6, 2, 32: ξύω 19.
ἐξύσθην Aor. Pass. Theophr. C. Pl. 5, 6, 13; ἐπιξυσθέντα Pl. Rep. 405, e (211): ξύω 19.
ἔξυσμαι Perf. Pass. περι- Hippocr. 2, 856; med. ἀπέξυσται Alciphr. 3, 40: ξύω 19.
ἕξω*) (< σχήσω*) Fut. Od. τ, 494; -ει Il. ψ, 833; Pl. Phil. 59, b; -ομεν Il. σ, 274; Thuc. 7, 13; -ετε 1, 39; 3, 13; -ουσιν Il. υ, 27; Thuc. 8, 80: ἔχω 5.
ἐξῶρτο 3 Sing. Aor. sync. Pass. Ap. Rh. 1, 306 (> ἐξ ὦρτο): ἐξόρνυμι 21.
ἔοι (< εἴης) 3 Sing. Opt. Il. ι, 142; λ, 838; ξ, 333; Od. ρ, 421; τ, 77; Her. nur 7, 6 [278]: εἰμί 22.
ἔοιγμεν 1 Plur. Perf. contr. aus ἐοίκαμεν Soph. Ai. 1239; Eur. Heracl. 427. 681; Cycl. 99: ἔοικα, εἴκω 23.

1) Lobeck zu Phryn. p. 34.
2) ἕξω gew. in der Bed. haben, halten; σχήσω in der Bed. zurückhalten.

1) Ueber ῡ u. ῠ vgl. Wern. Tryph. 516.
*) Vgl. Sp. 237, 2).

schicken, -bringen, feindselig aneinanderbringen; wahrnehmen, bemerken. 19 schaben, kratzen, glätten, poliren. 20 scheeren. 21 aufregen aus... 22 sein. 23 ähnlich sein, gleichen; (er)scheinen; geziemen, sich schicken nur impers.

ἔοικα (< εἶκα) Perf. Od. η, 209; χ, 348; -ας Il. ο, 90; Od. B*; -εν Il. γ, 158 Δ*; Ap. Rh. 3, 476. 570; -α Eur. Hec. 813; Pl. Ap. 21, d Γ*; -ας Phaedr. 230, c; -εν Δ*; Xen. u. s. w.; vgl. -αμεν, -ατε, -ασι: εἴκω 1.

ἐοίκαμεν 1 Plur. des Perf. ἔοικα Pl. Crat. 401, c Δ*: εἴκω 1.

ἐοίκασι (< εἴξασι, εἴκασι) 3 Plur. Perf. Pl. Phil. 55, a; Xen. Cyr. 8, 8, 14: εἴκω 1.

ἐοίκατε 2 Plur. des Perf. ἔοικα Pl. Theaet. 183, a; Xen. Hell. 6, 3, 8: εἴκω 1.

ἐοικέναι (< εἰκέναι) Inf. Perf. Ar. Vesp. 1142; Xen. Cyr. 5, 1, 21; Pl. Parm. 132, d B*: εἴκω 1.

ἐοίκεσαν (< ἐῴκεσαν) 3 Plur. Plsprf. nur Il. ν, 102 (> ἐῴκεσαν jetzt Bekker): ἔοικα, εἴκω 1.

ἐοίκῃς s. ἐοίκω.

ἐοίκοι s. ἐοίκοιμι.

ἐοίκοιμι Opt. Perf. -οι Pl. Phaedr. 270, d: εἴκω 1.

ἐοικός (< εἰκός Δ*; ?) Neutr. des Part. Perf. Xen. Cyn. 9, 10; Pl. Tim. 30, c: εἴκω 1.

ἐοικότ- (< εἰκότ-, οἰκότ-) Stammform des Part. Perf. ἐοικώς; -ότα Od. δ, 141; Ap. Rh. 3, 594; Pl. Phil. 53, d; -ότι Od. α, 46; -ότε Dual. Il. μ, 146; -ότες Il. β, 337 Δ*; -ότας Od. κ, 390; Xen. Cyr. 2, 4, 23: εἴκω 1.

ἐοικότε s. u. ἐοικότ-.

ἐοικυῖα (< εἰκυῖα) Fem. des Part. Perf. ἐοικώς; dafür εἰοικυῖαι Il. σ, 418: εἴκω 1.

ἐοίκω Conj. Perf. -ῃς Xen. Symp. 6, 9: εἴκω 1.

ἐοικώς (< εἰκώς, οἰκώς) Part. Perf. Il. β, 20 Γ*; Thuc. 7, 71; Xen. Cyr. 2, 3, 7; Pl. Rep. 549, b: εἴκω 1.

ἔοις (< εἴη) 2 Sing. Opt. Il. ι, 284 [278]: εἰμί 2.

ἐοῖσα (< εὖσα, ἔασσα, ἐοῦσα) Fem. Part. Praes. dor. Pind. P. 4, 265; Sappho 118; Theocr. 2, 64 [281]: εἰμί 2.

ἐόλει Imprf. Act. für εἴλει Pind. P. 4, 233 nach Buttmann (> αἰόλει nach den meisten MSS. u. Böckh); vgl. ἐόλητο u. ἐόληται: εἴλω od. ἐολέω dor. Nbf. st. αἰολέω 3.

ἐόληται Perf. bei Hesych. sicherer als ἐόλει u. ἐόλητο: εἴλω 4.

ἐόλητο Plsprf. Pass. nach Buttmann Nbf. von ἔελτο Ap. Rh. 3, 471 (> jedoch αἰόλητο nach allen MSS.); vgl. ἐόλει u. ἐόληται: εἴλω od. αἰολέω 3.

ἔολπα Perf. 2 in der Bed. des Praes. Il. ν, 186; χ, 216; Od. β, 275; γ, 375; ε, 379; ϑ, 315; -ας Od. φ, 583; -εν φ, 317; -α Ap. Rh. 3, 506: ἔλπω 5.

1) **ἔον** (< ἦα, ἔα, ἔσκον) 1 Sing. Imprf. Il. λ, 762; ψ, 643 [282]: εἰμί 2.

2) **ἐόν** (< ὄν) Neutr. Part. Praes. [281]: εἰμί 2.

ἐόντα (< ὄντα) Acc. des Part. Praes. ἐών Il. β, 790 Γ*; Hym. 1, 19 [281]: εἰμί 2.

ἐόντας (< ὄντας) Acc. Plur. des Part. Praes. Il. δ, 151 Δ* [281]: εἰμί 2.

ἐόντε (< ὄντε) Dual. Part. Praes. Il. ε, 609 [281]: εἰμί 2.

ἐόντες (< ὄντες) N. Plur. des Part. Praes. ἐών Il. α, 290 B* [281]: εἰμί 2.

ἐόντι (< ὄντι) Dat. des Part. Praes. ἐών Il. ε, 634; ν, 356 [281]: εἰμί 2.

ἐόντος (< ὄντος) Gen. des Part. Praes. ἐών Il. χ, 384 B* [281]: εἰμί 2.

ἐόντω (vgl. ἐόντων) Imper. dor. Inscrpt.: εἰμί 2.

1) **ἐόντων** (< ὄντων) Imper. dor. Inscrpt.; vgl. ἐόντω: εἰμί 2.

2) **ἐόντων** (< ὄντων) Gen. Plur. des Part. Praes. Od. γ, 147; Pind. N. 1, 32; I. 3, 45 [281]: εἰμί 2.

ἑόρακα [1] (< ἑώρακα) Perf. Ar. Thesm. 32. 33; Plut. 1046; Macho. bei Ath. 6, 244; Eupol. Com. Fragm.

1) Vgl. Buttm. Ausf. Sprl. 1, p. 325, Anm.; Pors. Eur. Phoen. 1367; Reisig. Ar. p. 73; Fritzsche Ar. Thesm. 33, p. 14.

---

1 ähnlich sein, gleichen; (er)scheinen; geziemen, sich schicken nur impers. 2 sein. 3 drängen, pressen. 4 εἴλω, später auch εἴλλω, εἵλλω, häufiger εἰλέω oder εἱλέω, drängen, bedrängen, zusammenziehen. 5 ἔλπω hoffen lassen; viel häufiger im *Med.* hoffen; vermuthen, erwarten, ahnden,

2, 500; vgl. Plut. 98; Av. 1573: ὁράω 6.

ἔοργα Perf. 2 -ας Il. φ, 399; χ, 347; -ε(ν) β, 272 *B**; ἐοργώς Od. χ, 318; -ός Il. ι, 320. — Ap. Rh. — ἔοργαν für ἐόργασιν Hom. Batr. 179: ἔρδω, ῥέζω 7.

ἔοργαν s. ἔοργα.

ἐόργει (< ἐώργει) 3 Sing. Plsprf. Her. 1, 127: ἔρδω, ῥέζω 7.

ἐοργός s. ἔοργα.

ἐοργώς s. ἔοργα.

ἑορτάσαι Inf. Aor. Ar. Ach. 1079; Pl. Rep. 458, a: ἑορτάζω 8.

ἑορτάσω Fut. Her. V. Hom. 29: ἑορτάζω 8.

ἐούρεον (< οὔρεον) Imprf. Luc. Symp. 35; προσ- Dem. 54, 4: οὐρέω 9.

ἐούρηκα (< οὔρηκα ion.) Perf. ἐν- Ar. Lys. 402: οὐρέω 9.

ἐούρησα Aor. οὐρήσω Conj. Ar. Vesp. 398; ἐνεούρησε Eupol. Com. Fr. 2, 444: οὐρέω 9.

ἐοῦσα (< οὖσα) Fem. Part. Praes. Il. γ, 159 *A** [*281*]: εἰμί 2.

ἐοῦσαν (< οὖσαν) Acc. Fem. Part. Praes. Il. α, 587 [*281*]: εἰμί 2.

ἐούσῃ (< οὔσῃ) Dat. Fem. Part. Praes. Il. α, 546 [*281*]: εἰμί 2.

ἐούσης (< οὔσης) Gen. Fem. Part. Praes. Il. γ, 201; φ, 154 [*281*]: εἰμί 2.

ἐοῦσι (< οὖσι) Dat. Plur. des Part. Praes. [*281*]: εἰμί 2.

1) ἐπάγῃ Conj. Praes. Pl. Leg. 881, e: ἐπάγω 10.

2) ἐπάγην (< πάγη, πάγεν) Aor. 2 Pass. Il. κ, 374; χ, 276; Pl. Tim. 59, b; παγέν Aesch. Ag. 1198: πήγνυμι 11.

ἔπαθον (< πάθον) Aor. 2 Il. ι, 321 *A**; -ες ψ, 607; -ον ξ, 67; Aesch. Eum. 143. 146; -ετε Thuc. 3, 55. — Pl. -ες, -ε(ν), -ομεν, -ον; Xen. u. s. w.: πάσχω 12.

ἐπαιδεύθην Aor. Pass. Xen. Cyr. 1, 2, 2; Pl. Crit. 50, d. e; Menex. 236, a: παιδεύω 13.

ἐπαίδευσα Aor. 1 Soph. O. C. 919; Pl. Tim. 23, d: παιδεύω 13.

ἐπαιδευσάμην Aor. Med. -ατο Pl. Menex. 93, d; -ασθε Rep. 546, b: παιδεύω 13.

ἐπαίνεαι 2 Sing. Praes. Pass. (*laudaris*) syncop. aus ἐπαινέεαι Her. 3, 34 (> -έεαι) [*93*]: ἐπαινέω 14.

ἐπαινεθ(ην) Aor. Pass. -θέντας Isocr. 12, 146: ἐπαινέω 14.

ἐπαινεθήσομαι Fut. Pass. Pl. Rep. 474, d; [Dem.] 60, 15: ἐπαινέω 14.

ἐπαινέοντι 3 Plur. Praes. dor. Pind. P. 5, 107 [*161*]: ἐπαινέω 14.

ἐπαινεσ- s. u. ἐπήνεσα.

ἐπαινέσομαι 1) (< att. öfter als ἐπαινέσω, vgl. ἐπαινήσω) Fut. gew. -εται Pl. Menex. 236, e; -όμεθα Rep. 379, e; Leg. 688, d; -εσθαι Symp. 199, a; Leg. 639, c; Isocr. 12, 109; Dem. 21, 73: ἐπαινέω 14.

1) ἐπαινέσω (< att. seltener als ἐπαινέσομαι; vgl. ἐπαινήσω) Fut. Eur. Andr. 465; Heracl. 300; -εις Tro. 418; Aesch. Eum. 836; -ει Pl. Symp. 214, e; -ετε Xen. An. 1, 4, 16; -έσοντας 5, 5, 8: ἐπαινέω 14.

2) ἐπαινέσω Conj. Aor. Pl. Symp. 214, d: ἐπαινέω 14.

ἐπαινήσω (< ἐπαινέσω, -ομαι) Fut. -ομεν Pind. P. 10, 69: ἐπαινέω 14.

ἐπαινίω Praes. lacon. = ἐπαινέω Ar. Lys. 198: ἐπαινέω 14.

ἐπαίνυμι äol. st. ἐπαινέω Sim. bei Pl. Prot. 346, d: ἐπαινέω 14.

ἔπαιξα (< ἔπαισα) Aor. 1 dor. Luc. Dial. Deor. 6, 4; vgl. Pl. u. 2) ἔπαισα: παίζω 15.

1) ἔπαισα (< ἔπαιξα) Aor. Aesch. Ag. 1379 *B**; Soph. O. T. 1270 *B**; Xen. An. 2, 3, 11 *B**: παίω 16.

2) ἔπαισα (< ἔπαιξα) Aor. 1 παίσατε Od. θ, 251; παίσωμεν Ar. Thesm. 947; Av. 660; παῖσαι Plut. 1055; Pl. Euthyd. 278, c Vulg. Bait. Orell. (> παῖξαι MSS. Winckl.): παίζω 15.

---

1) Vgl. Schäf. app. Dem. 1, p. 273.

---

meinen, glauben. 6 sehen. 7 machen, thun. 8 feiern. 9 harnen. 10 hinzuführen. 11 fest machen, befestigen; bauen, gerinnen, gefrieren machen; *Med.* sich bauen; gefrieren. 12 (er)leiden; erfahren. 13 erziehen, unterrichten, bilden. 14 *a.* gutheissen, billigen, beipflichten, genehmigen; *b.* zureden. 15 scherzen, spielen, tändeln. 16 schlagen.

ἐπαισάμην Aor. Med. -σατο Xen. Cyr. 7, 3, 6: παίω 1.
ἐπαίσθην [1]) Aor. Pass. Aesch. Ch. 184 (**211**): παίω 1.
ἐπάλαισα (< πάλαισεν) Aor. 1 -εν Od. δ, 343; ρ, 134; παλαίσαντες Xen. Oec. 17, 2: παλαίω 2.
ἐπαλαίσθην Aor. Pass. -θείς Eur. El. 686 (**211**): παλαίω 2.
ἐπαλαλκεῖν Inf. Aor. 2; vgl. ἀλαλκεῖν: ἀλέξω 3.
ἐπαληθείς Part. Aor. Pass. Od. δ, 83; ο, 176: ἐπαλάομαι 4.
ἐπαληθῇ Conj. Aor. Od. ο, 401: ἐπαλάομαι 4.
ἐπάλην s. παλείς.
ἐπάλμενος (< ἐπιάλμενος Od. ω, 320) Part. Aor. sync. für ἐφαλόμενος Il. η, 260 *Γ** [*569*]: ἐφάλλομαι 5.
1) **ἔπαλτο** Aor. 2 sync. s. **πάλτο**: πάλλω 6.
2) **ἐπᾶλτο** Aor. 2 sync. Il. ν, 643; φ, 140; Pind. O. 13, 72; N. 6, 52 (> > ἔπαλτο): ἐφάλλομαι 5.
ἔπαξα (< ἔπηξα) Aor. 1 dor. Pind. N. 7, 26: πήγνυμι 7.
ἔπαρδον Aor. 2 κατ- Ar. Pax. 547: πέρδω, gew. πέρδομαι 8.
ἐπάρην Aor. 2 ἀναπαρῆναι Mach. bei Athen. 8, p. 349, c; ἀναπαρείς Her. 4, 94 (**245**): ἀναπείρω 9.
ἐπαρήρει Plsprf. Pass. Il. μ, 456: ἐπάρω 10.
ἐπαρηρώς Part. Perf. Part. Arat. 83: ἐπάρω 10.
ἐπάρμενος (vgl. ἄρμενος) Part. sync. Aor. 2 Med. Hes. Op. 601. 625: ἐπάρω 10.
ἐπαρρησιασάμην Aor. -ασθε Aesch. 1, 80: παρρησιάζομαι 11.
ἐπαρῳνήθην Aor. Pass. Dem. 22, 63 (**86**): παροινέω 12.
ἐπαρῴνησα (< παρῴνησα) Aor. Dem. 22, 62; Luc. Conv. 2; Themist. (**86**): παροινέω 12.
ἐπαρῴνουν Imprf. Dem. 54, 4; 23, 114 (> ἐπαροίνουν) (**86**): παροινέω 12.
ἔπασα Aor. καταπάσας Ar. Nub 177; ὑποπάσας Her. 1, 132 (> † ὑποσπάσας); διαπάσας 6, 125; ἐμπάσαι Pl. Lys. 210, a: πάσσω 13.
1) **ἐπᾰσάμην** (< πασσάμεθ-, πασάμην, πάσασθαι, πάσσασθαι, πασσάμενος, -μένῳ) Aor. -αντο Il. α, 464; β, 427; Od. γ, 9. 461; μ, 364; Ar. Pax. 1092; Her. 1, 73; πασαμένα Aesch. Ag. 1408 [πάομαι]: Praes. πατέομαι 14.
2) **ἐπᾱσάμην** Aor. Aesch. Fr. 199 (D); Theogn. 146: πάομαι 15.
ἐπάσθην Aor. Pass. ἐπιπασθείς Pl. Rep. 405, e (**16**): ἐπιπάσσω 16.
ἔπασχον Imprf. Il. ε, 886; Pl. Symp. 215, e: πάσχω 17.
ἐπάταξα Aor. Lys. 4, 15; Ar. Ran. 38. 54; Xen. Hell. 6, 2, 19; Ath. 1, 10; πατάξῃ Pl. Leg. 879, e; πάταξον Soph. Phil. 748; πατάξαι Pl. Rep. 333, e: πατάσσω 18.
ἐπαύθην [1]) Aor. Pass. als Med. ion. u. altatt. Hes. Th. 533; Her. 5, 94; 6, 66; παυθῆναι Thuc. 2, 77; παυθείς 6, 59; -θέντος in κατα- Her 6, 71; κατεπαύσθη Her. 1, 130: παύω 19.
ἐπαύρασθαι (< ἐπαυρέσθαι) Inf. Aor. 1 Hippocr. 1, 78: ἐπαυρίσκω 20.
ἐπαυρεῖν (< ἐπαυρέμεν) Inf. Aor. 2 Il. λ, 573; ψ, 340: ἐπαυρίσκω 20.
ἐπαυρέμεν (< ἐπαυρεῖν) Inf. Aor. 2 ep. Il. σ, 302; Od. ρ, 81: ἐπαυρίσκω 20.
ἐπαύρεο 2 Sing. Aor. 2 Med. Pind. N. 5, 49: ἐπαυρίσκω 20.
ἐπαυρέσθαι [2]) (< ἐπαύρασθαι) Inf. Aor. 2 Med. Ap. Rh. 1, 677; Eur. I. T. 529: ἐπαυρίσκω 20.
ἐπαύρῃ 3 Sing. Conj. Aor. 2 Il. λ, 391; ν, 649; Od. σ, 107; Ap. Rh. 2, 174: ἐπαυρίσκω 20.

1) Gebräuchlicher war dafür ἐπλήγην.

1) ἐπαύσθην öfters als Var.

2) Vrgl. Buttm. Lexil. 1, p. 80; Lob. Buttm. Ausf. Sprl. 2, p. 122.

1 schlagen, hauen, stossen; *intrans.* anschlagen. 2 παλαίω ringen. 3 beistehen. 4 hinzuirren, hinausschweifen. 5 anspringen, darauf springen. 6 schwingen, schwenken. 7 fest machen, befestigen; bauen, gerinnen, gefrieren machen; *Med.* sich bauen; gefrieren. 8 *perdere.* 9 anspiessen. 10 daran passen. 11 freimüthig, offen reden, urtheilen. 12 beim Wein sich schlecht betragen; *intr.* einen in der Trunkenheit schmählich behandeln. 13 streuen. 14 kosten, essen. 15 erwerben. 16 dazu, darauf

ἐπαύρηαι 2 Sing. Conj. Aor. 2 Med. Il. ο, 17: ἐπαυρίσκω 20.
ἐπαυρήσεσθαι Inf. Fut. Med. Il. ζ, 353: ἐπαυρίσκω 20.
ἐπαύροιτο 3 Sing. Opt. Aor. 2 Med. Her. 7, 180: ἐπαυρίσκω 20.
ἐπαυρόμενος Part. Aor. 2 Med. Ap. Rh. 4, 962: ἐπαυρίσκω 20.
ἐπαῦρον Aor. 2 dor. Pind. P. 3, 36: ἐπαυρίσκω 20.
ἐπαύρωνται 3 Plur. Conj. Aor. 2 Il. α, 410: ἐπαυρίσκω 20.
ἔπαυσα (< παῦσε(ν), παῦσαν, παυσάμεθα) Aor. Il. λ, 442 B*; Aesch. Prom. 248; Thuc. 4, 37; Pl. Xen. u. s. w.: παύω 19.
ἐπαυσάμην (< παυσάμεθα, -ασθε, -αντο, -ασθαι) Aor. Med. -ατο Il. ξ, 260 B*; -άμεθα φ, 432; Isocr. 4, 112; -αντο Thuc. 2, 65; 8, 75; ἐπαύσω Pl. Rep. 354, a B*: παύω 19.
ἐπαΰσας Aor. Aesch. Ch. 828: ἐπαΰω 21.
ἐπαύσθην s. ἐπαύθην.
ἐπάϋσον Imper. Aor. Theocr. 23, 44 (> ἐπάπυσον[1]): ἐπαΰω 21.
ἐπάχθην (< ἐπήχθην) Aor. Pass. παχθῇ Theocr. 23, 31: πήγνυμι 7.
ἔπε (εἶπον, ἔπεσκον) Imprf. δίεπε Il. β, 207: διέπω 22.
ἐπέβησε Aor. 1 Il. ϑ, 129: ἐπιβαίνω 23.
ἐπεβήσετο 3 Sing. Aor. 1 Med. Il. ϑ, 44: ἐπιβαίνω 23.
ἐπέγρετο Aor. 2 Il. κ, 124: ἐπεγείρω 24.
ἐπεγρόμενος Part. Aor. 2 Il. ξ, 256: ἐπεγείρω 24.
ἐπέδραμεν 1 Plur. Inf. Aor. 2 Xen. An.: ἐπιτρέχω 25.
ἐπέδραμον s. ἔδραμον.
ἐπέην 3 Sing. Imprf. Il. υ, 276: ἔπειμι 26.
ἔπεθ' 3 Sing. Imprf. Med. aus ἕπετο Il. π, 154: ἕπω 27.
ἐπέθεντο s. ἔθεντο.

1) Vgl. auch Herm. Zeitschr. f. Alt. 4, p. 231. Ahrens: ἐπαίασον.

ἐπέθεσαν s. ἔθεσαν.
ἐπέθετο s. ἔθετο.
ἕπει 2 Sing. Praes. Med. Pl. Phaed. 105, b: ἕπω 27.
ἐπείγετε Imper. Od. ο, 445: ἐπείγω 28.
ἐπείγετον Dual. Praes. Il. κ, 361: ἐπείγω 28.
ἐπειγόμην (< ἠπειγόμην) Imprf. Med. Il. ε, 622: ἐπείγω 28.
ἔπειγον (< ἤπειγον) Imprf. -ε(ν) Od. λ, 54; μ, 167; -ον 205: ἐπείγω 28.
ἐπείγου 2 Sing. Praes. Med. Pl. Phaed. 116, e: ἐπείγω 28.
ἐπείη 3 Opt. Praes. Il. β, 259: ἔπειμι 26.
ἐπεικτέον Vb. Pl. Leg. 687, e: ἐπείγω 28.
ἐπείνησα (< -ασα) Aor. s. πεινησ-, πείνασ-.
ἐπείνων Imprf. Xen. Hell. 6, 2, 15: πεινάω 29.
ἐπείξει s. ἐπείξομαι.
ἐπείξομαι Fut. Med. -ει Aesch. Prom. 52: ἐπείγω 28.
ἔπειρα (< πεῖρα) Aor. -αν Il. α, 465: πειράω 30.
ἐπειράθην[1]) (< ἐπειρήθην[1]) Aor. Pass. gew. act. Bedeut. Pl. Phaed. 118; Phil. 60, c; vgl. πειράθητι, -αθείην, -αθῶ, -αθῆναι, -αθείς: πειράω 30.
ἐπείραινον Imprf. -ε Pind. I. 7 (8), 24: πειραίνω 31.
ἐπείρᾱσα (< ἐπείρησα) Aor. πειράσατε Imper. Soph. O. C. 1276; ἀπεπείρασε Thuc. 4, 135; ἐπ- Xen. Cyr. 5, 2, 28; ἀποπειράσω Thuc. 7, 17; πειρᾶσαι Inf. Thuc. 4, 70. 128; ἀπο- 4, 121; 7, 36. 43; πειράσας 6, 54; -αντες 63; -άντων Ar. Equ. 517: πειράω 30.
ἐπειρασάμην[1]) (< ἐπειρησάμην[1]) Aor. Med. s. πείρασαι Imper.; πειράσασθαι, πειρασάμενος: πειράω 30.
ἐπειρήθην[1]) (< ἐπειράθην[1]) Aor.

1) Vgl. Sp. 247, 1).

streuen, sprengen, giessen. 17 (er)leiden, erfahren. 18 klopfen, schlagen. 19 ablassen machen, beruhigen; *Med.* u. *Pass.* aufhören, ablassen. 20 erreichen, erlangen; *Med.* zu geniessen haben. 21 ἐπαΰω zuschreien. 22 ein Geschäft besorgen. 23 (auf-, be)treten. 24 wieder aufwecken. 25 herzulaufen. 26 darauf -, dabei sein. 27 beschäftigt sein um . . . ; *Med.* folgen. 28 drücken, (fort-, vorwärts)treiben. 29 hungern. 30 versuchen, unternehmen, streben, trachten. 31 anbinden, anknüpfen.

Pass. ion. act. Bed. Her. 7, 135; Theogn. 126, vgl. πειρήθην: πειράω 1.
ἐπείρηνα s. πειρήναντε.
ἐπείρησα (< ἐπείρασα) Aor. ep. πείρησαν Ap. Rh. 3, 1248: πειράω 1.
ἐπειρησάμην [1]) (< ἐπειρασάμην [1]) Aor. Med. ion. -αντο Od. ϑ, 120; -ανϑ' Il. ζ, 435; -αντ' Od. ϑ, 23; vgl. πειρησ-: πειράω 1.
ἐπειρώατο Impf. für ἐπειρῶντο Her. 1, 76 (> -ῶντο) [*108*]: πειράω 1.
ἐπειρώμην Imprf. Pl. Ap. 21, c; -ᾶτο Her. 6, 5. 50; -ῶντο 7, 139; vgl. ἐπειρώατο: πειράω 1.
ἐπείρων Imprf. Thuc. 4, 25: πειράω 1.
ἔπεισα Aor. Aesch. Eum. 84. 724; Thuc. 2, 29; Xen. Hell. 1, 7, 8; Pl. Leg. 738, c: πείϑω 2.
ἐπείσϑην Aor. Pass. Aesch. Eum. 593; Thuc. 3, 32; Xen. Cyr. 5, 5, 16 *A**; Pl. Symp. 217, d: πείϑω 2.
ἐπείχϑ(ην) -ϑέντες Pl. Leg. 887, c; vgl. ἠπείχϑην Aor. Pass.: ἐπείγω 3.
ἐπεκεῖντο Imprf. Xen. An. 6, 5, 29: ἐπίκειμαι 4.
ἐπέλασα (< ἐπέλασσα, πέλασα) Aor. Eur. Hel. 682: πελάζω 5.
ἐπελασάμην s. πελασαίατο.
ἐπελάσϑην (< πελάσϑην) Aor. Pass. πελασϑῆναι Soph. O. T. 213; -ϑείς Phil. 1327: πελάζω 5.
ἐπέλασσα (< ἐπέλασε, πέλασε, πέλασσε) Aor. -ε, Il. φ, 93: πελάζω 5.
ἐπελήλᾰτο 3 Sing. Plsprf. Pass. Il. ν, 804; ρ, 493: ἐπελαύνω 6.
ἐπελήλῠϑα Perf. 2 Od. δ, 268: ἐπέρχομαι 7.
ἐπέλησε 3 Sing. Aor. 1 Ac. Od. υ, 85: ἐπιλανϑάνω 8.

---

1) Homer gebraucht neben ἐπειρησάμην, obwohl viel seltner, auch ἐπειρήϑην in gleicher Bed., während bei den Att. nur selten ἐπειρασάμην, dagegen häufiger ἐπειρήϑην und zwar selten in pass. Bed. vorkommt.

ἐπέλϑ- Aor. 2; -οι, -ών, -οῦσα Pl. u. sonst: ἐπέρχομαι 7.
ἐπελϑεῖν Inf. Aor. 2: ἐπέρχομαι 7.
ἐπέλλαβε 3 Sing. Aor. Od. δ, 793 (< ἐπήλυϑε): ἐπιλαμβάνω 9.
ἐπελόμην (< ἔπλεο, ἔπλετο, πελόμην, πελέσκεο, πελέσκετο) Imperf. Med. Simonid. Fr. 47: πέλω 10.
ἔπελον (ἔπλε, πέλον) Imprf. Pind. Ol. 1, 46: πέλω 10.
ἐπεμελεῖτο (ἐπεμέλετο) Imprf. Pl. Ep. 361, a: ἐπιμελέομαι 11.
ἐπεμέλετο (ἐπεμελεῖτο) Imprf. Pl. Gorg. 516, b; Xen. Mem. 2, 9, 4: ἐπιμέλομαι 11.
ἐπεμελήϑην Aor. Pass. Isocr. 4, 38; Xen. Hell. 6, 5, 37; Xen. Cyr. 1, 6, 12; vgl. ἐπιμεληϑ-(ην): ἐπιμελέομαι 11.
ἐπέμφϑην Aor. Pass. Soph. O. C. 430; Eur. Hec. 772; vgl. πεμφϑ-(ην) Pl.: πέμπω 12.
ἔπεμψα (< πεμψ-) Aor. Od. λ, 623. 626; ρ, 149; Pind. O. 4, 2; Xen. Hell. 6, 4, 19: πέμπω 12.
ἐπεμψάμην Aor. Med. ἐπέμψω Eur. Hec. 977; vgl. πεμψαίαϑ', -ασϑαι: πέμπω 12.
ἐπενεῖκαι Inf. Aor. 1 ion. st. ἐπενέγκαι Il. τ, 261: ἐπιφέρω 13.
ἐπένειμε 3 Sing. Aor. 1 Il. ι, 216: ἐπινέμω 14.
ἐπενήνεον Imprf. Il. η, 428. 431: ἐπινηνέω 15.
ἐπενόει Imprf. Xen. An.: ἐπινοέω 16.
ἐπένοντο (< πένοντο) Imprf. Il. ω, 124: πένομαι 17.
ἕπεο (< ἕπευ, ἕπου) 2 Sing. Imper. Med. Il. σ, 387; Od. ε, 91: ἕπω 18.
ἔπεξα Aor. Anth. 6, 279: πείκω 19.
ἐπεξάμην Aor. Med. -ατο Simonid. Fr. 19 p. 31 Schneidew.; πέξαιντ' Theocr. 29 (28), 13; πεξαμένη Il. ξ, 176: πείκω 19.
ἐπεπαιώνιστο Plsprf. Thuc. 1, 50: παιωνίζω 20.

---

1 versuchen, unternehmen, streben, trachten. 2 bewegen, gewinnen, überreden, überzeugen. 3 drücken, (fort-, vorwärts)treiben. 4 daran, darauf, darüber liegen. 5 nahen, sich nähern. 6 herantreiben. 7 heran-, herzu-, beikommen. 8 vergessen über . . . 9 dazu nehmen. 10 in Bewegung sein, sich regen, sein. 11 sorgen für . . . 12 schicken, senden. 13 herbeiführen. 14 (zu-, ver)theilen; (ab)weiden. 15 daraufhäufen, -legen. 16 im Sinne haben, gedenken. 17 Knechtesdienste thun, sich anstrengen. 18 beschäftigt sein um . . .; *Med.* folgen. 19 kämmen, kratzen. 20 lobsingen, frohlocken. 21 erwerben. 22 streuen. 23 ablassen machen, beruhigen; *Med.* u. *Pass.* aufhören, ablassen. 24 (darauf-,

ἐπεπάμην Plsprf. Anth. 7, 67; -ατο Xen. An. 1, 9, 19 (> πέπατο): πάομαι 21.
ἐπέπαστο (< πέπαστο) Plsprf. Ap. Rh. 1, 729; κατ- Luc. Asin. 7: πάσσω, πάττω 22.
ἐπέπαυντο s. ἐπέπαυτο.
ἐπέπαυτο Plsprf. in Bed. des Imperf. od. Perf. Her. 7, 9; -αυντο 1, 83; 9, 52: παύω 23.
ἐπεπειρέατο Plsprf. Pass. für ἐπεπείρηντο Her. 7, 125 (πεπ- Bekker) [100. 110. 111]: πειράω 1.
ἐπέπεσε Aor. Xen. An.: ἐπιπίπτω 24.
ἐπεπηδήκειν Plsprf. ἐξ- Dem. 54, 20: πηδάω 25.
ἐπεπήδητο Plsprf. Pass. Hippocr. 1, 386 act.: πηδάω 25.
ἐπέπιθμεν 1 Plur. Plsprf. sync. aus ἐπεπίθειμεν Il. β, 341; δ, 159; ξ, 55: πείθω 2.
ἐπεπλεύκειν Plsprf. -εσαν in περι- Thuc. 6, 99: περιπλέω 26.
ἐπέπληγον (< πέπληγον) Aor. 2 Il. ε, 504: πλήσσω 27.
ἐπεπλήθειν Plsprf. Ap. Rh. 3, 271: πλήθω 28.
ἐπέπληντο Plsprf. ἐν- Lys. 28, 6: ἐμπίμπλημι 29.
ἐπέπλως 2 Sing. Aor. 2 sync. ep. Od. γ, 15: ἐπιπλώω 30.
ἐπεποιήκει Plsprf. Thuc. 3, 23; Xen. Hell. 2, 4, 23: ποιέω 31.
ἐπεποίηντο Plsprf. Thuc. 1, 62; Isocr. 9, 54; vgl. -ητο Xen. Cyr. 1, 4, 80: ποιέω 31.
ἐπεποίθειν (< πεποίθεα) Plsprf. Il. π, 171; -εσαν Her. 9, 88 [122]: πείθω 2.
ἐπεπολέμωτο Plsprf. Thuc. 1, 57: πολεμόω 32.
ἐπεπόμφει Plsprf. Xen. Cyr. 6, 2, 9: πέμπω 33.
ἐπεπονήκει Plsprf. Thuc. 7, 38: πονέω 34.
ἐπεπόνθειν (< πεπόνθειν) Plsprf. 2 Od. ν, 92; Ar. Eccl. 650; ἐπεπόνθη Pl. Symp. 198, c (> ἐπεπονθει, -ειν; ἐπεπόνθεσαν Ap. 33, d: πάσχω 35.
ἐπέπρακτο Plsprf. Pass. Thuc. 6, 56: πράσσω 36.
ἐπεπράχει Plsprf. Xen. Hell. 5, 2, 32: πράσσω 36.
ἐπέπταρε 3 Sing. Aor. 2 Od. ρ, 545: ἐπιπταίρω 37.
ἐπέπτατο 3 Sing. Aor. Il. ν, 821; Od. ο, 160. 525; Ar. Av. 48: ἐπιπέτομαι 38.
ἐπεπτόμην Aor. Ar.: ἐπιπέτομαι 38.
ἐπέπυστο (< πέπυστο) Plsprf. Il. ν, 674; Hym. 1, 97: πυνθάνομαι 39.
ἐπεραιώθην Aor. Pass. Her. 1, 209; vgl. περαιωθ-(ην): περαιόω 40.
ἐπεραίωσα Aor. Thuc. 4, 121: περαιόω 40.
ἐπέρᾱνα Aor. Pl. Gorg. 522, e: περαίνω 41.
ἐπεράνθην Aor. Pass. s. περάνθ-(ην) Pl. Xen. u. s. w.: περαίνω 41.
1) ἐπέρᾱσα (< ἐπέρησα) Aor. περάσῃς Aesch. Prom. 718; 790; Soph. O. T. 674; -η O. T. 1530; περάσαι Opt. Pind. N. 11, 10; περάσαις Part. für -ας P. 3, 76; -ας Aesch. Pers. 509: περάω 42.
2) ἐπέρᾰσα (< -ασσα) Aor. 1 πέρᾰσαν Od. ο, 428: περάω 44.
ἐπέρασσα (< ἐπέρασα) Aor. 1 Il. φ, 78. 102: περάω 44.
ἐπερδόμην s. πέρδετο.
ἐπερήρεισμαι Perf. Pass.: ἐπερείδω 43.
ἐπέρησα (< ἐπέρασα, πέρησα) Aor. Il. ε, 291 B*; s. περήσῃς, περήσαμεν, περῆσαι: περάω 42.
ἐπερνάμην Imprf. -αντο Pind. I. 2, 7: πέρνημι 44.
ἐπερρώσαντο 3 Plur. Aor. 1 Il. α, 529: ἐπιρρώομαι 45.
ἐπερρώσθη s. ἐρρώσθη.

über-, an)fallen. 25 springen, hüpfen. 26 herum-, umherschiffen, kreuzen. 27 schlagen, stossen, stampfen. 28 voll sein oder werden, sich füllen. 29 hinein-, an-, vollfüllen. 30 befahren, entgegenschiffen. 31 machen, thun. 32 verfeinden; *Pass.* feind werden. 33 schicken, senden. 34 arbeiten, sich anstrengen; *trans.* bewerkstelligen, verfertigen. 35 (er)leiden, erfahren. 36 durchdringen; aus-, vollführen, erlangen. 37 dazu niesen. 38 fliegen. 39 erfragen; vernehmen; erfahren. 40 übersetzen, -führen, über das Meer, den Fluss setzen. 41 vollenden, ausrichten. 42 durchbohren; durchgehen, -reisen. 43 anlehnen; *Med.* sich woran an~. 44 verkaufen. 45 sich schnell bewegen bei, auf, an . . .

ἔπερσα (< πέρσα, ἔπραθον) Aor. Od. α, 2; Soph. Tr. 365: πέρθω 1.

ἔπεσα [1] Aor. 1 in klass. Auth. *höchst zweifelhaft* [1] ἔπεσαν Orph. Arg. 523 † (> ἔπεσον); † προσέπεσα (> -ον); aber oft in Schrift. der alexandr. u. byzant. Zeit, so V. T. Sam. 7, 10; N. T. ἀν- Ioa. 6, 10; ἐξ- Gal. 5, 4; Test. Achil. Tat. Mal.: πίπτω 2.

ἔπεσαν 3 Plur. Imprf. ep. st. ἐπῆσαν Od. β, 344: ἔπειμι, dabei sein.

ἕπεσθαι Inf. Praes. Il. δ, 530; Xen. An. 3, 5, 18: ἕπω 3.

ἕπεσθε 2 Plur. Praes. Med. Xen. An. 7, 3, 43: ἕπω 3.

ἑπέσθην 3 Dual. Imprf. Med. Il. ε, 551; Ap. Rh. 2, 275: ἕπω 3.

ἐπέσθω poet. — ἐπεσθίω bei Athen. 3, 85 d; Pherecr. ib. 14, p. 645 a: ἐπεσθίω 4.

ἑπέσθω 3 Sing. Imper. Med. Od. ο, 397; Aesch. Suppl. 197; Xen. Cyr. 6, 3, 34: ἕπω 3.

ἑπέσθων 3 Plur. Imper. Med. Il. ι, 170; Xen. Cyr. 5, 3, 40: ἕπω 3.

ἕπεσκον (< εἶπον, ἕπον) Imprf. ἐφ- Od. μ, 230; ἀμφι- Ap. Rh. 1, 571: ἕπω 3.

ἔπεσον (< πέσον Γ*, ἔπετον, πέτον, κάπετον) Aor. 2 Il. π, 600; Pind. Ol. 12, 10; P. 8, 21; Eur. Hipp. 241; Pl. Leg. 840, d; Xen. An. 6, 4, 9: πίπτω 2.

ἐπέσπον Aor. 2 Il. τ, 294: ἐφέπω 5.

ἐπέσσεται st. ἐπέσεται, ἐπέσται 3 Sing. Fut. Od. δ, 756; Hym. 5, 263: ἔπειμι, dabei sein.

ἐπέσσετο Imperf. Her. 1, 160: πέσσω 6.

ἐπέσσευεν 3 Sing. Imprf. Act. Od. σ, 256 *B**: ἐπισεύω 7.

ἐπεσσεύοντο 3 Plur. Imprf. Il. β, 86: ἐπισεύω 7.

ἐπέσσυται 3 Sing. Perf. Pass. Il. ζ, 361: ἐπισεύω 7.

[1] Vgl. Lob. zu Buttm. Ausf. Sprachl. 2, p. 278. 279.

ἐπέσσυτο 3 Sing. Aor. 2 sync. Il. ε, 459 *B**: ἐπισεύομαι, ἐπισεύω 7.

ἐπέσταλμαι s. ἔσταλμαι.

ἐπεστεώς Part. Perf. ion. -εῶτα Her. 7, 117; -εώτας 4, 84; -εῶτες 2, 148: ἐπίστημι 8.

ἐπέστη 3 Sing. Aor. 2 Il. κ, 124: ἐφίστημι 8.

ἕπετ' 3 Sing. Praes. Med. st. ἕπεται Il. ϑ, 140 *A**: ἕπω 3.

ἕπεται 3 Sing. Praes. Od. ζ, 276; Xen.: ἕπω 3.

ἐπέτασα (< πέτασ', πέτασσα) Aor. s. πετασ-: πετάννυμι 9.

1) **ἐπετάσθην** Aor. Pass. s. πετάσθ(ην): πετάννυμι 9.

2) **ἐπετάσθην** Aor. Pass. Pseud. Anacr. 36, 6; ἐκ- Aristot. H. A. 9, 40: πέταμαι (> πετάννυμι 9) 10.

ἐπετέτακτο Plsprf. Xen. An.: ἐπιτάττω 11.

ἐπετίθετο s. ἐτίθετο.

ἕπετο (< εἵπετο) 3 Sing. Imperf. Med. Il. ν, 644 *B**: ἕπω 3.

ἔπετον s. u. πέτον.

ἕπευ (< ἕπεο, ἕπου) 3 Sing. Imper. Med. ion. Il. κ, 146 *B**: ἕπω 3.

ἐπεύαδε Aor. 2 ep. Musae. 180: ἐφανδάνω 12.

ἐπεύξατο Aor. Xen. Cyr.: ἐπεύχομαι 13.

ἔπεττε Imperf. Ar. Ran. 505: πέττω 14.

ἐπέφαντο 3 Plur. Plsprf. Pass. Hes. Sc. 166: φαίνω 15.

ἐπέφθην Aor. Pass. Hippocr. 2, 523; καταπεφθῶσι Hipp. 2, 89; πεφθέντα 1, 46; περιπεφθείς Ar. Vesp. 668: πέττω, πέσσω 6.

ἔπεφνον (< πέφνον) Aor. 2 Il. κ, 498; Ap. Rh. 1, 1045; Soph. O. R. 1497; Eur. Andr. 655: *ΠΕΦΝΩ* 16.

ἐπέφραδον, -ε (< πέφραδον) Aor. 2 Il. κ, 127; λ, 197; π, 37. 51; σ, 9; υ, 540; Od. ϑ, 68; κ, 111. 549; Ap. Rh. 1, 654: φράζω 17.

ἐπέφρακτο Plsprf. Her. 7, 142: φράσσω 18.

---

1 verwüsten, zerstören. 2 fallen. 3 beschäftigt sein um . . .; *Med.* folgen. 4 dabei, dazu essen. 5 verfolgen; auch trop. ein Geschäft; nach-, zusetzen; *Med.* begleiten, verfolgen. 6 weich, reif machen, zeitigen, backen. 7 antreiben; *Pass.* herbeieilen; losrennen auf . . . 8 darauf-stellen, -setzen. 9 ausbreiten. 10 fliegen. 11 dazu-, ver-, anordnen, auftragen. 12 gefallen, belieben. 13 beten zu . . ., sich rühmen. 14 = 6. 15 (an)zeigen; leuchten, erscheinen. 16 tödten. 17 anzeigen, verkünden, befehlen; *Med.* mit *Aor. Pass.* wahrnehmen. 18 umgeben,

ἐπεφύκει Plsprf. Pl. Crat. 389, b; Rep. 374, b (> > πεφύκει); ἐξεπέφυκει Hom. Hym. 5, 12: φύω 19.
ἐπέχθην Aor. Pass. Ar. Nub. 1356: πείκω 20.
ἔπεψα Aor. πέψαντες Pl. Rep. 372, b. — Aristot. Eth. 4, 11; καταπέψῃ Il. α, 81: πέττω, πέσσω 6.
ἐπεψάμην Aor. Med. Hegem. Thas. Athen. 15, 55 (> ἐπέμφ-): πέττω, πέσσω 6.
ἐπηγέρθη Aor. Pass. Her. 7, 137: ἐπεγείρω 21.
ἐπήγνυτο (< πήγνυτ') Imprf. Xen. An. 7, 4, 3: πήγνυμι 22.
ἐπήδα Imperf. Il. φ, 269. 302: πηδάω 23.
ἐπήδησα Aor. ἀν- Xen. Hell. 2, 3, 52; vgl. πηδησ-: πηδάω 23.
ἐπῄειν Imprf.: ἔπειμι, herangehen.
ἐπῆεν 3 Sing. Imperf. ep. st. ἐπῆν Il. ε, 127: ἔπειμι, daran sein.
ἐπήϊεν 3 Sing. Imprf. ep. Il. ρ, 741: ἔπειμι, hinzukommen, -gehen.
ἐπήϊσαν 3 Plur. Imprf. Od. λ, 233: ἔπειμι, hinzukommen.
ἐπῆκαν 3 Plur. Aor. 1 Act. Her. 7, 176: ἐφίημι 24.
ἔπηκτο Aor. 2 sync. Med. κατ- Il. λ, 378: πήγνυμι 22.
ἔπηλα Aor. -αν Soph. El. 710; vgl. πῆλε, πῆλ', πῆλαι: πάλλω 25.
ἐπηλάμην Aor. Med. Call. Iov. 64: πάλλω 25.
ἐπήλθομεν 1 Plur. Aor. 2 Xen. An.: ἐπέρχομαι 26.
ἐπῆλθον (< ἐπήλυθον) Aor. 2 Od. β, 107; Thuc. 1, 97 u. s. w.: ἐπέρχομαι 26.
ἐπημάνθην Aor. Pass. s. πημάνθῃ, πημανθῆναι u. s. w.: πημαίνω 27.
ἐπήμηνα Aor. s. πημην(α): πημαίνω 27.
ἔπηξα (< πῆξε, ἔπαξα) Aor. Il. β, 664; ν, 570; Andoc. 4, 30: πήγνυμι 22.
ἐπηξάμην s. πῆξαι, πηξάμενος, πήξασθαι: πήγνυμι 22.

ἐπήρετο Imprf. Xen. An.: ἐπέρομαι 28.
ἐπῆρσε 3 Sing. Aor. 1 ep. Il. ξ, 167. 339: ἐπάρω 29.
ἔπησα Aor. 1 πήσας Aesch. Ag. 1624 † (> παίσας, πταίσας): πάσχω, leiden.
ἐπῆσαν 3 Plur. Imprf. ep. Od. τ, 445: ἔπειμι, hinzugehen, -kommen.
ἕπησθε 2 Plur. Conj. Praes. Od. κ, 425 *A**: ἕπω 3.
ἐπησθεῖεν 3 Plur. Opt. Aor. 1 ion. st. ἐφησθείησαν Hes. Suid.: ἐφήδομαι 30.
ἔπησσον Imperf. Athen. 12, 534: πήσσω, πήττω, πήγνυμι 22.
ἕπηται 3 Sing. Conj. Praes. Pind. P. 3, 106; Pl. Gorg. 470, a *A**: ἕπω 3.
ἐπηύξατο Aor. Xen. Cyr.: ἐπεύχομαι 13.
ἐπηυράμην Aor. 1 Aristot. Eth. N. 8, 15: ἐπαυρίσκω 31.
ἐπηυρόμην Aor. 2 Eur. Hel. 468: ἐπαυρίσκω 31.
ἐπήχθην (< πήχθην, πῆχθεν, ἐπάγην) Aor. Pass. -θέντας Eur. Cycl. 302: πήγνυμι 22.
ἔπι 3 Sing. Praes. st. ἔπεστι Il. α, 515; Od. θ, 563; μ, 209: ἔπειμι, daran-, darauf-, dabeisein.
ἐπιάλμενος s. u. ἐπάλμενος.
ἐπίαξα (< ἐπίασα) Aor. dor. πιάξας Theocr. 4, 35; ἀμφεπίαξε Epigr. 6, 4: πιάζω 32.
ἐπίασα (< ἐπίαξα) Aor. V. T. Cant. 11, 15; N. T. Ioa. 21, 3; Act. 3, 7: πιάζω 32.
1) ἐπιάσθην Aor. Pass. συν- Hippocr. 5, 430: πιαίνω 33.
2) ἐπιάσθην Aor. Pass. N. T. Apoc. 19, 20: πιάζω 32.
ἐπίασιν 3 Plur. Praes. Xen. An.: ἔπειμι, hinzugehen.
ἐπίβᾱ Imper. Aor. 2 st. ἐπίβηθι Theogn. 847: ἐπιβαίνω 34.
ἐπιβαῖεν 3 Plur. Opt. Aor. 1 st. ἐπιβαίησαν Il. θ, 512: ἐπιβαίνω 34.

---

einschliessen, versperren, verwahren. 19 (er)zeugen; *Pass.* wachsen; entstehen. 20 kämmen, kratzen. 21 wieder aufwecken. 22 fest machen, befestigen; bauen, gerinnen, gefrieren machen; *Med.* sich bauen, gefrieren. 23 springen, hüpfen. 24 zusenden; *Med.* befehlen. 25 schwingen, schwenken. 26 herankommen; anfallen; betreten. 27 schaden, verletzen; *Med.* sich schaden. 28 wieder (be)fragen. 29 daran fügen. 30 sich freuen über . . . 31 erreichen; *Med.* geniessen. 32 zusammendrücken. 33 mästen, erfreuen; *Med.* sich freuen. 34 (auf-, be)treten.

ἐπιβαίην 1 Sing. Opt. Aor. Il. ε, 192: ἐπιβαίνω 1.
ἐπιβαίης 2 Sing. Opt. Aor. Il. ξ, 299: ἐπιβαίνω 1.
ἐπιβάντ' Part. Aor. 2 Il. δ, 99: ἐπιβαίνω 1.
ἐπιβεβλῆσθαι Inf. Perf. Med. Xen. An.: ἐπιβάλλω 2.
ἐπιβείομεν 1 Plur. Conj. Aor. 2 Od. ζ, 262: ἐπιβαίνω 1.
ἐπιβήμεναι Inf. Aor. 2 st. ἐπιβῆναι Od. μ, 282: ἐπιβαίνω 1.
ἐπιβήσεαι 2 Sing. Fut. Med. Il. ϑ, 165: ἐπιβαίνω 1.
ἐπιβήσεο 2 Sing. Imper. Aor. 1 Med. Il. ϑ, 105: ἐπιβαίνω 1.
ἐπίβησον Imper. Aor. Il. ϑ, 285: ἐπιβαίνω 1.
ἐπιγνοίη 3 Opt. Aor. 2 Od. ω, 217 (< -ώῃ): ἐπιγιγνώσκω 3.
ἐπιδέδρομε 3 Sing. Perf. 2 Od. ζ, 45: ἐπιτρέχω 4.
ἐπίδυον Imprf. Plut. Aemil. R. 14: πιδύω 5.
ἐπιειμένος Part. Perf. Pass. st. ἐφειμένος Il. α, 149 *B**: ἐπιέννυμι ἐφέννυμι 6.
ἐπιεισάμενος Part. Aor. 1 Med. ion. Il. φ, 424: ἐπιέναι, hinzugehen.
ἐπιείσομαι Fut. ion. Il. λ, 367; τ, 454; Od. ο, 504: ἐπιέναι, hinzugehen.
ἐπίεξα (< ἐπίεσα) Aor. Hippocr. 3, 73: πιέζω 7.
ἐπίεσα (< ἐπίεξα) Aor. Her. 9, 63; Thuc. 2, 52; πιέσαντες Xen. Hell. 2, 3, 41. — Hippocr. 3, 75. 76; 2, 241. 551. 603. 708: πιέζω 7.
ἐπιέσασθαι Inf. Aor. Med. Xen. Cyr.: ἐπιέννυμι 6.
ἐπιέσθην (< ἐπιέχθην) Aor. Pass. πιεσθείς Od. ϑ, 336; Xen. Hell. 2, 4, 34; -θέντα Luc. Tox. 58; -θέντας Her. 4, 11: πιέζω 7.
ἐπιέσσαμεν 1 Plur. Aor. 1 ion. Od. υ, 143: ἐπιέννυμι = ἐφέννυμι 6.
ἐπιέχθην (< ἐπιέσθην) Aor. Pass. Hippocr. 3, 73; πιεχθήτω 61; πιεχθῶσιν 2, 113; πιεχθείς 3, 185. 189. 198: πιέζω 7.

ἐπιθεῖναι s. θεῖναι.
ἐπιθείς s. θείς.
ἐπιθεῖτο s. θεῖτο.
ἐπίθεσθε s. θέσθε.
ἐπιθῇς s. θῇς.
ἐπιθήσεται s. θήσομαι.
ἐπιθοῖντο s. θοῖντο.
ἐπιθόμην (< πιθόμην, πεπιθάμην ep.) Aor. 2 Med. poet. ἐπίθοντο Il. γ, 260 *B**; vgl. πιθ-(ομην): πείθω 8.
ἐπιθορεῖν Inf. Aor. 1: ἐπιθρώσκω 9.
ἐπιθώμεθα s. θώμεθα.
ἐπικείσομαι Fut. -μένους Xen. An.: ἐπικεῖμαι 10.
ἐπιλήσομαι Fut. Il. η, 452: ἐπιλανθάνω 11.
ἐπιμελείσθω 3 Sing. Imper. Pl. Leg. 812, e: ἐπιμελέομαι 12.
ἐπιμελείσθων (< ἐπιμελείσθωσαν) 3 Plur. Imper. Praes. Pl. Leg. 909, d: ἐπιμελέομαι 12.
ἐπιμελείσθωσαν (< ἐπιμελείσθων) 3 Plur. Imper. Praes. Pl. Leg. 932, b: ἐπιμελέομαι 12.
ἐπιμελέσθων 3 Plur. Imper. Praes. Xen. Cyr. 5, 3, 40: ἐπιμέλομαι 12.
ἐπιμεληθ-(ην) Aor. Pass. -θείη Pl. Ap. 36, c; -θείημεν (**137**) Alc. 1, 128, d; -θεῖμεν (**137**) 132, b: ἐπιμελέομαι 12.
ἐπιμεληθήσομαι Fut. Pass. selten -όμεναι Xen. Mem. 2, 7, 8 (> ἐπιμελησόμεναι); -μενους Aech. 3, 27: ἐπιμελέομαι 12.
ἐπιμεμέλημαι Thuc. 6, 41: ἐπιμελέομαι 12.
ἐπιμελήσεσθαι Inf. Fut. Her. 5, 29; Pl. Phaed. 62, d *A**: ἐπιμελέομαι 12.
ἐπιμελήσομαι Fut. -ει Pl. Gorg. 515, b; -εται 589, b; Xen. Mem. 5, 4, 22; -όμεθα Pl. Crit. 54, a: ἐπιμελέομαι 12.
ἐπιμελητέον Vb. Pl. Rep. 618, b; Xen. Cyr. 7, 5, 70: ἐπιμελέομαι 12.
ἐπιμελόμενος (< ἐπιμελούμενος) Part. Pl. Phaedr. 246, e *Γ**: ἐπιμέλομαι 12.

---

1 (auf-, be)treten. 2 darauf werfen. 3 (wieder)erkennen. 4 herzulaufen. 5 hervorquellen. 6 *Med.* sich bekleiden, anziehen. 7 (zusammen)drücken, hart zusetzen. 8 bewegen, gewinnen, überreden, überzeugen. 9 darauf-, darüber hinspringen. 10 liegen über, an, bei . . . 11 vergessen lassen; *Med.* vergessen. 12 sorgen für . . . 13 über-, ausdenken; vorhaben. 14 (an)füllen; *Pass.* sich füllen. 15 anzünden;

ἐπιμέλονται (ἐπιμελοῦνται) 3 Plur. Praes. Xen. Cyr. 1, 2, 3; Pl. Leg. 905, d: ἐπιμέλομαι 12.

ἐπιμελούμεθα 1 Plur. Praes. Eur. Phoen. 556; vgl. ἐπιμελοῦνται: ἐπιμελέομαι 12.

ἐπιμελούμενος (< ἐπιμελόμενος) Part. Praes. Pl. Phaedr. 246, e Γ*: ἐπιμελέομαι 12.

ἐπιμελοῦνται (< ἐπιμέλονται) 3 Plur. Praes. Pl. Prot. 325, c; vgl. -οῦμεθα: ἐπιμελέομαι 12.

ἐπίμπλην Imprf., wie von ἵστημι; -ασαν Xen. An. 1, 5, 10: πίμπλημι 14.

ἐπίμπρην (< ἐπίμπρων) Imprf. -ασαν Xen. Hell. 6, 5, 32 (300): ἐμπίπρημι 15.

ἐπίμπρων (ἐπίμπρην, -ασαν) Imprf. Xen. Hell. 6, 5, 22 (300): ἐμπίπρημι 15.

ἐπινένασμαι Perf. Pass. -μέναι Ar. Eccl. 838: ἐπινέω 16.

ἐπινοοῦμεν 1 Plur. Praes. Xen. An.: ἐπινοέω 13.

ἐπινύσθην Aor. Pass. Pythag. Procl. in Tim. 5, 291: πινύσκω 17.

ἐπίνυσσον, -ε Imperf. Il. ξ, 249: πινύσκω 17.

ἔπιον (< πίον, -ε) Aor. 2 Od. ο, 373; -ε(ν) σ, 151; -ον Il. ι, 177; Od. B*; -ετε Soph. O. T. 1401; vgl. πιεῖν, πίεμεν, πιέειν, πιέναι, πιοῦσα, πιέουσα, πίε, πῖθι: πίνω 18.

ἐπιορκησ- Aor. Xen. An. -ήσαιμι Pl. Alc. I. 109, d; -ῆσαι Xen. An. 2, 4, 7: ἐπιορκέω 19.

ἐπιορκήσομαι (<-ήσω) Fut. κατεπι- Dem. 54, 40: ἐπιορκέω 19.

ἐπιορκήσω (< -ήσομαι) Fut. Il. τ, 199; Aeschin. 1, 67: ἐπιορκέω 19.

ἔπιπλον Imprf. Hes. Sc. 291 (> ἔπιτνον): πίπλω, πίμπλημι (> πίτνω) 14.

ἐπιπροέηκα Aor. 1 Il. ρ, 708 A*: ἐπιπροΐημι 20.

ἐπιπροέμεν Inf. Aor. 2 st. ἐπιπροεῖναι Il. δ, 94: ἐπιπροΐημι 20.

ἐπιπτάμενος Part. Aor. 1 Xen. Cyr. 2, 4, 19 (> -όμενος): ἐπιπέτομαι 21.

ἐπιπτάς Part. des Aor. ἐπέπτην Anth. 11, 407: ἐπιπέτομαι 21.

ἐπιπτέσθαι Inf. Aor. Il. δ, 126: ἐπιπέτομαι 21.

ἐπιπτήσομαι Fut. Luc.: ἐπιπέτομαι 21.

ἐπιπτόμενος Part. Pl. Rep. 365, a: ἐπιπέτομαι 21.

ἔπισα Aor. 1 Hippocr. 1, 472; 2, 441. 445. 463 u. s. w.; ἐν- Pind. Fr. 77; πίσαιο Nic. Ther. 573: πιπίσκω 22.

ἐπισπεῖν Inf. Aor. 2: ἐφέπω 23.

ἐπισπέσθαι Inf. Aor. 2 Med.: ἐφέπω 23.

ἐπίστᾳ (< -ασαι, -η, -έαι) 2 Sing. Praes. Pind. P. 3, 80; Aesch. Eum. 86: ἐπίσταμαι 24.

ἐπισταίμεθα 1 Plur. Praes. Pl. Rep. 505, a: ἐπίσταμαι 24.

ἐπισταίμην 1 Sing. Opt. Praes. Xen. Hell. 3, 4, 9: ἐπίσταμαι 24.

ἐπίσταιντο 3 Plur. Opt. Praes. Xen. Cyr. 3, 2, 12 (> ἐπίστανται): ἐπίσταμαι 24.

ἐπίσταιο 2 Sing. Opt. Praes. Pl. Euthyd. 296, c: ἐπίσταμαι 24.

ἐπισταίσθην 3 Dual. Praes. Pl. Euthyd. 294, d: ἐπίσταμαι 24.

ἐπίσταιτο 3 Sing. Opt. Praes. Pl. Crat. 390, b; Xen. Oec. 1, 14: ἐπίσταμαι 24.

ἐπισταλ- s. σταλ-.

ἐπίσταμαι 1 Sing. Praes. Aesch. Pers. 525; Pl. Phaedr. 268, a A*: ἐπίσταμαι 24.

ἐπιστάμεθα 1 Plur. Praes. Pl. Phaed. 74, a; Rep. 420, e; Xen. An. 1, 3, 12: ἐπίσταμαι 24.

1) ἐπιστάμενος Part. Praes. Il. ε, 222 B*; Her. 1, 156; 2, 16; Pl. Prot. 318, b Γ*; Xen. Mem. 2, 3, 7: ἐπίσταμαι 24.

2) ἐπιστάμενος Part. Praes. ion. Her. 4, 2: ἐπίστημι ion. = ἐφίστημι 25.

ἐπίστανται 3 Plur. Praes. Xen. Mem. 4, 2, 26; Symp. 3, 6: ἐπίσταμαι 24.

Pass. in Zorn gerathen. 16 zuspinnen. 17 witzigen; *Pass.* belehrt werden. 18 trinken. 19 falsch schwören. 20 entsenden, zusteuern auf... 21 herbei-, herzufliegen. 22 tränken. 23 verfolgen; auch trop. ein Geschäft; nach-, zusetzen; *Med.* begleiten, verfolgen. 24 verstehen, wissen; glauben. 25 darauf, daran, darüber stellen, setzen, errichten.

ἐπίσταο (< ἐπίστασο, ἐπίστω) Imper. Her. 7, 209 Schweigh. (> ἐπίστασο Bekker): ἐπίσταμαι 1.

ἐπίστασαι (< ἐπίστᾳ, ἐπίστῃ, ἐπίστεαι) 2 Sing. Praes. Aesch. Prom. 374; Pl. Phaedr. 230, e *B**; Xen. Mem. 2, 3, 10: ἐπίσταμαι 1.

ἐπίστασθαι Inf. Praes. Her. 3, 130; Pl. Prot. 339, a *B**; Xen. Cyr. 3, 3, 57: ἐπίσταμαι 1.

ἐπίστασθε 2 Plur. Praes. Xen. An. 5, 7, 7; Cyr. 1, 5, 14: ἐπίσταμαι 1.

ἐπίστασθον Dual. Praes. Pl. Lach. 186, e: ἐπίσταμαι 1.

ἐπίστασο (< ἐπίσταο, ἐπίστω) Imper. Her. 7, 29: ἐπίσταμαι 1.

ἐπίσταται 3 Sing. Praes. Aesch. Pers. 599; Pl. Xen. u. s. w.: ἐπίσταμαι 1.

ἐπίστεαι (< -ασαι, -ᾳ, -ῃ) 2 Sing. Praes. ἐξ- Her. 7, 135: ἐπίσταμαι 1.

ἐπιστέαται 3 Plur. Praes. für ἐπίστανται Her. 3, 103; 4, 174: ἐπίσταμαι 1.

ἐπιστέατο 3 Plur. Imprf. für ἐπίσταντο Her. 8, 88: ἐπίσταμαι 1.

ἐπιστέωνται 3 Plur. Conj. Praes. für ἐπίστωνται Her. 3, 134: ἐπίσταμαι 1.

ἐπίστῃ (< -ασαι, -ᾳ, -εαι) 2 Sing. Praes. Theogn. 1081: ἐπίσταμαι 1.

ἐπιστηθ-(ην) Aor. Pass. ἐπιστηθῇ Conj. Pl. Phaedr. 277, b; -θείς Symp. 186, d: ἐπίσταμαι 1.

ἐπιστήθην Aor. Pass. -η Her. 3, 15 MS. S. Bekker (> ἠπιστ- MSS. Gaisf.): ἐπίσταμαι 1.

ἐπιστησάμην (< ἠπιστάμην) Imprf. ep. Il. ε, 60: ἐπίσταμαι 1.

ἐπιστήσομαι Fut. Il. φ, 320; Pl. Men. 85, c; Euthyd. 290, d: ἐπίσταμαι 1.

ἐπίστηται 3 Sing. Conj. Praes. Pl. Rep. 579, e; Xen. Oec. 1, 12: ἐπίσταμαι 1.

ἐπίστω (< ἐπίστασο, ἐπίσταο) Imper. gew. Soph. Phil. 419; Xen. Cyr. 3, 2, 16; 3, 3, 32: ἐπίσταμαι 1.

ἐπίστωμαι 1 Sing. Conj. Praes. Pl. Euthyd. 296, a: ἐπίσταμαι 1.

ἐπίστωνται 3 Plur. Conj. Praes. Pl. Leg. 689, d; Xen. Cyr. 2, 3, 10: ἐπίσταμαι 1.

ἐπισφάξαι Inf. Aor. Xen. An. 1, 8, 29: ἐπισφάττειν 2.

ἐπισχέθοι Opt. Aor. 2 poet. st. ἐπισχοίη Aesch. Sept. 453: ἐπέχω 3.

ἐπισχεῖν Inf. Aor. 2; s. σχεῖν: ἐπέχω 3.

ἔπιτνον Imprf. -ε als Aor. Soph. O. C. 1732: πίτνω 4.

ἐπιτρεψ- u. s. w. s. τρεψ- u. s. w.

ἐπιχεῦαι s. χεῦαι.

ἐπιώρκηκα Perf. Lycurg. 76; Xen. An. 3, 1, 21; 3, 2, 10; Her. 4, 68 (> ἐπιόρκηκα): ἐπιορκέω 5.

ἐπιώρκησα Aor. Dem. 49, 67; Ar. Ran. 102: ἐπιορκέω 5.

1) **ἐπλᾱγην** [1]) (< ἐπλήγην, ἐπλήχθην) Aor. 2 Pass. dor. s. πλαγ(ην): πλήσσω 6.

2) **ἐπλᾰγην** [1]) (< ἐπλήγην, ἐπλήχθην) Aor. Pass. in den Compos. [1]) ἐξ- Thuc. 5, 66; u. κατ-; vgl. πλαγ(ην): πλήσσω 6.

ἐπλάγχθην (< πλάγχθην) Aor. Pass. Aesch. Sept. 784; ἀπεπλάγχθης, -η Od. θ, 573 *A**; ἀπέπλαγχθεν Qu. Sm. 2, 289 (*16*): πλάζω 7.

ἔπλαγξα s. πλάγξα.

ἐπλᾱθην Aor. Pass. als Med. Aesch. Prom. 896; Eur. Rhes. 920: πελάζω 8.

ἐπλάκην s. πλακ(ην).

ἐπλανήθην Aor. Pass. Isocr. 4, 28 (abschweifen): πλανάω 9.

ἐπλανώμην Imprf. -μεθα Pl. Lys. 213, e; -ῶντο Xen. Cyr. 4, 5, 13: πλανάω 9.

ἔπλασα Aor. πλάσας, -αντες Pl. Tim. 50, a *A**; Xen. Mem. 2, 6, 37; πλάσαι Hipp. 6, 1; κατέπλασε Ar. Plut. 721 (*16*): πλάσσω 10.

ἐπλασάμην Aor. Med. s. πλάσασθαι, -άμενος (*16*): πλάσσω 10.

1) **ἐπλάσθην** Aor. Pass. Eur. Fr. 104 (D.); πλασθείς, -θέντα, -θέντι,

1) Die Compos. ἐξ- u. κατ- (in der Bed. *erschrecken*) haben ἐπλᾰγην mit kurzem α, bei Hom. auch κατεπλήγη für κατεπλᾰγην.

1 verstehen, wissen; glauben. 2 darauf, noch dazu schlachten, niederstossen, durchbohren. 3 darauf-, an-, zurückhalten. 4 πίτνω = πετάννυμι, ausbreiten. 5 falsch schwören. 6 schlagen, stossen, stampfen. 7 umher irren machen, verschlagen; *Pass.* umherirren, -schweifen. 8 *intr.* nahen, sich nähern; *trans.* nähern. 9 irre, in die Irre führen; *Pass.* umherirren. 10 *a.* bilden, gestalten; *b.* (er)dichten, erlügen; *Med.* für sich

-θέντας Pl. Tim. 26, e (III.) (*16*): πλάσσω 10.
2) ἐπλάσθην (< ἐπλᾶθην) Aor.Pass. bezweifelt Eur. Hec. 880; vgl. Buttm. Ausf. Sprl. 2, p. 209: πελάζω 8.
ἔπλει Imprf. Xen. Hell. 5, 1, 6 (*216*): πλέω 13.
ἐπλέκην Aor. 2 Pass. Var. v. ἐπλάκην; vgl. πλάκην (*195*): πλέκω 11.
ἔπλεν (< ἔπελον, πέλον) Imprf. Il. μ, 11: πέλω 12.
ἔπλεξα Aor. 1 Il. ξ, 176; s. πλέξ-: πλέκω 11.
ἐπλεξάμην Aor. Med. s. πλεξάμ(ην): πλέκω 11.
ἔπλεο Imprf. Med. ep. für ἔπλεσο Il. χ, 281: πέλω 12.
ἔπλεον Imprf. Thuc. 2, 93 (*216*): πλέω 13.
ἔπλετο 3 Sing. Imprf. sync. Med. Il. α, 506 Δ*; Hym. 3, 117: πέλω 12.
ἔπλευ (< ἔπλεο) 2 Sing. Imprf. sync. Med. Il. ι, 54; π, 29; ψ, 69. 891: πέλω 12.
ἔπλευσα Aor. Aesch. Ag. 691; Thuc. 2, 31; Pl. Xen. Isocr. (-ευ- *28*): πλέω 13.
ἐπλεύσθην Aor. Pass. Arr. An. 6, 28, 6; Babr. Fab. 71, 3 (-σθ- *211*; -ευ- *28*): πλέω 13.
ἐπλέχθην (< ἐπλάκην) Aor. Pass. s. πλεχθ(ην): πλέκω 11.
ἐπλήγην (< ἐπλᾶγην, ἐπλήχθην) Aor. 2 Pass. Her. 5, 120; κατ- Il. γ, 31 s. πληγ(ην): πλήσσω 6.
ἐπλήθυον Imprf. Aesch. Pers. 421: πληθύω 14.
ἐπλήμην (< πλῆτο, πλῆντο) Aor. 2 Med. -ητο Hes. Th. 193; -ηντο Il. δ, 449; θ, 63: πελάω 15.
ἔπληντο s. ἐπλήμην.
ἔπληξα (< πλῆξα) Aor. ἐξ- Thuc. 4, 36; Pl. Gorg. 494, d: πλήσσω 6.
ἐπληξάμην Aor. Med. Her. 3, 14; πληξ(άμην): πλήσσω 6.
ἔπλησα (< πλῆσε) Aor. Eur. Med. 905; ἐν- Thuc. 7, 82; Pl. Phaedr. 255, d: πίμπλημι 16.
ἐπλησάμην Aor. Med. *trans.* -σω Soph. O. C. 528; vgl. πλησ(αμην); *intr.* Nic. Ther. 177: πίμπλημι 16.
ἐπλήσθην (< πλῆσθεν) Aor. Pass. Il. υ, 156; Hym. 5, 280; Qu. Sm. 2, 196; Eur. Hec. 646; -εν Pl. Leg. 641, c; vgl. πλησθ(ην) Soph. Thuc. Pl.: πίμπλημι 16.
ἐπλήχθην (< ἐπλᾶγην, ἐπλήγην) Aor. Pass. selten Plut. M. 901; ἐκπληχθεῖσα Eur. Tr. 183: πλήσσω 6.
ἐπλῦθην Aor. Pass. (*233*) s. πλυθ(ην).
ἐπλύνθην (< ἐπλύθην) Aor. Pass. sp. Dioscor. 2, 94 (*233*): πλύνω 17.
ἔπλων, -ως, -ω Aor. 2 Anth. Pal. 9, 219; 11, 42; ἐπέπλων Hes. Op. 648; -ως Od. γ, 15; ἐπέπλωμεν Ap. Rh. 2, 152; ἐξ- 647: πλώω 18.
ἔπλωσα Aor. Her. 4, 148: πλώω 18.
ἐπνεύθην (< ἐπνεύσθην) Aor. Pass. Philo (-ευ- *28*): πνέω 19.
ἔπνευσα Aor. Hes. Op. 506; Eur. Andr. 327; ἐν- Il. ρ, 456; ω, 442; Od. ι, 381; ἐμπνεῦσαι Pl. Symp. 179, b (-ευ- *28*): πνέω 19.
ἐπνεύσθην (< ἐπνεύθην) Aor. Pass. sp. Eustath.; Galen (-ευ *28*): πνέω 19.
ἐπνῖγην Aor. 2 Pass. Hom. Batr. 148; πνιγείς Sotades in Stob. Fl. 98, 9, 14; ἀπο- Pherecr. Com. Fr. 2, 341; ἀπεπνίγη Pl. Gorg. 512, a: πνίγω 20.
ἔπνιξα Aor. s. πνιξ-: πνίγω 20.
ἐπόθεσα (< ἐπόθησα) Aor. πόθεσαν, ποθέσαι Il. ο, 219; Od. β, 375; Theocr. 10, 8, selten in Prosa, wie Her. 9, 22; Isocr. 4, 122; 19, 7 (-ε-, -η- *23*. *27*): ποθέω 21.
ἐπόθην Aor. Pass. Hippocr. 1, 50. 195; ἐκποθένθ' Aesch. Ch. 64; καταποθέν Pl. Tim. Critia 111, d: πίνω 22.
ἐπόθησα (< ἐπόθεσα) Aor. gew. in Prosa Her. 3, 36; Pl. Men. 84, c; Xen. Hell. 1, 1, 30; 5, 3, 20; Ages. 11, 15; auch Coluth. 67 (-η-, -ε- *23*. *27*): ποθέω 21.
ἐποιέετο (< ἐποιεῖτο) 3 Sing. Imperf. Med. Her. 7, 17: ποιέω 23.

= *b*; sich verstellen. 11 flechten, drehen, knüpfen, schlingen. 12 *a*. sich regen, bewegen; *b*. sein = *versari*. 13 *a*. schiffen; *b*. schwimmen. 14 voll sein, sich füllen. 15 = 8. 16 (er-, an)füllen. 17 (aus)waschen; (aus-, ab)spülen. 18 = 13. 19 *a*. wehen; *b*. duften; *c*. schnauben, athmen. 20 (er)sticken, erwürgen. 21 wünschen, verlangen, ersehnen. 22 trinken. 23 machen, thun.

ἐποιεῖτο (< -έετο) 3 Sing. Imprf. Med. Xen. Ages. 1, 22: ποιέω 1.

ἐποιεύμην (< ἐποιούμην) Imprf. Med. Her. 1, 118; -εῦντο 7, 138 [*547*]; vgl. ἐποιέετο: ποιέω 1.

ἐποίησα (< ποίησα) Aor. Il. η, 222 *B**; Her. 1, 115; Pl. Xen. u. s. w.: ποιέω 1.

ἐποιησάμην (< ποιήσατο) Aor. Med. Her. 6, 105; 9, 106; Xen. Cyr. 6, 1, 23: ποιέω 1.

ἐποιούμην (< -εύμην) Imprf. Med. Xen. Cyr. 2, 1, 9; -ούμεθα Pl. Symp. 173, c: ποιέω 1.

ἐποίπνυον (< ποίπνυον, περιποίπνυον) Imprf. Il. σ, 421; Od. γ, 430; Nonn. Dion. 5, 57: ποιπνύω 2.

ἐποίπνυσα s. ποιπνύσαντι, -ύσασαι.

ἐπολεμήθην Aor. Pass. Thuc. 5, 26; Xen. An. 4, 1, 1: πολεμέω 3.

ἐπολέμησα Aor. Thuc. 1, 1: πολεμέω 3.

ἐπολιορκήθην Aor. Pass. Isocr. 6, 57: πολιορκέω 4.

ἐπολιτεύθην Aor. Pass. *pass.* -θείη Xen. Mem. 4, 4, 16; -θῆναι Pl. Leg. 693, e; *act.* -εύθην Thuc. 6, 92; -θῆναι Lys. 26, 5; Aristot. Pol. 2, 12 (*388*): πολιτεύω 5.

ἐπολιτευσάμην (< ἐπολιτεύθην) Aor. Med. κατ- Dem. 19, 315 (*388*): πολιτεύω 5.

ἐπονᾱ́θην (< -ήθην) Aor. Pass. dor. pass. Bed. (*388*); πονᾱθῇ Pind. Ol. 6, 11: πονέω 6.

ἐπόνεσα (< ἐπόνησα) Aor. Hippocr. 2, 105. 192; u. sp. Themist. Or. 1, 14; 11, 150; V. T. 1 Par. 10, 3; Jer. 5, 3; 51, 29 (-ε- *27*): πονέω 6.

ἐπονήθην (< ἐπονησάμην, ἐπονάθην) Aor. Pass. act. Bed. (*388*) Eur. Hel. 1509: πονέω 6.

ἐπόνησα (< ἐπόνεσα) Aor. Eur. Hipp. 1369; Xen. An. 7, 6, 41; Hippocr. 2, 182 (-η- *27*): πονέω 6.

ἐπονησάμην s. πονήσατο, -άμενος.

ἐπόνουν Imprf. Xen. Ap. 17: πονέω 6.

ἐπορεύθην Aor. Pass. Isocr. 1, 5; vgl. πορευθ(ῆν) (*388*): πορεύω 7.

ἐπόρευσα s. πορευσ-.

ἐπορευσάμην Aor. Med. -σάμενος Polyb. 2, 27 (> -όμενος): πορεύω 7.

ἐπορισάμην Aor. Med. Pl. Crat. 421, c; Tim. 47, a: πορίζω 8.

ἐπορίσθην Aor. Pass. Isocr. 4, 28; -ισθῆναι Pl. Rep. 437, c: πορίζω 8.

ἔπορον (< πόρον) Aor. 2 Il. ρ, 196; ἔπορ' τ, 277; -εν Pind. Ol. 13, 77 *A**; -ον N. 6, 53: πόρω 9.

ἐποτάθην s. ποταθείη.

ἐποτήθην s. ποταθείη.

ἐπόψομαι s. u. ὄψομαι.

ἐπραγματεύθην (< seltener [*386*] als ἐπραγματευσάμην) Aor. Pass. act. Dio. Hal. A. R. 6, 91: πραγματεύομαι 10.

ἐπραγματευσάμην (< häufiger [*386*] als ἐπραγματεύθην) Aor. -ατο Xen. Oec. 10, 9; -μένῳ, -άμενον Pl. Eryx. 398, e. a [Pl.] Ep. 315, e: πραγματεύομαι 10.

ἐπράθην (< ἐπρήθην) Aor. Pass. Aesch. Ch. 915; vgl. πραθῆναι, -θέντα, -θέντων: πιπράσκω 11.

ἔπραθον Aor. 2 Il. σ, 454; Pind. P. 9, 81: πέρθω 12.

ἔπραξα (< ἔπρηξα) Aor. Pind. P. 2, 40 *B**; Aesch. *Γ** -άτην Ag. 1418; Pl. Phaedr. 232, d; 233, a; Xen. Cyr. 5, 4, 23 *B**: πράσσω 13.

ἐπραξάμην Aor. Med. Aesch. Ag. 812; Pl. Ap. 31, c; -ατο Gorg. 511, d: πράσσω 13.

ἐπράχθην (< ἐπρήχθην ion.) Aor. Pass. Aesch. Prom. 49; Thuc. 1, 23; Pl. Tim. 23, e; Xen. Hell. 3, 2, 19: πράσσω 13.

ἐπραξάτην s. u. ἔπραξα.

ἐπράϋνα (ἐπρήϋνα) Aor. Aesch. Pers. 190: πραΰνω 14.

ἔπρεπε (< πρέπε) Imprf. Il. μ, 104; Xen. An. 1, 9, 6: πρέπω 15.

ἔπρεσε Aor. verkürzt aus ἔπρησα Hes. Th. 856: πρήθω, πίμπρημι 16.

ἔπρεψα Aor. Pl. Charm. 158, c: πρέπω 15.

ἐπρηγματεύθην (< ἐπραγμ-) Aor.

---

1 machen, thun. 2 hasten, eilen; emsig, geschäftig sein. 3 *a.* Krieg führen; *b.* bekriegen. 4 belagern, bedrängen. 5 den Staat verwalten; *Med.* als Bürger leben, Staatsgeschäfte treiben. 6 arbeiten, sich mühen; *trans.* verfertigen. 7 (über)fahren, übersetzen; *Med.* gehen, reisen, wandern. 8 verschaffen, bereiten. 9 geben, gewähren, verschaffen. 10 *a.* ein Geschäft (be)treiben; *b.* sich beschäftigen mit . . ., bemühen um . . . 11 verkaufen. 12 verwüsten, zerstören. 13 (durch-, hindurch)dringen;

Pass. med. Her. 2, 87: πραγματεύομαι 10.

ἐπρήθην (< ἐπράθην) Aor. Pass. ion. Her. 2, 56: πιπρήσκω 17.

ἔπρηθον (< ἐπίμπρων, ἐπίμπρην) Imprf. ἐν- Il. ι, 589: πρήθω, πίμπρημι 16.

ἔπρηξα (< ἔπραξα) Aor. Her. 3, 58; 5, 114: πρήσσω ion. = πράσσω 13.

ἐπρηξάμην (< ἐπραξάμην) Aor. Med. -αντο in συν- Her. 5, 94: συμπρήσσω 18.

ἔπρησα (< πρῆσε) Aor. Il. θ, 217; Od. β, 427; Thuc. ἐν- 1, 30. 108; vgl. πρῆσαι u. s. w.: πρήθω 19.

ἐπρήϋνα (< ἐπράϋνα) Aor. Hom. Hym. 3, 417: πρηΰνω 14.

ἐπρήχθην (< ἐπράχθην) Aor. Pass. Her. 5, 106: πρήσσω ion. = πράσσω 13.

ἐπριάμην[1] (< πριάμην) Aor. 2 Archipp. Com. Fr. 2, 723; Andoc. 3, 5; [Pl.] Ep. 13, 361: πρίαμαι 20.

ἔπριον Imprf. Luc. Hist. 51; ἐξ- Thuc. 7, 25 (-ῑ- 31): πρίω 21.

ἔπρῑσα Aor. πρῖσαι Hippocr. p. 412 F.; πρίσαντες Thuc 4, 100 (-ῑ- 31): πρίω 21.

ἐπρῑσθην Aor. Pass. πρισθείς Soph. Ai. 1030; ἐπρίσθησαν N. T. Hebr. 11, 35 (-ῑ- 31): πρίω 21.

ἐπροθυμεῖτο Imprf. frühere Lesart für προεθ- Xen. Ages. 2, 1: προθυμέομαι 22.

ἔπταικα Perf. Aristot. Vol. 2, p. 1425 Bekker; Menandr. bei Stob. 113, 13; προσ- Isocr. 6, 82: πταίω 23.

ἔπταισα Aor. [Pl.] Ep. 371, c; vgl. πταισ-: πταίω 23.

ἐπταίσθην Aor. Pass. πταισθέντα Luc. Demon. 7: πταίω 23.

ἔπταξα (< ἔπτηξα) Aor. dor. Pind. 4, 57: πτήσσω 24.

ἔπταρα (< gew. ἔπταρον) Aor. 1 πτάραντες Aristotel Probl. 33, 16: πτάρνυμι, πταίρω 25.

[1] Aor. zu ὠνέομαι.

ἐπτάρην Aor. Pass. πταρείς Hippocr. 5, 214; Aristot. Probl. 7, 8; Anth. 11, 268; Phot. 242, 59; Aglaoph. p. 605: πταίρω 25.

ἔπτᾰρον (< ἔπταρα) Aor. 2 gew. -εν Od. ρ, 541; -ον Ar. Ran. 647; πταρεῖν Her. 6, 107; πτάρε Pl. Symp. 185, e; ἐπέπταρε Od. ρ, 545; Hym. 3, 297; Theocr. 18, 16; -ον 7, 96 (244): (ἐπι)πταίρω 25.

ἔπτηκα (< ἔπτηχα) Perf. sp. Themist. 24, p. 309: πτήσσω 24.

ἔπτηξα (< ἔπταξα) Aor. Soph. O. C. 1466; vgl. πτηξ-, πτῆξαι: πτήσσω 24.

ἔπτηχα (< ἔπτηκα) Perf. Isocr. 5, 58; κατ- Lycurg. 40: πτήσσω 24.

ἔπτισα s. πτίσαντες.

ἐπτίσθην Aor. Pass. περιπτισθείς Theophr. H. P. 4, 4, 10: πτίσσω 26.

ἔπτισμαι Perf. Pass. -μένος Hippocr. 2, 670; περι- Ar. Ach. 507: πτίσσω 26.

ἐπτόμαν Aor. 2 ἀν- Soph. Ai. 693: ἀναπέτομαι 27.

ἐπτῠ́γην (< ἐπτύχθην) Aor. 2 Pass. ἀνα- Hippocr. 2, 513: πτύσσω 28.

ἔπτυγμαι Perf. Pass. App. Civ. 4, 72; ἀν- Xen. Hier. 2, 4; δι- Theophr.: πτύσσω 28.

ἐπτῠ́ην (< ἐπτύσθην) Aor. 2 Pass. Hippocr. 5, 106: πτύω 29.

ἐπτῠκα Perf. Sext. Emp. p. 505: πτύω 29.

ἔπτυξα s. πτυξ-, πτύξας, -ασα.

ἐπτύρην Aor. Pass. wurde scheu πτυρείης Pl. Axioch. 370, a: πτύρω, scheu machen.

ἔπτῠσα Aor. Anthol. 7, 283; πτύσας Soph. Ant. 653; ἐξέπτυσεν Od. ε, 322; ἀπέπτυσ' Eur. Hec. 1276: πτύω 29.

ἐπτύσθην (< ἐπτύην) Aor. 1 Pass. Hippocr. 2, 183: πτύω 29.

ἐπτύχθαι Aor. Pass. ἀν- Eur. El. 357: πτύσσω 28.

ἐπτύχθην (< ἐπτύγην) Aor. 1 Pass. s. πτυχθ(ην): πτύσσω 28.

---

ausführen, erreichen. 14 besänftigen, mildern. 15 *a.* hervortreten; *b.* ähneln; *c.* ziemen. 16 anfachen, -schwellen, -zünden; *Pass.* brennen. 17 = 11. 18 zusammen bewerkstelligen. 19 = 16. 20 kaufen. 21 (zer)sägen. 22 geneigt sein. 23 (an-, um)stossen; *Pass.* angestossen, verfehlt werden. 24 in Furcht setzen; *Pass.* sich fürchten. 25 niesen. 26 Gerste u. s. w. enthülsen; (zer)stampfen. 27 auffliegen. 28 (zusammen)falten. 29 speien.

ἐπυθόμην (< πυθόμην, πεπυθόμην) Aor. 2 -οντο Il. ο, 224. 379; σ, 530; -ετο Her. 1, 154; -ϱντο Thuc. 1, 28; -ου Pl. Theaet. 209, e; -όμεθα Phaed. 59, e; Xen. Cyr. 1, 1, 6: πυνθάνομαι 1.
ἐπυκάσθην s. πυκασθείς.
ἐπύρεξα Aor. Hippocr. 1, 105; 3, 494: πυρέσσω 2.
ἐπύρεσε Aor. Hippocr. 3, 516 † (> ἐπηρέτηνεν, ἐπύρεσσε); 553; 563 † (> ἐπύρεσσε): πυρέσσω 2.
ἐπύρεσσε (< ἐπύρεσε) Imprf. Hippocr. 5, 216. 230; vgl. u. ἐπύρεσε: πυρέσσω 2.
1) ἔπῡσα (< ἔπυσα) Aor. Hom. Hym. 2, 196; κατ- 193: πύθω 3.
2) ἔπῠσα (< ἔπῡσα) Aor. Callim. Fr. 313: πύω 4.
ἐπωτήθην Aor. Pass. ἐξ- Babr. Fab. 12, 1: πωτάομαι 5.
ἐράασθε 2 Plur. Imprf. für ἠρᾶσθε Il. π, 208: ἐράω, ἔραμαι 6.
ἐραθείς (< ἐρασθείς) Aor. Pass. ἐξ- Hippocr. 2, 782: ἐξεράω 7.
ἐραίμαν Opt. Praes. Pind. P. 11, 50: ἔραμαι 6.
ἔραμαι Praes. Il. γ, 446; Pind. N. 1, 31; Eur. Alc. 866; Ar. Vesp. 751: ἔραμαι 6.
ἐρᾶσαι 2 Sing. Praes. Theocr. 1, 78 (> ἔρασσαι): ἐράω, ἔραμαι 6.
ἐρᾶσατε Aor. 1 ἐξ- Ar. Ach. 341; συνερᾶσαι Isocr. 5, 128: ἐράω 7.
ἐρασθ(ην) Aor. Pass. -θείς Pl. Crat. 404, c; -θέντος, -τα, -τες Pl. Xen.: ἐράω 7.
ἐράσθην (< ἠράσθην) Aor. Pass. Her. 2, 131: ἔραμαι 6.
ἐρασθήσομαι Fut. Pass. Aesch. Eum. 852; Luc. Merc. Cond. 7: ἐράω, ἔραμαι 6.
ἐράσσατο (< ἠράσσατο, -άσατο) Aor. Pind. Ol. 1, 25; P. 2, 27: ἔραμαι 6.
ἐραστός Vb. Pl. Symp. 204, c; Phaedr. 250, d: ἐράω 6.
ἐράσω Fut. ἐξ- Ar. Vesp. 993: ἐράω 7.
ἔραται 3 Sing. Praes. Il. ι, 64; Pind. P. 1, 57; N. 10, 29: ἔραμαι 6.
ἐρᾶται 3 Sing. Praes. Sappho Fr. 16; Theocr. 2, 149: ἐράω, ἔραμαι 6.
ἔρᾱται Conj. Praes. dor. für ἔρηται Pind. P. 4, 92: ἔραμαι 6.
ἐργαζόμην (< εἰργαζόμην, ἠργ-) Imprf. -οντο Od. ω, 210: ἐργάζομαι 8.
ἔργαθον Aor. 2 Il. λ, 437: ἔργω, ἔρδω 9.
ἐργάθου Aor. Med. trans. κατ- Aesch. Eum. 56: ἔργω 9.
ἐργασ(αμην) Aor. -ηται Xen. Pl. Symp. 213, d; -αιτο Leg. 664, a; -ασθαι Xen. Pl.; -άμενος Her. Pl. Xen.: ἐργάζομαι 8.
ἐργασθ(ην) Aor. Pass. -θείη Pl.; -θέν, -θέντι, -θεῖσιν Pol. 279, e: ἐργάζομαι 8.
ἐργασθήσομαι Fut. Pass. pass. Soph. Tr. 1218: ἐργάζομαι 8.
ἐργασμαι (< εἴργασμαι) Perf. ion. *act.* Her. 9, 45; -σται 3, 155; *pass.* -σμένα 7, 53: ἐργάζομαι 8.
ἐργάσομαι (< ἐργαξοῦμαι, ἐργάζομαι) Fut. Her. 8, 79; Eur. Med. 108; Xen. Symp. 6, 10; Pl. Crit. 53, a *B**: ἐργάζομαι 8.
ἐργαστέος Vb. Eur. Med. 791: ἐργάζομαι 8.
1) ἔργμαι Perf. Pass. -μένον Hom. Hym. 3, 123: ἔργω 10.
2) ἔργμαι Perf. Pass. ἄπεργμαι Her. 2, 99: ἔργω 11.
ἔρδεσκον (< ἔρδεσκον) Imprf. Il. ι, 540; Hym. 2, 125: ἔρδω 12.
ἔρδεσκον (< ἔρδεσκον) Imprf. Her. 7, 33: ἔρδω 12.
ἔρδειν (< ἔρδειν) Inf. Il. ο, 148: ἔρδω, ῥέζω 9.
ἔρδειν Inf. Her. 8, 143: ἐρδειν 13.
ἔρδῃ Conj. Praes. Her. 1, 119: ἔρδω 12.
ἔρδοι Opt. Praes. Il. ξ, 261: ἔρδειν 13.
ἔρδομαι Praes. Pass. Her. 4, 60: ῥέζω, ἔρδω 9.
1) ἔρδον Imprf. Il. λ, 707: ἔρδω 9.
2) ἔρδον Imprf. Her. 9, 103: ἔρδω 12.
ἐρέει Praes. ep. sp. Nic. Ther. 484: ἐρέω 14.

---

1 erfragen; vernehmen, erfahren. 2 fiebern. 3 verfaulen machen; *Pass.* verfaulen. 4 = 3. 5 fliegen. 6 lieben. 7 ausgiessen. 8 ein Geschäft betreiben; *trans.* bearbeiten, ausüben. 9 ἔργω, ἐρδω, thun. 10 einschliessen. 11 εἴργνυμι ausschliessen. 12 thun, machen, betreiben. 13 = 12. 14 sagen. 15 fragen, suchen. 16 (er)fragen; *Med.* = *Act.*

ἐρέειν Inf. ἐξ- Anth. 11, 368: ἐρέω 14.
ἐρεεινόμην Imprf. Med. als Act. Od. ϱ, 305: ἐρεείνω 16.
ἐρέεινον Imprf. Od. δ, 137: ἐρεείνω 16.
ἐρέεσθαι Inf. Praes. Med. Od. ζ, 298; Hippocr. 1, 230: ἐρέω 15.
ἔρεζον (< ῥέζεσκον) Imprf. Il. β, 400: ῥέζω 9.
ἐρέῃσιν Tzetz. P. H. 750: ἐρέω 15.
ἐρέθεσκον (< ἤρεθον) Ap. Rh. 3, 618: ἐρέθω 17.
ἔρειδον (< ἤρειδον) Imprf. Il. ν, 131: ἐρείδω 18.
ἐρειξ- s. ἤρειξα.
ἔρειο Imper. = ἐρέεο, ἐροῦ Il. λ, 611: ἐρέω 15.
ἐρείομεν Conj. Praes. = -έωμεν Il. α, 62: ἐρέω 15.
ἔρειπον (< ἤρειπον) Imprf. Il. μ, 258: ἐρείπω 19.
ἔρεισα (< ἤρεισα) Aor. Hom. Hym. 1, 117; Ap. Rh. 1, 1198; ἐπ- Il. η, 269: ἐρείδω 18.
ἐρεισάμην (< ἠρεισάμην) Aor. Med. intrans. Il. ε, 309; trans. Anth. 6, 83: ἐρείδω 18.
ἐρείσθην Aor. Pass. Il. η, 145; -θείς, συν- Eur. I. T. 457: ἐρείδω 18.
ἐρείσω Fut. Callim. H. Del. 234; Lycophr. 616: ἐρείδω 18.
ἐρειφθ(ην) Aor. Pass. -θείς Soph. Ai. 309: ἐρείπω 19.
ἐρεῖψαι Inf. Aor. Her. 1, 164: ἐρείπω 19.
ἐρείψω Fut. Soph. O. C. 1372; Xen. Cyr. 7, 4, 1: ἐρείπω 19.
ἔρεξα Aor. Il. ε, 373; Hym. 15, 6; Batr. 181; Qu. Sm. 3, 98; Soph. O. C. 537; Eur. Andr. 838: ῥέζω (ἔρδω, ἔργω) 9.
ἐρέοιμι Opt. Praes. Od. λ, 229: ἐρέω 14.
ἐρέοντο Imprf. Il. α, 332: ἐρέω 15.
ἐρεπτόμενος Part. Il. β, 776: ἐρέπτομαι 20.
ἐρέριπτο (< ἐρήριπτο) Plsprf. gekürzt Il. ξ, 15: ἐρείπω 19.
ἐρευγμαι Perf. ἐπανερευγμένος † Hippocr. 2, 64 (> ἐπανερευγόμενος): ἐρεύγομαι 21.
ἐρευθείην Opt. Praes. ξυνεξ- Hippocr. 2, 176: ἐρεύθω 22.
ἐρευξ(αμην) s. ἠρευξάμην.
ἐρεύξομαι Fut. Hippocr. 2, 669: ἐρεύγομαι 21.
ἔρευσα Aor. ἐρεῦσαι Il. σ, 329: ἐρεύθω 22.
ἐρεύσω Fut. Il. σ, 329: ἐρεύθω 22.
ἐρέχθων Part. Praes. Od. ε, 85: ἐρέχθω 23.
ἐρεχθομένη Fem. Part. Praes. Hym. Apol. 180; Il. ψ, 317: ἐρέχθω 23.
ἐρεψ(αμην) s. ἠρεψάμην.
ἔρεψα (< ἤρεψα) Aor. Il. α, 39; ω, 450; Od. ψ, 193; Pl. O. 13, 22: ἐρέφω 24.
ἐρέψομαι Fut. Med. -ομεσθα Eur. Bacch. 323: ἐρέφω 24.
ἐρέψω Fut. Ar. Av. 1110: ἐρέφω 24.
ἐρέωμι Conj. Praes. Od. ϱ, 509: ἐρέω 15.
ἐρέων Part. Praes. Il. η, 128: ἐρέω 15.
ἔρῃ 2 Sing. Conj. Phaedr. 275, d: ἔρομαι 25.
ἐρηρέδαται (< ἐρήρεισμαι; ἠρήρεισται, ἐρήρειται, ἤρεισμαι) 3 Plur. Perf. Il. ψ, 284 [*111*]: ἐρείδω 18.
ἐρηρέδατο (< ἠρήρειστο, ἠρήρειντο) Plsprf. -τ' Od. η, 95 [*111*]: ἐρείδω 18.
ἐρήρεικα Perf. προσ- Pl. Aem. Paul. 19: ἐρείδω 18.
ἐρήρειται (< ἐρήρεισμαι, ἠρήρεισται, ἐρηρέδαται, ἤρεισμαι) 3 Plur. Perf. Ap. Rh. 2, 320: ἐρείδω 18.
ἐρήρεισμαι (< ἠρήρεισται, ἐρήρειται, ἐρηρέδαται, ἤρεισμαι) Perf. Pass. Her. 4, 152; Hippocr. 3, 176. 211. 263; [Pl.] Tim. Locr. 97: ἐρείδω 18.
ἐρήριγμαι (< ἐρήρισμαι) Perf. Pass. Aristotel. H. A. 8, 7; Hippocr. 1, 480; 2, 597: ἐρείκω 26.
ἐρήριπα Perf. 2 Il. ξ, 55: ἐρείπω 19.
ἐρήριπτο (< ἐρέριπτο) Plsprf. Arr.: ἐρείπω 19.
ἐρήρισμαι (< ἐρήριγμαι) Perf. Pass. Hippocr. 2, 597: ἐρείκω 26.

---

17 (an)reizen, antreiben. 18 anstellen, anlehnen. 19 *trans.* umwerfen, einreissen: *Pass. u. intrans. Aor. 2* einfallen. 20 schrappen, (ver)zehren. 21 ausbrechen, *eructare.* 22 röthen; *Pass.* sich ∼. 23 zerreissen. 24 überdachen; umkränzen; *Med.* sich umkränzen. 25 (er)fragen, erforschen. 26 zerbrechen, zerreissen; *intr. im Aor. 2* brechen, reissen.

ἐρήρισται Perf. Pass. als Act. Hes. Fr. 219: ἐρίζω 1.
ἐρήσεσθαι Inf. Fut. Xen. Oec. 11, 22: ἔρομαι 2.
ἐρήσομαι Fut. Eur. Or. 507; Pl. Ap. 29, e; Phaed. 60, d; Xen. Oec. 15, 1; vgl. -εσθαι: ἔρομαι 2.
ἔρηται 3 Sing. Conj. Aor. 2 Pl. Prot. 355, c; Xen. Mem. 4, 4, 7: ἔρομαι 2.
ἐρητύεσκον Imprf. Rh.: ἐρητύω 3.
ἐρήτῡθεν 3 Plur. Aor. Pass. für -ύθησαν [**114**] Il. β, 211: ἐρητύω 3.
ἐρήτυον Imprf. -ε Od. π, 43; -ετ'(ε) Il. ι, 462 *A**; -ον σ, 503: ἐρητύω 3.
ἐρητύοντο Imprf. Med Il. θ, 345 *A**; act. ο, 723: ἐρητύω 3.
ἐρήτῡσα (< ἐρητύσασκε) Aor. Il. -σε Il. α, 192; Pangas. in Stob. Fl. 18, 22, 11: ἐρητύω 3.
ἐρητύσασκε (< ἐρήτῡσα) Aor. iterat. Il. λ, 567 [**139. 140**]: ἐρητύω 3.
ἐρητῡσω Fut. Ap. Rh. 1, 296; κατ- Soph. Ph. 1416: ἐρητύω 3.
ἐρΐδηνα Aor. Ap. Rh. 1, 89; 2, 988: ἐριδαίνω 4.
ἐρῑδήσασθαι Inf. Aor. Med. als Act. Il. ψ, 792 (> † ἐριδδήσ-): ἐριδαίνω 4.
ἐρίζεσκον Imprf. Od. θ, 225: ἐρίζω 1.
ἐρίξω Fut. Nonn. Dion. 1, 502 (> ἐρίζω Graefe); Eusth. Opusc. 56, 94: ἐρίζω 1.
ἔριπε (< ἤριπε) Aor. 2 Il. ε, 68; υ, 417: ἐρείπω 5.
ἐριπέντι Part. Aor. 2 Pass. Pind. O. 2, 43 (> ἐριπόντι): ἐρείπω 5.
ἐρίπησε Conj. Aor. 2 Il. ϱ, 522 [**21**]: ἐρείπω 5.
ἐριποῦσα Fem. Part. Il. ε, 357 *A**: ἐρείπω 5.
ἐριπών Part. Aor. 2 Il. θ, 329: ἐρείπω 5.
ἔρισα (< ἤρισα) Aor. -αν Pind. I. 7, 27; -σωσιν Od. σ, 277; ἐρίσαι Her. 4, 152; -άντων Xen. Ages. 1, 5; vgl. ἐρίσσειε: ἐρίζω 1.
ἐρίσδω Praes. dor. für ἐρίζω Theocr. 1, 24: ἐρίζω 1.
ἐρίσσειε Opt. Aor. Od. τ, 286: ἐρίζω 1.
ἐρίσσεται Fut. od. Conj. Aor. Med. Od. δ, 80: ἐρίζω 1.
ἐριστός Vb. Soph. El. 220: ἐρίζω 1.
ἐρίσω Fut. Matth. 12, 19: ἐρίζω 1.
ἔριψα (< ἔρριψα) Aor. Orph. Arg. 495; Mosch. 3, 32; ἀπ- Pind. P. 6, 37 (**19**): ῥίπτω 6.
ἐρκτός Vb. Arr. Ind. 20: ῥέζω 7.
ἔρξα Aor. -ε Od. κ, 435, -αν θ, 490; -άτην Aesch. Sept. 9242 [**40**]: ἔρδω, ῥέζω 7.
ἔρξα Aor. ἀπ- Her. 2, 124 [**40**]: ἔργω 8.
ἕρξα Aor. ἔρξα Od. ξ, 411; ἕρξε Her. 3, 136 [**40**]: ἕργω = εἵργω 9.
ἔρξαι Inf. Aor. Od. ε, 342; Pind. P. 8, 6; Aesch. Suppl. 406; Theogn. 178: ἔρδω, ῥέζω 7.
ἔρξαιμι 1 Sing. Opt. Aor. Od. ν, 147; Aesch. Eum. 467: ἔρδω, ῥέζω 7.
ἔρξαις (< ἔρξας) Part. Aor. dor. Pind. O. 11, 91: ἔρδω, ῥέζω 7.
ἔρξας (< ἔρξαις) Aesch. Pers. 236 Part. Aor. -αντα Il. ε, 650; Aesch. *A**; Pl. Euth. 12, a (poet.); -αντες Pers. 786: ἔρδω, ῥέζω 7.
ἐρξέμεν Inf. Fut. Od. η, 294: ἔρδω, ῥέζω 7.
ἔρξῃς 2 Sing. Conj. Aor. Il. β, 364; Od. α, 293: ἔρδω, ῥέζω 7.
ἔρξομαι Fut. Med. Soph. O. T. 890: ἔργω 8.
ἔρξον Imper. Aor. Od. π, 67: ἔρδω, ῥέζω 7.
ἕρξω Fut. ἐφ- Fab. Heracl. 1, 83: ἕργω = εἵργω 9.
ἔρξω Fut. Il. ε, 360; λ, 80; Aesch. Pers. 1059: ἔρδω, ῥέζω 7.
ἐροίμεθα 1 Plur. Opt. Aor. 2 Pl. Prot. 354, a: ἔρομαι 2.
ἐροίμην 1 Sing. Opt. Aor. 2 Pl. Symp. 199, e: ἔρομαι 2.
ἔροιντο 3 Plur. Opt. Aor. 2 Pl. Crit. 50, a: ἔρομαι 2.
ἔροιο 2 Sing. Opt. Aor. 2 Pl. Rep. 341, e: ἔρομαι 2.
ἔροιτο 3 Sing. Opt. Aor. 2 Pl. Prot. 312, d; Xen. Oec. 7, 5: ἔρομαι 2.

---

1 (sich) streiten, hadern; wetteifern; *Med.* = *Act.* wetteifern. 2 (er)-fragen, erforschen. 3 *auch Med.:* anhalten, hemmen. 4 = 1. 5 *trans.* umwerfen, einreissen; *Pass. u. intr. Aor. 2* einfallen. 6 werfen, schleudern; *intr.* sich werfen, sich stürzen. 7 thun, machen, betreiben. 8 εἴργνυμι ausschliessen. 9 einschliessen. 10 schleichen, kriechen. 11 = 10.

ἐρόμενος Part. Aor. 2 Pl. Crat. 407, e; Xen. Hell. 3, 3, 9: ἔρομαι 2.
ἐροῦ Imper. Aor. 2 Eur. Or. 763; Pl. Gorg. 447, c: ἔρομαι 2.
ἑρπετόν Vb. Od. δ, 418; Ar. Av. 1069; Theocr. 24, 56: ἕρπω 10.
ἑρπυσ- Aor. ἐφερπῦσαι Ar. Pl. 675; ἐφερπῦσας Theocr. 19, 15 † (> ἐφερποίσας); sehr selten in Prosa. Diog. Laert. 6, 4; vgl. **εἵρπυσα**: ἑρπύζω 11.
ἔῤῥ' s. u. ἔῤῥε.
ἐῤῥάγην (< ἐῤῥήχθην) Aor. 2 Pass. Ar. Nub. 583; ἐξ- Her. 8, 74; κατ- Thuc. 4, 115: ῥήγνυμι 12.
ἐῤῥάδαται (< ἔῤῥανται) 3 Plur. Perf. Pass. ep. Od. υ, 354 [*204*]: ῥαίνω 13.
ἐῤῥάδατο 3 Plur. Plsprf. Il. μ, 431 [*204*]: ῥαίνω 13.
ἔῤῥαισα s. ῥαίσῃ.
ἐῤῥαίσθην Aor. Pass. Il. π, 339; Pind. Fr. 77; ῥαισθῇ Aesch. Pers. 189; -θεῖσα Ap. Rh. 2, 1113: ῥαίω 14.
ἔῤῥαμαι (< ἔρασμαι, ἔῤῥανται) Perf. Pass. -μένα Persae. Athen. 4, 140: ῥαίνω 13.
ἔῤῥαμμαι Perf. Pass. -αμμένος Ar. Eccl. 24; Alex. Com. Fr. 3, 423: ῥάπτω 15.
ἔῤῥᾱνα (< ἔῤῥηνα, ἐῤῥᾰσα) Aor. Com. bei Athen. 7, 292, e; Eur. Rhes. 73; Anth. 7, 55; 12, 132; ἐξ- Cycl. 402 (*225. 228*): ῥαίνω 13.
ἐῤῥάνθην Aor. Pass. ῥανθεῖσαν Pind. P. 5, 100: ῥαίνω 13.
ἔῤῥανται (ἔῤῥασμαι, ἔῤῥαμαι) Perf. Pass. Aesch. Pers. 572 nach Herm. Op. 2, p. 81: ῥαίνω 13.
ἔῤῥαξα Aor. ῥάξαντες Dem. 54, 8; ἐπιῤῥάξασα Soph. O. C. 1503; συνέῤῥαξαν Xen. Hell. 7, 5, 16: ῥάσσω 16.
ἐῤῥάπισα Aor. Dem. 25, 57: ῥαπίζω 17.
ἐῤῥαπίσθην Aor. Pass. Timocl. Com. Fr. 3, 607; Sext. Emp. adv. Math. 11, 94: ῥαπίζω 17.
ἔῤῥασα s. ῥάσσατε.
ἔῤῥασμαι (< ἔῤῥαμαι, ἔῤῥανται) Perf. Pass. Schol. Il. ἐῤῥάδατ' μ, 431: ῥαίνω 13.
ἐῤῥάφην Aor. 2 Pass. Dem. ῥαφῆναι 54, 41; ἐνεῤῥάφην Eur. Bacch. 286 (*14*): ῥάπτω 15.
ἐῤῥάφθαι Inf. Perf. Pass. Eur. Bacch. 243; Dem. 54, 35: ῥάπτω 15.
ἔῤῥαφον Aor. 2 sp. Nonn. Dion. 7, 152: ῥάπτω 15.
ἐῤῥάχθην Aor. Pass. κατ- Thuc. 7, 6: κα(ρ)ράσσω 16.
ἔῤῥαψα (< ῥάψα) Aor. Eur. Andr. 911; Her. 6, 1; 9, 17: ῥάπτω 15.
ἐῤῥαψάμην Aor. Med. ῥαψάμενος, -μένη Ar. Equ. 783; Nub. 538; Nonn. 1, 567: ῥάπτω 15.
ἔῤῥαψεν Aor. 1 Hom. Hym. 3, 79 (Conjectur Matth., von Herm. gebilligt, für > ἔῤῥιψεν): ῥάπτω 15.
ἔῤῥε 2 Sing. Imper. pack' dich fort Il. θ, 164 *B**; ἔῤῥ' χ, 498; Soph. O. C. 1383; Ar. Plut. 404: ἔῤῥω 18.
ἔῤῥεε (< ἔῤῥει, ῥέε) Imprf. Il. ρ, 438 *B**: ῥέω 19.
ἐῤῥέθην (< ἐῤῥήθην, εἰρέθην) Aor. Pass. Hippocr. 5, 196 (> εἰρήθην): ῥέω, εἶπον 20.
1) **ἔῤῥει** (< ἔῤῥεε, ῥέε) Imprf. Il. ρ, 86: ῥέω 19.
2) **ἔῤῥει** 3 Sing. Praes. oft mit Perfectbed. wie οἴχομαι, ist dahin. Aesch. Soph. Eur., auch in Prosa Xen. Cyr. 6, 1, 3: ἔῤῥω 18.
ἔῤῥειν Inf. Praes. Pl. Leg. 677, d; vgl. **ἔῤῥει**: ἔῤῥω 18.
ἔῤῥεις 2 Sing. Praes. Eur. I. T. 379; vgl. u. **ἔῤῥει**: ἔῤῥω 18.
ἐῤῥεῖτο Imprf. Pass. Eur. Hel. 1602: ῥέω 19.
ἔῤῥεξα (< ἔρεξα, ῥέξε) Aor. selten Il. ι, 536; κ, 49; Pl. Leg. 642, c: ῥέζω 7.
ἔῤῥεπον (< ἔρεπον) Imprf. Luc. Di. Mort. 11, 1: ῥέπω 21.
ἔῤῥετε 2 Plur. Imper. weichet von mir, geht hinweg Il. ω, 239; Ap. Rh. 3, 785: ἔῤῥω 18.
ἐῤῥέτω 3 Sing. Imper. geh' er Il. ι, 349; Od. ε, 139; Archil. Fr. 3, 4

---

12 brechen, reissen, sprengen; *Med.* = *Act. Pass.* brechen, reissen, springen. 13 (be)sprengen, (be)streuen. 14 sprengen, zerschmettern, zertrümmern. 15 *a.* nähen; *Med. α*) sich ∼; *β*) = *Act.*; *b.* anstiften. 16 schlagen, stossen. 17 schlagen, peitschen. 18 langsam, mühselig einhergehen; in Elend gerathen, untergehen. 19 fliessen. 20 sprechen, sagen, reden, nennen. 21 das Uebergewicht haben.

Gaisf. Ap. Rh. 3, 785; Soph. Phil. 1200: ἔρρω 1.

ἔρρευσα Aor. Pseudophoc. 180; Mosch. 3, 33; Anthol. 5, 33; Hippocr. 1, 436; 2, 125. 127; 3, 162. 183; selten im Att. ῥεύσας Ar. Equ. 526; περιρρεῦσαι Lycurg. 96. — ῥεύσαντα † Pl. Rep. 544 e (> hergestellt ῥέψαντα); ῥεύσῃ † Aristot. Meleor. 2, 2. p. 356, a, 17 † (> hergestellt ῥέψῃ) (*28*): ῥέω 2.

ἐρρεύσατο Aor. Med. sp. Ann. Comn. 15, p. 475 (*28*): καταρέω 2.

ἔρρεψα Aor. [Pl.] Ep. 328, b; ῥέψῃ Phil. 46, e; -αντα Pol. 544, e: ῥέπω 3.

ἔρρηγα (< ἔρρωγα) Perf. Tab. Heracl. B.; ἀν- Philostrat. Imag. 2, 26, 853; δι- V. T. 2 Regg. 14, 30; 15, 22: ῥήγνυμι 4.

ἔρρηγμαι Perf. Pass. selten ἀπ- Socrat. Ep. 7, 14; συνέρρηκται Od. ϑ, 137; κατερρηγμένην Her. 2, 12: ῥήγνυμι 4.

ἐρρήϑην (< ἐρρέϑην, εἰρέϑην) Aor. Pass. Eur. I. T. 91; Xen. Cyr. 6, 1, 19; 7, 5, 26: ῥέω, εἶπον 5.

ἔρρηκται s. ἔρρηγμαι.

ἔρρηκτο Plsprf. παρ- Arr. An. 4, 26: ῥήγνυμι 4.

ἔρρηνα (< -ᾶνα, ἔρρασα) Perf. Hippocr. 3, 99: ῥαίνω 6.

ἔρρηξα Aor. Il. γ, 348; η, 259; ρ, 44; Hom. Batr. 254; Eur. Herc. F. 994; ῥῆξαι Dem. 9, 61; ῥήξας Aesch. Pers. 468: ῥήγνυμι 4.

ἐρρηξάμην (< ῥηξάμην) Ar. Med. Il. μ, 291; Eur. Heracl. 835; κατ- Xen. Cyr. 3, 1, 13: ῥήγνυμι 4.

ἐρρήσω Fut. -εις Hom. Hym. 3, 259; Ar. Vesp. 147; ἐρρήσεϑ' 1329; -ετε Pax. 500; -ετ' Lys. 1240: ἔρρω 1.

ἐρρήχϑην (< ἐρράγην) Aor. Pass. selten ῥηχϑεῖσα Tryphiodor. 11; διαρρηχϑῇ Hippocr. 2, 483: ῥήγνυμι 4.

ἔρρῖγα (< ἐρρίγησα, ῥίγησα) Perf. Il. γ, 353; η, 114; ρ, 175; Od. ψ, 216: ῥιγέω 7.

ἐρρίγειν Plsprf. Od. ψ, 216: ῥιγέω 7.

ἐρρίγησα (< ῥίγησα, ἔρρῖγα) Perf. Il. π, 119; Soph. O. C. 1607: ῥιγέω 7.

ἐρρίγῃσι 3 Sing. Conj. Praes. Il. γ, 353 [*73*]: ῥιγέω 7.

ἐρρίγοντι Part. Perf. ep. Hes. Sc. 228: ῥιγέω 7.

ἐρρίγωσα Aor. Hippocr. 1, 43; 3, 50; Plut. M. 132; ἐν- Ar. Plut. 846: ῥιγόω 8.

ἔρριμμαι Perf. Pass. -πται Eur. Med. 1404; -μμένος Ar. Eccl. 850; -α Xen. Mem. 3, 1, 7; ἀπερρίψαι 2, 1, 31: ῥίπτω 9.

ἔρριπται s. u. ἔρριμμαι.

ἐρρίπτεον Impf. Her. 8, 53; -ουν Xen. Cyr. 4, 2, 33: ῥίπτω 9.

ἔρριφα Perf. Lys. 10, 9. 21: ῥίπτω 9.

ἐρρῖφην (< ῥίφη) Aor. 2 Pass. Eur. Fr. Melanip. 2 (Diod.); Pl. Phil. 16, b (*14*): ῥίπτω 9.

ἐρρίφϑην Aor. Pass. s. ῥιφϑ(ην): ῥίπτω 9.

ἔρριψα (< ἔριψα, ῥίψε, ῥίψ') Aor. Il. τ, 130 *A**; Batr. 97; Qu. Sm. 3, 86; Aesch. Prom. 748; Ch. 913; [Pl.] Ax. 368, c: ῥίπτω 9.

ἔρριψαι s. u. ἔρριμμαι.

ἐρρίψομαι Fut. 3 Luc. Merc. Cond. 17 (*187*): ῥίπτω 9.

ἐρροίζησα (< ῥοίζησα) Aor. Op. Hal. 1, 563; ἀπ- Soph. Tr. 568: ῥοιζέω 10.

ἐρροίζητο Plsprf. Anth. 16, 106: ῥοιζέω 10.

ἔρροις Opt. Praes. Eur. Alc. 734: ἔρρω 1.

ἐρρόφησα Aor. Ar. Equ. 51; ἐκ- 701; ἀπ- Xen. Cyr. 1, 3, 10: ῥοφέω 11.

ἐρρύηκα Perf. Pl. Rep. 485, d; Isocr. 159, d; παρ Soph. Phil. 653; συν- Xen. An. 5, 2, 3: ῥέω 2.

ἐρρύην (< ῥύη) Aor. Pass. Aesch. Fr. bei Schol. Ar. Lys. 1259; Her. 8, 138; Thuc. 2, 5; 3, 116; Xen. Cyr. 8, 3, 30; Dem. 19, 287; ῥυῇ Eur. Cycl. 147; ῥυείς Isocr. 10, 59;

---

1 langsam, mühselig einhergehen; in Elend gerathen, untergehen. 2 fliessen. 3 das Uebergewicht haben. 4 brechen, reissen, sprengen; *Med.* = *Act. Pass.* brechen, reissen, springen. 5 sprechen, sagen, reden, nennen. 6 (be)sprengen, (be)streuen. 7 schaudern, sich entsetzen; *trans.* schaudern vor . . . 8 frieren. 9 werfen, schleudern; *intr.* sich werfen, sich stürzen. 10 rauschen, sausen, schwirren. 11 schlürfen, (ver)schlucken. 12 beschmutzen, beflecken; *Pass.* schmutzig werden. 13 schmutzig sein.

ῥυείσης Pl. Tim. 84, c; -έντες Rep. 495, b; περιερρύη Thuc. 4, 12; ἐξερρύη Pl. Rep. 452, d: ῥέω 2.

ἐρρυπάνθην Aor. Pass. Plut. M. 434: ῥυπαίνω 12.

ἐρρυπωμένος (< ῥερυπωμένος) Part. Perf. Schol. Ar. Ach. 425: ῥυπάω 13.

ἐρρύπων Imprf. Ar. Av. 1282: ῥυπάω 13.

ἐρρῡσάμην (ἐρῡσάμην, ῥῡσάμην, ῥῠσάμην) Aor. Med. Il. υ, 194; Eur. Ion. 1298; Ar. Lys. 342; Her. 3, 132: ῥύομαι 14.

ἔρρωγα (< ἔρρηγα) Perf. Aesch. Pers. 433; Eur. Hipp. 1338; Ar. Plut. 546; Hippocr. 1, 535; δι- Pl. Phaed. 86, a (**203**): ῥήγνυμι 4.

ἔρρωμαι Perf. Pass. Eur. Heracl. 636; Pl. Symp. 176, b *Γ**; -σαι Dem. 22, 26: ῥώννυμι 15.

ἐρρώοντο (< ῥώοντο) Imprf. Il. ψ, 367; Hes. Sc. 230: ῥώννυμι 15.

ἔρρωσα Aor. Plut. Pericl. 19; ἐπ- Her. 8, 14; Thuc. 4, 36: ῥώννυμι 15.

ἐρρωσάμην Aor. Il. ω, 616; Hes. Th. 8: ῥώννυμι 15.

ἐρρῶσθαι Inf. Perf. Pl. Symp. 176, b; Phaed. 61, b: ῥώννυμι 15.

ἔρρωσθε 2 Plur. Imper. Perf. Pass. [Hippocr.] Ep. 3, 781: ῥώννυμι 15.

ἐρρώσθην Aor. Pass. Thuc. 4, 72: ῥώννυμι 15.

ἔρρωσο 2 Sing. Imper. Perf. Pass. Xen. Cyr. 4, 5, 33; [Pl.] Ep. 310, a: ῥώννυμι 15.

ἔρσε [1]) 3 Sing. Aor. 1 ἀπο- Il. ζ, 348; ἀποέρσῃ 3 Sing. Conj. Il. φ, 283; ἀποέρσειε 3 Opt. Il. φ, 329: ἀπόερσε [1]), er riss fort, raffte hinweg.

1) ἐρυγγάνεται Praes. *Med. act.* Hippocr. 1, 724: ἐρυγγάνω = ἐρεύγομαι 16.

2) ἐρυγγάνεται Praes. *Pass.* Hippocr. 1, 725: ἐρυγγανω = ἐρεύγομαι 16.

ἐρῡγεῖν s. ἤρῡγον.

ἐρυθαίνετο (< ἠρ-) Imperf. Il. κ, 48; φ, 21; Anth. 12, 8: ἐρυθαίνω 17.

ἐρύθηνα Aor. Ap. Rh. 1, 791; 4, 474; Orph. Arg. 230: ἐρυθαίνω 17.

ἐρυκακέειν Inf. Aor. 2 Il. ε, 262 *B** [**47**]: ἐρύκω 18.

ἐρύκακεν (< ἠρύ-) Aor. 2 Il. λ, 352 *Γ** [**47**]: ἐρυκω 18.

ἐρυκάκοι Opt. Aor. 2 Il. η, 342 [**47**]: ἐρύκω 18.

ἐρύκᾰνε Imprf. Od. κ, 429 (> ἐρύκακε); κατ- Il. ω, 218; Orph. Arg. 650 (>> κατερύκακε): ἐρυκανω 19.

ἐρυκανόωσι 3 Plur. Praes. Od. α, 199; Qu. Sm. 12, 205: ἐρυκανάω 19.

ἐρύκεαι 2 Sing. Praes. Med. Od. δ, 373: ἐρύκομαι, ἐρύκω 18.

ἐρυκέμεν Inf. ep. Il. ϑ, 216 *B**; Qu. Sm. 2, 159: ἐρύκω 18.

ἐρύκεσθον s. ἐρύκομαι.

ἐρύκετον Dual. Imper. Pind. Ol. 11, 5: ἐρύκω 18.

ἐρύκομαι Praes. Med. Od. δ, 466; -εται Il. μ, 285; -εσθον ψ, 443: ἐρύκω 18.

ἔρῡκον (< ἤρυκον) Imprf. Il. π, 369 *B**; Hym. 1, 99: ἐρύκω 18.

ἔρυντο Imperf. Theocr. 25, 76: ἐρύω 20.

ἔρυξα (< ἤρυξα) Aor. Od. ρ, 515; -ας Il. ζ, 217; Od. π, 82; -ε Il. κ, 527; -αν γ, 113; vgl. -ον: ἐρύκω 18.

ἔρυξον Imper. Aor. Od. τ, 16: ἐρύκω 18.

ἐρύξω Fut. Od. ο, 68; -ει Il. ϑ, 178 *B**; ο, 297: ἐρύκω 18.

ἔρῠον Imprf. Il. μ, 258: ἐρύω 20.

ἐρύουσι s. ἐρύω 2).

ἔρῠσα (< ἔρυσσα, εἴρυσα, εἴρυσσα) Aor. Il. ε, 573; π, 781; Pind. N. 7, 67: ἐρύω 20.

ἐρύσαι (< -σσαι) Inf. Aor. Il. ρ, 419: ἐρύω 20.

ἐρυσαίατο s. ἐρυσαίμην.

ἐρυσαίμην (< εἰρύσσαιτο, εἰρύσσαισθε) Opt. Aor. Med. -αιο Il. ε,

---

1) Einige leiten diese Form von ἔρρω, Andere von ἔργω ab; Buttm. Lexil. 2, p. 169 führt sie auf ἔρδω, ion. Nbform von ἄρδω, zurück, während Ahrens ἀποϜέρσαι (vom St. Ϝρε = Ϝρα) als Grundform annimmt.

---

14 (er)retten; schirmen, beschützen. 15 stärken; *Pass.* stark werden. 16 ausbrechen, *eructare.* 17 röthen; *Pass.* sich ~. 18 zurück-, auf-, abhalten, abwehren; *Pass.* zurückbleiben, zögern. 19 nicht fortlassen, ab-, fern-, auseinander-, auf-, anhalten; *Pass.* zurückbleiben. 20 ziehen, zerren, schleppen; herum-, abreissen; *Med. a.* nach sich hinziehen, für sich ziehen; *b.* an sich ziehen. — retten, erhalten, beschützen.

456; ω, 584; -αίμεθα ξ, 79 *B**; ἐρῡσαίατο 3 Plur. Il. ε, 298 [*106*]: ἐρύω 1.

ἐρύσαιμι Opt. Aor. Il. θ, 24; -αιτ' 21: ἐρύω 1.

ἐρύσαιο 2 Sing. Opt. Aor. Med. Il. ε, 456: ἐρύω 1.

ἐρῡσάμην (s. u. ἐρρῡσάμην) Aor. Med. Aesch. Prom. 235: ῥύομαι 2.

ἐρύσας (-σσας, εἰρύσας) Part. Aor. Il. ψ, 21 *B**; -ασα ε, 836; -αντας Od. θ, 508: ἐρύω 1.

ἐρύσασθαι (< ἐρύσσασθαι, εἰρύσσασθαι) Inf. Aor. Med. Il. χ, 351; Qu. Sm. 1, 808: ἐρύω 1.

ἐρύσασκε Imprf. iter. ἐξ- Il. κ, 490: ἐρύω 1.

ἐρύσατο (< -σσατο, εἰρύσατο, -σσατο) Aor. Med. -ατο Od. ξ, 279; -ασθε Hym. 2, 310; ἐρύσαντο Od. θ, 504: ἐρύω 1.

ἐρύσῃ (< -ύσσῃς) Conj. Aor. Il. ξ, 230: ἐρύω 1.

ἐρύσηται Conj. Aor. Med. Ap. Rh. 1 1204: ἐρύω 1.

ἔρυσθαι (< εἴρυσθαι) Inf. bewahren Il. ε, 484; ι, 194; κ, 444; ξ, 260; ρ, 429: ἐρύω 1.

ἔρῡσο 2 Sing. Plsprf. schirmtest Il. χ, 507: ἐρύω 1.

ἐρυσόμεθαι (< εἰρύσσονται) Fut. Med. Il. φ, 588; vgl. ἐρύσσεσθαι: ἐρύω 1.

ἔρυσσα (< -υσα, εἴρυσα, -ύσσα) Aor. -αμεν Od. δ, 577. 780; κ, 403; -αν θ, 51; λ, 2; ἐρύω 1.

ἐρύσσαι (< ἐρύσαι) Inf. Aor. Il. θ, 23: ἐρύω 1.

ἐρυσσάμενος Part. Aor. Med. Il. γ, 361 *Γ**: ἐρύω 1.

ἐρύσσας (< ἐρύσας, εἰρ-) Part. Aor. Od. ι, 99; Ap. Rh. 3, 915: ἐρύω 1.

ἐρύσσασθαι (< ἐρύσασθαι, εἰρυσσ-) Inf. Aor. Med. Il. σ, 174: ἐρύω 1.

ἐρύσσατο (< -ύσατο, εἰρύσατο, -σσατο) Aor. Med. Il. λ, 363 *Γ**: ἐρύω 1.

ἐρύσσεσθαι Inf. Fut. Med. Od. χ, 176: ἐρύω 1.

ἐρύσσεται Conj. Aor. Med. Il. κ, 44: ἐρύω 1.

ἐρύσσῃς (< ἐρύσῃ) Conj. Aor. Il. ε, 110: ἐρύω 1.

ἐρύσσομεν Conj. Aor. Il. α, 141; Od. θ, 34; π, 348 [-ο- *372*]: ἐρύω 1.

1) ἐρύσσω (< εἰρύσῃ) Conj Aor. 2 -ωσι Od. ρ, 479: ἐρύω 1.

2) ἐρύσσω Fut. Orph. Lith. 35: ἐρύω.

ἔρῡσο (< εἴρῡτο) Plsprf. od. sync. Aor. schirmte, wehrte ab Il. δ, 138; ε, 23. 538; ν, 555; ρ, 518; ψ, 819; Od. ω, 524; Hes. Sc. 415; Ap. Rh. 3, 1305: ἐρύω 1.

ἐρυστός Vb. Soph. Ai. 731: ἐρύω 1.

ἔρῡτο Plsprf. passivisch Hes. Th. 304: ἐρύω 1.

1) ἐρύω Praes. ἐρύων Il. χ, 493: ἐρύω 1.

2) ἐρύω Fut. od. Praes. als Fut. [*58*] -ουσι Il. λ, 454; ο, 351; χ, 67: ἐρύω 1.

ἔρχαται 3 Plur. Perf. Il. π, 481; Od. κ, 283: ἔργω = εἴργω 3.

ἔρχατο (< ἐέρχατο) 3 Plur. Plsprf. Il. ρ, 354: ἔργω = εἴργω 3.

ἔρχεαι (< ἔρχει) 2 Sing. Praes. Il. κ, 208: ἔρχομαι 4.

ἔρχει (< ἔρχεαι) 2 Sing. Praes. Pl. Prot. Rep. 596, e; Prot. 321, c: ἔρχομαι 4.

ἔρχεο (< ἔρχευ) 2 Sing Imper. Il. ζ, 270 *Δ**: ἔρχομαι 4.

ἔρχεσθαι [1]) Inf. Il. θ, 400; Aesch. Ag. 917; ἀπ- Hippocr. 2, 629; Lys. 17, 19; συν- Pl. Dem. 381; ὑπ- Andoc. 4, 21; Dem. 23, 8: ἔρχομαι 4.

1) ἔρχεσθε 2 Plur. Praes. Xen. An. 1, 7, 2: ἔρχομαι 4.

2) ἔρχεσθε 2 Plur. Imper. Praes. Il. ι, 649 *B**: ἔρχομαι 4.

ἔρχεσθον Dual. Praes. Pl. Critia. 110, a: ἔρχομαι 4.

ἔρχεται 3 Sing. Praes. Il. α, 120;

1) Das Praes. bei Att. nur im Ind. häufig, wird durch die entsprechenden Formen von εἶμι ergänzt.

---

1 ziehen, zerren, schleppen; herum-, abreissen; *Med. a.* nach sich hinziehen, für sich ziehen; *b.* an sich ziehen. — retten, erhalten, beschützen. 2 (er)retten; schirmen, beschützen. 3 einschliessen. 4 gehen, kommen, vorschreiten, fortgehen, aufbrechen. 5 kriechen, schleichen, gehen; sich verbreiten. 6 (er)fragen, erforschen. 7 ἵημι *gehen machen*, in Bewegung setzen, senden, schicken; *Med.* sich in Beweg. setzen, begehren, verlangen.

Aesch. Sept. 158; Pl. Xen.: ἔρχομαι 4.
ἔρχευ (< ἔρχεο) 2 Sing. Imper. Il. ι, 43 Γ*; Theogn. 220: ἔρχομαι 4.
ἔρχησθον [1]) Dual. Conj. Praes. Od. π, 170; Callim. Fr. 67; Maneth. 6, 269; Hippocr. 2, 625: ἔρχομαι 4.
ἔρχηται [1]) 3 Sing. Conj. Praes. selten Il. κ, 185: ἔρχομαι 4.
ἐρχθείς Part. Aor. Pass. Il. φ, 282: ἔργω = εἴργω 3.
ἔρχοιτο [1]) Opt. selten ἐξ- Xen. Cyr. 4, 1, 1: ἔρχομαι 4.
ἐρχόμεθα 1 Plur. Praes. Od. β, 207: Pl. Leg. 707, d: ἔρχομαι 4.
ἐρχόμενος [1]) Il. β, 475; δ, 276 Γ*; Pind. P. 5, 14; Soph. Tr. 850; Thuc. 6, 3; Pl. Symp. 174, d; ἐπ- Il. α, 535 Β*; Aesch. Prom. 98; Ar. Nub. 311; ὑπ- Pl. Crit. 53, e; Xen. Ath. 2, 14: ἔρχομαι 4.
ἔρχονται 3 Plur. Praes. Il. β, 801. 705; Gorg. 488, c: ἔρχομαι 4.
ἔρχου (< ἔρχει, ἔρχεο) 2 Sing. Imper. seltener att. für ἴθι N. T. Matth. 8, 9; Luc. 7, 8; Apoc. 6, 5: ἔρχομαι 4.
ἐρψοῦμες s. u. ἐρψῶ.
1) ἕρψω (< ἑρψῶ) Fut. ἐφ- Aesch. 500: ἕρπω 5.
2) ἑρψῶ (< ἕρψω) Fut. dor. Theocr. 5, 45; ἑρψοῦμες 8, 40 [*160*]: ἕρπω 5.
ἔρωμαι 1 Sing. Conj. Aor. Pl. Gorg. 447, c: ἔρομαι 6.
ἐρώμεθα 1 Plur. Conj. Aor. 2 Pl. Riv. 135, a: ἔρομαι 6.
ἕς Imper. Aor. 2 ἔφες Il. ε, 174; πρόες α, 127; π, 38. 241; ξύνες β, 26. 63; ω, 133: ἵημι 7.
1) ἕσαιμι Opt. Aor. 1 Il. ξ, 209 [*272*]: ἀνίημι 8.
2) ἕσαιμι Opt. Aor. 1 ἀμφι- Od. σ, 361: ἕννυμι 9.
ἐσάλπιγξα (< -ισα, σάλπιγξα) Aor. Xen. An. 1, 2, 17: σαλπίζω 10.
ἐσάλπισα (< -ιξα, σάλπιγξα) Aor. sp. V. T. 6, 5. 16 Β*; N. T. Matth. 6, 2; Apoc. 8, 6 Β*; Luc. Ocyp. 114: σαλπίζω 10.
1) ἔσαν (< ἦσαν) 3 Plur. Il. α, 267 Γ*; Her. 1, 70 Γ*; ἦσαν hat Her. „wohl stets in Compos." Kr. [*283*]: εἰμί 11.
2) ἕσαν 3 Plur. Aor. 1 Act. für ἀνῆκαν Il. φ, 537 [*272*]: ἀνίημι 8.
ἔσανα Aor. Apollod. Com. (*226*): σαίνω, wedeln.
ἔσαξα (< ἔσασα) Aor. s. σαξ-, -αντες, -ον: σάττω 12.
ἐσάπην (< ἐσήφθην) Aor. 2 Pass. Her. 3, 66; σαπέντος 6, 136; σαπῇ Pl. Phaed. 80, d; -εν 87, e; -είσης Hes. Sc. 152; -εῖσ' Ar. Equ. 1308; vgl. σαπῄη, -είη: σήπω 13.
ἕσας Part. des Aor. εἷσα Od. ; ξ, 280; vgl. ἕσασα: εἷσα 14.
1) ἔσασσα (< ἔσαξα) Aor. ἐσ- Hippocr. 2, 330. 345: σάττω 12.
2) ἕσασα Part. des Aor. εἷσα Od. κ, 364: εἷσα 14.
3) ἕσασα Part. Aor. 1 ἀμφι- Od. ε, 264; ο, 369: ἕννυμι 9.
ἕσασθαι Inf. Aor. Med. Il. ω, 646; Od. η, 338; ἐπιέσασθαι Xen. Cyr. 6, 4, 6: (ἐπι)έννυμι 9.
ἕσασθε 2 Plur. Imper. ἀμφι- Od. ψ, 131: ἕννυμι 9.
ἕσατο (< ἕσσατο, ἐέσατο, εἵσατο) 3 Sing. Aor. 1 Med. Il. ξ, 178: ἕννυμι 9.
ἐσάω (< σάω) 3 Sing. Imprf. Il. φ, 238 (> σάω): σαόω = σώζω 15.
ἐσάωθεν (< σαώθη Pind.) Aor. Pass. Od. γ, 185; vgl. -θήτω, -θῆναι [*114*]: σαόω = σώζω 15.
ἐσάωσα (< σάωσε, -αν) Aor. Od. ε, 130; -ας Il. χ, 18; -ε(ν) Γ*; Pind. Fr. 155; -αν σ, 405: σώζω 15.
ἔσβᾱν (< ἔσβην) Aor. 2 *intrans.* -ας Theocr. 4, 39 (> ἠσ-): σβέννυμι 16.
ἐσβέννυτο Imprf. Pl. Phaed. 106, a: σβέννυμι 16.
ἔσβεσα Aor. κατα... Il. π, 293; κατ-φ, 381; Od. ψ, 250. — ἔσβεσε(ν) Soph. Ai. 1057; Anth. 5, 62; vgl. σβεσ-, σβέσσαι: σβέννυμι 16.

1) Vgl. Sp. 280, 1).

8 auf-, emporsenden; los-, freilassen; *intr.* nachlassen. 9 bekleiden; anziehen; *Med.* sich anziehen, anlegen. 10 trompeten. 11 sein, vorhanden sein, da sein, existiren, leben. 12 panzen, packen; anrusten; beladen; vollstopfen. 13 faul, verfaulen machen; *gew. Pass. m. Perf. 2* faul sein, (ver)faulen. 14 ich setzte, legte, gründete; *Aor. Med.* baute, gründete für mich. 15 (er)retten, erhalten, bewahren. 16 (aus)löschen; dämpfen, stillen.

ἐσβέσθην Aor. Pass. Simonid. 190 (Bergk); Anth. 12, 39; Hippocr. 2, 446; κατ- Xen. Symp. 6, 10; -θείη Hell. 5, 3, 8; ἀποσβεσθείσης Pl. Tim. 58, c; Critia. 112, c: σβέννυμι 1.
ἔσβεσμαι Perf. ἀπ- Hippocr. 2, 505: σβέννυμι 1.
ἔσβηκα Perf. *intr*. κατ- Aesch. Ag. 888; ἀπ- Pl. Polit. 269, b; Xen. Cyr. 8, 8, 13; vgl. -ήκει: σβέννυμι 1.
ἐσβήκει Plsprf. ἀπο- Pl. Symp. 218, b: σβέννυμι 1.
ἔσβην (< ἔσβαν) Aor. Il. ι, 471; Od. γ, 182; ἀπ- Eur. Frgm. 84 (Dind.) Theocr. 4, 39 (*280*): σβέννυμι 1.
ἔσεαι (< ἔσσεαι) 2 Sing. Fut. Il. α, 563: εἰμί 2.
ἐσεβόμην Imperf. Pl. Phaedr. 234, b; Ep. 344, d; Xen. Cyr. 8, 8, 1; 11, 1: σέβω 3.
ἔσει 3 Sing. Fut. ἀνέσει Od. σ, 265 [*272*]: ἀνίημι 4.
ἔσεισα Aor. Soph. El. 713; Thuc. 4, 52; δι- [Dem.] 11, 7; σεῖσαι Pind. 4, 272: σείω 5.
ἐσεισάμην (< σεισ-) Aor. Pass. Callim. Apol. 1: σείω 5.
ἐσείσθην s. σεισθ-(ην).
ἐσένεον Impf. Thuc. 4, 26: ἐςνέω.
ἐσεσάχατο 3 Plur. Plsprf. Her. 7, 62. 70. 73. 86 [*111*]: σάττω 6.
ἔσεσθαι (< ἔσσεσθαι) Inf. Fut. Il. ξ, 56 *B**; Lys. 12, 99; 19, 63: εἰμί 2.
ἔσεσθε 2 Plur. Fut. Il.: εἰμί 2.
ἔσεσθον Dual. Fut. Od. π, 267; φ, 216: εἰμί 2.
ἔσεται (< ἔσσεται, ἔσται, ἐσσεῖται) 3 Sing. Fut. Il. ξ, 480; Pind. P. 5, 54: εἰμί 2.
ἐσέφθην Aor. Pass. Soph. Fr. 175 (Dind.) (bei Hesych.); σεφθεῖσα Pl. Phaedr. 254, b: σέβω 3.
ἔσῃ (< ἔσεαι, ἔσσεαι) 2 Sing. Fut. Od. τ, 254: εἰμί 2.
ἐσημάνθην Aor. Pass. Xen. Hell. 6, 2, 34; Dem. 47, 16: σημαίνω 7.
ἐσήμηνα Aor. Aesch. Ch. 667; Her. 3, 106; 8, 11; Pl. Rep. 523, d; Xen. An. 3, 4, 4 *A**: σημαίνω 7.
ἐσημηνάμην Aor. Med. -αντο Il. η, 175: ἐσήμην(αμην): σημαίνω 7.
ἔσηρα s. σηρ-, σήραντες.
ἔσησα s. u. σησ-.
ἐσήφθην (< ἐσάπην) Aor. 1 Pass. Apollinar. Ps. 37, 10: σήπω 8.
ἔσηψα Aor. κατ- Ael. H. A. 9, 62: σήπω 8.
ἐσθ' 3 Sing. Praes. aus ἐστί Il. ν, 107 *B**: εἰμί 2.
1) ἔσθαι Inf. Aor. 2 Med. εἰσ- Xen. Hell. 1, 3, 19; ἀφ- Isocr. 6, 83: εἰσίημι 9.
2) ἔσθει Praes. Aesch. Ag. 1597: ἐσθίω, ἔδω 10.
ἔσθειν (< ἐσθέμεναι) Inf. Od. ε, 197: ἐσθίω, ἔδω 10.
ἐσθέμεναι (< ἔσθειν, ἐσθίεμεν) Inf. Il. ω, 213 (V.): ἔσθω, ἔδω 10.
ἐσθημένος (< ἠσθημένος) Perf. Pass. Her. 3, 129; 6, 112: (ἐσθέω) 11.
ἔσθην 3 Dual. Plsprf. Pass. Il. σ, 517: ἕννυμι 12.
ἔσθιε Imper. Od. ξ, 443: ἐσθίω, ἔδω 10.
ἐσθίει (< ἔσθουσι, ἔσθει) 3 Sing. Praes. Il. ψ, 182; -ίετε Od. κ, 460: ἐσθίω, ἔδω 10.
ἐσθίεμεν (< ἐσθέμεναι, ἔσθειν) Inf. Od. β, 305 *B**: ἐσθίω, ἔδω 10.
ἐσθίεται Praes. Pass. wird verzehrt Od. δ, 318: ἐσθίω, ἔδω 10.
ἔσθουσι (< ἔδουσι) Praes. Il. ω, 415: ἔσθω, ἔδω 10.
ἔσθων Part. Il. ω, 476 *A**; -οντες θ, 231: ἔσθω, ἔδω 10.
ἐσιγάθην (< ἐσιγήθην) Aor. Pass. dor. Eur. Phoen. 349: σιγάω 13.
ἐσιγήθην (< ἐσιγάθην) Aor. Pass. Eur. Suppl. 298; Aesch. 2, 86: σιγάω 13.
ἐσίγησα Aor. ε- Pl. Euthyd. 286, b *A**; -άτην Riv. 133, a; -αν Xen. Cyr. 4, 5: σιγάω 13.
ἐσιγησάτην s. u. ἐσίγησα.
ἐσινάμην Aor. -αντο Her. 8, 31: σίνομαι 14.

---

1 (aus)löschen; dämpfen, stillen. 2 sein, vorhanden sein, da sein, existiren, leben. 3 scheuen, (ver)ehren. 4 auf-, emporsenden; los-, freilassen; *intr*. nachlassen. 5 schwingen; schütteln; sieben; erschüttern; (an die Thür) pochen; bewegen. 6 panzen, packen; ausrüsten; beladen; vollstopfen. 7 (be)zeichnen; beschreiben, beweisen. 8 faul, verfaulen machen; *gew. Pass. m. Perf. 2* faul sein, (ver)faulen. 9 hineinwerfen, -thun, -lassen; *Med*. zu sich hereinlassen. 10 essen, auf-, verzehren.

ἐσινέατο (< -έοντο, -οντο) Imprf. Her. 7, 147: σίνομαι¹) 14.

ἐσινέετο 3 Sing. Imprf. Her. 9, 13 (> -νετο): σίνομαι 14.

ἐσινέοντο (< -έατο, -οντο) Imprf. Her. 5, 81 (> σίνοντο): σίνομαι¹) 14.

ἐσίνετο s. u. ἐσινέετο.

ἐσινόμην, -οντο (< ἐσινέοντο, ἐσινέατο) Imprf. Her. 5, 74; Xen. An. 3, 4, 16; vgl. ἐσίνετο, -έετο: σίνομαι¹) 14.

ἐσιώπων Imprf. Lys. 1, 14: σιωπάω 15.

ἔσκαμμαι Perf. Pass. Pl. Crat. 413, a; Luc. Gall. 6: σκάπτω 16.

ἔσκαφα Perf. Isocr. κατ- Isocr. 14, 7 (*14*): σκάπτω 16.

ἐσκάφην (< ἐσκάφθην) Aor. Pass. Eur. κατ- Hec. 22; Thuc. 4, 109; Lys. 13, 34; κατασκαφείη Lys. 13, 8; -ῆναι Isocr. 15, 319 (*14*): κατασκάπτω 17.

ἐσκάφθην (< ἐσκάφην) Aor. Pass. κατ- Polyb. 3, 107, 4 (*14*): κατασκάπτω 17.

ἔσκαψα Aor. κατ- Her. 7, 156; Thuc. 4, 109: κατασκάπτω 17.

ἔσκε (< ἔην, ἦν, ἦεν, ἤην) 3 Sing. Imprf. iterat. Il. γ, 180 *Δ** [*282*]; Her. 1, 196 *B**; Aesch. Pers. 656: εἰμί 2.

ἐσκεδάννυον Imperf. Dem. 54, 4: σκεδάννυμι 18.

ἐσκέδασα Aor. Il. η, 330; ϱ, 649; Hes. Op. 95; Soph. Tr. 989; δι- Thuc. 1, 54: σκεδάννυμι 18.

ἐσκεδάσθην Aor. Pass. Her. 5, 102; δι- Thuc. 3, 98; vgl. σκεδασθ(ην): σκεδάννυμι 18.

ἐσκέδασμαι Perf. Pass. -μένον Thuc. 4, 56; -μένων Pl. Symp. 221, a: Xen. An. 3, 5, 2; -ους Hell. 2, 1, 17; -μένη Cyn. 5, 26: σκεδάννυμι 18.

ἐσκέλλοντο Imprf. κατ- Aesch. Prom. 481: (κατα)σκέλλω 19.

ἔσκεμμαι Perf. Pass. in act. u. pass. Bedeut. (*392*) Pl. Prot. 317, b; 339, b; ἔσκεψαι Xen. Mem. 3, 6, 5. 13; -πται Pl. Gorg. 501, a; -έμμεθα Rep. 371, e; ἐσκέφθω Imper. Hippocr. 1, 72; ἐσκέφθαι Pl. Ap. 20, b; Crat. 428, b; Dem. 15, 25; 21, 191; ἐσκεμμένος Eur. Heracl. 147; Thuc. 6, 62; Pl. Menex. 236, b; Xen. Hell. 3, 3, 8; Dem. 21, 192: σκέπτομαι 20.

ἐσκέπην (< ἐσκέφθην) Aor. 2 Pass. V. T. Num. 1, 18. 19: σκέπτομαι 20.

ἔσκεπται s. u. ἔσκεμμαι.

ἐσκέφθαι u. ἐσκέφθω s. u. ἔσκεμμαι.

ἐσκέφθην Aor. Pass. selten σκεφθῆναι Hippocr. 1, 18: σκέπτομαι 20.

ἔσκεψαι s. u. ἔσκεμμαι.

ἐσκεψάμην (< σκέψατο Hom. Hym. 5, 245) Aor. ἐσκέψω Pl. Soph. 251, e; -ατο Hom. Hym. 3, 360. 415; Eur. Or. 494; (-τ') Lys. 15, 10; Pl. Theaet 196, a; -άμεθα Rep. 558, c; Thuc. 6, 82; -αντο 8, 63. — Xen. u. s. w.: σκέπτομαι 20.

ἐσκέψομαι Fut. Pass. 3 Pl. Rep. 392, c (*187*): σκέπτομαι 20.

ἐσκηπτόμην Imprf. Med. -ετο Lys. 4, 14: σκήπτω 21.

ἔσκηφα Perf. Diog. Laert. 1, 118; σκήπτω 21.

ἐσκήφθην s. u. σκηφθ(ην).

ἔσκηψα Aor. Eur. Med. 1333: σκήπτω 21.

ἐσκηψάμην Aor. Med. s σκεψ(αμην): σκέπτομαι 20.

ἐσκίασα Aor. Hes Th. 716; σκιάσῃ Il. φ, 232: σκιάζω 22.

ἐσκιδνάμην Imprf. -αντο Il. α, 487; τ, 277; ψ, 3; ω, 2: σκίδνημι 18.

ἔσκληκα Perf. ἐξ- Epicharm. 106 (Ahrens); ἐν- Hippocr. 2, 206; Luc. Somn. 29; -κως Alciphr. 3, 3; simpl. sp. Nic. Ther. 718. 789: σκέλλω 19.

ἐσκλήκει Plsprf. Ap. Rh. 2, 201: σκέλλω 19.

ἐσκληῶτες Part. Perf. sync. Ap. Rh. 2, 53: σκέλλω 19.

---

11 bekleiden. 12 bekleiden; anziehen; *Med.* sich anziehen, anlegen. 13 schweigen, still schweigen, still sein. 14 wegraffen, weg-, berauben, ausplündern; (be)schädigen; verwunden. 15 = 13. 16 graben; (be-, auf-, um-, ein)hacken. 17 (ver-, unter)graben; niederreissen. 18 zerstreuen, zersprengen, auseinander treiben; Nebenf. σκίδνημι, verbreiten; *Pass.* sich ~. 19 austrocknen, auszehren. 20 (umher)schauen, spähen. 21 stützen. 22 beschatten.

1) ἔσκον (< ἔα, ἔον) 1 Sing. Imprf. Il. η, 153 [*282*]: εἰμί 1.
2) ἔσκον (< ἦσαν, ἔσαν) 3 Plur. Imprf. Her. 1, 196; 4, 129; 9, 40: εἰμί 1.
ἐσκοπούμην, -εῖτο Imperf. Med. Xen. An. 5, 2, 8: σκοπέω 2.
ἐσκόπουν Imperf. Isae. 2, 18; Pl. Gorg. 514, d; Rep. 354, b *A**; Xen. Cyr. 7, 5, 59 *A**: σκοπέω 2.
ἔσκωμμαι Perf. Pass. ἀπεσκώφθω Luc. Bacch. 8: σκώπτω 3.
ἐσκώφθην Aor. Pass. Xen. Cyr. 5, 2, 18: σκώπτω 3.
ἔσκωψα Aor. Ar. Nub. 540; Xen. Symp. 4, 28; Pl. Men. 77, a: σκώπτω 3.
ἐσμασάμην (< ἐσμησάμην) Aor. Med. Call. Lav. Pall. 32 (*219*): σμάω 4.
ἐσμέν (< εἰμέν) 1 Plur. Praes. Thuc. 3, 14; Pl. Rep. 378, e; Pol. 274, b: εἰμί 1.
ἔσμηξα (< ἔσμησα) Aor. ἀπ- Hippocr. 2, 224; Nonn. 4, 209 (*219*): σμήχω, σμάω 4.
ἔσμησα (< ἔσμηξα) Aor. Alex. Com. Fr. 3, 471 (*219*): σμάω 4.
ἐσμησάμην (< -ασάμην) Aor. Med. s. σμησάμενοι.
ἐσμήχθην Aor. Pass. διασμηχθείς Ar. Nub. 1237 (*219*): σμήχω, σμάω 4.
ἔσμηχον (< ἔσμων) Imprf. Od. ζ, 226 (*219*): σμάω 4.
ἐσμύγην (< ἐσμύχθην) Aor. Pass. ἀποσμυγέντες Luc. Dial. Mort. 6, 3: ἀποσμύχω 5.
ἐσμυγμένος Perf. Pass. κατ- Heliod. 7, 21: κατασμύχω 6.
ἐσμύχθην (< ἐσμύγην) Aor. Pass. κατ- Theocr. 8, 90: κατασμύγω 6.
ἔσμων (< ἔσμηχον) Imprf. ἐξ- Her. 3, 148: ἐκσμάω 7.
ἐσοίμην 1 Sing. Opt. Fut. Xen. Cyr. 7, 5, 49; Pl. Ep. 328, c; vgl. ἔσοιτο: εἰμί 1.
ἔσοιτο 3 Sing. Opt. Fut. Thuc. 8, 50; ἐξ- Xen. Cyr. 7, 5, 49; vgl. ἐσοίμην: εἰμί 1.
ἔσομαι (< ἔσσομαι, ἐσοῦμαι, ἐσσοῦμαι) Fut. Il. ζ, 409; Od. α, 397; φ, 131· εἰμί 1.
ἐσόμεθα 1 Plur. Fut. Od. β, 61: εἰμί 1.
ἐσόμενος Part. Fut. Lys. 19, 13; Pl. Phaedr. 248, d: εἰμί 1.
ἔσοντ' 3 Plur. Fut. für ἔσονται Il. Il. α, 546: εἰμί 1.
ἔσονται (< ἔσσονται) 3 Plur. Fut. Od. δ, 214; ω, 84: εἰμί 1.
ἐσοῦμαι Fut. dor. s. ἐσσεῖται, ἐσσῆ, ἐσοῦνται: εἰμί 1.
ἐσοῦνται 3 Plur. Fut. dor. Thuc. 5, 77: εἰμί 1.
ἔσπακα Perf. Aristot. Probl. 12, 2; Sext. Emp. adv. Math. 1, 46; 9, 25; ἀν- Dem. 19, 314; Antiph. Athen. 3, 103; 5, 224; Ar. Ach. 1069: σπάω 8.
ἐσπάρην Aor. 2 Pass. Soph. O. T. 1498; Thuc. 2, 27; vgl. σπαρ-(ην) (*245*): σπείρω 9.
ἔσπαρκα Perf. sp. Iesai. 37, 30: σπείρω 9.
ἔσπαρμαι Perf. Pass. -ται Eur. H. F. 1098; Ar. Ran. 1206; -μένος Pl. Leg. 693, a; Xen. Hell. 3, 4, 22; 4, 1, 9; 4, 5, 15; 6, 2, 17; Ages. 1, 30; διέσπαρται Lys. 11, 8: σπείρω 9.
ἔσπαρται s. u. ἔσπαρμαι.
ἔσπασα Aor. Ap. Rh. 1, 1239; Aesch. Ag. 333; Ar. Thesm. 928; σπάσας Pl. Phaedr. 264, e: σπάω 8.
ἐσπασάμην, -ατο, σπάσατο, σπάσασθαι, -άμενος Aor. Med. Il. τ, 387; Lycurg. 87: σπάω 8.
ἐσπάσθαι Inf. Perf. Pass. δι- Xen. An. 1, 5, 9: διασπάω 8.
ἐσπάσθην Aor. Pass. Eur. Cycl. 640; κατ- Thuc. 1, 63; Xen. An. 1, 9, 6 (*210*): (κατα)σπάω 8.
ἔσπασμαι Perf. Pass. Plut. Cleom. 8; *med.* -σμένοι Xen. -σμένον Cyr. 7, 5, 29; An. 7, 4, 16; *pass.* διεσπασμένον Thuc. 6, 98; -αις 8, 104; -μένην Xen. An. 4, 8, 10; vgl. -άσθαι: (δια)σπάω 8.
ἐσπᾶτο Imprf. Med. Ar. Ran. 564: σπάω 8.
ἔσπε Aor. 2 περι- Her. 1, 73; 114;

---

1 sein, vorhanden sein, da sein, existiren, leben. 2 schauen, spähen, prüfen, erwägen. 3 nachäffen; (ver)spotten; (ver)höhnen. 4 beschmieren, bestreichen; abwaschen, reinigen. 5 (durch schmauchendes Feuer) verzehren. 6 verbrennen, verzehren. 7 aus-, abwischen. 8 (heraus-, hervor)ziehen. 9 (be)säen. 10 mit Sorgfalt um etwas herum sein; besorgen,

6, 44; περισπεῖν 1, 115. 264: περιέπω 10.
ἔσπεικα Perf. sp. Plut. Sert. 14: σπένδω 11.
ἔσπειρα Aor. Eur. Phoen. 22; Xen. Oec. 20, 3; Pl. Tim. 42, d *A**: σπείρω 9.
ἔσπεισα (< σπεῖσα) Aor. Od. ν, 55; ϑ, 89; vgl. σπεισ-: σπένδω 11.
ἐσπεισάμην Aor. Med. Ar. Ach. 292. 727; -ατο Thuc. 3, 34; 8, 20; -αντο 3, 114; 5, 17; Eur. Med. 1140; Xen. An. 4, 1, 1; 4, 4, 6: σπένδω 11.
ἐσπείσθην Aor. Pass. κατ- Anth. 7, 27: σπένδω 11.
ἔσπεισμαι Perf. Pass. -εῖσθαι Thuc. 3, 111; 4, 4, 16; *Med.* Eur. Med. 1140 (***116***): σπένδω 11.
ἕσπεο 2 Sing. Aor. 2 Med. Il. κ, 285: ἕπω 12.
ἑσπέσθαι (< σπέσθαι) Inf. Aor. 2 Med. Il. ε, 423 *A**: ἕπω 12.
ἕσπεσθε 2 Plur. Praes. Med. Hom. Hym. 29, 12: ἕσπομαι, ἕπω 12.
ἑσπέσθην 3 Dual. Aor. 2 Med. Il. γ, 239: ἕπω 12.
ἑσπέσθω 3 Sing. Imper. Aor. 2 Med. Il. μ, 350: ἕπω 12.
ἕσπεται 3 Sing. Praes. Med. Ap. Rh. 4, 1605: ἕσπομαι, ἕπω 12.
ἔσπετε Imper. ep. st. εἴπατε, nur in der Fügung: ἔσπετε νῦν μοι Il. β, 484; λ, 218; ξ, 508; π, 112: εἶπον, sagen.
ἕσπετο 3 Sing. Aor. 2 Med. Il. δ, 476 *Δ**; -τ' Od. δ, 276; Pind. Ol. 6, 72; Pl. Lys. 207, b: ἕπω 12.
ἔσπευκα Perf. Plut. Gen. Socr. 13: σπεύδω 11a.
ἔσπευμαι [1]) (< ἔσπευσμαι) Perf. Pass. Galen.: σπεύδω 11a.
ἔσπευσα Aor. Her. 1, 38. 74; 8, 41; Eur. Suppl. 161; I. T. 1133; Pl. Crit. 45, c: σπεύδω 11a.
ἔσπευσμαι (< ἔσπευμαι) Perf. Pass. Luc. Amor. 33: σπεύδω 11a.
ἕσπηται 3 Sing. Conj. Aor. 2 -τ' Pind. O. 8, 11: ἕπω 12.

1) Vgl. Lob. zu Soph. Ai. p. 323.

ἑσποίμην (< σποίμην) 1 Sing. Opt. Aor. 2 Med. Od. τ, 579: ἕπω 12.
ἕσποιτο 3 Sing. Opt. Pind. Ol. 9, 83: ἕπω 12.
ἕσπομαι 1 Sing. Praes. Med. Nonn. 4, 160: ἕσπομαι, ἕπω 12.
ἑσπόμενος (< σπόμενος) Part. Aor. 2 Med. Il. μ, 395; -μένοιο Gen. κ, 246; -μενοι Pind. I. 4, 36: ἕπω 12.
ἑσπόμην 1 Sing. Aor. 2 Med. Soph. Tr. 563; s. ἕσπεο, ἕσπου, ἕσπετο, ἕσποντο, ἑσπέσθην; ἕσπηται, ἕσπωνται; ἑσποίμην, ἕσποιτο; ἑσπέσθαι, ἑσπόμενος; vgl. auch ἕσπε: ἕπω 12.
ἕσποντο 3 Plur. Aor. 2 ξυν- Thuc. 1, 60; 7, 57: ἕπομαι, ἕπω 12.
ἕσπου (< ἕσπεο) 2 Sing. Aor. 2 Med. Pl. Pol. 280, b: ἕπω 12.
ἐσπούδακα Perf. Ar. Vesp. 694; Pl. Phaedr. 236, b *A**; -κέναι Phaed. 64, d; -ότι, -ότα, -ότε Riv. 132, b; -ότων, -όσιν, -όσας Pl. *Γ**; Xen. *A**: σπουδάζω 13.
ἐσπούδασα Aor. Eur. H. F. 507; Pl. Phaed. 114, e; -άτην Euthyd. 283, c: σπουδάζω 13.
ἐσπουδάσθην Aor. Pass. sp. Plut. Per. 24: σπουδάζω 13.
ἐσπούδασμαι Perf. Pass. Pl. -μένη Pl. Lys. 219, e; -μέναι Leg. 659, e *B**; -μένοις Xen. Cyr. 4, 2, 38: σπουδάζω 13.
ἕσπωνται 3 Plur. Aor. 2 Med. Od. μ, 349: ἕπω 12.
1) ἔσσ' 2 Sing. Praes. für ἔσσι Od. ρ, 273; Epicharm. 125: εἰμί 1.
2) ἔσσ- (< ἴσθι) 2 Sing. Imper. Med. für ἔσσο Od. α, 302: εἰμί 1.
1) ἕσσαι Imper. Aor. M. ἔφεσσαι Od. ο, 277: εἷσα 14.
2) ἕσσαι Inf. Aor. ἐφέσσαι Od. ν, 274: εἷσα 14.
3) ἔσσαι 2 Sing. Perf. Pass. Od. ω, 250: ἕννυμι 15.
4) ἕσσαι Inf. Aor. 1 A. (Impr. A. M.) Od. ξ, 154: ἕννυμι 15.
ἑσσάμενος (< εἰσάμενος) Part. Aor. Med. ἐφ- Od. π, 443: εἷσα 14.
1) ἕσσαντο 3 Plur. Aor. 1 Il. ξ, 350. 383; Pind. P. 4, 204: ἕννυμι 15.
2) ἕσσαντο 3 Plur. Aor. Pind. P. 4, 204: εἷσα 14.

---

warten, pflegen. 11 spenden; einen Vertrag abschliessen. 11a beeilen, beschleunigen. 12 beschäftigt sein um...; *Med.* folgen. 13 sich eilen. 14 ich setzte, legte, gründete; *Aor. Med.* baute, gründete für mich. 15 bekleiden; anziehen; *Med.* sich anziehen, anlegen.

ἔσσας (< ἕσας) Part. Aor. 1 Od. ξ, 396: ἕννυμι 1.

1) ἔσσατο (ἑέσσατο, εἵσατο) Aor. Med. Anacr. 111: εἷσα 3.

2) ἔσσατο (< ἕσατο, ἑέσατο, εἵσατο) 3 Sing. Aor. 1 Med. Il. η, 207; κ, 334: ἕννυμι 1.

ἔσσε(ν) (< εἷσεν) Aor. Il. ε, 905; π, 680; Od. η, 265; π, 457: ἕννυμι 1.

ἔσσεαι (< ἔσεαι) 2 Sing. Fut. Il. σ, 95 *B**; Hym. 3, 37: εἰμί 2.

ἔσσει 3 Sing. Fut. Il. ε, 405; Od. ο, 338; π, 79; ϱ, 557: ἕννυμι 1.

ἐσσεῖται (ἔσεται, ἔσσεται, ἔσται) 3 Sing. Fut. Il. β, 393; ν, 317; Od. τ, 302; sonst dorisch wie Theocr. 7, 67: εἰμί 2.

ἔσσεσθ' Inf. Fut. st. ἔσσεσθαι Il. μ, 324: εἰμί 2.

1) ἔσσεσθαι (< ἔσεσθαι) Inf. Fut. Il. λ, 444 *Γ**: εἰμί 2.

2) ἔσσεσθαι Fut. Med. Il. ι, 455: εἷσα 3.

ἔσσετ' 3 Sing. Fut. st. ἔσσεται Il. δ, 271: εἰμί 2.

ἔσσεται (< ἔσεται, ἔσται, ἐσσεῖται) 3 Sing. Fut. Il. ψ, 412 *Δ**; Hym. 1, 87: εἰμί 2.

ἔσσευα (< ἔσσευσα, σεῦα) Aor. Il. ε, 208; λ, 147; ξ, 413: σεύω 4.

ἔσσευσα (< ἔσσευα, -σεῦα) Aor. ἐπι- Anth. 7, 439: ἐπισεύω 4.

ἐσσῇ 2 Sing. Fut. dor. Theocr. 10, 5: εἰμί 2.

ἐσσί (< ἐσσ', εἶ, εἷς) 2 Sing. Praes. Il. γ, 164 *Γ**; Pind. O. 6, 90; P. 1, 89; N. 10, 80; I. 2, 12; Epicharm. 130; Theocr. 1, 123: ἕννυμι 1.

1) ἔσσο (< ἔσο, εἶσο) 2 Sing. Imper. Med. Il. γ, 57: εἰμί 2.

2) ἔσσο (< εἷσο) 2 Sing. Plsprf. Pass.; Od. π, 199: ἕννυμι 1.

ἔσσομαι Fut. Med. ἐφ- Ap. Rh. 1, 691; ἐπ- Pind. N. 11, 16: ἕννυμι 1.

ἐσσόμενος Part. Fut. -μένοισι(ν) Il. β, 119 *Δ**; -μένῃσι Od. λ, 433; -όμενον Pind. N. 1, 27; -μένας Ol. 12, 8; -όμεναι Il. α, 70; Pind. Ol. 13, 103: εἰμί 2.

ἐσσόμεθ' 1 Plur. Fut. für ἐσσόμεθα Il.: εἰμί 2.

ἔσσον Imper. Aor. 1 Il. π, 670: ἕννυμι 1.

ἔσσονται (< ἔσονται) 3 Plur. Fut. Il. ζ, 353 *B**: εἰμί 2.

ἐσσούα (< ἐσύθην, συ-) Aor. Pass. 2 st. ἐσσούη lacon. ἀπ- Xen. Hell. 1, 1, 23 (> ἀπέσστα Ahrens): ἀποσεύω 4.

ἐσσούμενος Part. Praes. Pass. Her. 5, 66: ἑσσόομαι 5.

ἑσσοῦνται 3 Plur. Praes. Pass. Her. 3, 106: ἑσσόομαι 5.

ἑσσοῦντο Imprf. Pass. Her. 1, 67: ἑσσόομαι 5.

ἑσσοῦσθαι Inf. Praes. Pass. Her 2, 122: ἑσσόομαι 5.

ἔσσυμαι Praes. Med. Il. ν, 74; -ται Od. κ, 484; Pind. I. 7, 61; Qu. Sm. 1, 679: σεύω 4.

ἐσσύμενος [1]) Part. Perf. Pass. Il. λ, 553 *B**; -ον, -οι, -μένους, -μένην Il. Od.: σεύω 4.

ἔσσυο Plsprf. Pass. od. Aor. 2 st. ἔσσυσο Il. π, 585; Od. ι, 447 (**91**): σεύω 4.

ἔσσυτο (< σύτο, ἔσυτο) 3 Sing. Plsprf. Pass. od. Aor. 2 -τ' Il. ξ, 519; Od. ξ, 34; τ, 448; Hym. 5, 287; Qu. Sm. 1, 682; 2, 111; 3, 54. 155: σεύω 4.

ἔσσω (< ἀμφιέσω) 1 Sing. Fut. Od. π, 79; φ, 339; ϱ, 550. 557: ἕννυμι 1.

ἑσσωθέωμεν Conj. Aor. Pass. Her. 4, 97: ἑσσόομαι 5.

ἑσσώθην Aor. Pass. Her. 2, 109; 3, 45; 85; -θῆναι, -θέντες Her. 5, 46; 6, 9. 108; 9, 122: ἑσσόομαι 5.

ἕσσωμαι Perf. Pass. -ται Her. 7, 10: ἑσσόομαι 5.

ἑσσωμένος Part. Perf. Pass. Her. 7, 9; 8, 130: ἑσσόομαι 5.

ἔστ' 3 Sing. Praes. für ἐστί Eur. El. 557 (**317**): εἰμί 2.

ἔστἄθ' Imper. Perf. Od. χ, 489 (**294**): ἵστημι 6.

---

1) Wegen der Praesens-Bedeutung stets proparox.

---

1 bekleiden; anziehen; *Med.* sich anziehen, anlegen. 2 sein, vorhanden sein, da sein, existiren, leben. 3 ich setzte, legte, gründete; *Aor. Med.* baute, gründete für mich. 4 scheuchen; *Pass.* u. *Med.* eilen. 5 überwinden, besiegen. 6 (auf-, hin)stellen, setzen, errichten; *intrans.*

1) ἐστἄθην (< -άθην) Aor. Pass. Od. ρ, 463; Pind. P. 4, 84; Aesch. Pers. 206; μετ- Eur. El. 1201; ἐξαν- Hel. 1652: ἵστημι 6.

2) ἐστἄθην (> -ἄθην) Aor. Pass. Call. Min. 83: ἵστημι 6.

ἔσται (< ἔσεται, ἔσσεται, ἔσσετ', ἐσσεῖται) 3 Sing. Fut. Il. β, 252 *Γ**; Aesch. Prom. 189 *Γ**; Eur. Hipp. 1429; Pl. Symp. 204, d; Xen. An. 1, 7, 8: εἰμί 2.

ἑσταίη Opt. Perf. ἀφ- Od. ψ, 101. 169 (**294**): ἵστημι 6.

1) ἕστἄκα (< ἕστηκα) 1 Sing. Perf. dor. Eur. Suppl. 1013; -ε(ν) Aesch. Sept. 956; Soph. Ai. 200; παρ- Pind. P. 8, 71: ἵστημι 6.

2) ἕστἄκα Aor. trans. Inscrpt. Long. de Subl. 16, 2; περι- (Pl.) Axioch. 370; vgl. Matthiae. A. Gr. Gr. §. 210, 4: ἵστημι 6.

ἐσταλάδατο s. u. ἐστάλατο.

ἐστάλατο (< ἐστάλκεσαν) 3 Plur. Plsprf. ion. Hes. Sc. 228; Her. 7, 89 Bekker (> ἐσταλάδατο Vulg.): στέλλω 7.

ἐστάλην (< ἐστάλθην) Aor. 2 Pass. gew. als Med. Soph. El. 404; ἐφ' ἁστάλη = ἐφ' ἃ ἐστάλη O. C. 550; -ην Eur. Andr. 251; H. F. 109; -ης Hel. 1525; Med. 665; -η Her. 5, 126 (**245**): στέλλω 7.

ἐστάλθην (< ἐστάλην) Aor. 1 Pass. Boeckh's Corp. Inscrpt. 3053: στέλλω 7.

ἔσταλκα Perf. ἐπ- Eur. Phoen. 870; Xen. Hell. 1, 5, 3; ἀπ- Isocr. 1, 2 (**233**): στέλλω 7.

ἐστάλκεσαν 3 Plur. Plsprf. ἐπ- Thuc. 5, 37 (**233**): στέλλω 7.

ἔσταλμαι Perf. Pass. pass. u. med. -μένον Aesch. Ch. 766; -μένοι Her. 7, 93; -μένος Xen. An. 3, 2, 7; Pl. Leg. 833 (**233**): στέλλω 7.

ἕστἄμαι Perf. Pass. διεστάμενοι Pl. Tim. 81, d: ἵστημι 6.

ἕστἄμεν 1 Plur. Perf. Od. λ, 466; Qu. Sm. 2, 450; Soph. O. C. 1017; Eur. Bacch. 159; Heracl. 145; I. A. 861; Pl. Gorg. 468, b; καθ- Thuc. 6, 18; προς- Ar. Ach. 683 (**294**): ἵστημι 6.

ἑστάμεν (< ἑστάμεναι, ἑστάναι, ἑστηκέναι) Inf. Perf. Il. δ, 342; Od. φ, 261 (**294**): ἵστημι 6.

ἑστάμεναι (< ἑστάμεν, ἑστάναι, ἑστηκέναι) Inf. Perf. Il. κ, 480; ν, 56 (**294**): ἵστημι 6.

ἕσταν (< στάν, ἔστησαν u. 1) 3 Plur. Aor. 2 ep. Il. β, 467 *B**: ἵστημι 6.

ἑστἄναι (< ἑστάμεναι, ἑστάμεν, ἑστηκέναι) Inf. Perf. Soph. Ant. 640; Eur. El. 344; Pl. Rep. 436, c *A**; Xen. An. 4, 7, 9 (**294**): ἵστημι 6.

ἔσταξα (< στάξε, -ον) Aor. -ε Hom. Batr. 229; -α Eur. H. F. 1355: στάζω 8.

ἑσταότ- Stammform des Part. Perf. ἑστηώς, das Hom. u. Pind. nicht im N. haben; ἑστἄότος Il. σ, 79; -ότα ν, 438; -ότ' β, 170 *Γ**; Pind. N. 5, 2; -ότε υ, 245; -ότες Il. β, 320 *Γ**; -ότων σ, 246; Od. ι, 442 [**252**]: ἵστημι 6.

1) ἕστἄσαν (< ἔσταν, ἔστησαν) 3 Plur. Aor. 1 ep. für ἔστησαν u. 2) Il. μ, 56; Od. γ, 182: ἵστημι 6.

2) ἕστἄσαν (< ἑστήκεσαν) 3 Plur. Plsprf. sync. Il. μ, 56; Her. 4, 79; 9, 18; Soph. El. 713; Thuc. 4, 56; ἀφ- 7, 58; καθ- 7, 28: ἵστημι 6.

ἔστἄσας (< ἔστησας) 2 Sing. Aor. sp. Anth. 9, 714: ἵστημι 6.

ἕστἄσε (< ἔστησε) 3 Sing. Aor. sp. Anth. 9, 708: ἵστημι 6.

ἑστᾶσι (< ἑστέασι, ἑστήκασιν) 3 Plur. Perf. Il. μ, 64; Her. 1, 14. 51; Eur. Phoen. 1079; Pl. Rep. 436, d; Pl. Phil. 61, c (**294**): ἵστημι 6.

1) ἕστἄτε 2 Plur. Perf. Ar. Pax 383; Her. 5, 49 Bekker (< ἑστέατε Vulg.); ἀφ- Il. δ, 340 (**294**): ἵστημι 6.

2) ἕστατε 2 Plur. Imper. Perf. Il. υ, 354 (**294**): ἵστημι 6.

ἑστἄτην 3 Dual. Plsprf. [Pl.] Ep. 7, 349, a (**294**): ἵστημι 6.

1) ἕστἄτον Dual. Perf. Il. ψ, 284; ἐφ- Eur. I. A. 862; Pl. Parm. 161, d (**294**): ἵστημι 6.

2) ἕστἄτον Dual. Imper. Il. ψ, 443 (**294**): ἵστημι 6.

---

und zwar in den Formen des *Act. Aor.* **2**, *Perf., Plsprf., Fut.* sich stellen, treten, hintreten, dastehen. 7 (auf- in Ordnung) stellen; *Med.* mit *Aor. Med. u. Pass.* sich fertig machen zum Gehen, Reisen u. s. w., sich rüsten; gehen, reisen. 8 tröpfeln, (ein)träufeln, einflössen.

ἑστάτω Imper. Soph. El. 50 (*294*. *168*): ἵστημι 1.
1) ἑστέ 2 Plur. Ind. Praes. Il. β, 301; Aesch. Eum. 408 (IV.); Pl. Tim. 22, b; Xen. An. 4, 6, 14: εἰμί 2.
2) ἔστε 2 Plur. Imper. Praes. Il. ζ, 112 *B**: εἰμί 2.
ἑστέασι (< ἑστᾶσι, ἑστήκασιν) 3 Plur. Perf. ἀν- Her. 3, 62; κατ- 1, 200; 2, 84: ἵστημι 1.
ἑστέαται 3 Plur. Perf. Pass. κατ- Her. 1, 196 Schweig. Gaisf. (> κατεστέασι Perf. Act. Bekker Dind. MSS. F.): ἵστημι 1.
ἔστεγον Imprf. Thuc. 4, 34: στέγω 3.
ἔστειλα Aor. Soph. Ant. 165; Thuc. 7, 20; ἐπ- Isocr. 5, 81: στέλλω 4.
ἐστειλάμην Aor. Med. Soph. O. T. 434: στέλλω 4.
ἐστεινόμην (< στεινόμην) Imprf. Med. -ετο Qu. Sm. 7, 100: στείνω 5.
ἔστειψα Aor. κατ- Soph. O. C. 467: καταστείβω 6.
ἐστέλλετο Imprf. Her. 3, 53. 124: στέλλω 4.
ἔστεμμαι Perf. Pass. -μένος Ap. Rh. 4, 1158; -μένον Aesch. Eum. 44; -ην Suppl. 344; Xen. Cyr. 8, 3, 12; ἀνέστεμμαι Eur. Hipp. 806: στέφω 7.
ἐστέναγμαι Perf. sp. -μένος Lycophron. 412: στενάζω 8.
ἐστέναξα Aor. Eur. I. T. 550; στενάξειαν Dem. 23, 210; στενάξαι 27, 69: στενάζω 8.
ἔστενε(ν) Imprf. Il. κ, 16; Od. φ, 247; ψ, 230; Qu. Sm. 2, 556; Aesch. Ag. 408: στένω 5.
ἔστεξα Aor. Polyb. 8, 14, 5: στέγω 3.
ἐστεξάμην Aor. Med. -ατο Anth. 13, 27: στέγω 3.
ἐστέον Vb. συν- Pl. Prot. 313, b: εἰμί 2.
ἑστεός Neutr. Part. Perf. Hippocr. 4, 298: ἵστημι 1.
ἔστεργμαι Perf. Pass. Anth. 6, 120: στέργω 9.
ἐστέρεσα s. στερέσαι.
ἐστερήθην (< ἐστέρχθην, ἐστέρην) Aor. 1 Pass. Soph. Ant. 13; Xen. An. *Δ**; Pl. Phaed. 99, c *Δ**: στερέω 10.
ἐστέρηκα Perf. Polyb. 31, 19; ἀπ- Pl. Leg. 668, d; -κώς Phaedr. 241, b; -κέναι Thuc. 7, 6: στερέω 10.
ἐστέρημαι Perf. Pass. -ηνται Xen. Cyr. 5, 5, 23; -μένον Aesch. Ag. 755; -μένος, -ω, -οι Pl. Phaed. 117, d *B**: στερέω 10.
ἐστέρην s. στερείς.
ἐστέρησα (< -εσα) Aor. Eur. Andr. 1213; Xen. Hell. 1, 4, 15: στερέω 10.
ἔστερξα Aor. Soph. O. R. 1023; στέρξαι Pl. Rep. 486, c: στέργω 9.
ἐστέρχθην Aor. Pass. Lycophr. 1190: στέργω 9.
ἐστέφθην Aor. Pass. Anth. P. 3, p. 53; -θαι Luc. Merc. Cond. 13; vgl. στεφθ(ην): στέφω 7.
ἐστεψάμην Aor. Med. -αντο Nic. Fr. 30 Schn.; Nonn. Dion. 2, 705; στέψασθαι Orig. Arg. 727; ἐπ- Il. α, 470 *B**: (ἐπι) στέφω 7.
ἑστεώς (< ἑστηώς, ἑστηκώς) Part. Perf. ion. Her. 2, 38 [*252*]: ἵστημι 1.
ἑστεῶσα Fem. Part. Perf. ion. Her. 5, 92 [*252*]: ἵστημι 1.
ἐστέωσι s. u. στέωσι.
ἔστη (< στῆ, στάσκε) 3 Sing. Aor. 2 Il. ζ, 375 *Δ**; Pl. Pol. 270, d; ἀπ- Thuc. 1, 62: ἵστημι 1.
ἕστηκα (< ἕστᾱκα) 1 Sing. Perf. Aesch. Ag. 1379; Pl. Menex. 235, a: ἵστημι 1.
ἕστηκας 2 Sing. Perf. Il. ε, 485: ἵστημι 1.
ἑστήκασιν (< ἑστᾶσι, ἑστέασι) 3 Plur. Perf. Il. δ, 434; Isocr. 4, 180; καθ- Thuc. 7, 67: ἵστημι 1.
ἕστηκε(ν) (< ἕστηχ') 3 Sing. Perf. Il. γ, 231 *B**; Aesch. Ag. 1057; Eur. Andr. 996; Heracl. 74; Pl. Phaedr. 275, d; ἐφ- Isocr. 3, 48; καθ- 3, 15: ἵστημι 1.
1) ἑστήκειν (< εἱστήκειν) Plsprf. Il. δ, 329 *Γ**; Ar. Plut. 738; ἀφ- Thuc. 8, 35; καθ- Thuc. 7, 29; -εσαν in ἀφ- Thuc. 6, 88; in προ- Thuc. 8, 75: ἵστημι 1.

---

1 (auf-, hin)stellen, setzen, errichten; *intr.* und zwar in den Formen des *Act. Aor. 2, Perf., Plsprf., Fut.* sich stellen, treten, hintreten, dastehen. 2 sein, vorhanden sein, da sein, existiren, leben. 3 *a.* decken, schützen, vertheidigen; bergen, einschliessen; *b.* aus-, abhalten, ertragen. 4 (auf-, in Ordnung) stellen; *Med.* mit *Aor. Med. u. Pass.* sich fertig machen zum Gehen, Reisen u. s. w., sich rüsten; gehen, reisen. 5 I. eng machen,

2) **ἑστήκειν** 3 Sing. Plsprf. Il. ψ, 691: ἵστημι 1.

ἑστηκέναι (< ἑστάναι, ἑστάμεναι, ἑστάμεν) Inf. Perf. als Simpl. sp. Paus. 1, 7, 2; ἀφ- Dem. 19, 143; 51, 7 (**294**): ἵστημι 1.

ἑστήκη 1 Plur. Plsprf. ἀν- Pl. Prot. 335, d (**128**): ἵστημι 1.

ἑστήκῃ 3 Sing. Conj. Perf. ἐφ- Pl. Symp. 174, b; ξυν- Leg. 817, b; vgl. -ωμεν: ἵστημι 1.

ἑστήκοι 3 Sing. Opt. Perf. καθ- Pl. Leg. 759, b: ἵστημι 1.

ἑστηκός. (< ἑστός) Neutr. Part. Perf. Pl. Soph. 249, c (**294**): ἵστημι 1.

ἑστηκυῖα (< ἑστᾶσα) Fem. Part. Perf. Thuc. 4, 79; Pl. Leg. 802, c (**294**): ἵστημι 1.

ἑστήκωμεν 1 Plur. Plsprf. Xen. An. 6, 5, 10; vgl. ἑστήκῃ: ἵστημι 1.

ἑστηκώς (< vgl. ἑστώς) Part. Perf. Eur. Hel. 438; Thuc. 6, 104; Pl. Men. 93, d; -κότα Lys. 1, 24 (**294**): ἵστημι 1.

ἔστημεν (< στῆμεν) 1 Plur. Aor. 2 κατ- Lys. 30, 3; Isae. 2, 5: ἵστημι 1.

ἔστην (< στῆν) 1 Sing. Aor. 2 Od. κ, 310; Eur. Suppl. 652; I T. 962: ἵστημι 1.

ἑστήξομαι (< ἑστήξω, στήσω) Fut. Xen. Cyr. 6, 2, 17: ἵστημι 1.

ἑστήξοι Opt. Fut. Pl. Symp. 220, d: ἵστημι 1.

ἑστήξω (< στήσω, ἑστήξομαι) Fut. intr. Hom. Epigr. 15, 14; Ar. Lys. 234; vgl. ἑστήξοι: ἵστημι 1.

ἐστήριγμαι Perf. Pass. -κται Hes. Th. 779; Ap. Rh. 4, 816; Call. Ap. 23; Nic. Th. 20: στηρίζω 11.

ἐστήρικται s. u. ἐστήριγμαι.

ἐστήρικτο Plsprf. Il. π, 111; Hym. 3, 11; Hes. Sc. 218: στηρίζω 11.

ἐστήριξα (< -ισα, στήριξε) Aor. Il. δ, 443; Eur. Bacch. 1083 (**17**): στηρίζω 11.

ἐστηριξάμην (< -σάμην) Aor. Med. -ατο Eur. Bacch. 1073; στηρίξασθαι Il. φ, 242: στηρίζω 11.

ἐστήρισα (< ἐστήριξα) Aor. sp. V. T. Jud. 19, 5; App. Bell. civ. 1, 98; Anth. 14, 72: στηρίζω 11.

ἐστηρισάμην (< ἐστηριξάμην) Aor. Med. Jesai. 59, 16: στηρίζω 11.

ἐστηρίχθην Aor. Pass. Aretae. 1, 30; στηριχθείς Tyrtae. 7 (6), 32 Bergk: στηρίζω 11.

ἔστης 2 Sing. Aor. 2 Il. υ, 179: ἵστημι 1.

ἔστησα (< ἔστᾰσας, sp. ἔστασε ep.) Aor. 1 Isocr. 6, 111; -ας Eur. Heracl. 656; -ε Thuc. 5, 20; vgl. ἔστησαν: ἵστημι 1.

ἐστησάμην (< στησάμην) Aor. Med. -αντο Ap. Rh. 2, 703; Pl. Rep. 554, e; Xen. Hell. 4, 3, 9; κατεστησάμην Isocr. 4, 66: ἵστημι 1.

1) **ἔστησαν** (< ἔσταν, στάν) 3 Plur. Aor. *2* Il. ν, 487; Pl. Phaedr. 247, b: ἵστημι 1.

2) **ἔστησαν** (< στῆσαν) 3 Plur. Aor. *1* Il. α, 448 *Γ**: ἵστημι 1.

1) **ἕστητε** 2 Plur. Praes. Aor. 2 Il. δ, 243. 246 (> ἕστητε Perf. sync. vgl. Thiersch. §. 223, 88, d. p. 315) [**252**]: ἵστημι 1.

2) **ἕστητε** s. u. ἕστητε.

ἑστηυῖα (< ἑστηκυῖα) Fem. Part. Perf. Ap. Rh. 3, 877; 4, 163 [**294**]: ἵστημι 1.

ἑστηώς (< ἑστεώς, ἑστηκώς) Part. Perf. Hes. Th. 519; Ap. Rh. 2, 49. 193: ἵστημι 1.

ἐστί (< ἐντί) 3 Sing. Praes. Il. β, 811 u. überall [**276**; über die Betonung ἐστί u. ἔστι **317**): εἰμί 2.

ἑστιάσομαι Fut. Pl. Theaet. 178: ἑστιάω 12.

ἑστιᾱ́σω Fut. Com. Fr. 3, 36: ἑστιάω 12.

ἐστίβηται Conj. Perf. Pass. Soph. Ai. 874: στῐβέω, στείβω 13.

ἔστιγμαι Perf. Pass. Ar. Av. 760; Her. 5, 35; Xen. An. 5, 4, 32: στίζω 14.

ἔστιξα Aor. Her. 5, 35: στίζω 14.

ἐστίχθαι Inf. Perf. Pass. Her. 8, 6: στίζω 14.

ἔστιχον Aor. 2 Il. π, 258; Callim. Del. 153; Ap. Rh. 3, 1211; Theocr. 25, 154. 223: στείχω 15.

---

gew. Pass. *a.* sich verengen, (zu) eng werden, sein; *b.* sich füllen; *c.* beschwert werden. II. stöhnen, seufzen. 6 (nieder-, zer-, be)treten. 7 *a.* dicht, rings umgeben, umringen; *b.* bekränzen. 8 stöhnen, seufzen. 9 lieben. 10 (be)rauben. 11 (fest-, auf)stellen; *Pass. u. Med.* sich stemmen, stützen. 12 bewirthen, speisen. 13 (fest-, zer)treten, stampfen. 14 stechen. 15 steigen, schreiten, gehen, kommen.

ἐστιχόωντο 3 Plur. Imprf. Med. für ἐστίχωντο Il. β, 92. 516 (X.); 20 (25), 126: στιχάομαι 1.

ἕστο (< ἕεστο, εἷτο) 3 Sing. Plsprf. Pass. Il. ψ, 67; Od. ϱ, 203; 338; τ, 218. 237; ω, 227: ἕννυμι 2.

ἔστον 2 Dual. Imper. Praes.: εἰμί 3.

1) **ἐστόν** 2 Dual. Ind. Praes. Il. a, 259; ι, 198; λ, 138; ϱ, 444; Eur. I. T. 497: εἰμί 3.

2) **ἐστόν** 3 Dual. Indic. Praes. Aesch. Ch. 207; Pl. Parm. 149, e *B**: εἰμί 3.

ἐστονάχησα Aor. στοναχῆσαι Il. σ, 124; ἐπεστονάχησε ω, 79: στοναχέω 4.

ἐστοναχίζετο (< στοναχίζετο) Imprf. μετ- Hes. Sc. 92: στοναχίζω 4.

ἔστυργα Perf. -γώς Part. Her. 7, 69: στέργω 5.

ἐστόρεσα (< στόρεσα) Her. 8, 99: στορέω 6.

ἐστορέσθην (< ἐστορήθην) Aor. Pass. Plut. Mor. 787: στορέω 6.

ἐστόρεσμαι (< -ημαι) Perf. Pass. sp. Themist. Or. 15, p. 194: στορέννυμι 6.

ἐστορέσμην Plsprf. Dio Cass. 74, 13: στορέω 6.

ἐστορήθην (< ἐστορέσθην) Aor. Pass. Hesych.: στορέννυμι 6.

ἐστόρημαι (< ἐστόρεσμαι) Perf. Pass. dor. p. 623. 664 (> ἐστόρομαι Ahrens de Aeol. p. 148) nach Jo. Gramm.: στορέννυμι 6.

ἐστόρνυτο Imprf. Theocr. 19 (22), 33: στορέννυμι 6.

ἑστός (< ἑστηκός) Neutr. Part. Perf. Pl. Parm. 156, c (> ἑστώς Vulg.) 146, a; Theaet. 183, e; Soph. 249, a (***294***): ἵστημι 7.

ἔστραμμαι Perf. Pass. -μέναι Hom. Hym. 3, 411; -α Xen. 4, 7, 16; ἀνέστραπται Eur. Hipp. 982; κατ-Isocr. 5, 21; κατεστραμμένος 5, 140. 142 (***180***): στρέφω 8.

ἔστραπται s. u. ἔστραμμαι.

ἐστράφην (< ἐστράφθην, ἐστρέφθην) Aor. 2 Pass. Solon. 36, 6; Her. 3, 129; Soph. Ant. 315; Xen. An. 3, 5, 1; ἀπ- Eur. Suppl. 159; ἐπ- Hel. 83; Ion. 353: στρέφω 8.

ἐστράφθην (< ἐστρέφθη, ἐστράφην) Aor. Pass. Sophr. 78 Ahrens; Theocr. 7, 132; κατα- Her. 1, 130: στρέφω 8.

ἐστρέφθην (< ἐστράφθην, ἐστράφην) Aor. 1 Med. Il. π, 598; Ar. Thesm. 1128; Pl. Polit. 273: στρέφω 8.

ἔστρεψα Aor. s. u. τρεψ-.

ἐστρεψάμην Aor. Med. Soph. O. C. 1416; κατ- Isocr. 5, 65: στρέφω 8.

ἐστροβημένος Part. Perf. Pass. Lycophr. 172: στροβέω 9.

ἐστρόβησα Aor. sp. Plut. Num. 13: στροβέω 9.

ἐστροβούμην Imprf. Pass. Polyb. 24, 8, 13: στροβέω 9.

ἔστροφα Perf. ἀν- Theogn. C. Fr. 4, 549; Stob. 7, 53; ἐπ- Polyb. 5, 110 (***169***): στρέφω 8.

ἐστρώθην Aor. Pass. Diod. Sic. 14, 144: στρώννυμι 6.

ἐστρώκει Plsprf. κατ- Babr. Fab. 34: στρώννυμι 6.

ἔστρωμαι (< ἐστόρεσμαι) Perf. Pass. Hom. 1, 158; Eur. Med. 380; Thuc. 2, 34: στρώννυμι 6.

ἐστρώμην (< ἐστορέσμην) Plsprf. Il. κ, 155; Her. 7, 193; κατ- 8, 53: στρώννυμι 6.

ἔστρωσα (< ἐστόρεσα) s. στρωσ-.

ἔστω 3 Sing. Imper. Praes. Il. α, 144 *B**; Aesch. Ag. 378 *B**; Eur. Hec. 532; Thuc. 1, 34; Pl. Rep. 361, c; Xen. 2, 10 *A**: εἰμί 3.

ἑστῶμεν 1 Plur. Conj. Perf. Pl. Gorg. 468, b (***294***): ἵστημι 7.

1) **ἔστων** 3 Dual. Imper. Praes. Il. α, 338: εἰμί 3.

2) **ἔστων** (< weniger häufig als ἔστωσαν; vgl. auch ὄντων) 3 Plur. Imper. Praes. Od. α, 273; Pl. Rep. 502, a; Leg. 759, e; Xen. Cyr. 4, 6, 10; 8, 6, 11 (***314***): εἰμί 3.

ἑστώς (< ἑστηώς, ἑστεώς, ἑστηκώς) Part. Perf. Soph. Ai. 87; Eur. Suppl.

---

1 in Reihen und Gliedern einherschreiten, -gehen. 2 bekleiden, anziehen. 3 sein, vorhanden sein, da sein, existiren, leben. 4 stöhnen, seufzen. 5 lieben. 6 (aus-, auseinander-, hin)breiten. 7 (auf-, hin-) stellen, setzen, errichten; *intr.* und zwar in den Formen des *Act. Aor. 2, Perf., Plsprf., Fut.* sich stellen, treten, hintreten, dastehen. 8 wenden, drehen, kehren. 9 schnell herumdrehen. 10 ziehen, (fort)schleppen,

856; Xen. An. 1, 3, 2 (**294**): ἵστημι 7.
ἑστῶσα (< ἑστεῶσα [**252**]) Fem. Part. Perf. Ar. Eccl. 64; παρεστώσῃ Pl. Crit. 43, b (**294**): ἵστημι 7.
ἔστωσαν (< häufiger als ἔστων; vgl. auch ὄντων) 3 Plur. Imper. Praes. Thuc. 8, 18 (2 mal); Pl. Leg. 737, e *Γ** (**314**): εἰμί 3.
1) ἑστῶσι 3 Plur. Conj. Perf. ἐφ- Eur. Bacch. 319 (**294**): ἐφίστημι 7.
2) ἑστῶσι Dat. Plur. Part. Perf. Pl. Crat. 412, d; ἀφ- Thuc. 5, 38; προ- 8, 17 (**294**): ἵστημι 7.
ἑστωτ- Stammform des Part. Perf. ἑστώς; ἑστῶτος Pl. Parm. 156, d; -τα Rep. 545, a *A**; παρεστῶτι Rep. 452, b; ἑστῶτες Theaet. 191, e; -τας Eur. I. T. 1349; -ώτων Thuc. 5, 46; vgl. -ῶσι (**294**): ἵστημι 7.
ἐσύθη (< σύθην, ἐσσούα) Aor. Pass. ἐξ- Il. ε, 293; simpl. Eur. Hel. 1302 (**15**): σεύω 18.
ἔσυτο (< ἔσσυτο, σύτο) Plsprf. Pass. od. Aor. 2 Med. Eur. Hel. 1162; H. F. 919; Phoen. 1065; Ar. Fr. 676: σεύω 18.
ἔσυρα Aor. Anth. 7, 216; παρ- Aesch. Prom. 1065; κατ- Her. 6, 33; κατὰ μὲν ἔσυραν 5, 81; δια- Dem. 19, 313: σύρω 10.
ἐσύρην Aor. 2 Pass. ἐξ- Anth. 9, 56; ἀποσυρέντας Luc. Navig. 9: σύρω 10.
ἐσύριγξα (< -ιξα, -ισα) Aor. σύριγξε Orph. Arg. 993 (> σύριξε Herm.): συρίζω 11.
ἐσύριξα (< ἐσύρισα, ἐσύριγξα) Aor. Ar. Plut. 689: συρίζω 11.
ἐσύρισα (< ἐσύριξα, ἐσύριγξα) Aor. Babr. Fab. 114, 4; Luc. Harmon. 2: συρίζω 11.
ἐσφάγην (< ἐσφάχθην) Aor. 2 Pass. σφαγείς Aesch. Eum. 305; -έντα Eur. Phoen. 933; -ῆναι I. T 598; κατεσφάγην Hel. 936; Xen. An. 4, 1, 23: σφάγω 12.
ἐσφαγιάζετο Imprf. -ετο Her. 6, 76; -οντο 9, 71; Xen. An. 4, 3, 18: σφαγιάζομαι 13.
ἔσφαγμαι Perf. Pass. -μένα Od. κ, 532; λ, 45; Artemidor. in Athen. 14, 84: σφάζω 12.
ἔσφᾱλα (< ἔσφηλα) Aor. Pind. Ol. 2, 81; P. 8, 15; I. 3, 53: σφάλλω 14.
ἔσφαλε Aor. 2 nur sp. ἀν- Annam. Comn. 6, 163; Galen., Julian.: σφάλλω 14.
ἐσφάλην Aor. 2 Pass. -η Soph Ai. 1136; -ην Eur. Med. 1010; 'σφάλην Suppl. 156; -ῃς Ion. 533; vgl. σφαλ-(ην): σφάλλω 14.
ἔσφαλκα Perf. Pol. 8, 11: σφάλλω 14.
ἔσφαλμαι Perf. Pass. -μεθ' Eur. Andr. 897; -μένοι Her. F. 75; Hipp. 1414; -μαι Pl. Hipp. min. 372, b; -λται Crit. 436, c: σφάλλω 14.
ἔσφαξα (< σφάξ', σφάξεν) Aor. -αν Il. α, 459; β, 422; ω, 622; Od. γ, 454; μ, 359; Aesch. Ag. 1433; σφάξαντε Xen. Cyr. 8, 3, 24; An. 2, 2, 9; -ας Pl. Euthyd. 301, d: σφάζω 12.
ἐσφάχθην (< ἐσφάγην) Aor. 1 Pass. selten σφαχθεῖσα Pind. P. 11, 23; Her. 5, 5; -εῖσ' Eur. I. T. 177: σφάζω 12.
ἐσφετεριξάμην (< ἐσφετερισάμην) Aor. Med. -ιξάμενος Aesch. Suppl. 39, Chor.: σφετερίζω 15.
ἐσφετέρισα Aor. Pl. Leg. 715; ἐσφετερισάμην Aor. Med. Dem. 32, 2; (Pl.) Epist. 333, c; Polyb. 4, 50: σφετερίζω 15.
ἔσφηλα (< σφῆλεν, σφῆλαι, ἔσφαλα) Aor. -ε Phoen. 1419; Thuc. 2, 87; -ησαν 2, 65: σφάλλω 14.
ἔσφιγμαι Perf. Pass. Luc. Musc. Enc. 3: σφίγγω 16.
ἔσφιγξα Aor. Anth. 5, 294; Luc. Asin. 24: σφίγγω 16.
ἐσφίγξατο Aor. Med. Hermesian. El. 81: σφίγγω 16.
ἐσφίχθην Aor. Pass. Anth. 6, 331: σφίγγω 16.
ἐσχ' Eur. Suppl. 874 s. ἔσχον.
ἐσχάζοσαν 3 Plur. Imprf. st. ἔσχαζον Lycophr. 21: σχάζω 17.
ἔσχᾰσα Aor. Pind. Eur. Tro. 811; vgl. σχασ-: σχάζω 17.

---

fortschleifen. 11 pfeifen; zische(l)n, flüstern; auszischen. 12 opfern, schlachten. 13 schlachten, opfern lassen (vgl. 12). 14 fallend, wankend machen, fällen, stürzen. 15 sich etwas widerrechtlich an-, zueignen; anmassen, sich bemächtigen. 16 schnüren, drücken, zwängen, einengen. 17 *a.* klaffen machen, schlitzen, spalten; *b.* verrücken, verrenken; *c.* loslassen; *d.* hemmen, *inhibere.* 18 scheuchen; *Pass.* u. *Med.* eilen.

ἐσχασάμην Ar. Nub. 107; Pl. Com. Fr. 2, 626: σχάζω 1.
ἐσχάσθην Aor. Pass. Athen. 4, 5: σχάζω 1.
ἔσχαστο Plsprf. sp. Heliod. 4, 3: σχάζω 1.
ἐσχέθην Aor. Pass. ἐπ- Callisth. in Stob. 7, 65; κατ- (Eur. ?) Dan. 27 (Fr. 317, Wagner): ἔχω 2.
ἔσχεθον (< σχέθον) Imprf. Il. τ, 418 Γ*; -ες Hym. 7, 54; -ες Eur. Hipp. 1289: ἔχω 2.
ἔσχηκα (< ὄχωκα, ὄκωχα) Pl. Ap. 20, d; -ατε Dem. 18, 99: ἔχω 2.
ἔσχημαι Perf. Pass. παρέσχηται Dem. 40, 65; -ήμεθα Isocr. 4, 31; -ημένος in ἀπ- Xen. An. 7, 6, 11: (ἀπ-, παρ)έχω 2.
ἔσχησα Aor. 1 selten Inscrpt.: ἔχω 2.
ἐσχόμην Aor. Med. (zuweilen Pass.) -ετο Il. μ, 294; ρ, 696; Od. δ, 705; Ap. Rh. 1, 320; -οντο Il. γ, 84; Od. λ, 334; ν, 2: ἔχω 2.
ἔσχον Aor. 2 Il. ρ, 7; Thuc. 1, 12. 112; Pl. Γ*; Isocr. 4, 29; 5, 81: ἔχω 2.
ἔσχου 2 Sing. Aor. 2 Med. ἀν- Eur. Hipp. 687: ἔχω 2.
ἔσχων Imprf. Ar. Nub. 409: σχάζω 1.
ἕσω (< ἕσσω) Fut. ἀμφι- Od. ε, 167: ἀμφιέννυμι, anziehen, anthun, anlegen.
ἐσώθην (< ἐσώσθην) Aor. Pass. Soph. O. T. 1457; Eur. Heracl. 15; Isae. 1, 7; Pl. Xen.: σώζω 3.
ἔσωξα (vgl. ἔσωσα, ἔσωσα) Aor. κατ- Tab. Heracl. 2, 30: σώζω (σωννύω) 3.
1) ἔσωσα (< ἔσωσα, ἔσωξα) Aor. Tab. Heracl. B. 47, 1, 3: σώζω (σωννύω) 3.
2) ἔσωσα (vgl. ἔσωξα) Aesch. Eum. 661; Pl. Prot. 356, e: σώζω 3.
ἐσώσθην (< ἐσώθην) Aor. Pass. Hesych.: σώζω 3.
ἐτάγην (< ἐτάχθην) Aor. 2 Pass. selten Eur. Fr. incert. 95; Stob. 79, 50 (13): τάσσω 4.
ἐτάθην Aor. Pass. Soph. Ant. 124; ἐξ- Xen. Hel. 7, 5, 22; παρετάθησαν Pl. Euthyd. 303, d: τείνω 5.
ἐτάκην (< ἐτήχθην) Aor. 2 Pass. Pl. Phaedr. 251, b; vgl. τακ(ην): τήκω 6.
ἐτακόμην Imprf. -ετο s. u. τηκ-.
ἐτάλασσα Aor. Il. ρ, 166: ταλάω 7.
ἐταμνόμην Imprf. Od. ε, 243; Her. 1, 186: τέμνω 8.
ἐταμόμην (< ἐτεμόμην) Aor. 2 Med. ἐτάμεθ' Eur. Hec. 634; vgl. ταμέσθαι (194): τέμνω 8.
ἔταμον (< τάμον stets Hom. u. Pind., ἔτεμον) Aor. 2 auch im Altatt. Eur. Hel. 1224; τάμωμεν Thuc. 1, 81; ἀπέταμες Aesch. Ag. 1410 (194): τέμνω 8.
ἐτανύσθην s. τάνυσθεν.
ἐτανυσσάμην s. τανυσσάμενος.
ἐτάνυσσε (< τάνυσσε) Aor. 1 Od. φ, 128: τανύω 9.
ἔταξα Aor. Eur. Hel. 1390; Thuc. 4, 9; Pl. Leg. 772, c; 905, a; Xen. Symp. 43: τάσσω 4.
ἐταξάμην Aor. Med. Eur. Andr. 1099; Her. 3, 97; 4, 165; Thuc. 1, 48; 3, 77; Pl. Rep. 653, d; vgl. ταξ(αμην): τάσσω 4.
ἐτάραξα Aor. -ε Od. ε, 291; Batr. 145; vgl. ταραξ-: ταράσσω 10.
ἐταράχθην Aor. Pass. Eur. Fr.; Xen. An 2, 4, 18: ταράσσω 10.
ἐτάρπην (< τάρπην) Aor. 2 Pass. ep. ἐταρπήτην Od. ψ, 300: τέρπω 11.
ἐταρπήτην s. u. ἐτάρπην.
ἐτάρφθην (< ἐτέρφθην, ἐτάρπην) Aor. 1 Pass. ep. s. u. τάρφθην: τέρπω 11.
ἐτάττετο Imprf. Med. συν- Xen. An. 1, 8, 14: τάσσω 4.
ἐτάφην Aor. 2 Pass. Thuc. 5, 74: θάπτω, begraben.
ἔτἄφον (< τάφον) Aor. 2 Call. Dian. 103: θάπω, τάφω, erstaunen.

---

1 *a* klaffen machen, schlitzen, spalten; *b.* verrücken, verrenken; *c.* loslassen; *d.* hemmen, *inhibere.* 2 darhalten, -bieten; geben, gewähren. 3 (er)retten, erhalten, bewahren. 4 *a.* stellen, setzen, legen; *b.* aufstellen, ordnen, beordern. 5 *a.* (hin)strecken, sich erstrecken lassen; *Pass.* aus-, hingestreckt werden, eine Richtung nehmen; *b.* ausdehnen, hinziehen; *c.* spannen. 6 schmelzen, entkräften; *Pass.* schmelzen (intr.), zerfliessen; sich abhärmen, schwinden. 7 (er)tragen, (er)dulden; *mit Inf.* über sich nehmen, sich entschliessen, sich erkühnen. 8 (zer)schneiden, (zer)hauen. 9 spannen, (aus-, hin)strecken; *Med.* sich ausstrecken. 10 rütteln; verwirren, beunruhigen, erschrecken; *Pass.* in Unordnung,

ἐτάχθην (< ἐτάγην) Aor. Pass. -ημεν Her. 5, 109; -ησαν 3, 97; Pl. Phaed. 114, b; Isocr. 6, 100; προς- Eur. Hec. 100 (*13*): τάσσω 4.
ἔτεγξα Aor. Aesch. Prom. 401: τέγγω 12.
ἐτέγχθη Aor. Pass. Soph. Phil. 1456; τεγχθέντων Pl. Leg. 880, e: τέγγω 12.
ἐτεθελήκεσαν 3 Plur. Plsprf. Dio Cass. 24, 26: wollen.
ἐτέθη 3 Sing. Aor. 2 Pass. Thuc. 6, 38; Pl. Symp. 182, c *B**: τίθημι 13.
ἐτέθημεν 1 Plur. Aor. Pass. δι- Lys. 32, 18: τίθημι 13.
ἐτέθην 1 Sing. Aor. Pass. Pl. Symp. 215, e; Euthyd. 303, b: τίθημι 13.
ἐτεθήπεα 1 Sing. Plusprf. Od. ζ, 166; vgl. τεθηπώς: θάπω, τάφω, erstaunen.
ἐτέθησαν 3 Plur. Aor. Pass. Pl. Leg. 943, d: τίθημι 13.
ἐτέθητε 2 Plur. Aor. Pass. δι- Lys. 25, 27: τίθημι 13.
ἐτέθνᾰσαν 3 Plur. Plsprf. Xen. Hell. 6, 4, 16: θνήσκω, sterben.
ἐτέθραυστο 3 Sing. Plsprf. Pass. Plut. V. Caes. 19: θραύω, zerbrechen, schwächen.
ἐτέθυντο 3 Plur. Plsprf. Pass. Xen. Hell. 3, 1, 23: θύω, opfern.
ἔτειλα Aor. 1 Pind. Ol. 2, 70; ἀν- Il. ε, 777; Pind. I. 5, 75; vgl. ἀνετειλ-: (ἀνα)τέλλω 14.
ἐτειλάμην Aor. ἐπετείλατο Od. α, 327; ἐντειλάμενος Her. 1, 90; ἐντείλασθαι Xen. An. 5, 1, 13: (ἐπι-, ἐν)τέλλω 15.
ἔτεινα Aor. Il. δ, 124; -άτην Aesch. Ch.: τείνω 5.
ἐτεινάτην s. ἔτεινα.
ἔτειρα (< τεῖρε) Aor. Il. ε, 796 *Γ**: τείρω 16.
ἐτείρετο (< τείρετο) Imprf. Med. Il. χ, 242: τείρω 16.
ἐτείχιζον Imprf. -ες Xen. Cyr. 3, 1, 10: τειχίζω 17.
ἐτειχίσσαντο Aor. 1 Med. Il. η, 449; Thuc. 1, 11: τειχίζω 17.
ἐτέλεσα (< ἐτέλεσσα) Aor. Aesch. Sept. 782; Soph. Tr. 917; Thuc. 4, 78; δι- Isocr. 4, 52: τελέω 18.
ἐτελεσάμην Aor. Med. ἐπ- Xen. Ap. 33; vgl. τελεσ-(αμην): τελέω 18.
ἐτελέσθην Aor. Pass. Aesch. Ch. 1067; Eur. Andr. 1286; τελεσθῆναι Dem. 13, 19: τελέω 18.
ἐτέλεσσα, -ας, -εν (< ἐτέλεσα) Aor. Il. α, 108 *Γ**; Ap. Rh. 1, 152: τελέω 18.
ἐτελεύτησα (< τελεύτησα) Aor. Pl. Leg. 877, b: τελευτάω 19.
ἐτεμόμην (< ἐταμόμην) Aor. 2 Med. Luc. Pro Imag. τεμόμενος Pl. Leg. 695, c; vgl. τεμ(ομην): τέμνω 8.
ἔτεμον, -ε (< ἔταμον) Aor. 2 gewöhnl. Eur. Hel. 231; τεμών Aesch. Eum. 592; ἔτεμον Thuc. 2, 55. 56 öfters; -ε 100; Pl. Tim. 70. 77; διατέμῃ Pl. Phaed. 86, a; ἀποτεμόντες Xen. An. 5, 4, 17 (*194*): τέμνω 8.
ἐτέος Vb. ἀφ- Pl. Phaedr. 260, a *A**: ἵημι, senden.
ἐτέρσετο Imprf. Il. λ, 848: τέρσω 20.
ἐτέρφθην (< ἐτάρφθην) Aor. 1 Pass. Od. θ, 131; ρ, 174; Hom. Hym. 1, 146 (nach Thuc. 3, 104); ἔτερφθεν [*114*] Hym. 19, 45; vgl. τερφθ(ην) (*388*): τέρπω 11.
ἔτεξα s. u. τεξ-
ἐτεξάμην s. u. τέξασθαι.
ἔτερψα Aor. Hom. Hym. 19, 47; Eur. Heracl. 433; vgl. τερψ-: τέρπω 11.
ἐτερψάμην s. u. τερψάμενος.
ἐτέταλτο Plsprf. ἐπι... Il. β, 643; Od. λ, 524: ἐπιτέλλω 21.
ἐτεταράγμην Plsprf. Pass. Pl. Phaed. 59, b; vgl. ἐτετάρακτο: ταράσσω 10.
ἐτετάρακτο 3 Sing. Plsprf. Thuc. 7, 44; vgl. ἐτεταράγμην: ταράσσω 10.
ἐτετάχατο 3 Plur. Plsprf. Thuc. 7, 4; δι- 4, 31: τάσσω 4.

Verwirrung gerathen; erschrecken (intr.). 11 laben, letzen, erquicken, erfreuen. 12 (be)netzen, anfeuchten. 13 setzen, legen, stellen. 14 aufgehen, entstehen lassen; *intr.* hervor-, aufgehen. 15 *a.* aufgehen; *b.* vollenden, vollbringen; ἐπι- auf-, übertragen, anvertrauen; ἐν- auftragen, heissen. 16 aufreiben, erschöpfen, belästigen; *Pass.* erschöpft, bedrängt werden. 17 (be)mauern, befestigen; *Pass.* befestigt, mit Mauern umgeben werden. 18 vollenden, ausführen; *Pass.* vollbracht werden, geschehen. 19 (be)endigen; *intr.* enden, zu Ende gehen. 20 τέρσομαι, act. *durch* τερσαίνω *ersetzt:* trocknen. 21 auf-, übertragen, anvertrauen.

ἐτετελέκειν Plsprf. προ- Thuc. 6, 31: προτελέω 1.
ἐτετέλεστο Plsprf. ἐπ- Thuc. 7, 2: τελέω 1.
ἐτετεύχᾰτο (< τετεύχατο, ἐτέτυκτο) Plsprf. Pass. Il. λ, 808: τεύχω 2.
ἐτετεύχεε Plsprf. ion. intrans. Her. 3, 14: τυγχάνω, treffen, erlangen.
ἐτετήκειν (< τετήκειν) Plsprf. Xen. An. 4, 5, 15: τήκω 3.
ἐτέτλᾰμεν 1 Plur. Plsprf. Ap. Rh. 1, 807: ταλάω 4.
ἔτετμον (< τέτμον) Aor. 2 ep. Il. δ, 293; Od. α, 218: τέτμω 5.
ἐτέτραπτο (< τέτραπτο) Plsprf. Pl. Critia. 118, b: τρέπω 6.
ἐτετρήνατο Aor. 1 Med. δι- Ar. Thesm. 18: διατετραίνω 7.
ἐτέτρητο Plsprf. ξυν- Pl. Critia. 115, e: συντιτράω 8.
ἐτέτυκτο (< τέτυκτο, ἐτετεύχατο) 3 Sing. Plsprf. Pass. Il. ε, 402 *B**; Ap. Rh. 1, 234. 732; 4, 213; Qu. Sm. 1, 773; vgl. ἐτέτυξο: τεύχω 2.
ἐτέτυξο 2 Sing. Plsprf. Il. μ, 164; Qu. Sm. 5, 558: τεύχω 2.
ἔτευξα (< τεῦξα) Aor. Il. ξ, 166. 338; Qu. Sm. 1, 666; Aesch. Suppl. 306: τεύχω 2.
ἐτευξάμην s. u. τεύξασθαι.
ἐτεύχθην (< ἐτύχθην) Aor. 2 Pass. Hippocr. 1, 76; Anth. 6, 207: τεύχω 2.
ἐτέχθην Aor. Pass. selten (Eur.) Fr. Dan. 44 (Wagn.); Anacreont. 41, 1; 39, 8 Bergk; Hippocr. 1, 467; Luc. D. Mort. 13; Muson. in Stob. 40, 9; ἀπ- Ecphant. Stob. 48, 65: τίκτω 9.
ἐτεχνησάμην Aor. Med. Soph. Tr. 534: τεχνάομαι 10.
ἔτην Dual. Aor. 2 ἀφέτην Il. λ, 641: ἀφίημι, wegsenden.
ἔτηξα Aor. κατ- Od. τ, 206; vgl. τηξ-: τήκω 3.
ἐτηρήθην Aor. Pass. Lys. 12, 71: τηρέω 11.
ἐτήχθην (< ἐτάκην) Aor. 1 Pass. s. u. τηχθ(ην): τήκω 3.

ἐτίθεα (< τίθεσκον) 1 Sing. Imprf. ion. für ἐτίθην od. ἐτίθεον Her. 3, 155: τίθημι 12.
ἐτίθει (< τίθει, ἐτίθη) 3 Sing. Imprf. Il. σ, 541. 550. 551. 607; Od. ζ, 76 *B**; Pl. Leg. 631, a (> ἐτίθη); 630, e; προς- Ar. Nub. 63; ἀντεπ- Thuc. 1, 129; περι- Her. 6, 69 (**299**): τίθημι 12.
ἐτίθεις (< ἐτίθης) 2 Sing. Imprf. Pl. Rep. 497, d (> ἐτίθης) (**299**): τίθημι 12.
ἐτιθέμεθα 1 Plur. Imprf. Pass. Pl. Rep. 454, c: τίθημι 12.
ἐτίθεμεν 1 Plur. Imprf. Pl. Phil. 25, c: τίθημι 12.
ἐτίθεντο 3 Plur. Imprf. Pass. Xen. An. 7, 3, 22: τίθημι 12.
ἐτίθεσαν (< τίθεσαν) 3 Plur. Imperf. Xen. Mem. 3, 14, 1; ἀν- Pl. Critia 120, c: τίθημι 12.
ἐτίθεσο 2 Sing. Imprf. Pass. Pl. Phil. 31, c; Rep. 352, d (**282**): τίθημι 12.
ἐτίθετο 3 Sing. Imprf. Pass. Pl. Phil. 66, d: τίθημι 12.
ἐτίθη (< ἐτίθει) 3 Sing. Imprf. Pl. Leg. 631, a (**299**): τίθημι 12.
ἐτίθην (< ἐτίθουν) 1 Sing. Imprf. Lys. 30, 17; Pl. Gorg. 500, b (> ἐτίθουν) (**299**): τίθημι 12.
ἐτίθης (< ἐτίθεις) 2 Sing. Imprf. Pl. Rep. 528, d; Par. A. (< ἐτίθεις al. Vulg.) (**299**): τίθημι 12.
ἐτίθουν (< ἐτίθην) 1 Sing. Imprf. Pl. Gorg. 500, b (> ἐτίθην) (**299**): τίθημι 12.
ἐτίλλοντο (< τίλλοντο) Imprf. Luc. Fugit 28: τίλλω 13.
ἐτιμήθην Aor. Pass. Her. 7, 213; 8, 105; τιμηθέντες Pl. Menex. 242, c: τιμάω 14.
ἐτιμησάμην Aor. Med. -ασθ' Od. υ, 129; -ασθε Thuc. 1, 33; 4, 40; -ατο Lys. 19, 48: τιμάω 14.
ἔτῑσα Aor. Od. ω, 352; Soph. O. T. 810; Eur. El. 1189; vgl. τισ-, τῖσαι u. s. w.: τίνω 15.
ἐτισάμην Aor. Med. -ατο Il. β, 743

---

1 vollenden, ausführen; *Pass.* vollbracht werden, geschehen. 2 (er)zeugen, hervorbringen, verfertigen; *Pass.* hervorgebracht, erbaut, verfertigt werden. 3 schmelzen, entkräften; *Pass.* schmelzen (intr.), zerfliessen; sich abhärmen, schwinden. 4 (er)tragen, (er)dulden; *mit Inf.* über sich nehmen, sich entschliessen, sich erkühnen. 5 (an)treffen. 6 *a.* drehen, wenden, kehren; *Pass.* sich∼; *b.* lenken, richten. 7 durchbohren. 8 durchbohren, aushöhlen. 9 (er)zeugen, gebären, hervorbringen. 10 verfertigen.

*B**; Soph. Ai. 181; Her. 1, 190: τίνω 15.

ἐτίσθην Aor. Pass. ἐξ- Dem. 28, 2: τίνω 15.

ἐτιταίνετο Imprf. Med. trans. Il. ε, 97: τιταίνω 16.

ἔτλα 3 Sing. Aor. 2 Aesch. Ag. 224: τλάω, ταλάω 4.

1) ἔτλαν 1 Sing. Aor. 2 Pind. I. 6, 37: τλάω, ταλάω 4.

2) ἔτλαν 3 Plur. Aor. 2 für ἔτλησαν Il. φ, 608: τλάω, ταλάω 4.

ἔτλᾱσαν 3 Plur. Aor. 2 Soph. Phil. 1201: τλάω, ταλάω 4.

ἔτλην Aor. 2 Il. σ, 433 *B**; Aesch.; Eur. H. F. 1279; Hel. 785; -ης Il. ϱ, 153 *B**; Aesch.; -η Il. ε, 23 *Γ**; Ap. Rh. 1, 204; Eur. Ion. 278; -ητε Il. ω, 35; Aesch.; selten in Prosa Xen. Cyr. 3, 1, 2; Luc. Philops. 21; vgl. ἔτλαν und ἔτλασαν: τλάω, ταλάω 4.

ἐτμάγην (< ἐτμήγην) Aor. 2 Pass. Il. π, 374; δι- η, 302: (δια)τμήγω 17 u. 18.

ἔτμαγον Aor. 2 δι- Il. η, 302; μ, 461; π, 354; Od. η, 276; Ap. Rh. 2, 298; 3, 343: διατμήγω 18.

ἔτμαξα (< ἔτμηξα) Aor. δι- Theocr. 8, 24: τμήγω 17.

ἐτμήγην (< ἐτμάγην) Aor. 2 Pass. spät Anth. 9, 661; Callim. Fragm. 300: τμήγω 17.

ἐτμήθην Aor. Pass. Eur. Tro. 480; Pl. Symp. 191, a; τμηθείσης Rep. 266, e; -εῖσιν 510, b; -έντος Soph. 264, e; -ῆναι Xen. Ath. 2, 14: τέμνω 19.

ἔτμηξα (< ἔτμαξα) Aor. Ap. Rh. 2, 483; vgl. τμηξ-: τμήγω 17.

ἐτμηξάμην Aor. Med. trans. Anth. 7, 480; Nic. Alex. 68; ὑπ- Ap. Rh. 4, 328: τμήγω 17.

ἕτο 3 Sing. Aor. 2 Med. ξύνετο Od. δ, 76 vernahm: ξυνίημι, zusammenschicken, wahrnehmen.

ἐτόρησα Aor. 1 Opp. Cyn. 3, 321; τορήσας Hom. Hym. Merc. 119; ἀντετόρεσεν Il. ε, 337: τορέω 23.

ἔτορον Aor. 2 Il. λ, 236: τορέω 23.

ἑτός Vb. ἀφ- Thuc.: ἵημι, senden.

ἔτοσσε Aor. 1 ἐπ- Pind. P. 4, 25; vgl. τόσσαις: ἐπέτοσσε, traf, stiess darauf.

ἐτράπεον Imprf. Hes. Sc. 301: τραπέω 20.

1) ἐτράπην Aor. 2 Pass. ἐτράπημεν Pl. Lys. 213, e; vgl. τραπ(ην): τρέπω 6.

2) ἐτράπην Aor. 2 Pass. Soph. Ai. 7, 43: τρέπω 6.

ἐτραπόμην Aor. 2 Med. -ετο Il. κ, 45; -οντο Her. 5, 11; Thuc. 1, 50: τρέπω 6.

ἔτραπον, -ε (< τράπε) Aor. 2 Il. ε, 187; Pind. P. 3, 55; intrans. Il. π, 657; Hes. Th. 58: τρέπω 6.

ἔτραφ', ἔτραφε Il. φ, 279; ψ, 90 nach Buttm. Aor. 2 mit intr. Bed., nach Thiersch, Boeckh ep. Kürzung für ἐτράφ(η): τρέφω 21.

ἐτραφέτην Dual. Il. ε, 555 nach Buttm. Aor. 2, nach Thiersch, Boeckh ep. Kürzung aus ἐτραφήτην: τρέφω 21.

ἐτράφην (< ἐθρέφθην) Aor. 2 Pass. -ημεν Il. ψ, 84; ἔτραφεν st. -ησαν Od. κ, 417; -η Aesch. Sept. 754; -ητε Xen. Cyr. 2, 1, 15: τρέφω 21.

ἐτράφθην (< ἐτρέφθην) Aor. Pass. s. u. τραφθῆναι: τρέπω 6.

ἔτραχον Imprf. dor. Theocr. 2, 146: τρέχω 24.

ἐτραχύνθην s. u. τραχυνθ(ην).

ἔτραψα (< ἔτρεψα) Aor. 1 ion. Her. 4, 202: τρέπω 6.

ἔτρεμον Aor. 2 Il. κ, 390: τρέμω 22.

ἐτρέφθην (< ἐτράφθην, ἐτράπην) Aor. Pass. Xen. Hell. 3, 4, 14; 5, 20; An. 5, 4, 23; Eur. El. 1046: τρέπω 6.

ἔτρεψα (< τρέψε, ἔτραψα) Aor. Il. δ, 354 *B**; Eur. Suppl. 718; Thuc. 1142; Xen. An. 1, 8, 24: τρέπω 6.

ἐτρεψάμην Aor. 1 Med. -άμεθ' Eur. Heracl. 842; -ατο Her. 7, 105;

---

11 *a.* beobachten; *b.* (be)wahren, behüten. 12 setzen, legen, stellen. 13 zupfen, (ab)rupfen, zerzausen. 14 abschätzen; schätzen, würdigen, ehren; als Strafe zuerkennen. 15 büssen, zahlen, entrichten; *Med.* büssen lassen; strafen, züchtigen. 16 anziehen, (aus)spannen, ausbreiten, ausstrecken. 17 Nebenform von τέμνω, schneiden, hauen. 18 zerschneiden, zerhauen, zerbrechen. 19 (zer)schneiden, (zer)hauen. 20 Weintrauben treten, keltern. 21 fett machen, füttern, ernähren, aufziehen. 22 (er)-zittern, beben. 23 durchbohren. 24 laufen.

-αντο Lys. 2, 46; vgl. τρεψ(αμην): τρέπω 1.
ἔτρησα Aor. ξυν- Pl. Tim. 91, a; Critia 115, d: συντιτράω 2.
ἐτρίβην Aor. 2 Anth. 6, 24; Luc. Paras. 52; συν- Ar. Pax. 71; Andoc. 1, 61; διατριβῆναι Thuc. 1, 125; κατατριβῆναι Xen. Oec. 15, 10; κατατριβέντα Pl. Leg. 678, d: τρίβω 3.
ἔτριζον Imprf. κατ- Hom. Batr. 85: τρίζω 4.
ἐτρίφθην (< ἐτρίβην) s. u. τριφθ-(ην).
ἔτριψα Aor. Pl. Phaed. 60, b; δι- Isocr. 4, 83: τρίβω 3.
ἐτριψάμην Aor. Med. Callim. Pal. lav. 25: τρίβω 3.
ἐτρύφην Aor. 2 Pass. s. u. τρυφ(ην).
ἐτρυχόμην Pass. Ar. Ach. 68: τρύχω 5.
ἐτρώθην Aor. Pass. Xen. Cyr. 4, 1, 4; Xen. An. 4, 3, 33; vgl. τρωθ-(ην): τιτρώσκω 6.
ἔτρωξα Aor. κατ- (Hom.) Batr. 126. 182: τρώγω 7.
ἔτρωσα Aor. Eur. Hipp. 392; Thuc. 4, 14; Lys. 3, 41; Xen. An. 4, 3, 33: τιτρώσκω 6.
ἐτύγχανον Imprf. nur Od. ξ, 231: τυγχάνω 8.
ἐτύθην Aor. 1 Pass. Aesch. Ch. 242; Her. 1, 216: θύω, opfern.
ἐτύπην s. u. τυπ(ην).
ἔτυπον Aor. 2 selten Eur. Ion. 767: τύπτω 9.
ἐτυπτήθην (< ἐτύπην) Aor. 1 Pass. sp. Philo. Leg. Spec. 2, 799: τύπτω 9.
ἐτύπτησα (< ἔτυψα, τύψε) Aor. Aristot. Polit. 2, 12; Aesop. 21: τύπτω 9.
ἐτύφην Aor. 2 Pass. ἐπιτυφῇ Ar. Lys. 221 222: τύφω 10.
ἔτυφον (<τῦφον) Aor. 2 Soph. Ant. 1009: τύπτω 9.
1) ἐτύχησα Aor. 1 *traf* Il. δ, 106; ε, 579; μ, 394; ο, 581; ψ; 466: τυγχάνω 8.
2) ἐτύχησα Aor 1 *traf an* Od. φ, 13: τυγχάνω 8.
3) ἐτύχησα Aor. 1 *traf sich zufällig* Od. ξ, 334; τ, 291: τυγχάνω 8.
ἐτύχθην (< ἐτεύχθην) Aor. Pass. „nur im Indic., nie ohne Augm." Il. β, 155 *B**; Ap. Rh. 4, 192; Aesch. Eum. 353; Suppl. 86: τεύχω, bereiten.
1) ἔτυχον Aor. 2 Il. ε, 287. 587; Aesch. Ch. 14; Eur. Tr. 499; Xen. Cyr. 8, 4, 3; Pl. Phaedr. 252; Isocr. 12, 265: τυγχάνω 8.
2) ἔτυχον Aor. 2 traf sich, war gerade, eben Il. λ, 116; Pind. N. 1, 49; Soph. Ai. 742; Pl. Euthyd. 272; Xen. Mem 3, 9, 13: τυγχάνω 8.
ἔτυψα (< τύψε, ἐτύπτησα) Aor. 1 Her. 3, 64: τύπτω 9.
ἔτω 3 Sing. Imper. προέτω Il. δ, 94: προίημι, ent-, aussenden.
ἐτώθασα Aor. τωθάσω Ar. Vesp. 1362; ἐπετώθασε (Hippocr.) Epist. 3, 799; Appian. Civ. 2, 153: τωθάζω 11.
εὔαδε(ν) (< ἕαδε, ἅδε) Aor. Il. ξ, 340; ρ, 647; Od. π, 28: ἁνδάνω 12.
εὔδεσκε (< εὗδον, ηὗδον) Imprf. Il. χ, 503: εὕδω 13.
εὐδῆσαι Inf. Aor. καθ- Hippocr. 2, 451: εὕδω 13.
εὐδήσω Fut. Aesch. Ag. 337; κατευδήσουσι Lys. 1, 10: εὕδω, καθεύδω 13.
εὐδητέον Vb. καθ- Pl. Phaedr. 259, d: καθεύδω 13.
εὗδον (< ηὗδον, εὕδεσκε) Imprf. Il. β, 2 *Γ**; Eur. Bacch. 683: εὕδω 13.
εὐεργέτεον (> εὐηργ-) Imprf. Xen. Ap. 26: εὐεργετέω 14.
εὐεργετηθείς Part. Aor. Pass. Pl. Gorg. 520, c: εὐεργετέω 14.
εὐεργέτημαι (< εὐηργέτημαι) Perf. Pass. Xen. Mem. 2, 2, 3; Pl. Crit. 43, a: εὐεργετέω 14.
εὐεργέτησα (< εὐηργέτησα) Aor. Isocr. 4, 56: εὐεργετέω 14.
εὐεργετήσω Fut. Eur. Hel. 1298; Xen. Cyr. 3, 1, 34: εὐεργετέω 14.
εὐηργέτεον (< εὐεργέτεον) Imprf. Xen. Ag. 4, 4: εὐεργετέω 14.

---

1 *a.* drehen, wenden, kehren; *Pass.* sich ⌄; *b.* lenken, richten. 2 durchbohren, aushöhlen. 3 reiben, abnutzen. 4 schwirren, zischen, zirpen, zwitschern. 5 aufreiben, erschöpfen, ermüden, bedrängen, quälen. 6 verwun den, verletzen, beschädigen. 7 nagen, schroten, zerbeissen, essen, fressen. 8 *a.* (an)treffen, begegnen; *b.* sich treffen, ereignen; τυγχάνειν mit Part. = gerade, zufällig, eben, wie τυγχάνω ὤν, *ich bin gerade, eben.* 9 schlagen; *Pass.* Schläge, Wunden bekommen. 10 räuchern, anzünden;

εὐηργέτηκα (< εὐεργέτηκα) Perf. Lycurg. 140: εὐεργετέω 14.
εὐηργέτημαι (< εὐεργέτημαι) Perf. Pass. Luc. Abdic. 14: εὐεργετέω 14.
εὐηργέτησα (< ἐυηργέτησα) Aor. Ar. Plut. 835; Lys. 9, 14: εὐεργετέω 14.
εὑθείς Part. Aor. Pass. ἀφ- Suid.: εὕω 15.
εὐκτέος Vb. sp. Epint. Esch. 77: εὔχομαι 16.
εὖκτο Aor. 2 = εὔκετο Hom. Fr. 2, 15: εὔχομαι 16.
εὐκτός Vb. Eur. Ion. 642: εὔχομαι 16.
εὐλόγει Imprf. Ar. Eccl. 454: εὐλογέω 17.
εὐλόγηκα Perf V. T. Gen. 17, 20: εὐλογέω 17.
εὐλόγησα (< ηὐλόγησα) Aor. V. T. Gen. 1 Reg. 21, 15; εὐλογῆσαι Ar. Equ. 565: εὐλογέω 17.
εὐλογήσομαι Fut. Med. pass Isocr. 9, 5: εὐλογέω 17.
εὐλογήσω Fut Eur. Hec. 465: εὐλογέω 17.
εὐνέθην (< εὐνήθην) Aor. Pass. συν- Hippocr. 2, 833: εὐνάω 18.
εὐνήθην (< εὐνέθην) Aor. Pass. Anth. 7, 78; εὐνηθέντε Il. γ, 441; εὐνηθεῖσα Ap. Rh. 1, 135; συν- Her. 6, 69: εὐνάω 18.
εὔνημαι Perf. Pass. Anth. 7, 397: εὐνάω 18.
εὔνησα Aor. Od. δ, 440: εὐνάω 18.
εὐξάμην (< ηὐξάμην) Aor. Xen. Hell. 4, 4, 12; -αίμην Lys. 21, 21; -αιο Isocr. 5, 68; -αιτο Eur. Andr. 1113; -ασθαι Hipp. 46; εὔχομαι 16.
εὔξομαι Fut. (Lys.) 6, 4; Pl. Phaedr. 233; προσ- Eur. El. 415: εὔχομαι 16.
εὑράμην Aor. Med. Hes. Fr. 77; ἀν- Com. Fr. 3, 592 (MSS.), -όμην (Dind.): εὑρίσκω 19.
εὑρέ Imper. Aor. 2 att. (**254**): εὑρίσκω 19.
εὗρε(ν) 3 Sing. Aor. 2 -εν Il. α, 498 *Δ**: εὑρίσκω 19.
εὑρέθην Aor. Pass. Eur. El. 382; Thuc. 6, 31. 58; -θείη Pl. Alc. 129, b; -θῆναι Isocr. 5, 10; -θείς Pl. Phaedr. 278, a: εὑρίσκω 19.
εὑρεθήσομαι (< εὑρήσομαι) Fut. Pass. Eur. I. A. 1105; Lys. 29, 2; Isocr. 9, 41: εὑρίσκω 19.
εὑρεῖν (< εὑρέμεναι) Inf Aor. Isocr. 4, 45: εὑρίσκω 19.
εὑρέμεναι (< εὑρεῖν) Inf. Aor. 2 ep. Il. β, 343 *B**: εὑρίσκω 19.
εὕρεο 2 Sing. Imper. Aor. 2 Med. Od. τ, 403: εὑρίσκω 19.
εὕρετε 2 Plur. Aor. 2 Pl. Euthyd. 291, a: εὑρίσκω 19.
εὑρέτην Dual. Aor. 2 Pl. Euthyd. 273, e: εὑρίσκω 19.
εὕρετο s. u. εὑρόμην.
εὕρῃ (< εὕρῃσι) 3 Sing. Conj. Aor. 2 Il. χ, 192 *Δ**: εὑρίσκω 19.
εὕρηκα Perf. Ar. Nub. 764; -αμεν Isocr. 2, 12; -κέναι Lys. 12, 68; Isocr. 5, 14: εὑρίσκω 19.
1) εὕρημαι Perf. Pass. Eur. Bacch. 203; Xen. Cyr. 4, 2, 21: εὑρίσκω 19.
2) εὕρημαι Perf. Med. Dem. 19, 17: εὑρίσκω 19.
εὕρῃς 2 Sing. Conj. Aor. 2 Pl. Hipp. maj. 300, d: εὑρίσκω 19.
εὕρησα Aor. Maneth. 5, 137: εὑρίσκω 19.
εὕρῃσι (< εὕρῃ) 3 Sing. Conj. Aor. Il. μ, 302: εὑρίσκω 19.
εὑρήσοιμι 1 Sing. Opt. Fut. Pl. Ap. 22, d: εὑρίσκω 19.
εὑρήσομαι (< εὑρηθήσομαι) Fut. Med. Her. 9, 6; Aeschin. 3, 134: εὑρίσκω 19.
εὑρήσω (< εὑρησῶ Epicharm.) Fut. Hym. 302; Pind. O. 13, 113; Ar. Nub. 1311; Isocr. 2, 45; 3, 2. 9; Thuc. 8, 76: εὑρίσκω 19.
εὕροι 3 Sing. Opt. Aor. 2 Od. ι, 535; Pl. Prot. 321, d: εὑρίσκω 19.
εὕροιμεν 1 Plur. Opt. Pl. Leg. 638, b: εὑρίσκω 19.
εὑροίμην 1 Sing. Opt. Aor. 1 Med. Od. ι, 422: εὑρίσκω 19.
εὕροιμι 1 Sing. Opt. Aor. 2 Od. ν, 43; Pl. Euthyd. 5, b: εὑρίσκω 19.
εὕροις 2 Sing. Opt. Aor. 2 Pl. Rep. 343, d: εὑρίσκω 19.

---

intrans. u. im Pass. rauchen, glimmen. 11 ver-, auslachen, verhöhnen. 12 gefallen, behagen. 13 schlafen, ruhen, saumselig sein. 14 Wohlthaten erweisen; *Pass.* Wohlthaten empfangen. 15 sengen, braten, dörren. 16 geloben; sich rühmen, beten; wünschen. 17 gut sprechen von . . . , loben. 18 zu Bette bringen, einschläfern; besänftigen; *Pass.* sich lagern, schlafen. 19 finden; antreffen; entdecken; begreifen; verschaffen.

εὕρομεν 1 Plur. Aor. 2 Il. λ, 771 *B**; Pl. Rep. 612, b: εὑρίσκω 1.

εὑρόμην (< εὑράμην) Aor. 2 Med. -ετο Il. π, 472 *B**; Aesch. Prom. 267: εὑρίσκω 1.

εὗρον 3 Plur. Aor. 2 Il. α, 329: εὑρίσκω 1.

εὕρωμεν 1 Plur. Conj. Aor. 2 Il. ι, 49; Od. μ, 300; Pl. Rep. 392, c: εὑρίσκω 1.

εὑρών Part. Aor. 2 Il. γ, 24; Pl. Rep. 522, d: εὑρίσκω 1.

εὕρωσιν 3 Plur. Conj. Aor. 2 Il. η, 31: εὑρίσκω 1.

εὗσα Aor. Od. ξ, 75: εὕω 2.

εὐτύχεσα (< -ησα, ηὐτύχησα) Aor. sp. Anth. Ap. Epgr. p. 327 (9, 40): εὐτυχέω 3.

εὐτυχήθην Aor. Pass. Herod. 2, 14: εὐτυχέω 3.

εὐτύχηκα Perf. Isocr. 12, 7; Pl.: εὐτυχέω 3.

εὐτύχημαι Perf. Pass. Thuc. 7, 77: εὐτυχέω 3.

εὐτύχησα (< -εσα, ηὐτύχησα) Aor. Xen. Hell. 3, 5, 12: εὐτυχέω 3.

εὐτυχήσω Fut. Eur. Or. 1212: εὐτυχέω 3.

εὐτύχουν Imprf. Soph. Fr. 94; Xen. Cyn. 12, 6: εὐτυχέω 3.

εὐφρανέαι 2 Sing. Fut. Med. Her. 4, 9: εὐφραίνω 4.

εὐφρανέω (< εὐφρανῶ) Fut. Il. η, 297: εὐφραίνω 4.

εὐφράνθην Aor. Pass. Pind. O. 9, 62; Xen. Cyr. 1, 5, 9: εὐφραίνω 4.

εὐφρανοῦμαι Fut. Med. Her. 4, 2; Xen. Cymp. 7, 5: εὐφραίνω 4.

εὐφρᾰνῶ (< εὐφρᾰνέω) Fut. Aesch. Ch. 742: εὐφραίνω 4.

εὔφρηνα (ηὔφρᾱνε) Aor. ion. Il. ω, 104: εὐφραίνω 4.

εὐχθεῖσα Aor. Pass. sp. Dio Cass. 48, 32: εὔχομαι 5.

ἔφα (< ἔφη) Aor. 2 dor. Aesch. Ag. 369: φημί 6.

ἐφάανθεν s. u. ἐφαάνθη.

ἐφαάνθη (< ep. für ἐφάνθη) Aor. 1 Pass. Ap. Rh. 2, 451; ἐξ- Il. δ, 468; ν, 278; Qu. Sm. 1, 761; vgl. ἐξεφάανθεν Il. τ, 17: φαίνω 7.

ἐφάθην Aor. 1 Pass. s. u. φαθῆναι.

ἔφαμεν (< φάμεν) 1 Plur. Imperf. Il. ψ, 440; Pl. Rep. 459, d: φημί 6.

ἐφάμην 1 Sing. Imprf. Med. Il. γ, 366 *Γ**; Qu. Sm. 2, 311; ἐφάμαν Theocr. 7, 127: φημί 6.

ἔφαν (< φάν) 3 Plur. Imprf. für ἔφασαν Il. γ, 161 *Γ**; Ap. Rh. 2, 1200: φημί 6.

ἐφάνην (< φάνη, ἐφάνθην) Aor. 2 Pass. ἔφανεν 3 Plur. [**114**] Il. θ, 557; Pind. I. 1, 29; -ημεν Aesch. Eum. 320; -η Thuc. 8, 10; Pl. *B**; Xen. An. 3, 2, 9: φαίνω 7.

ἐφάνθην (< φάνθη, ἐφάνην) Aor. 1 Pass. u. bei Homer und zuw. bei den Trag. Med. Aesch. Pers. 265; Soph. O. T. 525. 1485; Ant. 104; φανθέν Tr. 743; φάνθη Herc. F. 804; φανθείη Xen. 6, 4, 11; -θέντων Dem. 58, 13; ἀποφανθῆναι Dem. 19, 44; -θέντα 5, 9; Isae. 3, 73. 80: φαίνω 7.

ἔφαντο (< φάντο) 3 Plur. Imprf. Med. Il. μ, 106 *Γ**; selten bei Attikern Lys. Fr. 3: φημί 6.

ἔφασα (< ἔφησα) Aor. 1 dor. φᾶσε Pind. N. 1, 66: φημί 6.

ἔφασαν (< φάσαν, ἔφαν, φάν) 3 Pl. Imprf. Il. δ, 374 *B**; Xen. Hell. 3, 2, 7 *B**; Isae. 2, 31: φημί 6.

ἐφάσκετε 2 Plur. Imprf. Od. χ, 35 [*292. 145. 146*]: φάσκω 8.

ἐφάσκετο 3 Sing. Imprf. Med. Soph. Phil. 114: φάσκω 8.

ἔφασκον Imprf. iter. Il. ν, 100; Od. ε, 135; -ες Il. τ, 297; -ε *Γ**; -ετε Od. χ, 35. — -ε Aesch. Ch. 276; Eur. Suppl. 725; -σκ' Hel. 538; -ον Bacch. 27; -εν Pl. Leg. 901, a [*292. 145. 146*]: φάσκω 8.

ἔφατ' s. u. ἔφατο.

ἔφατε 2 Plur. Imprf.: φημί 6.

ἐφάτην 3 Dual. Imprf. Eur. Hec. 128; Pl. Euthyd. 278, d; 294, e: φημί 6.

ἐφάτισα Aor. Her. 5, 58; vgl. φατισ-: φατίζω 9.

ἐφατίσθην s. u. φατισθ(ην).

ἔφατο (< φάτο, φάτ') 3 Sing. Imprf. -τ' Il. α, 33 *Γ**: φημί 6.

ἔφατον 2 Dual. Imprf.: φημί 6.

---

1 finden; antreffen; entdecken; begreifen; verschaffen. 2 sengen, braten, dörren. 3 Glück haben, gelingen, glücken. 4 erfreuen; *Pass. mit Fut. Med.* froh sein. 5 geloben; sich rühmen; beten, wünschen. 6 sagen, sprechen, reden, erzählen. 7 erscheinen lassen, (an)zeigen, verkündigen; *Pass.* leuchten, erscheinen, sich zeigen. 8 bejahen, versprechen; meinen.

ἐφέβοντο (< φέβοντο) Imprf. Il. θ, 342; λ, 178: φέβομαι, fliehen.
ἐφέηκα (< ἔφηκα) Aor. 1 Il. σ, 108: ἐφίημι 10.
ἐφείην 1 Sing. Opt. Aor. 2 Il. σ, 124; -η Od. α, 254: ἐφίημι 10.
ἐφείω Conj. Aor. 2 Act. ep. st. ἐφέω, ἐφῶ Il. α, 567 [**270**]: ἐφίημι 10.
ἐφέμεν Inf. Aor. 2 st. ἐφεῖναι: ἐφίημι 10.
ἐφερβόμην Imprf. Med. Soph. Phil. 957: φέρβω 11.
ἔφερβον Imprf. Eur. Or. 869; Pl. Critia 115, a: φέρβω 11.
ἔφερον (< φέρον) Imprf. Il. λ, 533; Pl. Critia 120, e: φέρω 12.
ἔφες 2 Sing. Imper. Aor. 2 Il. ε, 174: ἐφίημι 10.
ἔφη (< φῆ) 3 Sing. Imprf. Il. α, 219 *Δ**; Pl. Xen. u. s. w.: φημί 6.
1) ἐφέσσαι Inf. Aor. st. ἐφέσαι Od. ν, 274: ἐφεῖσα 13.
2) ἔφεσσαι Imper. Aor. 1 Med. Od. ο, 277: ἐφεῖσα 13.
ἐφεσσάμενος Part. Aor. 1 Med. Od. π, 443: ἐφεῖσα 13.
ἐφέσσεσθαι Inf. Fut. Med.: ἐφεῖσα.
ἐφήμιξα (< ἐφήμισα) Aor. 1 dor. Hes. Op. 764; Qu. Sm. 13, 558: φημίζω 14.
ἐφήμισα (< -ιξα) Aor. Aesch. Ch. 558; Eur. I. A. 1356: φημίζω 14.
ἐφημισάμην (< ἐφημιξάμην) Aor. 1 Med. Aesch. Ag. 629. 1162. 1173: φημίζω 14.
ἐφημιξάμην (< -ισάμην) Aor. 1 Med. δι- Arat. 442: φημίζω 14.
ἔφην (< φῆν) 1 Sing. Imprf. Soph. O. T. 349; Xen. Oec. 2, 9; Pl. Prot. 317, d: φημί 6.
ἔφηνα Aor. Il. 318. 324; Xen. Hell. 3, 2, 25; 3, 5, 10 (**225**): φαίνω 7.
ἔφης (< ἔφησθα, φῆς) 2 Sing. Imperf. Il. χ, 280. 331; selten bei Att. Aesch. Ag. 1613 (> φής); Xen. Cyr. 4, 1, 23; Pl. Gorg. 466, e; Euthyd. 393, c: φημί 6.
ἔφησα (< ἔφασα, φᾶσε) Aor. 1 Xen. An. 5, 8, 5; Pl. Pol. 297, e: φημί 6.
ἔφησθα (< ἔφης, φῆς) 2 Sing. Imperf. Il. α, 397; π, 830; Od. γ, 357; ψ, 71; Qu. Sm. 1, 646; Xen. An. 1, 6, 7; Cyr. 1, 6, 3; Pl.; Dem. 18, 70 [**292. 71**]: φημί 6.
ἐφήσει s. u. ἐφήσω.
ἐφήσομαι Fut. Med. Il. ψ, 82: ἐφίημι 10.
ἐφήσω Fut. Il. ω, 117; -εις Od. ν, 376; -ει υ, 386: ἐφίημι 10.
ἔφθακα Perf. Dem. 18, 39: φθάνω 15.
ἐφθάκει Plsprf. Luc. Philops. 6: φθάνω 15.
ἔφθαξα (< ἔφθᾰσα) Aor. 1 dor. Theocr. 3, 15 (**9**): φθάνω 15.
ἐφθάραται 3 Plur. Perf. Thuc. 3, 13: φθείρω 16.
ἐφθάρατο 3 Plur. Plsprf. Her. [**111**]: φθείρω 16.
ἐφθάρην Aor. Pass. Fr. Com. 2, 167; Thuc. 1, 24. 110; δι- Eur. Suppl. 563; Thuc. 1, 100; Isocr. 3, 32 (**245**): φθείρω 16.
ἐφθάρθαι Inf. Perf. δι- Thuc. 8, 1; Lys. 22, 14: φθείρω 16.
ἔφθαρκα Perf. Dinarch. 1, 64; δι- Eur. Med. 226; Lys. 1, 60; Pl. Ap. 33, c; Theaet. 144, d *B**: φθείρω 16.
ἐφθάρκει Plsprf. Dem. 45, 27: (δια)-φθείρω 16.
ἔφθαρμαι Perf. Pass. -ται Soph. El. 765; Thuc. 7, 12; -μένος Soph. Ai. 25; Eur. H. F. 932; Pl. Leg. 676, b; διέφθαρσαι Eur. Hel. 1192; vgl. διεφθάρθαι: φθείρω 16.
ἔφθαρται s. u. ἔφθαρμαι.
ἔφθᾰσα (< ἔφθαξα) Aor. Thuc. 3, 49; Isocr. 4, 86; 5, 53: φθάνω 15.
ἐφθάσθην Aor 1 Pass. sp. Dio. Hal. 6, 25: φθάνω 15.
ἔφθεγμαι Perf. -έγμεθαι Pl. Ep. 342, b; vgl. ἔφθεγξαι (**114**): φθέγγομαι 17.
ἔφθεγξαι 2 Sing. Perf. Pl. Leg. 830, c: φθέγγομαι 17.
ἐφθεγξάμην (< φθέγξατο Hom. *B**; Pind.) Aor. -έγξατο Hom. Batr. 12. 92; Eur. Andr. 1147; Ion. 729; I. T. 1385; Pl. *Δ**; -ξω Phil. 24, c; -άμεθα Crat. 399, b: φθέγγομαι 17.
ἔφθειρα (< ἔφθερσα) Aor. 1 Thuc. 1, 69; 2, 101; 3, 116: φθείρω 16.

---

9 sprechen, reden, sagen; verloben. 10 zusenden, (zu)schicken. 11 weiden, füttern, nähren; *Pass.* sich weiden, sich nähren. 12 tragen. 13 ich setzte, stellte, legte darauf. 14 aussprechen, benennen. 15 eher kommen, überholen, zuvorthun. 16 verderben, verschlimmern. 17 schreien; tönen, klingen, schallen u. s. w.

ἑφθέος Vb. Nic. Al. 392: ἕψω 1.

ἔφθη (< φθῆ) Aor. 2 Act. wie ἔστην Il. π, 314. 322; Od. λ, 58; Ap. Rh. 2, 586; Eur. Heracl. 120; Pl. Rep. 466, d *A** (*280*): φθάνω 2.

ἐφθίατο 3 Plur. Plsprf. ion. Il. α, 25 [*101*]: φθίω 3.

ἔφθῑεν Imprf. Il. σ, 446: φθίω 3.

ἔφθιθεν 3 Plur. Aor. 1 Pass. für ἐφθίθησαν [*114*) ἀπο..., ἀπ-, jetzt ε, 110. 133; η, 251 (< ἀπέφθ-, -θον): φθίω 3.

ἔφθῑκα Perf. intr. sp. Dioscor. Mat. Praef. p. 6: φθίω 3.

ἐφθίμην Plsprf. ἔφθισο Aesch. Sept. 970; κατ- Eur. Hipp. 839; ἔφθιτο Eur. Alc. 414; vgl. ἐφθίατο [*149. 150*]: φθίω 3.

ἐφθινηκότες Part. Perf. κατ- Vit. Civ. 14: καταφθίω 3.

ἔφθινον Imprf. Pl. Tim. 77, a: φθίνω 3.

ἔφθισα (<φθῖσαν) Aor. s. u. φθισ- (ἀπέφθῐσεν Ap. Rh.) φθίω 3.

ἔφθισο s. u. ἐφθίμην.

ἔφθιτο s. u. ἐφθίμην.

ἐφθόνεσα (< -ησα) Anth. 5, 304: φθονέω 4.

ἐφθονήθην s. u. φθονηθ-.

ἐφθόνησα (< -εσα) Aor. Pl. Ap. 33, a; Menex. 238, a: φθονέω 4.

ἔφθορα (< ἔφθαρκα) Perf. 2 *act.* Bedeut. nur bei den älteren att. Dichtern Soph. δι- El. 306; Eur. Med. 349; Ar. Fr. 418; δι- Eur. Hipp. 1014; *pass.* Bed. Il. ο, 128; Hippocr. 2, 769; Luc. Soloec. 3: φθείρω 5.

ἑφθός Vb. Pl. Pol. 404, c: ἕψω 1.

ἐφίητι 3 Sing. Praes. dor. für ἐφίησι Pind. I. 2, 9: ἐφίημι 6.

ἐφιλάμην Aor. Med. -ατο Il. ε, 61: φίλλω, φιλέω 7.

ἐφίλασα (< -ησα) Aor. Pind. 2, 16; 9, 34 (> > -ησε) [*13. 368*]: φιλέω 7.

ἐφίληθεν Aor. Pass. Il. β, 668 [*114*]: φιλέω 7.

ἐφίλησα (< -ασα) Aor. Il. ε, 423; Xen. Cyr. 7, 3, 9: φιλέω 7.

ἐφιλοφρονησάμην Aor. Med. Xen. Cyr. 3, 1, 8; An. 4, 5, 34: φιλοφρονέω 8.

ἐφίτυσα Aor. Pl. Critia 116, c: φιτύω = φυτεύω, erzeugen.

ἔφλα Imprf. Ar. Nub. 1376: φλάω 9.

ἔφλᾰδον Aor. 2 Aesch. Ch. 28: φλάζω 10.

ἐφλάσθην Aor. Pass. Hippocr. 3, 309; φλασθῇ 2, 123. 187; φλασθῆναι 3, 208. 358; φλασθείς 3, 297. 359. 661: φλάω 9.

ἐφλέγην (< ἐφλέχθην) Aor. 2 Pass. ἀν- Luc. D. Deor. 9, 2; ἐξ- Anth. 12, 178; Ach. Tat. 6, 18. 20: φλέγω 11.

ἔφλεγον Imprf. Ap. Rh. 2, 518: φλέγω 11.

ἔφλεξα Aor. ἀντ- Pind. O. 3, 20; ἐξ- Ar. Pax. 608; φλέξον Aesch. Prom. 582: φλέγω 11.

ἐφλέχθην (< ἐφλέγην) Aor. 1 Pass. φλεχθείη Hom. Epigr. 14, 23: φλέγω 11.

ἔφλιψα Aor. ἐξ- Hippocr. 2, 113: φλίβω 12.

ἔφλυε Imprf. ἀνά... Il. φ, 361: φλύω 13.

ἔφλυξα (< ἔφλῠσα) Aor. 1 dor. ἐξ- Ap. Rh. 1, 275: φλύω 13.

ἔφλῠσα (< ἔφλυξα) Aor. 1 Anth. 7, 351; ἀπ- Archil. Fr. 34 (Schneidew.); vgl. φλῦσαν: φλύω 13.

ἐφοβήθην Aor. Pass. ἐφόβηθεν 3 Plur. Il. μ, 470; Eur. Rhes. 47; Pl. Polit. 268, b; φοβέω 14.

ἐφόβησα Aor. Il. λ, 173 *B**; φοβήσαντες Pl. Rep. 551, b: φοβέω 14.

ἐφοίτη 3 Sing. Imprf. dor. st. ἐφοίτα: φοιτάω 15.

ἐφόρεον 3 Plur. Imprf. Od. χ, 456 [*179*]: φορέω 16.

ἐφόρεσα (< -ησα) Isae. 4, 72; V. T. Syr. 11, 5; N. T. 1 Cor. 15, 49: φορέω 16.

---

1 kochen, sieden. 2 eher kommen, überholen, zuvorthun. 3 umkommen, abnehmen, vergehen, sterben. 4 missgönnen, dagegen sein. 5 verderben, verschlimmern. 6 zusenden, (zu)schicken. 7 bewirthen, pflegen; lieben. 8 freundlich, liebevoll gesinnt sein. 9 zerstossen, zerreiben, zermalmen. 10 zerbrechen, zerreissen. 11 (an-, ver)brennen, erhitzen. 12 drücken, reiben; beengen; belästigen. 13 überfliessen, (über-, auf-) wallen. 14 schrecken, scheuchen. 15 umherschweifen, -irren; hin- und her-, aus- und eingehen. 16 hin- und her-, oft tragen, bringen. 17 u. 18 vermischen, anmachen, färben, beflecken. 19 φράσσω, Nebenf. φράγνυμι,

ἐφόρησα (< φόρησα) Aor. s. u. φορησ-.

ἐφορύνετο (< φορύνετο) Imprf. Med. Qu. Sm. 2, 356: φορύνω 17.

ἐφόρυξα Aor. 1 φορύξας Od. σ, 336; Hippocr. 1, 576: φορύσσω 18.

ἐφορυξάμην Aor. 1 Med. Nic. Ther. -ατο Nic. Ther. 204: φορύσσω 18.

ἐφράγην (< ἐφράχθην) Aor. 1 Pass. Aret. Sign. 1, 7, 13; ἀπ- Luc. D. Mort. 28, 2: φράσσω 19.

ἐφράγνυσαν Imprf. ἀπ- Thuc. 7, 44: ἀποφράγνυμι 20.

ἔφρακτο Plsprf. ἐπ- Hippocr. 2, 667: ἐπιφράζω 21.

ἔφρᾰσα (< φρᾰ́σεν) Aor. Hom. nur Od. λ, 22; Hym. 4, 128; 3, 142; Her. 7, 213; 9, 10; bei Att. -α Ar. Equ. 647; -ας Soph. El. 1265; -ε Thuc. 1, 143; Isae. 3, 32; Xen.: φράζω 22.

ἐφρασάμην (< ἐφρασσάμην, φρασάμην) Aor. Med. Od. ρ, 161; ἐφράσαθ᾽ Il. ξ, 236; ψ, 450; -ατο Od. γ, 289; ἐπεφράσατ᾽ Il. ε, 665; ἐπεφράσω φ, 410. — Archil. Fr. 88: φράζω 22.

ἐφράσθην Aor. Pass. als Med. Od. τ, 485; ψ, 260; Pind. N. 5, 34; Eur. Hec. 546; Her. 1, 84; φρασθείς 7, 46; 9, 107; -θέντα 5, 92, 3; -θέντες 9, 19: φράζω 22.

ἐφρασσάμην (< ἐφρασάμην, φρασάμην) Aor. Med. -αντο Il. ι, 426; -ατο Od. δ, 529; Ap. Rh. 1, 15: φράζω 22.

ἐφράχθην (< ἐφράγην) Aor. Pass. s. u. φραχθ(ην).

ἔφριξα Aor. Il. ν, 339; Pind. Ol. 7, 38; Aesch. Sept. 490; Suppl. 608; Fr. 398; Pl. Phaedr. 251, a: φρίσσω 23.

ἐφρόντισα Aor. Eur. Tr. 1046; Pl. Ap. 25, c: φροντίζω 24.

ἐφρούμην Imprf. εἰσ- Eur. Tr. 647: εἰσφρέω 25.

ἐφρῠ́γην (< ἐφρύχθην) Aor. 2 Pass. Anth. 7, 293 (Isid. 4); Geop. 7, 12, 9; 14, 18, 4: φρύγω 26.

ἔφρῡγον Imperf. Ar. Ran. 511: φρύγω 26.

ἔφρυξα Aor. Cratin. Com. Fr. 2, 95; Hippocr. 3, 316: φρύγω 26.

ἐφρύχθην (< ἐφρύγην) Aor. Pass. -θῆναι Hom. Epigr. 14, 4: φρύγω 26.

ἔφυ 3 Sing. Aor. 2 Od. ψ, 190; Eur. El. 1176; Suppl. 881; Pl. *A** (**280**): φύω 27.

ἐφύγγανον Imprf. δι- Thuc. 7, 44: διαφυγγάνω 28.

ἔφυγον (< φύγον, -ε(ν)) Aor. 2 Her. 5, 30; Xen. Hell. 3, 1, 6; Pl. Ap. 26, a: φεύγω 29.

ἐφύην Aor. 2 Pass. ἀν- Theophr. H. P. 4, 16, 2 (**280**): φύω 27.

ἐφύλαξα Aor. Callim. Del. 204; Soph. Ai. 535: φυλάσσω 30.

ἐφυλαξάμην Aor. Med. Her. 7, 130; vgl. φυλάξασθαι: φυλάσσω 30.

ἐφυλάχθην Aor. Pass. Luc. Pisc. 15: φυλάσσω 30.

ἔφυμεν 1 Plur. Aor. 2 Isocr. 4, 24 (**280**): φύω 27.

1) ἔφῡν 1 Sing. Aor. 2 Eur. El. 362; Bacch. 656 (**280**): φύω 27.

2) ἔφυν 3 Plur. Aor. 2 Od. ε, 481; Pind. P. 1, 42 (**280**): φύω 27.

ἐφυρᾱ́θην (< -ήθην) Aor. Pass. φυραθεῖσα Pl. Theaet. 147, c: φυράω 31.

ἐφυρᾱσάμην (< -ησάμην) Aor. Med. φυράσασθαι Ar. Nub. 879: φυράω 31.

ἐφυρήθην (< -άθην) Aor. Pass. Anth. 7, 478: φυράω 31.

ἐφύρην (< ἐφύρθην) Aor. Pass. sp. συναναφυρέντες Luc. Ep. Sat. 28: φύρω 32.

ἐφυρησάμην (< -ασάμην) Aor. φυρήσασθαι Nic. Ther. 932: φυράω 30.

ἐφύρθην (< ἐφύρην) Aor. Pass. Aesch. Ag. 732: φύρω 32.

ἔφῡρον Imprf. Il. ω, 162; Aesch. Prom. 450: φύρω 32.

ἔφυσα Aor. Od. κ, 393; Eur. Suppl. 574. 842; Ion. 546; Pl. Tim. 44, e; 74, e; 76, e; Euthyd. 299, a: φύω 27.

---

umgeben, ein-, verschliessen. 20 verzäunen, versperren, verstopfen. 21 noch dazu sagen. 22 anzeigen; angeben. 23 rauh, uneben sein, emporstarren. 24 nachdenken, besorgt sein. 25 aus-, ein-, durchlassen. 26 dörren, rösten, braten. 27 *a. trans.* schaffen, *entstehen lassen*; *b. intrans.* ἔφυν, πέφυκα und das *Pass. entstehen.* 28 losgesprochen werden. 29 (ent)fliehen; Jem. oder etwas fliehen. 30 *intr.* wachen, Wache thun; *trans.* bewachen, beschützen. 31 (ver)mischen. 32 (ver)mischen, beschmieren; *Pass.* durch Schimpfreden beschmutzt werden.

ἐφυτεύθην s. u. φυτευθ(ην).
ἐφύτευσα Aor. Pl. Crit. 50, d; Xen. Oec. 20, 3: φυτεύω 1.
ἐφυτευσάμην Aor. Med. φυτευσαμένῳ Xen. Mem. 1, 1, 8: φυτεύω 1.
ἔχ' 3 Sing. Imprf. für ἔχε Il. σ, 538: ἔχω 2.
ἔχαδον (< χάδε) Aor. 2 Il. δ, 24; θ, 461: χανδάνω 7.
ἐχάζετο Imprf. Il. γ, 32; ἀν- Xen. An. 4, 7, 10; Cyr. 7, 1. 34: χάζω 3.
ἐχαίρησα Aor. 1 sp. Plut. Lucul. 25: χαίρω 4.
ἐχάλαξα (< ἐχάλασα, -ασσα) Aor. χαλάξαις Pind. P. 1, 6: χαλάω 5.
ἐχάλασα (< ἐχάλασσα, -αξα) Aor. Pl. Soph. 242, e: χαλάω 5.
ἐχάλασσα (< ἐχάλασα, -αξα) Aor. Hom. Hym. 9, 6: χαλάω 5.
ἐχαλεπάνθη Aor. Pass. Xen. An. 4, 6, 2: χαλεπαίνω 6.
ἐχάνδανον Imprf. Od. ρ, 344; Theocr. 13, 57: χανδάνω 7.
ἐχάρην Aor. 2 Pass. als Act. Il. η, 54; Od. κ, 419; vgl. χαρείη: χαίρω 4.
ἐχαρισάμην Aor. -ατο Her. 1, 91; -σω Ar. Equ. 1368; χαρισ(αμην): χαρίζομαι 8.
ἔχασσαν Aor. 1 ἀν- trans. Pind. N. 10, 69: χάζω 3.
ἐχάσσατο (< χάσσατο) Aor. 1 Med. Qu. Sm. 3, 338: χάζω 3.
ἔχε (< εἶχε) 3 Sing. Imprf Il. κ, 4: ἔχω 2.
ἔχεα (< ἔχευα, ἔχευσα) Aor. Il. σ, 347; ω, 799; Od. θ, 436 (**101**): χέω 9.
ἐχεάμην (< ἐχευάμην) Aor. 1 Med. -έαντο Her. 7, 43; vgl. χε(αμη): χέω 9.
ἐχειρώθην Aor. Pass. Her. 4, 96; 5, 16; vgl. χειρωθ(ην): χειρόω 10.
ἐχειρωσάμην s. u. χειρωσάμην.
ἔχεισθα 2 Sing. Ind. Praes. Sappho 22 [**71**]: ἔχω 2.
ἐχέμεν (< ἔχειν) Inf. Praes. Od. δ, 302: ἔχω 2.
ἐχερνιψάμην (< χερνιψάμην) Aor. Med. Lys. 6, 52: χερνίπτομαι 11.
ἔχες 2 Sing. Imprf. Il. φ, 441: ἔχω 2.
ἔχεσα Aor. 1 s. u. χεσ-.
ἐχεσάμην s. u. χέσαιτο.
ἔχεσκον iter. Imprf. Od. δ, 627; -ες, -ε [**140**]: ἔχω 2.
ἔχεσον Aor. 2 κατ- Com. Fr. 2, 826; vgl. χεσεῖν: χέω 9.
ἔχετε 2 Plur. Imper. Il. φ, 531: ἔχω 2.
ἐχέτην 3 Dual. Imprf. Il. ε, 569 *A**: ἔχω 2.
ἐχέτω 3 Sing. Imper. Il. γ, 282: ἔχω 2.
ἔχευα (< ἔχεα, ἔχευσα) Aor. Il. γ, 270; δ, 269; Ap. Rh. 2, 853; δι- 3, 320; ἐπ- Qu. Sm. 1, 796: χέω 9.
ἐχευάμην (< ἐχεάμην) Aor. -ατο Il. ε, 314; η, 63; ἐπ- Ap. Rh. 2, 268; κατ- 4, 25: χέω 9.
ἔχευσα (< ἔχεα, ἔχευα) Aor. Anth. 14, 124: χέω 9.
ἔχῃς (< ἔχησθα) 2 Sing. Praes. Il. α, 133: ἔχω 2.
ἔχησι 3 Sing. Praes. st. ἔχῃ Od. α, 95: ἔχω 2.
ἔχησθα (< ἔχῃς) 2 Sing. Praes. Il. τ, 280: ἔχω 2.
ἔχητον 3 Dual. Conj. Praes. Il. ζ, 183: ἔχω 2.
ἐχθαροῦμαι Fut. Med. Soph. Ant. 93: ἐχθαίρω 12.
ἐχθαρτέος Vb. Soph. Ai. 679 (> ἐχθραντέος): ἐχθαίρω 12.
ἔχθει Imprf. Theogn. 1032 (> ἔχθεο): ἐχθέω, ἔχθω 13.
ἔχθεο s. u. ἔχθει.
ἐχθηράμην Aor. Med. als Act. Nicand. Al. 539: ἐχθαίρω 12.
ἐχθραντέος Vb. sp. vgl. ἐχθαρτέος: ἐχθραίνω 17.
ἔχοι 3 Sing. Praes. Od. α, 117: ἔχω 2.
ἔχοιμι 1 Sing. Opt. Praes. Il. ω, 22: ἔχω 2.

---

1 (an)pflanzen, (er)zeugen. 2 halten, haben. 3 (gew. χάζομαι) zurückdrängen; *Med.* nach-, ablassen; sich scheuen zu . . 4 sich freuen. 5 *trans.* erschlaffen lassen; *intr.* erschlaffen. 6 schwierig sein, von Stürmen schwer hereinbrechen; zornig, unzufrieden sein; *Pass.* angefeindet, erzürnt werden. 7 in sich fassen, enthalten. 8 *a.* sich gütig erweisen; willfahren; *Pass. bes. im Perf.* angenehm, erwünscht sein; *b.* schenken. 9 (aus-, er)-giessen; sich ausbreiten. 10 handhaben, behandeln; *Med.* bezwingen, besiegen. 11 sich die Hände waschen. 12 hassen. 13 hassen; *Pass.*

ἔχοις 2 Sing. Praes. Od. α, 402: ἔχω 2.
ἐχολώθην Aor. Pass. Il. ν, 206; vgl. χολωθ(ην): χολόω 14.
ἐχόλωσα Aor. Il. σ, 111; Od. θ, 205; Soph. Tr. 1035: χολόω 14.
ἐχολωσάμην (< χολ-) Aor. Med. Il. ο, 155: χολόω 14.
ἔχομεν 1 Plur. Praes. Od. δ, 459: ἔχω 2.
ἐχόμην Imprf. Med. Od. ι, 435: ἔχω 2.
ἔχον (< εἶχον) Imprf. Il. α, 463 Δ*: ἔχω 2.
ἔχουν (< ἐχώννυε) Imprf. Thuc. 2, 75: χόω 15.
ἔχραε Imprf. Od. ε, 396; Ap. Rh. 3, 431; Anth. 5, 297; vgl. ἐχράετε [*192 a*]: χράω, bedrängen.
ἐχράετε 2 Plur. Imprf. Od. ψ, 69; vgl. ἔχραε (*192 a*): χράω, bedrängen.
ἔχραισμον (< χραῖσμον) Imprf. Il. ξ, 66: χραίσμω 16.
ἔχραον Imprf. Il. π, 352. 356; Od. β, 50 [*192 a*]: χράω, bedrängen.
ἐχρᾶτο (< ἐχρῆτο) Imprf. Anthip. in Athen. 403; Her. 1, 178: χράομαι 18.
ἐχρέετο 3 Sing. Imprf. ἀπ- Her. 8, 14: χράομαι 18.
ἐχρέοντο (< ἐχρέωντο, ἐχρῶντο) 3 Plur. Imprf. Her. 2, 108; 5, 82; 6, 46; Hippocr. 2, 469: χράομαι 18.
ἐχρέωντο (< ἐχρέοντο, ἐχρῶντο) Imprf. Her. 4, 157; 5, 52 (> > ἐχρέοντο): χράομαι 18.
ἔχρη Imprf. Tyrt. 3, 3 (*219*): χράω 19.
ἔχρηζον Imprf. Soph. O. T. 1439: χρῄζω 20.
ἐχρῆν (< weniger häufig als χρῆν (*60*)) Imprf. Soph. Fr. 94 (Dind.); Eur. Andr. 113; Lys. 7, 19; 7, 37; Pl. Xen.: χρῆ 21.
1) ἔχρησα Aor. Lys. 19, 24; vgl. χρησ-: κίχρημι (*270*): 22.
2) ἔχρησα Aor. Aesch. Eum. 203; Eur. Phoen. 409; Her. 4, 156: χράω 19.
1) ἐχρησάμην Eur. Elec. 190; Pl. Dem. 384; Luc. Necym. 16: κίχρημι 22.
2) ἐχρησάμην Aor. Soph. O. T. 117; Her. 1, 94; Thuc. 1, 6; 8, 70; -σω Pl. Critia 106, b: χράομαι 18.
ἔχρησε Aor. ἀπ- Her. 7, 196; Isocr. 4, 97: ἀποχράω, hinreichen, genügen.
ἐχρήσθην Aor. Pass. Her. 7, 144; 9, 120; Eur. Ion. 792 (*391*): χράομαι 18.
ἐχρῆτο (< ἐχρᾶτο) Imprf. ἐχρῆτο Her. 3, 41. 129 (> ἐχρᾶτο) Pl. Prot. 315, d: χράομαι 18.
ἐχρῖον (< χρῖον) Imprf. Il. σ, 186: χρίω 23.
ἔχρισα Aor. Od. γ, 466; κ, 364; Soph Tr. 689: χρίω 23.
ἐχρισάμην s. u. χρισ(αμην).
ἐχρίσθην Aor. Pass. χρισθεῖσι Aesch. Prom. 675: χρίω 23.
ἐχρώμην Imprf. Isocr. 5, 27; vgl. ἐχρῆτο, -ῶντο, -έοντο, -έωντο: χράομαι 18.
ἐχρῶντο (< ἐχρέωντο, ἐχρέοντο) Pl. Rep. 406, a: χράομαι 18.
ἔχρωσα Aor. Anth. Pl. 138; Luc. Imag. 7: χρώζω 24.
ἐχύθην (< vgl. ἔχυτο) Aor. Pass. Ap. Rh. 3, 108; Qu. Sm. 2, 410; Ar. Vesp. 1469; Pl. Soph. 264, c; vgl. χυ(θην): χέω 9.
ἔχυντο (< χύντο) 3 Plur. Aor. 2 Od. κ, 415: χέω 9.
ἔχυτο (< χύτο) 2 Sing. Aor. 2 Med. sync. ἐξ- Od. τ, 470: χέω 9.
ἔχωμεν 1 Plur. Conj. Praes. Od. ο, 281: ἔχω 2.
ἐχώννυε (< ἔχουν) Imprf. Ctes. Epist. P. 5: χόω 15.
ἐχώννυσαν 3 Plur. Imprf. Plut. Phoc.: χόω 15.

---

verhasst sein. 14 die Galle reizen, aufbringen, erzürnen; *Pass. u. Med.* zürnen. 15 (auf)schütten, zuschütten; *Pass.* verschüttet werden. 16 abwehren; schützen, helfen, nützen. 17 Feind sein, hassen. 18 gebrauchen, sich bedienen; haben. 19 *a.* ritzen, an-, befallen; *b.* Bescheid geben, rathen (von Orakeln). 20 bedürfen; verlangen, fordern. 21 es ist nöthig, man braucht, muss, soll. 22 κιχράω, leihen; *Med.* entlehnen. 23 *a.* ritzen, verwunden; *b.* salben; *Med.* sich ∼; *c.* gewöhnlich anstreichen. 24 be-, anrühren; abfärben.

ἐχώρησα Aor. Il. ο, 655; π, 592; Thuc. 1, 17; Pl.: χωρέω 1.
ἔχωσα Aor. Dem. 25, 84: χόω 2.
ἐχωσάμην (< χωσάμην) Aor. Med. Il. α, 64; Qu. Sm. 1, 611; Ap. Rh. 3, 367: χώομαι 3.
ἐχώσθην Aor. Pass. Her. 2, 137; Xen. Cyr. 7, 3, 17 (**211**): χόω 2.
ἔψα s. u. ἔψη.
ἐψάλᾰται 3 Plur. Perf. Pass. ion. ψάλλω
ἔψαυσα Aor. Aesch. Pers. 202: ψαύω 4.
ἐψαύσθην Aor. Pass. sp. Dioscor. Mat. 2, 16: ψαύω 4.
ἔψαυσμαι Perf. Pass. παρ- Hippocr. 2, 335: ψαύω 4.
1) ἕψεε Imper. Hippocr. 2, 218 (> ἑψέ): ἕψω 5.
2) ἕψεε (< ἧψον) Imprf. Her. 1, 48 (> ἕψε, ἧψε): ἕψω 5.
ἑψεῖν Inf. Praes. Pl. Euthyd. 301, (> ἕψειν): ἕψω 5.
ἑψεῖσθαι Inf. Pass. καθ- Luc. Asin. 25 (> καθέψεσθαι): ἕψω 5.
ἑψέτω 3 Sing. Imper. Praes. Pl. Euthyd. 285, c: ἕψω 5.
ἔψευσα Aor. Aesch. Pers. 472: ψεύδω 6.
ἐψευσάμην Aor. Med. Aesch. Ag. 1208; Pl.; -ατο Eur. Bacch. 31; Ion. 825; Pl.; -αθ' ib.; -αντο Her. 6, 32; Pl. (**388**): ψεύδω 6.
ἐψεύσεται (< ψεύσεται) Fut. jetzt Eur. Andr. 346 (> ψεύσεται) (**187**): ψεύδω 6.
ἐψεῦσθαι s. u. ἔψευσμαι.
ἐψεύσθην Aor. Pass. Pl. Ap. 22, d; vgl. ψευσθ(ην): ψεύδω 6.
ἔψευσμαι Perf. Pass. -σται Her. 2, 22; Lys. 3, 22; -σμένος Her. 8, 40; Lys. 2, 27; διεψεῦσθαι Isocr. 5, 21: ψεύδω 6.
ἔψευσται s. u. ἔψευσμαι.
ἔψευστο Plsprf. Thuc. 5, 83: ψεύδω 6.
ἔψη (< ἔψα) Imprf. ἀπ- Eur. I. T. 311 (> ἀπέψα): ψάω 7.
ἑψῇ 3 Sing. Conj. Praes. Pl. Hipp. maj. 290 (> ἕψῃ): ἕψω 5.
ἔψηγμαι (< ἔψησμαι od. -ημαι) Perf. Pass. κατ- Soph. Tr. 695: καταψάω 7.
ἑψηθῇ Conj. Aor. Her. 4, 61: ἕψω 5.
ἑψήθην s. u. ἑψήσθην.
ἕψηκα Perf. Philo: ἕψω 5.
ἑψημένος Part. Perf. Pass. ἀπ- Her. 1, 188: ἕψω 5.
ἔψησα Aor. -ε Ap. Rh. 3, 830; περι- Ar. Plut. 730; καταψήσας Pl. Phaed. 89, b: ψάω 7.
ἐψησάμην Aor. Med. ἀπ- Ar. Ran. 490: ἀποψάω 7.
ἐψήσθην od. -ήθην (< ἐψήχθην) Aor. Pass. sp. V. T. Jer.: ψάω 7.
ἔψησμαι od. -ημαι (< ἔψηγμαι) Perf. Pass. sp. Polux. 4, 152: ψάω 7.
ἑψήσομαι Fut. Pl. Rep. 372, c: ἕψω 5.
ἐψήφισα Aor. Soph. Ai. 449: ψηφίζω 8.
ἐψηφισάμην Aor. Med. Pl. Ap. 32, b; -ατο Isae. 6, 50; -ασθε Pl. Dem. 382, c; -αντο Isocr. 5, 28; Dem.: ψηφίζω 8.
ἐψηφίσθην Aor. Pass. Lys. 13, 23; Thuc. 6, 8; Isocr. 8, 52: ψηφίζω 8.
ἐψήφισμαι Perf. Pass. act. Ar. Vesp. 591; Thuc. 1, 120; Dem. 2, 11; pass. Eur. Heracl. 141; Ar. Ecl. 706; Thuc. 6, 15: ψηφίζω 8.
ἐψήφιστο Plsprf. Dem. 19, 157: ψηφίζω 8.
ἐψήχθην (< ἐψήσθην, -ήθην) Aor. Pass. sp. καταψηχθέντα Nicand. Al. 265; -εῖσα Ther. 53: καταψάω 7.
1) ἕψομαι Fut. Med. Il. κ, 108; Eur. Hec. 346: ἕπω 9.
2) ἕψομαι Praes. -όμεσθα Ar. Ach. 1232: ἕψω 5.
ἑψοῦσι 3 Plur. Praes. Arist. Mirab. c. 22 (> ἕψουσι): ἕψω 5.
ἐψῠ́γην (< ἐψύχην, ἐψύχθην) Aor. 1 Pass. s. u. ψυγ(ην).
ἔψυγμαι Perf. Pass. -μένος Pl. Critia 120: ψύχω 10.
ἔψυξεν Aor. Ai. Soph. 1031; vgl. ψυξ-: ψύχω 10.
ἐψῠ́χην (< ἐψύγην, ἐψύχθην) Aor. 2 Pass. ἀποψυχῇ Pl. Phaedr. 242, a: ψύχω 10.

---

1 *a.* weichen; *b.* fortgehen; vorrücken; *c.* in sich fassen, enthalten. 2 (auf)schütten, zuschütten; *Pass.* verschüttet werden. 3 zürnen, unwillig sein, sich betrüben. 4 be-, anrühren, streifen, betasten. 5 kochen, sieden. 6 belügen, täuschen; *Pass.* belogen, getäuscht werden; sich täuschen, irren. 7 glatt machen, ebenen; streicheln; zermalmen; *intrans.* zerfallen. 8 abstimmen. 9 um etwas beschäftigt sein; *Med.* folgen. 10 hauchen,

ἐψύχθην (< ἐψύχην, ἐψύγην) Aor. 1 Pass. Theocr. 2, 106; vgl. ψυχθ-(ην): ψύχω 10.

ἐψῶ Praes. Ephipp. Com. Fr. 3, 338 (> ἕψω): ἑψέω, ἕψω 5.

1) **ἕψω** Fut. ἐφ- Il. φ, 888; περι- Xen. Cyr. 4, 4, 6: ἕπω 9.

2) **ἕψω** Praes. -οντες Xen. An. 5, 9, 29: ἕψω 5.

ἕω (< μετείω) 1 Sing. Conj. Praes. Od. ι, 18; Her. 4, 98 (277): εἰμί 11.

ἐῷ Opt. Praes. st. ἐάοι att. u. Od. υ, 20 [205]: ἐάω 12.

ἔωγα (< ἔῳχα) Perf. 2 Hippocr. 2, 337: ἀνοίγνυμι 13.

ἔωγμαι (< ἀνῷγμαι) Perf. Pass. ἀν- Lys. 1, 24; 12, 16: ἀνοίγνυμι 13.

ἔωγον (< ἤνοιγον, ἀνῷγον) Imprf. ἀν- Il. π, 221; ω, 228; Od. κ, 389; Xen. An. 5, 5, 20: ἀνοίγνυμι 13.

ἐῷεν 3 Plur. Opt. Praes. Pl. Symp. 190, c: ἐάω 12.

ἐῴη 3 Sing. Opt. Praes. Pl. Leg. 811, b; Xen. Hell. 3, 20: ἐάω 12.

ἐῴην 1 Sing. Opt. Praes. Pl. Gorg. 458, a: ἐάω 12.

ἔωθα (< εἴωθα) Perf. 2 ion. ich bin gewohnt Il. ϑ, 408. 422; -ε Her. 2, 91; -αμεν 4, 134; 3, 15: ἔθω 14.

ἐώθεα Plsprf. ion. Her. 4, 127: ἔθω 14.

ἐώθεε Plsprf. Her. 3, 33; 4, 134; vgl. ἐώθεα: ἔθω 14.

ἐώθει (< ὤθει) Imprf. Hym. Merc. 305: ὠθέω 15.

ἐώθεσαν (< εἰώθεσαν) 3 Plur. Plsprf. Her. 1, 74: ἔθω 14.

ἐωθώς Part. Perf. Her. 1, 111: ἔθω 14.

ἔωκα Perf. sp. ἐξ- Plut. Mor. p. 48: ὠθέω 15.

ἐώκειν (< ἐοίκειν nur Il. ν, 102) Plsprf. Il. ξ, 474; Hom. Hym. 5, 241; Ap. Rh. 3, 189; Qu. Sm. 1, 662: εἴκω 16.

ἐώλπειν Plsprf. Il. τ, 328; Od. υ, 328; ω, 313; Ap. Rh. 3, 370: ἔλπω 17.

ἐῶμεν 1 Plur. Praes. *Ind.* u. *Conj.*; Conj. Pl. Parm. 159, b B*; Xen. Cyr. 7, 5, 9: ἐάω 12.

ἐῶμεν theils gefasst als Conj. 2 von ἵημι, theils als Conj. von ἄω st. ὦμεν, theils von der Stammform ἑάω, sich sättigen, abgeleitet: ἵημι od. ἄω od. ἑάω, sich sättigen.

ἐῷμι 1 Sing. Opt. Praes. att. st. ἐάοιμι; auch Od. π, 85 [205]: ἐάω 12.

ἐών Part. Praes. Il. γ, 46 Γ* [281]: εἰμί 11.

ἐῶν Part. Praes. ἐῶντα Pl. Leg. 804, d; ἐῶντες Pl. B*; Isocr. 4, 105: ἐάω 12.

ἐωνήθην Aor. Pass. Xen. Mem. 3, 7, 11; vgl. ὠνηθ(ην): ὠνέομαι 18.

ἐώνημαι Perf. Pass. Ar. Plut. 7; Lys. 32, 21; Pl. Rep. 563, b (392): ὠνέομαι 18.

ἐωνησάμην (< ὠνησάμην) Aor. Med. Eupol. Com. Fr. 1, 533: ὠνέομαι 18.

ἐώνητο Plsprf. Dem. 36, 5. 9: ὠνέομαι 18.

ἐωνούμην Imprf. Xen. Equ. 8, 2; Dem. 38, 8: ὠνέομαι 18.

ἐῳνοχόει 3 Sing. Imprf. mit doppeltem Augm. Il. δ, 3; Od. υ, 255 [28]: οἰνοχοέω 19.

ἕωνται 3 Plur. Perf. Pass. ἀφ- N. T. Matth. 9, 2. 5; Luc. 2, 5. 9 B*; vgl. Buttm. Lex. 1, p. 296 u. 2, p. 273: ἀφίημι 20.

ἔῳξα (< ἄνῳξα, ἄνοιξα) Thuc. 2, 2: ἀνοίγνυμι 13.

ἐῴξομαι Fut. 3 ἀν- Xen. Hell. 5, 1, 14: ἀνοίγνυμι 13.

ἑώρα Imprf Lys. 12, 66; Thuc. 5, 80: ὁράω 21.

ἑώρακα (< ἑόρακα) Perf. Lys. 11, 7; -ασιν Isocr. 2, 40; -εσαν Thuc. 2, 20; -κώς Lys. 10, 22; -κυῖα Lys. 1, 12: ὁράω 21.

ἑώρāμαι (< ὦμμαι) Perf. Pass. Dem. 45, 66: ὁράω 21.

ἑώργει 3 Sing. Plsprf. 2 st. ἐόργει Od. δ, 693; ξ, 289: ἔργω, ἔρδω 22.

ἑώρταζον (< ὥρταζον) Imprf. Isocr. 19, 40: ἑορτάζω 23.

ἑώρτασα s. ἑορτάσαι.

ἑώρων (< ὥρεον ion., ὥρων) Imprf.

---

athmen; kühlen, kalt machen; trocknen. 11 sein. 12 lassen. 13 öffnen. 14 gewohnt sein, pflegen. 15 (an-, ab)stossen, drängen, stürzen; *Pass.* gestürzt werden; sich drängen; *Med.* von sich stossen, zurückdrängen. 16 weichen, nachgeben. 17 hoffen lassen; *Med. m. Perf.* ἔολπα hoffen; glauben; fürchten. 18 kaufen; feilschen. 19 Wein einschenken. 20 zusenden, (zu)schicken. 21 sehen, schauen, blicken. 22 thun. 23 feiern.

Thuc. 1, 51; 2, 62; 3, 108; Isocr. 3, 43; 5, 14: ὁράω 1.

ἔωσα (< ὦσα) Pl. Tim. 60, c. 92; ἐξ- Thuc. 2, 90; 5, 72; 8, 105; Soph. O. C. 1297. 1330; ep. selten Il. π, 410; ἀπ- Od. ι, 81 (**48**): ὠθέω 2.

ἐῶσα Fem. Part. Praes. Pl. Phaed. 65, c (**48**): ἐάω 3.

ἐωσάμην (< ὠσάμην) Aor. Med. -αντο Thuc. 4, 43; ἀπ- Thuc. 1, 32; 3, 67 (**48**): ὠθέω 2.

ἐώσθην Aor. Pass. s. u. ὠσθ(ην).

1) **ἐῶσι(ν)** 3 Plur. Ind. Praes. Thuc. 1, 52: ἐάω 3.

2) **ἐῶσι(ν)** 3 Plur. Ind. Praes. Xen. Luc. 11, 10; Ath. 2, 18: ἐάω 3.

3) **ἔωσιν** (< ὦσι) 3 Plur. Conj. Praes. Il. μ, 300; Od. δ, 165; ψ, 119; Her. 2, 39 (**277**): εἰμί 4.

ἔωσμαι Perf. Pass. Xen. Cyr. 7, 1, 36; ἀπ- Thuc. 2, 39; περι- 3, 57; ξυν- Pl. Tim. 59: ὠθέω 2.

ἔωχα (< ἔῳγα) Perf. Dem. 42, 30: ἀνοίγνυμι 5.

Z.

ζατοῖσα Fem. Part. dor. Theocr. 1, 85 [**164**]: ζᾱτέω, dor. st. ζητέω, suchen.

ζέζεσμαι Perf. sp. Geop.; ἔζεσμαι ἀπ- Hipp. 5, 224: ζέω 6.

ζεννύμενον Part. Pass. Alex. Aphr. Probl. 1, 104: ζέννυμι, alt für ζέω 6.

ζέσσα (< ἔζεσσα) Aor. Il. σ, 349; Anth. 7, 308: ζέω 6.

ζεστός Vb. sp.: ζέω 6.

ζέσω Fut. ἐξανα- Aesch. Prom. 370: ἐξαναζέω 6.

ζευγνῦμεν Inf. ep. Il. π, 145: ζεύγνυμι 7.

ζεύγνυον (< ἐζεύγνυον, ἐζεύγνυσαν) Imprf. Il. τ, 393: ζεύγνυμι 7.

ζεύγνῠσαν (< ἐζεύγνυον, ζεύγνυον) Imprf. Il. ω, 783: ζεύγνυμι 7.

ζευξ- Aor. -ῃς Ap. Rh. 3, 1051; -ας Pl. Tim. 22, c: ζεύγνυμι 7.

ζεύξομαι Fut. Med. Eur. Hec. 469: ζεύγνυμι 7.

ζεύξω Fut. Aesch. Ag. 1640; Pind. I. 1, 6: ζεύγνυμι 7.

ζευχθ(ην) (< ζυγ(ην)) Aor. Pass. -θείς Aesch. Ag. 842; -θῆναι Her. 7, 6; -θεῖσα Pl. Rep. 302, e: ζεύγνυμι 7.

ζῆ (< ζῆθι) Imper. Soph. Ant. 1169; Eur. I. T. 699: ζάω 8.

ζῇ 3 Sing. Praes. Pl. Rep. 330, e: ζάω 8.

ζῆθι (< ζῆ) Imper. Anth. 10, 43; Menand. Lent. 191: ζάω 8.

ζημιωθήσομαι (< ζημιώσομαι) Fut. Pass. Xen. Mem. 3, 9, 12; Lys. 8, 18; Isae. 1, 23: ζημιόω 9.

ζημιώσομαι (< ζημιωθήσομαι) Fut. öfter Med. als Pass. Thuc. 3, 40; Her. 7, 39; Dem. 1, 27: ζημιόω 9.

ζῆν Inf. Thuc. 2, 43; Xen. Hell. 2, 3, 22: ζάω 8.

ζήσομαι Fut. Med. Dem. 25, 82: ζάω 8.

ζήσω Fut. Ar. Plut. 263; Fr.; Pl. Rep. 465, d; 591, c; Leg. 792, e: ζάω 8.

ζῇτε 2 Plur. Conj. Praes. Pl. Symp. 192, e: ζάω 8.

ζῆτε 2 Plur. Ind. Praes. Pl. Leg. 771, a: ζάω 8.

ζήτω Imper. Pl. Leg 952, c: ζάω 8.

ζόειν Her. 7, 46 Gaisf.: ζόω = ζάω 8.

ζύγ(ην) (< ζευχθ(ην)) Aor. Pass. ζυγείς Soph. Phil. 1025; Eur. Suppl. 220; -ῆναι O. T. 826: ζεύγνυμι 7.

ζῶ 1 Sing. Ind. u. Conj. Praes. Xen. Cyr. 8, 5, 26: ζάω 8.

ζῷεν 3 Plur. Opt. Praes. Pl. Menex. 248, d: ζάω 8.

ζώεσκον (< ἔζωον) Imprf. iter. Hes. Op. 90: ζώω = ζάω 8.

ζώῃ 3 Sing. Opt. Praes. Pl. Phaedr. 258, e *A**: ζάω 8.

---

1 sehen, schauen, blicken. 2 (an-, ab)stossen, drängen, stürzen; *Pass.* gestürzt werden; sich drängen; *Med.* von sich stossen, zurückdrängen. 3 lassen. 4 sein. 5 öffnen. 6 sieden, kochen, wallen, sprudeln; ἐξανα- aufbrausen lassen. 7 (an-, zusammen)jochen; verbinden, vereinigen. 8 leben, sich nähren, bestehen. 9 Schaden zufügen; (be)strafen. 10 (um)

1) ζῶμεν 1 Plur. Ind. Praes. Pl. Atc. l. 125, c: ζάω 8.

2) ζῶμεν 1 Plur. Conj. Praes. Pl. Epin. 973, c: ζάω 8.

ζῶν Part. Praes. Pl. Rep. 354, a; ζῶντος u. s. w. Pl.: ζάω 8.

ζώννυθ' Imprf. für ἐζώννυτο Il. κ, 78: ζώννυμι 10.

ζωννύσκετο Imprf. Il. ε, 857: ζώννυμι 10.

ζωσ- Aor. ζώσαντες Od. σ, 76: ζώννυμι 10.

ζῶσα Fem. Part. Xen. Cyr. 7, 3, 11: ζάω 8.

ζῶσαι Imper. Aor. 1 Med. Od. σ, 30: ζώννυμι 10.

ζωσάμενος Part. Aor. 1 Med. -μενα Il. ψ, 685: ζώννυμι 10.

ζώσατο Aor. 1 Med. Il. σ, 67: ζώννυμι 10.

ζώση Fem. Part. Praes. Pl. Leg. 874, d: ζάω 8.

1) ζῶσι 3 Plur. Praes. Xen. Mem. 2, 1, 10; Pl. Rep. 465, d: ζάω 8.

2) ζῶσι Dat. Part. Praes. Pl. Leg. 958, e: ζάω 8.

1) ζώσω Fut. N. T. Joan. 21, 18: ζώννυμι 10.

2) ζώσω Fut. in Comp. sp. ἐπαναDial. Herm. de Astrol. 1, 10, 42: ζώω 8.

H.

ἦ (< ἦν) 1 Sing. Imprf. wohl altatt. Soph. O. T. 1123; Pl. Phaed. 61, b (*315*): εἰμί 11.

ἦ (< ἔφη) 3 Sing. Imprf. Pl. Rep. 327 u. s. w. (*333*): ἠμί = φημί 12.

ᾖ (< ἔῃσιν, ᾖσιν, ἔῃ, εἴῃ) 3 Sing. Conj. Aesch. Pers. 791; Ch. 177; Pl. Crit. 50, b: εἰμί 11.

ἦα (< ἔα, ἔ', ἔον, ἔσκον, ἦ) 1 Sing. Imprf. Il. ε, 808; Od. β, 313; σ, 229; τ, 19; κ, 156 (XII) [*282*]: εἰμί 11.

ᾖα (< ᾔειν) 1 Sing. Imprf. Pl. Ap. 21, d *A**: εἶμι, gehen.

ἡβάσκω (< ἡβάω) Praes. Eur. Alc. 1085; Xen. An. 4, 6, 1: ἡβάω 13.

ἡβᾱσω (< ἡβήσω) Fut. dor. Anth. 7, 482: ἡβάω 13.

ἡβάω (< ἡβάσκω) Praes. Il. ω, 565; Thuc. 3, 36: ἡβάω 13.

ἥβηκα Perf. παρ- Thuc. 2, 44: ἡβάω 13.

ἥβησα Aor. Hes. Op. 132; Eur. Suppl. 1214; Xen. Cyr. 8, 7, 6: ἡβάω 13.

ἡβήσω (< ἡβάσω) Fut. ἐφ- Cyr. 6, 1, 12: ἡβάω 13.

ἠβουλήθην (< ἐβουλήθην) Aor. Pass. Xen. Hell. 4, 4, 8; Isocr. 3, 39; 5, 12 (*59*): βούλομαι 14.

ἠβουλόμην (< ἐβουλόμην) Imprf. Lys. 25, 14; Eur. Hel. 752; Suppl. 1214; Dem. 19, 23 (*59*): βούλομαι 14.

ἡβώοιμι Opt. Praes. st. ἡβάοιμι, ἡβῷμι: ἡβάω 13.

ἦγα (< ἔαγα) Perf. κάτηγα selten Hippocr. 3, 75: κατάγνυμι 15.

ἠγάασθε (< ἀγάασθε) 2 Plur. Imperf. ep. Od. ε, 122: ἄγαμαι 16.

ἠγαγόμην (< ἀξάμην) Aor. 2 Med. gew. Od. ξ, 211; Lys. 1, 6: ἄγω 17.

ἤγαγον (< ἄγαγεν, ἦχα, ἠγήοχα) Aor. 2 bes. att. Il. δ, 179 *Γ**; Hes. Th. 410; Aesch. Prom. 465; Ar. Ach. 155; Pl., Xen. u. s. w.: ἄγω 17.

ἠγάζετο Imprf. Med. Orph. Arg. 64: ἀγάζω 18.

ἠγαλλόμην Imprf. Med. Thuc. 2, 44: ἀγάλλω 19.

ἠγάμην Imprf. Pl. Rep. 367, e; Xen. Symp. 88: ἄγαμαι 16.

ἠγασάμην (< -ασσ-, ἀγασάμην, ἀγασσάμην, ἠγάσθην) Aor. Med. selten im Att. s. unter ἀγασάμην: ἄγαμαι 16.

ἠγάσθην (< ἠγασάμην, -ασσ-) Aor. gew. Ar. Nub. 1076; Pl. Phaed. 88, e *B**; ἀγασθῶ Xen. Cyr. 2, 4, 9; -θείη Lac. 1, 7; -θῆναι 9, 1; vgl. ἀγασθ-(είς) (*387*): ἄγαμαι 16.

---

gürten; sich umgürten, sich rüsten. 11 sein, da sein; existiren, leben. 12 sprechen, reden. 13 mannbar sein; blühen; froh, in Leidenschaft sein. 14 wollen. 15 zerbrechen, schwächen, entkräften. 16 *a.* staunen, bewundern, verehren; zürnen; *b.* beneiden. 17 führen. 18 gewöhnl. *Med.* verehren (zürnen). 19 schmücken, ehren, verherrlichen; *Pass.* prangen, Lust haben an . . .

ἠγασσάμην (< ἀγάσσατο Il. ρ, 71; -άμεθ' γ, 224; -άσσαντο Od. ψ, 211) Aor. Med. -άσσατο Il. γ, 181: ἄγαμαι 1.

ἤγγειλα (< ἄγγειλα, ἄγγηλα, ἤγγελον) Aor. 1 Act. Od. ψ, 22; Aesch. Ch. 741; Eur. Heracl. 54; Pl. Phaed. 58, a: ἀγγέλλω 2.

ἠγγέλην (< ἠγγέλθην) Aor. 2 Pass. Eur. I. T. 932 (> ἠγγέλθης): ἀγγέλλω 2.

ἠγγέλθαι Inf. Perf. Pass. παρ- Pl. Symp. 180, c; Xen. Cyr. 6, 2, 11: ἀγγέλλω 2.

ἠγγέλθην (< ἠγγέλην) Aor. Pass. Eur. I. T. 932 (> ἠγγέλλης); Thuc. 8, 1; ἀγγελθεῖσα Eur. Hec. 591; -θείς in εἰσ- Isae. 3, 62: ἀγγέλλω 2.

ἤγγελκα Perf. Polyb. 35, 4; κατ- 25, 30; εἰσ- Lyc. Leocr. 1, 2; -κότα in ἀπ- Dem. 19, 8: ἀγγέλλω 2.

ἤγγελμαι Perf. Pass. -ται Pl. Charm. 153, b; -μένος Thuc. 8, 97; -οι Xen. Hell. 6, 4, 16: ἀγγέλλω 2.

ἤγγελον (< ἤγγειλα) Aor. 2 ἀπ- Her. 4, 153; 7, 142 (> ἀπήγγελλον); εἰσ- † Isae. 3, 45 (> εἰσήγγελλες); ἀπ- † Thuc. 8, 86 (> -ελλον); ἤγγελε † Pl. Phaed. 58, a (> -ειλε); sicherer später, wie Herodian. 5, 104: ἀγγέλλω 2.

ἠγγύα (< ἐνεγύα) Imprf. Isae. 3, 45; κατηγγύας Dem. 32, 29: ἐγγυάω 3.

ἠγγυήθην Aor. Pass. κατ- Dem. 59, 49: ἐγγυάω 3.

ἠγγύηκα (< ἐγγεγύηκα) Perf. -κέναι Dem. 59, 53; -κώς Isae. 3, 40: ἐγγυάω 3.

ἠγγυήκει Plsprf. Isae. 3, 58: ἐγγυάω 3.

ἠγγύημαι (< ἐγγεγύημαι) Perf. Pass. διηγγυημένος Thuc. 3, 70; ἐξηγγυημένοι Dem. 19, 169: (δι-, ἐξ)εγγυάω 3.

ἠγγύησα (< ἐνεγύησα) Aor. Eur. I. A. 703: ἐγγυάω 3.

ἠγγυησάμην Aor. Med. Isae. 5, 2; Andoc. 1, 72: ἐγγυάω 3.

ἦγε(ν) s. u. ἦγον.

ἤγειρα (< ἄγειρα) Aor. Il. ν, 778; ρ, 222; Od. β, 41; Pl. Leg. 685, c: ἀγείρω 5.

ἤγειρα (< ἔγειρα) Aor. Il. ε, 208; ρ, 222. 261; Pl. Leg. 685, c: ἐγείρω 6.

ἠγειράμην (< ἀγείρατο) Aor. Med. ἀγειράμενος Ap. Rh. 4, 1334: ἀγείρω 5.

ἡγείσθω Imper. Isocr. 3, 51: ἡγέομαι 4.

ἤγερθεν (< ἄγερθεν) 3 Plur. Aor. 1 Pass. [114] Il. α, 57: ἀγείρω 5.

ἠγέρθην (< ἀγέρθην) Aor. Pass. s. u. ἤγερθεν: ἀγείρω 5.

ἠγέρθην (< ἐγέρθην) Aor. Pass. ἐγερθέντες Pl. Tim. 52, c: ἐπηγέρθη Her. 7, 137: (ἐπ)εγείρω 7.

ἠγέτην 3 Dual. Impf. Pl. Rep. 547, b: ἄγω 8.

ἡγήθην Aor. Pass. sp. u. selten pass. Polyaen. 2, 31: ἡγέομαι 4.

ἥγημαι (< ἄγημαι dor.) Perf. gew. act. Pl. Leg. 837, c; pass. Dem. 43, 66; δι- Antiph. 1, 31: ἡγέομαι 4.

ἡγησάμην Aor. Il. μ, 257; Thuc. 9, 39; Xen. Oec. 2, 15; Isocr. 2, 15; 3, 38: ἡγέομαι 4.

ἡγήσομαι Fut. Il. ξ, 374; Eur. Bacch. 194; Pl. Rep. 520: ἡγέομαι 4.

ἠγίνεον (< ἀγίνεον, ἀγίνεσκον) Imperf. Il. σ, 483: ἀγινέω 9.

ἦγμαι Perf. Pass. -μένος Pl. Alc. 124, a; -οι Dem. 13, 15; παρηγμένους Soph. Ant. 294; vgl. ἦκται: ἄγω 8.

ἠγνοήθην Aor. Pass. Dem.: ἀγνοέω 10.

ἠγνόηκα Perf. -ήκατε Aesch. 3, 84; -ήκαμεν Pl. Soph. 221, d; -ηκέναι 892, a; -ηκώς Phaedr. 241, b: ἀγνοέω 10.

ἠγνόημαι Perf. Pass. -ῆσθαι Pl. Leg. 797, a: ἀγνοέω 10.

ἠγνόησα (< ἀγνώσασκε) Aor. Thuc. 4, 96; Pl. Alc. II. 144, b; ἀγνοήσαις, -ειεν, -ῆσαι, -ήσαντα Pl.: ἀγνοέω 10.

ἦγον (< ἄγον, ἄγεν, ἄγεσκον) Imprf. Il. υ, 194; -ε(ν) τ, 273; Xen. An. 4, 6, 2; vgl. ἠγέτην: ἄγω 8.

---

1 *a.* staunen, bewundern, verehren; zürnen; *b.* beneiden. 2 verkündigen, benachrichtigen, melden, berichten, erzählen. 3 verloben; *Pass.* verlobt werden, sein; *Med.* sich verbürgen. 4 *a.* vorangehen, führen; *b.* leiten, befehligen; *c.* glauben, meinen. 5 (ver-, ein)sammeln; (er)werben. 6 u. 7 (er)wecken; *Pass.* nebst *sync. Aor.* ἠρόμην u. *Perf.* ἐγρήγορα erweckt werden, wachen; anhäufen. 8 u. 9 führen. 10 nicht (er)kennen, verkennen. 11 versammelt sein, rathschlagen; (in der Volksversammlung)

ἠγοράασθε (< ἀγοράασθε) Il. θ, 230: ἀγοράομαι 11.

ἠγοραόμην Imprf. ἠγορῶ 2 Pers. Soph. Tr. 601: ἀγοράομαι 11.

ἠγορόωντο 3 Plur. Imprf. für ἠγοράοντο Il. δ, 1; Ap. Rh. 3, 168; Her. 6, 11: ἀγοράομαι 11.

ἡγούμην (< ἁγούμην dor. Pind. P. 10, 45) Imprf. Isae. 2, 1; Thuc. 1, 19; pass. Her. 3, 19: ἡγέομαι 4.

ἠγρόμην (< ἐγρόμην) ἐξ- Ar. Ran. 52 (**370**): ἐξεγείρω 12.

ἠγωνισάμην Aor. Med. Eur. Suppl. 637; ἀγωνισάμενον Lys. 13, 60: ἀγωνίζομαι 13.

ἠγωνίσθην Aor. Pass. pass. Lys. 2, 34: ἀγωνίζομαι 13.

ἠγώνισμαι Perf. Pass. Eur. Ion. act. 939; pass. Suppl. 465; Dem. 24, 145; ἀγωνίζομαι 13.

ἧδε Imprf. Anacr. Fr. 141 (Bergk): ἥδω 14.

ᾔδε' (< ᾔδει, ᾔδη) 3 Sing. Plsprf. Od. ν, 340 [**305**]: εἶδον, οἶδα 15.

ᾔδεα (< ᾔδη, ᾔδειν) 1 Sing. Imprf. Theogn. 853; Her. 2, 150 [**305**]: εἶδον, οἶδα 15.

ᾐδέατε 2 Plur. Plsprf. Her. 9, 58 (> ᾐδέετε): εἶδον, οἶδα 15.

ᾔδεε(ν) (< ᾔδει, ᾔδη) 3 Sing. Plsprf. Il. ρ, 402 *A**; Her. 2, 100; 7, 164; 8, 113; 9, 94 [**305**]: εἶδον, οἶδα 15.

ᾐδέετε 2 Plur. Plsprf. Her. 9, 58 (> ᾐδέατε): εἶδον, οἶδα 15.

ᾔδει (< ᾔδη, ᾔδειν) 3 Sing. Plsprf. Pl. Symp. 217, a: εἶδον, οἶδα 15.

ᾔδειμεν (< ᾔδεμεν, ᾖσμεν) 1 Plur. Plsprf. (**345**): εἶδον, οἶδα 15.

ᾔδειν (< ᾐείδειν, ᾔδεσαν, ᾖσαν) 3 Plur. Plsprf. Ap Rh. 2, 65: εἶδον, οἶδα 15.

1) ᾔδειν (< ᾔδη, ᾔδεα) 1 Sing. Plsprf. Ar. Pax. 1182; Thuc. 7, 44; Pl. Phaed. 60, d: εἶδον, οἶδα 15.

2) ᾔδειν (> ᾔδει, ᾔδη) 3 Sing. Plsprf. att.: εἶδον, οἶδα 15.

ᾔδεις (< ᾔδης, ᾔδεισθα, ᾔδησθα) 2 Sing. Praes. Ar. Nub. 329: εἶδον, οἶδα 15.

ᾔδεισαν (< ᾔδεσαν, ᾖσαν) Plsprf. Xen. An. 6, 5, 31 (> ᾔδεσαν): εἶδον, οἶδα 15.

ᾔδεισθα (< ᾔδεις, ᾔδης, ᾔδησθα) 2 Sing. Plsprf. Ar. Nub. 551; Pl. Euthyd. 277, e (> ᾔδησθα): εἶδον, οἶδα 15.

ᾔδειτε (< ᾖστε) 2 Plur. Plsprf. (**345**): εἶδον, οἶδα 15.

ᾐδείτην (< ᾔστην) 3 Sing. Dual. (**345**): εἶδον, οἶδα 15.

ᾔδειτον (< ᾖστον) Dual. Plsprf. (**345**): εἶδον, οἶδα 15.

ᾔδεμεν (< ᾖσμεν) 1 Plur. Plsprf. O. T. 1232 (**345**): εἶδον, οἶδα 15.

ᾐδεσάμην Aor. ᾐδέσατ' Od. φ, 28; ᾐδέσω 2 Pers. Aesch. Ch. 108 (**210. 387**): αἰδέομαι 16.

ᾔδεσαν (< ᾖσαν, ᾔδεισαν) 3 Plur. Plsprf. Isae. 3, 63; Xen. An. 6, 5, 31; Pl. Tim. 72, e: εἶδον, οἶδα 15.

ἠδέσθην Aor. Pass. Aristot. Probl. 14 (13), 6; κατ- Com. Fragm. 2, 627: (κατ)έδω 17.

ᾐδέσθην Aor. Pass. [Pl.] Ep. 350, d; κατ- Eur. Heracl. 1027; αἰδεσθείη Pl. Rep. 566, c; -θέντας 393, e; vgl. αἴδεσθεν (**210. 383. 387**): αἰδέομαι 16.

ᾔδεσμαι Perf. Pass. pass. -μένος Dem. 23, 77: αἰδέομαι 16.

1) ᾔδη (< ᾔδειν, ᾔδεα) 1 Sing. Plsprf. Soph. O. T. 448; Pl. Symp. 199, a (> ᾔδειν): εἶδον, οἶδα 15.

2) ᾔδη (< ᾔδεε, ᾔδειν, ᾔδει) 3 Sing. Plsprf. att. Il. α, 70 *Γ**: εἶδον, οἶδα 15.

ᾔδης (< ᾔδεις, ᾔδησθα, ᾔδεισθα) 2 Sing. Plsprf. Il. χ, 280 (> ᾐείδης): εἶδον, οἶδα 15.

ᾔδησθα (< ᾔδεις, ᾔδης, ᾔδεισθα) 2 Sing. Plsprf. Od. τ, 93; Soph. Ant. 447; Pl. Ap. 22, d *B** [**305**]: εἶδον, οἶδα 15.

ἠδίκηκα Perf. Eur. Alc. 689; -εν Lys. 30, 35; -ασι 12, 82: ἀδικέω 18.

ἠδίκημαι Perf. Pass. -ήμεθα Thuc. 1, 39: ἀδικέω 18.

---

reden. 12 (auf-, er)wecken, erregen. 13 (wett)kämpfen, wetteifern. 14 erfreuen, vergnügen. 15 sehen, wahrnehmen, zu-, an-, einsehen; *Pass.* gesehen werden, erscheinen; *Perf.* οἶδα; *Plsprf.* ᾔδειν, wissen, verstehen, kennen, können, erfahren. 16 sich scheuen, schämen; *Aor.* ᾐδεσάμην, verzeihen, begnadigen. 17 essen, fressen; aufzehren; aufessen, auffressen, verzehren. 18 ungerecht, schuldig sein; *trans.* einem Unrecht thun, schaden.

ἠδίκησα Aor. Xen. An. 5, 4, 6: ἀδικέω 1.

ἦδον Imprf. Thuc. 2, 21: ᾄδω 2.

ἠδυνάμην (< ἐδυνάμην) Imprf. Isocr. 3, 33; 5, 129; ἠδύνατο Thuc. 1, 3. 4; ἠδύνω Com. Fr. 4, 472; -άμεθα Lys. 7, 6; -ασθε 12, 99 (-η- **59**): δύναμαι 3.

ἠδυνήθην (< ἐδυνήθην) Aor. Pass. Xen. Cyr. 3, 1, 30; Isocr. 4, 103; 5, 108 (-η- **59**): δύναμαι 3.

ἦε(ν) (< ἤιε(ν), ἤει, ἴε(ν)) 3 Sing. Imperf. Il. μ, 371; Od. σ, 257; υ, 89 [**288**]: εἶμι 4.

ἦει (< ἤιεν, ἦε(ν), ἴε(ν)) 3 Sing. Plsprf. Il. κ, 284; ν, 247; Od. θ, 290; Pl. Phaedr. 228, b *A** [**288**]: εἶμι 4.

1) ἤειδε 3 Sing. Imprf. Od. α, 154: ἀείδω, singen.

2) ἤειδε 3 Sing. Imprf. Her. 1, 47 (> ἤδεε Bekker) [**305**]: εἶδον, οἶδα 5.

ἠείδειν (< ἤδειν, ἤδεσαν, ᾖσαν) 3 Plur. Plsprf. Ap. Rh. 4, 1698: εἶδον, οἶδα 5.

ἠείδη (< ἤδη, ἤδει) 3 Sing. Plsprf. Od. ι, 206; Ap. Rh. 9, 984, 2, 824 (> > früher ἠήδει); Her. 1, 45 (> ἤδεε Bekker) [**305**]: εἶδον, οἶδα 5.

ἠείδης (< ἤδησθα) 2 Sing. Plsprf. Il. χ, 280 [**305**]: εἶδον, οἶδα 5.

ἤειμεν (< seltener als ᾖμεν) 1 Plur. Imprf. (**322**): εἶμι 4.

1) ἤειν (< ἤει) 3 Sing. Imprf. Pl. Crit. 117; Tim. 38, c; 72 (**322**): εἶμι 4.

2) ἤειν (< ᾖα) 1 Sing. Imprf. [**325**]: εἶμι 4.

ἤειρα (< ἄειρα, -εν Il. ψ, 730; Od. φ, 18) Aor. -αν Il. ω, 590; Ap. Rh. 2, 1231: ἀείρω 6.

ἤειρε Imprf. (Aor.) Il. κ, 499: εἴρω, zuammenfügen.

ἤεις (< ᾔεισθα) 2 Sing. Imprf. (**322**): εἶμι 4.

ᾔεισθα (< ἤεις) 2 Sing. Imprf. δι- Pl. Tim. 26, c; ἐπεξ- Eutyphr. 4, b (**322**): εἶμι 4.

ἤειτε (< seltener als ᾖτε) 2 Plur. Imprf. (**322**): εἶμι 4.

ἦεν (< ἦην, ἦν, ἔην, ἔσκε) 3 Sing. Imprf. Il. γ, 41; μ, 9; ξ, 499 [**282**]: εἰμί 7.

ἦεν s. u. ἦε(ν).

ἠέξησα Aor. 1 Nonn. 8, 104: ἀέξω 8.

ἠέξητο Plsprf. Pass. Nonn. 4, 427: ἀέξω 8.

ἠέξοντο (< ἀέξετο) Imprf. Ap. Rh. 4, 1426: ἀέξω 8.

ἠερέθονται 3 Plur. Praes. Il. φ, 12: ἠερέθομαι 9.

ἠερέθοντο Plsprf. Ap. Rh. 3, 368: ἠερέθομαι 9.

ἠέρθην (< ἀέρθην) Aor. Pass. παρ- Il. π, 341: ἀείρω 6.

ἤερμαι Perf. Pass. -μένου Ap. Rh. 2, 171: ἀείρω 6.

ἠέρταζον Imprf. Anth. 9, 12; Leon. Al. 34; Ap. Rh. 1, 738: ἀερτάζω 10.

ἠέρτημαι Perf. Pass. Opp. Cyn. 2, 99; Anth. Pal. 5, 230: ἀερτάω, ἀερτάζω 10.

ἠέρτησεν Aor. ἀν- Anth. 6, 223 (Ant. Sid. 14): ἀερτάω = ἀερτάζω 10.

ἤεσαν 3 Plur. Imprf. Pl. Rep. 600, e: εἶμι 4.

ἠήδει s. u. ἠείδει.

ἤην (< ἔην, ἦεν, ἦν, ἔσκε) 3 Sing. Imprf. Il. λ, 808; Od. τ, 283; ψ, 316; ω, 342 [**282**]: εἰμί 7.

ἠθέληκα Perf. Aschin. 2, 139; Xen. Cyr. 5, 2, 9; Dem. 47, 5: ἐθέλω 11.

ἠθελήκει Plsprf. Xen. Cyr. 5, 2, 9; Hell. 6, 5, 21: ἐθέλω 11.

ἠθέλησα (< ἐθέλησα) Aor. Thuc. 3, 55; Lys. 4, 10; Isae. 6, 16: ἐθέλω 11.

ἤθελον (< ἔθελον) Imprf. Il. π, 255; Her. 1, 16; Soph. Ai. 80; Eur. Bacch. 1342; Thuc. 5, 15: ἐθέλω 11.

ἤθροικα Perf. Xen. Hell. 7, 3, 9 u. Sp.: ἀθροίζω, sammeln.

ἤθροισμαι Perf. Pass. -ται Isocr. 4, 135: ἀθροίζω, sammeln.

---

1 ungerecht, schuldig sein; *trans.* einem Unrecht thun, schaden. 2 ἀείδω, *att.* ᾄδω, (be)singen; preisen. 3 können; gelten, bedeuten, bezwecken. 4 gehen. 5 sehen, wahrnehmen, zu-, an-, einsehen; *Pass.* gesehen werden, erscheinen; *Perf.* οἶδα, Plsprf. ἤδειν, wissen, verstehen, kennen, können, erfahren. 6 aufheben, erheben; *Pass.* auch steigen, sich heben. 7 sein, dasein, existiren, leben. 8 ἀέξω poet. = αὔξω mehren; stärken, heben, erhöhen; *Med.* sich mehren, wachsen, gedeihen. 9 ἠερέθομαι *ep.* = ἀείρομαι, schweben, flattern. 10 (er)heben. 11 wollen; pflegen, sollen. 12 εἴκω, ἔοικα, *a.* ähnlich sein, gleichen; *b.* (er)scheinen;

ἤϊα (< ἀνήϊον, ἦα) 1 Sing. Imprf. Od. δ, 427. 433. 572; κ, 309; Her. 3, 42; 4, 82; Xen. Cyr. 5, 4, 11 Poppo (> Born. Dind.) [*288*]: εἶμι 4.

ἤϊε(ν) (< ἤε(ν), ἤει, ἴε(ν)) 3 Sing. Imprf. Il. α, 47 *Γ** [*288*]: εἶμι 4.

ἤϊες (< ἴες) 2 Sing. Imprf.: εἶμι 4.

ἤϊκται 3 Sing. Perf. Pass. Nic, Ther. 658; ἤϊξαι: εἴκω 12.

ἤϊκτο (< ἔϊκτο) 3 Sing. Plsprf. Pass. Od. δ, 796; ν, 288; π, 157; υ, 31: εἴκω 12.

ἤϊξα (< ἀΐξασκε) Aor. -ε(ν) Il. δ, 78 *Γ**; -αν Od. β, 154: ἀΐσσω 13.

ἤϊξαι 2 Sing. Perf. Pass. Eur. Alc. 1073; vgl. ἤϊκται: εἴκω 12.

1) ἤϊον (> ἤϊα) 1 Sing. Imprf. ἀνήϊον Od. κ, 146. 274; ἐξήϊον Ap. Rh. 1, 446 [*288*]: εἶμι 4.

2) ἤϊον (< ἄϊον) Imprf. sp. Maneth. 6, 113: ἀΐω 14.

3) ἤϊον (< ἤϊσαν, ἦσαν) 3 Plur. Imprf. ἐξήϊον Od. ψ, 370; ἀνήϊον κ, 446 [*288*]: εἶμι 4.

ἤϊσα Aor. ἐπ- Her. 9, 93: ἀΐω 14.

ἤϊσαν (< ἦσαν, ἴσαν, ἤϊον) 3 Plur. Plsprf. Il. κ, 197; ν, 305; ρ, 495; Od. τ, 436; υ, 7; ω, 9. 13 [*288*]; Her. 1, 105 (> ἦσαν); 3, 76; Soph. Fr. 514: εἶμι 4.

ἤϊσσον Imprf. Il. σ, 506: ἀΐσσω 13.

ἠΐχθην (< ἀϊχθήτην) Aor. Pass. -ησαν Il. π, 404: ἀΐσσω 13.

1) ἧκα (< ἕηκα) Aor. 2 Il. ν, 204; ἀφῆκα Pl. Symp. 217, d; selten 1 u. 2 Plur. ἀφήκαμεν Isae. 5, 1; ἐνήκαμεν Od. μ, 401; συνήκατε Ar. Ach. 101; ἀφήκατε Dinarch. 1, 37; Dem. 29, 37. — ἐφῆκα (< ἐφέηκα) Il. ε, 188; ἐνῆκας 1, 146; ἀνῆκεν, ἀφῆκεν, ἀφῆκε, ἀφῆκ', ἐνῆκε, ἐφῆκε, μεθῆκεν, ὑφῆκε bei Hom.; vgl. die Compos. von ἕηκα: ἵημι, senden.

2) ἧκα Perf. sp. V. T. Gen. 47, 4: ἥκω 15.

ἡκάμην Aor. 1 Med. nur in Compos., selten προσ- Eur. El. 622; Luc. Bis. Acc. 20; προ- Dem. 19, 84; 20, 15: ἵημι, senden.

ἤκαζον (< εἴκαζον) Imp. Thuc. 2, 56: ἤκαζω 16.

ἤκασα (< εἴκασα) Aor. Aesch. Suppl. 288 (*46*): εἰκάζω 16.

ἤκασμαι (< εἴκασμαι) Perf. Pass. Ar. Av. 807 (*46*): εἰκάζω 16.

ἤκᾰχον Imprf. Il. π, 822; Od. π, 427; ἤκαχ' ο, 357: ἀκαχίζω 17.

ἦκε Imprf. Ar. Av. 1298 Dind. (> εἶκε): εἴκω 12.

ἧκε Imper. selten Soph. Ai. 1116; Xen. Cyr. 4, 5, 25: ἥκω 15.

ἠκεσάμην Aor. Med. ἠκέσατ' Il. ε, 402. 901 (*26*): ἀκέομαι 18.

ἠκέσθην Aor. Pass. pass. sp. Paus. 2, 27, 3 (*210*): ἀκέομαι 18.

ἡκέτω Imper. selten Eur. Rhes. 337: ἥκω 15.

ἠκηκόειν (< ἀκηκόειν Lycurg. Leocr. 15; Pl. παρ- Euthyd. 300, d; ἀκηκόη Crat. 384, ; Her. 2, 52) Plsprf. Ar. Pax. 616; Vesp. 800; Xen. Hell. 5, 1, 26; Cyr. 3, 2, 2; Oec. 15, 7 (*55*): ἀκούω 19.

ᾐκισάμην Aor. Med. Xen. An. 3, 4, 5: αἰκίζω 20.

ᾐκίσθην Aor. Pass. pass. Lys. 6, 27; αἰκισθείς Xen. An. 2, 6, 29; Isocr. 4, 154 (*391*): αἰκίζω 20.

ᾔκισμαι Perf. Pass. -μένην Eur. Med. 1130: αἰκίζω 20.

ᾔκισται Perf. Pass. κατ- Od. π, 290; τ, 9: ἀεικίζω 20.

ἠκκλησίαζον (< ἐκκλησίαζον) Imperf. Dem. 18, 265; 19, 60: ἐκκλησιάζω 21.

ἧκον Imprf. Thuc. 1, 91: ἥκω 15.

ἤκουσα Aor. Xen. An. 1, 8, 16: ἀκούω 19.

ἠκουσάμην Aor. Med. selten u. sp. Mosch.: ἀκούω 19.

ἠκούσθην Aor. ἀκουσθέν Thuc. 3, 38: ἀκούω 19.

ἤκουσμαι Perf. Pass. Luc. Philop. 4: ἀκούω 19.

ἠκροάζετο Imprf. Menand. Com. Fr. 4, 113: ἀκροάομαι 14.

---

c. impers. geziemen. 13 sich leicht, schnell bewegen; *trans.* schwingen, schütteln. 14 hören; wahrnehmen, verstehen, wissen. 15 angekommen sein, da sein. 16 *a.* gleich (ähnlich) machen; *b.* vergleichen, vermuthen, schliessen. 17 kränken, betrüben, sich ↘; betrübt sein. 18 heilen, stillen, ausbessern, aussühnen. 19 hören. 20 αἰκίζω, -ομαι, misshandeln, quälen, beschimpfen; αἰκίζομαι m. ᾐκίσθην auch *pass.* 21 Volksversammlung halten.

ἠκροᾱσάμην Aor. ἀκροασώμεθα Ar. Ran. 315; ἀκροᾱ́σασθαι Pl. Ion. 530, d: ἀκροάομαι 1.

ἠκροᾶτο 3 Sing. Imprf. Pl. Lys. 207, b: ἀκροάομαι 1.

ἠκροώμην 1 Sing. Imprf. Pl. Menex. 236, a; ἠκροώμεθα Sis. 387, b: ἀκροάομαι 1.

ἠκροῶντο 3 Plur. Imprf. Xen. Hell. 7, 3, 3: ἀκροάομαι 1.

ἦκται 3 Sing. Perf. Pass. Her. 2, 158; Pl. Leg. 781, b; παρῆκται Pl. Crat. 416, b; προσῆκται als Med. Isocr. Phil. 5, 20: ἄγω 2.

ἠλάθην (< ἠλάσθην) Aor. Pass. Eur. Heracl. 430; ἀπ- Heracl. F. 63; ἐξ- Her. 4, 145 Γ*; Lys. 13, 14. 47: ἐλαύνω 3.

1) ἠλαίνοντι Impf. Theocr. 7, 23: ἀλαίνω 4.

2) ἠλαίνοντι Part. Praes. Theocr. 7, 23 (> ἠλαίνονται): ἠλαίνω 3.

ἠλαλάζετο Imprf. Med. Arr. An. 5, 10, 3: ἀλαλάζω 5.

ἠλάλαξα (< ἀλάλαξα V. T. Jer. 47, 3) Aor. Eur. H. F. 981: ἀλαλάζω 5.

ἡλάμην (< ἁλάμην) Aor. ἥλατο Eur. Ion. 1402; ἐσ- Il. π, 558; ἀφήλατο Ar. Nub. 147: ἅλλομαι 6.

ἤλᾰσα (< ἤλασσα, ἔλᾰσα, ἔλασσα) Aor. Il. α, 154 Γ*; Hes. Th. 291; Ap. Rh. 1, 4; Xen. Cyr. 4, 1, 7; ἀπ- Eur. Heracl. 188; ἐξ- Lys. 3, 7; 14, 34: (ἀπ-, ἐξ)ἐλαύνω 3.

ἠλάσκαζες Imprf. Hom. Hym. 1, 142: ἠλασκάζω 7.

ἤλασσα (< ἤλασα, ἔλᾰσα, ἔλασσα) Aor. ἐξ- Il. λ, 562: ἐξελαύνω 8.

ἠλᾶτο (< ἀλᾶτο) Imprf. Od. γ, 302: ἀλάομαι 4.

ἠλαυνόμην Imprf. Med. Eur. Hel. 790: ἐλαύνω 3.

ἤλαυνον (< ἔλαυνον) Imprf. Soph. O. T. 1139; Thuc. 3, 49: ἐλαύνω 3.

ἤλγυνα Aor. Aesch. Ch. 746; ἀλγύνειεν Soph. Tr. 458: ἀλγύνω 9.

ἠλγύνθην Aor. Pass. Aesch. Prom. 245: ἀλγύνω 9.

ἤλδανον Imperf. Od. σ, 70: ἀλδαίνω 10.

ἤλδησα Aor. ἐν- Nic. Al. 409 (> ἤλδηνα): ἀλδαίνω 10.

ἤλεγμαι Perf. Pass. ἐξ- Lys. 6, 44: ἐξελέγχω 11.

ἤλεγξα Aor. Pind. P. 11, 49; Eur. Heracl. 404; Pl. Soph. 259, c; ἐξ- Isae. 3, 4: ἐλέγχω 12.

ἠλέγχθην Aor. Pass. Eur. Hel. 855; Pl. Gorg. 458; ἐξ- Thuc. 3, 64: ἐλέγχω 12.

ἠλεήθην Aor. Pass. Lys. 10, 22; ἐλεηθείη Lys. 2, 2; Pl. Apol. 34, c: ἐλεέω, bemitleiden.

ἠλέησα Aor. 1 Ar. Ach. 706; Lys. 2, 40; ἐλεήσειεν Rep. 518, b; ἐλεήσας Pl. Symp. 191, b: ἐλεέω, bemitleiden.

ἤλειμμαι Perf. Pass. sp. (57): ἀλείφω 13.

ἤλειφα Perf. ἀπ- Dem. 52, 29 (> ἀπαλήλειφα, ἀπαλήλιφα): ἀλείφω 13.

ἠλείφθην (< ἠλίφην) Aor. 1 Pass. ἀλειφθέντι Pl. Lys. 217, c; -θέν d: ἀλείφω 13.

ἠλειφόμην Imprf. Med. -οντο Pl. Theaet. 144, c: ἀλείφω 13.

ἤλειψα Aor. Il. σ, 350; Od. τ, 505: ἀλείφω 13.

ἠλειψάμην (< ἀλειψάμην) Aor. Med. -ατο Ar. Nub. 836; -ατε Pax. 502; -αντο Thuc. 1, 6: ἀλείφω 13.

ἠλέξησα Aor. Apollod. 3, 12, 5; vgl. ἀλεξήσειε: ἀλέξω 14.

ἤλεσα (< ἄλεσσα) Aor. Com. Fr. 2, 345; ἀλέσαι Hippocr. 2, 598; 3, 28: ἀλέω 15.

ἤλεσμαι Perf. Pass. Dioscor.: ἀλέω 15.

ἤλεψα Aor. 1 ἀπαλέξαι Aesch. Suppl. 1052; ἀπο... ἀλέξαι Qu. Sm. 6, 307: ἀλέκω = ἀλέξω 14.

ἠλήλατο (< ἐλήλατο) Plsprf. Il. ε', 400: ἐλαύνω 3.

---

1 hören; wahrnehmen, verstehen, wissen. 2 führen. 3 treiben, wegtreiben; bedrängen, misshandeln; hauen, verwunden. 4 umherschweifen. 5 Kriegsgeschrei erheben; *tr.* jubelnd verkündigen. 6 springen, hüpfen. 7 irren, umherstreifen; *tr.* meiden. 8 heraus-, weg-, vertreiben. 9 weh thun, kränken; *Pass.* leiden, sich betrüben. 10 nähren, vermehren, fördern. 11 überweisen, -führen; widerlegen; erkunden; erproben, erweisen. 12 *a.* beschimpfen, beschämen; *b.* überführen, widerlegen, tadeln; *c.* nach-, er-, beweisen; *d.* erkunden, prüfen. 13 be-, anstreichen; salben. 14 abwehren; *Med.* sich vertheidigen. 15 mahlen. 16 gehen, kommen, vorschreiten; weggehen, aufbrechen. 17 heilen; *Pass.* geh. werden; heilen.

ἠλησάμην (< ἠλσάμην) Aor. Med Pl. Gorg. 484, b; vgl. ἐλασαίατο: ἐλαύνω 3.

ἠλήσθην Aor. Pass. Geop.: ἀλέω 15.

ἤλθετον Dual. Aor. sync. Isae. 4, 7: ἔρχομαι 16.

ἤλθησα Aor. Nic. Ther. 496: ἄλθω, ἀλθαίνω, ἀλθήσκω 17.

ἠλθησάμην Aor. Med. sp.: ἄλθω, ἀλθαίνω, ἀλθήσκω 17.

ἦλθον (< ἤλυθον, ἤνθον) Aor. sync. Il. α, 207; Pind. Soph. Eur. Ar. Her.; Lys. 4, 7; Thuc. Pl. u. s. w.: ἔρχομαι 16.

ἤλικα Perf. ἐξ- Ar. Nub. 33: ἐξαλινδέω 18.

ἠλινδημένος Perf. Pass. Dinarch. bei Suid.: ἀλινδέω 19.

ἤλῑσα Aor. ἐξαλί́σας Ar. Nub. 32: ἐξαλινδέω 18.

ἤλισαν Aor. συν- Her. 1, 176; ἁλίσας Eur. H. F. 412: ἁλίζω 20.

ἡλίσθην Aor. Pass. συν- Xen. An. 7, 3, 48: ἁλίζω 20.

ἡλισκόμην Imprf. Xen. Cyr. 5, 5, 1; Hell. 5, 1, 24: ἁλίσκομαι 21.

ἤλιτον Imprf. Il. ι, 375; Hes. Sc. 80; Callim. H. Dian. 255; Theogn. Aesch. Eum. 269: ἀλιταίνω 22.

ἠλίφην (< ἠλείφθην) Aor. 2 Pass. Joseph. p. 1060; ἐξαλιφῇ Pl. Phaedr. 258, b (> ἐξαλειφθῇ): ἀλείφω 13.

ἠλλάγην (< ἠλλάχθην) Aor. Pass. ἀλλαγῆναι Isae. 4, 13; ἀπηλλάγην Aesch. Prom. 750; -η Lys. 1, 17; διαλλάγην 7, 40; -ημεν 27, 15; ἀπαλλαγῶ Aesch. Prom. 471; -γέντες Ag. 336; -ος Soph. Ant. 422; -εῖσα Eur. Phoen. 592 *B**; Ar. Thuc. Xen. Pl. (**198**): ἀλλάσσω 23.

ἤλλαγμαι Perf. Pass. Callim. Epigr. 7; ἐνήλλακται Soph. Ai. 207; διηλλάγμεθα Pl. Menex. 244, a: διαλλάσσω 24.

ἤλλαξα Aor. -άτην Eur. Alc. 661; ἀπ- Isocr. 5, 34; ἐπ- 4, 39; μετ- 6, 17: ἀλλάσσω 23.

ἠλλαξάμην Aor. Med. Pl. Menex. 237, a; vgl. ἀλλάξασθαι: ἀλλάσσω 23.

ἠλλαξάτην s. u. ἤλλαξα.

ἤλλαχα Perf. ἀπ- Xen. Mem. 3, 13, 6; Dem. 18, 65: ἀπαλλάσσω 25.

ἠλλάχθην (< ἠλλάγην) Aor. 1 Pass. ἀλλάχθη Eur. I. A. 798; ἀπηλλάχθη Hel. 102.; διήλλαχθε Aesch. Sept. 885; ἀπαλλάχθηθ' Eur. Cycl. 600; Med. 896; διαλλαχθῶμεν Pl. 430, a; ἀπαλλαχθῇ Soph. O. C. 786; -θῆτε Ar. Lys. 900; ἀπαλλάχθητον Plut. 66; ἀπαλλαχθείς Soph. Ant. 244; -θέντα Ar. Vesp. 504 (**198**): ἀλλάσσω 23.

ἠλόημαι Perf. Pass. ἠλοημένος Theophr. C. Pl. 4, 12, 9; ἀπ- Dem. 42, 6; κατ- Athen. 14, 622: ἀλοάω 26.

ἠλόησα (< ἠλοίησα) Aor. Ar. Ran. 149; κατ- Aesch. 2, 140: ἀλοάω 26.

ἠλοίησα (< ἠλόησα) Aor. ἀπ- Il. δ, 522: συν- Theocr. 19 (22), 127: ἀλοάω 26.

ἤλοισται Perf. Pass. κατ- Com. Fr. 3, 211: ἀλοίω 27.

ἡλόμην Aor. 2 ἐνήλου † Aesch. Pers. 516 (> ἐνήλλου); ἐξήλου † Soph. O. T. 131 (> ἐξήλλου): ἅλλομαι 6.

ἠλσάμην (< ἠλησάμην) Aor. sync. Med. Ibyc. 48 Bergk: ἐλαύνω 3.

ἤλυθον (< ἤνθον, ἦλθον sync.) Il. α, 152; Pind. Soph. Eur.: ἔρχομαι 16.

ἤλυξα (< ἄλυξα) Aor. Od. γ, 297: ἀλύσκω 28.

ἤλυον Imperf. Ap. Rh. 4, 1289: ἀλύω 29.

ἦλφον Aor. 2 Il. φ, 79; vgl. ἄλφοι: ἀλφάνω 30.

ἧλω (< ἑάλω) 3 Sing. Aor. 2 Od. χ, 230; Xen. An. 4, 5, 27 (**48**): ἁλίσκομαι 21.

ἥλωκα (< ἑάλωκα, ἁλωκώς) Perf. ἡλώκοι Her. 1, 83; ἡλωκότα Xen. An. 4, 2, 13; -κέναι Dem. 21, 105 (**48**): ἁλίσκομαι 21.

---

18 sich austummeln, auswälzen lassen. 19 wälzen lassen; sich wälzen, sich umhertreiben. 20 sammeln. 21 gefangen, eingenommen, erobert, bedrängt werden. 22 fehlen, sündigen. 23 ändern, vertauschen; *Med.* kaufen, verkaufen. 24 ver-, um-, eintauschen; versöhnen; *Pass.* sich versöhnen; *intrans.* verschieden sein, sich auszeichnen. 25 *a.* entfernen; *b.* befreien; *c. intrans.* sich entfernen; *Med. m. Aor. Pass.* sich entfernen. 26 dreschen, prügeln. 27 ἀλοίω = ἀλοιάω, ἀλοάω, dreschen, prügeln. 28 aus-, entweichen; vermeiden; entgehen. 29 ausser sich sein. 30 (Gewinn) einbringen; übertr. zuziehen.

ἠλώμην (< ἀλᾶτο) Imprf. Od. δ, 91; ν, 321; vgl. ἀλᾶτο: ἀλάομαι 1.

ἤλωσαν (< ἑάλωσαν) 3 Plur. Aor. 2 Her. 7, 175; Xen. Hell. 5, 1, 24; An. 4, 4, 21: ἀναλίσκω 2.

ἧμαι 1 Sing. Praes. Il. σ, 104; ω, 542; Od. ϑ, 157; ξ, 413; vgl. κάϑημαι: ἧμαι 3.

ἡμαρτήϑην Aor. Pass. Thuc. 2, 65; ἁμαρτηϑείη Xen. Vect. 4, 37: ἁμαρτάνω 4.

ἡμάρτηκα Perf. Eur. Alc. 616; Ar. Plut. 961; Thuc. 1, 38; Pl. Pol. 275, a; -κώς, -κότ- Phaedr. 243, c; Xen. Cyr. 8, 8, 6; -κέναι 3, 1, 15; Pl.: ἁμαρτάνω 4.

ἡμάρτημαι [1]) Perf. Pass. Thuc. 3, 56; Eur. Tro. 1028; Pl. Rep. 449, a: ἁμαρτάνω 4.

ἡμάρτησα [1]) Aor. sp. Aristid. 45, 56 (Lob. zu Phryn. p. 732): ἁμαρτάνω 4.

ἥμαρτον (< ἅμαρτον, ἤμβροτον) Aor. 2 Eur. Hel. 80; Pl. Pol. 274, e; Xen. Cyr. 4, 6, 3. 4: ἁμαρτάνω 4.

ἤμβλακον (< ἤμπλακον) Archil. Fr. 68 (**41**): ἀμπλακίσκω 5.

ἤμβλυμαι, -υνται (**241**) Perf. Pass. ἀπ- Anth. 13, 61: ἀμβλύνω 6.

ἤμβλῡνα Aor. Anthol. 6, 67: ἀμβλύνω 6.

ἠμβλύνϑην Aor. Pass. Anth. 6, 65: ἀμβλύνω 6.

ἤμβλω Aor. 2 ἐξ- bei Suid.: ἐξαμβλίσκω 7.

ἠμβλώϑην Aor. Pass. Aristot. Pol. 773: ἀμβλίσκω 7.

ἤμβλωκα Perf. ἐξ- Ar. Nub. 137: ἐξαμβλίσκω 7.

ἤμβλωμαι Perf. Pass. ἐξ- Ar. Nub. 139: ἀμβλίσκω 7.

ἤμβλωσα Aor. ἐξ- Pl. Theaet. 150, e: ἐξαμβλίσκω 7.

ἤμβλωτο Plsprf. Pass. Ael. bei Suid. (vgl. Buttm. Ausf. Sprl. 2. p. 111): ἀμβλίσκω 7.

ἤμβροτον (< ἥμαρτον, ἅμαρτον) Aor. 2 ep. Od. χ, 154 *A**; -ες Il. χ, 279 *A**; -ε(ν) Od. η, 292; φ, 421; -ον Il. π, 336: ἁμαρτάνω 4.

1) **ἤμεϑα** 1 Plur. Imprf. Od. γ, 263 *B**; ἤμεϑ' ψ, 42: ἧμαι 3.

2) **ἥμεϑα** 1 Plur. Praes. Il. ο, 740: ἧμαι 3.

3) **ἤμεϑα** 1 Plur. Imprf. Matth. 23, 30 2 mal; Actor. 27, 37 (> ἦμεν), vielleicht Galat. 4, 3; Ephes. 2, 3; vgl. ἤμην: εἰμί 8.

ἠμείβετο Imprf. Med. Il. α, 121 *Δ**; Ap. Rh. 1, 486: ἀμείβω 9.

ἠμειψάμην (< ἀμειψάμην, -ατο Her. 1, 37) Aor. Med. -ατ' Il. ψ, 542; -ατο Soph. Phil. 378; ἀμείψωμαι Her. 4, 97; -άμενος 8, 58: ἀμείβω 9.

ἠμείφϑη (< ἀμείφϑην, ἠμειψάμην) Aor. Pass. = ἠμειψάμην ἀπ- Xen. An. 2, 5, 15: ἀμείβω 9.

1) **ἦμεν** 1 Plur. Imprf. Il. λ, 689 *B**; Ar. Ach. 136; Pl. Rep. 343, a: εἰμί 8.

2) **ἦμεν** (< ἦμες, ἤμεναι, εἴμεναι, ἔμεν, ἔμμεν, ἔμεναι, ἔμμεναι) Inf. Ar. Ach. 741. 771; Thuc. 5, 77, 79 (> > εἶμεν Bekker); byz. Deret. bei Dem. 18, 91; Theocr. 14, 25 [**280**]: εἰμί 8.

ᾖμεν (< ᾔειμεν, ᾔομεν) 1 Plur. Imperf. Pl. Rep. 328, b. d (**280**): εἶμι 10.

ἤμεναι od. **εἴμεναι** (< s. u. ἦμεν) Inf. Praes. dor. Ar. Ach. 775 [**280**]: εἰμί 8.

ἥμενος Part. Praes. Il. φ, 389 *Γ**; Aesch. Prom. 366; Eur. Suppl. 357; vgl. καϑήμενος: ἧμαι 3.

ἤμερσα (< ἄμερσα) Aor. Hom. Hym. 5, 312: ἀμείρω 11.

1) **ἦμες** (< ἦμεν) 1 Plur. Imprf. Theocr. 14, 29 [**283**]: εἰμί 8.

2) **ἦμες** (s. u. 2) ἦμεν) Inf. dor. Theocr. 4, 41 [**280**]: εἰμί 8.

ἤμεσα (< ἔμεσσα, ἤμησα) Aor. Luc. Herm. 11; ἐμέσαι Her. 1, 133; ἐξήμεσαν Ar. Ach. 2 (**26**): ἐμέω 12.

1) S. Krüger Stud. 2. S. 34. 35.

1 umherschweifen. 2 aufwenden, verbrauchen, verschwenden. 3 ich sitze, liege, stehe. 4 *a.* verfehlen, nicht erreichen; *b.* fehlen, sündigen. 5 fehlen, irren. 6 abstumpfen, schwächen; *Pass.* geschwächt werden. 7 missgebären. 8 sein, da sein, existiren, bestehen; leben. 9 wechseln, austauschen; *Med.* verlassen; häufiger *Med.* auch *mit Aor. Pass.* antworten. 10 gehen. 11 untheilhaft machen, entziehen. 12 aus-, wegbrechen; sich

1) ἥμην Imprf. Med. sehr selten Eur. Suppl. 200; Hel. 931; Lys. 7, 34; Xen. Cyr. 6, 1, 9; Frag. bei Chrys. 64, 4, D; Fr. Com. 4, 654; N. T. Matth. 25, 35. 43; Marc. 14, 49; Ioan. 11, 15; 16, 4 *Γ** (*315*): εἰμί 8.

2) ἥμην Imprf. Il. ζ, 336; Od. κ, 374; λ, 49; Soph. Tr. 24: ἧμαι 3.

ἤμησα (< ἤμεσα, ἔμεσσα) Aor. Hes. Th. 181; ἐξ- 497 (> ἤμεσσα): ἐμέω 12.

ἡμιλλήθην Aor. Pass. act. ἁμιλλαθῶ Eur. Hel. 165; pass. ἁμιλληθέν Thuc. 6, 31 (*387*): ἁμιλλάομαι 13.

ἡμίλλημαι Eur. Hel. 546; Polyb. 12, 11; pass. Luc. Paras. 58: ἁμιλλάομαι 13.

ἡμιλλησάμην Aor. Med. Plut. Arat. 3; ἐξαμιλλησάμενος Eur. Hel. 1471: ἁμιλλάομαι 13.

ἧμμαι (< ἅμμαι Her. 1, 86) Perf. ἡμμένος Pl. Rep. 527, c; Leg. 819, a: ἅπτω 14.

ἠμπειχόμην Imprf. -ετο Pl. Phaed. 87, b (*86*): ἀμπέχω 15.

ἠμπεσχόμην (< ἠμπισχόμην) Aor. 2 Med. -ετο Eur. Med. 1159 (> ἠμπίσχετο) (*86*): ἀμπέχω 15.

ἠμπισχόμην (< ἠμπεσχόμην) Aor. 2 Med. Ar. Eccl. 540 (*86*): ἀμπέχω 15.

ἤμπισχον Aor. 2 Pl. Prot. 320, e (*86*): ἀμπέχω 15.

ἠμπλάκεται Perf. Pass. Aesch. Suppl. 916: ἀμπλακίσκω 5.

ἤμπλακον (< ἤμβλακον) Aor. 2 Aesch. Ag. 1212: ἀμπλακίσκω 5.

ἤμῡνα Aor. Il. ε, 662; ν, 783; Eur. I. A.; Heracl. 30; Thuc. 6, 80: ἀμύνω 16.

ἠμῡνάμην (> ἀμύνατο Her.) Aor. Med. Eur. Andr. 910; -ασθε Suppl. 529; -άμεθα Thuc. 2, 36; -ατο Isocr. 6, 42: ἀμύνω 16.

ἤμυσα Aor. Il. θ, 308, sinken, sich neigen.

ἠμφεγνόησα Aor. Pl. Soph. 228, e; 291, b (*87*): ἀμφιγνοέω 17.

ἠμφεγνόουν (< ἠμφιγνόουν) Imprf. Pl. Soph. 236, c; Riv. 135, d (>> ἠμφιγνόουν) (*87*): ἀμφιγνοέω 17.

ἠμφεσβήτησα (< ἠμφισβήτησα) Aor. Pl. Gorg. 479, d (< ἠμφισβητήσαμεν) (*87*): ἀμφισβητέω 18.

ἠμφεσβήτουν (< ἠμφισβήτουν) Imperf. Pl. Menex. 242, d (> ἠμφεσβήτει) (*87*): ἀμφισβητέω 18.

ἠμφίακα Perf. συν- Athen. 6, 70: ἀμφιάζω 19.

ἠμφίασα Aor. sp. Anth. 7, 368: ἀμφιάζω 19.

ἠμφιγνόουν (< ἠμφεγνόουν) Imprf. Xen. An. 2, 5, 33 (> ἀμφεγνόουν) (*87*): ἀμφιγνοέω 17.

ἠμφίεσα Aor. Xen. Cyr. 1, 3, 17: ἀμφιέννυμι 20.

ἠμφιεσάμην Aor. Med. ἀμφιέσαντο Od. ψ, 142; ἀμφὶ ... ἕσαντο Il. υ, 150; ἀμφὶ ... ἕσσατο Od. ζ, 228. — Anth. 12, 93: ἀμφιέννυμι 20.

ἠμφιέσθαι Inf. Perf. Pl. Charm. 174, c; vgl. ἠμφίεσμαι: ἀμφιέννυμι 20.

ἠμφίεσμαι Perf. Pass. -εσαι Xen. Mem. 1, 6, 2; -μένη Oec. 10, 12; Lys. 13, 40; -μένοι Pl. Gorg. 523, c *B**; -ων Pl. Symp. 220, b; vgl. ἠμφιέσθαι: ἀμφιέννυμι 20.

ἠμφισβήτησα (< ἠμφεσβήτησα) Aor. Isae. 3, 55; 11, 9: ἀμφισβητέω 18.

ἠμφισβήτουν (< ἠμφεσβήτουν) Imprf. Lys. Fr. 5; Isae. 4, 30: ἀμφισβητέω 18.

1) ἦν (< ἦ, ἔα, ἔ', ἦα, ἔον, ἔσκον) 1 Sing. Imprf. Theaet. 197, a (Vat. ἦ); Rep. 328, c (Ven. C. ἦ): εἰμί 8.

2) ἦν (< ἔην, ἤην, ἦεν, ἔσκε) 3 Sing. Imprf. Il. ε, 9 *Γ**; Aesch. Pers. 371 *Γ**; Xen. Pl. u. s. w. [*282. 283*]: εἰμί 8.

3) ἦν früher als 3 Plur. für ἦσαν genommen, wie Hes. Th. 321; siehe hierüber Buttm. Ausf. Sprl. p. 531 Anm. 17: εἰμί 8.

4) ἦν 1 Sing. Imprf. Pl. Rep. 327, c: ἠμί = φημί 21.

5) ἧν Aor. 2 im Sing. Indic. nicht im Gebrauch (*292*): ἵημι 22.

---

erbrechen. 13 wettkämpfen; wetteifern; sich eifrig bemühen. 14 heften; binden, anknüpfen; anzünden. 15 umhüllen; *Med.* umhaben. 16 abwehren; *Med.* sich vertheidigen; sich rächen an ... 17 schwanken, zweifeln. 18 streiten, rechten, zweifeln an ... 19 umthun, bekleiden. 20 anziehen, anlegen; *Med.* sich anziehen, anlegen (ein Kleid). 21 reden, sprechen. 22 senden, schicken.

ἠναινόμην (< *ἀναινόμην*) Imperf. *ἠνείνετο* Il. σ, 450; Aesch. Ag. 300: *ἀναίνομαι* 1.

ἠνάλωμαι Perf. Pass. *κατ-* Isocr. 3, 31: *ἀναλίσκω* 2.

ἠνάλωσα (> *ἀνήλωσα*) Aor. selten *κατ-* Isocr. 9, 60: *καταναλίσκω* 3.

ἠναντιώθην Aor. Pass. Xen. Mem. 4, 8, 5 (**84**): *ἐναντίομαι* 4.

ἠναντίωμαι (< *ἐνηντίωμαι*) Perf. Thuc. 2, 40 (**84**): *ἐναντίομαι* 4.

ἠνάριξα (< *ἠνάρισα, ἐνάρισα*) Aor. Lycophr. 486: *ἐναρίζω* 5.

ἠνάρισα (< *ἠνάριξα, ἐνάρισα*) Aor. Anacr. Epigr. (15) 101 (Bergk): *ἐναρίζω* 5.

ἠναρίσθην Aor. Pass. *κατ-* Aesch. Ch. 347: *ἐναρίζω* 5.

ἠνάρισμαι Perf. Pass. *κατηναρισμένος* Soph. Ai. 26: *ἐναρίζω* 5.

1) ***ἤναρον*** Imprf. Aesch. Sept. 811: *ἐναίρω* 6.

2) ***ἤναρον*** (< *ἔναρον*) Aor. 2 Eur. Andr. 1182: *ἐναίρω* 6.

ἥνδανον (< *ἑάνδανον, ἑήνδανον*) Imprf. Il. α, 24 *Γ**; Her. 7, 152; 8, 29: *ἁνδάνω* 7.

ἠνδραπόδισα Aor. Her. 1, 151; Thuc. 1, 98: *ἀνδραποδίζω* 8.

ἠνδραποδίσαντο Aor. Med. Her. 4, 203; Thuc. 4, 48: *ἀνδραποδίζω* 8.

ἠνδραποδίσθαι Inf. Perf. Pass. Her. 8, 29; ***ἠνδραπόδισται***: *ἀνδραποδίζω* 8.

ἠνδραποδίσθην Aor. Pass. *ἀνδραποδισθῆναι* Xen. Hell. 1, 6, 14: *ἀνδραποδίζω* 8.

ἠνδραπόδισμαι Perf. Pass. *-ται* Her. 6, 106: *ἀνδραποδίζω* 8.

ἤνεγκα (< *ἤνεικα, ἔνεικα*) Aor. Soph. El. 13; Eur. I. A. 800; Xen. Hell. 4, 1, 27: *φέρω* 9.

ἠνεγκάμην (< *ἠνεικάμην*) Soph. Tr. 462; *-ω* Eur. Suppl. 583; vgl. ***ἐνεγκ***(*αμην*): *φέρω* 9.

ἤνεγκον (> *ἤνεικον* ion.) Aor. 2 Act. Soph. O. C. 521: *φέρω* 9.

ᾐνέθην Aor. Pass. ***αἰνεθείς*** Her. 5, 102; *ἐπῃνέθη* Thuc. 2, 25 (**210**): (*ἐπ*)*αινέω* 10.

ἤνεικα (< *ἔνεικα, ἤνεγκα*) Aor. *ὑπ-* Il. ε, 885: *φέρω* 9.

ἠνεικάμην s. *ἐνεικάμην*.

ἠνείχθην (< *ἠνέχθην*) Aor. 1 Pass. s. ***ἐνειχθ***(*ην*): *φέρω* 9.

ἠνειχόμην Imprf. *-οντο* Thuc. 1, 77; Xen. An. 5, 6, 34; Hell. 6, 5, 49 (**86**): *ἀνέχω* 11.

ᾔνεκα Perf. *ἐπ-* Isocr. 12, 107; Pl. Rep. 307, a: *ἐπαινέω* 10.

ᾔνεσα (< *αἴνεσα* Her. 5, 113) Aor. Soph. Phil. 1384; *ἐπ-* Eur. I. A. 655; Pl. Theaet. 194, e *B**: *ἐπαινέω* 10.

ἠνεσχόμην (< häufiger als *ἀνεσχόμην* Ar. Pax. 347; *ἀνέσχου* Eur. Hipp. 687; Her. 5, 89; 6, 112; 7, 139) Aor. 2 Med. Ar. Nub. 1363; Equ. 412; Lys. 3, 3; *ἠνέσχετο* Her. 5, 48 *A**; Eur. El. 264; Ar. Equ. 537; Pl. Charm 162, d; Xen.; *-οντο* Eur. H. F. 1319; Thuc. 3 28 (**86**): *ἀνέχω* 11.

ἠνέχθην (< *ἠνείχθην*) Aor. Pass. Xen. An. 4, 7, 12; Pl. Phaedr. 254, b; Rep. 586, a; *δι-* Thuc. 8, 90; *ξυν-* 8, 84; 4, 65: *φέρω* 9.

ἠνεῴχθην (< *ἠνοίχθη, ἀνεῴχθην, ἠνοίγην*) Aor. Pass. dreifach augmentirt N. T. Ioan. 9, 10; Act. 16, 26 und nach Tischendorf Matth. 9, 30: *ἀνοίγνυμι* 12.

ᾔνημαι Perf. Pass. *ἐπ-* Isocr. 12, 233: *ἐπαινέω* 10.

ἠνηνάμην (< *ἀνηνάμην*) Aor. Med. *ἀπηνήναντο* Il. η, 185: *ἀναίνομαι* 1.

ᾔνησα (< *ᾔνεσα*) Il. ω, 30; Pind. P. 3, 13: *αἰνέω* 13.

ἦνθ' 3 Sing. Aor. dor. st. *ἦλθ'* Theocr. 1, 77: *ἔρχομαι*, gehen.

ἤνθηκα Perf. *ἐξηνθηκώς, -κός* Thuc. 2, 49: *ἐξανθέω*, hervorblühen.

ἦνθον, -ε Aor. dor. st. *ἦλθον, -ε* Theocr. 1, 88 (**95**): *ἔρχομαι*, gehen.

---

1 *a.* abschlagen, verweigern, leugnen; *b.* bereuen, sich schämen. 2 aufwenden, verbrauchen, verschwenden. 3 auf-, verwenden; verbrauchen. 4 entgegen sein, sich widersetzen, widersprechen. 5 den gefallenen Feind plündern; tödten. 6 erlegen, tödten, verderben. 7 gefallen, behagen. 8 zum Sklaven machen, als Sklaven verkaufen. 9 tragen. 10 *a.* loben, billigen; *b.* ermahnen; *c.* sich bedanken. 11 *a.* emporhalten; *b.* zurück-, aufhalten; *Med.* sich aufrecht erhalten; zusammenhängen. 12 eröffnen; *Pass. mit Perf.* **2** offen stehen. 13 *a.* loben, zufrieden sein mit . . .; *b.* geloben, versprechen, sagen. 14 *a.* plagen; *b.* kränken, be-

ἠνιάθην (< ἠνιήθην) Aor. Pass. Xen. Hell. 6, 4, 20; ἀνιαθεὶς Cyr. 2, 2, 3; 4, 6, 4 (*24. 388. 433*): ἀνιάω 14.

ἠνίᾱσα (< ἠνίησα) Aor. Xen. 5, 4, 33; ἀνιάσασα Soph. Ai. 994 (*24*): ἀνιάω 14.

ἠνιήθην (< ἠνιάθην) Aor. Pass. ἀνιηθεὶς Od. α, 133; γ, 117; -θέντα Il. β, 291 (*24*): ἀνιάω 14.

ἠνίησα (< ἠνίᾱσα) Aor. ἀνίησας Orph. Lith. 645 (*24*): ἀνιάω 14.

ᾐνιξάμην Aor. Med. ᾐνίξω Eur. H. F. 1120; -ατο Ar. Equ. 1085; Av. 970; Theaet. 152, c; Rep. 332, d: αἰνίσσομαι 15.

ἠνίπαπον (< ἐνένιπον, ἐνένισπον, ἐνένιπτον) Aor. 2 Il. β, 245; Od. υ, 303 [*47*]: ἐνίπτω 16.

ᾐνίχθην Aor. Pass. pass. αἰνιχθέντα Pl. Gorg. 495, a: αἰνίσσομαι 15.

ἠνοίγην (< ἀνεῴχθην, ἠνοίχθην) Aor. 2 Pass. N. T. Act. 12, 10 (> ἠνοίχθην); Apocal. 11, 19; 15, 5: ἀνοίγνυμι 12.

ἤνοιγον, ἀνῷγον, ἀναοίγεσκον Imprf. Xen. Hell. 1, 1, 2; 1, 6, 21: ἀνοίγνυμι 12.

ἠνοίχθην (< ἀνεῴχθην, ἠνοίγην) Aor. Pass. N. T. Apocal. 20, 12 (2 mal): ἀνοίγνυμι 12.

ἠνόμην Imprf. ἤνετο Her. 1, 189; 8, 71: ἄνω 17.

ἦνον Imprf. Od. γ, 496; ἦνε Eur. Andr. 1132: ἄνω 17.

ἤνσει 3 Sing. Imperf. lacon. st. ἤνθει Ar. Lys. 1258: ἀνθέω, blühen.

ἧνται (< εἵαται, ἕαται) 3 Plur. Praes. Ap. Rh. 2, 1088; Call. Fr. 122; Eur. Bacch. 38; vgl. κάθηνται: ἧμαι 19.

ἠντεδίκει Imprf. Dem. 40, 18 (*87*): ἀντιδικέω 20.

ἠντεδίκησα Aor. Dem. 47, 28 (*87*): ἀντιδικέω 20.

ἤντεον (< ἤντων) Imprf. für ἤνταον Il. η, 423: ἀντάω 21.

ἤντησα (< ἄντᾱσα) Aor. Il. δ, 375 *B**; Her. 1, 114; 2, 119; ἀπ- Thuc. 2, 20: ἀντάω 21.

ἠντησάμην Aor. Med. συναντήσωνται Il. ρ, 134: συναντάω 22.

ἤντηται Perf. Pass. ἀπ- Dio. Hal. Antiqu. 8, 33: ἀντάω 21.

ἠντίαζον Imprf. Her. 1, 166 (> ἀντίαζον); ὑπ- 4, 121: ἀντιάζω 23.

ἠντίᾱσα Aor. Her. 4, 80; 9, 6 [*41*]: ἀντιάζω 23.

ἠντιβόλεον Imprf. Ar. Ach. 147 (*84*): ἀντιβολέω 24.

ἠντιβόλησα Aor. Ar. Fr. 101 (Dind.) (*84*): ἀντιβολέω 24.

ἠντιοῦτο Imprf. Her. 1, 76; 7, 139; -οῦντο 4, 3: ἀντιόομαι 25.

ἠντιώθην Aor. Pass. Her. 7, 9 (> ἀντιώθη); 8, 100: ἀντιόομαι 25.

ἧντο (< εἵατο, ἕατο) 3 Plur. Imprf. ἧντ' Il. γ, 153; vgl. ἐκάθηντο, καθῆντο [*300*]: ἧμαι 19.

ἤντων (< ἤντεον) Imprf. ἀπ- Isocr. 4, 90 (*83*): ἀπαντάω 26.

ἤνυκα Perf. -κέναι Pl. Polit. 264, b: ἀνύω 18.

ἤνυσα Aor. Od. δ, 357; Xen. Cyr. 4, 2, 15: (δι)ανύω 27.

ἠνυσάμην Aor. Med. -σασθ' Aesch. Prom. 700; ἀνυσάμαν Theocr. 5, 144: ἀνύω 18.

ἠνύσθην Aor. Pass. ἐπ- Hes. Sc. 311: ἀνύω 18.

ἤνυσμαι Perf. Pass. διηνύσθαι Xen. Cyr. 1, 4, 28: ἀνύω 18.

ἤνυστο Plsprf. Luc. Herm. 3: ἀνύω.

ἤνυτο Imprf. Med. Il. ε, 243: ἀνύω.

ἤνυτον Imprf. ἐξ- Eur. Hipp. 399: ἀνύω 18.

ἤνυτος (< ἀνυστός Xen. An. 1, 8, 11) Vb. ἀνήνυτος Soph. El. 162: ἀνύω 18.

ἤνωγε 3 Sing. Imprf. Hom. Hym. 4, 298; Her. 3, 81; vgl. ἤνωγον: ἄνωγω Praes. zu ἄνωγα 28.

ἠνώγεα Plsprf. Od. ι, 44; κ, 263; ρ, 55 [*122*]: ἄνωγα 28.

---

trüben; belästigt werden, sich betrüben. 15 *αἰνίσσομαι* in Räthseln sprechen; anspielen, sticheln. 16 *a.* hart anreden, schelten; *b* = *ἐνέπω*, verkündigen. 17 weit vorschreiten. 18 *a.* vollbringen, verschaffen; ausrichten; *b.* endigen, zerstören. 19 ich sitze, liege, stehe. 20 *a.* rechten; sich vertheidigen; *b.* widersprechen. 21 begegnen, entgegen kommen; theilhaftig werden. 22 zusammentreffen, kommen; begegnen. 23 (freundlich u. feindlich) begegnen; angehen, anflehen. 24 begegnen; erlangen, theilhaftig werden. 25 *ἀντιόομαι mit Aor. Pass.* begegnen. 26 entgegen gehen, begegnen; sich treffen; sich stellen, erscheinen. 27 ganz vollenden. 28 ermuntern, ermahnen; heissen, befehlen.

ἠνώγει (< ἀνώγει) 3 Sing. Plsprf. Od. μ, 160: ἄνωγα 1.

ἠνώγειν 3 Sing. Plsprf. als Imprf. Il. ζ, 170; κ, 394; Od. ε, 112; μ, 160; Soph. O. C. 1598: ἄνωγα 1.

ἤνωγον (< ἄνωγον) Imprf. Il. ι, 578; Od. ζ, 216; ξ, 237; vgl. ἤνωγε: ἀνώγω Praes. zu ἄνωγα 1.

ἤνωξα Aor. Hes. Sc. 479; ἀνῶξαι Od. κ, 531: ἀνώγω Praes. zu ἄνωγα 1.

ἠνώρθωμαι Perf. Pass. ἐπ- Dem. 18, 311 (*86*): ἀνορθόω 2.

ἠνώρθωσα (< ἀνώρθωσα Isocr. 5, 64) Aor. ἐπ- Dinarch. 1, 96 (*86*): (ἐπ)ανορθόω 2. 3.

ἠνωρθωσάμην Aor. Med. ἐπ- Isocr. 4, 165 (*86*): ἐπανορθόω 3.

ἠνωρθούμην Imprf. Med. ἐπ- Pl. Theaet. 143, a (86): ἐπανορθόω 3.

ἠνώρθουν Imprf. ἐπ- Isocr. 12, 200 (*86*): ἐπανορθόω 3.

ἠνωχλήθην Perf. Pass. Hippocr. 5, 702 (*86*): ἐνοχλέω 4.

ἠνώχληκα Perf. Dem. 21, 4 (*86*): ἐνωχλέω 4.

ἠνώχλημαι Perf. Pass. παρ- Dem. 18, 50 (*86*): ἐνωχλέω 4.

ἠνώχλησα Aor. Dem. 19, 206 (*86*): ἐνοχλέω 4.

ἠνώχλουν Imprf. Xen. Cyr. 5, 3, 36 (*86*): ἐνοχλέω 4.

1) **ἦξα** Aor. 1 ἄξαις Hes. Op. 434; ἄξας Hom. Batr. 119. — Bei den alten Att. selten Antiph. 5, 46; ἀπῆξας Ar. Ran. 468; Thuc. 2, 97; προσῆξαν 8, 25: ἄγω, führen.

2) **ἦξα** (< ἔαξα) Aor. sp. Il. ψ, 392; Od. τ, 539; κατῆξα ion. Hippocr. 5, 224: ἄγνυμι, brechen.

3) **ᾖξα** (< ἀΐξειεν Pl. Leg. 709, a; ἐπαΐξασα Theaet. 190, a) Aor. Eur. El. 844: ᾄσσω 5.

ἀξάμην s. **ἄξαντο, ἄξασθαι.**

ἤομεν (> ἤειμεν, ᾖμεν) 1 Plur. Imprf. Od. κ, 251. 570; λ, 22 [*288*]: εἶμι 6.

ἤπαφον Aor. 2 Ap. Rh. 3, 130; Anth. 9, 739; παρ... Od. ρ, 488: ἀπαυρίσκω 7.

ἤπειγμαι Perf. Pass. Suid.: ἐπείγω 8.

ἠπειγόμην (< ἐπειγόμην) Imprf. Med. Thuc. 4, 4: ἐπείγω 8.

ἤπειγον (< ἔπειγον) Imprf. Soph. Phil. 499: ἐπείγω 8.

ἠπείλουν Imprf. Lys. 3, 28: ἀπειλέω, drohen.

ἤπειξα Aor. Hippocr. 3, 814: ἐπείγω 8.

ἠπείχθην Aor. Pass. als Med. Isocr. 4, 87 (*388*): ἐπείγω 8.

ἠπημένος Part. Perf. pass. sp. Aristid. τ, 2, 307: ἠπάομαι 9.

ἠπήσασθαι Inf. Aor. Ar. Fr. Dind. 28: ἠπάομαι 9.

ἠπιστάμην (< ἐπιστάμην) Imprf. Ar. Equ. 462; Isocr. 2, 40; ἐπίστω (*281. 283*) Eur. H. F. 344; Pl. Ion. 531; -ατο Her. 8, 136; Eur. Hel. 14; Thuc. 6, 60; Isocr. 5, 107; -ασθε Lys. 3, 44; -αντο 12, 76; selten ep. wie Hom. Fr. 1; Callim. C. 112: ἐπίσταμαι 10.

ἠπιστάσθην (< ἠπιστήθην) Aor. Pass. συν- Xen. Hell. 5, 4, 19: ἐπίσταμαι 10.

ἠπίστεον (< ἀπίστεον Od. ν, 339) Imprf. -οῦμεν Pl. Theaet. 144, e: ἀπιστέω 11.

ἠπιστήθην (< ἐπιστάσθην) Aor. Pass. Pl. Crat. 393, e; Leg. 686, c; 687, a; Her. 3, 15 (> ἐπιστήθην): ἐπίσταμαι 10.

ἠπίστηκα Perf. Pl. Soph. 258, c: ἀπιστέω 11.

ἠπίστω (*281. 283*) s. u. ἠπιστάμην.

ἠπορήθην Aor. Pass. Dem. 27, 53 (*388*): ἀπορέω 12.

---

1 ermuntern, ermahnen; heissen, befehlen. 2 aufrichten, verbessern, herstellen. 3 wiederherstellen. 4 belästigen, beunruhigen. 5 ᾄττω, ᾄσσω, ἀΐσσω, sp. auch ἄττω, eilen, losfahren. 6 gehen. 7 ἐπαυρίσκω *Act. nur bei Theogn.*; ἐπαυρέω, Hes.; *gew.* ἐπαυρίσκομαι *a.* berühren; *b.* geniessen, Vortheil (Schaden) haben. 8 *a.* (be)drängen, drücken; *b.* (fort-, be)treiben; beeilen; *Med.* für sich betreiben; *c. Pass.* (sich be)eilen; sich sehnen, streben nach . . . 9 bessern, flicken. 10 *a.* verstehen, wissen; *b.* glauben, meinen. 11 nicht glauben, bezweifeln; nicht gehorchen. 12 Mangel leiden; nicht wissen. 13 heften, anknüpfen; *Med.* anfassen, berühren; antasten; er-, (feindlich) angreifen. 14 (laut, an-, zu-, aus-) rufen. 15 lieben, innig begehren; erstreben. 16 erheben; übernehmen; rühmen; *öfter Med.* erheben; erwerben; auf sich nehmen. 17 verfluchen;

ἠπόρηκα Perf. Pl. Soph. 244, c; -κώς Leg. 810, c: ἀπορέω 12.
ἠπόρημαι Perf. Pass. Eur. I. A. 537, d; pass. Pl. Soph. 250, c: ἀπορέω 12.
ἠπόρησα Aor. Thuc. 1, 63: ἀπορέω 12.
ἠπόρουν Imprf. Pl. Symp. 219, e; -ει Prot. 321, c: ἀπορέω 12.
ἧπται 3 Sing. Perf. Pass. Eur. Hel. 107: ἅπτω 13.
ἤπῡσα Aor. Eur. Rhes. 776: ἀπύω 14.
1) ἤρᾱ 3 Sing. Imprf. Pl. Lys. 222, a: ἐράω 15.
2) ἦρα 2 Sing. Aor. 1 Med. *boeot.* = ἤρω Ar. Ach. 913: αἴρω 16.
3) ἦρα Aor. 1 Thuc. 6, 18; Pl. Phaedr. 248, a: αἴρω 16.
ἠρᾶθ' Imprf. Il. ψ, 149: ἀράομαι 17.
ἤρᾱμαι Perf. Pass. ἐπ- Dem. 18, 142: ἀράομαι 17.
1) ἠράμην Imprf. Eur. Heracl. 991; -ατο Theocr. 13, 6; -αντο (Lys.) 2, 14: ἔραμαι 15.
2) ἠράμην Aor. Med. Il. ξ, 510; Pl. Rep. 374, e: αἴρω 16.
ἤραξα Aor. Lycophr. 15; ἀπ- Il. ζ, 497; ἐξ- Ar. Equ. 641: ἀράσσω 18.
ἤραον Imprf. Her. 9, 108; Pl. Lys. 222: ἔραμαι 15.
ἤρᾰρον Aor. 2 Il. ψ, 712; Od. δ, 777; ε, 95 [45]: ἀραρίσκω 19.
ἤρᾱσα Aor. ἐξ- Ar. Ach. 341; συνεράσαι Isocr. 5, 138: (ἐξ-, συν)εράω 15. 20.
1) ἠρᾱσάμην (< ἠρήσαμην) Aor. Med. Soph. O. T. 1291: ἀράομαι 17.
2) ἠρᾰσάμην (< -ησ-, -σσάμην, ἐρᾰσσάμην) Aor. -άσατο Med. Il. π, 182: ἐράω 15.
ἠράσθην Aor. Pass. Eur. Hec. 775; Hipp. 337. 453; Pl. Symp. 213, c: ἔραμαι 15.
ἤρασμαι Perf. Parthen. 2, 3: ἔραμαι 15.
ἠρασσάμην (< -ασάμην, -ησ-, ἐρασσάμην) Aor. Med. Il. υ, 223: ἔραμαι 15.
ἤρατο s. ἠράμην 1 u. 2.
ἠρᾶτο Imprf. Il. κ, 277: ἀράομαι 17.
ἠράχθην Aor. Pass. ἀραχθέν Soph. Ant. 973; σὺν... ἀράχθη Od. ε, 426; συναραχθέντων Her. 7, 170: ἀράσσω 18.
ἦργμαι Perf. Pass. act. Pl. Leg. 722, c: ἄρχω 21.
ᾑρέθην Aor. Pass. Aesch. Sept. 505; Eur. Suppl. 635; Hipp. 657; Thuc. 7, 31: αἱρέω 22.
ἤρεθον (< ἐρέθεσκον) Imprf. Mosch. 3, 85: ἐρέθω 23.
ἤρεικα (< ἐρήρεικα) Perf. προσ- Polyb. 5, 60 (54): ἐρείδω 24.
ἤρεικον Imprf. Hes. Sc. 287: ἐρείκω 25.
ἤρειμμαι Perf. Pass. Plut. Brut. 42: ἐρείπω 26.
ἤρειξα (< ἤριξα) Aor. Ar. Fr. Amphiar. 2; κατερεῖξαι Vesp. 649: (κατ)ερείκω 27.
ἤρειπον (< ἔρειπον) Imprf. 9, 70: ἐρείπω 26.
ἤρεισα (< ἔρεισα) Aor. Soph. Ant. 1236: ἐρείδω 24.
ἤρεισμαι (s. u. ἠρήρεισται) Perf. Pass. Pl. Tim. Locr. 98; ἀπ- Polyb. 3, 66: ἀπερείδω 28.
ἠρείφθην Aor. Pass. Arr. Exp. 1, 27, 7; ἐρειφθείς Soph. Ai. 309: ἐρείπω 26.
1) ἤρεσα Aor. Ap. Rh. 1, 1110; δι- Od. μ, 446: ἐρέσσω 29.
2) ἤρεσα Aor. Il. τ, 138; Pl. Prot. 335, a; Xen. Hell. 1, 1, 29: ἀρέσκω 30.
ἠρέσθην Aor. Pass. Soph. Ant. 500: ἀρέσκω 30.
ἤρεσκον Imprf. -ε Thuc. 5, 37: ἀρέσκω 30.
ἤρευν Imprf. ion. st ᾕρουν Hes. Sc. 302: αἱρέω 22.

---

beten, flehen, (an)wünschen. 18 schmettern, schlagen, stossen, treffen, rütteln. 19 (zusammen)fügen, zusammendrängen; verfertigen, bauen; versehen, ausrüsten. 20 ausspeien; ausschütten; zusammengiessen, beitragen. 21 *a.* vorangehen, herrschen, gebieten; *b.* anfangen. 22 nehmen, fassen, fangen, erobern; *Med.* für sich nehmen; erlangen. 23 reizen, beunruhigen. 24 anstämmen, anlehnen; *Med.* sich stämmen, lehnen auf... 25 zerbrechen, zerspalten, theilen, trennen. 26 umstürzen, einreissen, zerstören; *Pass. mit Aor. 2 Act.* nieder-, hin-, einstürzen. 27 zerbrechen, zerschroten; *Med.* sich (Schleier, Kleider u. dgl.) zerreissen. 28 ἀπερείδομαι, sich ganz stützen auf... 29 rudern; forttreiben, heftig stossen. 30 gefallen; *Med.* versöhnen.

ἠρευξάμην Aor. Med. ἐξ- N. T. Sept. Ps. 44: ἐρεύγομαι 1.

ἤρεφον (< ἔρεφον) Imprf. Ar. Fr. 54 (Diod.): ἐρέφω 2.

ἤρεψα (< ἔρεψα) Aor. Dem. 19, 265; Soph. O. C. 474: ἐρέφω 2.

ἠρεψάμην Aor. Med. ἐρεψάμενοι Ap. Rh. 2, 159. — Anth. 9, 363; κατηρέψασθε Ar. Vesp. 1294: ἐρέφω 2.

ᾕρηκα (< ἀραίρηκα ion. Her. 4, 66) Perf. Thuc. 1, 103; Pl. Ap. 28, a; -κώς, -κότας Thuc. 1, 61: αἱρέω 3.

ᾕρημαι Perf. Pass. od. Med. -ται Thuc. 8, 82; ᾑρῆσθαι 2, 94; Pl. Rep. 620, d (med.); ᾑρημένος Leg. 807, d: αἱρέω 3.

ᾕρηντο Plsprf. Xen. An. 3, 2, 1; med. Thuc. 1, 62: αἱρέω 3.

ἠρήρειν (< ἀρήρειν) Plsprf. -ει Il. μ, 56: ἀραρίσκω 4.

ἠρήρειντο (< ἐρηρέδατο, ἠρήρειστο) Plsprf. Ap. Rh. 3, 1398 (*56*): ἐρείδω 5.

ἠρήρεισται (< ἐρηρέδαται, ἐρήρεινται, ἤρεισμαι) Perf. Pass. Orph. Arg. 1142 (*56*): ἐρείδω 5.

ἠρήρειστο Plsprf. Il. γ, 358; η, 252; λ, 436; Ap. Rh. 2, 1175: ἐρείδω 5.

1) ἠρησάμην (s. u. ἠρασάμην) Aor. Med. Luc. Dea Syr. 17: ἔραμαι 6.

2) ἠρησάμην (< ἠρᾱσάμην) Aor. Med. -ατο Il. ψ, 144; δ, 143: ἀράομαι 7.

3) ἠρησάμην (< ἐρεισάμην) Aor. Med. intr. -ατο Hes. Sc. 362; trans. Simonid. 173 (Bergk): ἐρείδω 5.

ᾑρησάμην Aor. Med. -ατο in ἐξ- Ar. Thesm. 761: αἱρέω 3.

ᾑρήσομαι (< αἱρεθήσομαι) Fut. 3 selten Pl. Prot. 338, : αἱρέω 3.

ἤρθην Aor. Pass. Thuc. 4, 41. 62; 8, 95: αἴρω 8.

ἠριθμησάμην Aor. Med. Phaedr. 270: ἀριθμέω 9.

ἠρίθμουν Imprf. Thuc. 3, 20: ἀριθμέω 9.

ἤρικα Perf. Polyb. 3, 91: ἐρίζω 10.

ἤρῐκον Imprf. trans. u. intrans. Il. ρ, 295; Hes. Sc. 287: ἐρείκω 11.

ἤριξα (< ἤρισα) Aor. Tab. Heracl. 2, 26: ἐρίζω 10.

ἤρῐπε s. u. ἤριπον.

ἠρίπην Aor. 2 Pass. ἐριπέντι Pind. O. 2, 43: ἐρείπω 12.

ἠριπόμην Aor. 2 Med. pass. Anth. 9, 152: ἐρείπω 12.

ἤρῐπον, -ε Aor. 2 trans. Simonid. 44, 3 (Bergk); Paus. 10, 32, 4; Qu. Sm. 13, 452; intr. Il. ε, 47. 294; θ, 122. 260. 314 *Γ**: ἐρείπω 12.

ἤρισα (< ἤριξα) Aor. Hes. Th. 928; Xen. Ages. 1, 5: ἐρίζω 10.

ἠρίσταμεν 1 Plur. Perf. sync. st. ἠριστήκαμεν Com. Fr. 2, 799: ἀριστάω 13.

ἠριστάναι Inf. Perf. sync. st. ἠριστηκέναι Com. Fr. 2, 406: ἀριστάω 13.

ἠρίστηκα Perf. Xen. Cyr. 4, 2, 39; vgl. ἠρίσταμεν, ἠριστάναι: ἀριστάω 13.

ἠρίστησα Aor. Ar. Av. 788: ἀριστάω 13.

ἠριστοπεποίηντο Xen. Hell. 4, 5, 8 (> ἠριστοποίηντο Dind.): ἀριστοποιέω 14.

ἠριστοποιούμην Imprf. Xen. An. 3, 3, 1: ἀριστοποιέομαι 14.

ἦρκα Perf. Dem. 25, 52; ἀπ- 10, 23; Thuc. 8, 99: (ἀπ)αίρω 15.

ἤρκεσα Aor. Il. ζ, 16 *B**; Eur. Alc. 32 (*26*): ἀρκέω 16.

ἠρκέσθην Aor. Pass. Polyb. 13, 2 (*26*): ἀρκέω 16.

ἤρκεσται Perf. Pass. Stob. 48, 63 (*26*): ἀρκέω 16.

ἤρκουν Imprf. Thuc. 2, 47: ἀρκέω 16.

1) ἦρμαι Perf. Pass. Eur. Fr. 181: αἴρω 8.

2) ἦρμαι Perf. Med. ἠρμένοι Soph. El. 54: αἴρω 8.

---

1 ausbrechen, ausspeien, sich ergiessen; *Aor. 2* ἤρυγον, brüllen. 2 *a.* bedecken, erbauen; *b.* bekränzen, schmücken. 3 nehmen, fassen, fangen, erobern; *Med.* für sich nehmen; erlangen. 4 (zusammen)fügen, zusammendrängen; verfertigen, bauen; versehen, ausrüst n. 5 anstämmen, anlehnen; *Med.* sich stämmen, lehnen auf . . . 6 lieben, innig begehren; erstreben. 7 verfluchen; beten, flehen, (an)wünschen. 8 erheben; übernehmen; rühmen; *öfter Med.* erheben; erwerben; auf sich nehmen. 9 zählen, zahlen; *Pass.* sich zählen lassen. 10 streiten, zanken; *Med.* wettkämpfen. 11 zerbrechen, zerspalten, theilen, trennen. 12 umstürzen,

ἥρμοσα (< ἅρμοσα) Aor. Il. γ, 333; ρ, 110; Od. ε, 247: ἁρμόζω, ἁρμόττω 17.
ἡρμοσάμην (< ἁρμοξάμην Alcm. 58) Aor. Med. Her. 5, 32: ἁρμόζω, -ττω 17.
ἡρμόσθαι Inf. Perf. Pass. Pl. Phaed. 93, c: ἁρμόζω, -ττω 17.
ἡρμόσθην (< ἁρμόχθην unatt. Diog. Laert. 8, 85) Aor. Pass. ἁρμοσθῇ Pl. Phaed. 93, a: ἁρμόζω, -ττω 17.
ἥρμοσμαι (< ἅρμοκται Ecphant. Stob. Flor. 48, 64) -σται Phaed. 93, e; -σμεθα Loch. 193, d; -μένος, -η Phaed. 93, d: ἁρμόζω, -ττω 17.
ἠρνήθην Aor. Pass. Lycurg. 30: ἀρνέομαι 18.
ἤρνημαι Perf. Dem. 28, 24: ἀρνέομαι 18.
ἠρνησάμην Aor. Med. Il. ξ, 191; Aeschin. 3, 224: ἀρνέομαι 18.
ἦρξα Aor. Od. ξ, 230; Pl. Leg. 701, a: ἄρχω 19.
ἠρξάμην Aor. Med. Isocr. 3, 4; ἦρξω Eur. Suppl. 403; ἠρξάτην Pl. Euthyd. 272, b; -ατο Thuc. 2, 47. 68; -άμεσθα Ar. Nub. 1353; -αντο Thuc. 1, 2. 3. — Pl.: ἄρχω 19.
ἠρόθην Aor. Pass. Soph. O. T. 1485 (*26*): ἀρόω 20.
ἠρόμην Aor. 2 Eur. H. F. 177; ἤρου Eur. El. 275; ἤρετο Thuc. 3, 113; ἀνηρόμην Eur. Hel. 772: ἔρομαι 21.
ἤροσα Aor. Soph. O. T. 1497 (*26*): ἀρόω 20.
ἡρπάγην (< ἡρπάσθην, ἡρπάχθην) Aor. 2 Pass. sp. Lycophr. 505; δι- Polyb. 4, 79: ἁρπάζω 22.
ἥρπαξα (< ἥρπασα) Aor. dor. Pind. N. 10, 67: ἁρπάζω, -ττω 22.
ἥρπασα (< ἥρπαξα) Aor. Eur. Or. 1634; ἁρπάσαντες Thuc. 6, 101: ἁρπάζω, -ττω 22.
ἡρπάσθην (< ἡρπάχθην, ἡρπάγην) Aor. Pass. ἁρπασθείς Thuc. 6, 104; Her. 1, 1; ἀνηρπάσθη Eur. Hel. 751: ἁρπάζω 22.
ἥρπασμαι (< ἥρπαγμαι) Perf. Pass. Xen. An. 1, 2, 27: ἁρπάζω 22.
ἡρπάχθην (< ἡρπάσθην, ἡρπάγην) Aor. Pass. Her. 8, 115: ἁρπάζω 22.
ἤρρηκα Perf. εἰσ- Ar. Thesm. 1075: ἔρρω 23.
ἤρρησα Aor. Ar. Ran. 1192; εἰσ- Hipp. 4; ἀν- Eupolis Com. Fr. 2, 517: ἔρρω 23.
1) ἦρσα Aor. Her. 2, 14: ἄρδω.
2) ἦρσα (< ἆρσε) Aor. Il. α, 136; ἐπ- ξ, 167: ἀραρίσκω 4.
ἦρται 3 Sing. Perf. Pass. (Med.) ἐπῆρται Thuc. 2, 11: αἴρω 8.
ἤρτυμαι Perf. Pass. Eupol..... Com. F. 2, 564: ἀρτύω 24.
ἤρτῡνα Aor. Od. ξ, 469: ἀρτῡ́νω 24.
ἠρτῡνάμην Aor. Med. Od. θ, 53: ἀρτύνω 24.
ἤρτυον Imprf. Il. σ, 379: ἀρτύω 24.
ἤρτυσα Aor. Cratin. bei Athen. 2, 68; Lycophr. 163; Her. 1, 12: ἀρτύω 24.
ἤρυγον Aor. 2 Aristot. Probl. 1, 44; Nic. Al. 111: ἐρεύγω 25.
ἠρύθην (< ἠρύσθην) Aor. Pass. Ap. Alex. in Athen. 2, 36: ἀρύω 26.
ἠρῦκακον (< ἐρῦκακον) Aor. 2 Il. ε, 321 [*47*]: ἐρύκω 27.
ἤρυκον (< ἔρυκον) Imprf. Soph. Phil. 423: ἐρύκω 27.
ἤρυξα (< ἔρυξα) Aor. Aesch. Sept. 1075; ἀπ- Xen. 5, 8, 25: ἐρύκω 27.
ἤρυον Imprf. Hes. Sc. 301: ἀρύω 26.
ἤρυσα Aor. Com. Fr. 2, 328; Xen. Cyr. 1, 3, 9 (*26*): ἀρύω 26.
ἠρυσάμην Aor. Med. ἀρυσσάμενος Hes. Op. 550; ἀρυσαίμην Eur. Hipp. 209: ἀρύω 26.
ἠρύσθην (< ἠρύθην) Aor. Pass. Hippocr. 1, 411: ἀρύω 26.
ἦρχα Perf. Plut. X. Orat. vit. 851: ἄρχω 19.
ἦρχε Imprf. Il. α, 495 Δ*: ἄρχω 19.

---

einreissen, zerstören; *Pass. mit Aor. 2 Act.* nieder-, hin-, einstürzen. 13 frühstücken. 14 ein Frühstück zubereiten; *Med.* frühstücken. 15 *a.* wegnehmen, -bringen; *b.* aufbrechen, absegeln, abreisen. 16 *a.* dauern; *b.* genügen; *Pass.* zufrieden sein mit . . ., helfen, nützen. 17 *a. intrans.* angemessen sein, *b.* zusammenfügen. 18 verneinen, leugnen. 19 *a.* vorangehen, herrschen, gebieten; *b.* anfangen. 20 ackern, besäen. 21 (be)-fragen. 22 (weg)raffen, entführen. 23 schweifen, elend herumgehen. 24 zusammenfügen, verwalten. 25 ausbrechen, von sich geben. 26 schöpfen; *Med.* für sich ∼; erwerben. 27 zurück-, abhalten.

ἤρχθην Aor. Pass. ἀρχθῶσι Thuc. 2, 8: ἄρχω 1.
ἠρῶ 2 Sing. Imprf. Od. σ, 176: ἀράομαι 2.
ἤρων Imprf. Pl. Phaed. 68, a: ἐράω 3.
ἠρώησα Aor. Il. ψ, 433; ἐρωήσαιτε 13, 57; ἠρώησε Theocr. 13, 74: ἐρωέω 4.
1) ἦς (> ἦσθα) 2 Sing. Imprf. unatt. (Pl.) Axioch. 365 (315); N. T. Marc. 14, 67 (> ἦσθα); vgl. Buttmanns Ausf. Sprl. 2, p. 528: εἰμί 5.
2) ἦς 3 Sing. Praes. dor. für ἦν Theocr. 2, 90. 93; 5, 10; vgl. Buttm. Ausf. Sprl. 2, §. 108, Anm. 16, p. 531 [283]: εἰμί 5.
ᾖς 2 Sing. Conj. Praes. μεθ- Ar. Equ. 841: εἰμί 5.
1) ἧσ' 2 Sing. Praes. für ἧσαι Il. ο, 245: ἧμαι 6.
2) ἧσ' 2 Sing. Imper. für ἧσο Od. π, 44: ἧμαι 6.
ᾖσα Aor. Pl. Ion. 535, a; Tim. 21, b: ᾄδω 7.
ἧσαι 2 Sing. Praes. Il. β, 255; Aesch. Eum. 440 s. ἧσ' u. vgl. κάθησαι: ἧμαι 6.
ἠσάμην s. ἥσατο.
1) ἦσαν (< ἦαν, ἔσαν) 3 Plur. Imprf. Il. γ, 15 Γ*; Hes. Th. 142; Xen. Hell. 4, 5, 5; Pl. Symp. 173, e: εἰμί 5.
2) ᾖσαν (< ᾔεσαν, ἤισαν, ἴσαν, ἤιον) 3 Plur. Imprf. Od. τ, 445; μετ- Ar. Equ. 605; Fr. 216; Her. 2, 163 (> ἤισαν Bekker) [288. 323): εἶμι 8.
3) ᾖσαν (< ᾔδεσαν) 3 Plur. Imprf. Aesch. Prom. 449; Eur. Cycl. 231; Rhes. 855 (345): οἶδα 9.
ἥσατο 3 Sing. Aor. ep. Od. ι, 353: ἥδομαι.
ἥσει 3 Sing. Fut. ἀνήσει Il. β, 276; Pl. Parm. 162, a; ἐν- Od. ο, 198; μεθ- α, 77; Pl. Phil. 23, b; ὑπερ- Od. δ, 198: ἵημι 10.
ἥσειν (< ἡσέμεναι, ἡσέμεν) Inf. Fut. Od. θ, 203; μεθήσειν Pl. Leg. 951, d (272): ἵημι 10.
ἥσεις 2 Sing. Fut. ἀφήσεις Ar. Vesp. 448; ἐφ- Il. α, 518: ἵημι 10.
ἡσέμεν (< ἡσέμεναι, ἥσειν) Inf. Fut. μεθησέμεν Il. ν, 361 [272]: μεθίημι 11.
ἡσέμεναι (< ἡσέμεν, ἥσειν) Inf. Fut. μεθησέμεναι Od. π, 377 [272]: μεθίημι 11.
ἥσετε 2 Plur. Fut. μεθήσετε Il. ν, 92: ἵημι 10.
ἠσήθην Aor. Pass. Theogn. 989; ἀσηθείη Her. 3, 41: ἀσάω 12.
ἦσθα (< ἔησθα) 2 Sing. Imprf. Il. ε, 898; ν, 228; χ, 233; ψ, 604; ω, 749; Od. δ, 31; ψ, 14; χ, 435; ω, 92; Aesch. Ag. 801; Eur. I. A. 344; Bacch. 922; Lys. 12, 31; Isae. 3, 40 (282): εἰμί 5.
ἧσθαι Inf. Praes. Il. α, 134; Aesch. Ag. 862; vgl. καθῆσθαι: ἧμαι 6.
ᾐσθάνθην Aor. Pass. sp. Schol. Ar. Ran. 656: αἰσθάνομαι 13.
ἧσθε 2 Plur. Praes. ἧσθ' Il. β, 240; ἧσθε Cratin. 4 (Fragm. Com. 2, 95): ἧμαι 6.
ἦσθε (< ἦτε) 2 Plur. Imprf. Ar. Pax. 821 (Dind. Bekker); Eccl. 1086 (Bekker); ἦτε Dind.: εἰμί 5.
ᾔσθημαι Perf. Pl. Phaed. 61, c; -σαι Parm. 128, b Γ*; -ται Thuc. 7, 66; -ήμεθα Pl. Soph. 223, d; -ηνται Ar. Vesp. 673; Xen. Mem. 1, 4, 13; vgl. -ῆσθαι, -ημένος: αἰσθάνομαι 13.
ἠσθημένος (< ἐσθημένος) Part. Perf. Eur. Hel. 1539: ἐσθέω 14.
ᾐσθημένος Part. Perf. Pl. Pol. 264, c; Xen. Cyr. 5, 3, 20: αἰσθάνομαι 13.
ᾔσθην Aor. Pass. ᾀσθέντα Pl. Lys. 205, e: ᾄδω 7.
1) ἥσθην 3 Dual. Imprf. Il. θ, 445. 458: ἧμαι 6.
2) ἥσθην Aor. 1 Pass. Eur. Hipp. 1258; Ar. Ach. 2, 4; Equ. 696; [Lys.] 2, 26: ἥδομαι 15.
ἠσθῆσθαι Inf. Perf. Pass. Aelian. A. H. 16, 34: ἐσθέω 14.
ᾐσθῆσθαι Inf. Perf. Pl. Symp. 189, c: αἰσθάνομαι 13.
ἤσθητο Plsprf. Aelian. V. H. 12, 32: ἐσθέω 14.

1 *a.* vorangehen, herrschen, gebieten; *b.* anfangen. 2 verfluchen; beten, flehen, (an)wünschen. 3 lieben, innig begehren; erstreben. 4 strömen; springen, laufen; zurückgehen. 5 sein, dasein, existiren, bestehen; leben. 6 ich sitze, liege, stehe. 7 singen; krähen, rufen, zwitschern. 8 gehen. 9 wissen. 10 senden, schicken. 11 los-, ent-, freilassen

ἤσθιον (< ἤσθον, ἔδον, ἔδεσκον) Imprf. Od. υ, 19: ἔσθω, ἐσθίω, ἔδω 16.

ᾐσθόμην Aor. 2 Eur. Andr. 72. 1048; Ar. Vesp. 176; ᾔσθου Pl. Phaedr. 241, e; -ετο Lys. 3, 20; Thuc. 4, 80; 5, 73: αἰσθάνομαι 13.

ἦσθον (< ἤσθιον, ἔδον, ἔδεσκον) Imprf. Od. ζ, 249: ἔσθω, ἐσθίω, ἔδω 16.

ἥσθω 3 Sing. Imper. Praes. s. u. καθήσθω.

ᾖσι s. u. ᾖσιν.

1) ᾖσιν (> ἔῃσιν, ἔῃ, εἴῃ, ᾖ) 3 Sing. Conj. Il. τ, 202; ᾖσι Od. θ, 580; Hes. Op. 292 (**277**): εἰμί 5.

2) ᾗσιν (< ἕῃ, ἀνήῃ, ἐφείῃ, μεθήῃ) 3 Sing. Conj. Aor. 2 Act. Il. ο, 359 [**270**]: ἵημι 10.

ἤσκειν 3 Sing. Imprf. st. ἤσκεεν Il. γ, 388: ἀσκέω, üben.

ᾖσμαι Perf. Pass. Fr. Com. 2, 638: ᾄδω 7.

ᾖσμεν (> ᾔδειμεν) 1 Plur. Imprf. Aesch. Ag. 1099; Fr. Geryt. 198; Eur. Heracl. 658; Hec. 1112; vgl. Piers. Moer. p. 174 (**345**): οἶδα 9.

1) ἧσο 2 Sing. Imprf. Eur. Rhes. 846: ἧμαι 6.

2) ἧσο 2 Sing. Imper. Il. γ, 406: δ, 412; Od. σ, 105; vgl. ἧσ': ἧμαι 6.

ἥσομαι Fut. Med. ἀφήσομαι Eur. Hel. 1250; I. A. 310; μεθ- Heracl. 266; προησόμεθα Isocr. 6, 10: ἵημι 10.

ἥσομεν 1 Plur. Fut. ἐνήσομεν Il. ξ, 131; μεθ- ο, 553; ἀφ- Pl. Prot. 337, d: ἵημι 10.

ἡσσήθην (< ἡττήθην) Aor. Pass. Eur. Andr. 917: ἡσσάομαι 17.

ἥσσημαι (< ἥττημαι) Perf. Pass. Soph. Ai. 1242: ἡσσάομαι 17.

ἡσσητέον (< ἡττητέον) Vb. Soph. Ant. 678: ἡσσάω 17.

ἧσται 3 Sing. Praes. Il. τ, 349 *B**; Aesch. Sept. 513; falsch [**299**] Her. 9, 57; vgl. κάθηται: ἧμαι 6.

ᾖστε (< ᾔδειτε) 2 Plur. Imprf. Soph. Fr. 317 (**345**): οἶδα 9.

1) ἤστην (< ἤτην) 3 Dual. Imprf. Il. ε, 10; Eur. Hipp. 386; Isae. 6, 6; Pl. Phaedr. 273, b; Euthyd. 271, a; 272, a (**315**): εἰμι 8.

2) ᾖστην (> ᾐδείτην) 3 Dual. Imprf. Ar. Av. 19 (**345**): οἶδα 9.

ἧστο 3 Sing. Imprf. Il. α, 512 *Γ**; Eur. Suppl. 664; vgl. καθῆστο, καθῆτο: ἧμαι 6.

ἦστον (< ἦτον) 3 Dual. Imprf. Pl. Euthyd. 294, e (> ἤστην, ἦτον **315**): εἰμί 5.

ἡσύχασα Aor. Thuc. 8, 24: ἡσυχάζω 18.

ἡσυχάσω Fut. Thuc. 1, 142: ἡσυχάζω 18.

ᾔσχυγκα (< ᾔσχῡνα) Perf. sp. Dio. Cass. 58, 16: αἰσχύνω 19.

ᾔσχυμμαι Perf. Pass. -μένος Il. σ, 180 (**186**): αἰσχύνω 19.

ᾔσχῡνα (< ᾔσχυγκα) Aor. Il. σ, 27; Lys. 1, 4: αἰσχύνω 19.

ᾐσχύνθην Aor. Pass. αἰσχυνθεῖσα Her. 1, 4; -θῆναι Isae. 9, 13; κατῃσχύνθη Isocr. 5, 62: (κατ)αἰσχύνω 19.

ᾐσχυνόμην Imprf. Med. Isae. 2, 18: αἰσχύνομαι 19.

ἥσω 1 Sing. Fut. Il. ρ, 515; Eur. Hec. 164; ἀφήσω Il. β, 263; Pl. Symp. 189, c; ἐφ- ω, 117; μεθ- λ, 848; παρ- Ar. Equ. 340: ἵημι 10.

ἤτακα Perf. ἐξ- Xen. Mem. 3, 6, 10; Pl. Theaet. 154, d (**83**): ἐξετάζω 20.

ἤταξα (< ἤτασα) Aor. dor. Theocr. 14, 28 (**83**): ἐξετάζω 20.

ἤτασα (< ἤταξα) Aor. ἐξ- Ar. Thesm. 436; Theogn. 1016: ἐξετάζω 20.

ἤτασε Aor. Anth. 12, 135; ἐτάσῃς 7, 17; V. T. Genes. 12, 17 (**83**): ἐτάζω 21.

ἠτάσθην Aor. Pass. ἐξ- Dem. 22, 66 (**83**): ἐξετάζω 20.

ἤτασμαι Perf. Pass. ἐξ- Dem. 37, 46 (**83**): ἐξετάζω 20.

1) ᾖτε (< ᾔειτε) 2 Pl. Imprf. Xen. An. 7, 7, 6: εἶμι 8.

2) ἦτε (> ἦσθε) 2 Pl. Imprf. Il. π, 557; Aesch. Ag. 542; Pl. Euthyd. 276, a (**315**): εἰμί 5.

3) ἦτε 2 Plur. Praes.: εἰμί 5.

ᾔτεε(ν) Imprf. Il. ε, 358: αἰτέω 22.

ᾔτεον (< αἴτεον Pind. 9, 107) Imperf. Od. ω, 337; ᾐτέομεν Od. γ, 173: αἰτέω 22.

---

12 betrüben; sich betrüben. 13 empfinden, wahrnehmen, verstehen. 14 bekleiden; gekleidet, angethan sein. 15 sich freuen. 16 essen. 17 geringer machen, bezwingen. 18 ruhen, schweigen. 19 eingiessen. 20 prüfen, untersuchen, ausforschen. 21 prüfen. 22 fordern, verlangen.

ἤτην (> ἤστην) 3 Dual. Imprf. Pl. Soph. 243, e; Phil. 41, d: εἰμί 1.

2) ᾔτην 3 Dual. Imprf. Pl. Euthyd. 294, d: εἶμι 2.

ᾔτησα Aor. Eur. Andr. 53; Isae. 6, 14; Thuc. 1, 27: αἰτέω 3.

ᾐτησάμην Aor. Med. -ατο Eur. Hec. 390; Lys. 12, 59; Thuc. 3, 53: αἰτέω 3.

ᾐτιάθην Aor. Pass. pass. Xen. Hell. 2, 1, 32: αἰτιάομαι 4.

ᾐτίᾱμαι Perf. act. Dem. 19, 215; pass. Thuc. 3, 61 (**392**): αἰτιάομαι 4.

ᾐτιασάμην Aor. Med. Pl. Men. 93, d; αἰτιάσαιτο Rep. 435, e; -αίμεθα Thuc. 1, 120: αἰτιάομαι 4.

ᾐτιᾶτο Imprf. Pl. Demod. 385, d: αἰτιάομαι 4.

ἠτίμᾱσα (< ἠτίμησα) Aor. dor. ἀτιμάσαντα Pind. P. 9, 80: ἀτιμάω 5.

ἠτιμηκότι Part. Perf. Plut. Cat. 15: ἀτιμάω 5.

ἠτίμησα (< ἠτίμᾱσα dor.) Il. α, 11; ι, 111: ἀτιμάω 5.

ἧτο (< ἧστο) Imprf. s. u. κάθητο: ἧμαι 6.

ἦτον (> ἦστον) Pl. Parm. 143, d: εἰμί 1.

2) ἦτον 2. 3 Dual. Conj. Praes.: εἰμί 1.

3) ᾖτον (< ᾔειτον) 2 Dual. Imprf.: εἰμί 1.

ἡττήθην (< ἡσσήθην) Aor. Pass. Dem. 20, 146: ἡττάομαι 7.

ἥττημαι (< ἥσσημαι) Perf. Pass. Pl. Euthyd. 300: ἡττάομαι 7.

ἥττησα Aor. Polyb. 1, 75: ἡττάω 7.

ἡττήσομαι (< ἡττηθήσομαι) Fut. Eur. Hipp. 727; Lys. 20, 32: ἡττάομαι 7.

ἡττητέον (< ἡσσητέον) Vb. Ar. Lys. 450: ἡττάω 7.

ἤτω (< ἔστω) 3 Sing. Imper. Praes. sonst Pl. Rep. 361, c. u. Hippocr. 2, 834, bei Plat. von Schneider in ἔστω geändert; sonst nur bei Hellenisten, wie V. T. Ps. 103, 32; N. T. 1 Cor. 16, 22; Jac. 5, 12: εἰμί 1.

ηὐαινόμην Imprf. Pass. Ar. Fr. 47, 514 (Dind.) (**44**): αὐαίνω 8.

ηὔγμην (< εὖκτο) Plsprf. act. Soph. Tr. 610: εὔχομαι 9.

ηὖδα (< αὔδα) 3 Sing. Imprf. Il. α, 92 Γ*; Her. 2, 57 (> αὔδα); Eur. Andr. 1091: αὐδάω 10.

ηὔδαξα Aor. Anth. 6, 218: αὐδάζω 10.

ηὐδαξάμην Aor. Med. -άξατο Her. 5, 51; αὐδάξασθαι 2, 55, 57. — Opp. Hel. 1, 127: αὐδάζομαι 10.

ηὐδήθην Aor. Pass. αὐδηθείς Soph. Tr. 1106: αὐδάω 10.

ηὔδηκα Perf. ἀπ- Hippocr. 1, 500: ἀπαυδάω 10.

ηὔδησα (< αὐδήσασκε, αὔδασον Eur. Phoen. 124, αὐδάσαντος Pind. 4, 232) Aor. Pind. P. 4, 232: αὐδάω 10.

ηὗδον (< εὗδον, εὕδεσκε) Imprf. poet. Pl. Symp. 203, b; Her. 3, 69 [**38**]; καθηῦδον 219, d *B**: εὕδω 11.

ηὔηνα Aor. αὐήνωσι Her. 1, 200; ἐξηύηνα 4, 173 (**39**): (ἐξ)αυαίνω 8.

ηὖκται Perf. pass. Pl. Phaed. 279, c; act. sp. Septuag. Num. 6, 19: εὔχομαι 9.

ηὐλαβούμην (> εὐλαβούμην) Imprf. Eur. Or. 748. 1059 (> εὐλ-): εὐλαβέομαι 12.

ηὐλισάμην Aor. Med. -αντο Thuc. 4, 45; 6, 65; ἐπ- 3, 5; ἐναυλισάμενος Her. 9, 15: (ἐν-, ἐπ)αυλίζομαι 13.

ηὐλίσθην Aor. Pass. Xen. An. 4, 1, 16; 3, 1; 5, 21; αὐλισθέντες Her. 8, 9: αὐλίζομαι 13.

ηὐξάμην (< εὐξάμην) Aor. Med. -ατο Hes. Th. 493; ηὖξω Aesch. Ag. 933; -ατο Ar. Av. 73 (> εὔξατο): εὔχομαι 9.

ηὐξήθην Aor. Pass. Thuc. 6, 33; Pl. Prot. 327, c; Critia 121, a: αὐξάνω 14.

ηὔξηκα Perf. -κότι Pl. Tim. 90, b; -κεναι Xen. Hier. 6, 15: αὐξάνω 14.

ηὔξημαι Perf. Pass. -ηται Xen. Cyr. 8, 8, 18; -ημένος 5, 2, 34; -η Eur. I. A. 1248; -ην Isocr. 3, 63: αὐξάνω 14.

ηὔξησα Aor. Xen. Cyr. 8, 5, 23; Isocr. 5, 120: αὐξάνω 14.

ηὕραο Aor. Med. Anth. 9, 29: εὑρίσκω 15.

---

1 sein, dasein, existiren, bestehen; leben. 2 gehen. 3 fordern, verlangen. 4 beschuldigen, anklagen. 5 verachten, beschimpfen. 6 ich sitze, liege, stehe. 7 geringer machen, bezwingen. 8 austrocknen. 9 geloben, versichern. 10 sagen, gebieten; nennen. 11 schlafen, ruhen.

ηὕρηκα [1] (< εὕρηκα) Perf. Eur. Heracl. 534 (Elmsl.): Athen. 7, 35: εὑρίσκω 15.

ηὕρισκον [1] Imprf. Polyb. 10, 7: εὑρίσκω 15.

ηὗρον [1] (< εὗρον) Aor. Eur. Med. 553 (Dind.); Thuc. 1, 58 (Bekker) (*360*): εὑρίσκω 15.

ἤϋσα (< ἄϋσα) Aor. Il. ϑ, 227 *Γ**; ἐκ... Soph. Tr. 565: ἀΰω 16.

ἠΰτησα Aor. ἀν- Nonn. Dionys. 12, 21: ἀϋτέω 16.

ηὐτύχεον (< εὐτύχεον) Imprf. Xen. Hell. 7, 1, 11; Eur. Hec. 18, 301 (> εὐτύχει, -ουν): εὐτυχέω 17.

ηὐτύχησα Aor. Eur. Or. 542: εὐτυχέω 17.

ηὔφρανε Aor. Simonid. 158, 12 (Bergk); Eur. Or. 217. 287 (> εὔφρανε): εὐφραίνω 18.

ηὐχόμην (< εὐχόμην) Imprf. -ετο Pl. Alc. II, 141, a: εὔχομαι 9.

ἠφευμένος Perf. Pass. Ar. Av. 73 (Dind.); Aesch. Fr. 309: εὕω 19.

ἤφησα Aor. ἐπ- Hecatae. Fr. 360: ἀφάω 20.

1) ἤφθην (< ἑάφθην) Aor. Pass. ἁφθέντα Thuc. 4, 133; ἅφθη Her. 1, 19: ἅπτω 21.

2) ἥφθην Aor. Pass. sp. ἑφθέντες Dioscor. Parab. 1, 148: ἕψω 22.

ἠφίει (< ἠφίην, ἀφίην) 3 Sing. Imperf. Thuc. 2, 49; Pl. Lys. 222, b; vgl. ἠφίουν: ἀφιέω, ἀφίημι 23.

ἠφίειν (< ἠφίουν, ἠφίην) Imprf. Pl. Euthyd. 293, a (> ἠφίην): ἀφίημι 23.

ἠφίετο 3 Sing. Imprf. Med. Dem. 25, 47: ἀφίημι 23.

ἠφίην (< ἠφίουν, ἠφίειν) Xen. Hell. 4, 6, 11; Pl. Euthyd. 293, a (> ἠφίειν): ἀφίημι 23.

ἠφίουν (< ἠφίειν, ἠφίην) Imprf. selten: ἀφίημι 23.

ἤφυσα (< ἄφυσσα) Aor. Od. ι, 165: ἀφύω 24.

ἠφυσάμην (< ἀφυσσάμην, -ατο) Aor. Med. Od. η, 287; ἀφυσσαμέναν Eur. Med. 836: ἀφύω 24.

ἠφύσσετο Imprf. Pass. Od. ψ, 305: ἀφύσσω 25.

ἧφθαι Inf. Perf. Pass. Pl. Phaedr. 260, e: ἅπτω 21.

ἦχα (< εἰςαγήοχα Dem. 18, 39) Perf. Polyb. 4, 64; συν- Xen. Mem. 4, 2, 8: (συν)άγω 26.

ἤχθεε Imprf. Hermesian. 2, 39 (> ἤχθεν): ἔχθω 27.

ἠχθέσθην Aor. Pass. Aeschin. 1, 65; συν- Isocr. 6, 103; ἀχθεσθῇ Aesch. Prom. 390: ἄχθομαι 28.

ἤχθη Aor. Pass. Her. 3, 145; ἀνήχθη Her. 6, 30; ἀχθείσας Xen. Mem. 4, 1, 3; ἐξήχθημεν Pl. Rep. 572, b; παραχθείς Eur. Suppl. 432: ἄγω 26.

ἤχθημαι Perf. Pass. Lycophr. 827: ἄχθομαι 28.

ἠχθημένος Perf. sp. Lycophr. 827: ἔχθομαι 27.

ἠχθόμην Imprf. -ετο Od. ξ, 366; τ, 338; Eur. Hipp. 1402: ἔχθομαι 27.

ἠχλύνθην Aor. Pass. Qu. Sm. 2, 550; 8, 446: ἀχλύω 29.

ἤχλῡσα Aor. Od. μ, 406; ξ, 304; *trans. verdunkelte* Qu. Sm. 1, 598: ἀχλύω 29.

ἦχον (> εἶχον, ἔχον) Imprf. dor.: ἔχω 30.

ἧψα Aor. Thuc. 2, 77; 4, 100: ἅπτω 21.

ἡψάμην Aor. Med. Aesch. Ag. 1608; ἥψω Eur. Suppl. 317; Hec. 245. 273; -ατο Il. ε, 799; Thuc. 2, 48; Lys. 13, 71; -ασθε Ap. Rh. 3, 377: ἅπτω 21.

ἡψήθην Aor. Pass. ἑψηθῇ Her. 4, 61: ἕψω 22.

ἥψημαι Perf. Pass. Hippocr. 2, 246; Ar. Probl. 5, 36; ἀπεψημένος Her. 1, 188: ἕψω 22.

ἥψησα (< ἧψα) Aor. 1 Med. Strattis, (Fr. Com. 2, 775); Her. 1, 119; ἑψήσαντες 216: ἕψω 22.

ἡψησάμην Aor. Med. ἡψησ- Pollux. 2, 85: ἕψω 22.

ἧψον Imprf. Ar. Vesp. 239; Antiph. 27 (Com. Fr. 3, 144): ἕψω 22.

[1]) ηὗρον haben zuweilen Elmsley und Dind.; vgl. Lobeck zu Phryn. p. 140.

12 vorsichtig, bedächtig sein bei ... 13 im Hofe einhergehen. 14 mehren, preisen; *Pass.* zunehmen. 15 finden, antreffen. 16 rufen, schreien. 17 gut treffen; glücklich sein. 18 erfreuen; *Pass. mit Fut. Med.* froh sein. 19 sengen, rösten. 20 betasten. 21 anheften. 22 kochen. 23 entsenden. 24 bleich werden. 25 schöpfen. 26 führen. 27 hassen. 28 lästig finden, ungern thun. 29 dunkel werden. 30 haben.

Θ.

θαασσέμεν Inf. Praes. Od. γ, 336; Hym. 3, 172: θαάσσω, att. θάσσω 1.

θάασσεν Imprf. Il. ι, 194; ο, 124: θαάσσω, att. θάσσω 1.

θαεῖτο Imprf. Theocr. 19 (22), 199: θαέομαι dor. für θηέομαι, θεάομαι 2.

θᾶεο Imper. st. θαέου Anth. 6, 354; Anth. Pl. 4, 306: θάομαι = θεάομαι 2.

θαητός (< θεατός, θηητός) Vb. Pind. I. 3 (4), 40; -ον B*: θαέομαι dor. = θεάομαι 2.

θάλε Aor. 2 Hom. Hym. 19, 33 (> κέλε, λάθε): θάλλω 3.

θαλέεσκε 3 Sing. Imprf. iter. Mosch. 2, 67: θαλέω = θάλλω 3.

θαλέθει (< θαλέθεσκες) Imprf. Ap. Rh. 2, 843 (> θαλέει): θαλέθω 4.

θαλέθεσκες (< θαλέθει) Imprf. Anth. 11, 374: θαλέθω 4.

θάλησα (< (ἐ)θήλησα) Aor. Pind. N. 10, 88: θαλέω dor. = θηλέω 5.

θαλήσομαι Fut. ἀνα- Anth. 7, 281: θαλέω, θάλλω 3.

θαλλήσω (< θηλήσω) Fut. θαλλήσει gew. L. Alex. Act. b. Parthen. 14, 9 (> θηλήσει Passow): θάλλω = θηλέω 5.

θᾶμεθα Conj. Praes. Sophr. bei Apollon. Pron. p. 359 A: θάομαι = θεάομαι 2.

1) **θάνε** 3 Sing. Aor. 2 s. u. **θάνον**.

2) **θάνε** Imper. Aor. 2 Il. φ, 106: θνήσκω 5.

θανέαι 2 Sing. Fut. ἀπο- Her. 4, 163 [132]: ἀποθνήσκω 5.

θανέειν (< θανεῖν, θανέμεν) Inf. Aor. 2 ep. Il. ο, 289; χ, 426; Ap. Rh. 1, 443: θνήσκω 5.

θανέεσθαι (< θανεῖσθαι) Inf. Fut. Il. δ, 12; ο, 728, Od. υ, 21; ἀπο- Her. 3, 143; Theocr. 22, 18: ἀποθνήσκω 5

θανέεται (< θανεῖται) 3 Sing. Fut. ἀπο- Her. 4, 190: ἀποθνήσκω 5.

θανεῖν (< θανέειν, θανέμεν) Inf. Aor. 2 Hom. nur einmal Il. η, 52; Pind. Ol. 1, 82; Aesch. Ag. 550 B*: θνήσκω 5.

θανεῖσθαι (< θανέεσθαι) Inf. Fut. ἀπο- Xen. Hell. 5, 2, 6; Pl. Ap. 39, c; Phaed. 88, b; vgl. **θανοῦμαι**: ἀποθνήσκω 5.

θανεῖται s. u. **θανοῦμαι**.

θανέμεν (< θανέειν, θανεῖν) Inf. Aor. 2 Pind. P. 4, 72: θνήσκω 5.

θανέονται (< θανοῦνται) 3 Plur. Fut. ἀπο- Her. 4, 95: ἀποθνήσκω 5.

θανεύμενος (< θανούμενος) Part. Fut. ἀπο- Her. 7, 134: ἀποθνήσκω 5.

θάνῃ (< θάνῃσι) 3 Sing. Conj. Aor. 2 Aesch. Ag. 1318; ἀπο- Pl. Gorg. 524, c: θνήσκω 5.

θάνῃσι(ν) (< θάνῃ) 3 Sing. Aor. 2 Il. τ, 228: θνήσκω 5.

θάνητε 2 Plur. Aor. 2 ἀπο- Pl. Symp. 192, e: ἀποθνήσκω 5.

θάνοι Opt. Aor. 2 Od. ο, 359; -οιεν χ, 472; ἀποθάνοι Xen. Mem. 4, 8, 3; Pl. Symp. 191, b; -οιεν Men. 91: θνήσκω 5.

θάνοιμι 1 Sing. Opt. Aor. 2 ἀπο- Xen. Hell. 7, 3, 9: ἀποθνήσκω 5.

θανοῖντο* Opt. ἀπο- Xen. Cyr. 7 5, 34: ἀποθνήσκω 5.

θάνον (< ἔθανον) Aor. 2 **θάνες** Il. χ, 486; -ε(ν) β, 642; Ap. Rh. 2, 916; -ον Od. ι, 66: θνήσκω 5.

θανόντ- s. u. **θανών**.

θανοῦμαι (< θανέεσθαι, θνήξομαι, τεθνήξω, τεθνήξομαι) Fut. Soph. Ant. 462; Eur. Andr. 254; -εῖται Tr. 1056; -ουμένην I. A. 892; ἀποθανοῦμαι Xen. Mem. 4, 8, 9; -εῖται 7, 1, 19; Pl. Gorg. 481, a; -ούμενος Theag. 129, a; vgl. **θανεῖσθαι**: (ἀπο)θνήσκω 5.

θανούμενος s. u. **θανοῦμαι**.

θανοῦνται s. u. **θανοῦμαι**.

θάνωμεν 1 Plur. Conj. Aor. 2 Od. μ, 156: θνήσκω 5.

θανών Part. Aor. 2 Il. ρ, 564; ψ, 223; θανόντος Od. ρ, 115; -όντι α, 236: θνήσκω 5.

θάνωσι 3 Plur. Conj. Aor. Od. λ, 218; Eur. Alc. 720: θνήσκω 5.

θᾶσαι Imper. Aor. Epich. 78; Sophr. 44 (bei Athen. 3, p. 86, A; 106, E; Theocr. 1, 136 (149); 3, 15 (12); 10, 41: θάομαι = θεάομαι 2.

---

1 sitzen, ruhen. 2 (be)schauen, betrachten. 3 blühen, grünen.

θασάμενοι Part. Aor. 1 Tab. Heracl. 1, 70: θάομαι = θεάομαι 2.
θάσασθαι Inf. Aor. 1 Theocr. 2, 72: θάομαι = θεάομαι 2.
θᾶσθε 2 Plur. Imper. ein Megarer Ar. Ach. 770: θάομαι = θεάομαι 2.
θάσομαι (< θασοῦμαι) Fut. θασόμεναι Theocr. 15, 23: θάομαι = θεάομαι 2.
θασοῦμαι (< θάσομαι) Fut. Call. Dian. 3: θάομαι = θεάομαι 2.
θαύμαινον Imprf. Pind. Ol. 3, 32: θαυμαίνω 6.
θαυμαίνονται Praes. Pass. Callicrat. Stob. Flor. 3, 182: θαυμαίνω 6.
θαυμανέοντι Part. Fut. Od. θ, 108: θαυμαίνω 6.
θαυμασ- Aor. Pl. Γ*; -ῃς Aesch. Ag. 879; -αις Pl. Hipp. maj. 282, d (*136*); -ειεν Xen. Oec. 8, 6 (*136*); -ον Pind. P. 9, 31; -αι 10, 48; Pl.; -ας Pl.: θαυμάζω 6.
θαυμασθ(ην) Aor. Pass. s. ἐθαυμάσθην: θαυμάζω 6.
θαυμασθήσομαι Fut. Pass. Thuc. 2, 41: θαυμάζω 6.
1) θαυμάσομαι (< θαυμάσσομαι, θαυμάσω) Fut. Aesch. Prom. 476; Pl. Parm. 129, c; Euthyd. 15, b: θαυμάζω 6.
2) θαυμάσσομαι (< θαυμάσομαι, θαυμάσω) Fut. Il. σ, 467: θαυμάζω 6.
θαυμαστέος Vb. Eur. Hel. 84. 506; Athen. 11, 508: θαυμάζω 6.
θαυμαστός (< θαυματός) Vb. Hom. Hym. 5, 10: θαυμάζω 6.
θαυμάσω (< θαυμάσομαι) Fut. zw. Xen. Hell. 5, 1, 14; Cyr. 5, 2, 12; sicherer Hippocr. 1, 416; u. sp. Luc. Dem. Enc. 43: θαυμάζω 6.
θαυματός (< θαυμαστός) Vb. Hom. 3, 80; Hes. Sc. 165; Pind. P. 10, 30: θαυμάζω 6.
θαφθ(ην) Aor. Pass. -ῆναι Her. 2, 81; -εῖσι 7, 228 [*14*]: θάπτω 7.
θαψ- Aor. θάψαι Her. 6, 30; Eur. Alc. 729; Pl. Hipp. maj. 293, a; -αντι b: θάπτω 7.
θάψειν Inf. Fut. Isae. 2, 25: θάπτω 7.
θάψοι Opt. Fut. Isae. 2, 10: θάπτω 7.
θάψω Fut. Aesch. Sept. 1052; Soph. Ant. 72; Eur. Alc. 730; Eur. El. 1208; vgl. θάψοι: θάψειν: θάπτω 7.
θεᾷ 2 Sing. Conj. Praes. Pl. Rep. 598, a: θεάομαι 2.
θεαθέν Neutr. Part. Pass. sonst Thuc. 3, 38 (> jetzt δρασθέν): θεάομαι 2.
θέασαι (< θᾶσαι) Imper. Aor. Pl. Phaed. 91, b: θεάομαι 2.
θεασαίμην 1 Sing. Opt. Aor. -αιτο Xen. Oec. 8, 6: θεάομαι 2.
θεασάμενος Part. Aor. Pl. Prot. 352, a: θεάομαι 2.
θεάσασθαι Inf. Aor. Xen. An. 6, 5, 16: θεάομαι 2.
θεασάσθων 3 Plur. Imper. Pl. Rep. 415, d: θεάομαι 2.
θεᾶσθαι Inf. Praes. Pl. Symp. 211, d: θεάομαι 2.
θεᾶσθε 2 Plur. Praes. Soph. Tr. 79: θεάομαι 2.
θεάσομαι (< θεήσομαι, θάσομαι, θασοῦμαι) Fut. Eur. Hipp. 661; Xen.; Pl. Rep. 467, e *B**: θεάομαι 2.
θεάσωμαι Conj. Aor. 2 -ηται Pl. Gorg. 495, e; -ώμεθα Leg. 720, e: θεάομαι 2.
θεᾶται 3 Sing. Praes. Pl. Gorg. 524, e: θεάομαι 2.
θεατέον Vb. Pl. Rep. 390, d: θεάομαι 2.
θεατός (< θηητός, θαητός) Vb. Soph. Ai. 915; Pl. Symp. 197, d: θεάομαι 2.
θέεσκον Imprf. iter. Il. υ, 229: θέω 8.
θεήσομαι (< θεάσομαι, θάσομαι, θασοῦμαι, θηήσομαι) Fut. ion. Her. 1, 8; 9, 25: θεάομαι 2.
θεῖεν [< θείησαν] 3 Plur. Opt. Aor. 2 Il. δ, 363: τίθημι 9.
θείῃ (< θῇ) 3 Sing. Conj. Aor. 2 Od. κ, 301; ο, 51 [*236*]: τίθημι 9.
θείη 3 Sing. Opt. Aor. 2 Il. μ, 26; Pl. Rep. 578, e: τίθημι 9.
θείημεν (< θεῖμεν) 1 Plur. Opt. Aor. 2 Prot. 343, e: τίθημι 9.
θείην 1 Sing. Opt. Aor. 2 Il. ε, 215; Pl. Leg. 689, c: τίθημι 9.
1) θείης 2 Sing. Opt. Aor. 2 Il. ω, 661; Pl. Rep. 352, e; 457, b; Xen. Oec. 19, 9: τίθημι 9.

---

4 blühen, *trans.* hervorbringen. 5 sterben. 6 sich wundern, bewundern. 7 bestatten. 8 laufen. 9 setzen, legen, stellen.

2) θείης (< θῇς, θήῃς) 2 Sing. Conj. Aor. 2 Od. κ, 341; τ, 403 [236]: τίθημι 1.
θεῖμεν (< θείημεν) 1 Plur. Opt. Aor. 2 Od. μ, 347: τίθημι 1.
θείμην 1 Sing. Opt. Aor. 2 Med. παρα- Od. τ, 150; ο, 506; Soph. Ant. 188: παρατίθημι 2.
θεῖναι (< θέμεν, θέμεναι) Inf. Aor. 2 Il. δ, 26; ζ, 92; Aesch. Suppl. 33; Eum. 724; Pl. Rep. 618, a B*: τίθημι 1.
θείνας Part. Aor. Il. ν, 481: θείνω 3.
1) θεῖνε Imper. Praes. Aesch. Prom. 56: θείνω 3.
2) θεῖνε(ν) (< ἔθεινον) Imprf. Il. π, 339: θείνω 3.
θεινέμεναι Inf. Od. χ, 443: θείνω 3.
θεινόμενος Part. Praes. Pass. -όμεναι Il. ζ, 135; -μένην α, 588; -ων κ, 484; φ, 21; -ου Od. ι, 459: θείνω 3.
θείνων Part. Il. ρ, 430: θείνω 3.
θείομαι (< θῶμαι) 1 Sing. Conj. Aor. 2 Med. ἀπο- Il. 409 [372]: τίθημι 1.
θείομεν (< θέωμεν, θῶμεν) 1 Plur. Conj. Aor. 2 Il. α, 143 [372]: τίθημι 1.
θείς Part. Aor. 2 καταθείς Od. υ, 259; Pl. Rep. 458, b; Xen. Lac. 2, 10: τίθημι 1.
θεῖσα Fem. Part. Aor. 2 -αι Aesch. Sept. Aesch. Ag. 192: τίθημι 1.
θεῖτ' s. u. θεῖτο.
θεῖτε (< θείητε) 2 Plur. Opt. Aor. 2 ἐπι- Il. ω, 264; Od. χ, 62: ἐπιτίθημι 4.
θεῖτο 3 Sing. Opt. Aor. 2 Med. Od. ρ, 225; παρα- β, 105; θεῖτ' Aesch. Prom. 527: τίθημι 1.
1) θείω Praes. st. θέω Il. κ, 437: θέω 5.
2) θείω (< θέω, θῶ) 1 Sing. Conj. Aor. 2 Il. π, 83. 437; Od. α, 89; ο, 75 [236]: τίθημι 1.
θέλγε (< ἔθελγε, θέλγεσκε) Imprf. Il. μ, 355: θέλγω 6.
θέλγεσκε (< ἔθελγε, θέλγε) Imprf. iter. Od. γ, 264: θέλγω 6.
θέλει (< ἐθέλει) 3 Sing. Praes. Aesch. Eum. 260 Γ*; Pl. Phaedr. 230, d (> ἐθέλει); Soph. 252, e: (ἐ)θέλω 7.
θέλειν (< ἐθέλειν Pl. Γ*) Inf. Praes. Pl. Rep. 391, a: (ἐ)θέλω 7.
θέλεις (< ἐθέλεις) 2 Sing. Praes. Aesch. Prom. 321 Γ*; Xen. Hell. 3, 4, 5; Pl. Rep. 596, d: (ἐ)θέλω 7.
θελέτω 3 Sing. Imper. Eur. El. 1354: (ἐ)θέλω 7.
θέλῃ (< ἐθέλῃ) 3 Sing. Conj. Aesch. Sept. 1027 A*: (ἐ)θέλω 7.
θελησ- Aor. θελήσῃ (< ἐθ-) Aesch. Prom. 1028: (ἐ)θέλω 7.
θέλησον (< ἐθέλησον) Imper. Aor. Aesch. Prom. 783: (ἐ)θέλω 7.
θελήσω (< ἐθελήσω) Fut. -ουσι Xen. Cyr. 2, 1, 19: (ἐ)θέλω 7.
θέλητε 2 Plur. Conj. Praes. Pl. Phaed. 115, a: (ἐ)θέλω 7.
θέλξα Aor. θέλξαν Pind. N. 4, 5; -αι Od. κ, 291; Ap. Rh. 1, 27; -ας Il. ν, 435; vgl. d. F. u. ἔθελξα: θέλγω 6.
θέλξω Fut. -ει Od. π, 298; Aesch. Prom. 174. 865; -ειν 900: θέλγω 6.
θέλοι (< ἐθέλοι) 3 Sing. Opt. Pind. 8, 85 (> ἐθέλοι); Aesch. Prom. 667; Xen. An. 4, 4, 5: (ἐ)θέλω 7.
θέλοιμι (< ἐθέλοιμι) 1 Sing. Opt. Aesch. -οιμ' Prom. 346 A*; -μι Suppl. 787: (ἐ)θέλω 7.
θέλοις (< ἐθέλοις) 2 Sing. Opt. Pl. Rep. 581, c: (ἐ)θέλω 7.
θελοντ- (< ἐθελοντ- Pl. Γ*) Stammform von θέλων: θέλοντας Pl. Rep. 426, d; Xen. Oec. 5, 15; -όντων Cyr. 6, 4, 14: (ἐ)θέλω 7.
θέλοντι (< ἐθέλοντι, ἐθέλουσι) Pind. P. 1, 62 (> θέλοντι): (ἐ)θέλω 7.
θέλουσα (< ἐθέλουσα) Fem. Part. Praes. Aesch. Pers. 204: (ἐ)θέλω 7.
θέλουσι (< ἐθέλουσι) 3 Plur. Praes. Xen. An. 3, 2, 16: (ἐ)θέλω 7.
θέλχθ(ην) s. u. ἐθέλχθην.
θελχθήσομαι Fut. Pass. Luc. Salt. 85: θέλγω 6.
1) θέλω (< ἐθέλω) 1 Sing. *Ind.* Praes. Aesch. Prom. 308; Pl. Symp. 192 einige MSS. (< ἐθέλω): (ἐ)θέλω 7.
2) θέλω (< ἐθέλω) 1 Sing. *Conj.* Praes. vgl. θέλῃς, θέλῃ, θέλητε, θέλωσι: (ἐ)θέλω 7.
θέλων (< ἐθέλων Pl. B*) Part. Praes. Pind. O. 2, 97; Aesch. Prom. 118; Xen. Mem. 2, 6, 4: (ἐ)θέλω 7.

---

1 setzen, legen, stellen. 2 daneben stellen. 3 schlagen, hauen. 4 (dar)aufsetzen. 5 laufen. 6 streicheln. 7 wollen. 8 nieder-, hinlegen,

θέλωσι (< ἐθέλωσι) 3 Plur. Conj. Praes. Xen. Oec. 5, 16 †; Pl. Symp. 196, d (> > ἐθ-): (ἐ)θέλω 7.

θέμεθα (< ἐθέμεθα) 1 Plur. Aor. 2 Med. καθέμεθα Od. σ, 45: κατατίθημι 8.

1) θέμεν (< ἔθεμεν) 1 Plur. Aor. 2 Od. ω, 44; ι, 72: κατατίθημι 8.

2) θέμεν (< θεῖναι, θέμεναι) Inf. Aor. 2 Od. φ, 3. 81; ω, 168; Pind. O. 6, 4 *A**; Theocr. 5, 21: τίθημι 1.

θέμεναι (< θέμεν, θεῖναι) Inf. Aor. 2 Il. β, 285; δ, 57; ω, 644; Aesch.; Pl. Theaet. 179, c: τίθημι 1.

θέμενος Part. Aor. 2 Med. Od. ι, 171; κ, 188; μ, 319; Xen. An. 7, 3, 23: -μένη υ, 387: τίθημι 1.

θένε Imper. Aor. 2 [1]) Ar. Av. 54: θείνω 3.

θενεῖν Inf. Aor. 2 [1]) Eur. Heracl. 271: θείνω 3.

θεντ- Stammform des Part. Aor. 2 θείς:

θέντα Aesch. Ag. 177; -τες 819; Sept. 47; Il. σ, 352; ψ, 254; Pl. Rep. 361, b; -τος Pol. 257, b; -τας Leg. 820, e: τίθημι 1.

1) θέντων 3 Plur. Imper. Aor. Il. τ, 599; Aesch. Dan. 35; Pl. Leg. 917, e: τίθημι 1.

2) θέντων Gen. Plur. Part. Aor. 2 Pl. Leg. 634, e: τίθημι 1.

θενῶ Fut. Ar. Ach. 564: θείνω 3.

θένω Conj. Aor. 2 [1]) Ar. Lys. 821: θείνω 3.

1) θενών Part. Aor. 2 [1]) Eur. Cycl. 7; Ar. Equ. 640; Av. 1613; Ran. 855: θείνω 3.

2) θένων Part. Praes. Theocr. 22 (20), 66: θείνω 3.

θέο (< θεῦ, θοῦ) 2 Sing. Aor. 2 Med. Od. κ, 333: τίθημι 1.

θεράπευον (< ἐθ-) Imprf. Od. ν, 265: θεραπεύω 9.

θεραπεύσομαι Fut. Hom. Hym. 2, 212; pass. Alc. I, 135: θεραπεύω 9.

θεραπεύσω Fut. Ar. Equ. 799; Thuc. 2, 51: θεραπεύω 9.

θεραπευτός Vb. Pl. Prot. 325, c: θεραπεύω 9.

1) Vom Aor. 2 ist wohl nur Conj. θένω, Imper. θένε, Inf. θενεῖν und Part. θενῶν gebräuchlich.

θεραπευτέον Vb. Xen. M. 2, 1, 28: θεραπεύω 9.

θερέω Conj. Aor. 2 Pass. Od. ρ, 23: θέρω 10.

θέρμετ' Conj. Pass. Opp. Hal. 3, 522: θέρμω 11.

θέρμετε Imper. Od. η, 826; Ar. Ran. 1339: θέρμω 11.

θέρμετο Imprf. Il. σ, 348; Od. η, 437: θέρμω 11.

θέρον Imprf. Ap. Rh. 4, 1312: θέρω 10.

θέρσομαι Fut. Od. τ, 507: θέρω 10.

θέρων Part. Nicand. Therm. 687: θέρω 10.

θές 2 Sing. Imper. Il. ζ, 273; Aesch. Ch. 790; Suppl. 483; Pl. Prot. 322, d: τίθημι 1.

θέσαν (< ἔθεσαν) 3 Plur. Aor. 2 Il. α, 433; Ap. Rh. 1, 1150; 2, 515: τίθημι 1.

θέσθαι Inf. Aor. 2 Med. Pl. Leg. 858, e: τίθημι 1.

1) θέσθε (< ἔθεσθε) 2 Plur. *Ind.* Aor. 2 Med. Od. δ, 729: τίθημι 1.

2) θέσθε 2 Plur. *Imper.* Aor. 2 Med. Il. ν, 121; θέσθ' ο, 561. 661; θέσθε Lys. 24, 26: τίθημι 1.

θέσθην 3 Dual. Aor. 2 Med. κατθέσθην Od. χ, 141: κατατίθημι 8.

θέσθω 3 Sing. Imper. Il. β, 382: τίθημι 1.

θέσσαντο 3 Plur. Med. Pind. N. 5, 10: θέσσασθαι 12.

θέτε 2 Plur. Imper. Aor. 2 κατθέτε Od. 317: κατατίθημι 8.

θετέος Vb. Pl. Rep. 413, d *A**: τίθημι 1.

θέτον (< ἔθετο) 3 Sing. Aor. 2 Med. Il. ι, 629; Od. ο, 241; Pind. N. 10, 89: τίθημι 1.

θεῦ (< θέο, θοῦ) 2 Sing. Aor. 2 Med. ὑπόθευ Od. ο, 310: τίθημι 1.

θεύσομαι (< θεύσω) Fut. Il. ψ, 623; Ar. Av. 205; ἀντι- Her. 5, 22; μετα- Xen. Ven. 6, 22: θέω 5.

θεύσω (< θεύσομαι) Fut. Lycophr. 1119 (***28***): θέω 5.

θεῶ Imper. Praes. Pl. Rep. 298, e: θεάομαι 13.

θέω (< θείω, θῶ) 1 Sing. Conj. Aor. 2 Her. 1, 108 [***236***]: τίθημι 1.

1) θεώμεθα 1 Plur. *Ind.* Praes. Pl. Rep. 611, c: θεάομαι 13.

-setzen, -stellen. 9 dienen. 10 wärmen. 11 warm machen; *Pass.* warm werden. 12 bitten, flehen, wünschen. 13 (be)schauen, betrachten.

2) θεώμεθα 1 Plur. *Conj.* Praes. Pl. Rep. 611, d: θεάομαι 1.
θέωμεν (< θείομεν, θῶμεν) 1 Plur. Conj. Aor. 2 Od. ω, 485; Her. 3, 81 [*236*]: τίθημι 2.
θεῴμην Opt. Praes. Xen. Symp. 2, 14; vgl. θεῷο, θεῷτο: θεάομαι 1.
θεῷο 2 Sing. Opt. Praes. Xen. Hier. 11, 12: θεάομαι 1.
θεῷτο 3 Sing. Opt. Praes. Pl. Phaed. 110, b: θεάομαι 1.
1) θῃ (< θείῃς) *3 Sing.* Conj. Aor. 2 *Act.* Pl. Crat. 385, a: τίθημι 2.
2) θῇ *2 Sing.* Conj. Aor. 2 *Med.*: τίθημι 2.
θηεῖτο Imprf. Od. ζ, 230: θηέομαι = θεάομαι 1.
θηεύμενος Part. Praes. Her. 7, 146: θηέομαι = θεάομαι 1.
θηεῦντο 3 Plur. Imprf. Od. β, 13: θηέομαι = θεάομαι 1.
θηησάμενος Part. Aor. Her. 1, 11. 30; 4, 87; vgl. Anm. zu p. 134: θηέομαι = θεάομαι 1.
θηήσαντο (< ἐθηήσαντο) 3 Plur. Aor. 1 Od. θ, 17; κ, 180: θηέομαι = θεάομαι 1.
θηήσατο 3 Sing. Aor. Il. ε, 76; η, 134: θηέομαι = θεάομαι 1.
θηήσομαι (< θεήσομαι, θεάσομαι) Fut. Hes. Op. 482: θηέομαι = θεάομαι 1.
θηητός s. u. θεατος.
θῆκ' (< θῆκε, ἔθηκε) 3 Sing. Aor. 1 Il. π, 223: τίθημι 2.
θηκάμενος Part. Aor. 1 Med. Pind. P. 4, 29; -οι 201; καταθηκαμένα Ol. 6, 39; κατθηκάμεναι P. 9, 62: τίθημι 2.
θῆκαν (< ἔθηκαν) 3 Plur. Aor. 1 Il. ω, 795; Od. α, 223: τίθημι 2.
θήκατο (< ἐθήκατο) 3 Sing. Aor. 1 Med. Il. κ, 31: τίθημι 2.
θῆκε (< θῆκ', ἔθηκε) 3 Sing. Aor. 1 Il. β, 482 *Γ**; Hes. Th. 447. 450: τίθημι 2.
θηκτός Vb. Aesch. Sept. 944: θήγω 3.
θήξαις (< θήξας) Part. Aor. dor. Pind. Ol. 10, 20: θήγω 3.
θήξας (< θήξαις) Part. Aor. Eur. Or. 51: θήγω 3.
θηξάσθω 3 Sing. Imper. Aor. Med. Il. β, 382: θήγω 3.
θήξω Fut. Eur. Cycl. 244: θήγω 3.
θηοῖο 2 Sing. Opt. Praes. Il. ω, 418: θηέομαι 1.
θηραθ(ην) Aor. Pass. -θεῖσαι Aesch. Prom. 1072: θηράω 4.
θηρασ- Aor. θηρᾶσαι Aesch. Pers. 229: θηράω 4.
θηράσομαι (< θηράσω) Fut. Eur. Bacch. 228; I. T. 1324 (*380*): θηράω 4.
θηράσω (< θηράσομαι) Fut. von den Atticisten verworfen, aber bei Soph. Phil. 958; Eur. I. T. 1426; Xen. Cyr. 1, 4, 16; An. 4, 5, 24; Mem. 3, 11, 7: θηράω 4.
θηρατέος (< -τός) Vb. Soph. Phil. 116: θηράω 4.
θηρατός (< -τέος) Vb. Polyb. 10, 47: θηράω 4.
θηρευθ(ην) (< θηραθ(ην)) Aor. Pass. -θέντος Pl. Soph. 211, a; -θεῖσι 222, e: θηρεύω 4.
θηρευσ- (< θηρασ-) Aor. -εῦσα Phil. 65, a; -εύσας Theaet. 197, c: θηρεύω 4.
θηρευσ(αμην) (< ἐθηρασάμην) Aor. Med. -σωνται Pl. Euthyd. 290, c; -σαμένη d: θηρεύω 4.
θηρεύσω (< θηράσω) Fut. Aesch. Prom. 858 (> θηρεύσοντες); Pl. Theaet. 166, c: θηρεύω 4.
θησαίατο 3 Sing. Opt. Aor. Od. σ, 191: θηέομαι = θεάομαι 1.
θήσεαι 2 Sing. Fut. Med. ὑπο- Od. δ, 163: ὑποτίθημι 5.
θήσει 3 Sing. Fut. Od. υ, 182; Pl. Leg. 733, e: τίθημι 2.
θήσειν (< θήσεμεν, θησέμεναι) Inf. Fut. Il. τ, 298: τίθημι 2.
θήσεις 2 Sing. Fut. Il. π, 90; Pl. Theaet. 165, b: τίθημι 2.
θήσεμεν (< θησέμεναι, θήσειν) Inf. Fut. Pind. P. 10, 58: τίθημι 2.
θησέμεναι (< θήσεμεν, θήσειν) Inf. Fut. Il. μ, 35 *B**: τίθημι 2.
θήσεσθαι Inf. Fut. Med. Pl. Theaet. 208, c: Crat. 390, d: τίθημι 2.
θήσεται 3 Sing. Fut. Med. ὑπο- Od. γ, 27: ὑποτίθημι 5.
θήσετε 2 Plur. Fut. Il. ω, 57; Thuc. 1, 40: τίθημι 2.
θήσομαι 1 Sing. Fut. Med. Pind. I. 1, 3; Eur. Alc. 1113; Andr. 380.

---

1 (be)schauen, betrachten. 2 setzen, legen, stellen. 3 schärfen. 4 (er)jagen. 5 untersetzen, -legen, -stellen. 6 be-, anrühren. 7 (zer)-quetschen. 8 drücken, pressen. 9 sterben. 10 beeilen, beschleunigen.

827; ὑπο- Od. β, 194; ε, 143: (ὑπο)τίθημι 2. 5.

θησόμεθα 1 Plur. Fut. Med. ὑπο- Il. θ, 36. 467; φ, 293: ὑποτίθημι 5.

θήσομεν 1 Plur. Fut. Ap. Rh. 2, 693; Xen. Mem. 4, 2, 17; Pl.: τίθημι 2.

θήσονται 3 Plur. Fut. Med. Il. ω, 402; Pind. P. 9, 63; vgl. -ομαι, -εσθαι: τίθημι 2.

θήσουσι 3 Plur. Fut. -ουσ' Il. π, 673; Pl. Leg. 471, c; 495, e: τίθημι 2.

θήσω 1 Sing. Fut. Od. φ, 74; Eur. Bacch. 863; Lys. 32, 28: τίθημι 2.

θήσων Part. Fut. Aesch. Ag. 66: τίθημι 2.

θῆται 3 Sing. Conj. Aor. 2 Med. Her. 1, 29; Pl. Theaet. 172, a; Crat. 384, d: τίθημι 2.

θιγεῖν Inf. Aor. Soph. O. C. 1133; Eur. Bacch. 304: θιγγάνω 6.

θίγῃς s. u. θίγω.

θίγοιμι Opt. Aor. 2 -μ' Eur. Alc. 345: θιγγάνω 6.

θίγον (< ἔθιγον) Aor. 2 Pind. I. 1, 18; -εν Theocr. 1, 59: θιγγάνω 6.

θιγοντ- s. u. θιγών.

θίγω Conj. Aor. 2 θίγῃς Eur. Hel. 567: θιγγάνω 6.

θιγών Part. Aor. 2 Soph. O. C. 470: Xen. Cyr. 6, 4, 9; -όντα Soph. Phil. 408: θιγγάνω 6.

θίξομαι (< θίξω) Fut. Med. -εται Eur. Hipp. 1086; προςθίξεις Heracl. 652 Matthiae, Witzschel (-ει Elmsley) (*381*): θιγγάνω 6.

θίξω (< θίξομαι) (*381*) Fut. Herodian.: θιγγάνω 6.

θλάσσα (< ἔθλασα) (*26*) Aor. ep. -ε Il. ε, 307: θλάω 7.

θλαστός Vb. Ar. Fr. 345: θλάω 7.

θλάσω Fut. ἐν- Hipp. 2, 507 (*26*): θλάω 7.

θλιφθ(ην) s. u. ἐθλίφθην.

θλίψεται Fut. Med. Od. ρ, 221: θλίβω 8.

θλίψω Fut. ἀπο- Eur. Cycl. 237 (> ἀπολέψω): θλίβω 8.

θνήξομαι (< τεθνήξω, τεθνήξομαι, θανοῦμαι (*381*), θανέομαι) Fut. nur Anth. 9, 354: θνήσκω 9.

θνήξω Conj. Aor. 1 Aesop. 134: θνήσκω 9.

θοάσσω Fut. Empedocl. 346: θοάζω 10.

θοινᾶσομαι (> θοινήσεται) Fut. Med. Eur. Cycl. 550; -όμσθα El. 836: θοινάω 11.

θοινήσατο Aor. Med. Anth. 9, 244: θοινάω [*13*] 11.

θοινήσεται (< θοινᾶσομαι) Fut. Med. ἐκ- Aesch. Pr. 1025; sp. Stob. Ecl. Ph. 1, 52. 968: θοινάω 11.

θοῖτο 3 Sing. Opt. Aor. 2 Med. συν- st. συνθεῖτο Xen. An. 1, 9, 7; προσ- Dem. 16, 9: τίθημι 2.

θορέομαι (< θοροῦμαι) Fut. Il. η, 179: θορέομαι 12.

θόρνυμαι Praes. sp. Nic. Ther. 130: θρῴσκω 12.

θορνύωνται Conj. Her. 3, 109: θορνύομαι, θρῴσκω 12.

θοροῦμαι (< θορέομαι) Fut. ὑπερ- Aesch. Sup. 874: θρῴσκω 12.

θρᾶξαι Inf. Aor. Aesch. Prom. 628: θράσσω 13.

θράξῃς Conj. Aor. Anth. Plan. 255: θράσσω 13.

θραξοῦμαι Fut. Med. Hesych.: θράσσω 13.

θραύεσκον Imprf. iter. Orph. Lith. 140: θραύω 14.

θραυσθ(ην) Aor. Pass. -θῇς Ar. Nub. 997; -θέντα Soph. Ant. 476: θραύω 14.

θραυστός Vb. ἡμι- Eur. Herc. F. 1096: θραύω 14.

θραύσω Fut. Ar. Av. 466: θραύω 14.

θρεκτέον (< ἀντιδραμητέον Procl. in Tim. 1, 32) Vb. περι- Pl. Theaet. 160, e: τρέχω 15.

θρεξ-, θρέξας † s. u. ἔθρεξα.

θρέξασκον Imprf. iter. Il. σ, 599: τρέχω 15.

θρέξω (< θρέξομαι) Fut. Simpl. sp. Lycophr. 108; ἀπο- Plato in Com. (Fr. Com. 2, 695): τρέχω 15.

θρέομαι Praes. Aesch. Sept. 78: θρέομαι 16.

θρεόμενος Part. Praes. Aesch. Ch. 970; -μένη Eur. Med. 51: θρέομαι 16.

θρεπτέος Vb. Pl. Tim. 19, a; Rep. 403, c: τρέφω 17.

---

11 bewirthen; schmausen. 12 springen, hüpfen. 13 beunruhigen, zerbrechen. 14 zerbrechen, zerschmettern, zermalmen. 15 laufen, rennen, eilen. 16 (ein Klagegeschrei) ertönen lassen. 17 fest, dick, fett machen, (er)nähren, erziehen.

θρέφθην Aor. Pass. Hes. Th. 192; vgl. ἐθρέφθην: τρέφω 1.

θρέψα (< ἔθρεψα) Aor. Il. ω, 60; -ε(ν) Od. λ, 309; Hes. Th. 319; Ap. Rh. 1, 762; θρέψ' Il. β, 766; -αν Od. ξ, 175; Eur. I. A. 710; -ασα Phoen. 280: τρέφω 1.

θρέψαιο 3 Sing. Opt. Aor. 1 Med. Od. τ, 368: τρέφω 1.

θρεψάμην (< ἐθρεψάμην) Aor. 1 Med. Pind. P. 9, 91; -αίμην Soph. O. T. 1143; vgl. θρέψαιο: τρέφω 1.

θρέψομαι Fut. Med. Hippocr. 1, 406; Xen. Cyr. 3, 3, 16; Pl. Rep. 568, d; 352, b; Crit. 54, a: τρέφω 1.

θρέψω Fut. Soph. Ant. 660; Eur. Andr. 724; Ar. Equ. 799; Vesp. 736: τρέφω 1.

θρήξομαι (< θρήξω, δραμοῦμαι) Fut. ἀπο- Ar. Nub. 1005; μετα- Pax. 261; περι- Ran. 193: τρέχω 2.

θρυλίξας Part. Aor. Lycophr. 487: θρυλίζω (-λλίζω) 3.

θρυλίχθη Aor. Pass. Il. ψ, 396: θρυλλίζω 3.

θρυπτός Vb. ἐν- Dem. 18, 260: θρύπτω 4.

θρυφθήσομαι (< θρύψομαι) Fut. Arr. An. 4, 19, 2: θρύπτω 4.

θρύψομαι (< θρυφθήσομαι) Fut. Ar. Equ. 1163; Luc. Lapith. 4: θρύπτω 4.

θρύψω Fut. Greg. Nac. P. 134: θρύπτω 4.

θῦεν (< θῦνον) Imprf. Od. λ, 420 B*: θύω, θύνω 5.

θύεσκε Imperf. iter. Hippon. Fr. 28 Bergk: θύω 6.

θῦνε s. u. θῦνον.

θῦνον (< θῦον, ἔθυνον, ἐθύνεον) Imprf. Il. β, 446; θῦνε λ, 342: θύνω 5.

θυσ- Aor. θῦσαι Il. ι, 219; Pl. Euthyd. 302, a; θύσας Thuc. 2, 71; -αντες Xen. Cyr. 8, 3, 33: θύω 6.

θυσαμ(ην) Aor. Med. -μένους Pl. Rep. 278, a: θύω 6.

θύσομαι Fut. Med. Eur. Heracl. 340; Her. 7, 197: θύω 6.

θυσῶ (< θύσω) Fut. Theocr. 2, 28 (33): θύω 6.

θύσω (< θυσῶ) Fut. -εις Eur. El. 1141; -ειν I. A. 883: θύω 6.

θυτέον Vb. Pl. Rep. 305, e: θύω 6.

θύψαι Aor. Hesych.: τύφω 7.

θῶ (< θέω, θείω) 1 Sing. Conj. Aor. 2 Eur. Andr. 737; κατα- Ar. Pax. 1214; Pl. Prot. 322, c: τίθημι 8.

θωθῆναι Inf. Aor. Pass. Hesych. θῶσθαι 9.

θῶμεν (< θέωμεν, θείομεν) 1 Plur. Conj. Aor. 2 Pl. Phaed. 79, a; Rep. 525, d: τίθημι 8.

1) **θῶνται** Hesych.: θῶσθαι 9.

2) **θῶνται** 3 Plur. Conj. Aor. 2 Med. Pl. Rep. 339, c: τίθημι 8.

θωραχθείς (< θωρηχθῆναι) Part. Aor. Pass. Pind. Fr.: θωρήσσω 10.

θώρηξα Aor. Il. π, 155: θωρήσσω.

θωρήξομαι (< θωρήσσομαι) Fut. Ar. Ach. 1135: θωρήσσω 10.

θωρήσσομαι (< θωρήξομαι) Fut. Hes. Theog. 431: θωρήσσω 10

θωρηχθῆναι (< θωραχθ-) Inf. Aor. Pass. Il. α, 226; -θέντες σ, 277: θωρήσσω 10.

θώσασθαι Inf. Aor. Med. Hesych.: θῶσθαι 9.

θῶσιν 3 Plur. Conj. Aor. 2 Pl. Leg. 762, c: τίθημι 8.

θωσούμεθα Fut. Epicharm. 167: θῶσθαι 9.

θῶται Hesych.: θῶσθαι 9.

θωυμασ- Aor. θωυμάσας Her. 9, 16: θωυμάζω 11.

I.

ἰάθην Aor. Pass. pass. -θῇ Pl. Leg. 758, d; -θέντων Symp. 189, d. — Andoc. 2, 9; Anth. 6, 330; N. T. Luc. 6, 17: ἰάομαι 12.

ἰαθήσομαι Fut. Luc. Asin. 14; N. T. Matth. 8, 8: ἰάομαι 12.

ἰάκχησα (< ἰάχησα) Aor. Eur. Heracl. 752: ἰαχέω 13.

---

1 fest, dick, fett machen, (er)nähren, erziehen. 2 laufen, rennen, eilen. 3 einen Misston auf der Zither erzeugen. 4 zerreiben, zermalmen. 5 einherstürmen, eilen. 6 opfern. 7 räuchern, rauchen. 8 setzen, legen, stellen. 9 speisen, schmausen. 10 bepanzern, rüsten; *Med.* sich ~.

ἰαλῶ Fut. ἐπι- Ar. Nub. 1299: ἐπιάλλω 14.
ἰανθείς Part. Aor. Pass. Pind. O. 2, 13: ἰαίνω 15.
ἰάνθη Aor. Pass. Il. ο, 103 *B**; -ης Od. ψ, 47; ω, 382; ἰανθῇς Il. τ, 174; vgl. ἰανθείς: ἰαίνω 15.
ἰάνθης u. -ῇς s. u. ἰάνθη.
ἰασάμενος Part. Aor. Pl. Symp. 193, d: ἰάομαι 12.
ἰασάμην (<ἰησ-)Aor.-ατοPl. Phaed. 89, a; -ηται Leg. 933, e; -αιο Hipp. min. 373, a; -αιτοXen. Cyr. 8, 2, 2 ; -ασθαι, -άμενος: ἰάομαι 12.
ἰάσασθαι Inf. Aor. Isocr. 4, 114; -άμενος Pl. Symp. 191, d: ἰάομαι 12.
ἱᾶσι (< ἱεῖσι) 3 Plur. Praes. Xen. Cyn. 13, 16; ἀφιᾶσι 5, 14; Hell. 5, 1, 33; μεθιᾶσι Mem. 2, 1, 33; auch Her. (neben ἱεῖσι [*267*]) ἀπιᾶσι 2, 41; 1, 194 (> ἀπιεῖσι) (*273*): (ἀφ)ίημι 16.
ἴασι 3 Plur. Praes. Il. π, 160: Xen. Cyr. 8, 6, 2; Pl. Symp. 174, b: εἶμι 17.
ἰάσομαι (< ἰήσομαι) Fut. Pl. Gorg. 447, b; -εται Eur. H. F. 1107; -ομένων Isocr. 6, 101: ἰάομαι 12.
ἴαται 3 Sing. Perf. Pass. N. T. Marc. 5, 29: ἰάομαι 12.
ἰᾶτο Impf. ἰᾶτ' Il. μ, 2: ἰάομαι 12.
ἰάχεσκον (< ἴαχον) Imprf. Hes. Sc. 232: ἰάχω 13.
ἰάχησα (< ἰάκχησα) Aor. Eur. Or. 812 (> ἰάκχησα): ἰαχέω 13.
ἰαχήσω Fut. Eur. Phoen. 1523 (> ἀχήσω): ἰαχέω 13.
ἴαχον (< ἰάχεσκον) Imprf. Il. σ, 29: ἰάχω 13.
ἰαχυῖα Part. Perf. ἀμφ- Il. β, 316: ἀμφιάχω 18.
ἶγμαι Perf. Soph. Tr. 229: ἱκνέομαι 20.
ἴδε(ν) Aor. 2 Il. β, 82 *Δ**: ἴδον, εἴδω 19.
ἰδέ (< ἴδε) 2 Sing. Imper. Aor. 2 Pl. Theaet. 192, e: οἶδα, εἴδω 19.
ἰδέειν (< ἰδεῖν, ἰδέμεν) Inf. Aor. 2 Il. γ, 236 *Δ**: ἴδον, εἴδω 19.
ἰδεῖν (<ἰδέειν, ἰδέμεν) Inf. Aor. 2 Il. ω, 246; Pl. Phaedr. 250, b: ἴδον, εἴδω 19.
ἰδέμεν (< ἰδεῖν, ἰδέειν) Inf. Aor. 2; Pind. N. 7, 25: ἴδον, εἴδω 19.
1) ἴδῃ 3 Sing. Conj. Aor. 2 Il. ω, 337: οἶδα, εἴδω 19.
2) ἴδῃ 2 Sing. Aor. 2 Med. Il. γ, 163 (Wolf): ἴδον, εἴδω 19.
ἴδῃς 2 Sing. Conj. Aor. 2 Il. ν, 449; Pl.: ἴδον, εἴδω 19.
ἴδητε 2 Plur. Aor. 2 Il. δ, 249: ἴδον, εἴδω 19.
ἴδητον 2 Dual. Pl. Critia 110, a: εἶδον, εἴδω 19.
ἴδμεν Inf. Aor. 2 Il. λ, 719; μέναι ν, 273: ἴδον εἴδω 19.
ἴδοι 3 Sing. Opt. Aor. Il. β, 198: ἴδον, εἴδω 19.
ἰδοίατο 3 Plur. Opt. Aor. 2 Od. α, 163: ἴδον, εἴδω 19.
ἴδοιεν 3 Plur. Opt. Aor. 2 Il. μ, 268; Xen. Cyr. 1, 1, 3: εἶδον, εἴδω 19.
ἴδοιμι Opt. Aor. 2 Od. κ, 147; ἴδοις Il. δ, 223; Pl. Symp. 177, c.; ἴδοι Rep. 375, d; ἴδοιμεν 476, e; ἴδοισθε Aesch. Prom. 895; ἴδοιεν Pl. Rep. 611, d: οἶδα, εἴδω 19.
ἴδοις 2 Sing. Opt. Aor. 2 Il. δ, 223: ἴδον, εἴδω 19.
ἴδομεν 1 Plur. Aor. 2 Od. μ, 244: ἴδον, εἴδω 19.
ἴδον 1 Sing. Aor. 2 Il. κ, 436: ἴδον, εἴδω 19.
ἴδον 3 Pl. Aor. 2 Od. μ, 258: ἴδον, εἴδω 19.
ἰδοντ- Stammform des Part Aor. 2 ἰδών: Pl. Parm. 132, b; -τα Pl. Symp. 213, b; -τες Rep. 496, c: οἶδα, εἴδω 19.
ἱδρύατο 3 Sing. Plsprf. ἐν- Her. 2, 156 [*110*]. ἱδρύω 21.
ἱδρύθην (< ἱδρύνθην) Aor. Pass. Her. 1, 172; Thuc. 3, 72; Xen. Cyr. 8, 4, 10: ἱδρύω 21.
ἵδρῦκα Perf. selten καθ- Arist. de part. An. 3, 4: καθιδρύω 22.
1) ἵδρῡμαι Perf. Theocr. 17, 21; Aesch. Sup. 413: ἱδρύω 21.
2) ἵδρυμαι Perf. Med. Her. 2, 42; Pl. Symp. 195, e: ἱδρύω 21.
ἱδρύνθην (< ἱδρύθην) Aor. Pass. meist ep. Il. η, 56; ἀφ- Anth. Pl. 260; ἐν- Anth. 10, 9: ἱδρύω 21.

---

11 sich wundern, bewundern. 12 heilen. 13 schreien, laut rufen. 14 zusenden, antreiben. 15 erwärmen; erweichen, erfreuen. 16 senden; ἀφ- entsenden. 17 gehen. 18 umrauschen. 19 εἶδον, ep. auch ἴδον sehen, betrachten, zu-, an-, einsehen; *Pass.* gesehen werden, scheinen. 20 kommen, gelangen; befallen. 21 niedersetzen, errichten. 22 niedersetzen; *Pass.* sich setzen, sich niederlassen; *Med.* errichten.

ἵδρῦσα Aor. Od. γ, 37: ἱδρύω 1.
ἱδρυσάμην Aor. Med. Pl. Tim. 38, d; Eur. Herc. Fur. 49: ἱδρύω 1.
ἵδρῦσε Aor. Anth. 7, 109; Nonn. D. 422: ἱδρύω 1.
ἱδρῦσθαι Inf. Perf. Pass. Soph. Tr. 68; Thuc. 8, 40: ἱδρύω 1.
ἱδρύσομαι Fut. Med. Eur. Heracl. 397: ἱδρύω 1.
ἱδρῦσω Fut. καθ- Eur. Bacch. 1339: ἱδρύω 1.
ἱδρυτέον Vb. Ar. Fr. 923: ἱδρύω 1.
ἱδρῶσα Part. Praes. Il. λ, 598: ἱδρόω 2.
2) ἵδρωσα Aor. Il. δ, 27; Xen. Cyr. 8, 1, 38: ἱδρόω 2.
ἱδρώσω Fut. Il. β, 388: ἱδρόω 2.
ἴδω (< ἴδωμι) 1 Sing. Conj. Aor. 2 Il. ω, 555: ἴδον, εἴδω 3.
ἴδωμαι Conj. Aor. 2 M. Il. χ, 450; -ηαι τ, 144; -ηται Od. δ, 412; -ώμεθα κ, 44; -ησθε θ, 307; -ωνται: ἴδον, εἴδω 3.
ἴδωμεν 1 Plur. Aor. 2 Od. φ, 112; Pl. Phaedr. 268, a: ἴδον, εἴδω 3.
ἴδωμι (< ἴδω) 1 Sing. Conj. Aor. 2 Il. σ, 63: ἴδον, εἴδω 3.
ἰδών Part. Aor. 2 Il. α, 148 Δ*: ἴδον, εἴδω 3.
ἴδωσι 3 Plur. Aor. 2 Il. τ, 174: ἴδον, εἴδω 3.
ἴε (< ἴεν, ἤϊεν, ἤϊε, ἦεν, ἦε, att. ᾔει, ᾔειν) 3 Sing. Imprf. Od. η, 82: εἶμι 4.
ἴε Imper. ξύνιε Theogn. 1240 Bekker [267]: ξυνίημι 5.
ἵεε (< ἵει, ἵῃ) Imprf. ἀν- Her. 4, 125 (> -ίει) [267]: ἀνίημι 7.
1) ἵει (< ἵεε, ἵῃ) 3 Sing. Imprf. Il. α, 479 B*; παρ- Xen. Cyr. 1, 4, 6; ἀν- Her. 4, 28; ἐξ- 7, 124: ἵημι 5.
2) ἵει 2 Sing. Imper. Il. φ, 338; ξυνίει Od. α, 271; προ- ω, 519; ἀν- Ar. Ran. 1462: (ξυν)ίημι 5a.
ἵει oder ἱεῖ (< ἵησι) 3 Sing. Praes. μεθίει oder μεθιεῖ Il. κ, 121; προΐει β, 752 [266]: μεθίημι 6.
ἱεῖεν (< ἱοῖεν) 3 Plur. Opt. Praes. ἀφιεῖεν: ἀφίημι 9.
ἱείης 2 Sing. Opt. Praes. ἀν- Od. β, 185: ἀνίημι 7.
ἵειν Imper. προ- Od. ι, 88; κ, 100 [267] μ, 9: προΐημι 8.
1) ἵεις (< ἱεῖς, ἵῃς) 2 Sing. Praes. μεθίεις Od. δ, 372 (> μεθίῃς Bekker) [266]: μεθίημι 6.
2) ἵεις 2 Sing. Imprf. προΐεις Od. ω, 333 [267]: προΐημι 8.
ἱείς Part. Praes. ἐφιείς Il. α, 51; ἀποπροϊείς Od. χ, 82: ἐφ-, ἀποπροΐημι 8.
ἱεῖς (< ἵεις, ἵῃς) 2 Sing. Praes. μεθιεῖς Il. ζ, 523 (> μεθίῃς Bekker) [266]: μεθίημι 6.
ἱεῖσι(ν) (< ἱᾶσι(ν)) 3 Pl. Praes. Il. γ, 152; προϊεῖσι λ, 270; Her.: (προ)ίημι 8.
ἵεμεν 1 Plur. Praes. μεθίεμεν Il. ξ, 364; ἀφίεμεν Pl. Rep. 451, b: μεθ-, ἀφίημι [466] 6. 9.
ἱέμεν (< ἱέμεναι, ἱέναι) Inf. Praes. Hes. bei Athen 10, 782, a: ἵημι 7a.
ἰέμεναι (< ἴμεν, ἴμεναι, ἰέναι) Inf. Praes. ἐσ- Od. χ, 470: εἶμι 5.
ἱέμεναι (< ἱέμεν, ἱέναι) Inf. Praes. μεθ- Il. ν, 114 [266]: ἵημι 5.
ἱέμενος (> ἱέμενος Wolf) Part. Med. (327) Od. ρ, 5; -ον τ, 187; ἱεμένοιο Il. ν, 291; -μένω ν, 707; -μένων Od. υ, 356: εἶμι 4.
ἱέμενος Part. Aor. 2 Med. Pl. Crat. 419, e: ἵημι 9a.
ἱέμεσθα 1 Pl. Praes. Med. Soph. Ant. 432: ἵημι 9a.
ἱέμην Imprf. Ar. Equ. 625: ἵεμαι 10.
ἴεν (< ἴε, ἤϊεν, ἤϊεν, ἦεν, ἦε, att. ᾔει, ᾔειν) 3 Sing. Imprf. Od. ρ, 30 B*: εἶμι 4.
ἵεν 3 Plur. Impf. ξυν- nach Aristarch Il. α, 273 (> ξύνιον): ξυνίημι 9b.
ἵεν (< ἵεσαν) 3 Pl. Imprf. Il. μ, 33; Pind. I. 1, 25; μέθιεν Od. φ, 377 [267]: (μεθ)ίημι 6.
ἱέναι (< ἱέμεναι, ἱέμεν) Inf. Praes. ἀφ- Pl. Leg. 962, d: ἀφίημι 9.
ἰέναι (< ἴμεν, ἴμεναι, ἰέμεναι) Inf. Praes. Il. α, 227; Xen. Pl. u. s. w.: εἶμι 4.
ἱεντ- Stammform des Part. ἱείς: ἱέντα Pl. Theaet. 194, a: ἵημι 5.
ἵενται 3 Plur. Praes. Med. Od. χ,

---

1 niedersetzen, errichten. 2 schwitzen. 3 εἶδον, ep. auch ἴδον sehen, betrachten, zu-, an-, einsehen; *Pass.* gesehen werden, scheinen. 4 gehen. 5 senden. 5a zusammenbringen; hören, vernehmen. 6 nachlassen. 7 hinauf-, emporsenden, -schicken. 8 vor(aus)schicken, entsenden. 9 entsenden. 9a senden, schicken. 9b stellen, setzen, legen. 10 eilig gehen, eilen.

304 (> ἵενται von ἵημι Wolf.): εἶμι 4.
ἵενται 3 Pl. Praes. Med. Xen. An. 5, 7, 24: ἵημι 9a.
ἵεντο 3 Pl. Imprf. Il. ν, 501. Xen. An. 4, 2, 7; 5, 2, 8: ἵημι 9a.
ἴες (< ᾔιες) 2 Sing. Imprf.: εἶμι 4.
ἵεσαν Imprf. Her. stets, und ἀπίησον [267] ἀφ- Thuc. 4, 48; ἠφ- 21, 79: ἀφίημι 9.
ἵεσθαι Inf. Praes. M. Her. 6, 134; Xen. An. 3, 4, 41; 5, 7, 25: ἵημι 9a.
ἴεσθε 2 Plur. Imper. Praes. Med. Il. μ, 274: εἶμι 4.
ἵεσκε Imprf. iter Theogn. 157; μεθίεσκε Ap. Rh. 3, 274: μεθίημι 6.
ἵεσο Imper. ἀφ- Pl. Theaet. 146, b: ἀφίημι 9.
1) ἵετε 2 Plur. Imper. Praes. μεθίετε Il. δ, 234; ἀφίετε Od. χ, 251: (μεθ-, ἀφ)ίημι 6. 9.
2) ἵετε 2 Plur. Praes. καθίετε Il. φ, 132; μεθίετε μ, 409; ν, 116; ἀφίετε Lys. 7, 8: καθ-, μεθ-, ἀφίημι 5. 9.
ἵετο 3 Sing. Plsprf. Her. 9, 78: ἵημι 9a.
ἵζανον Imprf. Il. ψ, 258; Od. ω, 209: ἱζάνω 11.
ἵζε Imper.: ἵζω 12.
ἷζε (< ἵζεσκον) Imprf. Eur. Alc. 946: ἵζω 12.
ἵζεσκον (< ἷζε) Imprf. iter. Od. γ, 409: ἵζω 12.
ἱζηκώς Part. Perf. συν- Galen. de Us. part. 19, 11: ἵζω 12.
ἵζησα Aor. Dio Cass. 50, 2; Philostrat. V., Apoll. 2, 11, 59; συν- Plut. M. 665: ἵζω 12.
ἱζόμην Imprf. Il. σ, 522; Her. 4, 146: ἵζω 12.
1) ἴῃ (< ἴῃσι) 3 Sing. Conj. Praes. Od. σ, 194; Pl. Tim. 84, c *A**: εἶμι 4.
2) ἵῃ (< ἵῃσι) 3 Sing. Conj. Praes. ἀφίῃ Pl. Parm. 156, a: ἀφίημι 9.
ἴηλα Aor. Il. ο, 19: ἰάλλω 13.
ἴηνα Aor. -ατε Od. θ, 426; ἰήνῃ Conj. Il. ω, 119: ἰαίνω 14.
ἰήνῃ s. u. ἴηνα.
ἴῃς (< ἴῃσθα) 2 Sing. Conj. Praes. Il. ω, 295; Eur. Ion. 1603: εἶμι 4.
ἴῃσθα (< ἴῃς) 2 Sing. Conj. Praes. Il. κ, 67: εἶμι 4.
ἴῃσι(ν) (< ἴῃ) 3 Sing. Conj. Praes. Il. ι, 701: εἶμι 4.
ἵησι(ν) (< ἵητι, ἵει, ἱεῖ) 3 Sing. Praes. Il. φ, 158; Od. η, 130; λ, 239; Xen. Cyr. 8, 3, 28; ἀνίησι Od. δ, 568; Pl. Crat. 403, e; ἐνίησι Od. μ, 65 [267]: (ἀν-, ἐν)ίημι 5.
ἵῃσι(ν) (< ἵῃ) 3 Sing. Conj. Praes. μεθίῃσι Il. ν, 234 [266]: μεθίημι 6.
ἰήσομαι (< ἰάσομαι) Fut. ion. -εται Od. ι, 520. 525 [11]: ἰάομαι 15.
ἵητι (< ἵησι) 3 Sing. Praes. dor. ἐφ- Pind. I. 2, 9, ὑφ- Theocr. 414; προΐημι 11, 47 [256]: ἐφίημι 16.
ἴθ’ (< ἴθι) 2 Sing. Imper. Il. γ, 390; Eur. Phoen. 921: εἶμι 4.
ἴθι (< ἴθ’) 2 Sing. Imper. Praes. Il. α, 32 *Γ**; Aesch. Pers. 657; Eur. El. 1340; Ar. Vesp. 1153; Nub. 497; Pl. *Γ**; εἶμι 4.
ἴθῡνα Aor. Od. ψ, 197: ἰθύνω 17.
ἰθύνετο Imprf. Od. χ, 8: ἰθύνω 17.
ἰθύνθην Aor. Pass. Il. π, 475: ἰθύνω 17.
ἴθῡσα Aor. Il. ο, 693; Her. 4, 122: ἰθύω 18.
ἵκᾰνον Imprf. Il. δ, 210: ἱκάνω 19.
ἵκατο (< ἱκέατο) 3 Plur. Aor. 2 Od. Plsprf. Her. [109]: ἵκνεομαι 20.
ἱκέατο (< ἵκατο) 3 Plur. Aor. 2 Od. Plsprf. Her. [100]: ἵκνεομαι 20.
ἵκηται Conj. Aor. 2 Pl. Phaedr. 276, d: ἱκνέομαι 20.
ἱκνεύμεσθα 1 Plur. Praes. Od. ω, 339: ἱκνέομαι 20.
ἱκόμην Aor. 2 Il. ξ, 260; Eur. Med. 484; -οίμην Ion. 11, 14; selten in Prosa Thuc. 5, 40: ἱκνέομαι 20.
ἷκον Imprf. Il. α, 317: ἵκω 22.
ἷκτο Plsprf. oder Aor. 2 sync. Hes. Th. 481 [149. 150]: ἱκνέομαι 20.
ἵλᾱθι (< ἵληθι) Imper. Theocr. 15, 142: ἵλημι 21.
ἱλαξάμην (< ἱλασάμην, ἱλασσάμην): Aor. Med. Ap. Rh. 1, 1093; ἱλάσκομαι 21.
ἱλασάμην (< ἱλασσάμην) Aor. Med. Luc. de Sacr. 12; ἐξ- Xen. Cyr. 7, 2, 19: ἱλάσκομαι 21.

---

11 sich setzen, sitzen. 12 sich setzen, lagern, sitzen. 13 werfen, senden, schiessen. 14 erwärmen; erweichen, erfreuen. 15 heilen. 16 zusenden. 17 gerade machen; lenken, leiten; recht machen. 18 gerade an-, vordringen; anstürmen. 19 gelangen, erreichen, kommen. 20 kommen, gelangen; befallen. 21 = ἱλάομαι versöhnen. 22 wohin kommen, gelangen, erreichen.

ἱλάσθην Aor. Pass. pass. N. T. Luc. 18, 13: ἱλάσκομαι 4.

ἱλάσομαι (< ἱλάσσομαι, ἱλάξομαι) Fut. Pl. Phaed. 95, a: ἱλάσκομαι 4.

ἱλασσάμην (< ἱλασάμην, ἱλαξάμην) Aor. Med. Il. α, 100: ἱλάσκομαι 4.

ἱλάσσεαι Fut. Il. α, 147; vgl. ἱλάσσομαι: ἱλάσκομαι 4.

ἱλάσσομαι (< ἱλάσομαι, ἱλάξομαι) Fut. Od. γ, 419: ἱλάσκομαι 4.

ἵλᾰτε 2 Plur. Imper. Ap. Rh. 4, 984; Maneth. 6, 754: ἵλημι 4.

ἵληθι (ἵλαθι) Imper. Od. 1, 380: ἵλημι 4.

ἱλήκοι Opt. Perf. Hym. 1, 165: ἵλημι 4.

ἱλήκω Conj. Perf. Od. φ, 365: ἵλημι 4.

ἵμασα (< ἵμασσα) Aor. Il. λ, 280: ἱμάσσω 5.

ἵμασσα (< ἵμασα) Aor. Il. ο, 17: ἱμάσσω 5.

ἱμασσόμενος Fut. Pass. Anth. 7, 696: ἱμάσσω 5.

ἱμείραιτο Opt. Aor. Med. Il. ξ, 163: ἱμείρω 6.

ἵμειρον Imprf. Aesch. Pers. 233; Il. κ, 431: ἱμείρω 6.

ἱμείροντο Imprf. Med. Her. 6, 120: ἱμείρω 6.

1) ἴμεν 1 Plur. Praes. Il. ρ, 155; Od. β, 127; σ, 288; κ, 431; ἔξιμεν Eur. Phoen. 615; ἀπ- Xen. An. 2, 2, 10 *B**: εἶμι 1.

2) ἴμεν (< ἴμεναι, ἰέμεναι, ἰέναι) Inf. Praes Il. α, 170 *Γ**; Pind. O. 6, 63: εἶμι 1.

ἴμεναι (< ἴμεν, ἰέμεναι, ἰέναι) Inf. Praes. Il. υ, 365; Od. ϑ, 287 [*285*]: εἶμι 1.

ἱμέρθην Aor. Pass. als Act. Her. 7, 44: ἱμείρω 6.

ἱμερτός Vb. Il. β, 751; Pind. P. 9, 75: ἱμείρω 6.

ἰνδαλθείς Part. Aor. Pass. Lycophr. 961: ἰνδάλλομαι 7.

ἰνδάλλετο Imprf. Il. ρ, 213: ἰνδάλλομαι 7.

ἵουν 3 Plur. Imprf. ἠφ- Isae. 6, 40: ἀφίημι 2.

ἶξα Aor. 1 sp. Qu. Sm. 12, 460; Anth. 8, 170: ἵκω 8.

ἵξομαι (< ἱξοῦμαι) Fut. Od. τ, 20; Soph. Ai. 1365: ἱκνέομαι 3.

ἶξον Aor. 2 Il. ε, 773; -ες Hom., Hym. 1, 45 (< ἶξας): ἵκω 8.

ἱξοῦμαι (> ἵξομαι) Fut. Anth. 9, 341: ἱκνέομαι 3.

ἱξῶ Fut. megar. Ar. Ach. 742: ἵκω 8.

ἴοι (< ἰείη [εἴη Il. ω, 139; Od. ξ, 496?]) 3 Sing. Opt. Il. ξ, 21 [*287*]; Pl. Tim. 17, d: εἶμι 9.

ἴοιεν 3 Plur. Opt. Pl. Rep. 360, c; Xen. An. 1, 10, 5: εἶμι 9.

ἵοιεν (< ἱεῖεν) 3 Plur. Opt. Praes. ἀφίοιεν Xen. Hell. 6, 4, 3 (***311***): ἀφίημι 10.

ἰοίην (< ἴοιμι) 1 Sing. Opt. Praes. Xen. Symp. 4, 16: εἶμι 9.

ἴοιμεν 1 Plur. Opt. Praes. διεξ- Pl. Leg. 635, e; εἰς- Prot. 314, c: (διεξ-, εἰς)ειμι 9.

ἵοιτε (< ἱείητε, ἱεῖτε) 2 Plur. Opt. ἀφίοιτε Pl. Ap. 29, d (***311***): ἀφίημι 10.

ἴοιτε 2 Plur. Opt. Praes.: εἶμι 9.

ἴομεν (< ἴωμεν) 1 Plur. Conj. Praes. mit verkürztem ω [*285*] Il. β, 440 *Γ**: εἶμι 9.

ἰόν Neutr. Part. Praes. Xen. Oec. 20, 23; Pl. Parm. 138, e: εἶμι 9.

ἰόνθ' Acc. Part. Praes. st. ἰόντα Il. α, 567: εἶμι 9.

ἰοντ- Stammform des Part. Praes. ἰών: ἰόντος Il. ν, 19 *B**; Pl. Phaedr. 240, e; -τι Il. π, 338 *B**; -τα Il. δ, 480 *Γ**; Pl. Symp. 210, a; ἰόντε Il. λ, 324; φ, 285; -τες ι, 87 *B**; Xen. Mem. 4, 3, 13; -των Il. κ, 389; Aesch. Pers. 245; Pl. Rep. 489, d; -τας Il. σ, 286; Xen. Cyr. 3, 2, 31; vgl. ἰοῦσα, ἰοῦσιν: εἶμι 9.

1) ἰόντων Gen. Plur. Part. Praes. s. u. ἰοντ-: εἶμι 9.

2) ἰόντων (< ἴτωσαν, ἴτων) 3 Plur. Imper. Praes. Thuc. 4, 118; Pl. Leg. 956, c (***321***): εἶμι 9.

ἰοῦσα Fem. Part. Il. γ, 406 *Γ**; -ης α, 482; -αν γ, 154; -αι υ, 254; -ας ι, 508. — Pl. Leg. 466, c: εἶμι 9.

ἰοῦσιν Dat. Plur. Part. Xen. An. 2, 3, 6: εἶμι 9.

ἵπταμαι Praes. Med. wie ἵσταμαι Luc. Soloec. 7; ἐφ- Mosch. 1, 16: ἵπτημι 11.

---

1 gehen. 2 entsenden. 3 kommen, gelangen; befallen. 4 versöhnen. 5 peitschen, geisseln. 6 sich sehnen, verlangen nach ... 7 mit-, zusammenspringen. 8 wohin kommen, gelangen, erreichen. 9 gehen. 10 ent-

ἱπτάμην Aor. Med. Il. ν, 592; Eur. Hel. 18; δι- Pl. Leg. 686,a: ἵπτημι 11.
1) **ἴσαις** 2 Sing. Praes. dor. Theocr. 14, 34 (> ἴσᾳς, ἴσῃς): ἴσαμι 12.
2) **ἴσαις** Part. Praes. lesb. Anth. Pal. 7, 718: ἴσαμι 12.
ἴσαμεν 1 Plur. Praes. Pind. N. 7, 14: ἴσαμι 12.
ἴσαμι 1 Sing. Praes. dor. Pind. P. 4, 248: ἴσαμι 12.
ἴσαν (< ἤϊον, ἤϊσαν, ᾔεσαν) 3 Plur. Imprf. Il. α, 494 Γ*; Eur. Bacch. 421 (> ἴσα): εἶμι 9.
ἴσαν (< ἴσαον) 3 Plur. Imprf. Il. σ, 405; Od. δ, 772; ν, 170; ψ, 152: ἴσαμι, οἶδα 12. 13.
1) **ἴσαντι** 3 Plur. Praes. Epich. 26; Theocr. 15, 64: ἴσαμι 12.
2) **ἴσαντι** Dat. Part. Pind. P. 3, 29: ἴσαμι 12.
ἰσᾶντι 3 Plur. Conj. Praes. Inscrpt. Cret. 3053: ἴσαμι 12.
ἴσᾱσι(ν) (< ἴσαν, οἴδασιν) 3 Plur. Praes. οἶδα, εἴδω 13.
ἰσάσκετο 3 Sing. Aor., Med. Il. ω, 607: ἰσάζω, gleichen, gleich machen.
ἴσᾱτε 2 Plur. Praes. Periand. Epist. Diog. Laert. 1, 99: ἴσαμι 12.
ἴσᾱτι 3 Sing. Praes. Theocr. 15, 146: ἴσαμι 12.
ἵσδω Praes. dor. für ἵζω ἐφ- Theocr. 5, 97: ἵζω 14.
ἴσθι Imper Aor. Od. λ, 224; Eur. H. F. 1125: οἶδα, εἴδω 13.
ἴσκε Imprf. Od. τ, 203; χ, 31; Ap. Rh. Theocr. Lycophr.: ἴσκω 15.
ἴσμεν (< οἴδαμεν) 1 Plur. Praes. Pl. Tim. 23, a: οἶδα, εἴδω 13.
1) **ἵστα** Imprf. Her. 2, 106; κατ- 6, 43: (καθ)ιστάω, ἵστημι 16.
2) **ἵστα** Imper. καθ- Il. ι, 202; προσ- Mach. Athen. 6, 243, f; Xenarch. Athen. 10, 426, b: (καθ-, προς) ἵστημι 16.
ἱστᾷ (< ἵστησι) 3 Sing. Praes. ion. Her. 4, 103: ἱστάω, ἵστημι 16.
ἱσταῖεν 3 Plur. Opt. Praes.: ἵστημι 16.
ἱσταίη 3 Sing. Opt. Praes. Pl. Tim. 63, b: ἵστημι 16.
ἱσταίημεν (< ἱσταῖμεν) 1 Plur. Opt. Praes.: ἵστημι 16.
ἱσταίην 1 Sg. Opt. Praes.: ἵστημι 16.
ἱσταίης 2 Sg. Opt. Praes.: ἵστημι 16.
ἱσταίητε (< ἱσταῖτε) 2 Plur. Opt. Praes.: ἵστημι 16.
ἱσταιήτην (< ἱσταίτην) 3 Dual. Praes.: ἵστημι 16.
ἱσταίητον (< ἱσταῖτον) 2 Dual. Opt. Praes.: ἵστημι 16.
ἱσταίμεθα 1 Plur. Opt. Praes.: ἵστημι 16.
ἱσταίμεθον 1 Dual. Opt. Praes.: ἵστημι 16.
ἱσταῖμεν (< ἱσταίημεν) 1 Plur. Opt. Praes.: ἵστημι 16.
ἱσταίμην 1 Sing. Opt. Praes. Pass.: ἵστημι 16.
ἱσταῖντο 3 Plur. Opt. Praes.: ἵστημι 16.
ἱσταῖο 1 Sing. Opt. Praes. Pass.: ἵστημι 16.
ἱσταῖσθε 2 Plur. Opt. Praes.: ἵστημι 16.
ἱσταίσθην 3 Dual. Opt. Praes.: ἵστημι 16.
ἱσταῖσθον 2 Dual. Opt. Praes.: ἵστημι 16.
ἱσταῖτε (< ἱσταίητε) 2 Plur. Opt. Praes.: ἵστημι 16.
ἱσταίτην (< ἱσταιήτην) 3 Dual. Opt. Praes.: ἵστημι 16.
ἱσταῖτο 3 Sing. Opt. Praes. Pass. ἐξ- Pl. Rep. 380, d; μεθ- Parm. 162, c: ἵστημι 16.
ἱσταῖτον (< ἱσταίητον) 2 Dual. Opt. Praes.: ἵστημι 16.
ἵσταμαι 1 Sing. Praes. Pass. Il. ν, 271; Pind. N. 8, 19; ἀφ- Pl. Theaet. 169, b: ἵστημι 16.
1) **ἱστάμεθα** 1 Plur. Praes. Pass.: ἵστημι 16.
2) **ἱστάμεθα** 1 Plur. Imprf. Pass.: ἵστημι 16.
ἱστάμεθον 1 Dual. Praes. Pass.: ἵστημι 16.
ἱστάμεθον 1 Dual. Imprf. Pass.: ἵστημι 16.
ἵστᾰμεν 1 Plur. Praes. Ind.: ἵστημι 16.
ἱστάμενος Part. Praes. Pass. Il. δ, 203; -ένοιο Od. ξ, 162; -ῳ η, 83; -άμενοι Il. μ, 341; -μένη β, 271; -αι σ, 496. — Pl. Leg. 661, a: ἵστημι 16.

---

senden. 11 ἵπτημι, ἵπταμαι = πέτομαι, fliegen. 12 wissen, kennen. 13 wissen. 14 sich setzen, sitzen. 15 gleich, ähnlich machen, nachahmen. 16 setzen, legen, stellen.

ἱστάμην 1 Sing. Imprf. Pass. ἀν- Pl. Prot. 335, c: ἵστημι 1.
ἱστάν Neutr. Part. Praes.: ἵστημι 1.
ἱστᾶν Inf. Praes. Pl. Crat. 437, b: ἱστάω, ἵστημι 1.
ἱστάναι Inf. Praes. Her. 2, 110: ἵστημι 1.
ἱστάνειν Inf. Praes. καθ- Isae. 2, 29: καθιστάνω 3.
ἵστανον Imprf. συν- Polyb. 4, 82: συνιστάνω 4.
ἱσταντ- Stammform des Part. Praes. Pl. Soph. 252, a: ἵστημι 1.
ἵστανται 3 Plur. Praes. Pass. Il. μ, 44; Xen. An. 1, 10: ἵστημι 1.
ἱστᾶντι (< ἱστᾶσι, ἱστεῖσι) 3 Plur. Praes. dor. Tim. Locr. 100, b: ἵστημι 1.
ἵσταντο 3 Plur. Imprf. Pass. Il. β, 473 *B**; δι- Xen. An. 1, 8, 20: ἵστημι 1.
1) ἱστάντων 3 Plur. Imper. Praes.: ἵστημι 1.
2) ἱστάντων Gen. Part. Praes. Pl. Soph. 252, a: ἵστημι 1.
ἱστᾶς Part. Praes.: ἵστημι 1.
ἵστασ' 3 Sing. Imper. Praes. Pass. Il. ν, 448: ἵστημι 1.
ἱστᾷς 2 Sing. Praes. Ar. Fr. 445: ἱστάω 1.
ἱστᾶσα Fem. Part. Praes.: ἵστημι 1.
ἵστασαι 2 Sing. Praes. Pass.: ἵστημι 1.
ἵστᾰσαν 3 Plur. Imprf. Ind. Her. 3, 48: ἵστημι 1.
ἵστασθαι Inf. Praes. Pass. Od. τ, 201; Xen. Cyr. 8, 6: ἵστημι 1.
1) ἵστασθε 2 Plur. Ind. Praes. Pass. καθ- Xen. Cyr. 8, 3: ἵστημι 1.
2) ἵστασθε 2 Plur. Imper. Praes. Pass. Il. λ, 591: ἵστημι 1.
3) ἵστασθε 2 Plur. Imperf. Pass.: ἵστημι. 1
ἱστάσθην 3 Dual. Imprf. Pass.: ἵστημι 1.
1) ἵστασθον 2 Dual. Praes. Pass.: ἵστημι 1.
2) ἵστασθον 3 Dual. Praes. Pass.: ἵστημι 1.
3) ἵστασθον 2 Dual. Imper. Praes.: ἵστημι 1.
4) ἵστασθον 2 Dual. Imprf. Pass.: ἵστημι 1.
ἱστάσθω 3 Sing. Imper. Praes. Pass.: ἵστημι 1.
1) ἱστάσθων 3 Dual. Imper. Praes. Pass.: ἵστημι 1.
2) ἱστάσθων (< ἱστάσθωσαν) 3 Pl. Imper. Praes. Pass.: ἵστημι 1.
ἱστάσθωσαν (< ἱστάσθων) 3 Plur. Imper. Praes. Pass.: ἵστημι 1.
ἱστᾶσιν 3 Plur. Praes. Il. ν, 336; Pl. Phaedr. 232, d: ἵστημι 1.
ἵστασκον Imperf. iter. Od. τ, 574 [*143*]: ἵστημι 1.
ἵστασο 3 Sing. Imper. Praes. Pass. Il. λ, 314; Od. ρ, 31 *A**: ἵστημι 1.
ἵστᾰσο 2 Sing. Imprf. Pass. Eur. Alc. 1122; Phoen. 40; Pr. Vesp. 285: ἵστημι 1.
ἵστασι (< ἵστη) 3 Sing. Imprf. Od. τ, 574: ἵστημι 1.
ἵστατ' 3 Sing. Imprf. Il. ν, 702: ἵστημι 1.
ἵσταται 3 Sing. Praes. Pass. Il. κ, 173; Pind. O. 8, 78: ἵστημι 1.
1) ἵστᾰτε 2 Plur. Praes. Ind.: ἵστημι 1.
2) ἵστατε 2 Plur. Imper. Praes.: ἵστημι 1.
3) ἵστᾰτε 2 Plur. Imperf.: ἵστημι 1.
1) ἱστάτην 3 Dual. Imper. Praes.: ἵστημι 1.
2) ἱστάτην 3 Dual. Imprf.: ἵστημι 1.
ἵστατο 3 Sing. Imprf. Pass. Il. ν, 333 *B**: ἵστημι 1.
1) ἵστᾰτον 2 Dual. Praes. Ind.: ἵστημι 1.
2) ἵστατον 3 Dual. Praes. Ind.: ἵστημι 1.
3) ἵστατον 3 Dual. Imprf.: ἵστημι.
4) ἵστατον 2 Dual. Imper. Praes.: ἵστημι 1.
ἱστάτω 3 Sing. Imper. Praes. καθ- Pl. Leg. 928, d: ἵστημι 1.
ἱστάτων 3 Dual. Imper. Praes.: ἵστημι 1.
1) ἴστε (< οἴδατε) 1 Pl. Praes. Od. η, 211; Xen. Hell. 6, 5, 44; Pl. Rep. 328, a: οἶδα, εἴδω 2.
2) ἴστε 2 Plur. Imper. Pl. Phaed. 63, b: οἶδα, εἴδω 2.
ἱστέασι (< ἱστᾶσι) 3 Pl. Praes. κ, Her. 5, 71 (< ἱστᾶσι) 1, 200; ἀν- 3, 62: ἵστημι 1.
ἱστέαται 3 Plur. Praes. Her. 2, 50 [*107*]: ἵστημι 1.
ἵστη Imper. st. ἵστηθι Il. φ, 313: ἵστημι 1.

---

1 setzen, legen, stellen. 2 wissen. 3 niedersetzen, hinstellen. 4 zu-

ἵστη Imperf. Ar. Vesp. 40; ἀν- Her. 1, 196: ἵστημι 1.
ἱστῇ 2 Sing. Praes. Pl. Theaet. 157, b: ἵστημι 1.
ἱστῇ 3 Sing. Conj. Praes: ἵστημι 1.
ἱστῇ 2 Sing. Conj. Praes. Pass.: ἵστημι 1.
ἵστημεν 1 Plur. Imprf. Ind.: ἵστημι 1.
ἵστην 1 Sing. Imprf.: ἵστημι 1.
ἵστης 2 Sing. Praes. Ind.: Aesch. Ch. 885: ἵστημι 1.
ἵστης 2 Sing. Imprf. ἵστημι 1.
ἱστῇς 2 Sing. Conj. Praes. Pl. Prot. 356, b: ἵστημι 1.
ἱστῆσθε 2 Plur. Conj. Praes. Pass.: ἵστημι 1.
ἱστῆσθον 3 Dual. Conj. Praes. Pass.: ἵστημι 1.
ἱστῆσθον 2 Dual. Conj. Praes. Pass.: ἵστημι 1.
ἵστησιν 3 Sing Praes. Pl. Crat. 437, a: ἵστημι 1.
ἱστῆται 3 Sing. Conj. Praes. Pass.: ἵστημι 1.
ἱστῆται od. ἵστηται 3 Sing. Conj. Praes. Pass. Pl. Parm. 156, c: ἵστημι 1.
ἱστῆτε 2 Plur. Conj. Praes.: ἵστημι 1.
ἱστῆτον 2 Dual. Conj. Praes.: ἵστημι 1.
ἱστῆτον 3 Dual. Conj. Praes.: ἵστημι 1.
ἵστω 3 Sing. Impr. Praes. Il. ο, 36; τ, 258: οἶδα, εἴδω 2.
ἱστῶ 1 Sing. Conj. Praes.: ἵστημι 1.
ἱστῶμαι 1 Sing. Conj. Praes. Pass.: ἵστημι 1.
ἱστώμεθα 1 Plur. Conj. Praes. Pass. ἀφ- Pl. Leg. 960, e; Phil. 41, b: ἵστημι 1.
ἱστώμεθον 1 Dual. Conj. Praes. Pass.: ἵστημι 1.
ἱστῶμεν 1 Plur. Conj. Praes. Pl. Rep. 361, b; καθ- Rep. 421, b: ἵστημι 1.
ἱστῶνται 3 Plur. Conj. Praes. Pass. ἀφ- Pl. Leg. 932, c: ἵστημι 1.
ἱστῶσι(ν) 3 Plur. Conj. Praes.: ἵστημι 1.
ἰσχανάασκον Imprf. iter. Il. ο, 723: ἰσχάνω 6.
ἰσχᾰνέτην Dual. Imprf. Il. ρ, 747: ἰσχάνω 6.
ἰσχανόωντο Imprf. Il. μ, 38; Ap. Rh. 2, 864: ἰσχάνω 6.
ἴσχνᾱνα (< ἴσχνηνα) Aor. Ar. Ran. 941: ἰσχναίνω 7.
ἰσχνάνθην Aor. Pass. Hippocr. 5, 676: ἰσχναίνω 7.
ἰσχνανοῦμαι Fut. Med. κατ- Aesch. Prom. 269: ἰσχναίνω 7.
ἴσχνηνα (< ἴσχνανα) Aor. Her. 3, 24: ἰσχναίνω 7.
ἰσχόμην Imprf. Med. Il. φ, 366; Xen. An. 6, 3, 9: ἴσχω 6.
ἶσχον Imprf. Il. ο, 618: ἴσχω 6.
ἴσχῡκα Perf. Aesch. 1, 165: ἰσχύω 8.
ἰσχυρισάμην Aor. Med. Pl. Gorg. 489: ἰσχυρίζομαι 9.
ἰσχυριοῦμαι Fut. att. Lys. 6, 35: ἰσχυρίζομαι 9.
ἰσχυριστέον Vb. Pl. Rep. 533: ἰσχυρίζομαι 9.
ἴσχῡσα Aor. Soph. Ai. 502: ἰσχύω 8.
ἰσχῡσω Fut. Hom. Batr. 279: ἰσχύω 8.
ἴτε 2 Plur. Imper. Praes. Il. α, 335; Pind. P. 11, 3; Aesch. Sept. 110; Pl. Leg. 797, d: εἶμι 10.
ἴτην (ᾔτην) 3 Dual. Imprf. Il. α, 347: εἶμι 10.
ἴτον 2. 3 Dual. Ind. Praes.: εἶμι 10.
ἴτω 3 Sing. Imper. Praes. Il. η, 372 B*; Aesch; Eur. Bacch. 365; I. A. 1470; Hel. 1431; Pl. Ap. 19, a; Leg. B*: εἶμι 10.
1) ἴτων (< ἴτωσαν, ἰόντων) 3 Plur. Imper. Aesch. Eum. 32 (**321**): εἶμι 10.
2) ἴτων 3 Dual. Imper. Praes.: εἶμι 10.
ἴτωσαν (< ἰόντων, ἴτων) 3 Plur. Imper. Praes. Eur. I. T. 1480; Pl. Leg. 765, a; 925, c; ἐπεξ- 873, e; προ- Xen. Ven. 4, 3 (**321**): εἶμι 10.
ἴω 1 Sing. Conj. Praes. Il. π, 245 B*; εἰσίω Pl. Gorg. 521, c: εἶμι 10.
ἴωμεν (< ἴομεν) 1 Plur. Conj. Pl. Parm. 163, b: εἶμι 10.
ἰών Part. Praes. Il. α, 138 Δ*; Pind O. 3, 36; Xen. Cyr. 4, 5, 26: εἶμι 10
ἴωσι 3 Plur. Conj. Praes. Il. μ, 239; Pl. Rep. 568, c; Leg. 796, c: εἶμι 10.

---

sammenstellen. 5 senden, schicken. 6 (an-, zurück)halten. 7 mager, trocken machen, dörren; demüthigen. 8 stark sein; können, vermögen. 9 sich stark machen; versichern; fest vertrauen. 10 gehen.

K.

καέντα Part. Aor. 2 κατα- Her. 1, 51: καίω 1.

καζόμενος Part. Nicet. Annal. p. 148: κάζω 2.

καήμεναι (< καῆναι) Inf. Aor. 2 ep. Il. ψ, 210: καίω 1.

καῆναι (< καήμεναι) Inf. Aor. 2 κατα- Her. 2, 107: καίω 1.

καήσομαι (< καυθήσομαι) Fut. Pass. sp. Apocr. Syr. 28, 24; κατα- N. T. 1 Cor. 3, 15: καίω 1.

καθᾱρ- Aor. -ῃς Xen. Oec. 18, 8; Pl. Leg. 735, b (> καθαίρῃ): καθαίρω 3.

καθαρ(ην) (< καθαρθ(ην)) Aor. Pass. ἀποκαθαρῇ Arr. Ven. 27, 1: καθαίρω 3.

καθαρθ(ην) (< καθαρ(ην)) Aor. Pass. -θῇ, -θείς, -θέντα Pl. -θήτω Leg. 865, d: καθαίρω 3.

καθαροῦμαι Fut. Med. Pl. Crat. 396, e: καθαίρω 3.

καθαρτέον Vb. Hippocr. 2, 129: καθαίρω 3.

καθαρῶ Fut. Xen. Oec. 18, 6: καθαίρω 3.

καθεδήσομαι (< καθεσθήσομαι, καθεδοῦμαι) Fut. Diog. Laert. 2, 72: καθέζομαι 4.

καθεδοῦμαι (< καθεδήσομαι, καθεσθήσομαι) Fut. Med. -εῖ Ar. Ran. 200; -ούμεθ' Av. 727; -οῦνται Ar. Eccl. 617: καθέζομαι 4.

καθεζόμην (< ἐκαθεζόμην) Imprf. -έζετο Il. α, 360 *B**; Aesch. Eum. 6; -όμεσθαι Eur. Heracl. 33; -τ' Phoen. 75: καθέζομαι 4.

καθείατο (< καθῆντο) 3 Plur. Imprf. Il. λ, 76: κάθημαι 5.

καθεσθήσομαι (< καθεδήσομαι, καθεδοῦμαι) Fut. Med. προ- Aesch. 3, 167: καθέζομαι 4.

καθευδηκέναι Inf. Perf. Epiphan.: καθεύδω 6.

καθευδήσῃ Conj. Aor. Luc. Asin. 6: καθεύδω 6.

καθευδήσω Fut. Lys 1, 10; Xen. Cyr. 6, 2, 30: καθεύδω 6.

καθευδητέον Vb. Pl. Phaedr. 259, d: καθεύδω 6.

καθεῦδον (< καθηῦδον, ἐκάθευδον) Imprf. -ε Od. δ, 304; -δ' Il. α, 611; Ar. Av. 495: καθεύδω 6.

κάθημαι 1 Sing. Praes. Pl. Phaed. 98, c: κάθημαι 5.

καθήμεθα 1 Plur. Praes. Pl. Dem. 11, 17: κάθημαι 5.

καθήμεθα 1 Plur. Imprf. Soph. Ant. 411: κάθημαι 5.

καθήμενος Part. Praes. Ar. Pax. 666: κάθημαι 5.

κάθηνται (< κατέαται) 3 Plur. Praes. Pl. Rep. 555, d: κάθημαι 5.

καθῆντο (< καθείατο) 3 Plur. Imprf. Ar. Eccl. 302; Dem. 18, 30: κάθημαι 5.

καθηρ-, κάθηρα (< ἐκάθηρα) Aor. -εν Il. ξ, 171; -αν Od. ζ, 93; καθῆραι ζ, 87; Xen. An. 5, 7, 35 (> -ᾶραι); -ήραντες Od. ω, 44. — καθήρῃ Pl. Rep. 573, b; -ειεν, -άτω Leg.: καθαίρω 3.

καθηρ(άμην) Aor. Med. -ηται Pl. Leg. 881, e; -άσθω 868, a; -ασθαι, -άμενος Pl.: καθαίρω 3.

κάθησαι (< κάτησαι) 2 Sing. Praes. Xen. Cyr. 3, 1, 6: κάθημαι 5.

καθῆσθαι Eur. Heracl. 55: κάθημαι 5.

κάθησθε 2 Plur. Praes. Dem. 2, 24: κάθημαι 5.

καθῆσθε 2 Plur. Imprf. Dem. 25, 21: κάθημαι 5.

καθῆστο (< καθῆτο, ἐκάθητο) Imprf. Il. α, 569; Pl. Rep. 328: κάθημαι 5.

κάθησο 2 Sing. Imper. Praes. Il. β, 191; Eur. I. A 127: κάθημαι 12.

καθήσομαι Fut. Eur. Fr. 77: κάθημαι 5.

κάθηται 3 Sing. Praes. Pl. Ap. 35, c: κάθημαι 5.

κάθηται 3 Sing. Conj. Praes. Ar. Equ. 754: κάθημαι 5.

καθῆτο (< ἐκάθητο, καθῆστο) Imperf. Dem. 18, 619: κάθημαι 5.

καθηῦδον (< ἐκάθευδον, καθεῦδον)

---

1 (ver)brennen, anzünden; *Pass.* angezündet werden, anbrennen; *Med.* nur *Aor.* sich etwas anzünden. 2 überwältigen, überwinden; übertreffen, sich auszeichnen. 3 reinigen; *Med.* sich ~. 4 καθέζομαι sich niedersetzen, sitzen; καθίζω *a. trans.* niedersetzen, sich setzen lassen; *b. intrans. u. Med.*

Imprf. Pl. Symp. 217, d; 219, d; 220, d: *καθεύδω* 6.

καθιζήσομαι (< *καθίσομαι, καθιοῦμαι*) Fut. Med. Pl. Phaedr. 229, a: *καθίζω* 4.

κάθιζον (< *ἐκάθιζον*) Imprf. Il. *γ*, 426; *ϑ*, 436: *καθίζω* 4.

καθίξας (< *καθίσσας*) Part. Aor. dor. Theocr. 1, 12: *καθίζω* 4.

καθιξῶ (< *καθίσω, κατίσω, καθιῶ*) Fut. Bion. 4, 16: *καθίζω* 4.

καθιοῦμαι (< *καθιζήσομαι, καθίσομαι*) Fut. Med. V. T. Ps. 131, 13: *καθίζω* 4.

καθῖσα (< *ἐκάθισα, κατῖσα, κάτισα*) Aor. att. Eur. Phoen. 1188; Ar. Ran. 911; Thuc. 7, 82: *καθίζω* 4.

καθισ(αμην) Aor. Med. *-μενος* in *συμπαρα-* Dem. 28, 15; *παρα-* Xen. Cyr. 5, 5, 7: *καθίζω* 4.

καθίσομαι (< *καθιζήσομαι, καθιοῦμαι*) Fut. Med. sp. N. T. Luc. 22, 30: *καθίζω* 4.

καθίσσας (< *καθίξας*) Part. Aor. Il. *ι*, 488: *καθίζω* 4.

καθίσω (< *κατίσω, καθιῶ, καθιξῶ*) Fut. Apoll. Com. Fr. 4, 451: *καθίζω* 4.

καθιῶ (< *καθίσω, κατίσω, καθιξῶ*) Fut. Xen. An. 2, 1, 4: *καθίζω* 4.

καθοίμεθα 1 Plur. Opt. Praes. Ar. Lys. 149 (> *καθήμεθα*): *κάθημαι* 5.

καθοίμην 1 Sing. Opt. Praes. Pl. Theag. 130, e: *κάθημαι* 5.

καθοῖτο 3 Sing. Opt. Praes. Ar. Ran. 919: *κάθημαι* 5.

καθῶμαι 1 Sing. Conj. Praes. Eur. Hel. 1084: *κάθημαι* 5.

καθώμεθα 1 Plur. Conj. Praes. Dem. 4, 44: *κάθημαι* 5.

καθῶνται 3 Plur. Conj. Praes. Dem. 59, 67: *κάθημαι* 5.

καῖεν Imprf. für **ἔκαιεν** Od. *τ*, 397: *καίω* 1.

καλέεσκον (< *κάλεσκον*) Imprf. iter. Il. *ι*, 562 [***141***]: *καλέω* 7.

καλέσαντο (< *ἐκαλεσάμην, ἐκαλεσσ-, καλεσσ-*) Il. *α*, 270: *καλέω* 7.

καλέσκετο Imprf. iter. Pass. Il. *ο*, 338 [***141***]: *καλέω* 7.

κάλεσκον (< *καλέεσκον*) Imprf. iter. Ap. Rh. 4, 1514: *καλέω* 7.

καλέσομαι (< *καλοῦμαι*) Fut. Med. *ἀνα-* Eur. Phoen. 1501; *ἐπι-* Lyc. c. Leocr. 17: *καλέω* 7.

κάλεσσα (< *ἐκάλεσσα, ἐκάλεσα, ἔκλησα*) Aor. Il. *π*, 693: *καλέω* 7.

καλέσσατο (< *ἐκαλεσ-, ἐκαλεσσ-, καλεσ-*) Aor. Med. Il. *α*, 54; *ο*, 143: *καλέω* 7.

καλέσω (< *καλέω, καλῶ*) (***159. 162***) Xen. Symp. 1, 15; Fut. Aesch. 1, 67; *συν-* Her. 3, 74; *παρα-* Dem. 8, 14: *καλέω* 7.

καλοῦμαι (< *καλέσομαι*) Fut. Med. intr. Ar. Eccl. 864; pass. Soph. El. 971; Eur. Or. 1140 (***159. 162***): *καλέω* 7.

καλυφθ-(ην) Aor. Pass. *-είς* Od. *δ*, 402: *καλύπτω* 8.

καλυφθήσομαι Fut. Pass. V. T. Eccl. 6, 4: *καλύπτω* 8.

καλυψ- Aor. *-αι* Soph. Ant. 28: *καλύπτω* 8.

κάλυψα (< *ἐκάλυψα*) Aor. Il. *δ*, 461 *B**: *καλύπτω* 8.

καλύψατο Aor. Med. Il. *ξ*, 184; *-αμένη* *γ*, 141: *καλύπτω* 8.

καλύψω Fut. Il. *φ*, 321: *καλύπτω* 8.

καλῶ s. u. *καλίσω*.

κάμε Aor. 2 Il. *β*, 101; **κάμον** *δ*, 187: *κάμνω* 9.

καμεῖ 3 Sing. Fut. Act. n. And. Med. Soph. Tr. 1215: *κάμνω* 9.

καμεῖται Fut. Med. Pl. Leg. 921, e: *κάμνω* 9.

καμέτην 3 Dual. Aor. 2 Il. *δ*, 27; *ζ*, 262: *κάμνω* 9.

κάμετον 2 Dual. Aor. 2 Il. *ϑ*, 448: *κάμνω* 9.

κάμησι 3 Sing. Conj. Aor. 2 Od. *ξ*, 65: *κάμνω* 9.

κάμοιεν 3 Plur. Opt. Aor. 2 Od. *δ*, 126: *κάμνω* 9.

κάμοιτε 2 Plur. Aor. 2 Il. *ϑ*, 22: *κάμνω* 9.

καμοῦμαι Fut. Aesch. Eum. 881, s. **καμεῖ** u. **καμεῖται**: *κάμνω* 9.

καμπτός Vb. Pl. Tim. 44, e: *κάμπτω* 10.

καμφθ(ην) Aor. Pass. *-ῆναι* Thuc. 3, 58: *κάμπτω* 10.

καμψ- Aor. *-η* Il. *δ*, 486; *-αιμι* Eur. Hipp. 87: *κάμπτω* 10.

---

sich niedersetzen, sitzen. 5 (da)sitzen, stehen. 6 (ein)schlafen. 7 (an-)rufen, nennen; *Med.* zu sich rufen. 8 bedecken, um-, verhüllen; *Med.* sich ~. 9 *a.* sich müde arbeiten, ermüden; gew. leiden; *b. trans.* mit Mühe verfertigen. 10 beugen, krümmen; ein-, umlenken; *trop.* erniedrigen; *intr.* umlenken, umkehren. 11 zerbrechen.

κάμψω Fut. Il. τ, 72; Soph. O. C. 91: κάμπτω 1.
καν- Aor. 2 -οι Aesch. Sept. 630 (244): καίνω 5.
κανῆν Inf. Aor. 2 Theocr. 24, 91 (> κανεῖν): καίνω 5.
κάρη, -ῆναι (245) s. u. ἐκάρην.
καρτός Vb. sp. Geop. 2, 6, 32: κείρω 6.
καταγείς (< κατεαγείς, κατεηγείς) Part. Aor. 2 Lys. 3, 40; Anth. Plan. 187: κατάγνυμι 7.
καταγῇ (< κατεαγῇ) Conj. Aor. 2 Pass. Pl. Crat. 389, a; Hipp. 4, 158: κατάγνυμι 7.
κατανάλισκον Imprf. Isocr. 1, 18: καταναλίσκω 8.
κατᾶξαι Inf. Aor. Eur. Suppl. 508; Phryn. Com. Fr. 2, 603: κατάγνυμι 7.
κατάξῃ Conj. Aor. Ar. Ach. 932; Pl. Phaed. 86, a: κατάγνυμι 7.
κάταξον Imper. Aor. Ar. Fr. 488: κατάγνυμι 7.
κατάξω Fut. Eupol. Com. Fr. 2, 559: κατάγνυμι 7.
καταπεφρόνηκα Perf. Andoc. 4, 16: καταφρονέω 9.
καταφρονηθήσομαι (< καταφρονήσομαι) Fut. Pass. socr. 6, 95: καταφρονέω 9.
καταφρονήσομαι (< καταφρονηθήσομαι) Fut. Med. als Pass. Pl. Hipp. maj. 281: καταφρονέω 9.
καταφρονήσω Fut. Isocr. 11, 27: καταφρονέω 9.
κατέᾱγα (< κάτηγα, κατέηγα) Perf. 2 Ar. Ach. 1180; Pl. Gorg. 469, d; Crat. 389, c: κατάγνυμι 7.
κατεαγείς (< καταγείς, κατεηγείς) Part. Aor. 2 Pass. Hipp. 4, 346: κατάγνυμι 7.
κατεαγῇ (< καταγῇ) Conj. Aor. 2 Pass. Hipp. 4, 220: κατάγνυμι 7.
κατεάγην (< κατεάχθην) Aor. 2 Pass. Andoc. 1, 61: κατάγνυμι 7.
κατέαγμαι Perf. Pass. Luc. Tim. 10: κατάγνυμι 7.
κατέαξα (< κατῆξα) Aor. Il. ν, 257; Ar. Vesp. 1436; Xen. An. 4, 2, 20: κατάγνυμι 7.
κατεάξας Part. Aor. Lys. 3, 42 (< κατάξας): κατάγνυμι 7.
κατέατο Plsprf.; Her. 9, 90 (37): κάτημαι, sitzen.
κατεάχθην (< κατεάγην) Aor. Pass. sp. V. T. Jer. 48, 25: κατάγνυμι 7.
κατέηγα (< κάτηγα, κατέαγα) Perf. -ότα Her. 7, 224: κατάγνυμι 7.
κατεηγείς (< καταγείς, κατεαγείς) Part. Aor. 2 Pass. Hippocr. 4, 324: κατάγνυμι 7.
κατεφρονήθην Aor. Pass. Pl. Euthyd. 273, c.: καταφρονέω 9.
κατεφρόνησα Aor. Pl. Lach. 200, a: καταφρονέω 9.
κάτηγα (< κατέαγα, κατέηγα) Perf. selten Hippocr. 3, 75: κατάγνυμι 7.
κατηναλώθην Aor. Pass. Hippocr. 1, 511: καταναλίσκω 8.
κατηνάλωμαι Perf. Pass. Isocr. 3, 31: καταναλίσκω 8.
κατηνάλωσα Aor. Isocr. 9, 60: καταναλίσκω 8.
κάτησαι (< κάθησαι) 2 Sing. Praes. Her. 3, 134: κάθημαι 2.
κατιᾶσι 3 Pl. Praes. ion. st. καθίημι, hinabsenden.
κατίᾱσι 3 Pl. Praes.: κάτειμι hinabgehen.
κατῖσα (< καθῖσα) Aor. ion. Her. 1, 88; 4, 79 (> κάτισα): καθίζω 3.
κατίσω (< καθίσω, καθιῶ, καθιξῶ) Fut. Her. 4, 190: καθίζω 3.
κανάξαις 2 Sing. Opt. Aor. Hes. Op. 668. 695: κατάγνυμι 7.
καυθ(ην) Aor. Pass. -έντων Her. 6, 101; Pl. Leg. 800, b; -θεῖσι Tim. 68, c; -θῆναι 1, 86 (29): καίω 4.
καυθήσομαι (< καήσομαι) Fut. Pass. Luc. Sacrif. 8; de M. Peregr. 8; ἐκ- Pl. Rep. 613, e (29): καίω 4.
καυσ- Aor. -αντες Xen. Cyr. 3, 3, 33; -ωσιν, κατα- Thuc. 2, 4 (29): καίω 4.
καύσομαι (< καύσω) Fut. Ar. Pl. 1054 (29): καίω 4.
καυστός (< περί-καυτος) Vb. Eur. Cycl. 633 (29): καίω 4.

---

1 beugen, krümmen; ein-, umlenken; *trop.* erniedrigen; *intr.* umlenken, umkehren. 2 (da)sitzen, stehen. 3 καθέζομαι sich niedersetzen, sitzen; καθίζω *a. trans.* niedersetzen, sich setzen lassen; *b. intrans. u. Med.* sich niedersetzen, sitzen. 4 (ver)brennen, anzünden; *Pass.* angezündet werden, anbrennen; *Med.* nur *Aor.* sich etwas anzünden. 5 tödten, umbringen. 6 (ab)scheeren; abschneiden, abweiden. 7 zerbrechen. 8 verwenden, verbrauchen, aufwenden. 9 verachten. 10 rühmen, prahlen. 11 (da)liegen

καίσω (< καύσομαι) Fut. Xen. Cyr. 5, 4, 21; Anth. 9, 15; Luc. de M. Peregr. 20 (*29*): καίω 4.
καύσωνται s. u. ἐκαυσάμην.
καυτός (< καυστός) Vb. περίκαυτα Pl. Tim. 85, c (*29*): καίω 4.
καυχησ(αμην) Aor. Med. -ασθαι Eupol. Fr. Com. 2, 473 (> καυχήσεται Cod. Jung.): καυχάομαι 10.
καυχήσομαι Fut. Med. Her. 7, 39; Epicrat. Fr. Com. 3, 369: καυχάομαι 10.
καχαξῶ Fut. dor. Theocr. 5, 142: καχάζω, καγχάζω laut lachen.
κάω Praes. altatt. für καίω Thuc. 2, 49; Ar. Lys. 8: καίω 4.
κέας Part. -αντες Aesch. Ag. 849; Soph. El. 757: καίω 4.
κέαται (< κείαται, κέονται, κεῖνται) 3 Plur. Praes. Il. λ, 659 *B**; nur so Her. wie ἀνα- 1, 14; δια- 105; προσ- 133: κεῖμαι 11.
κέατο (< κείατο, κεῖντο, ἔκειντο) 3 Plur. Imprf. Il. ν, 763; ω, 168; κέατ' 610: κεῖμαι 11.
κεδασθ(ην) Aor. 1 Pass. -θέντες Il. ν, 739; -θείσης ο, 328: κεδάννυμι 12.
κεδόωνται 3 Plur. Praes. Pass. Ap. Rh. 4, 500: κεδάννυμι 12.
κέεσθαι (< κεῖσθαι) Inf. Praes. Her. 4, 11; 9, 105 [*295*]; κεῖμαι 11.
κέεται (< κεῖται) 3 Sing. Praes. ion. Her. 1, 178; 4, 62: κεῖμαι 11.
κέηται (< κῆται) 3 Sing. Conj. Xen. Oec. 8, 19; Plat. Soph. 257, c.: κεῖμαι 11.
κεῖαι 2 Sing. Praes. κατάκειαι Hom. Hym. 3, 254: κεῖμαι 11.
κείαται (< κέαται, κέονται, κεῖνται) 3 Plur. Praes. Ap. Rh. 4, 481: κεῖμαι 11.
κείατο (κέατο, κεῖντο, ἔκειντο 2 Pl. Imprf. Od. φ, 418 [*296*]: κεῖμαι 11.
κειέμεν Inf. Praes. Il. ξ, 397 [*297*]: κείω 13.
1) **κεῖμαι** 1 Sing. Praes. Ind. Od. τ, 516; Eur. Hec. 28: κεῖμαι 11.
2) **κεῖμαι** (< κέωμαι) 1 Sing. Praes. *Conj.* (?) διάκειμαι Pl. Phaed. 84, e [*335*]: διάκειμαι 11.
1) **κείμεθα** 1 Plur. Praes. συγ- Pl. Theaet. 201, e: συγκεῖμαι 11.
2) **κείμεθα** (< ἐκείμεθα) 1 Pl. Imprf. Od. ι, 57 [*296*]: κεῖμαι 11.
κείμενος Part. Od. ρ, 291 *Γ**; Soph. Ai. 323: κεῖμαι 11.
κείμην (< ἐκείμην) 1 Sing. Imprf. Od. ξ, 354: κεῖμαι 11.
κεῖνται (< κείαται, κέαται, κέονται) 3 Plur. Praes. Pl. Menex. 442, d; Leg. 960, b: κεῖμαι 11.
κεῖντο; (< ἔκειντο; κείατο, κέατο) 3 Pl. Imprf. Il. φ, 426: κεῖμαι 11.
κείοντες Part. Praes. Il. ξ, 340[*297*]: κείω 13.
κεῖσαι 2 Sing. Praes. Il. τ, 319: κεῖμαι 11.
κεισεῦμαι (< κείσομαι) Fut. dor. Theocr. 3, 52: κεῖμαι 11.
κεῖσθαι Inf. Pl. Parm. 148, e: κεῖμαι 11.
κεῖσθε 2 Pl. Praes.: κεῖμαι 11.
κεῖσθον 2 u. 3 Dual: κεῖμαι 11.
κείσθω 3 Sing. Impr. Od. ο, 128; Pl. Rep. 350, d: κεῖμαι 11.
κεῖσο Imper. Il. φ, 122: κεῖμαι 11.
κείσομαι (< κεισεῦμαι) Fut. Od. φ, 319; Eur. Phoen. 1282; Hec. 210; Hel. 985; Pl. Phaed. 69, c: κεῖμαι 11.
κεῖται (< κέεται) 3 Sing. Praes. Thuc. 1, 36; Xen. Apol. 25: κεῖμαι 11.
κεῖτο (< κείατο, κέατο ἔκειτο) 3 Pl. Sing. Imprf. Il. β, 688 *B**: κεῖμαι 11.
κεκαδήσομαι redupl. Fut. Il. θ, 353: κήδω 14.
κεκαδήσω Fut. redupl. Od. φ, 153. 170: χάζω 14a.
κεκαδμένος (< κεκασμένος) Part. Perf. Pass. dor. Pind. O. 1, 27: κάζω, καίνυμι 15.
κεκάδοντο 3 Pl. Aor. Med. Il. δ, 497; ο, 574 [*45*]: χάζω 14a.
κεκαδών Part. Aor. sync. Il. λ, 334 [*45*]: χάζω 14a.
κεκάθαρκα Perf. Schol. Ar. Pax. 753: καθαίρω 16.
κεκάθαρμαι Perf. Pass. -μένην Pl. Phaed. 67, c; -μένας in ἐκ- Xen. An. 1, 2, 16: καθαίρω 16.
κεκάθικα Perf. Epict. Diss. 2, 6, 23: καθίζω 3.
κεκάλυμμαι Perf. Pass. Il. π, 360.

---

und zwar auch müssig, schwach, krank, todt, im Unglück. 12 zerstreuen, auseinander werfen, zersprengen. 13 ich will mich niederlegen, schlafen, ruhen. 14 betrüben; *Med.* betrübt sein. 14a verdrängen, berauben; *Med.* weichen. 15 überwältigen, überwinden; übertreffen, sich auszeichnen. 16 reinigen; *Med.* sich ~.

790; Od. α, 443; Hes. Th. 9; Pind. 5, 16; Xen. Cyr. 5, 1, 4: καλύπτω 5.
κεκαλύφθαι Inf. Perf. Il. ν, 192: καλύπτω 5.
κεκαμμένος Part. Perf. Pass. συγ- Xen. Equ. 7, 2; ἐπι- Hippocr. 1, 91 (*114*): κάμπτω 6.
κεκάμφθαι Inf. Perf. Pass. Hippocr. 4, 280: κάμπτω 6.
κεκάμω 1 Sing. Praes. Conj. Perf. Il. α, 168: κάμνω 7.
κεκανότες Perf. κατα- Xen. An. 7, 9 36 (> κατακάνοντες): καίνω 8.
κέκαρκα Perf. περι- Luc. Symp. 32: κείρω 9.
κέκαρμαι Perf. Pass. Theocr. 14, 46; Eur. Or. 458; Ar. Ach. 849; Xen. Hell. 1, 7, 8 (-ρσαι *238*): κείρω 9.
κεκάσμεθα 1 Plur. Perf. Pass. Od. ω, 509; -άσθαι Ap. Rh. 2, 1006: κάζω καίνυμι 4.
κεκασμένος (< κεκαδμένος) Part. Perf. Pass. Od. δ, 725. 815; -ε Il. δ, 339.; Nonn. 4, 241.—Aesch. Eum. 7, 66: κάζω, καίνυμι 4.
κέκασσαι 2 Sing. Perf. Pass. Od. τ, 82: κάζω, καίνυμι 4.
κέκασται Perf. Pass. Eur. El. 616: κάζω, καίνυμι 4.
κέκαστο (< ἐκέκαστο *B**) Plsprf. Il. ξ, 124; Od. η, 157: κάζω, καίνυμι 4.
κεκάττυμαι Perf. Pass. sp.: καττύω 10.
κέκαυκα Perf. κατα- Xen. Hell. 6, 5, 37; προς- Alex. Com. Fragm. 3, 439 (*167*): καίω 1.
κέκαυμαι Perf. Pass. Eur. Cycl. 457; Andoc. 1, 108; Xen. Cyr. 7, 5, 23; Pl. Fr. Com. 2, 679: καίω 1.
κέκαυσται Perf. Pass. Hippocr. 2, 482: καίω 1.
κεκαύχημαι Perf. sp. N. T. 2 Cor. 7, 14: καυχάομαι 2.
κεκᾰφηώς Part. Perf. Il. ε, 698: καφέω 11.
κεκέδαστο Plsprf. Pass. Ap. Rh. 2, 1114: κεδάννυμι 3.
κεκέλευκα Perf. Lys. 1, 40; Luc. Demon. 44 (*167*): κελεύω 13.
κεκέλευσμαι Perf. Pass. Xen. Cyr. 8, 3, 14 (*211*): κελεύω 13.
κεκέντημαι Perf. Pass. Hippocr. 3, 380: κεντέω 12.
κεκέρακα Perf. sp. V. T. Prov. 9, 5: κεράννυμι 16.
κεκέρασμαι (< κέκρασμαι) Perf. Pass. Anacreont. 16, 13; Luc. D. Meretr. 4, 4: κεράννυμι 16.
κεκέρδαγκα (< κεκέρδηκα, κεκέρδακα) Phot. Cod. 224. 388: κερδαίνω 14.
κεκέρδακα (<κεκέρδηκα, κεκέρδαγκα) Perf. Achill. 5, 25: κερδαίνω 14.
κεκέρδηκα (< κεκέρδακα, κεκέρδαγκα Dio Cass. 43, 18; 53, 5) Perf. προς- Dem. 56, 30: κερδαίνω 14.
κέκευθα Perf. Od. γ, 18; Eur. Ion. 1389; I. A. 112: κεύθω 15.
κέκευθμαι Perf. Pass. Antem. Fr. 3: κεύθω 15.
κέκηδα Perf. 2 intr. Tyrt. 9, 28: κήδω 17.
κεκήρυγμαι Perf. Pass. Eur. Fr. 2; ἐπι- Dem. 19, 127; ἐκκεκηρῦχθαι Soph. Ant. 27: κηρύσσω 18.
κεκήρῡχα Perf. ἐπι- Dem. 19, 35. 74: κηρύσσω 18.
κέκλαγγα Perf. als Praes. Xen. Ar. Vesp. 929; Cyn. 3, 9; 6, 23: κλάζω 19.
κεκλάγγω Conj. Perf. Ar. Vesp. 929: κλάζω 19.
κεκλάγξομαι Fut. Ar. Vesp. 930: κλάζω 19.
κέκλᾱμαι (< κέκλημαι) Perf. Pass. dor.: κλήω 20.
κέκλασμαι Perf. Pass. Hippocr. 3, 67; Theopomp. Fr. Com. 2, 812; προς- Xen. Equ. 7, 6; ἐπι- Luc. Demon. 12 [*212*]: κλάω 30.

---

1 (ver)brennen, anzünden; *Pass.* angezündet werden, anbrennen; *Med.* nur *Aor.* sich etwas anzünden. 2 rühmen, prahlen. 3 zerstreuen, auseinander werfen, zersprengen. 4 überwältigen, überwinden; übertreffen sich auszeichnen. 5 bedecken, um-, verhüllen; *Med.* sich ~. 6 beugen, krümmen; ein-, umlenken; *trop.* erniedrigen; *intrans.* umlenken, umkehren. 7 *a.* sich müde arbeiten, ermüden; gew. leiden; *b. trans.* mit Mühe verfertigen. 8 tödten, umbringen. 9 (ab)scheeren; abschneiden, abweiden. 10 zusammenflicken, -schustern. 11 nur κεκαφηώς nach Luft schnappen. 12 stechen, stacheln, (an)spornen. 13 antreiben, heissen, befehlen; (zu-, herbei)rufen. 14 gewinnen. 15 bergen, in sich fassen; verbergen, verhehlen, verschweigen; *Pass. u. bei Trag. Anth.* verborgen sein. 16 (ver-, ein)mischen. 17 betrüben, schaden; *Med. u. Perf.* 2 κέκηδα, und *Fut.*

κέκλαυμαι (< κέκλαυσμαι) Perf. Pass. Aesch. Ch. 687 (*312*): κλαίω 29.
κεκλαυμένος Perf. Pass. Aesch. Ch. 457; Soph. O. T. 1490: κλαίω 29.
κέκλαυσμαι (< κέκλαυμαι) Perf. Pass. sp. Lycophr. 273; Plut. M. 115; ἐπι- Luc. Demon 37, -σθαι Dial. Mort. 19, 2 (*312*): κλαίω 29.
κεκλαύσομαι Fut. 3 impers. Ar. Nub. 1436: κλαίω 29.
κεκλέαται (<κεκλήται) 3 Plur. Perf. Pass. Her. 2, 164: καλέω 21.
κέκλεικα Perf. Theophr. Ch. 20; δια- Polyb. 3, 60: κλείω 20.
κέκλειμαι (< κέκλεισμαι) Perf. Pass. Dem. 25, 28; κατα- Isocr. 4, 34 (*212*): κλείω 20.
κέκλεισμαι (<κέκλειμαι) Perf. Pass. Ar. Vesp. 198; Xen. Cyr. 7, 5, 27 (*212*): κλείω 20.
κεκλείσομαι (<κλεισθήσομαι) Fut. 3 Ar. Lys. 1072: κλείω 20.
κέκλεμμαι Perf. Pass. Ar. Vesp. 57: κλέπτω 22.
κέκλετο (< ἐκέκλετο) Imprf. oder Aor. 2 Il. π, 657: κέλομαι 23.
κεκλήαται (< κεκλέαται) 3 Plur. Perf. Pass. Ap. Rh. 1, 1128: καλέω 21.
κεκλήατο 3 Plur. Plsprf. Pass. Il. κ, 195: καλέω 21.
κέκληγα Perf. Orph. Lith. 45: κλάζω 19.
κεκλήγει Plsprf. Alcm. 47: κλάζω 19.
κεκληγόντες Plur. des Part. Perf. κεκληγώς Il. μ, 125; ρ, 756; Hes. Sc. 379: κλάζω 19.
κεκληγώς Part. Perf. Il. β, 222; λ, 168; Od. ω, 408; Hes. Sc. 99; Op. 449; Ap. Rh. 2, 1105: κλάζω 19.
κεκλήισμαι (< ἐκλήισμαι) Perf. Pass. Ap. Rh. 4, 618: κλῄζω 20a.
κέκληκα Perf. Ar. Plut. 260; Isae. 3, 22; Pl. Rep. 580 (*369*): καλέω 21.
κέκλῃκα Perf. ἀπ- Ar. Av. 1162: κλῄω 20.
κέκλημαι Perf. Pass. Il. κ, 259; Her. 1, 98; Aesch. Eum. 417; Eur. Andr. 75; Pl. Phaedr. 258, e *B** (*369*): καλέω 21.
κέκλῃμαι (< κέκλᾳμαι) Perf. Pass. Aesch. Suppl. 956; Eur. Hel. 977; Andr. 482: κλῄω 20.
κεκλήμεθα 1 Plur. Opt. Perf. Ar. Lys. 253: καλέω 21.
κεκλῇο Opt. Perf. Soph. Phil. 119: καλέω 21.
κεκλῆσθαι Inf. Perf. Pl. Symp. 175, b; Eur. Ion. 1594: καλέω 21.
κέκλῃσμαι Perf. Pass. Eur. Ion. 283 (> κέκλημαι): κλῄζω 20a.
κεκλήσομαι (< κληθήσομαι) Fut. Il. γ, 138; Trag. u. Com. Pl. [*48*]: καλέω 21.
κεκλίαται (<κέκλιμαι) 3 Plur. Perf. Pass. Il. π, 68: κλίνω 28.
κέκλικα Perf. Polyb. 30, 10: κλίνω 28.
κέκλιμαι (< -αται) Perf. Pass. Il. ε, 709; Xen. Equ. 5, 5; Theocr. 7, 65: -νται (*242*): κλίνω 28.
κεκλόμενος Part. Aor. 2 Soph. O. T. 159; Ap. Rh. 1, 311; pass. Maneth. 2, 251: κέλομαι 23.
κέκλοφα Perf. Ar. Equ. 1149; Pl. 372; Dem. 22, 49; 24, 162 (*169*): κλέπτω 22.
κέκλυθι (< κλῦθι) Imper. Perf. Il. κ, 284; Ap. Rh. 2, 11 [*45. 263*]: κλύω 24.
κέκλυκα Perf. dor. κλύω.
κέκλωσμαι Perf. Pass. ἐπι- Pl. Leg. 957, e: κλώθω 25.
κέκμηκα (◁ -ακα Theocr. 1, 16) Perf. intr. Il. ζ, 262; Aesch. Sup. 158; Eur. Hipp. 756; Pl. Leg. 927, b; Luc. Pisc. 1, 571; Navig. 35: κάμνω 26.
κεκμηότα (< κεκμηῶτα) Part. Perf. Ap. Rh. 2, 324: κάμνω 26.
κεκμηότας (< κεκμηῶτας) Acc. Part. Perf. Il. λ, 802: κάμνω 26.
κεκμηώς Part. Perf. Il. ψ, 232: κάμνω 26.
κεκμηῶτα (< -ηότα) Acc. Part. Perf. Od. ν, 282: κάμνω 26.
κεκμηώτας (< κεκμηότας) Acc. Pl. Part. Perf. Thuc. 3, 59 (> -ηκότας): κάμνω 26.
κεκμηῶτες Plur. Part. Perf. Ap. Rh. 3, 1340: κάμνω 26.
κεκμηῶτι Dat. Part. Perf. Il. ζ, 261: κάμνω 26.
κέκναικα Perf. δια- Pherecr. O. Fr. 2, 327: κναίω 27.

κεκαδήσομαι, betrübt sein. 18 Herold sein, ausrufen, verkündigen. 19 rauschen, tosen. 20 (zu-, ver)schliessen. 20a rühmen, preisen. 21 (an)rufen, nennen; *Med.* zu sich rufen. 22 stehlen. 23 antreiben, heissen. 24 erfahren, vernehmen. 25 spinnen. 26 mühsam verfertigen, arbeiten. 27 nagen, schaben. 28 beugen, biegen. 29 weinen, klagen, heulen 30 brechen.

κέκναισμαι Perf. Pass. *δια-* Ar. Nub. 120: *κναίω* 1.

κέκνησμαι (< *κέκνισμαι*) Perf. Pass. *κατ-* Ar. Plut. 973: *κνάω* 1.

κέκνισμαι Perf. Pass. Luc. D. Mer. 10, 4: *κνίζω* 2.

κεκοίμημαι Perf. Pass. Luc. Tim. 6: *κοιμάω* 3.

κεκόλασθαι Inf. Perf. Aristotel.: *κολάζω* 4.

κεκόλασμαι Perf. Pass. Dem. 20, 139: *κολάζω* 4.

κεκόλουμαι (< *κεκόλουσμαι*) Perf. Pass. Anth. 7, 234: *κολούω* 5.

κεκόλουσμαι (< *κεκόλουμαι*) Perf. Pass. Eustath.: *κολούω* 5.

κεκόμικα Perf. Isae. 5, 44; Pl. Crit. 45, b: *κομίζω* 6.

κεκόμισμαι Perf. Pass. med. Dem. 18, 231: *κομίζω* 6.

κέκομμαι Perf. Pass. Aesch. Pers. 683; Ar. Ach. 512; Strattis, Fr. Com 2, 768; Thuc. 4, 26; *παρα-* Ar. Ach. 517: *κόπτω* 7.

κέκονα Perf. Soph. E. M. p. 500, 54: *καίνω* 8.

κεκόνιμαι (< *κεκόνισμαι*) Perf. Pass. Il. *φ*, 541; Ar. Eccl. 291: *κονίω* 9.

κεκόνισμαι (< *κεκόνιμαι*) Perf. Pass: *κονίω* 9.

κεκόνιστο (< *κεκόνιτο*) Plsprf. Pass. Anth. 9, 128: *κονίω* 9.

κεκόνιτο (< *κεκόνιστο*) Plsprf. Pass. Il. *χ*, 405: *κονίω* 9.

κέκοπα (< *κέκοφα*) Perf. 2 als Praes. Il. *ν*, 60: *κόπτω* 7.

κεκόρεσμαι (< *κεκόρημαι*) Perf. Pass. Xen. Mem. 3, 11, 14; Luc. Nigr. 38: *κορέννυμι* 12.

κεκόρημαι (< *κεκόρεσμαι*) Perf. Pass. Il. *σ*, 287; Her. 3, 80; Ar. Pax. 1685: *κορέννυμι* 12.

κεκορήσομαι Fut. 3 sp. Maxim.: *κορέννυμι* 12.

κεκορηώς Perf. 2 als Pass. *-ότε* Od. *σ*, 72: *κορέννυμι* 12.

κεκορυθμένος Part. Perf. Pass. Il. *ρ*, 3; Eur. Andr. 279; I. A. 1073: *κορύσσω* 10.

κεκοτηώς Part. Perf. 2 als Praes. *-ότι* Il. *φ*, 456 [*61*]: *κοτέω, -αίνω* 11.

κέκοφα (< *κέκοπα*) Perf. *περι-* Lys. 14, 42; *ἐκ-* Xen. Hell. 6, 5, 37: *κόπτω* 7.

κεκόψομαι (< *κοπήσομαι, κόψομαι*) Fut. 3 Pass. *ἐκ-* Ar. Ran. 1223; *κατα-* Xen. An. 1, 5, 16: *κόπτω* 7.

κεκρᾱ́ανται 3 Plur. Perf. Od. *ο*, 116: *κραιαίνω* 13.

κεκρᾱ́αντο 3 Plur. Plsprf. Od. *δ*, 132: *κραιαίνω* 13.

κέκρᾱγα Perf. Aesch. Ch. 535; Ar. Ach. 711. 804; Eup. Fr. Com. 2, 474; Xen. An. 7, 8, 15 [*201*]: *κράζω* 14.

κεκραγέναι Inf. Perf. Phoenicides, Fr. Com. 4, 509: *κράζω* 14.

κεκράγετε (< *κέκραχθε*) 2 Plur. Perf. Ar. Vesp. 450: *κράζω* 14.

κεκραγώς Part. Perf. Luc. Pisc. 35, 604: *κράζω* 14.

κέκρᾱμαι (< *κεκέρασμαι*) Perf. Pass. Pind. P. 10, 41; Aesch. Prom. 106; Pl. Rep. 397; Dem. 24, 214: *κεράννυμι* 15.

κέκρανται 3 Plur. Perf. Pass. Eur. Hipp. 1255: *κραίνω* 13.

κεκράξομαι Fut. Med. Ar. Ran. 258; *-εται* Eupol. Fr. Com. 2, 428; *-ονται* Ar. Fr. Com. 2, 974: *κράζω* 14.

κέκραται 3 Sing. Perf. Pass. Aesch. Suppl. 943; Ch. 871: *κραίνω* 13.

κέκραχθε (< *κεκράγετε*) 2 Plur. Perf. Ar. Ach. 335: *κράζω* 14.

κέκραχθι Imper. Ar. Vesp. 198; Luc. Demon. 53: *κράζω* 14.

κεκρεμάσθω Imper. Perf. Pass. Archimed. Tetrag. 131: *κρεμάννυμι* 35.

κεκρέμαστο Plsprf. *κατα-* Diod. Sic. 18, 26: *κρεμάννυμι* 35.

κεκριγότες Part. Perf. 2 Ar. Av. 1521: *κρίζω* 16.

κέκρικα Perf. Pl. Leg. 734; Dem. 19, 233 (*167*): *κρίνω* 17.

κέκριμαι Perf. Pass. Il. *κ*, 417; Pind. O. 2, 30; Lycurg. 52 *-νται* Dem. 22, 66 (*242*): *κρίνω* 17.

κέκρουκα Perf. *προς-* Dem. 21, 206 (< *167*): *κρούω* 18.

κέκρουμαι (< *κέκρουσμαι*) Perf.

---

1 nagen, schaben. 2 kneipen, schaben. 3 einschläfern, beruhigen. 4 stutzen, beschneiden. 5 verstümmeln, verkürzen. 6 besorgen, versorgen, fortschaffen, wegtragen; (herbei)bringen; *Med.* bei sich pflegen, bewirthen; *Pass. u. Med.* gebracht, getragen werden. 7 stossen, schlagen, hauen. 8 umbringen. 9 bestäuben. 10 waffnen, (aus)rüsten. 11 grollen, zürnen. 12 sättigen. 13 vollenden, bewirken. 14 krächzen. 15 (ver-, ein)mischen. 16 knarren. 17 sichten, (unter)scheiden. 18 schlagen, klopfen. 19 ver-

Pass. act. Dem. 6, 23; ἀπο- pass. Xen. Hel. 7, 4, 26 (> κέκρουσμαι); Ar. Ach. 459: κρούω 18.

κέκρουσμαι (< κέκρουμαι) Perf. Pass. ἀπο- pass. Ar. Ach. 435: κρούω 18.

κέκρυμμαι Perf. Pass. Od. ψ, 110; Hes. Op. 384; Eur. Hel. 62; Isocr. 3, 52: κρύπτω 19.

κέκρυφα Perf. Hippocr. 1, 471: κρούω 18.

κεκρύφθαι Inf. Perf. Pind. O. 7, 57: κρύπτω 19.

κεκρύψομαι Fut. 3 Hippocr. 2, 668: κρύπτω 19.

κεκτένισμαι (< ἐκτένισμαι) Perf. Pass. Xen. Laced. 13, 8: κτενίζω 24.

κέκτημαι (< ἔκτημαι) Perf. Pass. als Praes. Hes. Op. 437; Aesch. Suppl. 336; Eur. Hel. 372; Pl. Rep. 330, b; Leg. 666, e (*68*): κτάομαι 20.

κεκτήμεθα 1 Plur. *Ind.* Thuc. 1, 33: κτάομαι 20.

κεκτῄμεθα 1 Plur. *Conj.* Perf. Pl. Rep. 505: κτάομαι 20.

κεκτημένος Part. Perf. Her. 2, 173. 174; 7; 27; Thuc. 1, 6: κτάομαι 20.

κεκτήμην Plsprf. Eur. I. A. 404 (*71*): κτάομαι 20.

κεκτῆσθαι Inf. Perf. als Praes. Eur. Hec. 489; Thuc. 1, 35: κτάομαι 20.

κεκτῆσθε 2 Plur. Conj. Perf. Isocr. 3, 49: κτάομαι 20.

κέκτησο 2 Sing. Plsprf. Her. 7, 29: κτάομαι 20.

κεκτήσομαι (< ἐκτήσομαι) Fut. Aesch. Sept. 1017; Bacch. 514; Pl. Gorg. 467, a; Rep. 417, a: κτάομαι 20.

κέκτωμαι Conj. Perf. Xen. Symp. 1, 8: κτάομαι 20.

κεκτῴμην, -ῷο, ῷτο Opt. Xen. Ages. 9, 7: κτάομαι 20.

κεκύηκα Perf. Philem. Com. Fr. 4, 41; Dio Cass. 45, 1: κύω 21.

κεκύθω Conj. Aor. 2 Od. ζ, 303 [*45*]: κεύθω 22.

κεκύθωσι (< κύθε) Aor. 2 redupl. Od. ζ, 303: κεύθω 22.

κεκύλισμαι Perf. Pass. Athen. 480: κατα- Xen. Cyr. 5, 3, 1: κυλίνδω 23.

κέκυφα Perf. Her. 4, 183; Pl. Rep. 586, a; ἀνα-Eur. Cycl. 2, 2; συγ-Luc. Bis. Accus. 4: κύπτω 26.

κεκώλυκα Perf. Dinarch. 1, 101 (**167**): κωλύω 27.

κεκώλυμαι Perf. Pass. Thuc. 2, 37: κωλύω 27.

κεκώμακα Perf. Anth. 5, 112; ἐπεισ- Pl. Rep. 500, b: κωμάζω 28.

κελάδησα Aor. Il. η, 542: κελαδέω 29.

κελαδήσομαι (< κελαδήσω) Fut. Med. Pind. O. 11, 79: κελαδέω 29.

κελαδήσω (< κελαδήσομαι) Fut. Pind. O. 2, 3: κελαδέω 29.

κελευσ- s. κέλευσα.

κελευσθ(ην) Aor. Pass. -θείς, -θέντες [**211**] s. u. ἐκελεύσθην.

κελευστέον (< κελευστός) Vb. δια- Pl. Leg. 631, d: κελεύω 30.

κελευστός (< κελευστέον) Vb. παρα- Thuc. 6, 13 [**211**]: κελεύω 30.

κελεύσω Fut. Il. δ, 322; Pl. Theaet. 143: κελεύω 30.

κελησάμην (< ἐκελησάμην) Aor. Pind. O. 13, 80: κέλομαι 31.

κελήσομαι Fut. Od. κ, 296: κέλομαι 31.

κελόμην (< κέντο) Aor. 2 od. Imprf. Anth. 14, 34: κέλομαι 31.

κελσ- Aor. -ας Eur. El. 139; -ασα I. A. 167; κέλσαι Hipp. 140 [**55. 224**]: κέλλω 32.

κέλσω Fut. Aesch. Suppl. 330; Eur. Hec. 1057 [**224**]: κέλλω 32.

κένσαι Inf. ep. Il. ψ, 337 [**55**]: κεντέω 33.

κεντήσω Fut. Soph. Ai. 1245: κεντέω 33.

κέντο (< κελόμην) 3 Plur. Aor. 2 od. Imprf. dor. Alcm. Fr. 117: κέλομαι 31.

κεοίμην Opt. -οιτο Pl. Rep. 477, a: κεῖμαι 34.

---

bergen, verstecken, verheimlichen. 20 erwerben; *Perf.* κέκτημαι, besitzen. 21 in sich fassen, schwanger sein. 22 bergen, in sich fassen; verbergen, verhehlen, verschweigen; *Pass. u. bei Trag. Anth.* verborgen sein. 23 wälzen; fortbewegen; *Pass.* sich wälzen, fortrollen; sich herumtreiben, herumlaufen. 24 kämmen, striegeln, glätten. 25 erwerben; *Perf.* κέκτημαι, besitzen. 26 ducken, bücken, sich neigen. 27 hemmen, (ver)hindern, ab-, in Schranken halten. 28 einherschwärmen. 29 rauschen. 30 bewegen, (an)treiben, heissen, befehlen; (zu-, herbei)rufen. 31 antreiben, heissen. 32 treiben; *intr.* sich bewegen, laufen, von Schiffen: anfahren. 33 stechen, stacheln. 34 (da)liegen und zwar auch müssig, schwach, krank, todt, im Unglück. 35 aufhängen, *Med.* hangen.

κέοιντο 3 Pl. Opt. Praes.: κεῖμαι 1.

κέοιτο 3 Sing. Opt. Her. 1, 67; Pl. Rep. 277, a: κεῖμαι 1.

κέομαι Praes. ion. für κεῖμαι 1.

κέονται (< κέαται, κεέται) 3 Plur. ion, Il. χ, 510; Od. λ, 314; π, 232; Hippocr. 1, 526. 532 [*296*] κεῖμαι 1.

κέρᾱ Imper. Athen. 2, 29: κεράω 2.

κεράασθε 2 Plur. Praes. Od. γ, 332: κεράω 2.

κέραιε Imprf. Il. ι, 203: κεράω 2.

κεράϊξα (< ἐκεράϊσα) Aor. Nonn. 23, 21: κεραΐζω 3.

κεραϊξόμενος Part. Eur. Alc. 886: κεραΐζω 3.

κερασ- Aor. -σῃ Antiphanes Fr. Com. 3, 26; -ας Xen. An. 1, 2, 13; κεράσασα Od. κ, 362: κεράννυμι 2.

κερασθ(ην) s. u. ἐκεράσθην.

κέρασσα (< ἐκέρασα, ἔκρησα) Aor. Od. ε, 93: κεράννυμι 2.

κερασσάμην Aor. Med. Od. σ, 423: κεράννυμι 2.

κερδανέω (< κερδανῶ, κερδήσομαι, κερδήσω) Fut. Her. 8, 60 (*229*): κερδαίνω 4.

κερδανῶ (< κερδανέω) Fut. att. Aesch. Ag. 1301; Eur. Hel. 1051 (*229*): κερδαίνω 4.

κερδήσομαι (< κερδήσω, κερδανῶ, κερδανέω) Fut. Her. 3, 72: κερδαίνω 4.

κερδήσω (< κερδαίνω) Fut. sp. Anth. 9, 390: κερδαίνω 4.

κερέω (< κερῶ, κέρσω) Fut. ep. Il. ψ, 146: κείρω 5.

κερθέντες s. u. ἐκέρθην.

κεροῦμαι Fut. Eur. Tr. 1183; ἀποκερεῖ Pl. Phaed. 89, b: κείρω 5.

κερόωντο (< κερῶντο) 3 Plur. Imperf. Od. ο, 500: κεράω 2.

κερσάμενος s. u. ἐκερσάμην.

κέρσε Aor. Hes. Sc. 419; κέρσῃ Qu. Sin. 11, 214; -ειεν Aesch. Sept. 665 [*55*]: κείρω 5.

κέρσοι 3 Sing. Opt. Fut. Mosch. 2, 32 [*55*]: κείρω 5.

κερῶ (< κερέω, κέρσω) Fut. Pl. Rep. 471, b: κείρω 5.

κερῶν Part. Praes. Od. ω, 364: κεράω 2.

κέρων Imprf. Ap. Rh. 1, 1185: κεράω 2.

κέρωνται 3 Plur. Conj. Praes. Il. δ, 260: κεράω 2.

κερῶντο (< κερόωντο) 3 Plur. Imperf. Od. ϑ, 470: κεράω 2.

κέσκετο Imprf. iter. nur Od. φ, 41 [*296*]: κεῖμαι 1.

κεστός Vb. Il. ξ, 214: κεντέω 9.

κεύσω Fnt. Od. γ, 187: κεύθω 28.

κέχαγκα Perf. Bekk. An. 611 p. 1285: χαίνω, χάσκω 6.

κεχάλακα Perf. Hippocr. 3, 654; 5, 394: χαλάω 7.

κεχάλασμαι Perf. Pass. Anth. 9, 297; Arat. 351; Herodi. 1, 14; Ar. Tact. p. 79: χαλάω 7.

κέχᾱνα (< κέχηνα) Perf. dor. Sophr. F. 51 Ahrens: χαίνω, χάσκω 6.

κέχανδα Perf. als Praes. Il. ψ, 268; Od. δ, 96: χανδάνω 8.

κεχάνδει Plsprf. Il. ω, 192: χανδάνω 8.

κεχάρηκα Perf. Ar. Vesp. 746; -ηκώς Her. 3, 42: χαίρω 10.

κεχάρημαι (< κέχαρμαι) Perf. Pass. act. Hom. Hym. 7, 10; Eur. I. A. 200; Ar. Vesp. 389; Theocr. 26, 70: χαίρω 10.

κεχαρηότα Part. Perf. ep. Il. η, 312; Hes. Fr. 223: χαίρω 10.

κεχαρήσομαι (< κεχαρήσω, χαιρήσω, χαρήσομαι) Fut. Od. ψ, 266; Theocr. 16, 73 [*48*]: χαίρω 10.

κεχαρήσω (< χαιρήσω, χαρήσομαι, κεχαρήσομαι) Fut. ep. Il. ο, 98 [*48*]: χαίρω 10.

κεχάρητο Plsprf. Hes. Sc. 65: χαίρω 10.

κεχαρίσθω Imper. pass. Pl. Phaedr. 250, c: χαρίζομαι 11.

κεχάρισμαι Perf. Ar. Equ. 54; Xen. Hel. 4, 8, 9; Isocr. 19, 38 [*392*]: χαρίζομαι 11.

κεχαρισμένος Part. Perf. Il. ε, 243; Eur. Herc. F. 889; Isocr. 3, 48: χαρίζομαι 11.

κεχάριστο (< ἐκεχάριστο) Plsprf. Od. ζ, 23: χαρίζομαι 11.

κέχαρμαι (< κεχάρημαι) Perf. Pass. Eur. Cycl. 368; El. 1077; Or. 1122; Orph. Hym. 51, 5: χαίρω 10.

κεχαροίατο 3 Plur. Opt. Aor. 2 redupl. ep. Il. α, 256; -οιτο Ap. Rh. 1, 920: χαίρω 10.

---

1 (da)liegen und zwar auch müssig, schwach, krank, todt, im Unglück. 2 (ver-, ein)mischen. 3 verwüsten, plündern. 4 gewinnen. 5 scheeren, abschneiden. 6 gähnen. 7 nach-, loslassen, abspannen. 8 (in sich) fassen, in sich

κεχάροντο Aor. 2 red. ep. Il. π, 600; Ap. Rh. 2, 1160]45]: χαίρω 10.
κεχείρωμαι Perf. Pass. Aesch. Sept. 326; Thuc. 5, 96: χειρόω 12.
κέχεσμαι Perf. Pass. Ar. Ach. 1170: χέζω 13.
κέχηνα (< κέχανα) Perf. Il. π, 409; Ar. Lys. 426; Pl. Rep. 529, b: χαίνω, χάσκω 6.
κεχήνετε 2 Plur. Imper. Ar. Ach. 133 Dind. [168]: χαίνω, χάσκω 6.
κεχήνῃ Conj. Perf. Ar. Equ. 804: χαίνω, χάσκω 6.
κεχλάδειν Inf. Perf. für κεχλαδέναι Pind. Fr. 6 (49): χλάδω 14.
κεχλάδοντας Part. Perf. Pind. P. 4, 179: χλάδω 14.
κεχλᾰδώς Part. Perf. Pass. Pind. O. 9, 2: χλάδω 14.
κέχοκα Perf. ἐγ- Ar. Ran. 479: χέζω 13.
κεχολήσομαι Fut. [48]: χολάω 27.
κεχολώατο (< κεχολώμην) 3 Plur. Plsprf. Od. ξ, 282 [15]: χολόω 15.
κεχόλωμαι Perf. Pass. als Med. Od. α, 69; Plut. Fab. Max. 22: χολόω 15.
κεχόλωσο 2 Sing. Plsprf. Il. π, 585: χολόω 15.
κεχολώσομαι (< χολώσομαι) Fut. als Med. Il. α, 139; Od. ο, 214 [48]: χολόω 15.
κεχόρευκα Perf. Pl. Leg. 654, b: χορεύω 16.
κεχόρευται Perf. Pass. impers. Ar. Nub. 1510: χορεύω 16.
κέχρηκα Perf. Menand. Fr. Com. 4, 247: χράω 17.
κεχρημένος Part. Perf. Il. τ, 262; Soph. Phil. 1264; Eur. Suppl. 457 [212]: χράομαι 18.
κεχρημένος Part. Perf. ἐγ- Her. 7, 145: χράω 17.
κεχρῆσθαι Inf. Perf. Lys. 25, 15: χράομαι 18.
1) κέχρησμαι Perf. Pass. Od. γ, 266; Lys. 25, 15: χράομαι 18.
2) κέχρησμαι Perf. Pass. Her. 4, 164; 7, 141 (< κέχρημαι): χράω 17.
κεχρήσομαι Fut. [211]: χράομαι 18.
κέχρῖμαι (< κέχρισμαι) Perf. Pass. Her. 4, 195; Com. Fr. Magnes 2, 10; Eubul. 3, 250; Ar. 2, 1147. 1148; vgl. Lobeck zu Soph. Ai. p. 325 [212]; Xen. Cyr. 7, 15, 22: χρίω 19.
κέχρισμαι (< κέχριμαι) Perf. Pass. Ar. Com. Fr. 2, 1176; [212]: χρίω 19.
κέχρισται 3 Sing. Perf. Pass. Luc. Tragoed. 296: χρίω 19.
κέχρωκα Perf. ἐπι- Plut. Orac. Pyth. 3: χρώζω 20.
κέχρωσμαι Perf. Pass. Eur. Med. 497; Eur. Hec. 912; Hippocr. 5, 390; Luc Lexiph. 22 [309. 212]: χρώζω 20.
κέχυκα Perf. συν- Menand. Fr. Com. 4, 294; Polyb. 5, 84: χέω 21.
κέχυμαι Perf. Pass. Il. ε, 141; Eur. Bacch. 456; Heracl. F. 1063; Suppl. 827; Luc. D. Sacrif. 5, 530; περι- Deor. D. 20, 8; ἐκ- Plat. Crit. 49 [210]: χέω 21.
κέχωκα Perf. ἀνν- Dem. 55, 28; Diod. 3, 3, 15: χόω 22.
κεχώρηκα Perf. Her. 1, 120. 122; Thuc. 1, 122: χωρέω 23.
κέχωσμαι Perf. Pass. Plat. Com. Fr. 2, 679; Xen. Cyr. 7, 3, 16 [211]: χόω 22.
κέων Prt. Fut. Od. η, 342 [297]: κείω 24.
κέωνται 3 Pl. Conj. Praes.: κεῖμαι 1.
κήαντο Aor. Il. ι, 88 (> κήδοντο): καίω 25.
κηδέαται 3 Plur. Praes. Her. 1, 209 (?) [107]: κήδω 26.
κήδεσαι Imper. Aor. Aesch. Sept. 136: κήδω 26.
κήδεσκον Imprf. iter. Od. ψ, 9: κήδω 26.
κηδήσω Fut. Il. ω, 240: κήδω 26.

---

enthalten. 9 stechen, stacheln. 10 sich freuen. 11 sich gefällig und gütig erweisen, willfahren. 12 handhaben, behandeln. 13 scheissen. 14 strotzen, wogen. 15 erzürnen; *Pass. u. Med.* zürnen. 16 im Reigen, im Chor tanzen. 17 anpacken, an-, befallen. 18 gebrauchen, sich bedienen. 19 ritzen, verwunden, stechen. 20 be-, anrühren. 21 giessen. 22 (auf)-schütten, dämmen. 23 weichen, (fort)gehen. 24 sich niederlegen, schlafen wollen. 25 (ver)brennen, anzünden; *Pass.* angezündet werden, anbrennen; *Med.* nur *Aor.* sich etwas anzünden. 26 betrüben, schaden; *Med. u. Perf. 2* κέκηδα, und *Fut.* κεκαδήσομαι, betrübt sein. 27 toll sein. 28 (ver)-bergen.

κήκιον (< ἐκήκιε) Imprf. Od. ε, 455; -ῖε Soph. Phil. 704: κηκίω 3.
κήομεν 1 Plur. Conj. Praes. Il. η, 377 (< κείομεν): καίω 2.
κηρυξ- Aor. κηρῦξαι Eur. Hec. 530: κηρύσσω 1.
κηρύξομαι Fut. Med. pass. Eur. Phoen. 1631: κηρύσσω 1.
κηρύξω Fut. Ar. Eccl. 684: κηρύσσω 4.
κηρυχθήσομαι Fut. Pass. Xen. Cyr. 8, 4, 4: κηρύσσω 1.
κῆται (< κέησαι) 3 Sing. Conj. Praes. Il. τ, 32; ω, 554 [*296*]: κεῖμαι 4.
κίε Imper. Od. η, 50; Aesch. Suppl. 852; Pers. 1068: κίω 5.
κίειν Inf. Praes. Pl. Crat. 426, c: κίω 5.
κίῃς Conj. Praes. Od. α, 311: κίω 5.
κικλήσκεται Praes. Pass. Od. ο, 403; Eur. Rhes. 279. 652; Strattis Fr. Com. 2, 773: κικλήσκω 6.
κικλήσκετο Imprf. Med. Il. κ, 30: κικλήσκω 6.
κίκλησκον Imprf. Il. β, 404; Ap. Rh. 1, 230: κικλήσκω 6.
κινηθήσομαι (< κινήσομαι) Fut. Pass. Aeschin. 3, 160: κινέω 7.
κινήσομαι (< κινηθήσομαι) Fut. Med. pass. Xen. Cyr. 1, 4, 19: κινέω 7.
κινύμην Imprf. Il. δ, 281: κίνυμαι 8.
κίοι 3 Sing. Opt. Aesch. Suppl. 504: κίω 5.
κίοιτε 2 Plur. Opt. Od. γ, 347: κίω 5.
κιοίτην 3 Dual. Opt. Il. ω, 285; Od. ο, 149: κίω 5.
κίομεν 1 Plur. Imprf. Il. φ, 456: κίω 5.
κίον (< ἔκιον) Imprf. Il. ζ, 399: κίω 5.
κιοντ- Stammform des Part. κιών: -όντι Od. ϱ, 53: κίω 5.
κιοῦσαι Fem. Part. Il. ι, 504: κίω 5.
κιϱνᾶ 3 Sing. Praes. Her. 4, 66: κιϱνάω, κίϱνημι 9.
κίϱναις (< κιϱνάς) Part. Alcae. 27: κιϱνάω, κίϱνημι 9.
1) **κίϱναμαι** Praes. Med. Pind. Fr. 11, 71: κιϱνάω, κίϱνημι 9.
2) **κίϱναμαι** Praes. Pass. ἐπι- Her. 1, 51: κιϱνάω, κίϱνημι 9.
κίϱνᾰμεν 1 Plur. Praes. Pind. I, 5, 3: κιϱνάω, κίϱνημι 9.
κιϱνᾰ́μεν (< κιϱνάναι) Inf. Praes. Pind. I. 4, 25: κιϱνάω, κίϱνημι 9.
κιϱνάμενα Part. Pind. N. 3, 78: κιϱνάω, κίϱνημι 9.
κιϱνάναι (< κιϱνᾰ́μεν) Inf. Praes. Hippocr. 2, 768: κιϱνάω, κίϱνημι 9.
κιϱνάς (< κίϱναις) Part. Praes. Od. π, 14; Ar. Fr. 555: κιϱνάω, κίϱνημι 9.
κίϱνασθαι Inf. Praes. Med. ἀνα- Eur. Hipp. 254: ἀνακιϱνάω, ἀνακίϱνημι 9.
κιϱνᾶσθαι Inf. Praes. Pass. Athen. 10, 426: κιϱνάω, κίϱνημι 9.
κιϱνᾶσι Praes. ἐγ- Ar. Eccl. 841: κιϱνάω, κίϱνημι 9.
κιϱνᾰ́τω Imper. Praes. ἐγ- Pind. N. 9, 50: κιϱνάω, κίϱνημι 9.
κίϱνη (< ἐκίϱνων) Imprf. Od. ξ, 78: κιϱνάω, κίϱνημι 9.
κιχείην Opt. Praes. Il. β, 188: κιχάνω 10.
κιχείς Part. Praes. Il. π, 342: κιχάνω 10.
κιχείω (< κίχω) Conj. Praes. Il. α, 26: κιχάνω 10.
κιχήμεναι (< κιχῆναι) Inf. Praes. (Aor. 2) Od. ο, 274: κιχάνω 10.
κιχήμενος Part. Praes. Il. ε, 187: κιχάνω 10.
κιχῆναι (< κιχήμεναι) Inf. Praes. Od. π, 357: κιχάνω 10.
κιχήσατο Aor. M. Il. κ, 494; Archil. Fr. 68 Bergk -αο: κιχάνω 10.
κιχήσομαι (< κιχήσω) Fut. Il. φ, 605; Soph. O. C. 1487: κιχάνω 10.
κιχήσω (< κιχήσομαι) Fut. Ap. Rh. 4, 1482, Hom. Hym. 2, 62: κιχάνω 10.
κιχήτην 3 Dual. Imprf. Il. κ, 376; π, 379; Od. ω, 284: κιχάνω 10.
κιχητός, ἀκίχητος Vb. Il. ϱ, 75; Aesch. Prom. 184: κιχάνω 10.
κίχον (< ἔκιχον) Imprf. Pind. P. 9, 26: κιχάνω 10.
κίχω (< κιχείω) Conj. Praes. Eur. Suppl. 1069: κιχάνω 10.
κιών Part. Praes. Il. π, 263: κίω 5.
κλάγξω Fut. Aesch. Pers. 947: κλάζω 11.
κλāήσω (< κλαιήσω, κλαύσομαι,

---

1 Herold sein, ausrufen, verkündigen. 2 (ver)brennen, anzünden; *Pass.* angezündet werden, anbrennen; *Med.* nur *Aor.* sich etwas anzünden. 3 hervorquellen, -sprudeln. 4 (da)liegen und zwar auch müssig, schwach, krank, todt, im Unglück. 5 (weg)gehen. 6 (herbei-, an)rufen. 7 bewegen.

κλαυσοῦμαι) Fut. Dem. 19, 310: κλαίω 12.
κλαῖε(ν) 3 Sing. Imprf. Od. α, 363 *Γ**: κλαίω 12.
κλαίεσκον Imprf. iter. Il. ϑ, 364; Aesch. Fr. 285: κλαίω 12.
κλαιήσω (< κλαύσομαι, κλαυσοῦμαι) Fut. selten Dem. 21, 99; 37, 48; 54, 42: κλαίω 12.
κλαίοισθα 2 Sing. Opt. Il. ω, 619: κλαίω 12.
κλαῖον Imprf. Od. δ, 539: κλαίω 12.
κλᾳξῶ (< κλήσω) Fut. Theocr. 6, 32: κλῄω 14.
κλάς Part. ἀπο- Anacr. Fr. 16: κλάω 13.
κλάσε 3 Sing. Aor. Od. ζ, 128 [*26*]: κλάω 13.
κλασθ(ην) An. Pass. -θῆτε in ἐπι- Thuc. 3, 67; -θῆναι Luc. Meretr. D. 12, 2 [*212*]: κλάω 13.
κλασθήσομαι Fut. Pass. Arist. Met. E. 3: κλάω 13.
κλάσσα (< ἔκλασα, κλάσε) Aor. Theocr. 20 (25), 147: κλάω 13.
κλάσσα (< ἔκλασα, κλάσε) Aor. Od. ζ, 128: κλάω 13.
κλάσω Fut. συγ- Apocr. Syr. 28, 18. 26: κλάω 13.
κλαῦσε (< ἔκλαυσα) Aor. Od. γ, 261; κλαύσας Il. ω, 48 [*29*]: κλαίω 12.
κλαυσ- Aor. -ειεν Soph, Phil. 693; κλαῦσαι Eur. Andr. 1160 [*29*]: κλαίω 12.
κλαύσομαι (<κλαυσοῦμαι) Ar. Fr. 1081 Fut. Il. σ, 340; Eupol. Fr. Com. 2, 513; Ar. Nub. 58; -οιτο [Dem.] 59, 38 (*161*): κλαίω 12.
κλαυστός (<κλαυτός) Vb. Soph. O. C. 1360 (>κλαυτά) [*212*]: κλαίω 12.
κλαυτός (< κλαυστός) Aesch. Sept. 330 [*212*]: κλαίω 12.
κλεΐξω Fut. dor. Pind. O. 1, 110: κλεΐζω 15.
κλεῖον Imprf. Orph. Lith. 193: κλέω 15.
κλείσω Fut. -ετε in ἀποκλείσετε Luc. Hermot. 13, 752: κλείω 16.
κλεισ(αμην) Aor. Med. κλεισάμενος Xen. Cyr. 7, 2, 5: κλείω 16.
κλεισθ(ην) Aor. Pass. -θέντες in κατα- Dem. 22, 13 [*212*]: κλείω 16.
κλεισθήσομαι (< κεκλείσομαι) συγ-οιτο Dem. 59, 38 Xen. Hell. 5, 2, 19 (*212*): κλείω 16.
κλειστός Vb. Eur. Fr. Pel. 3: κλείω 16.
κλείσω (< κλιῶ) Fut. ἀπο- Xen. An. 6, 6, 13: κλείω 16.
κλεπτέον Vb. Soph. Phil. 57: κλέπτω 17.
κλεφθ(ην) Aor. Pass. -θείς Eur. Or. 1580: κλέπτω 17.
κλέψομαι (< κλέψω) Fut. Xen. Cyr. 7, 4, 13: κλέπτω 17.
κλέψω Fut. Ar. Eccl. 667; Xen. M. Equ. 4, 17: κλέπτω 17.
κλέωα Part. Praes. dor. -κλέουσα Ar. Lys. 1299: κλέω 15.
κληθ(ην) Aor. Pass. -είη Pl. Leg. 665, a; -ῆναι, -είς, -εῖσα, -έν, -έντες, -είσας: καλέω 18.
κληθήσομαι (< κεκλήσομαι) Fut Plat. Leg. 681, d; Luc. Enc. 3 καλέω 18.
κληϊστός Vb. Od. β, 344: κληΐζω 15.
κλῆξα (< ἔκλησα) Aor. Orph. Arg. 1007: κλῄζω 15.
κλησάμην Aor Med ἀποκλῄσασθαι. Thuc. 6, 101: κλῄω 16.
κλήσω Fut. Hom. Hym. 31, 18: κλῄζω 15.
κλήσω (< κλασῶ dor.) Fut. Thuc. 4, 8: κλῄω 16.
κλητέος Vb. Pl. Crat. 393, c: καλέω 18.
κλητός Vb. Od. ρ, 386: καλέω 18.
κλιθ(ην) Aor. Pass. -θῆναι Pl. Phaed. 109, a; -θείης Luc. Rhet. Praes. 9; -θείς Luc. Amor. 54; -θεῖσαν Soph. Tr. 1226: κλίνω 20.
κλιθήσομαι (< κλινήσομαι) Fut. Pass. κατα- Eur. Alc. 1090: κατακλίνω 19.
κλιν- Aor. -αντες Pl. Tim. 77, e: κλίνω 20.
κλινήσομαι (< κλιθήσομαι) Fut. Pass. Ar. Equ. 98; Plat. Symp. 222,: κλίνω 20.
κλινθ(ην) (< κλιθ(ην)) Aor. Pass. Theocr. 29 (22), 120: κλίνω 20.
κλίνθην Aor. Pass. Il. ψ, 232: κλίνω 20.
κλινοῦμαι Fut. Med. κατα- Ar. Lys. 910: κλίνω 20.

---

8 sich bewegen, gehen. 9 κεράννυμι (ver)mischen. 10 einholen, erlangen. 11 rauschen, tosen. 12 weinen, klagen. 13 (ab-, zer)brechen. 14 (ver-zu)schliessen. 15 berühmt machen, preisen. 16 (ver-, zu-, ein)schliessen. 17 stehlen. 18 (an)rufen, nennen; *Med.* zu sich rufen. 19 niederbiegen, neigen. 20 beugen, biegen.

κλιῶ (< κλείσω) Fut. κατα- Eupol. C. Fr. 2, 544: κλείω 1.
κλύε Imper. Praes. Aesch. Ch. 156: κλύω 2.
κλύετε 2 Plur. Imper. Ar. Plut. 601: κλύω 2.
κλῦθι Imper. Il. α, 37; Aesch. Ch. 332; Soph. Fr. 1115; Eur. El. 1238; Eur. Hipp. 872 [*263*]: κλύω 2.
κλύμενος Part. Aor. 2 Med. Theocr. 14, 26: κλύω 2.
κλύοιμι Opt. Praes. Aesch. Prom. 313: κλύω 2.
κλῦτε 2 Plur. Imper. Aesch. Ch. 399: κλύω 2.
κλυτός Vb. Il. β, 742: κλύω 2.
κλύω Conj. Praes. -ῃ Aesch. Pers. 665: κλύω 2.
κλώσονται Fut. ἐπι- Od. υ, 196 (> ἐπικλώσωνται): ἐπικλώθω 26.
κμητέον Vb. ἀπο- Pl. Rep. 445, b: κάμνω 3.
κναισ- Aor. διακναίσας Ar. Eccl. 956: διακναίω 4.
κναισθήσομαι Fut. Pass. δια- Ar. Pax. 251: κναίω 4.
κναισῶ (< κναίσω) Fut. ἐκκναισεῦντι 3 Plur. Theocr. 15, 88: κναίω 4.
κναίσω (< κναισῶ) Fut. δια- Eur Cycl. 486: κναίω 4.
κνῆ Imprf. oder Aor. 2 ep. für ἔκναε (*219*) ἐπι- Il. λ, 639: κνάω = κναίω 4.
κνῆσθαι Inf Praes. Med. Pl. Gorg. 494, c: κνάω; κναίω 4.
κνισθ(ην) Aor. Pass. -ῇς Eur. Andr. 209; ἐκνίσθην Theocr. 4, 59: κνίζω 5.
κνίσω Fut. Ar. Ran. 1198: κνίζω 5.
κοιμηθ(ην) Aor. Pass. κοιμήθημεν, -θέντες, -θέντι, -θῆναι Hom.; -θῆναι, -θέντες Pl.; -θείς Xen. Cyr. 8, 7, 2 [*388*]: κοιμάω 6.
κοίμησα (< ἐκοίμασα) Aor. -ε Od. μ, 169 *B**; -σον Il. π, 524: κοιμάω 6.
κοιμήσομαι (< κοιμηθήσομαι) Fut. Med. Luc. D. Deor. 414: κοιμάω 6.
κοινώσω Fut. Aesch. Ch. 673: κοινόω 7.
κολᾷ Fut. Ar. Equ. 456: κολάζω 8.
κολασαμ(ην) Aor. Med. κολασάμενος Pl. Menex. 240, d: κολάζω 8.
κολασθ(ην) Aor. Pass. -θῆναι Pl. Leg. 879, d; -θέντα, -θεῖσι Pl.: κολάζω 8.
κολάσομαι (< κολάσω) Fut. Com. Fr. 801; Xen. Hell. 1, 7, 20; Pl. Rep. 578, d: κολάζω 8.
κολαστέος Vb. Pl. Gorg. 527, b: κολάζω 9.
κολάσω (< κολάσομαι) Fut. Lys. 31, 29; Lycurg. 1, 10; Pl. Rep. 389, d; Xen. Cyr. 7, 5, 83; Athen. 1, 9: κολάζω 8.
κολουθ(ην) s. u. ἐκολούθην.
κολουσθ(ην) Aor. Pass. s. u. ἐκολούσθην.
κολούσω Fut. Plut. Alc. 34: κολούω 9.
κομέεσκον Imprf. iter. Od. ω, 212. 390: κομέω, besorgen.
κομείτην 3 Dual. Il. θ, 113 [*175*]: κομέω, besorgen.
κομίξαι Inf. Aor. Pind. P. 4, 159: κομίζω 10.
κομιοῦμαι Fut. Med. Ar. Vesp. 690; Eccl. 671; Thuc. 1, 113; Isocr. 8, 22: κομίζω 10.
κόμισα (< κόμισσα) Aor. -ν Il. γ, 378; ψ, 699: κομίζω 10.
κομισαμ(ην) Aor. Med. -ωμαι Ar. Thesm. 1166; Xen. An. 5, 15, 21 -αντο; Il. α, 594 (*388*): κομίζω 10.
κομισθ(ην) Aor. Pass. -θέντα Her. 4, 71; -θείς, -θέντος, -θέντα Pl. Rep. 614, b *B** [*388*]: κομίζω 10.
κόμισσα Aor. Il. λ, 738; -ε Od. σ, 322; κόμισσον π, 82; κομίσσῃ κ, 298: κομίζω 10.
κομίσσατο Aor. Med. Od. ζ, 278: κομίζω 10.
κομίσω (< κομιῶ) Fut. Ar. Pl. 768; Pl. Rep. 370, e [*137*]: κομίζω 10.
κομιῶ (< κομίσω) Fut. Od. ο, 546; Ar. Eccl. 800; Lys. 29, 14: κομίζω 10.
κονάβησε Aor. Il. ο, 648: κοναβίζω 11.
κονίσας s. u. ἐκόνῑσα.
κονίσω Fut. Il. ξ, 145: κονίω 12.
κοπ(ην) Aor. Pass. κοπείσης Aesch. Ag. 1278; κατακοπῆναι Xen. An. 1, 2, 25: κόπτω 13.
κοπήσομαι (< κόψομαι) Fut. Med.

---

1 (ver-, zu-, ein) schliessen. 2 erfahren, vernehmen. 3 mühsam verfertigen, arbeiten. 4 nagen, schaben. 5 kneipen, schaben. 6 einschläfern, beruhigen. 7 mittheilen. 8 stutzen, beschneiden. 9 verstümmeln, verkürzen. 10 fortschaffen, wegtragen; (herbei)bringen; *Med.* bei sich pflegen, bewirthen; *Pass.* u. *Med.* gebracht, getragen werden. 11 tönen, rasseln.

V. T. Jer. 16, 3; συν- Lys. 3, 34: κόπτω 13.
κοπτός Vb. Com. Fr. 3, 73: κόπτω 13.
κορεσαίατο Opt. Aor. Od. ξ, 28: κορέννυμι 14.
κορεσθ(ην) s. u. ἐκορέσθην.
κορέσσατο (< ἐκορέσσατο) Aor. Med. Od. υ, 59; -άμεθα Il. χ, 427; κορέσασθαι Hes. Op. 366; Theocr. 8, 70 -άμενος Il. ν, 46; Hes. Op. 33: κορέννυμι 14.
κορέσω (< κορέω) Fut. Her. 1, 212: κορέω 16.
κορέσωνται Conj. Aor. Il. χ, 509; Od. κ, 411: κορέννυμι 14.
κορέω (< κορέσω) Fut. -έει Il. θ, 379; ρ, 241: κορέω 16.
κορήσω Fut. Pl. Com. Athen. 15, p. 665, b: κορέω 16.
κορθΰνεται (< κορθύεται) Praes. Pass. Ap. Rh. 2, 322: κορθύνω 17.
κορυξ- Aor. κορύξῃ Theocr. 3, 5 † (< κορύψῃ): κορύσσω (> κορύπτω) 15.
κόρυσσε Imprf. Il. φ, 306: κορύσσω 15.
κορυσσέσθην 3 Dual. Imprf. Pass. -εις Il. δ, 274; θ, 379; έει- ν, 431; ρ 241: κορύσσω 15.
κορύσσεται Praes. Pass. Il. δ, 424; Incert. Id. 9 (Theocr. 25), 94: κορύσσω 15.
κορύσσετο Imprf. Pass. Il. τ, 364: κορύσσω 15.
κοτεσ- Aor. κοτέσασα Hom. Hym. Cer. 254: κοτέω, κοταίνω 18.
κοτέσσατο Aor. Il. ψ, 383; -άμενος π, 386: κοτέω, κοταίνω 18.
κοτέσσομαι Fut. Med. Il. ε 747; θ, 391: κοτέω, κοταίνω 18.
κοχύδεσκον Imprf. iter. Theocr. 2, 107 (> κοχύεσκον): κοχυδέω 19.
κοχυδοῦντες Part. Praes. Pherecr. Com. Fr. 2, 316: κοχυδέω 19.
κόψα (< ἔκοψα) Aor. -ε Il. μ, 204: κόπτω 13.
κοψάμην Aor. Med. -ατο Il. χ, 33: κόπτω 13.
κόψομαι (< κοπήσομαι) Fut. V. T. Jer. 22, 18: κόπτω 13.
κόψω Fut. Ar. Ach. 403; Ran. 460; Menander. Fr. Com. 4, 280: κόπτω 13.
κραγ- Aor. 2 ἀνακραγών Xen. Cyr. 2, 2, 3; -όντες An. 4, 4, 20: ἀνακράζω 23.
κραδαίνοι Opt. Aesch. Prom. 1049: κραδάω, κραδαίνω 20.
κραδανθῆναι Inf. Aor. Pass. Plut. V. Alex. 74: κραδαίνω 20.
κραδάων Part. Praes. ep. Il. η, 213 B*: κραδάω, κραδαίνω 20.
κραθ(ην) (< κρηθ(ην)) Aor. Pass. ἐκράθη Thuc. 6, 5: κεράννυμι 21.
κρᾰνέεσθαι Inf. Fut. Med. pass. Il. ι, 629: κραίνω 22.
κρανθ(ην) Aor. Pass. -θέν Eur. Hipp. 868; -θέντων Eur. I. A. 1022: κραίνω 22.
κρανθήσομαι Fut. Pass. Aesch. Prom. 911: κραίνω 22.
κρᾰνῶ Fut. Aesch. Ch. 1075; Eur. Suppl. 377: κραίνω 22.
κραξ- Aor. κράξῃ Theophr.; Anth. 11, 211: κράζω 23.
κράξω (< κεκράξομαι) Fut. sp. Anth. 11, 141: κράζω 23.
κρεμαίμην (< κρέμοισθε) Opt. Ar. Ach. 944; Nub. 870: κρέμαμαι 24.
κρεμασ- Aor. -άσαντες Il. θ, 19; -άσαι Xen. An. 1, 2, 8; Luc. Icar. 34: κρεμάννυμι 25.
κρεμάσασθαι Inf. Aor. Hes. Op. 627: κρεμάννυμι 25.
κρεμασθ(ην) Aor. Pass. -θήτω Hippocr. 3, 140; -θῇ 3, 251; -θέντες ἀπο- Luc. Deor. D. 1, 267: κρεμάννυμι 25.
κρεμάσω (< κρεμῶ, κρεμόω) Fut. Com. Fr. 2, 827; V. T. Gen. 40, 19: κρεμάννυμι 25.
κρέμαται 3 Sing. Praes. Pind. O. 6, 125: κρέμαμαι 24.
κρεμήσομαι Fut. Med. Ar. Vesp. 808; Ach. 278; Luc. Fugit. 31: κρέμαμαι 24.
κρέμοισθε (< κρεμαίμην) Opt. Ar. Vesp. 397 (> κρέμαισθε): κρέμαμαι 24.
κρεμόω (< κρεμάσω, κρεμῶ) Fut. Il. η, 93: κρεμάννυμι 25.
κρεμῶ (< κρεμάσω, κρεμόω) Fut. -ῶμεν Ar. Plut. 312 (*159*): κρεμάννυμι 25.

---

12 bestäuben. 13 stossen, schlagen, hauen. 14 sättigen. 15 waffnen, (aus)rüsten. 16 putzen, reinigen. 17 erheben, erhöhen. 18 grollen, zürnen. 19 in Menge fliessen. 20 schwingen, schütteln; *Pass.* wanken, zittern. 21 (ver-, ein)mischen. 22 vollenden, bewirken. 23 krächzen, kreischen, schreien. 24 hangen, schweben. 25 aufhängen, schweben lassen; *Med.* hangen. 26 zuspinnen, zutheilen.

κρέμωμαι Conj. Arist. Rhet. 3, 14: κρέμαμαι 2.
κρῆηνα (< ἐκρήηνα) Aor. Od. γ, 418: κραιαίνω 1.
κρημνάμενος Part. Ar. Nub. 377: κρήμνημι 3.
κρημνάμεσθα Imprf. Med. ἐκ- Ion. 1613; κρήμνημι 3.
κρήμνασθε Imper. Pass. ἐκ- Eur. H. F. 521: κρήμνημι 3.
κρήμνη Imper. Etym. M. p. 637, 34; Eustath. zu Il. ο, p. 1001, 10: κρήμνημι 3.
κρῆναι s. u. ἔκρηνα.
κρῖθεν 3 Plur. Aor. Pass. Pind. P. 4, 168: κρίνω 4.
κριθ(η)ν Aor. Pass. -θῶσι Rep. 569, -θέντα 829, e; -εῖσα Phaedr. 249, a: κρίνω 4.
κριθήσομαι Fut. Pass. Aesch. Eum. 679. 744; Eur. Suppl. 603; Pl. Crat. 438, c; Dem. 61, 53: κρίνω 4.
κρῖκε Aor. 2 Il. π, 470: κρίζω 19.
κριναμ(ην) s. u. ἐκρινάμην.
κρινάσθων Imper. Aor. Od. ϑ, 36: κρίνω 4.
κρινέεσθαι Fut. Med. δια- Od. σ, 149: διακρίνω 4.
κρινθ(ην) s. u. ἐκρίνθην.
κρινοῦμαι Fut. Med. Eur. Med. 609; ἀπο- Luc Dial. Mort. 19, 2: κρίνω 4.
κρινῶ Fut. Aesch. Sept. 414; Pl. Phaedr. 237 e [**223**]: κρίνω 4.
κριτέον (< κριτός) Vb. Pl. Gorg. 523, a: κρίνω 4.
κριτός (< κριτέον) Vb. Il. η, 434: κρίνω 4.
κρουσ(αμην) Aor. Med. -ασθαι in παρα- [Dem.] 25, 38; vgl. ἐκρουσάμην: κρούω 5.
κρουσθ(ην) Aor. Pass. -θέντας v. παρα- Dem. 23, 1; vgl. ἐκρούσθην: κρούω 5.
κρουστέον Vb. Ar. Eccl. 988: κρούω 5.
κρυβ(ην), κρυβείς s. u. ἐκρύβην.
κρυβήσομαι Fut. Pass. Eur. Suppl. 543: κρύπτω 6.
κρύπτασκε Imprf. iter. Il. ϑ, 272: κρύπτω 6.
κρυπτέον (< κρυπτός) Vb. Soph. Ant. 273: κρύπτω 6.
κρυπτός (< κρυπτέον) Vb. Il. ξ, 168: κρύπτω 6.
κρυφ(ην), κρυφείς s. u. ἐκρύφην.
κρυφθ(ην) (< ἐκρύφθην) Aor. Pass. Il. ν, 405; -θῆτον Eur. Her. 897; -θῆναι Soph. O. C. 1546; -θείς Eur. Hel. 519: κρύπτω 6.
κρυψ(αμην) Aor. Med. -αιμην in ἀπο- Luc. Anach. 17; -ασθαι Dem. 27, 8: κρύπτω 6.
κρύψε Aor. Od. λ, 244; Pind. O. 6, 31; Bion. Reliqu. 1, 79; κρύψαντες Il. ξ, 377; Hes. Op. 42; -ειας Eur. I. T. 1020 -ειεν Dem. 22, 52; -ασα Hes. Th. 174; -ασι Aesch. Eum. 461 -ειαν Pl. Rep. 548, a: κρύπτω 6.
κρύψομαι Fut. Med. Soph. Tr. 474: κρύπτω 6.
κρύψω Fut. Od. δ, 350: κρύπτω 6.
κτάμεν (< κτάμεναι) Inf. Aor. 2 κατα- Il. ο, 557: κτείνω 10.
κτάμεναι (< κτάμεν) Inf. Aor. 2 Il. ρ, 8: κτείνω 10.
κτάμενος Part. Aor. 2 Pass. Il. φ, 75; Aesch. Pers. 923; Cratin. C. Fr. 2, 72: κτείνω 10.
κτάνε (< ἔκτανε) Aor. 2 Il. φ, 236. 344: κτείνω 10.
κτανεῖν Inf. Praes. Strabo 8, 352; Arrian. Tact. 94; κατα Plut. M. 189 (**244**): κτείνω 10.
κτανέομαι Fut. Med. pass. Il. ξ, 481: κτάομαι 7.
κτάνον (< ἔκτανον) Aor. 2 Il. η, 155; λ, 672: κτείνω 10.
κτάς Part. κατα- Il. φ, 323; Aesch. Sept. 965; Eur. Alc. 3, 696; I. T. 715: κτείνω 10.
κτάσθαι Inf. Aor. 2 Pass. Il. ο, 558: κτείνω 10.
κτενάω (< κτενέω, κτενῶ) Fut. Il. σ, 309: κτείνω 10.
κτενέω (< κτενάω, κτενῶ) Fut. Il. φ, 121; ἀπο- Her. 3, 30: κτείνω 10.
κτενῶ (< κτενέω, κτανέω) Fut. Il. ο, 68; Thuc. 3, 58; Xen. An. 1, 1, 3: κτείνω 10.
κτέωμεν 1 Plur. Conj. Aor. 2 Od. φ, 216: κτείνω 10.
κτήσατο (< ἐκτήσατο) Aor. Med. Od. ξ, 450: κτάομαι 7.

---

1 vollenden, bewirken. 2 hangen, schweben. 3 aufhängen, schweben lassen. 4 sichten, (unter)scheiden. 5 schlagen, klopfen. 6 verbergen, verstecken, verheimlichen. 7 erwerben; *Perf.* κέκτημαι, besitzen. 8 = κυδαίνω, ehren; *intr.* sich rühmen, stolz sein. 9 empfangen, schwanger werden.

κτήσομαι Fut. Aesch. Eum. 289: κτάομαι 7.
κτητέον (< κτητός) Vb. Pl. Rep. 373, b: κτάομαι 7.
κτητός (< κτητέον) Vb. Il. ι, 407: κτάομαι 7.
κῦδανον Imprf. intr. Il. υ, 42: κυδάνω 8.
κύδηνα Aor. Il. ψ, 793: κυδάνω 8.
κυδῆναι Inf. Aor. Od. π, 212: κυδάνω 8.
κυησ- s. u. ἐκύησα.
κυήσομαι (< κυήσω) Fut. Hippocr. 2, 717: κυέω 9.
κυήσω (< κυήσομαι) Fut. Hippocr. 2, 640: κυέω 9.
κυλινδήσω Fut. s. κυλίνδω 11.
κυλισθήσομαι Fut. Pass. ἐκ- Aesch. Prom. 87: κυλίνδω 11.
κύνεον Imprf. Od. φ, 224: κυνέω 12.
κῦρον (< ἔκυρον) Imprf. Il. ψ, 821: κύρω 13.
κύρσω Fut. Soph. O. C. 225; Democr. in Stob. Flor. 29, 88: κύρω 13.
κυσαμ(ην) Aor. κυσαμένη Hes. Th. 125. 405; ὑπο- 308; Il. ζ, 26: κύω 19.
κύψομαι Fut. ἀνα- Ar. Av. 146: κύπτω 14.
κύψω Fut. ἀνακύψοι Pl. Euthyd. 302, e: κύπτω 14.
κωκυσ- Aor. κωκῦσαι Soph. Ant. 29: κωκύω 15.
κωκῦσομαι Fut. Ar. Lys. 1222: κωκύω 15.
κωκύσω Fut. Aesch. Ag. 1313: κωκύω 15.
κωλῦσομαι Fut. Med. Thuc. 1, 142: κωλύω 16.
κωλύσω Fut. Thuc. 2, 62; Soph. Ant. 261: κωλύω 16.
κωλυτέον Vb. Xen. Hier. 8, 9: κωλύω 16.
κωμάξομαι (< κωμάσομαι) Fut. Pind. 1, 3, 90: κωμάζω 17.
κωμάσομαι (< κωμάξομαι) Fut. Med. Pind. P. 9, 89; Anth. 5, 64; Luc. Sect. 13: κωμάζω 17.
κωμάσω Fut. Pind. N. 9, 1: κωμάζω 17.

Λ.

λαβ' (< λάβε) 3 Sing. Aor. 2 Il. ο, 229: λαμβάνω 18.
λάβε (< ἔλλαβε, ἔλαβε) 3 Sing. Aor. 2 Il. α, 557 B*: λαμβάνω 18.
λαβέ Imper. Aor. 2 Il. α, 407; Pl. Theaet. 143, c: λαμβάνω 18.
λαβεῖν Inf. Aor. 2 Xen. An. 2, 1: λαμβάνω 18.
λαβέτην 3 Dual. Aor. 2 Il. ζ, 233; ψ, 711: λαμβάνω 18.
1) λάβετον 2 Dual. Aor. 2 Il. κ, 545: λαμβάνω 18.
2) λάβετον 2 Dual. Imper. Aor. 2 Pl. Euth. 275, b: λαμβάνω 18.
λαβέτω 3 Sing. Imper. Aor. 2 Od. φ, 152; Pl. Rep. 497, e: λαμβάνω 18.
λάβῃ (< λάβῃσι) 3 Sing. Conj. Aor. 2 Il. ω, 480; Xen. 5, 4, 1; Pl. Symp. 151, a: λαμβάνω 18.
λάβῃς 2 Sing. Conj. Aor. 2 Xen. Cyr. 1, 4, 13: λαμβάνω 18.
λάβῃσι (< λάβῃ) 3 Sing. Conj. Aor. 2 Il. θ, 191; ω, 43: λαμβάνω 18.
λάβητε 2 Plur. Conj. Aor. 2 Od. ζ, 147: λαμβάνω 18.
λάβοι 3 Sing. Opt. Aor. 2 Od. ι, 418; Xen. Symp. 2, 5: λαμβάνω 18.
λάβοιμεν 1 Plur. Opt. Aor. 2 Il. ε, 273; Pl. Phil. 34, c: λαμβάνω 18.
λαβοίμην Opt. Aor. 2 Med. Eur. Cycl. 470; -οιτο Pl. L. 637;, b: λαμβάνω 18.
λάβοιμι 1 Sing. Opt. Aor. 2 Il. ο, 22; Xen. Cyr. 5, 3, 12: λαμβάνω 18.

10 tödten, erschlagen. 11 wälzen; fortbewegen; *Pass.* sich wälzen, fortrollen; sich herumtreiben, herumlaufen. 12 küssen. 13 betreffen, sich beziehen. 14 ducken, sich neigen. 15 in tiefen oder krankhaften Schlaf verfallen. 16 verkürzen, mindern, schwächen; hindern. 17 im feierlichen Zug einherziehen, jubeln. 18 I. *a.* fassen, ergreifen; *b.* fassen, wahrnehmen; begreifen, verstehen. II. nehmen; *Med.* sich bemächtigen, an sich nehmen, bekommen, erhalten; auf-, in sich-, übernehmen. 19 in sich fassen, schwanger, trächtig sein.

λάβον (< ἔλλαβον, ἔλαβον) 3 Plur. Aor. 2 Od. ο, 387: λαμβάνω 1.

λαβοντ- Stammform des Part. Aor. 2 λαβών; -ντι Od. ζ, 147; -α Pl. Theaet. 198, a B*; -ες 201, b; -ας Rep. 474, a: λαμβάνω 1.

λαβόντε Dual. Part. Aor. 2 Pl. Phil. 24, d: λαμβάνω 1.

λαβοῦσα Fem. Part. Aor. 2 Il. ε, 853; Xen. Cyr. 7, 3, 11: λαμβάνω 1.

λάβωμεν 1 Plur. Conj. Aor. 2 Pl. Phaedr. 246, d; Parm. 143, a: λαμβάνω 1.

λαβών Il. δ, 122; Pl. Phaed. 73, c; Xen. An. 1, 1, 9 vgl. λαβοντ-: λαμβάνω 1.

λάε Imprf. st. ἔλαε Od. τ, 230 [292a]: λάω, anblicken.

λαθ' (< λάθεν, ἔλαθεν) Aor. 2 Il. ψ, 388: λανθάνω 2.

λαθεῖν Inf. Aor. Isocr. 3, 22: λανθάνω 2.

λαθέμεν (< λαθεῖν) Inf. Aor. 2 Pind. O. 1, 64: λανθάνω 2.

λάθεν (< ἔλαθεν) Aor. 2 Il. γ, 420: λανθάνω 2.

λαθέσθαι (< λελαθέσθαι) Inf. Aor. 2 Med. Il. μ, 235; Ap. Rh. 1, 280: λανθάνω 2.

λάθετ' (< ἐλάθετο) Aor. 2 Med. Il. ι, 537: λανθάνω 2.

λάθεται (< λήθεται) 3 Sing. Praes. Pind. O. 8, 72; Soph. El. 167: λανθάνω 2.

λαθέτην 3 Dual. Aor. 2 Od. χ, 179: λανθάνω 2.

λαθέτω 3 Sing. Imper. Med. Pind. P. 5, 23: λανθάνω 2.

λάθῃ (< λάθῃσι) 3 Sing. Conj. Aor. Pl. Theaet. 160, e: λανθάνω 2.

λάθῃσι (< λάθῃ) 3 Sing. Conj. Aor. 2 Il. χ, 191: λανθάνω 2.

λάθοι 3 Sing. Opt. Aor. 2 Il. κ, 468: λανθάνω 2.

λαθοίατο 3 Plur. Opt. Aor. 2 Med. Od. κ, 236: λανθάνω 2.

λαθοίμην Opt. Aor. 2 Med. Il. κ, 243; -οίμαν Soph. El. 1287: λανθάνω 2.

λάθοιμι Opt. Aor. Eur. I. A. 516: λανθάνω 2.

λᾱθομαι dor. poet. Form für λανθάνομαι Pind. Ol. 8, 72; Soph. El. 163: λανθάνω 2.

λάθον 1 Sing. Aor. 2 Od. ν, 270: λανθάνω 2.

λάθοντο (< λελάθοντο) Aor. 2 Med. Il. ο, 322 A*: λανθάνω 2.

λάθω 1 Sing. Conj. Aor. 2 Dem. 45, 85: λανθάνω 2.

λάθωμαι Conj. Aor. 2 Med. Il. ζ, 265: λανθάνω 2.

λαθών Part. Aor. 2 Il. ι, 477; Eur. Bacch. 840: λανθάνω 2.

λάθωνται Conj. Aor. 2 Med. Il. χ, 282: λανθάνω 2.

λαικάσω Fut. Ar. Equ. 167: λαικάζω 3.

λακήσασα Part. Aor. δια- Ar. Nub. 410: διαλάσκω 4.

λᾱκήσομαι Fut. Ar. Pax. 381. 384: λάσκω 4.

λάκον Aor. 2 Il. υ, 277: λάσκω 4.

λάμπετο (< ἐλ-) Imprf. Il. ζ, 319: λάμπω 6.

λαμπετόων Part. nur Il. α, 104: λαμπετάω 5.

λαμπτέος Vb. κατα- Her. 3, 127: λαμβάνω 1.

λαμφθ(ην) Aor. Pass. λαμφθείη Her. 7, 239; λαμφθῆναι 2, 89; λαμφθεῖσαι 6, 92: λαμβάνω 1.

λάμψεαι 2 Sing. Fut. ion. Her. 1, 199; 7, 39: λαμβάνω 1.

1) **λάμψεσθαι** Inf. Fut. ion. Her. 9, 188: λαμβάνω 1.

2) **λάμψεσθαι** Inf. Fut. ἐλλάμψεσθαι Her. 1, 80; 8, 74: λάμπω 6.

λάμψεται 3 Sing. Fut. ion. Her. 8, 10: λαμβάνω.

λάμψομαι (< λαμψοῦμαι, λήψομαι) Fut. ion. s. -εαι, -εσθαι, -εται, -ονται: λαμβάνω 1.

λάμψονται 3 Plur. Fut. ion. Her. 3, 36: λαμβάνω 1.

λάμψω Fut. Soph. El. 66: λάμπω 6.

λανθανόμην Imprf. Od. μ, 227: λανθάνω 2.

λάξας Part. Lycophr. 137: λάζω 9.

---

1 I. *a.* fassen, ergreifen; *b.* fassen, wahrnehmen; begreifen, verstehen. II. nehmen; *Med.* sich bemächtigen, an sich nehmen, bekommen, erhalten; auf-, in sich -, übernehmen. 2 verborgen sein (*latere*); das *Part. Aor. mit Verb. finit. wird übersetzt:* unbemerkt, heimlich, geheim, versteckt, unversehens, einem etwas vergessen machen; *Med.* vergessen, versäumen, unterlassen. 3 zu unedlem Gebrauch verwenden. 4 διαλακέω, zerplatzen.

λάξομαι (< λήξομαι) Fut. ion. -εσθαι Her. 7, 144: λαγχάνω 10.

λαπάξω Fut. -ειν Aesch. Sept. 47. 531. λαπάζω 14.

λαπῆναι Aor. 2 ἐκ- Ar. Fr. 211: λέπω 11.

λασεῦμαι (< λήσομαι) Fut. Theocr. 4, 39: λανθάνω 2.

λασθῆμεν Inf. Aor. Pass. Theocr. 2, 46: λανθάνω 2.

λάχε(ν) (< ἔλαχε) 3 Sing. Aor. 2 Il. ψ, 862: λαγχάνω 10.

λαχεῖν Inf. Aor. 2 Il. η, 179; Aesch. Prom. 48; Soph. Ai. 825: λαγχάνω 10.

λάχῃ (< λάχῃσιν) 3 Sing. Conj. Aor. 2 Il. ω, 76; Pl. Leg. 765, b: λαγχάνω 10.

λάχῃσιν (< λάχῃ) 3 Sing. Conj. Aor. 2 Il. η, 171: λαγχάνω 10.

λαχοῖσαν Fem. Part. Aor. 2 Pind. O. 14, 2: λαγχάνω 10.

λαχών Part. Aor. 2 Aesch Sept 55; Dem. 58, 29; λαγχάνω 10.

λάχωσιν 3 Plur. Aor. 2 Pl. Leg. 760, c: λαγχάνω 10.

λαψάμενος Part. Aor. Med. Pherecr. in Com. Fr. 2, 294: λάπτω 12.

λάψομαι Fut. Med. ἐκ- Ar. Pax. 885: λάπτω 12.

λαψοῦμαι (< λήψομαι, λάμψομαι) Fut. dor. λαψῇ Theocr. 1, 4. 10; Epicharm. Fr. 18: λαμβάνω 1.

λάψω Fut. Il. π, 161: λάπτω 12.

λάων Od. τ, 229. 230[192]: λάω 13.

λεγείς Part. Aor. 2 Pass. -έντα in κατα- Pl. Leg. 943, a; συν- Xen. Hell. 2, 1, 6: λέγω 7.

λεγῶσι 3 Plur. Conj. Aor. 2 Pass. κατα- Pl. Leg. 762, e: λέγω 7.

λειανέω Fut. ep. für λεάνω Il. ο, 261: λεαίνω 8.

λεῖξαι Inf. Aor. Achaeus Athen. 10, 427: λείχω, lecken.

λείξας Part. Aor. Ar. Equ. 103: λείχω, lecken.

λειφθ(ην) Aor. Pass. λείφθη Pind. O. 2, 43; -θῇ Pl. Leg. 920, b; -θῆτε Xen. An. 7, 3, 43; -θείη Symp. 191, b; -θῆναι Aesch. Pers. 344; -θείς Pind. I. 2, 11; -θέντος Pl. Critea. 111, b: λείπω, zurücklassen.

1) λεκτέος Vb. Xen. An. 5, 6, 6: λέγω 7b.

2) λεκτέος Vb. ἐκ- Pl. Rep. 456, b: λέγω 7.

λέκτο 3 Sing. Aor. 2 sync. Med. Od. δ, 451: λέγω 7.

1) λεκτός Vb. Soph. O. T. 19: λέγω 7.

2) λεκτός Vb. Soph. Phil. 633: λέγω 7b.

λελαβέσθαι Inf. Aor. sync. Od. δ, 388: λαμβάνω 1.

λελάβηκα (< εἴληφα att.) Perf. ion. u. dor. Her. 4, 79; 8, 122; Archim. Aren. 127, 15: λαμβάνω 1.

λελαβήκεε Plsprf. κατα- Her. 3, 42: λαμβάνω 1.

λέλᾱθα (<λέληθα) Perf. ἐπι- Pind. O. 11, 3: λανθάνω 2.

λελαθέσθαι (< λαθέσθαι) Inf. Aor. 2 Il. τ, 136: λανθάνω 2.

λελαθέσθω: Imper. Aor. 2 redupl. Med. Il. π, 200: λανθάνω 2.

λελάθῃ 3 Sing. Conj. Aor. 2 Med. Il. ο, 60: λανθάνω 2.

λελάθοιμι Opt. Aor. Ap. Rh. 3, 778: λανθάνω 2.

λελάθοιτο Opt. Aor. 2 Med. act. Bed. Hes. Theogn. 471: λανθάνω 2.

λελαθόμην Aor. 2 Med. s. -οντο, -οιτο, έσθαι, -έσθω: λανθάνω 2.

λέλαθον Red. Aor. ἐκ- Il. β, 600: λανθάνω 2.

λελάθοντο (< λάθοντο) Aor. 2 Med. Il. δ, 127 [45]: λανθάνω 2.

λελαθοῦσα Part. Aor. redupl. Orph. Arg. 879: λανθάνω 2.

λέλᾱκα (< λέληκα) Perf. 2 bei den Trag. Aesch. Prom. 406; Eur. Hec. 678. 1110; Hipp. 55; auch Arist. Ach. 410 (Parodie d. trag. Sprache): λακεῖν, λάσκω 5.

λελᾰκόμην Aor. 2 Med. mit ep. Red. Hom. Hym. 3, 145: λάσκω 5.

λελᾰκυῖα Fem. Part. Od. μ, 85; vgl. λεληκώς: λάσκω 5.

λέλαμμαι Perf. Pass. ion. u. dor. ἀπο- Her. 9, 51; δια- 3, 117: λαμβάνω 1.

λέλαμπα Perf. 2 Eur. Andr. 1026; Tro. 1295: λάμπω 6.

---

5 krachen; sprechen. 6 leuchten, glänzen. 7 legen, sammeln. 7b sagen, sprechen, reden. 8 glätten, ebenen. 9 λάζω = λακτίζω, umstossen. 10 *a. trans.* bekommen, erhalten; erlangen, empfangen; *b. intr.* zu Theil werden, zufallen. 11 (ab)schälen. 12 saufen. 13 sehen, erblicken. 14 ausleeren.

λελαμπρύνται 3 Plur. Perf. Ar. Plut.: λαμπρύνω, glänzend machen.
λελάμφθαι Inf. Perf. Pass. Hippocr. 3, 46: λαμβάνω 1.
λέλασμαι Perf. Pass. -ται Il. ε, 834; -μεθα λ, 313; -μένος π, 538 *B**; -ται Theocr. 2, 157: λανθάνω 3.
λέλαφα Perf. Ar. Fr. 492: λάπτω 10.
λελάχᾱσι 3 Plur. Perf. Empedocl. 5: λαγχάνω 17.
λελαχήσωμεν Conj. Aor. Hesych.: λελάχω, theilhaftig machen.
λελάχητε 2 Plur. Conj. Aor. 2 redupl. Il. ψ, 76; Nonn. 2, 16: λαγχάνω 17.
λελάχωσι 3 Plur. Conj. Aor. 2 Il. η, 80; ο, 350; χ, 343 [45]: λαγχάνω 17.
1) **λέλεγμαι** (< εἴλεγμαι) Perf. Pass. in Comp. ξυλλελεγμένος Ar. Eccl. 58; Her. 7, 26; ἀπο- 40; vgl. λελέχθαι: λέγω 9.
2) **λέλεγμαι** Perf. Pass. Eur. Med. 356; Pl. Leg. 732, e; vgl. λελέχθω, λελέχθαι: λέγω 15.
λέλειμμαι Perf. Pass. Eur. Herc. F. 1156; vgl. λέλειψαι, -πται, -μένος: λείπω 11.
λελειμμένος Part. Perf. Pass. Soph. Ai. 543. 1245: λείπω 11.
λελείμμην (< ἐλελείμην) Plsprf. Il. χ, 334: λείπω 11.
λέλειπται 3 Sing. Perf. Pass. Il. κ, 253; ν, 256; Theocr. 4, 15: λείπω 11.
λέλειπτο Plsprf. Il. κ, 256; ν, 168: λείπω 11.
λελεῖφθαι Inf. Perf. Pass. Isocr. 4, 5: λείπω 11.
λελειχμώς Part. Perf. 2 Hes. Theogn. 826: λείχω, λιχμάω 12.
λέλειψαι 2 Sing. Perf. Soph. O. T. 1504; Eur. Or. 1085: λείπω 11.
λελείψομαι Fut. 3 Il. ω, 742; Thuc. 5, 105; Eur. Or. 1041; Hipp. 324 [48]: λείπω 11.
λέλεκται 3 Sing. Perf. Pass. s. λέλεγμαι.
λέλεμμαι Perf. Pass. ἀπο- Epich. 109: ἀπολέπω 13.
λελέξεται s. u. λελέξομαι.

λελέξομαι Fut. -εται Thuc. 3, 53; Pl. Rep. 457, b; Crat. 433, a: λέγω 15.
λελεπτύνθαι Inf. Perf. Pass. Athen. 12, 552: λεπτύνω 14.
λελέπτυσμαι Perf. Pass. Hippocr. 2, 190; προ- Pl. Tim. 66, a: λεπτύνω 14.
λέλεχα Perf. sp. Galen. 8, 545 st. des class. εἴρηκα: λέγω 15.
λελέχθαι Inf. Perf. Pass. ἐκ- Xen. Hell. 1, 6, 16; vgl. λέλεγμαι: λέγω 9.
λελέχθω Imper. Perf. Pass. Pl. Tim. 89, d; vgl. λελέγμαι: λέγω 15.
λέληθα (< λέλᾱθα) Perf. -εν Soph. O. T. 247; Isocr. 3, 2; -ασιν Pl. Phaed. 64, b; -αμεν Leg. 888, d: λανθάνω 3.
1) **λεληθέναι** Inf. Perf. Xen. Oec. 15, 10; Pl. Phaed. 64, a: λανθάνω 3.
2) **λεληθέναι** Inf. Perf. med. Bed. ἐπι- Her. 3, 46 für λελῆσθαι: λανθάνω 3.
λεληθώς Part. Perf. -θότα Leg. 856, a; -θότας Philem. Fr. Com. 4, 67: λανθάνω 3.
λέληκα Perf. Hes. Op. 207; vgl. λεληκώς: λάσκω 2.
λεληκώς Part. Perf. Il. χ, 141; vgl. λέληκα: λάσκω 2.
λέλημμαι Perf. Pass. Aesch. Ag. 876; Eur. Ion. 1113 *B**; δια- Ar. Eccl. 1090; Hippocr. 2, 140; ἐπι- Ar. Nub. 631: λαμβάνω 1.
λελῆσθαι Inf. Perf. Pass. Soph. El. 342: λανθάνω 3.
1) **λέλησμαι** (< λέλασμαι) Perf. Pass. Soph. El. 342; Pl. Phaedr. 252, a: λανθάνω 3.
2) **λέλησμαι** Perf. Pass. zusammengez. aus λελήισμαι Eur. Hel. 475; -μένος Fr. 373: ληίζομαι 4.
λελήσμην Plsprf. ἐπι- [Luc.] As. 11: λανθάνω 3.
λελήσομαι Fut. Eur. Alc. 894: λανθάνω 3.
λελίαστο Plsprf. Incert. Id. 8 [Mosch. 4], 118: λιάζομαι 5.

---

1 I. *a.* fassen, ergreifen; *b.* fassen, wahrnehmen; begreifen, verstehen. II. nehmen; *Med.* sich bemächtigen, an sich nehmen, bekommen, erhalten; auf-, in sich-, übernehmen. 2 krachen, sprechen. 3 verborgen sein (*latere*); das *Part. Aor. mit Verb. finit. wird übersetzt:* unbemerkt, heimlich, geheim, versteckt, unversehens, einem etwas vergessen machen; *Med.* vergessen, versäumen, unterlassen. 4 erbeuten, verwüsten, verderben.

λελίημαι, -ησαι Perf. Theocr. 20, 196: λιλαίομαι 6.
λελιημένος Part. Perf. Il. μ, 106: λιλαίομαι 6.
λελίητο Plsprf. Orph. Arg. 1267; Incert. Id. [Mosch. 4], 110: λιλαίομαι 6.
λελιμμένος Part. Perf. Pass. als Act.: Aesch. Sept. 380. λίπτω 7.
λελίπασμαι Perf. Schol. Od. τ, 72: λιπαίνω 8.
λέλογας Perf. 2 angeführt von Hesychius u. Photius: λέγω 9.
λελόγισμαι Perf. Pass. act. Bed. Lys. 32, 24; pass. Pl. Phaedr. 246, c: λογίζομαι 16.
λέλογχα (< λέλαχα) Perf. Od. λ, 304; Pind. O. 9, 15 *A**; Eur. Tro. 243. 282; Her. 7, 53; D. Hal. Ant. 4, 83: λαγχάνω 17.
λελόγχᾰσιν 3 Plur. Perf. Od. λ, 304: λαγχάνω 17.
λελόγχει Plsprf. Theocr. 4, 20: λαγχάνω 17.
λελοιδόρηκα Perf. Pl. Phaedr. 241, e: λοιδορέω 18.
λελοιδόρημαι Perf. Pass. -μένος Xen. Hell. 5, 4, 29: λοιδορέω 18.
λέλοιπα Perf. Il. α, 235; Pl. Pol. 280, e; -ότος Rep. 449, d: λείπω, zurücklassen.
λέλουμαι (< λέλουσμαι) Perf. Pass. Il. ε, 6; Pl. Rep. 495, e; Symp. 174, a: λούω 19.
λέλουσμαι (< λέλουμαι) Perf. Pass. sp. Cyrill. Hieros. Cat. 3, 2, 55: λούω 19.
λελοχυῖα Fem. Part. Perf. angeführt von Hesychius: λέχω, λέγω 9.
λέλῠκα Perf. Isocr. 12, 96; Thuc. 1, 67: λύω 20.
1) λέλῠμαι Perf. Pass. Il. β, 135; ω, 599; Aesch. Pers. 592; Xen. Cyr. 4, 2, 40; Pl. Crat. 415, d: λύω 20.
2) λέλῠμαι Perf. Med. Dem. 36, 45: λύω 20.
λελύμανται s. u. λελύμασμαι.
λελύμασμαι Perf. Pass. Dem. 21, 173; -ασμένος Xen. Hell. 7, 5, 18 (*235*): λυμαίνομαι 21.
λέλυνται 3 Pl. Perf. Il. β, 135: λύω 20.
λελῦντο Opt. Aor. für λελύοιντο Od. σ, 238 Bekker (> λέλῠτο, λελῦτο) [*118. 150*]: λύω 20.
λελύπηκα Perf. Dem. 24, 175: λυπέω 22.
λελύπημαι Perf. Pass. Eur. Ion. 1311: λυπέω 22.
λελύσομαι Fut. 3 Dem. 14, 2: λύω 20.
λέλυται 3 Sing. Perf. Il. ω, 599: λύω 20.
λέλυτο 3 Sing. Opt. Aor. Od. σ, 238 Buttm. (> λελῦντο, λελῦτο) [*118*]: λύω 20.
λελῦτο 3 Sing. Opt. Aor. Od. σ, 238 Wolf (> λέλυτο, λελῦντο) [*118*]: λύω 20.
λελώβημαι Perf. Pass. Her. 3, 155; Pl. Rep. 495, d: λωβάομαι 23.
λελώφηκα Perf. Thuc. 6, 12; Pl. Rep. 620, d: λωφάω 24.
λέξαι Inf. Aor. Pl. Gorg. 522, e: λέγω 15.
λεξαίμην 1 Sing. Opt. Aor. Med. Od. γ, 365; τ, 598: λέγω 9.
λέξαις Part. Aor. dor. Pind. P. 8, 53: λέγω 15.
λέξαιτο 3 Sing. Aor. 2 Med. Od. ω, 108: λέγω 9.
λέξασθαι Inf. Aor. Med. Il. β, 125; θ, 519; ἐκ- Pl. Rep. 557, d: λέγω 9.
λεξάσθην 3 Dual. Aor. 1 Med. Il. ξ, 350: λέγω 9.

---

5 entweichen, entrinnen. 6 begehren, verlangen, streben. 7 begehren, verlangen, wünschen. 8 fett machen, salben, einschmieren. 9 legen, sammeln. 10 saufen, schlappen. 11 ver-, zurück-, hinter-, übrig lassen. 12 (auf-, be) lecken, züngeln. 13 abschälen. 14 fein, dünn, mager machen. 15 sagen, sprechen, reden. 16 (be)rechnen; überlegen, erwägen; schliessen. 17 *a. trans* bekommen, erhalten; erlangen, empfangen; *b. intr.* zu Theil werden, zufallen. 18 schelten, schimpfen, schmähen. 19 waschen, baden; sich ~. 20 lösen. 21 misshandeln, beschimpfen, schaden, verletzen. 22 beschweren, kränken, betrüben; *Pass. mit Fut. Med.* 23 freveln, verspotten, beschimpfen, höhnen. 24 rasten, sich erholen; aufhören; *trans.* befreien.

λεξάσθων 3 Plur. Imper. Aor. 1 Med. Il. ι, 67: λέγω 2.
λέξατο 3 Sing. Aor. 1 Med. Il. φ, 27; Pind. P. 4, 336: λέγω 2.
λεξάτω 3 Sing. Imper. Aor. 1 Med. Xen. Cyr. 6, 4, 19: λέγω 1.
λέξεαι 2 Sing. Fut. Od. η, 319: λέγω 2.
λέξεο (< λέξο) Imper. Aor. Il. ι, 617: λέγω 2.
λέξῃς 2 Sing. Conj. Aor. Soph. Phil. 1275: λέγω 1.
λέξο (< λέξεο) Imper. Aor. Od. κ, 320: λέγω 2.
1) **λέξομαι** Fut. pass. Bed. Soph. O. C. 1186; Eur. Hec. 906: λέγω 1.
2) **λέξομαι** Fut. werde mich legen Od. δ, 413; συν- β, 292: λέγω 2.
λέξον Imper. Aor. Xen. Hell. 4, 1, 3; Mem. 3, 3, 3: λέγω 1.
λέξω Fut. Aesch. Ag. 859; Pl. Soph. 258, a: λέγω 1.
λεύσεσκον Imperf. iter. Empedocl.: λεύσσω 3.
λεύσῃ Conj. Aor. sp. Maneth. 4, 59: λεύσσω 3.
λευσθ(ην) Aor. Pass. -θῆναι Soph. O. C. 435; Eur. I. A. 1350: λεύω 4.
λευσθήσεται Fut. Pass. κατα- Aeschin. 1, 163: λεύω 4.
1) **λεύσω** Fut. sp. Maneth. 6, 93: λεύσσω 3.
2) **λεύσω** Fut. κατα- Ar. Ach. 285: λεύω 4.
λεχθ(ην) Aor. Pass. -θῇ Pl. Crat. 421, e; -θείη Leg. 668, d; -θῆναι Phil. 53, e; -θείς, -θέντα, -θέν, -θέντων, -θέντε Leg. 723, b; -θείσης Pl. — Xen. An. 3, 3, 1: λέγω 1.
λεχθήσομαι Fut. Thuc. 5, 86; Pl. Tim. 67, c; Soph. 251, d: λέγω 1.
λῇ 3 Sing. Indic. Praes. Epich. 94; Ar. Lys. 1160: λάω, λῶ dor. st. θέλω 5.
λῇ 3 Sing. Conj. Praes. Epich. 19: λάω, λῶ dor. st. θέλω 5.
λήθει Praes. zuweilen für λήθεται Simonid. Anth. 7, 25: λανθάνω 6.
λήθεσκον Imprf. iter. Il. ω, 13: λανθάνω 6.
λήθομαι poet. Form für λανθάνομαι Il. λ, 790: λανθάνω 6.
λήθω meist poet. Form für λανθάνω Il. ω, 563; Xen. Ag. 6, 5: λανθάνω 6.
ληίσομαι Fut. Od. ψ, 357: ληίζομαι 7.
ληϊστός Vb. Il. ι, 406: ληίζομαι 7.
ληκέω (< λακέω) ion. für λάσκω ἐπι- Od. θ, 379: λάσκω 9.
ληκῆσαι Inf. Aor. Pherecr. Com. Fragm. 3, 352: ληκάω, ληκέω 10.
ληκτέον Vb. Isae. 7, 23: λαγχάνω 8.
ληκώμεθα Conj. Praes. Ar. Thesm. 493: ληκάω, ληκέω 10.
λῆν Inf. Thuc. 5, 77: λάω, λῶ dor. st. θέλω: 5.
ληξ- Aor. λῆξαι Soph. Phil. 768; -αιμι Eur. I. T. 1142: λήγω legen, besänftigen.
λήξομαι (< λάξομαι) Fut. selten Pl. Rep. 617, : λαγχάνω 8.
ληπτός Vb. Pl. Rep. 529, d; -έον Phil. 34, d: λαμβάνω 11.
1) **λῇς** 2 Sing. Ind. Praes. Epich. 44. 94; Ar. Lys. 95: λάω, λῶ dor. st. θέλω 5.
2) **λῇς** 2 Sing. Conj. Praes. Theocr. 5, 21: λάω, λῶ dor. st. θέλω 5.
λήσομαι Fut. Od. α, 308: λανθάνω 6.
λήσω Fut. Il. ψ, 416; Pl. Phaedr. 262, a; -ειν Rep. 449, c: λανθάνω 6.
ληφθ(ην) Aor. Pass. -θείη Pl. Parm. 152, c; -θῇ Gorg. 473, b; -θῶσιν Leg. 946, b; -θείς Gorg. 521, e; -θέν, -θέντα, -θέντες Pl.: λαμβάνω 11.
ληφθήσομαι Fut. Eur. Med. 381: λαμβάνω 11.
ληχθ(ην) Aor. Pass. ληχθῆναι Isae. 9, 24; Dem. 54, 28; -θείς 38, 20: λαγχάνω 8.
λήψεσθαι Inf. Fut. Xen. Hell. 7, 5, 6; Pl. Theaet. 178, c: λαμβάνω 1.
λήψοιντο 3 Plur. Opt. Fut. Xen. Hell, 5, 4, 7: λαμβάνω 11.
λήψομαι (< λάμψομαι) Fut. Eur. Bacch. 239; Ion. 1410; Cycl. 342 Pl. Phaed. 78, Isocr. 6, 80; Xen. An. 4, 7, 3: λαμβάνω 11.
λίαζον Imprf. Lycophr. 21: λιάζω 12.

---

1 sagen, sprechen, reden. 2 legen, sammeln. 3 sehen, erblicken, wahrnehmen. 4 steinigen. 5 wollen. 6 verborgen sein (*latere*); das *Part. Aor. mit Verb. finit. wird übersetzt:* unbemerkt, heimlich, geheim, versteckt, unversehens; einem etwas vergessen machen; *Med.* vergessen, versäumen unterlassen. 7 erbeuten, verwüsten, verderben. 8 *a. trans.* bekommen, erhalten; erlangen, empfangen; *b. intr.* zu Theil werden, zu-

λιασθείς Aor. Pass. Eur. Hec. 95: λιάζομαι 12.
λίασθεν (< λίασσε) 3 Sing. Aor. Pass. Il. ψ, 879: λιάζομαι 12.
λιάσθην (< ἐλιάσθην) Aor. Pass. Il. ο, 520; λιασθείς υ, 418: λιάζομαι 12.
λίασσεν Aor. 1 Il. ψ, 879 (> λίασθεν): λιάζομαι 12.
λίγξε Aor. Il. δ, 125: λίγγω 13.
λιλαίεαι 2 Sing. Praes. Od. ι, 451 B*: λιλαίομαι 14.
λιλαίεο Imper. Od. χ, 349: λιλαίομαι 14.
λιλαίετο Imprf. Il. υ, 76: λιλαίομαι 14.
λίπ' Imper. Aor. 2 Od. κ, 266; ο, 199: λείπω 15.
λίπε(ν) (< ἔλιπε) 3 Sing. Aor. 2 Il. δ, 292 Γ*: λείπω 15.
λιπέειν Inf. Aor. 2 καλλιπέειν Od. π, 296: καταλείπω 15.
λιπεῖν Inf. Aor. 2 Il. μ, 111; Pl. Leg. 872, e: λείπω 15.
λίπες 2 Sing. Aor. 2 Il. κ, 406: λείπω 15.
λιπέσθαι Inf. Aor. 2 Med. Il. ε, 154; Her. 2, 136: λείπω 15.
λίπετ' 3 Sing. Aor. 2 Med. Il. π, 294: λείπω 15.
λίπετε 2 Plur. Imper. Aor. 2 Il. κ, 443: λείπω 15.
λιπέτην 3 Dual. Aor. 2 Il. ξ, 284; Od. γ, 485: λείπω 15.
λίπετο 3 Sing. Aor. 2 Med. Od. δ, 536: λείπω 15.
λιπέτω 3 Sing. Imper. Aor. 2 Od. γ, 424: λείπω 15.
λίπῃ 3 Sing. Conj. Aor. Il. π, 453; Pl. Rep. 567, b: λείπω 15.
λίπῃς 2 Sing. Conj. Aor. 2 Eur. Phoen. 385: λείπω 15.
λίπησθε 2 Plur. Conj. Aor. 2 Med. Il. ψ, 248: λείπω 15.
λίπησθον 3 Dual. Conj. Aor 2 Med. Il. ψ, 407: λείπω 15.
λίπηται 3 Sing. Conj. Aor. 2 Med. Il. τ, 235: λείπω 15.
λίπητε 2 Pl. Conj. Xen. Hell. 4, 1, 36: λείπω 15.
λιποίμην 1 Sing. Opt. Aor. 2 Med. Il. ι, 437: λείπω 15.
λίποιμι Opt. Aor. 2 Pl. Ap. 29, a; -οις Xen. Cyr. 1, 6; -οι Aesch. Sept. 219: λείπω 15.
λίποιτο 3 Sing. Opt. Aor. 2 Il. γ, 160: λείπω 15.
λιπόμην 1 Sing. Aor. 2 Med. Od. ι, 316; ν, 286; ο, 481: λείπω 15.
λίπον (< ἔλιπον) 1 Sing. Imprf. Il. ε, 204: λείπω 15.
λίπον (< ἔλιπον) 3 Plur. Aor. 2 Il. ι, 447: λείπω 15.
λιποντ- Stammform des Part. Aor. 2 -όντα Od. η, 65; Pl. Leg. 759, e -οντε Phaedr. 254, c. λείπω 15.
λιποῦσα Fem. Part. Aor. 2 Il. π, 857; Aesch. Prom. 734: λείπω 15.
λιπών Part. Aor. 2 Il. ε, 20; Eur. Cycl. 621: λείπω 15.
λίπωνται 3 Plur. Conj. Aor. 2 Od. γ, 354: λείπω 15.
λίσῃ 3 Sing. Conj. Aor. 2 Med.: λίτομαι 16.
λίσσεαι 2 Sing. Praes Od. δ, 347: λίσσομαι 16.
λίσσεθ' (< ἐλίσσετο) 3 Sing. Imprf. Med. Il. ο, 660: λίσσομαι 16.
λίσσεσθαι Inf. Praes. Pass. Od. γ, 19: λίσσομαι 16.
λισσέσκετο 3 Sing. Imprf. iter. Il. ι, 451: λίσσομαι 16.
λίσσετ' (< ἐλίσσετο) 3 Sing. Imprf. Il. ι, 591: λίσσομαι 16.
λίσσετο (< ἐλίσσετο) 3 Sing. Imprf. Od. θ, 344: λίσσομαι 16.
λίσσηαι 2 Sing. Conj. Praes. Od. μ, 53: λίσσομαι 16.
λίσσοιτο 3 Sing. Opt. Praes. Pass. Od. ζ, 142: λίσσομαι 16.
λισσόμενος Part. Praes. Pass. Il. κ, 118: λίσσομαι 16.
λίσσοντο (< ἐλλίσσοντο) 3 Plur. Imprf. Il. σ, 448; Pind. P. 4, 207: λίσσομαι 16.
λίσσωμ(αι) 1 Sing. Conj. Praes. Il. χ, 418; Soph. O. C. 1560: λίσσομαι 16.
λίσσωμαι 1 Sing. Conj. Praes. Od. μ, 163: λίσσομαι 16.

---

fallen. 9 krachen, knacken. 10 Unzucht treiben. 11 I. *a.* fassen, ergreifen; *b.* fassen, wahrnehmen; begreifen; verstehen. II. nehmen; *Med.* sich bemächtigen, an sich nehmen, bekommen, erhalten; auf-, in sich-, übernehmen. 12 entweichen, entrinnen. 13 laut tönen, schwirren. 14 verlangen, begehren, streben, sich sehnen. 15 ver-, zurück-, hinter-, übrig lassen. 16 flehen, bitten; an-, erflehen.

λιτέσθαι Inf. Praes. Il. π, 47: λίτομαι 1.
λιτοίμην 1 Sing. Opt. Praes. Od. ξ, 406: λίτομαι 1.
λιχμήσομαι Fut. ἀπο- Il. φ, 123: λιχμάω 2.
λό' 3 Sing. Imper. Praes. Od. κ, 361 aus λόε: λόω 3.
λογιοῦμαι Fut. att. Ar. Ran. 1263: λογίζομαι 4.
λόε s. u. λό'.
λόει 2 Sing. Praes. Med. κατα- Ar. Nub. 838: λούω 3.
λόεον (< ἐλόεον) Imprf. Od. δ, 252: λοέω 3.
λόεσθαι (< λοῦσθαι) Inf. Hes. Op. 749: λόω 3.
λοεσσάμενος Part. Aor. 1 Med. Il. φ, 560 A*: λοέω 3.
λοέσσας Part. Aor. 1 Med. Il. ψ, 282: λοέω 3.
λοέσσατο Aor. 1 Med. Od. ζ, 227: λοέω 3.
λοέσσομαι Fut. Od. ζ, 221: λοέω 3.
λοιδορήθην Aor. Pass. -θέντος Dem. 54, 5: λοιδορέω 5.
λοιδορήσομαι Fut. Ar. Equ. 1400; Xen. Cyr. 1, 4, 9: λοιδορέω 5.
λοιδορητέον Vb. sp. Max. Tyr. 3, 3: λοιδορέω 5.
λόον Imprf. Hom. Hym. 1, 120: λόω 3.
λούεσθαι (< λοῦσθαι) Inf. Il. ζ, 508: λούω 3.
λοῦμαι Perf. att. für λούομαι; λοῦται Xen. Cyr. 1, 3, 11: λούω 3.
λούμενος Part. Praes. Pass. Ar. Av. 1625; Plut. 658, 11: λόω 3.
λοῦν Inf. Hippocr. in Galen.: λόω 3.
λουσ(άμην) Aor. Med. λούσασθαι Xen. Cyr. 8, 7, 4; -άμενος Symp. 1, 7: λούω 3.
λούσαιτο Opt. Aor. 1 Od. ω, 254: λούω 3.
λοῦσαν 3 Plur. Aor. 1 Od. θ, 364: λούω 3.
λούσαντο (< ἐλούσαντο) 3 Plur. Aor. 1 Od. δ, 48: λούω 3.
λούσασα Fem. Part. Aor. 1 Od. ε, 264: λούω 3.
λούσασθαι Inf. Aor. Med. Xen. Cyr. 8, 7, 4: λούω 3.
λούσασθε 2 Plur. Imper. Aor. 1 Od. ψ, 131: λούω 3.
λούσατε 2 Plur. Imper. Il. π, 669: λούω 3.
λοῦσεν Aor. Il. ε, 905 Γ*: λούω 3.
1) λοῦσθαι Inf. Her. 3, 124: λόω 3.
2) λοῦσθαι Inf. für λούεσθαι Pl. Leg. 942, b: λούω 3.
λούσομαι Fut. Pl. Phaedr. 116, a: λούω 3.
λοῦσον Imper. Aor. 1 Il. π, 669: λούω 3.
λούσω Fut. Callim. Del. 95: λούω 3.
λουσῶ Fut. dor. Theocr. 5, 146: λούω 3.
λύ' Imper. Praes. st. λύε Il. κ, 480: λύω 6.
λύε 3 Sing. Imprf. Il. λ, 620: λύω 6.
λύε s. u. λύ'.
λυθ(ην) Aor. Pass. -θῶσιν Pl. Tim. 38, d; -θείησαν Xen. An. 3, 4, 35; -θῶσι, -θῆναι, -θεῖσα, -θέν, -θέντων, -θέντα Pl.: λύω 6.
λυθήσομαι Fut. Pass. Pl. Tim. 41, b: λύω 6.
λυμανοῦμαι Fut. Xen. Cyr. 6, 3, 24; Dem. 24, 1; Luc. Im. 3: λυμαίνω 7.
λύμην 1 Sing. Opt. Aor. 2 ep. Il. φ, 80: λύω 6.
λυμήναντα Part. Aor. sp. Liban. 4, 350: λυμαίνω 7.
λύντο 3 Plur. Aor. 2 Il. η, 16; ὑπ- π, 341: λύω 6.
λύον Imprf. st. ἔλυον Il. ψ, 27: λύω 6.
λυπηθ(ην) Aor. Pass. Soph. Pl. Phil. 52, b [388]: λυπέω 8.
λυπηθήσομαι Fut. Pass. Luc. D. Meretr. 8, 2; συν- Herod. 6, 39: λυπέω 8.
λυπήσομαι Fut. Med. Eur. Med. 474: λυπέω 8.
λυπήσω Fut. Eur. Or. 545: λυπέω 8.
λυπητέον Vb. Xen. Ap. 27: λυπέω 8.
λῦσαι Inf. Aor. Od. μ, 53: λύω 6.
λῦσαν 3 Plur. Aor. 1 Il. θ, 433: λύω 6.
λύσασθαι Inf. Aor. 1 Med. Il. ω, 118: λύω 6.
λῦσε 3 Sing. Aor. 1 Il. θ, 440: λύω 6.
λύσομαι Fut. Il. κ, 378; -όμενος Il. α, 13: λύω 6.

---

1 flehen, bitten; an-, erflehen. 2 (auf-, be)lecken, züngeln. 3 waschen, baden. 4 (be)rechnen; überlegen, erwägen; schliessen. 5 schelten, schimpfen, schmähen. 6 lösen. 7 misshandeln, beschimpfen, schaden, verletzen. 8 beschweren, kränken, betrüben; *Pass.* mit *Fut. Med.* 9 freveln,

λύσω Fut. Il. ξ, 205. 304: λύω 6.
λῦτο Aor. 2 Med. als Pass. Il. φ, 114: λύω 6.
λῦτο Aor. 2 Med. als Pass. Il. ω, 1 (> λῦτο): λύω 6.
λύωμεν 1 Plur. Conj. Praes. Il. π, 100: λύω 6.
λωβηθ(ῆν) Aor. Pass. -θῆναι Pl. Men. 91, c; -θείς Gorg. 473, c: λωβάομαι 9.
λωβήσομαι Fut. Pl. Crit. 47, d: λωβάομαι 9.
λωβητός Vb. Il. ω, 531; Soph. Phil. 607: λωβάομαι 9.
λῴη Opt. Epich. 137: λάω 11.
λῶμες 1 Plur. Praes. Ar. Lys. 1162: λάω 11.
λῶντο Imprf. dor. Callim. Min. 72: λόω 3.

M.

μάθ' Imper. Aor. 2 Aesch. Eum. 657: μανθάνω 10.
1) μάθε *Indic.* Aor. 2 vgl. μαθον: μανθάνω 10.
2) μάθε *Imper.* Aor. 2 Eur. Bacch. 657; Xen. An. 4, 8, 4; Pl. Theaet. 166, e: μανθάνω 10.
μαθέειν (< μαθεῖν) Inf. Aor. 2 Her. 1, 10: μανθάνω 10.
μαθεῖν[1] (< μαθέειν) Inf. Aor. 2 Pind. O. 9, 75; Xen. Cyr. 2, 4, 31: μανθάνω 10.
μάθετε 2 Plur. Imper. Aor. 2 Pl. Tim. 41, b: μανθάνω 10.
μᾰθεῦμαι (< μαθήσομαι) Fut. dor. Theocr. 11, 60 (> μασεῦμαι) [*166*]: μανθάνω 10.
μάθῃ 3 Sing. Conj. Aor. 2 Aesch. Prom. 697: μανθάνω 10.
μάθῃς 2 Sing. Conj. Aor. 2 Pl. Crat. 427, e: μανθάνω 10.
μαθήσεσθαι Inf. Fut. Pl. Gorg. 459, e; Xen. Cyn. 13, 2: μανθάνω 10.
μαθήσομαι Fut. Ar. Nub. 111; -εται Aesch. Prom. 926; -ονται Xen. Cyr. 4, 1, 18; -όμεθα Pl. Phil. 53, e; -εται Pl.; -εσθε Lys. 13, 4; Pl.; vgl. -εσθαι, -όμενος (*381*): μανθάνω 10.
μαθησόμενος Part. Fut. Pl. Symp. 206, b; Xen. Oec. 8, 21: μανθάνω 10.
μάθητε 2 Plur. Aor. 2 Aesch. Prom. 273: μανθάνω 10.
μαθητέον Vb. Her. 7, 66; Pl. Crat. 439, b; -τέα Leg. 822, c: μανθάνω 10.
μάθοι 3 Sing. Opt. Aor. 2 Xen. Equ. 8, 13; Pl. Phil. 18, c: μανθάνω 10.
μάθοιμι 1 Sing. Opt. Aesch. Eum. 420: μανθάνω 10.
μάθοις 2 Sing. Opt. Aor. 2 Pl. Rep. 353, a: μανθάνω 10.
μαθοῖσα Fem. Part. Aor. Theocr. 2, 161 [*164*]: μανθάνω 10.
μάθοιτε 2 Plur. Opt. Aor. 2 Dem. 20, 61: μανθάνω 10.
μάθον (< ἔμαθον) Aor. 2 μάθεν Pind. P. 8, 12: μανθάνω 10.
μαθόντ- Stammform des Part. Aor. 2 -τες Her. 5, 91; -τος Pl. Leg. 795, b: μανθάνω 10.
μαθοῦσα Fem. Part. Her. 1, 10: μανθάνω 10.
μαθοῦσι(ν) Dat. Plur. Part. Aesch. Ag. 39; Xen. Mem. 1, 1, 9: μανθάνω 10.
μάθω 1 Sing. Conj. Aor. 2 Aesch. Ch. 21; Pl. Hipp. maj. 369, d; Theaet. 192, c: μανθάνω 10.
μάθωμεν 1 Plur. Conj. Aor. 2 Xen. An. 3, 2, 25; Eur. Ion. 720: μανθάνω 10.
μαθών Part. Aor. 2 Pind. N. 7, 68; Pl. Xen.: μανθάνω 10.
μαίμησε Aor. Il. ε, 670: μαιμάω 12.
μαιμώοντα Part. Praes. Orac. bei Her. 8, 77: μαιμάω 12.
μαιμώοντο Imprf. Dion. Per. 1156: μαιμάω 12.
μαιμῶσαν (< μαιμώωσα) Fem. Part. Soph. Ai. 50: μαιμάω 12.
μαιμῶσι (< μαιμώωσι) 3 Plur. Praes. Il. ν, 78: μαιμάω 12.

[1] Zuerst bei Theogn.

beschimpfen, verspotten, höhnen. 10 *a.* lernen, *Aor.* gelernt haben, verstehen; *b.* kennen lernen, wahrnehmen; verstehen, begreifen, einsehen; *c.* anlernen, sich gewöhnen, pflegen. 11 wollen. 12 heftig verlangen, wüthen, stürmen, toben.

μαιμώων Part. Praes. Il. ο, 742: μαιμάω 1.
μαιμώωντα Qu. Sm. 6, 217: μαιμάω 1.
μαιμώωσα Fem. Part. Praes. Il. ο, 542: μαιμάω 1.
μαιμώωσι (< μαιμῶσι) 3 Plur. Praes. Il. ν, 75: μαιμάω 1.
μαινοίμην Opt. Eur. I. A. 1256: μαίνομαι 5.
μαινόμενος Part. Praes. Aesch. Sept. 343: μαίνομαι 5.
μαιωθεῖσα Part. Aor. Pass. Apollod. 1, 4, 1, 2: μαιόομαι 2.
μαιώσατο Aor. Coluth. 180; Anth. 9, 80: μαιόομαι 2.
μακών Part. Aor. 2 Il. π, 469; Od. σ, 98: μηκάομαι 3.
μαλακύνηται 3 Sing. Conj. Praes. Xen. Cyr. 3, 2, 5: μαλακύνομαι.
μαλαξ- Aor. -ῃς Ar. Equ. 389: μαλάσσω 4.
μαλάξω Fut. Eur. Alc. 381: μαλάσσω 4.
μαλαχθῇς Aor. Pass. Soph Phil. 1334: μαλάσσω 4.
μαν(ην) Aor. Pass. -είς Theocr. 5, 16; μανέντες Xen. An. 2, 5, 10 (**245**): μαίνομαι 5.
μανεῖται s. u. μανοῦμαι.
μανέντες s. u. μαν(ην).
μανήσομαι[1]) Fut. 2 sp. Anth. 11, 216: μαίνομαι 5.
μανοῦμαι Fut. -εῖται Her. 1, 109: μαίνομαι 5.
μαντεύσει Fut. Aor. Aesch. Eum. 406: μαντεύομαι 6.
μαντεύσομαι Fut. -εται Aesch. Sept. 716 (<-ῃ); -όμεσθα Ag. 1367: μαντεύομαι 6.
μανύω dor. für μηνύω Pind. N. 9, 4: μηνύω 7.
μαξαμ(ην) Aor. Med. ἀπομαξαμένη Ar. Ran. 1040: ἀπομάσσω 14a.
μάξαντες Part. Aor. Pl. Rep. 372, b: μάσσω 14b.

---

1) Verworfen Moerus p. 264; Thom. Mag. p. 597.

μάξομαι Fut. ἐν- Call. Dian. 124: μάσσω 14b.
μάξω Fut. Ar. Lys. 601: μάσσω 14b.
μαπέειν Inf. Aor. 2 Hes. Sc. 231. 304: vgl. μεμάποιε, μάρπτω, fassen
μαρανθήσομαι Fut. N. T. Jac. 1, 11: μαραίνω 7a.
μαρνάμεθα 1 Plur. Praes. Od. γ, 108; Hes. Th. 647: μάρναμαι 8.
μαρναμένοιιν Dat. Dual. Il. α, 257: μάρναμαι 8.
μαρνάμενος Part. Il. ι, 327; -μένοιο ο, 609; -ον γ, 307; -οι ζ, 256; Hes. Th. 663; -ων Il. μ, 429: μάρναμαι 8.
μάρναντο 3 Plur. Imprf. Il. ν, 720; Hes. Sc. 1001: μάρναμαι 8.
μάρναο 2 Sing. Imper. Pind. ο, 475; π, 497: μάρναμαι 8.
μάρνασαι 2 Sing. Praes. Pind. N. 10, 86: μάρναμαι 8.
μάρνασθαι Inf. Il. ε, 33; Qu. Sm. 8, 376: μάρναμαι 8.
μαρνάσθω 3 Sing. Imper. Pind. I. 5 (4), 54: μάρναμαι 8.
μάρναται 3 Sing. Praes. Il. δ, 513; Pind. O. 5, 15: μάρναμαι 8.
μάρνατο 3 Sing. Imprf. Il. ν, 369: μάρναμαι 8.
μαρνοίμεθα 1 Plur. Opt. Aor. Od. λ, 513: μάρναμαι 8.
μαρνώμεσθα 1 Pl. Conj. Hes. Sc. 110: μαρνάμαι 8.
μάρσεται Hes. st. μεμάρσεται Lobeck bei Buttm.: μείρομαι 9.
μαρτυρησάμενος Aor. Med. ἐκ- Isae. 3, 25: μαρτυρέω 10.
μαρτυρήσω Fut. Pind. O. 6, 21; Soph. Ant. 515; Tr. 422; Pl. Ap. 21, a: μαρτυρέω 10.
μαρψ- Aor. -ῃ Il. φ, 564; Ar. Equ. 197; μάρψαι Il. χ, 201; μάρψας Od. κ, 116: μάρπτω 11.
μάρψαις Part. Aor. Pind. N. 1, 54: μάρπτω 11.
μάρψω Fut. Il. ο, 137; Eur. Fr. Inc. 2 Dind.: μάρπτω 11.
μάσασθαι Inf. Aor. ἐπι- Od. λ, 591: ἐπιμαίομαι 12.
μασεῦμαι Fut. dor. Theocr. 11, 57 [**166**]: μαίομαι 13.

---

1 heftig verlangen, wüthen, stürmen, toben. 2 entbinden. 3 mäkern, blöken. 4 weichen, verweichlichen. 5 rasen, wüthen, toben. 6 wahrsagen. 7 anzeigen, verrathen, angeben. 7a auslöschen, ersticken; zerstören, aufreiben. 8 streiten, fechten, kämpfen. 9 erlangen. 10 Zeuge sein, bekennen; *Pass. mit Fut. Med.* bezeugt werden. 11 *a.* fassen, packen; *b.* erreichen, einholen. 12 betasten, befühlen; zufassen, ergreifen. 13 *a.* suchen, verlan-

μασσάμενος Part. Aor. ἐπι- Od. ι, 446: ἐπιμαίομαι 12.
μάσσομαι Fut. Il. ι, 394; ἐπι- δ, 190: μαίομαι 13.
μαστεύεσκον Imprf. iter. Ap. Rh. 4, 1392: μαστεύω, suchen.
μαστιγώσομαι Fut. Med. pass. Pl. Rep. 361, e: μαστιγόω 14.
μαστιγώσω Fut. Xen. Cyr. 1, 4, 13: μαστιγόω 14.
μαστιγωτέος Vb. Ar. Ran. 633: μαστιγόω 14.
μάστιε Imper. Il. ρ, 622: μαστίω, μαστίζω 15.
μαστίεται 3 Sing. Praes. Med. Il. υ, 171: μαστίω, μαστίζω 15.
μάστιξεν (< ἐμάστιξεν) Aor. Il. ε, 768 Γ*: μαστίζω 15.
μαστιόων Part. ep. Hes. Sc. 431: μαστιάω 15.
μαστίσδω Praes. dor. Theocr. 7, 108: μαστίζω 15.
μαστός Vb. ἐπι- Od. υ, 377: μαίομαι 13.
μάτησεν (< ἐμάτησεν) Aor. Il. ψ, 510: ματάω 16.
ματήσετον 3 Dual. Fut. Il. ε, 233: ματάω 16.
μάχεαι 2 Sing. Praes. Il. ρ, 471: μάχομαι 17.
μαχειόμενος (< μαχεούμενος) Part. Praes. Od. ρ, 471: μάχομαι 17.
μαχεῖται Fut. Il. υ, 26; μαχεῖσθε Xen. Cyr. 6, 4, 17; vergl. μαχούμεθα (*159*): μάχομαι 17.
μαχέοιτο 3 Sing. Opt. Praes. Il. α, 272: μάχομαι 17.
μαχεούμενος (< μαχειόμενος) Part. Od. ω, 113: μαχέομαι = μάχομαι 17.
μαχέσαιντο 3 Plur. Opt. Aor. Xen. Oec. 8, 5: μάχομαι 17.
μαχέσαιο 2 Sing. Opt. Aor. 1 Il. ζ, 329: μάχομαι 17.
μαχέσαιτο 3 Sing. Opt. Aor. 1 Il. ω, 439: μάχομαι 17.
μαχεσάμενος (< μαχησάμενος) Part. Aor. [Dem.] 59, 96; μάχομαι 17.
μαχέσασθαι (< μαχήσασθαι) Inf. Aor. Il. γ, 20. 433; ε, 496 Β*; Her. 7, 103: μάχομαι 17.
μαχεσθ(ην) Aor. Pass. bei Späteren: μάχομαι 17.
μάχεσθε 2 Plur. Praes. Il. δ, 246: μάχομαι 17.
μάχεσθον 2 Dual. Imper. Praes. Il. η, 279: μάχομαι 17.
μαχέσθω 3 Sing. Imper. Il. π, 209: μάχομαι 17.
μαχέσομαι (< μαχήσομαι) Fut. Her. 7, 102. 209; 8, 26: μάχομαι 17.
μαχετέον (< μαχητέον) Vb. Pl. Soph. 249, c: μάχομαι 17.
μαχησάμενος (< μαχεσάμενος) Part. Aor. Il. γ, 393: μαχέομαι = μάχομαι 17.
μαχήσασθαι (< μαχέσασθαι) Inf. Aor. Il. ε, 483 Β*: μάχομαι 17.
μαχήσατο Aor. Il. ζ, 184; μαχησάμεθ' β, 377: μαχέομαι = μάχομαι 17.
μαχήσεαι 2 Sing. Fut. Il. ψ, 621: μάχομαι 17.
μαχήσομαι (< μαχέσομαι) Fut. Il. γ, 290: μαχέομαι = μάχομαι 17.
μάχηται 3 Sing. Conj. Praes. Il. ϑ, 406: μάχομαι 17.
μαχητέον (< μαχετέον) Vb. δια- Pl. Soph. 241, d: μάχομαι 17.
μαχοίατο 3 Plur. Opt. Praes. Il. δ, 348; φ, 429: μάχομαι 17.
μαχοίμεθα 1 Plur. Opt. Praes. Xen. An. 3, 2, 27: μάχομαι 17.
μαχοίμην 1 Sing. Opt. Praes. Il. μ, 324: μάχομαι 17.
μάχοιτο 3 Sing. Opt. Praes. Il. π, 576; Xen. Cyr. 5, 3, 5: μάχομαι 17.
μαχόμεσθα 1 Plur. Praes. Il. ε, 875: μάχομαι 17.
μαχοῦμαι Fut. Eur. Heracl. 689 s. μαχεῖται, -εῖσθε unt. εῖται u. μαχούμεθα.
μαχούμεθα 1 Plur. Fut. Xen. An. 2, 1, 12 (*159*): μάχομαι 17.
μάχωμαι 1 Sing. Conj. Praes. Il. ε, 227; Xen. An. 6, 3, 13: μάχομαι 17.
μαχώμεθα 1 Plur. Conj. Praes. Il. χ, 243: μάχομαι 17.
μάχωνται 3 Plur. Conj. Praes. Il. π, 429: μάχομαι 17.
μέγηρε Aor. Il. ψ, 865; μεγήρας ο, 473: μεγαίρω, beneiden.
μέδεις 2 Sing. Praes. Soph. Ant. 1119; Fr. 341: μέδω 18.
μέδεις (< μεδέων) Part. aeol. Alcae. Fr. 40: μέδω 18.
μεδέουσα Fem. Part. Hom. Hym. 10, 4: μεδέω, μέδω 18.

---

gen, streben, trachten; *b.* im Sinne haben, ersinnen. 14 peitschen, prügeln, züchtigen, strafen. 14a abwischen, abstreichen. 14b kneten. 15 geisseln, peitschen. 16 schlaff, unthätig sein, zaudern. 17 streiten, kämpfen, kriegen. 18 schalten, herrschen.

μεδέουσι 3 Plur. Praes. Qu. Sm. 5, 525: μεδέω, μέδω 2.
μεδέων (< μέδεις) Part. Il. π, 234; Pind. O. 7, 88: μεδέω, μέδω 2.
μέδηαι 2 Sing. Conj. Praes. Od. λ, 110; μ, 137: μέδομαι 1.
μεδήσομαι Fut. Il. ι, 650: μέδομαι 1.
μεδοίατο Opt. Il. ι, 622: μέδομαι 1.
μεδούσης Fem. Part. Lycophr. 1178: μέδω 2.
μέδων Part. Praes. Od. α, 72: μέδω 2.
μεθέηκε(ν) (< μεθῆκε(ν)) 3 Sing. Aor. Il. ψ, 434: μεθίημι 3.
μεθείη Conj. Aor. 2 Od. ε, 471 [**236**]: μεθίημι 3.
μεθεῖμαι (< μεμέτιμαι) Perf. Pass. -εῖται Aesch. Sept. 79 (> καθ-); Pl. Phil. 62, d: μεθίημι 3.
μεθείς Part. Aor. 2 -ἑντα Aesch. Prom. 1038: μεθίημι 3.
μεθέλεσκε Imprf. iter. Od. ϑ, 376: μεθαιρέω, verstehen.
μεθέντα, -τος u. s. w. s. μεθείς.
μεθετέον Vb. Pl. Tim. 55, d: μεθίημι 3.
μεθῆκε (< μεθέηκε) 3 Sing. Aor. Aesch. Ag. 1385: μεθίημι 3.
μεθῆκεν (< μεθέηκεν) 3 Sing. Aor. Od. ε, 460: μεθίημι 3.
μεθῆσα Aor. sp. μεθήσας Part. Coluth. 127: μεθίημι 3.
μεθησέμεν Inf. Fut. ep. st. μεθήσειν Il. ν, 361: μεθίημι 3.
μεθησέμεναι (< μεθησέμεν) Inf. Fut. Od. π, 377 [**371**]: μεθίημι 3.
μεθήσω Fut. Il. λ, 841; Aesch Ch. 822 (< μεθησέμεναι): μεθίημι 3.
μεθίεις 2 Sing. Praes. Od. δ, 372: μεθίημι 3.
μεθίεμεν 1 Plur. Praes. Il. ξ, 364: μεθίημι 3.
μεθιέμεν (< μεθιέμεναι) Inf. Praes. für μεθιέναι Il. δ, 351: μεθίημι 3.
μεθιέμεναι (< μεθιέμεν) Inf. Praes. für μεθιέναι Il. ν, 114: μεθίημι 3.
μεθίεν 3 Plur. Imprf. Od. φ, 377: μεθίημι 3.
μεθιέναι Inf. Praes. Pl. Phil. 686, e: μεθίημι 3.
μεθίετε 2 Plur. Praes. Il. ν, 116: μεθίημι 3.
μεθίῃσι 3 Sing. Conj. Il. ν, 234: μεθίημι 3.
μεθίστατο Imprf. Med. Il. ε, 514: μεθίστημι 21.
μεθύσθην Inf. aeol. für μεθυσθῆναι.
μεθυσθήσομαι Fut. Pass. Luc. Luct. 13; V. T. Ps. 35, 9: μεθύσκω 4.
μεθῦσω Fut. V. T. Jer. 31, 14 (**26**): μεθύσκω 4.
μεθῶμεν 1 Plur. Conj. Aor. Il. κ, 449; Aesch. Prom. 262: μεθίημι 3.
μείδησεν Aor. Il. ε, 426; ζ, 404; ξ, 222 *B**: μειδάω, lächeln.
μειδιάει 3 Sing. Praes. Hom. Hym. 9, 3 [**192c**]: μειδιάω 19.
μειδιάων (< μειδιόων) Part. Hom. Hym. 6, 14 [**192c**]: μειδιάω 19.
μειδιόων (< μειδιάων) Part. Il. ψ, 486: μειδιάω 19.
μειδιόωσα Part. Il. φ, 491: μειδιάω 19.
μείρεο Imper. Il. ι, 616: μείρομαι 5.
1) μείρεται 3 Sing. Praes. ἀπο- Hes. Op. 576: μείρομαι 5.
2) μείρεται 3 Sing. Praes. ἀπο- Theogn. 801 er wird getrennt: μείρομαι.
μελανθείς Part. Pass. Hippocr. 1, 98; 3, 661: μελαίνω 6.
μελανθῆναι Aor. Pass. Hippocr. 3, 86: μελαίνω 6.
μέλε Imper. Praes. Od. ε, 6: μέλω 7.
μελεδανθ(ην) Aor. Pass. μελεδανθεῖσα Hippocr. 2, 660; 3, 2—6: μελεδαίνω, sorgen.
μέλει Praes. impers. Il. ω, 683: μέλω 7.
μέλειν (< μελέμεν) Inf. Praes. Soph. El. 342: μέλω 7.
μελέμεν (< μέλειν) Inf. Od. σ, 421: μέλω 7.
μέλεσθε 2 Plur. Imper. Praes. Med. Aesch. Sept. 178: μέλομαι, μέλω 7.
μελέσθω 3 Sing. Imper. Praes. Med. Aesch. Suppl. 367: μέλομαι, μέλω 7.
1) μελέτω Imper. Praes. Il. ω, 152 *A**: μέλω 7.
2) μελέτω 3 Sing. Imper. impers Pl. Lys. 211, c: μέλω 7.
μέλῃ 3 Sing. Conj. Praes. impers. Aesch. Ch. 780: μέλω 7.
μεληθείς Part. Aor. Pass. act. Soph. Ai. 1184; pass. Anth. 5, 201: μέλω 7.

---

1 sorgen für..., denken an... 2 schalten, herrschen. 3 nach-, los-, ent-, freilassen. 4 sich berauschen, berauscht, trunken sein. 5 *Praes.* zum Antheil empfangen; *Perf. Act.* einer Sache theilhaftig sein. 6 schwarz

μελησάτω Imper. Aor. Med. Aesch. Prom. 332: μέλω 7.
μελήσει 3 Sing. Fut. Il. ε, 430: μέλω 7.
μελήσει 3 Sing. Fut. impers. Pl. Leg. 923, e: μέλω 7.
μελησέμεν Inf. Fut. Il. κ, 51: μέλω 7.
μελήσεται Fut. Med. Il. α, 523: μέλω 7.
μελήσουσι 3 Plur. Fut. Il. ε, 228: μέλω 7.
μελήσω s. μελήσει 1.
μελητέον Vb. Pl. Rep. 365, d: μέλω 7.
μέλλεσκον (< μέλλον) Imprf. iter. Theocr. 20 (25), 240: μέλλω 8.
μελλήσομαι Fut. Pass. sp. Procop. Goth. 2, p. 464: μέλλω 8.
μέλλον (< μέλλεσκον) Imprf. Il. ρ, 278: μέλλω 8.
μέλοι Opt. Praes. Aesch. Suppl. 939: μέλω 7.
μέλον Imper. Praes. imprs. Pl. Ap. 24, a: μέλω 7.
μελόντων Plur. Imper. Praes. Il. σ, 463; Od ρ, 594; σ, 266: μέλω 7.
μέλουσα Fem. Part. Praes. Soph. O. C. 1433; Eur. Tr. 842: μέλω 7.
μέλποντο (< ἐμέλπετο) Imprf. Eur. Andr. 1039: μέλπω 9.
μέλψομαι Fut. pass. Anth. Pal. 9, 521: μέλπω 9.
μέλψω Fut. Eur. Alc. 446: μέλπω 9.
μελών Part. Praes. Pind. Fr. 24: μέλω 7.
μεμάᾱσι 3 Plur. Perf. 2 Il. κ, 208: μάω 10.
μέμαγμαι Perf. Pass. Ar. Equ. 57; Thuc. 4, 16; Eubul. Fr. Com. 3, 242; ἐκ- Cratin. Fr. Com. 2, 165: μάσσω, μάττω 11.
μεμαγμένος Part. Perf. Pass. Ar. Plut. 57; Arch. bei Athen. 1, 30: μάσσω, μάττω 11.
μεμάθηκα Perf. Ar. Nub. 1143; Pl. Leg. 664, e: μανθάνω 13.
μεμακκοᾱκώς Part. Perf. -ότα Ar. Equ. 62: μακκοάω 14.
μεμακυῖα Fem. Part. Aor. 2 Il. δ, 435: μηκάω, μηκάομαι 15.
μεμᾱλώς (< μεμηλώς, -ότας) Part. Perf. Pind. O. 1, 89 (> μεμαότας): μέλω 7.
μέμᾰμεν 1 Plur. Perf. 2 Il. ι, 641; ο, 105: μάω 10.
μεμάνηκα (< μέμηνα) Perf. sp. ἐπι- Cyrill. Alex. 1, 181: μαίνω 12.
μεμάνημαι Perf. Pass. selten Theocr. 10, 31: μαίνω 12.
μεμᾰότε (< μεμαῶτε) Dual. Part. Perf. Il. ν, 197: μάω 10.
μεμᾰότες Part. Perf. Il. β, 818: μάω 10.
μεμάποιεν 3 Sing. Opt. Aor. 2 mit Redupl. Hes. Scut. Herc. 252; vgl. μέμαρπον, μαπέειν: μάρπτω, fassen, ergreifen.
μεμάραμμαι (< μεμάρασμαι) Perf. Pass. Plut. Pomp. 31; Clem. Al. Prot. p. 43, 25: μαραίνω 17.
μεμάρασμαι (< μεμάραμμαι) Perf. Pass. Luc. Anach. 35: μαραίνω 17.
μεμάργωμαι Perf. Aesch. Suppl. 739: μαργόομαι = μαργάω 20.
μεμαργωμένοι Part. Perf. Aesch. Suppl. 757: μαργόομαι = μαργάω, toll sein.
μέμαρπα Perf. 2 ep. -ώς Hes. Op. 254; Ap. Rh. 1, 756; 4, 432: μάρπτω 18.
μέμαρπεν 3 Sing. Aor. 2 Hes. Sc. 245 (> ἐμέμαρπεν): μάρπτω 18.
μεμαρτύρηκα Perf. Lys. 7, 38; Dem. 46, 9: μαρτυρέω, Zeuge sein, zeugen.
μέμᾰσαν 3 Plur. Plsprf. Il. η, 3; ϑ, 56 B*: μάω 10.
μέματε 2 Plur. Perf. 2 sync. Il. η, 160: μάω 10.
μέμᾰτον Dual. Perf. 2 sync. Il. ϑ, 413; κ, 433: μάω 10.
μεμάτω Imper. Perf. Il. δ, 304; υ, 355: μάω 10.
μεμαυῖα Fem. Part. Perf. Il. η, 24; -αν δ, 73; -αι λ, 615: μάω 10.
μέμαχα Perf. Ar. Equ. 55: μάσσω, μάττω 11.

---

machen. 7 am Herzen liegen. 8 gedenken, vorhaben, wollen; sollen, müssen. 9 (be)singen; sich vergnügen, spielen. 10 streben. 11 kneten, einmengen. 12 rasend machen; *Med.* μαίνομαι rasen, wüthen. 13 *a.* lernen, *Aor.* gelernt haben. verstehen; *b.* kennen lernen, wahrnehmen; verstehen, begreifen, einsehen; *c.* anlernen, sich gewöhnen, pflegen. 14 einfältig, unverständig sein. 15 mäkern, blöken. 16 rasen, wüthen, toben. 17 auslöschen, ersticken; zerstören, aufreiben. 18 *a.* fassen, packen; *b.* erreichen, einholen. 19 lächeln. 20 toll sein. 21 umstellen.

μεμάχεσμαι (< μεμάχημαι) Perf. συν- Xen. Cyr. 7, 1, 14: μάχομαι 1.
μεμάχημαι (< μεμάχεσμαι) Perf. -μένος Thuc. 7, 43; Lys. 7, 41; Isocr. 6, 54: μάχομαι 1.
μεμαχώς Part. Perf. Ar. Equ. 55: μάσσω, μάττω 3.
μεμαώς Part. Perf. Il. λ, 239 Γ*: μάω 2.
μεμαῶσιν Dat. Plur. Perf. Il. μ, 200. 218: μάω 2.
μεμαῶτα Acc. Part. Perf. Il. υ, 256 Γ*: μάω 2.
μεμαῶτας Acc. Plur. Part. Perf. Il. Il. ι, 361; ο, 276: μάω 2.
μεμαῶτε (< μεμᾰότε) Dual. Part. Perf. Il. ε, 569; ζ, 120; υ, 159; ψ, 814: μάω 2.
μεμαῶτες (< μεμᾰότες) Plur. Part. Perf. Il. β, 543 Γ*; Qu. Sm. 8, 376; Pind. N. 1, 43: μάω 2.
μεμαῶτι Dat. Part. Perf. Il. ν, 80. 317; χ, 284: μάω 2.
μεμαῶτος Gen. Part. Perf. Il. θ, 118; Qu. Sm. 9, 243: μάω 2.
μέμβλεσθε 2 Plur. Perf. Pass. Ap. Rh. 2, 217: μέλω 4.
μέμβλεται (< μεμέλημαι) Perf. Pass. Il. τ, 343: μέλω 4.
μέμβλετο (< μεμέλητο) 3 Sing. Plsprf. Pass. Il. φ, 516; Od. χ, 12: μέλω 4.
μέμβλωκε Perf. Od. ρ, 190; -κότων Eur. Rhes. 629; vgl. μολεῖν: βλώσκω 22.
μεμέθυσμαι Perf. Pass. Hedyl. Athen. 4, 78; Luc. D. Mer. 3, 1: μεθύω 6.
μεμέληκε Perf. Pl. Crat. 428, b: μέλω 4.
μεμεληκέναι Inf. Perf. Pl. Lach. 187, c: μέλω 4.
μεμεληκός Part. Perf. Pl. Prot. 339, b: μέλω 4.
μεμελήμεθα 1 Plur. Perf. Anth. 10, 17: μέλω 4.
μεμέλησο s. u. μεμέλητο.
μεμέληται (< μέμβλεται) 3 Sing. Perf. Pass. sp. Opp. Cyn. 1, 435: μέλω 4.
μεμέλητο (< μέμβλετο) Plsprf. Theocr. 17, 44; -ησο Anth. 5, 220: μέλω 4.
μεμελλημένος Perf. sp. Galen. 8, 269: μέλλω 7.
μεμένηκα (< μέμονα) Perf. Dem. 18, 321; Luc. Pisc. 44; ἐμ- Thuc. 1, 5: μένω 8.
μεμέρισμαι Perf. Pass. Pl. Parm. 144, b. d; Tim Locr. 96, d: μερίζω 9.
μεμετιμένος Part. Perf. ion. st. μεθειμένος Her. 5, 108; 6, 1; 7, 229: μεθίημι 5.
μεμηκώς Part. Perf. Il. κ, 362: μηκάω 10.
μέμηλας Perf. in Perfectbed. Hom. Hym. 3, 437: μέλω 4.
μεμήλει Plsprf. Il. β, 614; Od. α, 151: μέλω 4.
μέμηλεν 3 Sing. Perf. als Praes. Il. ε, 876; ι, 228 Β*: μέλω 4.
μεμήλῃ 3 Sing. Conj. Il. δ, 353: μέλω 4.
μεμηλώς (< μεμᾱλώς) Part. Perf. Il. ι, 359: μέλω 4.
μέμηνα (< μεμάνηκα) Perf. 2 Soph. Ant. 790; vgl. μεμηνότ᾽: μαίνω 11.
μεμηνότ- Part. Perf. Aesch. Prom. 977; Soph. Ai. 81; vgl. μέμηνα: μαίνω 11.
μεμήνῡκα Perf. Andoc. 1, 22; Pl. Soph. 226, a; Tim. 48, b: μηνύω 12.
μεμήνῡμαι Perf. Pass. Andoc. 1, 10; Thuc. 6, 57: μηνύω 12.
μεμηνῦσθαι Inf. Perf. Thuc. 1, 20; 6, 57: μηνύω 12.
μεμηχάνημαι Perf. Med. u. Pass. Soph. Tr. 586; Pl. Leg. 739, c; 904, b Β*; Isocr. 3, 6; Xen. Hier. 11, 4 (392): μηχανάω 14.
μεμηχανῆσθαι Inf. Perf. Med. Pl. Phil. 30, 6: μηχανάω 14.
μεμηχάνητο Plsprf. μηχανάω 14.
μεμίαγκα (< μεμίασμαι, μεμίαμμαι) Perf. Pass. Plut. Gracch. 21 (234): μιαίνω 15.
μεμίανται 3 Plur. Perf. μιαίνω 15.
μεμιᾶσθαι Inf. Perf. Pass. Horapoll. Hierogl. 1, 44: μιαίνω 15.
μεμίασμαι (< μεμίαγκα, μεμίαμμαι) Perf. Pass. Ap. Rh. 4, 716; Thuc. 2, 102; Pl. Phaed. 81, b (235): μιαίνω 15.

---

1 streiten, kämpfen, kriegen. 2 streben. 3 kneten, einmengen. 4 am Herzen liegen. 5 nach-, los-, ent-, freilassen. 6 sich berauschen, berauscht, trunken sein. 7 gedenken, vorhaben, wollen; sollen, müssen. 8 (ver)bleiben. 9 (ver-, zu)theilen. 10 μηκάζω, μηκάομαι meckern, blöken. 11 rasend machen; Med. μαίνομαι rasen, wüthen. 12 anzeigen, ver-

μέμιγμαι Perf. Pass. -μένον Od. ϑ, 196; λ, 123; ψ, 270; Pl. *B**; -κται Pind. O 1, 91; Pl. Prot. 346, d: μίγνυμι 16.

μεμίμημαι Perf. auch pass. (**392**) Pl. Crat. 414, b; Pol. 293, e; Leg. 812, c: μιμέομαι 17.

μεμιμημένος Part. Perf. auch pass. Her. 2, 78. 86; Ar. Lys. 159; Pl. Crat. 425, d; Arist. Rhet. 1, 11, 3: μιμέομαι 17.

μεμινύϑηκα Perf. Hippocr. 3, 276; 4, 348: μινύϑω 18.

μεμίξομαι (< μίξομαι, μιγήσομαι) Fut. Hes. Op. 177; Aesch. Pers. 1052: μίγνυμι 16.

μεμίσηκα Perf. Pl. Phil. 44, c: μισέω 19.

μέμιχα Perf. συμ- Polyb. 38, 5; Dion. C. 67, 11; Phalar. Epist. 77: μίγνυμι 16.

μεμίχϑαι Inf. Perf. Pass. Pl. Phil. 64, e; ἀνα- Luc. De Merced. 25: μίγνυμι 16.

μεμναίατο 3 Plur. Opt. Praes. Pind. Fr. 297: μιμνήσκω 20.

μέμναμαι (< μέμνημαι) Perf. Theocr. 5, 40; -σαι 116. 118; μέμνανται Pind. O. 6, 11: μιμνήσκω 20.

μεμναμένος (< μεμνημένος) Part. Perf. Pind. N. 7, 80: μιμνήσκω 20.

μεμνᾶσϑαι Inf. Perf. Pind. O. 6, 92: μιμνήσκω 20.

μεμνάσϑω 3 Sing. Imper. Pind. Nem. 11, 15: μιμνήσκω 20.

μέμνεο Imper. ion. für μέμνησο Her. 5, 105; Orph. Lith. 605; Anth. App. 855: μιμνήσκω 20.

μεμνεώμεϑα (< μεμνώμεϑα) 1 Plur. Conj. Her. 7, 47: μιμνήσκω 20.

μεμνέῳτο (< μεμνῷτο) 3 Sing. Opt. Perf. Il. ψ, 361 [**204**]: μιμνήσκω 20.

μέμνηαι (< μέμνησαι, μέμνῃ) 2 Sing. Perf. Il. φ, 442: μιμνήσκω 20.

μέμνημαι Perf. Il. ι, 527; Od. ω, 122 (**68**): μιμνήσκω 20.

μεμνημένος Part. Perf. Od. δ, 151 *B**: μνάομαι, μιμνήσκω 20.

μέμνηνται 3 Plur. Perf. Thuc. 2, 8; vgl. μέμνημαι: μιμνήσκω 20.

μέμνηντο 3 Plur. Plsprf. Il. ρ, 364: μιμνήσκω 20.

μέμνησαι (< μέμνηαι, μέμνῃ) 2 Sing. Perf. Il. ψ, 648; Aesch. Prom. 822; Pl. Prot. 323, e: μιμνήσκω 20.

μεμνήσεσϑαι Inf. Fut. Od. τ, 581; φ, 79: μνάομαι, μιμνήσκω 20.

μεμνῆσϑαι Inf. Perf. Il. δ, 357: Aesch. Pers. 287; Lys. 2, 3; 21, 19: μιμνήσκω 20.

μέμνησϑε 2 Plur. Perf. Aesch. Prom. 522; Lys. 30, 14; Pl. Tim. 23, b: μιμνήσκω 20.

μέμνησο (< μέμνεο) 2 Sing. Plsprf.. Aesch. Ch. 491; Ar. Lys. 931; Pl. Phaedr. 234, b; Luc. Dial. Mort. 23, 3: μιμνήσκω 20.

μεμνήσομαι Fut. Il. χ, 390: μιμνήσκω 20.

μέμνησται (< μέμνηται) (**212**): μιμνήσκω 20.

μέμνητ' s. u. μέμνητο.

μέμνηται (< μέμνηται) 3 Sing. Perf. Il. ϑ, 362; Hes. Th. 103: μιμνήσκω 20.

μέμνητο Plsprf. Od. ω, 195: μιμνήσκω 20.

μεμνῇτο Opt. Perf. Ar. Pl. 991; Pl. Rep. 517: μιμνήσκω 20.

μέμνοιο 2 Sing. Opt. zw. Xen. An. 1, 7, 5; vgl. Buttm. Ausf. Sprachl. §. 98 Anm. 15, 17: μιμνήσκω 20.

μεμνῶμαι Conj. [Perf.] Dem. Prooem. 20: μιμνήσκω 20.

μεμνώμεϑα 1 Plur. Conj. Perf. Od. ξ, 168; Soph. O. T. 49: μιμνήσκω 20.

μεμνῴμην Opt. Perf. Soph. O. T. 49 Herm.: μιμνήσκω 20.

μεμνῷο 2 Sing. Opt. Xen. An. 1, 7; 5 (> μέμνοιο): μιμνήσκω 20.

μεμνῷτο (< μεμνέῳτο) Opt. Xen. Cyr. 1, 6, 3 (> -ῇτο): μιμνήσκω 20.

1) μέμονα Perf. Il. ε, 482; -ας η, 36; ι, 247; ν, 307; ξ, 88; -ε(ν) μ, 304: μέμονα.

2) μέμονα (< μεμένηκα) Eur. I. A. 1495; Ap. Rh. 3, 434: μένω 24.

---

rathen; verkündigen, kundgeben. 13 *a.* fassen, packen; *b.* erreichen, einholen. 14 künstlich ersinnen, bereiten vgl. p. 215 Anm. 9. 15 beflecken, färben; verunreinigen. 16 (ver)mischen vgl. p. 216 Anm. 11. 17 nachahmen, nachmachen. 18 (ver)mindern, schwächen; *intr.* abnehmen. 19 hassen, verachten, verschmähen. 20 erinnern, mahnen. 21 bleiben, vgl. p. 211 Anm. 12. 22 gehen, kommen. 23 trachten. 24 bleiben,

μεμόνει Plsprf. Theocr. 20 (25), 64: μέμονα 1.

μεμονέναι Inf. Perf. Her. 6, 84: μέμονα 1.

μεμόρακται Perf. Pl. Tim. Locr. 95, a: μείρομαι, μείρω 2.

μεμορημένος (< μεμορμένος) Part. Perf. Pass. Nic. Al. 229; Anth. 7, 466: μείρω 2.

μεμόρηται (< εἵμαρται) Perf. Pass. Ap. Rh. 1, 646: μείρω 2.

μεμόρητο (< εἵμαρτο) Plsprf. Ap. Rh. 1, 973: μείρω 2.

μέμορθαι Inf. Perf. Schol. Il. κ, 67: μείρω 2.

μεμορμένος (< μεμορημένος) Part. Perf. Pass. Ap. Rh. 3, 1130: μείρω 2.

μέμυκε Perf. Aesch. Suppl. 351: μυκάομαι, brüllen.

μεμφθ(ην) Aor. Pass.[1] -εῖσ' Eur. Hel. 31: μέμφομαι 3.

μεμψ(αμην) Aor. -ασθαι Lys. 8, 1; Xen. Cyr. 7, 5, 42; üblicher als der passive Aor. μεμφθ(ην) (386): μέμφομαι 3.

μεμψαίμην 1 Sing. Opt. Aor. Isae. 1, 9: μέμφομαι 3.

μέμψομαι Fut. Hes. Op. 186: μέμφομαι 3.

μενέμεν Inf. Praes. Od. ι, 97; υ, 330: μένω 4.

μενετέος (< μενετός) Vb. Pl. Rep. 328, b: μένω 4.

μενετός (< μενετεός) Vb. Thuc. 1, 142: μένω 4.

μενέτω Imper. Il. ο, 195: μένω 4.

μενέω (< μενῶ) Fut. Il. τ, 308; ψ, 279; Her. 8, 62: μένω 4.

μενητέον (< μενετέος) Vb. Dion. Hall. Ant. 7, 27: μένω 4.

μένοιεν Opt. Praes. Il. ν, 37; Od. θ, 275: μένω 4.

μένον Impr f. Od. ζ, 98; ι, 544: μένω 4.

μενῶ (< μενέω) Fut. -εῖ Rep. Pl. 466, c; 546, a; -οῦμεν Thuc. 1, 71; Pl. Leg. 833, c: μένω 4.

[1] Im Sinne de D. M. bei den Ioniern und Tragikern.

μερισ(αμην) Aor. Med. -ώμεθα Pl. Pol. 261, c: μερίζω 5.

μερισθ(ην) Aor. Pass. -θέν Pl. Tim. 56, d: μερίζω 5.

μεριῶ Fut. att. -εῖς Pl. Parm. 131, c: μερίζω 5.

μερμήριξα (< ἐμερμήρισα) Aor. Il. ε, 671: μερμηρίζω 6.

μερμηρίξω Fut. Od. π, 261: μερμηρίζω 6.

μετάλμενος Part. Il. ε, 336; λ, 538; μ, 305; ξ, 443: μεθάλλομαι 7.

μεταμεληθήσομαι Fut. sp. Schol. Eur. Phoen. 899; V. T. Ezech. 14, 22: μεταμέλει 8.

μεταμελήσει Fut. Pl. Dem. 382, d: μεταμέλει 8.

μεταμελησόμενον Part. Fut. Xen. Mem. 2, 6, 23: μεταμέλει 8.

μεταμεμέλημαι Perf. Med. V. T. Macc. 11, 10: μεταμέλει 8.

μετεκίαθον Impr f. Il. σ, 581; Callim. Dian. 46; Ap. Rh. 1, 90: μετακιάθω 18.

μετεμελήθην Aor. Pass. sp. Polyb. 8, 25: μεταμέλει 8.

μετήσομαι Fut. Med. als Pass. Her. 5, 35: μεθίημι 9.

μῆναι Inf. Aor. ἐκ- Soph. Tr. 1142: ἐκμαίνω, rasend machen.

μήνιε(ν) Imprf. Il. β, 769 B*: μηνίω 10.

μηνιεῖ Fut. V. T. Ps. 102, 9: μηνίω 10.

μηνίεται Praes. Med. Aesch. Eum. 101: μηνίω 10.

μηνῖσαι Inf. Aor. Her. 7, 229: μηνίω 10.

μηνίσας Part. Aor. Il. ε, 178; μ, 178; Soph. Ant. 1177: μηνίω 10.

μηνυθ(ην) Aor. Pass. -θέντος Pl. Rep. 452, d: μηνύω 11.

μηνύσω Fut. Eur. Ion. 750; Her. 2, 121; Luc. Toxar. 50: μηνύω 11.

μηρυσάμην Aor. Med. -αντο Od. μ, 170: μηρύομαι 12.

μησ(αμην) (< ἐμησάμην) μήσατο Aor. Il. ζ, 157; Hes. Th. 166; Eur. Phoen. 799; μήσωμαι Aesch. Sept. 1057: μήδομαι 13.

μήσομαι Fut. Soph. Tr. 973; Eur. Hipp. 592: μήδομαι 13.

---

1) trachten, streben, wollen. 2 zum Antheil empfangen. 3 tadeln, schelten. 4 bleiben vergl. pag. 211 Anmerkung 12. 5 (ver)theilen. 6 *intr.* sorgen, bekümmert sein; *trans.* aussinnen. 7 hinüberspringen, angreifen; nachspringen, einholen. 8 es kümmert mich, liegt mir am Herzen; μετα- es grämt mich. 9 nach-, los-, ent-, freilassen. 10 grollen, zürnen.

μῆστο Plsprf. ion. st. ἐμέμηστο von Hesych. ἐβουλεύσατο erklärt: μήδομαι 13.
μητιάασθαι Inf. Od. ι, 262 (< μητίσασθαι Wolf. Harlei.) Ap. Rh. Qu. Sm.: μητιάω 14.
μητιάασθε 2 Plur. Imper. Praes. Il. χ, 174; μητιάω 14.
μητιάασκον Imprf. iterat. Ap. Rh. μητιάω 14.
μητιόωντες Part. Praes. Od. α, 234 *A**; -τι Il. σ, 312: μητιάω 14.
μητιόωντι Dat. Part. Praes. Il. σ, 312: μητιάω 14.
μητιόωντο Imprf. Il. μ, 17: μητιάω 14.
μητιόωσα Fem. Part. Praes. Od. ζ, 14; ϑ, 9: μητιάω 14.
1) μητιόωσιν 3 Plur. Indic. Praes. Il. κ, 208. 409: μητιάω 14.
2) μητιόωσιν 3 Dat. Plur. Part. Il. η, 45: μητιάω 14.
μητίσομαι Fut. Med. Il. γ, 416: μητιάω 14.
μητιώοντο Imprf. Il. μ, 17: μητιάω 14.
μηχανάασθαι (< μηχανᾶσθαι) Inf. Praes. Od. γ, 213; π, 196: μηχανάω 15.
μηχανάασθε Imper. Praes. Od. υ, 370. 394: μηχανάω 15.
μηχανησ(αμην) Aor. Med. -αίμεθα Pl. Leg. 966, a; -ήσασθαι, -ησάμενος: μηχανάω 15.
μηχανήσομαι Fut. Aesch. Sept. 1038; Pl. Leg. 965, e: μηχανάω 15.
μηχανόωνται Praes. Od. γ, 207; φ, 375 *B**: μηχανάω 15.
μηχανόωντας Part. Od. σ, 143: μηχανάω 15.
μηχανόωντο Imperf. Il. ϑ, 177: μηχανάω 15.
μηχανόῳτο Opt. Praes. Od. π, 196: μηχανάω 15.
μηχανώμεθα 1 Plur. Praes. Eur. Hipp. 331: μηχανάω 15.
μιάνῃ (< μιήνῃ) 3 Sing. Conj. Eur. I. A. 1595: μιαίνω 16.
μιανϑ(ην) Aor. 1 Pass. μιανϑέντος Pl. Leg. 872, e; -ϑεῖσα Aesch. Ch. 846; -ϑῆναι Eur. Ion. 1118: μιαίνω 16.
μιάνϑην 3 Plur. Aor. 1 Pass. ep. nach den alten Grammatikern st. μίανϑεν für ἐμιάνϑησαν; nach den neuen 3 Dual. für μιανϑήτην Il. δ, 146: μιαίνω 16.
μιάνϑησαν 3 Plur. Aor. 1 Pass. Il. π, 795; ψ, 732: μιαίνω 16.
μιανϑήσομαι Fut. Pass. Pl. Rep. 621, c: μιαίνω 16.
μίγεν 3 Plur. Aor. 2 Pass. Od. ι, 91; Pind. P. 9, 68[*114*]: μίγνυμι 17.
μιγέντε Part. Dual. Od. κ, 334: μίγνυμι 17.
μιγέωσιν 3 Plur. Conj. Aor. 2 Il. β, 475: μίγνυμι 17.
μίγῃ (< μιχϑῇ) Aor. Pass. Il. ε, 143; -ησαν ϑ, 268; μιγείην Od. ο, 315; -ῃς ε, 378 (> είης Wolf); -είη δ, 222; μιγείς Pl. Rep. 490, b; -έντος 547, a; -εῖσα Od. α, 73; τ, 266; Hes. Th. 533; -εισῶν in ξυμ- Thuc. 8, 42; vergl. μιγέντε: μίγνυμι 17.
μιγήμεναι (< μιγῆναι, μιχϑήμεναι) Inf. Aor. 2 Pass. Il. ο, 409; ψ, 469; Hes. Th. 301 [*86*]: μίγνυμι 17.
μιγῆναι (< μιγήμεναι) Inf. Aor. 2 Pass.: μίγνυμι 17.
μιγήσομαι Fut. selten -εσθαι Il. κ, 365; Nonn. 8, 147: μίγνυμι 17.
μιγνύηται 3 Sing. Praes. Pass. Xen. Cyr. 1, 2, 3 (*300*): μίγνυμι 17.
μίγνυμαι Praes. Med. -ται Pl. Soph. 260, b: μίγνυμι 17.
μιγνύμενος Part. Praes. Med. Pl. Pol. 307, c: μίγνυμι 17.
μιγνύναι Inf. Pl. Phil. 59, c: μίγνυμι 17.
μιγνύς Part. Praes. Pl. Tim. 351, b.; -ύντες Rep. 488, a: μίγνυμι 17.
μίγνυσθαι Inf. Praes. Med. Pl. Rep. 458, d: μίγνυμι 17.
μίγνυσι 3 Sing. Praes. Pl. Leg. 691, e: μίγνυμι 17.
μιήνῃ (< μιάνῃ dor.) Conj. Aor. Il. δ, 141: μιαίνω 16.
μικτέον Vb. Pl. Tim. 48, a: μίγνυμι 17.
μῖκτο (< ἔμικτο) Sync. Plsprf. od. Aor. Il. λ, 354; π, 813 [*150*]: μίγνυμι 17.

---

11 anzeigen, verrathen; verkündigen, kundgeben. 12 ziehen, bes. Wolle zupfen, auflockern. 13 im Sinne haben, einen Entschluss fassen, ersinnen, erdenken und ausführen. 14 im Sinne haben, berathschlagen, beschliessen. 15 künstlich ersinnen, bereiten vgl. p. 215 Anm. 9. 16 beflecken, färben; verunreinigen. 17 (ver)mischen vgl. p. 216 Anm. 11. 18 nachgehen, verfolgen.

μικτός Vb. Pl. Tim. 76, b: μίγνυμι 1.
μιμηθ(ῆν) Aor. Pass. -θέν Pl. Leg. 668, b (**391**): μιμέομαι 2.
μιμηθήσομαι (< μιμήσομαι) Fut. Pass. pass. Pl. Rep. 599, a: μιμέομαι 2.
μιμησ(άμην) Aor. Med.; -αιτο Pind. P. 12, 21; -ασθαι Xen. Oec. 4, 4; Nonn. 1, 47: μιμέομαι 2.
μιμήσομαι (< μιμηθήσομαι) Fut. Ar. Plut. 306; Pl. Rep. 547, d *B**: Luc. Pro Imag. 16; Nonn. 4, 99: μιμέομαι 2.
μιμητέον Vb. Pl. Rep. 396, b: μιμέομαι 2.
μίμν' Imprf. Il. χ, 92: μίμνω 3.
μίμνε Imprf. Il. ν, 713: μίμνω 3.
μίμνετε 2 Plur. Imper. Od. ι, 172: μίμνω 3.
μιμνέτω 3 Sing. Imper. Il. τ, 189; Od. ζ, 69: μίμνω 3.
μίμνῃ 3 Sing. Conj. Il. ω, 382; Od. ο, 545: μίμνω 3.
μιμνήσκεο 2 Sing. Imprf. Il. χ, 268: μιμνήσκω 4.
μιμνήσκεσθαι Inf. Praes. Od. γ, 142: μιμνήσκω 4.
μιμνήσκεται 3 Sing. Praes. Od. ο, 54: μιμνήσκομαι 4.
μιμνήσκοντο 3 Plur. Imprf. Il. ν, 722: μιμνήσκω 4.
μίμνον Imprf. Il. θ, 565; -ε(ν) Il. ο, 689: μίμνω 3.
μινύθεσκον Imprf. iter. Il. ο, 492; Od. ξ, 17: μινύθω 5.
μινυθέωσι 3 Plur. Conj. Aor. Act. (Pass.) Hippocr. 3, 642: μινύθω 5.
μινυθῆσαι Inf. Aor. Hippocr. 3, 60: μινύθω 5.
μινυθήσω Fut. Hippocr. 4, 388: μινύθω 5.
μίνυθον Imprf. Qu. Sm. 3, 406: μινύθω 5.
μιξ- Aor. μῖξαν Pind. P. 4, 213; μῖξαι 223; μίξας Pl. Prot. 406, a; -αντες 320, d; ξυμ- Thuc. 149: μίγνυμι 1.
μῖξαι Inf. Aor. Il. ο, 510: μίσγω, μίγνυμι 6.
μίξομαι (< μεμίξομαι) Fut. Med. μίξεσθαι Od. ζ, 136; ω, 314; -ομαι Nonn. 2, 131; Pl.: μίγνυμι 1.
μίξω Fut. -ομεν Pl. Phil. 64, b: μίγνυμι 1.
μίσγεαι 2 Sing. Praes. Il. β, 232: μίσγω = μίγνυμι 6.
μισγέμεναι Inf. Od. υ, 203: μίσγω, μίγνυμι 6.
μίσγεσθαι Inf. Praes. Il. ψ, 73; -σθ'ω, 91: μίγνυμι 6.
μισγέσκετο Imprf. iter. Od. σ, 325: μίγνυμι 1.
μίσγετο Imprf. Med. Od. ζ, 136: μίσγω, μίγνυμι 6.
μίσγον (< ἔμισγον) Imprf. Il. γ, 270: μίγνυμι 6.
μισηθ(ῆν) Aor. Pass. Aesch. Prom. 45: μισέω 7.
μισήσομαι Fut. Med. Pl. Theaet. 168, a: μισέω 7.
μισήσω Fut. Dem. 10, 19: μισέω 7.
μισητός Vb. Pl. Phil. 49, a: μισέω 7.
μίχθη (< ἐμίχθη) Aor. Pass. Il. υ, 374; -θείς Od. γ, 48; Pind. N. 1, 56; -θέντες P. 4, 257; Pl. Leg. 837, d *B**; -θῆναι Her. 2, 199: μίγνυμι 1.
μιχθῆναι Inf. Il. δ, 438 [**86**]: μίγνυμι 1.
μιχθῶσι 3 Plur. Conj. Aor. Pass. ξυμ- Pl. Leg. 969, b (> ἐκλεχθῶσι): μίγνυμι 1.
μνάᾳ 2 Sing. Praes. für μνᾷ Od. π, 431 [**201**]: μνάομαι 8.
μνάασθαι (< μνᾶσθαι) Inf. Praes. Il. α, 39: μνάομαι 8.
μνασθ(ῆν) Aor. Pass. Pind. N. 9, 10; -θέντι O. 7, 61: μιμνήσκω 4.
μνᾶσθαι (< μνάασθαι) Inf. Praes. Od. ξ, 91: μνάομαι 8.
μνάσθω 3 Sing. Imper. Od. π, 391; φ, 261: μνάομαι 8.
μνάσκετο Imperf. iter. Od. υ, 290: μνάομαι 8.
μνᾶται 3 Sing. Praes. Od. π, 77: μνάομαι 8.
μνέεται Praes. Her. 1, 173 (blosse Conj. v. H. Steph.): μνάομαι 8.
μνεώμενος Part. Praes. Her. 1, 96: (> μνεόμενος): μνάομαι 8.
μνηθήσεσθαι Inf. Fut. Pass. Pl. Rep. 449, d: ἀνα- Lys. 26, 1: μιμνήσκω 4.
μνημονευθήσομαι (< μνημονεύ-

---

1 (ver)mischen vgl. p. 216 Anm. 11. 2 nachahmen, nachmachen. 3 μίμνω Nebenform von μένω bleiben. 4 erinnern, mahnen. 5 (ver)mindern, schwächen; *intr.* abnehmen. 6 μίγνυμι vermischen vgl. p. 216 Anm. 11. 7 hassen, verachten, verabscheuen. 8 (sich be)werben, freien; trachten.

σομαι) Fut. Pass. Dem. 18, 231: μνημονεύω 9.

μνημονεύσομαι (< μνημονευθήσομαι) Fut. Med. pass. Eur. Heracl. 334: μνημονεύω 9.

μνημονεύσω Fut. Ar. Eccl. 264: μνημονεύω 9.

μνημονευτέον Vb. Pl. Rep. 441, d: μνημονεύω 9.

μνημονευτός Vb. Ar. Rhet. 1, 11: μνημονεύω 9.

μνησ- Aor. μνήσῃ Od. ξ, 170; -ασα Il. α, 407: μιμνήσκω 4.

μνῆσαι Imper. Aor. Med. Il. κ, 509; ο, 375: μιμνήσκω 4.

μνησαίατο 3 Plur. Opt.Aor. Med. für μνήσαιντο Od. η, 138: μιμνήσκω 4.

μνήσαιτο 3 Sing. Opt. Aor. Med. Od. δ, 527: μιμνήσκω 4.

μνησάμενος Part. Aor. Med. Il. τ, 314 *B**: μιμνήσκω 4.

μνήσαντο 3 Plur. Aor. Med. Il. δ, 222; θ, 252; ξ, 441; ο, 380: μιμνήσκω 4.

μνήσασθαι Inf. Aor. M. Od. η, 217: μνάομαι, μιμνήσκω 4.

μνήσασθε 2 Plur. Imper. Aor. M. Il. ζ, 112: μιμνήσκω 4.

μνησάσθω 3 Sing. Imper. Aor. M. Il. ρ, 671: μιμνήσκω 4.

μνησάσκετο Aor. iter. Il. λ, 566: μιμνήσκω 4.

μνήσατο Aor. Med. Od. α, 29: μιμνήσκω 4.

μνήσεσθαι Inf. Fut. M. Il. β, 724: μιμνήσκω 4.

1) μνήσῃ 3 Sing. Conj. Aor. *Act.* Od. ξ, 170: μιμνήσκω 4.

2) μνήσῃ 2 Sing. Conj. Aor. *Med.* Od. θ, 462: μιμνήσκω 4.

μνησθ(ην) Aor. Pass. μνησθῶ Lys. 21, 9; Soph. Phil. 310; Pl. Lach. 300, d; Critia 108, c; -θείην Isocr. 12, 92; -θείητε Xen. Hell. 6, 5, 48; μνησθῆναι Od. δ, 118; Lys. 10, 5; 12, 14; -θέντας Thuc. 1, 37: μιμνήσκω 4.

μνησθήσομαι (< μνήσομαι) Fut. Pass. Eur. Med. 933; Lys. 3, 45; Thuc. 3, 90: μιμνήσκω 4.

μνήσθητι Imper. Aor. Pass. Xen. Cyr. 1, 6, 16: Philippides Fr. Com. 4, 472: μιμνήσκω 4.

μνήσομαι (< μνησθήσομαι) Fut. Med. Il. Od. ι, 647; η, 192 vergl. μνήσεσθαι: μιμνήσκω 4.

μνησόμεθα 1 Plur. Conj. Aor. für μνησώμεθα Od. κ, 177: μιμνήσκω 4.

μνηστέον Vb. Hipp. 2, 157; ἐπι- Pl. Tim. 90, b: μιμνήσκω 4.

μνήσω Fut. Il. ο, 31; -ει Od. μ, 38; ἀνα- Dem. 45, 34: μιμνήσκω 4.

μνώεο Imper. Ap. Rh. 1, 896: μιμνήσκω 4.

μνώμεθ' (α) 1 Plur. Imperf. Od. ω, 125: μνάομαι 8.

μνώμενοι Part. Praes. Od. λ, 117; ν, 578: μνάομαι 8.

μνῶνται 3 Plur. Praes. Od. ζ, 284; τ, 133; φ, 326: μνάομαι 8.

μνωόμενος (< μνεώμενος) Part. Od. δ, 106: μιμνήσκω 4.

1) μνώοντο (< ἐμνώοντο) Imprf. Od. λ, 288: μνάομαι 8.

2) μνώοντο (<ἐμνώοντο) 3Plur. Imprf. Il. λ, 71; π, 77. 697: μιμνήσκω 4.

μολεῖν Inf. Aor. Aesch. Prom. 231 (**244**): μολέω, βλώσκω 10.

μόλῃ 3 Sing. Conj. Aesch. Pers. 529: μολέω, βλώσκω 10.

μόλῃς Conj. Aor. 2 Aesch. Prom. 719 (**244**): μολέω, βλώσκω 10.

μολήσας Aor. sp. Tzetz. Anth. 3, 65 (**244**): μολέω, βλώσκω 10.

μόλοι Opt. Aor. 2 Aesch. Ag. 1450 (**244**): μολέω, βλώσκω 10.

μολόν Neutr. Part. Aesch. Ag. 293 (**244**): μολέω, βλώσκω 10.

μολοῦμαι Fut. Soph. O. C. 743 (**244**): μολέω, βλώσκω 10.

μολοῦσαι Fem. Part. Aesch. Ag. 192 (**244**): μολέω, βλώσκω 10.

μολυνθῇ 3 Sing. Conj. Pass. Hippocr. 3, 2: μολύνω, beflecken.

μόλω 1 Sing. Conj. Aor. 2 Eur. Suppl. 621: μολέω, βλώσκω 10.

μόλωμεν 1 Plur. Conj. Aor. 2 Aesch. Pers. 226 (**244**): μολέω, βλώσκω 10.

μολών Part. Aor. 2 Aesch. Sept. 284 (**244**): μολέω, βλώσκω 10.

μόλωσι 3 Plur. Conj. Xen. An. 7, 1, 33 (**244**): μολέω, βλώσκω 10.

μόρξαντο Aor. sp. Qu. Sm. 4, 270. 374: μόργνυμι 11.

μουνωθείς Aor. Pass. -θέντα Od. ο, 386: μονόω 12.

---

9 eingedenk, sich erinnern, gedenken. 10 gehen, kommen. 11 μόργνυμι und ὀμόργνυμι wischen, abtrocknen. 12 einzeln oder allein machen.

μούνωσε Aor. st. ἐμόνωσε Od. π, 117: μονόω 1.
μύθεαι (< μυθεῖαι) 2 Sing. Praes. Od. β, 202: μυθέω 2.
μυθεῖαι (< μύθεαι) 2 Sing. Praes. Od. ϑ, 180: μυθέω 2.
μυθείσθην 3 Dual. Imprf. Od. γ, 140: μυθέω 2.
μυθέσκοντο Imprf. iter. Il. σ, 289: μυθέω 2.
μυθήσας Aor. Phot.: μυθέω 2.
μυθησαίμην Opt. Aor. 2 Med. Od. φ, 193: μυθέω 2.
μυθήσαιτο Opt. Aor. 1 Od. ν, 191; Pind. P. 4, 533: μυθέω 2.
μυθησάμην Aor. Med. Il. ϱ, 200. 442: μυθέω 2.
μυθήσασθαι Inf. Aor. Med. Il. α, 74: μυθέω 2.
μυθήσεαι 2 Sing. Fut. Od. τ, 500: μυθέω 2.
μυθήσομαι Fut. Od. δ, 240: μυθέω 2.
μυκᾶται 3 Sing. Praes. Eur. H. F. 870: μυκάομαι 3.
μυκήσαιτο Opt. Aor. Pl. Rep. 616, a: μυκάομαι 3.
μυκήσομαι Fut. Anth. 9, 730: μυκάομαι 3.
μύκον Aor. 2 ep. Il. υ, 260: μυκάομαι 3.
μυξάμενος Part. Aor. ἀπο- Ar. Equ. 910: μύσσω 4.
μυϱ(αμην) Aor. Med. Incert. Id. 1 (Mosch. 3), 72: μύϱομαι 5.
μυϱόμην Imprf. Hes. Op. 206: μύϱω 5.
μῦϱον Imprf. Hes. Sc. 132: μύϱω 5.
μύσ- Aor. καταμύσῃ Luc. De Meretr. Dial. 7, 2: μύω 6.
μύσαν Aor. Il. ω, 637: μύω 6.
μύσω Fut. sp. Lycophr. 988: μύω 6.
μῶ[1]) (< vgl. μώμενος) Praes. Act. Epicharm. Etym. M. p. 589, 43: μάω 7.
μώεο Imper. Epicharm. bei Xen. Mem. 2, 1, 20: μάω 7.
μωμένα[1]) Part. Aesch. Ch. 45. 441: μάω 7.
μωμένη Fem. Part. Soph. Tr. 1136: μάω 7.
μώμενος[1]) Part. Soph. O. C. 836: μάω 7.
μωμεύμενος Part. ep.: μωμάομαι 8.
μωμεῦνται 3 Plur. ep.: μωμάομαι 8.
μωμήσαντο 3 Plur. Aor. Med. Qu. Sm. 12, 563: μωμάομαι 8.
μωμήσονται Fut. Il. γ, 412: μωμάομαι 8.
μωμητός Vb. Aesch. Sept. 508: μωμάομαι 8.
μῶτο Imprf. Diotogen. Pyth. Stob. Flor. 5, 69: μάω 7.

[1]) μάω findet sich im Praes. nur im dorischen Dial.

N

νᾶε 3 Sing. Imprf. s. νᾶον.
νάει Praes. Od. ζ, 292: νάω 10.
ναίατο 3 Sing. Aor. Med. ἀπο- Soph. El. 211: ναίω 9.
ναίειν (< ναιέμεν, ναιέμεναι) Inf. Eur. I. T. 1088; Cycl. 430: ναίω 9.
ναιέμεν (ναιέμεναι, ναίειν Od. δ, 98) Inf. Praes. Od. λ, 265: ναίω 9.
ναιέμεναι (< ναιέμεν, ναίειν) Inf. Praes. Od. ο, 240; Ap. Rh. 4, 1036: ναίω 9.
ναίεσκε Imprf. iter. 3, 299; -ον 6, 124; 12, 451: ναίω 9.
ναιετάασκεν Imprf. iter. Il. λ, 673; ϱ, 308; Ap. Rh. 1, 68; Qu. Sm. 8, 304; 10, 126; 11, 92: ναιετάω 11.
ναιετάοντα Acc. Part. Od. δ, 96 [*192c*]: ναιετάω 11.
ναιετάοντας Acc. Plur. Part. Od. ϱ, 28. 85. 275; φ, 242; ω, 362 [*192c*]: ναιετάω 11.
ναιετάοντες Nom. Plur. Part. Praes. Pind. O. 6, 78; P. 4, 186; Hes. Th. 621 [*192c*]: ναιετάω 11.
ναιεταόντων Gen. Plur. Part. Praes. Od. τ, 30; φ, 387; πεϱι- Pind. N. 8, 15: ναιετάω 11.

1 einzeln oder allein machen. 2 μυθέω, gew. μυθέομαι *a. intr.* reden, sprechen, sagen; *b. tr.* sagen, erzählen. 3 muhen, brüllen. 4 schneuzen. 5 rauschen, schluchzen, beweinen. 6 sich schliessen. 7 begehren, suchen. 8 tadeln, verhöhnen. 9 *a.* wohnen; *b.* liegen, gelegen sein; *c.* voll sein.

ναιετάουσι Praes. Il. δ, 45; Hes. Th. 592 [192c]: ναιετάω 11.
ναιετάων Part. Praes. Od. ζ, 245; Pind. N. 4, 85 [192c]: ναιετάω 11.
ναιετάωσα Fem. Part. Il. ζ, 415 B* (> ναιετάουσα Bekker): ναιετάω 11.
ναιήσαντο Aor. Med. Dion. P. 349: ναίω 9.
ναίομεν 1 Plur. Praes. Soph. Tr. 40: ναίω 9.
ναίουσι(ν) 3 Plur. Praes. Hes. Op. 389; Eur. Med. 396; Theocr. 16, 5: ναίω 9.
ναχτός (< ναστός) Vb. Pl. Gracch. 7 (?): νάσσω 12.
νάξαντες Part. Aor. κατα- Her. 7, 36: νάσσω 12.
νᾶον Imprf. Ap. Rh. 1, 1146; Callim. Dian. 224; Od. ι, 222 (> ναῖον Wolf nach Aristarch.): νάω 10.
νάσσατο Aor. Med. Hes. Op. 641; Ap. Rh. 1, 93; 4, 565. 986. 1138: ναίω 9.
νάσσεσθαι s. u. νάσσομαι.
νάσσομαι Fut. werde bewohnen, -εσθαι Ap. Rh. 2, 749: ναίω 9.
ναυπηγεύμενος, -α Her. 2, 96; 6, 46: ναυπηγέομαι, Schiffe bauen.
ναυστοληθείς Part. Aor. Pass. Diod. Sic. 4, 13: ναυστολέω 13.
ναυστολήσομαι Fut. Med. pass. Eur. Fr. 1048: ναυστολέω 13.
ναυστολήσω Fut. Eur. Suppl. 474: ναυστολέω 13.
ναυστολούμενα Praes. Pass. Eur. Fr. Melan. 29: ναυστολέω 13.
νεανιευθείς Part. Aor. Pass. Plut. Mar. 29: νεανιεύομαι 14.
νέειν Inf. Praes. περι- Her. 6, 80: περινέω umherhäufen.
νέεσθαι (< νεῖσθαι) Inf. Praes. Il. β, 84 Δ*; Ap. Rh. 1, 306. 525; 4, 825; Theocr. 16, 28: νέομαι 15.
νεέσθω 3 Sing. Imper. Praes. Il. ψ, 662: νέομαι 15.
νεέσθων 3 Plur. Imper. Praes. Il. γ, 74; Theocr. 19 (29), 95 (93): νέομαι 15.
νέηαι 2 Sing. Conj. Praes. Il. α, 32: νέομαι 15.
νέηται 3 Sing. Conj. Praes. Od. α, 205: νέομαι 15.
νεῖ 3 Sing. Praes. Pl. Rep. 453, d: νέω schwimmen.
νεῖαι 2 Sing. Praes. Od. λ, 114; μ, 141 [185. 194] aus νειέαι: νέομαι 15.
νείκεε Imprf. Il. β, 224: νεικέω 16.
νεικείεσκον Imprf. iter. Il. τ, 86; -ε β, 221; δ, 241: νεικείω 16.
νεικείῃ (< νεικείῃσι) 2 Sing. Conj. Od. ρ, 189: νεικείω 16.
νεικείῃσι (< νεικείῃ) 3 Sing. Conj. Il. α, 579: νεικείω 16.
νείκεον (< ἐνείκεον) Imprf. Il. μ, 268: νεικέω 16.
νείκεσεν (< νείκεσσεν) Aor. Il. ε, 471 B*, -εσ' Od. ρ, 239: νεικέω 16.
νείκεσσεν (< νείκεσεν) Aor. Il. γ, 38; ζ, 325 B*; Qu. Sm. 6, 40; -εσσ' Il. η, 161: νεικέω 16.
νεικέσω Fut. Il. κ, 115: νεικέω 16.
νεικεῦσ(ι) 3 Plur. Praes. Il. υ, 254 [182]: νεικέω 16.
νεικέων Part. Praes. Her. 9, 55: νεικέω 16.
νειμ- Aor. -ατε Xen. Cyr. 4, 5, 53; -ας Pl. Leg. 741, a. -αντα 816, c; -ες Her. 6, 33; Thuc. 3, 114; vgl. νεῖμαι (225): νέμω 17.
νεῖμαι Inf. Aor. Xen. An. 6, 6, 17; Dem. 14, 21: νέμω 17.
νειμαμ(ην) Aor. Med. νείμασθαι Isae. 1, 16; Pl. Leg. 745, d; προς- Ar. Av. 563: νέμω 17.
νεῖμαν (< ἔνειμαν) 3 Plur. Aor. Il. γ, 274: νέμω 17.
νεμεῖ s. u. νεμῶ.
νεῖμεν (< ἔνειμε) Aor. Il. ι, 217 B*: νέμω 17.
νεῖμον Imper. Aor. Od. η, 179; ν, 50: νέμω 17.
νεῖο Imper. sp. Leon. Tar. 70: νέομαι 15.
νεῖσθαι (< νέεσθαι) Inf. Praes. Od. ο, 88; Ap. Rh. 2, 1140; Pind. P. 4,

---

Pass. bewohnt werden, liegen. 10 fliessen, schwimmen. 11 wohnen, sich aufhalten; *trans.* bewohnen. 12 festdrücken, feststampfen, zusammenstampfen, dicht anfüllen. 13 ein Schiff schicken; schiffen, lenken, regieren. 14 muthwillig, leichtsinnig, übermüthig sein. 15 gehen, kommen, fort-, zurückgehen. 16 reizen, necken, kränken, höhnen, schelten, schimpfen. 17 aus-, zu-, vertheilen.

247; N. 2, 12; Soph. Ant. 33: νέομαι 1.

νείσομαι Fut. Ap. Rh. -εται 3, 1242; ἐπι- 4, 815; μετα- 4, 626: νίσσομαι = νέομαι 1.

νεῖτ' (< νεῖται) 3 Sing. Praes. Od. δ, 633: νέομαι 1.

νεῖται 3 Sing. Praes. Od. μ, 188: νέομαι 1.

νειφέμεν s. u. νιφέμεν.

νέμε Imprf. Od. κ, 375; ο, 140: νέμω 2.

νέμεαι 2 Sing. Praes. Med. Od. ι, 449; Pind. P. 4, 150: νέμω 2.

νεμέθοντο Imprf. Il. λ, 635: νεμέθομαι 3.

νεμεῖσθαι Inf. Fut. Med. Dem. Mid. 21, 203: νέμω 2.

νεμέομαι (< νεμοῦμαι, νεμήσομαι) Fut. Med. ion. Her. 1, 173: νέμω 2.

νεμέσα (< νεμέσσα) Imper. Praes. Il. κ, 145: νεμεσάω 4.

νεμεσᾶν Inf. Il. δ, 430: νεμεσάω 4.

νεμεσάσαι Opt. Aor. 1 Act. Pind. I. 1, 3: νεμεσάω 4.

νεμεσᾶτον Dual. Conj. Praes. st. νεμεσάητον [contrahirt nach **193**] Il. ψ, 494: νεμεσάω 4.

νεμέσησε Aor. Il. δ, 507; -αν Od. ρ, 481; -ήσῃ β, 101: νεμεσάω 4.

νεμεσήσεαι 2 Sing. Fut. Med. Il. κ, 115; vgl. **νεμεσήσομαι**: νεμεσάω 4.

νεμεσήσετ' 2 Plur. Conj. Aor. st. -ήσητε Od. ο, 115: νεμεσάω. 4.

νεμεσήσομαι Fut. Med. Il. ρ, 93; τ, 121; vgl. -εαι: νεμεσάω 4.

νέμεσθαι Inf. Praes. Med. Il. ε, 777: νέμω 2.

νεμέσσα (< ἐνεμέσσα) Imprf. Od. φ, 147: νεμεσάω 4.

νεμεσσᾶται 3 Sing. Praes. Med. Od. δ, 158: νεμεσάω 4.

νεμεσσηθείομεν Il. ω, 53 (Bekker nach Herm.) sonst **νεμεσσηθῶμεν** [**126**]: νεμεσάω 4.

νεμεσσηθείς Part. Aor. Pass. Il. ο, 227; -θεῖσα 103: νεμεσάω 4.

νεμέσσηθεν 3 Plur. Aor. Pass. Il. β, 223: νεμεσάω 4.

νεμεσσήθη Aor. Pass. Od. α, 119: νεμεσάω 4.

νεμεσσήθητε Imper. Aor. 1 Pass. Il. π, 544: νεμεσάω 4.

νεμεσσηθῶμεν 1 Plur. Conj. Aor. Pass. Il. ω, 53 (> νεμεσσηθείομεν Bekker nach Herm.): νεμεσάω 4.

νεμεσσήσαιτο Opt. Aor. Med. Od. α, 228: νεμεσσάω 4.

νεμεσσῶμαι 1 Sing. Praes. Med. Il. ν, 119 *A**: νεμεσάω 4.

νεμεσῶ 1 Sing. Praes. Il. δ, 413; Od. ζ, 206: νεμεσάω 4.

νεμεσῶσι 3 Plur. Praes. Hes. Op. 739: νεμεσάω 4.

νέμηαι 2 Sing. Conj. Praes. Med. Il. υ, 185: νέμω 2.

νεμηθ(ην) Aor. Pass. -θήτω Pl. Leg. 737, e; -θέντων 849, c; -θείσης Dem. 36, 38: νέμω 2.

νεμησαμένη Aor. Med. Hippocr. 1, 520: νέμω 2.

νεμήσομαι (< νεμοῦμαι) Fut. Med. sp. Dio. Hal. Ant. 8, 71; pass. Plut. Crass. 14: νέμω 2.

νεμήσω (< νέμω) Fut. sp. Long. Past. 2, 23; vgl. Lob. zu Soph. Ai. 369: νέμω 2.

νέμοιμι Opt. Praes. Soph. Ai. 1016; -οιτο Aesch. Suppl. 670: νέμω 2.

νέμοιτο 3 Sing. Opt. Praes. Med. Il. β, 780: νέμω 2.

νέμομαι Praes. Med. -εται Pl. Crit. 115, a; **νεμόμεσθ'** Soph. Phil. 707; -ονται Aesch. Prom. 422; Theocr. 8, 69 (66); -όμενος Pind. P. 11, 55: νέμω 2.

νεμόμεθ' 1 Plur. Praes. Med. Od. β, 167: νέμω 2.

νέμονται 3 Plur. Praes. Med. Od. ν, 407: νέμω 2.

νεμοῦμαι (< νεμήσομαι) Fut. Thuc. 4, 64: νέμομαι 5.

νεμῶ (< νεμήσω) Fut. Soph. Ai. 513; Eur. Cycl. 49: νέμω 2..

νέμωμαι Conj. Praes. Qu. Sm. 4, 209: νέμω 2.

νέναγμαι (< νένασμαι) Perf. Pass. Ar. An. 6, 24, 4; Hippocr. 1, 407 (> νένασμαι): νάσσω 6.

1) **νένασμαι** (< νέναγμαι) Perf. Pass. -μέναι Ar. Eccl. 840; -ται Theocr. 8, 9. Alciphr. 3, 47; über νένασται Theocr. 9, 9 s. Buttm. Ausf. Gr. G. 2, p. 192, 1: νάσσω, νάττω 6.

2) **νένασμαι** Perf. sp. -ται Anth. App. 51, 8: ναίω 8.

---

1 gehen, kommen, fort-, zurückgehen. 2 aus-, zu-, vertheilen. 3 weiden, fressen. 4 unwillig, unzufrieden werden, zürnen. 5 weiden. 6 fest-

νεναυάγηκα Perf. Athen. 3, 108, D.: ναυαγέω, Schiffbruch leiden.

νεναυμάχηκα Perf. Ar. Ran. 191: ναυμαχέω, zu Schiffe oder zur See fechten, zur See kämpfen.

νεναυστόληκα Perf. Soph. Phil. 550: ναυστολέω 7.

νενεανιευμένος Perf. pass. Dem. 21, 18: νεανιεύομαι 9.

νενέαται (< νένημαι) Perf. ion. συν- Her. 2, 135; 4, 62; 6, 80: νέω, νάω 10.

νενέμηκα Perf. δια- Xen. Cyr. 4, 5, 45: νέμω 2.

νενέμημαι Perf. Pass. -ται Pl. Parm. 144, d *A**; Pl. Leg. 760, b; -ηνται Prot. 322, c; -ήσθω Soph. 267, b; -μένη Parm. 144, d: νέμω 2.

1) νένευκα Perf. Eur. I. A. 1581; Polyb. 9, 5; Theocr. 22, 90. 203; Luc. D. Dial. 17, 2; Menipp. 12; de Merc. 22; [Luc.] Philopatr. 1: νεύω 11.

2) νένευκα Perf. δια- Pl. Rep. 441: διανέω hinüber schwimmen, sich mit Mühe retten.

νένημαι (< νένησμαι) Perf. Pass. Xen. An. 5, 4, 27; συν- Alex. Athen. 13, 562, B; νέω, νάω, häufen 10.

1) νένησμαι (<νένημαι) Perf. Pass. Ar. Nub. 1203; Luc. Peregr. 35; νέω, νάω häufen 10.

2) νένησμαι Perf. Pass. ἐπι- Luc. Philop. 14: νέω, νάω spinnen 12.

νενίκηκα Perf. Lys. 21, 5; -ε Pl. Rep. 36, d; Dem. 18, 247; -ατε Thuc. 2, 89; Dem. 15, 23; -ασι Lys. 26, 39: νικάω 13.

νενικηκέναι Inf. Perf. Pl. Theaet. 164, c; προ- Thuc. 2, 89: νικάω 13.

νενικηκώς Part. Perf. Pl. Rep. 583, b *A**; -κότος Pl. Leg. 964, c; -κότι Lys. 205, e: νικάω 13.

νενίκημαι Perf. Pass. ῆσθαι in προ- Thuc. 2, 89: νικάω 13.

νένιμμαι Perf. Pass. Theocr. 15, 32; περι- Il. ω, 419; ἐκ- Eubul. Fr. Com. 3, 231, κατα- Pherecrat. Fr. Com. 2, 299. 300; ἀπο- Ar. Vesp. 1217; Eccl. 419: νίζω 14.

νενόηκα Perf. Pl. Phaedr. 229, c; -κέναι Leg. 737, e; -κώς 952, b: νοέω 15.

νενόημαι Pl. Ep. 343, a; ἀπο-[*392*]: (ἀπο)νοέω 15.

νενόμικα Perf. Her. 3, 38; 7, 153; Lycurg. 75; Pl. Soph. 265, d: νομίζω 16.

νενομίσθαι Inf. Perf. Pl. Crat. 401, e: νομίζω 16.

νενόμισμαι Pf. Pass. -σται Eur. Med. 170; Dem. 43, 22; -μεθα Ar. Lys. 11; -ίσθαι Pl. Rep. 347, c: νομίζω 16.

νενομίσμην Plusperf. -όμιστο Ar. Nub. 762: νομίζω 16.

νενομίχθαι Inf. Perf. Pass. dor. Stob. 48, 63: νομίζω 16.

νένοπται Perf. Phot. u. Hesych.: νέφω.

νενόσηκα Perf. -εν Dem. 9, 39; -κότα Pl. Rep. 407, d: νοσέω, kranken, siechen.

νένοφε Theognost. in Bekker. Anecdot. Ind. p. 1402; ξυννενοφυῖα Ar. Fr. 2, 1110 (nach Suid.): νέφω.

νένωκα (< νενόηκα) Perf. ion. ἐν- Her. 3, 6: νοέω 15.

νένωμαι (< νενόημαι) Perf. Pass. Her. 9, 53: νοέω 15.

νεοίατο 3 Plur. Praes. Il. σ, 377 [*106*]: νέομαι 1.

νεοίμεθα 1 Plur. Opt. Praes. Med. Il. γ, 170: νέομαι 1.

νεοίμην Opt. Praes. Il. ξ, 335: νέομαι 1.

νέομαι 1 Sing. Praes. Il. σ, 101; -έονται Pind. N. 7, 20: νέομαι 1.

νεόμην 1 Sing. Imprf. Med. Od. δ, 585; ρ, 148: νέομαι 1.

νέοντο 3 Plur. Imprf. Il. ε, 907: νέομαι 1.

νέουσι 3 Plur. Praes. ἐπι- Her. 4, 62: ἐπινέω aufhäufen 10.

νεῦμαι (< νέομαι) Praes. für νέομαι Il. σ, 136 [*181*]: νέομαι 1.

νεύοιεν Opt. Od. σ, 257: νεύω 11.

νεῦον Imprf. Her. 2, 48: νεύω 11.

νευσ- Aor. νεῦσ' Il. ι, 223; Od. ρ,

---

drücken, feststampfen, zusammenstampfen, dicht anfüllen. 7 ein Schiff schicken, lenken, regieren. 8 *a.* wohnen; *b.* liegen, gelegen sein; *c.* voll sein. *Pass.* bewohnt werden, liegen. 9 muthwillig, leichtsinnig, übermüthig sein. 10 (auf)häufen, aufschichten. 11 (zu)nicken, (zu)winken. 12 spinnen. 13 (ob)siegen. 14 netzen, waschen, reinigen. 15 bemerken, wahrnehmen, erkennen, (be)denken, erwägen, meinen, glauben. 16 gewohnt sein, pflegen, wofür halten, glauben, meinen.

330; Hym. 5, 445; Ap. Rh. 2, 951; νεῦσαι Pind. O. 7, 67; Soph. Ant. 270; νεῦσον Pind. P. 1, 71; ἐπινεύσῃ Luc. Saturn. 3: νεύω 1.

νεύσας Part. Aor. καννεύσας st. κατανεύσας Od. ο, 464: κατανεύω 1.

1) νεύσομαι (< νεύσω) Fut. Med. κατα- Il. α, 524; Pl. Rep. 350, e (*379*): κατανεύω 1.

2) νεύσομαι (< νευσοῦμαι) Fut. Hesych. (*161*): νέω, schwimmen 2.

νευσοῦμαι Fut. Med. Xen. An. 4, 3, 12 (> νεύσομαι *161*. *381*): νέω, schwimmen 2.

νευστέον Vb. Pl. Rep. 453, d (*212*): νέω, schwimmen 2.

1) νεύσω (< νεύσομαι *379*) Fut. Od. π, 283; Theocr. 7, 109 (> νεύσαις); Polyb. 5, 46; ἀνα- Luc. Saturn. 1: νεύω winken 1.

2) νεύσω Conj. Aor. Alexis Fr. Com. 3, 420: νεύω 1.

νεφεῖ Praes. nur in Comp. συν- Ar. Av. 1502; Eur. El. 1078: συννεφέω 3.

νεώμεθα 1 Plur. Conj. Praes. kehren wir zurück Il. β, 236 *B**: νέομαι 4.

νέων Part. Praes. Il. ε, 344. 442; Pl. Rep. 529, c: νέω, schwimmen.

νήει Imprf. st. ἐνήει Il. ψ, 169: νηέω, aufhäufen 5.

νήεον Imprf. st. ἐνήεον Il. ψ, 139: νηέω, aufhäufen 5.

νηῆσαι Inf. Aor. Od. ο, 322; Her. 1, 50; 2, 107: νηέω 5.

νήησαν 3 Plur. Aor. Od. τ, 64: νηέω 5.

νηήσαντο (< νήσαντο) Aor. Med. Qu. Sm. 5, 619; περι- 3, 678: νηέω 5.

νηήσας Part. Aor. Il. ι, 358; -αντες Qu. Sm. 7, 163: νηέω 5.

νηήσασθαι Inf. Aor. Il. ι, 279: νηέω 5.

νηησάσθω 3 Sing. Imper. Il, ι, 137: νηέω, aufhäufen 5.

νηήσεται Fut. gelängt Op. Hal. 2, 216: νέομαι 4.

νήξομαι (< νηχήσομαι) Fut. Od. ε, 364: νήχω, schwimmen 2.

νησ- Aor. νήσας Ar. Lys. 373; νήσαντας Thuc. 2, 52; Luc. Char. 22; συννήσας Her. 1, 86: νέω, νάω, häufen 5.

νῆσαι (< νηῆσαι) Inf. Aor. Thuc. 2, 52; Ar. Lys. 269. 373: νέω, häufen 5.

νήσαντο 3 Plur. Aor. Od. η, 198: νέω 12a.

νήσω Fut. Ar. Lys. 519; -εις Menander Fr. Com. 4, 298: νήθω, νέω 12a.

νητός Vb. Od. β, 338 (*262*): νέω, νάω häufen 5.

νηχέμεναι Inf. ep. Od. ε, 375: νήχω 6.

νηχήσομαι (< νήξομαι) Fut. sp. Orac. Sib. 2, 209: νήχω 6.

νηχόμενος Part. Praes. Od. ξ, 352; -μένοισι ψ, 233: νήχομαι, νήχω 6.

νῆχον Imprf. Hes. Sc. 317: νήχω 6.

νίζ' Imper. Il. λ, 830. 846: νίζω 7.

νίζετο Imprf. Med. Od. η, 224: νίζω 7.

νίζον Imprf. Od. α, 112: νίζω 7.

1) νικᾷ 3 Sing. *Ind.* Praes. Pl. Leg. 801, a: νικάω 8.

2) νικᾷ 3 Sing. *Conj.* Praes. Pl. Rep. 397, d: νικάω 8.

νικᾶν Inf. Praes. Pl.: νικάω 8.

νικαξοῦμαι Fut. dor. Theocr. 21, 32 [*9*]: νικάω, siegen.

νικᾷς 2 Sing. Praes. Il. β, 370: νικάω 8.

νικάσαις Part. Aor. dor. für νήσας Pind. N. 10, 24: νικάω 8.

νικάσας Part. dor. für νικήσας Pind. O. 5, 8: νικάω 8.

νικασῶ Fut. dor. -εῖς Theocr. 8, 10; -εῖν Theocr. 8, 7: νικάω 8.

νικάτω 3 Sing. Imper. Praes. Aesch. Ag. 159; Eum. 88: νικάω 8.

νίκη Imprf. Pind. N. 5, 5: νίκημι, νικάω 8.

νικηθ(ην) Aor. Pass. -θείς Thuc. 1, 73; 4, 101; -θέντα Pl. Leg. 914, d: νικάω 8.

νίκημι Praes. Theocr. 7, 40 [*264*]: νίκημι, νικάω 8.

νικησ- Aor. -ῃ Pl. Leg. 839, a; -ωμεν Isocr. 6, 69; -ωσιν Pl. Rep. 469, c; -άτω Soph. Ai. 1334; -αντος Her. 1, 61; -αντ' Aesch. 1423; -ῆσαι Pl. Leg. 699, b: νικάω 8.

---

1 (zu)nicken, (zu)winken. 2 schwimmen. 3 umwölken. 4 gehen, kommen, fort-, zurückgehen. 5 (auf)häufen, (auf)schichten. 6 νήχω, νήχομαι schwimmen. 7 netzen, waschen, reinigen. 8 (ob)siegen. 9 νίσσομαι = νέομαι, weg-, zurückgehen. 10 (be)schneien; *Pass.* beschneit werden.

νίκησα Aor. Od. λ, 545: νικάω 8.
νικησέμεν Inf. Fut. Il. β, 597; η, 192: νικάω 8.
1) **νικήσω** Fut. Pl. Theag. 128, e: νικάω 8.
2) **νικήσω** Conj. Aor. Pl. Phaed. 89, c: νικάω 8.
νικῷεν 3 Plur. Opt. Pl. Symp. 179, a; Xen. Hell. 4, 3, 1: νικάω 8.
1) **νικῶμεν** 1 Plur. *Ind.* Praes. Xen. An. 1, 8, 13: νικάω 8.
2) **νικῶμεν** 1 Plur. *Conj.* Praes. Pl. Men. 247, a: νικάω 8.
νικῶν Part. -ῶντος Pl. Phil. 67, a; -ῶντες Il. π, 79: νικάω 8.
νικώντεσσιν Dat. Plur. Pind. Ol. 7, 10: νικάω 8.
νικῶσα Fem. Part. Pl. Leg. 856, c; 904, b: νικάω 8.
νιπτός Vb. ἄνιπτος Il. ζ, 266: νίζω 7.
νίσομαι Fut. Od. ψ, 76; Anth. 6, 265; vgl. Eust. Il. ψ, 70; Heyne Il. ι, 381: νίσσομαι = νέομαι 9.
νίσσεσθαι Inf. Praes. Qu. Sm. 7, 89: νίσσομαι 9.
νίσσομαι Praes. Man. Ap. 6(3), 5; -εται Qu. Sm. 7, 80; -όμεθ' 7, 53; -εσθε Eur. Phoen. 1334; -ονται Hel. 1482; -όμεναι Qu. Sm. 5, 86: νίσσομαι 9.
νισσόμεθα 1 Plur. Praes. Od. κ, 42; -όμενον Il. ν, 186; ο, 577: νίσσομαι 9.
νίσσοντ' 3 Plur. Praes. Pind. Ol. 3, 10: νίσσομαι 9.
νίσσοντο Imprf. Il. μ, 119: νίσσομαι 9.
νίφεται 3 Sing. Praes. Pass. Her. 4, 31: νίφω, νείφω 10.
νιφέμεν Inf. Praes. Il. μ, 280 (> νειφέμεν Bekker): νίφω, νείφω 10.
νίφῃ Conj. Aor. 2 Xen. Cyn. 8, 1: νίφω, νείφω 10.
νιφθ(ην) Aor. Pass. κατανιφθεῖσαι Hippocr. 1, 218: νίζω 7.
νιψ(αμην) Aor. Med. -ατο Il. π, 230; -αντο Eur. Bacch. -άμενος Od. β, 263; ἀπο- Hes. Op. 737; Luc. Amor. 44; νίψασθαι Od. α, 138 *B**; ἀπο- Alexis Fr. Com. 3, 498; Antiphanes Fr. Com. 3, 74: νίζω 7.
νίψειεν 3 Sing. Opt. Aor. Ap. Rh. 4, 586: νίζω 7.
νίψεν Aor. Il κ, 575: νίζω 7.
νίψῃ s. u. νίψομαι.
νίψομαι Fut. Med. Ap. Rh. 4 541; ἐκνίψῃ Dem. 18, 140: νίζω 7.
νίψον Imper. Aor. Od. τ, 358: νίζω 7.
1) **νίψω** Fut. sp. Plut. M. 949: νίφω 10.
2) **νίψω** Fut. Od. τ, 376; -ει τ, 356; ἐκνίψω Eur. I. T. 1224; κατανίψων Luc. Lexiph. 15: νίζω 7.
νοέεται (< νοεῖται) 3 Sing. Med. Pl. Locr. 102, b: νοέω 11.
1) **νοεῖ** 3 Sing. *Ind.* Praes. Pl. Parm. 132, c: νοέω 11.
2) **νόει** 3 Sing. *Imper.* Praes. Pl. Rep. 508, d: νοέω 11.
νοεῖν Inf. Praes. Pl. Prot. 347, e: νοέω 11.
νοεῖσθαι Inf. Med. Pl. Rep. 507, b: νοέω 11.
νοεῦντες Part. Praes. Hes. Op. 259; Her. 8, 22: νοέω 11.
νοηθ(ην) Aor. Pass. -θέντα Pl. Leg. 692, a: νοέω 11.
νοηθήσομαι (< νοήσομαι) Fut. Pass. (δια- *383*): διανοέω 11.
νοησ- Aor. -αις Pl. Phil. 24, a; -ειε, -ωμεν, -ωσιν, -ον, -σαι Pl. Prot. 328, c: Incert. Id. 9 (Theocr. 25), 276; -σαντα Pl. Phaedr. 271, d; -τες Phaedr. 276, d: νοέω 11.
νοῆσαι Inf. Aor. Pl. Prot. 328, c: νοέω 11.
νόησε Aor. Il. ε, 669: νοέω 11.
νοήσει s. u. νοήσω.
νοήσομαι (< νοηθήσομαι) Fut. δια- (*383*): διανοέομαι 12.
νοήσω Fut. Il. ψ, 415; -ει Il. ι, 104. 105; Pl. Rep. 524, b: νοέω 11.
νοητέον Vb. Pl. Epin. 991, d: νοέω 11.
νομιεῖν Inf. Fut. Pl. Rep. 530, a (*166*): νομίζω 13.
νομιοῦμαι (< νομισθήσομαι) Fut. Med. als Pass. Hippocr. 1, 587 (*166*): νομίζω 13.
νομισ- Aor. -ῃς Pl. Leg. 714, b; -ητε Ar. Av. 725; -αιμι Pl. Riv. 133, b; -ειεν Thuc. 5, 11; Isocr. 11, 45; -ον Pl. Alc. 114, b; -ας Pl. Tim. 33, b: -αντες Pol. 285, a; -σαι Rep. 518, b: νομίζω 13.
νομισθ(ην) Aor. Pass. -θέν Pl. Leg. 841, b: νομίζω 13.

---

11 bemerken, wahrnehmen, erkennen, (be)denken, erwägen, meinen, glauben. 12 überlegen. 12a spinnen. 13 gewohnt sein, pflegen, wofür halten, glauben, meinen.

νομισθήσομαι (< νομιοῦμαι) Fut. Pass. Pl. Soph. 240, e: νομίζω 1.
νομιῶ Fut. att. -οῦμεν Xen. Cyr. 1, 6, 11; Pl. Rep. 469, b: -εῖτε Isocr. 15, 305; -οῦσι Tim. 18, c; Xen. Cyr. 3, 1, 9; Ar. Av. 571: νομίζω 1.
νοοῖ 3 Sing. Opt. Pl. Euthyd. 287, d: νοέω 2.
νοοίμην 3 Sing. Opt. Med. δια- Xen. An. 5, 5, 29: νοέω 2.
νοοῦμαι Praes. Med. νοούμενος: νοέω 2.
νοούμενος Part. Med. -ν Pl. Parm. 132, c; -ον, -ων, α-: νοέω 2.
νοουντ- Stammform des Part. νοῶν; -τι Pl. Parm. 165, c; -τα Pl. Euthyd. 287, d: νοέω 2.
νοοῦσα Fem. Part. Xen. Mem. 2, 2, 9; -ης Crat. 407, b: νοέω 2.
νοσεῖ 3 Sing. Praes. Soph. O. T. 61; -οῦμεν Ar. Av. 31; -οῦντι Soph. Tr. 1012; -οῦντα Eur. Suppl. 225: νοσέω 3.
νοσησ- Aor. -η Pl. Tim. 84, a; -ας Phaed. 83, b; -αντες Her. 3, 73; -ῆσαι Pl. Leg. 853, d: νοσέω 3.
νοστησ- Aor. -αιμεν Il. κ, 247; -η Od. ξ, 163; -ειεν Il. κ, 232; -ῆσαι Od. ξ, 424; -ας Od. α, 268; -αντι μ, 43; -αντα Il. ν, 35: νοστέω 4.
νοστησέμεν Inf. Fut. Il. ο, 374: νοστέω 4.
νοστήσω Fut. Il. ε, 212; -ομεν β, 253: νοστέω 4.
νοῶν Part. Praes. Pl. Leg. 742, d: νοέω 2.
νυστάξω (< νυστάσω) Fut. Plut. Brut. 36: νυστάζω 5.
νυστάσω (< νυστάξω) Fut. V. T. Esai. 5, 27: νυστάζω 5.
νώμα Imprf. Il. ο, 677: νωμάω 6.
νωμάσοισιν 3 Plur. Fut. für -ήσουσιν Pind. P. 4, 18: νωμάω 6.
νώμησα Aor. -εν Od. η, 183; -ησαν Il. α, 471; -ῆσαι Il. η, 238: νωμάω 6.
νωμήσασθαι Inf. Aor. Med. Qu Sm. 11, 65: νωμάω 6.
νωσάμενος Aor. Med. Incert. Id. 9 (Theocr. 25), 263: νοέω 2.
νώσας Part. Aor. Her. 1, 68. 86.: νοέω 2.
νώσατο Aor. Med. Ap. Rh. 4, 1407: νοέω 2.

Ξ.

ξείνισα (< ξείνισσε) Aor. Od. τ, 217; -σαντες Her. 1, 106: ξεινίζω 7.
ξείνισσε (< ξείνισα) Aor. Il. ζ, 174; ξείνισσας Od. ο, 288: ξεινίζω 7.
ξενίσθην Aor. Pass. -θέντες Pl. Tim. 17, b: ξενίζω 7.
ξέσσα (< ἔξεσα) Aor. ep. Od. ε, 245; ρ, 341; φ, 44 (*26*): ξέω 8.
ξεστός Vb. Od. σ, 33 (*26*): ξέω 8.
ξῆναι Aor. δια- Ar. Lys. 578: ξαίνω 9.
ξηρᾶναι Inf. Aor. Thuc. 1, 109; 7, 12: ξηραίνω 10.
ξηράνῃ Conj. Aor. ἀγξηράνῃ Il. φ, 347 (*228*): ξηραίνω 10.
ξηρανθ(ην) Aor. Pass. -θέν Pl. Phil. 31, e; Aristotel. περὶ ζῴων ι, 10, 3, 6 (*228*): ξηραίνω 10.
ξηρανοῦμαι Fut. Med. als Pass. Aristot. Meteor. B, 3: ξηραίνω 10.
ξηραντέον Vb. Aristot. Prob. λζ, 3; Geop. 3, 8: ξηραίνω 10.
ξηρανῶ Fut. Eur. Cycl. 575: ξηραίνω 10.
ξυν- s. u. συν-.
ξύνιε Imperat. Theogn. 1240 Bekker: ξυνίημι 11.
ξύνιον Imprf. Il. α, 273 (nach Aristarch ξυνίεν) (*267*): ξυνίημι 11.
ξύνισαν 3 Plur. Imprf. Il. ξ, 393: ξύνειμι, zusammengehen 12.

---

1 gewohnt sein, pflegen, wofür halten, glauben, meinen. 2 bemerken, wahrnehmen, erkennen, (be)denken, erwägen; meinen, glauben. 3 kranken, siechen. 4 zurückkehren vgl. *νέομαι*. 5 nicken, schlafen. 6 aus-, ver-, zutheilen. 7 *a.* einen Fremden, Gastfreund aufnehmen; *b.* ein Fremder sein. 8 schaben, kratzen. 9 kratzen, kämmen, krempeln; spinnen, weben. 10 (aus)trocknen, dörren. 11 zusammenschicken; hören; wahrnehmen. 12 zusammengehen, zusammentreffen, auch feindlich. 13 ξυράω, ξυρέω, ξύρω scheeren. 14 schreien, brüllen. 15 vergrössern, erhöhen, erwei-

ξῦον Impf. Od. χ, 456: ξύω 8.
ξύρας (< ἐξύρησα) Part. Aor. sp. Tzetz. Hist. 9, 231: ξύρω 13.
ξυρέονται (< ξυρεῶνται) 3 Plur. Praes. Her. 2. 66: ξυρέω 13.
ξυρεῦνται 3 Plur. Praes. Her. 2, 36: ξυρέω 13.
ξυρηθήσομαι (< ξυρήσομαι) Fut. Pass. sp. V. T. Levit. 13, 33: ξυραίνω 13.
ξυρήσας Part Aor. -ήσαντα Her. 5, 35: ξυρέω 13.
ξυρήσασθαι Inf. Aor. Med. Luc. Herm. 86, 831: ξυραίνω 13.
ξυρήσομαι (< ξυρηθήσομαι) Fut. Med. sp. V. T. Levit. 14, 8: ξυραίνω 13.
ξυσ- Aor. ἀποξύσας Il. ι, 446; Luc. Navig. 45; ξῦσαι Hym. Ven. 225; ἐγξύσαι Eur. Beller. 11: ξύω 8.
ξῦσαι Inf. Aor. Hom. Hym. Ven. 225: ξύω 8.
ξυσθ(ην) Aor. Pass. -θέντος Arist. H. An. 6, 16 (24): ξύω 8.
ξυστός Vb. Her. 2, 71 (24): ξύω 8.

O.

ὀγκησ(αμην) Aor. Med. -ήσαντο Luc. Quom. hist. scr. 17: ὀγκάομαι 14.
ὀγκωθ(ην) Aor. -θείς Soph. Frgm. 679; -θῆναι Eur. Ion. 388; ὀγκόω 15.
ὀγκῶσαι Inf. Aor. Ar. Vesp. 1024: ὀγκόω 15.
ὀγκώσομαι Fut. Med. Ar. Ran. 703; ἐξ- Eur. Hipp. 938: ὀγκόω 15.
ὀγκώσω Fut. Alex. Aetol. in Parthen. Erot. 14, 33: ὀγκόω 15.
ὀδαξήσομαι Fut. Med. als Pass. Hipp. 2, 827: ὀδάξω, ὀδαξάω, ὀδάζω 16.
ὁδηγήσω Eur. H. F. 1402; -ουσι Aesch. Prom. 728: ὁδηγέω 17.
ὁδηθ(ην) Aor. 1 Pass. -είης Eur. Cycl. 12: ὁδάω ausführen und verkaufen.
ὁδοιπεπόρηκα Perf. Philippides 13 (92): ὁδοιπορέω 18.
ὁδοιπόρεον Imprf. Her. 4, 110. 116 (> ὡδοιπόρεον) [40]: ὁδοιπορέω 18.
ὀδυνᾶσθαι Inf. Praes. Pl. Rep. 515, a; Menander. Fr. Com. 4, 120: ὀδυνάω 19.
ὀδυνᾶται 3 Sing. Praes. Pl. Phaedr. 251, d; Philem. Fr. Com. 4, 42: ὀδυνάω 19.
ὀδυνηθήσομαι Fut. Pass. sp. V. T. Zach. 9, 5: ὀδυνάω 19.
ὀδυνήσω Fut. Ar. Eccl. 928: ὀδυνάω 19.
ὀδυραμ(ην) Part. Aor. -άμενος Il. ω, 48; Isocr. 15, 65; -ασθαι Dem. 21, 95: ὀδύρομαι 20.
ὀδύρεαι 2 Sing. Praes. Od. θ, 577: ὀδύρομαι 20.
ὀδυρέσκετο Imprf. Her. 1, 3, 19: ὀδύρομαι 20.
ὀδύρομαι Praes. Od. φ, 250; Il, β, 290; Eur. Phoen. 1762: ὀδύρομαι 20.
ὀδυροῦμαι Fut. Dem. 21, 186; -εῖται Dem. 36, 36; -εῖσθαι 37, 48; Luc. D. Mort. 23, 2: ὀδύρομαι 20.
ὀδυρτός Vb. Ar. Ach. 1126: ὀδύρομαι 20.
ὀδύσαντο 3 Plur. Aor. Od. τ, 275; Il. ξ, 138: ὀδύσσομαι 21.
ὀδυσσάμενος Part. Aor. Od. τ, 407; -μένοιο Il. θ, 37. 468: ὀδύσσομαι 21.
ὀδώδει (< ὠδώδειν) Plsprf. Od. ε, 60; ι, 210: ὄζω 22.
ὀδώδυσται 3 Sing. Perf. Od. ε, 423 [51]: ὀδύσσομαι 21.
ὀζέσω (< seltener als ὀζήσω) Fut. ion. Hippocr. 3, 13; Eust. Od. p. 1523, 38; Cram. An. 3 p. 396: ὄζω 22.
ὀζήσω (< häufiger als ὀζέσω) Fut. Ar. Vesp. 1059: ὄζω 22.
οἶγε Imp. Hes. Op. 821: οἴγνυμι 23.
οἴγνυμαι Praes. Med. ἀν- Eur. Ion. 927: οἴγνυμι 23.
οἴγνυμι Praes. -υσι in ἀν- Dem.

---

tern, aufblähen. 16 beissen, stechen, jucken, kratzen. 17 den Weg zeigen. 18 reisen, wandern, gehen. 19 betrüben, kränken. 20 wehklagen, weinen, sich betrüben. 21 zürnen, grollen, hassen. 22 riechen, duften. 23 öffnen, aufschliessen.

24, 209; οἴγνυτε, δι- Ar. Eccl. 852: (ἀν-, δι) οἰγνυμι 1.
οἶδ' Perf. Il. κ, 322; Od. θ, 28: εἴδω 2.
οἶδα (< οἴδηκα) Perf. Il. δ, 163 Δ*: εἴδω 2.
ὄϊδα (< οἶδα) Perf. ion. Alcae. bei Herod. π. μον. λ., p. 81 Lehrs: εἴδω 2.
οἰδαίνεσκον Imprf. iter. Ap. Rh. 3, 383: οἰδαίνω 3.
οἴδαμεν (< ἴδμεν, ἴσμεν) 1 Plur. Perf. selten Her. 4, 46; Xen. An. 2, 4, 6 [343]: εἴδω 2.
οἶδας (< οἶσθα) 2 Sing. Perf. Hom. nur einmal Od. α, 337; Hom. Hym. Merc. 456. 467; Her. 3, 72; 4, 157 (Orac.); Theogn. 957; selten bei Att. Eur. Alc. 780; Xen. Mem. 4, 6, 6 (343): εἴδω 2.
οἴδασι (< ἴσασι bei Hom., seltener mit kurzem ι) 3 Plur. Perf. Her. 2, 43 [304]; Xen. Oec. 20, 14 (343) εἶδον, εἴδω 2.
οἴδατε (< ἴστε) 2 Plur. Perf. selten κατ- Eur. Suppl. 1044 (343): εἴδω 2.
οἶδε(ν) 3 Sing. Perf. Il. η, 236: εἴδω 2.
οἰδεόντων v. οἰδέων.
οἰδέων Part. Praes. -εόντων Her. 3, 76. 127 (Bredow, Dial. Her. p. 381): οἰδάω 3.
οἰδήσω Fut. -σοντος Hippocr. 3, 431 (> jetzt -σαντος Aor.): οἰδέω 3.
οἰδῶσα Fem. Part. Praes. Plut. Mor. 734, e: οἰδάω 3.
οἴεαι 2 Sing. Praes. Il. α, 561: οἴομαι 4.
οἴει (< οἴῃ) 2 Sing. Praes. Pl. Theaet. 147, a; Rep. 486, c; 290, c: οἴομαι 4.
οἴεσθε 2 Plur. Praes. Xen. Hell. 2, 4, 44: οἴομαι 4.
οἰέσθω 3 Sing. Imper. Praes. Thuc. 6, 91; Isocr. 4, 73: οἴομαι 4.
ὀΐεται (< οἴεται) 3 Sing. Praes. Od. τ, 360: οἴομαι 4.
οἴετο Imprf. Hom. Hym. 1, 164: οἴομαι 4.
ὀΐζυσα Aor. Od. ψ, 307: ὀϊζύω 5.
οἴῃ (< οἴει) 2 Sing. Praes. dor. Sophr. Fragm. 23: οἴομαι 4.
οἰηθ(ην) Aor. Pass. -θῇ Pl. Theaet. 178, c; -θῶμεν Isocr. 15, 311; -θῆτε Pl. Ap. 18, e; -θείην Isocr. 12, 23; -θεῖμεν Pl. Leg. 712, c (> οἰηθείημεν); -θῆναι Thuc. 2, 81; -θείς Pl. Pol. 262, b; -θεῖσα Theaet. 174, a; -θέντα Dem. 29, 57; θέντων 18, 254 (384): οἴομαι 4.
οἰήθητι Imper. Aor. Pass. Menander Fr. Com. 4, 100. 101: οἴομαι 4.
οἰήσομαι Fut. -ει Pl. Leg. 891, d; -εται Isocr. 12, 141; Dem. 22, 4; Xen. Cyr. 7, 5, 84: οἴομαι 4.
οἰητέον Vb. man muss glauben. Arist. Pol. 1, 8, 11; Eth. Nic. 9, 2; Apoll. Dysc. De constr. p. 166, 15: οἴομαι 4.
οἰκέαται (< ᾤκηνται) 3 Plur. Perf. Pass. als Praes. Act. Her. 1, 142 [107]: οἰκέω 6.
οἴκεε Imprf. Her. 1, 56: οἰκέω 6.
οἰκέει 3 Sing. Praes. Her. 2, 166: οἰκέω 6.
οἰκειεῦνται 3 Plur. Praes. Her. 1, 4 (> οἰκηϊοῦνται): οἰκειόω, zum Freunde machen.
οἰκειοῦσθαι Inf. Pass. Pl. Rep. 466, c; Prot. 326, b: οἰκειόω 7
οἰκείω Praes. st. οἰκέω Hes. Th. 330: οἰκέω 6.
οἰκειωτέον Vb. Clem. Al. Paed. 3, p. 298: οἰκειόω, zum Freunde machen.
οἰκέοιτο 3 Sing. Opt. Il. δ, 18: οἰκέω 6.
οἴκεον (< ᾤκεον) Imprf. Her. 1, 57 [38]: οἰκέω 6.
οἰκέοντες Part. Praes. Her. [183]: οἰκέω 6.
οἰκεῦντας (< οἰκέοντες) Part. Her. 4, 157; Theocr. 16, 77 [183]: οἰκέω 6.
οἰκηϊεύμενος Part. Her. 4, 148 [183]: οἰκηϊόω ion. = οἰκειόω 7.
οἰκηϊεῦνται 3 Plur. Praes. Her. 1, 4; 1, 94 (> οἰκηϊοῦνται); 3, 2: οἰκηϊόω ion. = οἰκειόω 7.
οἰκηϊοῦνται s. u. οἰκηϊεῦνται.
οἰκησ- Aor. -ειε Pl. Rep. 473, a; -ῆσαι 472, e: οἰκέω 6.
οἰκήσομαι Fut. vorherrschend pass. Pl. Rep. 520, c; Lach. 185, a; Leg. 853, b (374): οἰκέω 6.
οἰκήσω Fut. Pl. Phaed. 69, c; Eur. Ion. 791; I. A. 1508; Isocr. 4, 173; Pl. Rep. 547, c: οἰκέω 6.
οἰκιούμεθα Fut. Med. Eur. Heracl. 46: οἰκίζω 8.

---

1 öffnen, aufschliessen. 2 im *Perf.* wissen, inne haben, erkennen, einsehen. 3 (auf-, an) schwellen (machen), sich blähen. 4 meinen, glauben, dafür halten.

οἴκισα (< ᾤκισα) Aor. Her. 1, 57; 5, 42 [38]: οἰκίζω 8.
οἰκίσθην (<ᾠκίσθην) Aor. Pass ἐν- Her. 1, 68 [38]: ἐνοικίζω 8.
οἴκισμαι (< ᾤκισμαι) Perf. Pass. Her. 4, 12 [38]: οἰκίζω 8.
οἰκτέον Vb. ἀν- Eur. Ion. 1387: ἀνοίγνυμι 9.
οἰκτερῶ Fut. Aesch. Fr. 182, 6 D.: οἰκτείρω, bemitleiden, bedauern.
οἶμαι (< οἴομαι) 1 Sing. Praes. Pl. Prot. 312, c: οἴομαι 4.
οἴμησεν Aor. Il. χ, 308. 311. Od. ω, 538: οἰμάω 10.
οἰμήσω Fut. -ουσι Her. 1, 62: οἰμάω 10.
οἴμωγμαι Perf. Pass. -μένος Eur. Bacch. 1286 (> ᾤμωγμαι): οἰμώζω 11.
οἰμωκτός Vb. Ar. Ach. 1157 Mss. Bekker; verworfen von Pors. Dind. u. A.: οἰμώζω 11.
οἰμωξ- Aor. s. u. -ξειε, -ξειαν, -ῶξαι u. -ώξας 11.
οἰμῶξαι Inf. Aor. ἀπ- Soph. Phil. 278; El. 788; κατ- Eur. Andr. 1159: οἰμώζω 11.
οἰμώξας Part. Il. π, 490 B*; Soph. Ant. 1226: οἰμώζω 11.
οἰμώξειαν 3 Plur. Opt. Aor. ἀπ- Soph. Ai. 963: οἰμώζω 11.
οἰμώξειε 3 Sing. Opt. Aor. Il. η, 125: οἰμώζω 11.
οἰμώξῃς 2 Sing. Conj. Aor. Eur. Hipp. 1314: οἰμώζω 11.
οἰμώξοιτο Opt. Fut. Xen. Hell. 2, 3, 56: οἰμώζω 11.
οἰμώξομαι (< οἰμώξω) Fut. att. Ar. -ει Av. 1207; Plut. 111; -εται Ran. 178. 706; Fr. Com. 4, 674; Luc. Dial. M. 24, 3; Tim. 55, 172; -εσθ' Ar. Nub. 217; -ομένων Luc. Tim. 57, 175 (374): οἰμώζω 11.
οἰμώξω (< οἰμώξομαι) Fut. Plut. Mor. 182, d; Long. Past. 3, 19; Anth. 5, 302; Or. Lib. 5, 295; Jac. anim. in Athen. 170; Xen. Cyr. 1, 4, 16 Poppo: οἰμώζω 11.
οἰμωχθείς Part. Aor. Pass. Theogn. 1204: οἰμώζω 11.
οἰνισάμενοι Part. Aor. sp. Luc. V. Hist. 1, 9: οἰνίζομαι 12.
οἰνοχόεον (< ἐῳνοχόεον) Imprf. Il. α, 598; Od. ο, 141: οἰνοχοέω 13.
οἰνοχοῆσαι Inf. Aor. Od. δ, 233; ο, 323; Sapph. Fr. 32 (> -όησαι): οἰνοχοέω 13.
οἰνοχοήσω Fut. Xen. Cyr. 1, 3, 9: οἰνοχοέω 13.
οἰνωθ(ην) Aor. Pass. Non. Par. 2, 44: οἰνόω 14.
οἰνωθείς Part. Aor. Pass. Od. τ, 11; Soph. Fr. 668; Anth. Pal. 7, 444: οἰνόω 14.
οἰνωθήσομαι Fut. Pass. sp. Dio. L. 7, 118: οἰνόω 14.
οἰνῶσαι Inf. Aor. Act. Crit. Fr. 228 Bergk: οἰνόω 14.
οἶξα (< ὦξα, ὤιξα, ἤνοιξα) Aor. Her. 1, 68; 4, 143; 9, 118; -ῃς, δι- Eur. Suppl. 1205; -ας in ἀν- Med. 1313; I. A. 326; Dem. 37, 42; -άντων 59, 99; -αντες Xen. Hell. 1, 3, 20: ἀνοίγνυμι 9.
οἴξασα Fem. Part. Aor. Il. ζ, 89: οἴγνυμι 9.
οἴξω Fut. Eur. Cycl. 502; ἀν- Ar. Pax. 179: οἴγνυμι 9.
οἰοίμην 1 Sing. Opt. Xen. Cyr. 1, 6, 26: οἴομαι 4.
οἴοιτο 3 Sing. Opt. Od. ρ, 580; Xen. Cyr. 2, 2, 21: οἴομαι 4.
οἴομαι (< οἶμαι, ἐγῷμαι Pl. Phaedr. 264, e οἴομαι) 1 Sing. Praes. Gorg. 451, d: οἴομαι 4.
ὀΐομαι (< οἴομαι, οἶμαι) 1 Sing. Praes. Il. ε, 644 Γ*: οἴομαι 4.
ὀϊόμεθα 1 Plur. Praes. Od. φ, 322: οἴομαι 4.
οἰόμεθα 1 Plur. Praes. Xen. Cyr. 3, 3, 46: οἴομαι 4.
ὀϊόμενος Part. Od. ξ, 298; -ν υ, 21; -μένω Il. ν, 283; -μενε Od. β, 351; -οισι Od. ω, 401; -οις Theocr. 20 (22), 18: οἴομαι 4.
οἰόμενος Part. Pl. Rep. 209, c: οἴομαι 4.
οἴου Imper. Pl. Rep. 336, e: οἴομαι 4.
ὀϊσάμενος Part. Aor. Med. Od. ο, 443 Polyb. 3, 94: οἴομαι 4.

---

5 jammern, wehklagen. 6 wohnen, hausen. 7 an-, zueignen. 8 erbauen, gründen. 9 eröffnen. 10 mit Heftigkeit ausgehen, hervorgehen, darauflosgehen. 11 wehklagen, jammern. 12 sich Wein kaufen, sich Wein schöpfen. 13 Wein einschenken. 14 trunken machen, *Pass.* trunken werden.

οἴσατο 3 Sing. Aor Med. Od. ι, 213; τ, 390; Ap. Rh. 3, 14; Qu. Sm. 1, 132: οἴομαι 1.

οἶσε Imper. mit Praesens u. Aoristbedeut. Od. χ, 106. 481; Ar. Ach. 1099. 1101. 1122; Ran. 482; Menander; Alexis 118; Anaxippus 6: φέρω 2.

1) **οἴσειν** (< οἰσέμεν) Inf. Fut. Pl. Crit. 120, d: φέρω 2.

2) **οἴσειν** (< οἰσέμεν, οἰσέμεναι) Inf. in Praes.- u. Aoristbed. Pind. P. 4, 180 (von Böckh als Inf. Praes. angenommen): φέρω 2.

1) **οἰσέμεν** (< οἴσειν, οἰσέμεναι) Inf. Fut. Il. σ, 191; Qu. Sm. 3, 676: φέρω 2.

2) **οἰσέμεν** (< οἴσειν, οἰσέμεναι) Inf. in Praes.- u. Aoristbed. Od. γ, 429: φέρω 2.

οἰσέμεναι (< οἴσειν, οἰσέμεν) Inf. in Praes.-u.Aoristbed. Il. γ, 120; ψ, 564; Od. ϑ, 399; σ, 291; μ, 10: φέρω 2.

1) **οἴσετε** s. u. οἴσω.

2) **οἴσετε** 2 Plur. Imper. mit Praes.- u. Aoristbed. Il. γ, 103; 15, 718; Od. υ, 154; Theocr. 24, 48: φέρω 2.

οἴσετον Dual. Fut. Il. ε, 232; Aesch. Prom. Sept. 510; Pl. Pol. 257, c: φέρω 2.

οἰσέτω 3 Sing. Imper. mit Praes.- u. Aoristbed. Il. τ, 173; Od. ϑ, 255: φέρω 2.

οἰσεῦμες Fut. dor. Theocr. 15, 132 (*133*): φέρω 2.

οἶσϑ' 2 Sing. Perf. Il. α, 204: εἴδω 3.

οἶσϑα (< gewöhnlich neben dem seltneren οἶδας) 2 Sing. Perf. Od. δ, 465; ο, 20 *B**; Il. ω, 662; Eur. Fr. 293; Pl. Prot. 312, a: εἴδω 3.

οἶσϑας (< οἶσϑα) Perf. als Praes. Cratin. Com. Fr. 2, 80; Eur. Ion. 999; Philemo.: εἶδον, εἴδω 3.

οἰσϑείς Part. Pass. nur Il. ι, 453: οἴομαι 1.

οἰσϑήσομαι Fut. Pass. Dem. 44, 45; ἐξ- Eur. Suppl. 561; περι- Diphilus Fr. Com. 4, 383: φέρω 2.

οἴσοιμι Opt. Fut. εἰσ- Dem. 53, 8: φέρω 2.

οἴσομαι Fut. Med. Od. σ, 504; Il. σ, 168. 248. 257; χ, 217; ψ, 441. 663. 667. 858; Theogn. 518; Her. 6, 101; Soph. El. 969; Pl. Rep. 537; *pass. Bed.* Eur. Or. 440; Xen. Oec. 18, 6; ἐξ- Her. 8, 49. 76: φέρω 2.

οἰσόντων 3 Plur. Imper. mit Praes.- u. Aoristbed. Antim. Fr. 10: φέρω 2.

οἶσται Perf. προ- Luc. Paras. 2 (> προῶσται): φέρω 2.

οἰστέον Vb. Soph. Ant. 310; Pl. Soph. 237, c: Eur. Alc. 739; ἐξ- Phoen. 712; δι- 265: φέρω 2.

οἰστός Vb. Thuc. 7, 75: φέρω 2.

οἰστρέω Praes. sp. Achil. Tat. 2, 37: οἰστράω 5.

οἰστρηϑείς Part. Aor. Pass. Soph. Tr. 653: οἰστράω 5.

οἰστρημένος Partic. Perf. Pass. Lycophr. 818: οἰστράω 5.

οἴστρησα Aor. Eur. Bacch. 32: οἰστράω 5.

οἰστρήσω Fut. Theod. Athen. 7, 302: οἰστράω 5.

οἴσω Fut. Il. η, 82; Eur. Alc. 336; Pl. Rep. 477, e; συν- 370; ξυν- Soph. El. 946; δι- O. T. 221; οἴσεις Hes. Op. 40; Eur. I. T. 1000; -ετε Isocr. 15, 54; Thuc. 4, 121; vgl. οἴσετον, οἴσειν: φέρω 2.

οἰσῶ Fut. Theocr. 3, 14; 2, 163 (*164*): φέρω 2.

οἴχεαι 2 Sing. Praes. Her. 2, 115: οἴχομαι 6.

οἴχεται 3 Sing. Praes. Il. ε, 472, *B**; Aesch. Pers. 178; Soph. O. C. 894: οἴχομαι 6.

οἰχήσομαι Fut. Lys. 10, 20; Pl. Phaed. 115, d; -ει Crit. 45, d: οἴχομαι 6.

1) **οἴχηται** Conj. Praes. Pl. Phaed. 70, a: οἴχομαι 6.

2) **οἴχηται**, -ηνται (< ᾤχημαι) Perf. Pass. Anth. 7, 273; δι-Her. 4, 136: οἴχομαι 6.

οἰχϑ(ην) Aor. Pass. ἀνοιχϑείη Pl. Phaed. 59, d; ἀνοιχϑῆναι Xen. Ath. 2, 15; Dem. 48, 51; διαν- Luc. 21, 517; ἀνοιχϑεῖσαν Thuc. 4, 130; -ϑεισῶν 67. 68; οἰχϑεισᾶν Pind. N. 1, 41: (ἀν)οἴγνυμι 7.

οἰχϑεισᾶν Gen. Plur. Part. Aor. Pass. Pind. N. 1, 41: οἴγνυμι 4.

οἴχνεσκε, -ον Imprf. Il. ε, 790; ο, 640; Pind. P. 5, 87: οἰχνέω 6.

οἰχνεῦσαν Part. Od. ζ, 157: οἰχνέω, gehen, kommen.

---

1 meinen, glauben, dafür halten. 2 (fort)tragen, bringen. 3 im *Perf.* wissen, inne haben, erkennen, einsehen. 4 öffnen, aufschliessen. 5 stacheln;

οἰχοίατο 3 Plur. Opt. Eur. I. T. 1341: οἴχομαι 6.
οἴχωκα (< ᾤχωκα) Perf. Soph. Ai. 896; Her. 9, 98; 4, 127. 165; 8, 72. 108: οἴχομαι 6.
οἰχώκεε Plsprf. Her. 4, 127: οἴχομαι 6.
οἴω (< ὀΐω) Praes. Il. κ, 105 *B**: οἴω = οἴομαι 1.
ὀΐω (< οἴω) Praes. Il. α, 59: οἴω = οἴομαι 1.
οἰῶ Praes. lacon. st. οἴω, οἴομαι Ar. Lys. 81. 155. 1254; Lobeck techn. p. 144: οἴομαι 1.
οἰώθη Aor. Pass. Il. ζ, 1; λ, 401: οἰόω 8.
οἰωνιζόμην Imprf. Xen. Hell. 1, 4, 12: οἰωνίζομαι 9.
οἰωνισαίμην Opt. Aor. [Dem.] 25, 80: οἰωνίζομαι 9.
ὀκνησ- Aor. -αιμι [Dem.] 60, 19: ὀκνέω 10.
ὀκνήσω Fut. Pl. [Ep.] 310, d; Dem. 20, 56: ὀκνέω 10.
ὀκνητέον Vb. Pl. Leg. 891, d: ὀκνέω 10.
ὀλέει (< ὀλέσω, ὀλῶ) 3 Sing. Fut. ἀπ- Her. 1, 34; ἀπολέεις 8, 60: ἀπόλλυμι 11.
ὀλέεσθε 2 Plur. Fut. Il. φ, 133; ἀπ- Her. 8, 69 ὄλλυμι 11.
ὀλέεσκον Imprf. iter. ion. Il. τ, 135 (>ὀλέκεσκον Bekker) [143]: ὄλλυμι 11.
ὄλεθ' (< ὤλετ') 3 Sing. Aor. 2 Med. Od. ξ, 68: ὄλλυμι 11.
ὀλεῖ 3 Sing. Fut. Dem. 19, 317: ὄλλυμι 11.
ὀλεῖν Inf. Fut. ἀπ- Dem. 19, 112; vgl. ὀλῶ: ἀπόλλυμι 11.
ὀλεῖς 2 S. Fut. Soph. O. T. 448; Eur. Hipp. 440; vgl. ὀλῶ: ὄλλυμι 11.
ὀλεῖσθαι Inf. Fut. Med. προαπ- Lys. 2, 24; ἀπ- Pl. Phaed. 103, d: (προ)ἀπόλλυμι 11.
ὀλεῖται 3 Sing Fut. Med. ἀπ- Il. β, 325; Eur. Med. 788; I. A. 941; δι- Pl. Rep. 497, d; vgl. ὀλεῖσθαι; ὀλοῦνται: ἀπόλλυμι 11.
ὀλεῖτον Dual. Fut. Pl. Fr. Com. 2, 615: ὄλλυμι 11.
ὀλέκεσκον s. u. ὀλέεσκον.
ὄλεκον Imprf. -εν Il. φ, 521; -ον λ, 150 *A**: ὀλέκω 12.
ὀλέκοντα Part. Il. θ, 279; ο, 249; τ, 152: ὀλέκω 12.
ὀλέκονται 3 Plur. Praes. Med. Il. π, 17: ολέκω 12.
ὀλέκοντας Part. Il. ε, 712; η, 18: ὀλέκω 12.
ὀλέκω Praes. -ουσιν Il. λ, 530 *A**: -ει Aesch. Prom. 563; -εις Soph. Ant. 1285: ὀλέκω 12.
ὀλέομαι Fut. Med. ἀπολεομένης Her. 8, 69: ἀπόλλυμι 11.
ὀλέοντες (< ὀλεῦντες) Part. Fut. Her. 6, 91: ἀπόλλυμι 11.
ὀλέσαι (< ὀλέσσαι) Inf. Aor. Il. ω, 242; Od. μ, 349; τ, 482; ἀπ- Xen. Hell. 6, 1, 6: ὄλλυμι 11.
ὀλέσαιμι 1 Sing. Opt. Aor. Eur. I. A. 978: ὄλλυμι 11.
ὀλέσαις (< ὀλέσας, ὀλέσσας) Part. Aor. dor. Pind. O. 1, 79: ὄλλυμι 11.
ὀλέσαιτ' Opt. Aor. ἀπ- Eur. Cycl. 221: ἀπόλλυμι 11.
ὀλέσαιτε 2 Plur. Opt. Aor. ἀπ- Dem. 33, 31: ἀπόλλυμι 11.
ὄλεσαν (< ὤλεσαν, ὄλεσσαν) 3 Plur. Aor. Od. ψ, 319; ω, 528: ὄλλυμι 11.
ὀλεσαντ- Stammform des Part. Aor. ὀλέσας: ὀλέσαντ' aus -τα Il. ο, 66; -τες ν, 763; Aesch. Ag. 54; Xen. Hell. 1, 5, 14: ὄλλυμι 11.
ὀλέσας (< ὀλέσσας, ὀλέσαις) Part. Aor. Il. θ, 498; Qu. Sm. 7, 46; Aesch. Pers. 539: ὄλλυμι 11.
ὀλέσασα Fem. Part. Aor. Od. τ, 265; Aesch. Ag. 1457; Eur. H. F. 136; Med. 436: ὄλλυμι 11.
ὄλεσε (< ὄλεσσε, ὤλεσα, -ε *E**) Aor. ep. u. lyr. Od. λ, 318; ν, 431: ὄλλυμι 11.
ὀλέσειαν 3 Plur. Opt. Aor. Aesch. Sept. 567: ὄλλυμι 11.
ὀλέσειεν 3 Sing. Opt Aor. Il. θ, 358; Od. δ, 668; Eur. Med. 1389; ἀπ- Xen. Mem. 1, 7, 3; δι- Pl. Pol. 302, a: ὄλλυμι 11.
ὀλέσῃ (< ὀλέσσῃ) 3 Sing. Conj. Aor. Il. β, 4; Xen. Oec. 8, 16: ὄλλυμι 11.
ὀλέσῃς (< ὀλέσσῃς) 2 Sing Conj. Aor. Il. α, 559: ὄλλυμι 11.
ὀλέσθαι Inf. Aor. 2 Med. Il. ω, 764;

---

intr. unruhig, wild sein; rasen. 6 gehen, kommen. 7 eröffnen. 8 verlassen; daher οἰώθη wurde verlassen. 9 die Vögel beobachten, ahnen. 10 anstehen, zaudern. 11 *a.* verderben, zerstören; *b.* verlieren, wie θυμόν, ψυχήν- sterben; *Med.* untergehen, umkommen. 12 verderben, vernichten; *Med.* umkommen, sterben.

Od. γ, 428 Γ*; Ap. Rh. 1, 60; 4, 1253; Aesch. Ag. 1602; Eur. Andr. 315. 1193; Tro. 402: ὄλλυμι 1.

ὀλεσθῆναι Aor. Pass. Cosm. Indicopl. p. 140; Moschop. ad Hes. Op. v. 676: ὄλλυμι 1.

ὀλέσκετο It. Od. ὄλλυμι 1.

ὀλέσσαι (< ὀλέσαι) Inf. Aor. Il. ν, 349; Od. α, 377; β, 142 (>> >ὀλέσθαι Wolf.) Hes. Op. 666; Qu. Sm. 1, 110: ὄλλυμι 1.

ὄλεσσαν (< ὄλεσαν, ὤλεσαν) 3 Plur. Aor. Qu. Sm. 1, 528: ὄλλυμι 1.

ὀλέσσας (< ὀλέσας) Part. Aor. Il. ι, 188: ὄλλυμι 1.

ὄλεσσε (< ὄλεσε, ὤλεσα, -ε) Aor. Od. δ, 446; Qu. Sm. 3, 26: ὄλλυμι 1.

ὀλέσσει s. u. ὀλέσσω.

ὀλέσσῃ (< ὀλέσῃ) 3 Sing. Conj. Aor. Il. α, 205; Qu. Sm. 5, 356: ὄλλυμι 1.

ὀλέσσῃς (< ὀλέσῃς) 2 Sing. Conj. Aor. Il. ε, 250: ὄλλυμι 1.

ὄλεσσον (< ὄλεσον) Imper. Aor. 2 Il. ρ, 647: ὄλλυμι 1.

ὀλέσσω (< ὀλέσω, ὀλέω, ὀλῶ) Fut. Il. μ, 250; Od. β, 49: ὄλλυμι 1.

ὀλέσω (< ὀλέσσω, ὀλέω, ὀλῶ) Fut. Od. ν, 399; Hes. Op. 180; Ar. Av. 1506 (> ὀλεῖς); ἀπολέσω Pl. Com. in Com. Fr. 2, 621. 633 (> ἀπολῶ); ἀπ- Luc. Asin. 33; προσαναπ- Her. 2, 121: ὄλλυμι 1.

ὀλέσωμεν 1 Plur. Conj. Aor. δι- Pl. Crit. 47, d: διόλλυμι 1.

ὀλέσωσιν 3 Plur. Conj. Aor. Il. χ, 360; Qu. Sm. 5, 512; ἀπ- Xen. Hell. 2, 1, 2: ὄλλυμι 1.

ὄλετ᾽ (< ὤλεθ᾽) 3 Sing. Aor. 2 Med. Od. ο, 247: ὄλλυμι 1.

ὀλεῦμαι s. ὀλεύμενοι.

ὀλεύμενοι (< ὀλεόμενοι) Part. Fut. Med. ἀπ- Her. 7, 146. 209: ἀπόλλυμι 1.

ὄληαι 2 Sing. Conj. Aor. 2 Med. Il. γ, 417: ὄλλυμι 1.

ὄληται 3 Sing. Conj. Aor. 2 Med. Il. υ, 303; Od. β, 98; ξ, 130; τ, 143; ω, 133; ἀπ- Pl. Lys. 220, e: (ἀπ)όλλυμι 1.

ὀλισθάνω Praes. die bei den besseren att. Schriftstellern allein vorkommende Form Eur. Phoen. 1383; ὑπολισθάνειν Dem. Enc. 12; wie auch jetzt ἐξολισθάνειν Ar. Equ. 491: ὀλισθάνω 2.

ὄλισθε (< ὤλισθε) Aor. 2 Il. υ, 470; ψ, 774; auch ion. u. sp. Prosa Hippocr. 4, 302. 306; Alciphr. 3, 11: ὀλισθαίνω 2.

ὀλισθεῖν Inf. Aor. 2 Anth. 11, 316 (Lucill. 20): ὀλισθαίνω 2.

ὀλισθοῦσι Dat. Plur. Part. Aor. 2 Ar. Ran. 690: ὀλισθαίνω 2.

ὀλισθών Part. Aor. 2 Anth. 9, 667; Incert. Id. 8 (Mosch. 4), 111: ὀλισθαίνω 2.

ὀλλύασι (< ὀλλῦσι) 3 Plur. Praes. ἀπ- Pl. Rep. 421, a: ἀπόλλυμι 1.

ὀλλύεις 2 Sing. Fr. Com. Anonym. Fr. Com. 4, 687 (*300*): ἀπόλλυμι 1.

ὄλλυμαι Praes. Pass. ἀπ- Soph. Phil. 311; Pl. Ep. 310, a poet.; -σαι Eur. Hipp. 594; -ται Aesch. Ag. 487; Eur. Med. 1067; -νται Gorg. 519, b: ὄλλυμι 1.

ὀλλύμενος Part. Pass. ἀπ- Pl. Leg. 728, c: ἀπόλλυμι 1.

ὄλλυμι Praes. ἀπ- in -υσιν Pl. Prot. 334, b: ἀπόλλυμι 1.

ὀλλύναι Inf. Praes. ἀπ- Pl. Rep. 567: ἀπόλλυμι 1.

ὀλλυοίμην Opt. Praes. Pass. -οιτο Pl. Parm. 163, c: ἀπόλλυμι 1.

ὄλλυον Part. ἀπ- Pl. Rep. 608, e: ἀπόλλυμι 1.

ὀλλύουσι (< ὀλλῦσι) 3 Plur. Praes. Her. 6, 138 [**232**]: ὄλλυμι 1.

ὀλλύς Part. Praes. Pl. Theaet. 155, d; -ύντι Leg. 857, a; -ύντες Critia 155, d: ἀπόλλυμι 1.

ὀλλῦσαι Fem. Part. Il. θ, 449: ὄλλυμι 1.

ὄλλυσθαι Inf. Praes. ἀπ- Isocr. 4, 168: ὄλλυμι 1.

ὀλλύσθω Imper. Praes. Pass. Bion. 1, 71: ὄλλυμι 1.

ὄλλῡσι 3 Sing. Praes. ἐξ- Eur. Hipp. 725: ὄλλυμι 1.

ὀλλῦσι (< ὀλλύασι) 3 Plur. Praes. ἀπ- Her. 4, 69; Pl. Leg. 706, c [**232**]: ἀπόλλυμι 1.

ὀλλύτω, ἀπ- Imper. Praes. Pl. Euthyd. 285, c: ἀπόλλυμι 1.

ὀλοίατο (< ὄλοιντο) 3 Plur. Opt. Aor. 2 Med. Aesch. Sept. 552: ὄλλυμι 1.

ὀλοίμην 1 Sing. Opt. Aor. 2 Med. Aesch. Ch. 438. 1006; Eur. Hipp. 1028; ἀπ- Ar. Ran. 579; Pl. Ap. 32, a; -μεθα Isocr. 11, 20; ὀλοί-

---

1 *a*. verderben, zerstören; *b*. verlieren, wie θυμόν, ψυχήν = sterben;

μαν Aesch. Suppl. 782; Eur. Alc. 864; Med. 97: (ἀπ)όλλυμι 1.
ὄλοιντο 3 Plur. Opt. Aor. 2 Med. ἀπ- Pl. Rep. 578, c; Aesch. Suppl. 37; ὄλοινθ᾿, ἀπ- Eur. 269; Pl. Pol. 299, e: ἀπόλλυμι 1.
ὄλοισθε 2 Plur. Opt. Aor. 2 Med. Od. α, 380; β, 145: ὄλλυμι 1.
ὄλοιτο 3 Sing. Opt. Aor. 2 Med. Eur. Rhes. 720; Hel. 1215; ἀπ- Hes. Op. 320; Pl. Prot. 322, c: ἀπόλλυμι 1.
ὀλόλυζε Imprf. Od. χ, 411: ὀλολύζω 3.
ὀλόλυξα (< ὠλόλυξα) Aor. Od. γ, 450; Nonn. 5, 310; Aesch. Ag. 487; Eum. 1043. 1047; Ar. Equ. 1327; Theocr. 17, 64; -άτω in κατ- Aesch. Ag. 1118: ὀλολύζω 3.
ὀλολύξομαι Fut. Eur. El. 691 (*378*): ὀλολύζω 3.
ὀλόμενος Part. Aor. 2 Med. Eur. Hipp. 878; Phoen. 1028; -έναν Med. 1253: ὄλλυμι 1.
ὀλόμην (< ὠλόμην) 1 Sing. Aor. 2 Med. Il. λ, 197; ὀλόμαν Eur. I. T. 152: ὄλλυμι 1.
ὄλοντο (< ὤλοντο Od. ι, 61) 3 Plur. Aor. 2 Med. Od. α, 7 *Γ**: ὄλλυμι 1.
ὀλοῦμεν 1 Plur. Fut. ἐξ- Ar. Vesp. 422; δι- Pl. Pol. 284, a: ἐξόλλυμι 1.
ὀλοῦνται 3 Plur. Fut. Med. δι- Pl. Pol. 302, a: διόλλυμι 1.
ὀλοῦσα Fem. Part. Fut. δι- Soph. Tr. 1030: διόλλυμι 1.
ὀλοφυρθ(ῆν) Aor. Pass. -θείς Thuc. 6, 78; Pl. Rep. 329, a: ὀλοφύρομαι, wehklagen.
ὀλοφυροῦμαι Fut. Lys. p. 181, 35: ὀλοφύρομαι, wehklagen.
ὀλῶ (< ὀλέσω, ὀλέσσω) Fut. ἀπ- Ar. Nub. 891; Xen. Cyr. 7, 4, 5; vgl. ὀλεῖς, ὀλοῦμεν; ὀλεῖν, ὀλοῦσα (*244*): ἀπόλλυμι 1.
ὄλωλα Perf. Soph. El. 674; Tr. 1144; Eur. Hipp. 1408; -ε; Il. π, 520; Aesch. Pers. 679; -αμεν Soph. Ai. 791; Eur. Andr. 903: ὄλλυμι 1.
ὄλωλε(ν) 3 Sing. Perf. 2 mit att. Red. Il. ω, 384 *B**; Aesch. Sept. 586; Eur. Alc. 140; -έναι Aesch. Pers. 446; Eur. Hel. 308; ἀπ- Lys. 28, 17; Dem. 4, 4: ἀπόλλυμι 1.
ὀλώλειν (< ἀπωλώλειν) Plsprf. Il. κ, 187; ἀπ- Isae. 6, 37: ὄλλυμι 1.
ὀλώλεκα Perf. ἀπ- Thuc. 2, 65; Lys. 19, 8; Xen. Hell. 1,5,10; An. 2, 5, 39; Dem. 42, 20; 19, 30; -εν Xen. An. 3, 1, 39; -ατε 2, 5, 39; -ασι(ν) Isocr. 5, 54; -κέναι Dem. 19, 149; -κώς 23, 104; -κότες Isocr. 14, 54; -ας 18, 62; -όσι Dem. 25, 66 (*56*): ἀπόλλυμι 1.
ὀλώλη (< ὀλώλειν) 1 Sing. Plsprf. ἀπ- Pl. Ap. 31, d (*128*): ἀπόλλυμι 1.
ὀλωλοτ- Stammform des Part. Perf. 2 s. u. ὀλωλώς.
ὀλωλώς Part. Perf. mit att. Redupl. -οτα Soph. El. 80; Eur. Cycl. 444; -ότοιν Soph. Phil. 427; -ότες O. T. 126; -ότας Eur. Suppl. 16; ἀπ- Xen. Hell. 2, 2, 3; ὀλωλότων Aesch. Ag. 346; Soph. Ant. 174; ἀπ- Xen. Cyr. 3, 1, 13; Dem. 6, 34; -όσι Dem. 19, 100: ὄλλυμι 1.
ὄλωμαι 1 Sing. Conj. Aor. 2 Med. Od. ο, 90; ἀπ- Dem. 19, 221: ὄλλυμι 1.
ὄλωνται 3 Plur. Conj. Aor. 2 Med. Il. θ, 34. 37. 354. 465: ὄλλυμι 1.
ὁμαλιοῦμαι Fut. Med. als Pass. -εῖται Xen. Oec. 18, 5 (*374*): ὁμαλίζω 4.
ὁμαρτεῖτον 2 Dual. ἐφ- Il. θ, 191; ψ, 414; vgl. ὁμαρτήτην (*175*a): ὁμαρτέω 5.
ὁμαρτήσω Fut. Eur. Phoen. 1616: ὁμαρτέω 5.
ὁμαρτήτην 3 Dual. Imprf. Il. ν, 584 für ὁμαρτείτην (> ὁμαρτήθην Aristarch. Bekker) vgl. ὁμαρτεῖτον [*175a*]: ὁμαρτέω 5.
ὅμαρτον Aor. 2 Orph. Arg. 513: ὁμαρτέω 5.
ὀμεῖ 2 Sing. Fut. Ar. Nub. 247; vgl. ὀμοῦμαι: ὄμνυμι 6.
ὀμεῖσθαι Inf. Fut. Xen. Hell. 7, 3, 11; vgl. ὀμοῦμαι: ὄμνυμι 6.
ὀμεῖται 3 Sing. Fut. Xen. Hell. 1, 3, 11; vgl. ὀμοῦμαι: ὄμνυμι 6.
ὀμιώμεθα (< ὀμιοῦμαι) Fut. Ar. Lys. 183: ὄμνυμι 6.
ὄμνυ (< ὄμνυθι) Imper. Praes. Eur. Med. 746: ὄμνυμι 6.
ὀμνύειν (< ὀμνύναι) Inf. Praes. Dem. 383, b: ὄμνυμι 6.

Med. untergehen, umkommen. 2 schlüpfen, ausgleiten, fallen. 3 die Stimme laut erheben; laut aufschreien. 4 glätten, besänftigen, beruhigen. 5 zusammentreffen, zusammengehen; folgen, begleiten. 6 schwören, beschwören.

ὀμνυέτω 3 Sing. Imper. Praes. Il. τ, 175: ὄμνυμι 1.
ὄμνυθι Imper. Praes. Il. ψ, 585 [240]: Pl. ὄμνυμι 1.
ὄμνυμι (< ὀμνύω) 1 Sing. Praes. Eur. Hipp. 1026; Pl. Phaed. 236, d: ὄμνυμι 1.
ὀμνύναι (< ὀμνύειν) Inf. Praes. Xen. Hell. 1, 3, 11; Dem. 54, 39: ὄμνυμι 1.
ὀμνύς Part. Pl. Leg. 755, d; -ύντι Symp. 183, b; -ύντα Leg. 917, c; -τες 183, a; -ύντων Thuc. 5, 47: ὄμνυμι 1.
1) ὀμνύω (< ὄμνυμι) 1 Sing. Praes. Xen. An. 5, 9, 31; Symp. 4, 10; -ομεν Luc. Toxar. 38 (300): ὄμνυμι 1.
2) ὀμνύω Conj. Praes. -ωμεν Luc. Toxar. 38: ὄμνυμι 1.
ὁμοιώσομαι Fut. Med. als Pass. Her. 7, 158: ὁμοιόω 2.
ὁμόκλα Imprf. Il. σ, 156; ω, 248: ὁμοκλάω, -έω 3.
ὁμόκλεον Imprf. Od. φ, 367; Il. ο, 685: ὁμοκλέω 3.
ὁμόκλησαν Aor. Il. ψ, 363; -ήσειεν π, 714; -ήσας ω, 252 *B**; -ήσαντες Il. ο, 354: ὁμοκλέω 3.
ὁμοκλήσασκε Imprf. iter. Il. β, 190: ὁμοκλέω 3.
ὁμολογηθ(ην) Aor. Pass. -θείη Pl. Phaed. 106, d; -θῇ Crat. 431, e; -θείς Leg. 644, a; -θέν Soph. 246, d; -θέντα, -θέντων, -θεῖσι, -θέντα Pl.: ὁμολογέω 4.
ὁμολογησ- Aor. -ήσῃ Pl. Symp. 196, c; -ήσειαν Isocr. 9, 40; -ῆσαι Isocr. 2, 9; -ῆσαν Pl. Tim. 32, c; -ήσαντε Phaedr. 254, b: ὁμολογέω 4.
ὁμολογησ(αμην) Aor. Med. -ώμεθα Pl. Rep. 436, c; -σαιτο Dem. 30, 12; -ήσασθαι Pl. Crat. 439, a; -άμενοι Rep. 544, a: ὁμολογέω 4.
ὁμολογήσομαι Fut. auch pass. Pl. Tim. 57, d: ὁμολογέω 4.
ὁμολογήσω Fut. Pl. Symp. 174, d; *A** -ειν Rep. 475, e: ὁμολογέω 4.
ὁμολογητέον Vb. Pl. Phil. 37, e: ὁμολογέω 4.
ὀμόργνυ Imprf. sp. ἀπ'... Il. ε, 416. 798; σ, 414: ἀπομό νυμι 5.
ὀμορξ- Aor. ἐκ δ' ὄμορξον Eur. Or. 219: ὀμόργνυμι 5.
ὀμορξαμ(ην) Aor. Med. -άμενος Od. θ, 88; -ον λ, 530; -μένη Il. σ, 124; ἐξομόρξωμαι Eur. H. F. 1399; -ασθαι El. 502: (ἐξ)ομόργνυμι 5.
ὀμόρξομαι Fut. Med. ἐξ- Eur. Hipp. 653; Ar. Ach. 543: ὀμόργνυμι 5.
ὀμόρξω Fut. sp. Nic. Ther. 558; ἐξ- Eur. Fr. Phaeth. 15 (Wagner): ὀμόργνυμι 5.
ὀμορχθείς Part. Aor. Pass. ἀπ- trans. Ar. Vesp. 560: ἀπομόργνυμι 5.
ὀμοσ- Aor. ξυνομόσωσι Thuc. 1, 71; ὀμόσαιμι Il. ο, 40; Luc. Herm. 67, 809; -σαι Il. τ, 147; Xen. Hell. 6, 5, 2; Dem. 54, 41; -σας Od. ξ, 392; Xen. Cyr. 8, 3, 47; -σαντες Isae. 5, 32; Xen. Cyr. 4, 4, 71; -τας Pl. Leg. 767, c; -άντων Xen. Hell. 7, 4, 36: ὄμνυμι 1.
ὀμοσ(αμην) Aor. Med. ἐπομοσάμενος Luc. Quom. h. scrib. s. 25: ὄμνυμι 1.
ὄμοσα (< ὤμοσσα, ὄμοσσα) Aor. -ε Il. ξ, 280; Od. β, 378; κ, 346; -αν μ, 304: ὄμνυμι 1.
ὀμοσθήσομαι Fut. Pass. Andoc. 3, 34: ὄμνυμι 1.
ὀμόσομαι Fut. Med. Plut. Philop. 11: ὄμνυμι 1.
ὄμοσον (< ὄμοσσον) Imper. Eur. Or. 1516: ὄμνυμι 1.
ὄμοσσα (< ὤμοσσα) Aor. Il. κ, 328; ὀμόσσῃ 264; -σσον 381; Hes. Th. 232; -σσας, Il. τ, 265 (> -σσαις): ὄμνυμι 1.
ὀμόσσαις Part. Aor. dor. Pind. O. 6, 20: ὄμνυμι 1.
ὄμοσσον (< ὄμοσον) Imper. Praes. Il. κ, 321; ξ, 271; τ, 108: ὄμνυμι 1.
ὀμόσω (< ὀμιοῦμαι) Fut. sp. Anth. 12, 201; Plut. Cic. 23; Diog. L. 1, 90; Epict. Diss. 1, 14. 15. 16: ὄμνυμι 1.
ὀμοῦμαι (< ὀμόσω, ὀμόσομαι, ὀμιώμεθα) Fut. Il. α, 233; Luc. Toxar. 37; vgl. ὀμεῖ, ὀμεῖται, ὀμεῖσθαι, ὀμούμενος: ὄμνυμι 1.
ὀμούμενος Part. Fut. Xen. Hell. 7, 1, 39; vgl. ὀμοῦμαι: ὄμνυμι 1.
ὀμοῦντες Part. Praes. Her. 1, 153 (> ὀμνύντες Bekker): ὄμνυμι 1.

---

1 schwören, beschwören. 2 gleich oder ähnlich machen, ähnlich darstellen. 3 zusammenschreien, lärmen; zurufen. 4 bei- übereinstimmen.

ὀμώμοκα Perf. Eur. Hipp. 612; Lys. 10, 32; Xen. Hell. 2, 4, 12; 6, 3, 19; Dem. 9, 34; 24, 188; vgl. -κέναι u. -κώς: ὄμνυμι 1.

ὀμωμόκειν Plsprf. -εσαν Xen. Hell. 5, 1, 35: ὄμνυμι 1.

ὀμωμοκέναι Inf. Perf. Xen. Hell. 1, 4, 7; Dem. 18, 7; vgl. ὀμώμοκα: ὄμνυμι 1.

ὀμωμόκεσαν s. u. ὀμωμόκειν.

ὀμωμοκώς Part. Perf. Dem. 19, 1; Xen. Hell. 6, 3, 19; -κότες Dem. 24, 2; -κότων 24, 78: ὄμνυμι 1.

ὀμώμομαι s. ὀμώμοται, ὀμώμονται.

ὀμώμονται (< ὀμώμοσται) 3 Plur. Perf. Pass. Andoc. 1, 98; vgl. ὀμώμοται: ὄμνυμι 1.

ὀμώμοσμαι s. ὀμώμοσται.

ὀμωμοσμένος (< ὀμώμοται) Part. Perf. Pass. Dem. 22, 4; 24, 175; Ar. Rhet. 1, 15; Dion. Hal. Ant. 10, 22; vgl. ὀμώμοσται: ὄμνυμι 1.

ὀμώμοσται (< ὀμώμοται) 3 Sing. Perf. Eur. Rhes. 816; Aristotel. Rhet. 1, 15, p. 1377, a, 11 Bekk.; vgl. ὀμωμοσμένος: ὄμνυμι 1.

ὀμώμοται (< ὀμώμοσται) 3 Sing. Perf. Pass. Aesch. Ag. 1290; Dem. 20, 159; ξυν- Ar. Lys. 1007; vgl. ὀμώμονται: ὄμνυμι 1.

ὄν Neutr. Sing. des Part. ὤν Pl. Rep. 537, d: εἰμί 7.

ὀναίμην Opt. Aor. 2 Med. Soph. O. T. 644; Eur. Suppl. 256; Hec. 997: ὀνίνημι 8.

ὄναιντο 3 Plur. Aor. 2 Med. Simon. in Anth. 7, 516; Pl. Theaet. 151, b: ὀνίνημι 8.

ὄναιο 2 Sing. Opt. Aor. 2 Med. Soph. O. C. 1042; Eur. I. A. 1008; Ar. Pl. 1062 (*302*): ὀνίνημι 8.

ὄναισθε 2 Plur. Aor. 2 Med. Eur. I. T. 1078: ὀνίνημι 8.

ὄναιτο 3 Sing. Opt. Aor. 2 Med. Ar. Nub. 1237 (*302*): ὀνίνημι 8.

ὄνασθαι Inf. Aor. 2 Med. Eur. Hipp. 517. 718; Med. 1025; Pl. Rep. 528, a: ὀνίνημι 8.

ὀνασῶ (< ὀνήσω) Fut. dor. Theocr. 7, 36: ὀνίνημι 8.

ὀνειδιεῖ s. u. ὀνειδιῶ.

ὀνειδιεῖσθε s. u. ὀνειδιοῦμαι.

ὀνειδιοῦμαι Fut. Med. als Pass. -εῖσθε Soph. O. T. 1500 (*160. 374*): ὀνειδίζω 9.

ὀνειδισ- Aor. -σῃ Pl. Theaet. 169, d; Euthyd. 272, c; -αι Her. 1, 90; -αντες Pl. Leg. 879, e: ὀνειδίζω 9.

ὀνειδιστέον Vb. Pl. Leg. 689, c: ὀνειδίζω 9.

ὀνειδιῶ Fut. Eur. Tr. 430; Pl. Ap. 29, e; -εῖ Hipp. mai. 293, c; -ῶν Soph. O. T. 1423 (*160*): ὀνειδίζω 9.

ὀνεῖται Praes. Stob. 68, 36: ὀνίνημι 8.

ὀνηθ(ην) Aor. Pass. mit pass. Bed. (*391*) -θῆναι Xen. An. 5, 5, 2: ὀνίνημι 8.

ὀνηθῆναι s. u. ὀνηθ(ην).

ὀνήμενος Part. Aor. 2 Med. Od. β, 33: ὀνίνημι 8.

ὀνῆναι Inf. Aor. Pl. Rep. 600, d (> ὀνίναι, ὀνῆσαι): ὀνίνημι 8.

ὀνησ- Aor. ὀνήσειεν Pl. Gorg. 512, a; Euthyd. 288, e; ὀνήσαις Xen. An. 7, 1, 21; ὀνῆσαι Pl. Rep. 496, e; Theaet. 169, c; Pl. Euthyd. 288, e; Isocr. 2, 8; Xen. An. 3, 1, 38; 5, 6, 20: ὀνίνημι 8.

ὄνησα (< ὤνησα) Aor. Il. α, 503: ὀνίνημι 8.

ὀνήσει s. u. ὀνήσω.

ὀνῆσθαι (< ὄνασθαι) Inf. Aor. 2 Med. (Hippocr.) Epist. 3, 822: ὀνίνημι 8.

ὄνησο 2 Sing. Imper. Aor. 2 Med. Od. τ, 68; vgl. ὠνάμην [*150*]: ὀνίνημι 8.

ὀνήσομαι Fut. Med. Il. η, 173; Od. ξ, 415; Eur. Hel. 935; Med. 1348; I. A. 1360; Pl. Ap. 30, c; Lys. 210, b; ὀνήσεσθαι Charm. 164, b: ὀνίνημι 8.

ὀνήσω Fut. Eur. Heracl. 1044; -ει Il. θ, 36. 467; Od. ψ, 24; Eur. Andr. 1004; Pl. Charm. 175, e; Rep. 541, a: ὀνίνημι 8.

ὄνητο (< ὠνάμην) 3 Sing. Aor. 2 Med. ἀπ- Od. λ, 324; ϱ, 293; Ap. Rh. 1, 88 [*150*]: ὀνίνημι 8.

ὀνητός Vb. ἀν- Soph. Ai. 758: ὀνίνημι 8.

ὀνίναιτο 3 Sing. Opt. Praes. Pl. Phaedr. 264, e (> ὄναιτο): ὀνίνημι 8.

---

5 abwischen. 6 vereinigen. 7 sein. 8 nützen, helfen, frommen, fördern. 9 tadeln, schelten, vorwerfen.

ὀνινάναι Inf. Praes. Pl. Rep. 600, d. nach Matth. u. Buttm. (ὀνῆναι †): ὀνίνημι 1.
ὀνίναντι 3 Plur. Praes. Pl. Gorg. 525, c: ὀνίνημι 1.
ὀνινᾶσα Fem. Part. Praes. Pl. Phil. 58, c (> ὀνίνασα): ὀνίνημι 1.
ὀνίνασθαι Inf. Praes. Med. Pl. Gorg. 515, b: ὀνίνημι 1.
ὀνίναται 3 Sing. Praes. Pl. Leg. 789, d: ὀνίνημι 1.
ὀνίνης 2 Sing. Praes. Hipp. mai. 301, c: ὀνίνημι 1.
ὀνίνησι 3 Sing. Praes. wie ἵστησι Il. ω, 45; Hes. Th. 429; Hom. Hym. 3, 577; Isocr. 15, 264: ὀνίνημι 1.
ὤνδιτο 3 Sing. Opt. Il. ν, 287; Od. ϑ, 239: ὄνομαι 2.
ὀνομασ- Aor. -σαι Eur. Or. 409; Phoen. 407; Pl. Theaet. 201, e; -ας Leg. 792, d; ὀνομάζω 3.
ὀνομασθ(ην) Aor. Pass. -θέντα Thuc. 6, 55; Pl. Critia. 111, d: ὀνομάζω 3.
ὀνομαστέον Vb. Pl. Crat. 387, d: ὀνομάζω 3.
ὀνομαστόν Vb. Isocr. 5, 97: ὀνομάζω 3.
ὀνομάσω (< ὀνυμάξομαι) Fut. -ουσι Pl. Rep. 471, a; -ειν Crat. 423, d: ὀνομάζω 3.
ὠνόμην Imprf. Hes. Op. 80: ὄνομαι 2.
ὠνόμηνα (< ὠνόμηνα) -ε, -ας Aor. Il. π, 491 B*; Hes. Op. 80; ἐξ- Man. Ap. 6(3), 223: ὀνομαίνω 4.
ὀνομήνω Conj. Aor. Il. β, 488: ὀνομαίνω 4.
ὄνονται 3 Plur. Pass. Od. φ, 427; Her. 2, 167: ὄνομαι 2.
ὄνοντο 3 Plur. Imprf. κατ- Her. 2, 172: κατόνομαι 2.
ὄνοσαι 2 Sing. Praes. Od. ρ, 378: ὄνομαι 2.
ὀνόσαιτο 3 Sing. Opt. Aor. Il. ν, 127; ρ, 399: ὄνομαι 2.
ὀνόσασθαι Inf. Aor. Med. Ap. Rh. 1, 205; Qu. Sm. 6, 92; vgl. ὠνοσάμην: ὄνομαι 2.
ὄνοσο Imper.: ὄνομαι 2.
ὀνοσσάμενος Part. Aor. Il. ω, 439: ὄνομαι 2.
ὀνόσσεσθαι Inf. Fut. Od. ε, 379: ὄνομαι 2.
ὀνόσσεται Fut. Il. ι, 55; vgl. -εσθαι: ὄνομαι 2.
1) ὄντα (< ἐόντα) Acc. Sing. des Part. ὤν Pl. Rep. 505, d: εἰμί 6.
2) ὄντα (< ἐόντα) Plur. Neutr. des Part. ὤν Pl. Phaedr. 249, d: εἰμί 6.
ὄντας (< ἐόντας) Acc. Plur. des Part. ὤν Xen. Cyr. 3, 1, 20: εἰμί 6.
ὄντες (< ἐόντες) Nom. Plur. des Part. ὤν Pl. Men. 92, a: εἰμί 6.
ὄντι (< ἐόντι) Dat. Sing. des Part. ὤν Pl. Gorg. 471, a: εἰμί 6.
ὄντος (< ἐόντος) Gen. Sing. des Part. ὤν Pl. Phaed. 65, c: εἰμί 6.
1) ὄντων (< ἐόντων) Gen. Plur. des Part. ὤν Eur. Med. 1311; Xen. Hell. 1, 7, 24: εἰμί 6.
2) ὄντων (< ἔστων, ἔστωσαν) Imper. Pl. Leg. 879, b (**314**): εἰμί 6.
ὀνυμαίνεται 3 Sing. Praes. aeol. u. dor. Tim. Locr. p. 100: ὀνομαίνω 4.
ὀνύμαξε (< ὠνόμασα) Aor. aeol. Pind. P. 2, 44; 11, 6: ὀνομάζω 3.
ὀνυμάξομαι (< ὀνομάσω) Fut. Pind. P. 7, 6: ὀνομάζω 3.
ὀξῦναι Inf. Aor. Soph. Tr. 176; παρ- Xen. Hell. 6, 4, 8; Dem. 21, 37: ὀξύνω 7.
ὀξυνθ(ην) Aor. Pass. -θῆναι in παρ- Isocr. 6, 110; Dem. 1, 6; -θείς Her. 8, 138; ὀξυνθέντες Isocr. 15, 265: ὀξύνω 7.
ὀπάσαιμι Opt. Aor. Il. ψ, -ειαν Od. ν, 45; ζ, 181: ὀπάζω 8.
ὀπασσάμενος Part. Aor. Med. Od. κ, 59: ὀπάζω 8.
ὄπασσεν (< ὤπασα) Aor. Od. κ, 204: ὀπάζω 8.
ὄπασσον Imper. Aor. Il. π, 38: ὀπάζω 8.
ὀπάσσω Fut. Od. ϑ, 430; φ, 214; -ομεν ω, 153: ὀπάζω 8.
ὅπλεσθαι Inf. Praes. Il. τ, 172; ψ, 159: ὁπλέω = ὁπλίζω 10.
ὁπλιοῦμαι Fut. Med. sp. Schol. Il. ν, 20: ὁπλίζω 10.
ὁπλισ- Aor. -αις Pl. Euthyd. 299, c; -σαι Il. ω, 190; -αντες Pl. Rep. 415, d: ὁπλίζω 10.

---

1 nützen, helfen, frommen, fördern. 2 tadeln, schmähen, verschmähen. 3 (be)nennen, aussprechen. 4 (be)nennen, (auf)rufen. 5 schwören, beschwören. 6 sein. 7 schärfen. 8 folgen lassen, geben; (ver)folgen, drängen. 9 sehen. 10 zurüsten, ausrüsten. 11 eine Frau haben oder nehmen.

ὁπλισ(άμην) Aor. Med. gleicher Bed. mit ὁπλίσθην (388) -άμεσθα Od. δ, 429. 574; ὁπλισάμενοι Xen. Cyr. 6, 2 16; -αίμην Luc. Amor. 46: ὁπλίζω 10.
ὁπλίσ(θην) s. ὅπλισθεν.
ὅπλισθεν 3 Plur. Aor. Pass. für ὡπλίσθησαν gleicher Bed. mit ὁπλισ(αμην) (388) Od. ψ, 143: ὁπλίζω 10.
ὁπλισόμεσθα Fut. Med. Od. μ, 292: ὁπλίζω 10.
ὅπλισσον Imper. Aor. Od. β, 289; ὁπλίζω 10.
ὁπλιστέον Vb. Xen. Hipp.: ὁπλίζω 10.
ὀπτέον (ὁρατός) Vb. περι- Her. 5, 39; Thuc. 8, 48; ὁράω 9.
ὀπνιέμεν (< -έμεναι) Inf. ep. Il. ν, 379: ὀπνίω 11.
ὀπνιέμεναι (< ὀπνιέμεν) Inf. Il. ξ, 268: ὀπνίω 11.
ὄπνιον (< ὤπνιεον, ὦπνον) 3 Imprf. -ε Il. π, 187; Od. δ, 798: ὀπνίω 11.
ὀπύσω Fut. Ar. Ach. 255: ὀπνίω 11.
ὄπωπα Perf. gew. poet. und ion. Il. ζ, 124; ω, 392; Od. φ, 94; -ας γ, 93; Hom. Hym. 3, 310. 338; 5, 71. 480; Her. 3, 63; Soph. Phil. 676; Ai. 1150; ὁράω 9.
ὀπώπεε (< ὀπώπει, ὀπώπῃ) Plsprf. Her. 1, 66; 5, 92: ὁράω 9.
ὀπώπεεν Imprf. Orph. Arg. 184. 1025; ὀπωπέω vom Perf. ὄπωπα: ὁράω 9.
ὀπώπει (< ὀπώπεε, ὀπώπῃ) 3 Sing. Plsprf. Od. φ, 123: ὁράω 9.
ὀπώπεσαν Plsprf. Her. 7, 125: ὁράω 12.
ὀπώπῃ (< ὀπώπει, ἐπώπεε) Plsprf. Theocr. 4, 7: ὁράω 9.
ὀπωπήσασθαι Inf. Aor. Med. Euph. in Schol. Eur. Phoen. 682: ὀπωπέω 13.
ὅρα 3 Sing. Imprf. Il. ο, 616: ὁράω 9.
ὁρᾷ 3 Sing. Praes. Il. σ, 61. 442: ὁράω 9.
ὁράᾳς (< ὁρᾷς) 2 Sing. Praes. Il. η, 448; ο, 555 [201]: ὁράω 9.
ὁράασθαι (< ὁρᾶσθαι) Inf. Praes. Od. π, 107; υ, 317; Mosch. Reliqu. 1, 150; εἰσ- Qu. Sm. 7, 65: ὁράω 9.
ὁράθην (< ὤφθην) Aor. Pass. (Pl.) Def. 411; Polyb. 3, 58; Anth. 12, 197: ὁράω 9.
ὁραθῆναι Inf. Aor. Pass. Polyb. u. sonst.: ὁράω 9.
ὁραθήσομαι Fut. Pass Aquilas Jes. 33, 7: ὁράω 9.
ὁρᾶν Inf. Praes. Pl. Phaedr. 266, b: ὁράω 9.
ὁρᾷς (< ὁράας) 2 Sing. Praes. Il. λ, 202: ὁράω 9.
ὁρᾶσθαι (< ὁράασθαι) Inf. Od. λ, 156: Her. 1, 99: ὁράω 9.
ὁρᾶτε 2 Plur. Praes. Xen. An. 1, 6, 16: ὁράω 9.
ὁρᾶτο 3 Sing. Imprf. Il. α, 198; φ, 390: ὁράω 9.
ὀργάνειας Opt. Praes. Soph. O. T. 335: ὀργαίνω 14.
ὀργιοῦμαι (< ὀργισθήσομαι) Fut. Med. Xen. An. 6, 1, 30; -εῖσθε Dem. 9, 46; -εῖσθαι 19, 45: ὀργίζω 15.
ὀργίσῃ Conj. Aor. Ar. Vesp. 223. 404: ὀργίζω 15.
ὀργισθ(ην) Aor. Pass. -θῶσι Pl. Prot. 346, b; -θῆναι Charm. 146, d; Thuc. 1, 74; Isae. 1, 23; -θείς Pl. Ap. 34, c; Isae. 1, 14 (383): ὀργίζω 15.
ὀργισθήσομαι (< ὀργιοῦμαι) Fut. Pass. Dem. 59, 111; [Dem.] 49, 27: ὀργίζομαι 15.
ὀργιστέον Vb. Aristot. Eth. 2, 9: ὀργίζω 15.
ὀρέγεσθαι Inf. Praes. Thuc. 6, 10; Pl. Rep, 485, d: ὀρέγω 16.
ὀρέγεται 3 Sing. Praes. Pl. Phaed. 75, a: ὀρέγω 16.
ὀρέγνυμαι Praes. Med. Anth. 7, 506: ὀρέγνυμι: ὀρέγω 16.
ὀρεγνύς Part. Praes. Il. α, 351; Mosch. Reliqu. 1, 111: ὀρέγνυμι: ὀρέγω 16.
ὀρέγοιτο Opt. Praes. Pl. Leg. 661, a: ὀρέγω 16.
ὀρεγόμενος Part. Praes. Pass. Thuc. 6, 16: ὀρέγω 16.
ὠρέγοντο Imprf. προς- Her. [40]: ὀρέγω 16.
ὁρείς Part. Epist. Pittac. Diog. L. 1, 81: ὅρημι aeol. st. ὁράω 9.
ὀρεῖται 3 Sing. Fut. Il. υ, 140; Hes. Op. 192: ὁρέω = ὁράω 9.
ὀρέξαι Inf. Aor. Il λ, 79; μ, 174; ο, 596. 602; δ, 275; Hes. Th. 433; Qu. Sm. 3, 93. 135; Pind. P. 3, 110: ὀρέγω 16.

---

12 gleich oder ähnlich machen, ähnlich darstellen. 13 sehen. 14 (er)zürnen. 15 erzürnen; *Pass. nebst Fut. Med.* zornig werden, zürnen. 16 (aus)-strecken; hin-, darreichen, verleihen; *Med.* mit ὠρέχθην sich (aus)strecken

ὀρεξάμενος Part. Aor. Med. Il. π, 322; ψ, 805; -αμένη Od. φ, 53; Ap. Rh. 4, 850: ὀρέγω 1.
ὀρεξάμην Aor. Med. ὀρέξατο Il. ζ, 466; Ap. Rh. 2, 830. 880: ὀρέγω 1.
ὀρέξας Part. Aor. Il. ω, 743: ὀρέγω 1.
ὀρέξασθαι Inf. Aor. Med. Il. ε, 851; Od. λ, 392; Xen. Mem. 1, 2, 15: ὀρέγω 1.
ὀρεξάσθω Imper. Aor. Med. Il. δ, 307: ὀρέγω 1.
ὀρέξατε 2 Plur. Aor. Soph. Phil. 1202: ὀρέγω 1.
ὀρέξειαν Opt. Aor. Od. ρ, 407; Luc. Tim. 54, 170: ὀρέγω 1.
ὀρέξῃ Conj. Aor. Il. ε, 33; -ῃς χ, 57: ὀρέγω 1.
ὀρέξῃς Conj. Aor. Il. χ, 57: ὀρέγω 1.
ὀρέξομαι Fut. Med. Eur. Hel. 353; ἐπ- Pl. Rep. 486, a: ὀρέγω 1.
ὀρέξω Fut. Il. ρ, 453; -ει Qu. Sm. 4, 87; -ομεν Il. μ, 328; Qu. Sm. 3, 197; Eur. Med. 902: ὀρέγω 1.
ὁρέομεν (< ὡρῶμεν 1 Plur. Imprf. Her. 1, 131: ὁράω 2.
ὥρεον (< ὥρων) 1 Sing. Imprf. Her. 2, 106: ὁράω 2.
ὁρέοντ- Part. -ες Her. 1, 82. 99: ὁρέω = ὁράω 2.
ὀρέοντο Imprf. Il. β, 398; ψ, 212: ὄρνυμι = ὁράω 2.
ὁρεῦντι dor. Theocr. 9, 35 [**198**]: ὁρέω = ὁράω 2.
ὁρεῦσα Fem. Part. Praes. Theocr. [**198**]: ὁράω 2.
ὀρεχθεῖν Inf. Ar. Nub. 1368; Theocr. 11, 41 (43): ὀρεχθέω 3.
ὀρέχθεον (< ὠρέχθεον) Imprf. Il. ψ, 30; -εῖ Ap. Rh. 1, 275 [**150**]: ὀρεχθέω 3.
ὀρεχθῆναι Inf. Aor. Pass. Eur. Ion. 842: ὀρέγω 1.
ὁρέων Part. Praes. Her. 1, 68: ὁρέω = ὁράω 2.
ὁρέωντες (< ὁρέοντες, ὁρῶντες) Part. Praes. ion. Her. [**199**]: ὁρέω = ὁράω 2.
ὁρέωσι Dat. Plur. Part. Her. 3, 157: ὁρέω = ὁράω 2.

ὄρθαι Inf. Aor. 2 Med. Il. θ, 474 Wolf (> ὦρθαι): ὄρνυμι 4.
ὁριεῖται 3 Sing. Fut. Med. Pl. Theaet. 190, e; 208, c: ὁρίζω 5.
ὁριεῦμαι Fut. Med. ion. Hippocr. 3, 7: ὁρίζω 5.
ὄρινα (< ὤρινα) Aor. -ε(ν) Od. ξ, 361 *Γ**; -ῃ Il. ι, 703: ὀρίνω 6.
ὀρίνθην (< ὠρίνθην) Aor. Pass. Il. ε, 29; π, 280; -θείη ω, 585; -θέντες Od. χ, 23: ὀρίνω 6.
ὁριοῦμαι Fut. Med. -εῖται Pl. Theaet. 190, d. 208, b; Parm. 135, a. b; -ούμεθα Leg. 737, d: ὁρίζω 5.
ὁρισ- Aor. ὅρισαι Pl. Charm. 163, e; ὁρίσαι Isocr. 2, 2: ὁρίζω 5.
ὁρισαμ(ην) Aor. Med. -ώμεθα Pl. Phaed. 104, c; -άμενος Xen. An. 7, 5, 13; ὁρίσασθαι Isocr. 15, 117: ὁρίζω 5.
ὁρισθ(ην) Aor. Pass. -εἰς Pl. Tim. 51, d: ὁρίζω 5.
ὁρισθήσομαι Fut. Pass. -εται Pl. Theaet. 158, d: ὁρίζω 5.
ὁριστέον Vb. Pl. Leg. 632, a: ὁρίζω 5.
ὁρμαίνεσκον Imprf. iter. Qu. Sm. 7, 23: ὁρμαίνω 8.
ὁρμέατο 3 Sing. ion. für ὡρμήντο Her. 1, 158; 8, 35 [**41**]: ὁρμέω = ὁρμάω 9.
ὄρμενος Part. Aor. 2 Med. Il. ρ, 738: ὄρνυμι 4.
ὁρμέοντο 3 Plur. Imprf. Her. 7, 188: ὁρμέω 10.
ὁρμεώμενος Part. Praes. Her. 8, 133: ὁρμάω 9.
ὁρμηθ(ην) Aor. Pass. -θῆναι Ap. Rh. 4, 1251; Hes. Sc. 73. 524; -θείς Thuc. 8, 3; Pl. Pol. 373, a; -θεῖσα Pl. Leg. 765, e; -θεῖσαν, -θέντα (**388**): ὁρμάω 9
ὁρμηθέωσι Conj. Aor. Pass. Her. 1, 47; vgl. συλλεχθέωσι 2, 62, εὑρεθέωσι 2, 67 [**125**]: ὁρμέω, ὁρμάω 9.
ὁρμησ- Aor. -σῃ Pl. Tim. 79, e; -ωμεν Rep. 436, b; -ήσαιμι Luc. Herm. 28, 767; -εις Pl. Symp. 190,

---

1 (aus)strecken, hin-, darreichen, verleihen; *Med.* mit ὠρέχθην sich (aus)strecken. 2 sehen. 3 sich strecken, ausstrecken. 4 erregen, bewegen, *Med.* sich rühren, losstürmen auf ...; sich erheben. 5 ein-, abgränzen, sondern, trennen. 6 erregen, erwecken, reizen, bewegen; *Pass.* in Verwirrung gerathen. 7 (be)nennen, aussprechen. 8 heftig anregen, antreiben. 9 aufbrechen, sich erheben; *Med. mit Aor. Pass.* rasch eilen, sich aufmachen. 10 vor Anker liegen; still, ruhig, sicher liegen. 11 (ein)lootsen.

a; -ῆσαι Her. 1, 76: Pl. Rep. 354, b; -ας Rep. 572, c: ὁρμάω 9.

ὁρμησα(μην) Aor. Med. -ωνται Il. θ, 511: ὁρμάω 9.

ὁρμήσομαι Fut. Xen. Cyr.: ὁρμάω 9.

ὁρμήσω Fut. Herc. Fur. 1586; Xen. Hell. 3, 4, 13: ὁρμάω 9.

ὁρμίσσω Fut. -ομεν Il. ξ, 77: ὁρμίζω 11.

ὁρμώμενος Part. Praes. Thuc. 5, 6; Xen. An. 1, 1, 9: ὁρμάω 9.

ὁρμῷτο Opt. Xen. Cyr. 2, 4, 15: ὁρμάω 9.

ὄρνυθι Imper. Praes. Il. ζ, 363; ο, 475; τ, 139; Od. ρ, 46 [240]: ὄρνυμι 4.

ὀρνύμεν (< ὀρνύμεναι) Inf. Praes. Od. κ, 22 [241]: ὄρνυμι 4.

ὀρνύμεναι (< ὀρνύμεν) Inf. Praes. Il. ρ, 546; ἀπ- Hes. Th. 9: ὄρνυμι 4.

ὀρνύμενος Part. Praes. ἀπ- Ap. Rh. 4, 629; Pind. P. 4, 91: ὄρνυμι 4.

ὀρνύντες Part. Praes. Soph. Phil. 357: ὄρνυμι 4.

ὄρνυτ' 2 Plur. Imper. Il. ο, 718: ὄρνυμι 4.

ὄρνυται 3 Sing. Praes. Pass. Il. δ, 423; ε, 532; ο, 564; λ, 827; Aesch. Sept. 419; Soph. O. C. 1320: ὄρνυμι 4.

ὄρνυτε 2 Plur. Imper. Od. κ, 457: ὄρνυμι 4.

ὀρόθυνε(ν) Imprf. Od. ε, 292: ὀροθύνω 12.

ὀρόθυνον Imper. Aor. 2 Il. φ, 312: ὀροθύνω 12.

ὀρόμενος Part. Praes. Med. Aesch. Sept. 87. 110; Eur. I. A. 186: ὄρνυμι 4.

ὄρονται 3 Plur. Praes. Od. ξ, 104: ὄρομαι ὄρνυμι 4.

ὄροντο (< ὠρόμην) 3 Plur. Aor. 2 Od. γ, 471; ξ, 522: ὄρομαι, ὄρνυμι 4.

ὀρουσαισ'(α) Part. Aor. dor. Pind. N. 1, 50: ὀρούω 13.

ὄρουσεν Aor. Il. β, 310; Hes. Sc. 412; ὀρούσας Il. λ, 359: ὀρούω 13.

ὀρούσω Fut. Hom. Hym. 2, 239: ὀρούω 13.

ὁρόω 1 Sing. Praes. für ὁράω Il. λ, 650 *B** [211]: ὁράω 2.

ὁρόων Part. Praes. für ὁράων Il. α, 350; -όωντες ρ, 637 *B**: ὁράω 2.

ὁρόωντο Imprf. Ap. Rh. 3, 503: ὁράω 2.

ὁρόωσα Fem. Part. Hom. Hym. 4, 72; Ap. Rh. 4, 1722: ὁράω 2.

ὁρόῳτε 2 Plur. Opt. Praes. für ὁράοιτε, zusammengez. ὁρῷτε Il. δ, 347 [201]: ὁράω 2.

ὄρσ' (< ὄρσο, ὄρσεο. ὄρσου, ὄρσευ) Imper. Aor. Il. ε, 109: ὄρνυμι 4.

ὄρσαι Inf. Aor. Pind. O. 4, 20 *A**; — Pind. O. 4, 11: ὄρνυμι 4.

ὄρσας Part. Aor. Il. χ, 190: ὄρνυμι 4.

ὄρσασκεν Aor. iter. Il. ρ, 423 [55. 150]: ὄρνυμι 4.

ὄρσεο[1]) (< ὄρσου, ὄρσευ, ὄρσο) Imper. Aor. 2 Il. π, 126; Hym. 4, 176 [55. 150]: ὄρνυμι 4.

ὄρσευ[1]) (< ὄρσεο, ὄρσο) Imper. Aor. 2 Il. δ, 264 [55. 150]: ὄρνυμι 4.

ὄρσῃ 3 Sing. Conj. Aor. Il. ι, 703: ὄρνυμι 4.

ὄρσητε 2 Plur. Conj. Aor. 1 Il. ψ, 210: ὄρνυμι 4.

ὄρσο[1]) (< ὄρσ', ὄρσεο, ὄρσευ) Imper. Aor. Od. η, 342; Pind. Ol. 6, (107); Qu. Sm. 2, 268 [55. 150]: ὄρνυμι 4

1) ὄρσομεν (< ὄρσωμεν) 1 Plur. Conj. Aor. 1 für ὄρσωμεν Il. δ, 16; Pind. 9, 8: ὄρνυμι 4.

2) ὄρσομεν 1 Plur. Fut. Soph. Ant. 1060: ὄρνυμι 4.

ὄρσουσα Fem. Part. Fut. Il. φ, 335; ὄρνυμι 4.

ὄρσω Fut. Soph. Ant. 1060 [55]: ὄρνυμι 4.

ὄρσωμεν (< ὄρσομεν) 1 Plur. Conj. Aor. Il. η, 38: ὄρνυμι 4.

ὀρτός Vb. Aesch. Prom. 765: ὄρνυμι 4.

ὀρυγῆναι Inf. Aor. 1 Xen. An. 5, 8, 11: ὀρύσσω 14.

ὀρυγησόμεθα Fut. Med. κατ- Ar. Av. 394: ὀρύσσω 14.

ὀρυκτός Vb. Xen. An. 1, 7, 14: ὀρύσσω 14.

ὄρυξα Aor. Od. λ, 25; -ν Il. η, 440; -αι in δι- Luc. Ver. Hist. 2, 1; ὀρύξαι κατ- Ar. Av. 475; -ας, -αντες Thuc. 2, 76; δι- Isocr. 4, 90: ὀρύσσω 14.

[1]) Buttmann Ausf. Gr. §. 96 Anm. 10 u. §. 110, 9.

12 anregen, antreiben. 13 mit Ungestüm sich erheben und sich stürzen auf... 14 (aus)graben,

ὀρυξ(αμην) Aor. Med. -ασθαι Ap. Rh. 3, 1031: ὀρύσσω 1.

ὀρύξομαι Fut. κατ- Xen. An. 5, 8, 9: ὀρύσσω 1.

ὀρύξω Fut. -ομεν Il. η, 341: ὀρύσσω 1.

ὀρυχήσομαι (< ὀρυχθήσομαι) Fut. κατ- Ar. Av. 394 Elms. Bekker. Dind.: ὀρύσσω 1.

ὀρυχθ(ην) Aor. Pass. -θεῖσα Pl. Critia. 158, c; κατορυχθῆναι: ὀρύσσω 1.

ὀρυχθήσομαι (< ὀρυχήσομαι) Fut. Pass. κατ- Ar. Av. μ, 394; δια- Luc. Tim. 53: ὀρύσσω 1.

ὀρχήσασθαι Inf. Aor. Od. θ, 371; ξ, 465: ὀρχέομαι 2.

ὁρῷεν 3 Plur. Opt. Praes. Theocr. 13, 12; προ- Xen. Lac. 12, 2: ὁράω 3.

ὁρῴην 1 Sing. Opt. Praes. Pl. Theag. 130, e; Xen. An. 3, 3, 2; -η An. 4, 6, 12: ὁράω 3.

ὁρῶμαι 1 Sing. Praes. Med. Il. ν, 99 *B**: ὁράω 3.

1) ὁρῶμεν 1 Plur. *Ind.* Praes. Pl. Rep. 507, c: ὁράω 3.

2) ὁρῶμεν 1 Plur. *Conj.* Praes. Pl. Phaedr. 276, a: ὁράω 3.

3) ὁρῶμεν 1 Plur. Imprf. Od. κ, 99: ὁράω 3.

ὁρῶν (<ὁρόων) Part. Soph. Ant. 184: ὁράω 3.

ὁρῶντο 3 Plur. Imprf. Il. χ, 166: ὁράω 3.

ὀρώρει Plsprf. Il. β, 810 *Γ**; Hes. Th. 70. 703; Sc. 401; Ap. Rh. 7, 475; Qu. Sm. 1, 313. 2, 469: ὄρνυμι 4.

ὀρώρεται 3 Sing. Perf. Med. Od. τ, 377: ὄρνυμι 4.

ὀρωρέχαται 3 Plur. Perf. ep. Il. π, 834 [*103*]: ὀρέγω 5.

ὀρωρέχατο 3 Plur. Plsprf. Il. λ, 26: ὀρέγω 5.

ὀρώρῃ 3 Sing. Conj. Perf. 2 Il. ι, 610 *B**: ὄρνυμι 4.

ὀρώρημαι Conj. Perf. Il. ν, 271: ὄρνυμι 4.

ὀρώρυγμαι (< ὤρυγμαι) Perf. Pass. -μένον Her. 4, 195; vgl. ὀρώρυκται (*56. 57*): ὀρύσσω 1.

ὀρώρυκται 3 Sing. Perf. Pass. Her. 3, 60; vgl. ὀρώρυγμαι: ὀρύσσω 1.

ὀρώρυκτο (< ὠρωρύγμην) Plsprf. Her. 1, 185 Bekker (> ὤρυκτο); 1, 186; Pl. Critia. 118, c: ὀρύσσω 1.

ὀρώρυχα Perf. redupl. κατ- Pherecr. Com. Fr. 2, 327: ὀρύσσω 1.

ὄσσετο Imprf. Od. σ, 154: -οντο β, 152: ὄσσομαι 6.

ὀσσόμενος Part. Praes. Il. α, 105: ὄσσομαι 6.

ὀσφρανθ(ην) Aor. Pass. -θῶσι Philem. Fr. Com. 4, 26. 27; Mach. Ath. 13, 57: ὀσφραίνομαι 7.

ὄσφραντο (< ὀσφρέσθαι) Aor. 1 Her. 1, 80: ὀσφραίνομαι 7.

ὀσφραντός Vb. Aristot. öfter u. Plut. Symp. 6, 8, 5: ὀσφραίνομαι 7.

ὀσφράομαι Praes. Antiphon. Athen. 7, 299, e; Reviv. 48, 616: ὀσφραίνομαι 7.

ὀσφρᾶται 3 Sing. Praes. Luc. Jup. Trag. 6, 221: ὀσφραίνομαι 7.

ὀσφρέσθαι (< ὄσφραντο) Aor. 2 Eupol. Fr. Com. 2, 233: ὀσφραίνομαι 7.

ὀσφρήσομαι Fut. Ar. Pax. 152: ὀσφραίνομαι 7.

ὀσφρητός Vb. Sext. Emp. p. 296: ὀσφραίνομαι 7.

ὀτοτύξομαι Fut. Med. Ar. Lys. 520: ὀτοτύζω 8.

ὀτρῦναι Inf. Aor. 1 Od. ο, 37: ὀτρύνω 9.

ὀτρύναντος Gen. Part. Aor. 1 Il. κ, 356: ὀτρύνω 9.

ὀτρυνέει 3 Sing. Fut. Od. β, 253: ὀτρύνω 9.

ὀτρύνειαν 3 Plur. Opt. Aor. 1 Od. θ, 90: ὀτρύνω 9.

ὀτρύνειε 3 Sing. Opt. Aor. 1 Od. ο, 306: ὀτρύνω 9.

ὀτρυνέουσα Fem. Part. Od. ο, 3: ὀτρυνέω 9.

ὀτρύνεσκον (<ὄτρυνον) Impf. iter. Il. ω, 24; Ap. Rh. 3, 653; ἐπ- Qu. Sm. 1, 171; 7, 166; Qu. Sm. 4, 195; 9, 231: ὀτρύνω 9.

ὀτρυνέω Fut. ep. Il. κ, 55; -έων ν, 209: ὀτρύνω 9.

ὀτρύνῃσιν 3 Sing. Conj. Od. ξ, 374: ὀτρύνω 9.

ὄτρυνον (< ὀτρύνεσκον) Imprf. Il. π, 495: ὀτρύνω 9.

οὐλόμεν'(ε) Voc. Part. Aor. 2 Med. du Schadender Il. ξ, 84: ὄλλυμι 10.

οὐλομένη Fem. Part. Aor. 2 Med. -ης Il. ρ, 474; -ῃ Od. λ, 410; -ην

---

1 (aus)graben. 2 springen, tanzen. 3 sehen. 4 erregen, bewegen, *Med.* sich rühren; losstürmen auf . . .; sich erheben. 5 (aus)strecken; hindarreichen, verleihen; *Med.* mit ὠρέχθην sich (aus)strecken. 6 sehen,

Od. ϱ, 287; -αν Pind. P. 4, 293; -ης Hes. Th. 593; -αι Ap. Rh. 4, 1483: ὄλλυμι 10.
οὐλόμενος Part. Aor. 2 Med. Il. ξ, 84; -ον Pind. P. 10, 41; Hes. Th. 225: ὄλλυμι 10.
οὔνεσθε 2 Plur. Praes. ep. Il. ω, 241 (> ὀνόσασθε Bekker, gebilligt von Lob. Techn. p. 162): ὄνομαι 11.
οὐνομανέω Fut. ion. Her. 4, 47: ὀνομαίνω 12.
οὐνόμασα Aor. Her. 4, 6: οὐνομάζω 13.
οὔρεον (< ἐούρεον) Imprf. ion. Hippocr. 2, 692: οὐρέω 14.
οὐρήθην Aor. Pass. Hippocr. 1, 142: οὐρέω 14.
οὐρήκει (< ἐουρήκα) Plsprf. Hippocr. 5, 354: οὐρέω 14.
οὔρησα (< ἐούρησα) Aor. ion. Hippocr. 2, 696: οὐρέω 14.
οὐρήσομαι Fut. Med. att. Ar. Pax. 1266: οὐρέω 14.
1) οὐρήσω Fut. Hippocr. 2, 228. 611: οὐρέω 14.
2) οὐρήσω Conj. Aor. Ar. Vesp. 398: οὐρέω 14.
οὖσα Fem. Part. Soph. Tr. 1062; Isocr. 15, 171; Xen. Cyr. 3, 1, 32; -ης Thuc. 7, 53: εἰμί 15.
οὖτᾰ 3 Sing. sync. Aor. Il. ε, 376 [*150*]: οὐτάω 16.
οὔταε Imprf. Od. χ, 356 [*192a*]: οὐτάω 16.
οὐτάμεν (< οὐτάμεναι) Inf. sync. Aor. Il. ε, 132. 821; Hes. Sc. 337 [*150*]: οὐτάω 16.
οὐτάμεναι (< οὐτάμεν) Inf. ep. Od. τ, 449; φ, 68. 397; ι, 301 [*150*]: οὐτάω, -άζω 16.
οὐταμένην Part. Il. ϱ, 518 [*150*]: οὐτάω 16.
οὐτάμενοι Part. Il. ξ, 128. 379: οὐτάω 16.
οὐτάμενος Part. -ένοιο Qu. Sm. 1, 241; -ένου Hes. Sc. 363: οὐτάω, -άζω 16.
οὔτᾰσα Aor. Il. ο, 528; Eur. H. F. 199; Qu. Sm. 1, 239: οὐτάω, -άζω 16.
οὔτασκε Imprf. iterat. ion. Il. ο, 745: οὐτάω, -άζω 16.
οὐτασμένος Part. Perf. Pass. Od. λ, 536; Aesch. Ag. 1344: οὐτάω, -άζω 16.
οὔτασται Perf. Pass. Il. λ, 661: οὐτάω, -άζω 16.
οὐτάσω Fut. Eur. Rhes. 255: οὐτάω, -άζω 16.
οὐτηθείς Aor. Pass. Il. ϑ, 537: οὐτάω, -άζω 16.
οὐτήσασκε Aor. iter. Il. χ, 375: οὐτάω, -άζω 16.
οὔτησε Aor. Il. δ, 469: οὐτάω, -άζω 16.
ὀφειλήσω Fut. Xen. Cyr. 7, 2, 28: ὀφείλω 17.
ὄφειλον (< ὤφειλον) Imprf. Il. λ, 688; -ετ' λ, 698: ὀφείλω 17.
ὀφεῖλον Part. Pl. Rep. 520, b: ὀφείλω 17.
ὄφελες (< ὤφελες) 2 Sing. Aor. 2 Il. γ, 40: ὀφείλω 17.
ὄφελλε (< ὤφελλε) Imprf Il. β, 420: ὀφέλλω 18.
ὀφέλλειεν 3 Sing. Opt. Praes. Il. π, 651; Od. γ, 334: ὀφέλλω 18.
ὀφέλλετο Imprf. Med. Il. ψ, 524: ὀφέλλω 18.
ὄφελλον (< ὄφελον, ὤφελλον, ὤφελον) Od. ϑ, 312: ὀφείλω 17.
ὀφέλλωσιν 3 Plur. Praes. Il. α, 510: ὀφέλλω 18.
ὄφελον, -ε (< ὤφελον, ὤφελλον, ὄφελλον) Aor. 2 Il. τ, 367: ὀφείλω 17.
ὀφϑ(ην) Aor. Pass. -ϑῇ Pl. Symp. 178, c; Man. Ap. 4, 16; -ϑῶσιν (< -ϑέωσιν) Thuc. 3, 81; Isocr. 15, 49; Xen. Cyr. 4, 1, 17; -ϑείην Eur. Hipp. 321; -ϑείη Thuc. 6, 34; Xen. Hell. 2, 1, 4; 4, 3, 33; -ϑῆναι Her. 1, 10; Xen. Oec. 21, 7; Eur. I. A. 678; Isocr. 6, 94; -ϑείς, ϑέντος Pl. Ax. 364, c; -τα παϱ- Dem. 10, 8; -ϑεῖσα Pl. Rep. 517, b; -αν Her. 1, 9; -αι Tim. 47, a; vgl. ὄφϑητι: ὁράω 3.
ὀφϑέωσι (< ὀφϑῶσι) 3 Plur. Conj. Pass. Her. 7, 127: ὁράω 3.
ὄφϑητι Imper. Aor. Pass. Eur. Bacch. 914: ὁράω 3.
ὀφϑήσομαι Fut. Pass. Eur. Tro.

---

schauen, ahnen. 7 riechen, wittern, spüren. 8 jammern; *Pass.* bejammert werden. 9 antreiben, anregen. 10 *a.* verderben, zerstören; *b.* verlieren, wie ϑυμόν, ψυχήν = sterben; *Med.* untergehen, umkommen. 11 tadeln, schmähen, verschmähen. 12 (be)nennen, (auf)rufen. 13 (be)nennen, aussprechen. 14 harnen. 15 sein. 16 schlagen, verwunden, treffen. 17 schuldig sein, zu bezahlen haben. 18. (ver)mehren, vergrössern.

487; -ει Soph. Tr. 452; Isocr. 1, 17; -εται Pl. Phaedr. 239, c; -εσθε Lys. 12, 90; 3, 34; -όμενος Luc. de Merced. 25, 682: ὁράω 6.

ὀφλεῖν[1]) Inf. Aor. Pl. Rep. 451, a (*244*): ὀφλισκάω 2.

ὄφλῃ[1]) Conj. Aor. 2 Pl. Leg. 843, b; Dem. 24, 103: ὀφλισκάνω 2.

ὀφλήσω Fut. Eur. Hec. 327; Hell. 965; Ar. Pax. 173; Pl. Rep. 506, d; Phaed. 117, a; Luc. Deor. D. 22, 2: ὀφλισκαίνω 2.

ὄφλοι[1]) 3 Sing. Opt. Aor. 2 Pl. Leg. 778, e *A**: ὀφλισκάνω 2.

ὀφλόν[1]) Neutr. Part. Aor. 2 Pl. Leg. 873, e: ὀφλισκάνω 2.

ὀφλοντ-[1]) Stammform des Part. Aor. 2 ὀφλών -όντος Dem. 30, 8; -τι Pl. Leg 866, b; -τα 877, e: ὀφλισκάνω 2.

ὄφλωμεν 1 Plur. Conj. Aor. Pl. Crat. 433, a: ὀφλισκάνω 2.

ὀφλών [1]u.[2]) Part. Aor. 2 Pl. Leg. 745, a; Dem. 24, 55: ὀφλισκάνω 2.

ὄφλωσι 3 Plur. Conj. Aor. 2 Pl. Leg. 856, d: ὀφλισκάνω 2.

ὀχέεσθαι Inf. Praes. Med. Il. κ, 403; ρ, 77: ὀχέω 3.

ὀχέεσκον Imprf. iter. Od. λ, 619: ὀχέω 3.

ὀχέετο Imprf. Her. 1, 31 [40]: ὀχέω 3.

ὀχεῖσθαι (< ὠχεῖσθαι) Inf. Praes. Pl. Lys. 208, a: ὀχέω 3.

ὀχεῖτο (< ὠχεῖτο) Imprf. Hom. Hym. 217: ὀχέω 3.

[1]) Ueber die Betonung s. Lobeck zu Soph. Ai. p. 151, Anm. 10.

[2]) Ueber die Betonung s. Lob. zu Buttm. Ausf. Sprachl. 2, p. 262; dagegen Lehrs Aristarch p. 263.

ὀχέοντας Acc. Plur. Part. Od. η, 211: ὀχέω 3.

ὀχέων Part. Praes. Od. φ, 302: ὀχέω 3.

ὀχήσομαι Fut. Med. Il. ω, 731: ὀχέω 3.

ὀχηθ(ην) Aor. Pass. -θῆναι Hippocr. 4, 250; ὀχηθείς Luc. Lex. 2: ὀχέω 3.

ὀχήσω Fut. Aesch. Prom. 143; Eur. Or. 802: ὀχέω 3.

ὀχθήσας Part. Aor. Il. α, 517; π, 48; Hes. Th. 558: ὀχθέω 4.

ὀχθήσω Fut. sp. Qu. Sm. 3, 451: ὀχθέω 4.

ὀχλεῦνται 3 Plur. Praes. für ὀχλοῦνται Il. φ, 261: ὀχλέω 5.

ὄψεαι (< ὄψει) 2 Sing. Fut. Il. δ, 353 *B**; Luc. Vitar. Auct. 6, 545: ὁράω 6.

ὄψει (< ὄψεαι) 2 Sing. Fut. Il. ψ, 620; Od. μ, 101; Eur. Cycl. 463; Phoen. 616: ὁράω 6.

ὄψεσθ' Inf. Fut. aus ὄψεσθαι Od. ν, 357: ὄπτω, ὁράω 6.

ὄψεσθαι Inf. Fut. Il. ξ, 343 *B**; Soph. Ant. 1280; Eur. Alc. 1134; Xen. An. 1, 9, 28; Cyr. 1, 4, 10; ὁράω 6.

ὄψεται s. u. ὄψομαι.

ὄψομαι Fut. Eur. El. 1331; I. A. 1224; Ion. 563; Ar. Equ. 73; s. -ψει u. -ψεαι; -εται Soph. El. 1310; Eur. Alc. 506; H. F. 1412; Ar. Lys. 1094; Isocr. 7, 24; -μεθα Thuc. 1, 86; Pl. Pol. 307, c; -εσθα Eur. I. A. 1026; -εσθε Aesch. Suppl. 906; Eur. Hipp. 1101; Isocr. 3, 63; -ονται Xen. Cyr. 4, 2, 21; vgl. -εσθαι, -όμενος (*364*): ὁράω 6.

ὀψόμενος Part. Fut. Od. ψ, 360; -μένη Il. ξ, 20; -οι Pl. Parm. 163, b: ὁράω 6.

Π.

παγ(ην) Aor. 2 Pass. παγῇ in περι- Ar. Fr. Com. 2, 1072; παγῆναι Pl. Rep. 530, d; παγέν Phaedr. 246, c; παγέντες Aesch. Eum. 190; παγέντων Pl. Tim. 87, a: πήγνυμι 7.

πάγεν 3 Plur. Aor. 2 Pass. ep. Il. λ, 572: πήγνυμι 7.

πάγη (< ἐπάγη) Aor. 2 Pass. Il. δ, 185. 528; υ, 283. 486; ψ, 877; vgl. πάγεν: πήγνυμι 7.

---

1 schuldig sein, zu bezahlen haben. 2 schuldig sein, bes. eine Strafe zu zahlen haben. 3 tragen, bringen, führen. 4 schweres Herzens sein. 5 beunruhigen, belästigen. 6 sehen. 7 fest machen, befestigen, hineinschlagen, stossen; *intrans.* fest, hart, steif werden; bes. gerinnen, gefrieren.

παγήσομαι Fut. 2 Pass. Thuc. 4, 92; Ar. Vesp. 437; -ησόμενον in κατα- Luc. Prom. siv. Cauc. 1, 186: πήγνυμι 7.
παδη Imper. Ar. Lys. 1317: παδάω, πηδάω 8.
παδῇ 3 Sing. Praes. Sophron. Fr. 46: παδάω, πηδάω 8.
παδοᾶν Gen. Plur. Part. Greg. Cor. p. 185 Koen. Dindorf. (> παιδδοᾶν od. παιδδωᾶν): παδάω, πηδάω 8.
παθέειν (< παθεῖν) Inf. Aor. 2 Il. ρ, 32; υ, 198: πάσχω 9.
πάθεν (< ἔπαθεν) 3 Sing. Aor. 2 Il. ω, 7: πάσχω 9.
πάθετ' (< ἐπάθετε) 2 Plur. Aor. Od. κ, 272: πάσχω 9.
πάθῃ (< πάθῃσιν) 3 Sing. Conj. Aor. 2 Il. η, 567; Pl. Crat. 432, a: πάσχω 9.
πάθῃς (< πάθῃσθα) 2 Sing. Conj. Aor. 2 Od. ρ, 596: πάσχω 9.
πάθῃσθα (< πάθῃς) 2 Sing. Conj. Aor. 2 Il. ω, 551: πάσχω 9.
πάθῃσι(ν) (< πάθῃ) 3 Sing. Conj. Aor. 2 Il. λ, 570 *B**: πάσχω 9.
πάθοι 3 Sing. Opt. Aor. 2 Il. ν, 670; Pl. Crat. 432, d: πάσχω 9.
πάθοιεν 3 Plur. Opt. Aor. 2 Il. κ, 26; Xen. Cyr. 2, 3, 19: πάσχω 9.
πάθοιμι 1 Sing. Opt. Aor. 2 Il. τ, 321; φ, 274: πάσχω 9.
πάθομεν (< ἐπάθομεν) 1 Plur. Aor. 2 Il. φ, 442; Od. γ, 113: πάσχω 9.
πάθον (< ἔπαθον) 1 Sing. Aor. 2 Il. ι, 321: πάσχω 9.
παθοντ- Stammform des Part. Aor. 2 Od. β, 174 *B**; -τε Il. λ, 313; -τες Od. μ, 27: πάσχω 9.
παθοῦσα Fem. Part. Aor. 2 Il. χ, 431: πάσχω 9.
πάθω 1 Sing. Conj. Aor. 2 Od. ζ, 173; Pl. Ap. 36, b: πάσχω 9.
πάθωμεν 1 Plur. Conj. Aor. 2 Il. ν, 52; Od. μ, 321; Xen. Cyr. 4, 1, 15: πάσχω 9.
παθών Part. Aor. 2 Od. ε, 377; θ, 184; π, 205; Pl. Rep. 362, a: πάσχω 9.
πάθωσιν 3 Plur. Conj. Aor. 2 Il. κ, 538; Pl. Phaedr. 233, a: πάσχω 9.
παιδευ(θην) Aor. 1 Pass. -θῇ Xen. Equ. 10, 6; -θῶσι Pl. Rep. 526, b; -θεῖμεν Isocr. 8, 63; -θῆναι Xen. Mem. 4, 2, 23; -θείς Pl. Leg. 695, d; -θέντε Rep. 442, a; -τες Leg. 641, b; -των, -θεῖσι, -θέντας Pl.: παιδεύω 10.
παιδευθήσομαι (< παιδεύσομαι) Fut. Pass. Pl. Leg. 319, c; 376, c: παιδεύω 10.
παιδευσ- Aor. -ειαν Xen. Equ. 13, 15: παιδεύω 10.
παιδευσ(αμην) Aor. Med. -άμενοι Pl. Menex. 238, b: παιδεύω 10.
παιδεύσομαι (< παιδευθήσομαι) Fut. Med. pass. Pl. Crit. 54,: παιδεύω 10.
παιδεύσω Fut. Pl. Crit. 34, a; Euthyd. 272, d: παιδεύω 10.
παιδευτέον Vb. Pl. Rep. 402, c: παιδεύω 10.
παιήσω (< παίσω) Fut. poet. Ar. Nub. 1125; Lys. 459: παίω 11.
παίξομαι (< παιξοῦμαι, παίξω) Fut. Luc. D. Deor. 4, 3; Anth. 12, 46: παίζω 12.
παιξοῦμαι (< παίξομαι, παίξω) Fut. -οῦνται Xen. Symp. 9, 2 von Cobet als Dorismus des Syrakusaners betrachtet (*161*): παίζω 12.
παίξω (< παίξομαι, παιξοῦμαι) Fut. sp. Anacreont. 41, 8; Anth. 12, 211: παίζω 12.
1) **παισ-** Aor. παίσειεν Xen. An. 5, 8, 12; παῖσαι 13: παίω 11.
2) **παισ-** Aor. s. **ἔπαισα**: παίζω 12.
παίσατε Imper. Aor. Od. θ, 251: παίζω 12.
παῖσον Imper. Aor. Soph. El. 1415: παίω 11.
παιστέον Vb. Com. Fr. 2, 630: παίζω 12.
παίσω (< παιήσω) Fut. Eur. El. 688; Xen. An. 3, 2, 19; Cyr. 4, 1, 3: παίω 11.
πάλαιμι Praes. aeol. Herod. μον. λ. p. 23, 26: παλαίω 13.
παλαισ(θην) Aor. 1 Pass. (*211*): παλαίω 13.
πάλαισε(ν) (< ἐπάλαισεν) Aor. Pind. N. 8, 27; -ειεν Her. 8, 21: παλαίω 13.
παλαίσειεν Opt. Aor. Her, 8, 21 (> παλήσειεν): παλαίω 13.

---

8 springen, hüpfen. 9 eine Einwirkung erfahren, (er)leiden, erdulden. 10 erziehen, aufziehen, unterrichten, bilden. 11 schlagen, hauen, stossen, verwunden. 12 *kindern*; scherzen, spielen. 13 ringen.

παλαιστός Vb. δυς- Aesch. Suppl. 468 (*211*): *παλαίω* 1.

παλαίσω Fut. Il. ψ, 621; προσ- Pind. I. 3, 71: *παλαίω* 1.

παλαξέμεν Inf. Fut. Od. ν, 395: *παλάσσω* 2.

παλάσσετο Imprf. Il. ϱ, 387: *παλάσσω* 2.

πᾰλήω Praes. böot. Her. μον. λ. p. 43, 28: *παλαίω* 1.

παλύνας Part. Aor. Od. ξ, 429: *παλύνω* 3.

πάλυνον Imprf. Il. σ, 560: *παλύνω* 3.

πάλτο (< ἐπᾶλτο) Aor. 2 sync. Il. ο, 645; ἐκ- υ, 483 (*150*): *πάλλω* 4.

παξ- Aor. πᾶξαι Theocr. 10, 63 (*66*): *πήγνυμι* 5.

πάξω (< πήξω) Fut. Pind. O. 6, 3: *πήγνυμι* 5.

παρ(ην) Aor. 2 Pass. Her. 4, 94 (*245*): *πείρω* 6.

παραίνεε (< παρῄνει) Imprf. Her. 8, 19. 9, 17. 122: *παραινέω* 7.

παραίνεε Imprf. Her 8, 19. 66: *παραινέω* 7.

παραινεσ- Aor. -αιμι Eur. H. F. 1313; -ειας Luc. Tim. 48, 161: *παραινέω* 7.

παραινέσω Fut. Soph. O. C. 1181; Ar. Ran. 1420; Dem. 37, 11: Luc. Char. 20: *παραινέω* 7.

παραινησ- Aor. -αιμι Dem. 20, 151: *παραινέω* 7.

παρᾱν- Aor. s. ἐπάρᾱνα.

παρανενόμηκα (< παρηνόμηκα) Perf. Xen. Hell. 2, 3, 36; Luc. Gall. 4 [*83*]: *παρανομέω* 8.

παρανενομῆσθαι Inf. Perf. Pass. Dem. 44, 31; 54, 2: *παρανομέω* 8.

παρέασι 3 Plur. Praes. ep. Il. ε, 192; ξ, 299; Od. ν, 247: *πάρειμι*, dasein 9.

παρείη 3 Sing. Opt. Praes. Pl. Phil. 60, c *B**: *πάρειμι* 9.

παρείθη (< παρέθη) Aor. Pass. Il. ψ, 868 [*268*]: *παρίημι* 10.

παρείθησαν 3 Plur. Opt. Aor. 1 Pass. Pl. Euthyd. 303, b (> παρετάθησαν): *παρίημι* 10.

παρεῖμεν 1 Plur. Opt. Praes. Pl. Parm. 127, a; Rep. 503, e (> παρῆμεν): *παρίημι* 10.

παρειμένος Part. Perf. Pass. -μένων Pl. Leg. 931, d: *παρίημι* 10.

παρείμην 1 Sing. Soph. O. C. 1666: *παρίημι* 10.

παρεῖναι Inf. Praes. Pl. Prot. 335, b: *πάρειμι* 9.

1) **παρείς** Part. Aor. 2 ἀνα- Her. 4, 94: *ἀναπείρω* 6.

2) **παρείς** Part. Aor. 2 Pl. Leg. 691, c: *παρίημι* 10.

παρελέω Praes. ion. st. *παρελάω* Theocr. 5, 89; 8, 79: *παρελαύνω*, daneben, vorbeitreiben.

παρενόμησα (< παρηνόμησα) Aor. Thuc. 3, 67 (> παρηνόμησα); Luc. Amor. 20: *παρανομέω* 8.

παρενόμουν (< παρηνόμουν) Imprf. Aesch. 3, 37; Dem. 17, 22: *παρανομέω* 8.

παρέντ- Part. Aor. 2 -έντα Pl. Phaedr. 235, e; -έντες Soph. 267, a; -τας Leg. 776, a: *παρίημι* 10.

παρέξομαι Fut. Med. Lys. 12, 42; Dem. 30, 32: *παρέχω* 11.

πάρες Imper. Aor. 2 Pl. Symp. 199, b: *παρίημι* 10.

πάρεσαν (< παρῆσαν) 3 Plur. ep. Il. λ, 75 : *πάρειμι* dasein.

παρεσκευάδατο Plsprf. Her. 9, 100: *παρασκευάζω* 12.

παρέσται 3 Sing. Fut. Pl. Parm. 944, d: *πάρειμι* 9.

παρετέον Vb. Pl. Leg. 796, e: *πάρειμι* 9.

παρέω (< παρῶ) Conj. ep. und ion.: *πάρειμι*, dasein.

παρεών (< παρών) Part. ep. u. ion. Od. θ, 491: *πάρειμι*, dasein.

παρῇ 3 Sing. Conj. Praes. Pl. Symp. 200, e: *παρίημι* 10.

παρηγορέεσκε Imprf. iter. Ap. Rh. 4, 1740; Mus. 39: *παρηγορέω* 13.

παρηγόρησα Aor. Eur. Hec. 288; Pl. Ax. 364: *παρηγορέω* 13.

---

1 ringen. 2 besprengen, beflecken, beschmutzen. 3 (auf-, be)streuen. 4 schwingen, schleudern, werfen; *Med.* sich schwingen, sich rasch, lebhaft bewegen. 5 fest machen, befestigen; hineinschlagen, -stossen; *intrans.* fest, hart, steif werden; bes. gerinnen, gefrieren. 6 durchbohren, durchstechen, spiessen. 7 zureden, (auf-, er)muntern, warnen, rathen. 8 gesetzwidrig handeln. 9 dasein. 10 nach-, los-, fahren lassen. 11 darreichen, geben, schenken. 12 zurüsten, bereiten. 13 zureden, ermuntern, ermahnen. 14 verleiten,

παρηγορήσομαι Fut. Med. als Pass. Hippocr. 1, 121; Aretae p. 139, 29: παρηγορέω 13.
παρῆεν 3 Sing. Imprf. ep. Il. ϑ, 417: πάρειμι 9.
παρῆμεν 1 Plur. Imprf. Pl. Symp. 194, c: πάρειμι 9.
παρῆν 1 Sing. Imprf. Pl. Leg. 679, b; Critia 115, a (*319*): πάρειμι 9.
παρηνέϑην Aor. Pass. Hippocr. 3, 79: παραινέω 7.
παρήνει (< παραίνεε) Imprf. Thuc. 1, 139; Xen. Mem. 1, 3, 8; An. 1, 7, 2: παραινέω 7.
παρηνέκα Perf. Isocr. 2, 54; Epist. 2, 1: παραινέω 7.
παρήνεσα Aor. Soph. Phil. 1434; Xen. Hell. 1, 1, 27: παραινέω 7.
παρήνημαι Perf. Pass. Thuc. 7, 69: παραινέω 7.
παρηνόμηκα (< παρανενόμηκα) Perf. Dio. Cass. 39, 59; Diod. Sic. 16, 61: παρανομέω 8.
παρηνόμησα (< παρενόμησα) Aor. Thuc. 3, 67 (> παρενόμησα): παρανομέω 8.
παρηνόμουν (<παρενόμουν) Imprf. Lys. 3, 17; Dio. Cass. 63, 13 (*83*): παρανομέω 8.
παρήπαφε Aor. 2 Od. ξ, 488 in Tm.: παραπαφίσκω 14.
παρήπαφεν Aor. 2 Il. ξ, 360: παραπαφίσκω 14.
παρήσω Fut. Pl. Rep. 377, b: παρίημι 10.
παρῆτε 2 Plur. Imprf. Pl. Symp. 176, c: πάρειμι 9.
παριᾶσιν 3 Plur. Praes. Pl. Rep. 560, d: (*273*): παρίημι 10.
παριείς Part. Praes. Pl. Rep. 374, c: παρίημι 10.
παρόν Neutr. Part. Praes. Pl. Leg. 857, e: πάρειμι 9.
παροντ- Stammform des Part. παρών, -όντος Pl. Symp. 200, e: πάρειμι 9.
παροῦσα Fem. Part. Pl. Leg. 683, c (*319*): πάρειμι 9.
παρρησιάζεσϑαι Inf. Praes. Dem. 18, 177: παρρησιάζομαι 15.
παρρησιάσομαι Fut. Pl. Charm. 156, a; Lach. 179, c: παρρησιάζομαι 15.
1) παρῶμεν 1 Plur. Conj. Praes. Xen. Cyr. 8, 1, 5: πάρειμι 9.
2) παρῶμεν 1 Plur. Conj. Aor. 2 Pl. Leg. 754, a: παρίημι 10.
παρών Part. Praes. Pl. Leg. 917, a (*319*): πάρειμι 10.
παρῴνησα (< ἐπαρῴνησα) Aor. Dio Cass. 45, 26: παροινέω 20.
πάσαι Inf. Aor. δια- Hippocr. 1, 43; ἐμ- Pl. Lys. 210, a: πάσσω 3.
πάσαιτο 3 Sing. Opt. Aor. Ap. Rh. 3, 806: πάομαι 17.
1) πασάμενος Part. Aor. Med. V.T. Macc. 3, 1, 18: πάσσω 3.
2) πᾰσάμενος Part. Aor. -μένα Aesch. Ag. 1382: πατέομαι 16.
πασάμην (< ἐπασάμην) Aor. Il. φ, 76: πάομαι 17.
πάσαντο 3 Plur. Aor. Ap. Rh. 2, 1180; Qu. Sm. 9, 534: πάομαι 17.
πάσασϑαι (<πάσσασϑαι) Inf. Aor. Il. ι, 487; τ, 160; Qu. Sm. 7, 50; Soph. Ant. 202: πάομαι 17.
πασϑ(ην) Aor. Pass. Antiphanes Fr. Com. 3, 125. 126; ἐπι- Pl. Rep. 405, e: πάσσω 3.
1) πάσομαι Fut. -εται Aesch. Eum. 177: πάομαι 17.
2) πάσομαι Fut. Aesch. Sept. 1036: πάομαι, πατέομαι 16.
πασσάμεϑ' Aor. Od. ι, 87; κ, 58: πάομαι 17.
πασσάμενος Part. Aor. Od. α, 124; -μένω δ, 61; πάομαι 17.
πάσσασϑαι (< πάσασϑαι) Inf. Aor. Od. κ, 384; Ap. Rh. 1, 1072: πάομαι 17.
παστέον Vb. Ar. Pax. 1074: πάσσω 3.
πᾰσω Fut. κατα- Ar. Equ. 99: πάσσω 3.
παταξ- Aor. πατάξῃ Pl. Leg. 879, e; πάταξον Soph. Phil. 748; -άτω κατα- Antiphanes Fr. Com. 3, 119. 120; πατάξαι Soph. Ant. 1097; Ar. Av. 759; Lys. 637; Pl. Gorg. 527, d (> πάταξαι); Xen. Cyr. 12, 6; -ας Eur. H. F. 1087; Lys. 1, 25; Dem. 21, 38: πατάσσω 18.
πατάξω Fut. Ar. Lys. 657; Theocr. 1, 49: πατάσσω 18.
πατήσομαι Fut. Med. (*378*): πατέω 19.
πατήσω Fut. περι- Luc. Pisc. 52, 619; Navig. 22: πατέω 19.

---

verlocken. 15 freimüthig, offen reden, handeln. 16 kosten von . . , zehren. 17 erwerben; *Perf.* besitzen. 18 laut klopfen, schlagen; klappe(r)n. 19 gehen, wandeln; *tr.* (zer)treten. 20 sich beim Wein schlecht betragen; *tr.* misshandeln.

παῦε Imper. Od. ω, 543: παύω 1.
παυέμεναι Inf. Od. κ, 22: παύω 1.
παύεο Imper. Il. ι, 260: παύω 1.
παυέσθων 3 Plur. Imper. Od. β, 169: παύω 1.
παύεσκον Imprf. iter. Od. φ, 315; Soph. Ant. 963: παύω 1.
παύετο (< παυέσκετο) Imprf. Il. ω, 17: παύω 1.
παυθ(ην) Aor. Pass. -ῆναι Thuc. 2, 77: παύω 1.
παυθήσομαι (< παύσομαι) Fut. Pass. Thuc. 1, 81: παύω 1.
1) παῦσαι Inf. Aor. Il. η, 331; Soph. Ant. 280; Xen. An. 2, 5, 2: παύω 1.
2) παῦσαι Imper. Aor. Med. Pl. Phaedr. 262, e; Gorg. 481, c: παύω 1.
παυσαίμαν Opt. Aor. Med. Eur. Ion. 152. 153: παύω 1.
παυσαίμην 1 Sing. Pl. Alc. I. 104, e; -μεθ' Ar. Ran. 1532; Isocr. 8, 62; -μεθα 12, 14: παύω 1.
παύσαιντο 3 Plur. Opt. Aor. Med. Pl. Symp. 190, c: παύω 1.
παύσαισθε 2 Plur. Opt. Aor. Med. Thuc. 1, 84: παύω 1.
παυσάμεθα 1 Plur. Aor. Med. Il. ω, 42: παύω 1.
παύσαμεν 1 Plur. Aor. Od. υ, 274: παύω 1.
παυσάμενος Part. Aor. -οι Il. β, 100; -ον ο, 58; ω, 384; -ος Her. 4, 134; Dem. 23, 122; -ένων Thuc. 1, 21: παύω 1.
παῦσαν 3 Plur. Aor. Od. δ, 659: παύω 1.
παύσας Part. Aor. -ασαι Il. ε, 909; Xen. Hell. 6, 2, 13: παύω 1.
παύσασθαι Inf. Aor. Med. Qu. Sm. 3, 188; Lys. 32, 28; Xen. Cyr. 7, 2, 7; Theocr. 4, 26: παύω 1.
παύσασθε 2 Plur. Imper. Aor. Od. ν, 180; Eur. Or. 1240: παύω 1.
παύσατο (< ἐπαύσατο) 3 Sing. Aor. Med. Il. λ, 267: παύω 1.
παύσατον Dual. Aor. ἀνα- Soph. O. C. 1113: παύω 1.
παῦσε(ν) (< ἔπαυσε) 3 Sing. Aor. Il. μ, 389; Ap. Rh. 4, 777: παύω 1.
παύσειεν Opt. Aor. Il. α, 192; Ap. Rh. 4, 712: παύω 1.
παύσεσθαι Inf. Fut. Med. Od. β, 198; Isocr. 6, 48; 20, 16; vgl. -ομαι: παύω 1.
παύσῃ (< παύσῃσι) 3 Sing. Conj. Aor. Od. δ, 35; Isocr. 5, 88; παύω 1.
παύσησθε 2 Plur. Conj. Dem. 8, 77: παύω 1.
παύσῃσι (< παύσῃ) 3 Sing. Conj. Aor. Il. δ, 191: παύω 1.
παύσηται 3 Sing. Conj. Aor. Pl. Rep. 426, a; Luc. Bis. Accus. 24: παύω 1.
παύσομαι (< παυθήσομαι) Fut. Med. Od. ζ, 174; Eur. Bacch. 1360; Cycl. 341; Or. 1161; -ει Med. 1052; -εται 93; Thuc. 3, 32; Dem. 9, 1; 21, 100; -όμεθα Isocr. 4, 134; -εσθε Isocr. 15, 304; -ονται Hes. Op. 175; Isocr. 14, 18; Pl. Rep. 487, e: παύω 1.
παύσουσα Fem. Part. Il. α, 207: παύω 1.
παυστέον Vb. Pl. Rep. 391; Isocr. 15, 175: παύω 1.
παύσω Fut. Il. ο, 72; Pl. Gorg. 481, e; Xen. Cyr. 8, 6, 3; Isocr. 5, 121: παύω 1.
παύσωμαι 1 Sing. Conj. Aor Med. Xen. Cyr. 5, 1, 17; Dem. 20, 163: παύω 1.
παυσώμεθα 1 Plur. Conj. Aor. M. Ar. Equ. 579; Isocr. 8, 13; 64; Isocr. 15, 66: παύω 1.
παυσώμεσθα 1 Plur. Conj. Aor. Med. Qu. Sm. 8, 456: παύω 1.
παχῦναι Inf. Aor. Aesch. Suppl. 618: παχύνω 4.
παχύνεται Praes. Med. Luc. Vet. Hist. 1, 22; -ηται Anach. 20: παχύνω 4.
παχυνθ(ην) Part. Aor. Pass. -θῇ Ar. Ach. 791; παχυνθείς Aesch. Sept. 770: παχύνω 4.
πεδάᾳ 3 Sing. Praes. ep. st. πεδᾷ Od. δ, 380. 469: πεδάω 3.
πειθέμεν Inf. Pind. N. 7, 95: πείθω 5.
πείθεο (< πείθου) 2 Sing. Imper. Il. α, 214; β, 360: πείθω 5.
πείθεσθαι Inf. Pass. Eur. I. A. 726: πείθω 5.

---

1 aufhören machen, abbringen; *Pass.* aufhören. 2 zureden, ermuntern, ermahnen. 3 fesseln, (fest)binden. 4 dick, feist, fett, stark machen. 5 bewegen, gewinnen, überreden, überzeugen. 6 trinken. 7 hungern,

πειθέσθην 3 Dual. Imprf. Med. Il. β, 834: πείθω 5.

πείθῃ 3 Sing. Conj. Od. ο, 541: πείθω 5.

πείθῃς 2 Sing. Praes. Pl. Prot. 310, d: πείθω 5.

πείθησθε 2 Plur. Conj. Praes. M. Lys. 34, 5; Xen. Cyr. 5,1,4: πείθω 5.

πειθήσομαι Fut. Pass. Xen. Cyr. 5, 1, 4: πείθω 5.

πείθηται 3 Sing. Conj. Praes. Med. Il. α, 150: πείθω 5.

πειθοίατο 3 Plur. Opt. Praes. Med. Il. μ, 229: πείθω 5.

πείθοισθε 2 Plur. Opt. Praes. M. Thuc. 6, 34; Dem. 8, 71: πείθω 5.

πείθου (< πείθεο) 2 Sing. Imper. Praes. Eur. Hel. 1392; Isocr. 1, 16: πείθω 5.

πειθώμεθα 1 Plur. Conj. Praes. Med. Il. β, 139 Γ*: πείθω 5.

πείθωνται 3 Plur. Conj. Praes. M. Il. β, 364: πείθω 5.

πεῖν od. πῖν (< πιεῖν, πιέμεναι, πιεῖναι) Inf. Aor. (Praes.) st. πιεῖν, πίνειν Anth. 11, 140: πίνω 6.

πεινᾷ (< πεινῇ) 3 Sing. Praes. Aristot. H. A. 9, 32 (> πεινῇ): πεινάω 7.

πεινᾶν (< πεινῆν) Inf. Praes. sp. Plut. Aristid. 25 (*219*): πεινάω 7.

πεινάοντα Part. Praes. Il. π, 758 [*191*]: πεινάω 7.

πεινάσαιμι Opt. Aor. Anth. 11, 402; Luc. Epigr. 50, 5: πεινάω 7.

πεινάσω (< πεινήσω) Fut. dor. sp. Anth. 11, 402: πεινάω 7.

πεινάων Part. Praes. Il. γ, 25 [*191*]: πεινάω 7.

πεινῇ (< πεινᾷ) 3 Sing. Praes. Ar. Equ. 1270; Pl. Rep. 439, d: πεινάω 7.

πεινήμεναι (< πεινῆν) Od. υ, 137: πεινάω 7.

πεινῆν (< πεινήμεναι) Inf. Praes. Aristophon. Fr. Com. 3, 360. 361 Pl. Gorg. 496; Luc. Dial. Mort. 17, 1 (*219*): πεινάω 7.

πεινήσω (< -άσω) Fut. Xen. Mem. 2, 1, 17: πεινάω 7.

πεινῷ 3 Sing. Conj. Pl. Eryx. 401, d: πεινάω 7.

πεινῶν Part. Praes. Pl. Leg. 936, b; -ῶντι Xen. Hell. 1, 1, 23; -ῶντα Pl. Gorg. 494, b; -τες Rep 521, a: πεινάω 7.

πεῖρα (< ἔπειρα) Aor. πεῖραν Il. ω, 623; Od. τ, 422; ἀνα- Her. 4, 103: πείρω 8.

πειραθ(ην) Aor. Pass. gleicher Bedeutung mit -σ(αμην) (*388*) -θῶ Pl. Phaed. 63, b; -θῇς Isocr. 5, 120; -θῶμεν Rep. 189, e; Isocr. 6, 91; -θητι Pl. Soph. 239, b; -θῆναι Xen. Cyr. 6, 3, 6; Isocr. 18, 39: πειράω 9.

πειράθητι s. u. πειραθ(ην).

πείρας Part. Aor. ἀνα- Her. 4, 103: πείρω 8.

πειρασ- Aor. -αι Thuc. 4, 70; -ωσι in ἐπι- 7, 17: πειράω 9.

πειρασ(αμην) gleicher Bedeut. mit -θην (*388*) Aor. Med. -σαι Imper. Pl. Gorg. 474, a: πειράω 9.

πειράσας Part. Aor. Thuc. 4, 70. 121. 128; 7, 36. 42: πειράω 9.

πειράσατε 2 Plur. Imper. Aor. Soph. O. C. 1276: πειράω 9.

πειράσειν Inf. Fut. Thuc. 4, 43; 7, 32. 37; 6, 90: πειράω 9.

πειρᾶσθαι Inf. Praes. Pass. Thuc. 4, 92: πειράω 9.

πειρᾶσθε 2 Plur. Imper. Pl. Menex. 247, a: πειράω 9.

πειράσομαι (< πειρήσομαι) Fut. Pass. als Act. Aesch. Prom. 325; Soph. O. C. 959; Eur. Or. 704; Med. 724; Lys. 7, 4; -μεθα Thuc. 3, 54; -εται Pl. Leg. 715; -μεσθα Aesch. Ag. 851; -ομένοις Thuc. 2, 85: πειράω 9.

πειρασοῦμαι (< πειράσομαι, πειρήσομαι) Fut. Pass. als Act. Ar. Ach. 743: πειράω 9.

πειράσω Fut. Thuc. 4, 43: πειράω 9.

πειρατέον Vb. Pl. Phaedr. 246, b: πειράω 9.

πειρηθείης 2 Sing. Opt. Aor. Pass. Il. λ, 386: πειράω 9.

πειρηθεῖμεν 1 Plur. Opt. Aor. Pass. Od. π, 305: πειράω 9.

πειρηθήμεναι (< πειρηθῆναι) Inf. Aor. Pass. Od. θ, 213: πειράω 9.

πειρήθην (< ἐπειρήθην) Aor. Pass. Il. τ, 384: πειράω 9.

---

hungrig sein, wornach dursten. 8 durchbohren, durchstechen, spiessen. 9 versuchen, sich bemühen, streben; erproben, kennen lernen.

πειρηθῆναι (< πειραθῆναι) Inf. Aor. Pass. Il. υ, 349; Hes. Sc. 359; Her. 4, 80: πειράω 1.
πειρηθῆτον 2 Dual. Aor. Pass. Il. κ, 444: πειράω 1.
πειρηθήτω 3 Sing. Imper. Aor. Pass. Il. ψ, 553: πειράω 1.
πειρηθῶμεν 1 Plur. Aor. Pass. Il. χ, 381: πειράω 1.
πειρησαίμην 1 Sing. Opt. Aor. Od. φ, 113: πειράω 1.
πειρησάμενος Part. Aor. Med. Her. 1, 84; 7, 35: πειράω 1.
πειρήσαντο 3 Plur. Aor. Od. ϑ, 377: πειράω 1.
πειρήσασθε 2 Plur. Aor. Med. Od. φ, 135: πειράω 1.
πειρήσατο Opt. Aor. Med. Od. δ, 119; φ, 410; ω, 238: πειράω 1.
πειρήσεσθε 2 Plur. Fut. Pass. Il. ψ, 707: πειράω 1.
πειρήσεται 3 Sing. Fut. Pass. Od. φ, 159: πειράω 1.
πειρήσομαι (< πειράσομαι, πειρασοῦμαι) Fut. Med. Il. β, 73 *B**; ε, 279; Her. 2, 163: πειράω 1.
πειρήσω (< πειρᾶσω) Fut. ion. Il. τ, 30 [*11*]: πειράω 1.
πειρῶ Imper. Med. Pl. Phaedr. 272, c: πειράω 1.
πειρῷατο 3 Sing. Opt. Praes. Her. 1, 68; 4, 139; 6, 138 [*112. 175*]: πειράω 1.
πειρῶμαι 1 Sing. Conj. Praes. Med. Pl. Symp. 212, b; Pl. Phaed. 95, b: πειράω 1.
πειρῴμην 1 Sing. Opt. Praes. Xen. Cyr. 2, 4, 12: πειράω 1.
πειρῷντο 3 Plur. Opt. Praes. Thuc. 1, 25: πειράω 1.
πειρῷτο 3 Sing. Opt. Pl. Rep. 599, b; Isocr. 5, 77: πειράω 1.
πεισ- Stammform des Aor. -αιμι Eur. Alc. 48; Med. 941; Xen. Symp. 4, 18; -η Eur. Hel. 1396; -ῶμεν Pl. Rep. 327, c; -ητε Dem. 9, 74; -ωσιν Xen. Mem. 2, 1, 13 s. παίσαις; -ειε Ar. Ran. 68; -ειαν Thuc. 7, 58; -αιμεν in κατα- Eur. Hel. 825; πείσας Soph. Phil. 624; -ασα Eur. Med. 9; -αντες Pl. Phaedr. 232, d: πείθω 3.
πεισ(αμην) Aor. Med. -άτω Dem. 38, 43: πείθω 3.
πείσαις Part. Aor. dor. Pind. N. 5, 37: πείθω 3.
πείσαις 2 Sing. Opt. Aor. 1 Eur. Med. 325: πείθω 3.
πείσαισ' Fem. Part. Aor. Pind. N. 5, 28: πείθω 3.
πείσεαι 2 Sing. Fut. Med. Il. ι, 74: πείθω 3.
πείσει Fut. Il. ι, 386; -εις Il. α, 132: πείθω 3.
πείσειε Opt. Aor. Od. ξ, 123: πείθω 3.
πείσειν (< πεισέμεν) Inf. Fut. Il. χ, 357: πείθω 3.
πεισέμεν (< πείσειν) Inf. Fut. ep. Il. ι, 315; ψ, 37: πείθω 3.
1) πείσεσθαι Inf. Fut. Od. σ, 132; Pl. Crat. 436, b: πάσχω 4.
2) πείσεσθαι Inf. Fut. Med. Her. 6, 11; Pl. Theaet. 183, d; Dem. 9, 48: πείθω 3.
πεισθ(ην) Aor. Pass. -θῇ Isae. 2, 8; -θῆτε Lys. 28, 16; Thuc. 1, 35; -θῶσιν Dem. 22, 63; πείσθητι Soph. El. 986; Phil. 485; -είη Lys. 1, 20; -ητε Dem. 22, 17; -ειεν Pl. Rep. 415, c; Eur. Bacch. 325; -είησαν Xen. Hipp. 1, 22; Thuc. 3, 42; -θῆναι Soph. O. C. 1414; Isocr. 5, 65; -θείς Eur. Bacch. 325; -θεῖσα Soph. El. 409; -ν Isocr. 14, 8; -θέντες Thuc. 6, 75: πείθω 3.
πεισθήσομαι Fut. Pass. Soph. Phil. 624; Xen. Cyr. 5, 1, 6; -όμεσθα Pl. Soph. 248, e: πείθω 3.
πείσοιτο Opt. Fut. Xen. Cyr. 7, 3, 10: πάσχω 4.
1) πείσομαι Fut. Aesch. Ch. 781; Soph. Ant. 67. 69. 1067; Eur. Suppl. 1068. 1227; -εται Her. 2, 146; -όμεθα Eur. I. A. 829; Pl. Rep. 408, c; -εσθε Ap. 38, a; vgl. πείσονται u. 1): πείθω 3.
2) πείσομαι Fut. Od. β, 134; Aesch. Sept. 263; -εται Pl. Prot. 318, d; Parm. 138, b; Dem. 21, 211; -όμεθα Pl. Gorg. 513, a: πάσχω 4.
1) πείσονται 3 Plur. Fut. Il. ϑ, 154; ψ, 157; Od. π, 280; Pl. Crit. 44, c: πείθω 3.
2) πείσονται 3 Plur. Fut. Her. 6, 9; Xen. Cyr. 5, 9, 24: πάσχω 4.

---

1 versuchen, sich bemühen, streben; erproben, kennen lernen. 2 kosten von ..., zehren. 3 bewegen, gewinnen, überreden, überzeugen. 4 eine

πειστέον (< πιστός) Vb. Soph. Phil. 994; Ar. Ran. 498; Pl. Rep. 421, c: πείθω 3.
πείσω s. πείσει.
πελάει 3 Sing. Praes. Arat. 74: πελάω 5.
πελασ- Aor. -ητ' Eur. Med. 101; -ειε Med. 760; -ον Pind. O. 1, 78: πελάζω 6.
πέλασα, -ε, -αν (< ἐπέλασα) Aor. 1 Il. α, 434; Od. η, 254; Soph. Ai. 709: πελάζω 6.
πελασαίατο 3 Plur. Aor. Med. Il. ρ, 341: πελάζω 6.
πελάσαις (< πελάσας) Part. Aor. dor. Pind. N. 10: πελάζω 6.
πελάσας (< πελάσαις) Part. Hes. Th. 429; Her. 2, 19: πελάζω 6.
πελάσῃ (< πελάσσῃ) 3 Sing. Conj. Aor. Od. μ, 41: πελάζω 6.
πελάσῃς 2 Sing. Conj. Aor. Od. λ, 106: πελάζω 6.
πελάσθη Aor. Pass. Il ε, 282; πελασθῆναι Soph. O. T. 213; -θείς Phil. 1327: πελάζω 6.
πέλασον Imper. Aor. Pind. O. 1, 78; πέλασσον Soph. Phil. 1162: πελάζω 6.
πέλασσεν (< ἐπέλασεν) Aor. Il. ε, 111. 134: πελάζω 6.
πελάσσετον 2 Dual. Imper. Aor. Act. Il. κ, 442 [56]: πελάζω 6.
πελάσσῃ (< πελάσῃ) 3 Sing. Aor. Il. ν, 180; ω, 154: πελάζω 6.
πέλασσον s. u. πέλασον.
πελάσω (< πελάσσω, πελῶ) Fut. Eur. El. 1332; Hel. 356; I. T. 886: πελάζω 6.
πέλειν (< πελέναι) Inf. Praes. Aesch. Suppl. 620. 801: πέλω 7.
πελέμιξα Aor. Il. φ, 176 [6]: πελεμίζω 8.
πελεμίχθην Aor. Pass. Il. δ, 535: πελεμίζω 8.
πέλεν (< ἔπελεν, ἔπλεν) Aor. 2 Il. δ, 461; ε, 571. 729; Od. δ, 45; Bion. 17(6), 11: πέλω, πέλομαι 7.
πελέναι (< πέλειν) Inf. Parm. bei Pl. Soph. 244, e: πέλω 7.
πέλεο Imper. Praes. Il. ω, 219: πέλομαι 7.
πέλεσθε 2 Plur. Praes. Ap. Rh. 2, 119, b: πέλομαι 7.
πελέσθω 3 Sing. Imper. Ap. Rh. 2, 875: πέλομαι 7.
πελέσκετο Imprf. iter. Il. χ, 433: πέλω 7.
πέλεται 3 Sing. Praes. Med. Il. α, 284 Γ*; Hes. Op. 30: πέλομαι 7.
πέλοι 3 Sing. Opt. Pind. P. 1, 56: πέλω 7.
πέλοιτο Opt. Praes. Il. χ, 443; Aesch. Ag. 255; -οιτ' Suppl. 81: πέλομαι 7.
πελόμεσθα 1 Plur. Praes. Theocr. 13, 4: πέλομαι 7.
πέλονται 3 Plur Praes. Il. κ, 351 Γ*; Soph. Ai. 159: πέλομαι 7.
πέλοντι 3 Plur. Praes. dor. Pind. O. 6, 100: πέλω 7.
πέλοντο Imprf. Il. ι, 526; Qu. Sm. 2, 541 B*: πέλομαι 7.
πελῶ (< πελάσω, πελάσσω) Fut. Eur. Fr. Phaeth. 2, 42: πελάζω 6.
πελώμεθ' 1 Plur. Conj. Praes. Med. Il. ζ, 388; Theocr. 23 (29), 34: πέλω 7.
πέλων Part. Praes. Aesch. Prom. 895: πέλω 7.
πέλωνται 3 Plur. Conj. Praes. Med. Il. π, 128: πέλω 7.
πέμπεσκε Imprf. iter. Her. 7, 106: πέμπω 1.
πεμπτέον (< -τός) Vb. Xen. Cyr. 8, 1, 11: πέμπω 9.
πεμπτός (< -τέον) Vb. Thuc. 8, 86: πέμπω 9.
πεμφθ(ην) Aor. Pass. -θῶσι(ν) Thuc. 4, 46; -θείην Dem. 18, 45; -θείησαν Xen. Hell. 6, 1, 39; -θῆναι Isocr. 5, 23; -θεῖσαν Pind. O. 7, 67; -θεῖσιν Lys. 12, 31; Isocr. 4, 85; -θέν Pind. O. 8, 44; -θέντα Her. 7, 193; -θέντες Thuc. 8, 89; Isocr. 4, 177: πέμπω 9.
πεμψ- Aor. -ητε Eur. Tro. 171; -ωσιν Dem. 3, 31; -ειε Pl. Prot. 329, c: πέμπω 9.
πεμψ(αμην) Aor. Med. -ασθαι Soph. O. T. 556; -άμενοι, προσμετα- Thuc. 2, 10: πέμπω 9.
πέμψα (< ἔπεμψα) Aor. πέμψαν Od. ψ, 340: πέμπω 9.

Einwirkung erfahren, (er)leiden, erdulden. 5 πελάω poet. Nbf. von πελάζω sich nähern. 6 sich nähern, herzu treten. 7 sich regen und bewegen, *versari*, sein, sich befinden. 8 schwingen, schwenken; *Med. a. Pass.* sich heftig bewegen, zittern. 9 schicken, senden.

πέμψαι Inf. Aor. Od. ι, 524; ξ, 336: πέμπω 1.
πεμψαίαθ' 3 Sing. Opt. Aor. Med. Soph. O. C. 602: πέμπω 1.
πέμψαιμι 1 Sing. Opt. Aor. Od. φ, 374; Ar. Thesm. 57, 69; Pl. Ep. 314, c: πέμπω 1.
πεμψαντ- Stammform des Part. Aor. πέμψας: -άντος Pl. Leg. 698, c; -τες Rep. 422, d; Od. α, 38: πέμπω 1.
πέμψας Part. Aor. Il. ο, 27; -ασ' Eur. Med. 774; Pl. Symp. 198, c; -αντος Leg. 698, c; -ες Rep. 422, d: πέμπω 1.
πέμψασθαι Inf. Aor. Med. Soph O. T. 556: πέμπω 1.
πέμψε Aor. Hom. Hym. 5, 335: πέμπω 1.
πέμψει 3 Sing. Fut. Od. ο, 34: πέμπω 1.
πέμψειας 2 Sing. Opt. Aor. Od. ι, 350: πέμπω 1.
πέμψειεν 3 Sing. Opt. Aor. Od. λ, 635; Pl. Prot. 329, c: πέμπω 1.
πέμψειν Inf. Fut. Il. φ, 48; Soph. El. 380: πέμπω 1.
πεμψέμεναι (< πέμψειν) Inf. Fut. Od. κ, 484: πέμπω 1.
πέμψομαι Fut. Med. Eur. H. F. 1421: πέμπω 1.
πέμψον Imper. Il. ο, 310; Soph. Ai. 826: πέμπω 1.
πεμψῶ Fut. dor. Theocr. 5, 141: πέμπω 1.
1) πέμψω Fut Od. α, 93; ε, 167; Eur. Med. 947; Suppl. 357; Xen. Hell. 6, 1, 14; Pl. Ep. 313, d; vgl. πέμψειν, πέμψει: πέμπω 1.
2) πέμψω Conj. Aor. Od. ζ, 255; -ητε Eur. Tro. 171; -ωσιν Dem. 3, 31: πέμπω 1.
πέμψωμεν 1 Plur. Conj. Aor. Il. υ, 383: πέμπω 1.
πενθήμεναι Inf. Praes. Od. σ, 120: πενθέω 2.
πενθήσω Fut. Aesch. Fr. 176 (D.): πενθέω 2.
πέπᾱγα (< πέπηγα) Perf. Alcae. 34, 2 Bergk: πήγνυμι 3.
πεπᾱγοίην Opt. Perf. 2 Eupol. in Schol. Il. ξ, 241: πήγνυμι 3.
πεπᾰθυῖα Part. Perf. Od. ρ, 555: πάσχω 4.
πέπαιγμαι Perf. Pass. πέπαικται Fr. Com. anonym. 4, 634 s. Lob. zu Phryn. p. 249, s: παίζω 5.
πεπαίδευκα Perf. Pl. Rep. 606; Xen. Cyr. 1, 6,: παιδεύω 6.
πεπαίδευμαι, -ται Perf. Pass. Xen. Cyr. 2, 3, 13; -εῦσθαι Isocr. 5, 82; -μένος Pl. Rep. 942, c *Δ**; Isocr. 15, 306: παιδεύω 6.
1) πέπαικα (< πέπαιχα) Perf. Menand. Com. Fr. 4, 237: παίζω 5.
2) πέπαικα Perf. simpl. sp. V. T. Num. 22, 28; ὑπερ- Ar. Eccl. 1118; Dem. 50, 34; Luc. Imag. 9; Catapl. 27; εἰς- Xenarch. Fr. Com. 3, 614: παίω 7.
πεπαῖσθαι Inf. Perf. Pass. Phaedr. 265, c: παίζω 5.
πεπαίσθω Imper. Perf. Pass. Pl. Phaedr. 278, b; 265, c: παίζω 5.
1) πέπαισμαι (< πέπαιγμαι) Perf. Pass. s. u. πέπαισται: παίζω 5.
2) πέπαισμαι Perf. Pass. ἐμ- Athen. 12, 543 (**211**): παίω 7.
πέπαισται 3 Sing. Perf. Pass. Her. 4, 77; Ar. Thesm. 1227: παίζω 5.
πέπαιχα (< πέπαικα) Perf. sp. Pl. Dem. 9 Lob. zu Phryn. p. 260, s: παίζω 5.
πεπαλαγμένος Part. Perf. Il. ζ, 268 *B**; Ap. Rh. 3, 1045; Hes. Op. 731; Qu. Sm. 8, 365: παλάσσω 8.
πεπάλαικα Perf. Anth. 12, 90: παλαίω 9.
πεπάλαισμαι Perf. Pass. Anth. 9, 411; Luc. Asin. 10 (**211**): παλαίω 9.
πεπάλακτο 3 Sing. Plsprf. Il. λ, 98; μ, 186; υ, 400: παλάσσω 8.
πέπαλμαι Perf. Pass. -ται Aesch. Ch. 410; -μένη 524: πάλλω 10.
πεπαλών Part. Perf. ἐμ- Il. γ, 355 [**45**]: πάλλω 10.
πέπαμαι, -ται Perf. Pind. P. 8, 73. 90; Aesch. Ag. 835; Ch. 191; Hypocr. 2 (72), 2; Archyt. Pyth. Stob. Flor. 73, 18; Xen. An. 3, 3, 18; Luc. Ion. 675: πάομαι 11.
πεπᾶναι Inf. Aor. Ar. Vesp. 646: πεπαίνω 12.

---

1 schicken, senden. 2 klagen, trauern, traurig sein. 3 fest machen, befestigen; hineinschlagen, -stossen; *intrans.* fest, hart, steif werden; bes. gerinnen, gefrieren. 4 eine Einwirkung erfahren, (er)leiden, erdulden. 5 *kindern*; scherzen, spielen. 6 erziehen, aufziehen unterrichten, bilden. 7 schlagen, hauen, stossen, verwunden. 8 besprengen, beflecken, beschmutzen. 9 ringen. 10 schwingen, schleudern, werfen; *Med.* sich schwingen, sich

πεπανθῇς Conj. Aor. Pass. Heracl. 159: πεπαίνω 12.
πεπανθήσομαι Fut. Pass. Xen. Cyr. 4, 5, 41: πεπαίνω 2.
πέπαρμαι Perf. Pass. Il. α, 246; ε, 399; λ, 633; Qu. Sm. 3, 144; 5, 390; Hes. Op. 203; Archil. Fr. 77; Luc. Tragod. 298; προσ- Aesch. Prom. 113; ἀμ- Ar. Ach. 796: πείρω 13.
πεπαρρησίασμαι Perf. act. u. pass. Bed. Dem. 4, 51; -μεν Isocr. 15, 10: παρρησιάζομαι 14.
πεπαρῴνηκα[1]) Perf. Aesch. 2, 154; Heniochus Fr. Com. 3, 563: παροινέω 15.
πεπαρῴνημαι[2]) Perf. Pass. Luc. Jup. Tr. 14: παροινέω 15.
πεπᾶσθαι Inf. Perf. Eur. Andr. 641; H. F. 1426; Solon. St. Fl. 9, 25: πάομαι 11.
πέπασμαι Perf. Pass. Diod. Sic. 1, 72; Plut. M. 505; Sulla 2; Aristot. περὶ ζώων ἱ, 4, 3, 2: πάσσω 16.
πεπάομην Plsprf. Il. ω, 642: πάομαι, πατέομαι 17.
πεπάσομαι (< πάσομαι) Fut. Pempel. in Stob. Fl. 79, 52: πάομαι 11.
πέπαστο (< ἐπέπαστο) Plsprf. Long. Past. 1, 12: πάσσω 16.
πεπάταγμαι Perf. Pass. ἐκ- Od. σ, 327: πατάσσω 18.
πεπάτηκα Perf. Ar. Av. 471; -ημένον Dem. 7, 45: πατέω 19.
πέπαυκα Perf. Dem. 20, 70: παύω 20.
πέπαυμαι (<πέπαυσμαι) Perf. Pass. Aesch. Prom. 615; Soph. Phil. 1280; Ar. Thesm. 709; Lys. 24, 6; Her. 2, 135; -ται Aesch. Sept. 837; -νται Lys. 16, 20: παύω 20.
πεπαυμένος Perf. Pass. Soph. Ai. 279; Pl. Prot. 328, e; -μένοι Lys. 19, 6: παύω 20.
πεπαῦσθαι Inf. Perf. Pass. Thuc. 5, 16; Dem. 18, 266; Luc. Scyth. 2, 862: παύω 20.
πέπαυσμαι (< πέπαυμαι) Perf. Pass. Her. 1, 84; Soph. Ant. 91; Tr. 587; Pl. Prot. 528; Euth. 278; Luc. Rhetor. Praes 26: παύω 20.
πέπαυσο 2 Sing. Imper. Perf. Dem. 24, 64: παύω 20.
πέπεικα Perf. Lys. 26, 7; Pl. Euthyd. 272, c *B**; Xen. An. 6, 4, 10; Isocr. 14, 15: πείθω 21.
πεπεικέναι Inf. Perf. Dem. 20, 14: πείθω 21.
πεπεικώς Part. Perf. Dem. 19, 20. 74; -κότες 144: πείθω 21.
πεπείνηκα Perf. Pl Rep. 606, a: πεινάω 22.
1) **πεπείρᾱμαι** Perf. Pass. Ar. Vesp. 1129; Fr. Com. 30: πειράω 23.
2) **πεπείρᾱμαι** Perf. Pass. als Act. Soph. Fr. 516; 3, 5; Dem. 18, 89: πειράω 23.
πεπείρανται Perf. Pass. Od. μ, 37; Soph. Tr. 581 [*102*]: πειράω 23.
πεπειρᾶσθαι Inf. Perf. Pass. Fr. Com. 2, 50: πειράω 23.
πεπειράσθω Imper. Perf. Pass. Ar. Vesp. 1129: πειράω 23.
πεπειρέατο 3 Sing. Plsprf. Her. 7, 125: πειράω 23.
πεπείρημαι (< πεπείραμαι) Perf. Pass. Od. γ, 23; Her. 9, 46; -ημένοι 4, 159 [*11*]: πειράω 23.
πεπεῖσθαι Inf. Perf. Thuc. 5, 40; Pl. Rep 368, a; Xen. Oec. 6, 11: πείθω 21.
πέπεισθι Imper. selten Aesch. Eum. 599: πείθω 21.
πέπεισμαι Perf. Pass. Pind. O. 1, 165; Aesch. Pers. 697; Eur. El. 578; Xen. Cyr. 6, 1, 2; Isocr. 8, 33; -ται Dem. 20, 49: πείθω 21.
1) **πέπεμμαι** Perf. Pass. -μένον Ar. Plut. 1126; vergl **πέπεπται**: πέπτω 24.
2) **πέπεμμαι** Perf. Pass. πεπεμμένος Dem. 23, 159; Dio. Cass. 50, 13; 56, 22: πέμπω 1.

---

[1] Eust. Et. M. Moeris p. 332.
[2]) Vgl. Lob. Phryn. 154.

---

rasch, lebhaft bewegen. 11 erwerben, *Perf.* besitzen. 12 weich, gar, reif machen, mildern. 13 durchbohren. 14 freimüthig, offen reden, handeln. 15 beim Wein schlecht, übermüthig handeln. 16 (auf-, be)streuen. 17 kosten von ... zehren. 18 laut klopfen, schlagen; klappe(r)n. 19 zer-, (be)treten; gehen, wandeln. 20 aufhören machen, abbringen; *Pass.* aufhören. 21 bewegen, gewinnen, überreden, überzeugen. 22 hungern, hungrig sein, wornach dursten. 23 versuchen, sich bemühen, streben; erproben, kennen lernen. 24 πέπτω spätere Form für πέσσω erweichen, weich machen.

πέπεμπται 3 Sing. Perf. Pass. Aesch. Sept. 473; προ- Thuc. 7, 77: πέμπω 1.

πεπένθηκα Perf. Luc. Demon. 25; συν- (Dem.) 60, 33: πενθέω 2.

πεπένθηκε Perf. συμ- Dem. 33: πενθέω 2.

πέπεπται 3 Sing. Perf. Pass. Ar. Pax. 869: πέπτω 3.

πεπέρακα Perf. Aesch. Pers. 65; Xen. Laced. 4, 7: περάω 4.

πεπεράνθαι Inf. Perf. Pass. Pl. Men. 75, e; Gorg. 472, b: περαίνω 5.

πεπεράνθω 1 Sing. Conj. Perf. Pass. Pl. Leg. 736, b: περαίνω 5.

πεπέρανται Perf. Pass. Pl. Rep. 502, e: περαίνω 5.

πεπέρασμαι Perf. Pass. Pl. Parm. 145. 158; Aristot. öfter; Pol. 4, 40 (**235**): περαίνω 5.

πεπερημένος Part. Perf. Pass. Il. φ, 58: περάω 4.

πεπέτακα Prf. sp. δια- Diod. Sic. 17, 115: πετάννυμι 6.

πεπέτασμαι (< πεπέταμαι) Perf. Pass. Anth. 9, 656; ἐκ- Her. 1, 62 (Orac.); παρα- Polyb. 33, 3: πετάννυμι 6.

πέπηγα (< πέπαγα) Perf. -ε(ν) Il. γ, 135; Aesch. Ch. 67; Soph. Ai. 819; Eur. H. F. 1395; Pl. Rep. 530, d *A**: -ασι in παρα- Isocr. 1, 46: πήγνυμι 7.

πεπηγέναι Inf. Perf. Dem. 4, 8; παρα- Luc. Amor. 1: πήγνυμι 7.

πέπηγμαι Perf. Pass. συν- Ar. An. 2, 21; 5, 12; Dion. Arch. 5, 56: πήγνυμι 7.

πεπηγώς Part. Perf. συμ- Luc. Ver. Hist. 2, 3; -γός Pl. Tim. 58, e; -γότος Nonn. 3, 9. 139; -γότα Nonn. 1, 59: πήγνυμι 7.

πεπήδηκα Perf. Aesop. Fab. 14 (Heusing.); ἐκ- Xen. Hell. 7, 4, 37; εἰσ- Polyb. 12, 9: πηδάω 8.

πεπηδηκόσιν Perf. εἰσ- Dem. 57, 49 (1314): πηδάω 8.

πέπηκτο Plsprf. Nonn. 1, 270: πήγνυμι 7.

πεπηλάκισμαι Perf. Pass. in προ- -σται Dem. 21, 7; -μένους Dem. 21, 195: (προ)πηλακίζω 9.

πεπήλοτι Part. Perf. sp. u. selten Nonn. Dion. 14, 152: πάλλω 10.

πέπηχα Perf. selten Dio. Cass. 40, 40: πήγνυμι 7.

1) πεπίασμαι Perf. Pass. Aelian. N. A. 13, 25; κατα- Pl. Leg. 807; (**235**): πιαίνω 11.

2) πεπίασμαι Perf. Pass. Hippiatr. p. 121, 33: πιάζω 12.

πεπίεγμαι (<πεπίεσμαι) Perf. Pass. Hippocr. 3, 73: πιέζω 13.

πεπίεσμαι (<πεπίεγμαι) Perf. Pass. Hippocr. 5, 196; ἐκ- 2, 270: πιέζω 13.

πεπιθεῖν Inf. Aor. 2 Il. ι, 184; Hom. Hym. 4, 7, 33; Ap. Rh. 3, 536 [**45**]: πείθω 14.

πεπιθέσθαι Inf. Aor. 2 Med. Qu. Sm. 8, 459 [**45**]: πείθω 14.

πεπιθήσω (< πιθήσω) Fut. Il. χ, 323 [**48**]: πιθέω, πείθω 14.

πεπίθοιμεν 1 Plur. Opt. Aor. 2 Il. α, 100; Ap. Rh. 3, 470 [**45**]: πείθω 14.

πεπίθοιμι 1 Sing. Opt. Aor. 2 Ap. Rh. 4, 417 [**45**]: πείθω 14.

πεπίθοιτο Opt. Aor. 2 Med. -θοιθ' Il. κ, 204; -θοιτο Qu. Sm. 1, 607 [**45**]: πείθω 14.

πεπίθομεν 1 Plur. Conj. Aor. 2 Il. ι, 112: πείθω 14.

πέπιθον Aor. 2 Ap. Rh. 1, 964 [**45**]: πείθω 14.

πεπιθόν (< πιθών) intr. Part. Aor. 2 Pind. I. 3, 90: πείθω 14.

πεπίθοντο 3 Plur. Aor. 2 Med. Ap. Rh. 1, 163; Qu. Sm. 1, 117; 12, 84: πείθω 14.

πεπιθοῦσα Fem. Part. Aor. 2 Il. ο, 26: πείθω 14.

πεπίθωνται 3 Plur. Conj. Aor. 2 Qu. Sm. 12, 40: πείθω 14.

---

1 schicken, senden. 2 klagen, trauern, traurig sein. 3 πέπτω spätere Form für πέσσω erweichen, weich machen. 4 durchdringen, durchstechen, durchbohren; durchfahren, -schiffen, -reisen. 5 beendigen, vollenden; *Pass.* sich endigen; in Erfüllung gehen, geschehen. 6 ausbreiten, entfalten; *Pass.* sich verbreiten. 7 fest machen, befestigen, hineinschlagen, -stossen; *intrans.* fest, hart, steif werden; *bes.* gerinnen, gefrieren. 8 springen, hüpfen. 9 mit Koth bewerfen, misshandeln, beschimpfen. 10 schwingen, schleudern, werfen; *Med.* sich schwingen, sich rasch, lebhaft bewegen. 11 fett, feist machen, mästen. 12 zusammendrücken, fassen, fest nehmen. 13 (zusammen)drücken, drängen. 14 bewegen, gewinnen, über-

πεπίστευκα Perf. Antiphanes Fr. Com. 3, 91; Dem. 21, 221; 23, 147; -κέναι Pl. Gorg. 454, d; -κώς Dem. 21, 117; -κότες 6, 6; -ων 19, 12: πιστεύω 15.
πεπίστευμαι Perf. Pass. -ται Dem. 23, 68: πιστεύω 15.
πεπλαγίασμαι Perf. Pass. Soph. O. T. 137: πλαγιάζω 16.
πέπλαγμαι (< πέπλεγμαι) Perf. Pass. Aesch. Sept. 896: πλήσσω 17.
πέπλακα Perf. sp. Dio. Cass. 67, 7; Diod. Sic. 15, 11: πλάσσω 18.
πεπλάνηκα Perf. Pl. Leg. 655, c: πλανάω 18a.
πεπλάνημαι Perf. Pass. Pl. Pol. 263, a; Isocr. 15, 265; -ῆσθαι Her. 7, 6: πλανάω 18a.
πέπλασθαι, πεπλάσθω s. u. πέπλασμαι.
πέπλασμαι Perf. Pass. -ται Dem. 52, 12; -μένος, -ν Aesch. Prom. 1030; Eur. Ion. 830; Dem. 45, 68; Theocr. 7, 44; πεπλάσθω Pl. Rep. 588, d; πεπλᾶσθαι in ἀνα- Luc. Prom. s. Cauc. 17: πλάσσω 18.
πέπλεγμαι Perf. Pass. -μεθα Eur. Bacch. 800; -μένη Andr. 995; -μένα Hec. 7, 72; -ησι 7, 85; -κται Pl. Theaet. 202, b; -χθαι Soph. 240, b: πλέκω 19.
πέπλευκα Perf. Eur. Hel. 407; -ας Soph. Phil. 71; -αμεν Eur. I. T. 1040; -ατε Soph. Phil. 404; -κέναι Dem. 56, 49; -κώς, -κότων Dem. 50, 22; -κυῖας Thuc. 8, 108: πλέω 20.
πέπλευσμαι Perf. Pass. Xen. Cyr. 6, 1, 16; Dem. 58, 12 (211): πλέω 20.
πέπλεχα Perf. ἐμ- Hippocr. 1, 519: πλέκω 19.
πέπληγα (< πέπληχα) Perf 2 Il. ε, 763; Ar. Av. 1350; Xen. An. 6, 1, 5: πλήσσω 17.
πέπληγμαι Perf. Pass. Aesch. Ag. 1343. 1164; Eur. Hipp. 341 *B**; -κται Aesch. Suppl. 283; -μεθ' Aesch. Pers. 1007; -μεθα Eur. Rhes. 867; vgl. -μένος, πεπλῆχθαι: πλήσσω 17.
πεπληγμένος Part. Perf. Pass. Aesch. Ag. 1345; Eur. Alc. 856; Ar. Ach. 1218; Thuc. 2, 60; 8, 38; -μένους in ἐκ- Xen. An. 5, 9, 12: πλήσσω 17.
πεπληγόμην Aor. 2 ep. Il. μ, 162 [45]: πλήσσω 17.
πέπληγον (< ἐπέπληγον) Aor. 2 Il. ψ, 363 [45]: πλήσσω 17.
πεπληγοτ- Stammform des Part. Perf. -ότες Qu. Sm. 5, 91: πλήσσω 17.
πεπληγυῖα Fem. Part. Perf. Il. ε, 763; Od. κ, 238. 319; Qu. Sm. 3, 548: πλήσσω 17.
πεπληγώς Part. Aor. 2 Il. β, 264; χ, 497; Qu. Sm. 4, 559: πλήσσω 17.
πέπληθα Perf. s. -θώς, -θυῖας, -θέναι: πλήθω 25.
πεπληθέναι Inf. Perf. Pherecrates, Fr. Com. 2, 265: πλήθω 25.
πεπληθυῖα Part. Fem. Perf. Qu. Sm. 9, 393; 11, 160; -αν Theocr. 20 (22), 38: πλήθω 25.
πεπληθώς Part. Perf. Man. Ap. 4, 81: πλήθω 25.
πέπληκα Perf. ἐμ- Pl. Ap. 23, e; -ασι Luc. Deor. Cons. 14; -κώς Dion. 3: πίμπλημι 21.
πεπλήξομαι (< πληγήσομαι) Fut. 3 Eur. Hipp. 894; Ar. Equ. 371; Pl. Theaet. 180, a: πλήσσω 17.
πεπλησίακα Perf. Pl. Theaet. 144, a; Isocr. 12, 203. 229: πλησιάζω 22.
πέπλησμαι Perf. Pass. δια- Andoc. 1, 125; ἀνα- Luc. Jup. Trag. 33; κατα- Anthiphanes Fr. Com. 3, 101; vgl. πεπλῆσθαι Luc. Alex. 25: πίμπλημι 21.
πέπληχα (< πέπληγα) Perf. Xen. An. 6, 1, 5: πλήσσω 17.
πεπλῆχθαι Inf. Perf. Pass. ἐκ- Xen. An. 2, 4, 26; Hell. 4, 8, 5; Cyr. 7, 5, 21; κατα- Dem. 37, 43: πλήσσω 17.
πεπλωκότα Part. Perf. Eur. Hell. 561: πλώω 23.
πέπνευκα Perf. ἐπι- Pl. Phaedr. 262, d; ἀντι- Iamblich. Stob. Fl. 5, 67; -κότες Eur. Phoen. 1151: πνέω 24.
πέπνευμαι (< πέπνευσμαι, πέπνυμαι) Perf. Pass. ἐν- Schol. Ap. Rh. 4, 1381: πνέω 24.

---

reden, überzeugen. 15 glauben, (ver)trauen, sich verlassen. 16 in die Quere stellen, auf die Seite wenden. 17 schlagen, stossen, verwunden. 18 bilden, formen, gestalten. 18a in die Irre führen, verführen. 19 flechten, knüpfen, schlingen. 20 schiffen. 21 voll machen, (er-, an)füllen. 22 sich nähern, nahe kommen, nahe sein. 23 schiffen, schwimmen. 24 wehen, blasen, hauchen. 25 voll sein; *tr.* anfüllen.

πέπνευσμαι (< πέπνευμαι, πέπνυμαι) Perf. Pass. sp.: πνέω 1.
πέπνιγμαι Perf. Pass. -μένον Ar. Vesp. 511; -μένα Metagen. Fr. Com. 2, 753: πνίγω 2.
πεπνυμένος Part. Perf. Pass. Il. γ, 203 Γ*; Hes. Op. 729; Qu. Sm. 13, 391; Ar. Vesp. 511; Polyb. 6, 47. 53: πνέω 1.
πέπνυσαι 2 Sing. Perf. Il. ω, 377: πνέω 1.
πεπνῦσθαι Inf. Perf. Il. ψ, 440: πνέω 1.
1) πέπνυσο 2 Sing. Plsprf. Od ψ, 210: πνέω 1.
2) πέπνυσο Imper. Theogn. 29: πνέω 1.
πεπόθηκα Perf. Anth. Pal. 11, 417: ποθέω 3.
πεποίηκα Perf. Isae. 1, 21; Pl. Phaed. 60, d; -κώς Isocr. 18, 19: ποιέω 4.
πεποιήκοι 3 Sing. Opt. Perf. Thuc. 8, 108: ποιέω 4.
πεποίημαι Perf. Pass. Andoc. 4, 22; -μένον Pl. Rep. 601, d: ποιέω 4.
πεποιῆσθαι Inf. Perf. Pass. Pl. Hipp. 363, b: ποιέω 4.
πεποιήσομαι Fut. 3 pass. Hippocr. 2, 632: ποιέω 4.
πέποιθα 1 Sing. Perf. 2 Il. ν, 96; Od. π, 71; φ, 132; Qu. Sm. 2, 79; Pind. O. 1, 103; Eur. Alc. 1215; Rhes. 991: πείθω 5.
πεποίθασιν 3 Plur. Perf. Il. δ, 325: πείθω 5.
πέποιθε 3 Sing. Perf. 2 Od. π, 98. 116; Hes. Op. 373: πείθω 5.
πεποίθεα 1 Sing. Plsprf. Od. δ, 334; θ, 181: πείθω 5.
πεποίθει Plsprf. Qu. Sm. 5, 137: πείθω 5.
πεποιθέναι Inf. Perf. Aesch. Prom. 225; Ch. 297; Thuc. 2, 42: πείθω 5.
πεποίθῃς 2 Sing. Conj. Perf. 2 Il. α, 524; Od. ν, 344: πείθω 5.
πεποιθοίη 3 Sing. Opt. Perf. Ar. Ach. 940: πείθω 5.
πεποίθομεν 1 Plur. Conj. Perf. st. πεποίθωμεν Od. κ, 335: πείθω 5.
πεποιθοτ- Stammform des Part. Perf. -θώς, -θότα Ap. Rh. 4, 274; -θότε 1463; -θότες Il. μ, 135. 153; Qu. Sm. 2, 204; -θότας Il. ρ, 234: πείθω 5.
πεποίθω 1 Sing. Conj. Perf. 2 Od. ω, 329: πείθω 5.
πεποιθώς Part. Perf. Il. ε, 299; ν, 471; Qu. Sm. 4, 184; 5, 210; Aesch. Pers. 79; Sept. 530. 672; Eur. Hel. 154: πείθω 5.
πεπολέμηκα Perf. Isocr. 4, 156; Dem. 15, 17: πολεμέω 6.
πεπολεμήσομαι Fut. δια- Thuc. 7, 14: πολεμέω 6.
1) πεπόλιτευμαι Perf. Med. Pl. Leg. 676, b; Dem. 18, 10: πολιτεύω 7.
2) πεπολίτευμαι Perf. Pass. Isocr. 6, 45: πολιτεύω 7.
πέπομαι Perf. Pass. Theogn. 477; ἐκ- Od. χ, 56; προ- Dem 3, 22: πίνω 8.
πέπομπα (< πέπομφα) Perf. ungebräuchl. Eust. p. 790, 11; Lob. Par. 13: πέμπω 9.
πέπομφα Perf. Thuc. 7, 12; vergl. -έναι; -ώς Luc. Meretr. D. 8, 2: πέμπω 9.
πεπομφέναι Inf. Perf. Xen. Cyr. 6, 2, 11: Dem. 7, 9; Luc. Symp. 27: πέμπω 9.
πεπόναμαι Perf. Pass. Pind. P. 9, 93; Theocr. 13, 14: πονέω 10.
πεπονήατο 3 Sing. Plsprf. Ap. Rh. 1, 752: πονέω 10.
πεπόνηκα Perf. Ar. Pax. 820; προ- Luc. Quom. h. scr. s. 16: πονέω 10.
1) πεπόνημαι Perf. Med. Her. 2, 63; Pl. Phil. 58, e: πονέω 10.
2) πεπόνημαι Perf. Pass. Soph. Tr. 955; Pl. Phaedr. 232: πονέω 10.
πεπόνητο Plsprf. Il. ο, 447: πονέω 10.
πέπονθα Perf. Od. ν, ο; Soph. O. C. 595; Isocr. 19, 2; -εν 18, 4; -αμεν Ar. Lys. 714; Thuc. 6, 11; Isae. 5, 25; -ατε Isocr. 8, 114; -ασιν Xen. Cyr. 5, 2, 25; Dem. 1, 7: πάσχω 11.
πεπόνθει (< ἐπεπόνθει) Plsprf. Theocr. 10, 1: πάσχω 11.
πεπονθέναι Inf. Perf. Eur. Suppl. 790; Ar. Vesp. 946; Thuc. 3, 68: πάσχω 11.

---

1 wehen, blasen, hauchen. 2 (er)sticken, erwürgen, erdrosseln; dämpfen, schmoren. 3 wünschen, verlangen, begehren. 4 machen, thun. 5 bewegen, gewinnen, überreden, überzeugen. 6 kriegführen, kriegen. 7 den Staat verwalten, einrichten. 8 trinken. 9 schicken, senden.

πεπόνθῃ 3 Sing. Conj. Perf. Pl. Rep. 576, a: πάσχω 11.
πεπόνθης 2 Sing. Perf. Theocr. 7, 83; 10, 1 [*159*]: πάσχω 11.
πεπόνθοι Opt. Perf. Pl. Parm. 140, a; -οιμεν Hipp. mai. 301, a: πάσχω 11.
πεπόνθοιμεν 1 Plur. Opt. Perf. Pl. Hipp. mai. 301, a: πάσχω 11.
πεπονθοτ- Stammform des Part. Perf. -θότος Soph. Ai. 523; -θότες Isocr. 14, 9; -θός Pl. Phaedr. 264, d; -θόσιν Lys. 12, 57; 19, 4: πάσχω 11.
πεπονθυῖα Fem. Part. Perf. Pl. Hipp. mai. 300, b: πάσχω 11.
πεπονθώς Part. Perf. Soph. O. C. 873; Pl. Lys. 25, 15; Isocr. 18, 9: πάσχω 11.
πέπορδα Perf. Ar. Nub. 392: πέρδω 12.
πεπόρδειν Plsprf. Ar. Vesp. 1305: πέρδω 12.
πεπόρευμαι Perf. Med. Pl. Rep. 266, c Dem. 53, 6: πορεύω 13.
πεπόρικεν Perf. [Dem.] 26, 17: πορίζω 14.
πεπόρισμαι Perf. Pass. -σται Lys. 29, 7; -σθαι Dem. 44, 3; -μένας Isocr. 15, 278: πορίζω 14.
πέποσθε 2 Plur. Perf. st. πεπόνθατε Il. γ, 199: πάσχω 11.
πέποσχα Perf. st. πέπονθα Stesich. bei Phot. p. 412, 21; Epicharm. im Et. M. p. 662, 11: πάσχω 11.
πεπόταμαι[1]) (< πεπότημαι) Perf. Pass. -αται Aesch. Eum. 378; Pers. 669; Eur. El. 177. 564; ἐκ- Theocr. 11, 69 (72) vgl. πεπότηται, πεπότητο: πέτομαι 15.
πεποτήαται (< πεπότανται) 3 Plur. Perf. Il. β, 90 [*101*]: ποτάομαι poet. = πέτομαι 15.
πεπότημαι (< πεπόταμαι) Perf. Pass. Il. β, 90; Ap. Rh. 1, 1097; Qu. Sm. 7, 43; Ar. Nub. 319: πέτομαι 15.
πεπότητο Plsprf. Hes. Sc. 148; Nonn. 2, 219: πέτομαι 15.

[1]) Dorisch in Chören der Tragiker.

πέπρᾱγα Perf. 2 *intr.* Pind. P. 2, 73; Eur. Alc. 246; H. F. 1375; Ar. Plut. 629; Pl. Rep. 603, c; *trans.* -ας Ar. Equ. 683; -ότες Menand. Fr. 75 (-ᾱ- *201*): πράσσω 16.
πέπραγμαι Perf. Pass. s. πεπραγμένος und πέπρακται: πράσσω 16.
πεπραγμάτευμαι Perf. act. Isocr. 11, 1; Pl. Phaed. 100, b; pass. Parm. 129, e; Ap. 22, b: πραγματεύω 17.
πεπραγμένος Part. Perf. Pass. -μένον Thuc. 5, 46; Pl. Pol. 267, c; -μέναι Isocr. 17, 3; -μένων Pind. O. 2, 15: πράσσω 16.
πεπραγοτ- Stammform des Part. Perf. -ότος Eur. Rhes. 804; -ότα Suppl. 329; H. F. 707; Ar. Nub. 1269; -ότες Heracl. 499; -ότας Or. 87; -όσιν Alexis Fr. Com. 3, 428: πράσσω 16.
πέπρακα Perf. Pseud. Anacr. 14, 11; Isae. 7, 31; Dinarch. 1, 71; Dem. 37, 19; vgl. πεπρακέναι, -κώς, -κοτ-: πιπράσκω 18.
πεπρακέναι Inf. Perf. Xen. An. 7, 8, 6: πιπράσκω 18.
πέπρακται 3 Sing. Perf. Pass. Aesch. Ag. 551; Eur. Hipp. 680; Pl. Leg. 866, d: πράσσω 16.
πεπρακώς Part. Perf. Dem. 19, 102: πιπράσκω 18.
πέπρᾱμαι Perf. Pass. Soph. Phil. 978; Andoc. 1, 79; ἐκ- Dem. 9, 39; πεπραμένοι Aesch. Ch. 132; -μένος Dem. 46, 6; vgl. πεπρᾶσθαι: πιπράσκω 18.
πεπράξομαι (< πράξομαι) Fut 3 Soph. O. C. 861; Eur. Heracl. 980; Ar. Av. 847; Plut. 1027. 1200: πράσσω 16.
πεπρᾶσθαι Inf. Perf. Pass. Lys. 30, 27; Dem. 39, 17: πιπράσκω 18.
πεπράσομαι Fut. 3 Ar. Vesp. 179; Theopomp. Fr. Com. 2, 822. 823; Xen. An. 7, 1, 36: πιπράσκω 18.
πεπραϋσμένος Part. Perf. Pass. Aelian. N. A. 4, 16: πραΰνω 19.

10 arbeiten, sich anstrengen; bewerkstelligen, verfertigen. 11 eine Einwirkung erfahren, (er)leiden, erdulden. 12 *perdere.* 13 bringen wohin, fahren, überfahren, über Wasser und Land senden. 14 führen wohin, herbeischaffen, ausmitteln, verschaffen, bereiten. 15 fliegen. 16 durchdringen, ausrichten, erlangen, erreichen. 17 eine Sache, ein Geschäft betreiben, sich womit abgeben, beschäftigen. 18 verkaufen. 19 besänftigen, mildern, lindern, beschwichtigen.

πέπρᾱχα Perf. Plat. in Com. Fr. 669; Menand. Com. Fr. 4, 254; Xen. Cyr. 3, 1, 15; 5, 5, 14; 7, 5, 42; An. 5, 7, 29; 5, 2, 32; Dem. 19, 17; Aristot. Nic. Eth. P. 1110: *πράσσω* 1.

πεπρᾶχθαι Inf. Perf. Pass. Pl. Eutyphr. 8, e; Isae. 5, 7; Isocr. 12, 127; Dem. 16, 19: *πράσσω* 1.

πεπρέσβευκα Perf. -*ας* Ar. Ach. 610; -*κέναι* in *συμ*- Dem. 19, 188; *πεπρεσβευκώς* Dem. 9, 188: *πρεσβεύω* 6.

πεπρέσβευμαι Perf. Pass. -*εῦσθαι* Dem. 19, 240; -*ευμένων* 19, 241. 242: *πρεσβεύω* 6.

πέπρηγα (< *πέπρηχα*) Perf. Her. 2, 172: *πρήσσω* ion. u. ep. gleich *πράσσω* 1.

πέπρηγμαι Perf. Pass. Her. 9, 1: *πράσσω* 1.

πέπρηκα Perf. sp. *ἐμ*- Alciphr. 1, 32; *ὑπο*- (Hippocr.) Epist. 3, 308: *πίμπρημι* 2.

πεπρημένος Perf. Il. φ, 58: *πιπράσκω* 3.

πέπρησμαι (< *πέπρημαι*) Perf. Pass. Pherecr. Com. Fr. 2, 287; *ἐμ*- Ar. Vesp. 36; Lys. 322; Her. 8, 144: *πίμπρημι* 2.

πέπρησο Imper. Perf. Pherecr. Ath. 3, 75, b: *πίμπρημι* 2.

πεπρήσομαι Fut. -*εται* in *ἐν*- Her. 6, 9: *πίμπρημι* 2.

πέπρηχα (< *πέπρηγα*) Inf. Perf. ion. -*έναι* Her. 5, 106: *πρήσσω* 1.

πέπρισμαι Perf. Pass. *ἐκ*- Ar. Pax. 1135; *δια*- Pl. Symp. 193 (**211**): *πρίω* 4.

πεπρωμένος Part. Perf. Eur. I. A. 882; -*ν* Pind. P. 4, 60; Aesch. Ag. 68; Eur. Rhes. 634; Tro. 340; Xen. Hell. 6, 3, 6; Mem. 2, 1, 33; -*μένου* Eur. Hell. 1660; -*μένῳ* Alexis Fr. Com. 3, 394. 395; -*μένοισιν* Eur. Hel. 1646; -*μένη* Soph. Ant. 1337; Eur. Alc. 147; -*αν* Pind. N. 4, 43: *πόρω* 5.

πέπρωταί Perf. Pass. Il. σ, 329; Ap. Rh. 1, 904; 4, 799; Pyth. Aur. Carm. 9; Aesch. Prom. 519. 815; Eur. Alc. 21: *πόρω* 5.

πέπρωτο Plsprf. Hes. Th. 664. 475; Qu. Sm. 9, 327; *πέπρωθ'* Antiph. Fr. Com. 3, 133: *πόρω* 5.

πέπταμαι (< *πέπτασμαι*) Perf. Pass. s. *πέπτανται*, *πέπταται*: *πετάννυμι* 7.

πεπτάμενος Part. Perf. -*μένας* Il. φ, 531; -*μένον* Ap. Rh. 2, 407. 1148. 1273; -*μένα* in *ἀνα*- Pind. N. 9, 2; -*μένοις* Ap. Rh. 4, 1621; -*οισιν* 4, 1227; -*μένοις* in *ἀνα*- Xen. Hell. 4, 1, 15: *πετάννυμι* 7.

πέπτανται 3 Plur. Perf. Il. ε, 195; Ap. Rh. 4, 634 (**371**): *πετάννυμι* 7.

πέπταται (< *πεπτέαται*) 3 Sing. Perf. Od. ζ, 45; Ap. Rh. 1, 1056; *περι*- Qu. Sm. 3, 650; 7, 333; *προ*- Ar. Fr. Com. 2, 989: *πετάννυμι* 7.

πέπτατο 3 Sing. Plsprf. Pass. Il. ρ, 371; Ar. Av. 48: *πετάννυμι* 7.

πεπτέαται (< *πέπταται*) 3 Sing. Perf. einzeln Her. 9, 9: *πετάννυμι* 7.

πεπτεῶτ' Part. Perf. Il. φ, 503: *πίπτω* 8.

πεπτεῶτας Part. Perf. Od. χ, 384: *πίπτω* 8.

πέπτηκα (< *πέπτωκα*) Perf. Anth. 7, 427: *πίπτω* 8.

πεπτηοτ- Stammform des Part. Perf. *πεπτηώς*: -*ότες* Ap. Rh. 1, 1296; -*ότας* 4, 1662; Hippocr. 2, 701: *πτήσσω* 9.

πεπτηυῖα Fem. Part. Perf. Od. ν, 98; -*ν* Ap. Rh. 4, 93; -*ιης* Qu. Sm. 1, 659: *πτήσσω* 9.

πεπτηώς Part. Perf. Od. ξ, 354; χ, 362 (**61**): *πτήσσω* 9.

πεπτηῶσα Fem. Part. Perf. Ap. Rh. 2, 834: *πτήσσω* 9.

πεπτηῶτ- Part. Perf. -*ηῶτα* Ap. Rh. 1, 1056; Qu. Sm. 8, 231; -*ηῶτες* Od. ξ, 474; Il. β, 312; Ap. Rh. 1, 1296; -*ηῶτας* 3, 321; *ὑπο*- Man. Ap. 3 (2), 377: *πτήσσω* 9.

πεπτός Vb. Eur. Fr. Cress. 13, 5: *πέσσω* 10.

---

1 durchdringen, ausrichten, erlangen, erreichen. 2 aufblasen, anfachen, anzünden. 3 verkaufen. 4 (zer)sägen. knirschen, beissen, packen. 5 geben, schenken; verschaffen, zu Wege bringen. 6 älter, der Aelteste sein. 7 ausbreiten, entfalten; *Pass.* sich verbreiten. 8 fallen, nieder, ein-, zusammen fallen, unterliegen; irren; gerathen wohin. 9 in Furcht, Schrecken, Bestürzung setzen; *intrans.* ~ gerathen. 10 weich,

πέπτυκται Perf. Pass. Aristot. H. A. 4, 9: πτύσσω 11.
πέπτωκα (< πέπτηκα) Perf. Aesch. Eum. 147; Eur. Ion. 1438; -ας Bacch. 813; I. A. 1280; Isocr. 15, 159; -αμεν in ἐμ- Isocr. 7, 76; -ασιν in ἐμ- Isocr. 16, 65 Γ*: πίπτω 8.
πεπτώκασιν 3 Plur. Perf. ἐμ- Isocr. 6, 64: πίπτω 8.
πεπτωκέναι Inf. Perf. Aesch. Sept. 462; Pl. Phil. 22, e; παρα- Xen. Vect. 5, 8; Isocr. 17, 8: πίπτω 8.
πεπτωκοτ- Stammform des Part. Perf. Xen. An. 1, 8, 28; -κότι in ἐκ- Thuc. 1, 28; -κότα Eur. H. F. 597; Pl. Rep. 604; -κότες Eur. Rhes. 769; Phoen. 881; Xen. An. 5, 2, 1: πίπτω 8.
πεπτωκυῖας Fem. Part. Perf. Xen. Hell. 3, 4, 2; συμ- Thuc. 8, 41: πίπτω 8.
πεπτωκώς Part. Perf. Xen. Cyr. 7, 1, 37; vgl. πεπτωκοτ-: πίπτω 8.
πεπτῶτα Part. Perf. Soph. Ai. 828; πεπτῶτ' 923; Ant. 697; vgl. πεπτῶτος: πίπτω 8.
πεπτῶτος (< πεπτεωτ-) Gen. Part. Perf. Soph. Ant. 1018: πίπτω 8.
πεπύθοιτο 3 Sing. Opt. Aor. 2 Il. ζ, 50; κ, 381; λ, 135: πυνθάνομαι 12.
πεπυκαδμένος (< πεπυκασμένος) Part. Perf. Pass. Sapph. Fr. 17: πυκάζω 13.
πεπύκασμαι Perf. Pass. -σται Mosch. Reliqu. 2, 15: πυκάζω 13.
πεπυκασμένος (< πεπυκαδμένος) Part. Perf. Il. ξ, 289; Hes. Op. 791; -μένῳ Th. 484; -μένος Incert. Id. 1 (Mosch. 3), 112; -ον Qu. Sm. 2, 590: πυκάζω 13.
πεπύρεχα Perf. -εχότες Arist. Probl. 11, 12: πυρέσσω 14.
πέπυσαι 2 Sing. Perf. Pl. Prot. 310, b: πυνθάνομαι 12.
πέπυσθε 2 Plur. Perf. Aesch. Ch. 526: πυνθάνομαι 12.
πέπυσμαι 1 Sing. Perf. Od. λ, 505; Eur. Hel. 1172; Dem. 19, 201; -μεθ' Eur. I. A. 1141; -μεθα Pl. Charm. 153, c: πυνθάνομαι 12.
πεπυσμένος Part. Perf. Lys. 1, 18; Eur. Rhes. 806; -ον 628; -μένοι Andr. 1101; Aesch. Ag. 1098; Suppl. 185; -μένη Soph. Tr. 292; Eur. Hel. 1076: πυνθάνομαι 12.
πεπύσμην Plsprf. Ar. Pax. 615; Thesm. 59, b: πυνθάνομαι 12.
πέπυσσαι 2 Sing. Perf. poet. Od. λ, 494: πυνθάνομαι 12.
πέπυσται 3 Sing. Perf. Od. β, 411; ρ, 510; Eur. Andr. 70; I. A. 425: πυνθάνομαι 12.
πέπυστο 3 Sing. Plsprf. Il. ν, 521; χ, 437: πυνθάνομαι 12.
πέπωκα Perf. ἐκ- Ar. Ach. 1202; πέπωκας Menand. Fr. Com. 4, 152; Theocr. 2, 56; -εν in κατα- Archipp. Fr. Com. 2, 721; Ar. Vesp. 1147; -αμεν in ὑπο- Ar. Fr. Com. 2, 1154; -ασ' in κατα- Alex.: πίνω 15.
πεπωκέναι Inf. Perf. Philem. Fr. Com. 4, 49; Tereus Fr. Com. 3, 298: πίνω 15.
πεπωκοτ- Stammform des Part. Perf. πεπωκώς; -κότα Eur. Cycl. 588; -κότες in περι- Thuc. 2, 59; -κότας Eubul. Fr. Com. 3, 248. 249; -κότων Dem. 19, 197; πίνω 15.
πεπωκώς Part. Perf. Aesch. Ag. 1188; Ar. Eccl. 948: πίνω 15.
περάαν Inf. ep. Il. β, 613; φ, 454: περάω 16.
περάασκε Imprf. iter. Od. ε, 480 [143]: περάω 16.
περαιοῦμαι (< περαιώσομαι) Fut. Thuc. 1, 5: περαιόω 17.
περαιω(θην) Aor. Pass. -θέντες Od. ω, 437: περαιόω 17.
περαιώσομαι (< περαιοῦμαι) Fut. Thuc. 1, 10: περαιόω 17.
περᾶναι Inf. Aor. Pl. Theaet. 187, e: περαίνω. 18.
περάνας Part. Aor. περάναντα Pl. Theaet. 207, c: περαίνω 18.

---

gar, reif machen, mildern. 11 (zusammen)falten; übereinander legen, schichten; sich krümmen, biegen. 12 erfragen, erforschen, sich erkundigen; vernehmen, erfahren, merken. 13 dicht, fest machen, befestigen; dicht bedecken, umhüllen; anlegen, verwahren, verschliessen. 14 Fieberhitze haben, Fieber bekommen. 15 trinken. 16 durchdringen, durchstechen, durchbohren; durchfahren, -schiffen, -reisen. 17 übersetzen, bringen, fahren über ...; *Pass.* mit *fut. med.* übersetzen, hinüber gehen. 18 beendigen, vollenden; *Pass.* sich endigen; in Erfüllung gehen, geschehen.

περανθ(ην) Aor. Pass. -θῇ Pl. Gorg. 501, c; -θῶσιν 297, d; -θῆναι Phil. 11, c; -θέντων Theaet. 183, c: περαίνω 1.

περαντέον Vb. δια- Pl. Leg. 715, e: περαίνω 1.

περανῶ Fut. Ar. Plut. 563; -εῖς Pl. Theaet. 180, a: -ῶν Symp. 217, c: περαίνω 1.

περασ- Aor. -άσῃς Soph. O. T. 674; -άσαι Pind. N. 11, 10; -ασαις Pind. P. 3, 76; -αντες Aesch. Pers. 509: περάω. 2.

περασθήσομαι Fut. Pass. dor. Stob. 3, 74: περαίνω 1.

περάσομαι Fut. Med. -μεθα Xen. Oec. 6, 1: περάω 2.

περάσω Fut. Eur. Bacch. 191; Xen. Equ. 2, 1: περάω 2.

περήσειν (< περησέμεναι) Inf. Fut. Il. ε, 646: περάω 2.

περησέμεναι (< περήσειν) Inf. Fut. Il. μ, 200: περάω 2.

περθόμενος Part. als Aor. Il. β, 374: πέρθω 3.

περνάμενος Part. Praes. Pass. Il. σ, 292: πέρνημι 4.

πέρνας Part. Praes. Il. χ, 45; Eur. Cycl. 271: πέρνημι 4.

περόωσι 3 Plur. Praes. Callim. Fr. 131: περάω 2.

περσ- Aor. -ωμεν Qu. Sm. 9, 280; -ειεν Soph. Tr. 233; -ειαν Il. ψ, 517; πέρσαι Aesch. Pers. 178; -ας Il. β, 660; π, 57; Soph. Tr. 750; Eur. Hel. 691; H. F. 700. 1080; -αντι Rhes. 448; -αντες Od. ε, 107: πέρθω 3.

πέρσα (< ἔπερσα) Il. υ, 192: πέρθω 3.

περσέμεν (< πέρσειν) Inf. Fut. Qu. Sm. 12, 20: πέρθω 3.

πέρσοιεν 3 Plur. Fut. Soph. Phil. 612: πέρθω 3.

πέρσομαι (<πέρσω) Fut. -εται pass. Il. ω, 729: πέρθω 3.

πέρσω Fut. Il. φ, 584; Eur. Bacch. 1335; Eur. Suppl. 499; Phoen. 153: πέρθω 3.

πέσε(ν) 3 Sing. Aor. Il. δ, 484 *Δ**; Ap. Rh. 1, 566: πίπτω 6.

πεσέειν (< πεσεῖν) Inf. Fut. Ap. Her. Rh. 4, 388; Qu. Sm. 1, 187: πίπτω 6.

πεσέεσθαι (< πεσεῖσθαι) Inf. Fut. Her. [**138**]: πίπτω 6.

πεσέεται (< πεσεῖται) Fut. Her. 7, 163: πίπτω 6.

πεσεῖν (< πεσέειν) Inf. Aor. Aesch. Prom. 909; Eur. Heracl. 231; Xen. An. 3, 1, 11: πίπτω 6.

πεσεῖσθαι Inf. Fut. Med. Aesch. Ch. 884; ξυμ- Thuc. 2, 84: πίπτω 6.

πεσεῖται (< πεσέεται) 3 Sing. Fut. Med. Eur. Med. 986; Antiphanes Fr. Com. 3, 29, 30: πίπτω 6.

πεσέονται 3 Plur. Fut. Il. λ, 824 [**138**]: πίπτω 6.

πέσῃ 3 Sing. Conj. Aor. Soph. O. C. 395; Eur. I. T. 730; ἐμ- Ar. Lys. 858; μετα- Pl. Leg. 895, b; πέσῃς Eur. Andr. 1076; προ- Soph. O. C. 156: πίπτω 6.

πέσῃσιν (< πέσῃ) 3 Sing. Conj. Aor. Od. θ, 524; χ, 254; Qu. Sm. 11, 124: πίπτω 6.

πέσοι 3 Sing. Opt. Aor. ἐμ ... Il. ν, 289; πέσοι Eur. Alc. 1104; Hec. πίπτω 6.

πέσοιεν 3 Plur. Opt. Aor. Eur. I. T. 1194; ἐπεισ- Xen. Hell. 2, 4, 27: πίπτω 6.

πέσοιμεν 1 Plur. Opt. Aor. ἐμ- Luc. Herm. 28, 769: ἐμπίπτω 6.

πέσοιμι 1 Sing. Opt. Aor. Soph. Ant. 240: πίπτω 6.

πέσον 3 Plur. Aor. Il. ε, 583 *B**; Hes. Sc. 379; Qu. Sm. 2, 556: πίπτω 6.

πεσόν Imper. Aor. Aesch. Pers. 761; Pl. Leg. 862, b: πίπτω 6.

πεσοντ- Stammform des Part. Aor. πεσών: -όντος Il. γ, 289 *B**; Ap. Rh. 3, 1358; Pl. Rep. 399, b; -όντα Il. δ, 463; Qu. Sm. 3, 397; Her. 7, 18; -όντες Soph. O. T. 50; ὑπερ- Thuc. 2, 54; -εις Xen. Cyr. 7, 1, 36: πίπτω 6.

πεσοῦμαι Fut. Med. εἰσ- Eur. Ion. 591; ἐμ- Luc. Tim. 30; vgl. πεσεῖται (**381**): πίπτω 6.

---

1 beendigen, vollenden; *Pass.* sich endigen, in Erfüllung gehen, geschehen. 2 durchdringen, durchstechen, durchbohren; durchfahren, -schiffen, -reisen. 3 verwüsten, verheeren, vertilgen, zerstören. 4 ausführen, verkaufen, veräussern. 5 übersetzen, bringen, fahren über ~, *Pass.* mit *fut. med.* übersetzen, hinüber gehen. 6 fallen, nieder-, ein- zusammen-

πεσούμενος Part. Fut. Med. προσ- Eur. H. F. 79 (381): πίπτω 6.
πεσοῦνται 3 Plur. Fut. Aesch. Ch. 971; Soph. Ai. 632: πίπτω 6.
πεσοῦσα Fem. Part. Aor. Il. ν, 530; Ap. Rh. 1, 1028; -ουσ' Eur. Hipp. 470; -αν Tro. 1161; Hec. 1260; -αι Soph. O. C. 1008. -ης in μετα- Isocr. 5, 44: πίπτω 6.
πέσω 1 Sing. Conj. Aor. προς- Eur. Andr. 860; ἐμ- Dem. 18, 59; ἐπεισ- Luc. Anach. 33: πίπτω 6.
πέσωμεν 1 Plur. Conj. Aor. Pind. I. 7, 15: πίπτω 6.
πεσών Part. Aor. Od. κ, 51; Pind. P. 2, 41; Soph. Ai. 325; Phryn. Fr. Com. 2, 602: πίπτω 6.
πέσωσιν 3 Plur. Conj. Aor. ἐκ- Isocr. 9, 27; συμ- Xen. Equ. 8, 11; προς- Luc. Columri. etc. 22: πίπτω 6.
πετάννυται 3 Sing. Praes. Med. ἀνα- Xen. Mem. 1, 4, 6: ἀναπετάννυμι 7.
πεταννύτωσαν Imper. ἀνα- Luc. Jup. Trag. 33: πετάννυμι 7.
πετασ- Aor. -ῃς ἀνα Luc. Quom. h. scr. s.; -ας Theocr. 16, 6; ἀμ- Eur. Alc. 597; κατα- Pl. Parm. 131, b; ἀνα- Xen. Ag. 2, 17: πετάννυμι 7.
πέτασ' (< πέτασαν, πέτασσα, ἐπέτασα) Aor. Od. ε, 269: πετάννυμι 7.
πετασθ(ην) Aor. Pass. ἐκ- Eur. Cycl. 497; Luc. Prom. siv. Cauc. 1; πετασθέντα, ὑπερ- Rhet. Praec. 6; -θεῖσαι Il. φ, 538: πετάννυμι 7.
πέτασον Imper. Aor. ἀμ- Eur. Phoen. 297: πετάννυμι 7.
πέτασσα (< ἐπέτασα) Aor. Il. ξ, 495: πετάννυμι 7.
πετάσσας Part. Aor. Il. ξ, 495; φ, 115: πετάννυμι 7.
πεταστός Vb. (209. 212): πετάννυμι 7.
πετάσω (< πετῶ) Fut. ἐκ- Eur. I. T. 1135: πετάννυμι 7.
πέτεσθαι Inf. Praes. Pl. Euth. 4, c: πέτομαι 8.
πετέσθην Aor. Pass. Il. ε, 366 Γ*; Hym. 5, 379: πέτομαι 8.
πέτεται 3 Sing. Praes. Il. ν, 140; Eur. Ion. 90; Ar. Av. 573: πέτομαι 8.
πετησ- Aor. ἀμπετήσαις Aesch. Suppl. 781: πέτομαι 8.
πετήσομαι Fut. Ar. Pax. 77; ἀπο- 1126; ἐκ- Luc. Epist. Saturn. 35: πέτομαι 8.
πέτοιτο 3 Sing. Opt. Ar. Eccl. 899: πέτομαι 8.
πετόμενος Part. Praes. Pl. Theaet. 197, d; Ar. Av. 169; -ους 167: πέτομαι 8.
πέτοντο 3 Plur. Imprf. Il. ν, 24; Hes. Sc. 308: πέτομαι 8.
πέτου Imper. Ar. Lys. 321: πέτομαι 8.
πετῶ (< πετάσω) Fut. ἀνα- Menand. Fr. 190: πετάννυμι 7.
πέτωμαι 1 Sing. Conj. Ar. Av. 1456: πέτομαι 8.
πεύθετο Imprf. Il. λ, 21; Hes. Th. 463: πυνθάνομαι 9.
πευθοίατ' 3 Sing. Opt. Aor. Od. α, 157; δ, 70; ϱ, 592: πυνθάνομαι 9.
πεύθομαι 1 Sing. Praes. Aesch. Ag. 987 Nebenform: πεύθομαι 10.
πευθόμενοι Part. Praes. Ap. Rh. 4, 1498 Nebenform: πυνθάνομαι 9.
πεύθονται 3 Plur. Praes. Nebenf. Theocr. 12, 37 Nebenform: πυνθάνομαι 9.
πεύθου 2 Sing. Imprf. Soph. O. T. 604: πυνθάνομαι 9.
πεύσεαι (< πεύσει) 2 Sing. Fut. Il. σ, 19: πυνθάνομαι 9.
πεύσει (< πεύσεαι) 2 Sing. Fut. Il. β, 315; Aesch. Eum. 415; Pl. Phaedr. 227, b; Cratin. Fr. Com. 2, 100; ἐκ- Soph. Ai. 215: πυνθάνομαι 9.
πεύσεσθαι Inf. Fut. Her. 9, 93; Aesch. Prom. 988; Thuc. 3, 26; Pl. Euthyd. 286, c: πυνθάνομαι 9.
πεύσομαι Fut. Od. ψ, 262; Aesch. Ag. 591; -εται Her. 9, 58; Aesch. Ch. 765; -όμεθα Ar. Av. 1120; Pl. Rep. 538, e; -όμεθα Eur. Or. 1368; -εσθε Pl. Critia. 113, a: πυνθάνομαι 9.
πευστέον Vb. Pl. Soph. 244, b: πυνθάνομαι 9.
πέφαγκα Perf. ἀπο- Dinarch. 1, 15 (Bekker. An. p. 1285 a, E.): φαίνω 11.

---

fallen, unterliegen; irren; gerathen wohin. 7 ausbreiten, entfalten; *Pass.* sich verbreiten. 8 fliegen. 9 Nebenform πεύθομαι erfragen, erforschen, sich erkundigen; vernehmen, erfahren, merken. 10 sich erkundigen und erfahren. 11 zeigen, entdecken; *Pass.* leuchten, glänzen; erscheinen; sichtbar werden oder sein, sich zeigen, an den Tag kommen.

πεφάνθαι Inf. Perf. Pass. Soph. Ant. 562; Pl. Soph. 231, b; Euthyd. 294, a; Theopomp. Fr. Com. 2, 800: φαίνω 1.
1) πέφανται (<πέφαται) 3 Sing. Perf. Il. β, 122; π, 207; Aesch. Ag. 374; Soph. Ant. 621; Eur. Med. 769; Plat. Soph. 231, c. 233, c: φαίνω 1.
2) πέφανται 3 Plur. Perf. Pass. Il. ε, 531; ο, 563: φάω, φένω 2.
πεφάσθαι Inf. Perf. Pass. Il. ν, 447; ξ, 471; ω, 254: (φάω) φένω 2.
πεφάσθω 3 Sing. Imper. Perf. es sei gesagt. Pl. Tim. 72, b (*329*): φημί 3.
πέφασμαι Perf. Pass. Soph. O. T. 1184; O. C. 1543 (*235*): φαίνω 4.
1) πεφασμένος Part. Perf. Aesch. Prom. 845; Soph. O. C. 1122; Xen. Hell. 5, 1, 24: φαίνω 4.
2) πεφασμένος Part. Perf. Pass. Lycophr. 269: φάω, φένω 5.
1) πέφαται 3 Sing. Perf. Pass. Il. ϱ, 164; τ, 27; Od. χ, 54; Ap. Rh. 1, 988; 2, 502; 4, 553. 556: φένω, φάω 5.
2) πέφᾰται (<πέφανται) 3 Sing. Perf. Perict. Stob. 85, 19: φάω 2.
πεφάτισμαι Perf. Pass. Ap. Rh. 4, 658; Parmenid. 94: φατίζω 6.
πεφεῖσθαι Inf. Perf. Luc. de Saltat. 76: φείδομαι 7.
πεφεισμένος Part. Perf. Pass. Luc. Quom. Hist. scr. s. 59 vgl. πεφεῖσθαι: φείδομαι 7.
πεφενάκικα Perf. Dem. 2, 20; 19, 72. 220: φενακίζω 8.
πέφευγα Perf. 2 Her. 7, 154; Aesch. Ag. 268; Soph. O. T. 356; Ai. 102; Pl. Alc. 1., 103; Prot. 318, e; Dem. 21, 126; vgl. πεφεύγειν: φεύγω 9.
πεφεύγειν Plsprf. -εσαν in κατα- Xen. Hell. 4, 8, 28: φεύγω 9.
πεφευγέναι Inf. Perf. Soph. Phil. 1044: φεύγω 9.
πεφευγώς Part. Perf. Xen. An. 2, 1, 2; -ότες Her. 1, 65; Aesch. Ag. 667; Soph. Ant. 412: φεύγω 9.
πέφηνα (< πέφᾱνα) Perf. Her. 9, 120; Soph. O. C. 329; El. 646; Eur. I. A. 973; Bacch. 182; Ion. 816; Hipp. 594; Phoen. 916; Dem. 19, 294: φαίνω 1.
πεφηνέναι Inf. Perf. Dem. 7, 10: φαίνω 1.
πεφηνοτ- Stammform des Part. Perf. -ότι Eur. Ion. 1188; -ότα 978; φαίνω 1.
1) πεφήσομαι Fut. Pass. -εαι Il. ν, 829; Od. χ, 217; -εται Il. ο, 140 [*48*]: φάω, φένω 5.
2) πεφήσομαι Fut. Pass. -εται Il. ϱ, 155 [*48*]: φάω 2.
πεφθ(ην) Aor. Pass. περιπεφθείς Ar. Vesp. 668: πέσσω 10.
πεφθήσομαι Fut. Pass. Aristot. Probl.: πέσσω 10.
πεφιδέσθαι Inf. Aor. 2 Il. φ, 101 [*45*]: φείδομαι 7.
πεφιδημένος (< πεφεισμένος) Part. Perf. Pass. Nonn. 11, 417; Lehrs. Qu. epp. p. 330: φείδομαι 7.
πεφιδήσομαι (< φείσομαι att.) Fut. Il. ο, 215; ω, 158. 187: φείδομαι 7.
πεφιδοίμην 1 Sing. Opt. Aor. 2 Od. ι, 277 [*45*]: φείδομαι 7.
πεφίδοιτο 3 Sing. Opt. Aor. Il. υ, 464 [*45*]: φείδομαι 7.
πεφίληκα Perf. Pind. P. 1, 13: φιλέω 11.
πεφίλημαι Perf. Pass. -μένε Theocr. 3, 3: φιλέω 11.
πεφιλήσομαι (< φιλήσομαι) Fut. 3 Callim. Del. 270: φιλέω 11.
πέφιλμαι Perf. Pass. sp. Ephraim. in Caesar. V. 35. 1235; Maj. nov. Collect. T. 3; Tzetz. Exeg. Il. p. 21: φιλέω 11.
πέφλεγμαι Perf. Pass. Lycophr. 806: φλέγω 12.
πέφνε (< ἔπεφνε) 3 Sing. Aor. Il. ν, 363 *Γ**; Pind. I. 5, 31; P. 11, 37: πέφνω 13.
πεφνέμεν (< πεφνεῖν) Inf. Aor. 2 Il. ζ, 180: πέφνω 13.
πέφνῃ 3 Sing. Conj. Aor. Il. υ, 172; Od. λ, 135; -ῃς Od. χ, 346: πέφνω 13.
πέφνον (< ἔπεφνον) Aor. Od. λ, 500; -ον Pind. I. 4, 39: πέφνω 13.

---

1 zeigen, entdecken; *Pass.* leuchten, glänzen; erscheinen; sichtbar werden oder sein, sich zeigen, an den Tag kommen. 2 leuchten, glänzen. 3 sich erkundigen und erfahren. 4 ausführen, verkaufen, veräussern. 5 tödten. 6 sprechen, reden; sagen, angeben. 7 (ver)schonen, sparen, sich enthalten. 8 betrügen, täuschen, hintergehen, belegen. 9 entfliehen, die Flucht ergreifen. 10 weich machen, den Teig durchkneten; kochen, sieden, backen.

πεφοβήατο 3 Plsprf. Il. φ, 206: *φοβέω* 14.

πεφόβημαι Perf. Pass. Il. κ, 510; Her. 9, 70: *φοβέω* 14.

πεφόβηνται 3 Plur. Perf. Pl. Crat. 403, e: *φοβέω* 14.

πεφόρημαι Perf. Pass. Pl. Tim. 52, a: *φορέω* 15.

πεφορημένος Part. Perf. Nonn. 1, 146: *φορέω* 15.

πεφόρητο 3 Sing. Plsprf. Orph. 819: *φορέω* 15.

πέφραγα Perf. *περι-* Schol. Hes. Sc. 298: *φράσσω* 21.

πέφραγμαι Perf. Pass. *-μένοι* Her. 5, 34; Eur. I. A. 1387; Or. 1313; *-ους* I. A. 826; Xen. Cyr. 2, 4, 25: *φράσσω* 21.

πέφραδ' 3 Sing Aor. 2 Il. ψ, 138; Od. α, 444: *φράζω* 16.

πέφραδε Imper. Aor. 2 Od. α, 273: *φράζω* 16.

πέφραδε(ν) 3 Sing. Aor. 2 redupl. Il. ξ, 500; Od. ξ, 3; τ, 250; Ap. Rh. 1, 267; 2, 770; 3, 550; 4, 1124. 1448 [**45**]: *φράζω* 16.

πεφραδέειν (< *πεφραδέμεν*) Inf. Aor. 2 Il. τ, 477 [**45**]: *φράζω* 16.

πεφραδέμεν (< *πεφραδεῖν*) Inf. Aor. Il. η, 49; Hes. Op. 764 [**45**]: *φράζω* 16.

πεφραδέτην Dual. Aor. 2 Hes. Th. 475: *φράζω* 16.

πεφραδμένα Perf. Pass. Hes. Op. 653 (>*πεφρασμένα* Herm.) [**48. 98**]: *φράζω* 16.

πεφράδοι Opt. Aor. 2 Il. ξ, 335: *φράζω* 16.

πέφρακα Perf. Isocr. 5, 93: *φράζω* 16.

πέφρακται 3 Sing. Perf. Eur. Phoen. 733; Luc. Anach. 23: *φράσσω* 21.

πέφρασμαι Perf. Pass. Aesch. Suppl. 438; Isocr. 15, 195: *φράζω* 16.

πεφριγμένος Part. Perf. Pass. Pherecrat. Fr. Com. 2, 321: *φρίσσω* 17.

πέφρικα Perf. als Praes. Il. ω, 775; Qu. Sm. 9, 38; Aesch. Ag. 1243; Sept. 720; Suppl. 345; Ar. Nub. 1133; Dem. 18, 323: *φρίσσω* 17.

πεφρίκοντας Perf. Pind. P. 4, 183: *φρίσσω* 17.

πεφρικοτ- Stammform des Part. Perf. *πεφρικώς*; Eur. Phoen. 1105: *φρίσσω* 17.

πεφρικυῖα Fem. Part. Perf. Pind. I. 5 (6), 40: *φρίσσω* 17.

πεφρικώς Part. Perf. Dem. 18, 323; Luc. Tim. 23, 136; *-κός* Eur. Phoen. 1121; vgl. *-κοτ-*: *φρίσσω* 17.

πεφρόντικα Perf. Eur. Alc. 773; Ar. Eccl. 263; Eupol. Fr. Com. 2, 553; Xen. Mem. 3, 3, 8; Luc. Toxar. 35; *-κώς* Somn. 13, 18: *φροντίζω* 18.

πεφροντισμένος Part. Perf. Pass. Ael. H. A. 7, 19: *φροντίζω* 18.

πέφρυγμαι Perf. Pass. Thuc. 6, 22; Pherecr. Com. Fr. 2, 341: *φρύγω* 19.

πεφύᾰσι (< *πεφύκασι*) 3 Plur. Perf. Il. δ, 434; Od. η, 128; Hes. Th. 728; Incert. Id. 9 (Theocr. 25) 20; Ap. Rh. 2, 535: *φύω* 20.

πεφυγμένος Part. Perf. Od. α, 18; ι, 455: *φεύγω* 9.

πέφῡκα Perf. Eur. Hec. 473; Hel. 998; Isocr. 5, 82; *-ας* El. 1103; *-ατον* Soph. O. C. 1369; Pl. Pol. 282, b; Leg. 961, d; *-η* Rep. 829, d; *-αμεν* Isae. 1, 13; *-κέναι* Prot. 330, c; *-κώς* Symp. 597, e: *φύω* 20.

πεφύκασι (< *πεφύασι*) 3 Plur. Perf. Pl. Leg. 819, b: *φύω* 20.

πεφύκει Plsprf. Pl. Crat. 289, b; *-εσαν* Theocr. 20 (22), 40: *φύω* 20.

πεφυκέναι Inf. Perf. Soph. Tr. 721: *φύω* 20.

πεφύκῃ 3 Sing. Perf. Theocr. 11, 1 [**159**]: *φύω* 20.

πεφυκοτ- Stammform des Part. Perf. Pl. Rep. 442, e; *-κότι*, *-κότα*, *-κότων*, *-κότας*, *-κυῖα* Pl.; *-ότων* Isocr. 15, 191; *-οσιν* Soph. El. 959; Isocr. 5, 127: *φύω* 20.

πεφυκυίας (< *πεφυκυίῃ*) Fem. Part. Perf. Isocr. 15, 210: *φύω* 20.

πεφυκυίῃ Fem. Part. Perf. Her. 2, 56: *φύω* 20.

---

11 lieben; gut heissen, gern thun. 12 brennen, leuchten; *Pass.* brennen. 13 tödten, morden. 14 scheuchen; *Pass. mit Fut. Med.* fliehen, sich fürchten. 15 fortwährend, gewöhnlich tragen, bringen. 16 anzeigen, angeben; zu erkennen geben; ankündigen, sagen, befehlen. 17 rauh und uneben sein, emporstehen, -starren. 18 sinnen, nachdenken, überlegen; sich bekümmern um... 19 dörren, rösten, braten. 20 erzeugen, schaffen, wachsen lassen; *Pass.* wachsen, entstehen; sein, pflegen. 21 voll-, verstopfen, umzäunen.

πεφυκώς Part. Perf. Soph. Phil. 1244; Xen. Ag. 10, 4: φύω 1.

πεφύλαγμαι Perf. Pass. Il. ψ, 343; Hes. Op. 797; Xen. Hell. 7, 5, 9; Theocr. 16, 95: φυλάσσω 2.

πεφύλακα Perf. V. T. 1 Reg. 25, 21: φυλάσσω 2.

πεφύλαχα Perf. παρα- Pl. Leg. 632; δια- Xen. Cyr. 8, 6, 3; vgl. Buttm. Ausf. Sprachl. 2, p. 420: φυλάσσω 2.

πεφυλάχθαι Inf. Perf. Pass. δια- Xen. Cyr. 4, 5, 45: φυλάσσω 2.

πεφυυῖα Fem. Part. Perf. Il. ξ, 288; Qu. Sm. 11, 195; vgl. πεφύᾰσι, πεφυῶτας: φύω 1.

πεφυῶτας Part. Perf. Od. ω, 477; vgl. πεφύᾰσι, πεφυυῖα: φύω 1.

πηγνύειν Inf. Praes. Xen. Cyn. 6, 7: πήγνυμι 3.

πήγνυμαι Praes. Med. Antiph. Fr. Com. 3, 91: -υνται Pl. Polit 287, e; -υσθαι Hes. Op. 807; -μένη Pl. Tim. 88, e: πήγνυμι 3.

πήγνυον Imprf. Orph. Lith. 562; Nonn. Dion. 5, 50: πήγνυμι 3.

πηγνύουσι 3 Plur. Praes. Her. 4, 2 Bekker (>πηγνῦσι Dind.): πήγνυμι 3.

πηγνύς Part. -ύντα Pl. Tim 46, d: πήγνυμι 3.

πήγνυσι 3 Sing. Praes. Aesch. Pers. 496; Pl. Tim. 62, b: πήγνυμι 3.

πήγνυτο 3 Sing. Imprf. Pl. Phaed. 118: πήγνυμι 3.

πηγνῦτο 3 Sing. Opt. (286): πήγνυμι 3.

πήδησα Aor. Il. ξ, 455; Pl. Ep. 341, c: πηδάω 4.

πηδήσομαι (< πηδήσω) Fut. Med. Theophr. Char. 5 (21); ἐπι- Pl. Lys. 216, a; προσ- Alex. Com. Fr. 3, 440 (378): πηδάω 4.

πηδήσω Fut. Anth. Plan. 4, 54; App. Hisp. 6, 20; Cobet Phil. p. 54: πηδάω 4.

πημανέειν Inf. Fut. Il. ω, 781: πημαίνω 5.

πημάνθη Aor. Pass. Od. ξ, 255; -θῇς Aesch. Prom. 334; -θῆναι Od. θ, 513; Ap. Rh. 4, 1260; -θέντι Pl. Leg. 933, e: πημαίνω 5.

πημανθήσομαι Fut. Pass.: πημαίνω 5.

πημανῶ Fut. Soph. Ai. 1314; Eur. I. A. 525; Ar. Ach. 842: πημαίνω 5.

πημήναντο Aor. 1 Med. als Act. Quint. Sm. 13, 379: πημαίνω 5.

πημήνειαν Opt. Aor. Il. γ, 299: πημαίνω 5.

πημήνῃ 3 Sing. Conj. Pl. Leg. 933, e: πημαίνω 5.

πῆξαι Imper. Aor. 1 Med. Od. ε, 163; Pind. N. 7, 38: πήγνυμι 3.

πήξαιμι 1 Sing. Opt. Aor. ἀνα- Alexis Fr. Com. 3, 485. 486: πήγνυμι 3.

πήξαμεν 1 Sing. Aor. Od. μ, 15: πήγνυμι 3.

πηξάμενος Part. Aor. Med. Her. 5, 83; 6, 12: πήγνυμι 3.

πήξας Part. Il. γ, 217; Hes. Op. 428; Ap. Rh. 4, 693; Qu. Sm. 5, 328; πήξασ- Eur. Bacch. 1141; El. 898; -αντε Pl. Leg. 817, c: πήγνυμι 3.

πήξασθαι Inf. Aor. 1 Med. Hes. Op. 455: πήγνυμι 3.

πῆξε(ν) (< ἔπηξε) Aor. Il. ν, 372; Ap. Rh. 4, 1092; Nonn. 2, 371: πήγνυμι 3.

πήξω (< πάξω) Fut. Il. χ, 283: πήγνυμι 3.

πηχθ(ην) Aor. Pass. -θέντες Eur. Cycl. 302: πήγνυμι 3.

πῆχθεν 3 Plur. Aor. 1 Il. θ, 298: πήγνυμι 3.

πιανῶ Fut. Aesch. Sept. 587: πιαίνω 7.

πιασθῆναι Inf. Aor. Pass. συμ- Hippocr. 5, 430; 3, 680: πιάζω 6.

πίε (< πῖθι) Imper. poet. Od. ι, 347; Menandr. Com. Fr. 4, 113; Luc. D. Mort. 13, 6: πίνω 8.

πιέειν (< πιεῖν) Inf. Aor. Il. δ, 263; θ, 70; Hes. Sc. 252: πίνω 8.

πιεζεύμενος Part. Her. 3, 146; 6, 108; 8, 142 [-ευν 178]: πιέζω 9.

πιέζευν Imprf. Od. μ, 196; πίεζον Bekker [-ευν 178]: πιέζω 9.

πιεζοῦντος Part. Plut. Alc. 2: πιέζω 9.

πιεῖν (< πιέειν) Inf. Aor. Eur. Cycl. 412; Xen. Cyr. 1, 2, 8: πίνω 8.

---

1 erzeugen, schaffen, wachsen lassen; *Pass.* wachsen, entstehen; sein, pflegen. 2 wachen, Wache halten, bewahren; beobachten; sich, für sich, bei sich aufbewahren. 3 fest machen, befestigen; hineinschlagen, -stossen; *intrans.* fest, hart, steif werden; bes. gerinnen, gefrieren. 4 springen, hüpfen. 5 schaden, verletzen, verderben; *Med.* sich selbst schaden. 6 zusammendrücken, Jem. festnehmen, fassen, ergreifen. 7 fett, feist machen, mästen. 8 trinken.

πῖέμεν (< πιέειν, πῖέναι) Inf. Aor. 2 Il. π, 825; Od. σ, 3; **πῖέμεν** Hippocr. 3, 555: πίνω 8.

πιέουσα (< πιοῦσα) Part. Aor. 2 Hippocr. 5, 386: πίνω 8.

πιεσ- Aor. -αις Pind. O. 6, 61; -ασα in συμ-Ephipp. Fr. Com. 3, 326: πιέζω 9.

πιεσθ(ῆν) Aor. Pass. -θείς Xen. Equ. 10, 15; -θέντας Her. 4, 11: πιέζω 9.

πιεσθείς Part. Aor. Pass. Od. θ, 336: πιέζω 9.

πιεστέον Vb. Hippocr. 3, 105: πιέζω 9.

πιέσω Fut. Diphil. Com. Fr. 4, 383: πιέζω 9.

πίησθα 2 Sing. Conj. Aor. 2 ep. Il. ζ, 260: πίνω 8.

πιθεῖν Inf. Aor. 2 Aesch. Prom. 204: πείθω 10.

πιθέσθαι Inf. Aor. Med. Pind. O. 13, 74; Soph. O. C. 1334; El. 429; Eur. Suppl. 854: πείθω 10.

πιθέσθην 3 Dual. Aor. 2 Med. Il. ο, 156: πείθω 10.

πίθῃ Conj. Aor. 2 Soph. El. 938; Tr. 570: πείθω 10.

πίθηαι 2 Sing. Conj. Aor. 2 Med. Il. α, 207: πείθω 10.

πιθήσω (< πεπιθήσω) Fut. Od. φ, 369: πιθέω, πείθω 10.

πίθηται 3 Sing. Conj. Aor. 2 Med. Il. α, 420; Ap. Rh. 3, 26; Soph. Phil. 103; Diphilus Fr. Com. 4, 4, 388. 389; -ησθε Ap. Rh. 2, 1130; Eur. H. F. 348; Ar. Av. 164: πείθω 10.

πῖθι (< πίε) Imper. Aor. 2 Com. Fr. Cratin. 2, 96; Amips. 2, 708; Menandr. 4, 182; Antiphanes 3, 88. 89; Luc. Lex. 20; ἔκπῖθι Eur. Cycl. 570 πίνω 8.

πίθοιμι Opt. Aor. 2 Eur. Suppl. 1062; πίθοι Aesch. Suppl. 940; -οιμεν Theocr. 20 (19), 64: πείθω 10.

πιθοίμην Opt. Aor. 2 Med. Eur. Hipp. 950; Ar. Eccl. 1011; -οιτο Aesch. Sept. 1065; -οισθε Ar. Av. 163: πείθω 10.

πιθόμην (< ἐπιθόμην) 1 Sing. Aor. 2 Med. poet. Il. χ, 103; ι, 228: πείθω 10.

πίθον (< ἔπιθον) Aor. 2 Hes. Op. 817: πείθω 10.

πίθοντο 3 Plur. Aor. 2 Med. Il. μ, 109 B*; πείθω 10.

πιθοῦ Imper. Aor. 2 Med. Aesch. Suppl. 527; 1039; Soph. Tr. 1228; Eur. Bacch. 309; Pl. Phaed. 117, a (< πείθου): πείθω 10.

πίθωμαι 1 Sing. Conj. Aor. Med. Ar. Nub. 87: πείθω 10.

πιθώμεθα 1 Plur. Conj. Aor. 2 Med. Il. σ, 273: πείθω 10.

πιθών (< πεπιθών) Part. Aor. 2 Pind. P. 3, 28. 115; Aesch. Prom. 204. 560; Suppl. 941; Eur. Ion. 840; Fr. dub. XXIV. 112; Ar Plut. 949; Ran. 1168; Nonn. Dion. 22, 79: πείθω 10.

πιλνάμενος Part. Aor. Man. Ap. 6 (3), 445: πίλναμαι 11.

πιλνᾷς 2 Sing. Praes. Hom. Hym. Cor. 115 (> πίλνασαι, πιλνᾷ): πιλνάω 11.

πίλναται 3 Sing. Praes. Ap. Rh. 4, 950; ὑπερεμ- Luc. Quom. h. scr. s.: πίλναμαι 11.

πίλνατο Imprf. Il. ψ, 368; Hes. Th. 703; -αντο Il. χ, 402: πίλναμαι 11.

πίμπλα (< πίπλη, πίπληθι, πίμπλη) 2 Sing. Imper. Xenarch. Com.: πίμπλημι 12.

πίμπλας Part. -αντες Pl. Rep. 586, b: πίμπλημι 12.

πίμπλασθαι Inf. Praes. Med. Pl. Rep. 442, d: πίμπλαμαι 12.

πίμπλαται (< πίπλαται) 3 Sing. Praes. Xen. Cyneg. 5, 7; ἐμ- Eubul. Fr. Com. 3, 224: πίμπλαμαι 12.

πιμπλεῦσαι Inf. Aor. Hes. Th. 880: πίμπλημι 12.

πίμπλη (< πίπλη, πίπληθι, πίμπλα) 2 Sing. Imper. ἐμ- Sophron. 49: πίμπλημι 12.

πιμπλῇσι 3 Sing. Hes. Op. 299: πίμπλημι 12.

πιμπλῶσαι Part. Aor. Hippocr. 5, 344: πίμπλημι 12.

πίμπραμαι Praes. Med. Luc. Iud. Voc. 8: πίμπρημι 13.

πιμπράναι Inf. Praes. Aesch. Pers. 810: πίμπρημι 13.

πίμπρη 2 Sing. Imper. Eur. Ion. 974; Fr. Syl. 1, 2: πίμπρημι 13.

---

9 (zusammen)drücken, drängen. 10 bewegen, gewinnen, überreden, überzeugen. 11 sich rasch oder eilig bewegen; fliegen, sich rasch nähern. 12 voll machen, (er-, an)füllen; *Pass.* anfüllen, von, für sich füllen. 13 aufblasen, anfachen, anzünden.

πίμπρησι 3 Sing. Praes. Eur. Tro. 893: πίμπρημι 1.
πιμπρῇσι 3 Sing. Conj. ὑπο- Ar. Lys. 348 (> ὑποπίμπρησι): ὑποπίμπρημι 1.
πῖν (< πίνειν) Inf. Anth. Pal. 11, 140: πίνω 2.
πινέμεν (< πινέμεναι) Inf. Od. β, 305; η, 220; φ, 69: πίνω 2.
πινέμεναι (< πινέμεν) Inf. Il. δ, 346; λ, 641: πίνω 2.
πίνεσκον Imprf. iter. Il. π, 226: πίνω 2.
πινεύμενος Part. Pass. ion. Hippocr. 3, 38: πίνω 2.
πίοιμι 1 Sing. Opt. Antiphanes, Fr. Com. 3, 11: πίνω 2.
πίομαι (< πιοῦμαι) Fut. Il. ν, 493; Pind. O. 6, 86; Soph. O. C. 622; Ar. Fr. 294; Pl. Prot. 314, a (*162. 381*): πίνω 2.
πιοῦμαι (< πίομαι) Fut. Xen. Symp. 4, 7 (Sauppe); Hippocr. 2, 449; Aristot. Rhet. 1, 11: πίνω 2.
πιοῦσα (< πιέουσα) Fem. Part. Aor. 2 Il. μ, 102; Her. 4, 198; καταπιοῦσα Hippocr. 5, 382: πίνω 2.
πίπλαιτο 3 Sing. Opt. Praes. ἐμ- Xen. Symp. 4, 37: πίμπλημι 3.
πίπλαμαι 1 Sing. Praes. Med. ἐμ- Eur. Ion. 925: πίμπλημι 3.
πιπλάς (< πιμπλάς) Part. Aesch. Ch. 63: πίμπλημι 3.
πιπλέει Praes. Her. 7, 39: πίμπλημι 3.
πιπλείς Part. Hipp. 2, 220: πίμπλημι 3.
πίπλη (< πίμπλη, πίμπλα, πίπληθι) 2 Sing. Imper. Ar. Av. 1310: πίμπλημι 3.
πίπληθι (<πίμπλη, πίμπλα, πίπλη) 2 Sing. Imper. ἐμ- Il. φ, 311: πίμπλημι 3.
πιπράντες Part. Praes. ἐμ- Xen. An. 5, 2, 3: πίμπρημι 1.
πιπράσκομαι Praes. Pass. Lys. 18, 20; Pl. Phaed. 69, b: πιπράσκω 4.
πιπρήσκω Praes. ion. für πιπράσκω Callim. Fr. 85; Maneth. 6, 727: πιπράσκω 4.
πίπτῃσι 3 Sing. Conj. ep. Pl. Com. Fr. 2, 665 (Anapäst): πίπτω 5.
πίσσο Imper. ἐμ- Ther. Al. 677: πιπίσκω 6.
πισθέν Part. Aor. Pass. ἐμ- Ther. 624: πιπίσκω 6.
πιστός (< ποτός, ποτέος) Vb. Aesch. Pr. 480: πίνω 2.
πίσω Fut. Pind. I. 5, 74; Eupol. Com. Fr. 2, 471: πιπίσκω 6.
πιτν- Praes. πίτνει Eur. Med. 1286; -οντες Eur. Andr. 358; -ουσα Andr. 573: πίνω 2.
πίτνᾱ 3 Sing. Imprf. Il. φ, 7: πίτνημι 7.
πίτναν 3 Plur. Imprf. st. ἐπίτνᾰσαν Pind. N. 5, 11: πίτνημι 7.
πίτναντο (< ἐπίτναντο) 3 Plur. Imprf. Med. Il. χ, 402; Anth. 7, 711: πίτνημι 7.
πιτνάς Part. Praes. Od. λ, 392: πίτνημι 7.
πίτνᾰτε Imper. Anth. 10, 6: πίτνημι 7.
πίω 1 Sing. Conj. Aor. 2 Bion. 1, 45; -ωσιν Pl. Prot. 347, e; Xen. Hier. 5, 3; Luc. Dion. 7: πίνω 2.
πιφαύσκεαι 2 Sing. Praes. Il. ι, 12: πιφαύσκω 8.
πιφαυσκέμεν Inf. Od. λ, 542: πιφαύσκω 8.
πιφαύσκεο 2 Sing. Imper. Praes. Il. φ, 99. 333: πιφαύσκω 8.
πλαγ(ην) Aor. Pass. -ῆτ' in ἐκ- Soph. Phil. 226; -εῖεν in κατα- Thuc. 6, 34; ἐκ- Isocr. 6, 75; -είς Xen. Cyr. 7, 3, 15; An. 1, 8, 20; -εῖσα Soph. El. 1045; -έντα Xen. Symp. 4, 23; -έντες Cyr. 8, 3, 14; κατα- Thuc. 4, 9: πλήσσω 9.
πλαγῆναι Inf. Aor. κατα- Thuc. 1, 81; Luc. D. Merc. 6, 660; ἐκ- Soph. Fr. 629; Dem. 57, 13: πλήσσω 9.
πλαγήσομαι Fut. ἐκ- Luc. 5: πλήσσω 9.
πλαγκτός Vb. Od. φ, 363: πλάζω 10.
πλάγξ' Aor. Od. ω, 307: πλάζω 10.
πλάγξασθαι Inf. Aor. Med. Ap. Rh. 3, 261; ἐπι- 1066: πλάζω 10.
πλάγξειν Fut. ἀπο- Ap. Rh. 1, 1220; -εις in παρα- Nonn. 431: πλάζω 10.
πλάγξομαι Fut. Med. Od. ο, 312: πλάζω 10.
πλαγχθείς Part. Aor. Pass. Il. ξ,

1 aufblasen, anfachen anzünden. 2 trinken. 3 voll machen, (er-, an) füllen. 4 verkaufen. 5 fallen, nieder-, ein-, zusammenfallen; unterliegen; irren; gerathen wohin. 6 zu trinken geben. 7 ausbreiten, *Med.* sich ausbreiten. 8 anzeigen, ansagen, ankündigen. 9 schlagen, stossen, stampfen. 10 πλάζω

120; Eur. H. F. 1189; Rhas. 283; -θέντες Pind. N. 7, 35: πλάζω 10.
πλαγχθέντ' Part. Aor. Pass. -θέντα Od. ζ, 278; -θέντες ν, 278: πλάζω 10.
πλάγχθη Aor. Pass. Il. λ, 351; Od. α, 2; Pind. N. 7, 37: πλάζω 10.
πλαθ(ην) Aor. Pass. -είην Aesch. Prom. 896; -εῖσα Eur. Heracl. 890; -εῖσ' Andr. 25; -έντα Lys. 12, 48: πελάζω 11.
πλάθω (< πλήθω) Praes. dor. Aesch. Ch. 582: πλήθω 12.
πλακ(η) (< πλεκ(ην), πλεχθ(ην) Aor. 2 Pass. -ῆναι in περι- Luc. Mer. Dial. 2; -είς in ἐμ- Eur. Hipp. 1236; Luc. Philopseud. 27; -έντες in συμ- Symp. 44: πλέκω 14.
πλανηθ(ην) Aor. Pass. -θῆναι Pl. Pol. 263, a: -θέντες Tim. 86, e: πλανάω 13.
πλανηθήσομαι (< πλανήσομαι) Fut. Pass. Luc. V. Hist. 2, 27: πλανάω 13.
πλανήσω Fut. N. T. Matth. 24, 5: πλανάω 13.
πλανητέος (< πλανητός) Vb. Xen. Lac. 9, 5; πλανάω 13.
πλανητός (< πλανητέος) Vb. Pl. Rep. 479: πλανάω 13.
πλᾶξε (< πλῆξε) Aor. dor. Pind. N. 10, 71: πλήσσω 9.
πλασα(μην) Aor. Med. -σθαι Thuc. 19, 60; Xen. An 2, 6, 26; -ένος Thuc. 6, 58: πελάζω 11.
πλαστέον (< πλαστός) Vb. sp. Geop. 6, 2, 4: πλάζω 10.
πλαστός (< πλαστέος) Vb. Hes. Th. 513: πλάζω 10.
πλέει (< πλεῖ) 3 Sing. Praes. offenc F. Thuc. 4, 28 (> πλεῖ): πλέω 15.
πλέεν 3 Sing. Imperf. Od. ε, 278; η, 267: πλέω 15.
πλέετε (πλεῖτε) 2 Plur. Praes. Xen. An. 7, 6, 37: πλέω 15.
πλεῖθ' 2 Plur. Praes. apostr. aus πλεῖτε Il. γ, 71: πλέω 15.
πλείοντες Part Praes. Od. π, 368: πλέω 15.
πλεκτός Vb. Aesch. Prom. 709: πλέκω 14.
πλεξ- Aor. -ωσι Nonn. 1, 506; -ασ' in ἐμ- Eur. Or. 262; πλεξάντες Pl. Tim. 77, e; -ασα in συμ- Theocr. 18, 19: πλέκω 14.
πλεξάμενος Part. Aor. 1 Od. κ, 168; Ar. Lys. 790 vgl. ἔπλεξε: πλέκω 14.
πλέξασθαι Inf. Aor. Med. Ap. Rh. 3, 47: πλέκω 14.
πλέομεν (< ἐπλέομεν) 1 Plur. Imprf. Od. ι, 62. 105; κ, 77: πλέω 15.
πλέουσα Fem. Part. Praes. Od. μ, 70: πλέω 15.
πλέτο Imprf. sync. poet. st. ἔπλετο: πέλομαι 16.
πλευσ- Aor. -αιμι in κατα- Dem. 50, 54; πλεύσαιμεν Eur. Hec. 1290; παραπλεῦσαι Thuc. 5, 56; πλεύσας Pl. Menex. 240, b; -ασα Isocr. 8, 86; 17, 19: πλέω 15.
πλευσ(αμην) Aor. Med. -άντων Pind. P. 4, 122: πλέω 15.
πλευσεῖσθαι (< πλεύσεσθαι) Inf. Fut. συμ- Isocr. 17, 19; ἀπο- Luc. Meretr. Dial. 7, 4: πλέω 15.
πλεύσεσθαι (< πλευσεῖσθαι) Inf. Fut. ἀπο- Thuc. 3, 75; ἐπι- 3, 16 πλέω 15.
πλευσθ(ην) Aor. Pass. Arr. An. 6, 28, 6: πλέω 15.
πλευσθήσομαι Aor. Pass. περι- Arr. An. 5, 26: πλέω 15.
πλεύσομαι (< πλευσοῦμαι, πλώσομαι, πλεύσω) Fut. Od. μ, 25; λ, 22; Her. 1, 29; 3, 135; 4, 147. 149 Bredow Dial. Her. p. 373; Xen. An. 5, 7, 8; Dem. 4, 44; 50, 49; ἐκ- Thuc. 4, 27 (*381*): πλέω 15.
πλευστέος Vb. Ar. Lys. 411 (*211*): πλέω 15.
πλευσοῦμαι Thuc. 1, 143; Xen. An. 5, 7, 8; Schäfer app. Dem. T. 5 p. 314; Et. M. p. 381, 22 (*381*): πλέω 15.
πλεύσω (< πλεύσομαι, πλευσοῦμαι) Fut. Philem. Com. Fr. 4, 41; Anth. 91, 248; Polyb.: πλέω 15.
πλεχθ(ην) Aor. Pass. πλεχθέν Pl. Pol. 283, a: πλέκω 14.
πλεχθήσομαι Fut. Pass. ἐμ- Aesch. Prom. 1079: πλέκω 14.
πλέω Conj. -ωμεν Dem. 4, 37; -ωσι

---

umhertreiben, verschlagen; verwirren; *Pass.* umher irren od. schweifen, sich verirren. 11 sich nähern, herzu treten. 12 voll sein oder werden, sich ansammeln, anfüllen. 13 in die Irre, vom rechten Wege abführen; irre machen, zerstreuen. 14 flechten, knüpfen, schlingen. 15 schiffen. 16 sich regen und bewegen, *versari*, sein, sich befinden.

Thuc. 1, 45; Xen. Hell. 1, 6, 29: πλέω 1.
πλέων Part. Praes. Il. η, 88; Od. α, 183: πλέω 1.
πληγ(ην) Aor. Pass. -η Pl. Rep. 441, c; -εῖεν Xen. Cyr. 2, 3, 20; -ῆναι Xen. Cyr. 2, 3, 20, -είς Il. θ, 12; Lys. 1, 27; 4, 6; Menandr. Fr. Com. 4, 236; -εῖσα Hes. Sc. 422; Soph. Ant. 819; -έντι Il. ο, 117; θ, 455; -έντα φ, 50: πλήσσω 2.
πληγήσομαι Fut. Med. -εσθαι Xen. Cyr. 2, 3, 10; Dem. 18, 263: πλήσσω 2.
πλήγνυσθαι Inf. Praes. Pass. ἐκ- Thuc. 4, 125: ἐκπλήγνυμι, ἐκπλήσσω 2.
πλῆθεν Imper. Il. θ, 214: πίμπλημι 4.
πληθυνθήσομαι Fut. Pass. Luc. Philopatr. 21: πληθύνω 5.
πληθύσῃ Conj. Aor. Pl. Tim. 83, e: πληθύω 6.
πληκτέος Vb. Hesych. κατα- Dinarch. 1, 108: πλήσσω 2.
πλήμενος Part. Aor. 2 ἐμ- Ar. Vesp. 424: πίμπλημι 4.
πλήμην Opt. Ar. Ach. 236: πίμπλημι 4.
1) πλῆντο Aor. 2 Med. sync. ἔμ- Od. θ, 16 [*150*]: πίμπλημι 4.
2) πλῆντο (< ἔπληντο) Aor. sync. Med. Il. ξ, 468 [*150*]: πελάζω 7.
πληξ- Aor. -αιμι Nonn. 2, 275; -αιμεν in ἐκ- Thuc. 6, 34: πλήσσω 2.
πληξ(αμην) Aor. Med. -άμενος Il. π, 125; Qu. Sm. 1, 763: πλήσσω 2.
πλῆξα (< ἔπλαξα) Aor. Od. κ, 162; ἐπι- Nicolaus Fr. Com. 4, 579. 580: πλήσσω 2.
πλήξαντε Dual. Part. Aor. Il. ε, 588: πλήσσω 2.
πλήξας Part. Aor. Il. π, 332; Od. υ, 17; Qu. Sm. 8, 94; Batr. 228: πλήσσω 2.
πλήξειε Opt Aor. Il. κ, 489; Eur. I. A. 1579; ἐπι- Isocr. 6, 91: πλήσσω 2.
πλῆξεν (< πλᾶξα) 3 Sing. Aor. Il. γ, 362; Od. ε, 431; Ap. Rh. 1, 228; 2, 1047: πλήσσω 2.
πλήξῃ 3 Sing. Conj. Aor. Od. σ, 57: πλήσσω 2.
πλήξω Fut. Aesch. Fr. 255; ἐκ- Pl. Rep. 436: πλήσσω 2.
πληρωθήσομαι (< πληρώσομαι) Fut. Pass. Pl. Phil. 36, a; Dem. 17, 28: πληρόω 9.
πληρωσ(αμην) Aor. Med. -άμενος Xen. Hell. 6, 2, 35; Pl. Gorg. 493, e: πληρόω 9.
πληρώσομαι (< πληρωθήσομαι) Fut. als Pass. Xen. Equ. 3, 6; Pl. Pol. 286, a; ἀπο- Hippocr. 2, 609: πληρόω 9.
πληρώσω Fut. Aesch. Sept. 477: πληρόω 9.
πλησ- Aor. -ωσι in ἀνα- Qu. Sm. 1, 381; πλήσαιμι Eur. I. A. 234; Hel. 769; -ειε Cycl. 146; -ας in ἐκ- Eur. El. 1290; Tro. 433: πίμπλημι 4.
πλησθ(ην) Aor. Pass. -θῆναι Soph. Ant. 121; -είς in ἐμ- Eur. El. 430; ὑπερ- Soph. O. T. 779; -θεῖσα Pl. Phaedr. 248, c; ἐμ- Luc. Philopseud. 37; vgl. πλῆσθεν: πίμπλημι 4.
πλῆσθεν 3 Plur. Aor 1 Pass. für ἐπλήσθησα: πίμπλημι 4.
πλησθήσομαι Fut. Pass. N. T. Luc. 1, 15; ἐν- Eur. Hipp. 664; Isocr. 69: πίμπλημι 4.
πλῆσο 2 Sing. Aor. 2 od. Imprf. Med. reflex. Ar. Vesp. 603 [*150*]: πίμπλημι 4.
πλήσομαι (< πλησθήσομαι) Fut. Med. Xen. Cyr. 4, 1, 4: πίμπλημι 4.
πλήσω Fut. Eur. Cycl. 244; Hipp. 691; ἐν- H. F. 572; Pl. Alc. I., 105: πίμπλημι 4.
1) πλῆτο Aor. 2 od. Imprf. Med. Il. σ, 50; Hes. Sc. 146; Ap. Rh. 1, 1052 [*150*]: πίμπλημι 4.
2) πλῆτο Aor. Med. sync. Il. ξ, 438: πελάζω 10.
πλῇτο Opt. Ar. Lys. 235: πίμπλημι 4.

---

1 schiffen. 2 schlagen, stossen, stampfen. 3 erschrecken, betäuben; *Pass.* ausser sich sein. 4 voll machen, (er-, an)füllen. 5 füllen, vermehren, vergrössern; *intr.* voll sein, sich füllen, zunehmen, wachsen. 6 voll sein oder werden, sich ansammeln; anfüllen. 7 sich nähern, herzu treten. 8 fest machen, befestigen; hineinschlagen; *intrans.* fest, hart, steif werden; bes. gerinnen, gefrieren. 9 voll machen, füllen; *Pass.* erfüllt werden, voll sein. 10 sich nähern. 11 sich rasch oder eilig bewegen; fliegen, sich rasch

πληχθεῖσα Part. Aor. Pass. ἐκ- Eur. Tro. 183: πλήσσω 2.
πλῦναν 3 Plur. Aor. Od. ζ, 93; πλῦναι, δια-, ἐκ-, κατα- Ar. Fr. Com. 2, 1184: πλύνω 13.
πλυνεῖται 3 Sing. Fut. Med. Ar. Plut. 1064: πλύνω 12.
πλυνέουσα Part. Fut. Od. ζ, 59; -έουσαι 31: πλύνω 13.
πλύνεσκον Imprf. iter. Il. χ, 155: πλύνω 13.
πλῠνέω (< πλύνω) Fut. s. πλυνέουσα und πλυνέουσαι 14.
πλυνοῦμαι Fut. Med. pass. ἐκ- Ar. Plut. 1064 (**374**): πλύνω 13.
πλῠνῶ (πλυνέω) Fut. Ar. Thesm. 248; Antiph. Com. Fr. 3, 12; Dem. 39, 11: πλύνω 13.
πλυτέος Vb. Com. Fr. 3, 470: πλύνω 13.
πλώεσκον Imprf. iter. ἐπι- Ap. Rh. 1, 549: πλώω 12.
πλώοιεν 3 Sing. Opt. Od. ε, 240: πλώω 12.
πλῶον Imprf. Il. φ, 302: πλώω 12.
πλωσ- Aor. vgl. ἔπλωσα, -αντες Her. 4, 156; ἐπιπλώσαι Batr. 51: πλώω 12.
πλώς 2 Sing. ἐπι- Il. ζ, 291; Her. 2, 116 Orac.: πλώω 12.
πλώσομαι (< πλεύσομαι, πλευσοῦμαι) Fut. -εσθαι in ἀπο- Her. 8, 5; παρα- Orph. Arg. 1278: πλώω 12.
πλώσω Fut. sp. Lycophr. 1944: πλώω 12.
πλωτός Vb. Od. λ, 3: πλώω 12.
πνείεσκε Imprf. iter. Ap. Rh. b. Et. M. p. 819, 41; Anth. 8, 193; ἐκ- Qu. Sm. 11, 47: πνείω ep. πνέω 15.
πνεῖν (< πνεῦν) Inf. Eur. Cycl. 624: πνέω 15.
πνειοντ- Stammform des Part. Praes. -ε Il. ν, 385; -ες β, 536 *B**; Hes. Sc. 24; ἀνα- Qu. Sm. 1, 412; -ουσα Od. η, 119; Qu. Sm. 5, 120: ἀπο- Hes. Th. 324: πνέω 15.
πνέομεν 1 Plur. Praes. Pind. N. 6, 1: πνέω 15.
πνέοντες Part. Praes. Theocr. 18, 55; -όντων Soph. Tr. 1160: πνέω 15.
πνέουσα (< πνείουσι) Fem. Part. Praes. Aesch. Ch. 851: πνέω 15.
πνέουσι Eur. Alc. 493: πνέω 15.
πνεῦν Pind. P. 4, 225 [**184**]: πνέω 15.
πνευθ(ην) (< πνευσθ(ην)) Aor. Pass.: πνέω 15.
πνευσ- Aor. -ειε Alexis. Fr. Com. 3, 403; -ειαν Theocr. 12, 10; -σαι Eur. I. A. 1324; ἐκ- Heracl. 565; -ας Phoen. 789; -αις Pind. O. 11 (10), 93; -ας Eur. Phoen. 789; -ωμεν in αμ- Qu. Sm. 1, 197: πνέω 15.
πνεῦσαι Inf. Aor. Eur. I. A. 1324: πνέω 15.
πνευσθ(ην) (< πνεύθην) Aor. Pass.: πνέω 15.
πνευσθήσομαι Fut. Pass. δια- Aret. P. 77: πνέω 15.
πνεύσομαι (< πνευσοῦμαι, πνεύσω) Fut. ἐκ- Eur. H. F. 886: πνέω 15.
πνευσοῦμαι (< πνεύσω, πνεύσομαι) Fut. dor. Ar. Ran. 1221; Aristot. Meteor. 2, 8: πνέω 15.
πνεύσω Fut. sp. Anth. 9, 112; -ουσιν in ἀνα- Qu. Sm. 10, 228; -ει 13, 516: πνέω 15.
πνιγ(ην) Aor. 2 Pass. πνιγῶ (ἀπο-) Luc. De Luct. 18; -είη Ar. Equ. 940; -ῆναι ἐναπο- Luc. de morte Peregr. 24; -είς ἀπο- Luc. de morte Peregr. 37; -έντες [Luc.] Philopatr. 22: πνίγω 16.
πνιγήσομαι Fut. ἀπο- Ar. Nub. 1504; Luc. D. Mar. 6, 3; Navig. 19: πνίγω 16.
πνιξ- Aor. -αιμι in ἀπο- Ephippus Fr. Com. 3, 340; -αι Ar. Vesp. 1134; Antiphanes Fr. Com. 3, 110. 111; Xen. Hell. 3, 1, 14; -αντες Her. 2, 92: πνίγω 16.
πνιξοῦμαι (< πνίξω) Fut. Med. reflex. Epicharm. 106: πνίγω 16.
πνίξω Fut. ἀπο- Pl. Com. Fr. 2, 686; Antiph. Com. Fr. 3, 93; Luc. Char. 23: πνίγω 16.
πνύε Imper. ἄμπνυε erhole dich Il. χ, 222: πνύω 17.
ποθ(ην) Aor. Pass. ἀναποθῇ Hippocr. 3, 212; ἐκποθῇ Pherecrat. Pl. Critia 111, d: πίνω 18.

---

nähern. 12 schwimmen, schiffen. 13 waschen, spülen, reinigen; in der Sprache des gemeinen Lebens ausschelten, schimpfen. 14 arbeiten, sich anstrengen, abmühen; tr. zu Stande bringen, bewerkstelligen. 15 wehen, blasen, hauchen. 16 (er)sticken, erwürgen, erdrosseln; dämpfen, schmoren. 17 wieder zu Athem kommen. 18 trinken.

πόθατος (< ποθητός, ποθεστός) Vb. Bion. 1, 58: ποθέω 1.

ποθέεσκε Imprf. iter. Il. α, 492: ποθέω 1.

πόθεον Imprf. Il. ψ, 16: ποθέω 1.

ποθέοντες Part. Il. λ, 161; -ε ε, 234: ποθέω 1.

ποθέουσα Fem. Part. Praes. Od. σ, 204; Aesch. Pers. 542: ποθέω 1.

ποθεσ- s. ἐπόθησα: ποθέω 1.

ποθέσαι Inf. Aor. Od. β, 315; δ, 748: ποθέω 1.

πόθεσαν Aor. Il. ο, 219 (267): ποθέω 1.

ποθέσομαι Fut. Med. Lys. 8, 18: ποθέω 1.

ποθεστός (< ποθητός, ποθατός) Vb. ἀ- Od. ρ, 296: ποθέω 1.

ποθήμεναι Inf. Aor. 2 Od. μ, 110: ποθέω 1.

ποθησ- s. ἐπόθησα: ποθέω 1.

ποθήσομαι Fut. Pass. Lys. 8, 18; κατα- Ar. Vesp. 1502: πίνω 2.

ποθήσω Fut. Xen. Mem. 3, 11, 3; ἐπι- Her. 5, 93: ποθέω 1.

ποθητός (< ποθατός, ποθεστός) Vb. Bökh. Inscrpt. Vol. I. pag. 801; Aelian. N. A. 7, 2: ποθέω 1.

ποιέσκετο Imprf. iter. Her. 7, 119 [141]: ποιέω 3.

ποίησα (< ἐποίησα) Aor. Il. α, 608: ποιέω 3.

ποιῆσαι Inf. Aor. Od. α, 250; π, 127: ποιέω 3.

ποιήσαιμεν 1 Plur. Opt. Aor. Il. ω, 666; Dem. 39, 12: ποιέω 3.

ποιησαίμην 1 Sing. Opt. Aor. Med. Lys. 1, 1: ποιέω 3.

ποιήσας Part. Aor. Od. ι, 524: ποιέω 3.

ποιήσασθαι Inf. Aor. Med. Il. σ, 259: ποιέω 3.

ποιήσατο 3 Sing. Opt. Aor. Il. θ, 2; Hym. 4, 44: ποιέω 3.

ποιήσειαν 3 Plur. Opt. Aor. Od. ν, 42: ποιέω 3.

ποιήσειεν Opt. Aor. Od. α, 387: ποιέω 3.

ποιησέμεν Inf. Fut. Od. φ, 399: ποιέω 3.

ποιήσομαι Fut. Med. Il. ι, 397; Isocr. 12, 25: ποιέω 3.

ποίησον Imper. Aor. Il. ζ, 646: ποιέω 3.

ποιητέος Vb. Pl. Rep. 361, c: ποιέω 3.

ποινάσομαι Fut. -όμεσθα Eur. I. T. 1433: ποινάω 4.

ποιοίην Opt. Ar. Vesp. 248; Isocr. 12, 24; -η Xen. Oec. 20, 11: ποιέω 3.

ποιπνύεσκον Imprf. iter. περι- Qu. Sm. 6, 153; 7, 351: ποιπνύω 5.

ποιπνύσαντι Part. Aor. Il. θ, 219: ποιπνύω 5.

ποιπνύσασαι Fem. Part. Aor. Od. υ, 149: ποιπνύω 5.

πολεμηθήσομαι (< πολεμήσομαι) Fut. Pass. Polyb. 2, 41: πολεμέω 6.

πολεμήσομαι (< πολεμηθήσομαι) Fut. Med. Thuc. 1, 68; 8, 43; Dem. 23, 110 (374): πολεμέω 6.

πολεμητέος Vb. Thuc. 1, 79: πολεμέω 6.

πολεμίξω (< πτολεμίξω) Fut. -ομεν Il. ω, 667; -ων Il. κ, 451: πολεμίζω 7.

πολεμώθη Aor. Pass. ἐκ- Her. 3, 66: πολεμόω 8.

πολεμωσ- Aor. ἐκ- -ώσωσι Her. 4, 120; -ῶσαι ib.: πολεμόω 8.

πολιορκήθ(ην) Aor. Pass. πολιορκηθέν Pl. Rep. 708, b: πολιορκέω 9.

πολιορκηθήσομαι (< πολιορκήσομαι) Fut. Pass. Xen. 4, 8, 5: πολιορκέω 9.

πολιορκήσομαι (< πολιορκηθήσομαι) Fut. Med. als Pass. Her. 8, 49; Thuc. 3, 109: πολιορκέω 9.

πολιορκήσω Fut.: πολιορκέω 9.

πολιορκητέος Vb. Xen. Cyr. 7, 5, 8: πολιορκέω 9.

πολιτευθ(ην) Aor. Pass. -θείη Xen. Mem. 4, 4, 16; -ῆναι Pl. Leg. 693, e: πολιτεύω 10.

πολιτεύσομαι Fut. Med. Ar. Equ. 1365; Xen Athen. 3, 9: πολιτεύω 10.

πολιτεύσοντο Opt. Fut. Pass. Xen. Hell. 2, 3, 311; 5, 3, 25: πολιτεύω 10.

---

1 wünschen, verlangen, begehren, ersehnen. 2 trinken. 3 machen, thun. 4 strafen, rächen, verfolgen, sich rächen an . . . 5 schnaufen, ausser Athem sein; eifrig, thätig, geschäftig sein; sichs angelegen sein lassen. 6 Krieg führen, kriegen; mit Krieg überziehen, bekriegen. 7 (be)kriegen, (be)kämpfen. 8 verfeinden, zum Feinde machen; *Med.* sich Jem. verfeinden. 9 (eine Stadt) einschliessen, belagern; bedrängen, plagen. 10 zum

ποναθῇ Conj. Aor. Pass. Pind. O. 6, 11: πονέω 11.

πονέεσθαι Inf. Praes. Med. Il. κ, 116. 117; Qu. Sm. 1, 451; 4, 370; Bion. 5 (5a): πονέω 11.

πονέοιτο 3 Sing. Opt. Il. ν, 359: πονέω 11.

πονέοντο Imprf. Il. ω, 444 Γ*: πονέω 11.

πονεσ- s. ἐπόνεσα.

πονέσομαι (< πονήσομαι) Fut. Med. Luc. Asin. 9: πονέω 11.

πονέσω [1] (< πονήσω [1]) Fut. Hippocr. 4, 512; Aristot. Mechan. 25, p. 856; V. T. Esai 19, 10: πονέω 11.

πονεώμεθα 1 Plur. Conj. Il. κ, 70; Qu. Sm. 2, 275: πονέω 11.

πονήατο (< πεπονήατο) 3 Plur. Plsprf. Orph. Arg. 1160: πονέω 11.

πονηθ(ην) Aor. Pass. vgl. **πονησάμην** (388): πονέω 11.

πονησ- (< πονεσ-) Aor. -ήσαις Pind. I 1, 40; -αντος Pl. Tim. 70, d (267): πονέω 11.

πονησάμενος Part. Aor. Od. ι, 250. 310. 343; -οι λ, 9; μ, 151 (388): πονέω 11.

πονήσομαι (< πονέσομαι) Fut. Med. Od. χ, 377: πονέω 11.

πονήσω [1] (< πονέσω [1]) Fut. Aesch. Prom. 343; Pl. Rep. 410, b; Hippocr. 2, 611: πονέω 11.

πονητέον Vb. Pl. Rep. 404, d; Isocr. 15, 285: πονέω 11.

πόρε Imper. Pind. I. 7 (6), 70: πόρω 12.

πορε(ν) (ἔπορε) Aor. 2 Il. α, 72 Δ*: πόρω 12.

πορεῖν (< πεπορεῖν Pind. P. 2, 57 > πεπαρεῖν) Inf. Aor. 2: πόρω 12.

πορευθ(ην) Aor. Pass. -θῶμεν Pl. Tim. 69, a; -θῆναι 84, e; -θείς 24, e (388): πορεύω 13.

πορευθ(ην) Aor. Pass. -θῶμεν Pl. Tim. 69, a; -θῆναι 64, e; -θείς Rep. 365, b: πορεύω 13.

πορευθήσομαι (< πορεύσομαι) Fut. Pass. Boekh's Inscrpt. 87: πορεύω 13.

πορευσ- Aor. πορεῦσαι Pl. Phaed. 107, e; πορεύω 13.

πόρευσα Aor. Pind. N. 7, 29: πορεύω 13.

πορεύσομαι (< πορευθήσομαι) Fut. Med. Soph. Ant. 81; O. T. 676; O. C. 827; Xen. Mem. 3, 11, 18; Pl. Symp. 190, d; Phaed. 115, a; Dem. 18, 124: πορεύω 13.

πόρευσον Imper. Aor. Pind. O. 1, 77: πορεύω 13.

πορεύσω Fut. Eur. Phoen. 985; Thuc. 4, 132: πορεύω 13.

πορευτέον (< πορευτός) Vb. Pl. Rep. 452, c; Leg. 968, b: πορεύω 13.

πορευτός (< πορευτέον) Vb. Aesch. Ag. 287: πορεύω 13.

πόρῃ (< πόρῃσιν) 3 Sing. Conj. Aor. 2 Od. χ, 7: πόρω 12.

πόρθεον Imprf. Od. ξ, 264; ρ, 433: πορθέω 14.

πόρθησε Aor. Pind. N. 4, 26: πορθέω 14.

ποριοῦμαι Fut. Med. Pl. Eryx. 404; Dem. 35, 41: πορίζω 15.

πορισαμ(ην) Aor. Med. -ασθαι Xen. Mem. 1, 6, 5; Pl. Phaedr. 269, d; -άμενος Rep 427, d; Xen. Mem 3, 11, 8: πορίζω 15.

ποριfeatureθ(ην) Aor. Pass. -θείη Pl. Eryx. 404, d; -θῆναι Rep. 437, c: πορίζω 15.

ποριῶ Fut. Ar. Equ. 1079. 1101; Thuc. 6, 29: πορίζω 15.

πόροι 3 Sing. Opt. Aor. 2 Od. ξ, 460; π, 392: πόρω 12.

πόροις 2 Sing. Opt. Aor. 2 Od. ι, 267: πόρω 12.

1) **πόρον** 1 Sing. Aor. 2 Il. ω, 60; Od. τ, 255: πόρω 12.

2) **πόρον** 3 Plur. Aor. 2 Il. ζ, 218: πόρω 12.

πορόντες Plur. Part. Od. τ, 460: πόρω 12.

πορσῦναι Inf. Aor. Eur. Alc. 1074; El. 414: πορσύνω, zubereiten.

πόρωμεν 1 Plur. Conj. Aor. Il. ψ, 893: πόρω 12.

1) Et. M. p. 130, 3; Choerob. in Bekker An. p. 654, 18.

Bürger machen, den Staat verwalten; *intrans. bes. Dep. Med. mit Aor. Pass.* als Bürger leben, handeln. 11 arbeiten, sich anstrengen, abmühen; *tr.* zu Stande bringen, bewerkstelligen. 12 geben, schenken; verschaffen, zu Wege bringen. 13 bringen wohin, fahren, überfahren, über Wasser und Land senden. 14 zerstören, verwüsten, plündern. 15 in den Gang, auf den Weg bringen; hinführen; verschaffen, liefern, darreichen.

πορών Part. Il. φ, 80: πόρω 1.
πόρωσι 3 Plur. Conj. Aor. Il. π, 86: πόρω 1.
ποτέοντο Imprf. Hes. Th. 691: ποτέομαι 2.
ποτέος (< ποτός, πιστός) Vb. Pl. Leg. 674: πίνω 3.
ποτήσομαι Fut. Mosch. 2, 145 Meineke: ποτάομαι 2.
ποτός (< ποτέος, πιστός) Vb. Aesch. Ag. 1408: πίνω 3.
πραγματευθ(ην) (<weniger üblich als πραγματευ(σαμην) Aor. Pass. (*388*): πραγματεύομαι 4.
πραγματευσ(αμην) (< üblicher als πραγματευθ(ην)) Aor. Med. -άμενος Pl. Eryx. 398, e (*386*): πραγματεύομαι 4.
πραθ(ην) Aor. Pass. πραθείη Lys. 4, 13; Isae. 7, 28; Pl. Leg. 849, b; -θείς Soph. Tr. 252; Dem. 57, 18; πραθεῖσα Eur. Tro. 936; -είσης Pl. Ep. 347, b; -θέντα Aesch. Ag. 1041: πιπράσκω 5.
πραθήσομαι Fut. Pass. selt. u. unatt. Sopat. Athen. 4, 160: πιπράσκω 5.
πρακτέον Vb. Pl. Rep. 457, a; Demod. 381, c: πράσσω 6.
πραξ- Aor. -αιμι Aesch. Suppl. 399; -αις Pl. Rep. 353, d; -ειας Soph. El. 801; Eur. Andr. 463; -ειεν Pl. Rep. 592, b; -αιμεν Aesch. Sept. 4; Xen. Cyr. 5, 3, 31; -ειαν Eur. Ion. 1560; πρᾶξαι Thuc. 1, 70; Pl. Prot. 319, b; πράξαις Pind. O. 8, 73; -αντες Pl. Gorg. 514, a: πράσσω 6.
πραξαμ(ην) Aor. Med. Soph. O. C. 497; -ασθαι Pind. P. 4, 243; Pl. Hipp. mai. 282, c; Dem. 43, 38; Pl. Hipp. mai. 382, c: πράσσω 6.
1) **πράξομαι** (< πραχθήσομαι) Fut. Med. Xen. Hell. 6, 2, 36; Pl. Phaedr. 452, a; -όμενοι in δια- Xen. Cyr. 7, 5, 45: πράσσω 6.
2) **πράξομαι** (< πραχθήσομαι, πεπράξομαι) Fut. Med. als Pass. Pl. Rep. 452: πράσσω 6.
πράξω Fut. Aesch. Eum. 896; Pl. Rep. 519, e; Crit. 45, d; Dem. 19, 51: πράσσω 6.
πρατέος (< πρατός) Vb. Pl. Leg. 849: πιπράσκω 5.
πρατός (< πρατέος) Vb. Soph. Tr. 276: πιπράσκω 5.
πραϋν- Praes. -ειν Pl. Pol. 268, b; -οντα Pol. 501, c; -ωσι Xen. Hipp. 1, 8; -εσθαι Equ. 9, 11: πραΰνω 7.
πραΰνω (< πρηΰνω) Praes. Xen. Equ. 9, 6: πραΰνω 7.
πραχθ(ην) Aor. Pass. -θῇ Pl. Crit. 4415; -θείη Dem. 40, 36; θῆναι Dem. 19, 173; -θέν Eur. Andr. 1080; Pl. Prot. 324, b; -θέντων Pl. Leg. 867, b. c; -θέντων Thuc. 1, 22: πράσσω 6.
πραχθήσομαι Fut. Pass. Xen. An. 7, 6, 7: πράσσω 6.
πρέπεν Imprf. Pind. P. 2, 70: πρέπω 8.
πρέψω Fut. selten Aesch. Eum. 995; Pl. Pol. 269, c; 288, c: πρέπω 8.
πρηξ- Aor. πρήξαντα Od. γ, 60: πρήσσω, πράσσω 6.
πρῆξαι Inf. Aor. Il. α, 562; Od. π, 88; πρήσσω, πράσσω 6.
πρήξειν Inf. Fut. Her. 4, 156; vgl. **πρήξειν**: πρήσσω, πράσσω 6.
πρήξω (< πράξω) Fut. Hes. Op. 402; vgl. **πρήξειν**: πρήσσω, πράσσω 6.
πρησ- Aor. Il. β, 415; -σαι Soph. Ant. 201; κατα- Qu. Sm. 12, 568; -αντες Qu. Sm. 11, 435: πίμπρημι 9.
πρῆσε (< ἔπρησε) Aor. Il. π, 350: πίμπρημι 9.
πρησθ(ην). Aor. Pass. -θέντα Qu. Sm. 14, 416; -θέντες κατα- Luc. De Par. 57: πίμπρημι 9.
πρησθήσομαι Fut. Pass. V. T. Num. 5, 27: πίμπρημι 9.
πρήσομαι (< πρησθήσομαι) Fut. Med. -εσθαι Luc. De Dea Syr. 7; ἐνι- Qu. Sm. 1, 494: πίμπρημι 9.
πρήσω Fut. Aesch. Sept. 434; ἐμ- Il. ι, 242; Thuc. 6, 64: πίμπρημι 9.
πρηΰνω (< πραΰνω) Praes. ion. Hes. Th. 254: πραΰνω 7.
πριαίμην Opt. Aor. 2 Soph. Ai. 477; Ant. 1171; Eupol. Fr. Com. 2, 547; Xen. Cyr. 3, 1, 36; Mem. 2, 5, 3; -αιο Cyr. 3, 1, 36 (*302*); -αιτο 3, 1, 41; 5, 3, 10; -μεθα An. 3, 1, 20; -αιντο Ag. 1, 18: πρίαμαι 10.

---

1 geben, schenken; verschaffen, zu Wege bringen. 2 fliegen, flattern. 3 trinken. 4 πελάω poet. Nbf. von πελάγω sich nähern. 5 verkaufen. 6 eine Sache, ein Geschäft betreiben; sich womit abgeben, beschäftigen. 7 besänftigen, mildern, beschwichtigen. 8 hervortreten, -ragen, -stechen. 9 aufblasen, anfachen, anzünden. 10 erkaufen, bestechen, dingen.

πρίαιο 2 Sing. Aor. 2 Pl. Riv. 135, b (*302*): πρίαμαι 10.

πριάμενος Part. Aor. 2 Isae. 5, 11; -ον Xen. Cyr. 4, 3, 7; Pl. Theaet. 197; -οι Lys. 22, 15, b; -μενοι Xen. An. 6, 2, 22; -μένῳ, -μένον, -μένοις Pl.; -ους Lys. 7, 8: πρίαμαι 10.

πρίασθαι Inf. Aor. Eur. I. A. 342; Med. 233; Xen. Mem. 2, 5, 2; Cyr. 3, 2, 19; Pl. Rep. 333, b; Dem. 45, 71; Ar. Fr. Com. 2, 1099: πρίαμαι 10.

πρίασο (< πρίω) Imper. Aor. Ar. Ach. 870: πρίω 11.

πρίατο 3 Sing Aor. 2 Od. α, 430; ο, 483; ξ, 115. 452; Pind. P. 6, 39: πρίαμαι 10.

πρῖε Imper. Praes. Ar. Ran. 927; Lachr. Fr. 777: πρίω 11.

πρίῃ Luc. Vitar. Auct. 26, 566: πρίαμαι 10.

πρίηται 3 Sing. Conj. Dem. 7, 7; 37, 37: πρίαμαι 10.

πρισ- Aor. s. ἔπρισα.

πρισθ(ην) s. ἐπρίσθην.

πριστός Vb. Od. σ, 196; τ, 564: πρίω 11.

πρίω (< πρίασο) Imper. Aor. Ar. Ach. 34; Eupol. bei His p. 453 Piers., Cephisod. bei Ath. 12, p. 353, a; Hegemon. Fr. Com. 2, 743: πρίαμαι 10.

πρίωμαι Conj. Aor. 2 Ar. Ach. 812; Ar. Ran. 1229; Luc. Vitar. Auct. 2, 542; 9, 549 (*302*): πρίαμαι 10.

προβέβηκα Perf. Il. ζ, 125: προβαίνω 12.

προβεβήκῃ Conj. Perf. Il. π, 54: προβαίνω 12.

προβιβάς Part. Praes. Il. ν, 18: προβίβημι 12.

προβιβῶντα Acc. Part. Praes. Od. ο, 555: προβαίνω 12.

προβιβῶντος Gen. Part. Praes. Il. π, 609: προβαίνω 12.

προῆκε (< προέηκε) Il. ρ, 545: προΐημι 13.

προήσειν Inf. Fut. Pind. P. 4, 296: προΐημι 13.

προθυμηθ(ην) Aor. Pass. -θῶ, -θείη, -θεῖεν, προθυμήθητι Plat. Phaed. 58, d; -θῆναι, -θείς: προθυμέω 14.

προθυμηθήσομαι (< προθυμήσομαι) Pl. Phaed. 91, a; 115, c (> προθυμήσομαι): προθυμέω 14.

προθυμήσομαι (< προθυμηθήσομαι) Fut. Xen. Cyr. 2, 3, 3; Pl. Phaed. 91, a'; 115, c (> προθυμήσομαι): προθυμεω 14.

προθυμητέον Vb. Pl. Phaed. 90, e; Tim. 53, e; -τέα Leg. 770, b: προθυμέω 14.

προΐει 3 Sing. Imprf. Il. α, 326 *B**: προΐημι 13.

προΐει Imper. Od. ω, 419: προΐημι 13.

προΐειν Imprf. für προΐην Od. κ, 100; μ, 9: προΐημι 13.

προϊεῖσα Fem. Part. Od. β, 92: προΐημι 13.

προΐξασθαι Inf. Aor. κατα- f. L. Themist. 2, p. 25; B. u. Et. M. p. 495, 32: προΐξομαι 15.

προΐξεται, -εσθαι s. u. προΐξομαι 15.

προΐξομαι (< προίξομαι) Fut. ion. -ονται in κατα- Her. 5, 105; -εαι 7, 17; -εται 3, 156; -εσθαι 3, 36: καταπροίσσομαι 15.

προίξομαι (< προΐξομαι) Fut. att. καταπροίξει aus der Volkssprache Ar. Vesp. 1366; Thesm. 566; Equ. 435: προΐξομαι 15.

προϊσάμενος Part. Aor. erst Georg. Pachim. p. 147, c; 264, c: προΐσσομαι 15.

προοῦ 2 Sing. Imper. Aor. 2 Med. (*256. 312*): προΐημι 13.

προσαυδήτην 3 Dual. Il. λ, 136; χ, 90: προσαυδάω 16.

προσθέοιτο 3 Sing. Opt. Aor. Med. Her. 1, 53: προστίθημι 17.

προὔβαλε Aor. 2 st. προέβαλε: προβάλλω 18.

προὐβαλόμην Aor. 2 Med. -ου Soph. Phil. 1017; Pl. Leg. 756, a: προβάλλω 18.

προὔβη Aor. 2 für προέβη Pol. 2, 1, 3: προβαίνω 12.

προὐβλήθην, -ησαν Aor. Pass. Xen. Hell. 1, 7, 39: προβάλλω 18.

προὐγγυάω st. προεγγυάω 19.

---

11 durchbohren, knirschen, beissen, packen. 12 vorschreiten, vorwärts schreiten, gehen. 13 ent-, aussenden. 14 geneigt sein, gern wollen; bestreben, begehren, verlangen. 15 Gabe fordern, betteln. 16 ansprechen, anreden. 17 auftragen, auflegen, auferlegen. 18 vor-, hinwerfen. 19 Bürgschaft leisten lassen.

προὔγραφε Imprf. st. προέγραφε: προγράφω 1.
προυδιδάξατο Aor. Med.: προδιδάσκω 2.
προὔδοσαν Aor. Dem. 9, 56: προδίδωμι 3.
προὔδωκα Aor. 1 st. προέδωκα Eur. Or. 1588; Lys. 26, 23; Dem. 18, 48; 21, 216: προδίδωμι 3.
προὐθέμην Aor. Med. Eur. I. T. 1225: προτίθημι 4.
προὔθεντο 3 Plur. Aor. Soph. O. C. 419: προτίθημι 4.
προὔθετο Aor. 2 Med. für προέθετο: προτίθημι 4.
προὔθηκα Aor. 1 Il. ω, 409; Eur. Suppl. 428; Eubul. Fr. Com. 3, 310: προτίθημι 4.
προὐθυμήθην Aor. Pass. -ημεν Xen. An. 4, 1, 22; -ην Pl. Phaed. 69, d: προθυμέω 5.
προὔκειτο 3 Sing. Imprf. Hes. Sc. 312; Soph. Tr. 702: πρόκειμαι 6.
προὔμαθον Aor. 2 Soph. Phil. 538: προμανθάνω 7.
προὐνέπω st. προενέπω.
προὐξεπίσταμαι st. προεξεπίσταμαι.
προὐξεργάζομαι st. προεργάζομαι.
προὐξερευνάω st. προεξερευνάω.
προυσελοῦμεν[1]) 1 Plur. Praes. Ar. Ran. 730 Porson. Blomfield. Dindorf: προσελέω 8.
προυσελούμενος[1]) Aesch. Prom. 438: προσελέω 8.
προὐτίθει Imprf. st. προετίθει.
προὔτυψα Aor. st. προέτυψα.
προυφασιζόμην Imprf. -ετο Thuc. 1, 90; Ar. Lys. 756: προφασίζομαι 9.
προὐφασισάμην Aor. -ατο Xen. Cyr. 2, 2, 30; -ασθαι Oec. 20, 14; vgl. προφασισθ(ην): προφασίζομαι 9.
προὔχοντα Part. Praes. Il. ψ, 325: προέχω 10.

[1]) Buttm. Lexilog. B. 2. 89.

προὔχοντι Dat. Part. Praes. Il. χ, 97: προέχω 10.
προὔχουσιν 3 Plur. Praes. für προέχουσιν Od. κ, 90: προέχω 10.
προφασιοῦμαι (< προφασίσομαι) Fut. Aesch. 3, 24: προφασίζω 9.
προφασισθ(ην) Aor. Pass. -θέν Thuc. 8, 33; vgl. προυφασισάμην: προφασίζομαι 9.
προφασίσομαι (< προφασιοῦμαι) Fut. sp. Schol. Ar. Eccl. 1019: προφασίζομαι 9.
πταισ- Aor πταίσῃ Her. 9, 101; -ωμεν Pl. Phil. 45, a; -ας Aesch. Prom. 926; -αντα Pl. Rep. 553, a; Xen. Cyr. 3, 1, 26: πταίω 12.
πταισθ(ην) s. u. ἐπταίσθην.
πταιστός Vb. εὔ- Hippocr. 1, 78; ἄ- Xen. Equ. 1, 6 (*211*): πταίω 12.
πταίσω Fut. Dem. 2, 20: πταίω 12.
πτακών Part. Aor. 2 καταπτακών Aesch. Eum. 252: καταπτήσσω 13.
πτάμενος Part. Aor. 2 Eur. Bacch. 90; -α Eur. Ion. 460; -ας Eur. Bacch. 90; -μένη Qu. Sm. 1, 617; -μένῳ Eur. I. A. 796: πέταμαι 14.
πτάραντες Part. Aor. Pass. Aristot. 33, 16: πταίρω, πτάρνυμι 15.
πτάρε Imper. Pl. Symp. 185, e (*244*): πταίρω 15.
πταρεῖν Inf. Aor. Her. 7, 107 (*244*): πταίρω 15.
πταρείς Part. Aor. Pass. Hippocr. 5, 211 vgl. πτάρῃ: πταίρω 15.
πταρῇ[1]) Conj. Aor. Pass. Anth. 11, 268; vgl. πταρείς: πταίρω, πτάρνυμι 15.
πτάρνυται 3 Plur. Praes. Med. Philemo Fr. Com. 4, 38; Xen. An. 3, 2, 8: πτάρνυμι 15.
πτάτο (< ἔπτατο) 3 Sing. Aor. Med. Il. ψ, 880: πέταμαι 14.
πτέσθαι Inf. Aor. 2 Soph. O. T. 17; ἐπι- Il. δ, 126; ἀνα- Pl. Phaedr. 249, d: (ἀνα-, ἐπι-)πέτομαι 14.

[1]) Vgl. Lob. b. Buttm. Ausf. Sprl. 2, 1, p. 284.

1 vorher-, voraus-, vorschreiben. 2 vorher belehren. 3 vorher, voraus geben. 4 auftragen, auflegen, auferlegen. 5 geneigt sein, gern wollen; bestreben, begehren, verlangen. 6 vorliegen. 7 vorherlernen. 8 misshandeln, beschimpfen, schmähen; an-, losfahren. 9 vorwenden, vorgeben. 10 vorhalten, vorwenden, vorschützen. 11 versuchen, sich bemühen, streben; erproben, kennen lernen. 12 an-, umstossen; verstossen, verfehlen, irren. 13 sich niederducken. 14 fliegen. 15 niesen. 16 in Furcht setzen,

πτῆξε (< ἔπταξα) Aor. Il. ξ, 40; -η Pl. Symp. 184, b; -ωμεν Ar. Thesm. 36; -ωσι Lys. 770; -ειαν Soph. Ai. 171; πτῆξαι Theogn. 1015; πτήξας Aesch. Pers. 209; -αντες Ar. Ran. 315: πτήσσω 16.

πτήξω Fut. Anth. 12, 141: πτήσσω 16.

πτήσομαι (< πετήσομαι) Fut. ἀνα- Luc. Fr. 40, 751; de saltat. 38: πέτομαι 14.

πτῆται 3 Sing. Conj. Aor. Il. ο, 170: πέτομαι 14.

πτήτην 3 Dual. Aor. 2 ep. κατα- Il. θ, 136: πτήσσω 16.

πτισ- Aor. πτίσαντες Her. 2, 92: πτίσσω 17.

πτισθ(ην) Aor. Pass. περιπτισθείς Theophr. H. P. 4, 4, 10: περιπτίσσω 17.

πτοῖτο Opt. Aor. 2 ἀνα- Pl. Phaed. 109, e: ἀναπέτομαι 14.

πτόμενος Part. Aor. 2 ἐπι- Pl. Rep. 365, a: ἐπιπέτομαι 14.

πτυκτός Vb. Il. η, 169: πτύσσω 18.

πτυξ- Aor. πτύξασα Od. α, 439; ξ, 111. 252; -ας Soph. O. C. 158. 1611; ἀνα- Aesch. Pers. 294; -αντες περι- Soph. Ant. 886; Xen. An. 1, 10, 9; ἀνα- Eur. I. T. 1286: πτύσσω 18.

πτυξ(αμην) Aor. Med. -ωμαι Ar. Nub. 267; -ασθαι Eur. Med. 1400; -ατο in προσ- Ap. Rh. 4, 95; 3, 1024. 1104; Qu. Sm. 13, 532: πτύσσω 18.

πτύξομαι Fut. Med. προσ- Ap. Rh. 3, 781; -εται Eur. Phoen. 1671: πτύσσω 18.

πτύξον Aor. προσ- Eur. El. 1325: πτύσσω 18.

πτύξω Fut. ἀνα- Eur. H. F. 1256; Tro. 662: πτύσσω 18.

πτυρ(ην) Aor. 2 πτυρείης Pl. Ax. 370, a: πτύρομαι 19.

πτύραντες Part. Aor. sp. Homil. Clem. 2, 39: πτύρομαι 19.

πτυσ- Aor. πτύσας Soph. Ant. 653; ἀπο- Aesch. Ag. 986; -αντα Andr. 607: πτύω 20.

πτύσομαι (< πτύσω) Fut. Hippocr. 2, 669; ἐκ- Anth. 5, 197; προσ- Luc. Dial. Mort. 20, 2: πτύω 20.

πτυστός Vb. Aesch. Eum. 68: πτύω 20.

πτύσω (< πτύσομαι) Fut. Hippocr. 1, 229; Luc. Bis Accus.: πτύω 20.

πτυχθ(ην) Aor. Pass. ὑποπτυχθῇ Hippocr. 2, 555; ἀναπτυχθείσης Xen. Cyr. 7, 5, 5; διαπτυχθέντες Soph. Ant. 709: (ἀνα-, δια)πτύχω 21.

πυθέσθαι Inf. Aor. 2 Il. β, 119; Od. ο, 377 Γ*; Eur. Hipp. 910; 328; Pl. Gorg. 447, c; Xen. Cyr. 2, 4, 7; Dem. 19, 319: πυνθάνομαι 22.

πυθέσθην 3 Dual. Aor. 2 Od. ρ, 427: πυνθάνομαι 22.

πύθεσκε Imprf. iter. Ap. Rh. 4, 1530: πύθω 23.

πύθεται 3 Praes. Med. Il. λ, 395; Od. α, 161; Hes. Sc. 153: πύθω 23.

πύθῃ (< πύθησι) 3 Sing. Conj. Aor. 2 Eur. Tro. 719; ἐκ- Pherecr. Athen. 11, 481, c: πυνθάνομαι 22.

πύθηαι (< πύθῃ) 2 Sing. Conj. Aor. 2 Il. ε, 381; ω, 592; Od. γ, 15; δ, 494: πυνθάνομαι 22.

πύθησθε 2 Plur. Conj. Aor. 2 Od. θ, 12; Aesch. Sept. 243; Soph. Tr. 1150; Dem. 19, 341: πυνθάνομαι 22.

πύθηται 3 Sing. Conj. Aor. 2 Od. δ, 713; τ, 486; Aesch. Pers. 117; Ch. 737. 743: πυνθάνομαι 22.

πυθοίατο (< πύθοιντο) 3 Plur. Aor. 2 Il. α, 257; πυθοίατο (< πιθοίατο Wolf) Soph. O. C. 921: πυνθάνομαι 22.

πυθοίμην 1 Sing. Opt. Aor. 2 Od. κ, 147; Pl. Theaet. 143, e: πυνθάνομαι 22.

πύθοιτο 3 Sing. Opt. Aor. 2 Il. κ, 207. 211; Pl. Phil. 41, b; -οιντο Xen. Hell. 4, 3, 2: πυνθάνομαι 22.

πυθόμενος Part. Praes. Med. Od. μ, 46: πύθω 23.

πυθόμην (< ἐπυθόμην) Aor. 2 Od. δ, 732; ξ, 321; ψ, 40: πυνθάνομαι 22.

πύθωμαι 1 Sing. Conj. Aor. 1 Med. Pl. Euthyd. 295, c; ἐκ- Eur. H. F. 529; Qu. Sm. 5, 280: πυνθάνομαι 22.

---

in Furcht gerathen. 17 enthülsen, schroten. 18 zusammenfalten. 19 scheu machen; *Pass.* scheu werden, in Bestürzung und Schrecken gerathen. 20 spucken, speien; verschmähen, verabscheuen. 21 beendigen, vollenden; *Pass.* sich endigen, in Erfüllung gehen, geschehen. 22 sich erkundigen und erfahren. 23 verfaulen machen; *Pass.* verfaulen.

πύθωνται 3 Plur. Conj. Aor. 2 Il. η, 195; Pl. Rep. 344, c; Isocr. 12, 221: πυνθάνομαι 1.
πυκάσαι Inf. Aor. Od. λ, 320; Hes. Op. 622: πυκάζω 3.
πυκάσας Part. Aor. Il. ω, 581: πυκάζω 3.
πυκάσασα Fem. Part. Aor. Il. ρ, 551: πυκάζω 3.
πυκάσδω Praes. dor. für πυκάζω 3.
πύκασεν Aor. Il. θ, 124; κ, 271; ρ, 83: πυκάζω 3.
πυκασθ(ην) Aor. Pass. -θείς Her. 7, 197; Eur. Alc. 796: πυκάζω 3.
πυνθάνει 2 Sing. Praes. Pl. Parm. 126, b: πυνθάνομαι 1.
πυνθάνεσθαι Inf. Praes. Pass. Isae. 1, 31: πυνθάνομαι 1.
πυνθανέσθω 3 Sing. Praes. Pl. Gorg. 463, c: πυνθάνομαι 1.
πυνθάνηται 3 Sing. Conj. Praes. Dem. 19, 354: πυνθάνομαι 1.
πυνθανοίμην Opt. Praes. Pl. Soph. 216, a: πυνθάνομαι 1.
πυνθανόμενος Part. Praes. Pl. Leg. 888, c: πυνθάνομαι 1.
πυνθάνου Imper. Praes. Pl. Lach. 187, b: πυνθάνομαι 1.
πυνθανώμεθα 1 Plur. Conj. Praes. Pl. Rep. 476, e: πυνθάνομαι 1.
πυνθάνωνται 3 Plur. Conj. Praes. Isocr. 5, 70: πυνθάνομαι 1.
πυρέξω Fut. Hippocr. 2, 612: πυρέσσω 4.
πύσω Fut. Il. δ, 174: πύθω, πύω 2.
πωλεῖται 3 Sing. Praes. Od. ι, 189; Hes. Th. 781: πωλέομαι 5.
πωλείτω 3 Sing. Imper. Praes. Pl. Leg. 849, c: πωλέομαι 5.
πώλεο 2 Sing. Imprf. für ἐπωλέεσο, ἐπωλέεο: πωλέομαι 5.
πωλέσκετο Imprf. iter. Il. α, 490; Od. λ, 240: πωλέομαι 5.
πωλεύμεναι Part. Praes. -ος Aesch. Prom. 648 [*184*]; Od. β, 55; ρ, 534: πωλέομαι 5.
πωλεύμην Imprf. fr. ἐπωλούμην Od. χ, 352 [*181*]: πωλέομαι 5.
πωλήσεαι 2 Sing. Fut Il. ε, 350: πωλέομαι 5.
πωτηθ(ην) s. u. ἐπωτήθην.
πωτῶντο Imprf. Il. μ, 287; Hym. Ap. Pyth. 264: πωτάομαι 6.

P.

ῥαγ(ην) Aor. Pass. s. ῥαγῶ, -ῇς, -ῇ, ῥαγῆναι, -είς, -ήτω, -εισῶν: ῥήγνυμι 7.
ῥαγείς Part Aor. 2 Pass. διαρραγείς Ar. Pax. 33; -έντος in ἀμφι- Ap. Rh. 1, 39: ῥαγέντα Soph. Ant. 476; ῥαγέντων Eur. Tro. 1177; Xen. Cyr. 1, 6, 16: ῥήγνυμι 7.
ῥαγεισῶν Gen. Pl. Part. Aor. 2 Pass. 505; vgl. ῥαγ(ην): ῥήγνυμι 7.
ῥαγῇ 3 Sing. Conj. Aor. Pass. διαρ- Dem. 54, 41: ῥήγνυμι 7.
ῥαγῆναι Inf. Aor. 2 Pass. Pl. Rep. 359, d; Dem. 56, 23; vgl. ῥαγ(ην): ῥήγνυμι 7.
ῥαγῇς 2 Sing. Conj. Aor. Pass. διαρ- Dem. 18, 21: διαρρήγνυμι 7.
ῥαγήσομαι Fut. Aesch. ἐκ- Prom. 367; διαρ- Alexis Fr. Com. 3, 488: ῥήγνυμι 7.
ῥαγήτω 3 Sing. Imper. Aor. Pass. διαρ- Anachil. Fr. Com. 3, 351: διαρρήγνυμι 7.
ῥαγῶ Conj. Aor. 2 Pass. διαρραγῶ Ar. Vesp. 162; Alexis Fr. Com. 3, 489; vgl. ῥαγ(ην): ῥήγνυμι 7.
ῥαγῷεν 3 Sing. Opt. Aor. Pass. Luc. De luctu 11: ῥήγνυμι 7.
ῥαίῃσι 3 Sing. Conj. Praes. Od. ε, 221: ῥαίω 8.
ῥαινέμεν Inf. ep. Pind. I. 6, 21: ῥαίνω 9.

---

1 sich erkundigen und erfahren. 2 verfaulen machen; *Pass.* verfaulen. 3 verdichten, befestigen. 4 Fieberhitze haben, Fieber bekommen. 5 sich an einem Orte herumdrehen, verkehren, gehen, kommen. 6 = πέτομαι, ποτάομαι fliegen. 7 (durch-, zer)reissen, durchbrechen. 8 sprengen, zerschmettern, zerbrechen. 9 sprengen, spritzen, bestreuen. 10 leichter werden;

ῥαίνοντο Imprf. Il. λ, 282: ῥαίνω[1] 9.
ῥαίνων Part. Pind. I. 8, 50: ῥαίνω 9.
ῥαίοιτο 3 Sing. Opt. Praes. Med. Od. ι, 459; Soph. Tr. 268: ῥαίω 8.
ῥαῖσαι Inf. Aor. Od. ν, 151; διαρραῖσαι Il. β, 473: (διαρ)ραίω 8.
ῥαίσει Fut. διαρραίσει Il. ι, 78; ἀπορραίσειν Hes. Th. 393: διαρραίω 8.
ῥαισέμεναι Inf. Fut. Od. ϑ, 569; ν, 177: ῥαίω 8.
ῥαίσεσθαι s. u. ῥαίσομαι.
ῥαίσῃ 3 Sing. Conj. Aor. Od. ψ, 235: ῥαίω 8.
ῥαισϑ(ην) Aor. Pass. ῥαισϑῇ Aesch. Prom. 189; διαρραισϑέντας 236; -ϑείσης Ap. Rh. 2, 1114; vgl. ἐρραίσϑην: ῥαίω 8.
ῥαίσομαι Fut. διαρραίσεσϑαι Il. ω, 355: ῥαίω 8.
ῥαΐσω Fut. Pl. Ax. 364, c: ῥαΐζω 10.
ῥάνῃ 3 Sing. Conj. Aor. Eur. Rhes. 73: ῥαίνω 9.
ῥανϑ(ην) Aor. Pass. -ϑεῖσα Pind. P. 5, 100 Boekh.; -ϑεῖσι Herm. -εισαν gew.: ῥαίνω 9.
ῥᾶνον Imper. Anaxandr. bei Athen. 2, 48, a: ῥαίνω 9.
ῥανῶ Fut. Eur. Fr. Thes. 1; Lycophr. 1104: ῥαίνω 9.
ῥαξ- Aor. ἐπι- Soph. O. C. 1503; vgl. ἔρραξα: ῥάσσω 11.
ῥάξω Fut. V. T. Esai 9, 11; ξυρ- Thuc. 8, 96: ῥάσσω 11.
ῥαπισϑ(ην) Aor. Pass. -ϑῆναι Sext. Emp. adv. Math. 11, 96; vergl. ἐρραπίσϑην: ῥαπίζω 12.
ῥαπίσω Fut. N. T. Matth. 5, 39: ῥαπίζω 12.
ῥαπτός Vb. Od. ω, 228. 229; Pind. N. 2, 2: ῥάπτω 13.
ῥάσσατε Imperat. Aor. sprenget Od. υ, 150: ῥαίνω 9.
ῥαφεῖεν Opt. Aor. 1 Pass. Hippocr. 3, 115: ῥάπτω 13.
ῥαχϑ(ην) Aor. Pass. s. ἐρράχϑην: ῥάσσω 11.
ῥαψ- Aor. ῥάψασα Eur. Andr. 836: ῥάπτω 13.
ῥαψαμ(ην) Aor. Med. ῥαψάμενος Ar. Equ. 784; ῥαψαμένη Nub. 538: ῥάπτω 13.
ῥάψε (< ἔρραψα) Aor. Il. μ, 296; Qu. Sm. 4, 399; καταρράψαι Luc. Alex. 19; ῥάψασα Eur. Andr. 836; καταρράψας Aesch. Eum. 26: ῥάπτω 13.
ῥάψω Fut. ἀπορράψειν Aeschin. 2, 21: ῥάπτω 13.
ῥέγξω Fut. Aesch. Eum. 53; Ar. Nub. 5: ῥέγκω 14.
ῥέδδω lacon. st. ῥέζω Eust. p. 484, 1 Ahrens D. Dor. p. 96: ῥέδδω lakon. = ῥέζω 15.
ῥέε (< ῥέεν) 3 Sing. Imprf. Il. ε, 339: ῥέω 16.
ῥέει (< ῥεῖ) Praes. Il. χ, 149; Hym. 25, 5; Hes. Th. 788: ῥέω 16.
ῥέειν (< ῥεῖν) Inf. προ- trans. Hom. Hym. 2, 202: ῥέω 16.
ῥέεν (< ἔρρεεν) Imprf. Il. β, 307; Ap. Rh. 4, 1678: ῥέω 16.
ῥέεσκε Imprf. iter. προ- Ap. Rh. 3, 225: ῥέω 16.
ῥέζε (< ἔρεζε) Imprf. Il. φ, 217; vgl. ῥέζον: ῥέζω 15.
ῥέζει 3 Sing. Praes. Od. χ, 153: ῥέζω 15.
ῥέζειν Inf. Il. χ, 259; Od. ξ, 251: ῥέζω 15.
ῥέζεις 2 Sing. Praes. Il. φ, 214: ῥέζω 15.
ῥέζεσκον (< ἔρεζον) Impf. Il. ϑ, 250; προ- Ap. Rh. 3, 225: ῥέζω 15.
ῥέζετε 2 Plur. Imper. Od. β, 73; υ, 314: ῥέζω 15.
ῥέζοι 3 Sing. Opt. Od. α, 47: ῥέζω 15.
ῥέζον (< ἔρεζον) Imprf. Od. γ, 5; vgl. ῥέζε: ῥέζω 15.
ῥέζουσιν 3 Plur. Praes. Il. δ, 32: ῥέζω 15.
ῥέζων Part. Praes. Il. λ, 502; ω, 661; Od. α, 61: ῥέζω 15.
ῥεῖ (< ῥέει) 3 Sing. Praes. Thuc. 1, 46; Pl. Phaed. 230, b: ῥέω 16.
ῥεῖν Inf. Pl. Crat. 426, d: ῥέω 16.
ῥείτω Imper. Praes. Theocr. 5, 126; περιρ- Soph. El. 362: ῥέω 16.
ῥείω Praes. für ῥέω Hes. Fr. 237 (Goetl.); Anth. 7, 36: ῥέω 16.
ῥεκτός Vb. ἄρεκτος Il. τ, 150: ῥέζω 1.
ῥεξ- s. ῥέξε, ῥέξῃς, -ῃ, ῥέξωσι, ῥέξαιμι, ῥέξειε, ῥέξαι, ῥέξας, ῥέξαντ-: ῥέζω 1.

---

von Kranken und Krankheiten sich bessern. 11 schlagen, schmeissen, stossen. 12 schlagen, peitschen. 13 (zusammen)nähen. 14 schnarchen. 15 thun, handeln, ausrichten, vermögen. 16 fliessen, rinnen.

ῥέξαι Inf. Aor Od. γ, 144; Il. β, 802; Hes. Th. 209; Ap. Rh. 2, 487: ῥέζω 1.

ῥέξαιμι 1 Sing. Opt. Aor. Il. τ, 90: ῥέζω 1.

ῥέξαις (< ῥέξας) Part. Aor. Pind. O. 9, 94: ῥέζω 1.

ῥεξαντ- Stammform des Part. Aor. -ι Il. ο, 586; -α σ, 455; -ες κ, 525; Theocr. 17, 6; Ap. Rh. 1, 1186; -ας Il. κ, 282 vgl. ῥεξ-: ῥέζω 1.

ῥέξας Part. Aor. Il. α, 147; Theocr. 16, 74; Qu. Sm. 7, 291; Aesch. Ch. 315: ῥέζω 1.

ῥέξε (< ἔρρεξε) Aor. Il. ι, 535; vgl. ῥεξ-: ῥέζω 1.

ῥέξειε 3 Sing. Opt. Aor. Od. δ, 205. 649; vgl. ῥεξ-: ῥέζω 1.

ῥέξειν Inf. Fut. Il. δ, 102. 120; ψ, 864. 873: ῥέζω 1.

ῥέξῃ 3 Sing. Conj. Aor. Il. β, 195; vgl. ῥεξ-: ῥέζω 1.

ῥέξῃς 2 Sing. Conj. Aor. Od. δ, 478; vgl. ῥεξ-: ῥέζω 1.

ῥέξον Imper. Aor. Theocr. 23, 33: ῥέζω 1.

ῥέξω Fut. Il. κ, 292; Od. γ, 382. 384; Ap. Rh. 3, 711; -εις Aesch. Sept. 105; -ει Od. ξ, 62; -ομεν Il. η, 353; Ap. Rh. 2, 69; Soph. O. C. 1724; -ουσι Hym. 34, 12: ῥέζω 1.

ῥέξωσι 3 Plur. Aor. Od. π, 381; Qu. Sm. 14, 215; vgl. ῥεξ-: ῥέζω 1.

ῥέοι 3 Sing. Opt. Pl. Phaed. 87, d: ῥέω 2.

ῥέον (< ἔρρεον) 3 Plur. Imprf. Il. μ, 159; Od. ε, 70; Pind. O. 11, 10: ῥέω 3.

ῥεοντ- Stammform des Part. ῥέων -ος Pl. Theaet. 144, b: ῥέω 3.

ῥέοντα Acc. Part. Il. ζ, 172: ῥέω 3.

ῥέοντε Dual. Part. Il. ε, 773: ῥέω 3.

ῥέοντες Plur. Part. Il. ρ, 751: ῥέω 3.

ῥέοντος Gen. Part. Il. β, 849: ῥέω 3.

ῥεούμενος[1]) Part. für ῥεόμενος Her. 7, 140 (Orac.): ῥέω 3.

ῥέπε Imprf. (< ἔρρεπον, ἔρεπον) Il. χ, 212: ῥέπω 4.

[1]) ου steht hier als gelängtes ο.

ῥέπειν Inf. Pl. Leg. 862, c: ῥέπω 4.

ῥεπόμενος Part. Praes. Med. od. Pass. Aesch. Suppl. 406: ῥέπω 4.

ῥέπον N. Part. Pl. Tim. 79, c: ῥέπω 4.

ῥέπων Part. Pl. Phaed. 247, b: ῥέπω 4.

ῥέρανται (< ἔρρανται) Perf. Pass. verworfen von Thom. Mag. 135, 4; Herod. 459; Piers.: ῥαίνω 5.

ῥεραντισμένος Part. Perf. Pass. N. T. Hebr. 10, 22; Buttm. Ausf. Gr. Gr. p. 101, 4: ῥαντίζω 6.

ῥεραπισμένος Part. Perf. Pass. Anacr. Fr. 163: ῥαπίζω 7.

ῥερίφθαι Inf. Perf. Pind. Fragm. 308 Bergk (angeführt von Chöroboscus Bekker Anecdo. p. 1287) Oppian. Cyr. 4, 350: ῥίπτω 8.

ῥερυπωμένος Part. Perf. Pass. Od. ζ, 59: ῥυπόω 9.

ῥευσ- Aor. selten bei Att. ῥεύσας Ar. Equ. 526; περιρρεῦσαι Lycurg. 96: ῥέω 3.

ῥεύσομαι (< ῥεύσω) Fut. Theogn. 448; Eur. Fr. Thes. 1, 3; Crates Com. Fr. 2, 238; Hippocr. 2, 687; Aristot. Meteor. 2, 2, 4: ῥέω 3.

ῥευσοῦμαι (< ῥεύσομαι) Fut. Et. M. p. 381, 31 u. spät. Aristot. Meteor. 2, 2. 2, 4: ῥέω 3.

ῥεύσω Fut. (< ῥεύσομαι) Fut. Anth. 5, 125; N. T. Ioh. 7, 38: ῥέω 3.

ῥεχθ(ην) Aor. Pass. ῥεχθέν Il. ρ, 32; ι, 198; -θέντος ι, 250: ῥέζω 1.

ῥεψ- Aor. ῥέψῃ Pl. Phil. 46, e; -αντα Rep. 544, e: ῥέπω 4.

ῥέψω Fut. -ειν Her. 7, 139: ῥέπω 4.

ῥέων Part. Thuc. 1, 46; προ- Orph. Arg. 1137; vgl. ῥέειν: ῥέω 3.

ῥηγνύατο 3 Plur. Imprf. ion. Arat. 817 [***100***]: ῥήγνυμι 10.

ῥηγνύμενος Part. Praes. Il. δ, 425; Qu. Sm. 7, 19; 12, 189; περιρ- Aesch. Sept. 329: ῥήγνυμι 10.

ῥήγνυνται 3 Plur. Praes. Hes. Sc. 377; Xen. Cyr. 7, 8: ῥήγνυμι 10.

ῥήγνυντο 3 Plur. Imprf. Il. υ, 55: ῥήγνυμι 10.

ῥηγνῦσα Fem. Part. Eur. Bacch. 1130: ῥήγνυμι 10.

ῥήγνυσθαι Inf. Praes. Il. μ, 257;

---

1 thun, handeln, ausrichten, vermögen. 2 schnarchen. 3 fliessen, rinnen. 4 sich neigen, machen, dass etw. sich neigt. 5 sprengen, spritzen, bestreuen. 6 besprengen. bespritzen. 7 schlagen, peitschen. 8 schleudern, schmeissen. 9 beschmutzen, beflecken. 10 (durch-, zer)reissen,

διαρ- Luc. Epist. Saturn. 22: ῥήγνυμι 10.

ῥήγνυσθε 2 Plur. Imprf. Il. μ, 440: ῥήγνυμι 10.

ῥήγνῡσι 3 Sing. Praes. Aesch. Pers. 199; Soph. Ant. 675: ῥήγνυμι 10.

ῥηγνῦσι 3 Plur. Praes. Il. ρ, 751 [232]: ῥήγνυμι 10.

ῥήγνυσκε Imprf. iterat. Il. η, 141 [143]: ῥήγνυμι 10.

ῥήγνυται 3 Sing. Praes. Xen. Hell. 5, 4, 58: ῥήγνυμι 10.

ῥήγνυτο 3 Sing. Imprf. Il. σ, 67: ῥήγνυμι 10.

ῥηθείς[1]) Part. Aor. Pass. Xen. Cyr. 3, 3, 51; Pl. Phaedr. 243, c; -θέντος Rep. 525, d; -θέντι Od. υ, 322; σ, 414; Dem. 15, 7; -θέντα Pl. Symp. 198, b; -θεῖσαι Pl. Tim. 17, c; -αν Isocr. 7, 62; -θέν Pind. P. 4, 74; Pl. Phil. 48, b; -θέντων Xen. Symp. 8, 42; Isocr. 15, 281; -θεῖσι 12, 155: ῥέω, εἰπεῖν 11.

ῥηθῇ[1]) Conj. Aor. Pass. Aeschin. 1, 31; Dem. 60, 4: ῥέω, εἰπεῖν 11.

ῥηθῆναι[1]) Inf. Aor. Pass. Her. 3, 9; Pl. Theaet. 202, a; Isocr. 4, 28; Dem. 45, 49; ῥέω, εἰπεῖν 11.

ῥηθήσεσθαι Inf. Fut. Pass. Pl. Phaed. 88, c; Pol. 295, b; Isocr. 12, 6. 258; 15, 240: ῥέω, εἰπεῖν 11.

ῥηθήσομαι (< εἰρήσομαι) Fut. Hippocr. 2, 363; Thuc. 1, 73; Xen. Hell. 6, 3, 7; Rep. 473, c: ῥέω, εἰπεῖν 11.

ῥηθησόμενος Part. Fut. Pass. Thuc. 8, 66; Pl. Phaedr. 289, e; Isocr. 5, 140: ῥέω, εἰπεῖν 11.

1) ῥήξ' Aor. Il. μ, 185; υ, 399; vgl. ῥηξ-: ῥήγνυμι 10.

2) ῥηξ- Aor. -ας Aesch. Pers. 468; Eur. Bacch. 292; -ατε Imper. Ar. Nub. 357; vgl. -αντες, ῥηξ-, ῥῆξαι, ῥῆξαν, ῥήξας, -αντες: ῥήγνυμι 10.

ῥῆξαι Inf. Aor. Il. λ, 538; ο, 617; Dem. 9, 61; ἀπορ- Eur. Or. 864; vgl. ῥῆξ-: ῥήγνυμι 10.

ῥηξαμ(ην) s. ῥήξαντο u. ῥηξάμενος.

ῥηξάμενος Part. Aor. Med. Il. ν, 680; -οι μ, 90; -μένῳ 411; -η Ap. Rh. 4, 28: ῥήγνυμι 10.

ῥῆξαν Aor. Pind. N. 8, 289; vgl. ῥηξ-: ῥήγνυμι 10.

ῥήξαντο Aor. Med. Il. λ, 90; Qu. Sm. 8, 227; -ατο Nonn. 4, 426; 4, 35; vergl. ῥηξάμενος: ῥήγνυμι 10.

ῥήξας Part. -ας Aesch. Pers. 468; Eur. Bacch. 292; Ar. Plut. 515; -αντες Il. μ, 341: ῥήγνυμι 10.

ῥήξασα Fem. Part. Soph. Tr. 919; ἀπορ- Theophil: Fr. Com. 3, 628: ῥήγνυμι 10.

ῥήξειν Inf. Fut. Il. μ, 262; Qu. Sm, 7, 481; vgl. ῥήξω: ῥήγνυμι 10.

ῥῆξεν (< ἔρρηξεν) Aor. Il. ν, 439; π, 310; Qu. Sm. 14. 647; Nonn. 1, 127; -η Qu. Sm. 11, 403; -ης Eur. Ion. 522: ῥήγνυμι 10.

ῥήξηται 3 Sing. Conj. Aor. Med. συρρήξηται Hippocr. 2, 437: ῥήγνυμι 10.

ῥήξομαι (< ῥήξω) Fut. Il. μ, 224: ῥήγνυμι 10.

ῥήξω (< ῥήξομαι) Fut. Il. ψ, 673; Eur. Phoen. 1256; Her. 2, 2; vgl. ῥήξειν: ῥήγνυμι 10

ῥήσω Fut. Thuc. 5, 85: ῥέω 3.

ῥητέον Vb. Pl. Theaet. 160, b *B**: ῥέω, εἰπεῖν 11.

ῥητόν Vb. Soph. Phil. 756: ῥέω. 3.

ῥηχθῇ Aor. Pass. διαρρηχθῇ Hippocr. 2, 483: ῥήγνυμι 10.

ῥιγήσειν Inf. Fut. Il. ε, 351: ῥιγέω 12.

ῥίγησεν (< ἐρρίγησεν) Aor Il. γ, 259; δ, 148. 150; 279 *Γ**: ῥιγέω 12.

1) ῥιγοῖ 3 Sing. *Indic.* Praes. Pl. Theaet. 152, b: ῥιγόω 13.

2) ῥιγοῖ 3 Sing. *Conj.* Praes. Pl. Phaed. 85, a: ῥιγόω 13.

ῥιγοῦν (< ῥιγῶν) Inf. Ar. Nub. 442; Plat. Rep. 440, c; Xen. Cyr. 5, 1, 11; Arist. Pol. 2, 7, 1267, a, 4 Bekker (220): ῥιγόω 13.

ῥιγοῦσι 3 Plur. Praes. Pl. Phil. 45, b: ῥιγόω 13.

ῥιγῷ 3 Sing. Opt. Praes. Pl. Gorg. 517, d (222): ῥιγόω 13.

ῥιγῷεν[1]) Opt. Plut. Mor. 233; Luc. Luct. 12 (222): ῥιγόω 13.

[1]) ἐρρήθην ist die eigentlich attische, εἰρέθην, jedoch nur im Indicat., die ion. Form; doch hat Her: auch εἰρήθην.

[1]) Bei den Attikern vorzugsweise in ω, ῳ, statt in ου, οι zusammengezogen.

durchbrechen. 11 sagen. 12 schaudern, sich fürchten. 13 frieren.

ῥιγῴη[1]) Opt. für ῥιγοῖ Hipp cr. 1, 618 (**222**): ῥιγόω 1.
ῥιγῶν[1]) (< ῥιγοῦν) Inf. st. ῥιγοῦν Ar. Av. 935; Vesp. 446; Plut. Mor. 157: ῥιγόω 1.
ῥιγῶν Part. Pl. Phil. 46, c: ῥιγόω 1.
ῥιγῶντες Part. Arrian. Epict. 3, 26, 6: ῥιγόω 1.
ῥιγῶσα Fem. Part. für. -οῦσα Simon. Plut. 29: ῥιγόω 1.
ῥιγωσέμεν Inf. Fut. Od. ξ, 481: ῥιγόω 1.
ῥίπτασκον Imprf. iter. Il. ο, 23; Qu. Sm. Orph. Fr. 16, 3 (< ῥίπτεσκε) [**141**]: ῥίπτω 2.
ῥιπτέω[2]) Nebenform v. ῥίπτω Soph. Ant. 131; Tr. 750. Eur. Hcl. 1096; Ar. Eccl. 507; Xen. Cyr. 3, 1, 25; Pl. Tim. 80, a: ῥίπτω 2.
ῥιπτός Vb. Soph. Tr. 357: ῥίπτω 2.
ῥιφ(ην) Aor. 2 Pass. ῥιφέντες Eur. Andr. 10; Hec. 335; Pl. Leg. 499, a: ῥίπτω 2.
ῥιφήσομαι (< ῥιφθήσομαι) Fut. 2 V. T. Esai. 34, 3: ῥίπτω 2.
ῥιφθ(ην) Aor. Pass. ῥιφθῶ Soph. Ai. 830; ἀπορριφθῇ Aesch. Suppl. 484; -θέντων Pl. Leg. 944, d: ἀπορρίπτω 2.
ῥιφθήσομαι (< ἐρρίψομαι) Fut. Pass. ἀπο- Soph. Ai. 1019: ῥίπτω 2.
ῥῖψ' (< ῥίψε, ἔρριψεν) Aor. Il. γ, 378; τ, 268: ῥίπτω 2.
ῥῖψαι Inf. Aor. Eur. Hipp. 220; Pl. Rep. 617, e; ἀπορ- Luc. Symp. 20: ῥίπτω 2.
ῥίψαις Part. dor. für ῥίψας Pind. P. 3, 57: ῥίπτω 2.
ῥίψας Part. -ασα Aesch. Ag. 1068; -αντες Pl. Rep. 473, e: ῥίπτω 2.
ῥίψε (< ἔρριψεν) Aor. Il. α, 591: ῥίπτω 2.
ῥίψειε Opt. Aor. Aesch. Prom. 1051: ῥίπτω 2.
ῥίψεθ'- Fut. Eur. H. F. 562: ῥίπτω 2.
ῥίψῃ 3 Sing. Conj. Aor. Pl. Leg. 944, c: ῥίπτω 2.
ῥίψω Fut. Il. ϑ, 13; -ει ω, 735; Eur. H. F. 568; Cycl. 51; Xen. An. 4, 7, 13: ῥίπτω 2.

[1]) Bei den Attikern vorzugsweise in ω, ῳ, statt. in ου, οι zusammengezogen.
[2]) Elms. verwirft die Form, ῥιπτέω bei Tragikern Eur. Heracl. 150.

ῥοίζασκε Imprf. iterat. Hes. Th. 835 Goetl. (> ῥοίζεσκε Andere): ῥοιζέω 4.
ῥοίζησεν (< ἐρροίζησα) Aor. Il. κ, 502: ῥοιζέω 4.
ῥοφήσομαι Fut. Med. Emsley nimmt nur die Futurform ῥοφήσομαι als richtig u. corrigirt darnach mehrere Stellen bei Ar. (**379**): ῥοφέω 5.
ῥοφήσω Fut. Ar. Ach. 278; Pax. 716; ἐκ- Equ. 360 (Bekker): ῥοφέω 5.
ρρ- -ρραγείς, -ρραγῶ, -ρραῖσαι u. s. w. s. u. ῥαγείς, ῥαγῶ, ῥαῖσαι[1]), ῥυ(ην) s. ῥύην.
ῥύατ' (ο) (< ἔρρυτο) 3 Plur. Imprf. als Aor. Il. σ, 515; -το Od. ρ, 201: ῥύομαι 4.
ῥυείς Part. Aor. 2 Pass. καταρρυείς Ar. Pax. 71; ῥυεῖσα Plut. Brut. 31: ῥέω 6.
ῥύεσθαι[1]) Inf. Praes. Il. υ, 195 (< ἐρύεσθαι): ῥύομαι 7.
ῥύεται[1]) 3 Sing. Praes. Il. κ, 259. 417: ῥύομαι 7.
ῥύετο[1]) (< ἔρυτο) 3 Sing. Imprf. Il. π, 799: ῥύομαι 7.
ῥύη[2]) 3 Sing. des Aor. 2 Pass. Od. γ, 455: ῥέω 6.
ῥύην Aor. Pass. ῥυῇ Eur. Cycl. 147; ῥυείσης Pl. Tim. 84, c; -έντες Rep. 495; b: ῥέω 6.
ῥυῇς[3]) 2 Sing. Aor. 2 Pass. καταρρ- Ar. Pax. 145: ῥύομαι 7.
ῥυήσομαι Fut. 2 Hippocr. 1, 354; εἰσ- Isocr. 8, 140: ῥέω 6.
ῥυοίατο[3]) 3 Plur. Aor. Her. 4, 125: ῥύομαι 7.
ῥύοισθε[3]) 2 Plur. Opt. Il. ρ, 224: ῥύομαι 7.
ῥύοιτο[3]) 3 Sing. Opt. Il. μ, 8: ῥύομαι 7.
ῥύομαι[3]) 1 Sing Praes. Il. ο, 257; Od. ξ, 107: ῥύομαι 7.
ῥύονται[3]) 3 Plur. Praes. Il. ι, 396: ῥύομαι 7.
ῥύοντο[3]) Imprf. Pind. I. 7, 53: ῥύομαι 7.

[1]) So sind alle Composita mit verdoppeltem -ρρ- unter dem Simplex zu suchen.
[2]) Ausser ῥύη kommt bei Homer nur Praes. und Imprf. Act. vor.
[3]) Homer hat gewöhnlich ῡ lang, doch auch kurz υ, wie Il. ο, 29; bei den Att. ist υ stets lang.

1 frieren. 2 schleudern, schmeissen. 3 besprengen, bespritzen. 4 zischen, rauschen, schwirren. 5 schlürfen. 6 fliessen, rinnen. 7 (er)-retten, schirmen, schützen, behüten, erhalten. 8 beschmutzen, beflecken;

ῥυπαίνομαι Med. Xen. Lac. 11, 3: ῥυπαίνω 8.
ῥυπανῶ Fut. καταρρυπανεῖν Isocr. 12, 63: ῥυπαίνω 8.
ῥυπάω (< ῥυπόω) Praes. Ar. Plut. 266; Luc. Nic. 4: ῥυπάω 9.
ῥυπόω (< ῥιπάω) Praes. Od. ψ, 115: ῥυπάω 9.
ῥυπόωντα Part. Od. ζ, 87; ν, 435; ω, 227: ῥυπάω 9.
ῥῦσαι Imper. Aor. Il. ρ, 645; ω, 430; Her. 9, 76; Soph. O. T. 313: ῥύομαι 7.
ῥύσαιτο 3 Sing. Opt. Aor. Od. μ, 107; Aesch. Eum. 300. 129; Eur. Hel. 1086; Ion. 165: ῥύομαι 7.
ῥυσάμην 1 Plur. Aor. Il. ο, 29: ῥύω 6.
ῥύσασθαι Inf. Aor. Her. 3, 119; 8, 65; Ap. Rh. 3, 905: ῥύομαι.
ῥύσασθε Imper. Aor. Her. 5, 49: ῥύομαι 7.
ῥυσάσθην 3 Dual. Aor. Il. ξ, 406: ῥύομαι 7.
ῥύσηται 3 Sing. Conj. Aor. Theocr. 7, 56: ῥύομαι 7.
ῥῦσθαι Inf. Praes. für ῥύεσθαι Il. ο, 115: ῥύομαι 7.
ῥυσθῆναι Aor. Pass. Heliod. 10, 5 und KS.: ῥύομαι 7.
ῥύσκεο 2 Sing. Imprf. iter. Med. Il. ω, 730: ῥύομαι 7.
ῥυσοίμην Opt. Fut. Soph. O. T. 72: ῥύομαι 7.
ῥύσομαι Fut. Hes. Th. 662; Ap. Rh. 3, 63; Qu. Sm. 7, 820; Aesch. Sept. 91; Eur. Or. 599; Bacch. 1338; I. A. 1383; Her. 1, 86; Thuc. 5, 63: ῥύομαι 7.
ῥυτός Vb. Eur. Hipp. 123: ῥέω 6.
ῥώετο Imperf. sp. Nic. Ther. 351: ῥώομαι 10.
ῥώννυμι (< ῥωννύω) Praes. Hippocr. 2, 17; -ῦσα Pl. Locr. 103, b: ῥώννυμι 11.
ῥωννύουσι 3 Plur. Praes. Pl. Locr. 103, e: ῥώννυμι 11.
ῥωννῦσα Part. Praes. (Pl.) Locr. 103, b: ῥώννυμι 11.
ῥωννύω (< ῥώννυμι) Praes. (Pl.) Locr. 103: ῥώννυμι 11.
ῥώοντο (< ἐρρώοντο) Imprf. Il. λ, 50; π, 166; σ, 411. 417; Ap. Rh. 4, 440; Qu. Sm. 7, 323: ῥώομαι 10.
ῥώσαντο Aor. 1 Med. Od. ω, 69: ῥώομαι 10.
ῥωσθείς Part. Aor. Pass. Pl. Symp. 210, d; -θέντες in ἀναρ- Thuc. 7, 46; vgl. ἐρρώσθην: ῥώννυμι 11.
ῥωσθεῖσα Fem. Part. Aor. Pass. Pl. Phaedr. 238, c; vgl. ἐρρώσθην: ῥώννυμι 11.
ῥωσθήσομαι Fut. Pass. ἐπι- Luc. Somn. 18: ῥώννυμι 11.
ῥωστός, ἀρ- Vb. Plut. Moral. 1692, d: ῥώννυμι 11.

Σ.

σάλπιγξα (< ἐσάλπιγξα) Aor. Il. φ, 388 (*18*): σαλπίζω 12.
σαλπίσω (< σαλπιῶ) Fut. V. T. Num. 10, 3: σαλπίζω 12.
σαλπιῶ (< σαλπίσω) V. T. Jud. 7, 18; N. T. 1 Cor. 15, 52: σαλπίζω 12.
σαξ- (< σασ-) Aor. σάξον Alexis Fr. Com. 442. 443; σάξαντες Her. 3, 7; ἐπισάξαι Xen. Cyr. 3, 3, 37: σάττω 13.
σαξάμενος Part. Aor. Med. Luc. Peregr. 30: σάττω 13.
σάοι 3 Sing. Opt. Anth. 7, 109; Theogn. 868 B. 848 Bekker in einigen Ausgaben; Callim. in Del. 22 (> σαοῖ): σάω 14.
σάουσι 3 Plur. Praes. Tyrt. 8, 13 Bergk: σάω 14.
σαπ(ην) Aor. Pass. σαπῇ Pl. Phaed. 80, d; σαπέν 87, e; -είσης Hes. Sc. 152; -έντων in δια- Luc. De Luct. 18: σήπω 15.
σαπήῃ Conj. Aor. Pass. ep. Il. τ, 27 [*127*]: σήπω 15.

Pass. schmutzig werden. 9 schmutzig, beschmutzt sein. 10 sich kräftig, mit Macht bewegen. 11 stärken, kräftigen *eig. u. met.*; *Pass.* stark, kräftig werden. 12 trompeten, ein Zeichen mit der Trompete geben. 13 bewaffnen, ausrüsten. 14 sieben. 15 (ver)faul(en) machen; faul sein, werden.

σαπήσομαι Fut. 2 κατα- Pl. Phaed. 80, d: σήπω 1.
σαρούμενος Part. Lycophr. 389: σαρόω 2.
σασ- (< σαξ-) Aor. ἐσ- Hippocr. 2, 330. 345: σάττω 3.
σάσω Fut. ἐσ- Hippocr. 2, 345: σάττω 3.
σαχθῆναι Inf. Aor. Pass. Diog. nach Meineke Anal. Alex. p. 393: σάττω 3.
1) σάω Imprf. od. Aor. 2 Activ. wie ἔπλως nur mit vorgeschlagenem α' Kr. Il. π, 363; φ, 238; für σάου; vgl. Buttm. Ausf. Gr. Gr. Bd. 2 p. 296; σόω, σαόω 4.
2) σάω Imper. Od. ν, 230; ρ, 595; Callim. in Lav. Pall. 142; Hom. Hym. Cer. 135: σαόω 4.
σαώθη Aor. Pass. Pind. P. 4, 161; Ap. Rh. 3, 785; -θείς, -θέντες Qu. Sm. 3, 192: σαόω 4.
σοωθῆναι Inf. Aor. Pass. Il. ο, 503; Od. κ, 473: σαόω 4.
σαωθήτω Imper. Aor. Pass. Il. ρ, 228: σαόω 4.
σάως 2 Sing. Praes. aeolische Form Alcae. 92 (Ahrens): σάωμι, σαόω, σάω 4.
σαώσαι Opt. Aor. 1 Od. δ, 753; Qu. Sm. 11, 439: σαόω 4.
σαῶσαι Inf. Aor. Il. ω, 35: σαόω 4.
σάωσαν 3 Plur. Aor. Il. φ, 611: σαόω 4.
σαώσας Part. Aor. Qu. Sm. 5, 268: σαόω 4.
σαώσατε 2 Plur. Imper. Il. ο, 427: σαόω 4.
σάωσε (< ἐσάωσε) 3 Sing. Aor. Od. δ, 288. 513: σαόω 4.
σαώσεαι 2 Fut. Med. Od. φ, 309: σαόω 4.
σαώσει 3 Sing. Fut. Il. ι, 78; Qu. Sm. 6, 423: σαόω 4.
σαώσειαν 3 Plur. Opt. Aor. Il. μ, 129: σαόω 4.
σαώσειας 2 Sing. Opt. Aor. Il. ρ, 149: σαόω 4.
σαώσεις 2 Sing. Fut. Il. α, 83; ρ, 144: σαόω 4.
σαωσέμεν (<σαωσέμεναι) Inf. Fut. ep. Il. ι, 230; τ, 401; Qu. Sm. 7, 365: σαόω 4.
σαωσέμεναι (< σαωσέμεν) Inf. Fut. Il. ν, 96: σαόω 4.
σαώσετε 2 Plur. Fut. Il. ν, 47: σαόω 4.
σαώσετον 2 Dual. Fut. Il. ε, 224; ρ, 452: σαόω 4.
σαώσῃ 2 Sing. Conj. Aor. Il. ρ, 692; Qu. Sm. 3, 39: σαόω 4.
σαώσῃς 2 Sing. Conj. Aor. Il. χ, 56: σαόω 4.
1) σαώσομεν 1 Plur. Conj. Aor. für σαώσωμεν Il. ε, 469: σαόω 4.
2) σαώσομεν 1 Plur. Fut. Il. τ, 408; χ, 175; Od. χ, 357: σαόω 4.
σάωσον Imper. Aor. 1 Od. δ, 765: σαόω 4.
σαώσω 1 Sing. Fut. Od. κ, 286: σαόω 4.
σβείς Part. Aor. 2 ἀπο- Hippocr. 5, 176. 532: ἀποσβέννυμι 5.
σβεννύασιν 3 Plur. Praes. Pl. Leg. 835, d: σβέννυμι 5.
σβεννύεις 2 Sing. Praes. Pind. P. 1, 5: σβέννυμι 5.
σβεννύηται Conj. Praes. Med. κατα- Pl. Tim. 57: κατασβέννυμι 5.
σβεννύμενος Part. Med. Qu. Sm. 14, 558; Hes. Op. 588: σβέννυμι 5.
σβεννύναι Inf. Praes. Pl. Leg. 783, d; κατα- Xen. Cyr. 5, 3, 55; An. 6, 1, 21: σβέννυμι 5.
σβέννυσι 3 Sing. Praes. κατα- Xen. Symp. 7, 40: κατασβέννυμι 5.
σβεννῦω (< σβεννύασιν) Praes. Pind. P. 1, 5: σβέννυμι 5.
σβεσ- Aor. σπέσαν Qu. Sm. 10, 485; σβέσαι Thuc. 2, 77; σβέσαντες Pl. Leg. 888, a; ἀποσβέσαιμι Ar. Lys. 374; -ας Cratin. Fr. Com. 2, 126; -αντες Ar. Vesp. 255: σβέννυμι 5.
σβέσσαντο 3 Plur. Aor. Med. Qu. Sm. 1, 795: σβέννυμι 5.
σβεσε(ν) Aor. Man. Ap. 4, 114; -ειας Luc. De Dipod. 4; σβέσον Luc. D. Dial. 10, 1; κατασβέσειεν Soph. Ai. 1149; -ειαν O. C. 422; Xen. An. 6, 1, 25: σβέννυμι 5.
σβεσθ(ην) Aor. Pass. κατασβεσθείη Xen. Hell. 5, 3; -θῆναι Luc. Ver. Hist. 1, 93; Jup. Trag. 15: κατασβέννυμι 5.
σβέσσαι Inf. Aor. Il. ε, 678; π, 621: σβέννυμι 5.
σβέσσω (< σβέσω) Fut. Her. 8, 77 (Orac.); Incert. Id. 5 (Theocr. 23), 26: σβέννυμι 5.

---

1 (ver)faul(en) machen; faul sein, werden. 2 fegen, kehren, säubern. 3 bewaffnen, ausrüsten. 4 σώζω, σαόω (er)retten, erhalten, bewahren.

σβεστέος Vb. (**209. 212**): σβέννυμι 5.
σβέσω (< σβέσσω) Fut. κατα- Aesch. Ag. 958; Eur. I. T. 633: σβέννυμι 5.
σβῇ 3 Sing. Conj. ἀπο- Luc. Philopseud. 21: σβέννυμι 5.
σβῆναι Inf. Aor. 2 κατα- Her. 4, 5; vgl. ἔσβην, ἔσβαν: σβέννυμι 5.
σβήσομαι Fut. Med. ἀπο- Pl. Leg. 805 ἀποσβήσομαι: σβέννυμι 5.
σεβάσησθε 2 Plur. Conj. Aor. Orph. Arg. 554: σεβάζομαι 6.
σεβασθείς Part. Aor. Pass. sp. Theophilact. Hist. 7, 3 p. 169: σεβάζομαι 6.
σεβάσσατο Aor. Il. ζ, 167: σεβάζομαι 6.
σέβεσθαι Inf. Praes. Pind. P. 6, 25; Soph. O. C. 187: σέβω 7.
σέβεσθε 2 Plur. Praes. Il. δ, 242; Aesch. Suppl. 990: σέβω 7.
σεβήσεσθαι Inf. Fut. Diog. Laert. 7, 120: σέβομαι, σέβω 7.
σεβίζομαι Praes. Pass. Empedocl. 396: σεβίζω 8.
σεβίζομαι Praes. Med. als Act. Aesch. Suppl. 922: σεβίζω 8.
σεβισ- Aor. -ασα Soph. Ant. 942: σεβίζω 8.
σεβισθείς Part. Aor. Pass. als Act. Soph. O. C. 636: σεβίζω 8.
σεβιῶ Fut. att. sp. Dio Cass. 52, 40: σεβίζω 8.
σέβοντι 3 Plur. Praes. für σέβουσι Pind. O. 14, 17: σέβω 7.
σείασκε Imprf. iter. ἀνασσείασκε ep. Hym. Apol. Pyth. 225: σείω 9.
σείετο (< ἐσσείοντο) Imprf. Il. ν, 805: σείω 9.
σείομαι Praes. Med. Hes. Sc. 298; trans. Anth. 5, 273: σείω 9.
σειόμενον Part. Il. ν, 558; -α 135; -ος Hes. Th. 298. 680: σείω 9.
σεῖον Imper. Od. γ, 486; ο, 184: σείω 9.
σείοντ- Part. Praes. Il. γ, 345: σείω 9.
σεισ- Aor. διασείσῃ in δια- Luc. Ver. Hist. 24; ἐπι- Rhet. Praec. 22; σείσειε Xen. Hell. 4, 7, 4; -σεῖσαι Eur. Bacch. 185; ἔνσεισον Soph. Fr. 1087: σείω 9.
σεῖσαι Inf. Aor. Pind. P. 4, 272; Eur. Bacch. 185: σείω 9.
σεισάμενος Part. Aor. Med. Ap. Rh. 4, 1365; ἀπο- Luc. Dial. Meretr. 13, 2; Toxar. 61: σείω 9.
σείσατο Aor. Med. Il. θ, 199: σείω 9.
σεισθ(ην) Aor. Pass. -θῇ Soph. Ant. 584; -θῆναι Eur. I. T. 46; -θεῖσα Thuc. 2, 7 (**211**): σείω 9.
σειστός Vb. Ar. Ach. 346 (**209**): σείω 9.
σείσω Fut. ἐπι- Eur. Or. 613; δια- Her. 6, 109: σείω 9.
σείων Part. Praes. Il. ε, 563; ι, 385; χ, 133: σείω 9.
σέσαγμαι Perf. Pass. -μένος Aesch. Ag. 644; Theocr. 17, 94; Fr. Com. Eupol. 2, 450; Pl. 2, 650; Luc. Herm. 65, 806: σάττω 3.
σέσακται Cercid. Stob. Flor. 4, 43: σάττω 3.
σέσαρα (< σέσηρα) Aor. Theocr. 5, 116; 17, 19; σεσαρυῖα Hes. Sc. 268: σαίρω 10.
σεσάχθω Imper. Perf. Antiphanes Fr. Com. 3, 130: σάττω 3.
σέσεικα Perf. κατα- Philem. Com. Fr. 4, 29; ἐν- Luc. De Merced. 29, 689; -εν Luc. Ap. 1, 705; -κώς Ocyp. 9: σείω 9.
σεσεῖσθαι Inf. Perf. Pass. Ar. Nub. 1276: σείω 9.
σεσεισμένον Part. Pass. Pind. P. 8, 94 (**211**): σείω 9.
σέσεισται 3 Sing. Perf. Pass. ἐκ- Ar. Ach. 344: ἐκσείω 9.
σέσειχ' Perf. κατα- Philem. Fr. Com. 4, 29: σείω 9.
σεσήμαγκα Perf. sp. Epict. Diss. 3, 26, 29; Aristeas u. KS. wie Orig. bei Euseb. Praep. 291: σημαίνω 11.
σεσημάνθαι Inf. Perf. Pass. Ar. Lys. 1198 (**235**): σημαίνω 11.
σεσήμανται Perf. Luc. De Dea Syr.: σημαίνω 11.
σεσήμασμαι Perf. Pass. Her. 2, 39; -μενα 8, 11; Pl. Leg. 1954, a; 4, 21; Dem. 45, 41 (**235**): σημαίνω 11.
σεσημένος (< σεσησμένος) Part. Perf. Pass. Hippocr. 2, 569: σάω 12.
σέσημμαι Perf. Pass. Luc. Philop. 20: σήπω 1.

---

5 (aus)löschen, stillen, besänftigen. 6 sich scheuen vor . . ., sich scheuen zu . . . 7 scheuen, (ver)ehren. 8 Ehrfurcht zollen, verehren. 9 schwingen, schwenken, schütteln; *Pass.* schwanken, schweben, erschüttert werden. 10 fegen, kehren, reinigen; im *Perf.* grinsen, die Zähne fletschen. 11 bezeichnen, versiegeln. 12 sieben.

σέσηπα Perf. 2 als Pass. Il. *β*, 135; Eur. El. 319; **ἀπο-** Xen. An. 4, 5, 12; **κατα-** Ar. Plut. 1035: *σήπω* 1.

σέσηρα Perf. als Praes. Alex. Com. Fragm. 3, 423; vgl. *σεσηρώς*, *σεσαρώς*, **σεσαρυῖα**: *σαίρω* 2.

σεσηρώς (< *σεσαρώς*) Part. Perf. Ar. Pax. 620; Vesp. 901; Fr. Com. Anonym. 4, 661; Aristot. Physiogn. p. 52 Franz. **προσ-** Pherecrates Fr. Com. 2, 318; vgl. *σέσηρα*, **σεσηρυῖα**: *σαίρω* 2.

σεσησμένος (< *σεσημένος*) Part. Perf. Pass. Her. 2, 302: **σάω** 14.

σεσίγᾱμαι (< *σεσίγημαι*) Perf. Pass. Pind. O. 9, 103: **σιγάω** 3.

σεσίγηκα Perf. Aesch. 3, 218: **σιγάω** 3.

σεσίγημαι (<*σεσίγαμαι*) Perf. Pass. Eur. Alc. 78; Aeschin. 3, 4: **σιγάω** 3.

σεσιγήσομαι (< *σεσιγηθήσομαι*) Fut. 3 Pl. Epist. 311: *σιγάω* 3.

σεσιωπαμένος (< *σεσιωπημένος*) Part. Perf. Pass. Pind. I. 1, 63: **σιωπάω** 4.

σεσιώπηκα Perf. Ar. Vesp. 944; Dem. 6, 39; **ἀπο-** Isocr. 6, 2: *σιωπάω* 4.

σεσιωπημένος Perf. Pass. sp. Dio. Hall. 1, 76: *σιωπάω* 4.

σεσόβηκα Perf. Ar. Vesp. 211: **σοβέω** 5.

σεσόβημαι Perf. Pass. **ἀνα-** Luc. Tim. 54, 170: **σοβέω** 5.

σεσόφισμαι Perf. Pass. Hes. Op. 647: **σοφίζω** 7.

σεσύκασμαι Perf. Pass. **ἀπο-** Amip. Fr. Com. 713. 714: **συκάζω** 8.

σεσύληκα Perf. Dem. 22, 74; 24, 120: **συλέω**, **συλάω** 9.

σεσύλημαι Perf. Pass. **περι-** Luc. Philopseud. 30: **συλέω** 9.

σέσυρμαι Perf. Pass. **-ρθαι** Aristot. Rh. Al. 18, 5; Ael.: **σύρω** 6.

σέσυρμαι Perf. Pass. **παρα-** Colum. 10: **σύρω** 6.

σέσωκα Perf. Eur. Ion. 1386; **-κώς** Dem. 48, 81; **-κότας** 19, 66: *σώζω* 10.

σέσωσμαι Perf. Pass. Xen. Cyr. 5, 4, 11; I. A. 916; *-σαι* Dem. 56, 37; **-μένος** Soph. El. 1229; **-μένα** Tr. 626; **-μένην** 735: *σώζω* 10.

σέσωται (< *σέσωσται*) Perf. Pass. Pl. Critia. 109, d (> *σέσωσται*): *σώζω* 10.

σεῦα (< *ἔσευσα*, *ἔσσευσα*) Aor. Il. **υ**, 189: *σεύω* 11.

σεύαιτο 2 Sing. Opt. Aor. Med. Il. *ϱ*, 463; **υ**, 148; *ψ*, 198 [57]: **σεύω** 11.

σευάμενος Part. Aor. Med. Il. *χ*, 22: *σεύω* 11.

σεῦαν 3 Plur. Aor. Od. *ζ*, 89: *σεύω* 11.

σεύας Part. Aor. Il. **ο**, 681: **σεύω** 11.

σεύατ' 3 Sing. Aor. Med. Il. *ζ*, 505; *η*, 208; *ξ*, 227; **υ**, 148; Ap. Rh. 4, 847 [57]: *σεύω* 11.

σεῦε (< *ἔσσευε*) Imprf. Il. *ζ*, 133; Ap. Rh. 1, 622; 2, 522: **σεύω** 11.

σεῦεν Imprf. Od. *ξ*, 35: *σεύω* 11.

σεύεσκεν Imprf. iter. Qu. Sm. 9, 216: *σεύω* 11.

σεῦται Perf. Pass. Soph. Tr. 645: *σεύω* 11.

σεύωνται 3 Plur. Conj. Aor. Il. **λ**, 415: **σεύω** 11.

σεφθ(ην) Aor. Pass. **σεφθεῖσα** Pl. Phaedr. 254, b: *σέβω* 12.

σέψασθαι Inf. Aor Hesych.: **σέβομαι**, *σέβω* 12.

σηκασθ(ην) Aor. Pass. **σηκασθέντες** Xen. Hell. 3, 2, 4: *σηκάζω* 18.

σήκασθεν 3 Plur. Aor. Pass. st. *ἐσηκάσθησαν* Il. *ϑ*, 131: *σηκάζω* 18.

σήμαινε Imprf. Od. *χ*, 450: *σημαίνω* 13.

σημαίνει 3 Sing. Praes. Il. **κ**, 58: *σημαίνω* 13.

σημαίνειν Inf. Praes. Il. **λ**, 789: **σημαίνω** 13.

σημαίνετον 2 Dual. Praes. Pl. Soph. 255, b: **σημαίνω** 13.

σημαινέτω Imper. Il. **β**, 805: **σημαίνω** 13.

σημαίνομαι Praes. Med. Her. 2, 38; Soph. Ai. 32: **σημαίνω** 13.

---

1 (ver)faul(en) machen, faul sein, werden. 2 fegen, kehren, reinigen; im *Perf.* grinsen, die Zähne fletschen. 3 (ver)schweigen. 4 schweigen, still sein, verschweigen. 5 rasch oder schnell bewegen; *Pass.* in heftiger Bewegung sein. 6 schleppen, schleifen, ziehen. 7 unterrichten, belehren; klug, verständig, weise werden. 8 Feigen (auf)sammeln oder abbrechen; necken. 9 *συλέω*, *συλάω* rauben, plündern; *Med.* für sich ∼ ∼; heimlich wegnehmen. 10 *σώζω*, *σαόω* (er)retten, erhalten, bewahren. 11 ver-, wegscheuchen, *Med.* eilen, rennen, (an)stürmen. 12 scheuen, (ver)ehren.

σημαίνων Part. Praes. Il. φ, 445: σημαίνω 13.
σημαν- (< σημην-) Aor. s. ἐσήμανα.
σημανέω Fut Od. μ, 26: σημαίνω 13.
σημανθ(ην) Aor. Pass. -θέντων Xen. Cyr 1, 4, 18 s. ἐσημάνθην: σημαίνω 13.
σημανθῆναι Inf. Aor. Pass. Xen. Equ. 10, 15: σημαίνω 13.
σημανῶ (< σημανέω) Fut. ion. Aesch. Ag. 26. 497; Eur. Hel. 151; Soph. Tr. 870: σημαίνω 13.
σημην- Aor. σήμηνε Il. ψ, 358. 757; -η Xen. An. 5, 2, 20; -ειε Hell. 6, 2, 28; Pl. Leg. 682, a; -ῆναι Eur. Phoen. 1441; Thuc. 1, 72; 2, 7; -αντες Her. 8, 11: σημαίνω 13.
σημην(αμην) Aor. Med. -ατο Eur. Ion. 750; -άσθω Pl. Leg. 954, c; -άμενος Xen. Cyr. 8, 2, 17; -ασθαι in παρα- Dem. 28, 5 (*230*): σημαίνω 13.
σημήνας Part. Aor. Her. 8, 75; -αντος Pl. Phaed. 62, c (*230*): σημαίνω 13.
σημηνάσθω Imper. Aor. Med. Pl. Leg. 954, c: σημαίνω 13.
σήπει Praes. Pl. Tim. 84, d: σήπω 1.
σηπόμενος Part. Pass. Pl. Ax. 365, c; Her. 6, 137; -μένων Tim. 66, d: σήπω 1.
σήπουσι 3 Plur. Praes. Pl. Theaet. 153, c: σήπω 1.
σηρ- Aor. σήραντες Soph. Ant. 409: σαίρω 2.
σῆσαι Inf. Aor. Hippocr. 2, 768; 3, 34: σάω 14.
σήσας Part. Aor. Hippocr. 2, 575: σάω 14.
σήψω Aesch. Fr. 255: σήπω 1.
σίγα Imper. Il. ξ, 90; Od. ξ, 493; ρ, 393; τ, 42. 486: σιγάω 3.
σιγᾷ 3 Sing. Praes. Pind. N. 10, 53: σιγάω 3.
σιγᾶν Inf. Praes. Pind. N. 5, 32; Hym. Merc. 93: σιγάω 3.
σιγᾷς 2 Sing. Praes. Pl. Phaedr. 275, d: σιγάω 3.
σιγᾶσθαι Inf. Praes. Pass. Pl. Rep. 378, a: σιγάω 3.
σιγάσω Conj. Aor. 1 Eur. Ion. 859: σιγάω 3.
σιγᾶται Praes. Pass. Pl. Ep. 310, d: σιγάω 3.
σιγάτω 3 Sing. Imper. Pind. I. 2, 65: σιγάω 3.
σιγήθην s. u. ἐσιγήθην.
σιγηθήσομαι (< σιγήσομαι, σεσιγήσομαι) Fut. Pass. Eur. Hipp. 1430; I. T. 1076; (Pl.) Epist. 310, e: σιγάω 3.
σιγησ- Aor. σίγησον Aesch. Sept. 244; Eur. Alc. 188; -ήσαθ' I. T. 1058; -αντες Pl. Rep. 616, a: σιγάω 3.
σιγήσομαι (< σιγηθήσομαι, σεσιγήσομαι) Fut. Soph. O. C. 113. 980; Eur. Hel. 1017. 1023; Hipp. 604; Bacch. 808; Phoen. 908; Ar. Nub. 1088 (*378*): σιγάω 3.
σιγήσω (< σιγήσομαι, σιγηθήσομαι, σεσιγήσομαι) Fut. sp. Anth. 9, 27; Charito 1, 10: σιγάω 3.
σιγητέος Vb. Eur. Hel. 1387: σιγάω 3.
σιγώσῃ Fem. Part. Aesch. Ag. 254: σιγάω 3.
σιγῶσι(ν) 3 Plur. Praes. Aesch. Suppl. 178; Xen. Mem. 3, 5, 6: σιγάω 3.
σίζ' Imprf. st. ἔσιζε Od. ι, 394: σίζω 15.
σινέεσθαι (< σίνεσθαι) Inf. Her. 4, 123; 5, 81; 9, 13. 49. 73. 120: σίνομαι 16.
σίνεσθαι Inf. Praes. Her. 9, 49: σίνομαι 16.
σινέσκοντο Imprf. Od. ζ, 6: σίνω 16.
σίνεται 3 Sing. Praes. Med. Il. ω, 45 [*4*]: σίνομαι 16.
σίνηαι 2 Sing. Praes. Med. Od. λ, 112; μ, 139: σίνομαι 16.
σινήσομαι Fut. Hippocr. 2, 276: σίνομαι 16.
σίννομαι Praes. aeol. Sapph. Frgm. 72: σίνομαι 16.
σινοίατο 3 Plur. Opt. Praes. Her. 9, 51: σίνομαι 16.
σίνοιτο 3 Sing. Opt. Praes. Od. μ, 114: σίνομαι 16.
σινόω Praes. Maneth. 6, 608: σίνω 16.
σίνω Praes. Act. sp. Palaeph. 11, 4: σίνω 16.
σινώσω Fut. Maneth. 6, 552: σινόω = σίνομαι 16.
σιτέεσθαι (< σιτεῖσθαι) Inf. Her. 1, 94: σιτέομαι 17.
σιτεῖσθαι (< σιτέεσθαι) Inf. Praes. Pl. Leg. 942, b: σιτέομαι 17.

---

13 bezeichnen, versiegeln. 14 sieben. 15 zischen, hissen, Stillschweigen gebieten. 16 wegraffen, wegrauben. 17 beköstigt werden, essen, speisen. 18 einsperren, einschliessen.

σιτεόμενος Part. Praes. Her. 1, 133; 6, 57: σιτέομαι 1.
σιτέονται 3 Plur. Praes. Her. 1, 71: σιτέομαι 1.
σιτέσκοντο Imprf. iter. Od ω, 209: σιτέομαι 2.
σιτήσομαι Fut. Ar. Nub. 491: σιτέομαι 2.
σιφλώσειεν Opt. Aor. Il. ξ, 142: σιφλόω 3.
σίω Praes. für σείω poet. Anacr. Fr. 49 (47) Bergk.: σείω 4.
σιωπᾷ 3 Sing. Praes. Pind. P. 4, 101: σιωπάω 5.
σιωπᾶν Inf. Praes. Il. β, 280: σιωπάω 5.
σιωπᾶσθαι Inf. Praes. Med. Isocr. 1, 22: σιωπάω 5.
σιωπάτω Imper. Med. Soph. O. T. 231: σιωπάω 5.
σιωπῇ 3 Sing. Conj. Praes. Il. δ, 412 Δ*: σιωπάω 5.
σιωπηθ(ην) Aor. Pass. -θεἰσας in κατα- Isocr. 4, 27: σιωπάω 5.
σιωπηθήσομαι Fut. Pass. Aeschin. 3, 155: σιωπάω 5.
σιωπῆσαι Inf. Aor. Il. ψ, 586; Ar. Lys. 713: σιωπάω 5.
σιωπήσασθαι Inf. Aor. Med. Polyb. 18, 29: σιωπάω 5.
σιωπήσειαν 3 Plur. Opt. Aor. Od. ρ, 513: σιωπάω 5.
σιωπήσομαι (< σιωπήσω) Fut. Soph. O. T. 233; Ant. 185; Pl. Phaedr. 234, a; Ar. Av. 225; Dem. 18, 112; 24, 62 (**378**): σιωπάω 5.
σιωπήσω (< σιωπήσομαι) Fut. sp. (Aeschin.) Epist. 10, 1; Dio. Hall. 11, 6; Plut. u. Andere: σιωπάω 5.
σιωπητέον Vb. Luc. Quom. h. conscr. s. 6; κατα- Isocr. 12, 96: σιωπάω 5.
σκαφ(ην) Aor. Pass. κατασκάφῃ Soph. O. C. 1318; -ῆναι Dem. 18, 36; κατασκαφέντα Isocr. 15, 319: κατασκάπτω 6.
σκαψ- Aor. s. ἔσκαψα: σκάπτω 6.
σκάψω Fut. -οντας Pl. Leg. 778, e; κατα- Eur. H. F. 566; Phoen. 1155: σκάπτω 6.
σκεδᾷ 3 Sing. Fut. Aesch. Prom. 25, 927: σκεδάννυμι 7.
σκεδᾶν Inf. Aor. 2 συσ- Ar. Ran. 903: συσκεδάννυμι 7.
σκεδάννυσι 3 Sing. Pl. Phaed. 77, b für σκεδαννύησι: σκεδάννυμι 7.
σκεδάννῦται 3 Sing. Conj. Praes. Pass. für σκεδαννύηται Pl. Phaed. 77: σκεδάννυμι 7.
σκέδασ' 3 Sing. Aor. Il. υ, 341; Od. ν, 352: σκεδάννυμι 7.
σκέδασεν 3 Sing. Aor. Il. ρ, 649: σκεδάννυμι 7.
σκεδασθ(ην) Aor. Pass. s. σκεδασθῆναι, σκεδασθείς: σκεδάζω, σκεδάννυμι 7.
σκεδασθείς Part. Aor. Pass. Pl. Leg. 699, d; vergl. σκεδασθ(ην): σκεδάννυμι 7.
σκεδασθῆναι Inf. Aor. Pass. Aesch. Pers. 502: σκεδάννυμι 7.
σκεδασθήσομαι Fut. Pass. Dion. Cass. 47, 88 (**209. 212**): σκεδάννυμι 7.
σκέδασον Imper. Aor. Il. τ, 171; ψ, 158: σκεδάννυμι 7.
σκεδαστός Vb. Pl. Tim. 37 (**209. 212**): σκεδάννυμι 7.
σκεδάσω (< σκεδῶ) Fut. Theogn. 883; δια- Luc. Dial. Meretr. 9: σκεδάννυμι 7.
σκεδᾶτε 2 Plur. Fut. Anaxandr. δια- Fr. Com. 3, 197; vgl. σκεδῶ, σκεδᾷ: σκεδάννυμι 7.
σκεδάω Praes. sp. Nic. Al. 596: σκεδάννυμι 7.
σκεδῶ (< σκεδάσω) Fut. ἀπο- Soph. O. T. 138; δια- Ar. Av. 1054; κατα- Antiphanes Fr. Com. 3, 11 (**159**): σκεδάννυμι 7.
σκελοῦμαι Fut. Med. Hesych.: σκέλλω 8.
σκεπόωσι 3 Plur. Praes. st. σκεπῶσι Od. ν, 99: σκεπάω 9.
σκέπτεο 2 Sing. Imprf. Il. ρ, 652: σκέπτομαι 10.
σκεπτέος Vb. Xen. Cyr. 1, 3, 17; Pl. Rep. 352: σκέπτομαι 10.
σκέπτετ' 3 Sing. Imprf. für σκέπτετο Il. π, 361: σκέπτομαι 10.
σκεφθ(ην) Aor. 1 Pass. Hippocr. 1, 18; -θέν Zosim. 1, 90: σκέπτομαι 10.
σκέψαι 2 Sing. Imper. Aor. 1 Aesch.

---

1 beköstigt werden, essen, speisen. 2 fegen, kehren, säubern. 3 verstümmeln, in Schande bringen. 4 schwingen, schwenken, schütteln; *Pass.* schwanken, schweben, erschüttert werden. 5 schweigen, still sein, verschweigen. 6 graben, hauen. 7 zerstreuen, auseinander sprengen, treiben, jagen. 8 austrocknen, ausdörren. 9 bedecken, verhüllen. 10 um-

Ch. 228; Prom. 1016; Eur. Ion. 206; Pl. Prot. 316, b: σκέπτομαι 10.
σκεψαίμην 1 Sing. Opt. Aor. 1 Pl. Hipp. mai. 295, a; -αιτο Dem. 2, 17; 45, 86; -αίμεθα Isocr. 5, 46; -αισθε Dem. 19, 4: σκέπτομαι 10.
σκεψάμενος Part. Aor. 1 Med. Od. μ, 247; Pl. Phaed. 95, e: σκέπτομαι 10.
σκέψασθαι Inf. Aor. 1 Lys. 25, 28; Thuc. 6, 9; Pl. Phaedr. 259, a: σκέπτομαι 10
σκέψασθε 2 Plur. Imper. Aor. Eur. Ion. 1318; Ar. Ach. 889; Thuc. 1, 33; Pl. Ap. 21, a: σκέπτομαι 10.
σκέψει 2 Sing. Fut. Pl. Symp. 175, a: σκέπτομαι 10.
σκεψοίμην Opt. Fut. Med. Pl. Crat. 391, a: σκέπτομαι 10.
σκέψομαι Fut. Ar. Pax. 29; Pl. Rep. 458, b; -ει Symp. 175, a; -εται Xen. Mem. 3, 4, 11; -όμεθα Pl. Crat. 401, a; -εσθε Isocr. 15, 130; -όμενος Xen. Cyr. 8, 3, 30: σκέπτομαι 10.
σκεψόμενος Part. Fut. Pl. Rep. 342, a: σκέπτομαι 10.
σκέψωμαι 1 Sing. Conj. Aor Pl. Charm. 165, c; -ώμεθα Lys. 1, 37; Pl. Prot. 330, b; Isocr. 15, 130; Dem. 20, 20: σκέπτομαι 10.
σκήλειε Opt. Aor. 1 Il. ψ, 191: σκέλλω 8.
σκήλῃ Conj. Aor. ἐνι- Nic. Ther. 694: ἐνισκέλλω 8.
σκηφθ(ην) Aor. Pass. ἐπισκηφθῇ Pl. Leg. 937, b: ἐπισκήπτω 11.
σκηψ- Aor. -ειεν Aesch. Ag. 366; σκῆψαι Thuc. 2, 47: σκήπτω 11.
σκηψαμ(ην) Aor. Pass. s. ἐσκηψάμην: σκήπτομαι 11.
σκήψομαι Fut. Med. Her. 7, 28: σκήπτω 11.
σκιασ- Aor. σκιάσῃ Il. φ, 232: σκιάζω 12.
σκιάσῃ Conj. Aor. Il. φ, 232: σκιάζω 12.
σκιδνάμενος Part. Med. Hes. Th. 42; Her. 8, 23; Luc. Nigr. 37: σκίδνημι 13.
σκίδνασθ' 2 Plur. Praes. Od. β, 252: σκίδνημι 13.
σκίδνασθαι Inf. Praes. Med. Od. α, 274; κατα- Qu. Sm. 12, 309; ἀπο- Thuc. 6, 98: σκίδνημι 13.
σκιδνασθῇ Conj. Aor. Pass. Hippocr. 1, 601: σκίδνημι 13.
σκίδναται 3 Sing. Praes. Med. Il. λ, 308; π, 375; Od. η, 130: σκίδνημι 13.
σκίδνημι Praes. Hes. Th. 875; Her. 2, 25 [260]: σκίδνημι 13.
σκίμψατο Aor. Med. Pind. P. 4, 399: σκίμπτω = σκήπτω 11.
σκιόωντο Imprf. Od. β, 388; γ, 487. 497; ο, 185. 296. 471: σκιάω 14.
σκιρτῷεν 3 Sing. Opt. Praes. Il. υ, 226. 228 [205]: σκιρτάω 15.
σκιῶ Fut. att. κατα- Soph. O. C. 406: σκιάζω 12.
σκλαίη Opt. Aor. ἀπο- Hesych.: σκέλλω 18.
σκλῆναι Inf. Aor. 2 als Med. ἀπο- Ar. Vesp. 160: ἀποσκέλλω 18.
σκλήσομαι Fut. ἀπο- Anth. 11, 37: ἀποσκέλλω 18.
σκοπεῖσθαι Inf. Pl. Rep. 343, d: σκοπέω 17.
σκοπήσας Part. Aor. περι- Polyb. Fr. 90, vol. 2, 1182 Bekker: περι- σκοπέω 17.
σκόπησον Imper. Aor. Babr. Fab. 98, 10: σκοπέω 17.
σκοπήσωμεν 1 Plur. Conj. Aor. Aristot. περὶ φυτῶν 7; ἐπι- Luc. Herm 59: σκοπέω 17.
σκοπιαζέμεν Inf. Praes. Il. κ, 40: σκοπιάζω 19.
σκοποίμην Opt. Praes. -οίμεθα Pl. Crit. 46, c: σκοπέομαι 17.
σκοποῦμαι Med. Eur. I. T. 68; -ούμεθα Pl. Leg. 62 , d; Ar. Eccl. 207: σκοπέω 17.
σκοπούμενος Part. Med. Pl. Leg. 645, d: σκοπέω 17.
σκόπωμαι Conj. Praes. -ῆται Isocr. 12, 19; Pl. Theaet. 196, b; -ώμεθα Prot. 314, b; -ῶνται Alc. 107, c: σκοπέω 17.
σκυδμαινέμεν Inf. Praes. Il. ω, 592: σκυδμαίνω 16.
σκυζομένη Fem. Part. Il. δ, 23; θ, 460; -ης θ, 483; -ῳ Il. ι, 198: σκύζομαι 16.

---

herschauen, sich umsehen; beobachten, betrachten. 11 stützen; *Med.* sich stützen, lehnen. 12 beschatten, bedecken. 13 verbreiten; *Med.* sich zerstreuen, sich vertheilen, sich verbreiten. 14 beschatten; *Pass.* schattig oder dunkel werden. 15 hüpfen, springen, tanzen. 16 finster, mürrisch, zornig sein. 17 spähen, in die Ferne sehen, sich nach etwas umsehen, erwägen, überlegen. 18 verdorren, zusammenschrumpfen. 19 ausspähen.

σκύσσατο Aor. 1 Med. ἐπι- Od. η, 306: ἐπισκύζομαι 1.
σκωφθῆναι Inf. Aor. Pass. Xen. Cyr. 5, 2, 18: σκώπτω 2.
σκωψ- Aor. -αντα Ar. Ran. 391; -ατε in ἀπο- Somn. s. Gall. 19: σκώπτω 2.
σκῶψαι Inf. Aor. Pl. Men. 77, a: σκώπτω 2.
σκώψομαι (< σκώψω) Fut. Ar. Ach. 854. σκώπτω 2.
σκώψω (< σκώψομαι) Fut. -εις Ar. Nub. 296 (> σκώψει): σκώπτω 2.
σμᾶν (< σμῆν) Praes. nie bei Att. vor Luc.: σμάω 3.
σμᾷς (< σμῇς) 2 Sing. Praes. nie bei Att. vor Luc. Lob. Phryn. p. 62: σμάω 3.
σμᾶται Praes. Med. Her. 9, 110 [195]: σμάω 3.
σμέω Praes. ion. Her. 2, 37: σμάω 4.
σμέωντες Part. δια- Her. 2, 37: σμάω 3.
σμῇ 3 Sing. ἐπι- Ar. Thesm. 389 (wegen der Contr. 219): ἐπισμάω 4.
σμηθ(ην) Aor. Pass. διασμηχθείς Ar. Nub. 1237: σμάω 3.
σμηκτός Vb. νεοσμηκτός Il. ν, 342: σμάω 3.
σμῆν (< σμᾶν) Inf. Praes. Luc. Lex. 3 Lob. Phryn. p. 61 (wegen der Contr. 219): σμάω 3.
σμηξ- σμήξασα, ἀπο- Nonn. 4, 209 s. ἔσμηξα: σμάω 3.
σμησ- s. ἔσμησα.
σμῇς 2 Sing. Praes. Lob. Phryn. p. 61: σμάω 3.
σμησάμενοι Part. Aor. Med. Her. 4, 73: σμάω 3.
σμηχθ(ην) Aor. 1 Pass. διασμηχθείς Ar Nub. 1237: διασμάω 3.
σμήχω Praes. sp. Lycophr. 876: σμάω 3.
σμῦγ(ην) Aor. 2 Pass. ἀποσμυγέντες Luc. Dial. M. 6, 3 s. σμυγ(ην): σμῦχω 3.
σμῦξαι Inf. Aor. Il. ι, 653: σμύω, σμύχω 4.
σμυχθ(ην) s. ἐσμύχθην.
σμύχοιτο Opt. Praes. Med. Il. χ, 411: σμύχω 4.
σμωμένης Part. Praes. Med. Ar. Fr. 326: σμάω 3.
σόῃ 3 Sing. Conj. Il. ι, 424: σόω 5.
σόῃς Conj. Il. ι, 681 (> σῷς Aristarch. σόως Bekker): σαόω, σάω 6.
σοῦ Imper. Ar. Vesp. 209: σόομαι 7.
σοῦνται 3 Plur. Praes. Aesch. Pers. 24: σόομαι 7.
σοῦσθ' 2 Plur. Praes. Aesch. Suppl. 236; Ar. Vesp. 457: σόομαι 7.
σοῦσθαι Inf. Praes. Plut. Mor. 362: σόομαι 7.
σοῦσθε 2 Plur. Praes. Aesch. Suppl. 836; Ar. Vesp. 458: σόομαι 7.
σούσθω 3 Sing. Imper. Soph. Ai. 1414: σόομαι 7.
σόῳ 3 Sing. Conj. Il. ι, 424 in MS. Ven. u. Bekker (> σόῃ): σαόω, σόω 6.
σοῷς 2 Sing. Conj. für σόῃς Il. ι, 681 Aristarch; mit verändertem Accent σόῳς Bekker: σαόω 6.
σόωσι 3 Plur. Conj. Il. ι, 393: σαόω, σάω 6.
σπᾷ 3 Sing. Praes. Aristot. H. An. 8,6; κατα- Antiphanes Fr. Com. 326; ἀνα- Luc. Hermot. 3, 743: σπάω 8.
σπᾶν Inf. Praes. ἀπο- Xen. Cyr. 7, 1, 6; ὑπο- Dem. 24, 197: σπάω 8.
σπαρ(ην) Aor. Pass. -εῖσα Pl. Rep. 492, a; -έν Leg. 839, a; -έντων Leg. 663, e; -έντος in δια- Soph. Tr. 782: σπείρω 9.
σπαράξομαι Fut. Med. Eur. Andr. 1209: σπαράσσω zerren, (zer)reissen, zerfleischen.
σπαρήσομαι Fut. sp. V. T. Deut. 29, 23: σπείρω 9.
σπαρθήσομαι Fut. Pass. δια- V. T. Zach. 14, 2: σπείρω 9.
σπαρτός Vb. Soph. O. C. 1534: σπείρω 9.
σπᾷς 2 Sing. Praes. παρα- Soph. Ant. 792: σπάω 8.
σπασ- Aor. σπάσῃς in ἀπο- Eur. Hec. 277; -ωμεν in ἀνα Luc. Pisc. 48; -ωσιν in ἀπο- Dial. Marin. 12, 1; σπάσαι Eur. Suppl. 830; δια- Xen. Cyr. 6, 1, 45; -αντες Eur. Or. 1458; σπάσας Eur. I. A. 777; ἀπο- Hel. 413; Ar. Ran. 962; Xen. An. 7,

---

1 murren, zürnen, unwillig sein. 2 nachäffen, verhöhnen, scherzen. 3 schmieren, streichen, einreiben. 4 durch Schmochfeuer verzehren; durch Schmochfeuer verzehrt werden. 5 σόω = σαόω, σώζω, erhalten, erretten. 6 σώζω, σαόω (er)retten, erhalten, bewahren. 7 sich heftig oder schnell

2, 11; -αντες Eur. Andr. 567; σπάσαις Luc. Herm. 60, 801; -αιμεν in ἀνα- Pisc. 51: σπάω 8.

σπασ(αμην) Aor. Med. σπασάμην Od. κ, 266; διασπάσωμαι Eur. Hec. 1126; -ώμεθα Or. 1148; παρασπάσηται Dem. 1, 3; ὑπο- Xen. Equ. 7, 8; συν-, ἐπισπάσησθε Dem. 19, 224; διασπάσαιντο Luc. Dial. M. 13, 6; ἐπισπάσαιντο Qu. h. scr. s. 9; ἐπισπασαμένη D. Deor. 15: σπάω 8.

σπάσατο Aor. Med. Od. β, 321: σπάω 8.

σπασθ(ην) Aor. Pass. -θῶμεν in ἀπο- Xen. An. 2, 2, 12; -θείη in δια- Thuc. 5, 70; -είησαν Xen. Hell. 4, 2, 18; -θῆναι κατα- Luc. Dem. 50; δια- D. Dial. 18; ἀποσπασθείς Eur. Hec. 408; -εῖσα Tro. 617; Alc. 287; -έντα Xen. Cyr. 5, 5, 21; -έντες Eur. Heracl. 15; σπασθέντες Il. λ, 458: σπάω 8.

σπᾰσθαι Inf. Praes. Pass. δια- Xen. An. 3, 4, 20 (209): σπάω 8.

σπασθέντος Part. Aor. Pass. Il. λ, 458: σπάω: 8.

σπασθήσομαι (< σπάσομαι) Fut. Pass. δια- Xen. An. 3, 8, 20; Luc. Char. 17: σπάω 8.

σπάσομαι (< σπασθήσομαι) Fut. Med. Lycophr. 608; Aesch. Sept. 1036; δια- Ar. Ran. 477: (δια)σπάομαι.

σπασσάμενος Part. Aor. Med. Il. π, 473; κ, 439; λ, 231: σπάω 8.

σπάσσασθε 2 Plur. Aor. Med. Od. χ, 74: σπάω 8.

σπαστέον Vb. Hippocr. 2, 6: σπάω 8.

σπαστός Vb. ἀντι- Soph. Tr. 770: σπάω 8.

σπᾰ́σω Fut. Lycophr. 484; ἀπο- Soph. Ai. 1024; ἀνα- Eur. Bacch. 929 (ᾰ- 26): σπάω 8.

σπᾶτε 2 Plur. Praes. Ar. Pax. 498: σπάω 8.

σπεῖν Inf. Aor. ἐπι- Il. η, 52; περι- Her. 2, 64: ἕπω 11.

σπεῖο Imper. Aor. 2 Med für σπέο, σπέσο: σπένδω 10.

σπειρ- Aor. -ῃς in δια- Isocr. 5, 104; σπεῖραι Eur. Med. 718; σπείρας Aesch. Sept. 753; -αντα Eur. Bacch. 264; -αντες Alc. 1098: σπείρω 9.

σπειράσθαι Inf. Aor. Med. Ap. Rh. 3, 1028: σπείρω 9.

σπείρεσκον Imprf. iter. Her. 4, 42: σπείρω 9.

σπεισάμ(ην) Aor. Med. -αιμι Ar. Nub. 426; -αιτο Xen. Ag. 1, 10; An. 1, 9, 7; -αιντο An. 3, 5, 12; -ασθαι Thuc. 5, 30; Hell. 3, 4, 5; άμενος Ar. Ach. 291; Isocr. 4, 43; -οι 5, 4; An. 1, 9, 8: σπένδω 10.

σπεῖσαν 3 Plur. Aor. Od. γ, 342: σπένδω 10.

σπείσαντες Part. Aor. Il. ι, 657. 712; Her. 4, 187: σπένδω 10.

σπείσας Part. Aor. Od. σ, 151; Xen. Cyr. 7, 1, 1; -ασα Eur. Or. 1322: σπένδω 10.

σπείσασκε Imprf. iter. Od. θ, 89: σπένδω 10.

σπείσεσθαι Inf. Fut. Xen. An. 7, 4, 22: σπένδω 10.

σπείσῃς 2 Sing. Conj. Aor. Il. ζ, 259: σπένδω 10.

σπεισθ(ην) s. ἐσπείσθην: σπένδω 10.

σπείσομαι Fut. Med. Dem 19, 163: σπένδω 10.

σπείσομεν 1 Plur. Conj. Aor. Od. η, 165: σπένδω 10.

σπεῖσον Imper. Aor. Il. ω, 287: σπένδω 10.

1) σπείσω Fut. V. T. Num. 28, 7; κατα- Eur. Or. 1187; Her. 2, 151: σπένδω 10.

2) σπείσω 1 Sing. Conj. Aor. Theocr. 1, 131: σπένδω 10.

σπένδεσκε Imprf. iter. Il. π, 227; Od. η, 137. 138: σπένδω 10.

σπένδῃ 3 Sing. Conj. Praes. Od. θ, 432: σπένδω 10.

σπένδησθα 2 Sing. Conj. Praes. Od. δ, 591: σπένδω 10.

σπένδοντ' Part. Praes. für σπένδοντα Od. ο, 258: σπένδω 10.

σπένδοντας Part. Praes. Od. η, 137: σπένδω 10.

σπένδοντες Part. Praes. Od. μ, 363: σπένδω 10.

σπένδων Part. Il. λ, 575: σπένδω 10.

---

bewegen, rennen, laufen, fliehen. 8 ziehen, zerren, zupfen, rupfen. 9 säen. 10 spenden, ein Trankopfer bringen. 11 mit, um etwas beschäftigt sein.

σπερχέω (< σπέρχω) Praes. περι- Her. 7, 207: σπέρχω 1.
σπερχθ(ην) Aor. Pass. -θείς Her. 1, 32; -θεῖσα Pind. N. 1, 40: σπέρχω 1.
σπερχθείς Part. Aor. Pass. Pind. N. 1, 40; Her. 1, 32: σπέρχω 1.
σπερχοίατ' 3 Plur. Opt. Od. γ, 283 Wolf; Il. σ, 317; Od. ν, 22: σπέρχω 1.
σπέρχοιεν 3 Plur. Opt. Od. γ, 283: σπέρχω 1.
σπέρχομαι Praes. Med. Il. τ, 317; Eur. Med. 1133: σπέρχω 1.
σπερχομένη Fem. Part. Praes. Od. ν, 115: σπέρχω 1.
σπερχομένοιο Gen. Part. Praes. Med. Il. ω, 248: σπέρχω 1.
σπερχόμενος Part. Praes. Med. Il. ω, 322: σπέρχω 1.
σπέρχωσιν 3 Plur. Conj. Praes. Il. ν, 334: σπέρχω 1.
σπερῶ Fut. (223): σπείρω 2.
σπές Imper. Aor. gebild. wie σχές, σχέτε zu ἔχω Apollon. Adv. p. 557, 9; Et. M. p. 740, 11; Schol. Harl. Od. ξ, 185; vgl. Lob. zu Buttm. Ausf. Sprachl. §. 15: εἶπον 4.
σπέσθαι Inf. Aor. 2 Od. χ, 324; Eur. Phoen. 426; ἐπι- Aesch. Eum. Soph. El. 1037: ἕπω 4.
σπέσθε 2 Plur. Imper. συνεπι- Pl. Critia. 107, b: ἕπω 4.
σπεῦδε Imper. Pind. N. 9, 21; P. 3, 110: σπεύδω 3.
σπευδέμεν Inf. Praes. Od. ω, 324: σπεύδω 3.
σπεῦδεν 3 Sing. Imprf. Pind. N. 9, 21: σπεύδω 3.
σπεύδοντα Acc. Part. Il. δ, 225: σπεύδω 3.
σπευσ- Aor. -ον Soph. Ai. 1164; Eur. Med. 183; -αιεν Pl. Crit. 45, c; -αντες Pol. 264, a; -ασαν Eur. Ion. 1226: σπεύδω 3.
σπεῦσαι Inf. Aor. Eur. Suppl. 594: σπεύδω 3.
σπεύσατε 2 Plur. Imper. Aor. Il. ω, 253: σπεύδω 3.
σπεῦσε Aor. Od. ι, 250: σπεύδω 3.
σπεύσομαι Fut. Il. ω, 253: σπεύδω 3.
σπεύσομεν 1 Plur. Conj. Aor. ep. Il. ρ, 121: σπεύδω 3.
σπευστέον Vb. Ar. Lys. 320: σπεύδω 3.
σπεύσω Fut. Aesch. Ag. 601; Eur. Hec. 66; I. A. 3; Ar. Equ. 926; Xen. Cyr. 5, 3, 27: σπεύδω 3.
-σπῃ 3 Sing. Conj. Aor. 2 ἐπί- Il. β, 359; -ῃς χ, 39: ἕπω 4.
σποίμην Opt. Aor. 2; ἐπι- Xen. An. 4, 1, 6: ἕπω 4.
σπομέναν Part. Aor. 2 Pind. P. 4, 40: ἕπομαι 4.
σπόμενοι Part. Aor. 2 Med. Thuc. 4, 35; 5, 3; 7, 52; Pl. Rep. 611, e; Xen. Cyr. 4, 5, 52; 7, 1, 32: ἕπομαι 4.
σποῦ (< σπεῖο) Imper. Aor. 2 ἐπίσπου Pl. Theaet. 169: ἕπω 4.
σπουδασ- Aor. -ειε Pl. Gorg. 500, c; -σαι Theaet. 168, d; -σαντος Symp. 116, e; vgl. -ητον: σπουδάζω 5.
σπουδάσητον 2 Dual. Aor. Plat. Euthyd. 288, d: σπουδάζω 5.
σπουδάσομαι Fut. Med. Pl. Euthyd. 3, e; Dem. 21, 213; -εσθαι Luc. De salt. 24: σπουδάζω 5.
σπουδαστέον Vb. Eur. I. A. 902; Pl Rep. 608, a: σπουδάζω 5.
σπουδάσω Fut. Polyb. 3, 5; Diod. 1, 58; Dion. Rhet. 7, 2; Dio. Cass. 44, 36; 45, 6: σπουδάζω 5.
σπῶμαι Conj. des Aor. 2 ἑσπόμην ἐπι- Soph. El. 967: ἕπω 4.
σπώμενος Part. Praes. M. περι- Luc. Deor. Dial. 3, 10; -α in ἀνα- Xen. Mem. 3, 10, 7: σπάω 2.
σπών Part. Aor. 2 Il. ρ, 190; μεταΙl. ρ, 190: ἕπω 4.
σπῶν Part. κατα- Luc. Philopseud. 13; ἀνασπῶντος Icar. 7; περισπῶντα de Merc. 21, 277; ἀποσπῶντες Isocr. 8, 92: σπάω 2.
-στα Imper. in Comp. παρά- Menander; ἄνστα Theocr. 24, 36 [240]: ἵστημι 7.
σταθμάομαι Praes. Med. Soph. O. T. 1111; Pl. Lys. 205: σταθμάω 8.
σταθμᾶτο Imprf. Pind. O. 10, 53: σταθμάομαι 8.
σταθμέομαι Praes. Med. ion. Her. 2, 150: σταθμάω 8.

---

1 treiben, zum Laufen bringen, drängen. 2 ziehen, zerren, zupfen, rupfen. 3 beeilen, beschleunigen, gew. *intr.* eilen. 4 mit, um etwas beschäftigt sein; *Med.* folgen, nachgehen, verfolgen. 5 eifrig, emsig, thätig sein; eifrig betreiben. 6 sagen, sprechen, reden, nennen. 7 setzen, legen,

σταθμήσας Part. Aor. Eur. Ion. 1137: σταθμάομαι 8.

σταθμήσομαι Fut. Med. Luc. Hist. 63; pass. Ar. Ran. 797: σταθμάομαι 8.

σταθμητός Vb. Pl. Charm. 154, b: σταθμάω 8.

σταῖεν (< -αίησαν) 3 Pl. Opt. Aor. 2: ἵστημι 7.

σταίη 3 Sing. Opt. Aor. 2 Od. α, 256; -ην 1 Sing.; -ης 2 Sing.: ἵστημι 7.

σταίημεν (< σταῖμεν) 1 Pl. Opt. Aor. 2: ἵστημι 7.

σταίησαν (< σταῖεν) 3 Pl. Opt. Aor. 2 Il. ρ, 733: ἵστημι 7.

σταίητε (< σταῖτε) 2 Pl. Opt. Aor. 2: ἵστημι 7.

σταῖμεν (< -αίημεν) 1 Pl. Opt. Aor. 2: ἵστημι 7.

σταῖτε (< -αίητε) 2 Plur. Opt. Aor. 2: ἵστημι 7.

σταλείς Part. Aor. Pass. Pind. O. 13, 69: στέλλω 9.

σταλήσομαι Fut. 3 ἀπο- Polyb. 3, 17; ἀπο- Philo. 2, 351, 27: στέλλω 9.

στᾶμεν (< στήμεναι, στῆναι) Inf. Aor. 2 Pind. P. 4, 2: ἵστημι 7.

στάμενος Part. Aor. 2 Med.: ἵστημι 7.

1) **στάν** 3 Plur. Aor. 2 Il. π, 601; ψ, 358; Ap. Rh. 2, 685; Pind. I. 7, 58: ἵστημι 7.

2) **στάν** Neutr. des Part. Aor. στάς; ἀπο- Xen. Cyr. 5, 4, 9: ἵστημι 7.

στάντε Part. Dual. Aor. Il. λ, 622: ἵστημι 7.

στάντες Plur. Part. Aor. 2 Il. ρ, 490: ἵστημι 7.

1) **στάντων** (< στήτωσαν) 3 Plur. Imper. Aor. 2: ἵστημι 7.

2) **στάντων** Gen. Part. Aor. 2 Il. λ, 622: ἵστημι 7.

στάξαι Inf. Aor. Ap. Rh. 2, 1216; Eur. Heracl. 1041 (**17**): στάζω 10.

στάξειν Inf. Fut. κατα- Luc. de Luct. 19 (**17**): στάζω 10.

στάξεν 3 Sing. Aor. Pind. N. 10, 82 (**17**): στάζω 10.

στάξοισι Pind. P. 9, 63 (**17**): στάζω 10.

σταξῶ Fut. dor. Theocr. 18, 46 (**17**): στάζω 10.

στάς Part. Aor. 2 Il. ψ, 141; Eur. El. 840; Pl. Prot. 310, b: ἵστημι 7.

στᾶσ- Fem. Part. Aor. 2 Il. υ, 49: ἵστημι 7.

στᾶσα Fem. Part. Aor. Il δ, 129, *B**; Eur. Alc. 162; I. A. 1367: ἵστημι 7.

στάσομαι (< στήσομαι) Fut. Med. Pind. N. 5, 16; -ονται Eur. I. A. 762: ἵστημι 7.

στέγετο Imprf. Pind. P. 4, 144: στέγω 11.

στείβεσκον Imprf. iter. Qu. Sm. 1, 352; 13, 326: στείβω 12.

στειβόμενος Part. Praes. Pass. Xen. An. 1, 9, 13: στείβω 12.

στεῖβον Imprf. Il. υ, 299; Od. ζ, 92; Ap. Rh. 3, 835: στείβω 12.

στείβοντες Part. Praes. Il λ, 534: στείβω 12.

στειλ(αμην) Aor. Med. -ώμεθα Eur. Bacch. 669: στέλλω 9.

στειλάμενος Part. Aor. Luc. Philopseud. 32; ἀπο- Isocr. 9, 39: στέλλω 9.

στείνομαι Praes. Pass. Od. σ, 386; Il. φ, 220: στείνω 13.

στειξ- Aor. vgl. ἔστειξα.

στείομεν 1 Plur. Conj. Aor. 2 Med.: ἵστημι 7.

στελέω Fut. Od. β, 287: στέλλω 9.

στέλλεσθε Imper. Praes. Med. Il. ψ, 285: στέλλω 9.

στέλλοιμι Opt. Il. μ, 325: στέλλω 9.

στέλλοντα Part. Praes. Il. δ, 294: στέλλω 9.

στελοῦμαι Fut. Lycophr. 604 (**223**): στέλλω 9.

στελῶ Fut. Eur. Bacch. 827; Soph. Phil. 983; ἀπο- Soph. Phil. 125; Eur. Cycl. 468; κατα- I. A. 934 (**223**): στέλλω 9.

στενακτέος Vb. Eur. Suppl. 291 (**17**): στενάζω 14.

στενακτός Vb. Eur. Herc. Fur. 914 (**17**): στενάζω 14.

στεναξ- Aor. -ειαν Dem. 23, 169; -ον Eur. Tro. 1229; H. F. 875; Alc. 234; ὑπο- Luc. Tox. 15; στενάξασ' Med. 1184 (**17**): στενάζω 14.

στενάξω Fut. Lycophr. 973; ἀνα- Eur. I. T. 656: στενάζω 14.

---

stellen. 8 (ab)messen, abschätzen. 9 (in Ordnung) stellen; fertig machen, ausrüsten; *Med.* sich stellen, sich fertig machen. 10 *trans.* (ein)träufeln; *intrans.* tröpfeln, triefen. 11 (be-, ver)decken, verwahren; abhalten; *Med.* von sich abhalten. 12 (zer)treten. 13 eng machen, verengen; *intr.* eng werden, sich verengen. 14 seufzen, stöhnen. 15 seufzen, wehklagen.

στενάχεσκε Imprf. iter. Il. τ, 132: στεναχίζω 1.
στεναχῆσαι Inf. Aor. Il. σ, 124: στεναχέω, στεναχίζω 1.
στενάχιζε Imprf. Hes. Th. 858: στεναχίζω 1.
στεναχίζετο Imprf. Il. η, 95: στεναχίζω 1.
στένομαι Praes. Med. Aesch. Pers. 62; Eur. Ion. 721: στένω 2.
στεξ- Aor. s. u. ἔστεξα.
στερείς Part. Aor. 2 Pass. Eur. Alc. 622; -εῖσαι Eur. El. 736: στερέω 3.
στερέομαι Praes. Med. Eur. Suppl. 793: στερέω 3.
στερηθ(ην) Aor. Pass. -θῇ in ἀπο- Isocr. 5, 26; στερηθῶμεν Pl. Critia 112, e; -θείη Isocr. 19, 32; -θεῖμεν Pl. Soph. 261, a; -θῆναι Eur. I. T. 1058; Thuc. 4, 73; 6, 40; Lys. 21, 11; -θείς Lys. 9, 30; Isocr. 17, 6: στερέω 3.
στερηθήσομαι Fut. Pass. Isocr. 6, 28; ἀπο- Lys. 12,70; Dem. 1, 22 (*374*): στερέω 3.
στερησ- Aor. ἀπο- Lys. 24, 22: στερέω 3.
στερήσοιτο 3 Sing. Fut. Med. Xen. An. 4, 5, 28 (*374*): στερέω 3.
στερήσομαι Fut. Med. als Pass. Soph. Ant. 890; El. 1210; Thuc. 3, 2; Eur. Hipp. 1460; Phoen. 1188; ἀπο- Dem. 20, 10 (*374*): στερέω 3.
στερήσω Fut. Soph. Ant. 574; Thuc. 4, 64: στερέω 3.
στερίσκομαι Frequent. Eur. Suppl. 1093; Her. 4, 159: στερέω 3.
στερκτέος Vb. Dinarch. 1, 91: στέργω 4.
στερκτός Vb. Soph. O. T. 1338: στέργω 4.
στερξ- Aor. -αιμι Soph. Tr. 992; -ας Her. 7, 69; -αντες O. T. 11: στέργω 4.
στέρξω Fut. Eur. Or. 1023; Phoen. 1685; Hipp. 461; Pl. Hipp. maj. 295: στέργω 4.
στερχθ(ην) Aor. Pass. Lycophr. 1190: στέργω 4.
στεῦμαι 1 Pers. Praes. Orph. Lith. 82: στεῦμαι 5.
στεῦνται 3 Plur. Praes. Aesch. Pers. 49: στεῦμαι 5.
στεῦται 3 Sing. u. Plur. Praes. Il. γ, 83; Od. ρ, 525; Ap. Rh. 3, 337; Aesch. Pers. 49: στεῦμαι 5.
στεφ(θην) Aor. Pass. -θεῖσα Eur. Hel. 1360: στέφω 6.
στεψ- Aor. στέψῃ Pl. Phaed. 58, c: στέφω 6.
στέψω Fut. Soph. Ai. 93; Eur. Bacch. 341; El. 872: στέφω 6.
στέωμεν 1 Plur. Conj. Aor. 2 Il. θ, 318; χ, 251; Her. 4, 115: ἵστημι 7.
στέωσι 3 Plur. Conj. Aor. 2 ἀπο- Her 3, 15: ἵστημι 7.
1) **στῇ** 3 Sing. Conj. Aor. 2 Pl. Ap. 28, b; παρα- Lys. 12, 62: ἵστημι 7.
2) **στῇ** 2 Sing. Conj. Aor. 2 Med.: ἵστημι 7.
στήῃ 3 Sing. Conj. Aor. 2 Il. ε, 598; Pind. P. 4, 155 [*286*]: ἵστημι 7.
στήῃς 2 Sing. Conj. Il. ρ, 30 [*236*]: ἵστημι 7.
στῆθ' 2 Sing. Imper. Aor. 2 Od. ρ, 447: ἵστημι 7.
στῆθι 2 Sing. Imper. Aor. 2 Il. χ, 222; ψ, 97; Ar. Vesp. 1150; Luc Dial. Marin. 10, 2; vgl. στῆθ': ἵστημι 7.
στῆμεν 1 Plur. Aor. Il. λ, 777: ἵστημι 7.
στήμεναι (< στῆναι) Inf. Aor. 2 ep. Il. κ, 55; ρ, 167; χ, 253; Od. ε, 414 [*241*]: ἵστημι 7.
στῆν (< ἔστην) 1 Sing. Aor. 2 Il. λ, 743: ἵστημι 7.
στῆναι (< στήμεναι) Inf. Aor. 2 Eur. Med. 251; Thuc. 5, 102; ἐκ- Ar. Vesp. 477: ἵστημι 7.
στηρίξαι Inf. Aor. Od. μ, 434 (*17*): στηρίζω 8.
στηρίξασθαι Inf. Aor. Med. Od. φ, 242; Thuc. 2, 49 (*17*): στηρίζω 8.
στήριξε Aor. Il. λ, 28; Hes. Th. 498: στηρίζω 8.
στησ- Aor. -σῃ Eur. Andr. 694; -ητε Aesch. Eum. 825; -ειε Soph. Ant. 666; -ειαν Phil. 463: ἵστημι 7.
στῇς 2 Sing. Conj. Aor. 2: ἵστημι 7.
στῆσα 1 Sing. Aor. 1 für ἔστησα Od. δ, 582; ξ, 1258: ἵστημι 7.
στῆσαι Inf. Aor. 1 Il. σ, 344. 346;

---

1 stöhnen, (be)seufzen, wehklagen. 2 seufzen, stöhnen. 3 (be)rauben; *Pass.* beraubt werden, um etwas kommen. 4 lieben, gern haben. 5 sich anstellen, versprechen, versichern. 6 umgeben, umschliessen; bekränzen, krönen. 7 setzen, legen, stellen. 8 stämmen, aufstellen, aufrichten. 9 brandmarken.

χ, 443; ψ, 40; ϑ, 434; Thuc. 1, 69: ἵστημι 7.
στήσαμεν 1 Plur. Aor. 1 Il. ω, 350: ἵστημι 7.
στησάμενος Part. Aor. 1 Med. Od. μ, 402: ἵστημι 7.
στῆσαν 3 Plur. Aor. 2 Od. β, 425; ο, 289: ἵστημι 7.
στήσας Part. Aor. 1 Il. τ, 247; ω, 232; Xen. Hell. 1, 5, 14: ἵστημι 7.
στήσασα Fem. Part. Aor. 1 Il. ε, 755: ἵστημι 7.
στήσασθαι Inf. Aor. Med. Il. φ, 432; Xen. Ag. 11, 7; κατα- Xen. Cyr. 5, 1, 30 (> στήσεσθαι Wolf): ἵστημι 7.
στησάτω Imper. Aor. 1 Ar. Ach. 243: κατα- Xen. Cyr. 6, 3, 34: ἵστημι 7.
στήσειν Inf. Fut. Od. λ, 314: ἵστημι 7.
στῆσεν 3 Sing. Aor. Il. δ, 298: ἵστημι 7.
στήσεσθαι Inf. Fut. Med. Il. α, 480: ἵστημι 7.
στήσῃ 3 Sing. Conj. Aor. Eur. Andr. 694: ἵστημι 7.
στῆσθε 2 Plur. Conj. Aor. 2 Med.: ἵστημι 7.
στῆσθον 2 Dual. Conj. Aor. 2 Med.: ἵστημι 7.
στῆσθον 3 Dual. Conj. Aor. 2 Med.: ἵστημι 7.
στήσομαι Fut. Med. Il. υ, 90; Qu. Sm. 5, 149; Eur. Andr. 763; Tro. 367; Ar. Thesm. 697 (**374**): ἵστημι 7.
στῆσον Imper. Aor. 1 Il. ζ, 433: ἵστημι 7.
στήσω Fut. Soph. O. C. 1041; -ομεν Eur. I. A. 676; -ουσι I. A. 788: ἵστημι 7.
στήσωμαι Conj. Aor. συστήσηται Dem. 14, 31; -ώμεθα in παρα- Thuc. 1, 124: ἵστημι 7.
στήσωσι 3 Plur. Conj. Aor. 1 Il. χ, 350: ἵστημι 7.
στῆτ' 2 Plur. Imper. Aor. 2 Il. λ, 588: ἵστημι 7.
στῆται 3 Sing. Conj. Aor. 2 Med.: ἵστημι 7.
1) στῆτε 2 Plur. Conj. Aor. 2: ἵστημι 7.
2) στῆτε 2 Plur. Imper. Aor. 2 Od. ζ, 199: ἵστημι 7.
στήτην 3 Dual. Aor. 2 Il. α, 332; γ, 344; ο, 155; φ, 285; ρ, 261: ἵστημι 7.
στῆτον 2 Dual. Imper. Aor. 2: ἵστημι 7.
στῆτον 2. 3 Dual. Conj. Aor. 2: ἵστημι 7.
στήτω 3 Sing. Imper. Aor. 2 ἀνα- Thuc. 1, 87: ἵστημι 7.
στήτων 3 Dual. Imper. Aor. 2: ἵστημι 7.
στήτωσαν (< στάντων) 3 Plur. Imper. Aor. 2: ἵστημι 7.
στήωσι 3 Plur. Conj. Aor. 2 περι- Il. ρ, 95 [**286**]: ἵστημι 7.
στικτέον Vb. Schol. Ar. Plut. 220: στίζω 9.
στικτός Vb. Soph. Phil. 184: στίζω 9.
στίξω Fut. Her. 7, 35: στίζω 9.
στοναχίζετο Imprf. Hes. Th. 159: στοναχίζω 2.
στορεῖτε Fut. Eubul. Athen. 12, 553, b: στορέννυμι 10.
στόρεσαν Aor. Il. ι, 660: στόρνυμι 10.
στορέσαντο Aor. Theocr. 13, 30: στόρνυμι 10.
στορέσας Part. Aor. Il. ι, 613; Aesch. Prom. 190: στόρνυμι 10.
στόρεσον Imper. Aor. Od. ψ, 171. 177: στόρνυμι 11.
στορέσω Fut. Theocr. 6, 33; 7, 57; ἐπι- Hippocr. 3, 201: στόρνυμι 11.
στόρνῡ 2 Sing. Imper. für στόρνυθι Ar. Pax. 844; Fr. 844: στόρνυμι 10.
στορνῦσα Part. κα(τα)- Od. ρ, 32: στόρνυμι 10.
στόρνυσι Praes. Eur. Heracl. 702: στόρνυμι 10.
στορῶ Fut. att. παρα- Ar. Equ. 451; ὑπο- Com. Fr. 3, 247: στορέννυμι 10.
στραφ(ην) Aor. Pass. -ῇς Soph. O. C. 1271; -ῆναι Her. 3, 129; Thuc. 5, 97; -ῶσιν in ξυ- Thuc. 7, 43: στρέφω 6.
στραφήσομαι Fut. 2 ἀνα- Isocr. 5, 64; μετα- Pl. Rep. 518, d (**388**): στρέφω 6.
στρεβλωθείς Part. Aor. Pass. Lys. 13, 54: στρεβλόω 11.
στρεβλώσαντες Part. Aor. Dem. 18, 30: στρεβλόω 11.
στρεβλώσεται Fut. Med. als Pass. Pl. Rep. 361, e. 613, e: στρεβλόω 11.

---

10 στορέννυμι, στόρνυμι, στρώννυμι aus-, auseinanderbreiten; bestreuen, bedecken; mildern, beschwichtigen. 11 winden, drehen, verdrehn, verrenken.

στρέφεται Praes. Pass. Il. τ, 488; ε, 274: στρέφω 1.
στρεφθείς Part. Aor. Pass. Il. ο, 645; π, 598; Od. ι, 435: στρέφω 1.
στρεφθεντ- Part. Aor. Pass. -τος Il. π, 308; -θέντι ε, 40; -θέντε ε, 575; -θεῖσα Il. σ, 139; -θέντε Pl. Pol. 273: στρέφω 1.
στρεψ(αμην) Aor. Med. κατα- Thuc. 6, 1: στρέφω 1.
στρέψαι Inf. Aor. Il. θ, 168; ν, 396; ἀπο- Ap. Rh. 1, 1132; Eur. El. 739: στρέφω 1.
στρέψαν Aor. Od. δ, 520: στρέφω 1.
στρέψαντες Aor. Il. σ, 544: στρέφω 1.
στρέψας Part. Aor. Od. κ, 528; Xen. Hell. 3, 4, 15; Aesch. Prom. 708: στρέφω 1.
στρέψεσθ' Fut. Il. ζ, 516: στρέφω 1.
στρέψομαι s. στρέψεσθ'.
στρέψον Imper. Aor. Ar. Thesm. 902: στρέφω 1.
στρέψω Fut. Anth. 9, 27; ἀπο- Soph. O. T. 1154; Xen. M. Equ. 1, 12: στρέφω 1.
στροβήσομαι Fut. Ar. Ran. 817: στροβέομαι 2.
στροβήσω Fut. sp. Lycophr. 756: στροβέω 2.
στρωθ(ην) Aor. Pass. -θείς Soph. Tr 653: στρώννυμι 3.
στρώννυ Anaxandr. Ath. 2, 48, a: στορέννυμι 3.
στρωννύσω (< στρώσω) Fut. Luc. Philop. 24: στρώννυμι 3.
στρωννύω (< στρώννυμι) Praes. Ev. Marc. 11, 8; Aristid. T. 1, p. 216; Geop. 19, 2, 8; ὑπο- Athen. 2, 31; Themist. Or. 10, p. 133: στρώννυμι 3.
στρωσ- Aor. s. ἔστρωσα: στρώννυμι 3.
στρώσω Fut. ὑπο- Eur. Hel. 59; Amphis Com. Fr. 3, 319: στρώννυμι 3.
στρωτός Vb. Eur. Or. 313 (*209*. *212*): στόρνυμι 3.
στρωφᾶτο Imprf. Pass. Il. υ, 422: στρωφάω 4.
στρωφῶσα Part. Od. ζ, 53. 306; ρ, 97: στρώννυμι 3.
στρωφῶσιν Od. η, 105: στρωφάω 4.
στυγέῃσι 3 Sing. Conj. Praes. Od. ν, 400: στυγέω 5.
στυγηθ(ην) Aor. Pass. -θέν Aesch. Sept. 691: στυγέω 5.
στυγησ- Aor. s. ἐστ.
στυγήσομαι Fut. Med. pass. Soph. O. T. 672: στυγέω 5.
στυγοῦμαι Praes. Med. Soph. O. C. 672; Eur. Andr. 157: στυγέω 5.
στύξαιμι 1 Sing. Opt. Aor. Od. λ, 502: στυγέω 5.
στῦσαι Inf. Aor. Ar. Lys. 598: στύω steifen.
στῶ 1 Sing. Conj. Aor. Pl. Parm. 130, d: ἵστημι 6.
στῶμαι 1 Sing. Conj. Aor. 2 Med.: ἵστημι 6.
στώμεθα 1 Plur. Conj. Aor. 2 Med.: ἵστημι 6.
στώμεθον 1 Dual. Conj. Aor. 2 Med. ἵστημι 6.
στῶμεν 1 Plur. Conj. Aor. 2 δια- Thuc. 6, 79; κατα- Xen. Cyr. 2, 3, 22: ἵστημι 6.
στῶνται 3 Plur. Conj. Aor. 2 Med.: ἵστημι 6.
στῶσιν 3 Plur. Conj. Aor. 2 Soph. O. C. 411; Leg. 752, d; ἀπο- Thuc. 5, 14; κατα- Isocr. 2, 4: ἵστημι 6.
συθ(ην) Aor. Pass. συθείς Eur. I. T. 1294: σεύω 7.
σύθην (< ἐσσύθην, ἐσύθην) Aor. Pass. Aesch. Prom. 135: σεύω 7.
συλλεγ(ην) Aor. 2 Pass. -ῇ Pl. Gorg. 489, c; -ῶμεν Prot. 319, b: συλλέγω 8.
συλλεγῶμεν 1 Plur. Conj. Aor. Pass. Pl. Prot. 319, b: συλλέγω 8.
συλλεξ- Aor. -ξαι Pl. Pol. 298, c; -ξαντα Leg. 682, a; -ας 755, e: συλλέγω 8.
συλλεχθ(ην) Aor. Pass. -θεῖσαι Pl. Leg. 784, a: συλλέγω 8.
σύμενος Part. Aor. 2 Med. Aesch. Ag. 747; Eum. 1007: σεύω 7.

---

1 drehen, wenden, biegen; *Pass.* sich drehen, sich wenden; sich herumtreiben, verkehren. 2 im Kreise herumdrehen, gewaltsam bewegen, beunruhigen. 3 aus-, auseinanderbreiten; bestreuen, bedecken; mildern, beschwichtigen. 4 poet. u. ion. st. στρέφω oft drehen; *Pass.* sich hin und herwenden; verkehren, verweilen, sich aufhalten. 5 hassen, scheuen, fürchten; sich scheuen, sich fürchten. 6 setzen, legen, stellen. 7 ver-, weg-

συναντήσω Fut. sp. Maneth. 4, 554; N. T. Act. 22, 20: συναντάω 9.
συναντήσωνται 3 Plur. Conj. Aor. Il. ρ, 134: συναντάω 9.
συναντήτην 3 Dual. Imprf. ep. Od. π, 333: συναντάω 9.
συνεῖκα Perf. Pol. 5, 101: συνίημι, verstehen.
συνείλεγμαι Perf. Pass. Pl. Ax. 270, e; -μένον Xen. An. 4, 5, 12; ἀν- Rep. 57, d: συλλέγω 8.
συνελέγην Aor. 2 Pass. Ar. Eccl. 116; Thuc. 7, 58; Xen. An. 4, 1, 11; Xen. Cyr. 5, 3, 24; Pl. Phaed. 59; Isocr. 9, 56: συλλέγω 8.
συνελέχθην Aor. Pass. Ar. Lys. 526; Pl. Leg. 784, a; Her. 4, 87: συλλέγω 8.
συνεωνημένος s. ἐωνημένος.
συνήντηκα Perf. sp. Polyb. 4, 61; Luc. Philop. 1: συναντάω 9.
συνήντησα Aor. Eur. Ion. 534; Ar. Plut. 41; Xen. An. 1, 8, 15: συναντάω 9.
συνοχωκώς Part. Perf. ep. redupl. Il. β, 218; Qu. Sm. 7, 502: συνόχωκα 10.
σῦρ- Aor. διασύρας Dem. 19, 313; vgl. ἔσυρα: σύρω 11.
συράμεναι Part. Aor. ἀνα- Dio. Sic. 1, 85: ἀνασύρω 11.
συρίζω (< συρίττω, συρίσδω) Praes. Aesch. Sept. 463; Eur. Ion. 501: συρίζω 12.
συρίξας Part. Aor. Ar. Plut. 689 (17): συρίζω 12.
συρίξομαι (< συρίσω, συριῶ) Fut. Med. Luc. Nigr. 10; Bis Acc. 12 (17): συρίζω 12.
συρίσαι Inf. Aor. sp. Luc. Harm. 2: συρίζω 12.
συρίσδω (< συρίττω, συρίζω) Praes. dor. Theocr. 1, 3: συρίζω 12.
συρίσω (< συρίξομαι, συριῶ) Fut. Mechan. Vett. p. 194: συρίζω 12.
συρίττω (< συρίζω, συρίσδω) Praes. Pl. Theaet. 203: συρίζω 12.
σύρομαι Praes. Med. Xen. Ven. 5, 13: σύρω 11.
σύτο (< ἔσσυο, ἔσσυτο) Plsprf. od. auch Aor. 2 Med. Il. φ, 167; Pind. O. 1, 20; Eur. Hel. 1133: σεύω 7.
σφαγ(ην) Aor. Pass. -ῇ Eur. I. T. 726; Hec. 571; -ῇς Hec. 1037; El. 961; -είη in κατα- Soph. O. T. 730; -ῆναι Eur. I. T. 598; -είς Aesch. Eum. 305; Eur. Hec. 24; -εῖσ' I. T. 770; -έντα Phoen. 933; -έντες Ar. Equ. 343: σφάζω 13.
σφαγήσομαι Fut. Eur. I. A. 1464; -εται Andr. 315; I. A. 935. 1360. 1367; Heracl. 583: σφάζω 13.
σφαγιάζομαι Dep. Med. Xen. An. 6, 5, 8: σφαγιάζω 14.
σφαγιασαμ(ην) Aor. Med. σφαγιασάμενος Her. 6, 76; Xen. Ag. 1, 31; An. 6, 2, 25; Hell. 3, 4, 23: σφαγιάζω 14.
σφαγιασθ(ην) Aor. Pass. σφαγιασθείς Her. 7, 180: σφαγιάζω 14.
σφαζόμενοι Part. Praes. Il. ψ, 31: σφάζω 13.
σφαζομένων Gen. Plur. Part. Praes. Od. υ, 312: σφάζω 13.
σφάζουσι 3 Plur. Praes. Od. α, 92; δ, 320: σφάζω 13.
σφάζω (< σφάττω) Praes. Od. δ, 320; Soph. Ai. 292; Thuc. 7, 84: σφάζω 13.
σφακτός Vb. Eur. Hec. 1077: σφάζω 13.
σφαλ(ην) Aor. Pass. -ῇ Her. 7, 168; Soph. Tr. 297; Thuc. 2, 92; -είης Xen. Cyr. 5, 2, 35; -είημεν Thuc. 6, 11; -ῆναι Xen. Lac. 5, 4; -είς Eur. Phoen. 725; -εῖσα Hipp. 671; I. A. 1521; ἀν- Xen. Hell. 4, 5, 11; Thuc. 6, 86; -εῖσι Soph. Tr. 727; -έντα Thuc. 1, 69; -έντας Eur. Suppl. 128; -ες Thuc. 4, 85; -έντων Xen. Hell. 7, 2, 2 (221): σφάλλω 15.
σφαλήσομαι (< σφαλοῦμαι) Fut. 2 Thuc. 3, 14; 5, 113; 6, 80; Soph. Tr. 719 (374): σφάλλω 15.
σφάλοιτο 3 Sing. Opt. Aor. Polyb. 6, 9 (> σφάλλοιτο): σφάλλω 15.
σφαλοῦμαι (< σφαλήσομαι) Fut. Med. reflex. Soph. Fr. 513 (D.); Xen. Symp. 2, 26 (374): σφάλλω 15.
1) σφαλῶ Fut. Thuc. 7, 67: σφάλλω 15.

---

scheuchen; *Med.* eilen, rennen, (an)stürmen. 8 zusammenlesen, sammeln; *Med.* für sich sammeln, auflesen; *Pass.* sich sammeln, zusammenkommen; sich einfinden. 9 zusammentreffen, entgegen kommen, begegnen. 10 zusammenstossen, sich vereinigen; zusammenfallen, niedersinken. 11 schleppen, schleifen, ziehen; *Pass.* mit sich fortziehen, strömen. 12 pfeifen. 13 schlachten, bes. opfern. 14 Opferthiere schlachten, opfern. 15 fällen, stürzen; *Pass.* fallen, stürzen.

2) σφαλῶ Conj. Aor. Pass. Soph. Tr. 621; -ῶμεν Eur. Phoen. 637; -ῶσι Thuc. 6, 33; Xen. Cyr. 1, 6, 24: σφάλλω 1.

σφάλωνται 3 Plur. Conj. Aor. Pass. Thuc. 6, 23(>σφάλλωνται): σφάλλω 1.

σφαξ- Aor. σφάξαι Eur. Andr. 625; Heracl. 490; I. A. 1348; Cycl. 448; σφάξας Her. 5, 25; Eur. Phoen. 1010; Pl. Euthyd. 301, d: σφάζω 2.

σφαξά(μην) Aor. Med. -ασθαι in ἐπι- Xen. An. 1, 8, 29: σφάζω 2.

σφάξεν Aor. Od. γ, 454; -αν Ap. Rh. 1, 432: σφάζω 2.

σφάξω Fut. Eur. Heracl. 493; Ar. Pax. 1018; ἀπο- Ar. Ach. 327; ἐπι- Eur. Herc. Fur. 602. 995: σφάζω 2.

σφαραγεῦντο 3 Plur. Imperf. Od. ι, 390. 440 [**181**]: σφαραγέω 3.

σφάττω (< σφάζω) Praes. gew. in att. Prosa Xen. Cyr. 7, 3, 14; Isocr. 6, 68; Pl. Gorg. 468, c: σφάζω 2.

σφαχθ(ην) Aor. Pass. σφαχθεῖσα Her. 5, 5; Pind. P. 11, 23; -εῖσ' Eur. I. T. 177: σφαγιάζω 4.

σφετερίζομαι Dep. Med. Xen. Hell. 5, 1, 36; Dem. 18, 71: σφετερίζω 5.

σφετεριξάμενος Part. Aor. Med. Aesch. Suppl. 39: σφετερίζω 5.

σφηλ- Aor. σφῆλαι Il. ψ, 719; -αντι Eur. Alc. 34; -αντες Thuc. 6, 11: σφάλλω 1.

σφῆλεν Aor. Od. ρ, 464: σφάλλω 1.

σφιγξ- Aor. -ατε Nonn. 1, 36; περι- Nonn. 5, 585: σφίγγω 6.

σφίγξω Fut. V. T. Exod. 28, 28: σφίγγω 6.

σφιγχθ(ην) Aor. Pass. s. ἐσφίγχθην.

σχᾶν Inf. Praes. κατα- Hippocr. 2, 471: κατασχάζω 7.

σχασ- Aor. σχάσας Eur. Phoen. 960; vgl. ἔσχασα: σχάζω 7.

σχασά(μην) Aor. Med. -ασθε Pl. Fr. Com. 2, 626: σχάζω 7.

σχάσαις Part. Aor. Pind. N. 4, 104: σχάζω 7.

σχάσασαι Fem. Part. Aor. Xen. Cyneg. 3, 5: σχάζω 7.

σχάσον Imper. Pind. P. 10, 79; Eur. Phoen. 454. 960: σχάζω 7.

σχε Imper. παράσχε Eur. Hec. 841; Luc. Tim. 40: παρέχω 8.

σχεθεῖν (< σχεθέμεν) Inf. Aor. 2 Aesch. Prom. 16; Sept. 75; κατα- Soph. Ant. 1200; παρα- Ar. Equ. 320: σχέθω 9.

σχεθέμεν (< σχεθεῖν) Inf. Aor. 2 Pind. Ol. 1, 71: σχέθω 9.

σχεθέτω 3 Sing. Imper. Od. η, 537: σχέθω 9.

σχεθήσομαι Fut. Pass. -μένῳ in κατα- Luc. Herm. 4, 788: ἔχω 10.

σχέθοιμι 1 Sing. Opt. Aor. 2 Eur. Rhes. 602; σχέθοι Pind. P. 10, 62: σχέθω 9.

σχέθον (< ἔσχεθον) Imprf. Od. κ, 95: σχέθω 9.

σχέθω 1 Sing. Conj. Ar. Lys. 425: σχέθω 9.

σχεθών Part. Aor. 2 Pind. P. 6, 19: σχέθω 9.

σχεῖν (< σχέμεν) Inf. Aor. 2 Il. π, 520; φ, 341; Thuc. 2, 48; 6, 69; Lys. 7, 36: ἔχω 10.

σχέμεν (< σχεῖν) Inf. Fut. ion. Il. θ, 254: ἔχω 10.

σχέο 2 Sing. Aor. 2 Il. φ, 379: ἔχω 10.

σχές 2 Sing. Imper. Soph. O. C. 1169; παράσχες Pl. Prot. 348; (> πα-ράσχε); πάρασχε Xen. Conv. 8, 4 (> παρέχε) Eur. H. F. 1210 (> κα-τάσχεθε); μέτασχε Eur. Or. 1337 (> μετάσχες): ἔχω 10.

σχέσθαι Inf. Aor. 2 Il. δ, 422; Xen. An. 6, 4, 14; Isocr. 11, 6; Eur. Rhes. 174: ἔχω 10.

σχέσθε 2 Plur. Imper. Aor. 2 Il. χ, 416; Od. β, 70: ἔχω 10.

σχέσθω Imper. Aor. 2 Med. παρα- Luc. Qu. h. conscr. s. 51: ἔχω 10.

σχέτε 2 Plur. προσ- Pherecrat. Fr. Com. 2, 283: ἔχω 10.

σχέτο (< ἔσχετο) 3 Sing. Aor. 2 Il. η, 248: ἔχω 10.

σχέτω 3 Sing. Imper. μετα- Eur. Ion. 1468; παρα- Phoen. 1654: παρέχω 8.

σχῇ Conj. Aor. Dem. 57, 37; ὑπο- Isocr. 5, 104; Luc. Pisc. 14: ἔχω 10.

σχῇς 2 Sing. Conj. Aor. παρα- Dem. 56, 38; Luc. Ap. 3, 710: ἔχω 10.

σχήσει 3 Sing. Fut. Od. χ, 70: Soph. Ai. 684: ἔχω 10.

---

1 fällen, stürzen; *Pass.* fallen, stürzen. 2 schlachten, bes. opfern. 3 zischen, prasseln; strotzen. 4 Opferthiere schlachten, opfern. 5 Fremdes sich zueignen, anmassen, sich vorbehalten. 6 einschnüren, festbinden, einengen. 7 stechen, ritzen, schlitzen, eröffnen. 8 darbieten, gewähren,

σχήσειεν 3 Sing. Opt. Aor. Nonn. 17, 177: ἔχω 10.
σχήσειν Inf. Fut. Il. μ, 4; Aesch. Pers. 746; Eur. Cycl. 697; Thuc. 4, 59; Dem. 13, 128: ἔχω 10.
σχήσεις 2 Sing. Fut. Od. λ, 70; Ap. Rh. 1, 895; Eur. Med. 862: ἔχω 10.
σχήσεισθα 2 Sing. Fut. Hom. Hym. 5, 366: ἔχω 10.
σχήσεσθαι Inf. Fut. Med. Il. ϱ, 639; Ap. Rh. 4, 1054: ἔχω 10.
σχήσεσθε 2 Plur. Fut. Med. Il. ι, 235; Soph. Phil. 1355: ἔχω 10.
σχήσησθα 2 Sing. Conj. Aor. Hom. Hym. Cer. 366: ἔχω 10.
σχῆσθε 2 Plur. Conj. Aor. ἀνα- Xen. An. 1, 7, 4; ὑπο- 7, 6, 5: ἔχω 10.
σχήσοι 3 Sing. Opt. Fut. Pind. 9, 205: ἔχω 10.
σχήσομαι 1 Plur. Fut. Il. ι, 235; Od. χ, 172: ἔχω 10.
σχήσουσι 3 Plur. Fut. Il. ν, 151: ἔχω 10.
σχήσω Fut. Il. ϱ, 182; ω, 670; Aesch. Eum. 692; Soph. El. 223; Eur. I. A. 1365; ἀποσχήσομεν Dem. 14, 24; σχήσετε Dem. 19, 272; παρασχήσουσι Isocr. 18, 248: ἔχω 10.
σχῆτε 2 Plur. Conj. Aor. παρα- Isocr. 8, 136: ἔχω 10.
σχίσαις Part. dor. Pind. Fr. 45, 2: σχίζω 11.
σχίσας Part. Aor. -αντες Pl. Tim. 77, d: σχίζω 11.
σχισάτω Imper. Aor. Xen. Cyr. 5, 3, 49: σχίζω 11.
σχισθ(ην) Aor. Pass. -θέντα Aesch. Ag. 623; -θέντων Pl. Pol. 263, a: σχίζω 11.
σχίσσας Part. Aor. Hes. Sc. 428: σχίζω 11.
σχίσσεν 3 Sing. Aor. Pind. N. 9, 24: σχίζω 11.
σχίσω Fut. κατα- Xen. An. 7, 1, 16: σχίζω 11.
-σχοι Opt. Aor. παρα- Pind. P. 1, 27; ὑπο- Dem. 54, 22: ἔχω 10.
σχοίατο 3 Plur. Opt. Aor. 2 Med. Il. β, 98: ἔχω 10.
σχοῖεν 3 Plur. Aor. μετα- Dem. 18, 89: ἔχω 10.
σχοίην Opt. Aor. Dem. 23, 117 (**138**): ἔχω 10.
σχοίμην Opt. Aor. Med. ἀνα- Xen. Cyr. 7, 2, 6; ἀπο- Isocr. 15, 74; παρα- Luc. Advers. Indoct. 24: ἔχω 10.
σχοίμι Opt. Aor. μετα- Soph. O. C. 1485; παράσχοις Luc. Saltat. 5; ἀνάσχοισθε Dem. 20, 62: ἔχω 10.
σχοῖσα Fem. Part. Aor. κατα- Pind. N. 10, 10: ἔχω 10.
σχοῖτο 3 Sing. Aor. 2 ἀνα- Luc. Qu. h. conscrib. s. 7; ὑπο- Xen. An. 1, 9, 7: ἔχω 10.
σχομένη Fem. Part. Aor. 2 M. Od. ζ, 141; κατα- Ap. Rh. 3, 128: ἔχω 10.
σχόμενος Part. Aor. 2 Med. Il. μ, 298; ἀνα- Ap. Rh. 1, 495; ἐπι- 7, 472: ἔχω 10.
σχόμην Aor. Med. ἠν- Soph. Ant. 467: ἔχω 10.
σχοντ- Part. Aor. -τα Isocr. 12, 72; -τες in περι- Thuc. 3, 105; -τας in κατα- Isocr. 5, 145; σχόντε Isocr. 10, 20; σχόντων Dem. 11, 45: ἔχω 10.
σχοῦ Imper. ἀνά- Xen. Symp. 4, 4: ἔχω 10.
σχοῦσα Fem. Part. Aor. Soph. El. 551: ἔχω 10.
σχῶ 1 Sing. Conj. Aor. Soph. El. 636; παρα- Eur. Hel. 812. 1248: ἔχω 10.
σχῶμαι 1 Sing. Conj. Aor. 2 M. παρά- Dem. 19, 240; 39, 5; 59, 79: ἔχω 10.
σχῶμεν 1 Plur. Conj. Aor. Il. φ, 309; παρά- Isocr. 8, 20: ἔχω 10.
σχών Part. Aor. Soph. El. 551; Lys. 7, 41; παρα- Aesch. Pers. 321: ἔχω 10.
σχῶνται 3 Plur. Conj. Aor. 2 M. Od. ν, 151: ἔχω 10.
σχῶσι 3 Plur. Aor. Pl. Leg. 958, a; παρα- Isocr. 9, 190; κατα- 12, 53; Dem. 33, 6: ἔχω 10.
σωθ(ην) Aor. Pass. σωθῇ Xen. An. 5, 3, 6; Eur. Hel. 292; -θῶσιν Dem. 16, 30. 31; -θείη Pl. Rep. 502, b; -θείημεν Menandr. Fr. Com. 4, 295; θεῖμεν Eur. Hel. 815; -θεῖεν Pl. Phaed. 58, b; Xen.

---

geben, schenken, von sich, aus eigenen Mitteln darbringen, bieten. 9 festhalten, haben, abhalten, zurückhalten. 10 halten, haben. 11 spalten, zerspalten; *Pass.* sich spalten, sich trennen, sich theilen.

Cyr. 4, 4, 2; -θείς Soph. Ant. 331; -θεῖσα Pl. Leg. 692, a; -θείσης Dem. 32, 5; Isocr. 18, 67; -θεῖσιν Xen. An. 5, 8, 16; -θέντος Her. 4, 97; -θέντας Pl. Leg. 961, a: σώζω 1.

σωθήσεσθαι Inf. Fut. Pass. Pl. Leg. 697, e: σώζω 1.

σωθήσομαι Fut. Pass. Eur. Cycl. 479; Or. 309; Ar. Nub. 77; -εται Eur. Andr. 409; Pl. Ap. 31, e; Dem. 5, 3; -όμεθα Ar. Lys. 497; -όμεσθα Eur. Hel. 1060; -ονται Pl. Rep. 467, e: σώζω 1.

σωθησόμενος Part. Fut. Pass. Pl. Theaet. 176, d: σώζω 1.

σωσ- Aor. -η Pl. Gorg. 511, d; -ωμεν Dem. 16, 21; -αιμι Eur. Phoen. 867; I. T. 582. 595; -ειεν Pl. Rep. 621, c; σῶσον Soph. Phil. 501; σῶσαι Pl. Rep. 493, a; σώσας Soph. Ant. 1162; Thuc. 1, 63; σώσασα Eur. I. T. 757; -αντος Aesch. Ag. 603; -αντι Eur. Andr. 751; -αντες Thuc. 5, 10; Pl. Crit. 45, a: σώζω 1.

σῶσι 3 Plur. Praes. Herod. 1, 200; Et. M. p. 710; 41, Lob.; Techn. p. 93: σάω = σήθω durchsieben.

σώσομαι Fut. Med. Eur. Bacch. 793: σώζω 1.

σωστέος Vb. Eur. H. F. 1385; Ar. Lys. 501: σώζω 1.

σώσω Fut. Eur. Cycl. 202; Pl. Rep. 497; -ων Ar. Thesm. 1014: σώζω 1.

T

ταγ(ην) Aor. Pass. ὑπο- Phryn. Fr. Com. 2, 603: τάσσω 2.

ταθείς Part. Aor. 1 Pass. Il. ν, 655; φ, 119; Od. χ, 200; ἐκταθείς Pl. Leg. 887, a; ἐπιταθέν Rep. 410, d; ἐκταθεῖσα Eur. Or. 302; ἐν- 706; -ης in περι- Pl. Tim. 66, b: (ἐκ-, ἐπι) τείνω 3.

τάθη Aor. 1 Pass. Il. ψ, 375; Qu. Sm. 1, 623: τείνω 3.

ταθῇ 3 Sing. Conj. Aor. 1 Pass. Aesch. Pers. 708; ἐπι- Pl. Phaed. 86, c: ἐπιτείνω 3.

ταθῆναι Inf. Aor. 1 Pass. ἐπι- Xen. Cyr. 7, 5, 82: ἐπιτείνω 3.

ταθήσομαι Fut. Pass. ἐκ- Eur. Alc. 349; Pl. Lys. 204, c; παρα- Pl. Lys. 204, c; ἐπι- Luc. Meretr. Dial. 3: τείνω 3.

ταινιώσασθαι Inf. Aor. Pass. Ar. Eccl. 1039; Ran. 393: ταινιόω 7.

τακ(ην) Aor. 2 Pass. τακῇ Pl. Tim. 83, a; συν- Eur. Or. 805; τακείς Diosc. Ep. 24; συν- Eur. Or. 34; Suppl. 1106; -είσης Hel. 3: -έντος Soph. Tr. 833: τήκω 4.

τάκομαι 1 Sing. Praes. Med. dor. Pind. Fr. Scol. 2 (89), 10; Eur. Andr. 116: τήκω 4.

τακόμενος Part. Praes. Med. dor. -αι Aesch. Eum. 353; -α Eur. El. 208: τήκω 4.

τάκου Imper. Praes. dor. Eur. Med. 159: τήκω 4.

τακτέος Vb. Pl. Leg. 631, d: τάσσω 2.

τακτός Vb. Pl. Leg. 909, c; 632, b; τάσσω 2.

τάκω Praes. dor. st. τήκω Eur. Med. 141 (**194**): τήκω 4.

ταλάσσω Fut. sp. Lycophr. 746: ταλάω, τλάω, (er)tragen, (er)dulden.

τάμε 3 Sing. Aor. 2 Il. τ, 390 (**244**): τέμνω 5.

ταμέειν[1]) (> ταμεῖν) Inf. Aor. 2 Il. ν, 501; π, 761; τ, 197 (**194**): τέμνω 5.

ταμεῖν (< ταμέειν) Inf. Fut. Hes. Op. 805: τέμνω 5.

ταμέσθαι Inf. Aor. 2 Med. Il. ι, 580; Her. 5, 82 (**194**): τέμνω 5.

τάμησιν 3 Sing. Conj. Aor. 2 Od. σ, 339: τέμνω 5.

---

[1]) ἔταμον ist auch altattisch, aber selten, wie Eur. Hel. 1224; Thuc. 1, 81; Her. 4, 201; ἀπ- Aesch. Ag. 1410.

---

1 erhalten, bewahren, behüten, (er)retten. 2 (an- ver)ordnen, festsetzen, bestimmen; *Med.* für sich festsetzen, einen Termin bestimmen. 3 spannen, ausdehnen, ausstrecken. 4 (zer)schmelzen, auflösen, verzehren, zetören, ersch öpfen. 5 schneiden, spalten, zerhauen, trennen, sondern.

τάμηται 3 Sing. Conj. Aor. 2 Il. γ, 252 (> τάμητε Wolf) (*194*): τέμνω 5.
τάμητε 2 Plur. Conj. Aor. 2 Il. γ, 252 Wolf (>τάμηται)(*194*): τέμνω 5.
ταμιεύεσκε Imprf. iter. [*148*]: ταμιεύω, wirthschaften, verwalten.
τάμνεσθαι Inf. Praes. Pass. Her. 4, 201: τέμνω 5.
ταμνόμενος Part. -μένη Il. ν, 180: τέμνω 5.
τάμνουσα Part. Praes. ion. Her. 2, 65: τέμνω 5.
τάμνων Part. Praes. ion. Her. 9, 89: τέμνω 5.
τάμοι[1]) 3 Sing. Opt. Aor. 2 Il. ε, 214; ρ, 126; Od. π, 102 (*194*): τέμνω 5.
τάμον[1]) 3 Plur. Aor. 2 Il. ζ, 194; υ, 184. 185; Pind. O. 1, 79: τέμνω 5.
ταμόνθ'[1]) Part. Aor. 2 Il. σ, 177 (*194*): τέμνω 5.
ταμόντες[1]) Part. Aor. 2 Il. β, 124; γ, 73, 256; Her. 4, 201 (*194*): τέμνω 5.
τάμωμεν[1]) 1 Plur. Conj. Aor. 2 Il. γ, 94; τ, 191: τέμνω 5.
ταμών[1]) Part. Aor. 2 Il. ω, 409; Od. ε, 162; Ap. Rh. 3, 378; Qu. Sm. 5, 358; Her. 9, 89; Pind. N. 3, 33; I. 4, 54 (*194*): τέμνω 5.
τάνυεν 3 Sing. Imprf. Pind. O. 8, 49; P. 4, 129: τανύω 6.
τανύεσθαι Inf. Pass. Od. φ, 254: τανύω 6.
τανύομαι Praes. Med. ἐκ- Hippocr. 4, 226: τανύω 6.
τανύοντο 3 Plur. Imprf. Il. ι, 468; π, 375; Od. ζ, 83: τανύω 6.
τανύουσι 3 Plur. Praes. Od. φ, 174: τανύω 6.
τανύσαις (< τανύσας) Part. Aor. dor. Pind. O. 2, 91: τανύω 6.
τανύσας (< τανύσσα, τανύσαις) Part. Aor. Pass. Eur. I. A. 791; Ap. Rh. 4, 888: τανύω 6.
τάνυσεν (< ἐτάνυσσε, τάνυσσεν) Aor. Od. φ, 409: τανύω 6.
τανύσῃ (< τανύσσῃ) 3 Sing. Conj. Il. ψ, 324: τανύω 6.
τανυσθείς Part. Aor. Pass. Il. ν, 392; υ, 483; Qu. Sm. 5, 484; 6, 522: τανύω 6.
τάνυσθεν 3 Plur. Aor. Pass. Il. π, 475; Od. π, 175 [*110*]: τανύω 6.
τανύσθη Aor. Pass. Qu. Sm. 2, 182: τανύω 6.
τανύσθην Aor. Pass. Qu. Sm. 5, 484; -θείς 6, 522: τανύω 6.
τανύσσαι Inf. Aor. Od. φ, 171: τανύω 6.
τανυσσάμενος Part. Aor. Med. Il. δ, 112; Ap. Rh. 1, 564; 4, 769: τανύω 6.
τανυσσάμην Aor. Med. Hom. Hym. 51; Callim. Dian. 27; Ap. Rh. 4, 1569; s. τανυσσάμενος: τανύω 6.
τάνυσσαν (< s. τάνυσεν) 3 Plur. Aor. Il. ξ, 389: τανύω 6.
τανύσσας Part. Aor. Il. ρ, 547; Ap. Rh. 4, 599; Qu. Sm. 8, 315: τανύω 6.
τανύσσασθαι Inf. Aor. Med. Hom. Hym. Merc. 51; Ap. Rh. 2, 931; 4, 771: τανύω 6.
τανύσσειεν 3 Sing. Opt. Aor. 1 Od. σ, 92: τανύω 6.
τάνυσσεν (< τάνυσε, ἐτάνυσσε) 3 Sing. Aor. Il. ι, 213: τανύω 6.
τανύσσεται Fut. Med. Archil. Fr. 3: τανύω 6.
τανύσσῃ (< τανύσῃ) 3 Sing. Conj. Aor. Il. ψ, 761: τανύω 6.
τανύσσω (< τανῦσω) Fut. Orph. Lith. 179: τανύω 6.
τανῦσω (< τανύσσω, τανύω) Fut. Paul. Sil. in Anth. 5, 262; ἐν- Od. φ, 127: τανύω 6.
τάνυται 3 Sing. Praes. Il. ρ, 393: τάνυμαι, τανύω 6.
τανύω (< τανῦσω, τανύσσω) Fut. Od. φ, 174: τανύω 6.
τανύων Part. Od. φ, 436: τανύω 6.
ταξ- Aor. s. τάξῃ, -ῃς, -ωσι, -ειε, -ον, -αι -ας: τάσσω 2.
τάξαι Inf. Aor. Pl. Rep. 392, a; Xen. Hell. 1, 5, 4: τάσσω 2.
ταξαμ(ην) Aor. Med. -ώμεθα Pl. Leg. 733, e; -ασθαι 737, c; Xen. An. 6, 3, 9; -άμενος 844, b, -ν, -οι, -ους: τάσσω 2
1) ταξάντων 3 Plur. Imper. Aor. Pl. Leg. 828, b: τάσσω 2.
2) ταξάντων Gen. Plur. Part. Aor. Pl. Leg. 762, c: τάσσω 2.
τάξας Part. -αντες Pl. Leg. 783, b;

[1]) ταμων ist auch attisch, aber selten, wie Eur. Hec. 1224; Thuc. 1, 81; Her. 4, 201; ἀπ- Aesch. Ag. 1410.

6 ausspannen, ausdehnen, straff anziehen. 7 mit einer (Kopf)binde zieren.

-ας 799, b; s. -άντων 1 und 2: τάσσω 1.
ταξάσθω Imper. Aor. Med. Pl. Leg. 844, c: τάσσω 1.
τάξειε 3 Sing. Opt. Aor. Pl. Leg. 810, c: τάσσω 1.
τάξῃ 3 Sing. Conj. Aor. Eur. Suppl. 460; Pl. Ap. 28, d; τάσσω 1.
τάξῃς 2 Sing. Conj. Aor. Xen. Mem. 3, 3, 4: τάσσω 1.
τάξητε 2 Plur. Conj. προσ- Isae. 4, 27: τάσσω 1.
τάξομαι Fut. Med. ἐπι- Eur. Suppl. 521; ἀντι- Eur. Phoen. 622: τάσσω 1.
τάξον Imper. Aor. Pl. Rep. 511, e: τάσσω 1.
1) τάξω Fut. Aesch. Sept. 284; Xen. Cyr. 8, 3,; Mem. 2, 1, 7; Pl. Leg. 863, d; Euthyd. 279, c: τάσσω 1.
2) τάξω Conj. Aor. -ώμεθα Pl. Leg. 733, e; -ωσι 784, c: τάσσω 1.
ταξῶ (< τήξω) Fut. κατα- Theocr. Epig. 6, 1: τήκω 2.
τάξωσι 3 Plur. Conj. Aor. Pl. Leg. 784, c: τάσσω 1.
ταραξ- Aor. -ῃς Eur. H. F. 605; -ειε Pl. Leg. 797, e; -ας Eur. Bacch. 797; -αντες Xen. An. 6, 2,: ταράσσω 3.
ταράξομαι Fut. Med. pass. Thuc. 7, 36. 67; Xen. Cyr. 6, 1, 43 (**374**): ταράσσω 3.
ταράξω Fut. Eur. Tr. 88: ταράσσω 3.
ταρασσέμεν Inf. Praes. Pind. P. 11, 42: ταράσσω 3.
ταράσσοντες Part. Praes. Od. ε, 291: ταράσσω 3.
ταραχθ(ην) Aor. Pass. -εῖεν Xen. Cyr. 2, 1, 27; -θῆναι 5, 3; -θέντες Ap. 4; -θέντα Pl. Leg. 797, e: ταράσσω 3.
ταραχθήσομαι Fut. Pass. -ῃ Menander Fr. Com. 4, 288; ἐπι- Luc. Catapl. 19, 642: ταράσσω 3.
ταρβήσαντε Dual. Part. Aor. Il. α, 331: ταρβέω 4.
ταρβήσας Part. Aor. Il. ε, 286; ξ, 469; λ, 384: ταρβέω 4.
ταρβήσειεν Opt. Aor. Il. ϱ, 586: ταρβέω 4.
τάρβησεν Aor. Il. β, 268; Hym. 4, 181; Man. Ap. 4, 618: ταρβέω 4.
ταρβοῦσα Fem. Part. Aesch. Suppl. 773: ταρβέω 4.
τάρπημεν 1 Plur. Aor. 2 Ind. Pass. Il. λ, 780: τέρπω 5.
ταρπήμεναι (< ταρπῆναι) Inf. Aor. 2 Pass. Il. ω, 3: τέρπω 5.
ταρπῆναι (< ταρπήμεναι) Inf. Aor. 2 Pass. Od. ψ, 212: τέρπω 5.
τάρπησαν 3 Plur. Aor. 2 Ind. Pass. Od. γ, 70; δ, 47; ε, 201; κ, 181: τέρπω 5.
ταρπώμεθα (< τεταρπώμεθα) 1 Plur. Conj. Aor. 2 Med. Il. ω, 636; Od. δ, 295; ψ, 255: τέρπω 5.
τάρφθεν (< ἐτέρφθησαν) 3 Plur. Aor. 1 Pass. Od. ζ, 99: τέρπω 5.
τάρφθη (< ἐτέρφθην) Aor. 1 Pass. Od. τ, 213. 251; φ, 57: τέρπω 5.
τατώμενος (< τητώμεθα) Part. Perf. -μένῳ Pind. N. 10, 146: τήταω 6.
ταφ(ην) Aor. Pass, -είη Eur. Tro. 736; -είησαν Xen. An. 5, 7, 21; -ῆναι Xen. Hell. 1, 6, 22; Ar. Eccl. 592; Phoen. 770; Tro. 1193: θάπτω 7.
ταφήσομαι Fut. Med. Eur. Alc. 56. 632: θάπτω 7.
ταφών Part. Perf. Il. ι, 193; λ, 545. 777; π, 806; ψ, 101; ω, 360: θάπτω 7.
ταχθ(ην) Aor. Pass. ἐπιταχθῆναι Xen. Cyr. 4, 5, 21; ταχθείς Eur. I. A. 1363; Xen. An. 5, 8, 5; -θεῖσα Eur. Heracl. 479; -εῖσιν Heracl. Fur. 191; -θέν Soph. Ai. 528; -θέντα Pl. Leg. 836, a: τάσσω 1.
ταχθήσομαι Fut. Pass. ἐπι- Thuc. 1, 140: ἐπιτάσσω 1.
τεγκτός Vb. Aristot. Met. 4, 9; ἄτεγκος Eur. H. F. 833: τέγγω 8.
τεγξ- s. u. ἔτεγξα.
τέγξω Fut. Pind. O. 4, 17; Eur. Suppl. 979; Hec. 520: τέγγω 8.
τεγχθ(ην) Aor. Pass. θεγχθείς Pl. Leg. 880, e: τέγγω 8.
τέθᾱλα (< τέθηλα) Perf. 2 dor. als Praes. Pind. Fr. 95: θάλλω 9.

---

1 (an- ver)ordnen, festsetzen, bestimmen; *Med.* für sich festsetzen, einen Termin bestimmen. 2 (zer)schmelzen, auflösen, verzehren, zerstören, erschöpfen. 3 (um- auf)rühren, verwirrren, bestürzt machen, erschrecken. 4 fürchten, scheuen, (ver)ehren. 5 sättigen, vergnügen, erfreuen. 6 in Schaden bringen, berauben; Schaden leiden, in Schaden kommen. 7 bestatten, begraben. 8 benetzen, anfeuchten, erweichen, rühren, zum Mit-

τεθαλότα Acc. Part. Perf. Pind. P. 11, 80: θάλλω 9.
τέθαλπται 3 Sing. Perf. Pass. Aesch. Prom. 650: θάλπω 10.
τεθαλυῖα Fem. Part. Perf. Od. ζ, 293; Hes. Th. 902: θάλλω 9.
τεθαλυῖαν Fem. Part. Perf. Il. ι, 208; Od. ν, 410: θάλλω 9.
τεθαλυίῃ Dat. Part. Perf. Od. λ, 415: θάλλω 9.
τεθάλφθαι Inf. Perf. Pass. Aesch. Prom. 650: θάλπω 10.
τεθαλώς Part. Perf. Aesch. Suppl. 105: θάλλω 9.
τέθαμμαι Perf. Pass. -μένης Pl. Crat. 400, c; -οι Xen. Hell. 2, 4, 33; -ος Luc. Scyth. 2, 861: θάπτω 7.
τέθαπται 3 Sing. Perf. Isae. 6, 65; Dem. 57, 37: θάπτω 7.
τεθάρσηκα Perf. -ήκασι Il. ι, 420. 687; Thuc. 4, 35: θαρσέω 11.
τεθαύμακα Perf. Xen. An. 3, 13, 3; Mem. 1, 4, 2; Dem. 20, 143; 24, 160; Com. Fr. 3, 475: θαυμάζω 12.
τεθαύμασμαι Perf. Pass. Polyb. 4, 82: θαυμάζω 12.
τεθάφαται 3 Plur. Perf. ion. Her. 6, 103: θάπτω 7.
τεθάφθω Imper. Perf. Pass. Aesch. Ch. 366; Luc. Dial. Mar. 9, 1: θάπτω 7.
τέθαψαι 2 Sing. Perf. Pass. Aesch. Ch. 366: θάπτω 7.
τεθάψομαι Fut. 3 Eur. I. T. 1464; Soph. Ai. 577: θάπτω 7.
τεθέᾱμαι Perf. Ar. Nub. 730; Pl. Pol. 264, c; -μεθα Xen. Cyr. 7, 5, 7; -μένος Pl. Rep. 400, a: θεάομαι 13.
τεθεαμένος Part. Perf. Pl. Rep. 400, a: θεάομαι 13.
τεθέασαι 2 Sing. Perf. Pass. Magnes, Fr. Com. 2, 10; Hermipp. 394; Pl. Rep. 601, b; Xen. Mem. 2, 1, 31; τεθέᾱμαι Luc. Imag. 4: θεάομαι 13.
τεθέασθε 2 Plur. Perf. Aeschin. 1, 52 (25); Pl. Leg. 711, d: θεάομαι 13.
τεθέαται 3 Sing. Perf. Pl. Phaedr. 249, e [*107*]: θεάομαι 13.
τεθεῖεν 3 Plur. Opt. Aor. Pass. Isae. 6, 36; δια- Isocr. 4, 162. 275: τίθημι 14.
τεθείη 3 Sing. Opt. Aor. 1 Pass. Xen. Cyr. 5, 1, 11; Dem. 24, 28: τίθημι 14.
τεθείης 2 Sing. Opt. Aor. 1 Pass. δια- Isocr. 11, 46: τίθημι 14.
τέθεικα Perf. -ας Eur. Rhes. 60; Dem. 24, 99; -ε(ν) 24, 76; Eur. El. 7; -αμεν Dem. 20, 55; -ασι 3, 12; -κέναι 24, 144. 59; -κώς 24, 67; 27, 26; κατα- Lys. 4, 16 (*297*): τίθημι 14.
τέθειμαι Perf. Pass. -ειται Dem. 39, 40; -εινται 21, 49; -μένων in προ- Xen. Hier. 9, 11 (*297*): τίθημι 14.
τέθεινται s. u. τέθειμαι.
τεθείς Part. Aor. Pass. Dem. 20, 152; Xen. Hell. 5, 3, 19; -θεῖσα Eur. El. 1266; -ης in δια- Isocr. 4, 28; -θεῖσι Pl. Leg. 684, b: τίθημι 14.
τεθεῖσθαι Inf. Perf. Pass. Ar. Fr. Com. 2, 1083; δια- Luc. Nigr. 24, 64 (*337*): τίθημι 14.
τέθειται s. u. τέθειμαι.
τεθέληκα Perf. 2 sp. Sext. Emp. adv. Rh. 2, p. 296: θέλω = ἐθελέω 15.
τεθεντ- Stammform des Part. Aor. 1 Pass. τεθείς; -θέντα Dem. 24, 16; -θέντας 24, 42; -θέντων 43, 10: τίθημι 14.
τεθεράπευκα Perf. Thuc. 4, 67: θεραπεύω 16.
τεθεράπευμαι Perf. Pass. Pl. Ep. 309, d; Leg. 763, d: θεραπεύω 16.
τεθέρμαγκα (< τεθέρμακα) Perf. (*234*): θερμαίνω 17.
τεθέρμακα (< τεθέρμαγκα) Perf. Plut. (*234*): θερμαίνω 17.
τεθέρμασμαι Perf. Pass. Hippocr. -ανται in ἐν- Soph. Tr. 368: θερμαίνω 17.
τεθεώρηκα Perf. Ar. Vesp. 1188: θεωρέω 18.
τεθῇ 3 Sing. Conj. Aor. Pass. Eur. Suppl. 541; H. F. 1245; Dem. 24, 44: τίθημι 14.

---

leid bewegen. 9 blühen, grünen, gedeihen. 10 erwärmen, erhitzen, glühend machen. 11 dreist, muthig sein, guten Muth haben, getrost, unbesorgt, zuversichtlich sein. 12 schauen, betrachten, wahrnehmen. 13 beschauen, betrachten. 14 setzen, legen, stellen. 15 wollen, wünschen. 16 dienen, warten, pflegen. 17 (er)wärmen, heiss machen. 18 anschauen, betrachten, zusehen.

τέθηγμαι Perf. Pass. -μένος Luc. Tox. 11; -ου Tim. 19; -ους Aesch. Prom. 311; -μένη Soph. Ai. 584; Eur. El. 1142; -αι Xen. Cyr. 1, 6, 41: τήϰω 1.

τέθηλα (< τέθαλα) Perf. 2 Hes. Op. 227; Soph. Phil. 259: θάλλω 2.

τεθήλει Plsprf. Od. ε, 69; Qu. Sm. 5, 48: θάλλω 2.

τεθήλῡμαι Perf. Pass. ἐϰ- Luc D. Deor. 5, 3 (*237*): θηλύνω 3.

τεθήλυμμαι (< τεθήλυσμαι) Perf. Pass. Pol. 27, 2: θηλύνω 3.

τεθηλύνθαι Inf. Perf. Pass. Polyb. 32, 2, 3: θηλύνω 3.

τεθήλυσμαι (< τεθήλυμμαι) Perf. Pass. Hippocr. 2, 60: θηλύνω 3.

τεθήλυται 3 Sing. Perf. Pass. ἐϰ- Dio. Cass. 50, 27: θηλύνω 3.

τεθηλώς Part. Perf. Od. μ, 103; -όσι Theocr. 20, 25 (*106*): θάλλω 2.

τεθῆναι Inf. Aor 1 Pass. Thuc. 1, 138; Ar. Nub. 1425; Dem. 20, 95; 24, 140: τίθημι 4.

τέθηπα Perf. 2 Od. ζ, 168; Qu. Sm. 4, 491; Her. 2, 156; τέθηπεν Od. ψ, 105; Luc. Rhs. 34, 603; Rhet. Praec. 20: θάπτω 5.

τεθηποτ- Stammform des Part. Perf. τεθηπώς: -ότα Qu. Sm. 1, 299; -πότες Od. ω, 392; Qu. Sm. 5, 83; Luc. Tim. 56, 172; -πότας Il. φ, 29; -πότων Luc. Rhet. Praec. 14: θάπτω 5.

τεθηπώς Part. Perf. Qu. Sm. 14, 605; Luc. Scyth. 8, 867: θάπτω 5.

τεθήραϰα (< τεθήρευϰα) Perf. Xen. Cyr. 2, 4, 16: θηράω 6.

τεθήρευϰα (< τεθήραϰα) Perf. Pl. Phaedr. 262, c: θηρεύω 6.

τεθήσομαι Fut. Pass. -εται Eur. El. 1268; Ar. Plut. 932; τεθήσεσθαι Dem. 24, 17; -μένον Pl. Leg. 793, b; -μένοις Dem. 61, 2: τίθημι 4.

τεθλαγμένος Part. Perf. Theocr. 22, 45, jetzt geändert [*9*]: θλάω 7.

τέθλασμαι Perf. Pass. Theocr. 19 (22), 45 (> τέθλαγμαι); -μένον, συν- Alexis, Fr. Com. 3, 520: θλάω 7.

τέθλιμμαι Perf. Pass. Anth. 7, 472: θλίβω 8.

τέθλῐφα Perf. Polyb. 18, 7: θλίβω 8.

τεθνάασι (< τεθνᾶσι) 3 Plur. Perf. Il. η, 328; χ, 52: θνήσϰω 9.

τέθνᾰθι Imper. Perf.: θνήσϰω 9.

τεθναῖεν 3 Plur. Opt. Perf. Xen. Ag. 7, 5: θνήσϰω 9.

τεθναίη 3 Sing. Opt. Perf. Xen. Hell. 4, 3, 10; 7, 1, 32: θνήσϰω 9.

τεθναίην 1 Sing. Opt. Perf. Qu. Sm. 7, 291; Luc. D. Enc. 46: θνήσϰω 9.

τεθνάϰαμες 1 Plur. Perf. Theocr. 2, 5: θνήσϰω 9.

τεθναϰότων Gen. Plur. Part. des Perf. τέθναϰα dor. Pind. N. 7, 32: θνήσϰω 9.

τεθναϰώς (< τεθνηϰώς) Part. Perf. dor. Pind. N. 7, 32: θνήσϰω 9.

τεθνάμεν (< τεθνάμεναι, τεθνᾰναι, τεθνᾶναι) Inf. Perf. Il. ο, 497; Qu. Sm. 1, 433; 13, 270: θνήσϰω 9.

τέθναμεν 1 Plur. Perf. Pl. Gorg. 492, e: θνήσϰω 9.

τεθνάμεναι (< τεθνάμεν, τεθνάναι, τεθνᾶναι) Inf. Perf. Il. ω, 225; Tyrt. 7, 1: θνήσϰω 9.

τεθνάναι (< τεθνᾰναι, τεθνᾶναι, τεθνάμεν, τεθνάμεναι) Inf. Perf. Xen. Hell. 7, 3, 11; Mem. 1, 2, 16; Dem. 8, 49: θνήσϰω 9.

τεθνᾶναι (< τεθνᾰναι, τεθνάμεναι, τεθνάμεν) Aesch. Ag. 539; Mimnerm. Fr. 2, 10: θνήσϰω 9.

τεθνᾰναι (< τεθνάναι, τεθνάμεν, τεθνάμεναι) Inf. Perf. (ᾰ nur bei Theogn. 181 mit schwankender Lesart): θνήσϰω 9.

τεθνᾱότος (< τεθνηότος, τεθνηῶτος) Gen. Part. Perf. Qu. Sm. 2, 392; 7, 65; Pind.: θνήσϰω 9.

τεθνᾶσι (< τεθνάασι) 3 Plur. Perf. Od. ο, 350; Aesch. Sept. 805; Eur. H. F. 913; Med. 1309; Lys. 13, 38; Xen. Cyr. 5, 5, 23: θνήσϰω 9.

τεθνάτω 3 Sing. Imper. Pl. Leg. 963, c; Dem. 9, 44: θνήσϰω 9.

τέθνειϰα Perf. böot. wie τέθειϰα von τίθημι: θνήσϰω 9.

---

1 zerschmelzen, auflösen. 2 blühen, grünen, gedeihen. 3 verweichlichen, verzärteln; erweichen, besänftigen; sich nach Weiberart brüsten, kleiden, oder betragen. 4 setzen, legen, stellen. 5 bestatten, begraben. 6 erjagen, fangen, treffen. 7 (zer)quetschen, zerdrücken, zermalmen. 8 drücken, pressen. 9 sterben; *Perf.* τέθνηϰα häufig: todt sein.

τεθνειώς [1]) (< τεθνεώς, τεθνηκώς) Part. Perf. Il. ρ, 161 (> τεθνηώς Wolf): θνήσκω 9.

τεθνειῶτας (< τεθνεῶτας, τεθνηκότας) Acc. Plur. Part. des Perf. τέθνηκα Il. ζ, 71; Xen. Hell. 6, 4, 15: θνήσκω 9.

τεθνειῶτι (< τεθνεῶτι) Dat. Part. Perf. Ap. Rh. 3, 461; Qu. Sm. 5, 502: θνήσκω 9.

τεθνειῶτος (< τεθνηότος, τεθνηκότος) Gen. Part. des Perf. τέθνηκα Il. ι, 633; ν, 659; σ, 173; τ, 210; ω, 244; Od. α, 289; Incert. Id. 9, (Theocrit. 25), 273: θνήσκω 9.

τεθνειώτων (< τεθνεώτων, τεθνηκότων) Gen. Plur. Part. des Perf. τέθνηκα Hom. Batr. 234: θνήσκω 9.

τεθνεός (< τεθνηκός) Neutr. Part. Perf. Her. 1, 112; Aristot. de gen. An. 1, 23: θνήσκω 9.

τεθνεώς (< τεθνειώς, τεθνηκώς) Part. Perf. Lys. 12, 18; Pl. Leg. 874, a; Dem. 3, 5; Luc. Jup. Trag. 45 (61): θνήσκω 9.

τεθνεῶσα (< τεθνηκυῖα, τεθνηυῖα) Fem. Part. Perf. Lys. 31, 22; Dem. 40, 27: θνήσκω 9.

τεθνεῶσι (< τεθνηκόσιν) Dat. Plur. Part. Perf. Pl. Men. 100, a; Xen. Hell. 6, 5, 10; Dem. 19, 313: θνήσκω 9.

1) τεθνεῶτα Acc. Part. Aor. Perf. Pl. Gorg. 523, e: θνήσκω 9.

2) τεθνεῶτα Neutr. Part. Perf. Pl. Rep. 469, d: θνήσκω 9.

τεθνεῶτας (< τεθνειώτας, τεθνηότας, τεθνηκότας) Acc. Plur. Part. Perf. Pl. Phaed. 72, a: θνήσκω 9.

τεθνεῶτε Dual. Part. Perf. Pl. Symp. 192, e: θνήσκω 9.

τεθνεῶτες (< τεθνηκότες) Nom. Plur. Part. Perf. Thuc. 4, 40; Pl. Ap. 40, e: θνήσκω 9.

τεθνεῶτι (< τεθνειωτι, τεθνηῶτι, τεθνηκότι) Dat. Part. Perf. Od. τ, 331; Isae. 4, 6; Isocr. 6, 23: θνήσκω 9.

τεθνεῶτος (< τεθνηότος τεθνηκότος) Gen. Part. Perf. Lys. 1, 14; Pl. Gorg. 524, c; Isocr. 19, 3: θνήσκω 9.

[1]) τεθνειώς vgl. τέθνειχα von Zenod. in den hom. Gesängen gegeben, aber von Aristarch verworfen, welcher τεθνηώς schrieb. Wern. Tryph. 178.

τεθνεώτων (< τεθνειώτων) Gen. Plur. Part. Perf. Lys. 12, 88; Thuc. 1, 8; Pl. Phaed. 72, d; Xen. Hell. 5, 4, 9; 5, 9, 7; Dem. 36, 17: θνήσκω 9.

τέθνηκα Perf. -ε Il. σ, 12; Od. α, 196; β, 132; δ, 110. 199. 834; λ, 461. 464; υ, 208; ω, 264; Aesch. Ch. 504; Eur. Andr. 334; Phoen. 1076; Lys. 13, 84; -κέναι Eur. Hel. 1050: θνήσκω 9.

τεθνηκός (< τεθνεός) Neutr. Part. Perf. Pl. Phaed. 71, d: θνήσκω 9.

τεθνηκόσιν (< τεθνεῶσιν) Dat. Plur. Part. Perf. Aesch. Sept. 684; Ag. 568; Pl. Ax. 368, b: θνήσκω 9.

τεθνηκότα (< τεθνεότα, τεθνηότα) Eur. Hel. 1529; Xen. An. 1, 10, 16: θνήσκω 9.

τεθνηκότες (< τεθνηότες, τεθνειότες) Part. Perf. Thuc. 2, 6: θνήσκω 9.

τεθνηκότων (< τεθνειώτων, τεθνεώτων) Gen. Part. Perf. Eur. Andr. 1270: θνήσκω 9.

τεθνηκυῖα Fem. Part. Perf. Od. δ, 734; Soph. Phil. 435; Eur. Or. 109; Lys. 11, 10: θνήσκω 9.

τεθνήκω Conj. Perf. -ωσι Thuc. 8, 74: θνήσκω 9.

τεθνηκώς (< τεθνακώς, τεθνειώς, τεθνεώς) Part. Perf. Aesch. Ag. 869: θνήσκω 9.

τεθνήξομαι (< τεθνήξω, θνήξομαι, θανοῦμαι, θανέομαι) Fut. Plut. M. 1082; Luc. Char. 8; Dial. Mort. 6, 5; 7, 1; Tyrann. 6: θνήσκω 9.

τεθνήξω (< τεθνήξομαι, θνήξομαι, θανοῦμαι, θανέομαι) Fut. Aesch. Ag. 1279; Ar. Nub. 1436; Vesp. 654; Ach. 325. 590; Pl. Gorg. 469: θνήσκω 9.

τεθνηότα (< τεθνεῶτα, τεθνηκότα) Acc. des Part. Perf. τέθνηκα Il. τ, 300: θνήσκω 9.

τεθνηότας (< τεθνειῶτας τεθνεῶτας, τεθνηκότας) Acc. Plur. Part. des Perf. τέθνηκα Od. ψ, 84: θνήσκω 9.

τεθνηότος (< τεθνειῶτος, τεθνεώτος, τεθνηκότος) Gen. des Part. Perf. τέθνηκα Il. ρ, 435; Od. ο, 23: θνήσκω 9.

τεθνηῶτα (< τεθνεώτα, τεθνηκότα) Acc. Part. des Perf. τέθνηκα Il. μ, 10: θνήσκω 9.

τεθνηῶτι (< τεθνεῶτι, τεθνηκότι) Dat. Part. des Perf. τέθνηκα Od. κ, 494: θνήσκω 9.

τεθνώς (< τεθνεώς) Part. Perf. st. τεθνεώς s. τεθνῶτα, τεθνώτων: θνήσκω 1.
τεθνῶτα Part. Perf. poet. st. τεθνεῶτα Hes. Sc. 158: θνήσκω 1.
τεθνώτων Part. Perf. poet. st. τεθνεώτων Eur. Suppl. 273: θνήσκω 1.
τεθοίνᾱμαι Perf. Pass. Eur. Cycl. 377; Luc. Charid. 1: θοινάω 15.
τεθορεῖν Inf. Aor. redupl. st. θορεῖν: θρώσκω 3.
τέθραμμαι Perf. Pass. Ar. Equ. 293; -μεθα Eur. Heracl. 578; Phoen. 498; -μένος Pl. Rep. 391 *Δ**; Xen. Cyr. 7, 3, 2; Isocr. 7, 41. 43: Dem. 23, 141; -μέναι Eur. Rhes. 176; -μένη El. 65; Aesch. Eum. 685; Dem. 59, 50; -ην Xen. Mem. 2, 1, 22; -οις Eur. H. F. 300; vgl. τέθραπται, τεθράφθαι: τρέφω 4.
τέθραπται 3 Sing. Perf. Pl. Men. 85, e; Dem. 20, 82; vgl. τέθραμμαι, τεθράφθαι: τρέφω 4.
τέθραυμαι (< τέθραυσμαι) Perf. Pass. παρα- Pl. Leg. 757, e (> παρατέθραυσμαι): θραύω 5.
τέθραυσμαι (< τέθραυμαι) Perf. Med. συν- Xen. Ag. 2, 14: θραύω 5.
τεθράφθαι Inf. Perf. Xen. Hell. 2, 3, 34; vgl. τέθραμμαι, τέθραπται: τρέφω 4.
τέθραφθε 2 Plur. Perf. Pass. Pl. Leg. 625, a: τρέφω 4.
τέθραψαι 2 Sing. Perf. Pass. ξυν- Eur. Hel. 1036: συντρέφω 4.
τέθρυμμαι Perf. Pass. Luc. Charid. 4; Muson. in Stob. Flor. 84, 19; δια- Xen. Mem. 1, 2, 25: θρύπτω 6.
τέθῠκα Perf. Ar. Lys. 1062; Pl. Rep. 328, c: θύω 7.
1) τέθυμαι Perf. Pass. Ar. Av. 1034; Xen. Hel. 3, 5, 5: θύω 7.
2) τέθυμαι Perf. Med. Xen. Hel. 5, 1, 18: θύω 7.
τέθυμμαι Perf. Pass. ἐπι- Pl. Phaedr. 230, a: τύφω 8.
τέθῠφα Perf. Crobyl. bei Athen. 6, 258, c nach Meinecke: τύφω 8.
τειλ(αμην) Aor. Med. ἐπιτειλαμένῳ Od. ρ, 21; ἐντειλάμενος Her. 1, 90. 118; ἐντείλασθαι Xen. An. 5, 1, 13: ἐντέλλω 9.
τεῖλα Aor. ἄντειλας Pind. I. 7, 8: ἀνατέλλω 10.
τεῖλαι Inf. Aor. ἐπι- Il. δ, 64; κ, 56: ἐπιτέλλω 9.
τεῖλεν Aor. ἔντειλεν Pind. O. 7, 73: ἐντέλλω 9.
τείλῃ 3 Sing. Conj. Aor. ἀνα- Pl. Crat. 409, a: ἀνατέλλω 10.
τεῖλον Imper. Aor. Pind. N. 10, 145: ἐπιτέλλω 9.
τείλω 1 Sing. Conj. Aor. ἐπι- Il. ν, 753: ἐπιτέλλω 9.
τειν- Aor. τεῖναι Soph. Phil. 198; Eur. Suppl. 672; τείνας Il. ε, 262. 322: τείνω 2.
τειναμ(ην) Aor. Med. -ατο Ap. Rh. 2, 1045; τείνασθαι in ἀνα- Dem. 14, 153; -μένοι Ap. Rh. 1, 1009; 4, 1153; δια- Xen. Cyr. 1, 4, 23: τείνω 2.
τείνειεν 3 Sing. Opt. Praes. Il. υ, 101: τείνω 2.
τειχιεῖσθαι Inf. Fut. Med. Xen. Cyr. 6, 1, 19: τειχίζω 11.
τειχιῶ Fut. Dem. 6, 14: τειχίζω 11.
τέκε(ν) 3 Sing. Aor. 2 τέκ' Od. ξ, 174; τέκεν Od. λ, 285; Ap. Rh. 1, 55; τέκε Eur. I. A. 198; Pind. O. 1, 89: τίκτω 12.
τεκέειν Inf. Aor. Il. ω, 608; Hym. 34, 4: τίκτω 12.
τέκεθ' 2 Plur. Aor. 2 Il. β, 548: τίκτω 12.
τέκεθ' 3 Sing. Aor. 2 Med. Il. ζ, 154: τίκτω 12.
τεκεῖν (< τεκέειν) Inf. Aor. 2 Pind. O. 2, 168; Her. 6, 131; Ar. Thesm. 741: τίκτω 12.
τεκεῖσθε 2 Plur. Fut. Med. Hom. Hym. Ven. 127: τίκτω 12.
τεκέμεν (< τεκεῖν, τεκέειν) Inf. Aor. Pind. O. 6, 30; I. 8 (7), 70: τίκτω 12.
τέκες 2 Sing. Aor. 2 Il. ε, 875: τίκτω 12.
τεκέσθαι Inf. Aor. 2 Med. Hom. Hym. 1, 116; 5, 136; Qu. Sm. 7, 184; Hes. Th. 478: τίκτω 12.

---

1 sterben; *Perf.* τέθνηκα häufig: todt sein. 2 spannen, ausdehnen; *intrans.* sich ausdehnen, sich erstrecken, sich hinziehen. 3 springen, hüpfen, eilen. 4 dick. machen, füttern, ernähren, erziehen. 5 zerbrechen, zermalmen, zerschmettern. 6 zerreiben, zermalmen, zerbröckeln, zerfallen, schwächen, entkräften, aufreiben. 7 opfern. 8 räuchern, anzünden, verbrennen. 9 auftragen, befehlen, heissen. 10 aufgehen, entstehen

τέκετ' 3 Sing. Aor. 2 Med. Il. ε, 564: τίκτω 12.
τέκετο 3 Sing. Aor. 2 Med. Il. β, 741; Hym. 4, 42; Theocr. 17, 133: τίκτω 12.
τέκῃ 3 Sing. Conj. Aor. 2 Od. τ, 266; Soph. El. 771; Pl. Rep. 467, b; -ῃς Eur. Andr. 202: τίκτω 12.
τέκηαι 2 Sing. Praes. Med. Ap. Rh. 1, 905: τίκτω 12.
τεκμαίρει 3 Sing. Praes. Pind. O. 6, 123: τεκμαίρω 13.
τεκμαίρεται 3 Sing. Praes. Il. η, 70; Od. η, 317: τεκμαίρομαι 13.
τεκμαίρομαι 1 Sing. Praes. Od. λ, 112; -ονται Pl. Leg. 792, a; -όμενος Thuc. 1, 1: τεκμαίρομαι 13.
τεκμαιρόμενοι Part. Praes. Pind. O. 8, 4: τεκμαίρομαι 13.
τεκμαροῦμαι Fut. Xen. Cyr. 4, 3, 21: τεκμαίρομαι 13.
τεκμηραμ(ην) s. u. **τεκμήρατο**, **τεκμήραντο**, **τεκμήρασθαι**: τεκμαίρομαι 13.
τεκμήραντο 3 Plur. Aor. Il. ζ, 349: τεκμαίρομαι 13.
τεκμήρασθαι Inf. Aor. Pl. Phaedr. 230, b; Qu. Sm. 12, 21; Dem. 15, 4: τεκμαίρομαι 13.
τεκμήρατο 3 Sing. Aor. Od. κ, 563; Hym. 2, 107: τεκμαίρομαι 13.
τέκμηρον Imper. Aesch. Prom. 608: τεκμαίρω 13.
τέκοι 3 Sing. Conj. Aor. 2 Il. ν, 826; Pind. O. 6, 82: τίκτω 12.
τέκοιεν 3 Plur. Opt. Aor. 2 Od. δ, 64: τίκτω 12.
τέκοιτο 3 Sing. Opt. Aor. 2 Theocr. 18, 21: τίκτω 12.
τεκόμενος Part. Aor. 2 Aesch. Ch. 419: τίκτω 12.
τεκόμην Aor. 2 Med. Hom. Hym. 2, 146; -μεθα Il. χ, 53; Od. ω, 293: τίκτω 12.
τέκον 3 Plur. Aor. 2 Od. η, 55: τίκτω 12.
τεκοντ- Stammform des Part. Aor. 2 τεκόν-τι Pl. Symp. 212, a; -τες Il. ν, 450: τίκτω 12.
τεκοῦμαι s. τεκεῖσθαι.
τεκοῦσα Fem. Part. Aor. 2 Il. α, 414; Hes. Th. 471; Aesch. Ch. 913; Soph. El. 619; Eur. I. A. 1337; Ion. 1324; Isae. 3, 13: τίκτω 12.
τέκωνται 3 Plur. Conj. Aor. 2 Med. Pind. P. 4, 92: τίκτω 12.
τέκωσι 3 Plur. Conj. Aor. 2 Od. ϑ, 554: τίκτω 12.
τελέει 3 Sing. Praes. Il. ϑ, 415: τελέω 14.
τελέειν Inf. Praes. ἐπι- Her. 1, 90. 115. 157: ἐπιτελέω 14.
τελέεσθαι (< τελεῖσθαι) Inf. Praes. Pass. Od. α, 201; β, 156; ο, 173; Hes. Th. 552; Ap. Rh. 2, 1137; Theocr. 19 (24), 67, 66: τελέω 14.
τελέεσκον Imprf. iter. Qu. Sm. 8, 213: τελέω 14.
τελέετο 3 Sing. Imprf. Her. 9, 64: ἐπιτελέω 14.
τελέϑεσκε Imprf. iter. Hom. Hym. Cer. 241: τελέϑω werden, entstehen.
τελέοιεν 3 Sing. Opt. Praes. Od. ι, 127: τελέω 14.
τέλεον Imprf. Il. ψ, 373. 768: τελέω 14.
τελέοντες Plur. Part. Praes. Od. γ, 262; ἐπι- Her. 2, 63: τελέω 14.
τελέουσι 3 Plur. Praes. Il. ι, 156; ἐπι- Her. 2, 63; 4, 186: τελέω 14.
τελέσαι (< τελέσσαι) Inf. Aor. Il. ξ, 195. 196; σ, 426. 427; Pl. Theag. 121, d (*26*): τελέω 14.
τελεσαίμεϑα Opt. Aor. Med. ἐπι- Pl. Phil. 27, c (*26*): ἐπιτελέω 14.
τελέσαιμεν 1 Plur. Opt. Aor. Il. ν, 377 (*26*): τελέω 14.
τελέσαιμι 1 Sing. Opt. Aor. Il. ι, 157; Qu. Sm. 6, 78; Hes. Th. 170 (*26*): τελέω 14.
τελέσαις Part. Aor. Pind. P. 4, 250; 6, 41 (*26*): τελέω 14.
τέλεσαν Aor. Pind. P. 4, 246; I. 7, 30: τελέω 14.
τελέσας Part. Aor. ἐπι- Her. 1, 51; τελέσαντα Soph. O. T. 465: ἐπιτελέω 14.
τελέσειας 2 Sing. Opt. Aor. Od. ο, 195 (*26*): τελέω 14.
τελέσειεν 3 Sing. Aor. Il. κ, 303; Od. β, 34 (*26*): τελέω 14.

---

lassen; *intr. und im Med.* aufgehen, zum Vorschein kommen. 11 eine Mauer errichten, befestigen, schützen. 12 gebären, zur Welt bringen, (er)zeugen. 13 endigen, vollenden; festsetzen, bestimmen; schliessen, vermuthen. 14 vollenden, vollbringen; erfüllen, beendigen. 15 schmausen, verzehren; speisen, beköstigen.

τελέσῃ (< τελέσσῃ) 3 Sing. Conj. Aor. Il. ξ, 44; Hes. Th. 799; Aesch. Sept. 791 (26): τελέω 1.

τελεσθ(ην) Aor. Pass. τελέσθη Qu. Sm. 5, 123; -θῆναι Soph. Tr. 742; Thuc 3, 2; Dem. 39, 18; -θέντα Aesch. Ag. 754; -θέντων Pind. O. 6, 15: τελέω 1.

τελεσθήσομαι Rhet. Praec. 24: τελέω 1.

τελέσκω Praes. iter. Nic. Fr. 2, 10; Callim. Fr. 434: τελέω 1.

τέλεσον Imper. Aor. Od. κ, 483 (26): τελέω 1.

τελέσσαι (< τελέσαι) Inf. Aor. Il. ξ, 262; σ, 362; τ, 22 (26): τελέω 1.

τέλεσσαν (< ἐτέλεσσαν) Aor. Od. η, 327: τελέω 1.

τελέσσῃ (< τελέσῃ) 3 Sing. Conj. Aor. Il. α, 82 (26): τελέω 1.

τελέσσω (< τελέσω, τελέω, τελῶ) Fut. Il. ψ, 559 (26): τελέω 1.

τελεστέος Vb. ἐπι- Isocr. 12, 37 (26): ἐπιτελέω 1.

τελέσω (< τελέσσω, τελέω, τελῶ) Fut. Pind. N. 4, 43; Xen. Cyr. 8, 6 (26): τελέω 1.

τελέσωσιν 3 Plur. Conj. Aor. Il. σ, 8; Od. σ, 134 (26): τελέω 1.

τελεύτα 3 Sing. Imprf. Od. ε, 253; ω, 126: τελευτάω 1.

1) τελευτᾷ 3 Sing. Praes. Il. σ, 328; Pl. Symp. 181, e: τελευτάω 1.

2) τελευτᾷ 3 Sing. Conj. Praes. Pl. Leg. 865, b: τελευτάω 1.

τελεύτασαν Aor. 1 dor. Pind. P. 7, 68: τελευτάω 1.

τελεύτασε Aor. 1 dor. Pind. P. 1, 106: τελευτάω 1.

τελευτάσομαι Fut. dor. Pind. O. 2, 33: τελευτάω 1.

τελευτάτω 3 Sing. Imper. Praes. Pl. Leg. 812, a: τελευτάω 1.

τελευτέοντες Part. Praes. Her. 3, 38: τελευτάω 1.

τελευτηθῆναι Inf. Aor. Pass. Il. ο, 74; Od. β, 151: τελευτάω 1.

τελεύτησα Aor. Il. ξ, 280; Od. β, 378; κ, 346; μ, 304; ο, 438: τελευτάω 1.

τελευτῆσαι Inf. Aor. Od. γ, 56; Her. 9, 17; Aesch. Ag. 635; Isocr. 1, 43; Pl. Leg. 869, a: τελευτάω 1.

τελευτήσας Part. Aor. Od. δ, 585; ϱ, 168; Pl. Rep. 614, b: τελευτάω 1.

τελεύτησε(ν) Fut. Od. λ, 80; -εις Il. ν, 375; -ει Od. ο, 524; -ουσιν Od. β, 306; Pl. Euthyd. 285, d: τελευτάω 1.

τελευτήσειας 2 Sing. Conj. Aor. Od. φ, 200: τελευτάω 1.

τελευτήσειεν 3 Sing. Opt. Aor. Od. η, 331; Isae. 1, 10; Pl. Prot. 351, b: τελευτάω 1.

τελευτήσεσθαι Inf. Fut. Il. ν, 100; Od. θ, 510: τελευτάω 1.

τελευτήσῃς 2 Sing. Conj. Aor. Od. α, 293; -ῃ Pl. Symp. 211, c; Phaedr. 249, a: τελευτάω 1.

τελευτήσοι Opt. Fut. Pl. Symp. 179, e: τελευτάω 1.

τελευτήσομαι Fut. Med. Pass. Eur. Hipp. 370; vgl. -εσθαι: τελευτάω 1.

τελευτήσω 1 Sing. Conj. Aor. Od. θ, 9; Pl. Rep. 330, d: τελευτάω 1.

τελευτῴην 1 Sing. Opt. Praes. Pl. Gorg. 522, d; -ῴη Tim. 72, e: τελιυτάω 1.

τελευτῶν Part. Praes. -ῶντος Pl. Pol. 273, d: τελευτάω 1.

τελευτῶσα Fem. Part. Praes. Pl. Tim. 67, b: τελευτάω 1.

τελέω (< τελῶ, τελέσω, τελέσσω) Fut. ion. Il. η, 415: τελέω 1.

τελέωμεν 1 Plur. Conj. Praes. Od. δ, 776: τελέω 1.

τέλλεται 3 Sing. Praes. Pind. O. 1, 76; 10, 6: τέλλω 2.

τέλλετο Imprf. Pind. P. 4, 457: τέλλω 2.

τελοίη 3 Sing. Opt. Praes. ἐπι- Xen. Symp. 1, 14; -οῖμεν in δια- Isocr. 11, 20; Xen. Cyr. 8, 1, 1: (ἐπι-, δια)τελέω 1.

τελοῦμαι Fut. Med. ἐν- sp. Schol. Il. ω, 117; V. T. Ps. 90, 11; N. T. Matth. 4, 6: τέλλω 2.

τελῶ (< τελέω, τελέσω, τελέσσω) Fut. att. Soph. El. 1435; Pl. Prot. 311, c; Eur. Bacch. 822: τελέω 1.

τεμεῖ 3 Sing. Fut. Il. ν, 707: τέμνω 3.

τεμεῖν Inf. Aor. 2 Pl. Pol. 287, b; Legg. 944, b: τέμνω 3.

---

1 vollenden, vollbringen; erfüllen, beendigen. 2 vollenden, zum Dasein bringen; werden, entstehen. 3 schneiden, spalten, zerhauen, trennen, sondern. 4 gebären, zur Welt bringen, (er)zeugen. 5 (ab- zer)reiben, er-

τέμνειν Inf. Praes. Od. γ, 175: τέμνω 3.
τέμνεσκον Imprf. iter. Ap. Rh. 1, 1215: τέμνω 3.
τέμνηται 3 Sing. Conj. Praes. Med. ἐκ- Pl. Gorg. 473, c: τέμνω 3.
τέμοι 3 Sing. Opt. Aor. Pl. Symp. 190, e: τέμνω 3.
τεμόμενος Part. Aor. 2 Med. Pl. Leg. 695, c; ἀπο- Isocr. 5, 122: τέμνω 3.
τεμοντ- Stammform des Part. Aor. 2 -όντες Thuc. 3, 88; -όντων Pl. Menex. 241, c: τέμνω 3.
τεμῶ Fut. Pl. Symp. 190, d; -οῦμεν Pol. 261, b; -οῦσι Xen. Ath. 2, 14: τέμνω 3.
τέμω Conj. Aor. 2 -ωμεν Eur. Hel. 1235: τέμνω 3.
τεμών Part. Aor. 2 Ar. Av. 1560; ἀπο- Xen. An. 3, 1, 12; τεμόντες Pl. Critia 118, e: τέμνω 3.
τέξασα Part. Aor. 1 Orph. H. 41 (40), 8: τίκτω 4.
τέξασθαι Inf. Aor. Hes. Th. 889: τίκτω 4.
τεξεῖεσθε dor. 2 Plur. Fut. sp. Arat. 124: τίκτω 4.
τέξῃ 3 Sing. Conj. Aor. 2 ἐν- Ar. Lys. 553: τίκτω 4.
τέξομαι Fut. Med. Il. τ, 99; Od. λ, 249; Hym. Apol. 101; Hes. Th. 469. 898; Her. 7, 49; Pind. P. 8, 59; Aesch. Prom. 768; Eur. Fr. Dan. 15 (Wagn.); Ar. Lys. 744; Xen. Cyr. 7, 5, 33; Luc. Fugit. 318 (381): τίκτω 4.
τέξω Fut. Od. λ, 249; Hom. Hym. 3, 493; Aesch. Prom. 851: τίκτω 4.
τέρπεαι 2 Sing. Praes. Pass. Od. δ, 372: τέρπω 6.
τέρπειν Inf. Praes. Od. α, 347: τέρπω 6.
τέρπεο 2 Sing. Praes. Pass. Od. ν, 61: τέρπω 6.
τέρπεσθαι Inf. Praes. Pass. Il. ι, 400; Soph. Phil. 460; Eur. Alc. 53: τέρπω 6.
τέρπεσθε 2 Plur. Praes. Pass. Od. δ, 239: τέρπω 6.
τερπέσθην 3 Dual. Imprf. Od. ψ, 301: τέρπω 6.
τερπέσθω 3 Sing. Imper. Praes. Pass. Il. ι, 337; ἐπι- Orph. Epigr.: τέρπω 6.
τέρπεσκον Imprf. iter. Qu. Sm. 7, 378: τέρπω 6.
τέρπεται 3 Sing. Praes. Pass. Od. λ, 603; Pind. P. 3, 74; Hes. Op. 356; Eur. Suppl. 490: τέρπω 6.
τέρπετε 2 Plur. Imper. Praes. Od. σ, 315: τέρπω 6.
τέρπετο Imprf. Il. τ, 313: τέρπω 6.
τέρπῃσιν 3 Sing. Praes. Od. ρ, 385: τέρπω 6.
τέρπηται 3 Sing. Conj. Praes. Pass. Od. θ, 429: τέρπω 6.
τέρποιτο 3 Sing. Opt. Praes. Pass. Il. ψ, 298: τέρπω 6.
τέρπομαι Praes. Pass. Od. φ, 105: τέρπω 6.
τερπόμεθα 1 Plur. Praes. Pass. Od. δ, 160; Qu. Sm. 7, 63: τέρπω 6.
τερπόμενος Part. Praes. Pass. Il. ι, 186; Hes. Sc. 47; Qu. Sm. 13, 584: τέρπω 6.
τέρπονται 3 Plur. Praes. Pass. Il. ε, 760; Pl. Phaed. 85, b: τέρπω 6:
τέρποντες Part. Praes. Il. τ, 312. τέρπω 6.
τέρποντο 3 Plur. Imprf. Od. α, 422: τέρπω 6.
τερπώμεθα 1 Plur. Praes. Pass. Od. α, 369; θ, 542; Batr. 196; Mosch. Reliqu. 1, 103: τέρπω 6.
τέρσαι Inf. Aor. Nic. Ther. 96: τέρσω, τέρρω 7.
τερσαίνοντο Imprf. Ap. Rh. 4, 1405: τερσαίνω 7.
τέρσαιο 2 Sing. Opt. Aor. Med. Nic. Ther. 709: τέρσω, τέρρω 7.
τέρσῃ 3 Sing. Conj. Qu. Sm. 9, 386: τέρρω, τέρσω 7.
τερσήμεναι (< τερσῆναι) Inf. Aor. 2 Od. ζ, 98: τέρσω, τέρρω 7.
τέρσηνα Aor. Il. π, 529: τερσαίνω 7.
τερσῆναι (< τερσήμεναι) Inf. Aor. 2 Il. π, 519: τέρρω 7.
τέρσομαι Praes. -εται Od. η, 124: τέρσω, τέρρω 7.
τέρσον Imper. Aor. Nic. Ther. 693: τέρσω, τέρρω 7.
τέρσω Fut. aeol.: τείρω, τέρσω, τέρρω 7.
τερφθ(ην) Aor. Pass. -θῇ Hom. Hym. 27, 11; -θείη Od. ε, 74; -θείης Xen. Mem. 2, 1, 24; τερφθῆναι

---

schöpfen, entkräften. 6 sättigen, vergnügen, erfreuen. 7 τέρσομαι, τερσαίνω trocknen, abwischen.

Ion. 1376; -θείς Soph. O. C. 1140; Eur. Ion. 541; -θεισ' Hel. 1352; -θέντ' Qu. Sm. 9, 53: τέρπω 1.

τερψ- Aor. Pass. τέρψῃ Pl. Leg. 658, a; -αι Heracl. 663; Or. 1174: τέρπω 1.

τερψάμενος Part. Aor. Med. Od. μ, 188: τέρπω 1.

τέρψομαι Fut. Il. υ, 23; Qu. Sm. 551; Soph. Ant. 691; Eur. Andr. 1180: τέρπω 1.

τέρψω Fut. Soph. Tr. 1246; Eur. H. F. 1377; Ion. 232; Thuc. 2, 51: τέρπω 1.

τέταγμαι Perf. Pass. Aesch. Pers. 381; Eur. Cycl. 30; -μεθα Alc. 49; Her. 9, 15; vgl. τέτακται, τετάχθαι: τάσσω 2.

τεταγών Part. eines redupl., sonst ungebräuchl. Aor. 2 Il. α, 591; ο, 23; vergl. Buttm. Lexil. 1, p. 163 [45]: τεταγών fassend, packend: ΤΑΓΩ.

τέτακα Perf. Eur. Suppl. 1141; V. T. Prov. 7, 16; ἐκ- Orph. Fr. 1, 20; ἀπο- Gorg. 465; προσ- Soph. Tr. 837: τείνω 3.

τέτακται 3 Sing. Perf. Pass. Aesch. Sept. 448; Soph. Phil. 1180; Eur. Tro. 264; Xen. Cyr. 8, 5, 4; Dem. 19, 129: τάσσω 2.

τέταλκα Perf. ἀνα- Arist. Met. γ, 5; Polyb. 9, 15, 10: τέλλω 4.

τεταλκέτω Imper. Perf. ἐπαν-Aristot. Meteor. 3, 5: ἐπαντέλλω 5.

1) τέταλμαι Perf. Pass. ἐν- Eur. Rh. 1648; Her. 1, 60; Xen. Cyr. 5, 5, 3: τέλλω 4.

2) τέταλμαι Perf. Pass. act. ἐν- Polyb. 17, 2: τέλλω 4.

τέταλτο Plsprf. Il. β, 643: τέλλω 4.

τέταμαι Perf. Pass. Od. λ, 19; Pind. P. 4, 54; παρα- Ar. Fr. Com. 2, 1151; τεταμέναι Eur. Or. 983; -ην Hel. 1673; -ον Her. 2, 8; ἀνα- Xen. An. 1, 10, 13: τείνω 3.

τετανύσσομαι Fut. 3 Pass. sp. Orph. Lith. 329: τανύω 6.

τετάνυσται Perf. Pass. Od. ι, 116: τανύω 6.

τετάνυστο Plsprf. Od. δ, 135; ε, 68; Il. κ, 156; Ap. Rh. 1, 606; 4, 224; Qu. Sm. 11, 485; Incert. Id. 9 (Theocr. 25), 157: τανύω 6.

τετάξομαι Fut. 3 Eur. I. T. 1046; Ar. Av. 637; Thuc. 5, 71; Xen. Hier. 6, 7: τάσσω 2.

τετάραγμαι Perf. Pass. -μένοι Xen. An. 6, 3, 9; Pl. Soph. 241, c; -ος Thuc. 4, 25; Dem. 4, 43; -μένα Xen. Cyr. 3, 1, 30: ταράσσω 7.

τετάρακται 3 Sing. Perf. Pass. συν- Aesch. Prom. 1088: ταράσσω 7.

τετάρακτο s. ἐτετάρακτο.

τετάραχα (<τέτρηχα) Perf. nicht belegt: ταράσσω 7.

τεταρβηκώς Part. Perf. Eur. I. A. 857: ταρβέω 8.

τετάσθην 3 Dual. Plsprf. Il. ξ, 404: τείνω 3.

τετάσθω Impr. Perf. Pass. ἐκ- Hippocr. 3, 263: τείνω 3.

τέταται 3 Sing. Perf. Soph. Phil. 831; Pl. Rep. 432, a (233): τείνω 3.

τέτατο 3 Sing. Plsprf. Hes. Th. 638: τείνω 3.

τέταχα Perf. Xen. Oec. 4, 5; συν- Pl. Leg. 625, c; öft. Polyb.: τάσσω 2.

τετάχαται 3 Plur. Perf. gelegentl. att. Thuc. 3, 13; ἀντι- Xen. An. 4, 8, 5: τάσσω 2.

τετάχατο s. ἐτετάχατο.

τετάχθαι Inf. Perf. Pass. Pind. O. 2, 30; Xen. Cyr. 4, 3, 3; 6, 3, 23; Pl. Rep. 555, b; Xen. Lac. 13, 6; Dem. 5, 25: τάσσω 2.

τετάχθω 3 Sing. Imper. Perf. Pl. Rep. 561, e: τάσσω 2.

τέτεγμαι Perf. Pass. sp. selten und in klass. Autor. zw. Aelian. H. A. 412; Paus. 3, 7: τίκτω 10.

τετείχικα Perf. Dem. 19, 112; δια- Xen. Symp. 5, 7: τειχίζω 9.

τετείχισμαι Perf. Pass. -ισθαι Xen. Mem. 3, 2, 1; -μέναι Thuc. 6, 106: τειχίζω 9.

---

1 sättigen, vergnügen, erfreuen. 2 (an- ver)ordnen, festsetzen, bestimmen; *Med.* für sich festsetzen, einen Termin bestimmen. 3 spannen, ausdehnen, ausstrecken. 4 vollenden, vollbringen; erfüllen, beendigen. 5 auftragen, befehlen; *Med.* verheissen, verhängen; *intr.* aufgehen vom Gestirn, erscheinen. 6 (aus)spannen, ausdehnen. 7 um-, aufrühren, in Unordnung, Verwirrung bringen, verwirren. 8 fürchten, scheuen, (ver)ehren. 9 eine Mauer errichten, befestigen, schützen. 10 gebären, zur Welt bringen, (er)-

τετειχίσμην Plsprf. -σο Her. 1, 181: τειχίζω 9.
τετέλεκα Perf. Pl. Ap. 20, a; Polyb. 6, 19, 4; Diod. 4, 29; δια- Xen. Mem. 4, 2, 5 (*167*): τελέω 11.
τετέλεσμαι Perf. Pass. Od. ν, 40; Hom. Hym. 3, 572; Aesch. Suppl. 19; Her. 7, 119; Pl. Euthyd. 277, d: τελέω 11.
τετελέσμην Plsprf.: τελέω 11.
τετέλεσται 3 Sing. Perf. Aesch. Suppl. 19; Pl. Euthyd. 977, d: τελέω 11.
τετέλεστο Plprf. Qu. Sm. 12, 147: τελέω 11.
τετελεύτηκα Perf. Isae. 8, 44; Pl. Men. 246,a; Dem. 43, 60: τελευτάω 11.
τετέληκα (<τελέλεκα) Perf. C. Inscrpt. 2885, 7: τελέω 11.
τετευγμένος Part. Perf. Pass. ἐπι- Polyb. 6, 53: τυγχάνω 12.
τετεύξεται 3 Sing. Fut. Med. Il. μ, 345. 358; φ, 322. 585 [*48*]: τυγχάνω 12.
τετεύξομαι s. τετεύξεται.
1) **τέτευχα** Perf. trans. jetzt auch τετευχώς Dem. 21, 150: später häufig wie Menand. Fr. Sent. 44; Macho. Athen. 13, 44; Polyb. 4, 77: τυγχάνω 12.
2) **τέτευχα** Perf. Od. μ, 423: τεύχω, bereiten.
τετεύχαται 3 Plur. Perf. ion. u. alt att. Il. ν, 22; ξ, 53. 220; Od. β, 63; ξ, 138; τ, 563; Ap. Rh. 3, 137; Qu. Sm. 10, 19; 11,320 [*103*]: τυγχάνω 12.
τετεύχατο 3 Sing. Plsprf. Il. σ, 574; Mosch. Rel. 1, 43; Qu. Sm. 6, 256 [*103*]: τυγχάνω 12.
τετεύχατον Dual. Il. ν, 346 (> τετεύχετον): τυγχάνω 12.
τετεύχεε s. ἐτετεύχεε.
τετεύχετον Dual. für ἐτεύχετον von Spitzner hergestellt Il. ν, 346: τυγχάνω 12.
τετευχῆσθαι Inf. Perf. Od, χ, 104, bewaffnet sein; τευχέω, sonst nicht gebräuchlich: τευχέω 13.

τετέχνημαι Perf. Pass. -ημένος Hippocr. 1, 26: τεχνάομαι 14.
τέτηγμαι Perf. Pass. Plut. Consol. 10; Anth. 5, 273: τήκω 15.
τέτηκα (< τέτακα) Perf. Il. γ, 176; Soph. El. 283; Pl. Tim. 85, e; Ar. Plut. 1034: τήκω 15.
τετήκειν Plsprf. Xen. An. 4, 5, 15 (> ἐτετήκειν): τήκω 15.
τετήρηκα Perf. Arist. οὐρ. β, 2; Polyb. 5, 77; Luc. Abdic. 22: τηρέω 16.
τετήρημαι Perf. Pass. Dem. 23, 181: τηρέω 16.
τετιημέναι Plur. Part. Perf. Il. θ, 437: τιέω 17.
τετιημένη Fem. Part. Perf. Od. δ, 804; Hom. Hym. 5, 19; Hes. Th. 163: τιέω 17.
τετιημένος Part. Perf. Pass. Il. ρ, 464; ω, 283; Ap. Rh. 3, 92; 4, 1248: τιέω 17.
τετιηότες Plur. Part. Perf. Il. ι, 30. 695: τιέω 17.
τετιηότι Dat. Part. Il. λ, 555: τιέω 17.
τετίησθον Dual. Perf. Il. θ, 447: τιέω 17.
τέτῑκα Perf. Lycophr. 765; Dio. Hal. 6; ἐκ- Dinarch. 2, 18; Dem. 21, 91; 27, 49; Luc. D. Dial. 1, 1; Hermot. 81, 825 (*233*): τίνω 18.
τέτιλμαι Perf. Pass. παρα- Ar. Ran. 516; Lys. 89; Pl. Fr. Com. 2. 684. 685; ἀπο- Fr. Com. Anachilas 3, 347. 348; Mnesimachus 3, 578: τίλλω 19.
τετιμένος Part. Il. ω, 533; Od. ν, 28; -ον υ, 426; Hym. 4, 205; Qu. Sm. 3, 116; -μένη Hes. Th. 415: τίω 20.
τετίμηκα Perf. Lys. 26, 17; Pl. Rep. 548; Luc. Charid. 15: τιμάω 21.
τετίμημαι Perf. Pass. -μεσθα Il. μ, 310; -ηται Thuc. 2, 45; Dem. 53, 1; 18, 114; -ηνται Soph. O. C. 1304; -ῆσθαι Pl. Alc. 150, a; -μένον Pl. Leg. 962, e; -μένα Thuc. 4, 26: τιμάω 21.

---

zeugen. 11 vollenden, vollbringen; erfüllen, beendigen. 12 treffen, erlangen, erreichen; sich treffen, sich ereignen, zufällig sein. 13 bewaffnen, rüsten. 14 Trug üben. 15 zerschmelzen, auflösen. 16 (be-, ver)wahren, beobachten. 17 nur im Perf. τετίημαι betrübt, traurig (sein). 18 büssen, bezahlen, entrichten. 19 zupfen, zausen, rupfen, abpflücken. 20 schätzen, werthschätzen, achten, (ver)ehren. 21 anschlagen, schätzen, würdigen, werthschätzen, ehren.

τετιμήσομαι Fut. 3 selten Lys. 31, 24: τιμάω 1.

τέτισμαι Perf. Pass. ἐκ- Pl. Phaedr. 257, a; Dem. 24, 187; 40, 22: τίνω 2.

τέτλαθι vgl. θλᾶθι Imper Perf.; ist sync. wie bei τέθναθι Od. υ, 18; Hes. Op. 716: τλάω, ταλάω 3.

τετλάμεν (< τετλάμεναι) Inf. Aor. Od. ζ, 190: τλάω, ταλάω 3.

τέτλαμεν 1 Plur. Perf. für τετλήκαμεν nicht sicher zu belegen durch Od. υ, 311; Hym. 5, 148. 217: τλάω, ταλάω 3.

τετλάμεναι Inf. Od. ν, 307: τλάω, ταλάω 3.

τέτληκας 2 Sing. Perf. Il. α, 228. 543; Ar. Plut. 280 (5): τλάω, ταλάω 3.

τέτληκε 3 Sing. Perf. Od. τ, 347: τλάω, ταλάω 3.

τετληότας Acc. Plur. Part. Perf. Man. Ap. 6 (3), 502: τλάω, ταλάω 3.

τετληότες Nom. Plur. Part. Perf. Il. ε, 873; Ap. Rh. 2, 544: τλάω, ταλάω 3.

τετληότι Dat. Part. Perf. Od. δ, 447. 459; ι, 435; λ, 181; π, 37; σ, 135; ψ, 100; Orph. Epigr. 4, 14: τλάω, ταλάω 3.

τετληυῖα Fem. Part. Perf. Od. υ, 23: τλάω, ταλάω 3.

τετληῶτος Gen. Part. Perf. Orph. Arg. 1358; Lith. 375: τλάω, ταλάω 3.

τέτμῃ 3 Sing. Conj. Ap. Rh. 1, 908: τέτμω 4.

τέτμηκα Perf. Aristot. Soph. 1, 22; Dio. Hal. A. R. 8, 31; ἀπο- Pl. Men. 85, a: τέμνω 18.

τέτμημαι Perf. Pass. Od. ρ, 195; Pind. I. 5, 22; Pl. Leg. 803, e; -ῆσθαι Isocr. 6, 66; -ήσθω Pl. Soph. 266, a: τέμνω 18.

τετμημένος Part. Perf. Crates, Fr. Com. 2, 241; Ar. Ach. 183; Dem. 42, 30: τέμνω 18.

τέτμῃς 2 Sing. Conj. Od. ο, 15: τέτμω 4.

τετμήσομαι (< τμηθήσομαι) Fut. 3 Pind. I. 5, 22; ἐκ- Pl. Rep. 564, c: τέμνω 18.

τετμηώς Part. Perf. pass. Ap. Rh. 4, 156: τέμνω 18.

τέτμοιμεν 1 Plur. Opt. Praes. Incert. Id. 9 (Theocr. 25), 61: τέμνω 18.

τέτμον (< ἔτετμον) Imprf. Il. ζ, 374: τέτμω 4.

τέτογμαι Perf. Pass. selten u. in klass. Autor. zw. Synes. Epist. 141: τίκτω 5.

τέτοκα Perf. -ε Xen. Cyneg. 5, 13; -ε Luc. D. Dial. 9, 1; -κέναι De Merc. 34; -κυῖαν Ar. Vesp. 1033; -ίῃς Hes. Op. 591 (*201*): τίκτω 5.

τέτορε Perf. Hesych.: τείρω 6.

τετορεῖν Inf. redupl. Hesych.: τορέω 7.

τετορημένος Part. Perf. Pass. sp. Nonn. 5, 26; 13, 493: τορέω 7.

τετορήσω Fut. Ar. Pax. 381: τορέω 7.

τέτορθαι Pass. Favorin p. 224, 54: τείρω 6.

τέτραμμαι Perf. Pass.[1]) s. τετραμμένος, τετράφθαι, τετράφατα, τετράφθω: τρέπω 8.

τετραμμένος Part. Perf. Pass.[1]) Il. ρ, 227. 598; Hes. Op. 724; Pl. Symp. 210, d; -ου Aesch. Sept. 905; Theocr. 13, 23; -ον Il. ν, 542; Thuc. 2, 15; -οι Xen. Cyr. 8, 8, 5; -ους Her. 9, 34; -μένα Thuc. 3, 9; -αι Qu. Sm. 9, 501; -η Ap. Rh. 2, 363 (*180*): τρέπω 8.

τετρανθ(ην) s. τετρανθείς.

τετρανθείς Part. Aor. Pass. Lycophr. 781; Anth 6, 296: τετραίνω 9

τετράνωσι Conj. Aor. Theophr. 2, 7, 6: τετραίνω 9.

τέτραπται 3 Sing. Perf. Pass.[1]) Pind. I. 4, 22; Eur. Hipp. 246; Ar. Lys. 127, Fr. Com. 2, 1008; Pl. Rep. 519, a (*180*): τρέπω 8.

τέτραπτο Plsprf.[1]) Il. ξ, 403; Od. δ, 260: τρέπω 8.

1) τέτραφα (< τέτροφα) Perf. Dinarch. 1, 108; ἀνα- Dem. 18, 366 (*169*): τρέπω 8.

2) τέτραφα (< τέτροφα) Perf. intr.

---

[1]) Zuweilen in reflex. Sinne, wie Il. μ, 273; Ar. Ach. 207; Pl. Rep. 533, b.

---

1 anschlagen, schätzen, würdigen, werthschätzen, ehren. 2 büssen, bezahlen, entrichten. 3 τλάω, ταλάω, τλῆναι ertragen, erdulden, ausharren, wagen zu..., sich unterfangen zu... 4 antreffen, erreichen. 5 gebären, zur Welt bringen, (er)zeugen. 6 (ab- zer)reiben, erschöpfen, entkräften. 7 durchbohren, durchbrechen, durchstossen. 8 drehen, wenden, kehren. 9 bohren, durchbohren. 10 dick machen, füttern, ernähren, erziehen.

Simmias, Tletz. Chil. 7, 705; s. Lob. Phryn. p. 577: τρέφω 10.

τετράφαται 3 Plur. Perf. Pass. ion. Theognis. 42; Pl. Rep. 533, b; ἐπι- Il. β, 25. 62 [**103**]: τρέπω 8.

τετράφατο 3 Plur. Plsprf. Pass. Il. κ, 189: τρέπω 8.

τετραφέναι, -ώς s. τέτραφα.

τετράφθαι Inf. Perf. Pass. Thuc. 7, 73; Pl. Phaed. 64, e; Xen. Hell. 2, 3, 24: τρέπω 8.

τέτραφθε 2 Plur. Perf. Pass. συν- Xen. Cyr. 6, 4, 14: τρέφω 10.

τετράφθω 3 Sing. Imper. Perf. Pass. Il. μ, 273; Pl. Leg. 936, a: τρέπω 8.

τετράχυκα Perf. ἀπο- Dio. Hall. C. Verb. 22 (**234**): τραχύνω 11.

τετράχῡμαι (< τετράχυσμαι, τετράχυμμαι) Perf. Pass. Aristot. H. A. 4, 9; Plut. Num. 8 Lob. Phryn. p. 34; vergl. τετράχυνται (**237**): τραχύνω 11.

τετράχυμμαι (< τετράχῡμαι, τετράχυσμαι) Perf. Pass. Schol. Ap. Rh. 3, 276; vgl. τετράχυνται: τραχύνω 11.

τετραχύνθαι Inf. Perf. Pass. Pl. Prot. 333, e: τραχύνω 11.

τετράχυνται 3 Sing. Schol. Il. β, 210 (**241**): τραχύνω 11.

τετράχυσμαι Perf. Pass. ἐκ- Luc. Pisc. 51: τραχύνω 11.

τέτρημαι Perf. Pass. -ται Her. 4, 158: -ηνται Luc. V. Hist. 33; -ῆσθαι Eupol. Fr. Com. 2, 445; -μένον Ar Lys. 680; -ην Pax. 21; -ων Diocles. Fr. Com. 2, 839: τιτραίνω 7.

τετρημένος s. τέτρημαι.

τέτρηνα Aor. Il. χ, 396; Od. ε, 247; ψ, 198: τετραίνω 7.

τετρήνεται 3 Sing. Praes. Med. Hippocr. 1, 371: τετραίνω 7.

τετρῆσθαι Inf. Perf. Pass. Pl. Phaed. 111, d: τετραίνω 7.

τετρῆτο 3 Sing. Plsprf. συν- Pl. Critia. 115, e: συντετραίνω 7.

τέτρηχα Perf. -υῖα Il. η, 346; -ασιν Ap. Rh. 4, 447; Nic. Th. 267: ταράσσω 12.

τετρήχει Plsprf. Il. β, 95; Ap. Rh. 3, 1393: ταράσσω 12.

τετρήχοντα Part. Perf. mit angenommener Praesensendung Nic. Ther. 72: ταράσσω 12.

τετρήχων s. -όντα.

τετρηχώς Part. Perf. -ότα Ap. Rh. 3, 1392. 1393; -ότι Nic. Ther. 367: ταράσσω 12.

τέτρῑγα Perf als Praes. Epicharm. 9, 3; Her. 3, 110; Hippocr. 2, 227: τρίζω 13.

τετρίγει Plsprf. als Imprf. Il. ψ, 714: τρίζω 13.

τετριγοτ- Stammform des Part. τετριγώς; -ότα Eupol. Fr. Com. 2, 469; -ότες Qu. Sm. 4, 248; Arat. 1132; Luc. Tim 21: τρίζω 13.

τετριγυῖα Fem. Part. Perf. Il. ψ, 101; Od. ω, 5. 7. 9; παρα- Qu Sm. 6, 109; 12, 431: τρίζω 13.

τετριγωτ- Part. Perf. -ῶτα Qu. Sm. 7, 331; -ῶτας Il. β, 314: τρίζω 13.

τέτριμμαι Perf. Pass. -μένη Ar. Ran. 123; κατατέτριμμαι Ar. Fr. Com. 2, 1037; -ἐπι Plut. 1119; -μεθα Lys. 1090; τετριμένοι Her. 2, 93; 6, 12: τρίβω 14.

τέτριπται 3 Sing. Perf. Pass. Pl. Phaed. 116, d: τρίβω 14.

τέτρῑφα Perf συν- Com. Fr. 3, 235; ἐπι- Ar. Lys. 952; δια- Pl. Theaet. 143; Isocr. 4, 141: τρίβω 14.

τετρίφαται 3 Plur. Perf. Her. 2, 93 (**111**): τρίβω 14.

τετρῖφθαι Inf Perf. Pass. ἐπι- Ar. Plut. 351; κατα- Xen. Mem. 1, 2, 37: τρίβω 14

1) τέτροφα Perf. Aesch. 1, 190: τέρπω 15.

2) τέτροφα (< τέτραφα) Perf. Ar. Nub. 858; ἀνα- Soph. Tr. 1008; Andoc. 1, 131 (**169**): τρέπω 16.

3) τέτροφα [1] (< τέτραφα) Perf. intrans. Od. ψ, 237; Hippocr. 1, 605; trans. Soph. O. C. 186; Com. Fr. 3, 194 (**169**): τρέφω 10.

τέτρῡμαι Perf. Pass. Simon. Fr. 146, 3 (Bergk); Anth. 9, 549: τρύω 17.

τετρῡμένος Part. Perf. Pass. Her. 6, 12; 2, 129; Pl. Leg. 761, d: τρύω 17.

[1]) Dem. 18, 296 wird jetzt ἀνατετραφότες gelesen.

11 rauh machen, erbittern. 12 um-, aufrühren, in Unordnung, Verwirrung bringen, verwirren. 13 knarren, knirschen, schwirren. 14 (zer-, auf)-reiben, entkräften, schwächen. 15 sättigen, vergnügen, erfreuen. 16 drehen, wenden, kehren. 17 τρύω, τρύχω, (durch)bohren, aufreiben, erschöpfen, quälen. 18 schneiden.

τετρῦσθαι Inf. Perf. Pass. Her. 1, 22; κατα- Xen. Cyr. 5, 4, 6: τρύω 1.

τετρύχωμαι Perf. Pass. -ένος Thuc. 4, 60; Plut. Pomp. 10: τρύχω 2.

τετρυχωμένος Part. Perf. Pass. Thuc. 7, 28; Pl. Leg. 807, b; ἐκ- Luc. Toxar. 30: τρυχόω, τρύχω 2.

τέτρωγμαι s. τέτρωκται.

τέτρωκα Perf. Nilus: τιτρώσκω 4.

τέτρωκται Perf. Pass. δια- Ar. Vesp. 371; παρεν- Eubul. Fr. Com. 3, 212: τρώγω 3.

τέτρωμαι Perf. Pass. -μένος Xen. An. 5, 2, 17; Ag. 2, 13; -ον Her. 2, 129; Xen. An. 3, 1, 31; Isocr. 19, 39; -οι Pind. P. 3, 48; Xen. An. 3, 4, 32; τιτρώσκω 4.

τετρῶσθαι Inf. Perf. Pass. Pl. Symp. 219, c; κατα- [Dem.] 11, 22: τιτρώσκω 4.

τετρώσομαι (< τρώσομαι) Fut. Luc. Vot. 37: τιτρώσκω 4.

τέτρωται 3 Sing. Perf. Aesch. Ag. 868; Eur. Rhes. 847; vgl. τέτρωμαι, -μένος: τιτρώσκω 4.

τέτυγμαι Perf. Theocr. 2, 20: τυγχάνω 5.

τετυγμένος Part. Perf. Pass. Od. υ, 110; Qu. Sm. 9, 397; Theocr. 19 (24), 135; Bion. Reliqu. 1, 44; Mosch. Reliqu. 1, 54; vgl. τέτυγμαι: τυγχάνω 5.

τετύγμην 1 Sing. Plsprf. Od. ξ, 234; Ap. Rh. 3, 2357: τυγχάνω 5.

τετυκέσθαι Inf. Praes. Med. Il. (45): τεύκω 7.

τετυκοίμεθα 1 Plur. Opt. Aor. 2 Med. Il. μ, 283 [45]: τυγχάνω 5.

τετύκοντο 3 Plur. Aor. 2 Med. Il. α, 467; β, 430; η, 319; Od. ϑ, 61; π, 478; ω, 384 [45]: τυγχάνω 5.

τέτυκται 3 Sing. Perf. Pass. Il. γ, 101; ξ, 246; ο, 207; Hym. 3, 196; 4, 32; 5, 140; Hes. Op. 743; Ap. Rh. 2, 719; Qu. Sm. 2, 557; Theocr. 3, 26: τυγχάνω 5.

τέτυκτο 3 Sing. Plsprf. Il. ζ, 7; λ, 77; ψ, 332; Hes. Sc. 154; Ap. Rh. 1, 727; 3, 237; Qu. Sm. 3, 117; 5, 9: τυγχάνω 5.

τέτυμμαι Perf. Pass. -μένος Il. ν, 782; Qu. Sm. 2, 26; Aesch. Eum. 509; -οι Sept. 888: τύπτω 12.

τέτυξαι 2 Sing. Perf. Pass. Il. π, 622: τυγχάνω 5.

τετύπτηκα Perf. Pollux. 9, 129: τύπτω 12.

τετύπτημαι Perf. Pass. sp. Luc. Demon 16: τύπτω 12.

τέτυφα Perf. Chorobosc. in Theodos. p. 564, 20: τύπτω 12.

τετύφθαι Inf. Perf. Pass. Her. 3, 64: τύπτω 12.

τετύχηκα Perf. Hom. intrans. Il. ρ, 478; Od. κ, 88; Thuc. 1, 32; Pl. Eryx. 396; trans. Xen. Cyr. 4, 1, 2; Isocr. 3, 59; Dem. 18, 128: τυγχάνω 5.

τετύχθαι Inf. Perf. Pass. Il. ο, 110; Od. α, 391; Ap. Rh. 3, 605; Qu. Sm. 9, 95; 10, 27; Eur. El. 457: τυγχάνω 5.

τετύχθω 3 Sing. Imper. Perf. Pass. Od. β, 356; φ, 231; Qu. Sm. 12, 300: τυγχάνω 5.

τεῦξαν 3 Plur. Aor. Od. ϑ, 579; Hes. Th. 149; Ap. Rh. 1, 1068; Pind. O. 7, 48: τεύχω 7.

τεύξας Part. Aor. Od. λ, 409; Eur. I. A. 1453: τεύχω 7.

1) τεύξασθαι Inf. Aor. sp. V. T. 2 Macc. 15, 7: τυγχάνω 5.

2) τεύξασθαι Inf. Aor. Med. Hom. Hym. 2, 67: τεύχω 7.

τεῦξε 3 Sing. Aor. Od. ϑ, 276; Hym. 3, 52; Hes. Th. 162; Op. 79; -εν Hes. Th. 570; Ap. Rh. 1, 112: τεύχω 7.

τεύξειε Opt. Aor. Od. ϑ, 177; Non. 5, 529: τεύχω 7.

τευξέμεν Inf. Fut. Qu. Sm. 13, 338: τεύχω 7.

τεύξομαι Fut. -εσθαι Il. π, 609; -η Od. τ, 314; -ομαι Soph. Phil. 1096; Ar. Equ. 112; Isocr. 15, 32; Dem. 37, 60; -εται Aesch. Ag. 175; Eur. Andr. 742; Tro. 1249; Dem. 51, 11; -όμεθα Xen. An. 3, 2, 19; -εσθαι Thuc. 3, 20; -όμενος Pl. Phaed. 66, a: τυγχάνω 5.

τεύξω Fut. Aesch. Ag. 668; Soph.

---

1 (durch)bohren, aufreiben, erschöpfen, quälen. 2 τρύχω aufreiben, vergehen, erschöpfen, plagen, quälen. 3 nagen, knuppern, zerbeissen. 4 verwunden, verletzen, beschädigen. 5 treffen, erlangen, erreichen; sich treffen, sich ereignen, zufällig sein. 6 bewaffnen, rüsten. 7 bereiten, verfertigen,

Phil. 1189; -ει Il. ξ, 240; -ομεν Od. μ, 327; -ουσιω, 197; Ap. Rh. 4, 1748: τεύχω 7.

1) τευχθείς Part. Aor. Pass. Polyb. 35, 6: τυγχάνω 5.

2) τευχθείς Part. Aor. 1 Pass. -θέν Anacr. 10, 5: τεύχω 7.

τεχθ(ην) Aor. Pass. -θῆναι Luc. Dial. M. 13, 1; -θέντα Alex. 14; -ας Man. Ap. 4, 299: τίκτω 8.

τεχθήσομαι Fut. Pass. V. T. Ps. 21, 34; Man. Ap. 4, 459. 464: τίκτω 8.

τηξ- Aor. -αιμι in ἐκ- Ar. Nub. 772; τήξας Her. 3, 96: τήκω 9.

τήξω Fut. ἐν- Eur. Cycl. 459; -ουσι in συν- I. A. 398: τήκω 9.

τηχθ(ην) Aor. Pass. συν- in -θείς Eur. Suppl. 1029; -θέντι Pl. Tim. 61, b: τήκω 9.

τῖ' Imprf. für ἔτιε Il. ω, 575: τίω 10.

τίεν Imprf. Il. ρ, 576; τίε π, 146: τίω 10.

τῖες 2 Sing. Imprf. für ἔτιες Od. ω, 78: τίω 10.

τίεσθαι Inf. Praes. Med. Aesch. Ag. 531: τίω 10.

τίεσκον Imprf. iter. τίεσκεν Il. ν, 461; -ον Hes. Sc. 9; Qu. Sm. 14, 19; 7, 15. 627: τίω 10.

τίεται 3 Sing. Praes. Med. Od. η, 67; Hes. Th. 428; Ap. Rh. 4, 482; Eupol. Fr. Com. 2, 577: τίω 10.

τιθέαμεν 1 Plur. Praes. fehlerhaft gebildet nach Analogie der 3 Plur. τιθέασι: τίθημι 11.

τιθέασι (< τιθεῖσι) 3 Plur. Praes. Xen. Cyr. 8, 8, 16; Pl. Rep. 339, c; προς- Menand. Fr. Com. 4, 243; Isocr. 2, 11; Dem. 24, 142: τίθημι 11.

τίθει (< ἐτίθει) Imprf. Il. α, 441. 446; σ, 412; ψ, 597: τίθημι 11.

τίθει Imper. Il. ν, 509; Aesch. Sept. 201; Soph. Ai. 363; Eur. Hel. 346; Ar. Lys. 243; Pl. Phil. 43, d; Rep. 510, a; προ- Thuc. 6, 14; δια- Xen. Cyr. 5, 3, 21 (374): τίθημι 11.

τιθεῖ 3 Sing. Praes. Il. ν, 731 (Bekker); Minerm. 1, 6; 3, 7 (Bergk); προ- Her. 1, 133: προτιθέω, προτίθημι 11.

τιθεῖεν 3 Plur. Opt Praes.: τίθημι 11.

τιθείη 3 Sing. Opt. Praes. Hes. Th. 468; Pl. Theaet. 169, e; Dem. 22, 29: τίθημι 11.

τιθείημεν (< τιθεῖμεν) 1 Plur. Opt. Praes. Pass.: τίθημι 11.

τιθείην 1 Sing. Opt. Praes.: τίθημι 11.

τιθείης 2 Sing Opt. Praes. Pl. Rep. 543, e: τίθημι 11.

τιθείητε (< τιθεῖτε) 2 Plur. Opt. Praes.: τίθημι 11.

τιθειήτην (< τιθείτην) 3 Dual. Opt. Praes.: τίθημι 11.

τιθείητον (< τιθεῖτον) 2 Dual. Opt Praes.: τίθημι 11.

τιθεῖμεθα 1 Plur. Opt. Praes. Pass.: τίθημι 11.

τιθείμεθον 1 Dual. Opt. Praes. Pass.: τίθημι 11.

τιθεῖμεν (< τιθείημεν) 1 Plur. Opt. Praes. Pass. Pl. Rep. 605, a: τίθημι 11.

τιθείμην 1 Sing. Opt. Praes. Pass. Pl. Leg. 674, a: τίθημι 11.

τιθεῖντο 3 Plur. Opt. Praes. Pass. Pl. Leg. 922, b: τίθημι 11.

τιθεῖο 2 Sing. Opt. Praes. Pass.: τίθημι 11.

τιθεῖς (< τίθησθα) 2 Sing. Praes. Pind. P. 8, 11 (231): τιθέω, τίθημι 11.

τιθείς Part. Praes. Hes. Op. 795; Lys. 1, 33; Pl. Crat. 416, b: τίθημι 11.

τιθεῖσα Fem. Part. Praes. Eur. I. A. 614. 1335; Tro. 1305; Or. 961; Pl. Menex. 249, b: τίθημι 11.

τιθεῖσθε 2 Plur. Opt. Praes. Pass.: τίθημι 11.

τιθεῖσθον 2 Dual. Opt. Praes. Pass.: τίθημι 11.

1) τιθεῖσι(ν) (< τιθέασιν) 3 Plur. Praes. st. τιθέασι Aesch. Ag. 453 Chor. (273): τίθημι 11.

2) τιθεῖσι(ν) Dat. Part. Praes. Dem. 24, 211: τίθημι 11.

τιθεῖτε (< τιθείητε) 2 Plur. Opt. Praes.: τίθημι 11.

τιθεῖτο 3 Sing. Opt. Praes. Pass.: τίθημι 11.

---

einrichten. 8 gebären, zur Welt bringen, (er)zeugen. 9 zerschmelzen, auflösen. 10 schätzen, werthschätzen, achten, (ver)ehren. 11 setzen, legen, stellen. 12 schlagen, hauen, stechen.

τίθεμαι 1 Sing. Praes. Pass. Pl. Crat. 433, b; Dem. 23, 24: τίθημι 1.
τιθέμεθα 1 Plur. Praes. Pass. Pl. Theaet. 178, a: τίθημι 1.
τιθέμεθον 1 Dual. Praes. Pass.: τίθημι 1.
τιθέμεν (< τιθέμεναι, τιθήμεναι, τιθέναι) Inf. Praes. Hes. Op. 762; Pind. P. 1, 40; 5, 23 [**240**]: τίθημι 1.
τίθεμεν 1 Plur. Praes. Pl. Critia 115, b: τίθημι 1.
τιθέμεναι Inf. Praes.: τίθημι 1,
τιθέμενος Part. Praes. Pass. Eur. Bacch. 1081; El. 61; Her. 7, 236; Pl. Phil. 60, d: τίθημι 1.
τίθεν 3 Plur. Aor. Pass. Pind. P. 3, 65 [**234**]: τίθημι 1.
τιθέναι (< τιθέμεν, τιθέμεναι, τιθήμεναι) Inf. Praes. Pl. Crat. 398, c; Isocr. 15, 83; Dem. 33, 15 [**337**]: τίθημι 1.
τιθεντ- Stammform des Part. Praes. -έντα Pl. Soph. 245, d; -έντες 241, b *B**; Aesch. Ag. 562; -έντας Pl. Theaet. 207, e: τίθημι 2.
τίθενται 3 Plur. Praes. Pass. Pl. Phaedr. 267, d; Symp. 181, d; Xen. An. 6, 3, 3; Dem. 8, 8: τίθημι 1.
τίθεντι Praes. dor. [**255**]: τίθημι 1.
1) **τιθέντων** (< τιθέτωσαν) 3 Plur. Imper. Praes.: τίθημι 1.
2) **τιθέντων** Gen. Plur. Part. Praes. Isocr. 15, 81: τίθημι 1.
τίθεσαι 2 Sing. Praes. Pass. Pl. Crat. 396, b: τίθημι 1.
τίθεσαν (< ἐτίθεσαν) 3 Plur. Imprf. Il. χ, 456 [**234**]: τίθημι 1.
τίθεσθαι Inf. Praes. Pass. Pl. Theaet. 189, d; Xen. Cyr. 1, 3, 17: τίθημι 1.
1) **τίθεσθε** 2 Plur. Praes. Pass. Od. ω, 476; Isae. 7, 45; Eur. Med. 573: τίθημι 1.
2) **τίθεσθε** 2 Plur. Imper. Praes. Pass.: τίθημι 1.
1) **τίθεσθον** 2 Dual. Praes. Pass.: τίθημι 1.
2) **τίθεσθον** 3 Dual. Praes. Pass.: τίθημι 1.
3) **τίθεσθον** 2 Dual. Imper. Praes. Pass.: τίθημι 1.
τιθέσθω 3 Sing. Imper. Praes. Pass. Pl. Leg. 909, a: τίθημι 1.
1) **τιθέσθων** (< τιθέσθωσαν) 3 Plur. Imper. Praes. Pass.: τίθημι 1.
2) **τιθέσθων** 3 Dual. Imper. Praes. Pass.: τίθημι 1.
τιθέσθωσαν (< τιθέσθων) 3 Plur. Imper. Praes. Pass.: τίθημι 1.
τίθεσκον Imprf. iter. [**143**]: τίθημι 1.
τίθεσο 2 Sing. Imper. Praes. Pass. Pl. Soph. 237, b (**282**): τίθημι 1.
τίθεται 3 Sing. Praes. Pass. Pl. Phaedr. 252, a; Parm. 133, c: τίθημι 1.
1) **τίθετε** 2 Plur. *Ind.* Praes. Eur. Or. 141: τίθημι 1.
2) **τίθετε** 2 Plur. *Imper.* Praes. Pl. Rep. 450, a; 860, c: τίθημι 1.
1) **τίθετον** 2 Dual. Imper. Praes.: τίθημι 1.
2) **τίθετον** 2 u. 3 Dual. Praes.: τίθημι 1.
τιθέτω 3 Sing. Imper. Praes. Xen. Equ. 7, 2: τίθημι 1.
τιθέτων 3 Dual. Imper. Praes.: τίθημι 1.
τιθέτωσαν (< τιθέντων) 3 Plur. Imper. Praes.: τίθημι 1.
τιθῇ 3 Sing. Conj. Praes. Soph. O. C. 1525; Pl. Phaedr. 277, c; Soph. 244, d; Dem. 28, 13: τίθημι 1.
τιθήμεναι (< τιθέμεναι, τιθέμεν, τιθέναι) Inf. Praes. Il. ψ, 274 [**241**]: τίθημι 1.
τιθήμενος Part. Praes. Pass. für τιθέμενος Il. κ, 34 [**246**]: τίθημι 1.
τίθημι 1 Sing. Praes. Pl. Phaedr. 100, a: τίθημι 1.
τιθῆναι Inf. Praes. Hom. Hym. 5, 291: τίθημι 1.
τίθης (< τίθησθα) 2 Sing. Praes. Eur. Andr. 210; Pl. Theaet. 184, e: τίθημι 1.
τιθῇς 2 Sing. Conj. Praes. Aesch. Sept. 237: τίθημι 1.
τίθησθα (< τίθης) 2 Sing. Praes. Od. ι, 404; ω, 476: τίθημι 1.
τιθῆσθε 2 Plur. Conj. Praes. Pass. Dem. 21, 34: τίθημι 1.
τίθησι(ν) 3 Sing. Praes. Il. ϱ, 750; χ, 490; Pind. P. 2, 10; Pl. Crat. 389, e: τίθημι 1.
τιθήσομαι Fut. (Hippocr.) 3, 146: τίθημι 1.
τιθῆται 3 Sing. Conj. Praes. Pass. Pl. Phil. 55, a; ἐπι- Eupol.: τίθημι 1.
τιθῆτε 2 Plur. Conj. Praes.: τίθημι 1.
τίθητι (< τίθησι) 3 Sing. Praes. Theocr. 3, 48 [**255**]: τίθημι 1.
1) **τιθῆτον** 2 Dual. Conj. Praes.: τίθημι 1.

2) τιθῆτον 3 Dual. Conj. Praes.: τίθημι 1.
τίθοιτο 3 Sing. Opt. Praes. παρα- Xen. Cyr. 8, 2, 3 (*301*): παρατίθημι 1.
τίθου 2 Sing. Praes. Aesch. Eum. 217; Eur. Dict. 18; Gnom. 88: τίθημι 1.
τιθῶ 1 Sing. Conj. Praes. Aesch. Suppl. 518; Pl. Leg. 801, a: τίθημι 1.
τιθῶμαι 1 Sing. Conj. Praes. Pass. (*301*): τίθημι 1.
τιθώμεθα 1 Plur. Conj. Praes. Pass. Pl. Phil. 32, b: τίθημι 1.
τιθῶμεν 1 Plur. Conj. Praes. Pl. Rep. 360, e *A**: τίθημι 1.
τιθῶνται 3 Plur. Conj. Praes. Pass. Xen.: τίθημι 1.
τιθῶσι(ν) 3 Plur. Conj. Praes. Pl. Soph. 252, b: τίθημι 1.
τίκτε (< ἔτικτε) 3 Sing. Imprf. Il. β, 628; λ, 224; Pind. O. 6, 70. 145: τίκτω 2.
τίκτει 3 Sing. Praes. Od. δ, 86: τίκτω 2.
τίκτειν Inf. Praes. Pl. Symp. 206, c: τίκτω 2.
τίκτῃ 3 Sing. Conj. Pl. Symp. 210, d: τίκτω 2.
τίκτουσα Fem. Part. Praes. Pl. Theaet. 149, b: τίκτω 2.
τῖλαι Inf. Praes. Theocr. 3, 9; ἀπο- Ar. Lys. 578; Fr. Com. 2, 1184: τίλλω 3.
τιλθῇ Conj. Aor. Pass. Ar. Nub. 1083: τίλλω 3.
τίλλε 3 Sing. Imprf. Il. χ, 406; vgl. τιλλέσθην: τίλλω 3.
τιλλέσθην 3 Dual. Imprf. Il. ω, 711; vgl. τίλλε: τίλλω 3.
τίλλοντο (< ἐτίλλοντο) Imprf. Od. κ, 567; vgl τίλλε: τίλλω 3.
τίλλων Part. Praes. Il. χ, 78: τίλλω 3.
τιλῶ Fut. Cratin ἀπο- Com. Fr. 2, 89: τίλλω 3.
τίμα Imper. Praes. Il. ο, 612: τιμάω 4.
1) τιμᾷ 3 Sing. Conj. Praes. Pl. Soph. 227, b: τιμάω 4.
2) τιμᾷ 3 Sing. Ind. Praes. Il. ϱ, 99; Pl. Rep. 468, c; -ᾷς Pl. Gorg. 462, d: τιμάω 4.
τιμᾶν Inf. Praes. Pl. Phaed. 64, d: τιμάω 4.
τιμᾶσθαι Inf. Praes. Pass. Pl. Ap. 36, d; Thuc. 2, 44: τιμάω 4.
τιμάσθω Imper. Praes. Eur. Alc. 999; -θέντος Pl. Leg. 954, b; -ες 953, d; -θῇ Her. 5, 5: τιμάω 4.
τιμᾶτε 2 Plur. Praes. Pl. Ap. 32, a: τιμάω 4.
τιμάτω 3 Sing. Imper. Praes. Pl. Leg. 932, a: τιμάω 4.
τιμηθ(ην) Aor. Pass. -θείς Pl. Leg. 880, c: τιμάω 4.
τιμηθήσομαι Fut. Pass. selten Thuc. 6, 80: τιμάω 4.
τιμησ- Aor τίμησε Hes. Th. 399; -σω Pl. Symp. 196, d; -ωσι Leg. 880, c; -σαντες Rep. 415, c; vgl. τιμήσῃς, τιμήσας, τιμῆσαι, τιμήσαις: τιμάω 4.
τιμησα(μην) Aor. Med. -αντο Od. τ, 280; ψ, 339; Dem. 30, 18; -ήσασθαι Il. χ, 235; Dem. 30, 18; -άμενος Pl. Ap. 37, b: τιμάω 4.
τιμῆσαι Inf. Aor. Il. θ, 372; Pl. Ap. 38, b; vgl. τιμησ-: τιμάω 4.
τιμήσας Part. Aor. Il. α, 454; Aesch. Ch. 509; -αντες Pl. Rep. 415, c: τιμάω 4.
τιμήσειε 3 Sing. Opt. Aor. Pl. Phil. 59, d; vgl. τιμησ-: τιμάω 4.
τιμήσῃς Conj. Aor. Il. α, 559; vgl. τιμησ-: τιμάω 4.
τιμήσομαι (< τιμηθήσομαι) Fut. Med. Hom. Hym. 307; Aesch. Ag. 587; Soph. Ant. 260; Thuc. 2, 87; Pl. Ap. 37; Xen. Hier. 9, 9; Dem. 19, 100 (*374*): τιμάω 4.
τίμησον Imper. Aor. Il. α, 505; vgl. τιμησ-: τιμάω 4.
1) τιμήσω Fut. Il. α, 175; Hes. Op. 190; Rep. 468, d; 386, a; Phaedr. 252, d: τιμάω 4.
2) τιμήσω Conj. Aor. s. u.: τιμησ- Il. χ, 235: τιμάω 4.
τιμητέος Vb. Xen. Mem. 1, 4, 10: τιμάω 4.
τιμῶσα Fem. Part. Pl. Leg. 792, e: τιμάω 4.
τιμῶσι 3 Plur. Praes. Il. ψ, 788; Eur. El. 194; Pl. Symp. 179, d: τιμάω 4.
τιμῷτο 3 Sing. Opt. Praes. Pl. Leg. 696, e: τιμάω 4.

---

1 setzen, legen, stellen. 2 gebären, zur Welt bringen, (er)zeugen. 3 zupfen, zausen, rupfen, abpflücken. 4 anschlagen, schätzen, würdigen, werthschätzen, ehren.

τιναξ- Aor. τίναξε Qu. Sm. 14, 460; Pind. O. 9, 30; -ξη Il. ε, 368; τινάξας Ap. Rh. 1, 1196; Eur. Or. 342: τινάσσω 1.
τιναξάσθην 3 Dual. Aor. Med. Od. β, 151: τινάσσω 1.
τίνασσε Imperf. Il. ν, 163: τινάσσω 1.
τινάσσεται 3 Sing. Praes. Med. Od. ζ, 43: τινάσσω 1.
τινάσσετο 3 Sing. Imprf. Il. ο, 609; τινάσσω 1.
τινάσσων Part. Praes. Il. μ, 298: τινάσσω 1.
τίνειν Inf. Praes. Il. σ, 407: τίνω 2.
τίνεσκον Imprf. iter. Ap. Rh. 1, 477: τίνω 2.
τιννύμενος Part. Praes. Od. ω, 3 6: τίνω 2.
τίνυνται 3 Plur. Praes. Il. τ, 260: τίνω 2.
τίνυσθον 2 Dual. Praes. Il. γ, 279: τίνω 2.
τίνυται 3 Sing. Praes. Med. Od. ν, 214: τίνω 2.
τίνων Part. Praes. Od. β, 193: τίνω 2.
τίοι 3 Sing. Opt. Praes. Aesch. Suppl. 705: τίω 3.
τίουσι 3 Plur. Praes. Od. ξ, 84; Qu. Sm. 2, 444: τίω 3.
τισ- Aor. τίση Pl. Leg. 873; -αιμι Ap. Rh. 3, 989; -ειαν Il. α, 42; Xen. An. 7, 6, 16; ἀπότισον Eur. Or. 655; Eur. Fr. Com. 4, 489; τίσαντες Soph. Ant. 1352; Eur. I. A. 1382; -άντων Suppl. 733: τίνω 2.
τισ(αμην) Aor. Med. -ασθε Soph. Phil. 1041; -αίμην Eur. El. 599; -αίατο Her. 3, 75; -αιτο Hes. Sc. 17; Th. 472; -αίμεθα Hes. Th. 165; Ar. Av. 370; -αιντο in ἀπο- Xen. An. 3, 2, 5; vgl. τίσασθαι: τίνω 2.
τῖσαι Inf. Aor. Od. μ, 378; Ap. Rh. 4, 1351; Her. 7, 134; Aesch. Ag. 1430; Pl. Leg. 946, e: τίνω 2.
τίσασθαι Inf. Aor. Med. Il. γ, 58 (> τίσεσθαι Wolf); γ, 351; Aesch. Ch. 18; Sept. 638; Her. 1, 73; Xen. Cyr. 1, 6, 11: τίνω 2.
τίσομαι Fut. Med. Qu. Sm. 2, 448; Eur. Or. 1170; -όμεσθα Hel. 1624; -εσθαι Her. 1, 10: τίνω 2.
τισσ(αμην) Aor. Med. -ατο ἐκ- Pind. O. 11 (10), 25; Fr. I. 4 (4), 4: τίνω 2.
τίσω Fut. Hom. Hym. 3, 385; -ει Aesch. Ch. 435; Soph. Ai. 113; -εις Qu. Sm. 1, 586; -ειν Aesch. Ch. 277: τίνω 2.
τιταίνετον 2 Dual. Imprf. Il. ν, 704; ψ, 403: τιταίνω 4.
τιταίνοιτο 3 Sing. Opt. Praes. Od. φ, 259: τιταίνω 4.
τιταινόμενος Part. Praes. Med. Il. χ, 23; -μένῳ Od. β, 149: τιταίνω 4.
τιταίνων Part. Praes. Il. β, 390; μ, 58: τιταίνω 4.
τιτρωθῶσιν (< τρωθῶσιν) 3 Plur. Conj. Aor. redupl. Hippocr. 1, 320: τιτρήσκω 5.
τιτρώσκει 3 Sing. Praes. Pl. Phil. 13, c; Xen. Cyr. 5, 4, 5; An. 1, 8, 25: τιτρώσκω 5.
τιτρώσκεται Praes. Med. Luc. De Dea. Syr. 8: τιτρώσκω 5.
τιτρώσκοντες Part. Praes. Pl. Rep. 555, b: τιτρώσκω 5.
τιτύσκετο Imprf. Med. Il. ν, 159. 370; φ, 582; Ap. Rh. 1, 531; Qu. Sm. 1, 239; Hom. Batr. 216: τιτύσκομαι 6.
τιτύσκομαι Praes. Med. Anth. 5, 221: τιτύσκομαι 6.
τιτυσκόμενος Part. Praes. Med. Il. λ, 350; -οι γ, 80; Orph. Arg. 249; Qu. Sm. 1, 25; Theocr. 20 (22), 107: τιτύσκομαι 6.
τιτύσκω Praes. Lycoph. 1403; Antim. Fr. 26; Arat. 418; Opp. Hall. 2, 99: τιτύσκω 6.
τίω 1 Sing. Praes. Il. δ, 257; ι, 378: τίω 3.
τλᾶθι (< τλῆθι) Imper. dor. Pind. P. 4, 276: τλάω, ταλάω 7.
τλαῖεν 3 Plur. Aor. 2 für τλαίησαν Il. ρ, 490: τλάω, ταλάω 7.
τλαίη 3 Sing. Aor. 2 Il. κ, 307; ω, 565; Od. κ, 384; Ap. Rh. 3, 389; Eur. Ion. 44; Soph. Ai. 817: τλάω, ταλάω 7.
τλαίην 1 Sing. Opt. Aor. 2 Od. β, 219; Eur. Hel. 945; Phoen. 192: τλάω, ταλάω 7.
τλαίης 2 Sing. Opt. Aor. 2 Il. ε,

1 schwingen, schütteln, rütteln, erschüttern. 2 büssen, bezahlen, entrichten. 3 schätzen, werthschätzen, achten, (ver)ehren. 4 (aus)spannen, ausstrecken. 5 verwunden, verletzen, beschädigen. 6 bereiten, zurecht machen. 7 τλάω, ταλάω, τλῆναι ertragen, erdulden, ausharren, wagen zu

178; λ, 376; Eur. El. 278: τλάω, ταλάω 7.
τλάς Part. Aor. 2 Soph. O. C. 1640; Eur. I. A. 96; H. F. 1183; Phoen. 1726: τλάω, ταλάω 7.
τλᾶσ' Fem. Part. Aor. 2 Eur. Hec. 53; Phoen. 1725: τλάω, ταλάω 7.
τλᾶσα Fem. Part. Aor. 2 Aesch. Ag. 408; Eur. Alc. 837: τλάω, ταλάω 7.
τλάσομαι (< τλήσομαι) Fut. Med. dor. Pind. P. 3, 41: τλάω, ταλάω 7.
τλῆ (< ἔτλη) 3 Sing. Aor. Il. ε, 385. 392: τλάω, ταλάω 7.
τλῆθι (< τλᾶθι) Imper. Ap. Rh. 1, 300; Soph. Phil. 475; Eur. Hec. 1251: τλάω, ταλάω 7.
τλῆμεν 1 Plur. Aor. 2 Il. ε, 383: τλάω, ταλάω 7.
τλήμεναι (< τλῆναι) Inf. Qu. Sm. 3, 8; Incert. Id. 9 (Theocr. 25), 174: τλάω, ταλάω 7.
τλῆναι (< τλήμεναι) Inf. Aor. 2 Aesch. Prom. 704; Ag. 1041; Soph. Phil. 870; Eur. Hel. 603; I. A. 98; Or. 1527: τλάω, ταλάω 7.
τλῇς 2 Sing. Conj. Aor. 2 Aesch. Suppl. 428; Soph. Ai. 1333; Eur. Alc. 275; Cycl. 288: τλάω, ταλάω 7.
τλῆσαν 3 Plur. Aor. Qu. Sm. 2, 178; 14, 626: τλάω, ταλάω 7.
τλήσομαι (< τλάσομαι) Fut. Med. Od. ε, 222. 362; Ap. Rh. 3, 429; Aesch. Ag. 1290; -ει Ag. 1542; -εται Qu. Sm. 2, 79; Soph. Ai. 463; Eur. I. T. 617; -ονται Qu. Sm. 1, 333: τλάω, ταλάω 7.
τλῆτε 2 Plur. Imper. Aor. 2 Il. β, 299; Ap. Rh. 2, 344; Qu. Sm. 8, 261: τλάω, ταλάω 7.
τλητός Vb. Aesch. Prom. 1065; Soph. Ai. 466: τλάω, ταλάω 7.
τλήτω (< τετλάτω) 3 Sing. Imper. Aor. 2 Od. λ, 350: τλάω, ταλάω 7.
τμάγ(ην) s. ἐτμάγην.
τμάγεν 3 Plur. Aor. 2 Pass. ion. für ἐτμάγησαν Il. π, 374; δι- π, 354; η, 302: τμήγω 8.
τμηγ(ην) s. ἐτμήγην.
τμηγέντες Part. Aor. 2 ἀπο- Ap. Rh. 4, 1052: ἀποτμήγω 8.
τμήγονται 3 Plur. Praes. ἀπο- Qu. Sm. 7, 106; Man. Apol. 6 (3), 580: τμήγω 8.
τμήγοντες Part. Praes. δια- Qu. Sm. 12, 130: διατμήγω 8.
τμήγουσι 3 Plur. Praes. ἀπο- Il. π, 390: ἀποτμήγω 8.
τμήγων Part. Praes. ὑπο- Qu. Sm. 9, 454: τμήγω 8.
τμηθ(ην) Aor. Pass. κατατμηθείην Ar. Equ. 768; ἀποτμηθείης Luc. Toxar. 35; -είησαν Xen. An. 3, 4, 29; Thuc. 1, 143; 2, 20; -θεῖσ' in ἀπο- Qu. Sm. 11, 75; κατα- Ar. Equ. 769; -θεῖσα Eur. Med. 5; -θέντα in ἐκ- Xen. Cyr. 5, 3, 8; -ες in ἀπο- An. 2, 6, 29: ἀπο-, κατα-, ἐκτέμνω 9.
τμηθήσομαι Fut. Pass. Aristotel. φυσ. ἀκρ. 6, 8. 12; π. ἑρμ. 9, 10 bis: τέμνω 9.
τμῆξαι Inf. Aor. δια- Od. ϑ, 507: διατμήγω 8.
τμηξαμ(ην) Aor. Med. -ασθαι Anth. 7, 480: τμήγω 8.
τμήξαντε Dual. Part. Aor. Il. κ, 364: ἀποτμήγω 8.
τμήξαντες Plur. Part. Aor. ἀπο- Il. λ, 468; ἀπο- Qu. Sm. 13, 290: ἀποτμήγω 8.
τμήξας Part. Aor. δια- Od. ε, 1109; μ, 174; Qu. Sm. 4, 360; Hes. Th. 188: διατμήγω, διατέμνω 9.
τμήξειαν 3 Plur. Opt. Aor. δια- Ap. Rh. 3, 1047: διατμήγω 8.
τμήξειε Opt. Aor. ἀπο- Il. σ, 34; δια- Ap. Rh. 3, 1046: τμήγω 8.
τμήξῃ 3 Sing. Conj. δια- Qu. Sm. 14, 76: τέμνω 9.
1) τμήξω Fut. Parm. 90; ἀπο- Ap. Rh. 4, 1118: ἀποτμήγω 8.
2) τμήξω Conj. Aor. -ωσι in δια- Qu. Sm. 8, 979: τέμνω 9.
τμήσω [1]) Fut. Nonnus. Par. 15: τμήγω 8.
τμήσσω [1]) für τμήγω Praes. Mosch. 2, 81: τμήγω 8.
τμητέον Vb. Pl. Soph. 219, b: τέμνω 9.
1) τολμᾷ 3 Sing. Praes. Pl. Phaedr. 241, a: τολμάω 10.
2) τολμᾷ 3 Sing. Conj. Pl. Gorg. 482, e: τολμάω 10.

---

[1]) Lobeck und Andere verwerfen die Form.

. . ., sich unterfangen zu . . . 8 schneiden, hauen; *Pass.* sich theilen, sich trennen. 9 schneiden, spalten, zerhauen, trennen, sondern. 10 sich unterfangen, versuchen, wagen.

τολμᾷς 2 Sing. Praes. Pl. Lach. 197, a: τολμάω 1.
τολμάτω 3 Sing. Imper. Praes. Pl. Leg. 879, d: τολμάω 1.
τολμησ- Aor. s. -ης, -αις, -ειεν, -ον, -αντ, -ῆσαι: τολμάω 1.
τολμῆσαι Inf. Aor. Lys. 15, 6; Pl. Theaet. 190, c: τολμάω 1.
τολμήσαις 2 Sing. Opt. Aor. Pl. Symp. 202, b: τολμάω 1.
τολμήσαντα Acc. Part. Aor. Od. ϑ, 519: τολμάω 1.
τολμήσειεν Opt. Aor. Od. ι, 332; Pl. Rep. 360, b; Isocr. 5, 29. 78; 11, 38: τολμάω 1.
τολμήσεις, -ει s. τολμήσω.
τόλμησεν Aor. Od. ω, 261: τολμάω 1.
1) **τολμήσω** 1 Sing. Conj. Aor. Pl. Theaet. 197, a: τολμάω 1.
2) **τολμήσω** Fut. -εις Il. ϑ, 424; -ει Pl. Rep. 569, b: τολμάω 1.
τολμητέον Vb. Pl. Phaedr. 247, c; τολμάω 1.
τολμῶ 1 Sing. Praes. Pl. Ap. 31, c: τολμάω 1.
τολμῴην Praes. Opt. Isocr. 5, 105; -η Pl. Symp. 182, c: τολμάω 1.
1) **τολμῶμεν** 1 Plur. *Ind.* Praes. Pl. Rep. 474, b: τολμάω 1.
2) **τολμῶμεν** 1 Plur. *Conj.* Praes. Pl. Soph. 235, c; Isocr. 7, 83: τολμάω 1.
τόλμων 3 Plur. Imprf. Il. μ, 51: τολμάω 1.
τολμῶν Part. Praes. Pl. Pol. 300, b; Thuc. 5, 76; Pl. Rep. 576, a; -ώντων Her. 7, 10: τολμάω 1.
τολμῶσι 3 Plur. Praes. Pl. Leg. 895, a; Dem. 38, 6: τολμάω 1.
τολύπευσα Aor. Od. ω, 95: τολυπεύω 2.
τορεῦντα Part. ἀντι- Hom. Hym. Merc. 283: τορέω 3.
τορέω Praes. ist nicht gebräuchlich, vgl. **τορήσω**, **τορεῦντα**, **ἐτόρησα**, **τετορημένος**, **ἔτορον**, **τετορεῖν**, **τετορήσω**.
τορήσας Aor. Hom. Hym. Merc. 119: τορέω 3.
τορήσων Part. Fut. ἀντι- Hom. Hym. Merc. 178: ἀντιτορέω 3.
τορνευϑ(ην) Aor. Pass. -ϑέντων Pl. Ep. 343, a: τορνεύω 4.
τόσσαις dor. für τόσσας Pind. P. 3, 27; ἐπιτόσσαις 10, 33: (ἐπι)τόσσω 5.
τράγε Aor. ἐν- Ar. Vesp. 612: τρώγω 6.
τραγεῖν Inf. Aor. δια- Ar. Vesp. 367; ἐν- Menander, Fr. Com. 4, 299; ἀπο- Luc. Herm. 71: τρώγω 6.
τραπ(ην) Aor. Med. -ῆ Ar. Eccl. 416; -ῆναι in ἐπι- Xen. Hell. 5, 3, 24; ἀνα- Aesch. Sept. 1076: τρέπω 7.
τράπε 3 Sing. Aor. 1 Pind. O. 10 (11), 19: τρέπω 7.
τράπεϑ' (< ἐτράπετο) 3 Sing. Aor. Med. Il. σ, 138: τρέπω 7.
τραπεῖν Inf. Aor. 2 Pind. I. 8 (7), 88: τρέπω 7.
1) **τραπείομεν** 1 Plur. Conj. Aor. 2 Pass. für τραπῶμεν Od. ϑ, 292: τρέπω 7.
2) **τρᾰπείομεν** 1 Plur. Conj. Aor. 2 Pass. ep. st. τραπέωμεν, τραπῶμεν, ταρπῶμεν Il. γ, 441; ξ, 314: τέρπω 12.
τραπέουσα Fem. Part. Od. η, 125; ἐπι- Il. κ, 421: τραπέω 8.
τραπέουσι 3 Plur. Praes. ἐπι- Il. κ, 421 : τραπέω, τρέπω 7.
τράπες 2 Sing. Aor. 2 Pass. Il. ε, 676: τρέπω 7.
τραπέσϑαι Inf. Aor. 2 Med. Aesch. Ch. 1039; Eur. Suppl. 883; Ar. Ran. 37; Xen. Cyr. 4, 2, 25: τρέπω 7.
τράπετο 3 Sing. Aor. 2 Med. Il. ϱ, 73: τρέπω 7.
τράπηται 3 Sing. Conj. Aor. 2 Med. Xen. Mem. 2, 1, 21: τρέπω 7.
τραπητέος (< τρεπτεός) Vb. Luc. Rhet. Praec. 8: τρέπω 7.
τράποι 3 Sing. Opt. Aor. Pind. P. 1, 136: τρέπω 7.
τραποίμην Opt. Aor. 2 Med. -οιτο Xen. Mem. 2, 9, 3; -μεϑα Pl. Euthyd. 290, a; -οιντο Aesch. Pers. 459; Xen. Mem. 2, 3, 18: τρέπω 7.
τραπόμενος Part. Aor. 2 Med. Thuc. 2, 51; 3, 98; Pl. Rep. 553, c: τρέπω 7.

---

1 sich unterfangen, versuchen, wagen. 2 auf einen Knaul wickeln, anzetteln, bereiten. 3 durchbohren, durchstechen, durchstossen. 4 runden, zurunden, drechseln. 5 zufällig darauf stossen, treffen. 6 benagen, abfressen, essen. 7 drehen, wenden, kehren. 8 treten, pressen, Trauben

τραπόμην Aor. 2 Med. -ετο Ap. Rh. 4, 618: τρέπω 7.
τράποντο 3 Plur. Aor. 2 Med. Il. γ, 422: τρέπω 7.
τράπωμαι Conj. Aor. 1 Med. Eur. Med. 502; Rhes. 871; Phoen. 722; Pl. Hipp. mai. 297, d; -μεθα Eur. El. 604; Phaed. 66, e; Isocr. 14, 46; vgl. -ται: τρέπω 7.
τραπών Part. Aor. προς- Pind. N. 4, 58: τρέπω 7.
τράπωνται 3 Plur. Conj. Aor. 2 Med. Il. ψ, 53: τρέπω 7.
τράπωται 3 Sing. Conj. Aor. 2 Med. Ar. Lys. 676: τρέπω 7.
τραφ(ην) Aor. 2 Pass. -ῇ Pl. Rep. 401, d; -είη 538, a; -ειεν 401, d; -ῆναι Eur. Bacch. 295; Suppl. 911; Ar. Equ. 334; Xen. Mem. 2, 3, 4; Aeschin. 1, 33(**194**): τρέφω 9.
τραφεῖεν, τραφείς s. u. τραφ(ην).
τραφείη 3 Sing. Opt. Aor. Pass. Pl. Rep. 538, a: τρέφω 9.
τραφείς Part. Aor. 2 Pass. Eur. Ion. 1190; El. 528; I. A. 1085; Pl. Rep. 401, e; 801, d; -είς, -έντων, -εῖσιν, -έντας: τρέφω 9.
τραφεῖσ' Part. Aor. 2 Pass. Pind. O. 6, 57: τρέφω 9.
τραφεῖσιν Dat. Pl. Part. Aor. 2 Pass. Pl. Theaet. 175, e: τρέφω 9.
τραφέμεν Inf. Aor. 2 für τραφῆναι Il. η, 199: τρέφω 9.
τράφεν 3 Plur. Aor. Pass. für ἐτράφησαν aeol. Il. α, 251; Od. δ, 723; Pind. P. 4, 115; Ar. Ach. 787: τρέφω 9.
τραφέν Part. Aor. 2 Pass. Pl. Rep. 410, d: τρέφω 9.
τραφεντ- Part. Aor. 2 Pass. -τα Pind. I. 7, 17; Aeschin. 1, 36 (11); -ας Ar. Ran. 729. 910; Pl. Tim. 18, b; -έντων Pl. Leg. 813, d; -εῖσιν Pl. Theaet. 175, d: τρέφω 9.
τραφέντα Part. Aor. 2 Pass. Pind. I. 7, 17; Aeschin. 1, 36 (11); Eur. I. A. 1292; -ας Ar. Ran. 729. 910; Pl. Tim. 18, b; -έντων Pl.: τρέφω 9.
τράφη 3 Sing. Aor. Pass. Il. β, 661; *B**; γ, 201 *A**: τρέφω 9.
τραφῇ s. u. τραφ(ην).
τραφήσομαι Fut. Med. (Dem.) 60, 32; Maneth. 4, 596: τρέφω 9.

τράφοισα Fem. Part. Aor. 1 Pind. P. 2, 44: τρέφω 9.
τράφω Praes. dor. Il. ε, 52; Pind.; Ar. Ach. 727: τρέφω 9.
τραχυνθ(ην) Aor. Pass. -θέντα Pl. Tim. 66, c: τραχύνω 10.
τράψομαι (< τρέψομαι) Fut. 3 ion. ἐπι- Her. 3, 155: τρέπω 7.
τραψῶ (< τρέψω) Fut. ἐπι- Cret. Inscrpt. 255: ἐπιτρέπω 7.
τρέε Imprf. Il. φ, 288: τρέω 11.
τρείω Praes. poet. st. τρέω Op. Cyn. 1, 417; 4, 117; ὑπο- Timon. Phl. bei Plut. Mor. p. 507, d: τρέω 11.
τρέμε 3 Sing. Imprf. Il. ν, 18; φ, 507: τρέμω 11.
τρέπε(ν) Imprf. Il. θ, 482: τρέπω 7.
τρέπεσθαι Inf. Praes. Pass. Xen. Hell. 6, 5, 23; Dem. 9, 14: τρέπω 9.
τρέπεσθε 2 Plur. Imper. Praes. Med. Pl. Tim. 41, c: τρέπω 7.
τρέπεσκε Imprf. iter. Her. 4, 128: τρέπω 7.
τρέπεται 3 Sing. Praes. Pass. Il. ν, 284: τρέπω 7.
τρέπετο Imprf. Il. ρ, 733 (> τράπετο): τρέπω 7.
τρεποίμην Opt. Aor. 2 Med. -οιτο Pl. Rep. 493, b; -οιτε Aesch. Eum. 434: τρέπω 7.
τρέπομαι Praes. Pass. Pl. Prot. 339, e; Leg. 680; Her. 4, 60: τρέπω 7.
τρέπον Aor. -η Pl. Rep. 508, c; -ητε in ἐπι- Dem. 34, 52: τρέπω 7.
τρέπου Imper. Praes. Med. Pl. Symp. 175, e: τρέπω 7.
τρεπτέος (> τραπητέος) Vb. Pl. Leg. 747: τρέπω 7.
τρέπω Conj. Aor. 2 -ωσι Dem. 35, 52: τρέπω 7.
τρέπωμαι 1 Sing. Conj. Aor. 2 Med. -ωμεθα Pl. Leg. 887, a: τρέπω 7.
τρεσ- Aor. -αιμι Aesch. Sept. 397; -ῃς Eur. Med. 307; Alc. 328; Heracl. 654; Or. 1104; -ητε Soph. O. C. 1537; τρέσας Aesch. Sept. 436; Eur. Med. 1225; -αντα Alc. 506 (**26**): τρέω 11.
τρέσε(ν) (< τρέσσε, ἔτρεσε) Aor. Il. ο, 591; Qu. Sm. 3, 43 (**26**): τρέω 11.
τρέσσαι Inf. Aor. Il. ν, 515 (**26**): τρέω 11.

---

keltern. 9 dick machen, füttern, ernähren, erziehen. 10 rauh machen, erbittern. 11 zittern, beben, zagen, sich fürchten, flüchten. 12 sättigen, erfreuen.

τρέσσε (< τρέσε, ἔτρεσε) Aor. Il. λ, 546: τρέω 1.
τρέφε (< ἔτρεφε) 3 Sing. Imprf. Il. ψ, 142; Hym. 4, 114; Ap. Rh. 1, 996: τρέφω 2.
τρέφει 3 Sing. Praes. Od. ε, 52: τρέφω 2.
τρέφηται 3 Sing. Conj. Pass. Pl. Rep. 492, a: τρέφω 2.
τρέφθην Aor. 1 Pass. τρεφθῆναι Od. ο, 80 (> τρυφθῆναι); τρεφθείς, ἐπι- Antiph. 1, β, 4, γ, 5, δ, 3; -θέντος Xen. Cyneg. 12; -θέντες Orph. Epigr. 14, 7: τρέπω 3.
τρέφοι 3 Sing. Opt. Praes. Pl. Theaet. 197, c: τρέφω 2.
τρέφοιν Bergk. Rel. Com. att. p. 62; Lob. Elem. 1 p. 330: τρέφω 2.
τρέφοις 2 Sing. Opt. Pl. Rep. 534, d: τρέφω 2.
τρέφοιτ' 3 Sing. Opt. Praes. Pl. Rep. 401, c: τρέφω 2.
τρέφομαι Part. Praes. Med. Pl. Prot. 313, c; Phaedr. 246, d; -ονται Theocr. 20 (22), 159: τρέφω 2.
τρεφόμενος Part. Praes. Pl. Phaedr. 247, d: τρέφω 2.
τρέφον 1 Sing. Imperf. Il. χ, 69: τρέφω 2.
τρέφων Part. Praes. Pl. Rep. 273, c; -οντες Theaet. 180, d; -ουσα Rep. 442, a: τρέφω 2.
τρέψαι Inf. Aor. 1 Pind. N. 9, 91; Pl. Epin. 985, d; ἐπι- Thuc. 1, 28: τρέπω 3.
τρεψαίμην Opt. Aor. Med. -αιτο in προ- Xen. Mem. 3, 3, 8; -αίμεθα in προ- Xen. Mem. 3, 5, 7: τρέπω 3.
τρέψαιμι Opt. Aor. -αις Pind. P. 3, 35; -αιμεν Xen. Mem. 1, 5, 2: τρέπω 3.
τρεψαμ(ην) Aor. Med. -άμενοι Od. α, 422; σ, 305; Thuc. 1, 49; Xen. Hell. 2, 4, 13: τρέπω 3.
τρέψας (< τρέψαις) Part. Aor. 1 Pl. Euthyd. 275, b: τρέπω 3.
τρέψειεν Opt. Aor. 1 Il. ι, 601; Aesch. Ag. 1328; -ειαν Dem. 8, 290: τρέπω 3.
τρέψεν Aor. Il. π, 645; φ, 349: τρέπω 3.
τρέψομαι Fut. Med. Eur. Alc. 943; Hipp. 1066; Ar. Equ. 275; Xen. Cyr. 5, 5, 42; -εσθε Lys. 8, 19; -εσθαι Isocr. 12, 111: τρέπω 3.
τρέψον Imper. Aor. Aesch. Sept. 255; Pl. Phaed. 257, b: τρέπω 3
τρέψω Fut. Eur. Med. 359; Pl. Parm. 135, b: τρέπω 3.
τριβ(ην) Aor. Pass. -έντας Luc. De Par. 52; -έντα in συν- Luc. D. Deor. 13, 3; ἐπιτριβέντα Ar. Eccl. 1068: τρίβω 5.
τριβέμεναι Inf. Praes. Il. υ, 496: τρίβω 5.
τρίβεσθαι Inf. Praes. Pass. Aesch. Eum. 195: τρίβω 5.
τρίβεσθε 2 Plur. Praes. Il. ψ, 735: τρίβω 5.
τριβήσομαι Fut. Med. ἐκ- Soph. O. T. 428; ἐπι- Luc. Cyn. 6 (*376*): τρίβω 5.
τρίβομαι Praes. Med. Aesch. Eum. 195: τρίβω 5.
τρίζειν Inf. Praes. Hippocr. 1, 99: τρίζω 6.
τρίζητε Conj. Praes. Il. ι, 311: τρίζω 6.
τρίξω Fut. sp. Nilus (*17*): τρίζω 6.
τριφθ(ην) Aor. 1 Pass. -θῆναι Antiph. Fr. Com. 3, 54; -θέντος in δια- Isocr. 4, 14; 5, 82: τρίβω 5.
τριφθήσομαι Fut. Pass. Ap. B. Civ. 4, 65: τρίβω 5.
τρῖψαι Inf. Aor. Od. ι, 333; ἐκ- Soph. O. T. 248; ἐπι- Ar. Av. 96; κατα- Thuc. 8, 46: τρίβω 5.
τριψαμ(ην) Aor. Med. -ώμεθα in ἀπο- Dem. 1, 12; -ησθε -ὲν in Luc. D. Dial. 20: τρίβω 5.
τρίψας Part. Aor. Pl. Euthyd. 299, b; -αντες Ar. Av. 534: τρίβω 5.
τρίψομαι Fut. Med. pass. Soph. Fr. 429; Thuc. 6, 18; 7, 42: τρίβω 5.
1) **τρίψω** Conj. ἐπι- Ar. Vesp. 846; -ωμεν in ἐπι- Ar. Ran. 571; ξυντρίψωσιν Thuc. 4, 11: τρίβω 5.
2) **τρίψω** Fut. -ειν Ar. Av. 636; ἐπι- Luc. Tim. 34: τρίβω 5.
τρομέεσκον Imprf. iter. Qu. Sm. 1, 579; 3, 180; ὑπο- 5, 394: τρομέω 7.
τρομεοίατο 3 Plur. Opt. Il. κ, 492: τρομέω 7.
τρύξοντα Part. Fut. Od. ρ, 387: τρύχω 8.
τρύξω Fut. Od. ρ, 387: τρύχω 8.

---

1 zittern, beben, zagen, sich fürchten, flüchten. 2 dick machen, füttern, ernähren, erziehen. 3 drehen, wenden, kehren. 4 treten, pressen, Trauben keltern. 5 reiben, zerreiben, dreschen. 6 knarren, knirschen, schwirren.

τρυτός Vb. ἄτρυτος Soph. Ai. 788; Her. 9, 52: τρύω 9.
τρύχεσθαι Inf. Praes. Pass. Soph. Tr. 110: τρύχω 8.
τρύχεσκεν Imprf. iter. Ap. Rh. 2, 473: τρύχω 8.
τρύχομαι Praes. Pass. Solon. Fr. 3, 22; Soph. Tr. 111; Ar. Pax. 989: τρύχω 8.
τρυχόμενος Part. Praes. Pass. Od. α, 288; Soph. Ai. 605; Thuc. 1, 126: τρύχω 8.
τρύχουσι 3 Plur. Praes. Il. α, 248; π, 125; τ, 133: τρύχω 8.
τρυχοῦται Praes. Med. Mimnerm. 2, 12: τρυχόω 8.
τρύχωνται 3 Plur. Conj. Praes. Pass. Od. κ, 177; Theogn. 752: τρύχω 8.
τρύω Praes. Orph. Fr. 31, 5; Soph. Tr. 124: τρύω 9.
τρωθ(ην) Aor. Pass. -θῇ Hom. Batr. 194; -θείης Luc. Dial. Mort. 14, 5; -θείς Eur. Andr. 616; Phoen. 1397; -θέντα Pl. Leg. 877, a: τιτρώσκω 10.
τρωθήσομαι Fut. Pass. Pl. Crit. 51, b; Luc. Herm. 28: τιτρώσκω 10.
τρωκτός Vb. Xen. An. 5, 3, 12: τρώγω 11.
τρώξῃ Conj. Aor. Hippocr. 2, 536; τρώξαντε Timon. Fr. 7: τρώγω 11.
τρώξομαι Fut. Ar. Ach. 806; Xen. Symp. 4, 8; κατα- Cratin. Com. Fr. 2, 95 (*381*): τρώγω 11.
τρωσ- Aor. τρώσῃ Pl. Leg. 876, e; τρώσαντα 875, d; -ασα 877, b; -αν Eur. Hipp. 703: τιτρώσκω 10.
τρωτέον Vb. Soran. Obst. p. 118, *A*: τιτρώσκω 10.
τύγχανε Imprf. Od. ξ, 231: τυγχάνω.
τυγχανέτω 3 Sing. Imper. Pl. Leg. 916, c: τυγχάνω 12.
τυγχάνῃ 3 Sing. Conj. Praes. Pl. Crat. 394, e: τυγχάνω 12.
τυγχάνοι 3 Sing. Opt. Praes. Pl. Leg. 717, a: τυγχάνω 12.
τυγχάνοιμι 1 Sing. Opt. Praes. Pl. Ep.: τυγχάνω 12.
τυγχάνοντα Part. Praes. Pind. P. 3, 186: τυγχάνω 12.
τυγχάνων Part. Praes. Pl. Rep. 473, b: τυγχάνω 12.
τυθ(ην) Aor. Pass. -θῇς Philemon. Fr. Com. 4, 55; -θείσης Aesch. Ch. 242; θύω opfern.
τυθήσομαι Fut. Pass. Deor. Dial. 4, 2: θύω opfern.
τυπ(ην) Aor. 2 Pass. τυπείς Il. λ, 191. 206; ο, 495; Ap. Rh. 4, 595; Pind. N. 1, 53; Pind. Fr. I. 5 (9), 1; Aesch. Prom. 361; Soph. O. C. 811; Eur. Andr. 1120. 1150; Ar. Ach. 1192; Bion. 1, 8: τύπτω 13.
τυπ(ον) s. ἔτυπον.
τυπείης 2 Sing. Opt. Aor. 2 Pass. Il. ν, 288: τύπτω 13.
τυπέντα Acc. Part. Aor. 2 Pass. Pind. N. 9, 62: τύπτω 13.
τυπτήσομαι Fut. Med. pass. Ar. Nub. 13. 79: τύπτω 13.
τυπτήσω Fut. Ar. Nub. 1443; Plut. 20; Pl. Gorg. 527; Hipp. mai. 292, b; Dem. 21, 221: τύπτω 13.
τυπτητέος Vb. Dem. 54, 44: τύπτω 13.
τυφῇ Conj. Aor. 2 Pass. Ar. Lys. 221. 222; Dem. 37, 36: τύπτω 13.
τῦφον Imper. Praes. -ε Ar. Vesp. 457: τύπτω 13.
τυχεῖν Inf. Aor. 2 Pind. O. 7, 26; P. 2, 92; Her. 3, 14; Soph. O. T. 598; Ant. 465; Pl. Phaedr. 256, a; Eur. I. A. 1337; Thuc. 2, 97: τυγχάνω 12.
τυχέτω 3 Sing. Imper. Aor. 2 Med. Xen. Hell. 5, 4, 31: τυγχάνω 12.
τύχῃ 3 Sing. Conj. Aor. 2 Il. θ, 436; Soph. O. T. 80; Pl. Rep. 332, b [*5*]: τυγχάνω 12.
τυχησ- Aor. τυχήσας Part. Aor. Il. δ, 106; ε, 579; μ, 189. 394; Qu. Sm. 2, 238: τυχέω, τυγχάνω 12.
τύχῃσι (< τύχῃ) 3 Sing. Conj. Il. λ, 116: τυγχάνω 12.
τύχητε 1 Plur. Conj. Aor. 2 Pl. Symp. 192, e: τυγχάνω 12.
τύχοιμι Opt. Aor. 2 Lys. 24, 26; Soph. Phil. 223; -οις Od. μ, 106; -οι Aesch. Pers. 706; -οιμεν Pind. I. 3, 61; Aesch. Ch. 418; -οιτε Dem. 6, 8; -οιεν Aesch. Sept. 550: τυγχάνω 12.

---

7 zittern, beben. 8 τρύχω aufreiben, vergehen, erschöpfen, plagen, quälen. 9 (durch)bohren, aufreiben, erschöpfen, quälen. 10 verwunden, verletzen, beschädigen. 11 benagen, abfressen, essen. 12 treffen, erlangen, erreichen; sich treffen, sich ereignen, zufällig sein. 13 schlagen.

τυχοῖσα Part. Aor. 2 dor. Pind. I. 8 (7), 79: τυγχάνω 1.
τυχόν Neutr. Part. Aor. 2 Pl. Rep. 491, d: τυγχάνω 1.
τύχον 3 Plur. Aor. 2 Pind. N. 2, 72; Pl. Rep. 491; d: τυγχάνω 1.
τυχοντ- Stammform des Part. Aor. 2 -όντος Pl. Crat. 420, c; -όντι Hes. Th. 973; Isocr. 12, 208: τυγχάνω 1.
τυχόντα Part. Praes. Pind. P. 10, 40: τυγχάνω 1.
τυχοῦσα Fem. Part. Aor. 2 Aesch. Eum. 719; Eur. Andr. 749; Pl. Phaedr. 244, a: τυγχάνω 1.
τυχοῦσιν Dat. Part. Aor. 2 Pl. Dem. 385, c: τυγχάνω 1.
τύχω (< τύχωμι) 1 Sing. Conj. Aor. 2 Isocr. 7, 71; Dem. 29, 49: τυγχάνω 1.
τύχωμι (< τύχω) 1 Sing. Conj. Aor. 2 Il. η, 243: τυγχάνω 1.
τυχών Part. Praes. Aor. 2 Il. ε, 983. 582. 558; ν, 371. 397; π, 603; Aesch. Suppl. 805; Thuc. 1, 137: τυγχάνω 1.
τύχωσι 3 Plur. Conj. Aor. 2 Isocr. 15, 292; Pl. Theaet. 172, d: τυγχάνω 1.
τύψας Part. Aor. 1 Il. χ, 68; Od. χ, 98: τύπτω 2.
τύψε Aor. Il. υ, 446; φ, 117. 180; Hom. Batr. 210; Ap. Rh. 2, 20; Qu. Sm. 1, 743; τύψας Qu. Sm. 8, 312; 11, 50: τύπτω 2.
τύψῃ 3 Sing. Conj. Aor. 2 Il. υ, 358: τύπτω 2.
τύψον Imper. Aor. 2 Il. ε, 830: τύπτω 2.
τωθάσδω Fut. Theocr. 16, 9: τωθάζω 3.
τωθάσομαι Fut. Med. -εται Pl. Hipp. mai. 290, a: τωθάζω 3.

Υ.

ὑβριεῖν Inf. Fut. Dem. 21, 221: ὑβρίζω 4.
ὑβρίζεις 2 Sing. Praes. Od. σ, 381: ὑβρίζω 4.
ὑβρίζομαι Praes. Pass. Xen. Plat. Dem.: ὑβρίζω 4.
ὑβρίζοντες Part. Praes. Il. α, 227; λ, 695: ὑβρίζω 4.
ὑβρίζων Part. Praes. Od. ρ, 245: ὑβρίζω 4.
ὕβρικα Perf. Ar. Lys. 400; Dem. 21, 128. 169; Luc. Pisc. 6, 575; κατα- Dem. 21, 7: ὑβρίζω 4.
ὑβρίκει Plsprf. Dem. 3, 14: ὑβρίζω 4.
ὑβριοῦμαι Fut. Med. pass. Ar. Eccl. 666 (374): ὑβρίζω 4.
ὕβρισα Aor. Eur. Andr. 995; Pl. Symp. 222; Dem. 21, 147: ὑβρίζω 4.
ὑβρίσας Part. Aor. Her. 1, 189; Dem. 21, 34; Luc. D. Dial. 18, 1: ὑβρίζω 4.
ὑβρίσδω Praes. dor. st. ὑβρίζω Theocr. 14, 9: ὑβρίζω 4.
ὑβρίσεις Fut. ἐν- Ar. Thesm. 719 (> ἐνυβριεῖς): ὑβρίζω 4.
ὑβρίσῃ 3 Sing. Conj. Aor. Soph. Ai. 560; Dem. 21, 47: ὑβρίζω 4.
ὑβρίσθαι Inf. Perf. Pass. Xen. Cyr. 5, 4, 35: Dem. 54, 1: ὑβρίζω 4.
ὑβρίσθην Aor. Pass. Soph. Ai. 367; Dem. 21, 108. 126; 54, 10; 56, 5; -η 21, 6; -θῆναι 54, 15; -θείς 21, 106; -θέντα 43, 84; -θεῖσαν Eur. Tro. 69: ὑβρίζω 4.
ὑβρισθήσομαι Fut. Pass. -σει Dem. 21, 222: ὑβρίζω 4.
ὕβρισμαι Perf. Dem. 21, 6; -μεθα Eur. Cycl. 665; -μένος Ar. Thesm. 903; -μένη Xen. Cyr. 2, 4, 5; -μένοι Dem. 23, 121; vgl. ὑβρίσθαι, ὕβρισται: ὑβρίζω 4.
ὑβρισμένη, ὑβρισμένος s. u. ὕβρισμαι.
ὕβρισται 3 Sing. Perf. Pass. Dem. 21, 31; 22, 58; vgl. ὕβρισμαι, ὕβρισται: ὑβρίζω 4.
ὑβριστέος (< ὑβριστός) Vb. Dem. 54, 44: ὑβρίζω 4.
ὕβριστο Plsprf. Plut. Mor. 993, c: ὑβρίζω 4.
ὑβριστός (< ὑβριστέος) Vb. Pherecr. Com. Fr. 2, 347: ὑβρίζω 4.

---

1 treffen, erlangen, erreichen; sich treffen, sich ereignen, zufällig sein. 2 schlagen. 3 (ver-, aus)lachen; hohnnecken. 4 übermüthig, frech sein,

ὑβρίσω Fut. Soph. Ai. 560: ὑβρίζω 4.
ὑγίαινε Imperat. Grussformel; sei gegrüsst: ὑγιαίνω 5.
ὑγίακα Perf. -ε V. T. Levit. 13, 37: ὑγιάζω 6.
ὑγίᾶνα (< ὑγίηνα) Aor. Dem. 54, 1: ὑγιαίνω 5.
ὑγιᾶναι Cl. Al. Protr. 1, 8 (*228*): ὑγιαίνω 5.
ὑγιάνας Part. Aor. geheilt, genesen Dem.; Philostr. v. Ap. 1, 10: ὑγιαίνω 5.
ὑγιάνθην (vergl. ὑγιάσθην) Aor. Pass. Hippocr. 1, 10; 2, 8: ὑγιαίνω 5.
ὑγιάσθ(ην) (vgl. ὑγιάνθην) Aor. Pass. -έντας Hippocr. 1, 9, 17; 3, 3: ὑγιάζω 6.
ὑγίασμαι Perf. Pass. -μένη Ammon. p. 107: ὑγιάζω 6.
ὑγίηνα (< ὑγίανα) Aor. 1 ion. Hippocr. 5, 86: ὑγιαίνω 5.
ὑθλεῖς 2 Sing. Praes. Ar. Nub. 781: ὑθλέω 7.
ὑλάαν Opp. Cyn. 1, 449: ὑλάω 8.
ὑλάει 3 Sing. Praes. Il. υ, 15 (*192b*): ὑλάω 8.
ὑλάξῃ 3 Sing. Conj. Aor. 1 Dio. Chr. 9, 290: ὑλάσκω 8.
ὑλάοντες Part. Praes. Theocr. 20 (25), 70: ὑλάω 8.
ὑλάοντο Imprf. Med. dep. Od. π, 162 (*192b*): ὑλάω 8.
ὑλάουσιν 3 Plur. Praes. Il. π, 9 (*192b*): ὑλάω 8.
ὑλάσκοι Opt. Praes. Aesch. Suppl. 877: ὑλάσκω 8.
ὑμνέαται 3 Plur. Perf. Pass. st. ὕμνηνται Her. 5, 67: ὑμνέω 9.
ὑμνεῦσα Part. Praes. Hym. Hom. Ap. 190; Hes. Th. 37, 111 (*184*): ὑμνέω 9.
ὑμνεῦσι 3 Plur. Praes. ion. Hes. Op. 2 (*184*): ὑμνέω 9.
ὕμνη Imper. dor. st. ὕμνει Ar. Lys. 1320: ὑμνέω 9.
ὑμνηθ(ην) Aor. Pass. -θεῖμεν Eur. Tro. 1244: ὑμνέω 9.
ὑμνηθήσεται 3 Sing. Fut. Pass. Eur. Ion. 1590: ὑμνέω 9.
ὑμνήκασι 3 Plur. Perf. Thuc. 1, 91: ὑμνέω 9.
ὑμνησ- Aor. -αιμι Theocr. 17, 8: ὑμνέω 9.
ὕμνησα Aor. Thuc. 2, 42; Soph. El. 382; Pl. Theaet. 176, a; Eur. H. F. 355; Med. 543: ὑμνέω 9.
ὑμνήσω Fut. Hom. Hym. 1, 19; Pl. Rep. 663, e: ὑμνέω 9.
ὑμνητέον Vb. Pl. Epin. 983, e: ὑμνέω 9.
ὑμνίωμες 1 Plur. Conj. lac. Ar. Lys. 1305: ὑμνέω 9.
ὗον Imprf. Il. μ, 25: ὕω 15.
ὕπαγε Imprf. Il. λ, 163: ὑπάγω 10.
ὕπαγον 3 Plur. Imprf. Od. ζ, 73: ὑπάγω 10.
ὑπαΐξω Fut. Il. φ, 126 (> ὑπαλύξει, ἐπαΐξει): ὑπαΐσσω 11.
ὑπάξας Part. Aor. Soph. Ai. 301: ὑπαΐσσω 11.
ὑπαρκτέον Vb. Pl. Rep. 467, c: ὑπάρχω 12.
ὑπαρξ(αμην) Aor. Med. Pl. Tim. 41, c: ὑπάρχω 12.
ὑπάρξαι Inf. Aor. Pl. Pol. 310, a: ὑπάρχω 12.
ὑπάρξω Fut. Pl. Crat. 434, b: ὑπάρχω 12.
ὑπέασι 3 Plur. Praes. Il. ι, 204: ὕπειμι 13.
ὑπεικαθέων Part. Opp. Hal. 5, 500: ὑπεικάθω 14.
ὑπεικάθοιμι Opt. Praes. Soph. El. 361; Pl. Ap. 32: ὑπεικάθω 14.
ὑπεῖκον (< ὑπόεικον) Imprf. Xen. Ages. 11, 10: ὑπείκω 14.
ὑπεῖξα Aor. Xen. An. 7, 7, 31; Pl. Tim. 56: ὑπείκω 14.
ὑπείξομαι (< ὑποείξομαι) Fut. Med. als Act. Il. α, 294; Od. μ, 117: ὑπείκω 14.
ὑπείξω (< ὑποείξω) Fut. Aesch. Ag. 1362; Soph. O. T. 625; Her. 7, 160; Dem. 15, 24: ὑπείκω 14.
ὑπείς Part. Aor. Her. 1, 156; -εῖσα,

---

reden, (be)handeln; freveln. 5 gesund sein, sich wohl befinden. 6 heilen, *Pass.* genesen. 7 schwatzen, plappern. 8 ὑλακτέω, ὑλάσσω, ὑλάσκω, ὑλάω, ὑλάομαι (an)bellen. 9 singen, anstimmen, besingen, preisen, *auch im schlimmen Sinn* schmähen, schelten. 10 darunter bringen, führen; verführen, verleiten; (an- ver)klagen. 11 darunter hervorspringen oder fahren. 12 anfangen, da sein, bereit sein. 13 darunter oder darin sein. 14 ὑπείκω, ὑπεικάθω allmählig weichen; nachgeben. 15 begiessen, regnen.

-ας Her. 3, 126; -αντες: ὑφίημι 1.
ὑπεῖσα Aor. setzte nieder ὑπείσας Her. 3, 126; 6, 103: ὑφεῖσα, setzte nieder.
ὑπεμνήμυκε Perf. Il. χ, 491: ὑπημύω 2.
ὑπέσχεο 2 Sing. Imprf. Il. υ, 84; Od. ν, 133: ὑπισχνέομαι 3.
ὑπέσχετο 3 Sing. Imprf. Il. ν, 366. 368: ὑπισχνέομαι 3.
ὑπέσχημαι Perf. Pass. Xen. Oec. 3, 1: ὑπισχνέομαι 3.
ὑπεσχόμην Aor. 2 Med. Il. ν, 366; Soph. O. C. 1490; Eur. Andr. 969; Xen. Cyr. 3, 1, 31; Pl. Euth. 278: ὑπισχνέομαι 3.
ὑπῆν Imprf. Her. 1, 31: ὕπειμι 4.
ὑπήντεον Imprf. Anth. Pl. 101: ὑπαντάω 5.
ὕπηργμαι Perf. Pass. Pl. Ep. 981, a: ὑπάρχω 6.
ὑπηρξάμην Aor. Med.: ὑπάρχω 6.
ὑπῆσαν 3 Plur. Praes. Il. λ, 681; Her. 9, 4: ὕπειμι 4.
ὑπήσω Fut. ion. st. ὑφήσω Her.: ὑφίημι 7.
ὑπῖλα Aor. -ασ' Eur. Oedip. Fr. 1, D. nach Valck. Diatr. p. 193: ὑπίλλω, nach unten wickeln.
ὑπνώοντας Part. Il. ω, 344; Od. ε, 48; ω, 4; Luc. De saltat. 85: ὑπνόω 8.
ὑπνώωσιν 3 Plur. Praes. Qu. Sm. 12, 45: ὑπνόω 8.
ὑποείκασθε 2 Plur. Imprf. ep. Orph. Arg. 709: ὑπεικάθω 9.
ὑποείξομαι (< ὑπείξομαι) Fut. Il. ψ, 602: ὑποείκω 9.
ὑποείξω (< ὑπείξω) Fut. ep. Il. δ, 62; ο, 211: ὑποείκω 9.
ὑποθέοιτο 3 Sing. Opt. Aor. 2 Med. Her. 7, 237 [**244**]: ὑποτίθημι 10.
ὑποτιθέασι 3 Plur. Praes. Dem. 35, 21: ὑποτίθημι 10.
ὑποτοπέομαι Praes. Med. Ar. Thesm. 496; Ran. 958: ὑποτοπέω, άζω 11.
ὑποτοπηθέντες Part. Aor. 1 Pass. trans. Her. 6, 70; 9, 116: ὑποτοπέω, -άζω 11.
ὑποτοπῆσαι Inf. Aor. Thuc. 3, 24: ὑποτοπέω, -άζω 11.
ὑποτοπήσαντες Plur. Part. Aor. Thuc. 1, 20: ὑποτοπέω 11.
ὑπωλίσθησα Aor. 1: ὑπολισθάνω 12.
ὑπώλισθον Aor. 2: ὑπολισθάνω 12.
ὗσα Aor. Pind. O. 7, 50; Her. 1, 87; 2, 22; Luc. Dips. 2: ὕω 13.
ὕσθην Aor. Pass. Her. 3, 10; Plut. Rom. 24 (**211**): ὕω 13.
ὕσμαι Perf. Pass. ἐφυσμένος Xen. Ven. 9, 5 (**211**): ὕω 13.
ὕσομαι Fut. Med. pass. -εται Her. 2, 14: ὕω 13.
ὑστερήθην Aor. Pass. sp. Joseph. Ant. 15, 7: ὑστερέω 14.
ὑστέρηκα Perf. sp. N. T.: ὑστερέω 14.
ὑστερήκει Plsprf. Thuc. 3, 31: ὑστερέω 14.
ὑστέρησα Aor. Her. 7, 89; 1, 70; Thuc. 8, 100; Eur. Ph. 976: ὑστερέω 14.
ὑστερήσομαι Fut. Med. Eur. I. A. 1203: ὑστερέω 14.
ὕσω Fut. Cratin. Com. Fr. 2, 92; Ar. Nub. 1118. 1129: ὕω 13.
ὕφαγκα Perf. sp. συν- Dio. Hal. De Comp. V. p. 16; Artemid. 4, 40; Lob. Phryn. p. 34 (**234**): ὑφαίνω 15.
ὑφαίνεσκον Imprf. iter. Od. β, 104; τ, 149: ὑφαίνω 15.
ὑφαίνῃσιν 3 Sing. Conj. Praes. Od. ε, 356: ὑφαίνω 15.
ὑφαίνομαι Praes. Med. trans. Soph. Fr. 604: ὑφαίνω 15.
ὕφαινον Imprf. Od. δ, 678: ὑφαίνω 15.

---

1 darunter, heimlich senden. 2 die Augen schamhaft, schüchtern niedersenken. 3 versprechen, zusagen, verheissen; geloben. 4 darunter oder darin sein. 5 entgegengehen, begegnen. 6 anfangen, da sein, bereit sein. 7 herab-, nieder-, nach-, überlassen. 8 einschläfern; *Pass. und intr.* einschlafen. 9 ὑπείκω, ὑπεικάθω allmählig weichen; nachgeben. 10 setzen, legen, stellen. 11 vermuthen. 12 sachte, allmählig, unvermerkt gleiten, fallen. 13 begiessen, regnen; *Med. mit Fut. Pass.* beregnet werden, regnen. 14 später kommen, versäumen, vorbeilassen, ermangeln. 15 weben, anspinnen, anstiften, verfertigen, bereiten. 16 niedersetzen, in Hinterhalt

ὑφαίνουσιν 3 Plur. Praes. Od. ν, 108: ὑφαίνω 15.
ὕφᾱνα (< ὕφηνα) Aor. sp. Anth. 6, 265; Lob. Phryn. p. 26: ὑφαίνω 15.
ὑφάνθην Aor. Pass. Pl. Tim. 72, c; ἐν- Her. 1, 203; συν- 5, 105: ὑφαίνω 15.
ὕφανται 3 Sing. Perf. Sext. Emp. adv. Math. 8, 129: ὑφαίνω 15.
ὑφαντός Vb. Od. ν, 136; Thuc. 2, 97: ὑφαίνω 15.
ὑφανῶ Fut. Ar. Eccl. 654: ὑφαίνω 15.
ὕφασμαι (< ὑφήφασμαι) Perf. Pass. -μένος Luc. V. H. 1, 18; Phintys. in Stob. 74, 61; ἐν- Her. 3, 47; παρ- Xen. Cyr. 5, 4, 48; Polyb. 3, 32, 2 (235): ὑφαίνω 15.
ὑφείσας Part. Aor. Nicol. Dam. bei Suid.: ὑφεῖσα 16.
ὕφελκε Imprf. Il. ξ, 477: ὑφέλκω 17.
ὑφελοῖσα Part. Aor. 2 dor. Pind. N. 7, 117: ὑφαιρέω 18.
ὕφην(αμην) Aor. Med. ὑφήνασθαι Xen. Mem. 3, 11, 7; -άμενος 6: ὑφαίνω 15.
ὕφηνα (< ὕφᾱνα) Aor. 1 Od. ν, 303; Eur. I. T. 817; Ion. 1417; Pl. Hipp. min. 368, c: ὑφαίνω 15.
ὑφῆναι Inf. Aor. Pl. Hipp. min. 368, c: ὑφαίνω 15.
ὑφηνάμην Aor. Med. Pl. Fr. Com. 2, 620; Xen. Mem. 3, 11, 6; Pl. Phaed. 84, b: ὑφαίνω 15.
ὑφήνας Part. Aor. 1 Od. δ, 739: ὑφαίνω 15.
ὑφήνασα Fem. Part. Aor. 1 Od. ω, 147: ὑφαίνω 15.
ὕφηνον Imper. Aor. Od. ν, 386: ὑφαίνω 15.
ὑφήνω 1 Sing. Conj. Aor. 1 Od. ν, 303: ὑφαίνω 15.
ὑφήφασμαι (< ὕφασμαι) Perf. Pass. alt att. Et. M. p. 785, 46; Suid.: ὑφαίνω 15.
ὑφόωσι 3 Plur. Praes. Od. η, 105: ὑφάω = ὑφαίνω 15.
ὑφύφασμαι Perf. falsch. Et. M. p. 785, 46; Eust. p. 1430, 51: ὑφαίνω 15.
ὕω Praes. Hes. Op. 552; Alcae. 434, 1; Ar. Nub. 368; Xen. Hell. 1, 1, 16: ὕω 13.

Φ.

φᾶ (< ἔφα, ἔφη) 3 Sing. Imprf. dor. st. ἔφη Pind. I. 2, 17; Theocr. 17, 65: φημί 19.
φαανθείς Part. Aor. 1 Pass. Mosch. Reliqu. 1, 89; Man. Ap. 4, 97; vgl. φαάνθη, φάανθεν: φαίνω 20.
φάανθεν 3 Plur. Aor. 1 Pass. Il. α, 200; Mosch. Reliqu. 1, 33; vgl. φαάνθη, -θείς: φαίνω 20.
φαάνθη Aor. 1 Pass. Ap. Rh. 2, 1288; Qu. Sm. 14, 62; vgl. φάανθεν, -θείς: φαίνω 20.
φαγέειν (< φαγεῖν) Inf. Aor. 2 Qu. Sm. 8, 391: ἐσθίω 21.
φαγεῖν (< φαγέειν, φαγέμεν) Inf. Aor. 2 Eur. Cycl. 339; Ar. Pax. 26; Av. 76; Xen. An. 7, 3, 23; Pl. Gorg. 503, a: ἐσθίω 21.
φαγέμεν (< φαγέειν, φαγεῖν) Inf. Aor. 2 Od. κ, 386; ο, 378; Eubul. Fr. Com. 3, 208: ἐσθίω 21.
φάγες 2 Sing. Aor. 2 Od. ι, 347: φάγω, ἐσθίω 21.
φάγῃς 2 Sing. Conj. Aor. 2 Ar. Eccl. 1092: φάγω, ἐσθίω 21.
φάγῃσι (< φάγῃ) 3 Sing. Conj. Aor. 2 Od. θ, 477: φάγω, ἐσθίω 21.
φάγοι 3 Sing. Aor. 1 Pl. Phaed. 81, 6; Luc. De Paras. 12: φάγω, ἐσθίω 21.
φάγοιεν 3 Plur. Opt. Aor. 2 ἐμ- Xen. Cyr. 8, 1, 44: φάγω, ἐσθίω 21.
φάγοιμι 1 Sing. Opt. Aor. 2 Antiphanes Fr. Com. 3, 103; Ar. Vesp. 511: φάγω, ἐσθίω 21.
φάγοιτε 2 Plur. Opt. Aor. 2 Od. β, 46: φάγω, ἐσθίω 21.
φάγομαι (< ἔδομαι) ein sp. hellenist. Fut. auch Praes. LXX. N. T.

---

legen. 17 darunter oder heimlich wegziehen. 18 von unten oder unvermerkt ergreifen. 19 sagen, reden, (ver)sprechen, versichern. 20 an's Licht bringen, anzeigen, verkündigen; *Pass.* leuchten, glänzen, erscheinen, sich zeigen, an den Tag kommen. 21 essen, fressen, (ver- auf)zehren.

Luc. 17, 8; Lob. Phryn. p. 327; Wiener, Neutest. Sprachid. p. 101: φάγω, ἐσθίω 1.

φάγομεν 1 Plur. Aor. 2 Od. μ, 310: φάγω, ἐσθίω 1.

φάγον 3 Plur. Aor. 2 Il. ω, 411; Pind. O. 1, 51: φάγω, ἐσθίω 1.

φαγοντ- Stammform des Part. Aor. 2 φαγών; -όντα Pl. Prot. 314, a; -όντε Od. δ, 33; -οῦσιν in ἐμ- Xen. Hell. 4, 5, 8: φάγω, ἐσθίω 1.

φάγω Conj. Aor. 2 -ωσιν Xen. Hier. 5, 3: φάγω, ἐσθίω 1.

φαγών Aor. 2 Od. ω, 254; Aesch. Suppl. 226; Fr. Com. Pl. 2, 648; Alexis 3, 436; Pl. Leg. 845, c: φάγω, ἐσθίω 1.

φάε Imper. Aor. Od. ξ, 502 (*192a*): φάω 2.

φαεινούσῃ Fem. Part. Praes. Il. ι, 618: φαίνω 3.

φαείνω Praes. intrans. poet. Od. μ, 385: φαίνω 3.

φάθ' Imper. Praes. Ar. Vesp. 539; Theocr. 19 (24), 41: φημί 4.

φάθι Imper. nach der Lehre der Alten φαθί[1]); Pl. Prot. 349, c; Ar. Equ. 22; Xen. Cyr. 4, 5, 34; Antiphanes Fr. Com. 3, 21. 27: φημί 4.

φαῖεν (< φαίησαν) 3 Plur. Opt. Praes. Her. Pl. Phil. 63, c; Dem. 38, 18 (*288*): φημί 4.

φαίη 3 Sing. Opt. Soph. El. 548; Lys. 31, 13; Xen. Mem. 1, 1, 2; Cyr. 1, 6, 14; Dem. 23, 47: φημί 4.

φαίημεν (< φαῖμεν) 1 Plur. Opt. Praes. Eur. Ion. 943: φημί 4.

φαίην 1 Sing. Opt. Praes. Ap. Rh. 4, 834; Pind. O. 13, 103; Xen. Vect. 5, 13; Pl. Prot. 339, c; Dem. 23, 164 (*332*): φημί 4.

φαίης 2 Sing. Opt. Praes. Pind. I. 5, 72; Eur. Med. 568; Xen. Mem. 3, 10, 12; Hier. 6, 14: φημί 4.

φαίησαν (< φαῖεν) 3 Plur. Opt. Praes. selten Thuc. 8, 53 (*288*): φημί 4.

φαῖμεν (< φαίημεν) 1 Plur. Opt. Praes. Il. β, 81; ω, 222; Pind. N. 7, 128; Pl. Prot. 330, d; Phil. 63, c; Xen. Mem 4, 5, 7: φημί 4.

[1]) Göttling Accentlehre p. 87—89; Lob. Phryn. p. 60. 172; Buttm. Ausführl. Sprachl. I. p. 563.

φαῖνε Imper. Praes. Od. θ, 499: φαίνω 3.

φαίνει 3 Sing. Praes. Od. τ, 74: φαίνω 3.

φαίνειν (< φαινέμεν) Inf. Praes.: φαίνω 3.

φαίνεις 2 Sing. Praes. Od. υ, 114: φαίνω 3.

φαινέμεν (< φαίνειν) Inf. Praes. Pind. P. 4, 171; παρα- Hes. Op 732: φαίνω 3.

φαίνεσκε Imprf. iter. Il. λ, 64; Od. λ, 587; Hes. Fr. 44, 3: φαίνω 3.

φαινέσκετο Imprf. iter. Od. ν, 194: φαίνω 3.

φαίνετ' 3 Sing. Praes. Pass. Od. τ, 557: φαίνω 3.

φαίνεται 3 Sing. Praes. Pass. Od. λ, 326: φαίνω 3.

φαίνετο 3 Sing. Imprf. Il. ρ, 372: φαίνω 3.

φαινέτω 3 Sing. Imper. Praes. Od. υ, 309: φαίνω 3.

φαίνηται 3 Sing. Conj. Praes. Pass. Od. ξ, 106: φαίνω 3.

φαινοίμην Opt. Praes. Med. Luc. Somn. 3, 5; -μεθ' Isocr. 18, 30; -οιτο Thuc. 8, 44; Dem. 1, 39: φαίνω 3.

φαίνονται 3 Plur. Praes. Pass. Od. ψ, 201: φαίνω 3.

φαίνοντο 3 Plur. Imprf. Pass. Od. μ, 404: φαίνω 3.

φαίνω (< φαείνω) Praes. Il. β, 353: φαίνω 3.

φάμεν Inf. Pind. O. 1, 35; 7, 66; P. 9, 43 [*290*]: φημί 4.

φαμέν 1 Plur. Praes. Thuc. 1, 38; Xen. Cyr. 1, 1; Isocr. 8, 49: φημί 4.

φαμέναι (< φάμεν) Inf. Praes. Theocr. 19, 10: φημί 4.

φάμενος Part. Aesch. Ch. 315; -ον Qu. Sm. 6, 429; -οι Pl. Alc. 142, d; -μένῳ Pind. I. 5, 71; Her. 2, 22; -ης Qu. Sm. 2, 623: φημί 4.

φαμί (< φημί) Praes. dor. Pind. P. 2, 116; 3, 75; 4, 102; Theocr. 2, 160: φημί 4.

φάν (< ἔφαν, ἔφασαν) 3 Plur. Praes. Il. ζ, 108; Ap. Rh. 4, 1355; Pind. Fr. 58, 1: φημί 4.

φάναι (< φάμεν, φάμεναι) Inf. Her. 3, 35; Pl. Parm. 130, c: φαίνω 3.

---

1 essen, fressen, (ver- auf)zehren. 2 leuchten, glänzen. 3 an's Licht bringen, anzeigen, verkündigen; *Pass.* leuchten, glänzen, erscheinen, sich zeigen, an den Tag kommen. 4 sagen, reden, (ver)sprechen, versichern.

φανεῖεν (< φανείησαν) 3 Plur. Opt. Aor. 1 Pass. Xen. Cyr. 1, 6, 43; Isocr. 12, 99: φαίνω 3.

φανείην Opt. Aor. 2 Isocr. 12, 87; -ης Soph. Ai. 70; Eur. Alc. 92; Hipp. 529; -είη Hes. Op. 678; Xen. Hell. 4, 8, 4; -ημεν Dem. 14, 2; -ησαν Xen. Hell. 6, 5, 42; vergl. φανεῖμεν, φανεῖεν: φαίνω 3.

φανεῖμεν (< φανείημεν) 1 Plur Opt. Aor. 2 Pass. Aesch. Pers. 786; Isocr. 8, 89; 15, 84: φαίνω 3.

φανεῖς 2 Sing. Fut. Soph. Ai. 1362: φαίνω 3.

φανείς Part. Aor. 2 Pass. Soph. Ai. 462; O. C. 974; -εῖσ' Aesch. Sept. 81; Eur. Or. 391; -εῖσα Hes. Op. 578; -εῖσαι Ap. Rh. 4, 1413; -εῖσι Aesch. Ag. 500: φαίνω 3.

φανεῖσθαι Inf. Fut. Med. Aesch. Ch. 417; Pl. Crat. 425, d; Xen. Hell. 7, 3, 12: φαίνω 3.

φανεῖται Fut. Med. Aesch. Suppl. 55; Soph. Ant. 662; Ar. Plut. 923; Thuc. 1, 22. 40; φανεῖσθε Xen. Cyr. 7, 1, 18; Dem. 20, 120: φαίνω 3.

φανεῖτε 2 Plur. Fut. Soph. Ant. 325: φαίνω 3.

φάνεν 3 Plur. Aor. 2 Pass. Od. σ, 68: φαίνω 3.

φανεντ- Stammform des Part. Aor. 2 Pass. -τος Pind. I. 5, 83; -τα Thuc. 8, 102; Soph. Ai. 627; -τα Neutr. Pl. Tim. 72, a; -τες Aesch. Ag. 116; -ων Xen. Cyr. 1, 6, 1: φαίνω 3.

φανέονται (< φανοῦμαι) Fut. Med. ion. Her. 3, 35: φαίνω 3.

φάνεσκον Aor. iter. Il. λ, 64 [**143**]: φαίνω 3.

φανέωσι 3 Plur. Conj. [**125**]: φαίνω 3.

φάνη 3 Sing. Aor. 2 Pass. Il. α, 477; ω, 788; Od. β, 1; γ, 404; δ, 306; ρ, 1: φαίνω 3.

φανήῃ 3 Sing. Conj. Aor. 2 Pass. Il. τ, 375 B* [**127**]: φαίνω 3.

φάνηθι 2 Imper. Aor. 2 Pass. Il. σ, 198; Aesch. Pers. 666; Soph. Ai. 696; Eur. Phoen. 1747; Rhes. 370: φαίνω 3.

φάνημεν 1 Plur. Aor. 2 Pass. Od. ι, 466: φαίνω 3.

φανῆναι Inf. Aor. 2 Pass. Aesch. Ch. 143; Soph. El. 172; Thuc. 1, 91; Dem. 19, 116: φαίνω 3.

φανῆσθον 3 Dual. Conj. Aor. 2 Med. Pl. Eryx. 399, e: φαίνω 3.

φανήσοιντο 3 Plur. Opt. Fut. Med. Isae. 6, 23: φαίνω 3.

φανήσομαι (< φανοῦμαι) Fut. Med. Soph. Tr. 666; Eur. Phoen. 1005; Lys. 25, 16; Isocr. 3, 30; -εται Soph. O. C. 662; Dem. 2, 13; -όμεθα Isocr. 4, 120; -εσθε Isocr. 18, 42; -ονται Isae. 8, 4; Isocr. 15, 62; -εσθαι Pl. Pol. 290, b: φαίνω 3.

φανήτην 3 Dual. Aor. 2 Pass. Il. η, 7: φαίνω 3.

φανήτω 3 Dual. Imper. Aor. 2 Pass. Od. υ, 101; Her. 6, 9; Soph. Ant. 1280: φαίνω 3.

φάνθην Aor. 1 Pass. Eur. H. F. 804; -θῆναι in ἀπο- Dem. 19, 44; -θεῖσαν Isae. 4, 79; -θέντων Dem. 5, 9: φαίνω 3.

φανοῦμαι Fut. Od. λ, 230; Soph. Phil. 906; Eur. Phoen. 1623; Pl. Ap. 33, a; -εῖται Aesch. Suppl. 55; Dem. 24, 61; -ούμεθα Soph. Ant. 1195; -εῖσθε Dem. 20, 120; -οῦνται Eur. Heracl. 769: φαίνω 3.

φαντασθ(ην) Aor. Pass. -θέντα Pl. Phil. 38, d; -θεῖσαι 51, a: φαντάζω 5.

φαντασθήσομαι Fut. Pass. Pl. Symp. 211, a: φαντάζω 5.

φαντί (< φασί) 3 Plur. Praes. dor. Pind. P. 1, 52; 4, 88. 287; Theocr. 4, 8; 7, 27: φημί 4.

1) **φᾰνῶ** Fut. Aesch. Ch. 815; Soph. O. T. 710; Ai. 1362; Xen. An. 5, 6, 4; Pl. Leg. 745, a (**223**): φαίνω 3.

2) **φανῶ** Conj. Aor. 2 Pass. -ῶμεν Isocr. 6, 51; Dem. 1, 15; -ῶσιν Isocr. 5, 57: φαίνω 3.

φάο 2 Sing. Imper. Praes. Med. ep. für φάσο Od. π, 168; σ, 171 [**242**]: φαίνω 3.

φάουσα Fem. Part. Praes. Arat. 607: φάω 2.

φαρκτός [1]) Vb. st. φρακτός bei Sp.: φράσσω 6.

[1]) Vgl. Meineke p. 149.

5 sichtbar, offenbar machen, (vor- dar)stellen; *Pass.* sich zeigen, erscheinen.
6 aneinander drängen, vollstopfen; umzäunen, einhegen; *Med.* sich verwahren, schützen.

φάρξασθαι Inf. Aor. Med. st. φράξασθαι bei Sp.: φράζω 2.
φάς Part. Il. ι, 35; Her. 9, 70; φάντες γ, 44; ξ, 126; φᾶσα Pind. N. 1, 66 [*329*. *290*. *295*]: φημί 1.
φάσαν (< ἔφασαν, φάν) 3 Plur. Aor. Od. φ, 366; Ap. Rh. 1, 247; 4, 682 [*291*]: φημί 1.
φᾶσε Aor. Pind. N. 1, 66: φημί 1.
φάσει Fut. Pind. N. 7, 150; -εῖς Theocr. 15, 79: φημί 1.
φᾶσθαι Inf. Il. α, 187; Ap. Rh. 1, 313; Aesch. Pers. 701 (*329*): φημί 1.
φασί (< φαντί) 3 Plur. Praes. Aesch. Suppl. 291; Isocr. 14, 25: φημί 1.
φάσκε 3 Sing. Imprf. iter. Hes. Th. 209; Hym. 4, 126; 'φάσκ' Eur. I. T. 294: φημί 1.
φάσκειν Inf. Praes. Soph. O. T. 462; Isocr. 8, 1; Xen. Mem. 1, 2, 52; Dem. 8, 35: φάσκω 4.
φάσκοι 3 Sing. Opt. Praes. Dem. 30, 27: φάσκω 4.
φάσκουσα Part. Praes. Thuc. 3, 70; Pl. Theaet. 190, a: φάσκω 4.
φάσκω Conj. Praes. Aesch. Ch. 93; Isae. 10, 11: φάσκω 4.
φάσομαι Fut. Med. Pind. N. 9, 43. 101 [*293*]: φημί 1.
φασοῦμες 1 Plur. Fut. dor. Diotog. Stob. 43, 130: φημί 1.
φάσω Pind. N. 7, 22 [*295*]: φημί 1.
φάτ' 3 Sing. Imprf. Med.: φημί 1.
φάτε 2 Plur. Praes. Pl. Prot. 330, d; Luc. Pisc. 38, 607; Eur. Cycl. 210; Xen. Cyr. 5, 3, 12; An. 5, 5, 19: φημί 1.
φατειός (< φατέος, φατός) Vb. Hes. Th. 310; Sc. 144. 161; Menophil. bei Stob. 65, 7: φημί 1.
φατέον Vb. Pl. Phil. 40, b: φημί 1.
φατέος (< φατός, φατειός) Vb. Hes. Th. 310; Sc. 144. 161: φημί 1.
φατί 3 Sing. Praes. für φησίν Pind. P. 9, 91; Theocr. 1, 50; Ar. Ach. 771 [*293*]: φημί 1.
φατίξω Fut. Parm. 119: φατίζω 5.
φατισ- Aor. -αιμι Soph. Ai. 715: φατίζω 5.
φατισθ(ην) Aor. Pass. s. u. ἐφατίσθην.
φάτο (< ἔφατο) 3 Sing. Imprf. Med. Il. α, 188; Hym. 5, 370; 5, 74; Pind. P. 4, 33; I. 7, 45; Hes. Th. 545: φημί 1.
φάτον Dual. Pl. Euthyd. 304, c: φημί 1.
1) φατός (< φατέος, -ειός) Vb. Pind. O. 6, 62: φημί 1.
2) φατός Vb. Hesych.: φάω, φένω getödtet.
φάτω 3 Sing. Imper. Pl. Leg. 902, b: φημί 1.
φέβεσθαι Inf. Praes. Il. ϑ, 107: φέβομαι 6.
φέβοντο Imprf. Pass. Il. λ, 121 φέβομαι 6.
φέβωμαι 1 Sing. Conj. Praes. Il. λ, 404: φέβομαι 6.
φεβώμεθα 1 Plur. Conj. Il. ε, 232; Qu. Sm. 1, 419: φέβομαι 6.
φείδεο 2 Sing. Praes. Od. π, 185; Hes. Op. 602; Her. 8, 68; Bion. 12 (2), 12: φείδομαι 7.
φειδόμενος Part. Praes. Il. ε, 202; Pl. Phaed. 117, a: φείδομαι 7.
φεισ- Aor. φεῖσαι Eur. Med. 1057: φείδομαι 7.
φείσαιτο Opt. Aor. 1 Pl. Phil. 16, a: φείδομαι 7.
φεισάμενος Part. Aor. Med. Xen. Cyr. 5, 5, 18: φείδομαι 7.
φείσασθαι Inf. Aor. Pind. N. 9, 20; Lys. 34, 9; Menander Fr. Com. 4, 242: φείδομαι 7.
φείσατο Aor. 1 Il. ω, 236; Pind. I. 5, 33: φείδομαι 7.
φείσησθε 2 Plur. Conj. Aor. Lys. 30, 27: φείδομαι 7.
φείσομαι Fut. Ar. Ach. 312; -η Soph. Phil. 749; -εσθα Av. 369; -εσθε Xen. Hell. 7, 1, 24: φείδομαι 7.
φέρ' Imprf. Il. λ, 61: φέρω 8.
φέρβει 3 Sing. Praes. Pind. O. 2, 3: φέρβω 9.
φέρβεται 3 Sing. Praes. Pass. Pind. P. 5, 145: φέρβω 9.
1) φέρε 2 Sing. Imper. Il. υ, 108; Lys. 12, 34: φέρω 8.

---

1 sagen, reden, (ver)sprechen, versichern. 2 anzeigen, angeben, bezeichnen, bei sich anzeigen, wahrnehmen. 3 aneinander drängen, vollstopfen; umzäunen, einhegen; *Med.* sich verwahren, schützen. 4 behaupten, bejahen. 5 sprechen, reden, sagen, angeben. 6 fliehen. 7 (ver)schonen; sparen, sparsam sein. 8 tragen. 9 weiden, hüten, füttern, ernähren.

2) φέρε 3 Sing. Imprf. Il. μ, 453: φέρω 8.
φέρειν Inf. Praes. Od. ο, 103: φέρω 8.
φέρεις 2 Sing. Praes. Od. φ, 362: φέρω 8.
φερέμεν Inf. Praes. Il. υ, 411: φέρω 8.
φέρεν 3 Sing. Imprf. Od. δ, 516; φ, 317: φέρω 8.
φέρεσκον Imprf. iter. Od. κ, 108; προ- Qu. Sm. 4, 275; Theocr. 20 (22), 183: φέρω 8.
φέρετε 2 Plur. Praes. Il. ρ, 718: φέρω 8.
φέρετον 2 Dual. Pl. Gorg. 524, a: φέρω 8.
φερέτω 3 Sing. Imper. Praes. Il. η, 78; Pind. O. 11 (10), 17: φέρω 8.
φερέτωσαν 3 Plur. Imper. μετα- Dem. 21 (νόμος); δια- Luc. Tim. 43: φέρω 8.
φέρῃ 3 Sing. Conj. Praes. Il. λ, 2: φέρω 8.
φέρῃσιν 3 Sing. Conj. Praes. Od. κ, 507: φέρω 8.
φέρηται 3 Sing. Conj. Praes. Med. Eur. Hec. 308: φέρω 8.
φέροι 3 Sing. Opt. Praes. Od. ζ, 59: φέρω 8.
φέροιεν 3 Plur. Opt. Praes. Il. ε, 303; Her. 6, 42; Pl. Leg. 768, a: φέρω 8.
φεροίμαν Opt. Praes. Med. Aesch. Eum. 266: φέρω 8.
φέροις 2 Sing. Opt. Praes. Il. α, 301: φέρω 8.
φερόμεθα 1 Plur. Praes. Med. Pl. Phil. 13, a: φέρω 8.
φέρομεν 1 Plur. Praes. Il. ω, 556: φέρω 8.
φέρον 3 Plur. Imprf. Il. ζ, 514; ν, 515; ο, 405; π, 700; Od. ο, 555: φέρω 8.
φέρονται 3 Plur. Praes. Il. ο, 420; Pl. Rep. 586, a: φέρω 8.
φέροντες Plur. Part. Praes. Il. ε, 874: φέρω 8.
φέρουσα Fem. Part. Praes. Od. α, 136: φέρω 8.
φέρουσιν 3 Plur. Praes. Il. τ, 378: φέρω 8.
φέρτε 2 Plur. Imper. Praes. Il. ι, 171: φέρω 8.
φερτός Vb. Eur. Hec. 159: φέρω 8.
φέρω 1 Sing. Praes. Il. ω, 502: φέρω 8.
φέρων Part. Praes. Il. α, 13: φέρω 8.
φέρωνται 3 Plur. Conj. Praes. Med. Pl. Rep. 584, e: φέρω 8.
φεῦγε Imper. Il. α, 173; Mosch. Reliqu. 2, 27; Bion. 12 (2), 13: φεύγω 10.
φεύγει 3 Sing. Praes. Il. ο, 588: φεύγω 10.
φεύγειν (< φευγέμεν) Inf. Praes. Il. φ, 580: φεύγω 10.
φεύγεις 2 Sing. Praes. Il. ϑ, 94: φεύγω 10.
φευγέμεν (< φεύγειν) Inf. Praes. Il. κ, 147; Theocr. 19 (24), 26; Incert. Id. 9 (Theocr. 25), 74: φεύγω 10.
φεύγεσκον Imprf. iter. Il. φ, 256; Qu. Sm. 3, 54: φεύγω 10.
φεύγετε 2 Plur. Praes. Od. ζ, 199: φεύγω 10.
φεύγετε 2 Plur. Imper. Praes. Il. π, 422: φεύγω 10.
φεῦγον Imprf. Od. γ, 166: φεύγω 10.
φεύγοντα Acc. Part. Praes. Il. ζ, 36; ο, 342; υ, 402: φεύγω 10.
φεύγοντας Acc. Plur. Part. Praes. Il. ζ, 82: φεύγω 10.
φεύγοντες Plur. Part. Praes. Il. ϑ, 344: φεύγω 10.
φεύγοντι Dat. Part. Praes. Il. ϑ, 95: φεύγω 10.
φευγόντων Gen. Part. Praes. Il. ε, 532: φεύγω 10.
φεύγων Part. Praes. Il. υ, 190: φεύγω 10.
φευκτέος Vb. Eur. Hel. 860; Xen. Mem. 2, 6, 4; προσ- Dem. 37, 38: φεύγω 10.
φευκτός Vb. Soph. Ai. 222: φεύγω 10.
φεύξασθαι Inf. Aor. Ap. Rh. 2, 172: φεύγω 10.
φευξεῖσθαι (< φεύξεσθαι) Inf. Fut. Med. Eur. Bacch. 798: φεύγω 10.
φεύξεσθ' 2 Plur. Fut. Med. Il. λ, 589: φεύγω 10.
φεύξεσθαι (< φευξεῖσθαι) Inf. Fut. Med. Il. φ, 93: φεύγω 10.
φεύξομαι (< φευξοῦμαι) Fut. Med. Il. σ, 307; Ap. Rh. 3, 1080; Eur. Bacch. 1363; -εται Aesch. Suppl. 456; Eur. Med. 1300; -εθα Pl. Theaet. 181, a; -εσθ' Eur. Or. 1594; -ονται Pl. Theaet. 168, a: φεύγω 10.
φευξοῦμαι (< φεύξομαι) Fut. Med. Eur. Med. 604; Ar. Ach. 203; -εῖται Plut. 496; Pl. Leg. 635, b; -ούμεθα

---

10 (ent)fliehen.

Eur. Bacch. 659; Med. 341. 346: φεύγω 1.

φῆ 3 Sing. Imprf. ion. u. ep. st. ἔφη Od. ϱ, 142; Hes. Th. 550; Dem. 22, 23. 33: φημί 2.

φή 3 Sing. Praes. enclit. = φησί Anacr. bei Apollon. Synt. p. 238; Schol. B. L. Il. ε, 256; Göttling. Accentlehre S. 96 u. 392: φημί 2.

φῇ 3 Sing. Conj. Praes. Od. τ, 122; Pl. Phaed. 83, d; Xen. Mem. 1, 2, 15; Dem. 39, 35): φημί 2.

φήῃ 3 Sing. Conj. Od. λ, 128; ψ, 275 [**236**. **290**]: φημί 2.

φημ' 1 Sing. Aesch. Ag. 1615: φημί 2.

φημί (< φαμί) 1 Sing. Praes. Pl. Rep. 338, c: φημί 2.

φημιξ- Aor. -ωσι Hes. Op. 762; Dem. 19, 243: φημίζω 3.

φημιξ(αμην) s. ἐφημιξάμην.

φημισ- s. ἐφήμισα.

φημισ(άμην) s. ἐφημισάμην.

φῆν (< ἔφην) 1 Sing. Imprf. Il. σ, 326; Od. β, 174 [**291**]: φημί 2.

φηναμ(ην) Aor. Med. -ασθα Soph. Phil. 944; -άμενον ἀπο- Isocr. 12, 25: φαίνω 4.

φήνω 1 Sing. Conj. Aor. ἀνα- Eur. Ion. 860: ἀναφαίνω 4.

φησ- Aor. -αιμι Dem. 18, 293; -αιτε 24, 81; -ειεν Aesch. Prom. 503; Isocr. 7, 2; 1, 21; Dem. 38, 25; -ειαν Isocr. 15, 46; φῆσαι Pl. Dem. 382, c: φημί 2.

φής (< φῆσθα) 2 Sing. Praes. Pl. Prot. 309, c: φημί 2.

φῄς 2 Sing. Conj. Aesch. Pers. 439; Eum. 892; Soph. Tr. 349; Dem. 20, 129; 24, 189: φημί 2.

φήσῃς 2 Sing. Conj. Sim. Fr. 2; Pl. Prot. 349, c; vgl. φήσω 2: φημί 2.

1) φῆσθα (< φής) 2 Sing. Praes. Od. ξ, 149; 4, 34 [**290**]: φημί 2.

2) φῆσθα (< ἔφεσθα, ἔφης) 2 Sing. Imprf. Il. φ, 186 [**291**]: φημί 2.

φήσι(ν) (< φατί) 3 Sing. Praes. Il. α, 321; ε, 119; ξ, 366: φημί 2.

1) φήσω Fut. -ομεν Eur. Alc. 238; Pl. Theaet. 195; Eur. Hel. 1065; I. T. 1033; Dem. 20, 56; 54, 35; -ετε Dem. 9, 17; -ουσι Eur. Hipp. 980: φημί 2.

2) φήσω Conj. vgl. φήσῃς -ωμεν Pl. Rep. 479, b; Isocr. 1, 49; -ωσι Dem. 56, 49: φημί 2.

φθαίη 3 Sing. Opt. Aor. 2 Il. ν, 815; Ap. Rh. 1, 1189; 4, 1766: φθάνω 5.

φθαίης 2 Sing. Opt. Aor. 2 Ar. Av. 1018: φθάνω 5.

φθαίησι (< φθαίη) 3 Sing. Opt. παρα- Il. κ, 346 [**73**]: φθάνω 5.

φθάμενος Part. Med. Il. ε, 119; ν, 387; φ, 576; Hes. Op. 568: ὑπο- Qu. Sm. 1, 729; 7, 178: φθάνω 5.

φθάν 3 Plur. Aor. 2 st. ἔφθησαν Il. λ, 51: φθάνω 5.

φθαϱ(ην) Aor. Pass. -ῶμεν δια- Thuc. 3, 56; φθαϱῆναι Soph. O. T. 1502; δια- Thuc. 6, 18; Isocr. 6, 40; Dem. 18, 247; φθαϱείς Soph. Phil. 506; -έντες Aesch. Pers. 451; -τας Thuc. 8, 73 (**245**): φθείϱω 6.

φθαϱέομαι Fut. 2 Her. 8, 168; 9, 42: φθείϱω 6.

φθαϱήσομαι Fut. Med. Hippocr. 1, 598; -εται in ἀπο- H. F. 1290; δια- in -εσθαι Thuc. 8, 75; -ονται Isocr. 4, 124: φθείϱω 6.

φθάς Part. Aor. 2 Her. 3, 71; παϱα- Qu. Sm. 13, 447; φθάσας Thuc. 3, 82; Dem. 15, 8; 21, 141; φθάσαντος Aesch. Pers. 752; -αντες Thuc. 4, 127: φθάνω 5.

1) φθάσω Fut. Xen. Cyr. 5, 4, 38; 7, 1, 19: φθάνω 5.

2) φθάσω Conj. Aor. -ωμεν φθάσῃ Dem. 6, 19; 8, 15; Eur. Phoen. 975; -ωσι Thuc. 3, 69. 83: φθάνω 5.

φθέγγεο 2 Sing. Imprf. Il. κ, 67: φθέγγομαι 7.

φθεγγώμεθα 1 Plur. Conj. Praes. Od. κ, 228: φθέγγομαι 7.

φθεγκτός Vb. Plut. M. 1017: φθέγγομαι 7.

φθεγξ(αμην) Aor. Med. -ηται Her. 3, 84; -ώμεθα Ar. Ran. 212; -ωνται Pl. Rep. 505, c: φθέγγομαι 7.

φθέγξαι Inf. Aor. Pind. N. 5, 52; Eur. Hipp. 300: φθέγγομαι 7.

φθεγξαίμην Opt. Aor. Med. -αιτο Eur. Or. 1336; Dem. 21, 79: φθέγγομαι 7.

---

1 (ent)fliehen. 2 sagen, reden, (ver)sprechen, versichern. 3 aussprechen, durch's Gerücht verbreiten. 4 an's Licht bringen, anzeigen, verkündigen; *Pass.* leuchten, glänzen, erscheinen, sich zeigen, kommen. 5 zuvorkommen, zuvorthun. 6 verderben, entkräften, verwüsten; vernichten, tödten.

φθεγξαμένη Fem. Part. Aor. 1 Il. ω, 170: φθέγγομαι 7.
φθεγξάμενος Part. Aor. 1 Med. Il. κ, 139; λ, 603; Isocr. 10, 13; 11, 48: φθέγγομαι 7.
φθέγξασθαι Inf. Aor. Pl. Phaed. 93, a; Isocr. 15, 192; Dem. 21, 95: φθέγγομαι 7.
φθέγξασθε Imper. Aor. Eur. I. T. 1073: φθέγγομαι 7.
φθέγξατο 3 Sing. Aor. 1 Med. Il. φ, 213: φθέγγομαι 7.
φθέγξομαι Fut. Med. Il. φ, 341; Pind. O. 1, 36; Theocr. 17, 138; -εται Dem. 19, 217; -όμεθα Pl. Soph. 227, d: φθέγγομαι 7.
φθειρ- Aor. -ειεν δια- Thuc. 3, 74; -ειαν Isocr. 15, 252; φθείρας in ἀπο- Aesch. Ch. 258; φθείρασα Thuc. 1, 23: φθείρω 6.
φθέρσω (< φθερῶ) Fut. ep. διαφθέρσει Il. ν, 625: διαφθείρω 6.
φθερῶ (< φθέρσω) Fut. ἀπο- Eur. Suppl. 1106; δια- Med. 1055: (ἀπο-, δια-)φθείρω 6.
φθέωμεν 1 Plur. Conj. Aor. 2 Il. ψ, 805: φθάνω 5.
φθέωσιν 3 Plur. Conj. Aor. 2 Od. π, 383; ω, 437: φθάνω 5.
φθῆ 3 Sing. Aor. 2 Od. χ, 91: φθάνω 5.
φθῇ (< φθήῃ) 3 Sing. Conj. Aor. 2 Eur. Andr. 990; Or. 1220; Pl. Euthyd. 275, b: φθάνω 5.
φθήῃ (< φθῇ) 3 Sing. Conj. Aor. 2 Il. π, 861: φθάνω 5.
φθῆναι Inf. Aor. 2 Thuc. 3, 89; Isocr. 3, 22; προ- Eur. Phoen. 1385: φθάνω 5.
φθῆς 2 Sing. Aor. Pl. Pol. 266, b: φθάνω 5.
φθήσομαι Fut. Med. Il. ψ, 444; -εσθαι Thuc. 5, 10; -ονται 7, 15; 8, 12; Isocr. 4, 79 (*381*): φθάνω 5.
φθίεται 3 Sing. Conj. für φθίηται Il. ν, 173: φθίω, φθίνω 8.
φθίῃς 2 Sing. Conj. Praes. Od. β, 368: φθίω, φθίνω 8.
φθίμενος Part. Aor. 2 sync. Il. θ, 359; Hym. 5, 482; Aesch. Ch. 364; -μένου Il. π, 581; Pind. 10, 59; -οιο Od. λ, 558; -ον Eur. Alc. 899; -ων Hec. 137; -ην Alc. 80; -ης 278; -μένοις Xen. Cyr. 8, 7, 18: φθίω, φθίνω 8.
φθίμην 1 Sing. Aor. 2 sync. Med. Od. κ, 51: φθίω, φθίνω 8.
φθινήσαντες Part. Aor. Luc. Paras. 57; κατα- Pl. M. 117: καταφθίνω 8.
φθινύθεσκε Imprf. iter. Il. α, 491; Qu. Sm. 7, 231: φθινύθω 8.
φθίνυθον Imprf. Il. ρ, 364: φθινύθω 8.
φθινύθω Praes. Od. σ, 204; -ει Qu. Sm. 11, 277; -ουσιν Od. α, 250; π, 127; -ουσαι Ap. Rh. 4, 900: φθινύθω 8.
φθιόμεσθα 1 Plur. Conj. Aor. 2 für φθιώμεσθα Il. ξ, 87: φθίω, φθίνω 8.
φθισ- Aor. -η Qu. Sm. 3, 454; -ωμεν Od. π, 369; -ον Soph. O. T. 202; -εις in ἀπο- Hes. Op. 664; κατα- Qu. Sm. 3, 482: φθίω, φθίνω 8.
φθῖσαι Inf. Aor. Od. δ, 741; π, 428; φθίσαι mit kurzem ι, ἀπο- Soph. Tr. 709; 1045: φθίω, φθίνω 8.
φθῖσαν 3 Plur. Aor. 2 Od. υ, 67: φθίω, φθίνω 8.
φθίσας Part. Aor. Aesch. Eum. 172; Soph. Tr. 1043; κατα- Aesch. Eum. 727: φθίω, φθίνω 8.
φθίσασθαι Inf. Aor. Med. ἀπο- Qu. Sm. 14, 545: φθίω, φθίνω 8.
φθίσειαν 3 Plur. Opt. Aor. 1 Ap. Rh. 4, 1292: φθίω, φθίνω 8.
φθίσεσθαι Inf. Fut. Med. Il. τ, 329; ω, 86; Od. ν, 384; vgl. φθίσομαι: φθίω, φθίνω 8.
φθίσθαι Inf. Aor. 2 sync. Pass. Il. ι, 246; ν, 667; Od. ξ, 117; ο, 354 [*150*]: φθίω, φθίνω 8.
φθίσθω 3 Sing. Imper. Aor. 2 Med. Ap. Rh. 3, 778; ἀπο- Il. θ, 429: (ἀπο)φθίω, -φθίνω 8.
φθίσομαι Fut. Med. -όμεθα Qu. Sm. 10, 36; -ονται Il. λ, 821: φθίω, φθίνω 8.
φθίσω Fut. -ει Il. χ, 61; -ειν π, 461; ἀποφθισειν Soph. Ai. 1027: (ἀπο)φθίω 8.
φθῖτο (< ἔφθιτο Eur. Alc. 422) 3 Sing. Opt. Aor. 2 sync. Pass. Od. λ, 330 (> φθεῖτ-): φθίω, φθίνω 8.
φθιτός Vb. Aesch. Pers. 523; ἄφθιτος Il. β, 186: φθίω, φθίνω 8.
φθονέεις 2 Sing. Praes. Od α, 346; -εει Hes. Op. 26; -έωσι Il. δ, 55;

---

7 schreien, brüllen; (er)tönen, (er)klingen. 8 hinschwinden, verzehrt werden, umkommen, sterben; *trans.* aufreiben, verzehren, verderben. 9 beneiden, missgönnen, vorenthalten, wehren.

-έοιμι Od. λ, 381; τ, 348; -οῦ Dem. 42, 22: φθονέω 1.

φθονεσ- (< φθονησ-) Aor. vgl. ἐφθόνησα: φθονέω 1.

φθονηθ(ην) Aor. Pass. -θείη Eur. El. 30: φθονέω 1.

φθονηθήσομαι (< φθονήσομαι) Fut. Pass. Xen. Hier. 11, 15: φθονέω 1.

φθονησ- (<φθονεσ-)Aor. -ῃς Aesch. Prom. 584; Pl. Prot. 320, c; -ωσιν Isocr. 15, 142; -ειε Isocr. 19, 23. 45: φθονέω 1.

φθονήσομαι(<φθονηθήσομαι)Fut. Med. [Dem.] 47, 70: φθονέω 1.

φθονήσω Pl. Prot. 320, c; Isocr. 15, 62: φθονέω 1.

φίλαι Imper. Il. κ, 280: φίλομαι, φιλέω 2.

φίλαιτο Aor. Med. Ap. Rh. 3, 1002: φίλομαι, φιλέω 2.

φῑλάμενος Part. Aor. 1 Med. Anth. Ap. 317: φίλομαι, φιλέω 2.

φιλάσας Part. Aor. Pind. N. 7, 29 (> jetzt φιλήσαντ'): φιλέω 2.

φίλασε Aor. dor. Pind. P. 2, 30; 9, 34 (< jetzt ἐφίλησε): φιλέω 2.

φίλατο 3 Sing. Aor. 1 Med. Il. υ, 304: φίλομαι, φιλέω 2.

φιλέει 3 Sing. Praes. Her. 3, 82: φιλέω 2.

φιλέειν Inf. Theocr. 23 (29), 4 [*170*]: φιλέω 2.

φιλέεσκε Imprf. iter. Il. γ, 388; ζ, 14. 15; Od. α, 264; Anth. 5, 285: φιλέω 3.

φιλέῃσιν 3 Sing. Conj. Od. ο, 70: φιλέω 2.

φίλειμι (< φίλεμμι) Praes. böot. st. φιλέω: φιλέω 2.

φιλείς Part. als dorisch erwähnt in Et. M. p. 20. 30: φιλέω 2.

φίλεμμι Praes. aeol. st. φιλέω aus Heracl. angeführt von Eust. p. 1408, 1; bezw. v. Ahr. de Dial. aeol. p. 60, 51.

φιλεόντων 3 Plur. Imper. att. für φιλείτωσαν Od. ω, 485: φιλέω 2.

φιλεῦντι Praes. dor. Theocr. 5, 80; -εῦντας [*180*]: φιλέω 2.

φιληθ(ην) Aor. Pass. Eur. Hec. 100; Theocr. 12, 15: φιλέω 2.

φίλημ(ι) Praes. Sappho Fr. Athen. 15, 687, a (> φίλεμμι): φιλέω 2.

φιλήμεναι Inf. st. φιλῆναι nach Eust. 1269 Il. χ, 269: φιλέω 2.

φιλησ- Aor. -αιμ' Eur. Cycl. 581: φιλέω 2.

φίλησα Aor. Il. γ, 207: φιλέω 2.

φιλήσεαι 2 Sing. Fut. Med. Od. ο, 281: φιλέω 2.

φιλησέμεν Inf. Fut. Od. δ, 171: φιλέω 2.

φίλησθα 2 Sing. Praes. aeol. Sapph. 25 (89); -εισθα (Ahrens, Bergk): φιλέω 2.

φιλήσομαι Fut. Med. pass. Od. α, 123; ο, 281; Antiph. 1, 19: φιλέω 2.

φιλήσω Fut. Soph. O. C. 1131: φιλέω 2.

φιλοίη 3 Sing. Opt. Praes. [*188*]: φιλέω 2.

φιλοφρονήσθ(ην) Aor. Pass. neben -σάμην schwankend zwischen med. u. pass. Bed. (*385*): φιλοφρονέω 3.

φιλοτιμηθ(ην) Aor. Pass. bei Sp. wie Herod. 1, 13: φιλοτιμέω 13.

φιλοτιμήσομαι Fut. Pl. Phaedr. 234, a: φιλοτιμέω 13.

φιλοφρονησα(μην) Aor. Med. neben -σαμην schwankend zwischen med. u. pass. Bedeut. (*385*): φιλοφρονέω 3.

φιλοφρονήσομαι Fut. Med. Luc. Tim. 48: φιλοφρονέω 3.

φίλωνται 3 Plur. Conj. Aor. 2 Med. Hom. Hym. in Cer. 117; Hes. Th. 97: φίλομαι, φιλέω 2.

φιτυσ- Aor. -ας Soph. Ai. 1296; Tr. 311; Eur. Alc. 1137; -ῦσαι Aesch. Prom. 233; Pl. Crit. 879, d: φιτύω 4.

φῑτῡσαιο 3 Sing. Opt. Aor. 1 Med. Ap. Rh. 4, 805: φιτύω 4.

φῑτῡσατο 3 Sing. Aor. 1 Med. Hes. Th. 986: φιτύω 4.

φιτύσομαι Fut. Med. -εαι Mosch. 2, 160: φιτύω 4.

φιτῡσω Fut. Eur. Alc. 294: φιτύω 4.

φλάσαν 3 Plur. Aor. Pind. N. 10, 68: φλάω 5.

φλασθ(ην) Aor. Pass. -θῇ Hippocr. 2, 123. 187; -ῆναι 3, 208. 358; -θείς 3, 359. 297. 661: φλάω 5.

φλᾰ́σω Fut. Hippocr. 3, 358: φλάω 5.

φλᾶται 3 Sing. Hippocr. 2, 657; 3, 131: φλάω 5.

---

1 beneiden, missgönnen, vorenthalten, wehren. 2 lieben, gutheissen, billigen. 3 freundlich, liebreich begegnen. 4 säen, pflanzen, zeugen. 5 quetschen, zerdrücken, zerschmettern, zermalmen. 6 brennen, *trans.*

φλεγ(ην) Aor. 2 Pass. -εῖσα in ἀνα- Luc. De Dipsad. 2; -είη Anach. 26; Anth. 12, 178: φλέγω 6.

φλεγεθοίατο 3 Plur. Opt. ion. für φλεγέθοιντο Il. ψ, 197: φλεγέθω 6.

φλέγεσθον Dual. Soph. O. C. 1695: φλέγω 6.

φλέγεται 3 Sing. Praes. Med. Pind. N. 10, 2: φλέγω 6.

φλεκτός Vb. ἄφλεκτος Eur. Hel. 1334: φλέγω 6.

φλεξ- Aor. -ον Aesch. Prom. 582; καταφλέξαι Ap. Rh. 4, 392; ἐπι- Thuc. 2, 77: φλέγω 6.

φλέξω Fut. Anth. 5, 1579; φλέξειν Ap. Rh. 3, 582; ἐπι- Incert. Id. 8 (Mosch. 4), 109: φλέγω 6.

φλεχθ(ην) Aor. 1 Pass. -θείη Hom. Epigr. 14, 23; καταφλεχθέντα Thuc. 4, 133: (κατα)φλέγω 6.

φλίβεται 3 Sing. Praes. Pass. Theocr. 15, 76: φλίβω 7.

φλιβόμενος Part. Pass. Hippocr. 2, 119: φλίβω 7.

φλίψεται 3 Sing. Fut. Od. ρ, 221 (> jetzt θλίψεται): φλίβω 7.

φλυβῇ Aor. Pass. ἐκ- Hippocr. 2, 113: φλίβω 7.

φλῦξαι Inf. Aor. ἐκ- Ap. Rh. 1, 275: φλύζω 8.

φλώμενος Part. Hippocr. 3, 302: φλάω 5.

φλῶσι Conj. Ar. Plut. 784: φλάω 5.

φοβέαι 2 Sing. Praes. st. φοβέεαι Her. 1, 39: φοβέω 9.

φοβέεσκον Imprf. iter. Hes. Sc. 142: φοβέω 9.

φοβείσθω 3 Sing. Imper. Qu. h. conscr. s. 38: φοβέω 9.

φόβεο Imper. st. φοβέεο Her. 1, 39; 7, 52: φοβέω 9.

φοβεόμενος Part. Praes. Il. θ, 149: φοβέω 9.

φοβέοντο Imprf. Il. ζ, 41; π, 304; φ, 4: φοβέω 9.

φοβεόντων Imper. st. φοβείτωσαν Her. 7, 235: φοβέω 9.

φοβήθ(ην) Aor. Pass. -θῇς Eur. Andr. 994; Menander Fr. Com. 4, 272; -θῆναι Pl. Leg. 835, d; -θέντες Xen. Hell. 7, 3, 5; -θέντα Pl. Ap. 32, c; -θεῖσαι Thuc. 6, 21: φοβέω 9.

φόβηθεν 3 Plur. Aor. 1 Pass. Il. π, 163: φοβέω 9.

φοβηθήσομαι (< φοβήσομαι) Fut. Pass. (**374**): φοβέω 9.

φόβησα (< ἐφόβησα) Aor. Il. υ, 187: φοβέω 9.

φοβήσομαι Fut. Med. Luc. Philops. 20; Pl. Ap. 29, b (> φοβηθήσομαι) (**374**): φοβέω 9.

φοβητέον Vb. Pl. Rep. 452, b: φοβέω 9.

φοβοῦμαι Praes. Med. Soph. Ai. 229; Eur. Heracl. 766: φοβέω 9.

φοινίξω Fut. Her. 8, 77: φοινίζω, φοινίσσω 10.

φοινίσσεται 3 Sing. Praes. Med. Bion. 1, 24: φοινίζω, -ίσσω 10.

φοινίχθη Aor. Pass. Ap. Rh. 3, 725; -ησαν Qu. Sm 9, 179: φοινίζω 10.

φοίτεσκον Imprf. iter. bei Athen. 12, 526: φοιτάω 11.

φοιτέωσι (< φοιτῶσι, φοιτέουσι) 3 Plur. Praes. [**199**]: φοιτέω 11.

φοιτῆν Inf. Praes. Hippocr.: φοιτάω 11.

φοιτήτην 3 Dual. Praes. st. ἐφοιτάτην Il. μ, 266 [**193**]: φοιτάω 11.

φοιτῶσιν (< φοιτέωσιν) 3 Plur. Praes. Od. β, 182; Pl. Prot. 314, d: φοιτάω 11.

φορέεσκον (< φόρεον) Imprf. iter. Il. β, 770; Qu. Sm. 4, 281; 9, 293; 14, 294: φορέω 12.

φορέῃσι 3 Sing. Conj. Praes. Od. ι, 10: φορέω 12.

φόρεον (< φορέεσκον) Imprf. Od. χ, 448: φορέω 12.

φορέοντο Imprf. Ap. Rh. 4, 477: φορέω 12.

φορέσω (< φορήσω) Fut. sp. V. T. Prov. 16, 23; N. T. 1 Cor. 15, 49; Schol. A. B. Il. ρ, 207: φορέω 12.

φορηθ(ην) Aor. Pass. -θῶ in δια- Ar. Av. 355; -θῆναι: φορέω 12.

φορήμεναι (< φορέειν, φορῆναι) Inf. Il. ο, 310: φορέω 12.

φορῆναι (< φορέειν, φορήμεναι) Inf. Il. β, 107; 7, 149: φορέω 12.

---

anzünden, verbrennen. 7 drücken, pressen, (be)drängen. 8 übersprudeln, fluthen, aufwallen. 9 scheuchen, in Schrecken setzen. 10 röthen, roth werden, erröthen. 11 (hin u. her, herum)gehen, umherrasen, schwärmen. 12 fortwährend, gew. tragen, von Kleidern, *Med.* zu sich nehmen, essen. 13 Ehrliebe, Ehrgeiz haben.

φορήσομαι Fut. Med. Plut. Mor. p. 398, d: φορέω 1.
φορήσω (< φορέσω) Fut. Xen. de Vect. 4, 32: φορέω 1.
φορητός Vb. Aesch. Prom. 979: φορέω 1.
φοροίη 3 Sing. Opt. Praes. st. φορέοι Od. ι, 320: φορέω 1.
φορύνετο (< ἐφορύνετο Qu. Sm. 2, 356) Imprf. Od. χ, 21: φορύνω 2.
φραγήσομαι Fut. Med. N. T. 2 Cor. 11, 10; ἐμ- Galen. De Meth. Med. 5, 3, 314: φράσσω 3.
φράγνυσαι 2 Sing. Praes. Med. ἀπο- Soph. Ant. 241: φράγνυμι 3.
φράγνῦται 3 Sing. Praes. Med. Plut. Caes. 24: φράγνυμι 3.
φράγνῦτε 2 Plur. Praes. Anth. 7, 391: φράγνυμι 3.
φράζεαι 2 Sing. Praes. Med. Il. α, 554: φράζω 4.
φράζεο (< φράζευ) Imper. Il. ξ, 3. 470; π, 446; ρ, 144: φράζω 4.
φραζέσκετο Imprf. iter. Hym. Ap. 168: φράζω 4.
φράζευ (< φράζεο) Imper. Il. ι, 251: φράζω 4.
φράζομαι Praes. Med. -όμεθα Od. γ, 129; λ, 510; -ονται Il. β, 14; Od. β, 367; -ώμεθα κ, 199; -εσθα β, 168: φράζω 4.
φραξ- Aor. φρᾶξαι Pind. I. 1, 66; -αντες in ξυμ- Xen. Hell. 1, 1, 7; φράξασαι in ἐμ- Thuc. 7, 34: φράσσω 3.
φραξαμ(ην) Aor. Med. Il. ο, 566; -ηται in ἐμ- Luc. Tim. 19; -ασθαι in ἀπο- Thuc. 8, 104; φραξάμενος -οι Hom. Batr. 166; Luc. Nigr. 19, 57: φράσσω 3.
φρασ- Aor. -αιμι Soph. Phil. 551; Ar. Av. 1544; -ειας Soph. Phil. 1222; Eur. I. T. 505; Ar. Av. 121; -ειε Soph. O. C. 1657; -ον Aesch. Pers. 333; Soph. El. 1346; Eur. Cycl. 102; φράσαι Pind. O. 2, 100; Soph. Ant. 1060; O. C. 35; Ai. 1265; Her. 5, 66; φράσας Soph. El. 1102; Thuc. 6, 58; Pl. Euthyd. 10, a: φράζω 4.
φρασάτην 3 Dual. Aor. Hes. Th. 892: φράζω 4.
φράσασθαι (< φράσσασθαι) Inf. Aor. Med. Her. 1, 48; 5, 9: φράζω 4.
φράσατο (< φράσσατο) 3 Sing. Aor. Med. Il. κ, 339: φράζω 4.
φράσεν Aor. Aesch. Ag. 231: φράζω 4.
φρασθ(ην) Aor. Pass. -θείς Her. 7, 46: φράζω 4.
φράσομαι (< φράσσομαι) Fut. Med. Il. ο, 234; Od. τ, 501: φράζω 4.
φρασσαίμην Opt. Aor. Med. -αιο Man. Ap. 6 (3), 705; -αιτ' 2 (1), 83; ἐπι- 6 (3), 18: φράζω 4.
φρασσάμην Aor. Med. -αντο Il. ο, 671; -ατο ψ, 126; Od. ω, 391; Qu. Sm. 11, 143; φράσσηται Od. ω, 217; -ασθαι Hes. Sc. 218; Th. 471; ἐπι- Ap. Rh. 3, 720: φράζω 4.
φράσσαοθαι Inf. Aor. Med. Her. 3, 57 (Orac.): φράζω 4.
φράσσατο (< φράσατο) 3 Sing. Aor. Med. Il. ψ, 126; -αντο Od. ω, 391: φράζω 4.
φράσσεν (< φράσεν) Aor. Hes. Fr. 125: φράζω 4.
φράσσομαι (< φράσομαι) Fut. Med. -ομεθ' Od. ψ, 140; -εται in συμ-: φράζω 4.
φραστέος Vb. [Pl.] Epist. 312, d: φράζω 4.
φραστός Vb. ἄφραστος Aesch. Suppl. 94: φράζω 4.
φράσω Fut. Aesch. Prom. 824; Eur. I. A. 113; Ion. 816; Phoen. 95; Pl. Phil. 25: φράζω 4.
φραχθ(ην) Ar. Pass. -θέντες Il. ρ, 268; φράχθεν Qu. Sm. 10, 47; φραχθῇ in ἀπο- Hippocr. 2, 150. 666: φράζω 4.
φρείς Part. Aor. ἐπεισ- Eur. Fr. Phaeth. 2, 50: φρέω 5.
φρές Imper. wie von φρῆμι Simonid. Fr. 83 (Sch.): φρέω 5.
φρήσεσθαι Fut. Med. εἰσ- Dem. 8, 15: εἰςφρέω 5.
φρήσω Fut. Ar. Vesp. 156: φρέω 5.
φριξ- Aor. -αν Pind. I. 1, 13: φρίξας Od. τ, 446; Eur. Suppl. 31; φρίξειεν Nonn. 1, 19; 2, 240: φρίσσω 6.
φρονέεις 2 Sing. Praes. Il. ξ, 195; σ, 426; Od. ε, 89; φρονέοντες Il.

---

1 fortwährend, gewöhnl. tragen, von Kleidern; *Med.* zu sich nehmen, essen. 2 einrühren, kneten. 3 aneinander drängen, vollstopfen; umzäunen, einhegen; *Med.* sich verwahren, schützen. 4 anzeigen, angeben; heissen, befehlen; *Med.* wahrnehmen. 5 durchlassen. 6 rauh und uneben

ϑ, 553; π, 258; σ, 567; -έοντε υ, 345; -όντων ι, 554; ξ, 217: φρονέω 7.
φρονέησι 3 Sing. Praes. Od. ζ, 313; η, 74. 75: φρονέω 7.
φρονηϑ(ην) Aor. Pass. -ϑεῖμεν in κατα- Isocr. 15, 219: φρονέω 7.
φρονησ- Aor. -ῆσαι Soph. Phil. 1098: φρονέω 7.
φροντιοῦμαι Fut. Med. Eur. I. T. 343: φροντίζω 12.
φροντιῶ Fut. att. Eur. I. T. 344; Tro. 1234; Xen. Mem. 2, 1, 24: φροντίζω 12.
φρονῶ 1 Sing. Praes. Soph. Ai. 1088: φρονέω 7.
φρουρήσομαι Fut. Med. Eur. Ion. 605: φρουρέω 8.
φρουρήσω Fut. Soph. El. 1402; Eur. El. 695: φρουρέω 8.
φρύγῃ 3 Sing. Conj. Aor. 2 Pass. Hippocr. 3, 214: φρύγω 9.
φρυξ- Aor. -ας Cratin. Fr. Com. 2, 95: φρύγω 9.
φρύξω (< φρυξῶ) Fut. Her. 8, 96 Oracl.: φρύγω 9.
φρυξῶ (< φρύξω) -ει Theocr. 7, 65: φρύγω 9.
φρυχϑ(ην) Aor. 1 Pass. -ϑῆναι Hom. Epigr. 14, 4: φρύγω 9.
φρῶ Praes. ἐπεισ- Eur. Alc. 1056; ἐκ- Soph. Fr. 294: φρέω 5.
φῦ 3 Sing. Aor. 2 ἐν- Il. ζ, 253. 406: φύω 10.
φυγέειν (< φυγεῖν) Inf. Fut. Il. β, 393; Ap. Rh. 4, 739: φεύγω 11.
φυγεῖν (< φυγέειν) Inf. Fut. Il. β, 401; Pl. Tim. 86, c: φεύγω 11.
φύγεν 3 Sing. Aor. 2 Od. α, 64; κ, 131 Γ*; Ap. Rh. 4, 1501: φεύγω 11.
φύγεσκε Imprf. iter. Od. ρ, 316: φεύγω 11.
φύγῃ (< φύγῃσιν) 3 Sing. Conj. Aor. 2 Il. φ, 103: φεύγω 11.
φύγῃσιν (< φύγῃ) 3 Sing. Conj. Aor. 2 Il. ε, 258: φεύγω 11.
φύγητε 2 Plur. Conj. Aor. 2 Soph. Phil. 789: φεύγω 11.
φύγοι 3 Sing. Opt. Il. ξ, 507: φεύγω 11.
φύγοιεν Opt. Aor. 2 ἀπο- Xen. Hipp. 5, 1: φεύγω 11.
φύγοιμεν 1 Plur. Opt. Aor. 2 Il. α, 60: φεύγω 11.
φύγοιμι 1 Sing. Opt. Od. ξ, 312; Pl. Ap. 19, c; -μ' Aesch. Prom. 906: φεύγω 11.
φύγον Aor. 2 Od. ζ, 170; -ομεν μ, 260: φεύγω 11.
φυγοντ- Stammform des Part. Aor. 2 φυγών; -τι Od. ρ, 47; -τα π, 21: φεύγω 11.
φυγοῦσα Fem. Part. Aor. Xen. Hell. 1, 6, 22; προ- Theocr. 20 (22), 27: φεύγω 11.
φυγών Part. Aor. κατα- Thuc. 5, 60: φεύγω 11.
φύεν 3 Sing. Imprf. Il. ξ, 347: φύω 10.
φυέν Part. Men. bei Stob. 36, 12; Hippocr. 1, 404: φύω 10.
φύεσϑαι Inf. Med. Pl. Phaedr. 251, b: φύω 10.
φύῃ 3 Sing. Conj. Aor. 2 Geop. 15, 1, 2; ἐμφύῃ Xen. Hier. 7, 3: φύω 10.
φυῇ Conj. Eur. Eurypt. 5; Pl. Rep. 415, c *B**: φύω 10.
φύην Opt. nach Buttm. bei Theocr. 15, 94 (φυῇ gewöhnl.; φυίη Spohn u. Herm. N. Lpz. L.-Z. 1007 n. 110, c. 1751: φύω 10.
φυῆναι Inf. Aor. 2 Pass. in einer Handschrift von Aesop. 197 ed. Fr. s. Valck. diatr. 262; Hippocr. 3, 51: φύω 10.
φυήσομαι (< φύσομαι) Fut. bei Sp. Geop. 2, 37: φύω 10.
φύηται 3 Sing. Conj. Med. Theocr. 8, 71 (68): φύω 10.
φυλακτέον Vb. Pl. Tim. 89, e: φυλάσσω 8.
φυλακτέος Vb. Soph. O. C. 1180: φυλάσσω 8.
φυλαξ- Aor. -εν Il. π, 686; -ῃ Pl. Rep. 415, c; -ωμεν Leg. 783, c; φυλάξαι Pind. P. 4, 73; -ον Pl. Symp. 201, a: φυλάσσω 8.
φυλάξοιεν 3 Plur. Opt. Fut. Xen. Cyr. 7, 5, 14: φυλάσσω 8.
φυλάξομαι Fut. Med. auch pass. Soph. El. 1012; Phil. 48, 455; Eur. Med. 289; Rhes. 571; Xen. Oec. 4, 9 (374): φυλάσσω 8.
φυλάξω Fut. -εις Od. χ, 195; -ομεν Eur. Bacch. 497; I. A. 1028; Pl. Rep. 530, e: φυλάσσω 8.

---

sein, starren, sich emporsträuben. 7 gesinnt sein, gedenken, denken, Einsicht haben, klug sein. 8 wachen, bewachen, (be-, ver)hüten. 9 φρύγω, φρύσσω dörren, rösten, braten. 10 (er)zeugen; *intr.* entstehen; *Pass.* entstehen, sein, pflegen. 11 (ent)fliehen. 12 sinnen, (nach)denken, sorgen für...

φυλάσσεσθαι Inf. Hes. Op. 692; Aesch. Suppl. 763: φυλάσσω 1.
φυλάσσεται 3 Sing. Praes. Med. Soph. Ai. 539: φυλάσσω 1.
φυλαχθ(ην) Aor. Pass. -θῆναι Dem. 21, 3; Luc. Pisc. 15; -θῇ Hippocr. 3, 751; -θείη in δια- Xen. Cyr. 8, 1, 2: φυλάσσω 1.
φύμεναι Inf. Praes. Theocr. 20 (25), 39: φύω 2.
φύν Neutr. Aor. 2 Pl. Leg. 771, b: φύω 2.
φῦν (< φῦναι) Inf. Aor. 2 Parm. nach Buttmann antiquar. Stud. u. Ausführl. Sprachl.: φύω 2.
φῦναι (< φυῆναι) Inf. Aor. Aesch. Ag. 1342; Soph. Ant. 721; Ai. 1375; O. C. 1225; Her. 1, 180; Xen. Cyr. 1, 2, 1: φύω 2.
φύντα Neutr. Plur. Part. Aor. 2 Pl. Pol. 273, e: φύω 2.
φύντας Acc. Plur. Part. Aor. 2 Pl. Alc. 120, e: φύω 2.
φύντες Nom. Plur. Part. Aor. 2 Xen. Ephes. 18, 13, bei Socella auch φῦντες betont.
φύντι Dat. Part. Aor. 2 Pl. Leg. 172, e: φύω 2.
φυόμενος -ν Part. Pl. Rep. 564, b; -η, -ην, -αι, -ων, -οις, -ους, -α Pl.: φύω 2.
φύον Neutr. Part. Pl. Phaedr. 251, c: φύω 2.
φυούσης Gen. Part. Praes.: φύω 2.
φυραθεῖσα (< ἐφυρήθην) Part. Aor. Pass. Pl. Theaet. 147, c: φυράω 3.
φυρασαμ(ην) Aor. 1 Med. -άμενος Ar. Nub. 979: φύρω 4.
φῦρσαι Inf. Aor. Ap. Rh. 2, 39: φύρω 4.
φύρσω Conj. Aor. Od. σ, 21: φύρω 4.
φυρτός Verb. Hesych.: φύρω 4.
φύς Part. Aor. 2 Soph. O. T. 1184; Pl. Rep. 396, c: φύω 2.
φυσ- Aor. 1 -ωσιν Eur. Suppl. 546; Luc. Deor. Cons. 10: φύω 2.
φῦσαι Inf. Aor. Ar. Av. 785: φύω 2.
φῦσι Dat. Pl. Part. Aor. 2 Pl. Rep. 431, c: φύω 2.
φύσομαι (< φυήσομαι) Fut. Med. -εται Aesch. Prom. 871; -εσθαι Pl. Leg. 831, a: φύω 2.
φυσῶσιν 3 Plur. Praes. Soph. Ai. 1412: φυσάω blasen.
φυτευθ(ην) Aor. 1 Pass. -θέντες Pind. P. 256; -θεῖσα Pl. Rep. 492, a: φυτεύω 5.
φύτευθεν 3 Plur. Aor. 1 Pass. Pind. P. 4, 123: φυτεύω 5.
φυτευσ- Aor. φυτεύσῃ Hes. Sc. 29; φυτεῦσαι Pl. Phaedr. 248, d; φυτεύσας Leg. 691, d; -αντας Soph. O. C. 1377: φυτεύω 5.
φυτευσ(αμην) Aor. Med. -μένω Xen. Mem. 1, 1, 8: φυτεύω 5.
φυτεύσεσθαι Inf. Fut. Pind. P. 4, 15: φυτεύω 5.
φυτεύσω Fut. Xen. Oec. 19, 13: φυτεύω 5.
φυτός Vb. Pind. P. 5, 42: φύω 2.
φυῶσι 3 Plur Conj. Pass. Pl. Rep. 597, c; Phaedr. 251, c: φύω 2.
φῶ 1 Sing. Conj. Aesch. Prom. 561; Ch. 91; Eur. I. A. 643; Hel. 656; [Dem.] Ep. 5, 4 (**332**): φημί 6.
φῶμεν Pl. Phil. 35, e; Rep. 274, c: φημί 6.
φῶσι 3 Plur. Conj. Dem. 8, 23; 38, 26; Pl. Gorg. 489, c; Luc. Herm. 33, 773: φημί 6.
φῶτε 2 Plur. Conj. Luc. Sup. Trag. 212: φημί 6.

X.

χάδε (< ἔχαδε) 3 Sing. Aor. 2 Il. λ, 462: χανδάνω 7.
χαδέειν Inf. Aor. 2 Il. ξ, 34: χανδάνω 7.
χάζεο 2 Sing. Imper. Il. ε, 440; π, 707; ρ, 13: χάζομαι 8.
χάζεσθε 2 Plur. Imper. Il. ο, 426: χάζομαι 8.
χάζετο 3 Sing. Imprf. Il. γ, 32; λ, 585; ξ, 408; ν, 165: χάζομαι 8.
χάζομες 1 Plur. Praes. dor. Bion. 7 (5c), 11: χάζω 8.

---

1 wachen, bewachen, (be-, ver)hüten. 2 (er)zeugen; *intr.* entstehen; *Pass.* entstehen, sein, pflegen. 3 einrühren, kneten; *Med.* (für) sich einrühren, kneten. 4 rühren, kneten, *gew.* besudeln. 5 (an)pflanzen; *Med.* (er)zeugen. 6 sagen, reden, (ver)sprechen, versichern. 7 (in sich) fassen, be-

χάζοντο 3 Plur. Imprf. Il. ε, 702; λ, 504: χάζομαι 8.
χαζώμεσθα 1 Plur. Conj. Praes. Il. ε, 34: χάζομαι 8.
1) χαῖρε (< ἔχαιρε) Imprf. Il. κ, 277 Γ*: χαίρω 9
2) χαῖρε Imper. sei gegrüsst Il. κ, 462: χαίρω 9.
χαίρεσκον Imprf. iter. Il. σ, 259; Od. μ, 380: χαίρω 9.
χαιρήσω Fut. -εις Pl. Phil. 21, c; -εις Ar. Plut. 60; -ετον Equ. 235; -ειν Il. ν, 360; Andoc. 1, 101: χαίρω 9.
χαιρόντων Imper. st. χαιρέτωσαν Eur. H. F. 575: χαίρω 9.
χαλασ- Aor. -ωσι Pl. Rep 329, c; -ον Men. 86, e: χαλάω 10.
χαλάσω Fut. Suid.: χαλάω 10.
χαλεπαίνομαι Praes. Pass. Pl. Rep. 337, a; Xen. Cyr.: χαλεπαίνω 11.
χαλεπανθ(ην) Aor. 1 Pass. -ῇς Xen. Cyr. 3, 1, 38: χαλεπαίνω 11.
χαλεπανῶ Fut. -οῦμεν Pl. Rep. 383, c; Pl. Rep. 480: χαλεπαίνω 11.
χαλεπῆναι Inf. Aor. Il. σ, 108: χαλεπαίνω 11.
χαλεπήνῃ 3 Sing. Conj. Aor. Il. π, 386; σ, 183: χαλεπαίνω 11.
χαλεψ- Aor. χαλέψαι Ap. Rh. 4, 1504; Qu. Sm. 14, 60: χαλέπτω 12.
χανεῖν Inf. Aor. 2 Soph. Ai. 1227; Ar. Vesp. 342: χαίνω, χάσκω 13.
χανοῦμαι Fut. Med. ἐγ- Ar. Lys. 271; Equ. 1313 (**381**): χαίνω 13.
χανών Part. Aor. Il. π, 350; Od. μ, 350: χαίνω, χάσκω 13.
χαραξ- Aor. -η Nonn. 5, 227; -ας 1, 6: χαράσσω 14.
χαρασσέμεναι Inf. Praes. Hes. Op. 571: χαράσσω 14.
χαράσσομαι Praes. Pass. Aesch. Pers. 683: χαράσσω 14.
χαρείη 3 Sing. Opt. Aor. Pass. Il. ζ, 481: χαίρω 9.
χαρεῖσα Fem. Part. Aor. 2 Pass. Eur. I. A. 1525; Ar. Nub. 274: χαίρω 9.
χαρέντες Part. Aor. 2 Pass. Il. κ, 541: χαίρω 9.
χάρη (< ἐχάρη) Aor. nach Analogie der Verba auf -μι (**280**) Il. ε, 682; ν, 609; -έντες κ, 541; -είς Pind. I. 5, 10; -εῖσα Eur. I. A. 1525: χαίρω 9.
χαρῆναι Inf. Aor. 2 Pass. Simonid. 82: χαίρω 9.
χαρήσομαι Fut. Med. Luc. Philop. 24; συγ- Polyb. 30, 10; Schol. B. L. zu Il. α, 254; V. T. Hab. 1, 15; 3, 17; N. T. Ioann. 16, 22: χαίρω 9.
χαρησσοῦμαι Fut. Gregor. Cor. 262: χαίρω 9.
χαριοῦμαι Fut. Med. Ar. Thesm. 756; Pl. Prot. 360, e; -εῖσθον Pl. Euthyd. 275, c; -εῖσθε Thuc. 3, 40; -οῦνται Dem. 9, 64: χαρίζομαι 15.
χαρισα(μην) Aor. Med. -σαι Pl. Prot. 335, d; -σασθον Euthyd. 274, d; -σωμαι Isocr. 10, 30; -αίμην Menex. 236, d; -αιο Xen. Cyr. 3, 1, 29; -αιτο Dem. 19, 48: χαρίζομαι 9.
χαριστέον Vb. Pl. Phaedr. 227, c: χαρίζομαι 15.
χαρτός Vb. Soph. El. 1457; Pl. Prot. 338: χαίρω 9.
χαρῶ (< χαιρήσω, -ήσομαι, κεχαρήσω, -ήσομαι) N. T. Apoc. 11, 10: χαίρω 9.
χασμήσασθαι Inf. Aor. Aristot. Probl. 11, 44: χασμέω verletzen.
χασσάμενος Part. Aor. Il. δ, 535; ε, 626; ν, 148: χάζομαι 9.
χάσσασθαι Inf. Aor. Med. Il. μ, 172; δια- Xen. Cyr. 4, 1, 31: χάζομαι 8.
χάσσατο (< ἐχάσσατο) 3 Sing. Aor. Il. ν, 193: χάζομαι 8.
χάσσομαι -ονται 3 Plur. Fut. Il. ν, 153: χάζομαι 8.
χατέουσι 3 Plur. Praes. Il. ι, 518; Od. ω, 280: χατέω 17.
χεα(μην) Aor. χέασθε in ἐγ- Pherecrat. Fr. Com. 2, 298: χέω 16.
χέαι Inf. Aor. συγ- Eur. Hipp. 813: χέω 16.

---

greifen. 8 weichen, zurückgehen, sich zurückziehen. 9 sich freuen, heiter, fröhlich sein. 10 (nach-, los)lassen; *Pass.* erschlaffen. 11 schwierig sein, hereinbrechen von Gewittern, grollen, zürnen. 12 bedrücken, verfolgen, verletzen, beschädigen. 13 gähnen, klaffen. 14 eingraben, zerschneiden. 15 angenehmes erweisen, willfahren; angenehm lieb sein. 16 (aus-, er-, ver)giessen; (aus-, auf)schütten. 17 verlangen, begehren.

χέαιμι Opt. Aor. συγ- Eur. Hipp. 1063; ἐγ- Ar. Ach. 1055: χέω 1.
χεάντες (< χεύαντες) Part. Aor. Luc. De Merced. 28, 687: χέω 1.
1) χέας 2 Sing. Aor. für συνέχεας Il. ω, 366: χέω 1.
2) χέας Part. Aor. ἐγ- Xen. Cyr. 1, 3, 9; Pl. Symp. 214, a: χέω 1.
χέασα Part. Aor. κατα- Ar. Thesm. 487; ἐγχέασα Diphil. Fr. Com. 4, 424; χέασαι Qu. Sm. 3, 735: χέω 1.
χεάσθαι Inf. Aor. Med. Qu. Sm. 3, 555; Aesch. Pers. 220; Soph. O. C. 477; Ar. Vesp. 1020: χέω 1.
χεάτω Imper. Aor. ἐγ- Xen. Symp. 2, 23; Philem. 4, 6: χέω 1.
χέε Imprf. Il. ψ, 220: χέω 1.
χέει Fut. nicht contrahirt Il. ζ, 147; Hes. Op. 421: χέω 1.
χέῃ 3 Sing. Conj. Eur. Cycl. 329: χέω 1.
χέηται 3 Sing. Conj. Med. ἀμφι- Qu. Sm. 2, 231: χέω 1.
χεῖς 2 Sing. Fut. ἐπι- Ar. Pax. 169: χέω 1.
χείσομαι Fut. Od. σ, 17: χανδάνω 2.
χεῖτε Fut. Theocr. 1, 118: χέω 1.
χέομεν 1 Plur. Praes. Od. λ, 26 (> χεόμην Wolf): χέω 1.
χεόμενον Fut. att. Isocr. 6, 24 (*162*): χέω 1.
χέον Imprf. Od. λ, 588: χέω 1.
χεόν Imper. ἐγ- Eur. Cycl. 568: ἐγχέω 1.
χέοντες Part. Praes. Il. η, 426: χέω 1.
χέοντο 3 Plur. Imprf. Od. δ, 523: χέω 1.
χεσ- Aor. ἐγχείσας Ar. Eccl. 320; ἐγχείσαιμι 347: χέζω 3.
χεσα(μην) Aor. Med. -αιτο Ar. Equ. 1057: χέζω 3.
χεσεῖν Inf. Aor. Ar. Thesm. 570: χέζω 3.
χέσομαι (< gewöhnlich χεσοῦμαι) Fut. selten -ονται in κατα- Ar. Fr. Com. 2, 1011: χέζω 3.
χεσοῦμαι (< selten χέσομαι) Fut. Ar. Pax. 1235; Vesp. 941; ἐπι- Lys. 440: χέζω 3.
χέσω Fut. Anth. 7, 683: χέζω 3.
χέσω Conj. Aor. Eupol. Fr. Com. 2, 519: χέζω 3.
χεῦ' Aor. Od. δ, 584: χέω 1.
χευα(μην) Aor. Med. Qu. Sm. 10, 417: χέω 1.
χεῦαι Inf. Aor. Il. ψ, 45; Od. α, 291; κατα- Il. η, 461: χέω 1.
χεύαμεν 1 Plur. Aor. Od. ω, 81: χέω 1.
χεύαντες (< χέαντες) Part. Aor. Il. ψ, 257; Od. μ, 14: χέω 1.
χευάντων 3 Plur. Imper. für χευάτωσαν Od. δ, 214. 216: χέω 1.
χεύας (< χέας) Part. Aor. Od. γ, 384; φ, 314: χέω 1.
χεύατο (< ἐχεύατο) 3 Sing. Aor. Med. Il. σ, 24; Ap. Rh. 3, 291; Qu. Sm. 10, 417; 11, 291: χέω 1.
1) χεῦε Imper. Od. δ, 584: χέω 1.
2) χεῦε Imprf. Od. ι, 210: χέω 1.
χεῦντα Part. dor. ἐγ- Theocr. 10, 53: χέω 1.
χεῦον Imper. Od. β, 254: χέω 1.
χεύω (< χέω) Fut. Eur. El. 181 kann auch als Conj. Aor. gefasst werden: χέω 1.
χεύωσιν 3 Plur. Conj. Aor. Il. η, 86: χεύω 1.
χέω Fut. ἐκ- Eur. Suppl. 773; vergl. χεῖς: χέω 1.
χεῶ Fut. ἐκ- V. T. Jerem. 6, 11; N. T. Act. 2, 17: χέω 1.
χήρατο (< ἐχήρατο) 3 Sing. Aor. 1 Med. Il. ξ, 270: χαίρω 4.
χήσομαι Fut. nach Buttm. Lexil. Hom. Hym. Ven. 252: χέω 1.
χλάδοντας Part. Praes. Pind. P. 4, 179: χλάδω 5.
χολώσομαι (< κεχολώσομαι) Fut. Med. Eur. Tro. 730: χολόω 6.
χολοῦμαι Fut. Med. Il. ϑ, 407; -ται 421: χολόω 6.
χολωθη- Aor. Pass. Il. δ, 494; -θείς α, 9; Qu. Sm. 3, 393; Pind. O. 7, 30: χολόω 6.
χολωσα(μην) Aor. Med. -ατο Od. φ, 136; Od. ι, 480; χ, 224; -αιτο Od. ζ, 147; -άμενος Il. β, 195; -άμενος Hes. Op. 53; Qu. Sm. 11, 486: χολόω 6.
χολώσεαι 2 Sing. Fut. Med. Il. ξ. 310: χολόω 6.
χολωσέμεν Inf. Fut. Il. α, 48: χολόω 6.
χολωτός Vb. Il. δ, 241; Luc. Lex. 20: χολόω 6.

---

1 (aus-, er-, ver)giessen; (aus-, auf)schütten. 2 gähnen, klaffen. 3 *cacare.* 4 sich freuen, heiter, fröhlich sein. 5 strotzen, rauschen. 6 zornig machen; *Pass. u. Med.* zornig werden. 7 im Reigen, Chor tanzen;

χορεῦσαι Inf. Aor. Soph. Ai. 701; Ar. Plut. 288: χορεύω 7.
χορεύσομαι Fut. Med. Aesch. Ag. 31: χορεύω 7.
χορεύσω Fut. Eur. Herc. Fur. 871; Dem. 39, 23: χορεύω 7.
χορευτέον Vb. Eur. Bacch. 324: χορεύω 7.
χοῦν Inf. Praes. Her. 2, 137; Pl. Leg. 958, e: χόω, χώννυμι 8.
χρᾷ 3 Sing. Praes. Her. 1, 55. 62. 63; 4, 150. 155; 7, 220; Luc. Dial. Mort. 3, 2; Phalar. 2, 12; κατα- Her. 1, 164 [*195*]: χράω 9.
χραῖσμε Imprf. Il. η, 144: χραίσμω 10.
χραισμεῖν Inf. Il. β, 249: χραίσμω 10.
χραίσμῃ Conj. Il. γ, 54: χραίσμω 10.
χραισμησέμεν Inf. Fut. Il. φ, 316: χραίσμω 10.
χρᾶν Inf. Praes. ἀπο- Her. 6, 137; 9, 94; Luc. Herm. 60; Alex. 19 (*195*): χράω 9.
χρᾷς 2 Sing. Praes. ion. Her. 4, 155 [*195*]: χράω 9.
χρᾶσθαι (< χρῆσθαι) Inf. Praes. Her. 1, 187; 3, 99: χράομαι 11.
χράσθω Imper. Her. 2, 123: χράομαι 11.
χραύσαντα Qu. Sm. 11, 76: χραύω 14.
χραύσῃ 3 Sing. Conj. Aor. Il. ε, 138: χραύω 14.
χρέεσθαι (< χρᾶσθαι, χρῆσθαι) Inf. Her. 1, 21. 157; συγ- Kleinias Pyth. in Stob. Flr. 1, 68, 31: χράομαι 11.
χρείη 3 Sing. Opt. Aesch. Prom. 213; Soph. Ant. 884; O. C. 268: χράω 9.
χρείων Nebenform st. χρέων, χράων Od. η, 79; Hym. Ap. 369: χρέω, χράω 9.
χρεμέτιζον Imprf. Il. μ, 51: χρεμετίζω 11.
χρέμισαν Aor. Hes. Sc. 348: χρεμίζω, χρεμέθω 11.
χρέο (< χρέω) Imper. ion. Hipp. 2, 638. 663. 877 [*197*]: χράω 9.
χρεόμενος (< χρεώμενος) Part. Praes. Med. Her. 1, 62: χράω 9.
χρέονται 3 Plur. Praes. Her. 1, 34: χρέομαι, χράομαι 11.
χρέουσα Fem. Part. Praes. Her. 7, 111: χρέω, χράω 9.
χρέω (< χρέο) Imper. ion. Hippocr. 2, 638. 663. 877 [*197*]: χράω 9.
χρεώμενος (< χρεόμενος) Part. Her. 1, 14; -οι 7, 236 [*197. 204*]: χρέομαι, χράομαι 11.
χρεών Indecl. Part. Hom. Hym. Ap. 253; Aesch. Ch. 918: χρέω, χράω 9.
χρέωνται 3 Plur. Conj. Her. 1, 172. 215 [*197*]: χρέομαι 11.
χρή 3 Sing. Praes. Il. α, 216; Her. 1, 32; Pl. Symp. 190, a: χρή 12.
χρῇ 3 Sing. Conj. Soph. Phil. 999; El. 35; Pl. Rep. 432, c: χρέω, χράω 9.
χρήδδω Praes. megar. Ar. Av. 1, 734: χρήζω 13.
χρηίσας Part. Aor. Her. 5, 45: χρηίζω 9.
χρήν (< ἐχρῆν) Imprf. Soph. El. 529. 579; Eur. Med. 586. 890; Ar. Equ. 535; Pl. Symp. 181, d; Rep. 328, c: χρή 12.
χρῆν Inf. durch Contract. entstanden aus χράειν Eur. Hec. 258; Herc. 828: χρή 12.
χρῆναι Inf. Aor. Ar. Eccl. 210; Thuc. 8, 78; Xen. Rep. Ath. 3, 6: χρή 12.
χρῇς (< χρᾷς) 2 Sing. Praes. Cratin. Fr. Com. und hergestellt von Dind. Soph. Ai. 1373: χράω 9.
χρησ(αμην) Aor. Med. -αίμην Isocr. 5, 94; Dem. 53, 13; -αίμεθα Eur. Med. 616; Xen. An. 4, 1, 22; -αιτο Isocr. 16, 9; Dem. 40, 18; -αισθε Isocr. 18, 58; -αιντο Xen. Cyr. 5, 5, 1: χράομαι 11.
χρήσαις (< χρήσειας) 2 Sing. Opt. Aor. Her. 7, 38: χρέω, χράω 9.
χρησάμενος Part. Aor. Med. Thuc. 3, 3; Dem. 4, 6: χράομαι 11.
χρήσασθαι Inf. Aor. Od. γ, 266; Thuc. 1, 26. 53; Xen. Cyr. 8, 1, 14; Aeschin. 1, 29; Dem. 21, 77: χράομαι 11.
χρήσδω (< χρήδδω) Praes. Theocr. 8, 11: χρήζω 13.

Pass. im Reigen gefeiert werden. 8 (auf)schütten, dämmen; *Pass.* verschüttet werden. 9 anpacken, anfallen, (her-, be)fallen, Schaden zufügen, sich an etwas machen, sich bestreben, gewöhnl. vom Orakel einen Ausspruch, einen Bescheid ertheilen; *Med.* ein Orakel befragen. 10 nützen, helfen, schützen. 11 sich geben lassen, gebrauchen, sich bedienen. 12 es ist nöthig, man braucht, muss oder soll. 13 nöthig haben, brauchen, verlangen, fordern, bitten. 14 zu Leibe gehen, anfallen.

χρήσειας (< χρήσαις) 2 Sing. Opt. Aor. Her. 7, 38: χρέω, χράω 1.
χρήσηται 3 Sing. Conj. Aor. κατα- Luc. Abdicat. 9: χράομαι 2.
χρῆσθα (< χρῆς) 2 Sing. Praes. Ar. Ach. 778: χρή 3.
χρῆσθαι (< χρᾶσθαι) Inf. Praes. Thuc. 4, 98; Pl. Rep. 333, b; Xen. An. 2, 1, 14; selten ion. Her. 7, 18: χράομαι 2.
χρησθῇ 3 Sing. Conj. Aor. 1 Pass. Dem. 21, 16; act. Soph. Ant. 24; συγχρησθῆναι Polyb. 2, 32: χρέω, χράω 1.
χρήσοιτο 3 Sing. Opt. Fut. Xen. Cyr. 3, 1, 3; Dem. 50, 44: χράω 1.
χρήσομαι Fut. Med. Od. κ, 492; λ, 165; Her. 1, 46: χράω 1.
χρήσομαι Fut. Med. Xen. Cyr. 1, 4, 13; Isocr. 15, 261; -όμεθα Ar. Lys. 476; Dem. 3, 6; -όμενον Soph. Phil. 1133: χράομαι 2.
χρησόμενος Part. Fut. Od. ϑ, 81: χρέω, χράω 1.
χρηστέος (< χρηστός) Vb. Xen. Mem. 3, 2, 11. (**210**): χρέω, χράω 1.
χρηστός (<χρηστέος) Vb. Soph. Tr. 3 (**210**): χράομαι 2.
χρήσω Fut. Hom. Hym. 1, 132; Aesch. Ag. 1083; Her. 1, 19: χράω, ein Orakel befragen.
χρήσωμαι Conj. Aor. Ar. Eccl. 518; Isocr. 8, 38; 15, 140; Pl. Phil. 56, c; -ωνται Eur. Heracl. 714: χράομαι 2.
χρῆται 3 Sing. Conj. Thuc. 1, 77; Dem. 56, 16: χράω 1.
χρίει 3 Sing. Praes. Aesch. Prom. 880: χρίω 4.
χρίεν 3 Sing. Imprf. Il. ψ, 186; Bion. 16 (12), 3: χρίω 4.
χρίεσθαι Inf. Praes. Med. Od. α, 262; Pind. P. 4, 395; Luc. Men. 53: χρίω 4.
χρίεται 3 Sing. Praes. Med. Od. σ, 194; Xen. Symp. 2, 3; Luc. Nigr. 37, 79: χρίω 4.
χριμφθέντες Part. Aor. Pass. Qu. Sm. 14, 470: χρίμπτω, knicken.
χρῖον Imprf. Od. δ, 254 (**31**): χρίω 4.
χρισα(μην) Aor. Med. -μένη Hes. Op. 521; -μένος Lexiph. 4; -ας Theocr. 18, 23; -μένοι ἐπι- Luc. Bis Accus. 8: χρίω 4.
χρισάμενοι Part. Aor. Med. Od. ζ, 96: χρίω 4.
χρῖσαν Aor. Qu. Sm. 9, 467: χρίω 4.
χρίσασα Fem. Part. Od. σ, 172; Aor. Luc. Catapl. 12, 634: χρίω 4.
χρῖσεν 3 Sing. Aor. Il. π, 680: χρίω 4.
χριστός Vb. Aesch. Prom. 480 (**210**): χρίω 4.
χροϊσθεῖσαι Part. Aor. Pass. Nicand. Fr. 2, 26: χροίζω 5.
χροΐξοῦμαι Fut. Med. Theocr. 10, 18 nach Meineke, Ziegl.: χροίζω 5.
χρῶ Imper. Soph. Ai. 115; Menand. Fr. Com. 4, 271: χράομαι 2.
χρῶμαι 1 Sing. Praes. Ar. Fr. Com. 2, 1142; Lys. 24, 12; Eur. Hipp. 98; -μεθα Isocr. 8, 47; 15, 256; Thuc. 2, 37. 40: χράομαι 2.
χρώμενος Part. Thuc. 1, 126: χράομαι 2.
χρώμενος Part. Xen. Mem. 1, 2, 40; Hier. 6. 1; Isocr. 15, 322; -οι 6, 49; -ους 3, 9; 4, 184: χράομαι 2.
χρώμεσθα 1 Plur. Conj. Eur. Heracl. 348; Hec. 312: χράομαι 2.
χρῴμην 1 Sing. Opt. Praes. Pl. Rep. 385, c: χράομαι 2.
χρῶνται 3 Sing. Praes. Xen. Cyr. 3, 1, 39; Dem. 16, 29: χράομαι 2.
χρῷντο 3 Plur. Opt. Praes. Xen. Cyr. 1, 6, 34: χράω 1.
χρῷο 3 Sing. Opt. Pl. Leg. 648, b: χράομαι 2.
χρωσάτω Imper. Aor. Luc. Imag. 7: χράομαι 2.
χρωσθ(ην) Aor. Pass. -θείς Antiphanes Fr. Com. 3, 125. 126: χράω 1.
χρώσω Fut. Hesych.: χράω 1.
χυθ(ην) Aor. Pass. -θείη Qu. Sm. 3, 70; -θείς Eub. Fr. Com. 3, 248. 249; συγχυθεῖσ' Eur. Med. 1005; -θέντος Soph. Tr. 704; -θέντα in κατα- Eur. Hipp. 854: χύω, χέω 6.
χυθῇ 3 Sing. Conj. Aor. Pass. Eur. Or. 1398: χύω, χέω 6.

---

1 anpacken, anfallen, (her-, be)fallen, Schaden zufügen, sich an etwas machen, sich bestreben, gew. vom Orakel einen Ausspruch, einen Bescheid ertheilen; *Med.* ein Orakel befragen. 2 sich geben lassen, gebrauchen, sich bedienen. 3 es ist nöthig, man braucht, muss oder soll. 4 ritzen, verwunden, stechen, salben; *Med.* sich salben. 5 berühren. 6 (aus-, er-,

χυθήσομαι Fut. Pass. συγ- Dem. 23, 62; ἐκ- Luc. Tim. 18; Catapl. 17: χύω 6.
χυμένη Part. Aor. 2 Med. sync. Il. τ, 284; Od. θ, 527: χέω 6.
χύμενος Part. Med. -μένας Aesch. Ch. 401; -οιο in ἐκ- Qu. Sm. 13, 357: χύω 6.
χύτο Aor. 2 Med. sync. Il. ψ, 355; συγ- π, 471: χέω 6.
χώεο 2 Sing. Imper. Od. ε, 215; ψ, 213: χώομαι 7.
χῶν Part. Her. 1, 162: χέω 6.
χώννυσθαι Inf. Polyb. 4, 40: χώννυμι 8.
χωννύω Praes. Polyb. 1, 47: χόω 8.
χωόμενος Part. Il. α, 380; Ap. Rh. 1, 2263; -μένῳ Il. β, 782; -μένη φ, 384; Ap. Rh. 3, 110; -ης Il. θ, 478; φ, 519: χώομαι 7.
χωρηθ(ην) Aor. Pass. συγ- [Dem.] 12, 23: χωρέω 9.
χωρησ- Aor. -αντα Soph. Tr. 304; -αντος Her. 3, 42; -αιμεν in συγ- Isae. 1, 25: χωρέω 9.
χωρήσομαι Fut. Aesch. Sept. 476; Eur. Suppl. 589; Soph. El. 404; -εται Eur. El. 875 (*379*): χωρέω 9.
χωρήσω Fut. Il. π, 629; Her. 5, 89; 8, 68; Hippocr. 1, 69: χωρέω 9.
χωρητέον Vb. Dion. Hal. 1, 56; ἀνα- Pl. Crit. 51, b: χωρέω 9.
χωριστέον Vb. Pl. Pol. 303, d: χωρίζω 10.
χωσάμενος Part. Aor. Med. Il. θ, 397; φ, 212; Her. Th. 12; -μένη Hom. Hym. 5, 91; Ap. Rh. 4, 866: χώομαι 7.
χώσατο (< ἐχώσατο) Aor. Med. Il. ι, 449; ν, 165; Qu. Sm. 6, 406; Hes. Th. 554: χώωμαι 7.
χώσεται 3 Sing. Conj. Aor. Il. α, 80: χώομαι 7.
χωσθήσομαι Fut. Pass. Eur. I. A. 1443: χώομαι 7.
χώσομαι Fut. Lycophr. 362: χώομαι 7.
χωστός Vb. Eur. Rhes. 414 (*211*): χόω, χώννυμι 8.
χώσω Fut. Soph. Ant. 81; Xen. Cyr. 7, 3, 11: χώννυμι, χόω 8.

Ψ

ψαλάξω Fut. -εις Lycophr. 139: ψᾰλάσσω 11.
ψαυσ- Aor. -η Eur. I. A. 1559; -ης Or. 1567; -εις Her. 3, 30; Soph. O. C. 1639: Tr. 906; Eur. Hel. 522; -ον Andr. 589; -ον Phoen. 1694: ψαύω 12.
ψαύσω Fut. Soph. O. C. 1131; Eur. Phoen. 1693; -εις Med. 1320: ψαύω 12.
ψεξ- Aor. -αντα -αιμι Soph. O. C. 1170; -ειεν Pl. Phaedr. 240, b; -η Leg. 634, c; Pol. 286, e: ψέγω 13.
ψέξω Fut. Pl. Gorg. 518, d: ψέγω 13.
ψευσα(μην) Aor. Med. in verschiedener Bedeut. von ψευσθ(ην) -ασθαι Dem. 19, 172; 20, 12; 27, 53; -άμενος Xen. An. 1, 3, 5; -μένῳ Lys. 31, 16; Dem. 19, 320: ψεύδω 14.
ψευσθ(ην) Aor. Pass. -θῇ Thuc. 1, 132; -θείην Her. 7, 9; -θέντες Isocr. 4, 58; Thuc. 8, 103; -θῆναι Isocr. 6, 108; Dem. 61, 52: ψεύδω 14.
ψευσθήσομαι (< ψεύσομαι) Fut. Pass. Soph. Fr. 712: ψεύδω 14.
ψεύσομαι Fut. Med. Aesch. Eum. 615; Rhes. 189; Isae. 5, 3; Dem. 19, 202; 52, 9; -όμεθα Xen. Hell. 1, 7, 6: ψεύδω 14.
ψεύσω Fut. Soph. O. C. 628: ψεύδω 14.
ψῆλαι Inf. Aor. Pl. Lys. 209, b: ψάλλω 16.
ψῆν Inf. περι- Ar. Equ. 909: ψάω 15.

---

ver)giessen; (aus-, auf)schütten. 7 χώομαι zürnen, unwillig sein, sich betrüben. 8 χώννυμι, χόω (auf)schütten, dämmen; *Pass.* verschüttet werden. 9 Raum geben, weichen, (fort-, hin-)gehen. 10 absondern, trennen, entfernen. 11 zupfen, berühren, betasten. 12 (be-, an)rühren, streifen, betasten. 13 verkleinern, tadeln. 14 belügen, täuschen, betrügen; *Pass.* belogen u. s. w. werden; *Med.* lügen, trügen, täuschen, falsch oder treulos sein. 15 streichen, glatt machen, abreiben, schaben; *intr.* zerfallen, zerstieben. 16 zupfen, rupfen.

ψήξω Fut. Xen. Equ. 4, 4: φήχω, ψάω 1.

ψησ- Aor. -αντα in κατα- Xen. Ap. 28; συμ- in -ασα Eup. Fr. Com. 2, 479: ψάω 1.

ψήσω Fut. ἀπο- Ar. Lys. 1035: ψάω 1.

ψηφιοῦμαι Fut. Med. -εῖσθα Lys. 27, 2; Thuc. 7, 48; -εῖσθε Dem. 32, 22: ψηφίζω 2.

ψηφισαμ(ην) Aor. Med. -ασθε Isae. 4, 31; -ησθε Dem. 21, 312; -ωνται Xen. An. 1, 4, 15; -αισθε Dem. 19, 51. 123; -ασθαι Isocr. 14, 63; Thuc. 1, 109: ψηφίζω 2.

ψηφισθ(ην) Aor. Pass. -θεῖσι Isocr. 5, 8; 8, 52: ψηφίζω 2.

ψηφισθήσομαι Fut. Pass. Isocr. 6, 92: ψηφίζω 2.

ψηχθέντα Part. Aor. Pass. κατα- Nican. Al. 265; -εῖσα Ther. 53: ψήχω, ψάω 1.

ψυγ(ην) (< ψυχθ(ην)) Aor. Pass. -εῖση Ar. Nub. 151; sp. ἀπο- ψυγεῖσα Heliod. 2, 3, 55: ψύχω 3.

ψυκτέος Vb. Hippocr. 2, 159: ψύχω 3.

ψυξ- Aor. -αιμι Incert. Id. 8 (Mosch. 4), 51; ψῦξον in ἀνα- Eur. Hel. 1094; ψύξασα Il. υ, 440; -αντα in ἀπο- Sosipater Fr. Com. 882. 884: ψύχω 3.

ψῦξαι Inf. Aor. ἀνα- Hes. Op. 606; δια- Thuc. 7, 12; Luc. Char. 23 (521): ψύχω 3.

ψύξω Fut. Alex. Com. Fr. 3, 395: ψύχω 3.

ψυχθ(ην) Aor. Pass. ἀπο- Il. ψ, 561; ψυχθῇ Pl. Tim. 60, d; 76, c; ψυχθείς Hippocr. 3, 32: ψύχω 3.

Ω

ὦ 1 Sing. Aor. 2 ἀφ- Dem. 19, 117: ἀφίημι 4.

ὤγκωμαι Perf. ἐξ- Her. 6, 126 [*41*]: ὀγκόω 5.

ὤγκωτο, ἐξ- Her. 6, 125 [*41*]: ὀγκόω 5.

ὤδαγμαι Perf. Pass. Soph. Fr. 708: ὀδάζομαι, ὀδάζω 6.

ὠδαξάμην Aor. Med. Anth. 9, 86: ὀδάζω 6.

ᾤδεε Imprf. Od. ε, 455: οἰδαίνω, οἰδάνω 7.

ὠδοιπόρεον Imprf. Her. 4, 110. 116 (> ὁδοιπόρεον) [*40*]: ὁδοιπορέω 8.

ὠδυράμην Aor. Med. Isocr. 12, 9; ἀν- Xen. Cyr. 5, 1, 6: ὀδύρομαι 9.

ὠδύρθην Aor. Pass. Plut. Cons. 31: ὀδύρομαι 9.

ὠδύσαντο (< ὀδύσαντο) 3 Plur. Aor. Il. σ, 292: ὀδύσσομαι 10.

ὠδύσαο 2 Sing. Aor. Med. Il. α, 62; Orph. Epigr. 6, 8; vgl. -αντο: ὀδύσσομαι 10.

ὠδύσσατο 3 Sing. Aor. Med. Hes. Th. 617: ὀδύσσομαι 10.

ᾤεσθε 2 Plur. Praes. Lys. 15, 12; Dem. 6, 29: οἴομαι 11.

ᾤετο 3 Sing. Imprf. Xen. Cyr. 5, 2, 23; Pl. Rep. 572, d: οἴομαι 11.

ᾠήθη Aor. Pass. Lys. 19, 42; Xen. Cyr. 3, 1, 20; Dem. 1, 21 (*384*): οἴομαι 11.

ᾠήθημεν 1 Plur. Aor. Pass. Thuc. 4, 63; Isocr. 7, 6: οἴομαι 11.

ᾠήθησαν 3 Plur. Aor. Pass. Xen. An. 4, 7, 22: οἴομαι 11.

ᾠηθήτην Dual. Aor. 1 Pass. Pl. Euthyd. 278, c: οἴομαι 11.

ὤθεον Imprf. Pind. Fr. 11, 44: ὠθέω 12.

ὤθεσκον Imprf. iter. Od. λ, 596: ὠθέω 12.

ὠθήσω (< ὤσω) Fut. Soph. Ai. 1248; Eur. Cycl. 592; Ar. Eccl. 300: ὠθέω 12.

ὠθῶνται 3 Plur. Xen. Mem. 3, 1, 8: ὠθέω 12.

---

1 strecken, glatt machen, abreiben, schaben, *intr.* zerfallen, zerstieben. 2 (be)rechnen; *Med.* (ab)stimmen. 3 hauchen, athmen. 4 entsenden. 5 hoch machen, vergrössern, aufhäufen, aufwerfen. 6 beissen, stechen, kratzen, schaben. 7 οἰδάνω, sp. οἰδαίνω, οἰδάω, οἰδέω, (auf)schwellen. 8 reisen, wandern, gehen. 9 (be)weinen, (be)klagen, (be)trauern. 10 betrubt werden, zürnen, grollen, hassen. 11 glauben, meinen, dafürhalten, denken,

ὠΐγνυντο 3 Plur. Imprf. Il. *β*, 819; *ϑ*, 58: *οἴγνυμι* 13.

ὠΐετο Imprf. Od. *κ*, 248: *οἴομαι* 11.

ὤϊξαν 3 Plur. Aor. Od. *ψ*, 370; *ω*, 501: *οἴγνυμι* 13.

ὤϊξε (< *ᾦξε*) 3 Sing. Aor. Il. *ζ*, 248; *ω*, 446; Od. *α*, 436; *γ*, 392; *κ*, 230: *οἴγνυμι* 13.

ὠΐσϑη Aor. 1 Pass. Od. *δ*, 453: *οἴομαι* 11.

ᾤκεον Imprf. Od. *ι*, 400: *οἰκέω* 14.

ᾤκηϑεν 3 Plur. Aor. 1 Pass. Il. *β*, 668: *οἰκέω* 14.

ᾤκησα Aor. Aesch. Prom. 250; Eur. Hel. 928; *-αμεν* Thuc. 2, 64; *-ησαν* Thuc. 5, 4: *οἰκέω* 14.

ᾤκικα Perf. *συν-* Strab. 12 p. 544: *οἰκίζω* 15.

ᾤκισε Aor. Luc. Qu. h. scrib. sit. 31 (2, 42): *οἰκίζω* 15.

ᾠκίσϑαι Inf. Aor. Pass. Eur. I. A. 662. 706: *οἰκίζω* 15.

ᾠκίσϑην Aor. Pass. *-ησαν* Isocr. 6, 32: *οἰκίζω* 15.

ᾤκισμαι Perf. Pass. *-μένη* Pl. Rep. 427, c: *οἰκίζω* 15.

ᾤκισται 3 Sing. Perf. Pass. Pl. Rep. 427, e: *οἰκίζω* 15.

ὤλεϑ' 3 Sing. st. *ὤλετο* Il. *ρ*, 411; 642. 655; Od. *γ*, 235: *ὄλλυμι* 16.

ὤλεο 2 Sing. Il. *ω*, 725: *ὄλλυμι* 16.

ὤλεσα (< *ὄλεσα*) Aor. 1 Pass. Od. *ν*, 431; *χ*, 104: *ὄλλυμι* 16.

ὠλεσάμην Aor. 1 als Act. Callisthenes: *ὄλλυμι* 16.

ὤλεσας 2 Sing. Aor. Od. *ω*, 93: *ὄλλυμι* 16.

ὠλέσατε 2 Plur. Aor. Aesch. Sept. 1056: *ὄλλυμι* 16.

ὤλεσε (< *ὄλεσε*, *ὄλεσκε*) Aor. Il. *λ*, 342; *υ*, 412 *B**: *ὄλλυμι* 16.

ὠλίσϑηκα Perf. Hippocr. 3, 222. 227. 243. 250. 260. 380: *ὀλισϑάνω* 17.

ὠλισϑήκῃ Conj. Perf. Hippocr. 3, 243. 250: *ὀλισϑάνω* 17.

ὠλίσϑησα Aor. Hippocr. 3, 242: *ὀλισϑάνω* 17.

ὠλλύμην Imprf. Med. Eur. Alc. 633: *ὄλλυμι* 16.

ὤλλυν Imprf. *ἀπ-* Soph. O. T. 1454; El. 1360; Pl. Men. 244, e: *ὄλλυμι* 16.

ὤλλυσαν 3 Plur. Imprf. Aesch. Pers. 461: *ὄλλυμι* 16.

ὤλλυτο 3 Sing. Imprf. Soph. El. 927; Tr. 652: *ὄλλυμι* 16.

ὠλόλυξα Aor. *ἀν-* Aesch. Ag. 587; Eur. Tr. 1000: *ὀλωλύζω* 18.

ὠλόμεϑα 1 Plur. Aor. 1 Ap. Rh. 4, 1259: *ὄλλυμι* 16.

ὠλόμεσϑα 1 Plur. Aor. 1 Med. *δι-* Aesch. Suppl. 907; *ἀπ-* Eur. Alc. 825; Hipp. 575: *ὄλλυμι* 16.

ὠλόμην 1 Sing. Aor. 2 Med. *ἀπ-* Soph. El. 677; Eur. Alc. 386; Andr. 71; Hec. 683: *ὄλλυμι* 16.

ὤλοντο 3 Plur. Aor. 2 Med. Soph. Ant. 171; *ἀπο-* Xen. An. 1, 2, 25: *ἀπόλλυμι* 16.

ὠλοφυράμην Aor. Med. üblicher als der pass. Aor. *ὠλοφύρϑην* (**386**): *ὀλοφύρομαι* 19.

ὠλοφύρϑην (< *ὀλοφυράμην*) Aor. Pass. weniger üblich als der mediale Aor. (**388**): *ὀλοφύρομαι* 19.

ὠλώλει Plsprf. *ἀπ-* Xen. Cyr. 6, 1, 2; Dem. 19, 125; 39, 33: *ὄλλυμι* 16.

ὥμεϑα 1 Plur. Conj. Aor. 2 Med. *συν-* aus *συνεώμεϑα* Il. *ν*, 381: *ἵημι* 20.

ὧμεν 1 Plur. Conj. Aor. 2 *ἀφ-* Hom. Hym. 6, 22: *ἀφίημι* 21.

ὤμνυε 3 Sing. Imprf. Il. *τ*, 288: *ὄμνυμι* 22.

ὤμοσα Aor. Od. *ξ*, 331: *ὄμνυμι* 22.

ὠμόσσαμεν 1 Plur. Aor. Il. *υ*, 313: *ὄμνυμι* 22.

ὠμόσω Aor. Med. *δι-* Soph. Ai. 1233: *διόμνυμι* 22.

ὤν (< *ἐών*) Part. Praes. Aesch. Prom. 62: *εἰμί* 23.

ὠνάϑην (< *-ήϑην*) Aor. Pass. Theocr. 15, 55: *ὀνίνημι* 24.

ὠνάμην (< *ὠνήμην*) Aor. 2 Med. Eur. Herc. F. 1368: *ὀνίνημι* 24.

ὤνασα (< *ὤνησα*) Aor. Theocr. 5, 69: *ὀνίνημι* 24.

---

vermuthen. 12 (an- ab)stossen, drängen, stürzen; *Pass.* gestürzt werden; *Med.* von sich stossen, zurückdrängen. 13 öffnen, aufschliessen. 14 bewohnen. 15 erbauen, gründen; *Med.* sich wo ansiedeln. 16 verderben, zerstören, vernichten, tödten; *Med.* zu Grunde gehen, umkommen; verloren gehen. 17 schlüpfen, (aus)gleiten, fallen. 18 die Stimme laut erheben, ein Geschrei zu den Göttern erheben. 19 wehklagen, jammern. 20 senden. 21 weg-, entsenden, 22 (be)schwören, durch den Eid bekräftigen. 23 sein. 24 nützen, helfen, frommen, fördern, unterstützen.

ὠνασεῖται Fut. Med. dor. Lycophr. Fr. 89 (Ahrens): ὠνέομαι 1.
ὤνατο 3 Sing. Aor. Med. Il. ρ, 25: ὄνομαι 3.
ὠνειδικώς Part. Perf. Lys. p. 147, 14: ὀνειδίζω 3.
ὠνεόμην (< ἐωνούμην) Imprf. ion. -έετο Her. 3, 139; -έοντος, 69; gelegentl. Att. Lys. 7, 4: ὠνέομαι 1.
ὠνήθην Aor. Pass. Xen. An. 5, 5, 2; Theocr. 15, 55: ὀνίνημι 2.
ὠνήμεθα 1 Plur. Imprf. Eur. Alc. 342: ὀνίνημι 2.
ὠνήμην (< ὠνάμην) Aor. Med. Theogn. 1380; -ήμεθα Eur. Alc.; -ητο Pl. Men. 84, c: ὀνίνημι 2.
ὤνησα Aor. Pl. Gorg. 512, a; Euthyd. 288, e; -ατε Xen. An. 6, 1, 32: ὀνίνημι 2.
ὠνησάμην (< ἐωνησάμην) Aor. Med. Eupol. Fr. Com. 308; Luc. Herm. 81; Dial. Mort. 4, 1: ὠνέομαι 1.
ὤνησο 2 Sing. Imprf. Aor. 2 Prom. 20: ὀνίνημι 2.
ὠνητέος Vb. Pl. Leg. 849, c: ὠνέομαι 1.
ὤνητο (< ὄνητο) Aor. 2 ἀπ- Her. 1, 168; Pl. Men 84, c: ὀνίνημι 2.
ὠνίναντο 3 Plur. Imprf. Pl. Rep. 380, b: ὀνίνημι 2.
ὠνίνης 2 Sing. Pl. Hipp. mai. 301, c: ὀνίνημι 2.
ὠνομάζετο Imprf. Soph. O. T. 1021: ὀνομάζω 4.
ὠνόμακα Perf. Pl. Leg. 654, a; Luc. Tim. 52, 168: ὀνομάζω 4.
ὠνόμασα Aor. Aesch. Prom. 597: ὀνομάζω 4.
ὠνομάσθην Aor. Pass. Isae. 2, 41; Pl. Tim. 63, a: ὀνομάζω 4.
ὠνόμασμαι Perf. Pass. -μέναι, -μενος Eur. I. T. 492; οι- Soph. O. C. 61; Thuc. 2, 49: ὀνομάζω 4.
ὠνόμηνα Perf. Isae. 3, 33: ὀνομαίνω 5.
ὠνοσσάμην Aor. Med. Il. ξ, 95; ρ, 173: ὄνομαι 3.
ὠνούμηνεν Aor. Corrin. Fr. 4: ὀνομαίνω 5.
ᾠνοχόει (< ἐωνοχόει) Imprf. Il. α, 598: οἰνοχοέω, -εύω 6.
ᾦξε (< ὤιξε) Aor. Il. ω, 457: οἴγνυμι 22.
ὤξυγκα Perf. Polyb. 31, 9: ὀξύνω 7.
ὤξυμμαι (-υσμαι) Perf. Pass. παρ- Lys. 4, 8; Aeschin. 1, 43; Dem. 14, 16; ἀπ- Polyb. 8, 1: ὀξύνω 7.
ὤξυσμαι (< -υμμαι) Perf. Pass. Polyb. 1, 22; συν- 6. 22: ὀξύνω 7.
ᾠξυμμένος Part. Perf. Pass. Dem. 14, 16; Aesch. in Tim. p. 68: ὀξύνω 7.
ὠξύνθαι Inf. Perf. Pass. παρ- Pl. Prot. 333: παροξύνω 7.
ὤπασα Aor. Hes. Th. 442; -ε Pind. O. 6, 65; 7, 50; Bion. 6 (56), 2: ὀπάζω 8.
ὠπίσατο Aor. Med. Qu. Sm. 2, 618: ὀπίζομαι 9.
ὦπται Perf. Pass. Dem. 24, 67; κατ- Pl. Rep. 432, b: καθοράω 10.
ὠπυίεον (< ὀπυίεον, ὤπυον) Imprf. Il. σ, 383: ὀπυίω 11.
ὠπύισμαι (< ὤπυσμαι) Perf. Pass. Dionys. Epit. p. 502 (> ὤπυσμαι): ὀπυίω 11.
ὤπυον (< ὠπυίεον, ὀπυίεον) Imprf. Luc. Gall. 19: ὀπυίω 11.
ὥρα 3 Sing. Praes. Her. 1, 4; 3, 72: ὁράω 12.
ὡρᾶτε 2 Plur. Praes. Her. 78: ὁράω 12.
ὤργισθε 2 Plur. Aor. Pass. 6: ὀργίζω 13.
ὠργίσθη Aor. Pass. Batr. 239; -ημεν Lys. 32, 21; -ητε [Dem.] 47, 79: ὀργίζω 13.
ὤργισμαι Perf. Pass. -μένος Pl. Theaet. 194, c: ὀργίζω 13.
ὠργίσομαι Fut. Med. -μένος Pl. Phaedr. 267, d: ὀργίζω 13.
ὠρεγόμην Imprf. Med. -οντο Dem. 16, 22: ὀρέγω 14.
ὤρεγον Imprf. Pind. P. 4, 240: ὀρέγω 14.
ὠρέξατο (< ὀρέξατο) Aor. Med. Il. ψ, 99: ὀρέγω 14.
ὤρεξε Aor. Il. ψ, 406; ω, 102: ὀρέγω 14.
ὡρέομεν (< ὡρῶμεν) 1 Plur. Imprf. Her. 22, 131: ὁράω 12.
ὥρεον (< ἑώραον, ἑώρων, ὥρων)

1 kaufen, pachten; feilschen. 2 nützen, helfen, frommen, fördern, unterstützen. 3 tadeln, schelten, schmähen. 4 benennen, herzählen. 5 (be)-nennen, (auf)rufen. 6 Wein einschenken, Mundschenk sein. 7 schärfen, spitzig machen. 8 verfolgen, nachsetzen. 9 Rücksicht nehmen auf.. 10 hinunter sehen. 11 eine Frau haben, nehmen. 12 sehen. 13 erzürnen, *Pass*

Imprf. Her. 4, 3 (> ὥρων Bekker): ὁράω 12.
ὤρετο (< ὤροιτο) Aor. 2 Med. Il. χ, 102: ὄρνυμι 15.
ὠρέχθην Aor. Pass. -η Luc. Bis. Accus. 29; Dial. Mort. 29, (2, 449); Eur. Hel. 1238; -θήτην Xen. Mem. 1, 2, 16: ὀρέγω 14.
ὤρθωκα Perf. κατ- Luc. Philopatr. 25: ὀρθόω 16.
ὠρθωσάμην Aor. Med. δι- Dem. 33, 11; ὠρθώσαντο Qu. Sm. 4, 511: ὀρθόω 16.
ὠρθώσασθαι Inf. Aor. Med. ἐπαν- Luc. Qu. h. scrib. s. 38 (2, 51): ὀρθόω 16.
ὤρθωται 3 Sing. Perf. Pass. Luc. Catapl. 1, 620; κατ- Luc. Tyrann. 8: ὀρθόω 16.
ὠριγνῶντο 3 Plur. Imprf. Hes. Sc. 190: ὀριγνάομαι 23.
ὤρινα (< ὄρινα) Aor. -ας Od. θ, 178: ὀρίνω 17.
ὤρινεν (< ὄρινεν) Aor. Il. τ, 272: ὀρίνω 17.
ὠρίνθη Aor. Pass. Il. π, 509; vgl. ὀριθείη, -θέντες: ὀρίνω 17.
ὥρισα (< οὔρισα) Aor. Soph. Ant. 452; Eur. Hel. 128; Pl. Leg. 864, e: ὁρίζω 18.
ὡρισάμην Aor. Med. Pl. Phaedr. 263, d; ὡρίσαντο Eur. I. T. 969: ορίζω 18.
ὡρίσθαι Inf. Aor. Pass. Pl. Euthyd. 9, d; ὡρίσθω Thuc. 1, 71; Luc. Merc. 19, 675: ὁρίζω 18.
ὡρίσθην Aor. Pass. Pl. Charm. 171, a: ὁρίζω 18.
ὥρισμαι Perf. Pass. Pl. Euth. 9, c: ὁρίζω 18.
ὡρμάθη Aor. Pass. Soph. El. 197: ὁρμάω 20.
ὡρμᾶτο 3 Sing. Imprf. Pass. Xen. An. 1, 2, 5: ὁρμάω 20.
ὡρμέατο 3 Sing. Imprf. Her. 9, 61: ὁρμάω 20.
ὥρμεον Imprf. Her. 7, 188: ὁρμέω, ὁρμάω 20.
ὡρμέοντο 3 Plur. Imprf. Med. [197]: ὁρμέω, ὁρμάω 20.
ὡρμήθην Aor. Pass. Il. ν, 182; ξ, 488; -ησαν κ, 359; φ, 317; Her. 6, 56; Pl. Phaedr. 255, c; Eur. Alc. 1040; Xen. Cyr. 5, 1, 25; Luc. Men. 3, 458: ὁρμάω 20.
ὡρμηθήτην Dual. Aor. Pass. Il. ε, 12; ρ, 530: ὁρμάω 20.
ὥρμηκα Perf. -αμεν Pl. Leg. 641, d: ὁρμάω 20.
ὥρμημαι Perf. Pass. -μένος Pl. Leg. 962, e *B**; -μένους Xen. An. 3, 2, 24: ὁρμάω 20.
ὥρμηνα Aor. -εν Il. φ, 137; -αν Od. β, 156: ὁρμαίνω 19.
ὥρμηντο 3 Plur. Plsprf. Thuc. 2, 9: ὁρμάω 20.
ὥρμησ' Aor. Il. ζ, 338: ὁρμάω 20.
ὡρμησάμην Aor. Med. -σαμεν Eur. Bacch. 435: ὁρμάω 20.
ὡρμῆσθαι Inf. Perf. Pass. Pl. Rep. 581, a: ὁρμάω 20.
ὥρμητο 3 Sing. Plsprf. Her. 5, 50: ὁρμάω 20.
ὥρμισα Aor. Od. γ, 11; δ, 785; -αμεν μ, 317: ὁρμίζω 18.
ὤρνυε Imprf. ἐπι- Il. ο, 613; Od. φ, 100: ὄρνυμι 15.
ὠρνύμην (< ὀρέοντο) Imprf. Med. Il. π, 63: ὄρνυμι 15.
ὤρνυντο 3 Plur. Imprf. Od. ψ, 131; ω, 496; Od. β, 397: ὄρνυμι 15.
ὤρνυον Imprf. Il. μ, 142: ὀρνύω 15.
ὤρνυτ' Imprf. Od. γ, 405; δ, 307; β, 2; θ, 2: ὀρνύω 15.
ὤρνυτο Imprf. Med. Il. γ, 13. 267; ε, 13 *Γ**: ὄρνυμι 15.
ὠρόθῡνα Aor. Lycophr. 693: ὀροθύνω 21.
ὠροθύνετο Imprf. Aesch. Prom. 200: ὀροθύνω 21.
ὠρόθῡνον (< ὀρόθυνον) Imprf. Il. κ, 332: ὀροθύνω 21.
ὦρορον Aor. 2 redupl. gew. trans. Il. β, 146; Od. δ, 712; intrans. Il. ν, 78: ὄρνυμι 15.
ὦρτο 3 Sing. Aor. 2 Med. sync. Il.

---

zürnen. 14 ausstrecken, *Med.* sich strecken, sich ausdehnen. 15 erregen, bewegen, aufwecken; *Med.* sich rühren, sich bewegen. 16 aufrichten, aufrecht stellen; *Med.* sich aufrichten, sich erheben. 17 erregen, erwecken, reizen. 18 (be-, er-, ab)grenzen, festsetzen, sondern, trennen. 19 heftig antreiben, anregen. 20 aufbrechen, sich erheben; darauf loseilen, stürmen; *Med. mit Aor. Pass. und Med.* rasch eilen, aufbrechen. 21 anregen, antreiben, anreizen. 22 öffnen. 23 sich recken, strecken.

ε, 590; Ap. Rh. 1, 156; 306. 557 Aesch. Ag. 957 [*150*]: ὄρνυμι 1.
ὤρυγμαι (< ὀρώρυγμαι) Perf. Pass. ὑποκατ- Sophr. Fr. 33; u. sp. διώρυκται Luc. Tim. 53: (δι)ορύσσω 2.
ὠρυγμένος Part. Perf. δι- Diod. Sic. 4, 43: ὀρύσσω 2.
ὤρυξα (< ὄρυξα) Aor. Her. 3, 39; Soph. Ai. 624; Thuc. 2, 76: ὀρύσσω 2.
ὠρυξάμην Aor. Med. Her. 1, 186: ὀρύσσω 2.
ὠρῠομαι Med. dep. Callim. Fr. 423; Theocr. 2, 35; Her. 4, 75: ὠρύω 3.
ὠρῡομαι Praes. nur Pl. Com. Fr. 2, 659; Dion. Per. 83: ὠρύω 3.
ὠρῦον Imprf. Anth. 11, 31: ὠρύω 3.
ὤρῡσαι 2 Sing. Aor. Med. Pind. O. 9, 109: ὠρύω 3.
ὠρῡσάμην Aor. Med. Theocr. 471: ὠρύω 3.
ὠρύχθην Aor. 1 Pass. Her. 2, 158; Pl. Crit. 118, c: ὀρύσσω 2.
ὠρχέετο Imprf. Her. 6, 129: ὀρχέομαι 4.
ὠρχεῦντο Imprf. Med. Il. σ, 594; Theocr. 6, 44 [*181*]: ὀρχέομαι 4.
ὤρχησα Aor. ion. Athen. 1, 37: ὀρχέω 4.
ὠρχήσασθαι Inf. Aor. Med. Il. ϑ, 371: ὀρχέομαι 4.
ὠρχήσατο 3 Sing. Aor. Her. 6, 129: ὀρχέομαι 4.
ὡρῶμεν (< ὡρέομεν, ἑωρῶμεν) 1 Plur. Imprf. Her. 1, 120: ὁράω 5.
ὀρώρει (< ὀρώρειν) 3 Sing. Plsprf. Il. σ, 498; Soph. Ant. 1060: ὄρνυμι 1.
ὦσα Aor. Od. ι, 488; -αντες Lys. 1, 24; vergl. ὦσαι: ὠθέω 6.
ὦσαι Inf. Aor. Il. ν, 688; Qu. Sm. 8, 169; 13, 176: ὠθέω 6.
ὠσαίατο 3 Plur. Aor. Eur. I. T. 326: ὠθέω 6.
ὤσαιμεν 1 Plur. Opt. Aor. Il. π, 45: ὠθέω 6.
ὤσαισθε 2 Plur. Opt. Aor. Il. λ, 803: ὠθέω 6.
ὤσαιτε 2 Plur. Opt. Aor. Il. ε, 691: ὠθέω 6.
ὤσαιτο 3 Sing. Opt. Aor. Med. Il. π, 655; ἀπ- Soph. El. 1325; Eur. Hec. 742: ὠθέω 6.
ὠσάμεθα 1 Plur. Aor. 1 Il. ϑ, 295: ὠθέω 6.
ὠσάμην Aor. Med. ὠσάμενος in ἀπ- Eur. Med. 1402; ὠσάμεναι Thuc. 8, 25; Her. 8, 3; Incert. Id. 3 (Theocr. 21), 21; vgl. ὠσάμεθα: ὠθέω 6.
ὤσαντο 3 Plur. Aor. Med. Il. π, 592; Qu. Sm. 6, 363: ὠθέω 6.
ὤσασθαι Inf. Aor. Med. Il. μ, 430; ο, 418; Her. 7, 136; ἀπ- Eur. Heracl. 1242; Thuc. 3, 44; Dem. 19, 317: ὠθέω 6.
ὤσασκε Imprf. iter. Od. λ, 599: ὠθέω 6.
ὤσατο 3 Sing. Aor. Med. Il. ζ, 62: ὠθέω 6.
ὠσέμεν Inf. Fut. ἀπ- Il. π, 367: ὠθέω 6.
ὦσεν 3 Sing. Aor. ἀπ- Il. ϱ, 629; Hym. 2, 204; Qu. Sm. 11, 234: ὠθέω 6.
ὤσῃ 3 Sing. Conj. Aor. κατα- Il. ν, 138; Qu. Sm. 2, 381; Soph. Phil. 1121: ὠθέω 6.
ὤσησθε 2 Plur. Conj. Aor. Med. ἀπ- Thuc. 1, 37: ὠθέω 6.
ὠσθ(ην) Aor. 1 Pass. ὠσθῇ in ἀπ- Thuc. 5, 45; ὠσθείς Xen. Cyneg. 10, 18; Pl. Tim. 60, c; -θῆναι in ἀπ- O. T. 670; Luc. De Merc. 40, 700: ὠθέω 6.
ὠσθήσομαι Fut. Pass. -ει Eur. Med. 335; -ομαι in ἐξ- Dem. 24, 61: ὠθέω 6.
1) ὦσιν (< ἔωσιν) 3 Plur. Conj. Praes. Od. ω, 491 [*276*]: ὠθέω 6.
2) ὦσιν Dat. Part. Thuc. 6, 85; Xen. Hell. 5, 3, 20; Dem. 18, 227: εἰμί sein.
ὦσμαι (< ἔωσμαι) Perf. Pass. ἀπωσμένος Her. 5, 69: ἀπωθέω 6.
ὤσομαι Fut. ἀπ- Soph. El. 944; Pl. Rep. 366; δι- Eur. Andr. 869: ὠθέω 6.
ὠστέον Vb. ἀπ- Eur. H. F. 294: ὠθέω 6.
ὠστιοῦμαι Fut. Ar. Ach. 844; Plut. 330; Luc. Lexiphr. 4: ὠστίζω 7.
ὠστός Vb. ἀπωστός Soph. Ai. 1019: ἀπωθέω 6.
ὠσφράνθην Aor. Pass. Philem. Com. Fr. 4, 27; Machon. Athen. 13, 577;

---

1 erregen, bewegen, aufwecken; *Med.* sich rühren, sich bewegen. 2 (auf-, aus)graben. 3 heulen, brüllen, laut schreien. 4 in Bewegung setzen; *Dep. Med.* in Bewegung sein, tanzen, springen. 5 sehen. 6 (an-,

Hipp. 1, 468; Aristot. de Anim. 2, 12: ὀσφραίνομαι 8.
ὠσφρησάμην Aor. Med. Arat. 955; Aelian. H. A. 5, 49: ὀσφραίνομαι 8.
ὠσφρόμην Aor. 2 Med. Ar. Ach. 179; Philem. Com. Fr. 2, 422: ὀσφραίνομαι 8.
ὦσω (< ὠθήσω) Fut. Pl. Rep. 415; Eur. Andr. 344; Hel. 1564; ἀπ- Il. ϑ, 96: ὠθέω 6.
ὤτρῡνα Aor. Od. ϱ, 430; Il. η, 219: ὀτρύνω 9.
ὤτρυνον Il. η, 420: ὀτρύνω 9.
ὠτρυνόμην Imprf. Med. Od. ϱ, 183: ὀτρύνω 9.
ὠφειλήκειν Plsprf. Dem. 45, 33: ὀφείλω 15.
ὠφείλησα Aor. Ar. Av. 115; ἐπ- Thuc. 8, 5: ὀφείλω 10.
ὤφειλον Imprf. Hes. Op. 174; Fragm. 172: ὀφείλω 10.
ὠφελεῖσθαι Inf. Aor. Med. Thuc. 6, 88; Xen. Oec. 20, 29; 21, 139: ὠφελέω 15.
ὠφελεῖται 3 Sing. Praes.: ὠφελέω 15.
ὤφελεν 3 Sing. Aor. 2 Eur. I. A. 70: ὀφέλλω 11.
ὤφελες 2 Sing. Aor. 2 Ar. Thesm. 865: ὀφέλλω 11.
ὠφελήθην Aor. Pass. -θῇ Thuc. 6, 12; -θῆναι Thuc. 5, 90; Dem. 50, 15: ὠφελέω 15.
ὠφεληθήσομαι Fut. Pass. Lys. 29, 4 (**374**): ὠφελέω 15.
ὠφέληκα Perf. Pl. Rep. 599, e: -ήκη Plsprf. Ap. 31, d: ὠφελέω 15.
ὠφελημένος Part. Perf. Aesch. Prom. 222: ὠφελέω 15.
ὠφελησ- Aor. -ειεν Isocr. 13, 21; 15, 214; -αιμεν 2, 12; -ῆσαι 2, 53; Xen. An. 1, 3, 6: ὠφελέω 15.
ὠφελήσομαι Fut. Med. Xen. Mem. 3, 11, 3; Xen. Cyneg. 12, 1 (**374**): ὠφελέω 15.
ὠφελήσω Fut. Xen. Cyr. 5, 4, 32; Isocr. 10, 25: ὠφελέω 15.
ὠφελητέος Vb. Xen. Mem. 2, 1, 28: ὠφελέω 15.
ὤφελλον (< ὄφελλον) Imprf. Il. ξ, 84; ω, 764: ὀφείλω 10.
ὠφελοίην Opt. Aor. 2 Xen. An. 1, 3, 4; Mem. 3, 6, 15; -οίη Thuc. 8, 23: ὠφελέω 15.
ὠφελοίμην Opt. Aor. 2 Med. Isocr. 15, 98: ὠφελέω 15.
ὠφέλοιμι Opt. Aor. 2 Soph. Ant. 552: ὠφελέω 15.
ὠφέλουν Imprf. Eur. Phoen. 402: ὠφελέω 15.
ὦφθαι Inf. Aor. Pass. περι- Dem. 19, 66: ὁράω 5.
ὤφθην Aor. 1 Pass. Lys. 19, 55; -θῃς Eur. H. F. 593; Bacch. 823; Ar. Av. 680; -η Thuc. 3, 33; -ημεν Eur. I. T. 933; -ητε in παρ- Luc. Dial. Mar. 1, 2 p. 288; -ησαν Lys. 7, 3; Thuc. 4, 74: ὁράω 5.
ὦφλε Aor. 2 Pl. Ap. 34, a: ὀφλισκάνω 12.
ὤφληκα Perf. Ar. Nub. 34; -κέναι Dem. 19, 280; -κότος, -κότι Dem. 24, 30; -κότα Dem. 24, 169; -κότες 4, 42: ὀφλισκάνω 12.
ὠφλήκῃ 3 Sing. Conj. Perf. Ar. Av. 1457: ὀφλισκάνω 12.
ὠφλήκοι 3 Sing. Opt. Perf. Lys. 23, 3: ὀφλισκάνω 12.
ὤφλημαι Perf. Pass. -μένην Dem. 29, 55: ὀφλισκάνω 12.
ᾤχατο 3 Sing. Aor. ἐπ- Il. μ, 340 (> ἐπώχατο Wolf): οἴχομαι 13.
ὠχέεσκον Imprf. iter. Od. λ, 619: ὀχέω 14.
ὠχεῖτο (< ὀχεῖτο) Imprf. Xen. Cyr. 7, 3, 4: ὀχέω 14.
ᾤχεο 2 Sing. Imprf. Od. π, 24; ϱ, 42: οἴχομαι 13.
ᾤχετο 3 Sing. Imprf. Il. α, 380; -τ' ξ, 361: οἴχομαι 13.
ᾤχηκα Perf. παρ- Il. κ, 252: οἴχομαι 13.
ὀχήσω Fut. Aesch. Prom. 143: ὀχέω 14.
ὤχθησαν 3 Plur. Aor. 1 Pass. Il. α, 570; ο, 101: ὀχέω 14.
ᾠχόμην Aor. Med. -μεθα Od. ϱ, 109; -οντο ω, 225: οἴχομαι 13.
ᾤχωκε Perf. Aesch. Pers. 13: οἴχομαι 13.
ὦψαι 2 Sing. Perf. Pass. Dem. 18, 263: ὁράω 5.

---

ab)stossen, drängen, forttreiben. 7 hin und her stossen, treiben, drängen. 8 zu riechen geben, riechen lassen. 9 anregen, anspornen, aufmuntern. 10 schuldig sein, zu bezahlen haben. 11 vergrössern, mehren, erhöhen. 12 ὄφλω, ὀφλισκάνω schuldig sein, beschuldigt werden. 13 gehen, kommen, dahinfahren. 14 ὀχέω tragen, fortbewegen, bringen, führen. 15 nutzen, helfen, unterstützen, beistehen.

BEILAGEN

I.

Verzeichniss

der

Declinations- und Conjugations-Endungen.

S. Vorrede.

A.

α Fallform des Nom. u. Acc. Plur. der Stämme auf ατ-: Nom. ας: γέρα: γέρας [18, 7, 1].

ᾱ (< αο, έω, ω) Gen. Sing. d. Subst. auf ας u. ης dor. [15, 3, 3].

α Dual. der 1 Decl. [15, 4].

ᾶ Nom. u. Acc. Pl. der N. contr. auf **έον**.

α(υ)- Stammform des Nom. **αυς**: **γρᾱός, ἡ γραῦς.**

α 2 Sing. Imper. Praes. u. 3 Sing. Imperf. der V. contr. auf άω, aus αε: **τίμ(α-ε)α, ἐτίμ(α-ε)α.**

1) **ᾷ** 3 Sing. Praes. *Ind.* der V. contr. auf άω, aus άει: τιμ(ά-ει)ᾷ; im *Conj.* aus αῃ: τιμ(ά-ῃ)ᾷ.

2) **ᾷ** 2 Sing. Praes. Indic. u. Conj. Med. der V. contr. auf άω, aus άῃ: τιμ(άῃ)ᾷ.

ᾴᾳ 3 Sing. Praes. contr. aus άει mit vorgeschlagenem langen ᾱ in μνάᾳ [34, 6, 1; ***201***].

άᾳ 3 Sing. des Fut. att. mit vorgeschlag. α [***134***] (***157***. ***159***).

ααν Inf. Fut. aus αε[ι]ν mit vorgeschlag. α: ἐλάαν [34, 6, 2; ***202***].

άᾳς 2 Sing. contr. aus άεις mit vorgeschlag. α [34, 6, 1; ***201***].

άασθαι Inf. Pass. contr. aus άεσθαι mit vorgeschlagenem α [34, 6, 1; ***201***].

άασιν 3 Pl. Perf. mit Verkürz. des vorangeh. Voc. [29, 3, 2; ***62***].

άατε 2 Plur. Perf. in verkürzter Form; in γεγᾱατε [29, 3, 1; ***61***].

αδ Stammform des Nom. ας: **λαμπάδος, ἡ λαμπάς.**

α-ε 2 Sing. Imper.

αε 3 Sing. Imperf. der V. auf άω mit kurzem α [34, 5, 2, a), b); ***192*** a. b.]; αον 1 Sing.

αει 3 Sing. Praes. der V. auf άω uncontr. mit langem α [34, 5, 1; ***191***; mit kurzem α [34, 5, 2 a) b) c); ***192*** a. b. c].

ά-ε-σθε 2 Plur. Imper. Med.

α-έ-σθω 3 Sing. Imper. Med.

α-έ-σθων (< α-έ-σθωσαν) 3 Plur. Imper. Med.

α-έ-σθωσαν (< α-έ-σθων) 3 Plur. Imper. Med.

άεσσιν, άσσιν, άσιν Fallform des Dat. Plur. der Stämme auf ατ [18, 7, 1].

ά-ε-ται 3 Sing. Praes. Med.: ά-ο-μαι 1 Sing.

1) **ά-ε-τε** 2 Plur. Imper.

2) **άετε** 2 Plur. Imperf. der V. auf άω uncontr. mit langem ᾱ [34, 5, 2a); ***192a***].

ά-ε-το 3 Sing. Imperf. Med.: α-ο-μην 1 Sing.

α-έ-τω 3 Sing. Imper.

α-έ-τωσαν(<α-ό-ντων) 3 Plur. Imper.

ά-η 3 Sing. Conj.: α-ω 1 Sing.

ά-η-ται 3 Sing. Conj. Med.: α-ω-μαι 1 Sing.

αθι verkürzte Form des Imper. Perf. [29, 3, 1. 2; ***61. 62***].

αιδ Stamm von Nom. auf αις.

αιην verkürzte Form des Opt. Perf. in τεθναίην [29, 3, 1. 2; ***61. 62***].

1) **αις** Inf. Praes. dor. der Verba auf άω [34, 7, 5; ***212***].

2) **αις** (<αισιν, ησιν, ησι, ης, αῖς) gew. Dat. Plur. der 1. Decl. u. aeol. Acc. Pl. [15, 6, 4].

αῖς (αισιν, ησιν, ησι, ης, ασιν) Dat. Plur. [15, 6, 2].

αισα Fem. Part. dor. st. ασα [33, 1, 10; ***164***].

αισιν (<ησιν, ησι, ης) ursprüngl. Dat. Plur. der 1 Decl. [15, 6].

αιτ- Stamm von Nom. auf αις.

αμεν 1 Plur. Perf. in verkürzter Form: in μέμαμεν: [29, 3, 2; ***61***].

άμεν, άμεναι verkürzte Form des Inf. Perf. [29, 3, 1. 2; 30, 2, 2; ***61. 62***].

ᾶμες 1 Plur. Praes. dor. st. ῶμεν contr. aus άομες [34, 7, 2; ***209***].

1) **αν** Stamm von Nom. auf ᾱν.

2) **αν-** Stammform des Nom. ας: μέλᾰνος, μέλᾱς.

3) **αν** dor. Form der dual. Endung ην [***155***].

1) **ᾶν** Gen. Plur. der 1 Decl. dor. [15, 5 u. 6].

2) **ᾶν** Gen. Plur. der 3 Decl. dor. [17, 4, 10].

3) **ᾶν** Inf. Praes. der V. contr. auf άω, aus άειν: τιμ(ά-ειν)ᾶν.

ανα, ᾶναι Aor. 1 der V. auf αίνω, dor. [34, 10, 3, ***223***].

1) **αντ** Stammform des Nom. αν: παντός, τὸ πᾶν.

2) **αντ** Stammform des Nom. ας: γίγαντος, ὁ γίγας.

αντι dor. Form der 3 Plur. [33, 1, 7; ***161***].

ᾶντι Praes. dor. contr. aus άοντι [34, 7, 2; ***209***].

αο (< εω, ᾱ) Gen. Sing. der Subst. auf ας u ης [15, 3, 3].

άοιεν 3 Plur. Opt. Praes. der V. auf άω mit langem α [34, 5, 2, b); ***192b***]; αοι 1 Sing.

άοιμεν 1 Plur. Imperf. der V. auf άω mit langem ᾱ [34, 5, 2b; ***192b***].

άοιντο 3 Plur. Opt. Praes.: α-οί-μην 1 Sing.

άοιτο 3 Sing. Opt. Praes.: α-οί-μην 1 Sing.

αον Imperf. der V. auf άω mit langem ᾱ [34, 5, 2a. b; ***192 a. b***].

αοντ- Stammform des Part. auf άων der V. auf άω uncontr. [34, 5, 2, c; ***192 c***].

άοντα Part. Praes. der V. auf άω uncontr. mit langem ᾱ [34, 5, 1; ***191***]; mit kurzem ᾰ [34, 5, 2, c); ***192***, c].

άονται 3 Plur. Praes. Pass. der V. auf άω uncontr. mit langem α [34, 5, 2, b; ***192***, b].

άοντε Part. Dual. der V. auf άω uncontr. mit kurzem α [34, 5, 1; ***191***].

αοντο 3 Plur. Imperf. der V. auf άω uncontr. mit langem ᾱ [34, 5, 2, b; ***192*** b].

αοντων(α-έ-τωσαν) 3 Plur. Imper.

αος Fallform des Gen. Sing. der Stämme auf ατ-Nom. ας [18, 7, 1].

άου 2 Sing. Imper. Med.

άουσα Fem. Part. der V. auf άω uncontr. mit langem ᾱ [34, 5, 2, b); ***192*** b].

ἄουσι 3 Plur. Praes. der V. auf ἀω uncontr. mit kurzem α [34, 5, 2, a), b), c); ***192*** a, b, c].
αρ Stammf. des Nom. *αρ*: ἔαρος, ἔαρ.
ᾰς dor. Acc. Plur. mit kurzem ᾰ [15, 6, 4].
ας 2 Sing. Imperf. der V. contr. auf ἀω, aus *αες*: ἐτίμ(α-ες)ας.
1) *ᾷς* 2 Sing. Conj. Praes. der V. contr. auf ἀω, aus ἀῃς: τιμ(ά-ῃς)ᾷς.
2) *ᾷς* 2 Sing. Ind. Praes. der V. contr. auf ἀω, aus ἀεις: τιμ(α-εις)ᾷς.
ασαν 3 Plur. Plusprf. in verkürzter Form [29, 3, 1. 2; ***61. 62***].
ᾶσθαι Praes. Inf. der V. contr. auf ἀω, aus ἀεσθαι: τιμ(ά-ε)ᾶ-σθαι.
1) *ᾶσθε* 2 Plur. Praes. Ind. u. Conj. Med. der V. contr. auf ἀω, aus ἀεσθε, ἀησθε: τιμ(ά-ε)ᾶ-σθε, τιμ(ά-η)ᾶ-σθε.
2) *ᾶσθε* 2 Plur. Praes. Imper. u. Imperf. M. der V. contr. auf ἀω, aus ἀεσθε: (ἐ)τιμ(ά-ε)ᾶ-σθε.
άσθω 3 Sing. Praes. Imper. der V. contr. auf ἀω, aus αέσθω: τιμ(α-έ)ά-σθω.
άσθων 3 Plur. Praes. Imper. der V. contr. auf ἀω, aus αέσθων: τιμ(α-έ)ά-σθων.
άσθωσαν 3 Plur. Praes. Imper. der V. contr. auf ἀω, aus αέσθωσαν: τιμ(α-έ)ά-σθωσαν.
1) *ᾱσι(ν)* (< *αισιν, ησιν, ησι, ης*) Dat. Plur. d. 1 Decl. altatt. [15, 6, 3].
2) *ασι(ν)* (< *αεσσι(ν), ασσι(ν)*) Fallform des Dat. Plur. d. Stämme auf *ατ-* [18, 7].
ᾶσι 3 Plur. Perf. in verkürzter Form [29, 3, 1. 2; ***61. 62***].
άσσιν (< *άεσσιν, άσιν*) Fallf. des Dat. Plur. der Stämme auf *ατ-* [18, 7, 1].
άσω, άσομαι, ασα bei den Doriern auch themat. Ch. der V. auf ἀω, zuw. auch der auf ἐω [27, 3, 2; ***13***].
ατ-(α[ρ]τ-) Stammform des Nom. *αρ*: φρέατος: τὸ φρέαρ.
(μ)ατ- Stamm der Nom. auf (μ)α.
αται 3 Plur. für *νται* in der pass. Formation; nicht in den Fut., im Ind. Aor. 1 Med. u. den Conj. [30, 4, 1—12; ***100***]; in der att. Prosa (***118***).
ᾶται 3 Sing. Praes. Ind. u. Conj. Med. der V. contr. auf ἀω, aus ἀεται, ἀηται: τιμ(ά-ε)ᾶται, τιμ(ά-η)ᾶται.
1) *ᾶτε* 2 Plur. Ind. u. Imper. Praes. u. 2 Plur. Imperf. der V. contr. auf ἀω, aus ἀετε: τιμ(ά-ε)ᾶτε.
2) *ᾶτε* 2 Plur. Conj. Praes. der V. contr. auf ἀω, aus ἀη: τιμ(ά-η)ᾶτε.
1) *άτην* 3 Dual. Imperf. der V. contr. auf ἀω, aus αέτην: ἐτιμ(α-έ)άτην.
2) *άτην* 3 Dual. Plusperf. in verkürzter Form in γεγάτην [29, 3, 2; ***62***].
ατο 3 Plur. für *ντο* in der pass. Formation [30, 4, 1—12; ***100***].
ᾶτο 3 Sing. Imperf. Med. der V. contr. auf ἀω, aus ἀετο: τιμ(ά-ε)ᾶ-το.
1) *άτω* 3 Sing. Imper. Praes. der V. contr. auf ἀω, aus αέ-τω: τιμ(α-έ)ά-τω.
2) *άτω* verkürzte Form des Imper. Perf. [29, 3, 1. 2; ***61. 62***].
άτωσαν (< *ώντων*) 3 Plur. Imper. Praes. der V. contr. auf ἀω, aus αέτωσαν: τιμ(α-έ)ά-τωσαν.
ᾰυῖα Fem. Part. Perf. mit Verkürz. des vorang. Voc. [29, 3, 2; ***62***].
1) *άων* (< *έων, ᾶν*) Gen. Plur. der 1 Decl. [15, 5].
2) *άων* Fallform des Gen. Plur. der Stämme auf *ατ-*: Nom. *ας* [18, 7, 1].
3) *ᾱ́ων* Part. Praes. der V. auf ἀω uncontr. mit langem ᾱ [34, 5, 1;

191; mit kurzem ᾰ [34, 5,2, a), b), c); ***192*** a-c].

ἀωνται 3 Plur. Conj. Med.: ἀ-ω-μαι.

ἀώς Part. Perf. mit ausgefallenem κ und Verkürzung des vorangehenden Vocals [29, 3, 2; ***62***].

ἀωσι 3 Plur. Praes. contrah. aus αουσι mit vorgeschlagenem α [34, 5, 9; ***199***].

ά-ω-σι(ν) 3 Plur. Conj.: α-ω 1 Sing.

ἀῶτ- Stamm des Part. Perf. mit Verkürzung des vorangehenden Vocals [29, 3, 2; ***62***].

B.

β Stammform des Nom. auf ψ: χάλυβος, χάλυψ.

Γ.

γ Stammform des Nom. auf ξ: φλογός, ἡ φλόξ.

Δ.

δε locales Suffix, auf die Frage „wohin" οἴκονδε nach Hause [19, 4; C. § 178].

E.

ε 2 Sing. Imper. Praes. u. Aor. 2.

ε(ν) 3 Sing. Imperf. u. Aor. 2: ον 1 Sing.

1) *ε(σ)-* Stammform des Nom. ες: σάφους, σαφές N.

2) *ε(ς)-* Stammform des Nom. ος: γένους, τὸ γένος.

3) *ε(ς)-* Stammform des Nom. ης: τριήρους, ἡ τριήρης.

ε(υ) Stammform des Nom. ευς: φονέως, ὁ φονεύς.

1) *εα* Acc. Sing. der 1 Decl. auf ης heterocl. nach der 3. gebildet [15, 7, 1].

2) *εα* Fallform des Acc. Sing. der Stämme auf ε(ς): Nom. ης [18, 1].

3) *έα(< ῆα)* Fallf. des Acc. Sing. der Stämme auf ε(υ). Nom. εύς.

4) *εα* (< *ειν*) 1 Sing. Plsprf. ep. u. ion.: ᾔδεα, πεποίθεα [***122***].

έαι 2 Sing. der V. auf έω mit ausgestossenem ε ποιέαι st.-έεαι [30, 3, 1; ***89***].

1) *εας* Fallform des Acc. Plur. der Stämme auf υ: Nom. υς [18, 6].

2) *εας* (< *εις*) 2 Sing. Plsprf. ep. u. ion.: ἐτεθήπεας [***122***].

έαται (< *αται*) Plur. für νται in der pass. Formation [30, 4, 7; ***107***].

έατε 2 Plur. Plsprf. ion. συνηδέατε Her. 9, 58 [***122***].

έατο (< *ατο*) 3 Plur. für ντο in der pass. Formation [30, 4, 7; ***107***. ***108***].

ε-ε 3 Sing. Imperf. u. 2 Sing. Imper. Praes.: ε-ον 1 Sing.

εε(ν) (< *ει*) 3 Sing. Plsprf. ep. u. ion.: ᾔδεε(ν) [***122***. ***123***].

ε-ει 3 Sing. Praes.: ε-ω 1 Sing.

έει, έεις als Fut. ohne σ [29, 2, 4; ***58***].

έειν (< *εῖν*) Inf. Aor. 2: πιέειν, ἰδέειν [***124***]; ***2***) Inf. Fut. att. [***135***].

1) *εες* Fallform des Nom. Plur. der Stämme auf ε(ς): Nom. ης [18, 1] τριήρεες, τριήρης.

2) *εες* Fallform des Nom. Plur. der Stämme auf υ: Nom. υς [18, 6] πήχεες, πῆχυς.

3) *έες* (< *ῆες*) Fallform des Nom. Plur. der Stämme auf ε(υ): βασιλέες, -εύς.

έεσθαι Inf. 1) Fut. att. Med. ὀλέεσθαι Il. ο, 700, 2) Fut. dor. in πεσέεσθαι Il. ι, 235 [***138***].

έεσθε 2 Plur. Imper. Med.

εέσθω 3 Sing. Imper. Med.

εέσθων(ε-έ-σθωσαν) 3 Plur. Imper. Med.

εέσθωσαν(ε-έ-σθων) 3 Plur. Imper. Med.

1) **έεται** 3 Sing. Praes. Med. έ-ομαι 1 Sing.

2) **έεται** 3 Sing. Fut. dor. Med. in πεσέεται [*138*].

έετε 2 Plur. Imper.

έετο 3 Sing. Imperf.: ε-ό-μην 1 Sing.

εέτω 3 Sing. Imper.

εέτωσαν(ε-ό-ντων) 3 Plur. Imper.

έ-η 3 Sing. Conj.: έ-ω 1 Sing.; έη in den V. selten oder nie contr. bei Hom. u. Her. [34, 4; *186*].

έηται 3 Sing. Conj. Med.: έ-ω-μαι 1 Sing.

1) **ει** 3 Sing.: ω 1 Sing.

2) **ει** 3 Sing. Imperf. der V. contr. auf έω, aus εε: ἐποί(ε-ε)ει.

3) **ει** 2 Sing. Imper. Praes. der V. contr. auf έω, aus εε: ποί(ε-ε)ει.

1) **εϊ** Fallform des Dat. Sing. der Stämme auf ε(ς): Nom. ης [18, 1].

2) **εϊ** Fallform des Dat. Sing. der Stämme auf υ: Nom. υς [18, 6].

3) **εϊ** Dat. Sing. der 1 Decl. auf ης heteroclit. nach der 3. gebildet [15, 7, 1].

1) **εῖ, έϊ** (< εϊ, ῆϊ) Fallf. des Dat. Sing. der Stämme auf ε(υ): εύς [18, 4].

2) **εῖ** 3 Sing. Praes. Ind. der V. contr. auf έω, aus έει: ποι(έ-ει)εῖ.

εῖαι 2 Sing. aus έεαι [34, 3, 8; *185*].

εῖας Fallf. des Acc. Pl. in εὐκλεῖας Stamm εε(ς): Nom. έης.

ειδ- Stammform des Nom. εις: κλειδός, κλείς.

είη 3 Sing. Opt. Aor. 2 Pass.: είην 1 Sing.

είη (< ήη) 3 Sing. Conj. Aor. Pass.: μιγείη [*125*].

είης 2 Sing. Conj. Aor. Pass.: δαμείης (-ήης) [*126*].

είησαν 3 Plur. Opt. Aor. 2 Pass.: είην 1 Sing.

εῖν Inf. Praes. der V. contr. auf έω, aus έειν: ποι(έ-ειν)εῖν.

ειο, εῖο 2 Sing. der hist. Temp. bei Hom. gedehnt aus εο nur in ἔρειο Il. λ, 611 u. σπεῖο κ, 285 [30, 3, 4; *92*].

εῖος (< ῆος) Fallf. des Gen. Sing. der Stämme auf εε(ς) Nom. εης.

ειότ- Stamm des Part. Perf. ειώς in verkürzter Form [29, 3, 1. 2; *61. 62*].

ειρ- Stammform des Nom. ειρ: χειρός, χείρ.

εις 2 Sing. Imperf. der V. contr. auf έω, aus εες: ἐποί(ε-ες)εις.

εῖς 2 Sing. Praes. Ind. der V. contr. auf έω, aus έεις: ποι(έ-εις)εῖς.

εἰσθαι Praes. Inf. der V. contr. auf έω, aus έεσθαι: ποι(έ-ε)εί-σθαι.

εῖσθε 2 Plur. Ind. u. Imper. Praes. u. Imperf. Med. der V. contr. auf έω, aus έεσθε: (ε)ποι(έ-ε)εῖ-σθε.

είσθω 3 Sing. Praes. Imper. der V. contr. auf έω, aus εέσθω: ποι(ε-έ)-εί-σθω.

είσθων 3 Plur. Praes. Imper. der V. contr. auf έω, aus εέσθων: ποι(ε-έ)εί-σθων.

είσθωσαν 3 Plur. Praes. Imper. der V. contr. auf έω, aus εέσθωσαν: ποι(ε-έ)εί-σθωσαν.

εῖται 3 Sing. Praes. Ind. Med. der V. contr. auf έω, aus έεται: ποι(έ-ε)-εῖ-ται.

εῖτε 2 Plur. Ind. u. Imper. Praes. sowie Imperf. der V. contr. auf έω, aus έετε: ποι(έ-ε)εῖ-τε.

εῖτο 3 Sing. Imperf. Med. der V. contr. auf έω, aus έετο: ποι(έ-ε)-εῖ-το.

είτω 3 Sing. Imper. Praes. der V.

contr. auf έω, aus εέ-τω: ποι(ε-έ) εί-τω.

είτων 3 Dual. Imper. Praes. der V. contr. auf έω, aus εέτων: ποι(ε-έ)-εί-των.

είτωσαν (< ούντων) 3 Plur. Imper. Praes. der V. contr. auf έω, aus εέτωσαν: ποι(ε-έ) εί-τωσαν.

είω 1 Sing. Conj. Aor. Pass.: δαείω [**126**].

ειῶτ- Stammform des Part. Perf. ειώς in verkürzter Form [29, 3, 1. 2; **61. 62**].

1) **εν** Stammform des Nom. ην: λιμένος, ὁ λιμήν.

2) **εν** Stammform des Nom. εν: ἄρρενος, ἄρρεν.

3) **εν** Stammform des Nom. εις: ἑνός, εἷς.

4) **εν** Inf. Act. dor. st. ειν [**162**].

5) **εν** 3 Plur. Pass. bei Dichtern neben ησαν [30, 5, 1. 2; **114. 115**].

1) **εντ-** Stammform des Nom. εν: λυθέντος, λυθέν.

2) **εντ-** Stammform des Nom. εις: λυθέντος, λυθείς.

1) **εο** (< εν) 2 Sing. der hist. Temp.

2) **έο** 2 Sing. Imprf. der V. auf έω mit ausgestossenem ε: ποιέο, st. -έεο [34, 3, 5; **93**].

1) **έοι** in den Verbis selten od. nie contr. bei Hom. u. Her. [34, 3, 8; **186**].

2) **έοι** 3 Sing. Opt. Praes. der V. auf έω: έ-οι 1 Sing.

έοιεν 3 Plur. Opt. Praes. der V. auf έω: έ-οιμι 1 Sing.

έοιντο 3 Plur. Opt. Praes. der V. auf έω: ε-οί-μην 1 Sing.

έοιτο 3 Sing. Opt. Praes. der V. auf έω: ε-οί-μην 1 Sing.

εον 3 Plur. Imperf. der V. auf έω: ε-ον 1 Sing.

εονται 3 Plur. Praes. Med. der V. auf έω: έ-ο-μαι 1 Sing.

έοντο 3 Plur. Imperf. der Verba auf έω: ε-ό-μην 1 Sing.

εόντων (ε-έ-τωσαν) 3 Plur. Imper. der Verba auf έω.

1) **εος** heterokl. als Gen. Sing. der 1 Decl. auf ης [15, 7, 1].

2) **εος** Fallform des Gen. Sing. der Stämme auf ε(ς): Nom. ης [18].

3) **έος** (< ῆος) Fallform des Gen. Sing. der Stämme auf ε(υ): Nom. ευς.

4) **εος** Fallform des Gen. Sing. der Stämme auf υ: Nom. υς [18, 6].

έ-ου 2 Sing. Imper. Med. der V. auf έω.

έ-ου-σι(ν) 3 Plur. Praes. der V. auf έω: έ-ω 1 Sing.

ερ- Stammf. des Nom. ηρ: αἰθέρος, αἰθήρ.

εσθε 2 Plur. Praes. u. Aor. 2 Imper. Med.

έσθω 3 Sing. Imper. Praes. u. Aor. 2 Med.

έσθωσαν 3 Plur. Imper. Praes. u. Aor. 2 Med.

εσι Fallf. des Dat. Plur. der Stämme auf υ: Nom. υς [18, 6].

εσι(ν) (< εσσι, σσι, σι) Dat. Plur. selten bei Homer.

εσσι (< εσι, σι) ursprüngl. Dat. Plur. [17, 4].

εται 3 Sing. Praes. Med.: ομαι 1 Sing.

ετε 2 Plur. Imper. Praes. u. Aor. 2.

ετο 3 Sing. Imperf. und Aor. 2 Med.: όμην 1 Sing.

έτω 3 Sing. Imper. Praes. u. Aor. 2.

έτωσαν (< όντων) 3 Plur. Imper. Praes. u. Aor. 2.

ευ (< εο) 2 Sing. der hist. Temp. bei Her. neben εο [30, 3, 4; **92**].

ευ, ευν Imperf. der Verba auf όω bei Her. [34, 8, 3: **216**].

εῦ (< έο) 2 Sing. Imper. der Verba auf έω für έο zuw. bei Her. [30, 3, 6; **94**].

εῦμαι (< έομαι) 1 Sing. 1) des Praes. Pass. der V. contr. auf έω ion. aus έομαι 2) des Fut. dor. der Formen auf ίσω, ιῶ [*136* (*157*. *158*); 34, 3, 4].

(ξ, σ)**εῦμεν** 1 Plur. Fut. dor. [33, 2; *166*].

εύμενος Part. Praes. Pass. contr. aus εόμενος [34, 3, 4; *181*].

εύμην 1 Sing. Imperf. contr. aus εόμην [34, 3, 4; *181*].

ευν 1 Sing. u. 3 Plur. Imperf. contr. aus εον [34, 3; 3, 1; *177*. *178*].

εῦντα, εῦντας, εῦντες Part. contr. aus έοντα, έοντας, έοντες [34, 3, 3; *180*].

εῦνται 3 Plur. Praes. Pass. contr. aus έονται [34, 3, 4; *181*].

εῦντι 3 Plur. Fut. dor. [33, 2; *166*].

1) **εῦντο** 3 Plur. Imperf. Pass. contr. aus έοντο [34, 3, 4; *181*].

2) **εῦντο** Imperf. der V. auf όω bei Her. [34, 8, 3; *216*].

εῦντος Part. der Verba auf όω bei Her. [34, 8, 3; *216*].

ευς Fallform des Gen. Sing. der Stämme auf ε(ς): Nom. ης [18, 2, 2].

εῦσαν s. u. εῦσι.

1) **εῦσι** 3 Plur. contr. aus έουσι Hom. selten; ebenso εῦσαν [34, 3, 5; *182*].

2) **εῦσι** 3 Plur. Praes. der V. auf όω bei Her. [34, 8, 3; *216*].

1) **εω** (< αο, ᾱ) Gen. Sing. der Subst. auf ας u. ης [15, 3].

2) (ϑ)**έω** 1 Sing. Conj. Aor. Pass. Her. ἀπαιρεϑέω 3, 65 [*125*].

3) **έω** als Fut. ohne σ [29, 2, 4; *58*].

4) **έω** in den V. selten oder nie contr. bei Hom. u. Her. [34, 4; *186*].

(ϑ)**έωμεν** 1 Plur. Aor. Pass. Her. έσσωϑέωμεν [31, 1, 4; *125*].

εώμενος Part. contr. aus αόμενος mit vorgeschlagenem ε [34, 5, 9; 6, 4; *199*. *204*].

1) **έων** (< άων, ᾱν) Gen. Plur. der 1 Decl. [15, 5 m. A. 1—3].

2) **έων** Fallform des Gen. Plur. der Stämme auf ε(ς): Nom. ης [18, 1].

3) **έων** Fallform des Gen. Plur. der Stämme auf υ: Nom. υς [18, 6].

1) **έ-ω-νται** 3 Plur. Conj. Med.: ε-ω-μαι 1 Sing.

2) **έωνται** 3 Plur. Praes. contr. aus άονται mit vorgeschlagenem ε [34, 5, 9; *199*].

έωντες Part. Praes. contr. aus άοντες mit vorgeschlagenem ε [34, 5, 9; *199*].

1) **έ-ω-σι(ν)** 3 Plur. Conj.: έ-ω 1 Sing.

2) (ϑ)**έωσι** 3 Plur. Aor. Pass. Her. ὁρμηϑέωσι, φανέωσι, μιγέωσι [*125*].

H.

η 3 Sing. Aor. 2 Pass.: ην 1 Sing.

η 3 Sing. Imperf. u. 2 Imper. st. α contr. aus αε: ὅρη [34, 7, 1; *208*].

η dor. Form. 1) der 3 Sing. Ind. Act. für ει [*158*]; 2) der 3 Sing. Ind. Perf. Act. [*159*].

ῃ 3 Sing. Conj. Praes. u. Aor. 2: ω 1 Sing.

ῇ 2 Sing. Praes. Ind. u. Conj. Med. der V. contr. auf έω, aus έῃ: ποι(έ-ῃ) ῇ.

ῇ 3 Sing. Praes. st. ᾷ contr. aus άει: ὁρῇ [34, 7, 1].

ῆα (< έα) Fallf. des Acc. Sing. der Stämme auf ε(υ): Nom. ευς.

1) **ηαι** (< ῃ) 2 Sing. Conj. st. des zusammengez. ῃ bei Hom. u. Her. [30, 3, 1; *89*; im Perf [30, 3, 3; *91*].

2) **ηαι** 2 Sing. Perf. st. ησαι: βέβληαι Il. ε, 284 [30, 3, 3].

ἦας Fallf. des Acc. Plur. d. Stämme auf ε(υ): Nom. ευς [18, 4; C. §. 121].

ηεῖς Fallform des Nom. Plur. in ἀκληεῖς Stamm εε(ς): Nom. έης.

ἦες (< έες) Fallf. des Nom. Plur. der Stämme auf ε(υ): Nom. ευς [18, 4; C. §. 121]: βασιλῆες, βασιλεύς.

ήεσσιν(εῦσι(ν)) Fallform des Dat. Plur. einiger Stämme auf ε(υ): Nom. ευς [18, 4; C. §. 121]: ἀριστήεσσιν, ἱππήεσσι.

ήῃ (< είῃ) 3 Sing. Conj. Aor. Pass. δαμήῃ, σαπήῃ [**127**].

ήῃσι s. [34, 5, 4.]

ηθι 2 Sing. Imper. Aor. 2 Pass.

ῆι (< έϊ) Fallform des Dat. Sing. der Stämme auf ε(υ): Nom. εύς.

ῆμεν (< ήμεναι) Inf. Aor. Pass. dor. διακριθῆμεν Thuc. 5, 79 [30, 2, 6; **86**].

1) ήμεναι Inf. Act. der Verba auf άω u. έω; η entstanden aus dem Charakter α, ε und dem Bindevocal [30, 2, 4].

2) ήμεναι (< ῆμεν) Inf. Aor. Pass. [30, 2, 6; **86**].

ην- Stammf. des Nom. ην: Ἕλληνος, ὁ Ἕλλην.

ην (< ειν) Inf. Perf. Act. dor. [33, 1, 9; **163**].

ῆν Inf. Praes. dor. der V. auf έω, άω st. ᾶν contr. aus, εε[ι]ν, αε[ι]ν st. εῖν, έειν, άειν [33, 1, 8; **162**]: ὁ-ρῆν [34, 7, 1. 3; **208. 210**].

ηνα, ῆναι Aor. 1 der Verba auf αινω ep. u. ion. [34, 10, 1].

1) ῆος (< εῖος) Fallform des Gen. Sing. der Stämme auf εε(ς): Nom. εης.

2) ῆος (< έος) Fallf. des Gen. Sing. der Stämme auf ε(υ): Nom. ευς [18, 4]: βασιλῆος, βασιλεύς.

ηότ Stamm d. Part. Perf. ηώς in verkürzter Form [29, 3, 1. 2; **61. 62**].

ηρ- Stammform des Nom. ηρ: θη-ρός, ὁ θήρ.

ης dor. Form der 2 Sing. Ind. Perf. Act. [**159**].

ῃς (< ῃσιν, ῃσι, αισιν, ασιν) Dat. Plur. ep. u. ion. [15, 6, 1].

ῇς 2 Sing. Conj. Praes. der Verba contr. auf έω, aus έῃ: ποι(έ-ῃς)ῇς.

ησαν 3 Plur. Aor. 2 Pass.: ην 1 Sing.

ῆσθαι Inf. Pass. in θῆσθαι Od. δ, 84 [34, 5, 6 mit A. 3; **190. 193**].

ῆσθε 2 Plur. Praes. Conj. der V. contr. auf έω, aus έησθε: ποι(έ-η) ῆ-σθε.

ησι(ν) (ῃσιν) alte Endung der 3 Sing. im Conj. [30, 1, 4; **69**); im Ind. [30, 1, 4; **69**].

ῃσιν (< ῃσι, ῃς, αισιν, ασιν) Dat. Plur. ep. u. ion. [15, 6, 1].

ητ- Stammform des Nom. ης: βαρύ-τητος, ἡ βαρύτης.

ῆται 3 Sing. Praes. Conj. der V. contr. auf έω, aus έηται: παι(έ-η) ῆ-ται.

ηται 3 Sing. Conj. Praes. Med. u. Aor. 2: ωμαι 1 Sing.

ητε 2 Plur. Imper. Aor. 2 Pass.

ῆτε 2 Plur. Conj. Praes. der Verba contr. auf έω, aus έη: ποί(έ-η)-ῆ-τε.

ῆτε 2 Plur. Praes. st. ᾶτε contr. aus άετε: ὁρῆτε [34, 7, 1; **208**].

ήτην 3 Dual. Imperf. unregelmässig contr. aus αέτην [34, 5, 3; **193**].

ήτω 3 Sing. Imper. Aor. 2 Pass.

ήτωσαν 3 Plur. Imper. Aor. 2 Pass.

ηυῖα Fem. Part. Perf. in verkürzter Form [29, 3, 1. 2; **61. 62**].

ηώς Part. Perf. mit ausgestossenem κ [29, 2, 4].

ηώτ- Stammform des Part. Perf. ηως in verkürzter Form [29, 3, 1. 2; **61. 62**].

Θ.

ϑα als Endung der 2 Sing. im Conj. [30, 1, 1; ***69***]; im Opt. [ib. 1, 2; ***70***].

ϑ-είη 3 Sing. Opt. Aor. 1 Pass.: ϑ-είην 1 Sing.

ϑ-είησαν 3 Plur. Opt. Aor. 1 Pass.: ϑ-είην 1 Sing.

ϑεν locales Suffix, auf die Frage „*woher*"? οἴκοϑεν von (zu) Hause [19, 3, 3; C. §. 178].

ϑέω s. u. ἔω.

ϑέωμεν s. u. ἔωμεν.

ϑ-η 3 Sing. Aor. 1 Pass.: ϑ-ην 1 Sing.

ϑ-ῇ 3 Sing. Conj. Aor. 1: ϑ-ῶ 1 Sing.

ϑ-ησαν 3 Plur. Aor. 1 Pass.: ϑ-ην 1 Sing.

ϑ-ητε 2 Plur. Imper. Aor. 1 Pass.

ϑ-ητι 2 Sing. Imper. Aor. 1 Pass.

ϑ-ήτω 3 Sing. Imper. Aor. 1 Pass.

ϑ-ήτωσαν 3 Plur. Imper. Aor. 1 Pass.

ϑι locales Suffix auf die Frage „*wo*"? οἴκοϑι, zu Hause [19, 3, 1; C. §. 178].

ϑ-ῶσι(ν) 3 Plur. Conj. Aor. 1: ϑ-ῶ 1 Sing.

I.

ι Stammf. des Nom. ι: ἴδριος, ἴδρι.

ι Stammform des Nom. ις: πόλιος ion. u. dor., εως att.: ἡ πόλις.

ι Fallf. des Dat. Sing. der Stämme auf ι: Nom. ις [18, 5]: πόλι, πόλις.

ιας (< ις) Stammform des Acc. Plur. der Stämme auf ι: Nom. ις [18, 5]: πόλιας, πόλις.

ιδ Stammform des Nom. ις: ἐλπίδος, ἡ ἐλπίς.

ιες Fallform des Nom. Plur. der Stämme auf ι: Nom. ις [18, 5]: πόλιες, πόλις.

ίεσσιν Fallform des Dat. Plur. der Stämme auf ι im Dor. Nom. ις [18, 5, 7]: πολίεσσιν.

ιϑ Stammform des Nom. ις: ὄρνῑϑος, ὁ, ἡ ὄρνις.

1) **ιν** Stammform des Nom. ιν: δελφίνος, ὁ δελφίν.

2) **ιν** Fallform des Acc. Sing. der Stämme auf ι; Nom. ις [18, 5]: πόλιν, πόλις.

3) **ῑν** Stammform des Nom. ις: δελφῖνος, ὁ δελφίς.

ιος Fallf. des Gen. Sing. d. Stämme auf ι: Nom. ις: πόλιος, πόλις.

ις (<ιας) Stammf. des Acc. Plur. der Stämme auf ι: Nom. ις [18, 5]: πόλις, πόλις.

ισι(ν) Fallf. des Dat. Plur. d. Stämme auf ι: Nom. ις [18, 5]: πόλισι(ν), πόλις.

ιτ- Stammform des Nom. ι: μέλιτος, τὸ μέλι.

ιτ Stammform des Nom. ις: χάριτος, ἡ χάρις.

ίων Fallf. des Gen. Plur. der Stämme auf ι: Nom. ις [18, 5]: πολίων, πόλις.

K.

κ Stammform des Nom. auf ξ: φύλακος, ὁ φύλαξ.

κ-ασιν (<χ-ασιν, φ-ασιν) 3 Plur. Perf.: κ-α 1 Sing.

κ-ε(ν) (< χ-ε(ν), φ-ε(ν)) 3 Sing. Perf.: κ-α 1 Sing.

κ-ε (< χ-ε, φ-ε) 2 Sing. Imper. Perf.

κ-ει (χ-ει, φ-ει) 3 Sing. Plsperf.: κ-ειν 1 Sing.

κ-εσαν (<χ-εσαν, φ-εσαν) 3 Plur. Plsprf.: κ-ειν 1 Sing.

κ-ετε 2 Plur. Imper. Perf.

κ-έτω 3 Sing. Imper. Perf.

κ-έτωσαν (< κ-όντων) 3 Plur. Imper. Perf.

κ-ῃ (<χ-ῃ, φ-ῃ) 3 Sing. Conj. Perf.: κ-ω 1 Sing.

κ-οι (< χ-οι, φ-οι) 3 Sing. Opt. Perf.: κ-οιμι 1 Sing.

κ-οιεν (< χ-οιεν, φ-οιεν) 3 Plur. Opt. Perf.: κ-οιμι 1 Sing.

κ-όντων (< κ-έτωσαν) 3 Plur. Imper. Perf.

κτ Stammform des Nom. auf ξ: νυκτός, ἡ νύξ.

κ-ωσι(ν) (< χ-ωσιν, φ-ωσιν) 3 Plur. Conj. Perf.: κ-ω 1 Sing.

Λ.

λσ(ω), λσ(α), σ als Tempuscharakter mit Liquiden verbunden; vgl. -ρς [29, 2; *54. 55*]: κέλσω, κελσ-.

M.

μαν dor. Form der pass. Endung μην; auch bei den Trag. in Ch. [*155*].

μεν (< μεναι) Endung des Inf. ep. [30, 2; *80*].

μεναι (< μεν) Endung des Inf. ep. [30, 2; *80*].

μες dor. Form der 1 Plur. Act. [33, 1, 6; *160*].

μεσθα 1 Plur. Pass. Med. bei den Dor. u. Dichtern neben μεθα [30, 3, 11; *99*].

μι 1 Sing. Praes. im *Conj.* erhalten: ἐθέλωμι u. s. w. [30, 1, 1; *69*].

N.

νται 3 Plur. Perf. Med.: μαι 1 Sing.

ντο 3 Plur. Plusperf. Med.: μην 1 Sing.

Ξ.

ξαι (ξειε(ν)), ξαις (ξειας), ξαιμι 3, 2, 1 Sing. Opt. Aor. der St. auf γ, κ, χ.

ξαιεν (ξειαν), ξαιτε, ξαιμεν 3, 2, 1 Plur. Opt. Aor. der St. auf γ, κ, χ.

ξαιντο, ξαισθε, ξαίμεθα 3, 2, 1 Plur. Opt. Aor. 1 Med. der St. auf γ, κ, χ.

ξαιτο, ξαιο, ξαίμην 3, 2, 1 Sing. Opt. Aor. 1 Med. der St. auf γ, κ, χ.

ξαν, ξατε, ξαμεν 3, 2, 1 Plur. Aor. der St. auf γ, κ, χ.

ξαντο, ξασθε, ξάμεθα 3, 2, 1 Plur. Aor. 1 Med. der St. auf γ, κ, χ.

ξάσθω, ξαι 3, 2 Sing. Imper. Aor. 1 Med. der St. auf γ, κ, χ.

ξάσθωσαν (<ξάσθων), ξασθε 3, 2 Plur. Imper. Aor. 1 Med. der St. auf γ, κ, χ.

ξατο, ξω, ξάμην 3, 2, 1 Sing. Aor. 1 Med. der St. auf γ, κ, χ.

ξάτω, ξον 3, 2 Sing. Imper. Aor. der St. auf γ, κ, χ.

ξάτωσαν (<ξάντων), ξατε 3, 2 Plur. Imper. Aor. der St. auf γ, κ, χ.

ξε(ν) ξας, ξα 3, 2, 1 Sing. Aor. der St. auf γ, κ, χ.

ξει, ξεις, ξω 3, 2, 1 Sing. Fut. der St. auf γ, κ, χ.

ξέμεν, ξέμεναι auch als Inf. Aor. s. [29, 2, 2; *56*].

ξεται, ξῃ, ξομαι 3, 2, 1 Sing. Fut. Med. der St. auf γ, κ, χ.

ξετε auch als 2 Plur. Imp. Aor. s. [29, 2, 2; *56*].

ξῃ, ξῃς, ξω 3, 2, 1 Sing. Conj. Aor. der St. auf γ, κ, χ.

ξηται, ξῃ, ξωμαι 3, 2, 1 Sing. Conj. Aor. 2 Med. der St. auf γ, κ, χ.

ξοι, ξοις, ξοιμι 3, 2, 1 Sing. Opt. Fut. der St. auf γ, κ, χ.

ξοιεν, ξοιτε, ξοιμεν 3, 2, 1 Plur. Opt. Fut. der St. auf γ, κ, χ.

ξοιντο, ξοισθε, ξοίμεθα 3, 2, 1

Plur. Opt. Fut. Med. der St. auf γ, κ, χ.

ξοιτο, ξοιο, ξοίμην 3, 2, 1 Sing. Opt. Fut. Med. der St. auf γ, κ, χ.

ξονται, ξεσθε, ξομεθα 3, 2, 1 Plur. Fut. Med. der St. auf γ, κ, χ.

ξουσι(ν), ξετε, ξομεν 3, 2, 1 Plur. Fut. der St. auf γ, κ, χ.

ξωνται, ξησθε, ξώμεθα 3, 2, 1 Plur. Conj. Aor. 2 Med. der St. auf γ, κ, χ.

O.

ο Stammform des Nom. ως: αἰδοῦς, ἡ αἰδώς.

ο(υ) Stammf. des Nom. ους: βοός, ὁ, ἡ βοῦς.

οδ- Stammf. des Nom. ους: ποδός, ὁ πούς.

οι 3 Sing. Opt. Praes. Aor. 2: οιμι 1 Sing.

οι Sing. Locativ. οἴκοι C. §. 179.

οἶ 3 Sing. Praes. Ind. der V. contr. auf όω, aus όει: μισθ(ό-ει)οῖ.

οἶ Fallf. des Dat. Sing. der Stämme auf ο nach der 3. Decl. [18, 3; C. §. 162].

οἶ (οι) Nom. Pl. der N. contr. auf όος, έος.

οἶ 3 Sing. Opt. Praes. der V. contr. auf έω, όω, aus έοι, όοι: ποι(έ-οι)-οῖ, μισθ(ό-οι)οῖ.

οἶ 3 Sing. Conj. Praes. der V. contr. auf όω, aus όῃ: μισθ(όῃ)οῖ.

οἶ 2 Sing. Praes. Ind. u. Conj. Med. der V. contr. auf όω, aus όῃ: μισθ(ό-ῃ)οῖ.

οίατο 3 Plur. Opt. [30, 4, 6; ***106***; 12; ***112***].

οιεν 3 Plur. Opt. Praes. u. Aor. 2: οιμι 1 Sing.

οῖεν 3 Plur. Opt. Praes. der Verba contr. auf έω, όω, aus έοιεν, όοιεν: ποι(έ-οι)οῖ-εν, μισθ(ό-οι)οῖ-εν.

οίη 3 Sing. Opt. Att. der V. contr. auf έω, όω, aus εοίη, οοίη: ποι(ε-οί)οί-η, μισθ(ο-οί)οί-η.

οίημεν 1 Plur. Opt. Att. der V. contr. auf έω, όω, aus εοίημεν, οοίημεν: ποι(ε-οί)οί-ημεν, μισθ(ο-οί)οί-ημεν.

οίην 1 Sing. Opt. Att. der V. contr. auf έω, όω, aus εοίην, οοίην: ποι-(ε-οί)οί-ην, μισθ(ο-οί)οί-ην.

οίης 2 Sing. Opt. Att. der V. contr. auf έω, όω, aus εοίης, οοίης: ποι-(ε-οί)οί-ης, μισθ(ο-οί)οί-ης.

οίητε 2 Plur. Opt. Att. der V. contr. auf έω, όω, aus εοίητε, οοίητε: ποι-(ε-οί)οί-ητε, μισθ(ο-οί)οί-ητε.

οιιν Gen. u. Dat. Dual. der 2. Decl. b. Ep. [16, 2]; auch der 3. [17, 3]: ποδοῖιν, Σειρηνοῖιν.

οίμεθα 1 Plur. Opt. Praes. Med. der V. contr. auf έω, όω, aus εοίμεθα, οοίμεθα: ποι(ε-οί)οί-μεθα, μισθ(ο-οί)οί-μεθα.

οῖμεν 1 Plur. Opt. Praes. der V. contr. auf έω, όω, aus έοιμεν, όοιμεν: ποι(έ-οι)οῖ-μεν, μισθ(ό-οι)-οῖ-μεν.

οίμην 1 Sing. Opt. Praes. Med. der V. contr. auf έω, όω, aus εοίμην, οοίμην: ποι(ε-οί)οί-μην, μισθ(ο-οί)-οί-μην.

οῖμι 1 Sing. Opt. Praes. der Verba contr. auf έω, όω, aus έοιμι, όοιμι: ποι-(έ-οι)οῖ-μι, μισθ(ό-οι)οῖ-μι.

οιν 1 Sing. Opt. bei den Trag. [30, 1, 6; ***7***]: τρέφοιν, λάβοιν.

οῖν (οιν) Gen. u. Dat. Dual. der N. contr. auf όος, έος, έον.

οιντο 3 Plur. Opt. Praes. Med.: οίμην 1 Sing.

οῖντο 3 Plur. Opt. Praes. Med. u. Aor. 2 der V. contr. auf έω, όω, aus έοιντο, όοιντο: ποι(έ-οι)οῖ-ντο, μισθ(ό-οι)οῖ-ντο.

οιο (< ου) Gen. Sing. der 2 Decl. bei Ep. u. Lyr. [16, 1].

οῖο 2 Sing. Opt. Praes. Med. der

V. contr. auf έω, όω, aus έοιο, όοιο: ποι(έ-οι)οῖ-ο, μισθ(ό-οι)οῖ-ο.

οις Inf. Praes. dor. der V. auf όω: γέλοις, ὕψοις [34, 7, 5; ***212***].

οῖς(οις) Dat. Plur. der N. contr. auf όος, έος, έον.

οῖς 2 Sing. Ind. Praes. der Verba contr. auf όω, aus όεις: μισθ(ό-εις)οῖς.

οῖς 2 Sing. Conj. Praes. der Verba contr. auf όω, aus όῃς: μισθ(ό-ῃς)οῖς.

οῖς 2 Sing. Opt. Praes. der Verba contr. auf έω, όω, aus έοις, όοις: ποι(έ-οις)οῖς, μισθ(ό-οις)οῖς.

οισα Fem. Part. dor. st. ουσα [33, 1, 10; ***164***].

οῖσθε 2 Plur. Opt. Praes. Med. der V. contr. auf έω, όω, aus έοισθε, όοισθε: ποι(έ-οι)οῖ-σθε, μισθ(ό-οι)οῖσθε.

οισι (<**οντι**) 3 Plur. aeol. für ουσι [33, 1, 7; ***161***].

οισιν (<**οις**) ursprüngl. Dat. Plur. der 2 Decl. [16, 3].

οῖτε 2 Plur. Opt. Praes. der V. contr. auf έω, όω, aus έοιτε, όοιτε: ποι(έ-οι)οῖ-τε, μισθ(ό-οι)οῖ-τε.

οιτο 3 Sing. Opt. Praes. u. Aor. 2 Med.: οίμην 1 Sing.

οῖτο 3 Sing. Opt. Praes. Med. der V. contr. auf έω, όω, aus έοιτο, όοιτο: ποι(έ-οι)οῖ-το, μισθ(ό-οι)-οῖ-το.

ον- Stammform des Nom. ον: εὐ-δαίμονος, εὔδαιμον N.

ον 3 Plur. Imperf. u. Aor. 2: ον 1 Sing.

οντ- Stammf. des Nom. ον: λύον-τος, λύον N.

οντ- Stammform des Nom. ους: ὀδόντος, ὁ ὀδούς.

ονται 3 Plur. Praes. Med.: ομαι 1 Sing.

οντι 3 Plur. dor. st. ουσι [33, 1, 7; ***161***].

οντο 3 Plur. Imperf. u. Aor. 2, Med.: όμην 1 Sing.

1) **οντων** Gen. Plur. Part.

2) **οντων** (**ετωσαν**) 3 Plur. Imper. Praes. u. Aor. 2.

οτ Stammform des Nom. ως: πεφυ-κότος, πεφυκώς.

οτ- Stammform des Nom. ος: πε-φυκότος, πεφυκός.

ου 2 Sing. Imper. Praes. Med.

ου 3 Sing. Imperf. der V. contr. auf όω, aus οε: ἐμίσθ(ο-ε)ου.

οῦ (**ου**) Gen. Sing. der N. contr. auf όος, έος, έον.

οῦ 2 Sing. Imper. Aor. 2 Med.

οῦ 2 Sing. Imper. Praes. der V. contr. auf έω, όω, aus έου, όου: ποι(έ-ου)οῦ, μισθ(ό-ου)οῦ.

οῦ 2 Sing. Imperf. Med. der V. contr. auf έω, όω, aus έου, όου: ἐποι(έ-ου)οῦ, ἐμισθ(ό-ου)οῦ.

οῦμαι 1 Sing. Praes. Ind. Med. der V. contr. auf έω, όω, aus έομαι, όομαι: ποι(έ-ο)οῦ-μαι, μισθ(ό-ο) οῦ-μαι.

ούμεθα 1 Plur. Ind. Praes. und Imperf. Med. der V. contr. auf έω, όω, aus εόμεθα, οόμεθα: (ἐ)ποι-(ε-ό)ού-μεθα, (ἐ)μισθ(ο-ό)ού-μεθα.

οῦμεν 1 Plur. Praes. Ind. u. Imperf. der Verba contr. auf έω, όω aus έομεν, όομεν: (ἐ)ποι(έ-ο)οῦ-μεν, ἐμι-σθ(ό-ο)οῦμεν.

ούμενος Part. Praes. Med. der V. contr. auf έω, όω, aus εόμενος, οόμενος: ποι(ε-ό)ού-μενος, μισθ(ο-ό)ού-μενος.

ούμην 1 Sing. Imperf. Med. der V. contr. auf έω, όω, aus εόμην, οόμην: ἐποι(ε-ό)ού-μην, ἐμισθ(ο-ό)ού-μην.

1) **οῦν** Nom. Sing. der Nom. contr. auf έον.

2) **οῦν** (**ουν**) Acc. Sing. d. N. contr. auf όος, έος, έον.

3) **οῦν** Neutr. Part. Praes. d. V. contr.

auf έω, όω, aus έον, όον: ποι(έ-ον) οὖν, μισθ(έ-ον)οὖν.

4) οὖν Inf. Praes. der V. contr. auf όω, aus όειν: μισθ(ό-ειν)οὖν.

ουν 1 Sing. u. 3 Plur. Imperf. der V. contr. auf έω, όω, aus εον, οον: ἐποί(ε-ον)ουν, ἐμίσθ(ο-ον)ουν.

οὖντ- Stammform des Part. Praes. der V. contr. auf έω, όω, aus έο, όο: ποι(έ-ο)οὖ-ντ-, μισθ(ό-ο)οὖ-ντ-.

οὖνται 3 Plur. Praes. Ind. Med. der V. contr. auf έω, όω, aus έονται, όονται: ποι(έ-ο)οὖ-νται μισθ(ό-ο)οὖ-νται.

οὖντο 3 Plur. Imperf. Med. der V. contr. auf έω, όω, aus έοντο, όοντο: ἐποι(έ-ο)οὖ-ντο, ἐμισθ(ό-ο)οὖ-ντο.

ούντων (< είτωσαν, ούτωσαν) 3 Plur. Imper. Praes. der V. contr. auf έω, όω, aus εόντων, οόντων: ποι(ε-ό)ού-ντων, μισθ(ο-ό)ού-ντων.

ους 2 Sing. Imperf. der V. contr. auf όω, aus οες: ἐμίσθ(ο-ες)ους.

1) οὖς (ους) Nom. Sing. u. Acc. Pl. der N. contr. auf όος, έος.

2) οὖς Fallform des Gen. Sing. der Stämme auf ο nach der 3. Decl. [18, 3; C. §. 162].

οὖσα Fem. Part. Praes. der Verba contr. auf έω, όω, aus έουσα, όουσα: ποι(έ-ου)οὖ-σα, μισθ(ό-ου)οὖσα.

οὖσθαι Praes. Inf. der V. contr. auf όω, aus όεσθαι: μισθ(ό-ε)οὖ-σθαι.

οὖσθε 2 Plur. Praes. Ind. u. Imper. Med., sowie Imperf. Med. der V. contr. auf όω, aus όεσθε: μισθ(ό-ε)οὖ-σθε.

ούσθω 3 Sing. Praes. Imper. der Verba contr. auf όω, aus οέσθω: μισθ(ο-έ)ού-σθω.

ούσθων 3 Plur. Praes. Imper. d. V. contr. auf όω aus οέσθων: μισθ(ο-έ)ού-σθων.

ούσθωσαν 3 Plur. Praes. Imper. der V. contr. auf όω aus οέσθωσαν: μισθ(ο-έ)-ού-σθωσαν.

ουσι(ν) 3 Plur.: ω 1 Sing.

οὖσι(ν) 3 Plur. Ind. Praes. der V. contr. auf έω, όω, aus έουσι(ν), όουσι(ν): ποι(έ-ου)οὖ-σι(ν), μισθ(ό-ου)οὖ-σι(ν).

οὖται 3 Sing. Praes. Ind. Med. der V. contr. auf όω, aus όεται: μισθ(ό-ε)οὖ-ται.

οὖτε 2 Plur. Praes. Ind. u. Imper. u. Imperf. der V. contr. auf όω, aus όετε: (ἐ)μισθ(ό-ε)οὖ-τε.

οὖτο 3 Sing. Imperf. Med. der V. contr. auf όω, aus όετο: ἐμισθ(ό-ε)οὖ-το.

ούτω 3 Sing. Imper. Praes. der V. contr. auf όω, aus οέ-τω: μισθ(ο-έ)ού-τω.

ούτων 3 Dual. Imper. Praes. der Verba contr. auf όω, aus οέτων: μισθ(ο-έ)ού-των.

ούτωσαν (< ούντων) 3 Plur. Imper. Praes. der V. contr. auf όω, aus οέτωσαν: μισθ(ο-έ)ού-τωσαν.

1) όω 1 Sing. Praes. aus άω mit vorgeschlagenem ο [34, 6, 1. 2; ***201***].

2) όω 1 Sing. 1) des Ind. u. Conj. Praes der V. auf όω, 2) des Fut. att. mit vorgeschl. ο [vgl. 29, 2, 4].

όῳεν Opt. contr. aus άοιεν mit vorgeschlagenem ο.

οῴμην 1 Sing. Opt. contr. aus αοίμην mit vorgeschlagenem ο [34, 6, 5; ***205***].

όων Part. von V. auf όω, mit entlehntem ω u. vorgeschlagen. ο [34, 8, 2; ***215***].

1) όωντο 3 Plur. Imperf. von V. auf όω, mit entlehntem ο u. vorgeschlag. ο [34, 8, 2; ***215***].

2) όῳντο 3 Plur. Imperf. contr. aus

άοντο mit vorgeschlagen. *ο* [34, 5, 9; ***199***].

οφ̣ο 2 Sing. Opt. contr. aus *αοίο* mit vorgeschl. *ο* [34,6,5; ***205***].

1) *όωσι(ν)* 3 Plur Praes. von V. auf *όω*, mit entlehntem Contractionslaut *ω* u. vorgeschl. *ο* [34, 8, 2; ***215***].

2) *όωσι(ν)* 3 Plur. Fut. aus *άουσι* mit vorgeschlagenem *ο* [34, 6, 2; ***202***].

όφ̣τε 2 Plur. Opt. contr. aus *άοιτε* mit vorgeschl. *ο* [34, 6, 1; ***201***].

όφ̣το 3 Sing. Opt. contr. aus *άοιτο* mit vorgeschlagen. *ο* [34, 6, 5; ***205***].

Π.

π Stammform des Nom. auf *ψ*: *γῡπός, γύψ.*

Ρ.

-ρσω, ρσα, σ als Tempuscharakter mit Liqu. verbunden [29, 2; ***54. 55***]; vgl. *λσω, λσα.*

Σ.

1) *σ-αι* 3 Sing. Opt. Aor. 1: *σ-αιμι* 1 Sing.

2) *σ-αι* 2 Sing. Imper. Aor. 1 Med.

σ-αιεν (< *ειαν*) 3 Plur. Opt. Aor. 1: *σ-αιμι* 1 Sing.

σ-αιντο 3 Plur. Opt. Aor. 1 Med. *σ-αίμην* 1 Sing.

σ-αιτο 1 Sing. Opt. Aor. 1 Med.: *σ-αίμην* 1 Sing.

σ-αν 3 Plur. Aor. 1: *σ-α* 1 Sing.

σ-αντο 3 Plur. Aor. 1. Med.: *αμην* 1 Sing.

σ-άντων (< *σ-άτωσαν*) 3 Plur. Imper. Aor. 1.

σ-ασθε 2 Plur. Imper. Aor. 1 Med.

σ-άσθω 3 Sing. Imper. Aor. 1 Med.

σ-άσθων (< *σ-άσθωσαν*) 3 Plur. Imper. Aor. 1 Med.

σ-άσθωσαν (*σ-άσθων*) 3 Plur. Imper. Aor. 1 Med.

σ-ατε 2 Plur. Imper. Aor. 1.

σ-ατο 3 Sing. Aor. 1 Med.: *άμην* 1 Sing.

σ-άτω 3 Sing. Imper. Aor. 1.

σ-άτωσαν (< *σ-άντων*) 3 Plur. Imper. Aor. 1.

σ-ε(ν) 3 Sing. Aor. 1; *σ-α* 1 Sing.

σ-ει 3 Sing. Fut.: *σ-ω* 1 Sing.

σ-ειαν (*αιεν*) 3 Plur. Opt. Aor. 1: *σ-αιμι* 1 Sing.

σέμεν Inf. Aor. in *οισέμεν* [29, 2, 2; ***56***].

σέμεναι Inf. Aor. in *οἰσέμεναι* [29, 2, 2; ***56***].

σ-εται 3 Sing. Fut. Med.: *σ-ομαι* 1 Sing.

σέτε 2 Plur. Imper. Aor. in *οἴσετε* [29, 2, 2; ***56***].

σέτω 3 Sing. Imper. Aor. in *οἰσέτω* [29, 2, 2; ***56***].

σ-ῃ 3 Sing. Conj. Aor. 1: *σ-ω* 1 Sing.

σ-ηται 3 Sing. Conj. Aor. 1 Med.: *σ-ωμαι* 1 Sing.

σθα 2 Sing. Act. dor. st. *ς*: *ἐθέλησθα* [***157***].

σθε 2 Plur. Perf. Med.

σθον auch als 3 Dual. im Pass. bei Hom. [30, 1, 7].

σθω 3 Sing. Perf. Imper. Med.

σθωσαν 3 Plur. Perf. Imper. Med.

σι(ν) (< *εσσι(ν), σσι(ν), εσι(ν)*) Dat. Plur. nach Vocalen u. Cons. [17, 4].

σιν Plur. Locativ *Ἀθήνησιν* C. §. 179.

σκε, σκον Form iterat. des Imprf. u. Aor. [***139—148***].

σκέτε 2 Plur. des Iterat. vereinzelt.

σκομεν 1 Plur. des Iter. vereinzelt [*146*].

σο 2 Sing. Imper. Perf. Med.

σ-οι 3 Sing. Opt. Fut.: σ-οιμι 1 Sing.

σ-οιεν 3 Plur. Opt. Fut.: σ-οιμι 1 Sing.

σ-οιντο 3 Plur. Opt. Fut. Med.: σ-οίμην 1 Sing.

σ-οιτο 3 Sing. Opt. Fut. Med.: σ-οίμην 1 Sing.

σ-ου 2 Sing. Imper. Aor. 1.

σονται 3 Plur. Fut. Med.: σ-ομαι 1 Sing.

σ-ουσιν 3 Plur. Fut.: σ-ω 1 Sing.

σσα, σσω, σσ(αμην), σσομαι Tempuscharakter σ bei den Ep. [29, 1; *52*]; bei den Dram. [29, 2; *52*].

σσι(ν) (< εσσι(ν), σι(ν), εσι(ν)) Dat. Plur. nach Vocalen [17, 4].

σ-ωνται 3 Plur. Conj. Aor. 1 Med.: σ-ωμαι 1 Sing.

T.

ται 3 Sing. Perf. Med.: μαι 1 Sing.

το 3 Sing. Plspf. Med.: μην 1 Sing.

τον auch als 3 Dual. bei Hom. [30, 1, 7].

Y.

υ Stammform des Nom. υς: ἰχθύος, ὁ ἰχθύς.

υδ Stammform des Nom. υς: χλαμύδος, ἡ χλαμύς.

1) υν Stammform des Nom. υν: μόσῡνος, ὁ μόσυν.

2) υν Fallform des Acc. Sing. der Stämme auf υ: Nom. υς [18, 6].

3) ύν in πολύν Acc. Femin. von πολύς.

1) υντ- Stammform des Nom. υς: δεικνύντος, δεικνύς.

2) υντ- Stammform des Nom. υν: δεικνύντος, δεικνύν.

ύω als Fut. ohne σ [29, 2, 4; *58*].

Φ.

φ Stammform des Nom. auf ψ: κατῆλιφος, κατῆλιψ.

φ-ασιν (<κ-ασιν, χ-ασιν) 3 Plur. Perf.: -φα 1 Sing.

φ-ε (< κε, χε) 3 Sing. Perf.: φα 1 Sing.

φ-ει (< κ-ει, χ-ει) 3 Sing. Plsprf.: φ-ειν 1 Sing.

φ-εσαν (< κ-εσαν, χ-εσαν) 3 Plur. Plsprf.: -φειν 1 Sing.

φ-ῃ (< κ-ῃ, χ-ῃ) 3 Sing. Conj. Perf.: φα 1 Sing.

φι(ν) ein hom. Suffixum, das dem Stamm der Nomina angefügt wird und ein Genitiv- oder Dativverhältniss bezeichnet, sowohl im Sing. als im Plur. [19, 1. 2; C. §. 178 D].

φ-οι (< κ-οι, χ-οι) 3 Sing. Opt. Perf.: φ-οιμι 1 Sing.

φ-οιεν (< κ-οιεν, χ-οιεν) 3 Plur. Opt. Perf.: φοιμι 1 Sing.

φ-ωσι (< κ-ωσι, χ-ωσι) 3 Plur. Conj. Perf.: φω 1 Sing.

X.

χ Stammf. des Nom. auf ξ: ὄνυχος, ὁ ὄνυξ.

χ-ασιν (<κ-ασιν, φ-ασιν) 3 Plur. Perf.: χα 1 Sing.

χ-ε (< κε, φε) 3 Sing. Perf.: χα 1 Sing.

χ-ει (<κ-ει, φ-ει) 3 Sing. Plsprf.: χειν 1 Sing.

χ-εσαν (< κ-εσαν, φ-εσαν) 3 Plur. Plsprf.: χειν 1 Sing.

χ-ῃ (< κ-ῃ, φῃ) 3 Sing. Conj. Perf.: χα 1 Sing.

χ-οι (< κ-οι, φ-οι) 3 Sing. Opt. Perf.: χοιμι 1 Sing.

χ-οιεν (< κ-οιεν, φ-οιεν) 3 Plur. Opt. Perf.: χοιμι 1 Sing.

χ-ωσι (< κ-ωσι, φ-ωσι) 3 Plur. Perf.: χω 1 Sing.

Ψ.

ψαι(ψειε(ν)), ψαις(ψειας), ψαιμι 3, 2, 1 Sing. Opt. Aor. der St. auf β, π, φ.

ψαιεν (ψειαν), ψαιτε, ψαιμεν 3, 2, 1 Plur. Opt. Aor. der St. auf β, π, φ.

ψαιντο, ψαισθε, ψαίμεθα 3, 2, 1 Plur. Opt. Aor. 1 Med. der St. auf β, π, φ.

ψαιτο, ψαιο, ψαιμην 3, 2, 1 Sing. Opt. Aor. 1 Med. der St. auf β, π, φ.

ψαν, ψατε, ψαμεν 3, 2, 1 Plur. Aor. der St. auf β, π, φ.

ψαντο, ψασθε, ψαμεθα 3, 2, 1 Plur. Aor. 1 Med. der St. auf β, π, φ.

ψάσθω, ψαι, 3, 2 Sing. Imper. Aor. 1 Med. der St. auf β, π, φ.

ψάσθωσαν (ψάσθων), ψασθε 3, 2 Plur. Imper. Aor. 1 Med. der St. auf β, π, φ.

ψατο, ψω, ψάμην 3, 2, 1 Sing. Aor. 1 Med. der St. auf β, π, φ.

ψάτω, ψον 3, 2 Sing. Imper. Fut. der St. auf β, π, φ.

ψάτωσαν (ψάντων), ψατε 3, 2 Plur. Imper. Fut. der St. auf β, π, φ.

ψει, ψεις, ψω 3, 2, 1 Sing. Fut. der St. auf β, π, φ.

ψεν, ψας, ψα 3, 2, 1 Sing. Aor. der St. auf β, π, φ.

ψεται, ψῃ, ψομαι 3, 2, 1 Sing. Fut. Med. der St. auf β, π, φ.

ψῃ, ψῃς, ψω 3, 2, 1 Sing. Conj. Aor. der St. auf β, π, φ.

ψηται, ψῃ, ψωμαι 3, 2, 1 Sing. Conj. Aor. der St. auf β, π, φ.

ψοι, ψοις, ψοιμι 3, 2, 1 Sing. Opt. Fut. der St. auf β, π, φ.

ψοιεν, ψοιτε, ψοιμεν 3, 2, 1 Plur. Opt. Fut. der St. auf β, π, φ.

ψοιντο, ψοισθε, ψοίμεθα 3, 2, 1 Plur. Opt. Fut. Med. der St. auf β, π, φ.

ψοιτο, ψοιο, ψοίμην 3, 2, 1 Sing. Opt. Fut. Med. der St. auf β, π, φ.

ψονται, ψεσθε, ψομεθα 3, 2, 1 Plur. Fut. Med. der St. auf β, π, φ.

ψουσι(ν), ψετε, ψομεν 3, 2, 1 Plur. Fut. der St. auf β, π, φ.

ψωνται, ψησθαι, ψώμεθα 3, 2, 1 Plur. Conj. Aor. der St. auf β, π, φ.

Ω.

ω (< αο, εω, α) Gen. Sing. der Subst. auf ας u. ης [15, 3, 1].

ω Stammform des Nom. ως: ἥρωος, ὁ ἥρως.

ω Nom. u. Acc. Sing. der Stämme auf ο nach der 3. Decl. [18, 3; C. §. 162].

ώ(ω) Nom. u. Acc. Dual. der N. contr. auf όος, έος, έον.

ώ (ω) Fallform des Gen. Sing. u. Nom. Acc. Voc. Dual. d. Stämme auf ω (der att. Decl.) [16, 3; C. §. 132].

ῴ (ῳ) Dat. Sing. u. Nom. Plur. der Stämme auf ω (att. Decl.) [16, 3; C. §. 132].

ῶ 1 Sing. Ind. u. Conj. Praes. der V. contr. auf άω, έω, όω, aus άω, έω, όω: τιμ(ά-ω)ω; ποι(έ-ω)ῶ; μισθ(ό-ω)ῶ.

ῶ 2 Sing. Praes. Imper. der V. contr. auf άω, aus άου: τιμ(ά-ου)ῶ.

ῶ 2 Sing. Imperf. der V. contr. auf άω, όω auch bei Her. (30, 3, 7; ***95***].

ῷ(ῳ) Dat. Sing. der N. contr. auf όος, έος, έον.

ῴατο 3 Plur. Opt. Praes. Pass. *πειρῴατο* [34, 2, 5; ***175***].

ῷεν 3 Plur. Opt. Praes. der Verba contr. auf *άω*, aus *άοιεν*: *τιμ(ά-οι)ῷ-εν*.

ῴη 3 Sing. Opt. Att. der V. contr. auf *άω*, aus *αοίη*: *τιμ(α-οί)ῴ-η*.

ῴημεν 1 Plur. Opt. Att. der Verba contr. auf *άω*, aus *αοίημεν*: *τι-μ(α-οί)ῴ-ημεν*.

ῴην 1 Sing. Opt. Att. der V. contr. auf *άω*, aus *αοίην*: *τιμ(α-οί)ῴ-ην*.

ῴης 2 Sing. Opt. Att. der V. contr. auf *άω*, aus *αοίης*: *τιμ(α-οί)ῴ-ης*.

ῴητε 2 Plur. Opt. Att. der Verba contr. auf *άω*, aus *αοίητε*: *τι-μ(α-οί)ῴ-ητε*.

ῳήτην 3 Dual. Opt. Att. der Verba contr. auf *άω*, aus *αοιήτην*: *τι-μ(α-οί)ῳ-ήτην*.

ῴητον 2 Dual. Opt. Att. der Verba contr. auf *άω*, aus *αοίητον*: *τι-μ(α-οί)ῴ-ητον*.

ῶμαι 1 Sing. Praes. Ind. u. Conj. Med. der V. contr. auf *άω*, aus *άομαι*, *άωμαι*: *τιμ(ά-ο)ῶ-μαι*, *τι-μ(ά-ω)ῶμαι*.

1) *ώμεθα* 1 Plur. Praes. Ind. u. Conj. Med. der V. contr. auf *άω*, aus *αόμεθα*, *αώμεθα*: *τιμ(α-ό)-ώ-μεθα*, *τιμ(α-ώ)ώ-μεθα*.

2) *ώμεθα* 1 Plur. Praes. Conj. der V. contr. auf *έω*, *όω*, aus *εώμεθα*, *οώμεθα*: *ποι (ε-ώ) ώ-μεθα*, *μι-σθο-ώ)ώ-μεθα*.

ῴμεθα 1 Plur. Opt. Praes. Med. der V. contr. auf *άω*, aus *αοίμεθα*: *τιμ(α-οί)ῴ-μεθα*.

1) ***ῶμεν*** 1 Plur. Praes. Ind. der V. contr. auf *άω*, aus *άομεν*: *τιμ(ά-ο)-ῶ-μεν*.

2) ***ῶμεν*** 1 Plur. Imperf. der Verba contr. auf *άω*, aus *άομεν*: *ἐτι-μ(α-ο)ῶ-μεν*.

ῷμεν 1 Plur. Opt. Praes. der V. contr. auf *άω*, aus *άοιμεν*: *τι-μ(ά-οι)ῷ-μεν*.

ώμενος Part. Praes. Med. der V. contr. auf *άω*, aus *αόμενος*: *τι-μ(α-ό)ώ-μενος*.

ώμην 1 Sing. Imperf. Med. der V. contr. auf *άω*, aus *αόμην*: *τιμ(α-ό)-ώ-μην*.

ῴμην 1 Sing. Opt. Praes. Med. der V. contr. auf *άω*, aus *αοίμην*: *τιμ(α-οί)ῴ-μην*.

ῷμι 1 Sing. Opt. Praes. der Verba contr. auf *άω*, aus *άοιμι*: *τιμ (α-οι) ῷ-μι*.

ων Fallform des Nom. und Acc. Neutr. der Stämme auf *ω* (der att. Decl.) (16, 3; C. §. 132).

ῶν Gen. Plur. der 2. Decl. bei den Dor. auch das *ω* der Baryt. circumfl. [16, 2, 3].

ων Inf. Praes. dor. der V. auf *όω* contr. aus *οε*: *ὑπνῶν* [34, 7, 3; ***211***].

ών(ων) Fallform des Acc. Sing. u. Gen. Plur. der Stämme auf *ω* (der att. Decl.) (16, 3; C. §. 132).

ῶν(ων) Gen. Plur. der N. contr. auf *όος*, *έος*, *έον*.

ων 1 Sing. Imperf. der V. contr. auf *άω*, aus *αον*: *ἐτίμ(α-ον)ων*.

ῶν Neut. Part. Praes. der Verba contr. auf *άω*, aus *άον*: *τιμ(ά-ον)ῶν*.

ῶν Part. Praes. der V. contr. auf *άω*, *έω*, *όω*, aus *άων*, *έων*, *όων*: *τιμ (ά-ων) ῶν*, *ποι (έ-ων) ῶν*, *μι-σθ(ό-ων)ῶν*.

ων 3 Plur. Imperf. der V. contr. auf *άω*, aus *αον*: *ἐτίμ(α-ον)ων*.

ῴν (ῳν) Fallform des Gen. u. Dat. Dual. der Stämme auf *ω* (der att. Decl.) (16, 3; C. §. 132).

ὦντ- Stammform des Part. Praes. der V. contr. auf *άω*, aus *άο*: *τιμ(ά-ο)ῶ-ντ-*.

1) **ῶνται** 3 Plur. Praes. Ind. u. Conj. Med. der V. contr. auf *άω*, aus *άονται*, *άωνται*: *τιμ(ά-ο)ῶ-νται*, *τιμ(ά-ω)ῶ-νται*.

2) **ῶνται** 3 Plur. Praes. Conj. der V. contr. auf *έω*, *όω*, aus *έωνται*, *όωνται*: *ποι(έ-ω)ῶ-νται*, *μισθ(ό-ω)ῶ-νται*.

ωνται 3 Plur. Conj. Praes. u. Aor. 2 Med.: *ωμαι* 1 Sing.

ωντι 3 Plur. Conj. dor. für *ωσι* [33, 1, 7; ***161***].

ῶντο 3 Plur. Imperf. Med. der V. contr. auf *άω*, aus *άοντο*: *τιμ(ά-ο)ῶ-ντο*.

ῷντο 3 Plur. Opt. Praes. Med. der Verba contr. auf *άω*, aus *άοιντο*: *τιμ(ά-οι)ῷ-ντο*.

ώντων (< *άτωσαν*) 3 Plur. Imper. Praes. der V. contr. auf *άω*, aus *αόντων*: *τιμ(α-ό)ώ-ντων*.

ῷο 2 Sing. Opt. Praes. Med. der V. contr. auf *άω*, aus *άοιο*: *τιμ(ά-οι)ῷ-ο*.

ώοιμι 1 Sing. Opt. erweitert aus *ῳμι*: *ἡβώοιμι*, *δρώοιμι* [34, 6, 5; ***205***].

ώοντα Part. offene Form der V. auf *όω* mit gelängtem Ch. [34, 8, 1; ***214***].

ώοντας Part. offene Form der V. auf *όω* mit gelängtem Ch. [34, 8, 1; ***214***].

ώοντες Part. Praes. contr. aus *άοντες* mit eingefügtem *ο* [34, 6, 5; ***205***].

ώουσα Fem. Part. offene Form der V. auf *όω* mit gelängtem Ch. [34, 8, 1; ***214***].

ως Acc. Plur. der 2 Decl. dor. [16, 4].

ώς (*ώς*) Fallform des Nom. Sing. der Stämme auf *ώ* der att. Decl.

ώς (*ως*) Fallform des Acc. Plur. der Stämme auf *ω* (der att. Decl.) (16, 3; C. §. 132).

ῷς (*ῳς*) Fallform des Dat. Plur. der Stämme auf *ω* (der att. Decl.) (16, 3; C. §. 132).

ῶσα Fem. Part. Praes. der V. contr. auf *άω*, aus *άουσα*: *τιμ(ά-ου)ῶ-σα*.

ῷσθε 2 Plur. Opt. Praes. Med. der V. contr. auf *άω*, aus *άοισθε*: *τιμ(ά-οι)ῷ-σθε*.

ῶσθε 2 Plur. Praes. Conj. der V. contr. auf *όω*, aus *όησθε*: *μισθ(ό-η)ῶ-σθε*.

1) **ῶσι(ν)** 3 Plur. Conj. Aor. 2 Pass.: *ῶ* 1 Sing.

2) **ῶσι(ν)** 3 Plur. Praes. Ind. der V. contr. auf *άω*, aus *άουσι*: *τιμ(ά-ου)ῶ-σι(ν)*.

3) **ῶσι(ν)** 3 Plur. Conj. Praes. der V. contr. auf *άω*, *έω*, *όω*, aus *άωσι(ν)*, *έω-σι(ν)*, *όω-σι(ν)*: *τιμ(ά-ω)ῶ-σι(ν)*, *ποι(έ-ω)ῶ-σι(ν)*, *μισθ(ό-ω)ῶ-σι(ν)*.

ωσι(ν) 3 Plur. Conj. Praes. u. Aor. 2: *ω* 1 Sing.

ωτ- Stammform des Nom. *ως*: *ἔρωτος*, *ἔρως*.

ῶται 3 Sing. Praes. Conj. der V. contr. auf *όω*, aus *όηται*: *μισθ(ό-η)ῶ-ται*.

ῶτε 2 Plur. Conj. Praes. der V. contr. auf *όω*, aus *όη*: *μισθ(ό-η)ῶ-τε*.

ῷτε 2 Plur. Opt. Praes. der Verba contr. auf *άω*, aus *άοιτε*: *τιμ(ά-οι)ῷ-τε*.

ῴτην 3 Sing. Opt. Praes. der V. contr. auf *άω*, aus *αοίτην*: *τιμ(α-οί)ώ-την*.

ῷτο 3 Sing. Opt. Praes. Med. der V. contr. auf *άω*, aus *άοιτο*: *τιμ(ά-οι)ῷ-το*.

ώωσα Fem. Part. Praes. contr. aus *άουσα* mit vorgeschlagenem *ω* [34, 6, 1; ***201***].

ώωσι 3 Plur. Praes. contr. aus *άουσι* mit vorgeschlagenem *ω* [34, 6, 1; ***201***].

II.

Grammatischer Schlüssel.

S. Vorrede, pag. V. VI.

Erste Abtheilung.

( ) ( )
11. §. 27, 7.
Kh. §. 139, 1.
C. §. 249. 250.
13. §. 27, 7, 2.
14. §. 27, 7, 3.
15. §. 27, 7, 4.
16. §. 27, 7, 5.
C. §. 250 Anm.
17. §. 27, 7, 6.
C. §. 251 Anm.
18. §. 27, 7, 7.
19. §. 27, 7, 8.
20. §. 27, 7, 9.
Kh. §. 137, 6.
21. §. 27, 8.
Kh. §. 149, 1.
C. §. 252. 253.
23. §. 27, 9.
Kh. §. 129, 2.
24. §. 27, 9, 1 (A.).
25. §. 27, 9, 2.
C. §. 244, 2).
26. §. 27, 9, 3.
Kh. §. 131. 136, 4.
C. §. 301.
27. §. 27, 9, 4.
Kh. §. 131. 136, 4.
C. §. 301.
28. §. 27, 9, 5.
Kh. §. 154, 2.
C. §. 264.
29. C. §. 27, 9, 6.
Kh. §. 154, 2.
C. 253. 260.
30. §. 27, 9, 7.
Kh. §. 131.
C. §. 301, 2.
31. §. 27, 9, 8.
Kh. §. 131*.
37. §. 28, 3, 1.
Kh. §. 123.
C. §. 275.
39. §. 28, 4.
Kh. §. 120.
C. §. 235.
41. §. 28, 4, 1.
Kh. §. 121.
C. §. 235.
42. §. 28, 4, 3.
Kh. §. 121, 2.
C. §. 236.
43. §. 28, 4, 4.
Kh. §. 120.
C. §. 235.
44. §. 28, 4, 5.
Kh. §. 121, a. d. e.
C. §. 235.
45. §. 28, 4, 6.
Kh. §. 128, 1, b.
C. §. 235.
46. §. 28, 4, 7.
Kh. §. 121.
C. §. 235.
47. §. 28, 4, 8.
Kh. §. 121, 4.
C. §. 237.
48. §. 28, 4, 9.
Kh. §. 121, 3.
C. §. 237.
49. §. 28, 4, 10.
Kh. §. 121, 5.
C. §. 237.
50. §. 28, 4, 11.
51. §. 28, 5.
Kh. §. 123.
C. §. 275.

52. §. 28, 5 A.
Kh. §. 123, 2, A.
53. §. 28, 6.
Kh. §. 123, 2, b).
54. §. 28, 6, 1.
55. §. 28, 6, 2.
56. §. 28, 6, 3.
Kh. §. 123, 2, b).
57. §. 28, 6, 4.
59. §. 28, 7, 1.
Kh. §. 119, 2, Anm.
C. §. 234, Anm.
60. §. 28, 7, 2.
63. §. 28, 9.
Kh. §. 122.
C. §. 274, 3).
65. §. 28, 10, 1.
C. §. 274.
66. §. 28, 10, 2.
Kh. §. 122, 1.
C. §. 174 Ausn.
67. §. 28, 10, 3.
Kh. §. 122, 1, A. 1.
68. §. 28, 10, 4.
Kh. §. 122, 2, 2.
C. §. 274.
69. §. 28, 10, 5.
Kr. §. 122, 3.
C. §. 274 Ausn.
70. §. 28, 11.
C. §. 283.
79. *80.* §. 28, 14, 4.
81. §. 28, 14, 6.
Kh. §. 124, 3 A.
83. §. 28, 14, 8.
84. §. 28, 14, 9.
C. §. 239.
85. §. 28, 14, 10.
86. §. 28, 14, 11.
Kh. §. 125, 1.
C. §. 240.
87. §. 28, 14, 12.
Kh. §. 125, 2.
88. §. 28, 14, 13.
Kh. §. 125, 2.

89. §. 28, 15.
Kh. §. 124, 3.
C. §. 239.
90. §. 28, 15, 1.
Kh. §. 12, 2.
C. §. 241.
91. §. 28, 15, 2.
Kh. §. 124, 2.
C. §. 235.
92. §. 28, 15, 3.
97. §. 29, 2, 1.
98. §. 29, 2, 2.
99. §. 29, 2, 3.
Kh. §. 175, 2.
C. §. 310.
100. §. 29, 2, 4.
101. §. 29, 2, 5.
C. §. 269.
102. §. 29, 3.
Kh. §. 139, 5.
C. §. 279. 280.
103. §. 29, 3, 1.
vgl. C. §. 277.
104. §. 29, 3, 2.
Kh. §. 139, 5.
105. §. 29, 4.
C. §. 298.
106. §. 29, 4, 1.
C. §. 298.
107. §. 29, 4, 2.
C. §. 300.
109. §. 30, 1, 1.
110. §. 30, 1, 2.
112. §. 30, 2, 1.
C. §. 286.
114. §. 30, 2, 3.
Kh. §. 139, A. 2.
C. §. 286.
115. §. 30, 2, 4.
C. §. 286, 4.
116. §. 30, 2, 5.
Kh. §. 139, A. 1.
118. §. 30, 3, 7.
Kh. §. 116, 8.
C. §. 187.
126. §. 30, 5, 2.

127. §. 30, 6.
C. §. 283.
128. §. 30, 6, A.
Kh. §. 116, 4.
C. §. 283.
136. §. 30, 9, 1.
137. §. 30, 9, 2.
138. §. 30, 9, 3.
Kh. §. 116, 5.
139. §. 30, 10.
Kh. §. 116, 6.
140. §. 30, 10 A.
Kh. §. 116, 7.
C. §. 231, 3.
151. §. 31, 3, 1.
157. §. 31, 3, 7.
Kh. §. 117.
C. §. 263.
158. §. 31, 3, 8.
Kh. §. 117.
C. §. 263.
159. §. 31, 3, 9.
Kh. §. 117.
C. §. 263.
160. §. 31, 3, 10.
Kh. §. 117.
C. §. 263.
161. §. 31, 3, 11.
Kh. §. 154, 4.
C. §. 264.
162. §. 31, 3, 12.
Kh. §. 154, 3.
C. §. 265.
167. §. 31, 5, 2.
168. §. 31, 5, 3.
169. §. 31, 5, 4.
Kh. §. 147, 1, a-d.
C. §. 278.
180. §. 31, 9, 3.
Kh. §. 147.
C. §. 285.
182. §. 31, 9, 5.
Kh. §. 154, 8.
C. §. 289.
186. §. 31, 11, 1.
187. §. 31, 11, 2.

191. §. 31, 13.
C. §. 254.
192. §. 31, 13, 1.
193. §. 31, 13, 2.
Kh. §. 146.
C. §. 257.
194. §. 31, 13, 3.
Kh. §. 147, 1, b.
C. §. 257.
195. §. 31, 13, 4.
Kh. §. 147, 1, c.
C. §. 295.
198. §. 31, 13, 7.
199. §. 31, 13, 8.
200. §. 31, 14.
201. §. 31, 14, 1.
Kh. §. 146.
C. §. 278.
202. §. 31, 14, 2.
Kh. §. 153, 2.
203. §. 31, 14, 3.
C. §. 278*.
209. §. 32, 2.
Kh. §. 132.
C. §. 288. 298. 300*.
210. §. 32, 2, 1.
Kh. §. 132, 1.
C. §. 288. 298. 300.
211. §. 32, 2, 2.
Kh. §. 132, 2.
C. §. 288. 298. 300.
212. §. 32, 2, 3.
Kh. §. 132, 3.
C. §. 288.
213. §. 32, 2, 4.
vgl. Kr. §. 132, 3.
vgl. C. §. 288.
214. §. 32, 2, 5.
215. §. 32, 3.
Kh. §. 134, 1.
216. §. 32, 3, 1.
Kh. §. 154, 2. 165, 5.
C. §. 260*.
217. §. 32, 3, 2.
Kh. §. 136, 2.
C. §. 244.
219. §. 32, 3, 4.
Kh. §. 136, 3.
C. §. 244, 2.
220. §. 32, 3, 5.
Kh. §. 136, 3, b.
C. §. 244, 3.
221. §. 32, 3, 6.
222. §. 32, 3, 7.
223. §. 33, 1.
Kh. §. 149, 3—5.
C. §. 262.
224. §. 33, 1 A.
C. §. 262*.
225. §. 33, 2.
Kh. §. 149, 5.
C. §. 270.
226. §. 33, 2, 1.
Kh. §. 153, 1.
C. §. 270.
227. §. 33, 2, 1, 1).
Kh. §. 153, 1.
C. §. 270.
228. §. 33, 2, 1, 2).
Kh. §. 153, 1.
C. §. 270.
229. §. 33, 2, 1, 3).
Kh. §. 153, 1.
C. §. 270.
230. §. 33, 2, 2.
232. §. 33, 3, 1).
C. §. 282.
233. §. 33, 3, 2).
Kh. §. 153, 3. 4.
C. §. 282*.
234. §. 33, 3, 1.
235. §. 33, 3, 2.
Kh. §. 149, 7.
236. §. 33, 3, 3.
Kh. §. 149, 7*.
C. §. 286, A*.
237. §. 33, 3, 4.
Kh. §. 149, 7. 152.
238. §. 33, 3, 5.
Kh. §. 149, 7.
239. §. 33, 3, 6.
240. §. 33, 3, 7.
241. §. 33, 3, 8.
242. §. 33, 3, 9.
243. §. 33, 4.
C. §. 256.
244. §. 33, 4, 1.
Kh. §. 153, 5.
245. §. 33, 4, 2.
C. §. 299.
254. §. 34, 3, a).
Kh. §. 126, 3, a).
255. §. 34, 3, b).
Kh. §. 126, 3, b.
270. §. 36, 2, A.
Kh. §. 177.
C. §. 308. 312.
272. §. 36, 4.
Kh. §. 174.
C. §. 302.
273. §. 36, 4, 1.
274. §. 36, 4, 2 (1).
Kh. §. 174, e), A. 3.
C. §. 307.
275. §. 36, 4, 3 (2).
Kh. §. 174, e A. 3.
C. §. 307.
276. §. 36, 4, 4.
Kh. §. 174, e, A. 3.
C. §. 307.
277. §. 36, 5.
Kh. §. 167, 1. 172, 2.
C. §. 302*. 303.
280. §. 36, 5, 1.
Kh. §. 172, 2.
C. §. 303.
281. §. 36, 5, 2.
C. §. 307*.
282. §. 36, 5, 3.
C. §. 307*.
283. §. 36, 5, 4.
Kh. §. 174, 2.
284. §. 36, 6.
285. §. 36, 7 [6].
286. §. 36, 7 A.
287. §. 36, 8 [7].
Kh. §. 173, 2.
C. §. 302, 4.
288. §. 36, 8 (7), 1 (A).
289. §. 36, 8, 2.

290. §. 36, 9.
Kh. §. 174, f. 172, 2.
292. §. 36, 10 [8], 1.
Kh. §. 175, 2. 3.
C. §. 310.
293. §. 36, 10 [8], 2.
C. §. 317.
294. §. 36, 10 [8], 3.
Kh. §. 170, Anm.
C. §. 311. 317, 4.
295. §. 36, 10 [8], 4.
296. §. 36, 10 [8], 5.
297. §. 36, 10 [8], 6.
298. §. 36, 11 [9].
299. §. 36, 11 [9], 1.
300. §. 36, 11 [9], 2.
301. §. 36, 11 [9], 3.
302. §. 36, 11 [9], 4.
303. §. 36, 11 [9], 5.
C. §. 329.
304. §. 36, 11 [9], 6.
305. §. 36, 11 [11], 7.
306. §. 38, 1.
Kh. §. 180.
C. §. 308. 313.
307. §. 38, 1, 1.
Kh. §. 175, 2, 3.
C. §. 310.
308. §. 38, 1, 2.
309. §. 38, 1, 3.
310. §. 38, 1, 4.
311. §. 38, 1, 5.
312. §. 38, 1, 6.
313. §. 38, 2.
314. §. 38, 2, 1.
315. §. 38, 2, 2 [1].
316. §. 38, 2, 3 [2].
C. §. 115, A. 1.
317. §. 38, 2, 4 [3].
C. §. 115, A. 1.
318. §. 38, 2, 5 [4].
Kh. §. 181, A. 2.
C. §. 315, A. 3.
319. §. 38, 2, 6 [5].
320. §. 38, 3.
321. §. 38, 3, 1.
322. §. 38, 3, 2.
323. §. 38, 3, 3 [2].
Kh. §. 181, A. 3.
324. §. 38, 3, 4 [3].
§. 181 Anm. 4.
C. §. 314.
325. §. 38, 3, 5 [4].
327. §. 38, 3, 6.
328. §. 38, 4.
329. §. 38, 4, 1.
330. §. 38, 4, 2.
Kh. §. 178, A. 1.
332. §. 38, 4, 4.
333. §. 38, 4, 5.
335. §. 38, 5 A. 1.
337. §. 38, 5, 3.
339. §. 38, 6, 1.
Kh. §. 125, 3.
C. §. 240.
340. §. 38, 6, 2.
341. §. 38, 6, 3.
342. §. 38, 7.
Kh. §. 193.
C. §. 317.
343. §. 38, 7, 1.
344. §. 38, 7, 2.
345. §. 38, 7, 3.
346. §. 38, 7, 4.
347. §. 38, 7, 5.
350. §. 39, 2.
Kh. §. 165.
C. §. 326.
352. §. 39, 3.
Kh. §. 164.
C. §. 325.
353. §. 39, 3 A.
354. §. 39, 4.
Kh. §. 160.
C. §. 322.
355. §. 39, 5.
Kh. §. 161.
C. §. 322.
357. §. 39, 5, 2.
358. §. 39, 5, 3.
Kh. §. 158. 153.
C. §. 321.
359. §. 39, 6.
Kh. §. 162.
C. §. 324.
360. §. 39, 6 Anm.
361. §. 39, 7.
362. §. 39, 7, 1.
363. §. 39, 7, 2.
364. §. 39, 8.
366. §. 39, 9.
Kh. §. 187.
C. §. 319.
367. §. 39, 9, A.
C. §. 319, 20.
368. §. 39, 10.
Kh. §. 156.
C. §. 282.
369. §. 39, 10, 1.
Kh. §. 156.
370. §. 39, 10, 2.
Kh. §. 155.
371. §. 39, 10, 3.
372. §. 39, 10, 4.
373. *374.* §. 39, 11 u. 11 A.
Kh. §. 251, 2, A. 1.
C. §. 366.
375. §. 39, 12.
Kh. §. 154, 1. 195.
C. §. 328, A. 1).
376. §. 39, 12, 1.
C. §. 266.
377. §. 39, 12, 2.
378. §. 39, 12, 3.
Kh. §. 195.
C. §. 328, A, 1.
379. §. 39, 12, 4.
380. §. 39, 12, 5.
Kh. §. 195.
381. §. 39, 12, 6.
382. §. 39, 13.
Kh. §. 194.
C. §. 328, A., 2).
383. §. 39, 13, 1.
Kh. §. 194.
C. §. 328, A., 2).
384. §. 39, 13, 2.
Kh. §. 194.
C. §. 328, A., 2).

385. §. 39, 13, 3.
386. §. 39, 13, 4.
387. §. 39, 13, 5.
388. §. 39, 13, 6.
Kh. §. 194, A. 3.
389. §. 39, 14.
C. §. 328, A., 4).
390. §. 39, 14, 1.
391. §. 39, 14, 2.
392. §. 39, 14, 3.
C. §. 328, 4.
396. §. 52, 1, 3.
432. §. 52, 6.
433. §. 52, 6, 1.
434. §. 52, 6, 2.
435. §. 52, 6, 3.
436. §. 52, 6, 4.
437. §. 52, 7.
438. §. 52, 8.
439. §. 52, 8, 1.
440. §. 52, 8, 2.
441. §. 52, 8, 3.
442. §. 52, 8, 4.
443. §. 52, 8, 5.
444. §. 52, 8, 6.
445. §. 52, 8, 7 [8].
446. §. 52, 8, 8 [7].
447. §. 52, 8, 9.
448. §. 52, 9.
449. §. 52, 9, A.
450. §. 52, 10.
451. §. 52, 10, 1.
452. §. 52, 10, 2.
453. §. 52, 10, 3.
454. §. 52, 10, 4.
455. §. 52, 10, 5.
456. §. 52, 10, 6.
457. §. 52, 10, 7.
458. §. 52, 10, 8.
459. §. 52, 10, 9.
460. §. 52, 10, 10.
461. §. 52, 10, 11.
462. §. 52, 11.
463. §. 52, 11, 1.
464. §. 52, 11, 2.
465. §. 52, 11, 3.

Zweite Abtheilung.

[ ] [ ]
3. §. 27, 1.
4. §. 27, 1 Anm.
5. §. 27, 2.
C. §. 251.
6. §. 27, 2, 1.
C. §. 251.
7. §. 27, 2, 2.
C. §. 251.
8. §. 27, 2, 3.
9. §. 27, 2, 4.
10. §. 27, 2, 5.
11. §. 27, 3.
C. §. 260.
12. §. 27, 3, 1.
13. §. 27, 3, 2.
14. §. 27, 3, 3.
15. §. 27, 3, 4.
16. §. 27, 3, 5.
17. §. 28, 1.
C. §. 234.
18. §. 28, 1, 1.
C. §. 234.
19. §. 28, 1, 2.
20. §. 28, 1, 3.
C. §. 274.
21. §. 28, 1, 4.
22. §. 28, 1, 5.
23. §. 28, 2.
C. §. 234.
24. §. 28, 2, 1.
25. §. 28, 2, 2.
26. §. 28, 2, 3.
27. §. 28, 2, 4.
28. §. 28, 2, 5.
C. §. 237.
29. §. 28, 2, 6.
30. §. 28, 2, 7.
31. §. 28, 3.
33. §. 28, 3, 2.
34. §. 28, 3, 3.
35. §. 28, 3, 4.
36. §. 28, 4.
C. §. 235.
37. §. 28, 4, 1.
38. §. 28, 4, 2.
39. §. 28, 4, 3.
40. §. 48, 4, 4.
41. §. 28, 4, 5.
42. §. 28, 4, 6.
43. §. 28, 5.
C. §. 235.
44. §. 28, 6.
45. §. 28, 6, 1.
C. §. 257.
46. §. 28, 6, 2.
47. §. 28, 6, 3.
48. §. 28, 6, 4.
49. §. 28, 6, 5.
50. §. 28, 6, 6.
C. §. 273.
51. §. 28, 6, 7.

52. §. 29, 1.
C. §. 260.
53. §. 29, 1, A.
54. §. 29, 2.
C. §. 262.
55. §. 29, 2, 1.
56. §. 29, 2, 2.
57. §. 29, 2, 3.
58. §. 29, 2, 4.
59. §. 29, 2, 5.
60. §. 29, 3.
C. §. 277—280.
61. §. 29, 3, 1.
C. §. 277—280.
62. §. 29, 3, 2.
C. §. 277—280.
63. §. 29, 3, 3.
64. §. 29, 3, 4.
65. §. 29, 3, 5.
66. §. 29, 3, 6.
67. §. 29, 3, 7.
69. §. 30, 1, 1.
C. §. 233.
70. §. 30, 1, 2.
C. §. 233.
71. §. 30, 1, 3.
72. §. 30, 1, 4.
C. §. 233.
73. §. 30, 1, 5.
C. §. 233.
74. §. 30, 1, 6.
75. §. 30, 1, 7.
C. §. 233, 7.
76. §. 30, 1, 8.
78. §. 30, 1, 10.
79. §. 30, 1, 11.
80. §. 30, 2.
C. §. 233, 3.
81. §. 30, 2, 1.
82. §. 30, 2, 2.
83. §. 30, 2, 3.
84. §. 30, 2, 4.
85. §. 30, 2, 5.
86. §. 30, 2, 6.
87. §. 30, 2, 7.
88. §. 30, 3.
89. §. 30, 3, 1.
90. §. 30, 3, 2.
C. §. 233, 2.
91. §. 30, 3, 3.
C. §. 233, 2.
92. §. 30, 3, 4.
C. §. 239, 2.
93. §. 30, 3, 5.
C. §. 233, 2.
94. §. 30, 3, 6.
95. §. 30, 3, 7.
96. §. 30, 3, 8.
97. §. 30, 3, 9.
98. §. 30, 3, 10.
99. §. 30, 3, 11.
C. §. 233, 5.
100. §. 30, 4.
C. §. 226. 287.
101. §. 30, 4, 1.
102. §. 30, 4, 2.
103. §. 30, 4, 3.
104. §. 30, 4, 4.
105. §. 30, 4, 5.
106. §. 30, 4, 6.
C. §. 233, 6.
107. §. 30, 4, 7.
C. §. 233, 6.
108. §. 30, 4, 8.
C. §. 233, 6.
109. §. 30, 4, 9.
110. §. 30, 4, 10.
111. §. 30, 4, 11.
112. §. 30, 4, 12.
113. §. 30, 5.
114. §. 30, 5, 1.
115. §. 30, 5, 2.
116. §. 30, 5, 3.
117. §. 30, 6.
C. §. 292.
118. §. 30, 6, 1.
119. §. 30, 6, 2.
120. §. 30, 6, 3.
121. §. 31, 1.
C. §. 283.
122. §. 31, 1, 1.
123. §. 31, 1, 2.
124. §. 31, 1, 3.
125. §. 31, 1, 4.
126. §. 31, 1, 5.
127. §. 31, 1, 6.
128. §. 31, 1, 7.
129. §. 31, 1, 8.
130. §. 31, 2.
131. §. 31, 2, 1.
132. §. 31, 2, 2.
133. §. 31, 3.
134. §. 31, 3, 1.
135. §. 31, 3, 2.
136. §. 31, 3, 3.
137. §. 31, 3, 4.
138. §. 31, 3, 5.
139. §. 32, 1.
C. §. 334.
140. §. 32, 1, 1.
C. §. 335.
141. §. 32, 1, 2.
142. §. 32, 1, 3.
C. §. 337.
143. §. 32, 1, 4.
C. §. 337.
144. §. 32, 1, 5.
145. §. 32, 1, 6.
146. §. 32, 1, 7.
147. §. 32, 1, 8.
148. §. 32, 1, 9.
149. §. 32, 2.
150. §. 32, 2, 1.
151. §. 32, 2, 2.
152. §. 32, 2, 3.
153. §. 32, 2, 4.
154. §. 33, 1.
155. §. 33, 1, 1.
156. §. 33, 1, 2.
157. §. 33, 1, 3.
C. §. 233.
158. §. 33, 1, 4.
159. §. 33, 1, 5.
160. §. 33, 1, 6.
161. §. 33, 1, 7.
162. §. 33, 1, 8.
163. §. 33, 1, 9.
164. §. 33, 1, 10.
165. §. 33, 1, 11.

166. §. 33, 2.
C. §. 264.
167. §. 33, 2 A.
168. §. 33, 3.
169. §. 33, 3, 1.
170. §. 34, 1.
171. §. 34, 2.
172. §. 34, 2, 1.
173. §. 34, 2, 2.
174. §. 34, 2, 3.
175. §. 34, 2, 4.
175a. ***176***. §. 34, 2, 5.
177. §. 34, 3.
178. §. 34, 3, 1.
179. §. 34, 3, 2.
180. §. 34, 3, 3.
181. §. 34, 3, 4.
C. §. 243, 2.
182. §. 34, 3, 5.
C. §. 243, 2.
183. §. 34, 3, 6.
184. §. 34, 3, 7.
185. §. 34, 3, 8.
186. §. 34, 4.
187. §. 34, 4, 1.
188. §. 34, 4, 2.
189. §. 34, 4, 3.
190. §. 34, 5.
C. §. 243, 1.
191. §. 34, 5, 1.
192. §. 34, 5, 2.
192a. §. 34, 5, 2, a).
192b. §. 34, 5, 2, b).
192c. §. 34, 5, 2, c).
193. §. 34, 5, 3.
C. §. 243, 1.
194. §. 34, 5, 4.
195. §. 34, 5, 5.
196. §. 34, 5, 6.
197. §. 34, 5, 7.
198. §. 34, 5, 8.
199. §. 34, 5, 9.
200. §. 34, 6.
201. §. 34, 6, 1.
C. §. 243, 1.
203. §. 34, 6, 3.
204. §. 34, 6, 4.
205. §. 34, 6, 5.
206. §. 34, 6, 6.
207. §. 34, 7.
208. §. 34, 7, 1.
209. §. 34, 7, 2.
210. §. 34, 7, 3.
211. §. 34, 7, 4.
212. §. 34. 7, 5.
213. §. 34, 8.
214. §. 34, 8, 1.
215. §. 34, 8, 2.
216. §. 34, 8, 3.
217. §. 34, 8, 4.
218. §. 34, 9.
219. §. 34, 9 A.
220. §. 34, 10.
221. §. 34, 10, 1.
222. §. 34. 10, 2.
223. §. 34, 10, 3.
224. §. 34, 10, 4.
225. §. 34, 10, 5.
226. §. 34, 10, 6.
230. §. 36, 1, 1.
231. §. 36, 1, 2.
232. §. 36, 1, 3.
233. §. 36, 1, 4.
234. §. 36, 1, 5.
235. §. 36, 1, 6.
236. §. 36, 1, 7.
237. §. 36, 1, 8.
238. §. 36, 1, 9.
239. §. 36, 1, 10.
240. §. 36, 1, 11.
241. §. 36, 1, 12.
242. §. 36, 2, 1.
243. §. 36, 2, 2, 2.
244. §. 36, 2, 3.
245. §. 36, 2, 4.
246. §. 36, 2, 5.
247. §. 36, 2, 6.
248. §. 36, 3.
249. §. 36, 3, 1.
250. §. 36, 3, 2.
251. §. 36, 3, 3.
252. §. 36, 3, 4.
253. §. 36, 3, 5.
254. §. 37, 1.
255. §. 37, 1, 1.
256. §. 37, 1, 2.
257. §. 37, 1, 3.
258. §. 37, 2.
259. §. 37, 2, 1.
260. §. 37, 2, 2.
261. §. 37, 2, 3.
262. §. 37, 2, 4.
263. §. 37, 2, 5.
264. §. 37, 2, 6.
265. §. 38, 1.
266. §. 38, 1, 2.
267. §. 38, 1, 2.
268. §. 38, 1, 3.
269. §. 38, 1, 4.
270. §. 38, 1, 5.
271. §. 38, 1, 6.
272. §. 38, 1, 7.
273. §. 38, 2.
274. §. 38, 2, 1.
275. §. 38, 2, 2.
276. §. 38, 2, 3.
277. §. 38, 2, 4.
278. §. 38, 2, 5.
279. §. 38, 2, 6.
280. §. 38, 2, 7.
281. §. 38, 2, 8.
282. §. 38, 2, 9.
283. §. 38, 2, 10.
284. §. 38, 3.
285. §. 38, 3, 1.
286. §. 38, 3, 2.
287. §. 38, 3, 3.
288. §. 38, 3, 4.
289. §. 38, 4.
290. §. 38, 4, 1.
291. §. 38, 4, 2.
292. §. 38, 4, 3.
293. §. 38, 4, 4.
294. §. 38, 5.
295. §. 38, 5, 1.
296. §. 38, 5, 2.
297. §. 38, 5, 3.
298. §. 38, 6.
299. §. 38, 6 Anm.
300. §. 38, 7, (1).

301. ***302***. §. 38, 7, 1.
303. §. 38, 7, 2.
304. §. 38, 7, 3.
305. §. 38, 7, 4.
306. §. 38, 7, 5.
307. §. 38. 7, 6.
342. §. 2, 3, 2, d).
368. §. 2, 5, 2.
371. §. 3, 6.
372. §. 2, 6, 1.
C. §. 233, 2.
373. §. 2, 6, 2.
C. §. 233, 2.
374. §. 2, 6, 3.
381. §. 3, 7, 3.
386. §. 3, 1, 1.
388. §. 3, 1, 3.
393. §. 3, 2, 3.
424. §. 4, 1, 2.
466. §. 6, 2, 1.
487. §. 7, 4, 4.
488. §. 7, 4, 4, a).
489. §. 7, 4, 4, b).
496. §. 7, 5, 1, d).
517. §. 10, 5.
551. §. 12, 1.
553. §. 12, 2, 4.